Peter Nusser

Deutsche Literatur

Peter Nusser

Deutsche Literatur

Eine Sozial- und Kulturgeschichte

Vom Barock bis zur Gegenwart

Die Deutsche Nationalbibliothek verzeichnet diese Publikation
in der Deutschen Nationalbibliografie;
detaillierte bibliografische Daten sind im Internet über
http://dnb.d-nb.de abrufbar.

Die Herausgabe des Werkes wurde durch die Vereinsmitglieder der WBG ermöglicht.
Satz: Janß GmbH, Pfungstadt
Umschlaggestaltung: Finken & Bumiller, Stuttgart
Umschlagabbildung: Ernst Ludwig Kirchner: Maskentanz (1928/29). © akg-images.
Gedruckt auf säurefreiem und alterungsbeständigem Papier
Printed in Germany

Besuchen Sie uns im Internet: www.wbg-wissenverbindet.de

ISBN 978-3-534-25450-7

Elektronisch sind folgende Ausgaben erhältlich:
eBook (PDF): 978-3-534-73154-1
eBook (epub): 978-3-534-73155-8

Inhalt

Einführung

Die vorliegende Literaturgeschichte ist über einen langen Zeitraum hinweg geschrieben worden. Teile von ihr erschienen 1992 unter dem Titel *Deutsche Literatur im Mittelalter. Lebensformen, Wertvorstellungen und literarische Entwicklungen* und 2002 unter dem Titel *Deutsche Literatur von 1500 bis 1800* – mit demselben Untertitel. Beide seit einigen Jahren vergriffenen Bände werden hier, durchgesehen und aktualisiert, unter neuem Titel wieder veröffentlicht – zusammen mit der abschließenden umfangreichen Darstellung der Literatur des 19. sowie des 20. und beginnenden 21. Jahrhunderts, so dass nun eine Geschichte der deutschen Literatur von ihren Anfängen bis zur Gegenwart aus einer Hand vorliegt.*

Die Vorteile einer solchen Darstellung liegen in der einheitlichen Konzeption, der beide Bücher folgen. In ihnen werden literarische Entwicklungen in ihren Wechselbeziehungen mit der Sozial- und Kulturgeschichte gesehen. Darüber hinaus folgt die Darstellung einem besonderen Erkenntnisinteresse, das der Frage nachgeht, inwieweit Literatur mit ihren Möglichkeiten des gedanklichen und künstlerischen Ausdrucks im Lauf der Geschichte stets daran beteiligt war, Wertvorstellungen weiterzugeben, zu verändern oder aufzubauen und damit die Weltsicht und die Verhaltensweisen ihrer Rezipienten mitzubestimmen. Dies beinhaltet die Frage, wo der historische Ort der gesellschaftlichen Orientierungsmaßstäbe liegt, die noch immer gelten oder umstritten sind, eine Frage, der – ohne Bezug auf die Literatur – vor allem Wilhelm Flitner in seinem wegweisenden Buch ‚Die Geschichte der abendländischen Lebensformen' (Gesammelte Schriften 7, 1990) nachgegangen ist. Einer Literaturgeschichtsschreibung, die sich in diese Fragestellung eingebunden weiß, geht es nicht vorrangig um Bestandsaufnahmen, sondern um Gestaltung, nicht um die von Spezialisten vorgenommene Ausbreitung von Details, sondern um Konzentration auf Wesentliches und um Orientierungsangebote. Sie ist kein bloßes Nachschlagewerk, sondern will ‚gelesen' werden und zur gedanklichen Vertiefung und zur Diskussion beitragen.

* Rückverweise auf den chronologisch vorangehenden Band dieser Gesamtdarstellung werden im Folgenden mit „Vgl. P. N., 2012 a" gekennzeichnet.

Mit der genannten Fragestellung umzugehen, erfordert eine vielseitige Betrachtung. Denn Wertvorstellungen, an denen Orientierung möglich und Handeln abgewogen wird, haben sich in unterschiedlichen Lebensformen bzw. Formen der Lebensführung konkretisiert, die es in ihren historischen Wurzeln zu verdeutlichen gilt. Literatur, die unter bestimmten sozialen, kulturellen und mentalen Bedingungen entstanden ist und in die jeweils geltenden Maßstäbe des Denkens und Handelns eingebunden war oder sich mit ihnen auseinandergesetzt hat, darf allerdings nicht nur mit diesen historischen Bedingungen, sondern muss immer auch um ihrer selbst willen in ihrem Kunstcharakter und in ihren literarischen Kontexten betrachtet werden. Dies erfordert Mut zur Auswahl, die sich daran orientiert, welche Texte sich für den Aufbau, die Entfaltung, die Veränderung und Überwindung von Wertvorstellungen und Verhaltensnormen als besonders bedeutsam erwiesen haben und entsprechend hervorzuheben sind.

Als Lebensformen bezeichnen Historiker und Soziologen Formen selbstverständlichen Handelns, in denen soziale Gruppen ihre Wertvorstellungen verwirklichten und zu Verhaltensnormen verfestigten. Getragen wurden die Konventionen des Zusammenlebens also von den – auch in Rechtsordnungen sich niederschlagenden – ethischen Überzeugungen, die eine Gemeinschaft für verbindlich hielt und die ein allgemeines sittliches Verhalten gewährleisten sollten. Im Mittelalter waren solche fest zu umreißenden und zugleich kulturtragenden Lebensformen die der Mönche und Geistlichen sowie die der Regenten, die jeweils auf antike Ursprünge zurückgingen, dann die der Ritter und der städtischen Patrizier und Zunftbürger, die sich aus den geschichtlichen Bedingungen des Mittelalters selbst entwickelten. Seit der frühen Neuzeit bezogen sich bei der Ausbildung weiterer Lebensformen die Humanisten auf monastische Traditionen und die höfische Gesellschaft des absolutistischen Staates auf die des mittelalterlichen Rittertums. Mit der Entstehung der staatsbürgerlichen Gesellschaft im 18. Jahrhundert beginnt der Begriff der Lebensform seine Angemessenheit zu verlieren, weil fest umrissene Normgefüge sich seit der Aufklärung aufzulösen beginnen. Deren Geschlossenheit geht vollends im Lauf des 19. und 20. Jahrhunderts verloren, weswegen für diese Zeitspanne nur noch der offenere Begriff der Lebensführung gewählt wird, der sich besser auf einzelne soziale Gruppen beziehen lässt, die immer durchlässiger werden und deren Wertvorstellungen sich vielfach überschneiden.

Literatur hat für die Orientierung von Menschen von jeher eine wichtige Rolle gespielt. Sie hilft, die Maßstäbe des Handelns überhaupt benennen, über sie kommunizieren und sie tradieren zu können. Vor allem vermag sie, den mit wertorientiertem Handeln verbundenen Sinn und die aus solchem Handeln erworbenen

Erfahrungen ins Bild zu setzen, also mit den ihr eigenen ästhetischen Mitteln nachvollziehbar werden zu lassen. Indem sie Handlungen oder Haltungen in Konflikten als vorbildlich bzw. umgekehrt als abstoßend oder oft auch als widersprüchlich und problematisch vor Augen führt, nimmt sie über den Rezeptionsprozess auch auf das konkrete Handeln ihrer Leser (oder Hörer) Einfluss und kann dabei die gewohnten Orientierungsmaßstäbe entweder lediglich bestätigen oder aber kritisch unterlaufen und neuen Wertvorstellungen den Weg bereiten, also wirksam in gesellschaftliche Veränderungsprozesse eingreifen.

Mit dem Versuch, die Literatur in ihren Wechselbeziehungen zu den Orientierungsmustern ihrer Rezipienten zu sehen, gewinnt die vorliegende gesellschaftsbezogene Literaturgeschichte eine zusätzliche Dimension. Denn es geht nicht mehr nur darum, die Produktions- und Rezeptionsbedingungen von Literatur zu beschreiben und ihre Geschichte neben die Wirtschaftsgeschichte oder die politische Geschichte zu stellen, sondern auch darum, die Texte auf die aus diesen historischen Bedingungen sich herleitenden Wertvorstellungen, Orientierungsmuster und Interessen sozialer Gruppen zu beziehen. Allerdings wird es, zumal im 20. Jahrhundert, immer schwieriger, dieses Konzept zu verwirklichen, weil, wie schon angemerkt, die mentalen Orientierungsmuster einzelner Gruppen sich zunehmend stärker überschneiden und dabei undeutlich werden oder sogar in sich selbst zerfallen. Insofern bleibt die Darstellung hier auch notgedrungen, von den Gegebenheiten her begründet, stärker ‚innerliterarisch' als in den früheren Jahrhunderten geltenden Kapiteln.

Aus der Zielsetzung dieser Literaturgeschichte ergeben sich Entscheidungen für ihre Darstellung. Es liegt nahe, von den Lebensformen bzw. von den Grundzügen der Lebensführung einzelner sozialer Gruppen auszugehen, denen Literatur sich anpasst oder mit denen sie sich auseinandersetzt. Da die kulturtragenden Lebensformen sich im Mittelalter nicht einfach ablösten, sondern innerhalb größerer Zeiträume nebeneinander bestanden und oft auch miteinander konkurrierten, stellt sich die Frage, wie dieses Nebeneinander im Nacheinander der Darstellung zu vermitteln ist. Im Gegensatz zum üblichen Prinzip, die Literatur im Bemühen um Vollständigkeit chronologisch, also dem Zeitablauf unterworfen, aufzuarbeiten, werden in der vorliegenden Literaturgeschichte die literarischen Entwicklungen, die an die Lebensformen der Geistlichen und Mönche, der Regenten, der Ritter und Bürger gebunden sind, in Längsschnitten behandelt, wodurch der beschriebenen Intention konzentrierter und auch anschaulicher nachgegangen werden kann. Dabei ist der Akzent der Beschreibung jeweils auf solche Zeitabschnitte gerichtet, in denen die Lebensformen und die Literatur dieser Gruppen in ihrer je wachsenden oder auch sich verlierenden Bedeutung besonders hervorgetreten sind. Dass die im Nebeneinander sich entwickelnden Lebensformen und literarischen Reihen dabei nicht voneinander isoliert sind, sondern stets auch aufeinander einwirken, versteht sich von selbst und ist besonders im Raum der spätmittelalterlichen Stadt, in dem verschiedene Lebensformen aufeinanderstießen, ganz offensichtlich. – Während die mittelalterlichen Lebensformen zum Teil über Jahrhunderte Bestand hatten, sind die Lebensformen der Humanisten und der Hofgesellschaft des Absolutismus sowie die Lebensführung der ‚staatsbürgerlichen' Gesellschaft im 18. Jahrhundert stärker an einzelne Zeitabschnitte gebunden. Entsprechend umfassen die ebenfalls in Längsschnitten angelegten Darstellungen der literarischen Entwicklungen zwischen 1500 und 1800 nicht mehr so weite Zeiträume wie etwa die Darstellung der Literatur der Geistlichen und Mönche oder der Bürger im Mittelalter, aber auch dieser Teil präsentiert die in Wechselwirkungen mit Lebensformen und Wertvorstellungen gesehene Literatur in größeren Einheiten. Ungewohnt ist dies zumal für die Beschreibung der Literatur des 18. Jahrhunderts (vgl. die erläuternde Vorbemerkung zum Kapitel über das 18. Jahrhundert). – Auch die Literaturgeschichte des 19. und 20. Jahrhunderts wird in zwei großen Einheiten und nicht in der Abfolge einzelner literarischer ‚Epochen' (besser Strömungen) gesehen, was die leidige Diskussion über innerliterarische Abgrenzungen vermeiden hilft. Gleichwohl werden die üblichen Bezeichnungen, wenn sie sinnvoll sind, deswegen nicht aufgegeben. Und auch in diesem Teil wird am Prinzip der gattungsbezogenen Längsschnitte festgehalten, was für die Einschätzung der ästhetischen Qualitäten der Texte vorteilhaft ist. Wird mit Längsschnitten gearbeitet, sind gelegentliche Querverweise auf zeitlich parallel entstandene andere Gattungen unumgänglich – ebenso wie es angebracht ist, zuweilen Rückverweise auf Abschnitte der vorangegangenen Teile der Gesamtdarstellung einzufügen.

Jede anspruchsvolle Literaturgeschichte ist darauf ausgerichtet, dem Leser Orientierung zu geben. Dies schließt jedoch keineswegs aus, exemplarisch ausgewählte Schwerpunkte zu setzen. Nicht nur werden einzelne Autoren besonders hervorgehoben, während andere nur genannt oder übergangen werden; die Darstellung ist bei der Behandlung der Texte auch ein Wechselspiel von ‚Dehnungen' und ‚Raffungen', um die Begrifflichkeit der Erzähltheorie zu verwenden. Neben ausführlicheren Besprechungen einzelner, für die gewählte sozialgeschichtliche Fragestellung besonders bedeutsam erscheinender Texte, bei denen auch der Funktion der eingesetzten ästhetischen Mittel nachgegangen wird, stehen Zusammenfassungen, die der Übersicht dienen und die hervorgehobenen Texte in ihrem literarischen Umfeld zu sehen erlauben. Das Ziel, möglichst nah an den Texten zu bleiben, erfordert, dass Biographisches zurücktritt.

Mit der Hervorhebung einzelner Texte mischt sich diese Literaturgeschichte, die immer wieder auch die Literatur Österreichs und der Schweiz einbezieht und Hinweise auf die europäische Literatur enthält, bewusst in die Diskussion um die Kanonbildung ein. Wer den auch von der Literatur mitgetragenen oder unterlaufenen Orientierungsmustern gesellschaftlicher Gruppen nachgeht, fragt zugleich nach der späteren, oft sogar nach der gegenwärtigen Gültigkeit des geschichtlich ‚Gewordenen'. Ohne diese Frage wären historische Aufarbeitungen reiner Selbstzweck. Dem zu entgehen, enthält die vorliegende Darstellung immer auch Brückenschläge von der Vergangenheit in die Gegenwart – jedenfalls in Ansätzen und in der Form von Ausblicken. Sie beziehen sich auf die Rezeptionsgeschichte einzelner Texte, viel mehr aber noch auf literarisch vermittelte, bis heute wirkende Vorstellungen und Denkformen. Das Wissen um Traditionen, in denen jeder Einzelne steht, und die Auseinandersetzung mit ihnen gehört zur Mündigkeit und Verantwortung des aufgeklärten Menschen. Diese Mündigkeit zu festigen, ist die vornehmliche Zielsetzung dieser Literaturgeschichte, und gerade hierin liegt auch ihre didaktische Relevanz.

I. Die Lebensform der höfischen Gesellschaft im Zeitalter des Absolutismus und die Literatur des Barock

1. Die Hofkultur des Absolutismus

Der Herrschaftsanspruch des absolutistischen Regenten

Das 17. Jahrhundert war das Zeitalter einer Hofkultur, die sich mit zeitlichen Verschiebungen über ganz Europa ausbreitete. In Deutschland entfaltete sie sich erst nach Beendigung des Dreißigjährigen Krieges, der die kaiserliche Reichsgewalt geschwächt zurückließ und das Erstarken der vielen kleinen und größeren Territorien, in die Deutschland nach dem Westfälischen Frieden zerfiel, begünstigte. Überall in den Residenzen der deutschen Territorialfürstentümer wurden seit der Mitte des Jahrhunderts Schlösser teilweise ausgebaut, teilweise neu errichtet und weitläufige Gärten angelegt. Dahinter stand der Herrschaftsanspruch der Regenten und ihr Wille, Macht zu demonstrieren. Denn der Hof wurde – in Anlehnung vor allem an den Versailler Hof Ludwigs XIV. und den Hof der österreichischen Habsburger in Wien, von denen die größte Ausstrahlungskraft ausging –, nicht nur als ein kulturelles Zentrum, sondern auch als politische Institution verstanden. Als eine solche repräsentierte er die nach den Erschütterungen der Glaubenskriege in ganz Europa sich durchsetzende Staatsform des Absolutismus, die dem Gedanken folgte, dass nur ein starker, unbeschränkter Wille die zerstörerische Selbstsucht des Einzelnen überwinden könne. Dieser Wille wurde dem Fürsten zugesprochen. Da die Frühe Neuzeit in ihren Sozialformen noch weitgehend vom Prinzip des ‚ganzen Hauses' geprägt war,[1] dessen wesentliche Strukturmerkmale nach Max Weber Befehl und Gehorsam waren, wurde der Fürst immer auch als ‚Landesvater' gesehen und so bezeichnet. Theoretisch untermauert wurde diese patriarchalische Herrscherideologie nicht nur von der Souveränitätslehre Jean Bodins (*Les six livres de la république*, 1576) und Thomas Hobbes (*De cive*, 1642; *Leviathan*, 1651), sondern auch von einem Humanisten wie Erasmus, der dem Fürsten den von den römischen Kaisern seit dem 1. Jahrhundert geführten Beinamen ‚pater patriae' zuerkannte, und in Deutschland vor allem durch die katechetischen Arbeiten Martin Luthers, der sämtliche Herrschaftspositionen aus der elterlichen Würde ableitete und die ‚weltliche oberkeit' ‚ynn den vater stand' rückte. Gerade der in den protestantischen Ländern verbreitete, mehr oder weniger verbindliche Katechismusunterricht dürfte die Vorstellung, dass man der Obrigkeit für deren väterliche Fürsorge Gehorsam schulde, fest in der Mentalität breiter, zum größeren Teil noch nicht alphabetisierter Bevölkerungsschichten verankert und dem Absolutismus damit auch eine sichere Grundlage gegeben haben. Aber auch literarisch ist diese Vorstellung weitergetragen und verfestigt worden, sei es in der frühneuzeitlichen Ökonomieliteratur, der so genannten Hausväterliteratur,[2] in der Gottvater, Landesvater, Hausvater parallelisiert werden, oder beispielsweise in einem Vorläufer politikwissenschaftlich-theoretischen Schrifttums wie dem viel gelesenen *Teutschen Fürstenstaat* Veit Ludwig von Seckendorffs.[3] Bis heute übrigens setzt die deutsche Bevölkerung den Begriff ‚Staat' überwiegend mit ‚Regierung' gleich und nicht (wie in Frankreich) mit der Gemeinschaft der Bürger[4] – und spricht auch immer noch, mit dem Blick auf erfolgreiche Ministerpräsidenten, von Landesvätern – Belege für das lange Fortwirken eines jedenfalls den Bedingungen der modernen Demokratie nicht mehr entsprechenden Bewusstseins.

Das politische Ziel des höfischen Absolutismus, der sich in Deutschland anders als in Frankreich als Territorialabsolutismus verwirklichte, lag in der Zurückdrängung des ständisch-adligen Mitbestimmungsanspruchs und in der Vereinigung aller herrschaftlichen Gewalt in der Hand der Fürsten. Dabei sollte der mittlere und niedere Adel keineswegs beseitigt, sondern lediglich domestiziert, dem Herrscherwillen dienstbar gemacht werden. Überall tendierten die deutschen Territorien zum Aufbau stehender Heere, zur Einrichtung von Zentralbehörden (für Finanzen, für Justizangelegenheiten, für die Militärverwaltung usw.), überall wurden von den fürstlichen Landesherren ständische Privilegien aufgehoben, willkürliche Steuern eingefordert, auch Befugnisse in Glaubensfragen beansprucht. Von staatlichen Eingriffen war auch die merkantilistische Wirtschaftspolitik bestimmt, die u. a. den Außenhandel so steuerte, dass möglichst viel Geld und Edelmetalle ins eigene Land strömten, wozu gezielt diejenigen Wirtschaftszweige entwickelt wurden, deren Produkte auf ausländischen Märkten gute Absatzchancen hatten. Obrigkeitliche Planung führte in den verschiedensten Lebensbereichen zu einer derartigen Fülle von Regulierungen und Reglementierungen, dass man mit Recht von einer ‚Sozialdisziplinierung' der Untertanen gesprochen hat.[5]

Der Mittelpunkt der politischen Willensbildung, der fürstliche Hof, der, wie Friedrich III. anlässlich des Neubaus des Berliner Schlosses formulierte, „nicht aus Lust, sondern aus Necessität" geführt wurde,[6] war neben dem stehenden Heer, dem bürokratischen Beamtentum und dem rational ausgeklügelten Finanzsystem ein eigenes Herrschaftsinstrument, das die fürstliche Macht wesentlich unterstützte.[7] Mit seiner Prachtentfaltung wurde der Hof zu einem an oströmische Traditionen erinnernden Raum des Herrscherkults,[8] der den Untertanen verdeutlichen sollte, welch unüberwindliche Distanz sie vom Herrscher trennte. Dazu dienten nicht nur die zu den verschiedensten Anlässen arrangierten Festlichkeiten (vgl. u.), die mit großem materiellen Aufwand betrieben wurden und durch demonstrativen Konsum das soziale Prestige des Herrschers erhöhten, sondern auch die eingeschränkten und genau organisierten, ältere und offenere Formen patriarchalischer Verbundenheit ablösenden Auftritte des Herrschers vor der applaudierenden Staffage seiner Untertanen sowie das Zeremoniell des Hofes selbst, auf das noch genauer einzugehen sein wird. Mentalitätsgeschichtlich ist in diesem Zusammenhang nicht ohne Interesse, dass beide im Absolutismus gängigen Formen der Prestigegewinnung – sowohl der zur Schau gestellte Konsum als auch die Distanzierung des Machtträgers durch ritualisierte Handlungen – ihre suggestive Wirkung ganz offensichtlich noch in den nivellierten Industriegesellschaften der Gegenwart auszuüben vermögen. Indem der Hof des Absolutismus durch Festlichkeiten und Zeremoniell die Würde des Herrschers unterstrich, radikalisierte er zugleich dessen Anspruch auf ‚Herrschaft von Gottes Gnaden', wobei ihm jegliche Erinnerung daran verloren ging, dass mit dieser Formel auch einmal die Demut vor Gott gemeint war.

Die Hofgesellschaft und die Ämter in ihr

Mit der Distanzierung des Herrschers wuchs die Bedeutung der Frage, wer überhaupt in seine Nähe gelangen durfte. Zur Hofgesellschaft gehörten auch im 17. Jahrhundert noch die Inhaber der traditionellen Hofämter, der Obersthofmeister, der Oberstkämmerer, Obersthofmarschall, der Oberststallmeister, die jeweils ganze Stäbe von Personal um sich versammelten, die für die Abwicklung des täglichen Lebens am Hofe zuständig waren. Eine andere Gruppe bildeten die Inhaber der so genannten Ehrenämter, die Kammerherren, Truchsessen, Jagdjunker, Pagen usw., die den Herrscher persönlich bedienten. In ihrer Nähe standen all die Künstler und Architekten, die Festlichkeiten arrangierten und für Unterhaltung am Hofe sorgten. Mitglieder der Hofgesellschaft waren schließlich auch die hohen Verwaltungsbeamten, die sich als persönliche Diener ihres Landesherren verstanden – in mittleren und kleinen Territorien wurden Hof- und Verwaltungsfunktionen zum Teil in Personalunion ausgeübt. Einlass in die Hofgesellschaft fanden auch die vielen Diplomaten, Gesandten, Bevollmächtigten usw., deren Zahl in Deutschland nach dem Westfälischen Frieden, der den Territorien mit der Souveränität auch die Bündnisfähigkeit (und damit das Recht zur Außenpolitik) zusprach, sprunghaft anstieg. So war der Hof keineswegs nur der Raum der Festlichkeit, sondern auch das Zentrum der Information und der geeignete Ort der Einflussnahme und Bestechung. Mit der Zahl der zu vergebenden Ämter und Positionen wuchs auch das Monopol des Herrschers, sie zu besetzen. Was traditionell dem Adel von Geblüt zugekommen war, blieb am absolutistischen Hof nicht länger selbstverständlich. Der Fürst allein entschied, wer ihn umgab, wessen Rang erhöht wurde, wer Sinekuren oder Pensionen erhielt. Auf diese Weise wurde das Recht der Abstammung unterlaufen. Soziales Prestige erwuchs allein aus dem Wohlwollen des Fürsten, war abgeleitet von seiner Gnade. Der Günstling wurde zur typischen ‚Sozialfigur' des Hofes.[9] Als soziales System war der Hof von andauernden Positionskämpfen geprägt, in denen Adlige unter sich sowie Adlige und Bürgerliche um Einfluss, d. h. genauer um die ‚Ehre' versprechende Nähe zum Thron rangen. Für den Adel setzte mit der Übernahme von Ämtern am Hof die Entwicklung ein, in deren Verlauf sich seine Lebenshaltung grundlegend änderte: Sein gesellschaftlicher Status, der sich zuvor aus sich selbst definiert hatte, wurde abhängig von fremdbestimmten Aufgaben, von ‚Leistungen', die er dem Herrscher erwies, und zugleich von der Willfährigkeit, mit der er sich diesem unterwarf und ihm zur Verfügung stand.[10] Man mag hierin den wichtigsten Grund dafür sehen, dass er sein Überleben als Stand bis ins 20. Jahrhundert hinein sichern konnte. Obwohl Adlige in den wichtigen Stellungen am absolutistischen Hof dominierten – allein schon deswegen, weil auch der Herrscher dem Adel zugehörte und diesem prinzipiell nicht feindselig gegenüberstand –, konnten auch Bürgerliche, zumal die für die Verwaltung unentbehrlichen Akademiker und die für kulturelle Attraktionen sorgenden Künstler, gesellschaftlich aufsteigen und vom Fürsten nobilitiert werden. Wohlkalkuliert wurden Rangreglements veröffentlicht und Titel verliehen, die ihren Trägern schmeichelten und diese zugleich gefügig machten. Die Beschwichtigung des von der politischen Macht verdrängten Adels gelang vor allem deswegen, weil ihm der Ausbau der Höfe zu politischen, wirtschaftlichen und kulturellen Zentren genügend Möglichkeiten einer standesbewussten Lebensführung bot. Mit anderen Worten: Die Umwandlung der einflussreichen Aristokratie in einen auf Unabhängigkeit, politische Gleichstellung und Mitentscheidung verzichtenden Hofadel war an die Strukturveränderung des Hofes selbst, an seine Erweiterung zur Residenz gebunden. Einerseits bot die Residenz genügend wichtige (zum großen Teil in die Residenzstadt verlagerte) Regierungs- und Verwaltungsaufgaben, und andererseits garantierten die zu ihr gehörenden, von der bürgerlichen Welt deutlich getrennten Schloss- und Gartenanlagen des Fürsten, in die (über die Besichtigung hinausgehenden) Einlass in der Regel nur die Hofgesellschaft erhielt, das Maß an Exklusivität, das für die Selbstbestätigung der Adligen bedeutsam war. Auf diese Weise unterwarf der sich in der Figur des Herrschers repräsentierende ‚absolute Staat' die einzige Kraft, die ihn, bis in das 18. Jahrhundert hinein, hätte gefährden können.

Schloss- und Gartenanlagen

Der Machtanspruch der absoluten Herrscher zeigt sich am anschaulichsten in der Architektur ihrer Schloss- und Gartenanlagen.[11] Anders als der mittelalterliche Herrensitz, die Burg, anders auch als der italienische Palazzo der Renaissance mit seinen starken Mauerwerken ist das fürstliche Schloss des 17. Jahrhunderts das ganze Gegenteil einer fortifikatorischen Anlage. Mit der Befriedung der Länder durch die Regierungsform des Absolutismus hat die ehemals militärische Funktion des Herrensitzes ihre Bedeutung verloren. Statt wehrhaft, will er repräsentativ sein, und dieser Wille bestimmt auch seine Architektur. Charakteristisch für den Barockpalast ist nicht mehr die kubische oder zylindrische Masse, die dem Angriff wenig Fläche und der Verteidigung einen kleinen Radius bietet, sondern die ausgedehnte Schauseite. „So wächst die Breite auf Kosten der Höhe und Tiefe, und der barocke Fassadenbau präsentiert sich in lang gestreckter fensterreicher Front dem Bewunderer. Nicht mehr trotzig abweisend, sondern seigneural einladend ist seine Gebärde."[12] Ganz sinnfällig wird diese Gebärde durch den Ehrenhof, der bei vielen Bauten durch weite Flügel an ihrer Vorderseite gebildet wird und den Besucher gleichsam mit offenen Armen empfängt, um ihn anschließend durch ein prächtiges Portal und breites Treppenhaus, das die Ankunft zum sozialen Ereignis werden lassen kann, in den auf der ersten Etage liegenden Festsaal, den Mittelpunkt des Gebäudes, zu führen. In diesem Raum, dessen Höhe durch dekorative Deckenmalereien und dessen Weite durch Wandspiegel und das knapp bemessene Mobiliar effektvoll unterstrichen wird, muss sich die Gesellschaft, die hierher eingeladen ist und sich selbst in ihrem Schmuck bewundert und sich beim Tanz im Kreise dreht, als Teil der Ausstattung verstehen und darf sich doch zugleich erhöht fühlen. (Das gehobene Bürgertum, das den herrschaftlichen Stil später nachzuahmen suchte, hat nicht nur an der Wertschätzung dieser ersten, der so genannten Bel Etage bis weit ins 20. Jahrhundert festgehalten und besondere Mieten für sie gezahlt, sondern auch die ‚gute Stube' nur bei besonderen Anlässen benutzt). Vom Festsaal des Schlosses aus eröffnet sich der schönste Blick auf den Garten. So wie die Wege von der Siedlung, der Residenzstadt her auf die Vorderseite des Schlosses zulaufen, so streben sie auf seiner Rückseite von seiner Terrasse aus in die Landschaft hinein. Der Sitz des Herrschers bildet zwischen dem Raum der Kultur und dem der Natur die Brücke. „Wer hier steht, steht wie in der Mitte der Welt."[13] Gerade in der Gartenanlage, in der, bevor sie sich ins Offene zu verlieren scheint, die

Natur dem Menschen kunstvoll unterworfen wird, manifestiert sich ein Bedürfnis nach rationaler Gestaltung und Übersicht, das für das System des Absolutismus insgesamt charakteristisch ist. Nicht nur senkt sich das Gelände des Gartens, diese Übersicht erleichternd, sanft herab und betont auf diese Weise zugleich den ‚überlegenen' Standpunkt des Betrachters, seine ‚Kavaliersperspektive' (nur ausnahmsweise – wie in Würzburg – steigt, wenn die natürlichen Gegebenheiten es nicht anders zulassen, das Gelände auch einmal in die Höhe); die Architektur des Gartens selbst breitet Wegemuster aus, die – so kompliziert sie verlaufen – doch immer klar gegliedert sind und auf eine der vom Schloss ausgehenden Hauptachsen zurückführen. Die Bäume und Hecken sind so beschnitten, dass sie Kuben oder Zylindern gleichen, die Blumenbeete sind ornamental bepflanzt und bilden gelegentlich auch einmal das Wappen oder Monogramm des Herrschers ab. Wassergefälle, Wasserkanäle, Wasserspiele fügen sich in das Arrangement der Bepflanzungen ein; Nischen oder auch unter den Terrassen gelegene Grotten, die sich dem Überblick entziehen, bilden kleine Zufluchtsorte für das Rendezvous. Orangerien, die im Winter als Gewächshäuser, im Sommer als Festsäle dienen, Menagerien, die exotische Vögel beherbergen, Teehäuschen oder kleine Nebenschlösschen umgeben die Gartenanlage in lockerer Anordnung oder werden in sie integriert. Dieser ganze kunstvoll organisierte ‚Französische Garten' ist ein ins Freie verlegter Gesellschafts- und Festraum, in dem die Natur die Funktion einer Szenerie erfüllt.

Die Lebensform der höfischen Gesellschaft

Die den Absolutismus bestimmende Rationalität, die in der Geometrie der Schloss- und Gartenanlagen ein so ausgeprägtes Gesicht gewann, legte sich auch über das Zusammenleben der Hofgesellschaft, die sich in diesen Anlagen bewegte. Ihre Lebensweise war, wenn auch von Hof zu Hof im Einzelnen unterschiedlich, genau geregelt und unterlag einem strengen Zeremoniell, das nicht nur bei Staatsakten und besonderen Anlässen (Feiertagen, Besuchen, Ordensverleihungen, Jagden, Festen u. a.) befolgt wurde, sondern den höfischen Tagesverlauf überhaupt bestimmte (u. a. die Bedienung des Herrschers beim Aufstehen, Anziehen, bei den Mahlzeiten, beim Ausfahren, beim Schlafengehen). Norbert Elias hat das Zeremoniell des ‚Lever', des Aufstehens, Ludwigs XIV. bis ins Detail nachgezeichnet und dabei gezeigt, wie jeder Aktus im Gang der Zeremonie seinen bestimmten Prestigewert besaß und als „Anzeiger für die Position des Einzelnen innerhalb der Machtbalance zwischen den vielen Höflingen" diente.[14]

Die Einhaltung des Zeremoniells (der ‚Etikette') verlangte nicht nur genaue Kenntnisse, die fast schon Berufsqualitäten nahe kamen, sondern sorgte vor allem auch dafür, dass die Hofgesellschaft sich in ständiger Bewegung und andauernder Spannung befand, zumal jeder jeden scharf überwachte und auf den Regelverstoß des anderen nur wartete. Spontaneität war verpönt und gefährlich. Wer sich dem Konformitätsdruck, der über der höfischen Gesellschaft lastete, dem Zwang, sich dem Zeremoniell anzupassen, nicht fügte, rührte damit zugleich an den „Grundfesten der eigenen sozialen Existenz".[15] – Abstrahiert man von den Regelungen im Einzelnen, so war ihre sich wiederholende Grundfigur die des Vortritts, der ‚Präzedenz', die den Vorrang der einen vor der anderen Person zu erkennen gab, wobei der direkte Kontakt mit dem – distanzierten, kultisch überhöhten – Fürsten als höchste Auszeichnung galt. Letztlich war das den Vortritt regelnde Zeremoniell auf Unterwerfung hin angelegt. Der eine unterwarf sich, indem er die Präzedenz zu gewähren hatte, dem anderen, und alle ‚beugten' sich dem Herrscher; die eigens dafür entwickelte Gestik, etwa der Bückling, verdeutlichte diese Haltung (die Verbeugung, der Diener, der Knicks haben sich bis heute als Zeichen des Respekts erhalten).[16]

Sich zu verbeugen, die Verbeugungen der anderen entgegenzunehmen, den eigenen Rang im Machtgefüge des Hofes ständig sinnfällig werden zu lassen, war unumgänglich, um eben diesen Rang zu unterstreichen und zu befestigen. – Auch die Architektur trug den sozialen Rangabstufungen und der Distanzierung des Fürsten auf anschauliche Weise Rechnung. Wer im Schloss zu ihm vordringen wollte, musste die Enfilade der Vorzimmer überwinden, die mit immer bedeutenderen Würdenträgern besetzt waren; in den Hoftheatern legten Logen und Ränge die Plätze fest und schufen die für nötig gehaltenen vertikalen und horizontalen Abgrenzungen. Die Kehrseite der Distanzierung des Herrschers lag in dessen nicht vorhersehbaren Zuwendungen und Gunsterweisungen. Infolge der Ungewissheit der Verteilung fürstlicher Gnaden blieb das Ranggefüge der Hofgesellschaft bei aller strukturellen Festigkeit relativ labil. So war jeder des anderen Konkurrent und bemühte sich um des Herrschers jeweilige Günstlinge. Schmeichelei, Verstellung, Berechnung, Neid, das Einfädeln von Intrigen gehörte zu den Verhaltensweisen, die sich in dieser Gesellschaft notwendigerweise etablierten, verbunden mit dem Bemühen, sich selbst keine Blöße zu geben, mit der Selbstbeherrschung der eigenen Affekte also und mit der genauen Beobachtung und Kalkulation des Benehmens der anderen. Eine Gesellschaft, die sich derartig mit sich selbst beschäftigte und dafür auch immer neue Anlässe suchte (Jagden, Bälle, Theater, Feste), war für eigentliche politische Fragen wenig empfänglich, ein Effekt, der durchaus im Interesse des jeweiligen Regenten lag – wie überhaupt die ewige Wiederkehr und die Gleichförmigkeit des Zeremoniells geeignet waren, die Einsicht der Untertanen in das Zeitbedingte und Vergängliche fürstlicher Macht zu verschleiern.[17] Die Konkurrenzkämpfe um Prestige und ‚Ehre', die innerhalb eines einzelnen Hofes üblich waren, hatten ihre Bedeutung auch im Verhältnis der Höfe untereinander. Nicht nur versuchten diese sich in ihrem Aufwandsniveau zu übertrumpfen (und sich dabei gleichzeitig auch in ihrer finanziellen Kraft zu erschüttern), sie rangen um größeres Ansehen untereinander auch mit Hilfe ihrer Repräsentanten, ihrer Diplomaten, ihrer Künstler und Gelehrten und deren Leistungen. Dabei hatten die großen Höfe zunächst von Wien, später stärker von Versailles insbesondere im kulturellen Bereich Vorbildfunktionen – die Adaption der französischen Sprache in den deutschen Hofgesellschaften des 18. Jahrhunderts ist dafür der sprechende Beleg; überall wurden auch französische Tanz- und Fechtmeister eingestellt, kleidete man sich nach französischer Mode, beherrschte die französische Küche die Tafeln, die französische Literatur den literarischen Geschmack.

Erziehungs- und Lebenslehren (Castiglione und Gracián)

Die Verhaltensweisen der Hofgesellschaft sind durch die Art und Weise der Erziehung ihrer Mitglieder nachhaltig stabilisiert worden. Die Erziehung des Adels zielte im Prinzip auf die Vermittlung einer Gesinnung, die einerseits noch an die Wertvorstellungen und Verhaltensnormen der höfischen Gesellschaft des Mittelalters gebunden war (vgl. dazu P. N., 2012 a, III) und sich andererseits an der an den italienischen Höfen der Renaissance ausgebildeten Lebensform des Hofmanns, des ‚cortegiano', des ‚Mannes von Welt', orientierte – wobei freilich das Vorbild dieser Lebensform gerade an den absolutistischen Höfen durch den dort praktizierten Zwang zur ‚Höflichkeit' (zur Etikette) in seinem Sinn auch verfälscht und letztlich zerstört worden ist. Das Ideal der Lebensform des italienischen Hofmanns ist im 17. und 18. Jahrhundert in zahlreichen sog. ‚Hof-Schulen' auch in Deutschland verbreitet worden, einer literarischen Gattung, die das Regelwerk des richtigen Benehmens in der Hofgesellschaft zu vermitteln suchte (und die ihr Leben bis in die Gegenwart in populären ‚Anstandsbüchern' fristet, die sich am Vorbild des berühmt gewordenen, 1788 erschienenen Leitfadens des Adolph Freiherrn von Knigge *Über den Umgang mit Menschen* orientieren, allerdings dessen aufklärerische Absicht, auch den Bürgern etwas von der Weitläufigkeit des Adels zu vermitteln, nicht mehr vor Augen haben, sondern nur noch Etikette-Vorschriften weitergeben, die möglichst auch den gesellschaftlichen Aufstieg erleichtern sollen).

Der Ausgangspunkt für diese Art von Literatur und zugleich für das positive Bild des Hofmanns ist Baldassare Castigliones *Libro del Cortegiano* (1528), das die Lebensführung der sich als gesellschaftliche Elite verstehenden höfischen Gesellschaft gleichsam theoretisch fundiert und einen gar nicht zu überschätzenden Einfluss auf die Adelserziehung in ganz Europa gehabt hat (es lag zu Beginn des 20. Jahrhunderts in 78 italienischen Ausgaben und in 18 spanischen, 16 französischen, 17 lateinischen und 3 deutschen Übersetzungen vor). Castiglione, der im Laufe seines Lebens selbst im Dienst verschiedener Höfe stand, lässt in seinem Buch Mitglieder einer Hofgesellschaft sich an mehreren Abenden über die Frage unterhalten, was man unter einem vollendeten Hofmann und einer vollendeten Hofdame zu verstehen habe. In geistreichen Dialogen wird ein Idealbild der Erziehung des Hofmanns, seiner Tugenden, seiner Funktion am Hofe, guter Manieren und geselligen Betragens entwickelt, und auch die vorbildlichen Verhaltensweisen einer Hofdame werden in die Betrachtungen einbezogen. Grundlage der Lebensführung des Hofmanns ist für Castiglione die ritterliche Haltung, die durch das Waffenhandwerk, durch Erfahrungen im Krieg, im Turnier, im Duell, durch geschultes Reiten, Fechten und Jagen, auch durch den Tanz geübt wird. Der Hofmann soll ‚in allen Sätteln gerecht' sein. Zu diesen alten ritterlichen Künsten tritt die literarisch-musische Bildung im Zeichen der ‚studia humanitatis' (vgl. P. N., 2012 a, V). Der Hofmann soll sich Sprachkenntnisse verschaffen, soll sich in die antiken Autoren vertiefen, sich sogar – in erster Linie in der Volkssprache – als Schriftsteller versuchen, soll sich auch musikalisch betätigen und – Castiglione war mit Raffael befreundet – im Zeichnen üben. – All diese Studien aber sollen nicht der bloßen Wissensvermittlung gelten; sie gewinnen ihren Sinn vielmehr erst dadurch, dass sie – entsprechend den Vorstellungen der Humanisten – Tugenden stärken. Neben der Tapferkeit (‚fortitudo') und dem Gerechtigkeitssinn (‚iustitia') ist besonders die ‚temperantia', die Selbstbeherrschung, erstrebenswert, die Fähigkeit, das rechte Maß einzuhalten, sich harmonisch mit den anderen abzustimmen. Im Grunde werden damit Tugenden der mittelalterlichen Ritterethik (‚ere', ‚maze', ‚zuht', ‚staete', ‚triuwe') ins Gedächtnis gerufen, nur dass ihre Benennungen nun die Lektüre der antiken Moralphilosophen bezeugen. Der besondere Akzent, der das Ethos des Hofmanns von dem des Ritters abhebt, liegt in der Bedeutung, die Castiglione der ‚sapientia' zuspricht. Er begreift sie als ‚prudentia', als Weltklugkeit, als das Wissen um das richtige Handeln (wozu durchaus auch die Fähigkeit gehört, sich selbst ins rechte Licht zu setzen, eigene Vorzüge herauszustellen, eigene Schwächen zu verbergen). Wer, wie der Hofmann, den Fürsten gut beraten will, gar sein Mentor bei der Regierung des Staates sein möchte (ein Aspekt, den Castiglione ausführlich im 4. Teil seines Buches darlegt), muss weltorientiert sein, Menschenkenntnis besitzen, die Realität sachangemessen beurteilen und über Gesellschaft, Staat und Politik praktisch nachdenken können. Diese Art von Klugheit ist ein Zug, der die Hofleute nicht nur von den in ihrer Mehrzahl illiteraten und allein dem geistigen Horizont des höfischen Lebens verhafteten Rittern des Mittelalters abgrenzt, sondern sie auch von der scholastischen Gelehrsamkeit der Mönche und Kleriker trennt und sie von der eher meditativen Lebens- und Sichtweise der Humanisten zumindest distanziert. Flitner hat betont, dass im Kreis der Hofleute zum ersten Mal in Europa „die Form ‚realistischer' Geistesbildung" entstanden sei.[18] Dies heißt nicht, dass in ihm nur an das Nützliche und Verwertbare gedacht wurde. Auch spekulative Interessen kamen zu ihrem Recht, was sich nicht zuletzt in den Korrespondenzen und Gesprächskreisen des Hofadels erweist, an denen Köpfe wie Ficino, Leibniz, Voltaire ebenso beteiligt waren wie Pico della Mirandola oder Shaftesbury, und allein schon durch den engen Kontakt gefördert wurde, den adlige Hofleute mit bürgerlichen Künstlern und Gelehrten pflegten, die der kontemplativen Lebensform der Humanisten zuneigten, aber ihre Arbeit in den Dienst der Gesellschaft und des Staates und das hieß zugleich auch des geselligen Lebens an den Machtzentren der Höfe stellten. Dennoch gewann die Beschäftigung mit Problemen, die für Regierungs- und Verwaltungsgeschäfte eine unmittelbare Bedeutung besaßen und nicht nur historische, juristische und wirtschaftliche Kenntnisse, sondern auch diplomatische Geschicklichkeit verlangten, für die Hofleute zunehmend an Gewicht. Um die eigene Weltkenntnis zu erweitern, wurde es unter den jungen Adligen üblich, die so genannte Kavalierstour zu unternehmen, die sie an die bedeutendsten Höfe Europas führte, zumal an die italienischen, um dort das theoretisch Gelernte durch praktische Anschauung zu vertiefen (die bürgerliche Bildungsreise nach Italien imitiert später diese Kavalierstour des Adels).

Für die Faszination, die Castigliones Entwurf eines Idealbilds des Hofmanns auf den europäischen Adel ausübte, sprechen nicht nur die vielen, schon erwähnten, Auflagen und Übersetzungen seines Buches, sondern auch die von ihm beeinflusste Hof-Literatur (u. a. Della Casas *Galateo* [1558] und Du Refuges *Traité de la Cour* [1616]) sowie Betrachtungen in politischen Biographien, ferner Aphorismenbücher, Apophthegmatasammlungen, Konversationstraktate u. a. m.

Einen besonderen Akzent erhielt das Bild des Hofmanns in den Schriften des spanischen Jesuiten Baltasar Gracián, der während der Regierungszeit Philipps IV. zeitweilig selbst am Hofe lebte. Für ihn war der Hof nicht als solcher, sondern als Spiegel der Welt und des Lebens von Interesse, als ein Abbild des großen ‚Welttheaters'.[19] Insofern ist all das, was er über das Benehmen am Hof schrieb, zugleich auch als allgemeine Lebenslehre zu verstehen. Vor allem in seinem Traktat über den Weltmann (*El Discreto*, 1646) und in seiner Spruchsammlung *Oráculo manual y arte de prudencia* von 1647, die in Deutschland starke Verbreitung erfuhr und als ‚Hofschule' rezipiert wurde, schließlich in seinem dreiteiligen Hauptwerk, dem philosophisch-satirischen Roman *El criticón* (1651–57), das 1698, 1710 und 1721 ins Deutsche übersetzt wurde,[20] entwickelt Gracián, der durchaus nicht an Hofkritik und an Ausfällen gegen aufgeblasene Höflinge und Schmeichler sparte, das positive Gegenbild des Mannes von Welt, der den Hof als geeignete Schule betrachtet, um all das zu lernen, was er an Lebensklugheit, an aufmerksamem, berechnendem, die Schwächen des jeweiligen Gegenübers einkalkulierendem, an ‚politischem' Verhalten zu seiner individuellen Selbstbehauptung und zur Selbstbewahrung in der Gesellschaft braucht. Nicht also der in der Anpassung seine Identität verlierende Höfling schwebt Gracián vor, sondern die durch kluge und taktische Anpassung ihre Identität gerade stärkende Persönlichkeit, die sich selbst kultivierende ‚persona'. Der Hof erscheint nicht mehr, wie bei Castiglione, als Stätte der Ausbildung von Tugenden und sittlicher Läuterung, sondern als ein Wirkungsfeld, auf dem sich der Durchsetzungswille des Einzelnen kämpferisch üben und entfalten kann. Insofern wandelt sich das bei Gracián entworfene Bild des Hof- und Weltmanns von einem gesellschaftlichen in ein individuelles Ideal.

Die letztlich von tiefem Pessimismus getragene, „nüchterne Analyse der menschlichen Szene",[21] die Gracián mit seiner Hof- bzw. Lebenslehre verbindet, und seine praktischen Ratschläge, wie der Hofmann als Schauspieler auf der säkularen Bühne zum Erfolg kommen könne, haben auch in Deutschland die so genannte „politische Bewegung"[22] nachhaltig unterstützt. Diese hatte sich unter dem Einfluss Machiavellis, insbesondere seines *Il Principe* (1513), ausgebreitet, einer Schrift, in der Politik nicht länger – in Anlehnung an Platon und Aristoteles – als Lehre von den Staatsformen und Institutionen verstanden, sondern als ‚techné' untersucht wurde. Im Zentrum der Fragestellung Machiavellis standen die politische Persönlichkeit und die Gesetze des politischen Handelns, das Zusammenspiel von politischer Erkenntnis, politischer Praxis, politischer Manipulation und politischer Ethik.[23] Dass sich diese anthropologische Auffassung von Politik auf der einen und die Reflexionen über das Verhalten des Hofmanns auf der anderen Seite berührten, erscheint evident; gerade die Lehren Graciáns, die stets die Folgen des Handelns klug vorauszubedenken empfahlen, sind nur vor dem Hintergrund der auf dem Prinzip der ‚prudentia' basierenden Moral Machiavellis richtig einzuschätzen. Dass Machiavellis und Graciáns von der ‚politischen Bewegung' aufgegriffene Gedanken auch auf tiefes Misstrauen stießen, besonders bei überzeugten Christen, verwundert nicht. Sie sahen das Prinzip der Redlichkeit im menschlichen Miteinander grundsätzlich verletzt, wenn sich individueller Utilitarismus ohne Skrupel auf die ‚prudentia' berief oder wenn zweifelhafte politische Entscheidungen leichtfertig mit Machiavellis Überzeugung begründet wurden, dass aus Gründen der Staatsnotwendigkeit auch Rechtsverletzungen in Kauf zu nehmen seien. Gerade auch in der Literatur hat die ‚politische Bewegung' heftige, sich als ‚Hofkritik' äußernde Gegenreaktionen ausgelöst.

Dennoch hat diese Kritik nicht verhindern können, dass im Zusammenhang der ‚politischen Bewegung' die Gestalt des ‚Politicus' zunehmend positiv beurteilt wurde und dass die Begriffe ‚Cavalier' und ‚Politicus' austauschbar wurden, wenn man die Vertreter der Lebensform des Hofmanns meinte.

Sprachschulung und Sprachgesellschaften

Zu den ‚politischen' Qualifikationen der Hofleute gehörte eine hoch entwickelte Sprachschulung. Wer im taktischen Spiel der Interessen seine eigenen Worte kontrollieren und wirkungsvoll einsetzen wollte und zugleich die Worte des Gegenübers danach abzusuchen gewohnt war, ob sich in ihnen auszunutzende Schwachstellen offenbarten, musste das sprachliche Handeln möglichst perfekt beherrschen. Und wenn sich Hofleute gar als Schauspieler auf der Bühne des politischen Welttheaters verstanden, das der Hof für sie bedeutete, so musste ihnen das Wort als das ihnen gemäße Medium erscheinen und seine Beherrschung als die entscheidende, sie selbst in ihrer Bedeutung bestätigende Fähigkeit. Die Notwendigkeit, diese Fähigkeit als Voraussetzung für persönlichen Erfolg zu erlangen, und die Aufwertung der Rhetorik als eines Mittels höfischer Politik hat eine Unmenge von deutschsprachigen Lehrbüchern der Rhetorik und ‚Briefstellern' entstehen lassen, die dann auch ihre Wirkung auf die Rhetorik als Bildungsdisziplin nicht verfehlt und im Übrigen natürlich auch die Dichtung beeinflusst haben, zumindest soweit diese an den Hof und die höfische Gesellschaft gebunden und damit öffentlich und repräsentativ war.[24] Gerade die am Hofe und unter Hofleuten vorgetragenen Gelegenheitsdichtungen, zu denen sich auch viele der großen Autoren des 17. Jahrhunderts hergeben mussten, sind intentional bestimmt und bieten alle geeigneten rhetorischen Mittel auf, um einflussreiche Gönner zu gewinnen oder zu beeinflussen. Unter den vielen Rhetoriken war die bedeutendste der 1677 erschienene *Politische Redner* des Weißenfelser Rhetorikprofessors und Zittauer Gymnasialrektors Christian Weise, dem es mit seinem Buch gelang, die Dynamik der ‚politischen' Bewegung in die deutsche Rhetoriktheorie zu leiten. Er behandelt die humanistische Schulrede, das höfische Komplimentierwesen („Worinnen die Complimenten bestehen"), die höfische Gelegenheitsrhetorik („Was bey hohen Personen / sonderlich vor Hofe / vor Gelegenheit zu reden vorfällt"), die bürgerliche, die akademische Beredsamkeit u. a. m., fügt auch eine Übung im Briefschreiben hinzu. Was alle Kapitel verbindet, ist die ‚politische' Zielsetzung. „Das ist gewiß / wer ein gelehrter Politicus heissen wil / der muß bey guter Zeit auff sein Mund-Werck bedacht seyn", lautet der Kernpunkt seines Programms, das sich vor allem an die neue breite Schicht der immer unentbehrlicher werdenden Beamtenaristokratie richtet, die zwischen feudalistischem Adelsbewusstsein und humanistischer

Gelehrsamkeit Orientierung suchte[25] und sie in der ‚politischen' Lebenslehre, in der Vorstellung des rhetorisch versierten Hofmanns fand. Genügend Gelegenheit rhetorisch in der Gesellschaft zu glänzen und bei Vorgesetzten oder Gönnern oder dem Regenten selbst eine ‚gute Opinion' zu wecken (alles Antriebe, die – wenn auch unter anderen Vorzeichen stehend – bis heute in der so genannten ‚guten Gesellschaft', zumal auch in akademischen Kreisen, eine nicht zu unterschätzende Rolle spielen), fanden die ‚Politici' auf diplomatischen Empfängen, bei Verhandlungen, im Kabinett, auf Hoffesten, und bei diesen Gelegenheiten konnte sich auch ihr Konkurrenzwille entfalten. So wurde rhetorische Befähigung zu einem Hebel individuellen Erfolgs; was im Rahmen humanistischer Gelehrsamkeit weitgehend noch theoretisches Wissen und auch Selbstzweck geblieben war, fand am Hofe reale Anwendungsmöglichkeiten. Entsprechend verstand Weise seinen *Politischen Redner* auch ganz entschieden als Propädeutik, als Instrument persönlichen Erfolgsstrebens: Auf Knappheit, Klarheit und Fasslichkeit des Vortrags sollte es ankommen, auf das gut gewählte Beispiel, auf die Fülle der Wirklichkeitsbezüge, aber auch auf die Lockerheit und sogar den Humor des Vortrags u. a. m. Dass Weises Rhetorik so einflussreich und breitenwirksam wurde, lag nicht zuletzt daran, dass seine auf praktikable Vorschriften ausgerichtete Konzeption auch dem bürgerlichen Publikum verwendbar erschien, das sich – nachahmend – diejenigen rhetorischen Rezepte aneignete, die für das eigene Fortkommen zweckdienlich erschienen. Die zahlreichen rhetorischen Handbücher, die gerade in der zweiten Hälfte des 17. und zu Beginn des 18. Jahrhunderts publiziert wurden,[26] sind sämtlich aus den Ansätzen des *Politischen Redners* hervorgewachsen. – Der rhetorische Stil, der bei Weise ‚politisch' hieß, fand in anderen Rhetoriken andere Epitheta. Nahezu bedeutungsgleich erscheint das Wort ‚galant', das auch in die literarische Gattungstheorie einging (vgl. u.); ‚galante' Rhetorik war ‚politische' Rhetorik – allerdings mit stark französisierendem Akzent, was sich besonders im Briefstil der Galanten bemerkbar machte. Die utilitaristische Zielsetzung hatte der galante mit dem politischen Stil gemeinsam, und die Beweglichkeit, die all die Rhetoriken dieser Zeit im Sprachlichen forderten, entsprach der Elastizität, die als Lebenshaltung des Hofmanns galt. Zu dieser Elastizität gehörte auch eine entsprechende Mimik und Gestik, die als Lehre von der ‚actio' in vielen Rhetoriken mitbehandelt wurde.[27] Auch der Körper sollte ein Instrument der Konversation sein, das Wort durch das Mienenspiel des Sprechenden und durch sein ganzes Auftreten unterstützt, das Geistige möglichst auch visuell sichtbar werden. Dass gerade der genau kalkulierte und viel Aufmerksamkeit erfordernde Gebrauch rhetorischer (die non-verbale Kommunikation einschließender) Mittel zugleich in besonderem Maße auch der ‚Bändigung der Affekte' diente, von der die ganze Hofkultur bestimmt wurde,[28] ist dabei nicht zu übersehen. Im Übrigen nahmen auch die weiblichen Angehörigen des Adels am ‚höfischen Stil' teil. Besonders einflussreiche rhetorische Anleitungen für Frauen wurden die 1596 in Straßburg erschienene *Schatzkammer / Schöner / zierlicher Orationen / Sendbriefen / Gesprächen ... und dergleichen* und später Georg Philipp Harsdörffers *Frauenzimmer-Gesprechspiele* (1641–49).

Was in den rhetorischen Lehrbüchern niedergelegt wurde, das wurde in den pädagogischen Institutionen geübt. In ihnen allen, ob in den Ritterakademien, Jesuitengymnasien, protestantischen Gelehrtenschulen, an den Universitäten, war die Rhetorik Unterrichtsfach, wurde disputiert, deklamiert oder Theater gespielt, damit rhetorische Muster sich einprägten und die Geschicklichkeit im mündlichen Ausdruck sich steigerte. Welches Gewicht dem Rhetorik-Unterricht zukam, wird nicht zuletzt auch in der Kritik an ihm deutlich. Viele beklagten, dass neben dem ‚eloquentia'-Betrieb die gründliche Denkschulung zu kurz komme oder dass über der Verbalbildung die Realdisziplinen vernachlässigt würden.[29] Pädagogisch umstritten war zudem während des ganzen 17. Jahrhunderts die Rolle des Lateinischen gegenüber der deutschen Muttersprache. Von dieser Auseinandersetzung war die Rhetorik als Fach deswegen besonders betroffen, weil sie lateinisch tradiert worden war, und trotz des Durchbruchs der deutschsprachigen Gelehrtendichtung (vgl. u.) und des Eintretens bedeutender Reformpädagogen für einen muttersprachlichen Unterricht ist die Rhetorik im Wesentlichen lateinisch geblieben – ganz anders als ihre Schwesterkunst, die Poesie, die sich zunehmend das Deutsche eroberte, das sich allmählich auch auf dem Schultheater durchsetzte. Die rhetorische Ausbildung junger Adliger übernahmen vor dem Universitätsstudium in der Regel Hofmeister oder Ritterakademien. Als Hofmeister waren an katholischen Höfen meist Jesuiten tätig, wie überhaupt an katholischen Höfen Einfluss zu nehmen ein Hauptziel des Jesuitenordens gewesen ist, während an protestantischen Höfen viele bürgerliche Gelehrte und auch Schriftsteller zumindest zeitweilig die Stellung des Hofmeisters einnahmen – im 17. Jahrhundert unter vielen anderen Birken, Gerhardt, Gryphius, Klaj, Moscherosch, Neander, Opitz, Schupp, Weise und im 18. Jahrhundert Fichte, Gellert, Gottsched, Hamann, Hegel, Hölderlin, Jean Paul, Kant, Klopstock, Lenz, A. W. Schlegel, Schleiermacher, Wieland u. v. a. Während die Hofmeister sich im Wesentlichen um die Vermittlung grammatikalischer, rhetorischer, poetischer Kenntnisse bemühten und sich dabei, z. B. wenn sie ihre Zöglinge auf den Kavalierstouren begleiteten, auch selbst weiterbilden konnten (z. T. aber auch einfach als Lakaien ausgenutzt wurden – man vgl. etwa die Tragikomödie *Der Hofmeister oder Vortheile der Privaterziehung* (1774) von Jakob Michael Reinhold Lenz [vgl. II]), wollten die Ritterakademien den jungen Adligen darüber hinaus auch die traditionellen ritterlichen Umgangsformen anerziehen. Dazu gehörten Waffenübungen, Reiten, Tanzen, Fechten, und auch die gelehrten Studien waren stärker auf die Aufgaben künftiger politischer Führungskräfte zugeschnitten und schlossen Politik, Römisches Recht, Geschichte und moderne Sprachen als Lehrfächer ein. Schon die Angehörigen des niederen Adels aber konnten sich die Erziehung auf den kostspieligen Ritterakademien nicht leisten. Sie schickten ihre Kinder zusammen mit den Kindern des gehobenen Bürgertums auf die Gymnasien, je nach Konfessionszugehörigkeit auf die protestantische Gelehrtenschule oder auf das Jesuitengymnasium. Der Rhetorikunterricht auf den protestantischen Schulen war während des 17. Jahrhunderts im Wesentlichen durch Lehrbücher bestimmt, die in der Tradition Philipp Melanchthons und Johannes Sturms standen und die, wie die einflussreichen Bücher von Gerhard Johannes Vossius und Christian Weise, viel Wert auf praktische Übungen legten. Zu den Gedächtnisleistungen des freien Vortrags gehörte immer auch die überzeugende Darbietung, die actio, um deren Vervollkommnung man sich intensiv bemühte. Der Darbietung des Gelernten dienten u. a. besondere Schulveranstaltungen, die rhetorischen Schulactus, die der Öffentlichkeit zugleich Rechenschaft über die Fortschritte der Schüler geben sollten. Auf solchen Veranstaltungen, für die es genügend Anlässe gab (u. a. kirchliche Feste, Examina, Gedenktage für Gönner, auch politische Ereignisse), wurde nicht nur deklamiert, sondern eben auch Theater gespielt (vgl. P. N., 2012 a, V) – unter Christian Weises Einfluss immer häufiger in deutscher Sprache. Viele der gelehrten Autoren dieser Zeit und viele ihrer Kunstdramen sind aus der geschichtlichen Realität des Schultheaters hervorgegangen – dies gilt für Johann Rist ebenso wie für Andreas Gryphius, Caspar Lohenstein oder Johann Christian Hallmann (vgl. u.) – und diese Realität ist von ihnen auch nie verdrängt oder geleugnet worden. Auch auf den Jesuitengymnasien orientierte sich der Rhetorikunterricht am humanistischen Ideal der ‚eloquentia', und auch auf ihnen galt der rhetorischen Praxis große Aufmerksamkeit. Dabei war der Unterricht von vornherein stark instrumentalisiert, weil sich die rhetorischen Übungen im Sinne der Gegenreformation vornehmlich auf die Verbreitung des rechten Glaubens, die Widerlegung der Ketzer und die Rückeroberung der vom Katholizismus Abgefallenen bezogen.[30] Diese Zielsetzungen verfolgten im Wesentlichen auch die an den Schulen gespielten Theaterstücke. In den Aufführungen, die gezielt die Affekte der Zuschauer anzusprechen suchten, kam der Mimik und Gestik besondere Bedeutung zu; die Ausdrucksmöglichkeiten der einzelnen Körperteile waren Gegenstand der Theatertheorie. Dass auch Musik und Ballett in die Aufführungen integriert wurden, dass die Pracht der Ausstattung, dass akustische und optische Effekte ein immer größeres Gewicht erhielten, entsprach nicht nur der propagandistischen Intention der Stücke, sondern unterstützte auch den nachdrücklich verfolgten Plan, das Schultheater auch als Hoftheater zu etablieren (vgl. u.).[31]

Was an den Gymnasien an Rhetorik gelernt worden war, kam schließlich an den Universitäten voll zur Geltung. Die an ihr (schon seit dem Mittelalter) geübte Praxis der Disputation, bei der eine bestimmte Anzahl von Thesen kontrovers diskutiert wurde, diente der Schulung sowohl des Denk- als auch des Redevermögens, förderte die Präsenz des Wissens ebenso wie die Schlagfertigkeit der Entgegnung, freilich auch die Streitsucht und abwegige Spitzfindigkeit und damit den akademischen Leerlauf. Ob aktiv teilnehmend oder nur zuhörend, kamen die Studenten ständig mit dieser Praxis in Berührung; sie konnten Rhetorik zudem gesondert als Studienfach belegen. Für die Wirkung der Rhetorik auf die Hofkultur ist es von Bedeutung, dass auch die Universitäten ihre Beziehungen ‚nach oben' zu kultivieren hatten. Sie waren finanziell vom Landesfürsten und von adligen Gönnern abhängig und waren gehalten, bei den unterschiedlichsten Gelegenheiten (bei besonderen Ereignissen im Herrscherhaus, bei Besuchen ausländischer Potentaten u. ä.) mitzuwirken und Festakten durch rhetorische und poetische Beiträge ein feierliches Gepräge zu geben.

Der Rhetorik im weitesten Sinne, vor allem aber poetischen Übungen, für die eine gelehrte philologische Vorbildung als unerlässlich galt, dienten auch die nach dem Vorbild italienischer Akademien organisierten Sprachgesellschaften des 17. Jahrhunderts, zu deren bedeutsamsten die ‚Fruchtbringende Gesellschaft' (gegründet 1617), die ‚Deutschgesinnte Genossenschaft' (gegründet 1643), der ‚Pegnesische Blumenorden' (gegründet 1644) und der ‚Elbschwanenorden' (gegründet 1658) gehörten. In ihnen kamen wie schon auf den Gymnasien und Universitäten Adlige und Bürgerliche zusammen, schienen die Standesgrenzen, die in diesen Institutionen im gemeinsamen Lernen einerseits überbrückt wurden, andererseits aber durch die aufwändigere Lebenshaltung vieler junger Adliger sehr deutlich im Bewusstsein blieben, überschreitbar zu werden. Die Mitgliedschaft vieler Adliger in den Sprachgesellschaften erleichterte deren Anerkennung an den Höfen, an denen Festreden und poetische Produktionen, Panegyrik zumal (also der rhetorisch ausgeschmückte Preis hoher Persönlichkeiten, ihrer Taten, aber etwa auch neuer Institutionen), stets willkommen waren. Dass diese Gesellschaften auch literarhistorisch bedeutsam wurden,[32] verdanken sie ihrem entschiedenen, zum Teil ausgesprochen kulturpatriotischen Eintreten für das Deutsche als Sprache der Literatur (was zugleich zu manchen sprachpuristischen Aktivitäten und einem bald lächerlich wirkenden Anti-Fremdwörter-Eifer führte) und zahlreichen Übersetzungen literarischer Texte insbesondere aus den romanischen Volkssprachen. Aber gerade die soziale Funktion der Sprachgesellschaften ist daneben nicht zu übersehen. Die in ihnen tätigen bürgerlichen Humanisten nutzten sie als Möglichkeit, sich gegenüber den insgesamt eher unproduktiven adligen Mitgliedern zu profilieren und sich durch den Aufbau der – sehr lange wirksam gebliebenen, auch Kompensationsfunktionen übernehmenden – Vorstellung eines alle Standesgrenzen überwindenden ‚geistigen Adels' gesellschaftlich aufzuwerten.

Die – unterschiedlich weit reichende – Erhebung einzelner, zumal gelehrter, Bürgerlicher in die gesellschaftlichen Eliten ist durch die zersplitterten Herrschaftsstrukturen in Deutschland sicherlich begünstigt worden. Anders etwa als im zentralistischen Frankreich, wo sich der Adel stärker einheitlich zusammenfügte, boten die vielen kleinen territorialen Hofgesellschaften (die sich im 19. und noch im 20. Jahrhundert in den ‚guten Gesellschaften' lokaler Gutsherren und der städtischen Aristokratie fortsetzten und im Offizierskorps oder in Studentenverbindungen nachgebildet wurden) dem bürgerlichen Aufstiegswillen vielfältige Chancen, förderten zugleich aber auch die Kontrolle des Verhaltens, das „gegenseitige Abschätzen des Status- und Prestigewertes der Zugehörigen".[33] Insgesamt aber waren die Hofgesellschaften und die späteren „guten Gesellschaften" auch in Deutschland darum bemüht, möglichst ‚unter sich' zu bleiben. Das veräußerlichte Verständnis persönlicher Ehre, das in ihnen herrschte und das die Satisfaktionsfähigkeit (das Recht, sich nach Ehrverletzungen mit der Waffe im Duell zu schlagen) nur den Angehörigen der eigenen, nach unten hin zunehmend durchlässigen, Schicht zubilligte, ist dafür ein beredtes Zeugnis.

Das höfische Fest und die daran beteiligten Künste

Das Zusammenspiel von bürgerlichen Interessen und Bedürfnissen des Adels in der von Rangvorstellungen, Zeremoniell, rhetorischer Eleganz geprägten Hofgesellschaft des Absolutismus war auf kultureller Ebene nirgendwo intensiver als bei der Vorbereitung der vielen höfischen Feste. Feste wurden so zahlreich und ausgiebig gefeiert und hatten eine so weit reichende Bedeutung, dass Richard Alewyn das ganze Zeitalter als ‚Epoche der höfischen Feste' bezeichnet hat – ohne dass diese Bezeichnung den gängigen Begriff des Barock hat gefährden können, der – nachdem er zunächst ein schwer zu umreißendes und umstrittenes Stilprinzip kennzeichnete – seit längerer Zeit meist nur noch als pauschaler Epochenbegriff für den Zeitraum zwischen 1620 und 1700 verwendet wird (auch wenn mit ihm zumeist Vorstellungen von manieristischen Stilelementen konnotiert werden).[34] Gefeiert wurden auf den höfischen Festen Geburtstage, Hochzeitstage, Namenstage, auswärtige Besuche, der Abschluss von Staatsverträgen, Einweihungen u. v. a. m. Die Häufung der Feste und ihre sich oft über Tage hinweg erstreckende Dauer dienten nicht so sehr dazu, die Angst vor dem Nichts, den ‚horror vacui', zu vertreiben, wie man oft lesen kann; vielmehr waren sie einerseits ein Mittel, die Bedeutung und Leistungsfähigkeit des Hofes zu demonstrieren, und andererseits die Hofgesellschaft mit organisatorischen Beschäftigungen zu disziplinieren und gleichzeitig zu zerstreuen. Hinter dem, was dem kleinen Bürger als pure Genusssucht und Verschwendung erscheinen musste, stand immer auch politisches Kalkül. Um ein höfisches Fest vorzubereiten, waren Bürgerliche mehr noch beschäftigt als Adlige – ganze Stäbe von Künstlern und ‚Technikern' aller Art und aus verschiedenen Ständen, die ihrerseits zahllose Gehilfen als Handwerker brauchten. Bauten mussten errichtet, Teiche ausgehoben, Feuerwerke arrangiert, Kulissen hergestellt, Kostüme entworfen, Texte geschrieben, Musik komponiert, Kosten berechnet werden usw., so dass sich die Hofgesellschaft und diejenigen, die sie von außen zu ihrer Unterstützung an sich zog und partiell an ihrem Leben teilnehmen ließ, in einer ständigen, kompliziert geregelten und doch nur in sich selbst kreisenden Bewegung befanden.

Ein höfisches Fest bestand aus Teilen, die – je nach Bedürfnissen und vor allem nach finanziellen Möglichkeiten – immer neu kombiniert wurden.[35] Das Turnier war eine Erbschaft des Mittelalters, dem keine soziale und – nach der Erfindung des Schießpulvers – auch längst keine militärische Wirklichkeit mehr entsprach. Man ‚spielte' Artusritter und Kreuzfahrer, verwendete Schwerter aus Holz, übte sich an toten Zielen, ersetzte Mut und Kraft durch Gewandtheit und Eleganz, die Tugenden des Ritters also durch die des Kavaliers, verwandelte das Kampfspiel in ein Schauspiel, das in die Nähe des Balletts rückte. – Zu den Vergnügungen des Festes zählte auch die Jagd, die ganz dem Adel vorbehalten blieb. Auch sie wurde nicht selten zum Schauspiel stilisiert, wenn das Wild von Untergebenen ins Gehege getrieben und von den ‚Jägern' von erhöhter Tribüne aus abgeschossen wurde. – Sehr beliebt war der Trionfo, der festliche Einzug des Fürsten in die Stadt. Hier wurde die – bis heute regional sehr ausgeprägte – volkstümliche Lust an Umzügen befriedigt, staunte man über historische Trachten, über Masken, über Fuhrwerke, die riesige Flächen bemalter Leinwand mit Darstellungen aus der Mythologie mit sich führten, nutzte die Gelegenheit, um Ansprachen zu halten und Spiele vorzuführen. Dem Theatralischen der Veranstaltung entsprechend, wurden derartige Umzüge aber immer häufiger in den Saal verlegt, wo das Spiel mit den Kulissen sich wirkungsvoller entfalten konnte. – Zum Fest gehörte stets auch der Tanz. Zu den seit der Renaissance bekannten Tänzen wie der Bourrée, Courante, Volte, Gaillarde, Pavane kamen im 17. Jahrhundert aus Spanien die Passacaglia, die Chaconne, die Sarabande, aus Italien die Furlana und Bergamasca, aus Frankreich der Rigaudon, der Passepied, die Gavotte und vor allem das Menuett. Ihre Rhythmen sind aus der Musik des Barock noch heute bekannt, auch wenn ihre viel Übung erfordernden abgemessenen, zum Teil feierlich exekutierten Schrittfolgen und geometrischen Bewegungen inzwischen längst vergessen sind, Bewegungen, die auch das Tanzen, bei dem man sich gegenseitig Reverenzen erwies, der Zeremonie annäherten. Vom Gesellschaftstanz unterschied sich das meist als Einlage in der Oper oder Komödie getanzte Ballett nur durch die ausgeprägtere, in Gruppen ausgeführte Pantomimik und durch die größere Perfektion der Berufstänzer. Auch seine Bewegungen verliefen schreitend in der Horizontalen, bildeten gleichsam Ornamente auf der Fläche nach. Der Stilwandel zum vertikalen Tanz, bei dem die Balletttänzer zu springen begannen und ihre Körper zu schweben schienen, vollzog sich erst im 18. Jahrhundert und war sowohl von einem Sturm der Entrüstung als auch der Begeisterung begleitet. – Den Abschluss eines höfischen Festes bildete das Feuerwerk, das oft in theatralische Handlungsfolgen eingebettet und von Musik begleitet wurde (man denke etwa an die berühmt gewordene, wenn auch erst 1749 entstandene *Music for the Royal Fireworks*, die *Feuerwerksmusik* Georg Friedrich Händels). Es verwandelte die Nacht in den Tag, verwandelte den Schauer, den man noch im 17. und 18. Jahrhundert vor der Nacht empfand, in Verzauberung und stärkte zumal in den fernab stehenden Betrachtern die Vorstellung vom Hof als dem Sitz eines anderen, überhöhten Lebens.

Den Künstlern boten die höfischen Feste über die vielen von ihnen geforderten Improvisationen hinaus die vielseitigsten Gelegenheiten, ihre Begabungen zu entfalten und Kunstwerke entstehen zu lassen, deren Wert von Dauer blieb. Auf die Leistungen der Architekten und Gartenbauer ist bereits im Zusammenhang mit der Beschreibung der Schlösser und Gärten eingegangen worden.[36] Von den Malern wurde nicht nur gefordert, Tafeln und Kulissen für Umzüge oder Opern und Schauspiele anzufertigen, sie hatten auch Räume mit Wandmalereien zu versehen und mit Bildnissen zu schmücken. Dabei stand die Portraitmalerei im Vordergrund, nur dass sich das in der Renaissance übliche Kopf- oder Brustbild nun schrittweise zum Hüftbild vergrößerte, dann zum Hüftbild mit Kniestück, bis schließlich die Abbildung der ganzen Figur zur Regel wurde und die Figuren vom oberen Bildrand herab – ‚von oben herab' – auf die Beschauer niederblickten. Wichtig war nun auch weniger die individuelle Physiognomie als die Betonung der ‚Größe' der Erscheinung. Der Eindruck der Erhabenheit der abgebildeten Figur wurde durch das Kostüm und insbesondere durch die Perücke verstärkt, die dem Haupt Bedeutung verlieh und zugleich vom Gesicht ablenkte, es der Gesamterscheinung unterordnete.

Damit verlängerte und idealisierte die Malerei nur, was sich als Mode am Hofe durchgesetzt hatte. Das feierliche, die pessimistisch-ernste Lebensführung der spanischen Herrscher des 16. Jahrhunderts wiedergebende Schwarz der Kleidung, das bald – ergänzt durch das auf Reinlichkeit verweisende Weiß der Wäsche – bezeichnenderweise gerade vom protestantisch-puritanischen Bürgertum Europas als Festtagskleidung übernommen wurde, war in den Hofgesellschaften des 17. Jahrhunderts der durch Drahtgestelle, Polsterungen, Schnüre aufgerichteten Pracht bunter, bestickter, mit Spitzen, Fäden, Litzen und Edelsteinen besetzter Kostüme gewichen. Diese Mode diente vor allem dazu, der eigenen Stellung und Rolle Ausdruck zu verleihen (heute noch weisen Robe und Perücke in einigen europäischen Ländern auf die Bedeutung einzelner Ämter bzw. Situationen hin). Die in Schichten übereinander getragenen Kleidungsstücke (Hemd, Weste, Wams, Umhang o. ä.), die anders als der unbekleidete Körper gesellschaftliche Rangabstufungen zur Anschauung bringen können, erhielten ein derartiges ‚Gewicht', dass der Mensch hinter ihnen fast völlig verschwand. Bis auf Kopf und Hände und den auf Fischbeinkonstruktionen liegenden weiblichen Busen, der dem Stilideal der Zeit vollkommen entsprach und sich gleichsam in die Kostümierung einfügte, war von der menschlichen Gestalt nichts zu sehen und waren auf diese Weise auch körperliche Fehler wie von einer Fassade verdeckt. Rasche und natürliche Bewegungen waren in diesen Verkleidungen ausgeschlossen; in ihnen konnte man sich nur gemessen bewegen, – ‚angemessen', dem Zeremoniell angepasst. – Die Bildnisse verstärkten die theatralischen Effekte der Mode noch insofern, als sie die Figuren nicht nur mit besonderen Requisiten darstellten, mit Stäben, Pergamentrollen, Büchern, Instrumenten als den Insignien verschiedener Ämter und Ränge, sondern auch in bestimmten Posituren, der des Herrschers, des Kriegshelden, des Weisen usw. Kostüme und Posituren wurden von den Malern teilweise sogar vorgefertigt, die Gesichter auf Bestellung nachträglich eingefügt. Bevorzugt wurde die Frontansicht, nicht, wie in der Renaissance und später im Bürgertum des 18. Jahrhunderts, „der geistige Umriß des Profils".[37] Die Portraitbilder oder ‚Kostümbilder' des 17. Jahrhunderts rechneten mit dem Betrachter, sahen ihn an, forderten seine Bewunderung (oder auch seinen Neid) heraus. Und das betrachtende Publikum verstand sowohl den Anspruch der Bildnisse als auch deren Stilmittel – insofern war auch die Malerei dieses Zeitalters durchaus rhetorisch.

Auch die höfische Musik bildete eine ihr eigene Rhetorik aus und zielte – streng strukturiert – auf raumausgreifende Flächigkeit und sinnliche Klangwirkungen ab, um den Eindruck des Repräsentativ-Festlichen hervorzurufen. Ganz aus der Sphäre des höfischen Festes ist die Oper erwachsen, in der Sprache, Musik, Tanz, auch die bildenden Künste zusammenwirkten und eine „Einheit aus Schaugepränge, gedichteter Sprache und Aktionsvollzug" herstellten.[38] Einerseits wurde das Wort durch den Ornat des Klangs feierlich erhöht, andererseits entband das Wort erst in der Oper die dramatischen Kräfte der Musik, ihre Fähigkeit, Leidenschaften ausdrücken. In der Entwicklung der Oper wurde der von Chören unterbrochene und von Musik begleitete bewegte Sprechgesang, aus dem sie zunächst bestand, deswegen auch schnell durch Arien ergänzt, in denen Gefühl sich besonders nachdrücklich artikulieren und entladen ließ. In der Arie, dem lyrischen Element der Oper, triumphierte der theatralische Augenblick, und der Effekt, den sie machte und bis heute macht, wurde vom – gleichsam mitkonzipierten – Beifallssturm des Publikums begleitet. Die Oper, die um 1600 an den italienischen Höfen entstand – als Durchbruch gilt Monteverdis 1607 am Hofe der Gonzaga in Mantua entstandener *Orfeo* – breitete sich von Mantua, Florenz, Ferrara schnell nach Deutschland und Frankreich aus, wobei in Deutschland auch so bedeutende Komponisten religiöser Musik wie Michael Prätorius und Heinrich Schütz, die als Hofkapellmeister in Braunschweig bzw. in Kassel arbeiteten, beteiligt waren. Dies erinnert daran, dass sich zur gleichen Zeit neben der höfischen Oper das Oratorium entfaltete, – eine Art geistlicher Oper im kirchlichen Raum mit den gleichen charakteristischen Elementen (Orchestermusik, Rezitativ, Arie und Chor), wobei der Text anders als in der höfischen Oper jedoch eine fundamentale Funktion besaß, was auch so große Oratorienkomponisten wie Bach und Händel nicht vergessen lassen.

Den Höhepunkt ihrer Bedeutung erreichte die höfische Oper in der zweiten Hälfte des 17. Jahrhunderts am Hofe Ludwigs XIV., was ihr zugleich endgültig ihre europäische Breitenwirkung sicherte. Von Beginn an hatte in der italienischen Oper der Tanz eine tragende Rolle gespielt, die in Versailles mit der Entwicklung der französischen Ouvertüre bzw. Suite, einer festgelegten Folge von Tänzen bzw. zeremoniellen Schrittbewegungen, noch beträchtlich aufgewertet wurde, zumal der König selbst lange Zeit als Tänzer, in der Rolle des ‚Roi Soleil', im ‚Ballet de cour' mitwirkte. Ballett und Oper gingen hier unter der maßgeblichen Beteiligung des Hofkomponisten Jean-Baptiste Lully (eigentlich Giovanni Battista Lulli) eine als ‚französische Oper' bezeichnete Verbindung ein, die vor allem das Ohr (durch Musik und Lieder) und das Auge (durch Bühnendekoration, Kostüme, Tänze) ansprach, auf geistige Anregungen dagegen weitgehend verzichtete. In den nach dem Versailler Vorbild komponierten und arrangierten Opern waren die belanglosen Texte kaum mehr als ein Vorwand, um sinnlich wirksame Effekte inszenieren zu können.[39] Die Bühne war von Menschen überfüllt, die sich – das 17. Jahrhundert hat nicht nur das Ballett, sondern auch die Exerzierkunst erfunden – immer neu formierten oder rhythmisch bewegten. Wasserspiele wurden gezeigt, Beleuchtungskünste, mit denen man die Gestirne, Kometen, Blitze und – unterstützt von Qualm und Gestank – Feuersbrünste vortäuschte, das ganze Drama von Licht und Finsternis. Um all diesen unterhaltsamen Tumult auf die Bühne bringen zu können, musste diese selbst vergrößert werden. Dies geschah auf zweierlei Weise. Einmal wurde die Bühne in die Vertikale erweitert. Schon das mittelalterliche Theater hatte auch den Luftraum benutzt, wenn es z. B. Engel von der Kirchendecke herab oder Heilige in den Himmel hinaufschweben ließ. Die barocke Bühne machte hiervon ausgiebigen Gebrauch, enthielt zugleich auch Versenkungen, aus denen Teufel aufstiegen oder in die Verdammte hinabfuhren. Hierzu waren Winden, Stricke, Versenkungsvorrichtungen nötig, Geräte, an denen sich erfinderische Techniker abarbeiten konnten. Zum anderen erhielt die Bühne – nicht zuletzt durch Kulissen, die es ermöglichten, den Blick des Zuschauers zentralperspektivisch zu richten – eine größere Tiefe, was zugleich auch die Illusionswirkung verstärkte. Die Erfindung der Kulisse, der Dekorationsfläche, die auf Rollen in einer Bodenrille (= frz. ‚couloir') hin- und hergeschoben werden konnte, erlaubte es zudem, die Winkelperspektive zu nutzen, also einzelne Raumwinkel ins Große zu projizieren, so dass optimale Verwandlungsmöglichkeiten der Bühnen erreicht wurden, die Oper und Theater in gleicher Weise auch heute noch nutzen.

Theater (Wandertruppen)

Was an technischen Möglichkeiten zur Oper gehörte, wurde auch im Theater verwendet. Auch das Theater gehörte in den Rahmen des höfischen Festes. Am französischen Hofwaren theatralische Aufführungen schon vor Ludwig XIV. üblich, und gerade er förderte neben Ballett und Oper nachhaltig auch das Schauspiel, ließ nicht nur Tragödien Corneilles und zumal Racines am Hofe aufführen (was eine Voraussetzung für ihren Erfolg auch in Paris vor breiterem Publikum wurde), sondern nahm sich insbesondere auch der Komödien Molières an, den er am Hofe beschäftigte und dem zeitweilig – gleichsam in der Funktion des Hofnarren – erlaubt war, unter königlichem Schutz die höchsten Autoritäten des Reiches in seinen Stücken zu verspotten. – An den deutschen Höfen war mit solchen Namen nicht zu konkurrieren. Hier sorgten zunächst vor allem die Wandertruppen für theatralische Unterhaltung. Obwohl die Wandertruppen – von einigen Ausnahmen abgesehen – in der Regel nicht voll in die Hofkultur integriert waren, unterhielten sie in Deutschland während des ganzen 17. Jahrhunderts und auch noch im 18. Jahrhundert meist enge Beziehungen zu den absolutistischen Machtzentren.[40] Im ausgehenden 16. Jahrhundert waren zuerst italienische Berufskomödianten im süddeutschen Raum erschienen. Aber diese Commedia dell'arte-Truppen konnten sich, schon weil sie an der italienischen Sprache festhielten, nur zeitweilig an einigen süddeutschen Fürstenhöfen durchsetzen. Großen Erfolg dagegen hatten die Englischen Komödianten.

Dies waren professionelle Schauspielertruppen aus dem elisabethanischen England, die seit 1585 in Deutschland nachweisbar sind. Im 17. Jahrhundert spielten solche Truppen auch schon in Polen und im Baltikum, in Böhmen, im Elsass und in der Schweiz – und nicht nur an Höfen, sondern auch in zahlreichen Städten, besonders zu Messe- und Jahrmarktszeiten. Von Beginn an wandten sie sich gleichermaßen an ein höfisches wie an ein bürgerliches Publikum und wurden in beiden Sozialbereichen auch gleichermaßen akzeptiert. Die Voraussetzung dafür war nicht nur, dass sie sich die deutsche Sprache aneigneten, sondern dass sie über ein genügend großes, die unterschiedlichen Interessen berücksichtigendes Angebot an Stücken verfügten. Je größer ihr Repertoire war – und dieses Repertoire umfasste, insgesamt gesehen, freie, d. h. die originale Textgestalt z. T. weitgehend vernachlässigende Nachbildungen der gesamten neuzeitlichen Dramatik von den Königsdramen Shakespeares bis zum billigsten Ehebruchsschwank – desto länger konnte zugleich auch das Interesse des Publikums wach gehalten werden. In den Städten verdrängten die Komödianten auf diese Weise allmählich das alte, in der Tradition der Fastnachtspiele stehende bürgerliche Laienspiel (vgl. P. N., 2012 a, IV) und regten teilweise auch bürgerliche Autoren an (wie in Nürnberg z. B. den Notar und Prokurator Jakob Ayrer), Stücke zu schreiben, die sich am Vorbild ihrer Theaterpraxis orientierten. – Um ein Engagement am Hofe zu bekommen, legten die Prinzipale der englischen und der bald auch nach ihrem Vorbild entstehenden deutschen Wandertruppen Listen der von ihnen spielbaren Stücke vor. Im Durchschnitt umfassten diese Listen 20–30 Titel – die längste mit 87 Titeln stammte von der deutschen Truppe Johann Veltens, der damit den kurpfälzischen Hof in Heidelberg zu beeindrucken und zu ‚Bestellungen' zu veranlassen suchte. Auch wenn bei der Anfertigung solcher Titellisten mit mancherlei Vortäuschungen gearbeitet worden sein mag, lässt sich doch nicht verkennen, dass das Repertoireprinzip den Akteuren erhebliche Gedächtnisleistungen abverlangte, die nur von Berufsschauspielern erbracht werden konnten, die ständig miteinander kommunizierten und übten. Zugleich ist damit aber auch angedeutet, dass die Wandertruppen im Rahmen des höfischen Festes letztlich ein Fremdkörper bleiben mussten. Denn zum höfischen Fest gehörte die Einmaligkeit des Anlasses, gehörte das Auftragswerk, die langwierige Vorbereitung seiner Aufführung, während das Wandertheater den Hof aus dem ‚Warenlager' seines Repertoires bediente, somit zwar Lücken füllte und zusätzliche Unterhaltung bot, dem Repräsentationsbedürfnis des absolutistischen Hofes aber eigentlich nicht gerecht werden konnte. Gleichwohl hat es einzelne Fürsten gegeben, die sich durch die Wandertruppen zu eigener literarischer Produktion angeregt fühlten und selbst Stücke zu schreiben begannen – Landgraf Moritz von Hessen etwa, unter dem 1605 in Kassel das erste ständige

Theater Deutschlands, das Ottonium, errichtet wurde, vor allem aber Herzog Heinrich Julius von Braunschweig, an dessen Wolfenbütteler Hof mehrmals ein Teil der berühmten Theatertruppe Robert Browns unter Thomas Sackville gastierte, der dem Herzog bei der Abfassung seiner Dramen wahrscheinlich behilflich war. Wie Moritz von Hessen behandelte Heinrich Julius von Braunschweig gerne biblische Themen, insbesondere das Ehebruch-Motiv, wobei er besonders auf die rigorose Bestrafung der Schuldigen achtete (*Von der Susanna*, 1593); mehr noch interessierten ihn politische Stoffe, die ihm ermöglichten, seine Neigung zur Schwarz-Weiß-Malerei voll zu entfalten und nicht nur die Gräueltaten von Bösewichtern, sondern auch ihr schreckliches Ende vorzuführen. Seine von Shakespeares Jugendwerk *Titus Andronicus* abhängige Tragödie *Von einem ungeratenen Sohn* dürfte das blutrünstigste Drama der deutschen Literaturgeschichte sein.[41] Hier imitiert er ungehemmt den Naturalismus und die Pathetik, die den Englischen Komödianten schon deswegen nahe lagen, als sie ihr Problem, sich sprachlich verständlich zu machen, durch übertriebene Mimik und Gestik zu überbrücken gewohnt waren. Zu den sinnlichen Reizen ihrer Spiele – sie waren oft auch glänzende Tänzer, Fechter und Artisten – gehörte nicht nur die Drastik der Vergegenwärtigung emotionaler Bewegungen, die gleichsam die Verständigung unterhalb der sprachlichen Ebene erleichterte, sondern gehörten etwa auch sehr realistisch gestaltete, auch den fürstlichen Gönner Heinrich Julius offenbar faszinierende, Folter- und Mordszenen, wie sie auch in der Oper gern gesehen wurden. Herrenlose Gliedmaßen türmten sich dann auf dem Boden, Blut sprudelte, das Hirn von Menschen wurde zu Pasteten verarbeitet u. a. m. Neben solchen ‚Hauptaktionen', die bald auch, sofern die Handlung in höfischen Gesellschaftskreisen angesiedelt war, ‚Staatsaktionen' hießen (‚Haupt- und Staatsaktion' verfestigte sich schließlich zu einem Begriff) standen in den Theateraufführungen der Englischen Komödianten, um die Gunst des Publikums zu gewinnen, immer auch lustige Einlagen, deren Mittelpunkt die ‚komische Figur' war, die meist sogar vom Prinzipal der Truppe gespielt wurde, weil sie nicht nur das größte schauspielerische Geschick erforderte, sondern auch den größten Beifall erntete (die bekanntesten dieser in der Nachfolge des Narren stehenden Figuren wurden Sackvilles Johannes Bouset, Spencers Hans von Stockfisch und Reynolds Pickelhäring). Die Funktionen der ‚komischen Figur' waren vielfältig und theatergeschichtlich von nachhaltiger Wirkung – man denke an Gottscheds Polemik (vgl. II) und Lessings Reaktion auf ihn oder auch an ihre hintergründigen Ausprägungen bei Johann Nestroy. Häufig in der Stellung eines Dieners oder Boten, konnte sie relativ unmotiviert auf der Bühne erscheinen und einerseits altbewährte Techniken der Komik ins Spiel bringen (das Missverstehen, Wörtlichnehmen, Stören, Stolpern usw.), andererseits (oft vorlaut) kommentierend neben die Handlung treten und den Zuschauern in direkter Ansprache Erklärungshilfen geben. Ein Pickelhäring, Jean Potage oder Hanswurst war zugleich aber auch – wie die Namen schon andeuten – ein Fresssack oder Säufer, ein vitaler Protzer, der die Gewalt des Sinnlichen ins Spiel brachte. Es hing von der Begabung und vor allem von der Improvisationskunst der die komische Figur darstellenden Schauspieler (und natürlich auch von den Bedürfnissen des Publikums) ab, inwieweit sie sich mit ihren Einlagen in den Vordergrund schob. Heinrich Julius von Braunschweig war von den Fähigkeiten Thomas Sackvilles als Komiker immerhin so überzeugt, dass er ihm in seinem *Vincentius Ladislaus* (1594), in dem die Großmannssucht eines reisenden Fechtmeisters, eines Maulhelden vom Typus des ‚miles gloriosus', des ‚capitano', der von Höflingen verspottet wird, weil er sich dem heraufkommenden höfischen Kulturideal und der Etikette nicht fügen will, eine Paraderolle auf den Leib schrieb. Dennoch war ein solches Stück, das die komische Figur so ganz in den Mittelpunkt rückte, trotz seines Erfolgs eher eine Ausnahme. Die komische Figur begleitete in der Regel die ‚Haupt- und Staatsaktionen' und unterbrach diese gelegentlich, wurde aber – zumal am Hofe – nicht in der Hauptrolle gewünscht. Dies hätte der repräsentativen Bedeutung widersprochen, die im Rahmen höfischer Festlichkeit neben der Oper auch das Theaterspiel erhalten sollte.

Theatralik; ‚theatrum emblematicum'

Worin sich die englischen und die sie imitierenden deutschen Wandertruppen, die Oper und das sich an den Höfen im 17. Jahrhundert ausbreitende Jesuitentheater (vgl. u.) trafen, findet am besten in dem Begriff des Theatralischen seine Bezeichnung. Mit ihr ist der Drang zur Versinnlichung gemeint, der sich vordergründig aus der Kompensation der sprachlichen Defizite der Komödianten durch übersteigerte Mimik und Gestik (lautes Weinen, Brüllen, Zittern usw.), aber auch aus dem (insbesondere in der Oper und im Jesuitentheater erkennbaren) Spaß an der Nutzung der neuen technischen Möglichkeiten der Bühne (Versenkungen, Flugvorrichtungen, Wasserspiele usw.) erklärt. All diese Versuche, durch theatralische Effekte die Emotionen des Publikums aufzurühren, und all die Versuche auch, die Zuschauer durch prächtige Kostüme und Ausstattungen zu beeindrucken, fügen sich stimmig in das Programm des höfischen Festes, weisen über ihre Unterhaltungsfunktion aber häufig auch hinaus. Insbesondere Alewyn hat daran erinnert,[42] dass das Theater des Barockzeitalters nicht nur ein extrem sinnliches, sondern auch ein extrem geistiges Theater war, das gleichnishaft die verbreitete ‚Einsicht' vermittelte, die ganze Welt sei nichts als ein Theater, nichts als eine Bühne, auf der die Menschen als Schauspieler agieren, von Gott, dem Regisseur, der zugleich auch Zuschauer ist, gelenkt. Für diese

– von Calderón de la Barca in seinem allegorisch-religiösen Schauspiel *El gran teatro del mundo* (wahrscheinlich 1645) am klarsten in Szene gesetzte – Vorstellung, die zugleich auch die Faszination, die vom Theatralischen ausging, tiefer begründet, finden sich zahllose Belege[43] – und zwar keineswegs nur in der dramatischen Literatur (man denke an die Tradition der satirischen Narrenrevue des späten Mittelalters und des 16. Jahrhunderts (vgl. P. N., 2012 a, IV), an die Sichtweise des pikarischen Romans (vgl. u.) oder an die unzähligen Gedichte (etwa von Czepko, Gryphius, Rist, Logau), die das ‚Spiel des Lebens' thematisieren, so dass wir beispielsweise die Metapher vom ‚Trauerspiel des Lebens' noch heute als gängige Redewendung gebrauchen.) Wenn das Leben von so vielen als Theater und der Mensch als Schauspieler empfunden wurde, der seine ‚Rolle' unter den anderen Menschen und vor ihnen zu spielen hat, und wenn umgekehrt das Theater ein Abbild der Welt geben wollte, so ist es ganz verständlich, dass auf der Bühne auch die ganze Welt erscheinen musste. Dies ist nicht nur der Grund, dass in so vielen Stücken so viele Menschen zwischen den Kulissen agierten, sondern gibt auch der Komödie bzw. den komischen Einlagen in den ernsten ‚Haupt- und Staatsaktionen' ihren Stellenwert. „Die Welt ist eine Spielbuene / da immer ein Traur- und Freud-gemischtes Schauspiel vorgestellet wird", schreibt der Poetiker Birken in einer Vorrede.[44] So erschienen auf dem Theater alle Stände und alle Lebenssituationen; und es erschienen – wie schon im Zusammenhang mit der Oper gesagt – nicht nur Menschen, sondern auch Götter und Dämonen, Engel und Teufel. Während das Theater Shakespeares und das humanistische Schultheater sich mit der Bühnenfläche, also gleichsam mit der Horizontalen begnügten und damit zu erkennen gegeben hatten, dass sie über die menschliche Ebene nicht hinausstrebten, brachte das Theater des Barock mit seinem ganzen technischen Apparat zur Anschauung, dass es auch Himmel und Hölle, also den „ganzen Durchmesser der christlichen Welt"[45] (wie im Drama Calderóns oder im Jesuitentheater), bzw. die heidnische Götter- und Unterwelt (wie in der die klassische Mythologie benutzenden Oper oder im Singspiel) umspannte. Der Mensch erschien gleichsam eingebettet in ein Spannungsfeld, dessen Pole über ihm (im Jenseits) und unter ihm (im Unterirdischen) lagen, wobei die göttlichen und die dämonischen Figuren, die diese Pole repräsentierten, auf der Bühne, in der Sphäre des Sinnlichen, erscheinen konnten. Dies hatte dramaturgische Konsequenzen, auf die noch einzugehen sein wird.

Die Vergegenwärtigung der Vorstellung von der vertikalen Strukturierung der Welt auf dem Theater fand ihre Entsprechung auch in anderen Erscheinungsformen des höfischen Festes, am deutlichsten während des Feuerwerks, das den Himmel in das Festprogramm einzubeziehen suchte. In welchem Maße das gesellschaftliche

Leben des gesamten Hofes im absolutistischen Staat mit seinen vielen Rangabstufungen, die in Frankreich bis zum ‚Sonnen'-König führten, von vertikalen Denkformen bestimmt war, ist ausführlich bereits gezeigt worden. Das Theater verdichtete nur wie in einem Brennpunkt, als was sich die höfische Gesellschaft verstand, als Bühne, auf der die Einzelnen wie Schauspieler ihre hierarchisch geordneten ‚Rollen' spielten und sie auszufüllen versuchten. Nicht nur waren Schloss und Garten, Parks und Teiche von vornherein wie eine große Szenerie angelegt, jedes – vom Glanz des die göttliche Machtvollkommenheit abbildenden Fürsten beschienene – Mitglied des Hofes sah sich auf einem Schauplatz agierend, auf den aller Augen gerichtet waren – mit all dem rhetorischen Aufwand, von dem schon die Rede war. Auch die Theatralik der Umgangsformen, die an Kostümierungen erinnernde Kleidung der Hofgesellschaft lassen sich nicht zuletzt von dem Selbstverständnis der ihr Angehörenden her erklären, ‚Schauspieler', Rollenträger zu sein. In Lohensteins Widmungsgedicht zur *Sophonisbe* heißt es: „Kein Leben aber stellt mehr Spiel und Schauplatz dar / Als derer / die den Hof fürs Element erkohren". Diese Verse verdeutlichen zugleich, dass die Hofgesellschaft die ‚Scheinhaftigkeit' des Lebens nur in besonderer Weise repräsentierte. Die Vorstellung, am großen ‚Welttheater' teilzunehmen und das eigene Leben als Rolle darin zu verstehen, war im Barockzeitalter allgegenwärtig – im Hofleben gelangte sie gleichsam zu ihrer vollkommenen Anschauung. Hinter ihr – auf diesen Zusammenhang ist oft hingewiesen worden – steht die allgemeine Erfahrung der Vergänglichkeit des Lebens, eine Erfahrung, die gerade im 17. Jahrhundert unverwechselbare historische Ursachen hat. Die Kämpfe des Dreißigjährigen Krieges und die Seuchen, die in den unzählige Flüchtlinge beherbergenden Städten ausbrachen, allen voran die Pest, dezimierten die Bevölkerung (von ca. 16 Millionen auf ca. 10 Millionen Menschen). Die Angst, tödlich zu erkranken, im Krieg umzukommen, zu verarmen, und die Verzweiflung über den Tod oder das Elend Angehöriger prägten das Lebensgefühl der meisten Menschen auf dem Land und in den Städten und, sicherlich abgeschwächt, wohl auch das Lebensgefühl der Hofgesellschaft. Der Glanz der höfischen Feste und die mit ihren Arrangements einhergehende Betriebsamkeit waren insofern und nicht zuletzt auch grandiose Ablenkungen und ermöglichten den Beteiligten und den Zuschauern die zeitweilige Verdrängung ihrer seelischen Belastungen. Aber das Gefühl, Spielball des Zufalls zu sein, mit dem plötzlichen Tod rechnen zu müssen, ging deswegen nicht verloren und führte in der Literatur zum Wiederaufgreifen und zur Erneuerung von Traditionen und Themen, die schon im Mittelalter lebendig waren: Dass Fortuna auf ihrem Rad die Welt regiere, also kein Ding Bestand habe, dass wer heute noch hoch stehe, morgen stürzen könne, dass angesichts des Todes aller Glanz der Welt nur Trug, aller Ehrgeiz vergeblich sei

– diese ‚Memento mori'- und ‚Vanitas mundi'-Motive wurden, verbunden mit unterschiedlichen Überlegungen, wie der Mensch auf die Vergänglichkeit des Lebens und die Vergeblichkeit seiner Anstrengungen reagieren könne und solle, in den Dichtungen dieses Zeitalters immer aufs Neue wiederholt.[46]

Kein Medium war besser dafür geeignet, den „Illusionscharakter des Welttreibens", das „Transitorische des menschlichen Rollenspiels", die Grunderfahrung der ‚vanitas'[47] ins Bild zu setzen, als das Theater. Denn die Bühne selbst spielt mit dem Schein – durch die Verkürzung der Kulissen, die eine weite Perspektive eröffnet; durch die Bühnenbilder, die Mauern, Bäume, Säulen vortäuschen und nichts sind als Pappe und Papier; durch die Schauspieler, die sich Schminke, Masken und Kostüme anlegen, um in Rollen zu schlüpfen und um sich zu verstellen, und doch nichts sind als sie selbst. Der Illusionscharakter wurde potenziert, wenn Theater im Theater, wenn auf der Bühne Einlagen gespielt wurden, bei denen einige der Schauspieler zu Zuschauern des Spiels der anderen Schauspieler wurden, und die wirklichen Zuschauer die Spieler als Spieler und als Zuschauer sahen. Die Umkehrung des Theaters im Theater war der Blick hinter die Kulissen, der die Desillusionierung bewirkte, der Blick des Hanswurst, der den Vorhang zu früh hob, der vor die Rampe trat und den Zuschauern seine frechen, ‚aus der Rolle fallenden' Kommentare gab. So war jeder Zuschauer gespalten in einen, der sich der Illusion ergab, und einen, der sich ihrer bewusst blieb, wobei die Gewichte sich hierbei nicht nur individuell unterschiedlich verteilten, sondern auch ständig verschoben. Wo die Illusionen und Täuschungen so gewollt waren und durch solche Übertreibungen hergestellt wurden wie auf dem Theater und wo sie gleichzeitig auch immer als solche durchsichtig blieben, dürfte sich auch die ‚Enttäuschung' des Publikums nach dem Spiel in Grenzen gehalten haben; war sie doch im Ansatz schon im Spiel vorweggenommen. So eingeübt aber mag sich in den Betrachtern der Gedanke vertieft haben, selbst nur Schauspieler und Rollenträger im Großen Welttheater zu sein, abhängig von Gott, dem unsichtbaren Regisseur und Beobachter der von ihm inszenierten Wirklichkeit.

Das Gefühl, in transzendenten Bezügen zu stehen, wurde im Betrachter der gespielten Stücke nicht zuletzt durch deren emblematische Struktur und durch die ständige Verwendung von Emblemen unterstützt. Albrecht Schöne, der das Verhältnis von Emblematik und Drama des Barock am eingehendsten untersucht hat, spricht deshalb von ‚theatrum emblematicum' und mit dem Blick auf das 17. Jahrhundert insgesamt sogar von einem ‚emblematischen Zeitalter'.[48] Man kann dies nachvollziehen, wenn man an die vielen emblematischen Bücher und Verzeichnisse denkt, die seit dem 16. Jahrhundert im Umlauf waren (allen voran das 1531 in Augsburg gedruckte lateinische *Emblematicum liber* des Andrea Alciati), und wenn man das

Emblem als Spiegel einer bestimmten, das 17. Jahrhundert noch stark beherrschenden Möglichkeit der Welterfassung ansieht, die alles „Seiende als ein über sich selbst Hinausweisendes, dabei auf eindeutige und formulierbare Weise Bedeutendes"[49] versteht. In ihr kehrten im 17. Jahrhundert noch einmal die typologische Exegese und das allegorische Verfahren der mittelalterlichen Theologie wieder (vgl. dazu P. N., 2012 a, I), die sich darum bemüht hatten, die heilsgeschichtliche Bedeutung der von Gott geschaffenen Dinge aufzudecken, und die sich im 16. Jahrhundert – in Verbindung mit neuplatonisch-pansophistischen Bestrebungen – in dem Versuch fortgesetzt hatten, Natur, Geschichte, Kunst als einen Kosmos von Signaturen, die ganze Welt als ‚mundus symbolicus' zu begreifen.[50] Von dieser Tradition des mittelalterlichen Symboldenkens und des pansophischen Suchens nach allesdurchwaltenden Ordnungen des Seins zehrte die Emblematik. Die äußere Form des Emblems ist durch die Verbindung von Bild und Text in einem dreiteiligen Aufbau bestimmt. Die ‚pictura' zeigt bildlich eine Figur oder eine Szene des Lebens, eine Tätigkeit, einen Vorgang o. ä.; über der ‚pictura' steht in der Regel die ‚inscriptio', eine kurze Überschrift; unter der ‚pictura' erscheint die ‚subscriptio', die das im Bild Dargestellte – mehr oder weniger ausführlich – erklärt und daraus eine Schlussfolgerung zieht, z. B. eine Lebensregel aufstellt, wobei an dieser auslegenden Leistung auch die ‚inscriptio' teilnehmen kann. Die doppelte Funktion des Darstellens und Deutens, die das Emblem übernimmt, beruht auf der genannten Voraussetzung, dass das Abgebildete eine verweisende Kraft besitzt. Aber im Unterschied zum Symbol, in dem das Zeichen und das von ihm Bezeichnete zusammenfallen, bedarf das Emblem immer eines Textes, der den Sinn erst aufschließt. Während im Symbol der Sinn ‚unaussprechlich' bleibt und ein weiter Bedeutungsspielraum sich öffnet, wird im Emblem, das eine Spielart der Allegorie ist, eine außerhalb des Dargestellten liegende Bedeutung fixiert und der Sinn des Bildes auf etwas Eindeutiges beschränkt.[51] Das Spiel mit Emblemen, das die gesamte Literatur des Barock durchzog, war im Theater besonders augenfällig und stand hier auch in einer langen Tradition. Überall in Europa kannte man seit dem späten Mittelalter Umzüge oder Umgänge, die gleichsam eine Art Drama präsentierten (und auch heute sind derartige Züge an Festtagen regional durchaus noch üblich): Bilder oder Figuren wurden durch die Straßen gekarrt und durch Inschriften auf Schildern erklärt; Schausteller posierten in stummen Darstellungen, die durch Spruchbänder oder auch durch einen Sprecher gedeutet wurden. Besonders häufig sah man derartige ‚tableaux vivants' bei Triumphzügen, bei denen biblische oder historische Szenen nachgestellt wurden, die man den in Städte einziehenden Fürsten als Huldigung darbot und auslegte. An derartige Bräuche knüpfte das Barocktheater an, wenn es seine Bühne, sein Schaugerüst, und einzelne Kulissen mit allegorischen Figuren schmückte und als ‚pictura' erscheinen ließ. Vor allem aber waren die gespielten Stücke von Sentenzen durchzogen, die das Gezeigte zusammenfassten und deuteten. In den Rollentext der dramatischen Figuren, in die dramatische ‚pictura' also wurden Lehr- und Denksprüche eingelagert, die sich als ‚subscriptio', zum Teil auch als ‚inscriptio', absetzten und die Zuschauer auf das Grundsätzliche und Allgemeine des gezeigten Besonderen hinwiesen.[52] Die emblematische Struktur der barocken Stücke trat am deutlichsten hervor, wenn sie – wie etwa die Trauerspiele von Gryphius oder Lohenstein – in so genannte Abhandlungen und Reyen unterteilt waren. In den Abhandlungen vollzog sich das dramatische Geschehen, wurde das dramatische Konzept ‚abgehandelt', während die Reyen (vgl. mhd. reie, reige, nhd. Reigen = Tanz) oder auch die ‚Reyen der Höfflinge' als Chorgesänge oder allegorische Zwischenspiele die Betrachter zur Reflexion des in den Abhandlungen Gesehenen bewegen wollten. Die Reyen standen dabei auf einer anderen (höheren) Ebene als der des dramatischen Vorgangs. Analog zur deutenden ‚subscriptio' des Emblems suchten sie – auf die eine oder andere Weise – den Abhandlungen Sinn zu unterlegen. Versteht man die emblematische Struktur als Grundprinzip des barocken Dramas, so erschließt sich zugleich, dass in ihm weder die individualisierende Charakterisierung noch die Handlungsdynamik, sondern vielmehr die Schaustellung beispielhafter Figuren und Vorgänge und die Erläuterung ihrer exemplarischen Bedeutung im Vordergrund standen. Gerade die Trauerspiele verstanden sich weitgehend als Erkenntnisinstrumente und Orientierungshilfen und setzten ihre teilweise drastischen Unterhaltungseffekte für die wirksame Vermittlung von gewussten Sinnzusammenhängen, von Verhaltensregulativen, aber auch von Unsicherheitsvorstellungen und Wunschbildern ein. Mit Hilfe des emblematischen Formprinzips entwirklichten, entmächtigten sie gleichsam die Realität, machten auf der Schaubühne ein Bildnis von ihr, um durch dieses Bildnis das einzelne historische Geschehen in seiner allgemeinen Bedeutung zu erschließen und daran auch das Immer-Wiederkehrende vor Augen zu führen, ja die Geschichte selbst als Trauerspiel erscheinen zu lassen.

2. Das Drama des Barock

Der Gestus des Verweisens und Deutens, von dem im letzten Abschnitt die Rede war, charakterisierte nicht nur die Textvorlagen der höfischen Oper, auf die hier nicht eingegangen werden kann, er bestimmte vor allem das Jesuitendrama und das so genannte barocke Kunstdrama.

Das Jesuitendrama

Der Jesuitenorden, der seine missionarischen Aktivitäten nicht nur auf das außereuropäische Heidentum und auf innereuropäische Häresien, sondern vor allem auch auf den „nicht mehr konkurrenzfähigen Katholizismus“[53] konzentrierte, nutzte das Theater zunächst, um innerhalb der Schule – und hier insbesondere im Rahmen der rhetorischen Praxis, von der schon die Rede war – Einfluss auf die Jugend zu nehmen. Dass die rhetorisch gebildeten und religiös im Sinne des Ordens erzogenen Absolventen in ihren späteren Tätigkeiten am Hofe und in der Verwaltung Einfluss auf die Hofkultur nehmen würden, gehörte zum Kalkül der Jesuiten. Das Streben nach ‚Hoffähigkeit‘ war ein Grundzug ihrer Pädagogik, und insofern war es konsequent, wenn der Orden, der schon viele der Beichtväter an den Höfen (des süddeutschen Raumes) stellte, die in der Schule entstandenen Theateraufführungen in zunehmendem Maße den Hofgesellschaften zugänglich zu machen suchte und auch Aufführungen, die seinen Einfluss wirkungsvoll unterstützten konnten, an Höfen inszenierte.

Bidermanns *Cenodoxus* und *Josephus*

Der bedeutendste und erfolgreichste Verfasser von Jesuitendramen, der als Professor am Jesuitenkolleg in München tätige Jakob Bidermann, soll mit seinem 1609 in München aufgeführten *Cenodoxus* (die Uraufführung fand schon 1602 in Augsburg statt) 14 adlige Hofbeamte so erschüttert haben, dass sie sich zu geistlichen Übungen ins Kloster zurückzogen. Der *Cenodoxus* redet in der Tat nicht nur den Gymnasiasten (der Münchner Spieler der Titelrolle trat anschließend in den Jesuitenorden ein), sondern vor allem auch der elitär-gebildeten Gesellschaft des Hofes ins Gewissen. Denn das Laster, das der Held, Cenodoxus, vertritt, ist die ‚cenodoxia‘, das Laster der Elite, die geistige Überheblichkeit, die eine Form der ‚superbia‘ ist, der Sünde schlechthin, weil sie das eigensüchtige Ich gegen Gott erhebt. Cenodoxus in Bidermanns Stück ist ein berühmter Pariser Doktor, der sich als Leuchte der Wissenschaft und Muster an Tugend verehren lässt und in seinem Innern ganz der Selbstgefälligkeit verfallen ist. Verschiedene komische Einlagen verdeutlichen seine Ruhmsucht und Aufgeblasenheit. Dieser ganz im Glanz des Weltlebens stehende Mensch wird durch den nahenden Tod vor die Entscheidung zwischen Himmel und Hölle gestellt. Allein diese Entscheidung ist an ihm von Interesse, und an dieser Entscheidung sollen die Zuschauer teilhaben. Der Kampf in seiner Seele und um seine Seele wird von allegorisierten Mächten des Guten und des Bösen geführt. Erst später, z. B. bei Gryphius, vertreibt das Drama des Barock derartige Allegorien in eigene Zwischenspiele, in die ‚Reyen'; bei Bidermann greifen sie, wie in den ‚Moralitäten' (vgl. P. N., 2012 a, V), noch unmittelbar in das dramatische Geschehen ein. So reden u. a. Cenodoxophylax und Conscientia als Personifikationen des Guten sowie Hypocrisis (Gleisnerei) und Philautia (Eigenliebe) als Personifikationen des Bösen auf Cenodoxus ein und suchen ihn für sich zu gewinnen; oder zwingt sein Schutzengel die Teufel, den Schlafenden im Traum die Qualen der Hölle – als Warnung – im Vorhinein spüren zu lassen. Im letzten Akt wird der diesseitige Schauplatz zeitweilig sogar ganz verlassen. Auf der himmlischen Ebene wird ein Verhör des Sünders vor dem Gericht Christi und auf der irdischen Ebene werden die Totenwache haltenden Freunde des Cenodoxus gezeigt, die mit tiefem Entsetzen erleben, wie der Tote sich dreimal von seinem Lager erhebt und schließlich mit dem Ruf „Damnatus sum" zurücksinkt. Danach folgt, während der Körper des Toten in den Kot geworfen wird, die theaterwirksame Höllenfahrt seiner Seele. Seine Freunde aber, Bruno und seine Gefährten, nehmen nach dieser Erschütterung Abschied von der ‚Welt': „Valete, mundi disperite gaudia." (Dies spielt auf die Legende des heiligen Bruno von Köln an, der nach einem ähnlichen Erlebnis den Kartäuserorden gründete). So wird den Zuschauern, die anfangs zum Lachen gereizt worden sind und schließlich am Schrecken des Endes eines Sünders und an der Reaktion seiner Freunde teilhaben, drastisch vor Augen geführt, was ihnen selbst zu tun wohl anstünde, nämlich ein entsagungsvolles neues Leben zu beginnen.

Die didaktischen Intentionen der Jesuitendramatiker, für die Bidermann hier exemplarisch steht, sind deutlich. Sie wollten nicht Heilsgeschichte auf die Bühne bringen, sondern bemühten sich, ihrem Publikum die heilsgeschichtliche Dimension des endlichen menschlichen Lebens bewusst zu machen, indem sie das Diesseits als vorausweisendes Abbild des Jenseits ansahen. Solche Sichtweise erhebt den Menschen zu einer grundsätzlich positiven Größe, indem sie ihm die Möglichkeit der Erkenntnis und der eigenen Vervollkommnung zuspricht. Das Heil des Menschen beruht danach nicht allein auf dem Wirken Gottes, sondern ebenso auf der eigenen Mitwirkung – eine Vorstellung, die sich von der Calvinistischen Prädestination und Luthers ‚sola fide'-Lehre abhebt.[54] Anders als Luther und Calvin betonten die Jesuiten gerade die Bedeutung des menschlichen Willens und setzten konsequent alles daran,

Einfluss auf ihn zu nehmen. Um dieser Einflussnahme willen sprach ihr Theater ganz bewusst gerade auch die Sinne des Publikums an, weil die Sinne von ihnen als Instrumente der Erkenntnis verstanden wurden und weil sinnliche Erfahrungen als Voraussetzung richtiger Entscheidungen galten. Das in drastischer Bildlichkeit vor Augen geführte Schicksal eines Cenodoxus und der so erzeugte Schrecken über seine Verdammung zielten darauf, im Betrachter den Entschluss zu einem auf die ‚cenodoxia' verzichtenden Leben herbeizuführen. Das Stück führt vor, dass diese Möglichkeit auch dem Protagonisten offen gestanden hätte. Insofern ist dessen Schicksal ganz untragisch.[55] Denn Cenodoxus steht in keiner unausweichlichen Konfliktsituation, die allein durch seinen Untergang zu überwinden wäre, sondern versäumt lediglich, eine Entscheidung zu treffen, deren Richtigkeit außer Zweifel steht. Der Höllensturz, sofern ihm die Himmelfahrt (als geglaubte Alternative) gegenübersteht, kann gar nicht tragisch sein. So wie Cenodoxus aus freiem Willen der Sünde verfällt, hätte er ihr aus freiem Willen auch entsagen und damit dem Höllensturz entgehen können.

Inwiefern Bidermanns Stück in die Nähe der Fauststoffbearbeitungen zu stellen ist, etwa zu Christopher Marlowes vermutlich um 1592 entstandener, durch die Englischen Komödianten nach Deutschland gebrachter Tragödie *The Tragicall History of the Life and Death of Doctor Faustus* oder zu Jakob Gretsers Jesuitendrama *Udo* (1598) oder zu Johann Valentin Andreaes *Turbo* (1616), muss hier unerörtert bleiben – Max Wehrli hat hierzu interessante Hinweise gegeben.[56]

Dass der Jesuit Bidermann die Figur des großen, von der Gesellschaft bewunderten Gelehrten als Exempel menschlichen Untergangs wählte, zielte – wie schon angedeutet – durchaus auf das gesellschaftliche Umfeld, auf das sein Stück wirken wollte. Was Cenodoxus als Laster zur Anschauung bringt, trifft genau die Verhaltensweisen, die zur Schattenseite der beschriebenen Lebensform der höfischen Gesellschaft gehören – vor allem die sich aus dem Zwang der Repräsentation und des Rollenspiels ergebenden Prahlereien und Täuschungen, die auch in den Fürsten- und Sittenspiegeln dieser Zeit angeprangert werden.

> „Simulare, dissimilare, fingere, tegere
> Iactare sua, temnere aliena … –"[57]
>
> (Übertünchen, täuschen, vertuschen, schwindeln, verheimlichen,
> Mit dem Eignen prahlen, Fremdes unterdrücken …)

flüstert die Hypocrisis dem Cenodoxus ein. Der ist nicht mehr der echte humanistische, um Erkenntnis ringende und doch christlich gebundene Gelehrte, der Bidermann als Ideal vor Augen gestanden haben mag, sondern sein die menschliche Größe rhetorisch verherrlichendes, von ‚Ehrgeiz' und Eigensucht bestimmtes Zerrbild, derjenige, der das in der Renaissance erwachte ‚Selbstbewusstsein' des Menschen in den ‚Egoismus' pervertiert.

Die Jesuitendramen übten nicht nur Kritik an der höfischen Gesellschaft, sondern versuchten ihr umgekehrt auch Vorbilder vorzuführen. Auch in dieser Hinsicht war Bidermann wegweisend. Für ihn wie für den Jesuitenorden war beispielsweise der als Nachfolger des kinderlosen Kaisers Mathias designierte steirische Erzherzog Ferdinand, der vorbehaltlos für den Katholizismus eintrat, eine gleichsam heilsbringerische Gestalt. Zu seiner Erhebung als König von Böhmen im Jahre 1617 wurde ein die Josephsgeschichte auszugsweise verarbeitendes Stück von Bidermann aufgeführt (*Josephus, Ägypti Prorex. Comoedia*, 1615), das den von Gott geleiteten altägyptischen Joseph in Analogie zu dem im Verständnis des Ordens ebenfalls gottgeleiteten Ferdinand zu setzen erlaubte. Bidermann griff damit auf einen seit langem sehr beliebten Stoff zurück, der nicht nur im humanistischen Schuldrama verarbeitet worden war, sondern auch in Volksschauspielen, die sowohl Elemente des spätmittelalterlichen Passionsspiels als auch des Fastnachtspiels weitertrugen.[58] An der biblischen Josephsgeschichte, die gerade in den Volksschauspielen eines Jakob Ruef oder Thiebolt Gart schon deswegen breit wiedergegeben worden war, um möglichst viele aktionistische und komische Einlagen unterzubringen, interessierte Bidermann in erster Linie die Tugendhaltung Josephs. Er zeigt (auf der Grundlage der bekannten Geschichte aus der Genesis, den Bibeltext aber eigenwillig akzentuierend) Joseph nicht nur in seiner Standhaftigkeit gegenüber dem Laster (der sexuellen Versuchung), sondern vor allem als ‚humanus princeps', der das verbrecherische, ihm nach dem Leben trachtende Verhalten seiner Brüder nach deren Schuldbekenntnis am Ende freundlich vergibt und auf diese Weise in allen eine Wandlung herbeiführt. Auch in diesem Stück haben allegorische Figuren eine entscheidende Funktion. Unter Leitung des Misurgus, des Widersachers schlechthin, versuchen Odium, Ira u. a., Joseph in ihrem Bann zu ziehen; der aber folgt dem Angelus Custos, seinem Engel, der gegen eine ganze Versammlung von Versuchern steht. Die Allegorien dürfen nicht allein als Veräußerungen seelischer Triebkräfte verstanden werden, die den freien Willen des Menschen beeinflussen, sie sind im Verständnis der Jesuiten zugleich auch die Repräsentanten eines überirdischen Kräftefelds, in das der Mensch eingebunden ist. Welchen der überirdischen Kräfte der Mensch folgt, liegt ganz in dessen Entscheidung. Das Theater erhält die Funktion, die Fähigkeit der Erkenntnis von Gut und Böse zu schärfen und den menschlichen Willen zu stärken, den Kräften des Guten zu folgen. Dazu zeigt es Selbsterkenntnis- und Selbstüberwindungsprozesse des Protagonisten, die prägend auf die Betrachter einwirken sollen. Joseph als Vorbild entscheidet sich für den Gnadenstand der Liebe, und die Zuschauer werden ermahnt, dieses Tugendexempel in ihrer Lebenswirklichkeit nachzuahmen. Die Zuschauer dieses Stückes waren nicht nur die Schüler des Münchner Jesuitenkollegs, die mit moraltheologischen Fragen konfrontiert werden sollten, sondern auch die Angehörigen der Hofgesellschaft, auf die Jesuiten als Beichtväter, Prinzenerzieher, Hofprediger und eben auch durch ihr Theater Einfluss zu nehmen suchten. Bidermann stellte daher in seinem Stück die in der Tradition liegende Vorgabe, Josephs Präfiguration als Christus, zurück und setzte Akzente, die eher in das Konzept der Fürstenspiegel gehören.[59] Joseph als Fürst folgt bei ihm nicht nur der Richtschnur der Virtus; Joseph prüft seine Räte kritisch und achtet auf deren Wirken im Volk, er ist nachsichtig gegenüber Irrenden, sofern diese ihren Irrtum erkennen, er zeigt Bürgernähe und kümmert sich vor allem um die Armen. „Civem credite / Vestrum, non principem. Ego pater ero pauperum" („Seht in mir euren Mitbürger, nicht euren Herrscher. Ich werde der Vater der Armen sein"), ruft er in IV,3 nach seinem Aufstieg dem jubelnden Volk zu. Auf diese Weise erhält der Text auch eine politische Dimension. Das Bild des Fürsten, das er zeichnet, sieht diesen als Regenten, der weiß, dass er sich nicht in seinem Wesen von seinen Untertanen unterscheidet, der sie deshalb als Brüder ansieht und der sich vor Augen hält, dass seine Macht etwas Zeitgebundenes und daher Hinfälliges ist.[60] In einer Zeit des sich konsolidierenden Absolutismus, der gerade die Sonderstellung des Herrschers hervorhob und organisierte, war dies eine politische Aussage von herausfordernder Schärfe und musste auf das höfische Publikum zumindest irritierend wirken. Genau hierin aber lässt sich der Anspruch des Ordens erkennen. Zwar dachte er nicht ernstlich daran, die erblichen Monarchien durch Wahlmonarchien ersetzen zu wollen, sondern war, schon um sich die eigene Existenzgrundlage zu sichern, an der Kontinuität der Dynastien interessiert, doch versuchte er durch pädagogische Maßnahmen, zu denen das Theaterspiel ebenso wie die Prinzenerziehung gehörte, die Inhaber der Macht zu deren rechtem Gebrauch anzuleiten und ihnen zu verdeutlichen, dass sie sich gerade als Fürsten durch moralische und intellektuelle Qualitäten zu legitimieren hätten.

Auf andere Autoren des Jesuitentheaters muss hier nicht mehr eingegangen werden, weder auf Jakob Pontanus, den Lehrer Bidermanns, noch auf Jakob Masen, der vor allem durch seine für das Jesuitentheater maßgebliche, an die Tragödiendefinition des Aristoteles anknüpfende Poetik hervorgetreten ist (*Palaestra eloquentiae ligatae*, 1654), noch auf den schon erwähnten Jakob Gretser, um bedeutende zu nennen. Neben Bidermann hat Nikolaus von Avancini in seiner Stellung als Wiener Hofdramatiker einen besonders großen Einfluss auf die feudale Elite genommen. Sein bekanntestes Drama (*Pietas victrix sive Flavius Constantinus Magnus de Maxentio tyranno victor)*, das den Sieg des christlichen Kaisers Konstantin über die Heiden vor Augen führt, wurde 1659 mit allem Prunk als eine Art ‚panegyrisches Gesamtkunstwerk'[61] vor Kaiser Leopold aufgeführt und gipfelte in einer Lobpreisung aller österreichischen Herrscher von Rudolf I. bis Leopold I. als Konstantins Nachfolgern.

Das deutsche Kunstdrama

Den wichtigsten Beitrag zur Geschichte des Dramas im Zeitalter des Barock lieferten freilich nicht die Jesuiten, sondern eine kleine Gruppe gelehrter bürgerlicher protestantischer Dramatiker aus Schlesien, deren Trauerspiele und Komödien den Durchbruch zu einem Kunstdrama in deutscher Sprache herbeiführten. Obwohl die bedeutendsten Verfasser dieser ‚schlesischen Kunstdramen', Andreas Gryphius, Daniel Casper von Lohenstein (eigentlich Daniel Casper, 1670 geadelt) und Johann Christian Hallmann, sich allein durch die Verwendung des Deutschen vom lateinischen Jesuitentheater absetzten, sind die Beziehungen zwischen ihren Stücken und denen der Jesuiten trotz aller konfessionellen Gegensätze doch mannigfach, nicht zuletzt weil ihr Publikum, die höfisch-beamtenaristokratische Gesellschaft, das gleiche war. Allein schon einzelne Widmungen und Vorreden der Schlesier belegen, dass auch ihre Texte an die Hofkultur gebunden und in der Wahl der Stoffe sowie der Behandlung der Themen ganz auf sie zentriert waren.

Gryphius

Das schwierige Verhältnis des bürgerlichen Gelehrten zum Adel und zur Hofkultur des Absolutismus veranschaulicht – exemplarisch – die Biographie des Andreas Gryphius wie kaum eine andere.[62] 1616 in Glogau als Sohn eines protestantischen Geistlichen geboren, kam er in seiner Heimatstadt früh mit konfessionellen Streitigkeiten in Berührung. Die Bevölkerung des Fürstentums Glogau bekannte sich zum Protestantismus und war den – zum Teil gewaltsamen – Rekatholisierungsbestrebungen des Hauses Habsburg besonders stark ausgesetzt. Gryphius' Vater kam im Zuge dieser Bestrebungen auf ungeklärte Weise ums Leben; und später musste sein Stiefvater, Lehrer am evangelischen Gymnasium, die Stadt verlassen. Während seiner sich anschließenden Gymnasial- und Studienjahre in Danzig kam er nicht nur mit verschiedenen Dichtern in Berührung (und schrieb hier schon einige seiner bekanntesten Sonette (vgl. u.), sondern zum ersten Mal auch mit der ‚großen Welt'. Er wurde Hauslehrer bei einem polnischen Admiral, danach Hauslehrer bei dem Staatswissenschaftler und kaiserlichen Beamten Georg von Schönborn, dessen Söhne er bald darauf zum Studium an die calvinistische Universität Leiden begleitete, damals eine der führenden Universitäten Europas. Hier erhielt er nicht nur entscheidende wissenschaftliche und auch künstlerische Anregungen (u. a. durch die Dramen Joost van Vondels), hier veröffentlichte er selbst Gedichtsammlungen (u. a. die *Son- und Feyrtags-Sonnete*, 1643); und hier knüpfte er Verbindungen zum pfälzischen Herrscherhaus, insbesondere zur Pfalzgräfin Elisabeth, der Cousine des Brandenburgischen Kurfürsten Friedrich Wilhelm, der ebenfalls in Leiden studierte. Von beiden Herrscherhäusern erhielt Gryphius später mehrere Berufungen auf Professuren, die er jedoch ablehnte, um – nach einer Bildungsreise durch Frankreich und Italien, auf der er sowohl die venezianische Oper als auch die Commedia dell'arte kennen lernte – schließlich nach Glogau zurückzukehren. Dort arbeitete er von 1650 bis zu seinem Tode 1664 als Rechtsberater der Landstände, deren Interessen gegen zentralistische Bestrebungen des Kaiserhauses, dessen Oberhoheit Glogau direkt unterstand, er mit viel diplomatischem Geschick zu wahren suchte. – So war er durch seine persönlichen Beziehungen zu fürstlichen Familien und auch durch seine Berufstätigkeit mit der Lebensform der höfischen Gesellschaft vertraut, aber – nicht zuletzt auf Grund seines Amtes – absolutistischem Machtstreben gegenüber zu kritischer Distanz gezwungen. In seinen staatspolitische Grundfragen behandelnden Dramen, insbesondere in seinem letzten, 1657–59 entstandenem Trauerspiel *Grossmütiger Rechts-Gelehrter/ oder sterbender Aemilius Paulus Papinianus*, finden seine Lebenserfahrungen durchaus ihren Niederschlag. Einerseits hält Gryphius am Gottesgnadentum des Herrschers und an der gebotenen Loyalität seiner Untertanen fest, darin als konsequenter Lutheraner auch durch das Obrigkeitsdenken des Reformators bestärkt, andererseits aber bindet er, ohne den öffentlichen Raum als Raum des politischen und den privaten Raum als Raum des moralischen Handelns voneinander zu trennen, das Politische rigoros an das Moralische und entwickelt aus diesem Postulat seine dramatischen Konfliktstellungen. Geltungsanspruch, Ordnungsversprechen, Legitimierung des höfischen Absolutismus bilden den vorrangigen Themenkreis des Dramatikers Gryphius,[63] und dieser Themenkreis wird nicht nur in Kenntnis der politiktheoretischen und staatswissenschaftlichen Diskussion der Zeit abgeschritten, sondern in den übergeordneten Rahmen christlicher Wertvorstellungen gestellt, an dem gerade auch die Herrscherfiguren gemessen werden.

Die Bekehrungsdramen

Gleich sein dramatischer Erstling, *Leo Arminius Oder Fürsten = Mord* (1646 verfasst), zeigt Gryphius als einen Autor, der mit Tradiertem sehr eigenwillig umgeht. Angeregt durch das themengleiche und auch den gleichen Obertitel tragende Drama des Jesuiten Joseph Simon (*Leo Armenus seu Impietas punita*),[64] behandelt Gryphius eine Episode aus der byzantinischen Geschichte, die Ermordung des von 813–20 regierenden Leo Arminius durch seinen Gegenspieler Michael Baibus. Doch während der Gegenreformator Simon in seinem Drama Leo als einen im Bilderstreit des 9. Jahrhunderts die anti-römische, d. h. die bilderfeindliche Position vertretenden Tyrannen erscheinen lässt und deswegen seinen Sturz rechtfertigt (der Ketzer Leo fällt gleichsam stellvertretend für alle Ketzerei gegen die rechtgläubige Kirche, wobei die Bilderfeindschaft der Schwärmer und der Calvinisten der zeitgeschichtliche Bezugspunkt ist), hebt Gryphius als Lutheraner und Jurist die schwer wiegende Problematik des Tyrannenmordes hervor. Auch wenn der Fürst schuldig ist (Gryphius betont in seinem Stück die unrechtmäßige Machtergreifung Leos), so ist seine Ermordung doch ein „vngehewre(s) Mord vnd Bubenstück". Was von der Gesinnung der Verschwörer um Michael Balbus zu halten ist, verdeutlicht Gryphius im 4. Akt, als einer der Verschworenen von einem Zauberer etwas über die Zukunft hören will. Dies geschieht zur gleichen Zeit, in der Leo die Weihnachtsmesse feiert. Weihnachtsoffenbarung und Teufelsoffenbarung stehen sich gegenüber. Noch während der Christmesse wird der schwermütige, von der „vergänglichkeit menschlicher sachen" überzeugte Leo überfallen. Indem er sterbend das Kreuz küsst, nimmt er, mit den plötzlich geöffneten Augen des Glaubens, sein Kreuz auf sich, reicht ihm Christus im Kreuz die Hand, wird er aus dem stets neue Schuld hervorbringenden Kreislauf der Geschichte, in dem er durch sein Machtstreben gefangen war, herausgerissen; seine Mörder dagegen werden die Gefangenen der gleichen Sorgen um den weltlichen Machterhalt sein, die er mit seiner Bekehrung im Tod abgeschüttelt hat.

So stellt Gryphius Simons Jesuitendrama vom bestraften Tyrannen ein protestantisches Drama vom bekehrten Sünder gegenüber, das des ‚sola fide' – ‚allein durch seinen Glauben' – erhöhten Kaisers. Obwohl Leo noch nicht zu den von ihm später gestalteten königlichen Märtyrern gehört, hat er mit diesen doch schon gemein, dass seine eigentliche Herrschaft erst im Verlust der weltlichen Macht, in der Erniedrigung beginnt. Seine Bekehrung sollte den Zuschauern zugleich den Trost angesichts der Verzweiflung spenden, in die sie durch die Vergegenwärtigung der ‚vanitas mundi' geraten sein mochten. Damit wird bereits dieses frühe Drama von einer Wirkungsabsicht getragen, die auch Gryphius' spätere Trauerspiele bestimmt. Der aristotelische Katharsisbegriff wird dabei insbesondere unter dem Einfluss des Stoikers Seneca (wie ihn beispielsweise Antonio Minturno in seinen Poetiken [*De Poeta*, 1559, und *Harte poetica*, 1564] und Martin Opitz in der viel besprochenen Vorrede zu seiner Übersetzung von Senecas *Troerinnen* [1625] dokumentieren) entschieden umgedeutet. Das Wechselspiel von Erregung und Reinigung der tragischen Affekte verwandelt sich in eine „interdependente Abfolge von Provokation (durch Vanitas) und Konsolation (gegen Fortuna)."[65] In diesem Verständnis also ist Katharsis Tröstung, wird die Tragödie zur moralischen Kraft: Sie stabilisiert den Affekthaushalt des Zuschauers, indem sie ihm den Weg zeigt, gegen die Fortuna, gegen die Wechselfälle und die Trostlosigkeit der irdischen Verhältnisse zu bestehen.

Dabei interessiert die im Trauerspiel vorgeführte Situation nicht in ihrer historischen Richtigkeit; sie soll exemplarisch nur den Mechanismus des ‚Weltgetriebes' vor Augen führen. Entsprechend werden die auf der Bühne agierenden Protagonisten nicht als Personen vergegenwärtigt, sondern als exemplarisch auf ein Allgemeines verweisende Figuren. Ein Leo Arminius wird in diesem Sinn nicht als Charakter entwickelt, sondern ist der Typus, an dem die Bekehrung als ein prinzipielles Ereignis christlichen Lebens veranschaulicht werden kann. Darin liegt auch der Grund für den rhetorischen Charakter der szenischen Auseinandersetzungen. Die Reden der Figuren sind von Formelhaftigkeit geprägt und mit Sentenzen durchsetzt, durch die der Zuschauer ständig auf das über den vorgeführten Fall Hinausweisende gelenkt wird:

> *Theo:* Wer kan der Fürsten zeit/wenn Gott nicht wil/ verkürtzen?
> *Leo:* Gott wacht für vns vnd heist vns selbst auch wache seyn.
> *Theo: Wenn Gott nicht selber wacht schläfft jeder Wächter eyn!*
> (II,440ff.)[66]

Der Barockdramatiker versteht sich als Ausleger einer „transpersonalen Sphäre der Werte",[67] die auf die handelnden Menschen einwirken und ihnen Entscheidungen abverlangen; es bleibt außerhalb seines Horizonts, dieses transpersonale Wertesystem als solches zu hinterfragen.

Auch *Cardenio und Celinde, Oder Unglücklich Verliebete*, erst 1657 erschienen, obwohl Gryphius sich seit 1647 mit dem Stoff beschäftigte, ist ein Bekehrungsdrama. Es fällt als Trauerspiel schon deswegen aus dem Rahmen, weil es die Ständeklausel der Barockpoetiken missachtet, also Personen geringeren Standes agieren lässt, was jedoch kein ausreichender Grund ist, es als Vorläufer des bürgerlichen Trauerspiels zu bezeichnen. Gryphius verknüpft den ‚vanitas'-Gedanken hier mit dem Beispiel zweier in Leidenschaften verstrickter und Schuld auf sich ladender Liebender, die schließlich durch die Gespenstererscheinung eines durch einen von ihnen zu Tode Gekommenen dermaßen erschüttert werden, dass sie sich zu einer keuschen und sittsamen Liebe bekennen. Damit wird keine moralische Erziehung des Zuschauers im Sinne der säkularisierten Moralbegriffe der Aufklärung intendiert; vielmehr zeigt auch dieses Stück, wie der *Leo Arminius*, den Vorgang der Umkehr des ganzen Menschen. In diesem Sinn ist die Umkehr auch hier einer religiösen Erneuerung vergleichbar, die sich – dramaturgisch gesehen – in eine moralische Konstellation einfügt: Das Leben der beiden Protagonisten – dies lässt auch hier die konsolatorische Funktion der Tragödie erkennen – wird sich ‚von Grund auf' verändern und ihnen, eingedenk des göttlichen Richters, ein moralisches, d. h. von ungestümen Affekten befreites Miteinander ermöglichen.

Die Märtyrerdramen

Dem Modell des ‚Märtyrerdramas' folgte Gryphius – auch hier von den Jesuiten beeinflusst – in seinen Trauerspielen *Catharina von Georgien. Oder bewehrete Beständigkeit* (geschrieben zwischen 1647 und 1650, erschienen 1657) und *Ermordete Majestät Oder Carolus Stuardus König von Gross Britannien* (geschrieben 1649/50, veröffentlicht 1657 und 1663 in zwei voneinander abweichenden Fassungen). In der *Catharina von Georgien* griff er auf die Ermordung dieser christlichen Königin durch Abas, den Schah von Persien, im Jahre 1624 zurück. Doch auch dieses Stück will kein Geschichtsdrama sein, ebenso wenig wie der *Leo Arminius*, sondern Lehrstück; der einleitende ‚Prolog der Ewigkeit' fordert die Zuschauer direkt auf, dem Vorbild der Heldin nachzuleben. Die dramatische Handlung, die sich auf den letzten Lebenstag Catharinas beschränkt, konfrontiert den sie leidenschaftlich liebenden, ihr die Ehe und die Krone Persiens antragenden Schah und die von ihm als Geisel festgehaltene, ihn abweisende Christin, die ihrem ermordeten Mann und ihrem Glauben treu bleiben will. Dabei erscheint Abas als der von Affekten besessene Tyrann, der sich – ein aggressiver Exponent der ‚vanitas mundi' – in unerfülltem Liebesverlangen zermartert und die Geliebte doch foltern lässt, wobei Gryphius mit dem Kunstgriff arbeitet, dem metaphorischen Kerker des Liebesjochs, in dem Abas sich befindet, den wirklichen Kerker Catharinas, dem falschen Martyrium der Leidenschaft das wahre Martyrium der Standhaften gegenüberzustellen.[68] Catharinas Beständigkeit bildet nicht einfach das stoische Apathie-Ideal, die Tugend der ‚constantia' ab (obwohl Gryphius mit stoischem Gedankengut bestens vertraut war – nicht zuletzt durch den niederländischen Neustoizisten Justus Lipsius, den er aus Leiden kannte);[69] Catharina ist von Angst vor dem Foltertod erfüllt. Erst als sie die Nachricht von der Errettung ihres Sohnes erhält, erfolgt der Umschwung, der sie in der irdischen Vernichtung das Handeln Gottes an ihr erkennen lässt. Ihre Bereitschaft zum Martyrium ist nicht heroisch, keine Bewährung vor sich selbst, sondern erwächst – dies ist der Grundimpuls aller Konsolationsliteratur – aus der Erfahrung der Zuwendung Gottes zu ihr, die ihr die bewusste Annahme des Leidens, die Anteilnahme an der Passion Christi ermöglicht. In der Gewissheit, schon als Märtyrerin an der Ewigkeit teilzunehmen, überwindet sie die ‚Weltangst', gewinnt sie die radikale christliche Freiheit gegenüber der ‚Eitelkeit der Welt', die zu Beginn des Dramas schon die allegorische

Figur der Ewigkeit (in einer Paraphrase eines schon früher entstandenen Lissaer Sonnetts) äußert (V. 27 ff.):

> Was dieser baut bricht jener Morgen ein /
> Wo itzt Paläste stehn
> Wird künfftig nichts als Gras und Wiese seyn
> Auff der ein Schäfers Kind wird nach der Herde gehn /
> Euch selbst / den grosse Schlösser noch zu enge
> Wird/ wenn ihr bald von hier entweichen werdet müssen
> Ein enges Hauß ein schmaler Sarg beschlissen.
> Ein Sarg der recht entdeckt wie kurtz des Menschen Länge.

Der christliche Gehalt und der konsolatorische Ausgang des Dramas dürfen nicht darüber hinwegtäuschen, dass es ebenso wie der *Carolus Stuardus* politische Relevanz besaß. Gryphius war der Auffassung, dass allein die unantastbare Ordnungsmacht des monarchischen Absolutismus politischer Anarchie Einhalt gebieten könne; tragische Situationen sah er immer dann entstehen, wenn die von ihm als notwendig erkannte Staatsform nicht angemessen repräsentiert wurde oder wenn politische Interessen die Ordnungsmacht des Staates in ihr Gegenteil verkehrten. Während in seiner *Catharina von Georgien* die politisch engagierte, für die Freiheit und Unabhängigkeit ihres Volkes eintretende Königin Catharina der machiavellistischen Politik eines anderen – als ‚fabricator mali' auftretenden – Herrschers zum Opfer fällt, aber im Untergang durch die Bewahrung der ‚constantia' ihren politischen Wertvorstellungen den größten Nachdruck verleihen kann, wird im *Carolus Stuardus*, der darin dem *Leo Arminius* ähnlich ist, das Empordrängen politischer Machtgier aus der Mitte der Untertanen gezeigt, das gerade denjenigen Monarchen ins Verderben führt, der sein Amt vernunftgeleitet führen und Menschlichkeit bewahren will.

Wie sehr Gryphius den *Carolus Stuardus* als politisches Drama verstand, zeigt allein sein Widmungsgedicht an den Großen Kurfürsten Friedrich Wilhelm von Brandenburg, in dem dieser zur Parteinahme für das englische Königshaus aufgefordert wird, zur direkten politischen und militärischen Aktion. Der Sturz der Monarchie in England durch Oliver Cromwell und die Hinrichtung Karls I. im Januar 1649 bewegte die Zeitgenossen in ganz Europa wie kaum ein anderes politisches Ereignis, und Gryphius griff mit seinem Trauerspiel unmittelbar in die Diskussion darüber ein. Sein Stück zeigt (in seiner ersten Fassung) zunächst den inmitten seiner Edelleute auf seine Hinrichtung wartenden und Abschied nehmenden Karl: „Brich an gewündtschtes Licht / wir sind deß Lebens sat // Und schaun den König an / der selbst ein Creutz betrat //. Verhast von seinem Volck / verlacht von seinen Scharen …“ (1,227–229). Gespräche zwischen dem kompromissbereiten Cromwell und dem unduldsamen Fairfex, dann zwischen ausländischen Diplomaten füllen die nächsten Abhandlungen, bis Karl am Ende im Bewusstsein seiner Unschuld als Märtyrer den Richtplatz betritt und getötet wird. Die spätere Fassung weist erhebliche Veränderungen auf. Dabei ist weniger eine scheiternde Gegenverschwörung von Bedeutung, die in das Drama eingefügt wird und einen Rollentausch zwischen Cromwell und Fairfex notwendig macht, als vielmehr die Ausarbeitung der symbolischen Parallelität von Karl und Christus. Offensichtlich griff Gryphius auf inzwischen erschienene Quellen zurück, die belegen, dass auch der historische Karl sein Schicksal in der Passionsgeschichte Christi vorgebildet sah.[70] So lässt Gryphius nun – um nur auf einige Analogien hinzuweisen – einen englischen Grafen berichten, dass Carolus auf dem Weg zum Parlament von einem Soldaten angespien worden sei und dass der Bischof am Hinrichtungsmorgen die Kreuzigungsgeschichte des Evangelisten Matthäus vorgelesen habe; Fairfex wird nun so gestaltet, dass er Pilatus ähnelt, während die Verschwörer den Hohepriestern vergleichbar sind; neu einführt wird die Judasfigur Poleh, der sich wegen seines Verrats selbst verflucht und zugleich eine – in der 5. Abhandlung als Theater auf dem Theater präsentierte – Vorstellung entwickelt, die nicht nur die Hinrichtung der Königsmörder, sondern auch den Wiederaufstieg des Hauses Stuart prophezeit. – Es greift sicher zu kurz, in diesen und anderen, hier nicht erwähnten Anspielungen auf die biblische Geschichte nur den Versuch zu sehen, durch das Prinzip der Nachbildung den Leidensweg Karls zu unterstreichen; vielmehr bediente sich Gryphius, indem er Karl als Figura Christi herausstellte, eines Modells politischer Typologie, das die Herrschaft des englischen Königs auf die eschatologische Königsherrschaft Christi bezog,[71] und schloss sich damit dem in der zeitgenössischen Auseinandersetzung häufig vorgetragenen und – weil es die königliche Herrschaft aus höchster Instanz legitimierte – als besonders gewichtig empfundenen Argument der Royalisten gegen die puritanisch-interdependistische Theorie von der Volkssouveränität an (vgl. u.).

Die Komödien

Seine entschiedene Stellungnahme für die Unantastbarkeit des Regenten und die hierarchische Struktur der Gesellschaft lässt sich auf andere Weise auch in der vor 1650 begonnenen, aber erst 1658 erschienenen *Absurda Comica. Oder Herr Peter Squentz. Schimpff-Spiel*, dem beliebtesten Lustspiel des deutschen Barock, erkennen. Gryphius bearbeitete hier einen Stoff,[72] der durch die englischen Komödianten auf den Kontinent gekommen war, die ihrerseits auf Shakespeares *A Midsummer-Night's*

Dream (um 1595) zurückgriffen. Bei Gryphius konzentriert sich das Geschehen auf die Vorbereitung und Aufführung der Geschichte von Pyramus und Thisbe durch eine Gruppe kleinstädtischer Handwerker unter ihrem überheblichen Sprecher Peter Squentz vor einem König und seiner Gesellschaft, die in die Rolle von Zuschauern versetzt werden und sich über die dilettantische Darstellung der Spieler lustig machen. Das Theater der Handwerker, das von der königlichen Gesellschaft auf dem Theater verlacht wird, soll auch den Spott der Betrachter dieses Lustspiels evozieren. Zielscheibe des Spottes ist nicht nur das unzulängliche Spiel der kleinen Bürger, sondern auch deren nicht-höfisches, tölpelhaft-unflätiges und zugleich anmaßendes (d. h. die eigene ‚Unangemessenheit' gar nicht wahrnehmendes) Benehmen. Es ist von literatursoziologischem Interesse, dass die Handwerker damit die Rolle übernehmen, die in der spätmittelalterlichen Literatur und im Fastnachtspiel des 16. Jahrhunderts (vgl. P. N., 2012 a, IV) zumeist den Bauern vorbehalten war.[73] So wie der Bauer seinerzeit außerhalb des Bereichs der mittelalterlichen Stadtkultur stand, so steht bei Gryphius der kleinbürgerliche Städter außerhalb der Hofkultur. Seine Lächerlichkeit erweist sich in seinem Versagen, den Erwartungen des Hofes (vor allem der von Rhetorik bestimmten Kavalierssprache und den Regeln der Etikette) gerecht zu werden. Ebenso verächtlich erscheint den höfischen Betrachtern im Spiel (und mit Sicherheit auch den ‚gebildeten' Betrachtern im Zuschauerraum) der Unverstand in künstlerischen Fragen. Pickelhäring spielt den Pyramus, der Narr den Helden, und alle zusammen führen eine „fröliche Tragoedi" auf. Der Klassizist Gryphius, dem die Vermischung der Gattungen ein Gräuel war, nutzte dabei die Gelegenheit, auch den Meistersang und das Fastnachtspiel, auf die er die Laienspieler sich berufen lässt, durch zahlreiche Anspielungen zu verunglimpfen, auch dies ein Zeichen dafür, wie entschieden der höfisch orientierte Künstler sich von der volkstümlichen Literatur des 16. Jahrhunderts abzugrenzen suchte. Nicht zuletzt die Wahl des Stoffes von Pyramus und Thisbe für das Theater im Theater fügt sich in die Reihe der parodistischen Abwertungen des Kunstverstands und des Geschmacks der ‚vorgeführten' Laienspieler ein: Der von ihnen ernst genommene Liebestod der antiken Protagonisten konnte für den Barockdichter nichts anderes sein als „die alberne Geschichte einer blinden und übereilten Leidenschaft, das Gegenbild beispielhafter Haltung, die in der Herrschaft des Menschen über sich selbst und seine Leidenschaften besteht."[74] Der im Spiel als Zuschauer sich amüsierende König bezahlt am Ende die Schauspieler auch nicht für ihre Aufführung, sondern für die Zahl der Schnitzer, die sie sich dabei geleistet haben – deutlicher lässt sich Verachtung nicht zeigen, auch und gerade wenn sie mit der gnadenhaften Verzeihung des verfehlten Ehrgeizes der Untertanen einhergeht. Auch in Fragen poetischer Qualität, wird so gezeigt, ist der König die kompetente Instanz. Dass Gryphius mit dieser Schmeichelei, die dem Herrscher Autorität auch in geistiger Hinsicht zusprach, zugleich der Bedeutung der Kunst am Hofe das Wort redete, versteht sich dabei von selbst.

Auf andere Weise als Peter Squentz und seine schauspielernden Handwerker wirken die ‚komischen Helden' des zwischen 1647 und 1650 entstandenen, aber erst 1663 erschienenen *Horribilicribifax. Teutsch. Wehlende Liebhaber* als Gegenbilder zur höfischen Gesellschaft. In diesem an die Tradition der Commedia dell'arte anknüpfenden Scherzspiel nimmt Gryphius (wie vor ihm schon Heinrich Julius von Braunschweig) das Motiv des Plautinischen ‚miles gloriosus' auf und stellt mit Horribilicribifax von Donnerkeil auf Wüsthausen und Daradiridatumtarides und Windbrecher von Tausend Mord, Erbherr in und zu Windloch, zwei Soldaten vor, die sich allein schon durch ihre Großsprecherei als betrügerische Aufschneider demaskieren. Ihnen stehen in dem allerlei Liebeshändel entfaltenden Stück mit dem Statthalter Cleander und mit Palladius, dem akademisch gebildeten und dadurch adelsgleichen Bürger, wahre Kavaliere gegenüber, die nicht wie die beiden Soldaten an „jungfern fleisch" und Mitgift denken, sondern Liebe als Herzensangelegenheit betrachten. Die vielen vorgeführten Turbulenzen enden schließlich in einem Hochzeitsreigen, der verschiedene Paare nach ihren moralischen Verdiensten zusammenführt, wobei diese Verdienste auch zu einer sozialen Neuordnung führen. Während die beiden Maulhelden zu einfachen Korporälen degradiert und damit gesellschaftlich vernichtet werden, steigen ihre Gegenspieler zu einflussreichen Hofleuten auf, deren Vorbildlichkeit sich nicht zuletzt in ihrem Sprachgebrauch erweist. Ihr elegantes, an den Regeln höfischer Rhetorik geschultes Deutsch steht maßstabsetzend dem mit italienischen und französischen Brocken durchsetzten Kauderwelsch der Soldaten gegenüber. Horribilicribifax und Daradiridatumtarides sollen vor allem auch deswegen verlacht werden, weil sie ihre Sprache nicht beherrschen, sondern von ihr beherrscht werden und in einem wahren Sprachrausch (dabei durchaus sprachschöpferisch) ständig reden, ohne etwas zu sagen.[75] Auch hierin erweist sich ihre Disziplinlosigkeit, der Gryphius die ‚sinnreichen', sorgfältig formulierten Aussagen der Höflinge entgegenhält. Dass er am Ende des Dreißigjährigen Krieges mit den falschen Kriegshelden, die sich im endlich erreichten Frieden immer noch martialisch aufführen, den Krieg insgesamt als eine „Verirrung des menschlichen Geistes" bloßstellen wollte, ist eine einleuchtende Interpretation.[76]

Der *Papinianus*

Von allen Dramen Gryphius' trägt der zwischen 1657 und 1659 entstandene, 1659 erstmalig gedruckte *Papinianus (Großmütiger Rechts-Gelehrter / Oder Sterbender*

Aemilius Paulus Papinianus. Trauer-Spil) den stärksten politischen Akzent. Anders als im *Leo Arminius* und im *Carolus Stuardus* wird hier nicht das Problem der Revolution ‚von unten' thematisiert; der Herrscher selbst setzt sich seinen loyalen Untertanen gegenüber ins Unrecht und wirft damit die Frage des Widerstandsrechts auf. Mit seiner Hauptfigur griff Gryphius auf den von dem Tyrannen Caracalla verurteilten historischen Papinianus zurück, der unter Juristen als größter römischer Rechtsgelehrter galt und spätestens seit Boethius' *Consolatio Philosophiae* zur moralischen Exempelfigur geworden war, zu einem Auserwählten, der angesichts seines ‚ungerechten' Todes stoische Standhaftigkeit beweist und deswegen als Vorbild der Tugend (der Gerechtigkeit) erscheinen kann. Auch Gryphius stellt in seinem Trauerspiel, für dessen dramatische Gestaltung keine Vorbilder bekannt sind, die Standhaftigkeit Papinians heraus; noch stärker aber betont er dessen Rechtsbewusstsein: Um den Streit des kaiserlichen Brüderpaars Caracalla um die Nachfolge ihres Vaters zu schlichten, schlägt Papinian, der angesehene Jurist, den beiden Kontrahenten, Bassian und Geta, vor, das Reich zu teilen, findet aber kein Gehör. Vielmehr lässt sich Bassian von Laetus, seinem Berater, der dem Machtkampf das Wort redet und von Gryphius als Spiegelbild des reinen Macchiavellismus eingesetzt wird, dazu überreden, seinen Bruder zu ermorden: „Man siht nicht Brüder an wenn man umb Kronen spielt." (II,21) Und: „Ein Fürst ist von dem Recht und allen Banden frey." (II,69) Bassian ersticht den Bruder vor den Augen ihrer Mutter. Aus diesem Verbrechen heraus entwickelt sich alles übrige Geschehen. Laetus, der skrupellose Zerstörer von Hof und Staat, der sich selbst den Thron aneignen will, wird verurteilt. Aber nicht nur der Schuldige, auch der Unschuldige wird in die Fallbewegung hineingezogen. Papinian erhält den Befehl, den Mord an Geta vor dem Heer und dem Volk zu rechtfertigen, widersetzt sich jedoch. Nun beschuldigt ihn Bassian des Hochverrats. Papinian widersteht in dieser Situation sowohl dem Angebot des Heeres, ihn selbst zum Kaiser einzusetzen, als auch der Lockung der Mutter der Brüder, durch die Vermählung mit ihr die Krone zu übernehmen; ebenso widersteht er der Versuchung, sich in die Schutz gewährende Abgeschiedenheit des Landlebens zurückzuziehen, und schließlich widersteht er dem Vorschlag seines eigenen Vaters, politisch klug zu taktieren und zum Schein auf Bassian einzugehen, um ihn später zu entlarven. Papinian geht es auch um den Preis seines Lebens ausschließlich um die Wiederherstellung des Rechts. Selbst als sein Sohn von Bassian ermordet wird, bleibt er unbeugsam. Er erweist sich als ‚vir constans et magnanimus', als tapferer, innerlich unabhängiger, selbstdisziplinierter Mann, als echter Stoiker, und erfüllt damit zugleich das Tugendideal der adligen und bürgerlichen Elite des 16. und 17. Jahrhunderts, die mit der Hochschätzung der von ‚constantia' und ‚magnanimitas' bestimmten Haltung wohl auch ihre politische Einflusslosigkeit kompensierte.[77] Papinian wird hingerichtet; er stirbt als eine beispielhafte Person, die ihr Leben einer höheren Idee, dem „heiligen Recht“ hingibt. Bassian dagegen verfällt dem Wahnsinn, wird zum Opfer seines Gewissens, so dass sich am Ende das Recht wieder herstellt. Letztlich ist dies das Werk der Themis, der Göttin der Gerechtigkeit, die schon nach der Ermordung Getas auf der Bühne erscheint und nicht nur allegorisch den Widerstand der Transzendenz gegen die irdische ‚vanitas‘, gegen das dem Chaos der Leidenschaften verfallene Handeln der Menschen am Hofe verdeutlicht, sondern als ‚dea ex machina‘ mit Trompeten aus den Wolken herabkommt und als ‚Spielleiterin‘ eine entscheidende Funktion der dramatischen Aktion übernimmt:

> „Ich werde ein Traur=spil stifften
> Das mit gewalt und leid /
> Wird die bestürtzte Zeit /
> Erschrecken und vergifften.“
> (II,525–528)

Durch die Themis wird dieses Trauerspiel zum Gericht. Sie straft den Laetus, sie straft den Bassian, und sie inszeniert den Untergang Papinians, damit Bassian umso sicherer ihrer Rache verfällt. Gerade damit aber garantiert sie auch die Ordnung des Rechts, das durch sie in einer transzendenten Sphäre verankert erscheint. Als allegorische Repräsentantin der ‚Lex divina‘ verbürgt sie die Ewigkeit des Naturrechts, „Höchstes Recht der heilgen Welt“ (II,553), das seinen Maßstab in der göttlichen Schöpfungsordnung findet. Da ihr metaphysischer Ort auch das menschliche Gewissen ist, leidet Bassian, der gegen das Naturrecht verstoßen hat, Gewissensqualen. Umgekehrt ist Papinians unbedingte Treue der Themis gegenüber nicht nur Ausdruck persönlicher Integrität, sondern erwächst aus der Überzeugung, dass alle politische Ordnung sich an das Naturrecht binden muss und dass das innere Rechtsgefühl – gleichsam als Organ dieses ewigen Rechts – für diese Bindung einzustehen hat, wenn nicht der ganze sittlich-rechtliche Ordo zusammenbrechen soll. („Ich muß das heil’ge Recht vor tausend Fürsten ehren.“ (III,474) Und: „Ists tödlich / daß Ich nichts thu wider mein Gewissen …“ (V,223).)

Obwohl der *Papinian* im antiken Rom spielt, wurden in ihm die politischen Probleme des Absolutismus abgehandelt, und der Jurist Gryphius bezog mit diesem Trauerspiel in der kontrovers geführten staatsrechtlichen Diskussion über die zentrale Frage nach der Abgrenzung des sittlich gerade noch Zulässigen vom moralisch Verwerflichen im politischen Handeln eine klare Position. Unter den Kritikern des reinen Machiavellismus waren viele doch immerhin der Auffassung, dass politisches

Handeln auch außerhalb der Gebote der Sittlichkeit und Grenzen der Rechtsnormen einen gewissen Spielraum habe, sofern es sich damit rechtfertigen könne, die Interessen des Gemeinwohls zu wahren oder zu fordern. Im *Papinian* versucht der tyrannische Bassian diese Argumentation für sich zu verwenden. In der 4. Abhandlung legt er dem Höfling Cleander die Maximen fürstlichen Handelns dar, die in dem Bild des Staatsmannes gipfeln, der das Staatsschiff nur durch geschicktes Lavieren ans Ziel bringt:

> „Man fährt offt seitwärts ab / auch öffter gar zurücke.
> So wird der Port erreicht mit Vortheil / Ruhm und Glücke /."
> (35 f.)

Für ihn fällt der Brudermord unter die Kategorie der für das Staatswohl eingesetzten politischen Klugheit und damit in einen moralisch indifferenten Zwischenbereich. Dem Papinian wirft er vor, durch seine moralische Unbedingtheit die Eigengesetzlichkeit des Politischen zu missachten. Papinian verweigert nicht nur jegliches opportunistische Handeln, das ihm die Hauptleute des Heeres und die Kaiserin antragen und das auch der Vater ihm empfiehlt, er weigert sich vor allem auch, sein Gewissen in den privaten, unverbindlichen Raum abzudrängen (wozu das Leben auf dem Lande ihn verführen würde) und damit als politische Instanz zu exmittieren. Aber obwohl er rigoros die Position vertritt, dass sich politisch Handelnde uneingeschränkt an die Normen des Naturrechts, des heiligen Rechts, zu halten haben, leitet er aus ihr doch kein Recht auf aktiven Widerstand gegen den zum Tyrannen entarteten Fürsten ab, der diese Normen missachtet.[78] Gryphius steht mit seinem Helden hier ganz in der Tradition Luthers, der den Widerstand gegen die Obrigkeit, auch gegen unmenschlich handelnde Herrscher, aus religiösen Gründen gänzlich untersagt (vgl. auch P. N., 2012 a, I), weil jeglicher Aufruhr neues Unrecht hervorbringe und in die Rechte Gottes eingreife. Für Luther ist die Grenze des Gehorsams erst erreicht, wenn die tyrannische Obrigkeit versucht, den Einzelnen in seinem Gewissen zu binden. Erst dann ist Widerstand geboten, allerdings nur in der Form des duldenden, leidenden, ‚passiven' Widerstands. Ganz gemäß dieser lutherischen Auffassung verhält sich Papininan. Im Zusammenstoß von Staatsraison und Gewissensverpflichtung bewährt er sich – gerade hierin ein Exempel – in der unerschütterlichen Ruhe seines reinen Gewissens (vgl. IV,183 f.):

> Bassian: Villeicht auch können wir noch seinen Dinst vermissen.
> Papinian: Der Käyser meinen Dinst / ich nicht ein rein Gewissen.

Der *Papinian* erhält einen zusätzlichen Reiz, wenn man weiß,[79] dass Gryphius mit ihm einen Streit der Staatsrechtler Jean Bodin und Hugo Grotius aufgriff, die sich beide über den historischen Papinian geäußert hatten. Während Bodin in seinen *De Republica Libri VI* (1584) Papinian als Exempel falschen politischen Verhaltens herausstellt, weil er die Mordtat Caracallas nicht übersehen habe, was im Interesse der Staatsraison gelegen hätte, und weil er damit die Souveränität des Herrschers in Zweifel gezogen habe, rückt Grotius, gegen Bodin gerichtet, den römischen Juristen wegen seines Einstehens für seine Gewissensüberzeugung in die Reihe der christlichen Gewissens-Märtyrer (*De Jure belli ac pacis libri tres*, 1642). Gryphius hatte Grotius, dessen Einschätzung Papinians er teilt, während seiner Frankreichreise im Jahre 1649 kennen gelernt.

Dass der *Papinian* im 17. Jahrhundert besonders häufig aufgeführt wurde, freilich nicht am Hofe, sondern an Schulen und von Wandertruppen in verschiedenen Städten, liegt nicht nur an der relativ großen Zahl seiner Bühneneffekte (immerhin wird dem Zuschauer dreimal der Tod, das „Urereignis des Trauerspiels",[80] als Mord, Marterung und Hinrichtung auf offener Bühne präsentiert), sondern mit Sicherheit auch daran, dass in ihm die Problematik von Ethos und Staatsraison so deutlich entfaltet wird, – die Problematik, die das zeitgenössische politische Denken in dem von Religions- und Bürgerkriegen zerrissenen Europa des 17. Jahrhunderts wie keine andere bewegte.

Lohenstein und die barocke Affektenlehre

Von der – letztlich religiös fundierten – ethischen Rigorosität, mit welcher der obrigkeitstreue, den Absolutismus als notwendige Ordnungsmacht begreifende Gryphius die Fürsten in ihrem politischen Handeln auf das Naturrecht verpflichtete, ist bei Casper David von Lohenstein, dem zweiten bedeutenden ‚schlesischen' Dramatiker, nichts zu spüren. Vielmehr gilt Lohenstein in der neueren Forschung, die auf die Bindung der schlesischen Dramatiker an die zeitgenössische staatsrechtliche Diskussion erst aufmerksam gemacht hat,[81] als Anhänger derer, die – wie Bodin oder Lipsius – dem Staat für die Realisierung von Rechtsordnungen und zur Sicherung des allgemeinen ‚Heils' ein gewisses Maß an Unrecht zubilligten, falls politische Zwänge dies erforderten.

Lohensteins Lebensweg ist dem von Gryphius nicht unähnlich. 1635 in Nimptsch als Sohn eines kaiserlichen Steuereinnehmers geboren, erhielt er seine gymnasiale Ausbildung auf dem Magdalenäum in Breslau, wo er am Schultheater nicht nur als Mitspieler, sondern auch schon als Autor (mit seinem um 1650 entstandenen Stück *Ibrahim (Bassa)*) mitwirkte, studierte Jura in Leipzig und Tübingen, unternahm

Bildungsreisen nach Holland, Frankreich, Italien und lernte Sprachen, kehrte 1657 nach Breslau zurück, wo er sich als Anwalt niederließ, und wurde 1670 Syndikus, 1675 schließlich – bis zu seinem Tode 1683 – Obersyndikus der Stadt, der er bei Verhandlungen am Kaiserhof loyal diente. Deutlicher als bei Gryphius ist bei Lohenstein die Orientierung am Lebensstil des Hofmanns zu erkennen. Die Nobilitierung seiner Familie (1670 erhielt sein Vater das erbliche Adelsprädikat) dürfte er selbst betrieben haben, und auf den neu erworbenen Adelstitel legte er besonderen Wert; 1675 wurde er dank seines diplomatischen Geschicks sogar zum Kaiserlichen Rat ernannt. Besonders auffällig ist seine „wohlüberlegte Widmungspolitik“:[82] So hat er nicht nur Angehörigen des Piastenhauses einige seiner Werke zugeeignet und u. a. eine *Lob-Schrifft* (1676) auf den früh verstorbenen Herzog Georg Wilhelm verfasst, er hat auch Kaiser Leopold I. insofern gehuldigt, als er in den Reyen einzelner seiner Dramen an die auf das ‚Buch Daniel‘ zurückgehende Vier-Monarchien-Lehre und an die Vorstellung von der Translatio Imperii anknüpft und die nach dieser Vorstellung sinnhaft fortschreitende Weltgeschichte unter dem Habsburger Leopold an ihr Ziel gelangen lässt – in der 2. Fassung seines Trauerspiels *Cleopatra* (1680) wird Leopold im Schlussreyen mit Augustus verglichen. Die deutlichste – politisch klug kalkulierte – Reverenz dem Kaiserhaus gegenüber ist wohl das anlässlich der Vermählung Leopolds entstandene Festspiel *Ibrahim Sultan* (1673), das den Kampf Österreichs gegen die Türken offen unterstützt, indem es das Türkische Reich als Reich des Antichrist erscheinen lässt und die habsburgisch-österreichische Monarchie als eine Art zweites Paradies vorstellt.

Lohensteins literarischen Ruhm begründeten die beiden ‚afrikanischen‘ Trauerspiele *Cleopatra* (Erstdruck 1661) und *Sophonisbe* (entstanden vor 1666, Erstdruck 1680) sowie die beiden ‚römischen‘ Trauerspiele *Agrippina* (Erstdruck 1665) und *Epicharis* (Erstdruck 1665). Sie galten wegen der in ihnen dargestellten und auch auf offener Bühne gezeigten Gräuel, die von Inzest und Vergewaltigung bis zu Folter, Hinrichtung und Verwandtenmord reichen, lange Zeit als besonders schockierende Beispiele eines Theaters der Grausamkeit, ohne dass man immer wahrnahm, dass all die an Figuren höchsten Standes vorgeführten Lasterexempel letztlich pädagogischen und politischen Intentionen dienten, unter anderem – gleichsam ex negativo – der Huldigung desjenigen Fürsten, der seine Affekte zu beherrschen in der Lage ist und dadurch seinen Untertanen Frieden zu sichern vermag.

Dieses Verständnis der Lasterdarstellungen Lohensteins erwächst aus einer Betrachtung der barocken Affektenlehre,[83] nach der die Darstellung von Affekten zugleich ein Mittel der Affektschulung und sogar der Affekttherapie sein kann. In der Diskussion hierüber freilich kamen unterschiedliche Traditionszweige zur Geltung.

Das Vertrauen der antiken Moralphilosophen (Platon, Aristoteles, Cicero) in die Kraft der Vernunft, die sich die Affekte zu unterwerfen habe, wurde im 16. und 17. Jahrhundert nicht ohne weiteres geteilt; zu stark wirkte die Auffassung Augustins, der die antike Affektenlehre mit dem christlichen Erbsündedogma zu vereinbaren gesucht hatte. Nach Augustin haben die Affekte ihren Ursprung im Sündenfall. Durch ihn, durch die Abwendung des Menschen von Gott, sind die Rangverhältnisse von Leib, Seele, Vernunft durcheinander geraten, und die Affekte, die Diener der Seele, haben ihren Gehorsam sowohl gegenüber der Seele als auch gegenüber der Vernunft aufgekündigt. Damit aber muss dem Menschen die Beherrschung seiner Affekte aus eigener Kraft misslingen; er ist auf die göttliche Gnadenzuwendung angewiesen, kann sich allenfalls durch Askese vor den von den Affekten beeinflussten Versuchungen des ‚verderbten Fleisches' wappnen. Diese Ansicht war nicht nur im gegenreformatorischen, sondern auch im protestantischen Lager weit verbreitet. Lohenstein teilte sie nicht.

Für ihn, der wie kein anderer Dramatiker des 17. Jahrhunderts (und wohl der ganzen deutschen Literaturgeschichte) die Macht und das Spiel der Affekte vor Augen geführt hat, war die Gefahr, die er von ihnen ausgehen sah, auch ohne gläubige Zuwendung zu Gott und ohne dessen Gnadenerweis zu bewältigen, waren die von den Affekten verursachten Gemütskämpfe vielmehr eine Herausforderung an die menschliche Vernunft und Tugend. Insofern war er eher an der aristotelischen Seelenlehre orientiert, nach der Affekte weder als gut noch als böse zu beurteilen sind, sondern immer nur das zu loben oder zu tadeln ist, was die Vernunft als die höchste und herrschende Instanz im leiblich-seelischen Ganzen des Menschen aus ihnen macht. In Lohensteins Dramen werden die Affekte daher auch keineswegs grundsätzlich denunziert. Sie können durchaus nützliche Funktionen haben, können Triebräder der Selbstbehauptung des Einzelnen und seines Handelns im Dienste des Gemeinwohls sein.[84] Gerade weil Lohenstein sich als Fürsprecher der Natürlichkeit der Affekte verstand, konnte er zugleich auch ihre Abgleitungen ins Widernatürliche ins Auge fassen, die für ihn immer dann eintreten, wenn die Vernunft es unterlässt, gegenüber starken Lusterfahrungen, wie der Liebe oder der Ehrsucht, ihre Superiorität zu behaupten. Wenn er in seinen afrikanischen und römischen Trauerspielen gerade auch die gravierenden politischen Folgen veranschaulichte, die Wollust und Grausamkeit als unkontrollierte Affekte hervorrufen können, so hoffte er dabei auf die Fähigkeit seines Publikums, die Fehler der Protagonisten zum Anlass zu nehmen, sich der eigenen Affekte bewusst zu werden und deren Beherrschung zu üben. Dieser pädagogische Wirkungszweck seiner Spiele erklärt zugleich, warum sie nicht nur in größeren Sälen der Stadt oder separat am Hofe, sondern eben auch und vor allem auf der Bühne des Schultheaters aufgeführt werden konnten. Wie die Zuschauer tatsächlich auf die extremen Affektdarstellungen Lohensteins reagierten, muss offen bleiben. Die Ergebnisse heutiger Wirkungsforschung[85] stehen dem bei ihm zu erkennenden pädagogischen Optimismus zumindest insofern entgegen, als – in vorsichtiger Formulierung – wohl auch im 17. Jahrhundert die Möglichkeit nicht ausgeschlossen werden kann, dass sich bei manch einem (auch der gebildeten und rhetorisch versierten) Rezipienten seiner Stücke die pure Lust an den Reizwirkungen dargestellter Begierden und Grausamkeiten verselbstständigt und die kritische Reflexion geradezu blockiert hat.

Die Affektdarstellungen Lohensteins verweisen freilich nicht allein auf die Gefährlichkeit der unkontrollierten vitalen Leidenschaften als solcher, sondern auch auf die Gefährlichkeit ihres theatralischen, für trügerische Zwecke genutzten Einsatzes. Dass mit Hilfe vorgetäuschter Affekte auch Verständige irregeleitet werden können, ist ein in seinen Trauerspielen durchgängiges Motiv. Gerade politisch zwielichtige Figuren wie Cleopatra, Sophonisbe, Agrippina, nach denen Stücke betitelt sind, verstehen es meisterhaft, Affekte zu erregen und beziehen die Täuschungsanfälligkeit ihrer Gegenspieler in ihr Kalkül ein. Hierin spiegelt sich der Sinn für Theatralik und Rollenspiel, der mit der schon ausführlich beschriebenen höfischen Lebensform einhergeht. Für Lohenstein war in dieser Hinsicht die Unterscheidung zwischen Dissimulation und Simulation von Bedeutung, die durch den von ihm geschätzten spanischen Diplomaten Diego Saavedra Fajardo *(Idea de un Príncipe Político-Cristiano Representada en Cien Empresas*, 1640; 1655 ins Deutsche übertragen) nach Deutschland vermittelt und von Gracián, den Lohenstein als Erster ins Deutsche übersetzte, ausgebaut worden war. Mit Dissimulation bezeichneten die Spanier das für sie legitime Verschweigen der Wahrheit bzw. der eigenen Absichten, während ihnen die Simulation, die bewusste Verdrehung der Wahrheit, die Lüge, als mit den christlichen Wertvorstellungen nicht vereinbar galt. Wenn Lohenstein beide Spielarten dieses auf die Affekte bezogenen Rollenverhaltens vorführte, so vornehmlich, um seine Zuschauer und Leser zu lehren, es zu durchschauen – bei anderen und bei sich selbst. Der Theatralik der Affekte mit Hilfe der Klugkeit (der ‚prudentia') entgegentreten zu können, war nach seiner Auffassung zumal für den Herrscher unverzichtbar – in seiner schon erwähnten *Lob-Schrifft* wird dies nachdrücklich dargelegt. Anders als bei Gryphius also, dessen Dramen die Beständigkeit als Wertvorstellung hervorheben, dient Lohensteins Theater der Erprobung von Bewusstseinsfunktionen und liegt sein wichtigstes ‚Bildungsziel' in der Vermittlung eines Verhaltens, das sich um den Ausgleich zwischen Tugendhaftigkeit und praktischer Weltklugheit bemüht.

So wie sich mit dem Blick auf die Diskussion über die Affekte und auf Lohensteins

Einbindung in diese Diskussion das in der Rezeption seiner Stücke schon früh einsetzende Missverständnis aufklären lässt, sie zeigten seelische Reizungen, Leidenschaften und Grausamkeiten in geschmackloser Weise nur um ihrer selbst willen, so ist auch einem anderen, schon seit der ersten Hälfte des 18. Jahrhunderts immer wieder geäußerten Einwand gegenüber seinen Texten von vornherein zu begegnen. Als einer der Ersten beklagte Breitinger (1740) die ‚schlimme' Schreibart Lohensteins, die durch die maßlose Verwendung „unnützlicher, ungeheurer und unanständiger Gleichnisse" gekennzeichnet sei,[86] und seitdem hat die Kritik an seinem übertriebenen, üppigen, schwülstigen, manieristischen Stil nicht mehr aufgehört. Doch ist dabei – wie die neuere Barockforschung verdeutlicht hat[87] – immer übersehen worden, dass Lohensteins Stil an die Intention seiner Affektdarstellungen gebunden ist und zugleich unter dem Gesichtspunkt der Affekterregungs-Rhetorik eingeschätzt werden muss. In der Tat ist Lohensteins Dramensprache voller Worthäufungen und -verdoppelungen, intensivierender Adjektive, antithetischer Setzungen, Metaphorisierungen und anderer Tropen. Das Manieristische, das hierin stets gesehen worden ist, aber dient bestimmten Zwecken. Lohenstein, der sich so sehr auf die Vergegenwärtigung der Affekte seiner Protagonisten konzentrierte, versuchte, die Affekte jeweils in ihrem ganzen Wesen zu veranschaulichen. So ist beispielsweise die Liebe eben „Seelen-Liebreitz", „begierliche Hertzneigung" oder „rasend=tolle Brunst". Ganz wichtig ist ihm die Schilderung der körperlichen Ausdrucksbewegungen, die als äußere Zeichen die Gefühle der Figuren begleiten und von diesen an sich selbst und an den anderen wahrgenommen werden:

> Warumb bebt Hand und Fuß? Der Angst-Schweis bricht mir aus.
> Ich wath' in Sand und Flutt / und steh auf Brand und Graus!
> Welch Schauer überläufft die Eiß-gefrornen Glieder?
> Das Haar steht mir zu Berg' / ich sincke Kraft-los nieder.
> Hilf Himmel! Ich erstarr! ach. Was hab ich gethan?
> (*Agrippina* V,391ff)[88]

Die Vernunft des Protagonisten (Neros) hat an dieser Stelle die Herrschaft über seine Affekte verloren, sein Körper wird gleichsam zur Marionette der kranken Seele. – Im Sinne der Simulation können körperliche Erregungszustände natürlich auch vorgetäuscht werden – wie z. B. von Agrippina in der berühmten Inzestszene bei der Verführung Neros, ihres eigenen Sohnes:

> Schau / wie der Seele Dampf in Thränen schon zerflüße
> Die Lippe schwitzet Oel und Balsam heisser Küsse!
> Die rothe Flamme krönt der Brust geschwellte See; …
> (*Agrippina* III,241 f.)

Die Sprache dient hier der Suggestion und betrügerischen Taktik, und der Zuschauer/Zuhörer soll erkennen, wie wirksam rhetorische Mittel zur Affekterregung eingesetzt werden können. Lohensteins manieristische Dramensprache muss in ihrer Funktionalität gesehen werden, will man über das Klischee der ‚Schwülstigkeit' hinausgelangen.

Lohensteins ‚afrikanische' und ‚römische' Trauerspiele

Die beiden ‚afrikanischen' Trauerspiele – *Cleopatra* und *Sophonisbe* – zeigen Etappen des vom Fatum ‚verhängten' Aufstiegs Roms zum vierten und letzten der vier Weltreiche (dessen Krone im 17. Jahrhundert – im zeitgenössischen Verständnis – der habsburgische Kaiser trägt). Ihre Konzeption ist durchaus vergleichbar. Die *Cleopatra*, lange neben den Dramen Gryphius' als ‚Muster' eines barocken Trauerspiels angesehen, behandelt eine Konfliktlage, die sich aus dem unberechenbarsten aller Affekte, der Liebe, und politischen – d. h. vernünftig zu treffenden – Entscheidungen ergibt. Marcus Antonius, der sich im Machtkampf mit Augustus entgegen getroffener Vereinbarungen Ägypten in seinen Herrschaftsbereich einverleibt, die ägyptische Herrscherin Cleopatra geheiratet und deswegen Octavia, die Schwester des Augustus, verlassen hat, erhält nach seiner Niederlage gegen Augustus in der Schlacht bei Actium von diesem das Friedensangebot, einen Teil Ägyptens abzutreten und damit auch die Verbindung zu Cleopatra zu lösen, dafür aber mit einem Drittel des Römischen Reichs entschädigt zu werden. Der seiner Liebe zu Cleopatra („der blinden Brunst") völlig ausgelieferte Antonius lehnt dieses Angebot gegen alle Vernunftgründe seiner Ratgeber ab. Cleopatra dagegen denkt als Herrscherin, die ihr Reich um jeden Preis zu retten bemüht ist. Sie beschließt, Antonius aus dem Weg zu räumen, um die politische Situation zu klären, und beginnt ein theatralisches Spiel mit den Affekten. Die bedingungslose Liebe ihres Mannes einkalkulierend, täuscht sie ihren Selbstmord vor und verursacht auf diese Weise, dass Antonius sich aus Verzweiflung darüber tötet. Auch Augustus bedient sich des fragwürdigen politischen Verhaltens der Simulation. Er gibt vor, in Cleopatra verliebt zu sein, mit dem Ziel, sie, die auf sein Werben eingeht, lebend zu fassen und sie – nicht zuletzt aus persönlichem Ehrgeiz – auf seinem Triumphzug dem römischen Pöbel vorzuzeigen. Als Cleopatra versteht, dass sie sich verschätzt hat, tötet sie sich, indem sie sich von einer Giftschlange beißen lässt. Augustus also ist – wenigstens in dieser ersten Fassung des Trauerspiels – keineswegs der moralisch unanfechtbare Herrscher; eher vertretbar als die seinen sind die Affektsimulationen Cleopatras, weil sie als Herrscherin in einen Ausnahmezustand geraten ist, der den Einsatz aller ihr zu Gebote stehenden Mittel zumindest verständlich erscheinen lässt. Dennoch hat Lohenstein nicht versucht, ihre Handlungen moralisch zu rechtfertigen, obwohl er hierbei auf Bodin (vgl. o.) hätte zurückgreifen können; er lässt Cleopatra sich ihrer aus „Nothzwang" erfolgten Verletzung der Treue zu Antonius schuldig bekennen und – ohne Gewissensentlastung – mutig in den Tod gehen. – In der 1680 erschienenen zweiten Fassung der *Cleopatra* hat Lohenstein die Figur des Augustus insofern aufgewertet, als dieser seine Versprechungen gegenüber der Ägypterin aufrichtig einzuhalten versucht, sich aber, seinen Ratgebern folgend, der Höherrangigkeit der Interessen Roms aus Staatsraison beugen muss. Nur so konnte Lohenstein es wagen, im Schlussreyen den Habsburger Kaiser Leopold in die Nähe des Augustus zu rücken.

Die Leopold I. erwiesenen Huldigungen werden noch viel deutlicher in den Reyen der *Sophonisbe*, die auch Anspielungen auf seine Hochzeit mit Margareta Theresa, der Tochter Philipps IV. von Spanien, enthält und dieses weltweit ‚strahlende' Ereignis gebührend würdigen will (so am Ende des zweiten Reyens):

> Wir falln zu Fuß' uns opfernd eurer Hold;
> Der Himmel halt' euch in stets-grüner Blüthe /
> Durchlauchtigster / Großmächt'ger Leopold
> Durchlauchtigste / Großmächt'ge Margarite.
> (V.545 ff.)

Dabei lag gerade in dieser (in vielen Formulierungen wiederholten, auch mit der durch den Namen Leo-pold nahe gelegten Löwen-Emblematik spielenden) Huldigung durchaus ein Wagnis.[89] Denn Lohensteins Drama enthält monströse Grausamkeiten, die dem festlichen Anlass, dem es sich widmet, scheinbar ganz und gar nicht gerecht werden. Selbst wenn die Zuschauer verstanden, dass die vorgeführten Gräuel der von Rom überwundenen ‚afrikanischen' Welt angehören und geeignet sind, den Glanz der vom ‚Verhängnis' ausersehenen neuen Weltmacht Roms (und nach typologischem Schema auch den der Habsburger) umso stärker hervorzuheben, war ihre Distanzierungsfähigkeit angesichts der sinnlichen Eindrücke jedenfalls erheblich gefordert.

Seit Livius (*Ab urbe condita*, 1. Jh. n. Chr.) und Appian (*Historia Romana*, 2. Jh. n. Chr.) galt Sophonisbe, die numidische Fürstin aus der Zeit des Zweiten Punischen Krieges, als eine in der Geschichtsschreibung gleichsam kanonisierte Gestalt, als die Feindin Roms schlechthin, und Francesco Petrarcas Epos *Africa* (1338–42) bahnte den Weg für zahlreiche Bearbeitungen des Stoffes in ganz Europa (u. a. Jean Mairets *La Sophonisbe* von 1635 und Pierre Corneilles *Sophonisbe* von 1669). Welche Texte Lohenstein neben den antiken Quellen kannte, ist umstritten. Bei ihm greift Sophonisbe, die „Penthasilea Afrikens", um ihr Reich vor dem mit Rom verbündeten

Afrikaner Massinissa zu retten, nicht nur selbst zu den Waffen, sondern bietet ihre eignen Söhne den heidnischen Göttern zum Blutopfer dar. Doch sie wird besiegt und mit ihrem Gatten Syphax in den Kerker geworden. Während Syphax entfliehen kann, gibt sie dem Liebeswerben des leidenschaftlich für sie entbrannten Massinissa nach und willigt in eine Heirat unter der Bedingung ein, dass dieser sie nie in die Hände der Römer fallen lasse. Nun aber verlangt der römische Oberbefehlshaber Scipio, der von dem Römerhass Sophonisbes weiß, aus Staatsraison, dass die Verbindung gelöst werde. Massinissa fügt sich, und Sophonisbe, der zu Beginn des 5. Aktes durch den Geist Didos der Verlauf der Weltgeschichte offenbart wird, in dem der Untergang Numidiens und Carthagos sowie der Aufstieg Roms beschlossen liegen, tötet sich und ihre Söhne durch Gift.

Ähnlich der Cleopatra kann auch Sophonisbe dem ihr zugewiesenen Herrschaftsauftrag nur dadurch nachkommen, dass sie ihre Tugend ‚verlarvt', also moralische Werte, die durchaus Gültigkeit für sie besitzen, verletzt. Sie bricht die Treue zu ihrem Ehegatten und gibt dem Werben Massinissas nach. Ihre Selbsttötung vermag diese Schuld nicht zu tilgen, aber sie erheischt Respekt, indem sie auf die ausweglose Situation hinweist, in die der politisch Verantwortliche geraten kann. Andererseits aber ist Sophonisbes Selbstopferung aber eben auch als Zeichen für die vom Fatum verhängte Überlegenheit der Welt Roms zu verstehen, die der von Affekten und Lastern weitgehend unberührte, als ‚rex iustus' fungierende Scipio repräsentiert, der als Vorbild zugleich dem die imperiale Tradition des Römischen Reiches fortsetzenden Habsburger Kaiser Leopold schmeichelt.

Während die ‚afrikanischen' Trauerspiele Lohensteins den Aufstieg Roms thematisieren (und die ‚türkischen' – hier zu übergehenden – Spiele auf die Gefährdung von außen hinweisen, die der gegenwärtige Repräsentant des römischen Weltreichs abzuwehren hat, also die ‚habsburgische Sendung' spiegeln), betonen die beiden ‚römischen' Trauerspiele *Agrippina* und *Epicharis* die Bedrohung Roms und seiner Tradition von innen. In beiden Dramen, die eine Art Diptychon bilden,[90] wird die Herrscherfigur (Nero) zum Inbegriff des Tyrannen stilisiert und gezeigt, wie der Missbrauch von Herrschaft eine Kette sich gegenseitig bedingender Bluttaten hervorruft. Diese gipfeln in der *Agrippina* im Muttermord. Agrippina, die Mutter Neros, die in den *Annalen* des Tacitus als bloßes Mordopfer dieses Kaisers dargestellt wird, ist bei Lohenstein eine von Ehrgeiz getriebene Intrigantin. Sie sinnt auf allerlei Machenschaften gegen ihren tyrannischen, der Hybris verfallenen Sohn, der seine Herrschaftsposition zur Befriedigung privater Begierden missbraucht. („Man thue was man thu / Der Purpur hüllt es ein." [II,42 f.]) Um eine gegen sie selbst und ihre Schwiegertochter gerichtete Intrige der ebenfalls von Ehrgeiz angestachelten Geliebten Neros, Sabina Poppaea, abzuwehren, scheut sie nicht davor zurück, ihren Sohn zu verführen, um ihn von dieser Frau zu trennen. Ob es tatsächlich zum Inzest kommt oder nicht, ist Gegenstand einer berühmt gewordenen Beratungsszene (III,1), in der Höflinge im Vorzimmer des Schlafgemachs Neros die Affekte Agrippinas analysieren, ihre Verstand und Gewissen ausschaltende Eifersucht, ihre Ehrsucht und ihre „Regiersucht", die vor allem deshalb so groß sind, weil sie als Kaiserin selbst einmal alle Macht besessen hat. Die Affektanalyse der Höflinge ist die Voraussetzung für die ‚Affekttherapie', die den zweiten Teil des Trauerspiels beherrscht und sich hier auf die Frage der Bestrafung Agrippinas konzentriert. Diese Frage wird vor allem von Neros Ratgeber Seneca erörtert, der Agrippinas Ermordung zustimmt, als Nero seine Herrschaft angesichts des allgemeinen Jubels, mit dem seine Mutter nach einem missglückten Anschlag auf sie empfangen wird, ernsthaft gefährdet sieht. Damit ist „die Konstruktion eines Anti-Papinian perfekt."[91] Während Papinian bei Gryphius jeden Opportunismus aus Gewissensgründen ablehnt (vgl. o.), stellt Lohensteins Seneca die Sicherung des Staates über alle Skrupel. Gedungene Mörder töten Agrippina auf grausame Weise. Neros Wunsch, sich mit der Getöteten wieder zu versöhnen, ein Wunsch, der in nächtlicher Einsamkeit (also in einer von der fürstlichen Stellung befreiten Position) aufbricht, wird von Furien abgewehrt, die im letzten Reyen seine künftigen Gewissensqualen ausmalen. – So werden beide Protagonisten dieses Trauerspiels für ihre Laster bestraft. Sie beide erscheinen in ihm als vollkommen von Affekten beherrschte Figuren, wobei Unkeuschheit und Ehrsucht auf beide gleichermaßen verteilt sind; und beide verdeutlichen auf exemplarische Weise, welch ruinöse Vorgänge sich entwickeln können, wenn der Maßstab für Herrschaft und Lebensführung, die Vernunft, verloren geht.

Auch in der *Epicharis* erscheint Nero als mörderischer Tyrann, gegen den die – aus den *Annalen* des Tacitus bekannte – Titelgestalt, von Lohenstein zum Haupt der Pisonischen Verschwörung erhoben, zum Kampf aufruft. Anders als die Märtyrer des Gryphius, die in der zum Tode führenden Prüfung ihrer Tugend die Gnade Gottes wirksam werden sehen, ist Lohensteins Heldin zum aktiven Widerstand gegen die Macht des Lasters entschlossen. Doch indem sie Widerstand leistet, setzt sie das Leben anderer aufs Spiel und wird auf diese Weise schuldig. Noch aus einem anderen Grund ist ihr Verhalten zur unmittelbaren Nachahmung kaum geeignet. Ebenso wie Nero oder wie die skrupellose Sabina Poppaea ist auch sie von Affekten beherrscht. Ihr Zorn gegen den Tyrannen, den sie „zerstückt" zu sehen wünscht (IV,110), ist maßlos. Obwohl Verfechterin der republikanischen Idee, ist sie doch sofort bereit, als Preis für die Ermordung Neros der Erhebung eines neuen Monarchen zuzustimmen. Ebenso problematisch ist ihre Schmerzenswollust, die sie nach ihrer Gefangennahme durch Nero und während ihrer Folterung in Hasstiraden und blutrünstigen Wortwechseln mit ihren Widersachern auslebt, in einem Wettstreit gegenseitiger Mordwünsche. Am Ende erwürgt sie sich selbst, verübt Selbstmord im Henkerstuhl, um bis zur letzten Konsequenz mit ihrer „Tugend Muth" der „Blutt-Tyrannen Macht" (II, 425) zu trotzen. So sehr ihre ‚magnanimitas' (‚Großherzigkeit') an dieser Stelle beeindruckt, so wenig ist zu übersehen, dass Lohenstein mit seinem Stück am historischen Beispiel die in den Untergang führende Verderblichkeit affektgesteuerten politischen Handelns vorzuführen versucht. Dem individuellen Heroismus der Epicharis wird dabei der Respekt nicht versagt, und indirekt spielt Lohenstein – anders als Gryphius – mit der Möglichkeit des aktiven Widerstands gegen die Tyrannis. Doch wird gleichzeitig im Widmungsschreiben dieses Dramas betont, dass dank des milden Regiments der Habsburger niemand sich mit Blut beflecken müsse – eine geschickt verkleidete Mahnung (die angesichts der vom Kaiserhaus offensiv vertretenen und mit Mediatisationen und Kircheneinziehungen systematisch vorangetriebene Gegenreformation durchaus ihre aktuelle politische Relevanz besaß).

Gryphius und Lohenstein im Vergleich; Nachfolger

Es gehörte zur ‚prudentia' des politischen Anwalts und Autors Lohenstein, seine Empfehlungen zu verschlüsseln. Dem entspricht, dass er (im Gegensatz zu Gryphius) in seinen Dramen auf den exemplarischen Helden oder den unbedingten Bekennermut, also ‚constantia' beweisenden Märtyrer verzichtet und stattdessen „herausragende Krisenpunkte des politischen Handelns – also Intrigen und Palastrevolutionen, Depravation der Herrschaft zur Tyrannis, ... die korrumpierende Rolle blind-entfesselter Leidenschaften"[92] zeigt, den Ehrgeiz und das Scheitern der Machtträger, ihre Verstrickung in Verleumdung, Verrat und Mord, dass er in Gewissensqual, in Folter und Tod endende Konsequenzen ausbreitet, um so – ‚ex negativo' – Konturen des idealen Herrschers und die Verhaltensweisen politischer Vernunft aufscheinen zu lassen. Nicht die Bewunderung der fest ihrem Gewissen folgenden Märtyrer legen Lohensteins Trauerspiele nahe, sondern – angesichts der abschreckenden Beispiele, die den Extremismus der Affekte vorführen – Überlegungen, inwiefern sich Vernunft, Tugend und politische Machtausübung in ein ausgewogenes Verhältnis zueinander bringen lassen.

Mit dem Anspruch des strengen Lutheraners Gryphius, der bei aller Anerkennung des Absolutismus als Ordnungsmacht den Fürsten mit der von den Protagonisten seiner Trauerspiele vertretenen unbedingten Geltung des göttlichen Rechts in seine Grenzen wies, oder eines Lohenstein, der die Notwendigkeit der Vermittlung des fürstlichen Herrscherauftrags mit dem Gebot vernünftigen Handelns in den Blick rückte, sind die Dramen ihrer Nachfolger, der Schlesier Johann Christian Hallmann und August Adolf von Haugwitz, nicht zu vergleichen und können deshalb hier übergangen werden. Beide haben sich an den Erfolgsrezepten der attraktiven Wanderbühnen und der Oper orientiert und das protestantische Schultheater durch die Verstärkung des Singspielhaften, durch Chöre, Zwischenmusiken und Balletteinlagen unterhaltsamer werden lassen, ohne doch die gedankliche Tiefe ihrer beiden großen Vorgänger zu erreichen. Bei Hallmann, der einerseits den Weg der öffentlichen Huldigung des Fürsten aus opportunistischen Gründen konsequent verfolgte, werden andererseits immerhin die Intrigen und Rankünen der Höflinge so deutlich thematisiert (etwa in seinem Trauerspiel *Die Göttliche Rache / Oder Der Verführte Theodoricus Veronensis*, ...), dass er seine Rolle in der Tradition der literarischen Hofkritik spielt, die im 18. Jahrhundert (man denke an Lessings *Emilia Galotti* oder an Schillers *Kabale und Liebe*) ihren eigentlichen Höhepunkt erreicht (vgl. II).

3. Der Roman des Barock

Auch wenn die absolutistische Hofkultur der Oper und dem Theater den gewichtigsten Platz einräumte, gewann doch auch der Roman seine Bedeutung in ihr, jedenfalls diejenige Ausprägung des Romans, die man heute gemeinhin als höfisch-historischen oder auch heroischen, heroisch-galanten oder als Staatsroman bezeichnet. Diese sog. ‚hohen' Romane unterscheiden sich von den gleichzeitig über ganz Europa verbreiteten sog. ‚niederen', den Picaro- oder Schelmenromanen, in den dargestellten Weltausschnitten, in der Struktur und im Stil und sind doch, wie in der Barockforschung gezeigt worden ist, in all ihrer Verschiedenheit unausgesprochen aufeinander bezogen.

Der höfisch-historische Roman

Der Kreis der Leser der höfisch-historischen Romane (diese Bezeichnung steht im Folgenden für alle anderen des ‚hohen' Romans) war mit dem der Zuschauer der an den Höfen des 17. Jahrhunderts und in den Schultheatern aufgeführten Opern und Theaterstücke identisch. Ihm gehörten die Angehörigen der höfischen Gesellschaft im weitesten Sinne an, Adlige, bürgerliche Beamte und Gelehrte – und auch die Verfasser dieser Romane kamen aus ihm; Herzog Anton Ulrich von Braunschweig-Wolfenbüttel war der prominenteste unter ihnen. Obwohl Romane nicht unmittelbar zur Festlichkeit höfischen Lebens beitragen konnten, sondern in kleineren Zirkeln vorgelesen oder auch ganz allein gelesen wurden, beschäftigten sie doch die Phantasie, waren Gesprächsstoff und trugen zur Unterhaltung und zum Selbstverständnis der Hofgesellschaft und ihr verbundener Bürgerlicher bei – zumal in ihnen (ebenso wie auf dem Theater) die politischen Ordnungsprinzipien des Absolutismus weitergegeben wurden. Auf die übergeordnete Rolle der Zentralgewalt gegenüber der des Adels spielte besonders der 1621 veröffentlichte, vielen deutschen Autoren als Vorbild dienende Roman *Argenis* des Engländers John Barclay an, und die bedeutsame Funktion eines loyalen Beamtenstands betonte wie kein anderer Philipp von Zesen in seinem Josephsroman *Assenat* (1670). Die von theologischer Seite häufig sehr nachdrücklich geäußerte Kritik am Romanlesen, die sich einerseits auf die für die Lektüre ‚verschwendete' (d.h. der Erbauung fehlende) Zeit, andererseits auf den freien Umgang mit biblischen Stoffen und Motiven bezog, hat das Vergnügen der Leser höfisch-historischer Romane kaum beeinträchtigen können.

Wie groß es war, belegt allein schon der Umfang dieser Texte. Die sechs Bände von Herzog Anton Ulrichs Hauptwerk *Die Römische Octavia* (1677 ff.) hatten insgesamt 7000 Quartseiten, so dass wohl Monate nötig waren, um sich durch sie hindurchzuarbeiten. Ähnliche Großdichtungen waren der 1659/60 erschienene *Herkules* von Andreas Heinrich Buchholtz und auch Daniel Caspar von Lohensteins *Arminius* 1689/90). Keiner dieser Romane (andere, zu ihrer Zeit sehr beliebte – etwa Eberhard Werner Happels *Der Asiatische Onogambo* [1673], Zesens *Simson* [1679], Heinrich Anselm von Zigler und Kliphausens *Asiatische Banise* [1689] wären zu nennen) kann hier als Einzelner vorgestellt werden. Ein solches, viel Raum beanspruchendes Vorhaben[93] wird vielmehr durch eine (sicherlich nicht jedem einzelnen Werk gerecht werdende) genretypische Beschreibung ersetzt, wie sie Richard Alewyn versucht hat,[94] um auf diese Weise wenigstens einen Eindruck davon zu vermitteln, was die um den Hof zentrierte Leserschaft des 17. Jahrhunderts faszinierte. Dabei waren die in Deutschland publizierten Romane eigentlich nur Nachahmungen französischer Vorbilder (etwa Madeleine de Scuderys *Artamene ou le Grand Cyrus* [1649–53] und *Clélie* [1654–60] oder Gautier La Calprenèdes *Cléopâtre* [1647–63]), die ihrerseits dem hellenistischen Roman (Heliodors *Aithiopika* aus dem 3. Jh. n. Chr.) und dem portugiesischen und spanischen Ritterroman des 16. Jahrhunderts, insbesondere dem Zyklus der nach dem Helden Amadis de Gaula genannten Amadisromane verpflichtet waren.

Die höfisch-historischen Romane präsentieren das Personal der höfischen Gesellschaft in höfischer Umgebung, Prinzen, Prinzessinnen, Heerführer, Priester, Adlige, Höflinge. Im Mittelpunkt der geschilderten Handlungen stehen Liebespaare, die Schicksalsschläge (Naturkatastrophen, Vertreibungen, räuberische Überfälle, Verführungsversuche, Erpressungen u. a.) gleich reihenweise zu bewältigen haben, bis sie endlich vereint sind. Dabei sind die männlichen Helden durch Mut und Kraft begünstigt, die weiblichen durch Schönheit und Tugendhaftigkeit – auch aus dieser Quelle wird der massenhaft verbreitete Unterhaltungs- und Trivialroman des 19. und 20. Jahrhunderts seine Klischees beziehen. Der Umgang der Geschlechter miteinander folgt den Regeln des höfischen Anstands, und Liebende halten eher öffentliche Prunkreden als dass sie vertrauliche Gespräche führen. Kennzeichnend ist, dass die Protagonisten regierenden Häusern angehören, so dass Trennungen und Verbindungen zugleich auch immer mit Staatsaktionen verbunden sind. Dies alles wird in die räumliche und zeitliche Ferne verlagert, die es ermöglicht, die ‚Tragweite' aller Handlungen überzeugend zu kennzeichnen, und die zugleich auch die Phantasie des Lesers von seinen Alltagsbindungen abzulenken vermag. – Die Struktur dieser Romane ist mehr als verwickelt. Da in der Regel nicht nur die Geschichte eines einzelnen Liebespaares erzählt, sondern das Schicksal einer ganzen Anzahl Liebender verfolgt wird (in Herzog Anton Ulrichs *Römischer Octavia* sind nicht weniger als 24 Liebespaare beschäftigt) und dem Leser stets die zum Teil verwickelten Lebensgeschichten aller Beteiligten vor Augen geführt und vom Erzähler auch noch durch ausführliche Vorgeschichten und Kommentare ergänzt werden, überlagern sich die einzelnen Handlungsstränge dermaßen vielschichtig, dass es während des Lesens kaum möglich ist, die Übersicht zu behalten. Verkleidungen, die den Wechsel der Gestalt oder des Geschlechts bewirken, Verstellungen, Missverständnisse tun ein Übriges, um die Verwirrung zu vervollständigen. Damit gewinnen diese Romane die Dimension der Breite, verlangsamt sich auch das Lesetempo des in Rätselhaftigkeiten versinkenden Lesers. Erst am Ende sind alle Geheimnisse geklärt, die Identitäten gesichert, die Paare glücklich vereint, und erst am Ende ist auch die Übersicht des Lesers endlich hergestellt. Es ist, wie Alewyn bemerkt hat, mit diesen Romanen wie mit den Labyrinthen, in die das Barock seine Gärten verwandelt hat (vgl. S. 25 f.): „Für den Menschen, der zwischen ihren Hecken irrt, sind sie eine undurchdringliche Wirrnis, wer sie von oben betrachtet, erfreut sich an ihrem symmetrischen Muster."[95] – Damit stellt sich die Frage nach dem Sinn dieses Erzählens. Das glückliche Ende, in das die höfisch-historischen Romane das Leben ihrer Figuren nach allem von der Fortuna bewirkten Auf und Ab schließlich münden lassen, ist der Lohn für die Beständigkeit ihrer Charaktere, für ihr stoisches Gemüt, das ihnen in allen Verwirrungen ihre Identität und Integrität bewahrt. Da die höfisch-historischen Romane ihrem Wesen nach Liebesromane sind, ist die Tugend, auf die es in ihnen ankommt die der Treue. Ihretwegen verdienen die Helden ihr Attribut ‚heroisch'; sie sind unbeugsam im Widerstand gegenüber allen Verlockungen, die sie von ihrer Bestimmung abzubringen vermöchten, bis endlich die Providentia, die Vorsehung, der Fortuna Einhalt gebietet und die Ordnung wieder sichtbar werden lässt, die zwar immer vorhanden, von den handelnden, sich im Irrgarten des Lebens bewegenden Menschen aber nicht zu erkennen war.

‚Galante' Romane

Von den höfisch-historischen zweigten sich gegen Ende des Barock die ‚galanten Romane' ab (z. B. *Liebes-Cabinet der Damen* [1685] von Talander, d. i. August Bohse; *Die liebenswürdige Adalie* [1702] von Menantes, d. i. Christian Friedrich Hunold), die nicht nur den Personenstand und die Handlungsführung vereinfachten, sondern auch die mit den Liebesbeziehungen verbundenen Staatsaktionen zu Gunsten bloßer – häufig übrigens von den Damen ausgehender – Liebesintrigen aufgaben, aber die Wertvorstellungen und Verhaltensnormen der höfischen Gesellschaft weiterhin bestätigten. Dies geschah mit der geforderten Disziplinierung der Gefühle auch in den in der Nähe der höfisch-historischen und galanten Romane stehenden Schäferromanen (vgl. u.), auch wenn in ihnen die Liebe nicht unbedingt ein glückliches Ende findet – wie z. B. in Philipp von Zesens fast schon auf die bürgerliche Empfindsamkeit voraus weisendem Roman *Ritterholds von Blauen Adriatische Rosemund* (1645).

Der Picaroroman

Das eigentliche Gegenstück zum höfisch-historischen Roman ist der Picaroroman (eine Bezeichnung, die das spanische Wort ‚picaro' = Schelm aufgreift und im Folgenden alle anderen, z. T. nicht ganz passenden Bezeichnungen des sog. ‚niederen' Romans wie z. B. „volkstümlich-realistischer Roman" ersetzt). Er hatte sich im 16. Jahrhundert in Spanien entwickelt und fand seinen Weg durch Übertragungen nach Frankreich, Holland, England und – nicht zuletzt durch Arbeiten von Aegidius Albertinus und Johann Michael Moscherosch – auch nach Deutschland. Als Urbild dieses Genres gilt der 1554 anonym erschienene *Lazarillo de Tormes;* seine Höhepunkte bilden Mateo Alemáns *Guzmán de Alfarache* (1599–1604, dt. 1615), Miguel de Cervantes' *Don Quixote de La Mancha* (1605 und 1615, dt. 1648 – in einer verstümmelten Fassung) und Francisco de Quevedos *Historia de la vida del Buscón* (1626, dt. 1671) – in Deutschland Hans Jakob Christoffel von Grimmelshausens *Der abentheurliche Simplicissismus Teutsch* (1668) und in Frankreich später der *Gil Blas* (1715–35, dt. unvollständig 1726, vollstständig 1768) von Alain-René Lesage. Eine Variante des Picaroromans ist der sich in Frankreich entwickelnde, ein satirisches Panorama der zeitgenössischen Gesellschaft entwerfende ‚roman comique', von dessen bedeutendstem Beispiel, *La vraye histoire comique de Francion* (1623) von Charles Sorel, Grimmelshausen beeinflusst worden ist.

Der Picaroroman – auch hier sei im Anschluss an Alewyn[96] Genretypisches skizziert – versammelt das Personal der Besitzlosen: Soldaten, Landstreicher, Quacksalber, Schausteller, Bettler, Diebe, Dirnen usw. Insofern ist auch er exklusiv. Er bietet ebenso wenig einen repräsentativen Querschnitt der Gesellschaft wie der höfisch-historische Roman, sondern eine einseitige Auswahl; nur ganz anders als dieser häuft er in seinen Darstellungen das Elend dieser Welt, zeigt alle möglichen physischen, moralischen und ästhetischen ‚Abnormitäten' (gemessen an den Normsetzungen der höfischen Gesellschaft), handelt von Armut, Enttäuschungen, Rohheit, Laster und Verbrechen. – Auch die Struktur des Picaroromans unterscheidet sich von der des höfisch-historischen Romans grundsätzlich. Der Picaroroman verfolgt die Geschichte eines einzelnen Mannes, der – in der Regel – sein Leben in der Ich-Form erzählt. Dies geschieht ganz chronologisch; auf Rückwendungen oder Vorausdeutungen wird fast ganz verzichtet. Die Handlung reiht Episode an Episode, wie Glieder an einer Kette, die sich nur am Rande berühren; ihr verbindendes Element ist allein der Held, der all die geschilderten Episoden durchläuft. Der Leser, der das Schicksal der Picarofigur verfolgt, muss weder – mit Seitenblicken – andere Handlungsstränge mitverfolgen noch Zurückliegendes im Gedächtnis behalten, um es mit später Folgendem verknüpfen zu können wie bei der Lektüre eines höfisch-historischen Romans; er ist von solchen Übersicht fordernden Aufgaben vollkommen entlastet und kann sich ganz in die Gegenwärtigkeit des erzählten Geschehens hineinversetzen. – Die Intensität, mit der er auf diese Weise mit der geschilderten Wirklichkeit konfrontiert wird, darf allerdings nicht (wie häufig geschehen) zu der kurzschlüssigen Annahme verleiten, dass der Roman ganz unvoreingenommen die empirisch vorfindbare Realität abbilde. Picaroromane zeigen einen Ausschnitt der Wirklichkeit – die Gebrechen der Welt; und sie verfahren dabei, indem sie diesem Wirklichkeitsausschnitt ein einseitiges, unverhältnismäßiges Gewicht geben, satirisch. Nicht nur wollten ihre Erzähler die Wirklichkeit ihres schönen Scheins berauben, sie demaskieren und desillusionieren und die Leser innerlich möglichst eindringlich beteiligen (der Titelkupfer des *Simplicissimus* zeigt, wie zum Beleg, ein phantastisches Fabelwesen mit hämisch grinsendem Satyrgesicht, das auf das aufgeschlagene Buch der Welt deutet und dabei einen Haufen abgerissener schöner Gesichtslarven zertritt); sie wollten durch ihre Erzählweise zugleich auch darauf hinweisen, „daß das Leben ein ständiger Wechsel ohne Ordnung oder Einheit oder Sinn ist oder, wie die im ganzen picaresken Raum endlos abgewandelte Litanei lautet, daß in der Welt nichts beständig ist als die Unbeständigkeit."[97]

In dieser Unbeständigkeit lagen für das durch Kriegshandlungen erschütterte Barockzeitalter alle Not und aller Anlass zur Verzweiflung. Seine Schriftsteller reagierten, wie die beiden großen Ausprägungen des Barockromans belegen, unterschiedlich darauf. Anders als die Helden des höfisch-historischen Romans, die der Willkür der Fortuna die Festigkeit ihres Charakters entgegensetzen und schließlich dafür belohnt werden, liefert der Picaro sich der Unbeständigkeit aus, bis er sich schließlich zurückzieht: in sich selbst (wie bei Cervantes) oder an den Rand der Welt – nach Amerika (wie bei Quevedo), in die Abgeschiedenheit eines Landguts (wie bei Lesage), in die Einsamkeit des Waldes (wie bei Grimmelshausen). Und dennoch sind höfisch-historische Romane und Picaroromane gleichsam spiegelbildlich aufeinander bezogen. Während der eine die Vollkommenheit der Lebensführung herausstellt, zeigt der andere gerade deren Unvollkommenheiten; betont der eine die Treue des Menschen, so der andere dessen Wankelmut; strengt der eine sich an, über die Erfahrungen des alltäglichen Lebens hinauszuführen, indem er die Wirklichkeit im glücklichen Ende, durch ‚Hochzeiten', verschönert, führt der andere in das Elend der Welt hinein und bietet am Schluss nur den Rückzug aus ihr als Lösung an. Über die Gebrechlichkeit der Welt aber sind beide Arten des Romans sich einig. Obwohl sie mit unterschiedlichen Einstellungen auf sie reagieren, treffen sie sich zuletzt doch in ihrem Pessimismus. Denn die schöne und gute Welt, die der höfisch-historische Roman der hässlichen und bösen des Picaroromans entgegensetzt, ist bloße Wunschwelt, die der Wirklichkeit nicht entspricht – ebenso eine Vortäuschung wie die, die sich aus der Häufung des bloß Negativen ergibt.

Grimmelshausens *Simplicissimus*

Es ist sinnvoll, dies einer exemplarischen Betrachtung des bekanntesten aller deutschen Barockromane voranzustellen, Grimmelshausens *Simplicissimus*, der so häufig als volkstümlich-realistischer oder auch als Bildungsroman gelesen wurde, während er in Wahrheit doch ganz in der Tradition des satirischen Picaroromans steht.

Die Missverständnisse begannen dabei frühzeitig schon bei der Biographie des Dichters.[98] Die schlechte Quellenlage zu dessen Lebenslauf verleitete dazu, das Schicksal seines Simplicissimus auf den Autor zu übertragen und in Grimmelshausen vor allem den ungelehrten Mann aus dem einfachen Volk zu sehen. Diese heute noch verbreitete Einschätzung ist jedoch keinesfalls haltbar. So unruhig die frühen Lebensjahre des 1621 oder 1622 im hessischen Gelnhausen geborenen Grimmelshausen auf Grund der Kriegsereignisse gewesen sein mögen – er hat sechs oder sieben Jahre die Lateinschule besucht, war belesen, hat in der Offenburger Kanzlei gearbeitet, war Sekretär der Regimentskanzlei der Schauenburger und gehörte nach seiner Heirat mit der Tochter eines angesehenen Zaberner Bürgers und späteren Ratsherrn in den Kreis der höheren Gesellschaft. Dass er später Gastwirtschaften betrieb (erst in Gaisberg, dann in Renchen), darf nicht darüber hinwegsehen lassen, dass er bis auf kleine Unterbrechungen auch einflussreiche Verwalterstellen innehatte (1649–60 als schauenburgischer ‚Schaffner', 1662–65 als Verwalter auf der Ullenburg; von 1667 bis zu seinem Tod im Jahre 1676 als Schultheiß in Renchen), also im Auftrag von Adelsfamilien als Wirtschafts- und Rechnungsführer fungierte, herrschaftliche Gelder eintrieb und verwaltete, die Polizeigewalt und niedere Gerichtsbarkeit ausübte. Auch wenn er in Renchen nachdrücklich für die Interessen der Bewohner eintrat, war er letztlich Vertreter der Obrigkeit gegenüber den Untertanen und durch sein Amt von der bäuerlichen und kleinstädtischen Bevölkerung distanziert. Schon früh griff er im Übrigen auf den Adelstitel seiner Familie zurück, und es ist bemerkenswert, dass unter seinen schriftstellerischen Arbeiten auch zwei höfische, Angehörigen des Adels gewidmete Romane zu finden sind. Sicherlich ist es richtig, dass Grimmelshausen ein Außenseiter insofern war, als er weder einen Platz in der exklusiven oberrheinischen Adelswelt noch eine formale akademische Ausbildung besaß; noch weniger aber zählte er zu den ‚einfachen Leuten'; vielmehr war er – wie viele bedeutende Autoren des Barock – ein Angehöriger jener einflussreichen bürgerlichen Schicht, die sich mehr oder weniger eng mit der Lebenswelt der höfischen Gesellschaft verbunden hatte. Schon deswegen liegt es nahe, sein das Leben der untersten Gesellschaftsschichten einfangendes Hauptwerk als Fiktion zu lesen und nicht als Autobiographie.

Der *Simplicissimus Teutsch* erschien – stark mundartlich gefärbt – im Jahre 1668 und bestand zunächst aus den Büchern 1–5. Im Frühjahr 1669 folgte eine *Continuatio.* Ob Grimmelshausen sprachlich geglätteten weiteren Ausgaben zugestimmt hat, ist bis heute nicht geklärt. Wie das schon angesprochene, eine Vorrede ersetzende Titelkupfer und die kleine Vorrede der *Continuatio* erweisen, verstand er seinen Roman als Satire. (Schon 1666 hatte er sich in seinem *Satyrischen Pilgrim* rühmend auch auf Sorels satirischen Roman *Francion* bezogen.) Auch von den Zeitgenossen, etwa von Quirinus Moscherosch, ist Grimmelshausen vor allem als Satiriker gesehen worden. Dabei beabsichtigte er nicht, die Narrensatire eines Sebastian Brant (vgl. P. N., 2012 a, IV) und dessen auf Totalität zielende Narrentypologie nachzuahmen; vielmehr versuchte er, die Perspektive des Satirikers, der die Welt durchschaut, mit der des Picaro, der sich gewitzt auf sie einlässt, zu vereinbaren.

Der Perspektivenwechsel gehört zu den auffälligsten Erzähltechniken des *Simplicissimus.* Wie für den pikaresken Roman typisch, ist er in der Ich-Form erzählt. Durch sie soll nicht nur der gegen die unwahrscheinlichen Abenteuer des höfisch-historischen Romans gerichtete Anspruch des Authentischen, des ‚Selbsterlebten' betont werden; vielmehr ermöglicht die Ich-Form ein ironisches Spiel zwischen dem erzählenden und dem erlebenden (dem erzählten) Ich und auf diese Weise die Konfrontation zweier verschiedener Blicke auf die Welt. Einmal den Leser ganz in die Perspektive des erlebenden Ichs versetzend, kann der Erzähler doch im nächsten Moment die Perspektive des aus zeitlichem Abstand heraus erzählenden Ichs wählen, ironische Anmerkungen, moraldidaktische Reflexionen, gelehrte Exkurse einfügen und den Leser damit distanzieren. Da aber im *Simplicissimus* auch das erlebende Ich schon sehr früh ethische und religiöse Wertmaßstäbe kennen gelernt hat, fließen auch aus seiner Perspektive oft genug selbstkritische, sein nicht immer vorbildliches Verhalten begleitende Bemerkungen ein. So kommt es zu einem reizvollen Verwirrspiel zwischen einem mit Lust am Fabulieren mitgeteilten, neugierigen Interesse des erlebenden Ichs an der sündhaften Welt einerseits und moralisierenden Urteilen andererseits, das den Leser oft genug irritiert.

Irritierend wirkt – das spiegelt sogar noch die literaturwissenschaftliche Diskussion unserer Tage – auch die Struktur des Romans. Handelt es sich, der Tradition des Picaroromans entsprechend, um die parataktische Reihung exemplarischer, aber mehr oder weniger zufälliger Geschichten, oder folgt der Roman einem übergeordneten Kompositionsprinzip, z. B. – dies ist der interessanteste Erklärungsversuch[99] – einer auf astrologischem Systemdenken beruhenden Anordnung seiner Teile, wonach die Planeten den Helden leiten – von der Anschauung der äußersten Beständigkeit (unter Saturn) über das Erlebnis trügerischer irdischer Güter (unter Jupiter und Venus) bis zur Einsicht in die Unbeständigkeit der Welt (unter Merkur und Mond)?[100] Astrologisches Denken war dem Kalendermacher und Kalendergeschichtenschreiber Grimmelshausen – vgl. *Des Abenteurlichen Simplicissimi Ewigwährender Calender*, 1671[101] – immerhin nicht fremd. Die sich auf die innere Struktur des Romans beziehende Kontroverse kann hier nicht nachgezeichnet werden.[102] Nur ist zu fragen, ob die Erwartung künstlerischer ‚Einheit' und ‚Stimmigkeit' nicht eine Denkform der Goethezeit auf das 17. Jahrhundert projiziert. Der barocke Picaroroman war eher als an der ‚Geschlossenheit' des Aufbaus an einer ‚offenen' Form der Satire orientiert, die im Rahmen der fiktiven Autobiographie die widersprüchlichsten Aspekte der Wirklichkeit einzufangen vermochte und dafür auch unterschiedliche literarische Ausdrucksformen einsetzte.

Der *Simplicissimus* beginnt nach einleitenden Kapiteln als Narrensatire. Der kleine Simplicius, der, einst von plündernden Soldaten vom Hof seines Vaters vertrieben, im Wald bei einem Einsiedler Zuflucht gefunden hat und von ihm im Lesen und Schreiben und in der Christenlehre unterrichtet worden ist, kommt nach dessen Tod durch Zufall zum Stadtkommandanten nach Hanau. Hier ist er zunächst der ‚reine Spiegel', in dem die Sittenverderbtheit der Hanauer Offiziersgesellschaft erscheint.

Wegen seiner Einfalt ins Kalbsfell, ins Narrenkostüm, gesteckt, beginnt er – in seiner neuen Rolle (d.h. in der alten Rolle des ‚weisen' Narren) der ‚Hofgesellschaft' die Wahrheit zu sagen, entlarvt Modetorheiten, Titelsucht, den hohlen Anspruch des Adels. Eines Tages wird er von umherstreifenden Kroaten entführt, und es beginnt nun eine Kette hier nicht im Einzelnen aufzuzählender pikaresker Abenteuer, während derer er seinen Freund Herzbruder gewinnt, sich, inzwischen in kaiserlichen Diensten, als ‚Jäger von Soest' einen Namen macht, später mit zwei Adligen nach Paris geht, dort in der höchsten Gesellschaft verkehrt, sich als Liebhaber vornehmer Damen erschöpft, an Blattern erkrankt, sich als Quacksalber wieder nach Deutschland durchschlägt, mit einem schwedischen Oberst nach Moskau gelangt, gegen die Tataren kämpft – usw. Zufälle jagen ihn, der inzwischen erfahren hat, dass er eigentlich adliger Herkunft ist und sein richtiger Vater der alte Einsiedel war, um die ganze Welt, bis er sich, wieder in Deutschland, im Schwarzwald nun selbst als Einsiedler niederlässt und der Welt entsagt. In der *Continuatio* wird Simplicius wiederum in Abenteuern gezeigt, findet aber endlich seine Ruhe in der Einsamkeit einer Insel.

Die Einsiedlerszenen rahmen den Roman ein und suggerieren eine Art Kreisstruktur. Sie kennzeichnen zugleich die weiteste Entfernung, die dem Menschen von der unbeständigen Welt erreichbar ist, einen gleichsam paradiesischen Zustand.[103] Dazwischen liegt die Kette der Abenteuer, die das wechselhafte Glück, das ewige Auf und Ab des Lebens spiegelt. Die Unbeständigkeit des Lebens wird im Roman auch allegorisch veranschaulicht, in der steinernen Figur des ‚Baldanders', der Simplicissimus kurz vor dem Ende seiner Abenteuer in der *Continuatio* begegnet. Baldanders, der sich – seinen Namen zurecht tragend – vor den Augen des Helden dauernd in unterschiedliche Gegenstände verwandelt und sich als jemand zu erkennen gibt, der von Beginn an über dessen Leben gewacht hat, ist nicht nur als Schutzgeist des Simplicissimus, sondern als die „Allegorie der Picareske" schlechthin zu verstehen.[104] Nimmt man ernst, was er lehrt, dass nämlich nichts auf der Welt beständig ist als nur die Unbeständigkeit, und nimmt man auch den Weltverzicht des Helden am Ende des Romans ernst, so verbietet es sich, in diesem, wie häufig geschehen, den ersten deutschen Entwicklungsroman oder zumindest dessen Vorläufer zu sehen. Er ist weder das eine noch das andere. Auch wenn der Held im Laufe seines Lebens Erfahrungen sammelt, so dienen diese nicht dazu, die Anlagen eines Individuums allmählich zu entfalten; die Erfahrungen sollen nur die Einsicht in die Bedeutung christlicher Lebensmaximen verstärken, die der Einsiedel schon zu Beginn des Romans verkündet hat. Selbst wenn die Lebensführung eines Einsiedlers in Reflexionen auch problematisiert wird, etwa wenn Simplicissimus Zweifel an der Angemessenheit stiller Selbstzufriedenheit äußert und sich vom Postulat eines tätigen Lebens in der Gesellschaft und für die Gesellschaft angezogen fühlt, so ist dies eher ein Beleg für Grimmelshausens Interesse an der Wahrheitsfindung und lässt jedenfalls nicht den Schluss zu, er habe einen sich immer weiter differenzierenden Charakter darstellen wollen.

Wie stark das Gewicht der ausdrücklich belehrenden Anteile des Romans ist, zeigen die in ihn eingefügten ‚Einlagen'. Zu ihnen gehört die allegorische Darstellung der Kriegsgesellschaft in der Traumvision des jungen Simplicius vom Ständebaum. An dessen Spitze steht ein adliger Kavalier, der mit ihm untergebenen Soldaten die Wurzeln des Baumes, die „ungültigen" Leute, auspresst. Oberhalb dieser Wurzeln herrscht ein „unauffhörliches gegrabel und auffkletterns an diesen Baum" (I,16), versucht jeder, in der militärischen Hierarchie einen oberen Platz zu gewinnen, regieren Missgunst und Korruption. Kritik an den Privilegien des Adels, dem die besten Plätze auf dem Baum vorbehalten sind, verbindet sich hier mit der Vorstellung von der Wandelbarkeit der Welt.

Solcher kritischen Betrachtung der Gesellschaft stehen verschiedene in die Zukunft oder in geographisch isolierte Räume verlegte Utopie-Entwürfe gegenüber, die als Gegenbilder gegenwärtiger Gesellschaftsordnung zu verstehen sind. Mit ihrer Hilfe vermag die Gesellschaftskritik besondere Schärfe zu gewinnen.[105] In der sog. Jupiter-Episode (III,3–6) wird eine neue Friedensordnung entworfen, deren Voraussetzung die Abschaffung feudaler Herrschaft ist; zugleich aber wird diese Utopie, die in Einzelzügen an Morus' *Utopia* (vgl. P. N., 2012 a, V) erinnert, selbst satirisch verspottet, werden Wunschvorstellungen als illusorisch enthüllt, so dass darüber gestritten worden ist, ob Grimmelshausen auf diese Weise letztlich die bestehenden Verhältnisse legitimiert. In der ‚Mummelsee-Episode' (V,13–15) wird das unterirdische Reich der Sylphen geschildert, in dem vollkommene Ordnung und vollkommene Freiheit herrschen; aber die Sylphen sind ohne Erbsünde, ihre Vollkommenheit ist nicht menschenmöglich. Nur wer die Prämissen menschlicher Existenz verleugnet, heißt dies, kann von einer derartigen Utopie träumen. Im dritten utopischen Entwurf dieses Romans, der Beschreibung des christlichen Lebens der ungarischen Wiedertäufer (V,19), fehlen sowohl die Ausflüge ins Phantastische als auch die satirischen Seitenhiebe. Aber es muss auch hier bezweifelt werden, dass Grimmelshausen in der auf einem optimistischen Menschenbild beruhenden vorbildlichen sozialen Organisation der Wiedertäufer, für die es in den Huterischen Gemeinden Mährens immerhin reale Entsprechungen gab, ein Modell sah, das überall in der Gesellschaft zu verwirklichen war. Auch dieser Entwurf sollte durch seine Funktion als Gegenbild wohl eher auf die Verbesserungsbedürftigkeit der zeitgenössischen Verhältnisse hinweisen. Sowohl die im *Simplicissimus* beschriebenen Utopie-Entwürfe als am Ende auch der Rückzug des Protagonisten aus der Gesellschaft sind von tiefen, sich immer wieder in satirischem Stil äußernden Zweifeln durchsetzt. Die Spannung zwischen der Hoffnung und dem Anspruch auf ein besseres Leben angesichts der zerrissenen Wirklichkeit, die dieser Roman des Dreißigjährigen Krieges zur Anschauung bringt, und der Flucht aus der Welt wird nicht aufgelöst; in beidem spiegelt sich die Sehnsucht nach einer gerechten Sozialordnung und nach Frieden.

Die simplicianischen Schriften und Romane

Nach dem *Simplicissimus* veröffentlichte Grimmelshausen weitere ‚simplicianische Schriften', zu denen als wichtigste die *Lebensbeschreibung der Ertzbetrügerin und Landstörtzerin Courasche* (1670), *Der seltzame Springinsfeld* (1670) und *Das wunderbarliche Vogelnest* (in zwei Teilen 1672 und 1675) gehören. Für die Einschätzung Grimmelshausens und seiner Stellung zur höfischen Kultur wichtiger sind seine heute fast unbekannten (hier mit abgekürzten Titeln genannten) Romane *Des Vortrefflich Keuschen Josephs in Egypten Lebensbeschreibung* (zuerst unter einem Pseudonym 1666), der erste Josephsroman in der neueren deutschen Literaturgeschichte, *Dietwald und Amelinde* (1670) und *Proximus und Lympida* (1672). Sie stehen in der Nähe des höfisch-historischen Romans und sind zugleich stark vom religiösen Schrifttum beeinflusst, weswegen man sie auch als ‚erbauliche Romane' oder ‚Idealromane' bezeichnet hat. Sie alle schildern Beispiele vorbildlicher Lebensführung, christlich eingestellte Helden, wobei die Demut als besonders erstrebenswerte Tugend gilt, die oft erst mühsam, gegen die Versuchung der Hoffart, errungen werden muss. Da die Protagonisten Herrscher sind oder Staatsmänner wie Joseph, lassen sich diese erbaulichen Romane auch als Fürstenspiegel lesen, in denen Grimmelshausen höfisch-aristokratische und christliche Ideale konfrontiert. Auch er stellte sich wie seine Zeitgenossen Gryphius und Lohenstein die Frage nach der Legitimation politischen Handelns, der er zugleich einen eigenen Traktat (*Simplicianischer Zweyköpffiger Ratio Status*, 1670) widmete. Wie Gryphius lehnt er hierin die von Lipsius, Bodin u. a. vertretene Lehre von der ‚prudentia mixta', die in bestimmten politischen Situationen eine moralische Elastizität für angemessen hält, entschieden ab, weil er die Gefahr sieht, dass christliche Wertvorstellungen und Verhaltensnormen auf diese Weise in die private Sphäre abgedrängt werden könnten, anstatt auch den öffentlichen Bereich zu bestimmen. Das Problem der Trennung von Politik und Moral wird auch schon im *Simplicissimus* durch die Figur des Olivier beleuchtet. Olivier verteidigt (in IV,15) sein verbrecherisches Leben, das Simplicius ihm vorwirft, mit Argumenten, die sich auf die Räubereien der Fürsten und in diesem Zusammenhang auf Machiavelli berufen. Er belegt damit gleichsam die Notwendigkeit, dass gerade auch die Politik von christlichen Grundsätzen gelenkt sein muss, dass Moral, soll nicht das friedliche Zusammenleben der Menschen vollkommen (d. h. im öffentlichen wie im privaten Bereich) zusammenbrechen, unteilbar ist.

Die Romane Beers und Reuters

In der Tradition des Picaroromans stand auch Johann Beer, der bedeutendste Nachfolger Grimmelshausens. Er stammte aus einer einfachen protestantischen Familie aus Oberösterreich, stieg aber wegen seines musikalischen Talents zum Kapellmeister des Herzogs von Sachsen-Weißenfels auf und bewegte sich in der dortigen Hofgesellschaft. Wie sehr Beer sich Grimmelshausen verpflichtet fühlte, hat er in den Titeln mancher seiner Romane bekundet, etwa in *Der symplicianische Welt-Kucker oder abentheuerliche Jan Rebhu* (1677–79), der zumal in seinem Anfang Parallelen zum *Simplicissimus* aufweist, und in *Jucundi Jucundissimi Wunderliche Lebens-Beschreibung* von 1680, der dem Muster des Picaroromans besonders deutlich folgt. Die Aneinanderreihung von Episoden, die zueinander oft in nur losem Zusammenhang stehen und der Improvisation Spielraum lassen, kam dem Erzähltalent Johann Beers entgegen. Richard Alewyn, der eigentliche Entdecker dieses unter verschiedenen Pseudonymen publizierenden und daher über Jahrhunderte vergessenen Dichters, hat darauf hingewiesen, wie sehr dessen Stil vom mündlichen Erzählen geprägt ist.[106] Nicht von ungefähr schreibt Beer, von dem bekannt ist, dass er schon seine Mitschüler mit seiner Fabulierlust begeisterte, deswegen nicht nur in der Ich-Form, sondern lässt immer wieder in seinen Romanen auch andere Figuren im Gesprächskreis ihre Abenteuer schildern. Im Vergleich seiner Texte mit den Texten Grimmelshausens fällt auf, dass dessen auf Belehrung zielende allegorische Überhöhungen der Wirklichkeit einem naiveren, von Lebensfreude und Humor getragenen Realismus Platz machen. So enden Beers Helden auch nicht in asketischer Einsamkeit, sondern integriert in einem, zumeist adligen, Lebenskreis. Die Welt des Adels, die dem Leser vorgestellt wird, ist allerdings nicht die der geschlossenen adligen Hofkultur, sondern die freiere (und in der Literatur sonst kaum anzutreffende) des Landadels. Auch ist bemerkenswert, wie häufig in seinen Romanen die Handlung in der offenen Natur, in Wäldern und auf Straßen spielt und wie oft seine Helden auf die ‚kleinen Leute' aus dem ‚einfachen Volk' treffen. Doch heißt dies nicht, dass Bauern und Landstreicher deswegen höher eingeschätzt würden als im späten Mittelalter. Beers Blick auf die Landbevölkerung ist bei aller Kenntnis ihres Lebens der Blick aus dem Schloss heraus. Seine Helden erleben die ländliche Welt während ihrer pikaresken Abenteuer immer nur zeitweise; sie überwinden ihr Vagantentum relativ schnell, steigen auf in den Adel – durch Gönner oder durch Liebschaften – und werden dort sesshaft und zufrieden. Dies ist besonders auffällig in seinem Doppelroman *Zendorii à Zendoriis Teutsche Winter-Nächte* von 1682 und *Die kurtzweiligen Sommer-Täge* von 1683, seinem Hauptwerk, in dem sich die Grenzen zwischen Picaroroman und höfischem Roman verwischen. Denn nach der schnellen Integration des Helden in die Gesellschaft des Adels ist die Periode seiner Abenteuer beendet, ist das Pikareske nicht mehr das Gerüst der Handlung, sondern nur noch unterhaltende Einlage. Das gesellige Leben des Ich-Erzählers, des Zendorius, die Freundschafts- und Liebesbeziehungen des kleinen Kreises, dem er angehört, bilden den ruhenden Pol des Romans, der sich zugleich durch ein Rankenwerk eingefügter Berichte, die den Streichen und Liebeshändeln von Randfiguren gelten, in die Breite schichtet.

Vom geistigen Gewicht der Texte Grimmelshausens ist hier nichts mehr zu spüren. Beers Einmaligkeit beruht auf seiner innovativen Erzählweise: Dem grellen, das Abnorme herausstellenden Naturalismus seines Vorgängers, der die ‚wirkliche' Welt als ‚nicht-ideale' Welt begreift, die er in satirischer Verzerrung zu entlarven sucht (wobei er dieses Bemühen selbst zugleich hinterfragt), stellt Beer einen neuen Realismus gegenüber, der aus einer ‚ausgesprochenen' Freude am Diesseitigen erwächst und sich in der Vielzahl der Beobachtungen und deren genauer, das Gegenständliche betonender, atmosphärisch dichter Gestaltung niederschlägt. Freilich sind seine Figuren deswegen im psychologischen Sinn noch keine unverwechselbaren Individuen – die meisten sind eher „Abdrücke" seines eigenen Ichs.[107] Der Eroberung der (durch psychologischen Spürsinn zum Ausdruck kommenden) Tiefe der Wirklichkeit im 18. Jahrhundert geht die neugierige Entdeckung ihrer Fülle im 17. Jahrhundert voraus.

In der Tradition des Picaroromans steht schließlich auch Christian Reuter, der neben Grimmelshausen und Beer wenigstens zu erwähnen ist. Sein Roman *Schelmuffskys curiose und sehr gefährliche Reisse-Beschreibung zu Wasser und Land* (1696, in 2. Fassung unter etwas verändertem Titel 1696/97 erschienen), dessen bürgerlicher Held in Begleitung eines Grafen auf ausgedehnten Reisen um die ganze Welt Abenteuer nach Abenteuer durchläuft und in seiner Unbekümmertheit und Großmäuligkeit an Fischarts Gargantua erinnert (vgl. P. N., 2012 a, V), weist insofern schon auf die Aufklärung voraus, als er nicht nur spöttisch die Veräußerlichungen höfisch-galanter Kultur angreift, sondern vor allem ein neureiches Bürgertum trifft, das, obwohl ganz ungebildet, aus Ehrgeiz die Teilhabe am gesellschaftlichen und politischen Leben des Hofes erstrebt. Insofern lässt sich der *Schelmuffsky* als ‚Karikatur einer Epoche' verstehen; und da die reisende Hauptfigur immer dümmer statt klüger wird, parodiert er zugleich auch das Genre, dem er sich verdankt, und wird zum Beleg, dass der Picaroroman sich um 1700 überlebt hatte. Die Robinsonaden und Utopien des 18. Jahrhunderts, die formal in manchem noch an diesen Romantypus erinnern, setzten neue Akzente (vgl. II).

‚Politische' Romane

Seit den 80er Jahren des 17. Jahrhunderts erschienen die ‚politischen' Romane Christian Weises, Johann Riemers und anderer. In ihrem linearen Aufbau dem Picaroroman ähnlich, unterscheiden sie sich von ihm jedoch durch ihre stark akzentuierte pädagogische, auf ein politisches Bildungsideal gerichtete Zielsetzung. Ihre Protagonisten unternehmen Reisen, um Weltorientierung, Weltklugheit, Weltgewandtheit zu gewinnen. Sie vagabundieren nicht, wie Simplicissimus, sondern wohnen in den besten Häusern, in denen sie angesehene Mitglieder der Gesellschaft treffen, um sich im Gespräch mit ihnen zu bereichern und galante Umgangsformen zu erlernen – und sie verspotten diejenigen, die diese Formen nicht beherrschen. Anders als der traditionelle Picaroroman, der den Helden die Heillosigkeit der Welt erfahren und erkennen und ihn sich aus ihr zurückziehen lässt, steht der ebenfalls die Aufklärung ankündigende ‚politische' Roman der diesseitigen Wirklichkeit grundsätzlich optimistisch gegenüber. Diese Haltung, die sich bei Johann Beer schon andeutete, erscheint bei Weise und Riemer ganz ausgeprägt. Ebenso wie Beer waren beide übrigens dem Herzogtum Weißenfels verbunden; beide wirkten dort als Professoren am Gymnasium Augusteum. Weise, der als Rhetoriker schon vorgestellt wurde (vgl. o., S. 32 ff.), veröffentlichte drei ‚politische' Romane: *Die drey ärgsten Ertz-Narren In der gantzen Welt* (1672), *Die Drey Klügsten Leute in der gantzen Welt* (1675) und *Der Politische Näscher* (1678). Die reisenden Helden in ihnen sollen aus Beobachtung weltklug werden und sich die Moral aneignen, die dazu beiträgt, die dringlichen Aufgaben des öffentlichen Lebens bewältigen zu helfen (vgl. dazu die Vorrede zum *Politischen Näscher*). ‚Politische Näscher' sind Leute, die sich um ein Amt nur um des eigenen Vorteils willen bemühen, die im Bereich der Gesellschaft ‚naschen', statt sich in ihm dienend zu bewähren. So erscheint bei Weise der absolutistische Staat als die eigentlich sinngebende Instanz, deren politische Funktionen zu unterstützen Glückseligkeit schon in dieser Welt verspricht.[108] Entsprechend erhalten bürgerliche Staatsbedienstete bei Weise ein hohes Ansehen, wie sie ihrerseits dazu beitragen, dass die gesellschaftliche Kultur des Adels durch Nachahmung in die Schicht des gehobenen Bürgertums Eingang findet. – Erzählerisch begabter als der seine Romane mit Traktaten durchmischende Weise war der mit Beer befreundete Johann Riemer. Auch er publizierte drei ‚politische' Romane (*Der Politische Maul-Affe*, 1679; *Die Politische Colica*, 1680, und *Der Politische Stock-*

Fisch, 1681), von denen *Der Politische Stock-Fisch*, der auch das Kleinbürger-Milieu eröffnet, der originellste ist. In ihm sind einige unerfahrene Studenten dabei, für den Begriff des ‚Maulaffen', den sie im Wirtshaus gehört haben, lebendige Beispiele zu suchen. Sie finden diese Spezies von Menschen, die „am Verstande schwach", aber „der Einbildung nach die klügsten" sind, auf ihrer ‚Bildungsreise' in allen Ständen – vornehmlich unter Geistlichen. Der an die Gattung der Ständesatire erinnernde Roman führt vor Augen, welchen gesellschaftlichen Schaden derartige ‚Maulaffen' anrichten und leitet daraus am Ende die Notwendigkeit der politischen Erziehung des Bürgertums ab. Wie Weise geht es auch Riemer um die Einsicht in das soziale Gefüge, in das politisch-gesellschaftliche Verhalten der Menschen und um die Empfehlung, das Leben mittels eigener Klugheit planvoll beherrschen zu lernen. Insofern waren Weises und Riemers Romane Teil der ‚politischen Bewegung', von der zu Beginn dieses Kapitels die Rede war, und gerade Romane erwiesen sich als geeignete Instrumente, diese Bewegung in den Kreis der bürgerlichen Leser hineinzutragen.

4. Die Lyrik des Barock

Wie das Drama und der Roman war auch die barocke Lyrik zu einem wesentlichen Teil in die Lebensform der höfischen Gesellschaft integriert, auch wenn viele der wichtigsten Lyriker – wie die Autoren jener Gattungen – dem gebildeten Bürgertum und nicht dem Adel entstammten.

‚Casualdichtung'

Eine große Anzahl, wenn nicht die größte Anzahl der produzierten Gedichte stand in Gebrauchszusammenhängen der höfischen Gesellschaft, war Gelegenheitsdichtung, ‚Casualdichtung'. Die Anlässe für die Produktion und Rezeption solcher Lyrik waren so breit gestreut wie die Anlässe für das Feiern von Festen. Besondere Anstrengungen forderten Krönungen, Amtsantritte, Jubiläen, die Geburts- und Todestage von Würdenträgern, Besuche gekrönter Häupter heraus.

> Du Gesegneter des Herren,
> Komm, zeuch gnädig ein! wir sperren
> Thor und Hertzen Dir weit auff,
> Komm, Dein Preussen kompt zu hauff,
> Wünschet Deiner Herrschaft Segen:

Dir legt Königsberg sich an
Auch so schön es immer kan,
Aller Pracht ist Deinetwegen,
Der Triumph-Gebäude Zier
Pranget, Unserm Fürsten, Dir. (…)[109]

schrieb – um nur ein Beispiel zu geben – der wie kaum ein anderer als ‚Gelegenheitsdichter' hervorgetretene, hoch angesehene Professor Simon Dach anlässlich des Besuchs des Kurfürsten Friedrich Wilhelm von Preußen 1641 in Königsberg. Es ist, obwohl es mentalitätsgeschichtlich aufschlussreich wäre, hier kein Raum, um auf die schier endlose Zahl der Verse dieser Art näher einzugehen, in denen Momente des Lebens festgehalten wurden, die immer auch geeignet waren, ganz allgemeine Betrachtungen anzuknüpfen – von der Verantwortung im Amt bis zur Vergänglichkeit des Lebens. Insofern waren die Casualdichtung und speziell das Herrscherlob, die Panegyrik, nicht nur Ausdruck der Freude oder pure Lobhudelei, sondern zugleich die positive Formulierung von Ansprüchen, die den Gefeierten an die Normen erinnerte, denen er nach allgemeiner Überzeugung gerecht werden musste. Gerade diese Lyrik trug damit zur Verständigung über die Wertmaßstäbe bei, die in der Gesellschaft galten oder gelten sollten.

Über den konkreten historischen Anlass oft hinausgehend, aber meist dennoch auf allgemeine Alltagserfahrungen sich beziehend und in dem Wunsch geschrieben, Partei zu ergreifen und Einfluss zu nehmen, waren die ‚Gelegenheitsgedichte', die sich mit der Gesellschaft, insbesondere mit dem Hof und seiner Organisation, kritisch beschäftigten. Die beliebteste Form, in der dies geschah, war die des satirischen Epigramms, das wegen seines – durch antike Vorbilder geprägten – Anspruchs, in aller Kürze einen Gedanken geistreich, zumindest überraschend zuzuspitzen, auch eine rhetorische Herausforderung darstellte. Dieser Herausforderung wurden zumal die unzähligen epigrammatischen Versuche auf Einblattdrucken und Flugblättern, die während des Dreißigjährigen Krieges zu propagandistischen Zwecken neu auflebten, selten gerecht; aber sie belegen, auf einer anderen ästhetischen Qualitätsebene, die Gebrauchsfunktion lyrischer Texte in diesem Zeitalter. Die genaue Umkehrung des Herrscherlobs erkennt man in Zeilen wie

Hie liegt und fault mit Haut und Bein
Der Grosse KriegsFürst Wallenstein.
Der groß Kriegsmacht zusamen bracht /
Doch nie gelieffert recht ein Schlacht. (…)[110]

Als Dichter satirischer wie auch gnomischer (belehrender) Epigramme (‚Sinngedichte' in Zesens deutscher Übersetzung) ist Friedrich von Logau wie kein anderer bekannt geworden (*Salomons von Golaw Deutscher Sinn-Getichte Drey Tausend*, 1654). Er stammte aus einer schlesischen Adelsfamilie, stand im Dienst des Herzogtums Brieg und attackierte gleichwohl die Hofgesellschaft, in der er sich bewegte, nachhaltig. Dabei idealisierte er als Angehöriger des alten Landadels den patriarchalischen, auf einem Treueverhältnis zwischen Fürst und Ratgebern basierenden Herrschaftsstil vergangener Zeiten, wandte sich gegen den Ehrgeiz und die mit ihm verbundene Duckmäuserei der Höflinge, gegen die neue ‚politische' Moral, gegen die Überfremdung der deutschen durch die französische Kultur, gegen die Städte als den Nutznießern des absolutistischen Verwaltungsstaates, nicht zuletzt auch gegen die Machtgier der führenden Vertreter der kirchlichen Konfessionen – sein bekanntestes Epigramm, ‚Glauben', lautet: „Luthrisch, Päbstisch und Calvinisch, diese Glauben alle drey, Sind vorhanden; doch ist Zweiffel, wo das Christenthum dann sey."

Rhetorik und Poetik

Dass sich das Dichten im 17. Jahrhundert so stark an die ‚Gelegenheit' band, lag im Wesen einer Kunstauffassung, die auf die Wirkung der Texte entschiedenes Gewicht legte. Sprachkunst im Barock war intentionale Kunst, hatte öffentlichen Charakter, und das Dichten galt als erlernbar. Die dichterischen Worte entsprangen nicht dem ‚Erlebnis', sondern dem ‚Kunstverstand' des Autors, der sich um die angemessene, d. h. sachgerechte und zugleich wirkungsvolle Bewältigung seines Gegenstands bzw. Themas bemühte. Die Regeln, die er befolgte, standen über der natürlichen Begabung, dem ‚ingenium', das schon insofern relativ gering eingeschätzt wurde, als die durch die Bibel und die antiken Autoren vermittelten Wahrheiten in ihrem Kern als unverbrüchlich galten und die dichterische Arbeit im Wesentlichen der stets neu vorzunehmenden Aneignung dieser Wahrheiten galt. Insofern war es auch nicht anstößig, auf alte und bewährte Vorlagen zurückzugreifen und sie zu variieren – dies lag ganz in der Tradition des Dichtungsverständnisses der Humanisten, über das (in P. N., 2012 a, V) ausführlich gesprochen worden ist. Den Kunstverstand zu schulen, war Aufgabe der Rhetorik und Poetik, wobei die Poetiken des 17. Jahrhunderts sich in ihrer Konzeption weitgehend an die Rhetoriken anlehnten. Die Poetiken befassten sich vornehmlich mit der Gattungslehre und der Frage, welche Themen und Gegenstände für welche Gattungen geeignet seien, mit dem effektvollen Aufbau dichterischer Rede und mit Stilproblemen, besonders ausführlich auch mit der Reim- und Verslehre.

Das mehr oder weniger strikte Befolgen der in ihnen aufgestellten Regeln erlaubt es, auf einige wichtige allgemeine (deswegen aber nicht für alle Autoren in gleicher Weise gültige) Stilmerkmale barocker Lyrik hinzuweisen. Besonders auffällig ist die Kunst der Amplifikation, der Ausweitung der Aussage über das hinaus, was zu ihrem unmittelbaren Verständnis nötig ist. Sie tritt deutlich etwa in der Häufung von Wortvariationen und Vergleichsketten in Erscheinung und kann über die bloße Ausschmückung hinaus den Sinn der differenzierten Betrachtung eines Gegenstands oder Themas erfüllen. Gerade in ihr spiegelt sich die Suche nach den vielfältigen, der menschlichen Erkenntnis oft verstellten Bezügen der Schöpfungsordnung Gottes, denen nachzuspüren und die zu vermitteln einer der wichtigsten Antriebe der Dichter dieses Zeitalters gewesen ist. Derselbe Antrieb führt zu der – im Zusammenhang mit dem Theater schon besprochenen – reichen Verwendung von Allegorien, die den Versuch erkennen lassen, sich dem Sinn der niemals ganz zu durchschauenden Erscheinungen der Wirklichkeit und den Sinnbezügen der von Gott in vollkommener Harmonie geschaffenen Welt anzunähern. Das Gefühl, mit begrifflichen Fixierungen dabei schnell an Grenzen zu stoßen, die um der Erkenntnis willen eigentlich überschritten werden müssten, förderte offenbar auch das Bemühen um ungewohnte Wortfügungen, um – häufig Konkretum und Abstraktum verknüpfende – Metaphern oder um Oxymora, die Gegensätzliches miteinander verbinden. Dem Bedürfnis, das Widersprüchliche zusammenzufügen, kam auf der Versebene der zweiteilige Alexandriner entgegen, in den sich wie in keinen anderen Vers die Gedankenfigur der Antithese einbetten ließ. Und auf der Gedichtebene erwiesen sich für das antithetische Denken vor allem das Sonett, aber auch die pindarische Ode wegen ihrer festen Strophengliederungen als ideale Formen.

Opitz und Weckherlin

Für dichtungstechnische Aspekte der deutschen Lyrik war das 1624 erschienene *Buch von der deutschen Poeterey* von Martin Opitz besonders folgenreich. Opitz, bürgerlicher Herkunft, humanistisch ausgebildet, nacheinander in Diensten verschiedener Fürsten stehend, war in der ersten Hälfte des 17. Jahrhunderts auf Grund seiner Umtriebigkeit und seines Organisationstalents zum Wortführer der Bewegung avanciert, die sich um die Literaturfähigkeit der deutschen Sprache bemühte und eine deutschsprachige Dichtung auf der Grundlage humanistischer Gelehrsamkeit forderte. Dabei wirkte er insofern beispielhaft, als er durch Übersetzungen bedeutender fremdsprachiger Texte Vorbilder bereitstellte, die belegen sollten, dass das Deutsche den antiken Sprachen, aber etwa auch dem Französischen und Englischen, als Literatursprache ebenbürtig war. Das *Buch von der deutschen Poeterey,* das seinen Nachruhm eigentlich begründete, ist die erste deutschsprachige Poetik. Sie behandelt in ihren größten Teilen nichts, was nicht auch schon in den Renaissancepoetiken Scaligers oder Ronsards erörtert worden war. Ganz im Rahmen der Konvention fordert Opitz beispielsweise, sich einer von Mundartlichem freien Sprache zu bedienen; sorgfältig auf klaren Satzbau und richtige Grammatik zu achten; sich um die Reinheit der Reime zu bemühen u. a. m. Ein kleiner Abschnitt aber („Von den reimen/jhren Wörtern vnd arten der getichte") sollte die gesamte deutsche Lyrik entscheidend verändern. In ihm bricht Opitz mit der die antike Metrik bestimmenden Unterscheidung zwischen langen und kurzen Silben und ersetzt sie durch die Unterscheidung zwischen betonten und unbetonten Silben („... das wir aus den accenten vnnd dem thone erkennen / welche sylbe hoch vnnd welche niedrig gesetzt soll werden."). Diese Veränderung der metrischen ‚Vorschrift', die nun verlangte, dass der natürliche Wortakzent mit dem metrischen Akzent zusammenfällt, wirkte wie eine Befreiung in der deutschen Lyrik und hat sich auf Dauer durchgesetzt. Der im gleichen Abschnitt der *Poeterey* unternommene Versuch, die deutschen Dichter auf das alternierende Versmaß (also auf Jamben oder Trochäen) zu verpflichten, war dagegen langfristig nicht erfolgreich. Schon 1640 trat Philipp von Zesen auf Anregung des Rhetorik-Professors August Buchner in seiner bald mehrfach neu aufgelegten Poetik *Deutscher Helicon* für die Verwendung auch des Daktylus im Deutschen ein und eröffnete damit der Lyrik neue Möglichkeiten der rhythmischen Gestaltung.

Opitz stand mit seiner Ermutigung, die deutsche Sprache künstlerisch zu nutzen, keineswegs allein. Schon vor dem Erscheinen seiner Poetik hatte Georg Rudolf Weckherlin *Oden und Gesänge* (1618/19) veröffentlicht, die, wenn auch noch an die alte Metrik gebunden, Formen der romanischen Lyrik nachbildeten und zeigen wollten, dass deren Anspruch auch durch das Deutsche zu erfüllen war. Weckherlins Eintreten für die deutsche Sprache verband sich mit einem ausgeprägten Kulturpatriotismus, der vom württembergischen Hof, für den er (als dortiger Sekretär) zahlreiche Huldigungsgedichte schrieb, offenbar nachdrücklich unterstützt wurde. Als er später nach England ging, geriet er ins Abseits und galt unter seinen dichtenden Zeitgenossen trotz seiner neuen Sammlung *Gaistlicher und Weltlicher Gedichte* (1641), mit der er sich als kämpferisch für den Protestantismus eintretender ‚politischer Lyriker' zeigte, als überholt. Dennoch war gerade er neben Opitz der Wegbereiter der neuen deutschsprachigen Kunstlyrik.

Anders als der politisch orientierte Weckherlin tat Opitz sich als Lyriker im Wesentlichen dadurch hervor, dass er, indem er mit großer Intellektualität zumeist lateinische, italienische, französische, niederländische Vorlagen übersetzte oder freie Nachdichtungen von ihnen schuf, Musterbeispiele unterschiedlicher Gedichtformen zusammenstellte *(Acht Bücher / Teutscher Poematum ...*, 1625), die viele seiner verseschmiedenden Schüler und Zeitgenossen peinlich genau nachzuahmen strebten. Der Beginn der neuen deutschsprachigen Kunstlyrik – dessen wird man sich gerade an den Texten von Opitz und den Dichtern und Rhetorikern aus seinem geistigen Umkreis (Julius Wilhelm Zincgref, August Buchner, Johannes Rist u. a.) bewusst – war Gelehrtendichtung, weit entfernt von der Naivität der ‚Volkspoesie' (vgl. P. N., 2012 a, IV). Die Gedichte der Opitzianer sind Derivate der europäischen Renaissancedichtung. Dies gilt auch für die *Trost Gedichte Jn Widerwertigkeit Dess Krieges* (entstanden 1621, gedruckt 1633), in denen Opitz am selbstständigsten wirkt.[111]

Mit der Anlehnung an die Renaissancedichtung wurden auch inhaltlich die Richtungen vorgegeben. Die behandelten Themen waren entweder geistlicher und erbaulicher und, wenn sie beispielsweise ein stoisches Heldenleben oder die Sehnsucht nach zeitlichem und ewigem Frieden formulierten, meditativer Art, oder aber sie standen in der Tradition des Petrarkismus (vgl. u.) und bezogen sich auf die Liebe, deren Erscheinungsformen gedankenvoll und/oder spielerisch umkreist wurden. Abgesehen von den vielen Huldigungsgedichten und den satirischen und gnomischen Epigrammen, von denen die Rede war, wurde die Lyrik der folgenden Jahrzehnte von diesen beiden großen Themenkreisen bestimmt, wobei die einzelnen Dichter sich oft ihnen beiden zuwandten, sie auch zu integrieren suchten, zumeist aber doch deutliche Schwerpunkte setzten.

Geistliche, erbauliche, meditative Lyrik

In die Gruppe der geistlichen, der erbaulichen, der meditativen Gedichte, um zunächst auf sie einzugehen, gehören die Texte der protestantischen und katholischen Kirchenlieder. (Sie sind im Kontext der Literatur der Kirche in dieser Literaturgeschichte [P. N., 2012 a, I] bereits angesprochen worden.) Auch Kirchenlieder sind ‚Gelegenheitsdichtung' oder ‚Zweckdichtung', wenn diese Begriffe weit genug gefasst werden, jedenfalls Texte in ‚dienender' Funktion. Im Protestantismus haben sie ihren festen Platz in der Liturgie, bekunden die Teilnahme der Gemeinde am Geschehen des Gottesdienstes und sind neben dem Gebet Ausdruck der Gläubigkeit jedes Einzelnen. Im Katholizismus ist ihre Rolle notwendigerweise geringer, da die vom Priester zelebrierte Messe eine von der Teilnahme der Gemeindemitglieder unabhängige heilige Handlung ist; dennoch sind sie außerhalb der Liturgie (die sie umrahmen) Bestandteil des Gottesdienstes. Da in ihrer überwiegenden Mehrheit auch die Kirchenlieder des 16. und 17. Jahrhunderts Produktionen humanistisch gebildeter Bürger waren, schlugen sich in ihnen auch deren rhetorische Kenntnisse nieder. Auch die Kirchenlieder dieses Zeitalters sind nach den ‚Regeln der Kunst' gemacht, auch wenn sie, wie bei Paul Gerhardt, dem berühmtesten protestantischen Kirchenlieddichter nach Luther, manchmal auch Züge volksliedhafter Schlichtheit tragen – wie etwa sein Lied *Geh aus mein Herz, und suche Freud* – und daran erinnern, dass Gottesdienste ihrem Wesen nach keine Exklusivveranstaltungen für die gebildeten Gesellschaftsschichten waren. Dennoch ist die Freude an der Natur, die Gerhardt gerade in dem genannten Lied ausspricht, noch ganz die bewundernde (distanzierte) Freude an Gottes Schöpfung und wird die Natur selbst als Emblem verstanden, als zu deutendes Zeichen des Göttlichen, nicht etwa als Mittel zum Zweck der Veranschaulichung eines subjektiven Empfindens (Str. 1 entspricht der Inscriptio, das Naturbild der Str. 2–7 der Pictura, die Str. 8–11 und 12–15 dienen als erste und zweite Subscriptio und erklären den verborgenen Sinn). Im Übrigen aber verzichtet Gerhardt hier auf eine gesteigerte Metaphorik, mythologische Ausschmückungen oder zugespitzte Pointen und erreicht damit, dass das Lied leicht eingängig wirkt.[112] – Ein Gespür dafür, dass übertriebene rhetorische Verzierungen eigentlich im Widerspruch zum Sinn von Gottesdiensten stehen, hatte nicht nur ein Paul Gerhardt oder schon vor ihm ein Johannes Heermann, sondern auch der Jesuit Friedrich Spee, der bedeutendste Kirchenlieddichter des 17. Jahrhunderts auf katholischer Seite (*Trutz Nachtigal*, 1649). Auch bei ihm finden sich wie bei Gerhardt idyllische Naturszenerien, um das Lob der Schöpfung singen zu können. Thematisch im Mittelpunkt aber steht die Jesusminne, für deren sehr sinnliche Schilderungen Motive der petrarkistischen Liebesdichtung und der Mystik verwendet werden.

In der Lyrik Daniel Czepkos (*Sexcenta Monodisticha Sapientium*, entstanden 1640–47), Johannes Schefflers – bekannt als Angelus Silesius – (*Geistreiche Sinn- und Schlussreime*, 1657; seit 1674 in einer erweiterten Ausgabe unter dem Titel *Cherubinischer Wandersmann*), Catharina Regina von Greiffenbergs (*Geistliche Sonette, Lieder und Gedichte*, 1662) und Quirinus Kuhlmanns (*Kühlpsalter*, 1684–86) spielt der unmittelbare kirchliche Verwendungszweck keine Rolle. Aber auch diese stark von der Mystik geprägten Dichter schrieben insofern wirkungsbewusst, als sie ihre Leser in meditatives ‚Nachdenken' versetzen wollten. Sie alle, mehr oder minder von Jakob Böhme beeinflusst, standen vor dem (in P. N., 2012 a, I) schon ausführlich behandelten Paradox, das eigentlich Unsagbare der mystischen Begegnung des Menschen mit Gott sprachlich vergegenwärtigen zu wollen, was sie zu sehr unterschiedlichen Versuchen sprachlicher Gestaltung führte.

Czepko und Silesius bemühten sich in den von ihnen bevorzugten Alexandriner-Epigrammen um kunstvolle, aus Antithesen entstehende Pointen und suchten mit dem Chiasmus und dem Paradoxon die Einheit der Gegensätze im mystischen Erlebnis sinnfällig zu machen, wobei sie immer wieder die Einswerdung von Gott und Mensch thematisierten:

Gott: Mensch:

und

Mensch: Gott.

Mensch kleide dich in Gott: Gott wil sich in dich kleiden,
So wird dich nichts von Ihm, auch Ihn von dir nichts scheiden.
(Czepko)[113]

Ich bin wie Gott, und Gott wie ich
Ich bin so gross als Gott, er ist als ich so klein;
Er kann nicht über mich, ich unter ihm nicht sein.
(Silesius)[114]

Catharina von Greiffenberg gewann ihre künstlerische Unverwechselbarkeit dagegen aus ihrem Hang zur Analogiebildung und aus ihrem bildhaften Sprechen, wobei die metaphorisch zusammengesetzten Substantive und Adjektive besonders auffällig sind (Wort-Safft, Wahrheits-Sonne, Leidens-Blei; seel-gesund, lieb-erkrankt usw.). Sie verstand die Welt als Leib Gottes und sah die Aufgabe des Dichters darin, die Herrlichkeit dieses ‚Leibes' zu ‚reflektieren' und den Menschen alle Sinnesorgane für seine Wahrnehmung zu öffnen, sie zum Sehen, Fühlen, Schmecken des Göttlichen zu überreden. So entstand beispielsweise ein (möglicherweise auch heute schockierend wirkendes) Gedicht wie das folgende, das Vorstellungen evoziert, die zugleich ganz sinnlich und ganz spirituell sind, die Oralerotik und Theologie in Übereinstimmung bringen, aber doch voneinander getrennt bestehen lassen:

Ich will ein Bienlein sein, dem Jesus-Klee zufliegen.
Auror' und Titan ich laß ruhig schlafen liegen;
Das selbste Feder-Volk noch schlummert auf dem Ast,
Da ich zu schiffen schon durch Lüfte bin gefaßt
Nach meinem Blumen-Port. Die Purpur-Perlen scheinen
Den Sternen selber vor mit ihren Himmels-Feinen.
Sie machen seel-gesund, doch tödlich lieb-erkrankt.
Sie löschen Höllen-Glut, entzünden, daß es fankt,
Das Feur der Dankbarkeit. Ich setze ganz mit Zittern
Die Zunge gierig an, besorge, anzubittern
Den schon erz-großen Schmerz; saug also fein gemach
Das Mark des Himmels ein. O angenehme Sach!
Ich saug der Gottheit Saft. Ich trink den Bronn der Sonnen.

Der Geist der selbsten Stärk kommt hier in mich geronnen.
Der Drei- und Einheit-Klee gibt hier sein Honig her.
Wenn man die Allheit hat, was will und wünscht man mehr?[115]

Der ungewöhnlichste unter den Verfassern geistlicher Lyrik im 17. Jahrhundert war Quirinus Kuhlmann, der sich selbst als Propheten und seine Dichtung als Prophetie verstand. In manischer Selbstbezogenheit war er ständig auf der Suche nach der heilsgeschichtlichen Bedeutung seiner Biographie und fand die Bestätigung für seine Erwähltheit als ‚Figur' Christi in seiner Fähigkeit, Gottes Offenbarung in der Sprache zu erkennen. Über die Lautformen der Wörter meinte er dem Wesen der bezeichneten Gegenstände auf die Spur zu kommen, denn für ihn bezeichneten die Laute die Dinge nicht nur, sie ‚sagten' sie wirklich. Sprache war für ihn die Wiederherstellung der Schöpfung im Wort. Im Sündenfall ging nach dieser merkwürdigen Theorie diese Sprache, in der Laut und Bedeutung eins waren, weitgehend verloren, und Aufgabe des Dichters war es nun, dem verlorenen adamitischen Sprachzustand nachzuspüren, ihn wiederzufinden, ihn in der Poesie womöglich wiederherzustellen. Dabei richtete Kuhlmann sein Augenmerk besonders auf Namen (insbesondere auf den eigenen), auf die benennenden Substantive und Adjektive und suchte in ihnen nach Sinn. So entstanden Gebilde, die – etwa durch den exzessiven Gebrauch des Polyptotons – deutlich die Zeichen des Manierismus tragen:

Klahrwerde von dem klahrem klahren,
Des klährstenklährstenklahrauffahren,
Das klährer seine klahrheit klährt,
I klährer klahr sein klahr gebährt.
Schöpff ewigst klahr vom klahrtriangel,
Da klahr im klahr wächst ohne mangel,
Im klahrstenklahrstenklahrsten meer
Der klährstenklährstenklährsten klähr,
Di ewigewigewigst klährer
Wird ihrer klahrheit selbstgebährer.[116]

Wer meint, dass diese Art von Lyrik auf Sprachexperimente des 20. Jahrhunderts wie die ‚konkrete Poesie' vorausweise, muss bedenken, dass die poetische Arbeit mit der ‚Sprache als Material' heute jedenfalls nicht von dem Wunsch getragen wird, über die Sprachzeichen dem Geist Gottes näher zu kommen. Das ‚tertium comparationis' liegt allenfalls im Verzicht auf Kommunikation.

Gryphius als Lyriker

In die Gruppe der geistlichen bzw. meditativen Lyrik gehören schließlich auch die Oden und Sonette des als Dramatiker schon ausführlich behandelten Andreas Gryphius. An seinen Sonetten, von denen viele zu den Höhepunkten barocker Lyrik zählen, arbeitete und feilte er über Jahrzehnte hinweg. 1637 erschien eine erste Sammlung *Sonnete* (sog. Lissaer Sonette), 1639 eine weitere (*Son- und Feyrtags Sonnete);* 1643 ein erstes, 1650 ein zweites Buch Sonette, die jeweils 50 Texte enthielten (*Sonnete. Das erste Buch/Sonnete. Das Ander Buch).* Eine Sammlung seiner sämtlichen Sonette wurde 1657 publiziert. Trotz der Vielzahl der Gedichte ist die angeschnittene Thematik relativ leicht einzugrenzen. Liebe und Natur waren als eigene Themenkreise für ihn uninteressant. Sein zentrales Anliegen als Lyriker war der Hinweis auf die Vergänglichkeit alles Irdischen, auf die Eitelkeit der Welt, auf die menschliche Sündhaftigkeit und das menschliche Elend. Diese um die ‚vanitas' kreisenden Motive verklammerte er stets mit dem Ausdruck seiner Hoffnung auf Erlösung, wobei der Bezugspunkt dieser Hoffnung der Kreuzestod Christi war, aus dem er die Gewissheit ableitete, dass Not und Leid den Weg zum ewigen Leben eröffnen. Das Leiden des Menschen und die Erwartung, erlöst zu werden, in wechselseitige Beziehung zu setzen, ist eine Denkbewegung, die sich nicht nur bei Gryphius immer wiederholt, sondern im ganzen 17. Jahrhundert eine überragende Rolle spielt.[117] So wie Gott durch die Leiden Christi seinen Weg zum Menschen gegangen ist, so findet der Mensch nur über das Leid und über die Erfahrung seiner Hinfälligkeit, also über seine Ähnlichkeit mit Christus am Kreuz zu Gott. Exemplarisch wird dies in Gryphius' Sonett *An den gecreuzigten Jesum* ausgesprochen.[118] Welch grundsätzliche Bedeutung der Kreuzestod Christi, in dem sich irdisches Leid und Erlösungshoffnung verdichten, für Gryphius hatte, zeigt allein schon die Anordnung seiner Sonette in den Sammlungen von 1643 und 1650. Eine Reihe christologischer Texte zu Anfang und zum Schluss der Sammlung bilden gleichsam den Rahmen, der den heilsgeschichtlichen Ort alles Irdischen bezeichnet. In der Mitte stehen Beispiele, die das ‚Leben dieser Welt', und zwar gerade dessen Leidensaspekte, betreffen.

Das Leiden hat in diesen Sonetten viele Gesichter – von der Krankheit des Einzelnen und seiner Todeserwartung (man vgl. etwa *Threnen in schwerer Kranckheit*[119]) bis zur Erfahrung der Vielzahl von Kriegsgräueln (man vgl. etwa *Threnen des Vatterlandes / Anno 1636*[120]). Wichtig ist für Gryphius, wie der Mensch sich angesichts solcher Leiden verhält. Wenn im ersten genannten Sonett Krankheit und bevorstehender Tod mit dem Verfall der seelischen Kräfte in Verbindung gesehen werden, so ist dies ein Verweisen auf die gottgewollte Hinfälligkeit des irdischen Lebens überhaupt, der vom Menschen nur das Vertrauen in die Erlösungstat Christi entgegengesetzt werden kann (wie ja das in den Überschriften der Sonette so häufig wiederholte Wort ‚Tränen' nicht etwa die Intensität individuellen Leidens bezeichnet, sondern das Leiden in kreuzestheologischer Dimension – ‚Threnen' oder ‚Lacrimae' waren zugleich Gattungsbezeichnungen für religiöse, sich auf den Kreuzestod Christi beziehende Gedichte). Die zum Tode führende Krankheit interessiert also nicht als individuelles Schicksal, sondern vielmehr als Schauplatz der Bewährung für das rechte Gottvertrauen. – Und wenn in dem anderen genannten, berühmten Sonett das Grauen des Krieges in apokalyptischen Bildern vergegenwärtigt wird und das durch Pest, Glut, Hungersnot bewirkte menschliche Elend für den Dichter (in der letzten Zeile des Gedichts) den Höhepunkt darin findet, dass so vielen auch der „Selen schatz" verloren geht, so eröffnet dieser Hinweis auf den Schatz der Seele, den christlichen Glauben also nach der Wertordnung des Barock, doch die Möglichkeit auf die dem Menschen auch im Elend bleibende Hoffnung auf Erlösung – als strenger Lutheraner geht Gryphius über diese Andeutung nicht hinaus. Diese bei ihm ständig wiederkehrende Gedankenbewegung bestimmt auch sein als ästhetisches und rhetorisches Gebilde besonders vollkommenes Sonett *Es ist alles eitell:*

> Du sihst / wohin du sihst nur eitelkeit auff erden.
> Was dieser heute bawt / reist jener morgen ein:
> Wo itzund Städte stehn / wird eine wiesen sein
> Auff der ein schäffers kind wird spilen mitt den herden.
> Was itzund prächtig blüht sol bald zutretten werden.
> Was itz so pocht vndt trotzt ist morgen asch vnd bein.
> Nichts ist das ewig sey / kein ertz kein marmorstein.
> Itzt lacht das gluck vns an / bald donnern die beschwerden.
> der hohen thaten ruhm mus wie ein traum vergehn.
> Soll den das spiell der zeitt / der leichte mensch bestehn.
> Ach! was ist alles dis was wir für köstlich achten /
> Als schlechte nichtikeitt / als schaten staub vnd windt.
> Als eine wiesen blum / die man nicht wiederfindt.
> Noch wil was ewig ist kein einig mensch betrachten.[121]

Die Überschrift, die einen Spruch aus dem Prediger Salomo (Kap. 1, Vers 2) aufgreift, thematisiert die ‚vanitas mundi', die Nichtigkeit des Daseins. Dieses Thema wird mit der in der barocken Lyrik üblichen Beispiel-Häufung durchgespielt, wobei die Antithetik von ‚itzt' und ‚bald', von Gegenwart und Zukunft, die den Aspekt der Vergänglichkeit deutlich macht, besonders hervorsticht. Doch der Mensch, der das Irdische als so „köstlich" erachtet, hat, obwohl er ihn ‚noch' nicht sucht, auch Zugang zu dem, was „ewig" ist. Auch hier erscheint, wie in *Threnen des Vatterlandes*, das Rettende – als Andeutung – erst ganz am Schluss, als Möglichkeit, die dem Menschen offen steht und die er wohl nur ergreift, wenn ihm die ‚vanitas' bewusst geworden ist.

In der neueren Barockforschung ist herausgehoben worden,[122] dass die Interdependenz von Leidenserfahrung und Heilserwartung, die nicht nur von Gryphius und in der religiösen Lyrik überhaupt, sondern etwa auch in Emblembüchern des 17. Jahrhunderts thematisiert wurde, ungewollt dem politischen Interesse absolutistischer Herrschaft entgegenkam. Denn der Wechselbezug von irdischer Hinfälligkeit und freudiger Hoffnung auf Erlösung prägte sich auch in der Weise ein, dass die Erfahrung des Schmerzes – zumal in Erinnerung an die Leiden Christi – wie eine Voraussetzung, ja geradezu wie ein Rechtfertigungsgrund für das ewige Leben erschien. Eine derartige, durch die Literatur vermittelte, Akzeptanz von Not und Leid und der Glaube an deren gleichsam veredelnde Kraft konnten den absolutistisch regierenden Obrigkeiten bei der Ausübung ihrer die Untertanen disziplinierenden Macht und auch angesichts der verheerenden Zustände, welche die durch sie angezettelten Kriege hinterließen, nur willkommen sein. Als wie nützlich für die Sozialdisziplinierung sich eine Denkstruktur erwies, in der Entbehrung in der Hoffnung auf Belohnung geradezu als wünschenswert erscheint, zeigt außerhalb des religiösen Bereichs z. B. die erzielte Willfährigkeit der neuen Beamtenschaft, die den Dienstgedanken (in einem sich zeitlich bis ins 19. und 20. Jahrhundert erstreckenden Prozess) immer weiter verinnerlichte und sich trotz schlechtester Lebensumstände dabei nicht beirren ließ.[123] Auch die Überzeugung, dass Züchtigungen ein Ausdruck der Liebe seien (in der Erziehung zumal) und schließlich Früchte trügen, ist ein Derivat dieser Denk- und Gefühlsstruktur, die zu überwinden bei vielen noch gegenwärtig so viel Mühe kostet. – Es dürfte auch ohne weitere Beispiele für die politische Brauchbarkeit der Leiden-Heil-Argumentation deutlich sein, dass auch die scheinbar dem Politischen so entzogene religiöse bzw. meditative Lyrik, wenigstens in Teilen, eine politische Dimension besaß, deren sich die Autoren zwar schwerlich bewusst waren, die aber gleichwohl eine – sehr vermittelte – Wirksamkeit entfaltete, die auch sie – mit aller Vorsicht – in Korrelation zum höfischen Absolutismus zu setzen erlaubt.

Petrarkistische Lyrik; Zesen und die ‚Pegnitzschäfer'

Der andere große Zweig barocker Lyrik lässt sich mit dem Begriff des Petrarkismus verbinden, der eine Vielzahl von Motiven und Formeln zusammenfasst, die den Liebesdichtungen des italienischen Humanisten Petrarca entnommen und zu einer Art erotischem System ausgebildet worden waren, das über einige Jahrhunderte hinweg im Kreise der Humanisten europäische Geltung besaß. Zum Motivkreis petrarkistischer Lyrik gehörten u. a. der Frauenpreis, die Bewunderung der Attribute körperlicher Schönheit, der sich in der Anbetung der Dame sehnsüchtig Verzehrende, die Liebesklage, also Motive, die auch den mittelalterlichen Minnesang (vgl. zu ihm ausführlich P. N., 2012 a, III) bestimmten. Der Bearbeitung dieser Motive diente ein differenzierter sprachlicher Formelschatz, dessen Übertragung ins Deutsche für viele der humanistisch gebildeten Lyriker des Barock eine reizvolle, auch gesellschaftliche Anerkennung bewirkende Beschäftigung war. Auch diese Liebeslyrik also war ‚Gebrauchslyrik', diente der Unterhaltung der ‚guten Gesellschaft', und es wäre ganz verfehlt, in ihr eine unmittelbare Abbildung der Liebeserlebnisse ihrer Verfasser zu sehen.

Unter den deutschen Barockdichtern, die sich der petrarkistischen Tradition zuwandten (was in keinem Fall ausschließt, dass sie sich auch anderen Themenkreisen widmeten), ragt zunächst der als Autor neulateinischer Lyrik angesehene, an Opitz geschulte Paul Fleming hervor, dessen deutschsprachige Liebesgedichte erst posthum veröffentlicht wurden (*D. Paul Flemings Poetischer Gedichten …*, 1641; *Teütsche Poemata*, 1642). Sie bereichern das Spektrum petrarkistischer Motive nicht nur (in Erinnerung an antike Autoren, vor allem an Catull) um das der erotischen Begegnung und des partnerschaftlichen Glücks (nicht ohne Grund hat Goethe sich Flemings später erinnert), sondern auch um das der Treue. Mit diesen beiden Motiven aber berührte Fleming auch schon die Grenzen petrarkistischer Konvention und stellte, so gut er ihre Regeln beherrschte, deren Verbindlichkeit in Frage. So sieht man in ihm auch denjenigen Liebeslyriker des 17. Jahrhunderts vor Johann Christian Günther, bei dem – jedenfalls in einem Teil seiner späten Oden – die ‚Verinnerlichung' konventionell gebrauchter Motive am ehesten spürbar wird.[124]

Thematisch weniger originell als Fleming, dafür ständig formale Neuerungen ins Spiel bringend, dichtete als freier Schriftsteller (d. h. nie ein Amt ausübende, gleichwohl 1653 geadelte) Philipp von Zesen, der wie ein Bindeglied zwischen den Opitzianern und den manieristischen Liebeslyrikern späterer Jahrzehnte wirkt. Seiner Zeit war er nicht zuletzt als Gründer der ‚Teutschgesinneten Genossenschaft' bekannt, einer Hamburger Sprachgesellschaft, in der man unermüdlich für ‚Sprachreinigung', d. h. für die Eindeutschungen von Fremdwörtern eintrat. (Zesen selbst verdanken wir beispielsweise Wörter wie Anschrift (für Adresse), Vertrag (für Kontrakt), Augenblick (für Moment).)[125] Als Verfasser einer sich für die Verwendung des Daktylus im Deutschen einsetzenden, einflussreichen Poetik schon genannt, bemühte er sich in seinen vielen Liedern nicht nur um rhythmische Bereicherungen, sondern durch die Verwendung von Alliterationen, Assonanzen und Binnenreimen auch um die Nachahmung musikalischer Klangwirkungen:

Wie tantzen die Lantzen / wie eylen die Pfeile /
Wie blitzen die Augen der beyden allhier!
Sie funckeln im dunckeln bey nächtlicher weile /
Wie sonsten die Sterne von ferne voll Zier ...[126]

Sein *Meien-lied* („Der Römischen Keiserlichen / ... / der Allerdurchleuchtigsten Eleonoren / ... am ersten Mäi-tage des 1653 jahres / aus alleruntertähnigster Schuldigkeit gewidmet durch F. Von Zesen."[127]) weist in seiner Musikalität schon auf Clemens Brentano voraus – und ist im Übrigen ein Musterbeispiel panegyrischer Lyrik und rhetorischen Dichtungsverständnisses:

Glimmert ihr Sterne /
schimmert von ferne /
blinkert nicht trübe /
flinkert zu liebe
dieser erfreulichen lieblichen zeit.
Lachet ihr himmel /
machet getümmel /
regnet uns seegen /
segnet den regen /
der uns in freude verwandelt das leid.

Schwitzet und tauet /
blitzet / und schauet
höhen und felder /
seen und wälder
alle mit gnaden an; Kröhnet das jahr.
Erde / sei fröhlich /
werde nun ehlich.
Singet im schatten /
springet zum gatten /
singet / ihr vogel / und machet ein paar.

Gehet ihr winde /
wehet gelinde;
springet ihr änger;
singet ihr sänger /
singet der Keiserin einen gesang;
zieret die Zeiten /
rühret die Seiten /
zwinget sie eher /
bringet sie höher /
daß sich erhöbe der lieblichste klang.

Schallet ihr tähler;
hallet ihr säler.

schwenket die lichter;
denket / ihr Dichter /
wie ihr der irdischen Göttin gefallt;
spitzet die kielen /
sitzet zu spielen /
treibet die geister /
schreibet / ihr meister /
daß es der Nach-welt zum wunder erschallt.

Unsere Sonne /
unsere wonne
unsere Göttin /
unsere Göttin /
unsere gnädigst-gebietende Frau
sollen wir letzen /
wollen wier setzen
eben von ferne
neben die Sterne /
wo sich befindet der himlische bau.

Da sol Sie schimmern /
da sol Sie glimmern /
ewiglich blühen /
ewiglich sprühen
blitzlende strahlen / durch Tugend entzündt;
welche Sie höret
welche Sie ehret /
ja sie so liebet /
ja sie so übet /
daß Sie das hertze des Keisers gewinnt.

Jugend vergehet /
Tugend bestehet;
nimmermehr stirbet /
nimmer verdirbet
unserer Keiserin götlicher glantz.
Schwindet die höhle
bleibet die seele;
schwindet das kennen /
bleibet das nennen /
welches erlanget den ewigen krantz.

Durch klangliche Effekte, wie sie von diesem Gedicht ausgehen, wollte Zesen zugleich auf die reichen Möglichkeiten der deutschen Sprache aufmerksam machen. Die Freude am Klang der Verse verbindet ihn mit David Schirmer, vor allem aber mit Georg Philipp Harsdörffer, Johann Klaj und Sigmund von Birken, den führenden

Köpfen des ‚Löblichen Hirten- und Blumen-Ordens an der Pegnitz', einer Dichtergesellschaft,[128] die sich vornehmlich mit ‚Schäferdichtung' (vgl. u.) befasste. Auch diesen so genannten ‚Nürnbergern' oder ‚Pegnitzschäfern' ging es mit ihrer Vorliebe für Lautmalereien und rhythmische Beweglichkeit nicht zuletzt um ästhetische Sensibilisierung. Die Poetik des Nürnberger Patriziers Harsdörffer (*Poetischer Trichter ...*, 1647–53) macht deutlich, dass sie die Erweiterung der Ausdrucksmöglichkeiten der deutschen Sprache zugleich als eine patriotische Zielsetzung verstanden.

Manieristische Stilzüge bei Hoffmannswaldau

Die Bereicherung lyrischer Ausdrucksmöglichkeiten durch Zesen und die Nürnberger war die Voraussetzung für die Übernahme und Imitation manieristischer Stilzüge aus italienischen Gedichten (insbesondere Giambattista Marinos und Giovanni Loredanos), die erst in der zweiten Häfte des 17. Jahrhunderts in Deutschland bekannt wurden. Diese ‚marinistische' Dichtung war durch ihren Metaphernreichtum und durch ihre Wortspiele, die Concetti, gekennzeichnet, mit denen der Dichter seine rhetorische Könnerschaft beweisen konnte. Unter den Nachahmern dieses Stils ragt der mit Loredano persönliche Beziehungen unterhaltende Christian Hoffmann von Hoffmannswaldau heraus. Dieser weltmännisch gebildete, diplomatisch tätige und 1657 zum Kaiserlichen Rat ernannte Breslauer Patrizier sorgte in der ‚guten Gesellschaft' seiner Umgebung für viel Aufsehen – weniger allerdings wegen seiner gerühmten *Poetischen Grab-Schrifften* (zuerst 1662 in einem unberechtigten Druck erschienen) und wegen seiner geistlichen Oden als vielmehr wegen seiner erotischen Gedichte. Weder seine in den sechziger Jahren entstandenen, aber erst 1679 von ihm in seine Sammlung *Deutsche Übersetzungen und Getichte* übernommenen *Helden-Briefe*, die in der Tradition von Ovids *Heroides* zeigen, was die Liebe und was Leidenschaften Ungeheuerliches in der Welt anrichten können, noch weniger aber seine erotischen Lieder, die z. T. erst 1695 ff. von Benjamin Neukirch in der berühmt gewordenen Anthologie *Herrn von Hoffmannswaldau und andrer Deutschen Auserlesene und bißher ungedruckte Gedichte* herausgegeben und überarbeitet wurden, waren zunächst für eine Veröffentlichung bestimmt. Sie kursierten in dem geschlossenen Kreis des Breslauer Patriziats und der dem Hofe zugewandten literarisch Gebildeten und wären einer breiteren, weniger belesenen Öffentlichkeit auch gar nicht oder nur schwer verständlich gewesen. Denn die frivolen Anzüglichkeiten und Anspielungen, die sie enthalten und die mit Sicherheit einen besonderen Reiz für die Leser bildeten, sind durch die gewählte Bildersprache meist so verschlüsselt, dass nur literarische Kenntnisse einen Zugang zu ihrem Verständnis eröffneten. Dabei ließ Hoffmannswaldau, wie das folgende Gedicht[129] erweist, das Gemeinte auch durchaus in der Schwebe:

So soll der purpur deiner lippen
Itzt meiner freyheit bahre seyn?
Soll an den corallinen klippen
Mein mast nur darum lauffen ein /
Daß er an statt dem süssen lande /
Auff deinem schönen munde strande?

Ja / leider! es ist gar kein wunder /
Wenn deiner augen sternend licht /
Das von dem himmel seinen zunder /
Und sonnen von der sonnen bricht /
Sich will bey meinem morrschen nachen
Zu einen schönen irrlicht machen.

Jedoch der Schiffbruch wird versüsset /
Weil deines leibes marmel-meer
Der müde mast entzückend grüsset /
Und fährt auff diesem hin und her /
Biß endlich in dem zurcker-schlunde
Die geister selbsten gehn zu grunde.

Nun wohl! diß urthel mag geschehen /
Daß Venus meiner freyheit schatz
In diesen Strudel möge drehen /
Wenn nur auff einem kleinen platz /
In deinem schooß durch vieles schwimmen /
Ich kan mit meinem ruder klimmen.

Da will / so bald ich angeländet /
Ich dir ein altar bauen auff /
Mein hertze soll dir seyn verpfändet /
Und fettes opffer führen drauff;
Ich selbst will einig mich befleissen /
Dich gött- und priesterin zu heissen.

Dieses Gedicht ermöglicht auf Grund der metaphorischen Redeweise verschiedene Lesarten. Man kann vor allem die pornographischen Anspielungen in ihm entdecken oder es – wie es das religiös besetzte Metaphernfeld der Seefahrt nahe legt – als Klage verstehen, dass das Lebensschiff, an die Klippen der Lust geworfen (Str. 1), oder: dass der Mensch, der dem sexuellen Genuss verfällt, alles Heil, das ‚süsse land', das Paradies, verliert. Gerade die Mehrdeutigkeit dieser Zeilen verrät die Könnerschaft ihres Dichters. Auch sie stehen in der Tradition Petrarcas (allein die ‚erotische Topographie', die bei der Darstellung der Geliebten von den Lippen und Augen über den Körper bis zum Schoß reicht, weist darauf hin); aber diese Tradition erscheint bereits verfügbar: In einer ungewöhnlichen Variante ergibt sich die Qual des Mannes hier gerade nicht aus der Verweigerung der Frau, sondern allenfalls aus ihrer Hingabe (jedenfalls, wenn das Gedicht als ethisch-theologische Mahnung gelesen wird, wohin die „Tyrannei der Lust“ zu führen vermag).[130] Liest man es anders, mag man das ästhetische Raffinement bewundern, mit dem Hoffmannswaldau das gesellschaftliche ‚Verbot‘ umgeht, den nackten Körper der Frau als sexuelles Stimulans und den Liebesakt zu beschreiben.

Man hat diesem Dichter schon früh den ‚Schwulst‘ seines Stils vorgeworfen, wahrscheinlich weil die Kunst seiner Anspielungen nicht durchschaut wurde. Allenfalls lässt sich wohl von ‚geschmücktem Stil‘ sprechen,[131] der allerdings besser noch auf den mit Hoffmannswaldau befreundeten (als Dramatiker ausführlich auf S. 68 ff. besprochenen) Lohenstein zutrifft, der seine Gedichte, auch seine petrarkistischen, mit mythologischem, historischem, naturgeschichtlichem und anderem Wissen geradezu überhäufte, ohne doch mit der distanzierenden Ironie Hoffmannswaldaus zu schreiben.

Die intellektualistische, eine Vielzahl rhetorischer Mittel manieristisch (d. h. nach dem Vorbild Marinos) einsetzende Art von Poesie, wie sie bei Hoffmannswaldau und Lohenstein am ausgeprägtesten erscheint und noch heute unsere Vorstellung des ‚Hochbarock‘ prägt, stieß schon bald auf Widerspruch – nicht nur im Kreis der sog. ‚Altdeutschen‘ wie Johann Michael Moscherosch oder Johann Lauremberg, die den ausländischen Einfluss beklagten, sondern auch bei Autoren, die sich als ‚Galante‘ (zum Begriff vgl. S. 81) bezeichneten. Sie forderten das ‚genus mediocre‘, den Mittelweg, eine elegante, geschmeidige Stillage und verzichteten auf Beispielhäufungen, Hyperbolik und Pathetik. Erdmann Neumeister, beeinflusst von Boileaus *Art poétique* (1674) schrieb die dazu passende Poetik (*Die allerneueste Art zur Reinen und Galanten Poesie zu gelangen*, 1707 zuerst, bis 1742 in elf Auflagen erschienen); Christian Weise, Christian Friedrich Hunold, Friedrich Rudolf von Canitz (selbst ein Übersetzer Boileaus), Benjamin Neukirch, Johann von Besser waren ihre bekanntesten Vertreter. Auch Besser beispielsweise schrieb wie Lohenstein über die Macht der Liebe. Aber während dieser in seinem fast 2000 Alexandriner umfassenden Gedicht *Venus* gelehrt den ganzen Venus-Mythos und Venus-Kult ausbreitete, wird dieser Mythos bei Besser in seinem erotischen Gedicht *Die Ruhestatt der Liebe / oder Die schooß der Geliebten* im Rahmen einer pikanten Schäfergeschichte nur noch zitiert. (Zur Schäferdichtung vgl. den folgenden Abschnitt).

Die ‚Galanten‘; Günther

Überhaupt dominierte unter den ‚Galanten‘ das heitere, oft scherzhafte, auf die Erfüllung der Liebe anspielende Liebesgedicht, das auf die spätere Rokokolyrik vorausweist. Die eigentliche Funktion dieser galanten Lyrik, die Unterhaltung der Gesellschaft durch das spielerische, vielfach provokativ wirkende Durchbrechen der in ihr geltenden und eingehaltenen Regeln des Rollenverhaltens der Geschlechter, hatte zur Folge, dass auch die religiösen Komponenten der petrarkistischen Tradition sowie die Erinnerung an die Vergänglichkeit des Lebens, die bei Hoffmannswaldau immer wieder anklang, mehr und mehr verdrängt wurden bzw. allmählich verblassten. An die Stelle der obligatorisch unerfüllten Liebe im Petrarkismus trat in der galanten Lyrik die prinzipiell erfüllbare. Nicht aufgegeben aber wurde das Gegenüber von klagendem oder werbendem Liebhaber und stummer Geliebter, die als „reaktionsloses Anredeobjekt"[132] verharrt.

Als einer der bedeutenden, gleichwohl schwer einzuschätzenden Lyriker des Barock ist schließlich Johann Christian Günther hervorzuheben, dessen Werk nicht nur zahllose Gelegenheitsgedichte zu verschiedensten Anlässen, sondern auch viele Liebesgedichte enthält. Günther ist oft der Durchbruch zur Erlebnislyrik der Goethezeit zugeschrieben worden, doch beruht dieses Urteil, zumindest wo es undifferenziert abgegeben wurde, auf dem Missverständnis derer, die seine Gedichte vorschnell auf sein von existenziellen Krisen geschütteltes Leben bezogen haben, beispielsweise sein Liebesleid ganz unmittelbar in seinen Texten sich niederschlagen sahen und ihn so zum Frühsubjektivisten stilisierten. Aber auch Günther stand fest in der humanistisch geprägten Gelehrtendichtung und verstand sich selbst als Opitzianer. Seine Ablehnung des hochbarocken Bildstils, dessen Hoffmannswaldau und Lohenstein sich bedienten, rückte ihn zudem in die Nähe der ‚Galanten'. Viele seiner Gedichte (man vgl. seine 1718 entstandenen sog. *Rosetten-Lieder*, z. B. *An Rosen such ich mein Vergnügen … Mit dieser Rose will ich scherzen …*), in denen die Sprödigkeit der Frau, ihre Scham und zugleich ihr Wunsch, verführt zu werden, ihre Verstellung, ihre erotische Inkonstanz angesprochen werden, berühren sich mit der erotischen Lyrik der Galanten und greifen in ihren Motiven bis in die Antike zurück. In Leipzig, wo Günther zeitweilig studierte, fand er zudem das Publikum, das mit antiker Dichtung vertraut war und ihn als ‚deutschen Ovid' bewundern konnte. – Aber auch ein anderes Motiv kommt bei Günther zur Geltung, das der Treue, das schon für Fleming bedeutsam war. Bleiben die Galanten in ihren Imaginationen erotischer Erfüllung unverbindlich, so tritt in manchen Gedichten Günthers, nachdem das Mädchen dem Verführer seine Tugend geopfert hat, das Treueversprechen, die Beschwörung der Dauer des Gefühls. An dieser Stelle ist die Einordnung seiner Lyrik in seine Biographie am ehesten plausibel. Denn die Adressatin bleibt nicht anonym, sondern wird mit Namen genannt und ist als Geliebte Günthers identifizierbar. An die Stelle des galanten Scherzes tritt die Intimität der exklusiven Beziehung, dabei tritt neben die barocke Topik zuweilen auch eine ganz schmucklose Redeweise, etwa in einigen Strophen der *Abschieds-Aria.*[133] Doch deswegen ist Günther noch kein Vorbote Goethes; wohl aber werden bei ihm, der das galante ‚carpe diem'-Motiv ins bürgerliche Treueideal, die Erotik ins Eheversprechen einbindet und – wie in seinem Gedicht *An Leonore* von 1715 – während der Abwesenheit des liebenden Ichs die Abstinenz der Geliebten fordert, sie also gleichsam zur Ehefrau zu erziehen unternimmt,[134] bereits Tugendvorstellungen der Aufklärung angesprochen.

5. Anmerkungen zur europäischen Schäferliteratur und ihrer Bedeutung

In vielen Beispielen der petrarkistischen Lyrik deutscher Barockautoren finden sich Motive, die ihnen aus der europäischen Schäferdichtung vertraut waren. Die Schäferdichtung bzw. Bukolik (abgeleitet von gr. ‚boukolos' = Rinderhirte) hatte sich seit den Dichtungen Theokrits und später vor allem den im 1. Jahrhundert v. Chr. entstandenen *Eklogen* Vergils schon in der Antike zu einer von Regeln bestimmten Literaturform entwickelt, von der sich viele Dichter der Renaissance, des Barockzeitalters, auch noch des 18. Jahrhunderts inspirieren ließen. Zum festen Bestand bukolischer Dichtung gehörte seit Vergil die Darstellung des glücklichen Einklangs von Mensch und Natur, des in eine idyllische Landschaft eingebetteten humanen Umgangs der Menschen miteinander, ihres freundschaftlichen Gesprächs und befreiten Gesangs. Es liegt auf der Hand, dass ein solches Bild der Natur als Raum menschlicher Verwirklichung auch zivilisationskritisch genutzt werden konnte.

Schon in Vergils Bukolik ist Politik präsent,[135] insofern Politik sich an dem idealen Zustand der Eintracht, der in der fiktionalen Hirtenwelt abgebildet wird, messen lassen muss. So verpflichtet Vergil den Herrscher (Oktavian), in verschlüsselter Weise, auf die Aufgabe des Friedensstifters und verbindet mit diesem ‚Zuspruch' sein Regentenlob. Umgekehrt bot die Schäferdichtung auch die Möglichkeit, den Herrscher und seinen Hof (als den Ort zivilisierten gesellschaftlichen Zusammenlebens) durch die bloße Konfrontation mit dem dargestellten Arkadien wenigstens indirekt zu tadeln – eine Möglichkeit, von der zuweilen in der Renaissance Gebrauch gemacht wurde, besonders eindrucksvoll von Torquato Tasso, dessen Schäferdrama *Aminta* (1573) den Verdruss an höfischen Zwängen und höfischer ‚Ehre' deutlich werden lässt. Hofkritik, aber auch Regentenerziehung und Regentenmahnung nur in verschlüsselter Form anzubringen, lag für die Dichter in den Zeiten absolutistischer

Herrschaft im eigensten Interesse, ganz abgesehen davon, dass Verschlüsselungen, allegorische Verkleidungen, Anspielungen ihrer Lust an gelehrter Kennerschaft entsprachen, und erklärt das breite Anwachsen dieser Literaturform in ganz Europa gerade während des 16. und 17. Jahrhunderts – wie andererseits ihr Verebben während des 18. Jahrhunderts aus dem Zusammenbrechen der alten politischen Ordnungen und aus dem sich durch das Aufkommen der Empfindsamkeit verändernden Selbstverständnis der Dichter verständlich wird (vgl. II).

Während der Renaissance sind Tausende von Schäferdichtungen geschrieben worden,[136] nicht nur schäferliche Liebesgedichte und – nach Vergils Vorbild – Eklogen (Hirtengedichte), sondern auch Schäferdramen und -romane. Als Dramatiker trat neben dem schon erwähnten Tasso der auf Hofkritik ganz verzichtende Giovanni Battista Guarini mit seinem *Pastor fido* (1590) hervor, schäferliche Motive finden sich u. a. bei Calderón de la Barca, Lope de Vega, van den Vondel, Shakespeare. Auch der Schäferroman geht auf Italien zurück. Das meistgelesene Werk war Iacopo Sannazaros *Arcadia* (in autorisierter Fassung 1504 erschienen); in Spanien schrieb Cervantes seine *Galatea* (1585), in Frankreich Honoré d'Urfé den Roman *L'Astrée …* (1607–27). – In Deutschland spielten die Großformen pastoraler Poesie dagegen kaum eine Rolle. Zu erwähnen sind aber ganz generell die nach italienischem Vorbild verfertigten, sich die Höfe erobernden Schäferopern (während die sich von deren Prunk abkehrenden kleinen Schäferspiele bereits zu einer Idyllik gehören, wie sie im 18. Jahrhundert geschätzt wurde) sowie als besondere – bürgerliche – Varianten des Schäferromans am ehesten Philipp von Zesens *Die adriatische Rosemund* (1645), Johann Thomas' *Damon und Lisille* (1663–72) sowie die *Kunst- und Tugend-gezierte Macarie* (1669–73) des Ehepaars Heinrich Arnold und Maria Catharina Stockfleth.[137] Größeren Anklang fanden die Ekloge und das schäferliche Liebesgedicht, nicht nur bei einzelnen, sich des Neulateinischen bedienenden Humanisten, sondern vor allem in den städtischen Dichtergesellschaften (allen voran im schon erwähnten, von Harsdörffer und Klaj 1644 begründeten ‚Hirten- und Blumenorden an der Pegnitz'), in denen zu den verschiedensten Anlässen Gelegenheitsgedichte entstanden, die mit solch dominierenden pastoralen Motiven wie der Hirtenklage, dem Bekenntnis zur einfachen schäferlichen Geliebten, der Aufforderung zum Liebesgenuss andeutungsreich, auch anzüglich, jedenfalls unterhaltsam spielten. Dass der Preis des einfachen ländlichen Lebens andererseits auch religiösen Bedürfnissen entgegenkommen konnte, ist davon unberührt.

Überhaupt war die petrarkistische deutsche Lyrik von Opitz bis Günther in der Verwendung schäferlicher Motive vielseitig und verfolgte im Übrigen durchaus auch politische Absichten. Während manche Dichter aus dem Kreis um Opitz die Hirtenmaske nutzten, um u. a. standespolitische Fragen aufzuwerfen und die soziale Kluft zwischen dem Adel und dem gehobenen (gelehrten) Bürgertum zu überspielen, öffnete Sigmund von Birken, der zeitweilig den ‚Hirten- und Blumenorden an der Pegnitz' leitete, diese Dichtervereinigung auch den Frauen und nahm der gerne im Munde geführten Rede vom Tugend- und Wissensadel auf diese Weise den Charakter der Floskelhaftigkeit. Er gewann Catharina Maria Dobenecker und Maria Catharina Stockfleth als Mitglieder, stand mit Catharina von Greiffenberg in ständigem Kontakt und huldigte in einer programmatischen Ekloge der *Fürtrefflichkeit des Lieblöblichen Frauenzimmers* (1669). Ganz anders bediente sich der zuletzt besprochene Günther schäferlicher Motive. Sein Gedicht *An Selinden* (1719) beginnt mit den folgenden Versen:

Hier setze dich, verschämtes Kind;
Hier ist gut sein, hier laß uns bleiben,
Wo Lind und West gesprächig sind
Und Fels und Wald den Gram vertreiben;
In dieser grünen Einsamkeit,
Wo Bach und Stein und Blätter rauschen,
Soll weder List, Gefahr noch Neid
Den süßen Frühlingsscherz belauschen.[138]

Hier sind alle Elemente des aus der antiken Bukolik bekannten ‚locus amoenus' beisammen: die ‚Einsamkeit' garantierende Lage, Bach und Fels, Bäume und Wind, die miteinander ‚gesprächig' sind wie die Liebenden. Aber der ‚locus amoenus' ist hier nicht der Ort selbstverständlicher Lust, wie häufig in der Schäferpoesie, sondern wird als Argument eingesetzt, mit dem der Liebhaber das tugendhaft verschämte Mädchen zur Lust erst zu überreden sucht. Die bürgerliche Lebensrealität wirkt so stark, dass der ‚locus amoenus' als idealer Ort ‚vorgestellt' wird, um das Mädchen eben diese Lebensrealität vergessen zu lassen – und das rhetorische Argument gegen die Tugend wirkt deshalb so suggestiv, weil (in den Schlusszeilen) die von Gott gegebenen Naturrechte der Liebenden gegen die Gesetze der ‚Welt' ausgespielt werden und gerade die Befreiung von allen Tugendpflichten in der Natur als größte Nähe zum göttlichen Willen versprochen wird:

Wodurch sind ich und du denn da?
Zu was bist du nebst mir geboren?
Der, so die Welt im Wesen sah,
Hat uns zum Lieben auserkoren.

Das Treuemotiv spielt in diesem Gedicht Günthers keine Rolle – diese Verse zeigen – gerade im Vergleich mit den schon 1715 entstandenen *An Leonore* –, wie verschiedenartig und widersprüchlich sich bei ihm das Zeitalter der Aufklärung ankündigt.

Die vielfältigen, nicht zuletzt politischen Intentionen, die sich mit der europäischen Schäferdichtung verbanden, hat Norbert Elias, insbesondere im Rückgriff auf d'Urfés *Astrée*, einer zivilisationskritischen Betrachtung unterzogen,[139] die zum Verständnis des ganzen Zeitalters beiträgt. D'Urfés Roman war (auch wegen seines stückweisen Erscheinens zwischen 1607 und 1627) jahrzehntelang Gesprächsgegenstand literarisch interessierter Kreise der höfischen Gesellschaft Frankreichs. Die Faszination, die von ihm ausging, beruhte wohl weniger auf der Teilnahme am Schicksal des Protagonisten Celadon, der, von seiner geliebten Astrée auf Grund einer Verleumdung getrennt, nach harten Prüfungen ihre Gunst zurückgewinnt, oder auf den Reflexionen ungezählter in Nebenhandlungen agierender Schäferinnen und Schäfer über die verschiedenen Wirkungen der Liebe, sondern viel eher darauf, dass die Handlung zeitlich und räumlich weit verschoben war (ins 5. Jahrhundert an den Oberlauf der Loire), die Gegenwart des höfischen Lebens im 17. Jahrhundert also vergessen lassen konnte, andererseits aber die Figuren, obwohl als Schäferinnen und Schäfer verkleidet und dem Landleben verhaftet, doch all die Verhaltensweisen der ‚guten Gesellschaft' zeigen, in denen die Leser ihre eigenen wieder erkennen mussten. Der Reiz des Ungewohnten (Ersehnten) und das Wiedererkennen des allgemein Akzeptierten trafen zusammen und schufen die (in dieser allgemeinen Formulierung bis heute gültigen) Voraussetzungen für Identifikationsprozesse.[140] Es kam hinzu, dass die der Hofgesellschaft in ihrer Breite angehörenden Leser zugleich auch ihre Standesproblematik aufgegriffen fühlen konnten, wenn aus der Schicht der Schäfer verstohlen oder offen gegen Nymphen und andere Figuren, die im Roman den hohen Adel verkörpern, polemisiert wird. Um was es dabei geht, verdeutlicht besonders gut eine Szene, in der die Nymphe Galathée den Schäfer Celadon (die hoch gestellte Dame den ‚einfachen' Aristokraten) zu verführen versucht, dieser jedoch (seiner Astrée treu bleibend) rhetorisch geschliffen der Beständigkeit das Wort redet, ganz so, als weise er die mit Verstellungen und Flüchtigkeiten einhergehende Lebensart des Hofes insgesamt zurück. Schärfer noch als von den hoch Gestellten grenzt d'Urfé seine Schäferinnen und Schäfer von den unter ihnen stehenden gewöhnlichen Landleuten ab, von den nach Ziegen riechenden bedürftigen Hirten, wie er in der dem Roman vorangestellten Widmung an die Schäferin Astrée formuliert. Damit wird von vornherein deutlich, dass sein Personal das Landleben freiwillig gewählt hat – als Möglichkeit, ‚sanfter und ohne Zwang zu leben' („pour vivre plus doucement et sans contrainte") und dass dieses Landleben im Roman in idealisierter Verkleidung erscheint, nicht als soziale Realität.

So verhalfen Schäferromane wie d'Urfés *Astrée* ihren Lesern zur Projektion eigener Wünsche in ein Traumbild vom freien, natürlichen Leben in der Vergangenheit, das den tatsächlichen Lebenserfahrungen am Hofe entgegengesetzt war. – Ähnliche Tendenzen sind auch in der Malerei von Poussin bis Watteau zu finden, in der die Natur eine der höfischen Realität als Gegenbild vorgestellte, „von Sehnsucht durchformte Kulisse"[141] bildet, in der sich die Menschen gleichwohl mit höfisch disziplinierten Gebärden – gravitätisch, bewusst leger, graziös – bewegen oder positionieren.

Derartige Gemälde sprachen ebenso wie die Schäferliteratur all diejenigen an, die in den Prozess der Aristokratisierung hineingezogen waren, aber doch zugleich an den künstlichen Umgangsformen des Hofes litten, die sie zu erlernen hatten; die sich ihrer Herkunft als Landadlige erinnern mochten, ohne das Landleben doch zurückgewinnen zu können, und die es daher verklärten; die sich am Hofe Selbstzwänge und Masken aufzuerlegen, sich untereinander ‚manierlich' zu benehmen hatten und sich nach freieren Gefühlsäußerungen sehnten. Es ist zweifelhaft, inwieweit sie dabei ihren eigenen Zwiespalt durchschauten. Bezeichnenderweise wollen d'Urfés Schäfer der höfischen Gesellschaft und ihren Zwängen entgehen, aber ohne ihre Privilegien als Aristokraten, die sie von den wirklichen Hirten und Bauern unterscheiden, aufzugeben.

In den deutschsprachigen Texten der Schäferliteratur ist der standespolitische Konflikt, den Elias am Beispiel Frankreichs beschreibt, so ausgeprägt wie bei d'Urfé nicht hervorgetreten, und hat sich eher auch, zumal in der zweiten Hälfte des 17. Jahrhunderts, auf das Verhältnis des gehobenen Bürgertums zur Aristokratie bezogen; die (mit dem Maskenspiel verdeckte) Sehnsucht nach einem natürlichen Leben inmitten der freien Natur aber ist auch in ihnen präsent. Gerade diese Sehnsucht hat später in der zunehmend auf andere Entfremdungen reagierenden Idyllik des 18. Jahrhunderts und schließlich vor allem in Texten der deutschen Romantik, die häufig genug die Seelenschicksale einzelner, sich ganz außerhalb der Zwänge von Herrschaftsverhältnissen und gesellschaftlichen Rangunterschieden bewegender Menschen schildern, andere Ausdruckformen gefunden. Die Tradition der Hofkritik dagegen ist in der deutschen Literatur des 18. Jahrhunderts besonders im Drama (etwa Lessings und Schillers) weitergeführt und zugespitzt worden.

6. Schlussbetrachtung: Zu den Wirkungen der Literatur des Barock und den durch sie vermittelten Wertvorstellungen und Verhaltensnormen

So relativ unentschieden die mit dem Genre der Schäferdichtung verbundenen gesellschaftskritischen Möglichkeiten genutzt wurden, so wenig lässt sich doch verkennen, dass Literatur, überblickt man zum Schluss dieses Kapitels den Zeitraum des 17. Jahrhunderts insgesamt, wie in kaum einem anderen Zeitalter als politische Kraft gewirkt hat. Sie hat einerseits ganz unmittelbar zur Bestätigung der höfischen Lebensform beigetragen und dabei, gerade weil sie im Wesentlichen im mehr oder weniger fest in die Hofgesellschaft integrierten gelehrten Bürgertum entstanden und rezipiert worden ist, dazu beigetragen, diese Lebensform zu einer Lebensform der ‚guten Gesellschaft' auszuweiten; sie hat andererseits diese Lebensform und besonders die in ihr vertretenen politischen Wertvorstellungen zum Teil kritisch oder sogar abweisend begleitet. Die Formen der Kritik sind vielfältig. Sie reichen von erzieherischen Mahnungen, die sich aus der Präsentation vollkommener höfischer Lebensführung ablesen lassen, und den als Anspielungen gewagten Gegenentwürfen des Lebens außerhalb der höfischen oder auch der ‚guten' Gesellschaft (etwa in der bukolischen Landschaft oder in der eremitischen Einsamkeit) bis zur offenen, (besonders im Drama) diskursiv geführten Auseinandersetzung über die Verantwortung des Fürsten und die moralische Begründung seiner Entscheidungen oder – noch weitergehend, aber dabei auch die konkreten inhaltlichen Bezüge verlierend – bis zum Versuch, den Rezipienten in die meditative Reflexion über die Vergänglichkeit und damit die Vergeblichkeit aller irdischen Bemühungen hineinzuziehen. – Über all diesen kritischen Ansätzen, die das literaturgeschichtliche Gedächtnis heute weitgehend bestimmen, darf jedoch nicht vergessen werden, dass die Literatur des Barockzeitalters die höfische Lebensführung überwiegend zustimmend begleitete, was nicht nur die zahllosen panegyrischen Gedichte belegen, sondern auch die höfisch-historischen Romane, in denen der Lebensstil und die Manieren der Hofgesellschaft ausgebreitet wurden, sowie natürlich die vielen Spiele, Opern und Dramen, die zur Unterhaltung dieser Gesellschaft und zum Glanz ihrer Feste beitrugen. Die Literatur hat die Lebensform der höfischen Gesellschaft nicht nur kritisch reflektiert, sondern – wie in diesem Kapitel gezeigt worden ist – immer auch mitgestaltet.

Ihre innerliterarische Wirkungsgeschichte soll hier im Einzelnen nicht verfolgt werden. Das 18. Jahrhundert hat die große Oper und das Festspiel an den Höfen noch lange weitergeführt, und auch die höfisch-historischen Romane wurden weiterhin gelesen, allmählich freilich – mit dem Aufstieg des Bürgertums – immer mehr von realistisch-psychologischen abgelöst. Dagegen stießen die stilistischen Übertreibungen insbesondere der hochbarocken Poesie (Lohensteins vor allem) bei vielen Aufklärern auf Aversionen. Bei den Romantikern fand insbesondere die religiöse Lyrik des Barock viel Interesse, ganz besonders das Werk Friedrich Spees. Später – bis in die Gegenwart hinein – sind Anregungen eher vom Picaroroman ausgegangen (man denke an Döblin und Grass), nicht weniger auch von den Stücken der Jesuiten und den Dramen der Schlesier (von denen u. a. Grillparzer, Hofmannsthal und Brecht beeinflusst wurden).

Mehr noch als die literarischen Texte selbst aber haben die durch sie vermittelten Wertvorstellungen und Verhaltensnormen der höfischen Gesellschaft als Impulse weitergewirkt, sind in die gehobenen bürgerlichen Schichten der Städte eingedrungen, von dort teilweise auch weiter in sozial schwächere Schichten, und haben mentalitätsgeschichtlich langfristige Folgen gehabt. Im einflussreichen Bürgertum bildete sich im Gespräch über die Politik und die Festlichkeiten der Höfe der „Verkehrskreis der guten Gesellschaft".[142] In kleinen literarischen Zirkeln oder in dilettierenden musikalischen Vereinigungen setzte sich in den ‚Salons' fort, was in den Höfen in größerem Rahmen vorgelebt oder arrangiert wurde (während die ‚einfachen' Leute sich – vergleichbar heutigen Touristen – glücklich schätzten, wenn sie den bloßen Zutritt zu den Parks und Gärten, zu Galerien oder zu Feuerwerken oder auch zu Opern und Theateraufführungen erlangten). In der sich ausweitenden ‚guten Gesellschaft' des 17. und frühen 18. Jahrhunderts wurden nicht nur die (zu Beginn dieses Kapitels ausführlich behandelten) Regeln des disziplinierten Umgangs miteinander erprobt, womit das Ideal des Kavaliers (des Gentleman) auch im Bürgertum Eingang fand; es ist von Bedeutung, dass in besonderem Maße auch die Frauen in die Geselligkeitskultur dieser Gruppen einbezogen wurden. Gerade die Frauen stützten in ihnen musikalische und literarische Initiativen. Und gerade die Frauen partizipierten vor allem am damals allgegenwärtigen Diskurs über Erziehungsfragen. In diesem Diskurs galt nicht nur das ‚manierliche Betragen' in der Gesellschaft als Erziehungsaufgabe, sondern ebenso auch das politische Verhalten. Anders als heute, wo Erziehungsfragen in der Öffentlichkeit eine eher nebengeordnete Rolle spielen und klar von politischen und wirtschaftlichen Interessen dominiert, allenfalls als politische Aufgabe verstanden werden und als ‚Bildungspolitik' verebben, war für die kulturell maßgebliche Schicht des 17. und beginnenden 18. Jahrhunderts umgekehrt Politik ein Ausfluss der Erziehung, wobei dahingestellt bleibt, ob die Realität diesem Selbstverständnis entsprach. Das politische Gespräch jedenfalls war eingebettet in das allgemeine Erziehungsgespräch, an dem auch die Literatur – wie gezeigt – vielfältigen Anteil hatte. Später mündete dieses Gespräch in die breitere bürgerliche Schichten erfassende Aufklärungsbewegung (vgl. II), die schließlich das öffentliche Schulwesen für alle und die allgemeine Schulpflicht erzwang.

Die Lebensform und die Verhaltensnormen der höfischen Gesellschaft (und der ihr nacheifernden ‚guten Gesellschaft') haben freilich auch andere Folgen gehabt. Manche der an den Höfen üblichen Zwänge haben sich bis in die Gegenwart hinein in den Verhaltenskodices unserer politischen und wirtschaftlichen Eliten erhalten – etwa wenn diese, ähnlich den Höflingen der Vergangenheit, sich einander (eben unter der Maske der ‚Höflichkeit') mit Misstrauen bewachen und nach Schwächen ihrer Kontrahenten suchen, um daraus im Kampf um Prestige und Macht Vorteile zu ziehen. Auch wenn die Arbeits- und Karrierezwänge in den heutigen Eliten – und nur von ihnen ist hier die Rede – inzwischen anders begründet sind als im 17. Jahrhundert und auch die Maskierungen der Person ganz andere Formen angenommen haben, sind doch sowohl die Zwänge als auch die Maskierungen in ihren Mechanismen bzw. in ihrer Intensität vergleichbar – und es stellt sich gerade heute die Frage, inwieweit den am Machtkampf Beteiligten das Rollenspiel so zur zweiten Natur geworden ist, dass sie die Fähigkeit, ihr eigenes Verhalten selbstkritisch einzuschätzen, verloren haben.[143] – Eine andere Erbschaft der höfischen Gesellschaft wirkt eher noch belastender in die Gegenwart hinein – die im Zeitalter des Absolutismus sich stark ausprägende, keinesfalls überwundene, sondern im Gegenteil heute in allen Schichten der Gesellschaft verbreitete und durch die Massenmedien nachhaltig geförderte Gewohnheit, gerade im Bereich der Politik einzelne Personen zu überhöhen und autoritäre Denk- und Verhaltensstrukturen mit den dazugehörenden Anmaßungen zu akzeptieren. Gegen die im Zeitalter des Absolutismus verlangte und rigoros durchgesetzte, mentalitätsgeschichtlich so wirksame politische Anpassung hat sich nicht nur schon im 17. Jahrhundert ein Gryphius – um nur einen einzigen Autor hervorzuheben – mit seinen Mitteln gewehrt, sondern etwas später mit anderen Kräften die ganze Aufklärungsbewegung des 18. Jahrhunderts mit dem in ihr entstehenden, gerade auch durch die Literatur zur Wirkung gebrachten Normgefüge des ‚Staatsbürgertums'.

II. Die Lebensführung der ‚staatsbürgerlichen' Gesellschaft und die Literatur des 18. Jahrhunderts

1. Die Lebensführung der ‚staatsbürgerlichen' Gesellschaft

1.1. Staatsbürger

Obwohl der absolutistische Staat auf dem europäischen Kontinent bis zur Französischen Revolution weitgehend unangetastet blieb, entfaltete ein wirtschaftlich und intellektuell erstarkendes Stadtbürgertum zunehmend jene Kritik, die ihn letztlich in die Krise stürzte. Dabei bestanden zwischen Stadtbürgertum und Absolutismus enge Beziehungen. Nicht nur war der Fürstenstaat für seine Verwaltungsaufgaben und -interessen auf Beamte angewiesen, die er, wie im vorigen Kapitel schon ausgeführt, zum größten Teil aus der Intelligenz des Bürgertums gewann; auch wohlhabende Kaufleute wurden von ihm gebraucht – als Finanziers, als Pächter, als konzessionierte Unternehmer, die, schon um die großen Söldnerheere auszurüsten, Chancen zur Massenproduktion und zum Massenabsatz vor allem von Waffen, Uniformen und Lebensmitteln erhielten. Andererseits konnte sich die Konzentration größerer Kapitalien in den Händen der Kaufleute und der – hier nicht näher zu beschreibende – Aufschwung von Handel und Gewerbe nur unter Rahmenbedingungen vollziehen, die gerade der Absolutismus herzustellen in der Lage war – durch Kodifikationen, die eine gewisse Rechtssicherheit im Sinne der Kalkulierbarkeit garantierten, freilich auch staatlich-dirigistische Eingriffe ermöglichten. Und gerade der absolutistische Staat, der seine ‚Diener' als Beamte an sich band, konnte auch für die Einheitlichkeit und Kontinuität von Verwaltungsarbeiten Gewähr leisten – freilich auch, dies ist die Kehrseite, obrigkeitliche Reglementierungen unnachsichtig durchsetzen.

Absolutistischer Staat und Stadtbürgertum

Sowohl die erfolgreichen Kaufleute als auch die bürgerlichen Akademiker wurden durch ihre Verbindungen zum absolutistischen Staat dem alten ständischen Traditionsbürgertum (vgl. dazu P. N., 2012 a, IV) zunehmend entfremdet. Die Großhändler lösten sich aus den an Einfluss verlierenden Patriziaten, der Intelligenz standen ganz andere Wege offen als die des Universitätsgelehrten, des Bibliothekars oder des Lehrers. Gleichzeitig wurden die ständischen Schranken von staatlicher Seite (z. B. durch Monopolvergaben oder Freistellungen von Zunftreglements) durchbrochen und auf diese Weise allmählich durchlässiger. Handwerker konnten zu ‚Freimeistern', kleine Kaufleute zu Manufakturisten aufsteigen, intelligente junge Leute ärmerer Herkunft konnten, wenn sie zielstrebig genug waren, in der Beamtenhierarchie weit vorankommen. So entstand die Schicht der ‚neuen', am Leistungsethos orientierten Stadtbürger, die sich zugleich als ‚Staatsbürger' verstanden. Dieser Vorgang verlief in Europa unterschiedlich schnell und war in England und Frankreich viel früher abgeschlossen als in Deutschland. Hier war das, was Bürgerlichkeit bedeutete, im 18. Jahrhundert so uneinheitlich wie das ganze, in Dutzende von Territorien aufgeteilte Land. Es bestand ein starkes Nord-Süd-Gefälle von ‚fortschrittlichen' Gebieten im Norden und ‚rückschrittlichen' Gebieten im Süden, nicht zuletzt weil die wichtigsten Umschlagpunkte des Handels in Nord- und Mitteldeutschland lagen (in Hamburg und Leipzig), und man muss sich auch die Unterschiede der Stadttypen vergegenwärtigen: Eine Freie Reichsstadt bot den Bürgern in der Regel andere und mehr Möglichkeiten, sich zu entfalten, als eine Garnisonsstadt oder eine kleine, vom Hof dominierte Residenzstadt, in der sich allenfalls die Gruppe der Verwaltungsbeamten profilieren konnte. Summarische Aussagen über das Bürgertum und sein Selbstverständnis sind angesichts regionaler und gruppenspezifischer Verschiedenheiten und auch angesichts zeitlich unterschiedlich verlaufender Veränderungen also von vornherein problematisch und doch in einer um Überblick bemühten Darstellung, die zudem auf literarische Entwicklungen hinführen möchte, kaum zu umgehen.

Das Selbstverständnis der Stadtbürger als Staatsbürger

Der Begriff des ‚Staatsbürgers', den in Deutschland die regional unterschiedlich und auch unterschiedlich schnell sich entwickelnde, Einfluss gewinnende neue Schicht der leistungsorientierten, aus ständischen Schranken ausbrechenden Stadtbürger für sich in Anspruch zu nehmen begann, weist auf deren Selbstverständnis hin. Gemeint waren mit diesem Wort all diejenigen, die sich als Bürger nicht länger mehr auf Grund ihrer ständischen Zuordnung, sondern auf Grund ihrer Zugehörigkeit zu einem Staat verstanden, den sie aus eigenem Willen heraus mitzugestalten wünschten. Dieser Wunsch enthielt insofern erhebliches Konfliktpotenzial, als der absolutistische Staat, so sehr er auf die Mitarbeit der neuen Bürgerschicht angewiesen war, doch seine Herrschaftsrechte nicht aufzugeben gewillt war und den Gehorsam sämtlicher Untertanen forderte, während all denen, die sich als Staatsbürger bezeichneten, eine Gesellschaftsordnung vorschwebte, in der sie nicht nur frei von geburtsständischen Privilegien, sondern auch frei von absolutistischer sowie auch kirchlicher Bevormundung zusammenleben konnten. Gerade dieser Wunsch, der letztlich in der Idee der Rechtsgleichheit aller mündet, macht deutlich, dass die neue Schicht der für sich die ‚Staatsbürgerschaft' reklamierenden Stadtbürger die eigentliche Trägerin der Aufklärung gewesen ist – was freilich nicht impliziert, dass auch jeder einzelne, der diese geistige Bewegung vorantrieb oder sich ihr zumindest verpflichtet fühlte, dieser Schicht angehören musste.

1.2. Aufklärung

Begriff, Träger, Zielsetzungen der Aufklärung

In der Aufklärung, die der ganzen Epoche schließlich den Namen gegeben hat, verbanden sich Emanzipationsbestrebungen und utopische Zielsetzungen. Das Wort ‚aufklären', der Alchemie zugehörig, dann im meteorologischen Sinn gebraucht, erhielt im 18. Jahrhundert in metaphorischer Verwendung die Bedeutung von ‚geistig erhellen' oder ‚zur Klarheit führen' und bezeichnete damit eher die kritische Komponente der Bewegung. Aufklärung als kritische Tätigkeit war (und ist, sofern das ‚Projekt Aufklärung' noch immer nicht abgeschlossen ist[1]) an die Kraft der Vernunft gebunden, wobei der Vernunftbegriff im 18. Jahrhundert unterschiedlich gebraucht wurde. Man konnte (wie die Rationalisten) unter Vernunft die reine – logische – Verstandestätigkeit verstehen, das diskursive Nachdenken, das sich zwischen den Begriffen hin und her bewegt, sie ordnet, verknüpft oder trennt, konnte (wie die Empiristen) den Bereich der Empfindungen in die Verstandestätigkeit einbinden und ihr die Fähigkeit intuitiver Einsicht zusprechen, konnte sie aber auch (wie Kant) als das ‚obere Erkenntnisvermögen' ansehen, das bestrebt ist, auch das eigene rationale Vermögen kritisch zu reflektieren, alle durch den Verstand ermöglichte Erkenntnis auf den universellen Zusammenhang aller Dinge und allen Geschehens zu beziehen. Aus Kants Schrift *Beantwortung der Frage: Was ist Aufklärung?* (1784) stammt die berühmte Definition:

> „Aufklärung ist der Ausgang des Menschen aus seiner selbst verschuldeten Unmündigkeit. Unmündigkeit ist das Unvermögen, sich seines Verstandes ohne Leitung eines ande-

> ren zu bedienen. Selbstverschuldet ist diese Unmündigkeit, wenn die Ursache derselben nicht am Mangel des Verstandes, sondern der Entschließung und des Mutes liegt, sich seiner ohne Leitung eines andern zu bedienen. Sapere aude! Habe Mut, dich deines eigenen Verstandes zu bedienen! ist also der Wahlspruch der Aufklärung."[2]

Aufklärung und Verstandestätigkeit gehören in dieser Definition zusammen, aber es ist entscheidend, dass die Verstandestätigkeit auf eine Wertsetzung bezogen wird, auf die Mündigkeit der Person, die Freiheit der Selbstbestimmung des Einzelnen, der damit aufgefordert wird, über das Gegebene hinauszufragen und sich damit vernünftig zu verhalten. Wenn Kant im weiteren Verlauf dieser Schrift den öffentlichen Gebrauch der „Vernunft" propagiert, ihr die Aufgabe der „allgemeinen Aufklärung" zuweist und sich allmähliche Auswirkungen des „freien Denken(s)" „auf die Sinnesart des Volks" erhofft, so wird damit zugleich die andere Komponente der aufklärerischen Bewegung angesprochen, ihre optimistische Erwartung einer in der Zukunft liegenden neuen Gesellschaft. Auch diese Erwartung, die mit dem Interesse an einer bewussten Lebensgestaltung einhergeht, beruht auf dem Vertrauen in die Kraft der Vernunft. Die den Menschen eingepflanzte, ihr Selbstbewusstsein begründende Vernunft erschöpft sich nie in der Kritik um der Kritik willen, sondern sucht stets auch nach den menschlichen Möglichkeiten, sich in der von Gott hervorgebrachten Schöpfung vernünftig handelnd einzurichten. Auf Vernunft gegründete Kritik und auf Vernunft gegründetes Handeln gehören untrennbar zusammen.

Eines der wichtigsten Angriffsziele der Aufklärer war der Aber- und Wunderglaube des Volkes, der ihnen als Zeugnis der allgemeinen Unwissenheit galt,[3] die vernünftiges Handeln blockierte. So wurde kritisch gesehen, dass abergläubische Bauernregeln die Modernisierung der Landwirtschaft oder die alten Handwerkerrituale die Effektivität der neuen Gewerbebetriebe verhinderten. Gerade an solchen Beispielen der Kritik wird deutlich, dass sich in den idealistischen Wunsch nach Herrschaft der Vernunft auch Nützlichkeitserwägungen einschlichen, die ganz im Interesse der ‚neuen' Bürger lagen. Doch deren Nützlichkeitsdenken jegliche sittliche Motivation abzusprechen, wäre andererseits eine grobe Verallgemeinerung. Nicht nur ‚gegen' den Aberglauben, den man als Unmündigkeit begriff, richtete sich das allgemeine Engagement für die Erziehung der Jugend. Gerade in den Erziehungsplänen der Pädagogen und natürlich auch in den erzieherischen Intentionen der Schriftsteller, von denen ausführlicher noch die Rede sein wird, kam „die utopische Energie der Aufklärer" zum Tragen.[4]

Vehement richtete sich ihre Kritik auch gegen die Kirche, zumal gegen die katholische, deren Herrschaftsansprüche man attackierte und die mit ihren Heiligenkulten als Hort des Aberglaubens angeprangert wurde. Weiterreichend war die Kritik an den Glaubensinhalten, obwohl sich gerade die protestantische Kirche, so orthodox sich viele ihrer Vertreter auch zeigten, dem aufgeklärten Denken teilweise öffnete. Für Lessing (*Die Erziehung des Menschengeschlechts*, 1777) gab „die Offenbarung dem Menschengeschlechte nichts, worauf die menschliche Vernunft, sich selbst überlassen, nicht auch kommen würde: sondern sie gab und gibt ihm die wichtigsten dieser Dinge nur früher." Von dem Versuch, ‚geoffenbarte Wahrheiten' (Lessing) und Vernunftwahrheiten miteinander zu versöhnen, rückte man gegen Ende des 18. Jahrhunderts zunehmend ab und betonte entschiedener, dass es jedem einzelnen Menschen möglich sei, sein Glück ganz ohne religiöse Überzeugungen in der diesseitigen Ordnung der Dinge zu finden. Hierzu freilich bedurfte es der Ausbildung einer neuen, an die praktische Vernunft gebundenen Sittlichkeit. Da der Mensch für die Aufklärung nicht von Natur aus böse war, also nicht von Erbsünde und Schuld belastet, kam es vor allem darauf an, das Gute in ihm zur Entfaltung und Wirkung zu bringen. Dies ist der Grund dafür, dass gerade im 18. Jahrhundert der moralischen Erziehung und der damit verbundenen Selbstdisziplinierung so große Anstrengungen gegolten haben. Eine tugendhafte Menschheit entstehen zu lassen, war aufklärerische Utopie, aus der sich mannigfache (in der Literatur veranschaulichte) Konflikte ergeben haben. Zu dieser Utopie gehörte nicht nur die Leitidee der Toleranz, die Akzeptanz verschiedener Weltanschauungen, was für den einzelnen Menschen nicht deren ‚gleiche Gültigkeit' implizierte (vgl. u.; die ‚Gleichgültigkeit' beruht auf einem zunehmend sich ausbreitenden Missverständnis der Toleranzidee), sondern auch der Kosmopolitismus, das Bekenntnis zum Weltbürgertum. Weltbürger sein, hieß für die Aufklärer, die eigene Identität nicht aus ständischen Wurzeln oder der Zugehörigkeit zu einem Staat oder einer Kirche zu gewinnen, sondern aus der Bindung an die allen Menschen eigene Vernunft, deren Herrschaft das friedliche Zusammenleben aller Völker als Glieder einer Familie ermöglichen sollte.

Kritisches Bewusstsein entfaltete sich während des 18. Jahrhunderts ferner nachdrücklich im Umgang mit den Naturwissenschaften, wobei die Aufklärer hier unmittelbar an die Erkenntnisse der Humanisten (vgl. P. N., 2012 a, V) anknüpften und viel dafür taten, das heliozentrische Weltbild zu popularisieren. Aber anders als noch im 17. Jahrhundert, in dem weithin noch der Vorbehalt galt, dass das Geheimnis der Schöpfung sich dem Menschen letztlich nicht erschließen könne, weil das absolute Wissen über sie nur Gott selbst zukomme, hielten die meisten Naturwissenschaftler im 18. Jahrhundert Gottes Schöpfung, die für sie nach den Prinzipien der Vernunft geschaffen war, auch einer den Regeln der Vernunft folgenden Verfahrensweise für zugänglich, womit sich die Auseinandersetzung mit dem Wahrheitsbegriff der Theologie weiter zuspitzte. Hypothetische Denkmodelle wurden umfassender als schon im 16. und 17. Jahrhundert durch empirische Methoden, durch die Beobachtung der Natur und die Überprüfung ihrer Gesetzmäßigkeiten im Experiment ersetzt. Auch hierin verbirgt sich eine utopische Zielsetzung, nämlich nichts als die Wahrheit zur Leitlinie jedes Erkenntniswillens zu machen. Dieser Wahrheitswille implizierte nicht nur Unparteilichkeit, die es verbot, sich nach den Vorgaben von Autoritäten zu richten, die einen absoluten Wahrheitsanspruch erhoben, sondern war auch an Überprüfung und Intersubjektivität gebunden und damit an Öffentlichkeit und öffentlichen Diskurs. Seit der Aufklärung gewinnt damit der Prozesscharakter der Wahrheitsfindung endgültig seinen besonderen Stellenwert. Kontinuierlich nach ‚Wahrheiten' zu suchen, ersetzt die Auffassung, es sei möglich, in den Besitz der Wahrheit im Sinne einer endgültigen Erkenntnis zu kommen. Kants *Kritik der reinen Vernunft* (zuerst 1781), in der die Grenzen der menschlichen Erkenntnismöglichkeiten aufgedeckt wurden, hat die Ablehnung dieser überkommenen Auffassung weiter bestärkt.

Aufklärerische Kritik richtete sich schließlich auch gegen die Standesschranken und gegen das absolutistische System, obwohl der Fürstenstaat der Rahmen war, innerhalb dessen sich der bürgerliche Aufstieg vollzog. Während zwischen 1668 und 1720 die Aufstiegschancen insbesondere bürgerlicher Juristen in die Hofverwaltung besonders groß waren und die politische Weltklugheit und galante Lebensführung (vgl. I) auch unter den bürgerlichen Aufsteigern als nachahmenswerte Verhaltensweisen galten, änderte sich diese Einstellung im Laufe des 18. Jahrhunderts in dem Maße, in dem die Hofverwaltung (außer in Preußen) ‚rearistokratisiert'[5] und die bürgerliche Intelligenz aus ihr hinausgedrängt wurde. So ist es kein Wunder, dass die bürgerliche Opposition gegen die Privilegien des Adels, die diesem auf Grund seiner Geburt und nicht auf Grund seiner Leistung zufielen, anwuchs. Man sah in ihm einen parasitären, überflüssigen Stand. Auch die Kritik an der unproduktiven Verschwendungssucht der Höfe setzte neu ein. Dennoch blieb all diese Kritik zunächst insofern an der Peripherie, als sie „moralisch geleitete Sozialkritik" war[6] und den politischen Kern des Absolutismus, die Willkürherrschaft der Fürsten und deren Unterdrückungspolitik, nicht traf. Zur Absolutismuskritik kam es in Verbindung mit Freiheitsforderungen erst im letzten Drittel des Jahrhunderts – in Deutschland vor allem in der Literatur der Geniebewegung. Adelskritik, Hofkritik, Absolutismuskritik hatten ihre produktive Kehrseite in der planenden Vernunft der aufgeklärten Staatsrechtler und Philosophen. Deren Vorstellungen über die Einrichtung eines bürgerlichen, die Vorherrschaft des Adels aufhebenden Rechtsstaats verdienen schon deswegen eine ausführlichere Betrachtung, als sie nicht nur in politische Konsequenzen mündeten (in England und Frankreich in andere als in Deutschland), sondern auch zum Thema des öffentlichen Diskurses und – wie jüngst herausgestellt worden ist[7] – zum nicht geringen Teil auch der Literatur wurden und zugleich auch dem Begriff des Staatsbürgers eine tiefere Dimension geben.

Die Diskussion über den bürgerlichen Rechtsstaat

Die Diskussion über den Aufbau eines bürgerlichen Rechtsstaats wurde früher und intensiver als in Deutschland in England und Frankreich geführt. Grundlage dieser Diskussion war der aus der griechisch-römischen Stoa stammende Naturrechtsgedanke. Nach ihm ist die ganze Natur von der göttlichen Macht der Vernunft durchzogen, und da in jedem Menschen diese universale Vernunft lebendig ist, besitzt jeder, gleich welcher Herkunft und welchen Standes, auch Anspruch auf Achtung und auf Rechte, die seine Menschenwürde schützen. Für die Staatsrechtler der Aufklärungsbewegung, die sich auf das Naturrecht jedes Menschen beriefen (und damit gleichzeitig gegen die traditionellen ständischen Privilegien opponierten) stellte sich daher die Frage, wie eine nach den Prinzipien der Vernunft aufgebaute Staats-Ordnung aussehen müsse, in der die angeborenen Rechte des Einzelnen respektiert würden und der Einzelne als mündiger Mitträger des Gemeinwillens mitwirken könne. Aus dem Naturrechtsgedanken ergab sich für sie, dass politische Herrschaft nicht auf den Willen Gottes, sondern auf die Vereinbarung von Menschen zurückzuführen sei, dass der Staat auf einem Vertrag beruhe. Die Lehre vom Gesellschaftsvertrag, die alle Vertreter des Naturrechts verbindet, behauptet nicht, dass die Staaten historisch durch Verträge entstanden seien. Sie zielt vielmehr auf den – in die Zukunft gerichteten – Gedanken, dass ein Staat sich legitimieren könne, wenn er sich als Resultat eines Vertrags verstehe und wenn die Staatsgewalt sich der Zustimmung der Staatsbürger sicher sein könne. – Die Vorstellung vom Staat als einem Gesellschaftsvertrag, der die Grundsätze der Vernunft befolgt und dem Gemeinwohl dient, entsprach ganz der Erfahrungswelt des ‚neuen' Bürgertums, das seine Geschäftsbeziehungen und Arbeitsverhältnisse vertraglich regelte.[8] Das ‚Vertragsdenken' mag auch das verbreitete Interesse dieses Bürgertums an einzelnen staatsrechtlichen Entwürfen erklären helfen sowie die Wirkung, die von ihnen ausgegangen ist.

Die beiden folgenreichsten staatstheoretischen Schriften des ausgehenden 17. und des 18. Jahrhunderts waren zweifellos John Lockes *Two Treatises of Government* (1690 veröffentlicht, aber wohl bereits um 1680, also vor der englischen Revolution, entstanden) und Jean-Jacques Rousseaus *Du contrat social ou principes du droit politique* (verfasst 1754, erschienen 1762). Locke geht in der 2. Abhandlung seiner Staatstheorie von einem vorstaatlichen Naturrecht aus, in dem die Menschen in vollkommener Freiheit über sich und ihr Eigentum verfügen. Um aber den durch Streit sich ergebenden Bedrohungen zu entgehen, schließen die Bewohner eines Gebiets freiwillig einen Gesellschaftsvertrag ‚zum gegenseitigen Schutz ihres Lebens, ihrer Freiheiten und ihres Vermögens', verzichten auf ihre individuelle Strafgewalt und übertragen diese dem Staat. Die Versammlung der Staatsbürger – das sind bei Locke die Eigentümer – setzt eine Exekutive ein, z. B. einen Monarchen, die ihre Handlungen am Wohl der Allgemeinheit auszurichten hat. Nur im Zusammenwirken können Legislative und Exekutive ihre Macht ausüben, sie kontrollieren sich gegenseitig. Beide unterstehen dem Naturrecht aller Einzelnen. Verstößt die Exekutive gegen dieses Recht, haben die Staatsbürger die Pflicht zum Widerstand und zur Neugestaltung der politischen Ordnung. – Natürlich hatte diese Staatstheorie ihre neuralgischen Punkte und wurde auch nicht zum Anlass für konkrete Staatsgründungen; aber sie enthielt diejenige regulative Idee, der seitdem alle demokratischen Verfassungen gefolgt sind: dass der Staat überhaupt nur eingerichtet ist, um die vorstaatlichen Rechte des Menschen zu wahren, und dass er auf Grund der Regelung der Gewaltenteilung das Volk selbst ermächtigt, als höchste Gewalt zu handeln.

Noch entschiedener als Locke setzt sich Rousseau für die Souveränität des Volkes ein. Auch bei ihm beruht das Staatswesen auf einer Übereinkunft, der alle Staatsbürger in völliger Freiheit zugestimmt haben müssen. Die Volksversammlung der Bürger verabschiedet Gesetze und bestimmt die Maßnahmen ihrer Ausführung, indem sie ein Exekutivorgan, die Regierung, einsetzt, die wechselnde Gestalt haben kann, aber in jedem Fall an die vom Volk erlassenen Gesetze gebunden ist. Damit plädiert er für die direkte Demokratie. Das versammelte Volk ist und bleibt der Souverän. Da in der Volksversammlung aber kaum Einstimmigkeit herzustellen ist, unterscheidet Rousseau zwischen der volonté de tous, dem Willen aller, in dem immer egoistische Interessen sich durchsetzen werden, und der volonté générale, dem Gemeinwillen, der auf das Wohl der Allgemeinheit gerichtet ist und den wahren Volkswillen bildet. Ihn herauszufinden, ist die Aufgabe gutwilliger, gut erzogener und gut unterrichteter Bürger, die in der Volksversammlung beratend wirken sollen. – So problematisch aus heutiger Sicht dieser staatsrechtliche Entwurf ist – er enthält z. B., wie die Geschichte gezeigt hat, den Keim zur Entwicklung totalitärer Demokratien, in denen die Bestimmung der volonté générale, des Gemeinwillens, stets geschickt manipuliert wurde (wie beispielsweise in den sozialistischen Volksdemokratien des 20. Jahrhunderts durch die Parteiführungen) –, so hat er gleichwohl im Europa des 18. Jahrhunderts dem Gedanken der Beteiligung des ganzen Volkes an der politischen Gewalt und der Mitverantwortung des Einzelnen für das Gemeinwohl einen nachhaltigen Anstoß gegeben.

Politische Offensiven in England und Frankreich

Die naturrechtlichen Vorstellungen, die insbesondere in der Staatstheorie John Lockes zum Ausdruck kommen, haben die politische Offensive des englischen und französischen Bürgertums gegen den Absolutismus gedanklich getragen oder zumindest gerechtfertigt. Nach der englischen Revolution von 1688 waren Leben, persönliche Freiheit und Eigentum gesichert, und Gerichte wachten darüber, dass die Krone die Rechte der Bürger nicht verletzte. Noch deutlicher wird der Einfluss Lockes in der amerikanischen Unabhängigkeitserklärung, in der *Bill of Rights* von 1776, die mit der Aufzählung der jedem Menschen unveräußerlichen Rechte beginnt. Die französische Menschenrechtserklärung von 1789, die Bestandteil der Verfassung von 1791 wurde, steht mit der amerikanischen in unmittelbarem Zusammenhang. – Rousseaus Vorstellungen einer direkten Gesetzgebung durch das Volk gingen vor allem in die von Robespierre gestützte französische Verfassung von 1793 ein; die Ausschreitungen der Jakobiner erwiesen freilich sofort den möglichen Missbrauch bei der Bestimmung des Gemeinwillens, der volonté générale, und wurden zum gewichtigen Grund für das nach der Französischen Revolution in ganz Europa wachsende Misstrauen gegen das rationalistische Naturrecht. Auch wenn die politische Wirklichkeit oft weit hinter dem Optimismus und dem Pathos der in den Verfassungen niedergelegten Erklärungen zurückblieb (die politischen Rechte wurden meist auf den Kreis der Besitzenden eingeschränkt) und das französische Großbürgertum 1794 eine politische Reaktion in die Wege leitete, ließen sich der Menschenrechtsgedanke und die Resultate der bürgerlichen Revolutionen nicht mehr aus der Welt schaffen und bestimmten den öffentlichen Diskurs auch in den Ländern, in denen revolutionäre Bewegungen ausblieben.

‚Aufgeklärter' Absolutismus in Deutschland

In Deutschland wurden die politischen Umwälzungen in den Nachbarländern aufmerksam verfolgt, aber es blieb über das 18. Jahrhundert hinaus bei einem sich entwickelnden ‚aufgeklärten Absolutismus'. Die gesamten Implikationen dieses Begriffs können hier nicht entfaltet werden.[9] Es handelte sich im Wesentlichen um einen Vorgang, bei dem sich der zu einem rationalistischen Steuerungsinstrument aufgebaute Staatsapparat zu verselbstständigen, d. h. von der Person des Fürsten abzulösen begann und dieser Fürst sich selbst – jedenfalls ideell – nicht mehr als unkontrollierter Herrscher von Gottes Gnaden, sondern als ‚erster Diener' des Staates verstand – wie Friedrich II. von Preußen. An der monarchischen Regierungsform, in der die Willkür des Fürsten nur durch dessen eigene Vernunft eingeschränkt werden konnte, änderte sich deshalb nichts, aber die zahlreichen

Rechtskodifikationen, Verwaltungsvorschriften, Edikte usw. brachen immerhin die Unmittelbarkeit der personengebundenen Herrschaft. Die große ‚aufklärerische' Leistung des preußischen Absolutismus war dabei die Erarbeitung des im Naturrecht verwurzelten *Allgemeinen Preußischen Landrechts* von 1794, das schon von Friedrich II. in die Wege geleitet worden war und das – wie der *Code Civil* von 1804, der in den von Napoleon annektierten linksrheinischen Gebieten Deutschlands übernommen wurde, – „die Interpretation des Rechts aus den Händen der etablierten Autoritäten nahm und der allgemeinen Öffentlichkeit überantwortete."[10] Doch dies geschah am Ende des Jahrhunderts. Eine Kodifikation wie das *Preußische Landrecht* darf nicht darüber hinwegtäuschen, dass der absolutistische Staat, so ‚aufgeklärt' er sich geben mochte, gerade in der zweiten Hälfte des 18. Jahrhunderts das Leben seiner Untertanen so stark wie nie zuvor mit bürokratischen Maßnahmen reglementierte und ihre Teilnahme an politischer Gestaltung unterband. Wie sehr despotische Willkür zur politischen Wirklichkeit des aufgeklärten Absolutismus gehörte, demonstriert gerade auch die Literaturgeschichte mit hinreichender Deutlichkeit.[11] Fast sämtliche Köpfe der Aufklärungsbewegung trugen Konflikte mit der Obrigkeit aus, wurden von Zensurbehörden gegängelt, waren von Schreib- und Veröffentlichungsverboten, sogar von Landesverweis und Gefängnis bedroht, weil eben gerade sie mit ihren Texten die Befreiung der ‚Staatsbürger' aus ihrer politischen Unmündigkeit einklagten. Die Zuspitzung ihres Protests in Dramen der Geniebewegung gipfelte schließlich im revolutionären politischen Engagement einiger bürgerlicher Intellektueller um den Schriftsteller Georg Forster, die sich mit den französischen Jakobinern solidarisierten und im Oktober 1792 in Mainz die erste deutsche Republik auf deutschem Boden ausriefen, die allerdings nur wenige Monate Bestand hatte, bis Mainz im Juli 1793 von französischen Truppen eingenommen wurde. Den in Deutschland wohl folgenreichsten politischen Niederschlag aber fand die Kritik am absolutistischen Verwaltungsstaat in diesem Zeitraum in den auf dem Gedanken der politischen Mitverantwortung aufbauenden Preußischen Reformen Steins, Hardenbergs und anderer seit 1806 (in der Verwaltungsreform mit Wiedereinführung der kommunalen Selbstverwaltung, der Aufhebung der Leibeigenschaft der Bauern, der bürgerlichen Emanzipation der Juden, der Säkularisierung der Kirchengüter, der Neustrukturierung der Armee, der Reform des Erziehungswesen unter W. v. Humboldt, um die wichtigsten zu nennen). So spät sie kamen und so kurz sie zunächst nur wirksam wurden, stehen sie für einen politischen Neubeginn, der freilich mit den großen politischen Umwälzungen in den Nachbarländern nicht zu vergleichen ist. Denn weder wurden diese Reformen vom Volkswillen getragen und durchgesetzt, sondern von einer kleinen Gruppe einflussreicher, aufgeklärt denkender Aristokraten; noch entsprangen sie radikalen demokratischen Vorstellungen, sondern erwuchsen eher der konservativen Tradition der freiheitlichen ständischen Selbstverwaltung.

Sieht man von dem jakobinischen Experiment in Mainz und den preußischen Reformen von 1806 einmal ab, so blieb das bürgerliche Engagement für Fragen der Rechtsordnung und staatsbürgerlichen Mitverantwortung in Deutschland vornehmlich auf einer reflexiven Ebene. Nichtsdestoweniger wurde die Diskussion über diese Fragen nicht nur breit, sondern auch heftig geführt. An ihr waren, was man sich heute kaum vergegenwärtigt, auch eine große Zahl von Schriftstellern beteiligt, von denen viele Juristen waren. Betrachtet man die deutsche Literatur gerade der zweiten Hälfte des 18. und des beginnenden 19. Jahrhunderts, so ist die Fülle der in ihr angeschnittenen Rechtsprobleme, nicht nur bei so herausragenden ‚Dichterjuristen' wie Goethe, Kleist, Hoffmann, verblüffend. Die allgemein diskutierten Fragen nach Sinn und Grenzen des Naturrechts, nach der Zweckmäßigkeit von Rechtskodifizierungen, nach dem Vorteil eines geschichtlich gewachsenen und überlieferten Gewohnheitsrechts u. a. m. erhitzte die Gemüter derartig, dass sich ganze Anhängerschaften um einzelne Rechtsgelehrte bildeten, etwa um den die längste Zeit seines Lebens in Heidelberg lehrenden Hugenotten Anton Friedrich Justus Thibaut, der den Naturrechtsgedanken und die Vereinheitlichung des Rechts in Kodifikationen verfocht, oder auf der anderen Seite um den von den Romantikern bewunderten, hauptsächlich in Berlin lehrenden Friedrich Carl von Savigny, der sich leidenschaftlich für eine sich auf die alten Rechtsquellen der Römer und das Gewohnheitsrecht des Mittelalters gründende Rechtsordnung einsetzte.[12]

1.3. Öffentliche und private Kommunikation

Dass in einer Phase sozialer und politischer Umbrüche Rechtsfragen als Fragen von allgemeiner Bedeutung öffentlich diskutiert wurden, erscheint uns heute wie selbstverständlich, war es im Zeitalter des Absolutismus jedoch keineswegs. Wer dem absolutistischen Staat zuviel Mitspracherecht abverlangte, musste mit Restriktionen rechnen. Angesichts dieser Tatsache ist es wichtig, schon die öffentliche Auseinandersetzung als solche als ein Politicum zu begreifen. Die ‚staatsbürgerliche' Gesellschaft des 18. Jahrhunderts verdient ihre Bezeichnung nicht nur wegen ihres Interesses am Staatsrecht und an der Rolle des Bürgers im Staat, sondern mehr noch dafür, dass sie, indem sie das öffentliche Räsonnement bewusst kultivierte, überhaupt erst die Voraussetzungen dafür schuf, dass Bürger sich als Staatsbürger verstehen lernten.

Das öffentliche Räsonnement der Staatsbürger

Das öffentliche Räsonieren bürgerlicher Privatleute ist der Impuls einer neuen Lebensführung, die sich bewusst von der auch im 18. Jahrhundert noch fortbestehenden, wenn auch allmählich verblassenden Lebensform der höfischen Gesellschaft (vgl. I) abzusetzen beginnt. Der im 18. Jahrhundert durchaus gebräuchliche Begriff des Räsonierens[13] verweist nicht nur auf die reflektierende Verstandestätigkeit, sondern konnotiert zugleich auch das Dialogische. Im Gespräch erst entfalten sich die Argumente der Vernunft. Das öffentlich geführte vernünftige Gespräch der bürgerlichen Privatleute stand dabei in ganz unterschiedlichen, aber nicht voneinander getrennten Bezügen. Diskutiert wurden die Maßnahmen des absolutistischen Staates, politische Ereignisse, staatsrechtliche Vorstellungen wie die oben erwähnten, natürlich auch die den Handel betreffenden Nachrichten, die auf Grund des gewerbsmäßig organisierten Nachrichtenverkehrs und der in Mode kommenden Zeitungen für viele zugänglich wurden. Diskutiert wurden in besonderem Maße auch literarische Neuerscheinungen, die durch die Entstehung des Buchmarkts (vgl. u.) schnell zugänglich wurden und mit der Zunahme der Lesefähigkeit gerade im Bürgertum auch relativ viele Leser fanden. Wer über Literatur sprach, verständigte sich zugleich über Wertvorstellungen und Verhaltensnormen, über soziale Tätigkeiten und zwischenmenschliche Beziehungen und die dazugehörenden Gefühle.

Der Impuls, sich über all dies auszutauschen und sich damit auch öffentlich Gehör zu verschaffen, führte zur Gründung bzw. Ausbreitung etlicher ‚Institutionen',[14] in denen sich die Lebensführung der staatsbürgerlichen Gesellschaft partiell niederschlug. Gemeint sind mit ihnen gesellschaftliche Vereinigungen, die nicht der Wahrnehmung partikulärer Interessen dienten, sondern prinzipiell – wenn auch mit gewissen Einschränkungen – jedem Bürger offen standen.

Geheimbünde, Tischgesellschaften, Freundschaftsbünde

Zu den ältesten und bedeutsamsten dieser Institutionen, in denen der öffentliche Gebrauch der Vernunft sich entfalten sollte, gehörten Gesellschaften, die sich paradoxerweise der Öffentlichkeit gerade entzogen, nämlich die Logen oder – einst von ihren Gegnern so bezeichneten – ‚Geheimbünde' der Freimaurer und der ihnen nahe stehenden Illuminaten. Dies mag verdeutlichen, wie die ‚Exklusivität' noch als Schutz vor politischer Herrschaft empfunden wurde, obwohl sich in den Logen neben Bürgern auch Adlige versammelten. Aber die in ihnen angestrebte soziale Gleichheit war die Gleichheit von Privatpersonen, eine Gleichheit außerhalb des Machtbereichs des Staates, und auch Friedrich II., der seit 1738 einer Freimaurerloge angehörte, wurde in ihr nur als ‚Privatperson' angesehen – ein Beleg dafür, dass das Selbstverständnis der Freimaurer nicht politisch, sondern moralisch bestimmt war. – Die Geschichte dieser Bruderschaft geht auf mittelalterliche Baugenossenschaften der Steinmetzen und auf Dombauhütten zurück, deren Mitglieder eigenen, vom Kaiser genehmigten, Ordnungen unterstanden, die ihnen in gewissem Umfang Unabhängigkeit von lokalen Administrationen und von städtischen Zunftzwängen gewährleisteten. Der Übergang von der Bauhütte zur Freimaurerloge vollzog sich Anfang des 18. Jahrhunderts in England (Gründung der ersten Großloge 1717 in London), wobei die Loge (aus engl. ‚lodge' = Hütte) nun auch Männer aufnahm, die nicht dem Baugewerbe angehörten (der ‚free-mason' = Freimaurer war seinerzeit der höher qualifizierte Steinmetz, der die freistehenden Steine bearbeitete), aber sich zum Baugedanken im Sinne eines geistigen Bauwerks bekannten. Das Einleuchtende dieser Entscheidung lag darin, dass auch die mittelalterlichen Dombauten einen geistigen und sittlichen Zusammenhalt aller am Bau Beteiligten voraussetzten und zudem über sich hinauswiesen in eine religiöse Dimension. Wer der Loge beitrat, bekannte sich – insofern sprach die in den ‚Alten Pflichten' niedergelegte Ordnung der Freimaurer Überzeugungen der Aufklärung aus – zu einer von gesitteter Duldsamkeit getragenen Gemeinschaft, die ganz dem aus Steinen gefügten Gewölbe vergleichbar erschien, das nur im Zusammenhalt aller Teile bestehen kann. Der Gedanke der Brüderlichkeit – der ethische Gehalt der christlichen Religion – war zugleich der Orientierungsmaßstab für alles Handeln der Logenmitglieder. Religiöser Schwärmerei abgeneigt, planten sie während ihrer Zusammenkünfte – auch darin Baumeistern gleich – die Umsetzung ihrer sittlichen Überzeugung in praktische Tätigkeiten. Überlegte Hilfestellungen für einzelne Personen (der Freimaurer Goethe hat in *Wilhelm Meisters Lehrjahre* diesen Aspekt veranschaulicht) sowie die Gründung und Unterstützung karitativer Einrichtungen (wie z. B. Waisenhäuser), die der Staat vernachlässigte, ergänzten sich dabei. Lessing – wie Goethe, Herder, Wieland und viele andere Künstler, z. B. Mozart, ebenfalls Freimaurer – hat in *Ernst und Falk. Gespräche für Freimaurer* (1778) den Gedanken, dass die Freimaurerei ein notwendiges Korrelat des Staates sei, deutlich hervorgehoben. – Das Bedürfnis, aufklärerisch und ethisch handelnd in die gesellschaftlichen Verhältnisse einzugreifen (und dabei auch gesellschaftliche Schranken zu überspielen, die z. T. freilich durch maurerische Würden aufrechterhalten wurden), übte eine derartige Faszination aus, dass die Freimaurerbewegung sich rasch über ganz Europa (in Deutschland seit 1737) und über Europa hinaus (besonders in die USA) ausbreitete und im Übrigen auch heute noch sehr lebendig ist, wobei der Schwerpunkt ihres Engagements gegenwärtig eher darin liegt, Möglichkeiten der Begegnung aller Nationen, Rassen, Religionen und Weltanschauungen zu schaffen. Eine Sonderrolle spielte am Ende des 18. Jahrhunderts der

1776 in Süddeutschland gegründete Illuminatenorden, der bald das Misstrauen der Obrigkeit erregte und in Bayern und Österreich verboten wurde, weil seine Mitglieder radikal-demokratische Auffassungen in staatliche Institutionen trugen und zielstrebig die Beamtenschaft und offizielle Publikationsorgane zu beeinflussen suchten.

So ‚unpolitisch' – sieht man vom Illuminatenorden einmal ab – die Freimaurerbewegung in ihren Absichten im Großen und Ganzen gewesen und geblieben ist, so politisch war ihre Wirkung. Denn aus der aufklärerischen Tätigkeit der Loge, die auch politische Herrschaft ‚beurteilte', bildete sich so etwas wie ein Gewissen politischen Handelns, das den absolutistischen Staat im Kern bedrohte.

Während die Freimaurer ihr Handeln ausdrücklich an christliche und humanistische Wertvorstellungen banden und es mit ihnen begründeten, waren andere gesellschaftliche Vereinigungen, wie z. B. die zahlreichen ‚patriotischen Gesellschaften' eher pragmatisch ausgerichtet und – ganz im Sinne von Selbsthilfeorganisationen – um die Verbesserung nützlicher Einrichtungen bemüht (von der Einrichtung von Gewerbeschulen bis zur Installation von Blitzableitern). Auch in ihnen wurde rational argumentiert, und auch in ihnen war der Impuls der Gemeinnützigkeit wirksam.

Neben solchen handlungsorientierten standen die sog. literarischen Institutionen, die im Wesentlichen das Selbstverständnis der neuen Bürger förderten. Was in Frankreich die großbürgerlichen Salons und in England die sich breiteren, mittelständischen Schichten öffnenden Kaffeehäuser leisteten, das ahmten in Deutschland zunächst die Tischgesellschaften nach, in denen akademisch gebildete Bürgerliche sich untereinander und mit politisch einflusslosen Adligen trafen, um über Geschäfte, Politik und Kirche, Wissenschaften und Künste zu reden.

Das Bedeutsame dieser Gesprächskreise liegt darin, dass soziale Ungleichheiten, das Zeremoniell der Ränge (vgl. I), durch die Autorität der Argumente überspielt wurden, wodurch sich gerade unter den Bürgern das Gefühl der Ebenbürtigkeit stärkte.[15] Außerdem förderten die Gespräche in diesen Kreisen die Problematisierung von Bereichen, die zuvor nicht hinterfragt worden waren, so dass die Grundlage für eine diskutierfreudige Kultur geschaffen wurde. Die Gesprächskreise gipfelten schließlich um die Jahrhundertwende in den Berliner ‚Salons' einer Henriette Herz und Rahel Varnhagen von Ense, in denen sich die intellektuelle Avantgarde traf und die Geselligkeit als solche zu einer Art Kunstwerk stilisiert wurde.

Eine Variante der Tischgesellschaften bildeten Freundschaftsbünde[16] (wie seit 1772 der Göttinger Hain, dem u. a. die Schriftsteller Hölty, Voß, Bürger und die Grafen Stolberg angehörten) oder andere private Vereinigungen von Gelehrten und Aufklärern (wie z. B. der 1748 konstituierte Berliner Montags-Klub, in dem sich u. a. Nicolai, Mendelssohn, Ramler, Sulzer, seit 1752 auch Lessing regelmäßig trafen).

Moralische Wochenschriften

In solchen Bünden und Vereinigungen von Gelehrten war die Planung von Veröffentlichungen des gemeinsamen Räsonnements eine wichtige Motivation für die Beteiligung an den Zusammenkünften. Mitglieder des Montags-Klubs gaben z. B. ab 1765 die *Allgemeine deutsche Bibliothek* heraus; das Publikationsorgan des Göttinger Hains war seit 1770 der *Musenalmanach*; im Kreis um Goethe und Herder entstanden die seit 1772 von Merck redigierten *Frankfurter Gelehrten Anzeigen*. Im Hinblick auf den Wunsch, ihre Diskurse publik zu machen, standen die Freundschaftsbünde und Vereinigungen von Gelehrten und Schriftstellern in der Tradition von Verfassergesellschaften, die in der ersten Hälfte des Jahrhunderts an Moralischen Wochenschriften arbeiteten. Auch diese Zeitschriften waren im 18. Jahrhundert, zumal zwischen 1720 und 1760, eine Institution der Öffentlichkeit, weil sie sich gezielt darum bemühten, ihre Leser nicht nur thematisch zu interessieren, sondern einzubeziehen (z. B. durch ein formales Mittel wie die Konstruktion eines fiktiven, den Leser direkt ansprechenden Verfassers), und weil sie ihre Leser sogar zur Mitarbeit aufforderten. Leserbriefe – häufig genug freilich von den Herausgebern fingierte – sollten diesen engen Kontakt zwischen Zeitschrift und Publikum dokumentieren. Gerade die viel gelesenen Moralischen Wochenschriften haben für die breitenwirksame Vermittlung aufklärerischer Gedanken und Verhaltensnormen eine besondere Rolle gespielt.[17] Ihre Vorbilder waren der zwischen 1709 und 1711 von Richard Steele herausgegebene *Tatler* und der von Steele und Joseph Addison von 1711–12 und 1714 publizierte *Spectator*. Diese Zeitschriften wurden in England derartig populär, dass ihnen von Zeitgenossen nachgesagt wurde, sie hätten neben der Bibel am nachhaltigsten auf die englische Lebenspraxis eingewirkt. Sie unterschieden sich von den gelehrten Fachzeitschriften vor allem durch ihre didaktischen Zielsetzungen, behandelten Angelegenheiten des alltäglichen Lebens und bevorzugten dafür Textsorten wie die moralische Erzählung, das moralische Charakterbild, die Fabel und die Allegorie, den Dialog und den Brief, in denen allen eine sich mit der Vernunft zu vereinbarende christliche Ethik propagiert wurde (d. h. in ungeschminkter Formulierung eine christliche Ethik ‚mit Maßen', die auch heute noch die bürgerliche Nächstenliebe prägt). Insofern setzten sie Traditionen der religiösen Erbauungsliteratur fort, unterschieden sich von dieser aber durch ihre die Leser unmittelbar ansprechende Alltagsnähe und ihre Unterhaltungsqualitäten. In der deutschsprachigen ‚moralischen' Zeitschriftenliteratur lösten die englischen Vorbilder eine ganze Flut von Nachahmungen aus. Vorsichtig, d. h. politische Themen meidend, begannen Johann Jakob Bodmer und Johann Jakob Breitinger zwischen 1721–23 mit der Zürcher Wochenschrift *Die Discourse der Mahlern*, in der viel über religiöse und ästhetische Fragen, aber auch viel über Erziehung und Frauenbildung geschrieben wurde. Die Ernsthaftigkeit, mit der dies geschah, war ein Hindernis für den Erfolg. Mehr Anklang fanden in Deutschland zwischen 1724–26 *Der Patriot* sowie Johann Christoph Gottscheds *Vernünftige Tadlerinnen* (1725– 26) und *Der Biedermann* (1727–29), die sprachlich leicht verständlich waren und die durch die Behandlung von Haushalts- und Erziehungsfragen besonders nachdrücklich die Frauen ansprachen. Mit diesen Zeitschriften spielten sich redaktionelle Gewohnheiten ein, die in den folgenden Jahrzehnten in zahlreichen Wochenschriften immer wieder imitiert wurden und durch die mundgerechte Zubereitung und die ständige Wiederholung von Moralvorstellungen und Klugheitsregeln unter den Lesern allmählich ein Klima der Selbstgefälligkeit entstehen ließen, das nicht nur selbstdenkende Köpfe wie Lessing zu kritischen Äußerungen veranlasste, sondern das im weiteren Sinn auch den Hintergrund für die Protestbewegungen der Empfindsamkeit und des Sturm und Drang bildete. Einem politischen Publizisten wie Christian Friedrich Daniel Schubart, der ab 1774 eine literarisch-politische Zeitschrift wie die *Deutsche Chronik* herausgab, wurde von seinem Fürsten mit zehn Jahren Festungshaft das Rückgrat gebrochen.

Zielten Verfassergesellschaften, Freundschaftsbünde u. ä. auf die Produktion von Literatur, so erleichterten verschiedene Formen von Lesergesellschaften und auch Büchereien ihre Rezeption. Da Bücher und Zeitschriften teuer waren, wurden sie in Lesezirkeln, die es vereinzelt schon im 17. Jahrhundert gab, gemeinsam bezahlt und herumgereicht. Die Praxis des Verleihens führte später, gegen Ende des Jahrhunderts, zur Entstehung von kommerziellen Leihbüchereien, in denen vor allem ärmere Bürger populäre Lesestoffe zu billigen Preisen bekamen. Die wohlhabenderen Bürger dagegen richteten in der zweiten Hälfte des 18. Jahrhunderts immer mehr Lesekabinette ein. Sie kauften oder mieteten Räume oder auch ganze Häuser, um sich in ihnen zu treffen und über Gelesenes zu sprechen. Die Mitgliederlisten dieser durch relativ hohe Beiträge finanzierten Kabinette zeigen, dass ihre Träger in der Mehrzahl bürgerliche Akademiker waren, die sich zum Teil aber durchaus bemühten, durch öffentliche Vorträge ‚volksaufklärerisch' zu wirken. Nicht von ungefähr haben sich aus Lesergesellschaften gegen Ende des Jahrhunderts auch politische Klubs – wie im Rheinland die Jakobinerklubs – entwickelt, und nicht von ungefähr haben Obrigkeiten Lesergesellschaften auch kontrolliert oder – wie in Bayern – sogar verboten.

All die vielen pragmatischen und literarischen Institutionen der Öffentlichkeit', die sich im 18. Jahrhundert herausbildeten, waren an der Verwirklichung einer Lebensführung beteiligt, in der im dialogischen Austausch der Gedanken dem vernünftigen Argument Geltung, d. h. öffentliche Zustimmung verschafft wurde. In dem Maße, in dem die bürgerliche Gesellschaft auf die Vernunft als die für alle verbindliche Lebensmaxime setzte, überwand sie die Lebensform der auf Repräsentation bauenden höfischen Gesellschaft (vgl. Kap. 1) und wurde zu einer staatsbürgerlichen Gesellschaft, die politisch war, nicht weil sie den absolutistischen Staat direkt angriff, sondern weil der allgemeine Gebrauch der Vernunft das Prinzip absolutistischer Herrschaft von selbst unterlief. In der staatsbürgerlichen Gesellschaft galten am Gedanken der Nützlichkeit orientierte Leistungsbereitschaft sowie von Vernunft geleitete Formen des Zusammenlebens und die dafür nötige Selbstbeherrschung in gleicher Weise wie das permanente kritische Hinterfragen des Gegebenen – auch wenn die freie Entfaltung dieser Verhaltensweisen unter den gegebenen politischen Verhältnissen nur langsam voranschritt. Gerade weil die staatsbürgerlich denkende Gesellschaft in ihrem politischen Gestaltungswillen durch absolutistische Reglementierungen blockiert war, gewannen die genannten Institutionen der Öffentlichkeit als Gruppierungen, in denen sich bürgerliche Autonomie verwirklichen konnte, ihre besondere Bedeutung.

Die Funktion der Familie

Ihre eigentliche Kraft gewann die neue Lebensführung der staatsbürgerlichen Gesellschaft an dem Ort, der von staatlichen Reglementierungen am weitesten entfernt war, in der Familie. Deren traditionelle, im Mittelalter entstandene Funktion (vgl. P. N., 2012 a, IV) wandelte sich im Verlauf des 18. Jahrhunderts grundsätzlich. Da mit der Etablierung der Marktgesellschaft, aber auch der modernen Staatlichkeit immer mehr Männer ihre Arbeit außerhalb des Hauses fanden, und zwar gerade die Angehörigen der bürgerlichen Elite, die in Manufakturen oder in staatlichen Behörden beschäftigt waren, und sich die alte Einheit von Erwerbs- und Familienleben damit auflöste, wurde die Familie zunehmend zu einem Refugium von der Arbeitswelt, das dem Berufstätigen Entspannung verschaffte und Schutz gewährte. Der rein private Charakter, den das Familienleben auf diese Weise erhielt, zog auch architektonische Veränderungen des Hauses nach sich. Das ehemals große Familienzimmer, das selbstverständlich auch dem Gesinde zugänglich war, schrumpfte zum kleinfamilialen Wohnzimmer zusammen, und möglichst jedes Familienmitglied erhielt nunmehr auch sein eigenes Zimmer, Ausdruck der Wertschätzung der Zurückgezogenheit selbst innerhalb des Hauses. Dafür wurde – jedenfalls in wohlhabenden bürgerlichen Familien – der ‚Salon' eingerichtet (z. T. heute noch als ‚gute Stube' erhalten), der nicht eigentlich bewohnt wurde, sondern geselligen Zusammenkünften mit anderen diente, gleichsam die Brücke zur Öffentlichkeit bildete.

Das Rollenverständnis der Geschlechter

Mit der veränderten Funktion der bürgerlichen Familie gingen auch Veränderungen im Verständnis der Geschlechterrollen einher. Dies gilt insbesondere für das Rollenverständnis der Frau. Der Mann, der sich als Bürger auf dem Markt oder in Ämtern durchzusetzen bemühte und dabei den zweckgebundenen Einsatz seines Verstands übte, sich auch an formalisierte und reglementierte Arbeitsabläufe anzupassen hatte, erwartete von seiner Familie zum Ausgleich die Befriedigung seines Gefühlslebens. Die bürgerlichen Frauen, die auch weiterhin den Haushalt führten – wenn auch nicht mehr mit der Aufgabenfülle, die ehemals die Verwaltung des die Erwerbsarbeit integrierenden ‚ganzen Hauses' erforderte – wurden damit zusätzlich belastet. Sie wurden, mehr oder weniger direkt, aufgefordert, für eine emotionale Atmosphäre zu sorgen, sich fürsorglich um Mann und Kinder zu kümmern, den Ehealltag durch Gesprächsangebote, womöglich literarische Interessen, zu bereichern. Obwohl ihre Rolle dadurch – einseitig – gestärkt wurde, haftete an ihr der Verlust an Wirklichkeitserfahrung. Von organisatorischen Aufgaben im Rahmen der Erwerbsarbeit ausgeschlossen, zurückgeworfen auf den innerfamilialen Bereich, gerieten bürgerliche Frauen auf diese Weise in immer stärkere Abhängigkeit von ihren Männern, deren Arbeit für sie zudem an Transparenz verlor. Verbrämt wurde diese Abhängigkeit, die den Mann in seiner althergebrachten Rolle als ‚guter Hausvater' (bzw. als Haustyrann) noch bestärkte, durch die – sich auch literarisch niederschlagenden – Idealisierungen beispielsweise der Mütterlichkeit, der Liebesbereitschaft, der Schöngeistigkeit, auch der Schutzbedürftigkeit der Frau, die deren Rollenzuweisung bis in die Gegenwart bestimmt haben.

Auch wenn die bürgerliche Familie sich im 18. Jahrhundert – soziologisch gesehen – endgültig von der Großfamilie zur Kernfamilie verwandelte und gerade von den Männern als Schutzraum begriffen wurde (‚ich muss hinaus ins feindliche Leben' ist eine Redewendung, der man noch heute begegnet), wäre es doch ein Missverständnis, sie lediglich als Ort verwirklichter Zuwendung, Fürsorge oder gar Zärtlichkeit zu begreifen. So sehr sie dies war oder sein konnte, wirkten in sie doch auch die von Rationalität und Nützlichkeitserwägungen bestimmten Lebensbedingungen des bürgerlichen Alltags hinein. Insofern entstanden etliche Spannungen, die für die Lebensführung der staatsbürgerlichen Gesellschaft charakteristisch wurden.

Besonders auffällig wird dies an Verhaltensweisen, die in der zeitgenössischen Literatur, insbesondere in den Moralischen Wochenschriften oder in den pädagogischen Schriften eines Christian Gotthelf Salzmann, eines Joachim Heinrich Campe, eines Johann Bernhard Basedow immer wieder reflektiert und vom Bürgertum in den Rang strikt zu befolgender Tugenden erhoben wurden.[18] Es zeigt sich, dass die meisten dieser Tugenden in Beziehung zur bürgerlichen Arbeitswelt standen (und im Übrigen auf die zunftbürgerliche Lebensform im späten Mittelalters zurückzuführen sind – vgl. ausführlich dazu P. N., 2012 a, IV). Fleiß und Redlichkeit sind ausgesprochene Erwerbstugenden[19] – die Redlichkeit insofern, als sie den Kaufmann kreditwürdig macht, ihm Kundschaft zuführt, sich für ihn also ‚lohnt'. Die in moralischen Schriften des 18. Jahrhunderts immer wieder angesprochene Ordnungsliebe ist nicht nur die Voraussetzung, die Arbeit planvoll anzulegen; sie spielt ihre Rolle nach Auffassung der bürgerlichen Aufklärer auch im Seelenleben, weil nur sie es dem Einzelnen ermöglicht, die Fülle der täglichen Pflichten angemessen zu erfüllen und sich von Wünschen und Neigungen nicht ablenken zu lassen. Tugenden wie Sparsamkeit und Genügsamkeit dienen der Erhaltung des Erarbeiteten. Da Bürger ursprünglich nicht aus der Fülle der Mittel lebten, über die der Adel verfügte, wurden von ihnen gerade solche Maßstäbe dermaßen verinnerlicht, dass sie sich nach ihnen auch richteten, wenn sie längst wohlhabend geworden waren. All diese an Nützlichkeitserwägungen anknüpfenden Tugendvorstellungen wurden gerade auch in der Familie gelebt bzw. durchzusetzen versucht und spielten, begleitet von hausväterlicher Entschiedenheit und Strenge, eine wichtige Rolle bei der Erziehung der Kinder, denen zugleich Gehorsam, Ehrerbietung und Dankbarkeit abgefordert wurde. Es kam im Wesentlichen den Frauen zu, die Nüchternheit des Zusammenlebens in der Familie durch liebevolle Zuwendungen zu durchbrechen. Doch wurden der ihnen zugebilligten Emotionalität zugleich auch Grenzen gesetzt. Freundlichkeit, Anhänglichkeit, Zärtlichkeit, Herzensgüte, die sie zeigen sollten, beruhte immer schon auf Affektbeherrschung, war ‚gesittetes' Gefühl.

Die Tugend der Affektbeherrschung und ihre Problematik

Die Tugend der Affektbeherrschung war den genannten Tugenden gleichsam ‚vorgeschaltet' und wurde deswegen im Bürgertum geradezu idealisiert. Nur wer seine Leidenschaften disziplinierte, konnte auch ordentlich, fleißig, genügsam, freundlich oder zärtlich sein. Dies schließt keineswegs aus, dass es in bürgerlichen Häusern zu heftigsten, auch mit Gewalttätigkeit verbundenen Gefühlsausbrüchen kam. Die althergebrachte Hierarchie der Ordnung in der Familie erleichterte es dabei, dass Wut vor allem auf die jeweils Rangniedrigeren abgeladen wurde, dass Männer ihre Frauen, Frauen ihre Dienstboten, Eltern ihre Kinder quälten. Sosehr gerade die in ihrer Berufstätigkeit zur Disziplin gezwungenen Männer sich in der Familie auch in negativem Sinn zu entlasten versucht waren und sosehr das relativ enge Zusammenleben in den kleinen Stadthäusern Triebspannungen noch förderte, so sehr war die Reflexion über Affekte, die ‚Aussprache', geradezu geboten und erschien die Selbstbeherrschung erstrebenswert. Scham- und Peinlichkeitsgefühle haben sich deswegen gerade in Bürgerhäusern entwickelt – sowie, als Sublimierungsleistung, das Gefühl für das Schickliche, der Takt, der den anderen Menschen schont, und das Feingefühl, das sich auf den anderen empfindsam einstellt.

Das spannungsvolle Nebeneinander von gestauter, bei gegebenen Anlässen hervorbrechender Emotionalität und überlegten Verhaltensweisen wird besonders im Umgang mit Kindern und Problemen der Erziehung erkennbar. Während Kinder in den bürgerlichen Großfamilien des späten Mittelalters und der folgenden Jahrhunderte in den Arbeitsprozess des ‚ganzen Hauses' eingefügt wurden, ohne dabei größere Aufmerksamkeit zu erhalten, wurden sie für das neue, aufgeklärte Bürgertum des 18. Jahrhunderts zu Hoffnungsträgern, die es zu vernünftigen, tugendhaften Menschen zu erziehen galt. In pädagogischen Fragen trafen sich die Interessen der Ehepartner. Um die Kinder moralisch und intellektuell zu beeinflussen und sie zu aufgeklärten Staatsbürgern zu erziehen, erhielten sie nicht nur alle denkbare Aufmerksamkeit (u. a. durch Hauslehrer, die ihre Grundausbildung bis zum Eintritt in die höhere Schule oder in die Universität) übernahmen, sondern wurden auch von schädlichen Einflüssen fern gehalten – sowohl von der Straße als möglichst auch von den Dienstboten. Sie bekamen eigene Zimmer, in denen ungestört gelernt werden sollte. Die Isolierung von der Außenwelt wurde durch verstärkte Familienkontakte, vor allem mit der Mutter und mit den Geschwistern, kompensiert. Ungezählte Zeugnisse belegen emotionale Bindungen gerade an die Mütter und Geschwister, kaum an die Väter. Die Zuwendung implizierte freilich immer auch die Kontrolle. Von den elterlichen Erwartungen abweichendes Verhalten oder Lernunwilligkeit wurden mit Ermahnungen, mit Liebesentzug oder zeitweiligem Verstoß aus der Familiengemeinschaft durch Stubenarrest o. ä. bestraft. Um den Eigenwillen der Kinder zu brechen und sie zu ‚Vernunftwesen' zu disziplinieren, entwickelten sich dubiose Methoden, die schließlich in die ‚Schwarze Pädagogik' des 19. Jahrhunderts mündeten.[20] Zu ihnen gehörte die Prügelstrafe. Der aufgeklärte Christian Thomasius empfahl zu Beginn des Jahrhunderts (*Kurtzer Entwurff der Politischen Klugkeit*, 1710), kleine Kinder, solange diese die Vernunft noch nicht einsetzen könnten, wie die Tiere durch Schläge zu bändigen, und erst später, wenn sie die Besserung ihres Willens zeigten, damit nachzulassen. Je mehr die Aufklärung voranschritt, desto mehr wurde die Prügelstrafe jedoch offenbar wenigstens in den gebildeten Familien des Bürgertums durch das strenge pädagogische Gespräch ersetzt.[21]

Ähnlich widersprüchlich wie das pädagogische Verhalten der Eltern war auch das Zusammenleben der Ehepartner. Emotionale Zuwendung charakterisierte die bürgerlichen Ehen des 18. Jahrhunderts (und auch späterer Zeiten) ebenso wie die Disziplinierung der Gefühle. Während die Ehe in der alten Familienordnung zu Treue und Hilfe verpflichtete und ihren Sinn schon in der Sicherung des Hausstands erfüllte (was echte Liebesbeziehungen keineswegs ausschloss), wurde in der neuen bürgerlichen Gesellschaft die Liebesheirat allmählich zur Norm (wodurch umgekehrt Ehen als bloße Zweckgemeinschaften nicht aus der Welt geschafft wurden). Nach Möglichkeit jedenfalls sollte die eheliche Partnerschaft durch Liebe legitimiert werden,[22] was der neuen Funktion der Familie als ein die Privatsphäre der Person schützendes Refugium ganz entsprach. Wer sich in die Familie zurückzog, erwartete dort die verständnisvolle Zuneigung des Partners. Gerade diese Erwartung freilich verlangte zugleich die Mäßigung der Leidenschaften. Die Aufklärer sprachen, wenn sie an eheliche Liebe dachten, von ‚vernünftiger Liebe', von ‚vernünftigen Neigungen zweier Herzen' usw. In diesem Verständnis, das in der Ehe zuerst eine Seelengemeinschaft sah und danach eine keusche Vereinigung zur Erzeugung von Kindern, hatte ‚grobe' Sinnlichkeit keinen Platz. Sexualität galt es deshalb zurückzudrängen. Selbst über sie nur zu sprechen, erschien unmöglich. Nicht nur schliefen nun Söhne und Töchter in getrennten Zimmern, auch das elterliche Schlafzimmer wurde zum geschlossenen Raum. Über verbotenen Liebschaften oder dem unehelichen Kind einer Tochter konnten Familien auseinander brechen. Nicht von ungefähr haben Schriftsteller nie mehr intensiver und begründeter über gefährdete und scheiternde Familienbeziehungen geschrieben als in der zweiten Hälfte des 18. Jahrhunderts.

Die sowohl bejahte, weil Sicherheit gewährende, als auch als Qual empfundene Einschnürung der Sinnlichkeit wie die generell puritanische Lebensführung bürgerlicher Familien verursachten – gerade auch bei den ans Haus gebundenen Frauen – psychische Spannungen, die Wege zu ihrer ‚Lösung' suchten und dabei verschiedene Möglichkeiten des Gesprächs und des Selbstgesprächs kultivierten. Der Äußerung von Gefühlen und damit der seelischen Entlastung kamen beispielsweise nicht nur religiöse Zirkel entgegen, die sich gerade in protestantischen Regionen bildeten, sondern dienten besonders auch die gleichsam vorliterarischen Formen des Briefes oder des Tagebuchs.

Religiöses Gespräch und Briefwechsel

Religiosität gehörte – wie allein die breit gefächerte religiöse Literatur vom Andachtsbuch für Frauen bis zur Geistlichen Ode belegt – zur bürgerlichen Mentalität des 18. Jahrhunderts, mehr als man heute gemeinhin wahrhaben möchte. Die deutsche Aufklärung richtete sich auch keineswegs gegen den christlichen Glauben oder die christliche Ethik, sondern im Wesentlichen gegen die intolerante Dogmatik der Kirche und einzelne ihrer Amtsträger. Die Kreise, in denen Bürgerliche beiderlei Geschlechts sich zum Gespräch und zur Andacht trafen, standen entsprechend am Rande der Orthodoxie. Insbesondere die einflussreiche, an die Mystik (vgl. P. N., 2012 a, I) anknüpfende pietistische Bewegung, die allein schon wegen ihres nachhaltigen Einflusses auf die Literaturgeschichte des 18. Jahrhunderts hervorgehoben zu werden verdient, unterschied sich vom orthodoxen Protestantismus, für den das Heil den Menschen durch die Zusage Gottes gleichsam ‚von außen' erreichte, durch die Betonung der Glaubenserfahrung als eines ‚inneren' Geschehens. Mit dem Ziel einer neuen Reformation setzten die Pietisten sich für eine verstärkte Bibellektüre der Laien ein, für einen ‚lebendigen Glauben', der an seinen ethischen Früchten sich beweisen sollte. Sie warteten auf den ‚Durchbruch der Gnade', auf die ‚innere Wiedergeburt', die sie im christlichen Sinn zur Nachfolge Jesu, zur Nächstenliebe befähigen sollte. Dabei handelte es sich immer um einen individuellen Vorgang, um persönliche Erfahrungen. Dies führte zu einem ständigen In-sich-hinein-Lauschen, zur Aufmerksamkeit auf die seelischen Vorgänge im eigenen Inneren, aber auch zur Teilnahme an den inneren Erfahrungen der Mitmenschen. Was bei den Pietisten in der Familie begann, die Preisgabe der Empfindungen im gemeinsamen Gebet, setzte sich im religiösen Gespräch im Kreis der Gleichgesinnten fort. Dabei haben die Bemühungen, sich den anderen mitzuteilen, ihre sich auch in der Literatur niederschlagenden Auswirkungen auf die Sprache gehabt. Ebenso wie die Mystik war der Pietismus in hohem Maße sprachschöpferisch,[23] kultivierte den auf die Affekte bezogenen Wortschatz und trug zu einer differenzierteren Wiedergabe von Gefühlen bei. Gerade die Frauen haben diese Sprache des Gefühls gefördert, und entsprechend hat kaum eine andere geistige Bewegung die Frauen so ernst genommen wie der Pietismus. Sein Einfluss ist freilich, sieht man auf die bürgerliche Gesellschaft des 18. Jahrhunderts insgesamt, letztlich doch begrenzt geblieben. Viele fürchteten die destabilisierende Kraft dieser introvertierten Religiosität und sahen in der von ständigen Zweifeln begleiteten Introspektion eine Gefahr für ihre auf Ordnung, Sicherheit und Gewinn bedachten Tätigkeiten – eine eher unbegründete Befürchtung, da die Pietisten selbst, sieht man von den schwärmerischen Ausnahmen unter ihnen ab, durchaus vorlebten, wie sich religiöse Einkehr und weltliche Interessen auseinander halten ließen. Aus heutiger Sicht liegt gerade in dieser Trennung, in dem eingestandenen Unvermögen, weltliche Geschäfte im Sinne des Wortes Gottes zu führen, die Problematik dieser auch gegenwärtig noch wirksamen protestantischen Strömung, die einmal wie keine andere an Wertvorstellungen des Urchristentums anzuknüpfen versucht hat.

Das religiöse Gespräch war nur eines der Mittel, eigene Gefühle zu artikulieren. Verbreiteter war das Schreiben von Briefen, in denen sich das Individuum in seiner

Subjektivität entfalten konnte,[24] oder auch von Tagebüchern, die man als Briefe des Schreibers an sich selbst, als schriftlich niedergelegte Selbstgespräche, betrachten kann. Der in der zweiten Hälfte des 18. Jahrhunderts geradezu zur Mode werdende Zugriff auf den Brief als Möglichkeit, persönlichste Seelenregungen mitzuteilen, hatte seine Voraussetzungen in einer Briefkultur, die sich schon zuvor entfaltet hatte. Der Ausbau des Verkehrs- und Postwesens hatte schon in der ersten Hälfte des Jahrhunderts zu einer Expansion des Briefwechsels geführt. Während noch im 17. Jahrhundert Briefe im Wesentlichen dem berufsbedingten Informationsaustausch galten und im privaten Bereich dem gelehrten oder frommen Zwiegespräch, erweiterte sich der Themenkreis im Zeitalter der Aufklärung um Fragen der allgemeinen Lebensklugheit und vor allem um die vielen Probleme der eigenen Befindlichkeit. Briefe wurden zu persönlichen Briefen, Briefwechsel zum Ausdruck der Freundschaft.[25] Solche Briefe wurden grundsätzlich in der deutschen Muttersprache geschrieben und in einem natürlichen Stil, der sich vom Kanzleistil weit entfernte. Die Lust an der Korrespondenz, die ganz der dialogischen Struktur der Aufklärung entsprach, wurde zunehmend auch von Frauen geteilt. Denkt man beispielsweise an die Briefwechsel zwischen Anna Luise Karsch und Johann Wilhelm Ludwig Gleim, zwischen Sophie von La Roche und Christoph Martin Wieland, zwischen Charlotte von Stein und Johann Wolfgang von Goethe, so erwiesen die Frauen sich als intellektuelle Partner hohen Ranges. Nicht zuletzt durch die Frauen wurde in der zweiten Hälfte des Jahrhunderts der Brief dann immer mehr auch zu einem Medium des Gefühlsausdrucks, wobei die Grenzen, die man durch gesellschaftlich schickliche Redeformen bis dahin meist immer noch beachtet hatte, sich weiter verwischten. Es ist nur zu wahrscheinlich, dass den Schreibenden dabei die ‚naturrechtliche Gleichheit des Gefühls' oder anders: die Erfahrung und Einsicht, dass Sympathie und Freundschaft auf der Gleichheit der Partner beruhen, gegenwärtig war. Insofern entstand gerade in den privaten Briefwechseln ein Freiraum, in dem, entgegen allen objektiven Zwängen ständischer Herrschaft und ökonomischen Nutzens, gefühlsorientierte Wertvorstellungen der Aufklärung wie z. B. Natürlichkeit des Verhaltens, Mitleiden mit dem anderen, Menschenliebe durchgespielt werden konnten.[26] Obwohl den Briefen oft die privatesten Gefühle anvertraut wurden, wehrten sich die Schreibenden doch kaum gegen die Publizität des von ihnen Ausgesprochenen. Gefühlsintensität und Mitteilungsbedürfnis schlossen sich weit weniger aus, als man dies heute für möglich halten mag. Im Gegenteil: „… es war überhaupt eine so allgemeine Offenherzigkeit unter den Menschen, daß man mit keinem Einzelnen sprechen, oder an ihn schreiben konnte, ohne es zugleich an mehrere gerichtet zu betrachten. Man spähte sein eigen Herz aus und das Herz der andern … und so ward man … mit der Breite der moralischen Welt ziemlich bekannt.", schrieb Goethe in seiner Selbstbiographie *(Aus meinem Leben. Dichtung und Wahrheit – III. Teil, 13. Buch).* Briefe wurden ausgeliehen, abgeschrieben, in geselligem Kreis vorgelesen – und natürlich wurden manche von vornherein auch schon im Hinblick auf ihre spätere Veröffentlichung verfasst. ‚Zum Drucke schön' war eine damals geläufige Redewendung. Dass die Faszination an der Teilnahme des Privaten schließlich auch in die bloße Schaustellung pervertieren konnte, zeigt das ständig wiederholte Gesellschaftsspiel im Haus der Madame de Staël, deren Gäste sich nach dem Essen zurückzogen, nur um sich gegenseitig Briefe zu schreiben. – Die ‚publizitätsbezogene Subjektivität' der Briefwechsel und Tagebücher[27] verlängerte sich im Briefroman, der wie kaum eine andere literarische Gattung zur Mode wurde, nachdem S. Richardson mit seiner *Pamela, or Virtue Rewarded* (1740) den Anstoß gegeben und J.-J. Rousseau *(La Nouvelle Héloïse,* 1764) und auch J. W. v. Goethe (*Die Leiden des jungen Werthers*, 1774) sich seiner Möglichkeiten bedient hatten. Der den gedanklichen, mehr noch den seelischen Austausch zweier Menschen fingierende Briefroman erlaubte den Rezipienten, in den Bekenntnissen des einen oder anderen der Schreibenden eigene Regungen wiederzuerkennen, gegebenenfalls aber auch, durch die Teilnahme am Gespräch der Briefpartner das Gefühl eigener Isolation zu kompensieren.

Die Entstehung des literarischen Marktes und seine Folgen

Es gehört zur Lebensführung der staatsbürgerlichen Gesellschaft und entsprach derem ausgeprägten Kommunikationsbedürfnis, dass sich gerade in ihr seit der Mitte des 18. Jahrhunderts eine Buchkultur entwickelte, die bald nicht mehr nur – wie zuvor – von den akademisch Gebildeten getragen wurde. Das Lesen war Voraussetzung einer informierten und räsonierenden Öffentlichkeit. Nicht nur verhalf es Geschäftsleuten zur erfolgreichen Teilnahme an Handel und Gewerbe, es lag vor allem auch im Interesse der von den Gedanken der Aufklärung geprägten und sie weitertragenden Pädagogen, Schriftsteller, Journalisten, die Unterricht und Bildung sowie die kritische Verarbeitung von Nachrichten als Vehikel der Emanzipation des Bürgertums begriffen und das Lesen damit aufwerteten. Diese neue Einschätzung des Lesens und die im 18. Jahrhundert in den einzelnen Territorien zunehmend eingeführte allgemeine Schulpflicht mit dem dazu gehörenden Ausbau pädagogischer Institutionen führten gerade in den Städten zu einer langsam, aber stetig voranschreitenden Überwindung des Analphabetentums. Dennoch war der Kreis der Leser auch hier und noch in der zweiten Hälfte des 18. Jahrhunderts relativ klein. Die Zahl der Lesefähigen in der Gesamtbevölkerung lag zwischen 1770 und 1800 schätzungsweise bei 15–25 Prozent,[28] die Zahl der wirklichen Leser war viel geringer.[29]

Wenn einige Zeitgenossen abschätzig von Vielleserei und von der Lesewut des Pöbels sprachen, so traf dies mit Sicherheit nicht die realen Gegebenheiten, sondern entsprang der polemischen Absicht derer, die reaktionär an obrigkeitsstaatlichen Vorstellungen festhielten und demokratische Entwicklungen in Deutschland fürchteten. Spektakulärer als der Anstieg der Zahl der Leser war der Wandel des Leseverhaltens in dieser Zeit. Das intensive wich einem extensiven Lesen. Nicht allein mehr um zu lernen oder um sich zu erbauen, d. h. sich innerlich zu bereichern und zu sammeln, wurde gelesen, sondern auch und immer mehr, um sich zu zerstreuen und zu unterhalten. Diese neue Qualität des Lesens wurde nicht zuletzt durch die Buchproduzenten angestoßen, gefördert und auch gewinnbringend genutzt. Die Überschwemmung des Buchmarkts mit Neuerscheinungen,[30] die zugleich bei vielen Lesern die Erwartung auf etwas Neues zur Gewohnheit werden ließ, ging einher mit der Entwicklung kundenfreundlicherer Formen des Vertriebs von Büchern. Nachdem (seit 1764 auf Initiative des Leipziger Verlegers Philipp Erasmus Reich) der Büchertausch und Bücherverkauf auf einigen wenigen jährlich stattfindenden Buchmessen durch die Einrichtung von dauernd bestehenden Auslieferungslagern der Verlage und durch die Beauftragung von nur für den Buchvertrieb zuständigen Sortimentern und Kommissionären ersetzt und der Warenverkehr dadurch erheblich beschleunigt worden war, konnten Bücher auch schneller in Geld verwandelt und konnte das Geld schneller wieder für die Buchproduktion eingesetzt werden. Das auf diese Weise steigende und eben auch stetige Angebot an Druckerzeugnissen beeinflusste selbstverständlich die Nachfrage nach ihnen. Wer ständig etwas Neues fand, was ihn reizte, wurde immer wieder zum Kaufen verlockt. Insofern war gerade der Wandel der Distributionsform ein entscheidender Faktor für die schon angesprochene Veränderung des Leseverhaltens.

Mit dem marktwirtschaftlich geführten Verlagswesen wandelten sich auch die Lebens- und Arbeitsbedingungen der Schriftsteller. Im Prinzip hatten Schriftsteller jetzt die Möglichkeit, sich aus Abhängigkeiten von fürstlichen Gönnern oder kirchlichen bzw. staatlichen Ämtern zu lösen und ihren Unterhalt allein durch das Schreiben von Büchern zu verdienen. Da Publikationen jedoch schlecht honoriert wurden, mussten die ‚freien' Schriftsteller sich, wenn sie auf Nebentätigkeiten verzichten und zugleich der Armut entgehen wollten, dem Geschmack möglichst vieler Leser anpassen, also Bücher schreiben, die von vielen gekauft wurden. Damit gerieten sie durch eben den Markt, dem sie ihre berufliche Unabhängigkeit verdankten, in eine neue Abhängigkeit, die des Erfolgs bei der Masse der Käufer. Insofern ist die Entstehung des literarischen Marktes auch die eigentliche Geburtsstunde der auf Konformität mit dem Publikumsgeschmack zielenden Trivial- und

Unterhaltungsliteratur,[31] die bei der näheren Betrachtung der Literatur des neuen Bürgertums nicht übersehen werden darf. Wollten Verleger und Autoren auf dem Büchermarkt finanzielle Gewinne erzielen, so musste neben die Anpassung an den Publikumsgeschmack auch ein vielseitiges Angebot an Lesestoffen treten, um die Neugier und die Nachfrage der Leser zu stimulieren. Nicht von ungefähr bildete sich daher in der zweiten Hälfte des 18. Jahrhunderts eine große Zahl unterschiedlicher, vornehmlich unterhaltender Genres heraus. Verleger und Autoren versuchten mit ihnen nicht nur das Bedürfnis nach ‚Innerlichkeit' zu befriedigen, das meist aus der ‚Gemütsregulierung und Affektkontrolle' hergeleitet wird, die das rationale Arbeiten und die Einhaltung reglementierter Verhaltensweisen den Bürgern im Alltag abforderte;[32] sie versuchten auch ganz bestimmte Wunschvorstellungen der Leser herauszufinden und zu bedienen. Für beides war insbesondere der Roman geeignet. Da er von allen poetischen Formen am wenigsten festgelegt war, konnte er leicht die unterschiedlichsten Inhalte aufnehmen; zugleich erlaubte er eine ganz private Rezeption, die ihn dafür prädestinierte, den Leser durch die Ausbreitung persönlichster Empfindungen und Gedanken der Figuren affektiv zu berühren. So ist es eine Folge des ganz auf die Bedürfnisse der Rezipienten ausgerichteten literarischen Marktes, dass sich am Ende des 18. Jahrhunderts schon sehr viele „funktional-strukturelle Grundtypen"[33] des Trivial- und Unterhaltungsromans ausgebildet haben, die sich im 19. Jahrhundert nur weiter verfestigten (manchmal auch erweiterten). Die großen Unterhaltungsgenres des Familien- und Liebesromans, des Schauerromans, des Kriminalromans, des Reise- und Abenteuerromans, des historischen und zeitgeschichtlichen Romans leben in wenig veränderter Form in der massenhaft verbreiteten Literatur (zumal in der Heftromanliteratur) bis heute fort, nur dass ihre Produzenten hier inzwischen die Bezeichnungen ausgetauscht haben und statt vom Liebesroman vom Schicksals- oder Frauenroman, statt vom Schauerroman vom Horrorroman sprechen oder dass die Reise- und Abenteuerromane gern zu Wildwestromanen und die historischen und zeitgeschichtlichen Romane zu Kriegsromanen verengt und dem Erwartungshorizont der Leserzielgruppen angepasst werden.

Die Entstehung des literarischen Marktes mit der Vielzahl seiner schnell wechselnden und stets neue Reize schaffenden Angebote entsprach ganz dem Kommunikationsbedürfnis, das der Lebensführung der neuen ‚Staatsbürger' zu Grunde lag. Das immer vielfältiger zur Verfügung stehende gedruckte Wort präsentierte nicht nur genügend Stoff, über den man sich verständigen oder an dem man in kritische Auseinandersetzungen geraten konnte, es erlaubte auch die Rede über zwischenmenschliche Gefühle, die Mitteilung des Herzens, und es ermöglichte nicht zuletzt die Flucht vor den Widrigkeiten des Alltags in Phantasiegefilde und in ein illusorisches Glück. Welche Möglichkeiten auch ergriffen wurden – insgesamt hat die durch den literarischen Markt sich explosiv entfaltende Buchkultur des 18. Jahrhunderts dadurch, dass sie immer mehr Menschen den Einblick in eine Sphäre des Wissens und der Imagination gewährte, die Welt der überkommenen Autoritäten unterlaufen. Hierin liegt ihre politische Wirkung. Der bürgerliche Emanzipationsprozess vollzog sich wesentlich durch Lektüre und das durch sie ausgelöste Gespräch. Indem neue Denkbilder vorgestellt und Erfahrungen nachvollziehbar wurden, die eigene Gewohnheiten überschritten, wurde die Wirklichkeit transparenter und eröffneten sich neue Dimensionen des Handelns. Aufklärerische Sozietäten, Briefwechsel, Büchermarkt, die Stützen der Lebensführung der ‚staatsbürgerlichen' Gesellschaft, haben den diese Lebensführung bestimmenden, in der Öffentlichkeit wie in der Familie geführten aufklärerischen Diskurs entscheidend getragen, den bürgerlichen Selbstbehauptungswillen gestärkt und damit die unablässliche Bedingung für die allmähliche Demokratisierung der Gesellschaft geschaffen.

2. Zur Darstellung der Literatur im 18. Jahrhundert

Will man die Literatur, die in der ‚staatsbürgerlichen' Gesellschaft geschrieben, gelesen und besprochen wurde, in ihren Entwicklungen beschreiben und auf die Lebensführung dieses neuen städtischen Bürgertums beziehen, sind einige Vorentscheidungen unumgänglich:

1. Entgegen der problematischen Gepflogenheit, die literarischen Texte des 18. Jahrhunderts unter aufeinander folgende ‚Epochen' zu subsumieren (meist in der Folge von Aufklärung, Empfindsamkeit, Sturm und Drang, Klassik), wird hier die im neuen Bürgertum (insbesondere der norddeutschen Universitäts- und Handelsstädte) entstandene Literatur in ihrer komplexen und widersprüchlichen Einheit begriffen. Auf die genannten Bezeichnungen soll deswegen nicht verzichtet werden, aber es kommt darauf an zu zeigen, wie sehr sich gerade im ‚Jahrhundert der Aufklärung' die literarischen Strömungen überschnitten haben und in welchen Wechselbeziehungen sie standen. Dies entspricht zugleich dem hier verfolgten Ansatz, Literatur in ihren sozial- und kulturgeschichtlichen, d. h. auch anthropologische Gesichtspunkte einbeziehenden Zusammenhängen zu verstehen. Wer dies versucht, misst die Zeit in anderen Einheiten als jemand, der sich mit einer literaturimmanenten Betrachtung begnügt.

2. Mehr noch als bei der Betrachtung der Literatur der vorangegangenen Jahrhunderte ist es erforderlich, exemplarisch zu verfahren, weil der mit der Entstehung des literarischen Marktes seit der Jahrhundertmitte kontinuierlich ansteigende Umfang der Buchproduktion es unmöglich macht, auch nur auf die Mehrzahl der erschienenen Texte einzugehen. Neben einem Abriss der wichtigsten literarischen Entwicklungen, der die nötige Orientierung gibt, werden daher solche Texte im Mittelpunkt stehen, die für das Erkenntnisinteresse dieser Literaturgeschichte (vgl. die Einführung) besonders ergiebig sind, also die Geschichte der Wertvorstellungen und Verhaltensnormen in der einen oder anderen Weise nachhaltig beeinflusst haben. Dabei versteht es sich von selbst, dass auch im Folgenden die literarischen Texte nicht allein als Spiegelungen geschichtlicher Prozesse gelesen werden, sondern dass immer zugleich auch ihren bewusstseinsverändernden Impulsen nachgespürt wird, die dann oft ihrerseits gesellschaftliche Evidenz gewonnen haben. Die an Gattungen entlang führende Beschreibung ermöglicht wiederum am ehesten, die ästhetischen Qualitäten der behandelten Literatur einzubeziehen und in ihrer Relevanz für deren Wirkung einzuschätzen.
3. Die sozial- und kulturgeschichtliche Ausrichtung dieser Literaturgeschichte gebietet es, auch die im gebildeten städtischen Bürgertum gelesene Unterhaltungsliteratur zu berücksichtigen. Gerade die seit der Entstehung des literarischen Marktes sehr gezielt auf Leserbedürfnisse antwortende Unterhaltungsliteratur gibt Auskunft über die Gefühls- und Bewusstseinslage ihrer Konsumenten. Dass selbst die anthropologisch interessierte Aufklärungsforschung triviale Texte bisher – aus welchen Gründen auch immer – vernachlässigt hat, spricht nicht dagegen, auf sie hinzuweisen und womöglich ihre weitere Erforschung anzuregen. – Dagegen können die unter den so genannten ‚kleinen Leuten'[34] verbreiteten Lesestoffe hier nur relativ kurz angesprochen werden. Weder die Angehörigen der Landbevölkerung (die noch in der Mitte des 18. Jahrhunderts ca. 80 % der Gesamtbevölkerung ausmachten) noch die Angehörigen der sozialen Unterschichten in den Städten gehörten zu den Trägern der Aufklärungsbewegung. Vielmehr kann man zugespitzt sagen, dass die Mentalität dieser ‚kleinen Leute' noch mindestens bis zum Ende des Jahrhunderts einer weit zurückliegenden Zeit verhaftet blieb. Dennoch ist es wichtig, sich zu vergegenwärtigen, vor welchem literarischen Leben sich die Aufklärungsbewegung als Kultur einer neuen bürgerlichen Elite entfaltete (und wovon sie zugleich auch literarisch beeinflusst wurde) und welche Möglichkeiten der Einwirkung in die Volkskultur manche Aufklärer suchten, um die einfachen Leute zu ‚erziehen'.

3. Die Literatur der ‚kleinen Leute‘

Die in Literaturgeschichten gewöhnlich übergangenen Lesestoffe der ‚kleinen Leute‘ bilden die Folie, vor der sich die Literatur der gebildeten Eliten – waren es Humanisten, Hofleute oder aufgeklärte Bürger – abhob,[35] wobei im Wesentlichen erst die bürgerliche Aufklärungsbewegung sich der Lesestoffe der ‚kleinen Leute‘ auf ganz unterschiedliche Weise ‚annahm‘ (vgl. u.).

Die Lesestoffe der ‚kleinen Leute‘

Diese Lesestoffe bestanden zumeist aus – noch näher zu beschreibenden – Einblattdrucken und Heften, die den vielen Analphabeten von den wenigen Lesekundigen vorgelesen wurden.

Sie ergänzten die mündlich tradierte ‚Volkspoesie‘, also Volkslieder, Volksmärchen, Volkssagen u. a., die bis ins 18. Jahrhundert hinein in der Tat hauptsächlich – dies ist bereits in P. N., 2012 a, IV dargelegt worden – unter den Angehörigen der sozialen Unterschichten lebendig waren. Kann man die Zeugnisse der ‚Volkspoesie‘ – wenn auch auf Grund der Bearbeitungen ihrer ‚aufgeklärten‘ Sammler sicherlich mit Einschränkungen – als volkskulturelle Ausdrucksformen begreifen, so ist dies bei den Einblattdrucken und Heften kaum möglich. Denn die durch diese Medien vermittelten Texte wurden ziemlich ausschließlich von geschäftstüchtigen Bürgerlichen ‚für‘ die ‚kleinen Leute‘ hergestellt, einerseits um sie zu unterhalten, andererseits um sie anzupassen – der Obrigkeit oder zumindest, wie am Beispiel der Bänkellieder und Bänkelsängerhefte nachgewiesen worden ist,[36] gesellschaftlich reaktionären Konventionen. Aufklärerische Gedanken wird man in diesen trivialen Lesestoffen schwerlich finden. Die Produzenten der Einblattdrucke und Hefte verfuhren dabei insofern meist außerordentlich geschickt, als sie sich in der Wahl von Themen und Motiven, aber auch sprachlich dem Erwartungshorizont der ‚kleinen Leute‘ anpassten und dabei auch an Traditionen der ‚Volkspoesie‘ und darüber hinaus auch an allerlei abergläubische Vorstellungen anknüpften. Die vielen Berührungspunkte zwischen ‚Volkspoesie‘ und massenhaft verbreiteter Trivialliteratur sind erst wenig erforscht, aber auch heute weiterhin spürbar, etwa wenn Schlager Motive und Strukturen von Volksliedern oder Heftromangenres Märchen- und Sagenmotive aufgreifen.[37]

Einblattdrucke, meist mit hohem Bildanteil, waren seit dem 15. Jahrhundert verbreitet und wurden (als Flugblätter) nicht nur für politische Zwecke genutzt, sondern auch für Mitteilungen über Naturkatastrophen, Seuchen, Schlachten usw. Besonders häufig wurden religiöse Themen angesprochen. Marien- und Heiligenbilder beispielsweise trugen christliche Vorstellungen weiter und besaßen für die Besitzer solcher Blätter offenbar auch eine magische Schutzfunktion. Gern wurde über das Martyrium von Heiligen erzählt, wobei die von ihnen erlittenen Grausamkeiten um sensationeller Effekte willen breit ausgestaltet wurden.[38] So vermischte sich Religiöses mit Profanem, Unterhaltsames mit Informativem.

Mit den Einblattdrucken, die sich heute noch in der Form des Plakats oder Posters erhalten haben, konkurrierten die broschierten Heftchen. Zu ihnen gehörten als eine erste Gruppe die Sensationsberichte, in denen über historische Ereignisse, Unglücksfälle, Verbrechen, Kuriositäten usw. berichtet wurde. Entgegen allem Anschein, den sie sich gaben (im 16. Jahrhundert hießen sie ‚Neuwe Zeitung'), waren sie keineswegs immer aktuell, sondern wiederholten längst Bekanntes (eben auch ‚Sagenhaftes' in variierender Aufmachung. Geschrieben wurden sie von Bürgerlichen (auch Geistlichen), verbreitet durch Kolporteure oder auf Jahrmärkten. Der Übergang solcher Sensationsberichte zur Zeitung ist fließend. Aber während die Zeitung, aus einem berufsständischen Korrespondenzsystem heraus sich entwickelnd, auf das Nachrichtenbedürfnis der am Warenverkehr beteiligten Bürger, der Kaufleute, Bankiers, Manufakturisten, Verleger, dann zunehmend auch der Verwaltungsbeamten zielte, blieb der von der Landbevölkerung und vom Kleinbürgertum entzifferte Sensationsbericht viel stärker dem Bedürfnis nach Emotionalisierung verhaftet.

Eine andere Gruppe der kleinen Broschüren bildeten die seit der Mitte des 16. Jahrhunderts weit verbreiteten Kalenderhefte. Sie bestanden aus dem Kalendarium und astronomischen Daten, dem Spatium, einem freien Raum für Notizen (vgl. den heutigen Notizkalender) sowie der so genannten Praktik, in der astrologische, wetterkundliche, medizinische, wirtschaftliche Ratschläge und Prognosen gegeben wurden. Schon am Ende des 16. Jahrhunderts wurden Abwechslung bietende Zusätze hinzugefügt, z. B. Horoskope, Rätsel, Anekdoten, Wundergeschichten, die das Kalenderheft, das in erster Linie nützliche Informationen vermitteln wollte, zugleich zum Unterhaltungsträger machten.

Mehr noch als die Kalenderhefte zielten als ‚Volksbüchlein' bezeichnete Broschüren auf (oft belehrende) Unterhaltung. Man darf sie nicht mit den im Bürgertum gelesenen Volksbüchern verwechseln, die epische Stoffe des späten Mittelalters und der frühen Neuzeit aufbereiteten. Die ‚Volksbüchlein' waren der in Frankreich erscheinenden ‚Bibliotheque Bleue' nachgebildet und enthielten Witzsammlungen, Erotica, populäre Lieder, Mordberichte und anderes mehr, aber beispielsweise auch – hier spürt man die Herkunft ihrer bürgerlichen bzw. geistlichen Verfasser besonders deutlich – Anstandsregeln oder Beichtanleitungen. Der thematischen Vielfalt waren kaum Grenzen gesetzt. Auch die Bänkelsänger-Hefte, die auf den Jahrmärkten verkauft wurden, lassen sich in diese Gruppe einordnen. Sie erzählten aufrührende Liebes- und Verbrechensgeschichten sowohl in Prosa als auch in Liedform, die der Bänkelsänger, um Käufer anzulocken, zuvor mit Schild, Stab und Gesang angepriesen hatte.

Die heute wöchentlich in Millionenhöhe verkauften Heftromane, die längst den Hauptanteil aller gelesenen fiktionalen Literatur ausmachen, gehen dagegen auf (vorwiegend mediengeschichtliche) Entwicklungen erst des 19. Jahrhunderts zurück. Sie lehnen sich eng an die im Bürgertum ausgebildeten Genres des Unterhaltungsromans an und werden, wie die Comic-Hefte, nicht nur von Angehörigen der unteren sozialen Schichten gelesen – wenn auch immer noch in überwiegendem Maße.[39]

Überblickt man all diese Einblattdrucke und Hefte,[40] so ist zunächst – wie in der ‚Volkspoesie' – ihre sprachliche und strukturelle Einfachheit signifikant. Die gewählte Sprache ist der Leserzielgruppe vertraut – kühne Metaphern oder eine komplizierte Syntax würden die unmittelbare Verständlichkeit und Wirksamkeit dieser Literatur beeinträchtigen. Die Handlungen sind schematisch strukturiert; Reihungen vergleichbarer Handlungselemente und Wiederholungen fördern die Orientierung des Lesers. Ihr dient auch der leicht durchschaubare Dualismus von ‚gut' und ‚böse', ‚schön' und ‚hässlich', ‚klug' und ‚dumm' usw. – Schwieriger ist es schon, thematische und motivliche Schwerpunkte zu nennen, die für diese populären Texte besonders typisch sind. Es ist aber z. B. unübersehbar, dass in ihnen die Armut und das Unglück eine maßgebliche Rolle spielen. Dabei fällt auf, dass diese Zustände von den handelnden Figuren gleichsam als gottgegeben hingenommen werden. Wer auf Grund seiner verzweifelten sozialen Lage aus der Bahn geworfen wird, der wird am Ende oft sogar grausam bestraft (so etwa die Kindermörderinnen im Bänkelsang; zur Behandlung dieses gerade im 18. Jahrhundert relevanten Motivs in der bürgerlichen Literatur vgl. unten S. 195). Wer solche Texte las, sollte sich offenbar damit beruhigen, dass es ihm – als Rechtschaffenem – viel besser ging als den das dargestellte Unglück durchleidenden Figuren. Im Gegensatz zum Märchen, das, sofern es Armut und Unglück thematisierte, die Wunschträume der Ausgebeuteten ins Bild setzte und damit eine zukunftweisende Dimension erhielt, begnügten sich die von bürgerlichen Schreibern und Verlegern hergestellten Lesestoffe für die ‚kleinen Leute' zumeist mit Tröstungen, vor allem mit den immer wiederkehrenden Oxymora vom unglücklichen Reichen und glücklichen Armen.

Eine tröstende Funktion hatten diese Lesestoffe letztlich auch da, wo sie den Helden vorstellen, der Einzelne aus ihrer Misere befreien kann, den Räuber, der Reiche schädigt und Armen gibt. Denn auch der Räuber rührt nicht an den bestehenden gesellschaftlichen Verhältnissen, sondern hilft nur in Einzelfällen. Auch die in der bürgerlichen Unterhaltungsliteratur in Deutschland insbesondere nach der Französischen Revolution so beliebten Räubergestalten (den erfolgreichsten unter den zahllosen Räuberromanen dieser Zeit, *Rinaldo Rinaldini, der Räuber Hauptmann*, 1799, schrieb Goethes Schwager Christian August Vulpius) verhalten sich nicht politischer; aber sie fangen ein diffuses Protestpotenzial von Lesern auf, die, wie man heute gerne betont, zu einer eigenen Revolution nicht in der Lage waren. Im 19. Jahrhundert wurden in der Literatur für die ‚kleinen Leute' (und ebenfalls nicht nur in ihr) dann sehr bald einzelne Kriegshelden und Generäle (Friedrich der Große, Blücher u. a.) zu Idolen stilisiert. Sie standen nicht mehr für eine Protesthaltung, sondern stärkten durch väterlich beschützendes Verhalten gerade die Hoffnung auf Sicherheit und Stabilität des Bestehenden.

Einen weiteren Themenkreis der bürgerlich gelenkten Lesestoffe zumal für die Landbevölkerung bildeten Krieg und Patriotismus. Kriege für das Vaterland mussten schon deswegen verherrlicht werden, weil die Bauern die Rekruten zu stellen hatten, die in den Schlachten niedergemetzelt wurden. Folgerichtig wurde deswegen das Grauen des Tötens und Sterbens übergangen (eine Gepflogenheit, die sich bis in die heutigen Heftromane über den Zweiten Weltkrieg fortgesetzt hat) und von patriotischen Gesinnungsäußerungen und Beschimpfungen des Gegners überspielt. War es einmal anders, schritt die Zensur ein.[41]

Zu den auffälligsten thematischen und motivlichen Schwerpunkten gehörten schließlich Darstellungen von Gewalttätigkeiten unterschiedlichster Art. Sie sind bei einem Publikum, das selbst – in Elternhaus, Schule, Lehre oder anderswo – an gewalttätige Behandlungen gewöhnt war, offenbar auf besondere Empfänglichkeit gestoßen.[42] Dabei sind die Handlungszusammenhänge, in die zum Teil ganz sadistische Akte eingebettet wurden, von nachgeordneter Bedeutung. Es ging um die Reizmomente als solche, die von Folterungen bis zur Vergewaltigung von Frauen und Exekutionen reichen, die jeweils in allen Einzelheiten geschildert wurden.[43] Die Grausamkeiten richten sich dabei gegen diejenigen, die auch in der Realität unterdrückt wurden; nur konnte der Leser bzw. Hörer, der selbst nicht betroffen war, während des Rezeptionsvorgangs einmal in die Rolle dessen schlüpfen, der Gewalt nicht erleidet, sondern austeilt, und auf diese Weise die eigene angestaute Wut wenigstens in der Phantasie, und zwar gerade auch in der Form verbotener Zuspitzungen und Verzerrungen, ausleben. Welche Faszination von Gewaltdarstellungen ausging, belegen beispielsweise auch die Volksmärchen, die selbst noch in den spätesten – pädagogisch befrachteten – Fassungen der teilweise auf mündliche Überlieferung zurückgehenden *Kinder- und Hausmärchen* der Brüder Grimm so viele Grausamkeiten enthalten, dass der Verkauf dieser Sammlung von den Alliierten nach dem Zweiten Weltkrieg in Deutschland zeitweilig verboten wurde. Freilich wurde dabei übersehen, dass in ihnen Grausamkeiten nie in actu geschildert oder gar ausgemalt werden, was die Gefahren ihrer Wirkung beträchtlich reduziert. Gegenwärtig verbreitete Heftromangenres (insbesondere Horror-Heftromane) greifen dagegen auf die populären Hefte vergangener Jahrhunderte zurück und lassen die Leser deren in der Realität erlittene Frustrationen auf sehr problematische Weise durch detailliert vorgeführte Gewaltdarstellungen abreagieren.

Überblickt man die angeführten thematischen und motivlichen Schwerpunkte, so sticht deren manipulative Funktion deutlich hervor: Die Misere der Leser/Hörer wird verbrämt, die Opferhaltung des einfachen Mannes gefestigt, bei den Rezipienten vorhandene Aggressionen werden, indem Identifikationsfiguren den inneren Mitvollzug gewalttätiger Strafaktionen erlauben, abgebaut oder in ungefährliche Bahnen gelenkt, um nur einiges zu nennen. Gleichzeitig antworten die Lesestoffe für die ‚kleinen Leute' (damals kaum anders als heute) auch auf deren Bedürfnisse[44] – auf ihr Informationsbedürfnis, das sich u. a. in dem Wunsch äußert, zu erfahren, wie andere Menschen sich in Extremsituationen des Lebens verhalten, um daraus zu lernen, worin das sozial Gültige liegt; auf ihr Bedürfnis nach Kontakt und Trost, das u. a. durch den direkten Zuspruch des Erzählers, durch erbauliche Kommentare oder (wie besonders im Bänkelsang) reflektierende, Sicherheit gebende Einschübe befriedigt werden kann; schließlich auch auf das – wohl am wenigsten schichtenspezifisch gebundene Bedürfnis – nach Realitätsflucht, auf das die Texte je nach Genre unterschiedlich antworten, z. B. mit der Überhöhung der Identifikationsfiguren oder mit der Darstellung der Wirklichkeit als einer prinzipiell ‚heilbaren', in der es möglich ist, Konflikte oder das Unglück zu bewältigen, auf welche Weise auch immer.

Versuche der Volksaufklärung; Johann Peter Hebel

All diese von geschäftstüchtigen Bürgern für die ‚kleinen Leute' verfassten Lesestoffe wurden von anderen Bürgern bekämpft, jedenfalls von einem Teil derer, die sich der Aufklärungsbewegung zugehörig fühlten. Andererseits gab es gerade unter diesen neuen ‚Staatsbürgern' auch manche, die der Aufklärung des einfachen Volkes skeptisch gegenüberstanden, weil sie politische Konsequenzen befürchteten. Immerhin kam die ‚Volksaufklärung' seit den siebziger Jahren wenigstens als Fragestellung allgemein in den Blick, während bis dahin die unteren sozialen Schichten ganz am Rande des bürgerlichen Interesses lagen, von der pädagogischen Volksschulbewegung einmal abgesehen. Obwohl die neue allgemeine Diskussion um die ‚Volksaufklärung' über diese schulpädagogischen Bemühungen weit hinausgingen,[45] bewegten sie sich aber doch in deutlich erkennbaren Grenzen. Vor allem sollte die ständische Ordnung nicht unterminiert werden, sollten die traditionellen Aufgaben und Pflichten der Bauern bestehen bleiben. Die proklamierte Gleichrangigkeit der Menschen bezog sich in der Praxis im Wesentlichen auf die Gleichrangigkeit von Bürgern und Adligen. Insofern richtete sich die ‚Volksaufklärung' auch weniger auf die Förderung des Wissens und die intellektuelle Befähigung der ‚kleinen Leute' als vielmehr auf deren Gesittetheit und auf praktische Fertigkeiten, die dem allgemeinen Nutzen dienten. Neben zahlreichen Zeitschriften und Lexika für Bauern erschien 1788 das *Noth- und Hülfs-Büchlein für Bauersleute* von Rudolf Zacharias Becker, das in der Tradition der Moralischen Wochenschriften stand und mit seinen Ratschlägen für eine sinnvolle Lebensführung zum auflagenstärksten Buch der Aufklärung überhaupt wurde. Allerdings wurde es von den wenigstens Bauern selbst gelesen, geschweige denn gekauft; Lehrer und Pfarrer nutzten es als Vorlesebuch.

‚Volksaufklärung' war in diesem Verständnis – ganz analog zu den trivialen Lesestoffen ‚für' die ‚kleinen Leute' – der Beitrag von Bürgern ‚für' die Aufklärung des einfachen Volkes. Von dessen Selbstaufklärung war nicht die Rede. An sie dachte als einer der wenigen vor allem Johann Peter Hebel, dessen Bedeutung unter den bürgerlichen Volksaufklärern der Jahrhundertwende einzigartig ist.[46] Hebel war evangelischer Kirchenrat und unterrichtete seit 1791 am Karlsruher Gymnasium, dessen Direktor er 1808 wurde. Es gehörte zu den Privilegien dieses Gymnasiums, den *Badischen Landkalender* herzustellen, dessen Kauf seit 1798 jedem Untertan vom Großherzog Karl Friedrich aufgezwungen wurde.[47] Das landesherrliche Interesse am Vertrieb dieses Kalenders war deshalb so groß, weil er als ein geeignetes Instrument angesehen wurde, die ungebildete Landbevölkerung durch unterhaltende Beiträge von politischer Diskussion abzulenken, sie durch mit Aberglauben verbundene praktische Ratschläge unmündig zu halten und sie durch moralisierende Geschichten zu beschwichtigen. Diese intendierte Verdummung des Volkes durch die Kalender war Hebel zuwider. Von 1807 bis 1814 und noch einmal 1818 gab er selbst diesen Kalender heraus (seit 1808 unter dem Titel *Der Rheinländische Hausfreund*) und versuchte – ein auch politisch gewagtes Unterfangen – durch dieses Medium als Vermittler aufklärerischer Gedanken zu wirken. Dabei war ihm klar, dass er seine Leser mental da abholen musste, wo sie sich befanden. Das erklärt z. B., warum der Kalender auch unter dem Herausgeber Hebel immer noch allerlei obskure astrologische und medizinische Aussagen enthielt (zum Beispiel eine – immerhin vom schlimmsten Unsinn befreite – Aderlasstafel). Andererseits legte Hebel viel Wert auf naturwissenschaftliche Belehrung, und selbst sein in die Weltliteratur eingegangenes *Schatzkästlein des rheinischen Hausfreundes* (1811), das er auf Drängen des Verlegers Cotta für das gebildete bürgerliche Publikum zusammenstellte, das sich zu Beginn des 19. Jahrhunderts verstärkt für die Literatur des einfachen Volkes zu interessieren begann (man denke an die Volksliedersammlung Arnims und Brentanos von 1806 und an die in diesen Jahren einsetzende Sammlertätigkeit der Brüder Grimm), wird von einer ‚Allgemeinen Betrachtung über das Weltgebäude' eingeleitet. Während Cotta nur die in den Kalendern erschienenen Geschichten publizieren wollte, hielt Hebel beharrlich daran fest, den bürgerlichen Lesern dieser Sammlung einen Eindruck von allen Aspekten seiner aufklärerischen Kalenderarbeit zu vermitteln, und stellte seine Geschichten neben naturwissenschaftliche Abhandlungen, unterhaltsame Rätsel, Rechenexempel u. a. – ganz wie in den Kalendern selbst. Auch seine berühmteste Geschichte, *Unverhofftes Wiedersehen*, für Ernst Bloch die „schönste Geschichte von der Welt", ist an seine Neugier auf naturwissenschaftliche Erkenntnis gebunden. Hebel entnahm den Stoff für diese Geschichte, der später auch Hugo von Hofmannsthal zu einer Erzählung reizte, den *Ansichten von der Nachtseite der Naturwissenschaft* (1808) von Gotthilf Heinrich Schubert, der darin über eine Leichenbalsamierung durch Eisenvitriol berichtet. Auch Schubert nimmt, ebenso wie Hebel, das damit verbundene Ereignis im schwedischen Bergwerksort Falun, wo eine alte Frau in einem ans Licht gebrachten Toten ihren unverändert aussehenden Verlobten von vor 50 Jahren, dem sie treu geblieben war, wiedererkannte, nicht als naturwissenschaftliche Sensation, sondern als Beispiel für die Leben und Tod verbindende Kraft der Liebe. Nur erhält bei Hebel, der gern auf Überliefertes oder auch auf in Zeitungen und Journalen berichtete Vorfälle zurückgriff und sie bearbeitete, diese Geschichte eine besondere Tiefe und Weite dadurch, dass er an ihrem Ende eine metaphysische, christliche Perspektive eröffnet. – Man hat den in vielen seiner Geschichten Ausdruck findenden christlichen Glauben des Theologen Hebel (der 1821 Ehrendoktor der theologischen Fakultät der Universität Heidelberg wurde) gern zum Anlass genommen, ihm eine moralisierende Haltung gegenüber seiner Leserschaft aus dem einfachen Volk zu attestieren, dabei aber jedenfalls übersehen, dass christliche über bürgerliche Wertvorstellungen weit hinausgehen. Besonders deutlich wird dies an einer relativ unbekannten Kalendergeschichte, an *Jakob Humbel*,[48] die Hebel ebenfalls in sein *Schatzkästlein* aufnahm und die nicht nur sein Aufklärungsprogramm exemplarisch verdichtet, sondern zugleich auch zeigt, mit welchen Mitteln er versuchte, seine eigentlichen Adressaten, die Bauern und Handwerker, zu eigenen Denkprozessen, zur Selbstaufklärung zu ermutigen. *Jakob Humbel* beschreibt den beruflichen Werdegang eines Schweizer Bauernburschen, der allen Niederlagen und Hindernissen zum Trotz endlich das ersehnte Studium der Tiermedizin in Karlsruhe beginnen kann, nach glänzend bestandenen Examen in seine Heimat zurückkehrt und dort seinen Mitbürgern als geschickter Tierarzt dient. Damit weist diese Geschichte den Lesern den Ausweg aus einer Situation, die ihnen, die in ihrer medizinischen Versorgung weitgehend von Barbierern, Badern und Kurpfuschern abhängig waren, bestens bekannt war. Auch bei dieser Geschichte griff Hebel auf eine Vorlage zurück, auf die 1804 im *Schweizerboten* veröffentlichte gleichnamige Geschichte des ‚Volksaufklärers' Heinrich Zschokke. Doch anders als Zschokke, der seinen Lesern zeigen wollte, dass auch ein Bauernbursche zu einer bürgerlichen Karriere befähigt ist, legt Hebel den Akzent auf die Gemeinnützigkeit der ärztlichen Tätigkeit, zu der sich sein Protagonist aus vollem Herzen bekennt. Daraus spricht, ohne dass davon Aufhebens gemacht würde, Luthers Auffassung von der Arbeit als ‚Beruf', als Berufung jedes Christen, seine Arbeit in die Verantwortung vor Gott und seine Schöpfung und in die Hingabe an den Mitmenschen, in den Dienst der Gemeinschaft zu stellen. Vom Bürgertum so favorisierte Tugenden wie Fleiß, Ausdauer u. ä., die von Zschokke gelobt werden, sind für Hebel nur von Bedeutung, sofern sie unter der sie begründenden und tragenden christlichen Wertvorstellung der Nächstenliebe stehen, die alle Standesgrenzen aufsprengt. So entschieden diese radikale ‚Moral' von Hebel in dieser und in anderen Geschichten vertreten wird, moralisierend vorgetragen wurde sie deswegen nicht. Im Gegenteil ist der Erzählton seiner Geschichten niemals anbiedernd, um Zustimmung heischend, sondern vielmehr sachlich und oft ironisch distanziert. Selbst die von Hebel gern gewählte Anrede des Lesers, die eine vertrauliche Gesprächssituation suggeriert, wird diskret eingesetzt und will niemanden in die Enge treiben. So unterbricht Hebel in *Jakob Humbel* die Erzählung zwar immer wieder mit einem „Ich weiß einen …", um Innehalten beim Lesen und Nachdenklichkeit zu bewirken, verzichtet aber auf Ermahnungen. Stattdessen spricht der Schlusssatz eine Ermutigung aus, die dem Angesprochenen seine Freiheit lässt. In der Kalenderfassung heißt es: „Weißt du was? Nimm Gott zu Hilfe, und probiere es noch!" (nämlich etwas aus dir zu machen). In den gelungensten Geschichten geht das Didaktische, das der Kalendergeschichte eigen ist, auch immer wieder in der Bildlichkeit des Erzählten selber auf – etwa wenn Jakob Humbel (in der Erzähltechnik des Volksmärchens) gezeigt wird als einer, der Wege zurücklegt und Hindernisse überwindet. Dies hat nicht nur eine unterhaltende Wirkung, indem es das innere ‚Mitgehen' des Lesers evoziert, sondern ist eben auch von symbolischer Aussagekraft. Der Weg des Lebens, den der Protagonist geht, gewinnt eine klare Linie erst von dem Moment an, als er seinen Wunsch, in die Stadt, an den Ort der Aufklärung zu gelangen, entschlossen verwirklicht; das Ziel des Lebenswegs aber ist erst erreicht, nachdem er aufs Land zurückgekehrt ist, um dort seine noch unaufgeklärten Mitmenschen an seinem Wissen und Denken teilhaben zu lassen.

Über die tatsächliche Wirkung Hebels unter den ‚kleinen Leuten' ist wenig bekannt. Wir wissen nur, dass die Auflage des Kalenders seit 1809 sprunghaft anstieg und dass er auch in städtischen Haushaltungen gekauft wurde.[49] Dass Hebel auch im gehobenen, aufgeklärten Bürgertum große Anerkennung genoss, belegen die Äußerungen Goethes und Jean Pauls, die zu seinen begeisterten Lesern gehörten.

4. Poetik und Ästhetik im 18. Jahrhundert

Die Literatur dieses aufgeklärten Bürgertums ist nicht nur in die beschriebenen sozialen Gegebenheiten eingebettet, die wesentliche der in ihr behandelten Themen begründen, sie steht zugleich auch in einer in dieser ‚staatsbürgerlichen' Gesellschaft geführten ästhetischen Diskussion, die wenigstens in Umrissen zu skizzieren ist, will man der Entwicklung der einzelnen Gattungen in der bürgerlichen Literatur des 18. Jahrhunderts und den Texten, die auf die Frage nach den vermittelten Wertvorstellungen und Verhaltensnormen besonders eindringlich antworten, in dem hier gesetzten Rahmen gerecht werden. Dabei wird zu beachten sein, inwieweit die ästhetische Diskussion des 18. Jahrhunderts in die politische eingebunden war, inwieweit man zumindest von Wechselbeziehungen zwischen beiden Diskursen sprechen kann.

Die Ursprünge der Ästhetik der Aufklärung reichen bis ins 17. Jahrhundert zurück. Die Poetik dieses Jahrhunderts war in hohem Maße rhetorisch fundiert. Sie zielte auf Wirkung und verlangte von der mündlichen Rede ebenso wie von den poetischen Werken, unter Berücksichtigung des jeweiligen Anlasses bestimmte Effekte zu erzielen. Dabei berief sie sich immer wieder auf Musterautoren aus der Antike und tradierte damit das für die Humanisten so bedeutsame Ideal der Gelehrsamkeit. Auf die im letzten Viertel des 17. Jahrhunderts einflussreichste Rhetorik, den *Politischen Redner* Christian Weises, ist bereits im vorigen Kapitel ausführlicher eingegangen worden. In diesem Werk und in den unter seinem Einfluss stehenden Lehrbüchern und Exempelsammlungen, die sich um 1700 immer mehr verbreiteten, wurde gerade der Wirkungsbezug überdeutlich herausgestellt. Es ging dabei einerseits um Anweisungen, mit Hilfe deren Sprache kontrolliert und überzeugend eingesetzt werden konnte, nicht zuletzt um den beruflichen Erfolg, zumal den der bürgerlichen Amtsträger bei Hofe, zu fördern; und es ging andererseits um die Bereitstellung von Regeln zum Verfertigen von Gelegenheitsdichtungen, mit denen gesellschaftlich zu glänzen war. So war das, was man in diesen Jahrzehnten ‚politische' oder ‚galante' Rede nannte, zwar noch ganz an den übergeordneten Regeln der Repräsentation, an den ‚höfischen' Umgangsformen orientiert; allmählich aber prägte diese rationale, pragmatische Rhetorik immer nachhaltiger auch das Miteinander derer, die sich ihrer vor allem bedienten – und damit die neu sich formierende Gesellschaft der ‚Staatsbürger'. Auch die Literatur, die in den ersten Jahrzehnten des 18. Jahrhunderts in dieser Gesellschaft entstand, ahmte immer wieder nach, was als ‚politische' Klugheit des Menschen galt, und nutzte dafür die diesem Zweck entgegenkommenden Gattungen, z. B. den ‚galanten' Roman, das Schulstück und die Komödie, die Fabel, den dialogischen Essay.

Gottsched

Je mehr die Rhetorik des späten 17. und frühen 18. Jahrhunderts dazu neigte, als praktischer Ratgeber für die unterschiedlichen Bereiche des sozialen Austauschs zu fungieren, desto stärker geriet die poetische Regelkunde in den Hintergrund. Dies änderte sich erst mit der Lebensleistung des Leipziger Professors der Poesie und Philosophie Johann Christoph Gottsched. Gottsched war Schüler des in Halle und Marburg lehrenden Philosophen Christian Wolff, dessen Bücher in der ersten Hälfte des 18. Jahrhunderts den Philosophieunterricht an den deutschen Universitäten bestimmten. Wolff, der die Vorstellung einer ganz und gar vernünftig eingerichteten Schöpfung, die Gottfried Wilhelm Leibniz vor ihm entfaltet und begründet hatte (vgl. zusammenfassend die *Lehrsätze über die Monadologie*, 1720), im Wesentlichen nur popularisierte, hatte den Versuch unternommen, ein weitgefasstes, aber in sich geschlossenes, den Prinzipien der Logik verpflichtetes philosophisches Lehrgebäude zu errichten, dabei aber das ganze Feld des Ästhetischen (das diesen Namen freilich erst später durch Alexander Gottlob Baumgarten erhielt) vernachlässigt. Diese Lücke bemühte sich Gottsched zu schließen, nicht zuletzt um dem universalen Anspruch rationalen Denkens auf diese Weise weiteren Nachdruck zu verleihen. In seinem Hauptwerk, dem *Versuch einer Critischen Dichtkunst* von 1730, rückt er dementsprechend von der Anweisungspoetik der vorangegangenen Jahrzehnte ab und entwirft ein in sich schlüssiges poetologisches Lehrsystem, das seine Regeln aus allgemeinen Grundsätzen ableitet. Als oberster Grundsatz gilt im Anschluss an Aristoteles, dass jegliche Kunst – auf je spezifische Weise – Nachahmung der Natur (Mimesis) sei, wobei Natur von Gottsched als logisch geordneter Funktionszusammenhang verstanden wird, dem Räderwerk einer Uhr vergleichbar. Auch wenn unsere sinnliche Wahrnehmung nur die Wirkungen zu erfassen vermag, die dieses Räderwerk hervorbringt, kann dessen Konstruktion doch durch die dem Menschen eigenen Kräfte der Vernunft erschlossen werden, ist es dem Menschen als reflektierendem Wesen also möglich, der Vernunft, die in aller Natur waltet, nachzuspüren. Das dichterische Erfinden hat sich deshalb an die Wahrscheinlichkeit zu binden. Auch wenn das subjektive Moment im Vorgang des Dichtens nicht auszuschließen ist, darf es doch nicht dominieren. Die Anlehnung der Dichtung an die gesetzmäßig geordnete Natur impliziert eine Ablehnung alles Unvernünftigen, Phantastischen, Grotesken. Nicht in der Erfindung liegt für Gottsched die schöpferische Kraft des Dichters, sondern in seiner Fähigkeit zum Versinnlichen allgemein gültiger Zusammenhänge. Mit ihrem Wahrheitsbezug erhält Dichtung eine aufklärende Funktion, ist niemals nur nutzlose Spielerei oder bloße Unterhaltung. Deswegen ist es ganz folgerichtig, dass Gottsched bei der Betrachtung der einzelnen Gattungen beispielsweise gegen den Mummenschanz des barocken Dramas polemisiert, mehr noch gegen den Harlekin, der in den Zwischenspielen der Haupt- und Staatsaktionen (vgl. I) des 17. Jahrhunderts oder auf den Wanderbühnen die Zuschauer durch seine derben Späße zum Lachen brachte, oder wenn er sich gegen die Oper wendet, die nur das Gehör kitzele, der Vernunft aber keinen Raum verschaffe, oder gegen die um ihrer selbst willen geschilderten Liebesverwicklungen der galanten Romane. Vielmehr soll Dichtung vernünftige Verhaltensmuster von Menschen und moralische Wahrheiten mit Hilfe von Geschichten episch oder dramatisch demonstrieren und damit den Blick auf die allein durch die Vernunft zu erschließende Logik der Sitten eröffnen. – Gottsched ist wegen seines optimistischen Vertrauens in die Vernunfterziehung des Menschen, wegen der engen Verknüpfung des Ästhetischen mit dem Moralischen, wegen seines Ordnungsbestrebens und seines normativen Umgangs mit den einzelnen Gattungen, vor allem wegen seiner distanzierten Haltung gegenüber den Möglichkeiten der Phantasie anhaltend – bis in die Gegenwart hinein – kritisiert worden. Gleichwohl ist seine Bedeutung gerade für die frühe Phase der Aufklärung in der ersten Hälfte des 18. Jahrhunderts nicht zu unterschätzen. Denn Gottsched war der Erste, der entschieden das mündige Publikum als kritische Instanz herausforderte. Indem er sein Regelwerk ausdrücklich als Anleitung zur Bildung des Geschmacksurteils auch der in künstlerischen Dingen Unbewanderten konzipierte und dem Laien ein Instrumentarium zur Beurteilung literarischer Erzeugnisse an die Hand geben wollte, wandte er sich zugleich gegen die Unberechenbarkeit der Gunst der Fürsten und Mäzene. Die Kompetenz der literarisch interessierten (wenngleich anleitungsbedürftigen) Öffentlichkeit und die aus ihr hervorgehenden und sich mit ihr auseinandersetzenden Kritiker sollten fortan über den Wert künstlerischer Arbeit entscheiden.[50] Für dieses Ziel, die Literatur aus feudaler Abhängigkeit zu lösen und in den Dienst des neu sich bildenden Bürgertums zu stellen, war Gottsched auch als Organisator unermüdlich tätig – als Herausgeber Moralischer Wochenschriften, als Übersetzer, als Gründer gelehrter Gesellschaften, als wissenschaftlicher Koordinator, der von der Bedeutung der Erziehung überzeugt war, einer Erziehung freilich, die eine Emanzipation des Bürgers nur im Rahmen des durch den absolutistischen Staat gewährleisteten Ordnungsgefüges anstrebte, weil nur in diesem sachliche und zweckmäßige, das hieß im Verständnis der Zeit von Vernunft getragene Entscheidungen vorstellbar erschienen. Ebenso wie Wolff ging es Gottsched darum, Aufklärung in die hierarchisch strukturierte absolutistische Gesellschaftsordnung hineinzutragen und sie in die aufgeklärt absolutistische umzuwandeln.

Bodmer und Breitinger

Gegen den Rationalismus Gottscheds und seine Weigerung, den schöpferischen Kräften des Dichters mehr Raum zuzugestehen, bildete sich in den vierziger Jahren eine schnell wachsende Opposition. Insbesondere die beiden in Zürich lebenden Schweizer Johann Jakob Bodmer und Johann Jakob Breitinger versuchten in der Auseinandersetzung mit Gottsched die Dichtung aus der Einengung normativer Bestimmungen zu befreien. Auch bei ihnen trat das Problem der Naturnachahmung, der Mimesis, in den Mittelpunkt aller Erwägungen. Bodmers *Critische Abhandlung von dem Wunderbaren in der Poesie* (1740) und Breitingers *Critische Dichtkunst* (1740) proklamieren den Gedanken, dass nicht allein die Welt des empirisch Sichtbaren nachahmenswert sei, sondern auch die des unsere Erfahrungen überschreitenden Möglichen. Der Mensch besitze das Vermögen der Phantasie, das ihm erlaube, poetische Erfindungen auch ohne empirischen Gehalt zu würdigen. Damit wird Gottscheds Mimesiskonzept aufgelockert. Nicht nur die Arbeit der Vernunft bestimmt die ästhetische Qualität eines Textes, sondern auch das imaginierte Überrationale. So kommt der Kreativität des Dichters eine größere Bedeutung als bei Gottsched zu. Das Ergötzen des Lesers, schreibt Breitinger, sei umso größer, je mehr es dem Dichter gelinge, die ‚betäubende Gewohnheit' zu überwinden, je neuer, unerwarteter eine Vorstellung sei. Während er selbst stilistischen Mitteln wie dem Vergleich und der Metapher, den ‚Macht-Wörtern' und ‚Bey-Wörtern', die geeignet sind, den Leser zu reizen und sein Gemüt zu erregen, viel Aufmerksamkeit widmet, konzentriert sich Bodmer auf die Betrachtung der Bezugsfelder des Dichtenden, und hier besonders auf das des Großen, des Ungestümen, des Wunderbaren (einige Zeit später von Baumgarten und Kant unter dem Begriff des Erhabenen diskutiert), denn gerade dieses Bezugsfeld erscheint ihm geeignet, die emotionale Bewegung des Lesers hervorzurufen. So verschiebt sich für die beiden Schweizer die Aufgabe der Dichtung insgesamt. Sie soll zwar nicht auf Belehrung verzichten, aber stärker doch das Vergnügen der Menschen berücksichtigen und deren Herzen rühren. Mit solcher Einstellung sprachen Bodmer und Breitinger innerhalb des Bürgertums im Übrigen ein breiteres, sich der Unterhaltung öffnendes Publikum an, und man mag darin einen Reflex ihrer republikanischen Überzeugungen erkennen.[51]

Baumgarten

Der Weg, den Bodmer und Breitinger gegen die Phantasie- und Sinnenfeindlichkeit der Frühaufklärung eingeschlagen hatten, wurde insbesondere von Alexander Gottlieb Baumgarten weiterbegangen. Auch Baumgarten, dessen in lateinischer Sprache erschienenem Hauptwerk *Aesthetica* (1750) die Etablierung des Begriffs der Ästhetik für die Lehre von der Erkenntnis des Schönen zu verdanken ist (gr. ‚aisthesis' bedeutet sinnliche Wahrnehmung), war noch insofern von der Philosophie Wolffs abhängig, als er von dessen Unterscheidung zwischen einem oberen, als Vernunfttätigkeit beschriebenen und einem unteren als einem von den Sinnesorganen geleiteten Erkenntnisvermögen ausging und dabei die Ästhetik der unteren Erkenntnislehre zuordnete. Die Ästhetik ist für ihn eine Schwester der Logik, eine ‚ratio inferior', eine Entsprechung der Vernunft auf dem niedrigeren Niveau des Empfindungslebens. Ihre Aufgabe ist es, diesen Bereich in einer Weise zu ordnen, die den Operationen der Vernunft verwandt und doch ihr gegenüber relativ autonom ist. Die Ästhetik besitzt ihren eigenen Diskurs und ihre eigene Logik, sie ist Wissenschaft der intuitiv-anschauenden, der sinnlichen Erkenntnis, deren Regeln analog zu denen der Vernunft deduziert werden können. Das Entscheidende dieses hier nicht näher auszuführenden Ansatzes liegt darin, dass mit ihm versucht wird, die Aufklärung auf das ganze unerschlossene Gebiet der Empfindungen auszudehnen und dieses systematisch zu bearbeiten und gleichzeitig die Kunst aus der Dominanz der Ratio zu befreien und ihr ihren eigenen Bereich zuzuweisen. Dem entspricht Baumgartens ebenfalls in der *Aesthetica* geäußerte Ablehnung der moralischen Zweckmäßigkeit der Kunst, die zwar nicht die guten Sitten antasten solle, aber doch in der Wahl der Stoffe und in der Darstellung frei von philosophischer Erkenntnis und moralischen Vorschriften sein müsse, keinesfalls also abstrakte Botschaften zu vermitteln habe, vielmehr allein der Wahrheit des sinnlich Wahrnehmbaren verpflichtet sei. Über die von den Sinnen geleitete, sensitive Erkenntnis des Schönen verfügt nach Baumgarten vor allem der Künstler selbst.[52] Denn er besitzt nicht nur eine große Schärfe der Sinnesorgane, sondern auch ein seelisches Vermögen, das ihm erlaubt, das Wahrgenommene richtig zu beurteilen und auszuwerten. Dazu kommt eine produktive Einbildungskraft, die von intellektuellen Fähigkeiten kontrolliert wird. Darüber hinaus aber hat der wahre Künstler, wenn er sich als Schaffender betätigt, den ‚impetus aestheticus', die Begeisterung, ohne die kein überzeugendes Kunstwerk zustande kommt. Damit mischt sich Baumgarten in die Diskussion über das Genie ein, die wie diejenige über die Mimesis das Zeitalter durchzieht und früher als in Deutschland schon in Frankreich und England geführt wurde. Während die Franzosen, allen voran Jean Baptiste Dubos (*Réflexions critiques sur la poèsie et la peinture*, 1719), das Genie einer Person als glückliches Gleichgewicht aller Kräfte begriffen, in dieser Auffassung von Gottsched begleitet, gaben die Engländer vor allem im Hinblick auf Shakespeare dem Begriff die Konnotation des Originalen (am ausgeprägtesten schließlich bei Edward Young, *Conjectures of Original Composition*, 1759). In Deutschland war der Begriff zunächst im Sinn von lat. ‚ingenium' als Fähigkeit oder Talent verwendet worden. Durch den Einfluss der Engländer und nicht zuletzt durch Baumgartens Vorstellung vom Enthusiasmus des Künstlers nahm der Begriff eine andere Bedeutung an. Schon für Lessing hatte das Genie alle ‚Regeln in sich', bis man in den folgenden Jahrzehnten schließlich die Schöpferkraft des Genies pries, Genie nicht mehr hatte, sondern war. – Auch im Hinblick auf die Einschätzung des dichterischen Kunstwerks wirkte Baumgarten innovativ und richtungweisend. Während es bis dahin üblich war, die Schönheit als die in Erscheinung tretende Vollkommenheit zu verstehen, gleichsam als sinnliche – und deswegen allerdings auch immer unvollkommen bleibende – Repräsentation der letztlich intelligiblen, nur durch den Geist zu erfassenden Vollkommenheit, definiert Baumgarten Schönheit nicht als Erscheinung der Vollkommenheit, sondern als Vollkommenheit der Erscheinungen, als Reichtum an Sinnlichkeit. Dieser Reichtum, der keineswegs auf Vollständigkeit zielt, ergibt sich aus dem Erfassen individueller Merkmale. Die ausschlaggebende Rolle des Individuellen bei Baumgarten, durch das für ihn auch das Hässliche kunstfähig wird, und das damit zugleich sich ausdrückende Misstrauen gegenüber allem Regelhaften erwiesen sich als einflussreich vor allem für die Kunstauffassungen der Stürmer und Dränger, auf Herder, Lenz und den jungen Goethe.

Lessing

Auch bereits Gotthold Ephraim Lessing steht in der Nähe Baumgartens, wenn er den Interessen der Aufklärung mit anderen Mitteln als denen des Rationalismus Wirkung zu verschaffen sucht. Lessing ist als Kunstkritiker durch keine in sich geschlossene Theorie hervorgetreten, sondern hat sich in einer Vielzahl von Schriften zu ästhetischen und poetologischen Fragestellungen geäußert (insbesondere in seinen *Briefen, die Neueste Literatur betreffend* (1759–65), in seinem *Laokoon* (1766) und in seiner *Hamburgischen Dramaturgie* (1767–69)), wobei er seine Gedanken hierzu stets auf konkrete Beispiele bezog. Dieses induktive Vorgehen verweist nicht nur auf seine Abneigung gegen den Dogmatismus der rationalistischen Systeme, sondern spiegelt zugleich einen Denkstil, dem die Mühe der Wahrheitsfindung allemal wichtiger ist als der Besitz der Wahrheit und deren Absicherung. Immer wieder wird Lessings eigene Bemerkung aus der *Duplik* von 1778 hierzu zitiert: „Nicht die Wahrheit, in deren Besitz irgend ein Mensch ist, oder zu sein vermeinet, sondern die aufrichtige

Mühe, die er angewandt hat, hinter die Wahrheit zu kommen, macht den Wert des Menschen. Denn nicht durch Besitz, sondern durch die Nachforschung der Wahrheit erweitern sich seine Kräfte, worin alleine seine immer wachsende Vollkommenheit bestehet." Gerade dass Lessing den Leser in sein kritisches, oft auch polemisches Denken einzubeziehen suchte, hat zu der bis heute andauernden Wirksamkeit seiner literaturtheoretischen Ansichten beigetragen und vor allem auch das Verständnis von Aufklärung als einer sich an andere Menschen richtenden Aufgabe mitgeprägt.

So unsystematisch Lessings kunst- und literaturtheoretische Gedanken oft auch erscheinen mögen, sind sie doch von festen Grundsätzen getragen. Am tiefsten reicht seine Überzeugung, dass jegliche Kunst die Absicht verfolgt, den Menschen zu seiner höchsten sittlichen Bestimmung zu führen. Diese erzieherische Aufgabe steht für ihn wie für alle Aufklärer außer Frage. Insofern ist seine Betrachtung gerade auch der Literatur immer wirkungsbezogen. Allerdings gewinnt für ihn die Literatur ihre Moralität nicht – wie für die Rationalisten, allen voran Gottsched – aus der Weitergabe von Exempeln, die sich einem Tugend- und Lasterkatalog applizieren lassen, bzw. aus der lehrhaften Vermittlung von Erkenntnissen. Er glaubt nicht, dass Wissen und Einsicht ausreichen, um tugendhaft zu handeln, oder dass bereits die Zurückdrängung der Affekte den Menschen bessert. Vielmehr ist er davon überzeugt, dass Menschen nur durch die Beteiligung ihrer Affekte zu moralischem Handeln gebracht werden können und dass die Funktion der Literatur darin liegt, tugendhaftes Verhalten auch durch die Darstellung von Affekten einzuüben. Während die Rationalisten die Affekte als solche für störend hielten, sind sie für Lessing unentbehrlich, um der Vernunft überhaupt Geltung zu verschaffen, d. h. die Vernunft für andere fruchtbar zu machen. Der besondere Affekt, den die Literatur, und hier vor allem das Trauerspiel, im Leser zu erzeugen vermag und den sie erzeugen soll, ist das Mitleid. Dieser Begriff spielt für Lessing eine zentrale Rolle. Er versteht unter ihm weniger das augenblickliche, sich schnell erschöpfende Mitgefühl mit dem Unglück eines anderen, als vielmehr eine Haltung, eine Gefühlsbereitschaft, die für das Unglück generell empfindsam ist. In dieser Empfindsamkeit, in dieser Fähigkeit zur ‚Sympathie', liegt für ihn die höchste Tugend des Menschen, seine tiefste Sittlichkeit. In einem Brief an Nicolai vom November 1756 schreibt er: „Der mitleidigtse Mensch ist der beste Mensch, zu allen gesellschaftlichen Tugenden, zu allen Arten der Großmuth der aufgelegteste."[53] Dies heißt zugleich, dass die Fähigkeit zum Mitleiden für Lessing eine soziale Kraft besitzt, dass es die Voraussetzung für verantwortliches Handeln in der und für die Gesellschaft ist. – Wenn die Literatur dieses Mitleiden einzuüben versucht, heißt dies eben nicht, dass sie zu einzelnen moralischen Verhaltensweisen aufruft, sondern dass ihr daran gelegen ist, die eigentliche Natur des Menschen freizulegen und in ihm die andauernde Neigung zu wecken, in der Alltagspraxis moralisch zu handeln. Am deutlichsten hat Lessing diese Auffassung zur Absicht der Literatur wohl in dem schon von seinen Zeitgenossen gern zitierten Saitengleichnis[54] dargelegt. Es geht von der Beobachtung aus, dass, wenn man zwei Saiten die gleiche Spannung gibt und die eine durch Berührung ertönen lässt, die andere mittönt, ohne berührt worden zu sein. Dieses Phänomen bezieht er auf den literarischen Rezeptionsvorgang. Der Zuschauer eines Dramas schwingt mit dem durch die Handlung des Spiels ‚berührten' Protagonisten mit, ohne selbst körperlich betroffen zu sein. Nicht also auf den ‚Witz', auf die kognitive Anstrengung bei der Deutung eines vorgeführten Exempels kommt es an, sondern auf das Betroffensein von den Ausstrahlungen der wahrgenommenen Erscheinungen und Vorgänge.[55]

Dem Ziel der Literatur, durch die Evokation des Mitleidens moralische Wirkungen zu erzielen, unterstellt Lessing alle künstlerischen Mittel. Die Befolgung von formalen Regeln hat für ihn nur Sinn, sofern diese die wesentliche Absicht des Kunstwerks zu verwirklichen helfen. Ihre Einhaltung um ihrer selbst willen lehnt er ab; zahlreiche seiner kritischen Äußerungen beziehen sich polemisch gerade auf den Mechanismus der Regelbefolgung, den er besonders bei den Franzosen beobachtet. Für Lessing ist es belanglos, ob beispielsweise ein Drama in Versen oder in Prosa abgefasst ist und ob es die drei Einheiten von Ort, Zeit und Handlung befolgt oder nicht, sofern es nur die beabsichtigte Gefühlswirkung beim Zuschauer erzielt. In dieser Hinsicht ist Lessing voller Bewunderung für Shakespeare, an den er auch denkt, wenn er das Genie als den „geborenen Kunstrichter" bezeichnet, der die „Probe aller Regeln in sich" trägt. Dies heißt für ihn freilich nicht, dass das Genie keine Regeln kennen sollte; nur sind diese nicht der Maßstab seines Schaffens, sondern Instrumente, über die er nach eigenem Ermessen verfügt. Damit rückt Lessing schon in die Nähe der Genieauffassung der Stürmer und Dränger, obwohl er sich heftig gegen die oberflächliche Spontaneität der Geringeren unter ihnen gewandt hat. Er akzeptiert zwar das mit dem Verstand und mit dem poetischen Regelwerk schwer zu fassende Einmalige eines Kunstwerks, beharrt aber darauf, dass es das in der Tiefe liegende Gesetz befolgt, den Rezipienten über die Berührung seiner Affekte zu seiner sittlichen Bestimmung als Vernunftwesen zu führen.

Damit die moralisch wirkenden Affekte im Rezipienten ausgelöst werden können, muss er so in die imaginäre Welt des Kunstwerks hineingezogen werden, dass er auf sie wie auf die Wirklichkeit des praktischen Lebens reagiert, also nicht das Gefühl hat, vor etwas Künstlichem zu stehen. Über diese Illusionsbildung, die uns abwesende Dinge als gegenwärtig, den Schein als Wirklichkeit anzunehmen erlaubt, ist ausführlich im *Laokoon* nachzulesen. Sie ist die Voraussetzung dafür, dass der Rezipient ‚mitzuschwingen' beginnt (vgl. das erwähnte Saitengleichnis). So schreibt Lessing in der *Hamburgischen Dramaturgie* mit Blick auf das Trauerspiel (vgl. u. S. 186 ff.), dass es dessen Ziel sei, „die Leidenschaften, nicht beschreiben, sondern vor den Augen des Zuschauers entstehen, und ohne Sprung, in einer so illusorischen Stetigkeit wachsen zu lassen, dass dieser sympathisieren muss, er mag wollen oder nicht …". Wenn die Illusionsbildung gelingen soll, ist es erforderlich, dass das Dargestellte psychologisch wahr ist. Dazu gehört, dass die Charaktere in sich stimmig und ihre Handlungen zwingend motiviert sind. Alles Willkürliche, Verwickelte, Pedantische, Starre, Affektierte lehnt Lessing deswegen ab, was zugleich seine reservierte Haltung gegenüber der Dichtkunst des Barock und des Rokoko erklärt.

Gerade Lessings Wirkungskonzept fügt sich in die Lebensführung der staatsbürgerlichen Gesellschaft besonders schlüssig ein. Denn das Mitleiden, das er über das Kunstwerk eingeübt sehen will, stärkt die oben beschriebene Disposition der miteinander kommunizierenden Bürger und hilft dabei, dass die Gesprächspartner sich als gleichberechtigt ‚erleben'. Für Lessing ist dies die Grundlage, auf der ein zwangfreier, offener Dialog sich erst recht entfalten kann. Insofern sind die Rührungen, die von der schönen Literatur ausgelöst werden, Vorbereitung des kritischen Räsonnements, an dem gerade Lessing als einem falsche Autoritäten auflösenden Anspruch stets festgehalten und den er auch in seinen Dramen stets vorgeführt oder thematisiert hat. Dass die empfindsame Ästhetik in der zweiten Hälfte des 18. Jahrhunderts im Zuge der Massenproduktion rührender Dramen und Romane auch Auswirkungen gehabt hat, die zur Trivialisierung und schließlich zur Rührseligkeit um ihrer selbst willen führten, ist dem Kritiker und Utopisten Lessing nicht anzulasten, sondern entspringt den Bedürfnissen eines breiten Publikums. Diese lassen sich aus soziologisch zu erfassenden Gegebenheiten begründen, nicht aus den ästhetischen Anschauungen einiger führender Köpfe.

Herder

So sehr Lessings Ästhetik der Empfindsamkeit der Aufklärungsbewegung zugehörig erscheint, ja sie in dem Bemühen, ihr die Affekte der Menschen dienstbar zu machen, eigentlich erst auf den Höhepunkt ihrer Wirksamkeit zu führen sucht, so wenig lassen in den siebziger Jahren die ästhetischen Anschauungen der kleinen Gruppe der Stürmer und Dränger (so genannt nach Friedrich Maximilian Klingers Schauspiel *Sturm und Drang*, 1776) einen unmittelbaren Bezug zur Aufklärung erkennen. Aber auch sie sind der Aufklärung, wenn man diese nicht mit dem einseitig gerichteten Rationalismus ihrer Frühzeit gleichsetzt, letztlich tief verpflichtet. Dies lässt sich insbesondere an ihrem Verständnis und ihrer geradezu kultischen Verehrung des

Genies nachvollziehen. Denn was sie für ein Genie hielten, erinnert nicht nur an Baumgartens Vorstellung vom Enthusiasmus des Künstlers, sondern greift vor allem auf Lessings Aufwertung des Spielraums des künstlerischen Subjekts und an seine Ablehnung der sklavischen Befolgung normativer poetischer Regeln zurück. Gerade der bedeutendste Theoretiker unter den Stürmern und Drängern, Johann Gottfried Herder, hat in seinen Schriften wiederholt an Lessings Gedanken angeknüpft und sie auszubauen versucht. Auch ihre Begeisterung für Shakespeare teilten sie mit Lessing, wenn sie ihr auch mit überschwänglicheren Formulierungen Ausdruck gaben – zumal in Goethes von Herder beeinflusstem Aufsatz *Zum Shäkespears Tag* von 1771, der die Bedeutung eines Manifests erhielt. Shakespeare wird in dieser Schrift als Menschenbildner an die Seite des Prometheus gestellt; seine Verehrung gerät zur Idolatrie. Dabei erscheint er als Naturdichter („Natur! Natur! nichts so Natur als Shakespeares Menschen."), der sich kraft seiner schöpferischen Potenz über die antiken Muster hinweggesetzt und seine Stücke zu einem ‚schönen Raritätenkasten' hat werden lassen.

Wenn man überhaupt von einem Konzept der Produktionsästhetik der Stürmer und Dränger sprechen kann, so lag es in der nach ihrer Auffassung dem Genie zukommenden Freisetzung von Subjektivität. Das Genie war für diese jungen Autoren inspiriert von starken Empfindungen, von der Fülle des Herzens, angetrieben von einer unbändigen Wirkungskraft. Echte Kunst – so Herder[56] – entsteht nur auf Grund tief persönlicher Erlebnisse und Anschauungen. Nicht die objektive Wirklichkeit sei nachahmend wiederzugeben, sondern eine durch das individuelle Erlebnis verwandelte Wirklichkeit; Kunst sei das Ergebnis einer Begegnung des Ichs mit der Welt. Die Rolle des Künstlers ist damit eine aktive; er bringt in die Wahrnehmung der Wirklichkeit seine Subjektivität hinein, die Innerlichkeit und Originalität eines Schöpfers, der unbewusst Großartiges schafft. Bei dem mit Herder befreundeten Johann Georg Hamann (*Sokratische Denkwürdigkeiten*, 1759; *Kreuzzüge des Philologen*, 1762) wurde diese Begeisterung für das schöpferische Genie noch weiter ins Religiöse überhöht und mit christologischen Überlegungen verbunden. Für ihn war das produktive Genie nichts anderes als eine Chiffre für Gottes Wirken in der Welt, das in Christus gipfelt, dem Genie schlechthin. Das Genie war ihm Mensch gewordener Gott neben Christus. Derartig übersteigerte, für manchen die Grenze zur Blasphemie überschreitende Ansichten kennzeichnen deutlich die Überschwänglichkeit des Geniekults dieser Jahre. – Zur schöpferischen Kraft des Genies gehörten notwendigerweise auch die entsprechenden künstlerischen Ausdrucksmöglichkeiten. So waren die Stürmer und Dränger in der Tat ständig auf der Suche nach neuen, lebendigen, einmaligen, gleichsam vom Instinkt geleiteten Ausdrucksformen, wobei sie oft jegliche Verbindlichkeiten missachteten. Lessing, der dem Genie zwar die Fähigkeit zusprach, neue, in sich schlüssige Regeln zu schaffen, keineswegs aber an deren völligen Verzicht dachte, sparte deswegen nicht mit Spott darüber, dass viele der Jüngeren sich für Genies hielten, ohne es zu sein (vgl. *Hamburgische Dramaturgie*, 96. Stück) und sich lediglich mit überraschenden Effekten und ersten Versuchen zufrieden gäben.

Die Bedeutung des Individuellen, die gerade Herder in seinen ästhetische Fragen berührenden frühen Schriften (u. a. *Fragmente über die neuere deutsche Literatur*, 1767/68; *Kritische Wälder*, 1769; *Journal meiner Reise im Jahre 1769*, 1769; *Abhandlung über den Ursprung der Sprache*, 1770; *Von deutscher Art und Kunst*, 1773) hervorgehoben hat, ging bei ihm mit einer Betonung des Nationalen einher. Jede individuelle künstlerische Vollkommenheit sah er bedingt durch die Sprache, die Geisteshaltung, die geschichtliche Situation der nationalen Gemeinschaft, die für ihn gleichsam das Individuelle in der Vielfalt der Völker repräsentierte. So ist es gerade ihm zu verdanken, wenn seit den siebziger Jahren das allgemeine Interesse an der Dichtung anderer Völker zunahm, beispielsweise an den alten Liedern der Iren und Schotten (vgl. Thomas Percys Sammlung *Reliques of Ancient English Poetry*, 1765), die dem deutschen Publikum eine neue Empfindungswelt eröffneten und auch die deutschen Autoren (nicht zuletzt den jungen Goethe) beeinflussten. (Dass es sich bei den besonders stimulierenden Liedern des gälischen Barden Ossian um Fälschungen bzw. Nachdichtungen des Herausgebers James Macpherson handelte (*Fragments of Ancient Poetry, collected in the Highlands*, 1760–63; *The Works of Ossian*, 1765), wurde, obwohl es dafür genügend Hinweise gab, von vielen Zeitgenossen, gerade auch von Herder, heftig abgewehrt.)

Im Nationalen eine Kraft zu ergründen, die dem künstlerischen Individuum zufließt, hieß für Herder zugleich, sich der Geschichte einer Nation zuzuwenden. Literatur ist für ihn nur wirklich zu verstehen, wenn man die historischen Bedingungen, aus denen sie erwachsen ist, genau erfasst hat. Denn jede Sprache, jedes Volk, jede Zeit und auch jede Wissenschaft und Kunst ist Entwicklungen unterworfen (für deren Erklärung Herder gerne biologische Begriffe wie Ursprung, Wachstum und Zerfall verwendet). Ohne auf die Problematik dieser Anschauungen und Begrifflichkeit hier eingehen zu können – für die ästhetische Diskussion der Zeit war entscheidend, dass mit Herders Geschichtsverständnis auch die dauernde Verbindlichkeit poetischer Regeln relativiert wurde. Regeln, die einmal verbindlich waren, sind es für Herder in anderen Zeiten nicht mehr. So zeigt er, dass die Konstituenten der griechischen Tragödie von den Umständen erzwungen wurden, also historische Erscheinungen sind, keine ewigen Gesetze, und dass die nachahmende Einhaltung der zu einer bestimmten Zeit der Antike gültigen poetischen Regeln, um die sich vor allem die Franzosen im 17. und 18. Jahrhundert bemühten, zu nichts anderem als zu Seelenlosigkeit und Erstarrung führt. Diese historisch-genetische Betrachtungsweise brachte – gerade in Verbindung mit der dem Nationalen zugesprochenen Bedeutung – Herder im Übrigen auch dazu, den Wurzeln der deutschen Literatur nachzugehen, sich dem Mittelalter und der ‚Volkspoesie' zuzuwenden. Seine Sammlung von Volksliedern *(Alte Volkslieder*, 1774; *Volkslieder*, 1778/79) hat nicht nur die Sammlertätigkeit der Romantiker angeregt, sondern auch erheblichen Einfluss auf die Lyrik des Sturm und Drang gehabt.

Herders Relativismus musste zwangsläufig als Gegenposition gegenüber allen normativen Bestrebungen verstanden werden, an denen es in Deutschland auch nach der Jahrhundertmitte keineswegs fehlte. In dieser Hinsicht distanzierte er sich beispielsweise auch von dem von ihm hoch geschätzten und dann für die Weimarer Klassik so bedeutsamen Johann Joachim Winckelmann, der schon in seiner Frühschrift *Gedanken über die Nachahmung der griechischen Werke in der Malerei und Bildhauerkunst* von 1755 die griechische Kunst als Gipfel der künstlerischen Möglichkeiten des Menschen und als absolutes, über die Zeiten hinweg gültiges Vorbild gepriesen hatte.

Der in den sechziger und siebziger Jahren aufbrechende Geniekult ist mit dem Individualismus und relativierenden Historismus, der in den ästhetischen Schriften Herders und anderer zum Ausdruck kommt, allein nicht zu erklären. Aber darüber, welches die soziologisch zu verstehenden Ursachen für ihn sind, herrscht wenig Einigkeit. Dass er eine Art Ersatzhandlung junger Bürgerlicher war, die politisch keinen Einfluss nehmen konnten, erscheint so plakativ wie die Auffassung hergeholt, er sei im Wesentlichen nur ein Mittel gewesen, unter den entstandenen Konkurrenzverhältnissen des literarischen Marktes die Aufmerksamkeit der Leser auf sich zu ziehen. Eher war er Ausdruck einer Protestbewegung gegen die aufgeklärte Lebensführung der staatsbürgerlichen Gesellschaft mit ihren der Spontaneität des Gefühls wenig Raum gewährenden Regeln der Kommunikation, zugleich auch gegen das Arrangement der Bürger mit dem an der Entfaltung des Individuums desinteressierten Absolutismus – Ausdruck einer Protestbewegung, die zum Rückzug aus gesellschaftlichen Bindungen, auch zur Ausgrenzung durch die Gesellschaft führte und letztlich mit von Melancholie begleiteter Vereinsamung einherging, gegen die allenfalls Freundschaftsbünde oder kleine Verehrergemeinden einen gewissen Schutz bildeten.

Die Überspanntheiten dieser zur Aufklärung gehörenden und sich zugleich gegen sie wendenden Protestbewegung haben sich bei ihren künstlerisch bedeutenden Vertretern, zu denen der junge Goethe ebenso wie der junge Schiller gehörten, bald abgeschwächt und sind von ihnen auch selbstkritisch beurteilt worden.

Kant und Schiller

Am Ausgang des Jahrhunderts war der Geniegedanke in der ästhetischen Diskussion zwar noch präsent, stand aber nicht mehr länger in ihrem Mittelpunkt. Vielmehr wurden seit 1790 die ästhetischen Schriften Kants und Schillers maßgeblich, die andere Schwerpunkte setzten, dabei aber doch fest in der Aufklärung verankert blieben. Kant war, an Baumgartens *Aesthetica* anknüpfend, in seiner 1790 erschienenen *Kritik der Urteilskraft* darum bemüht, die Kunst als Erkenntnisform eigener Art in die allem aufklärerischen Denken zu Grunde liegende Vorstellung von der Einheit der Welt und des Lebens einzubeziehen und ihr jenseits didaktischer und erbaulicher Aufgaben als einer freien Hervorbringung des schöpferischen Künstlers ihre eigene, keinem Zweck unterstellte Würde zuzusprechen. Als Geistesprodukt bildet Kunst für ihn eine ‚ästhetische Idee', die zu denken gibt, ohne doch bestimmte Gedanken begrifflich verständlich machen zu wollen. Entsprechend kann vom Kunstschönen sittliche Kraft als mögliche Wirkung ausgehen, ohne dass in der Vermittlung bestimmter Tugenden sein Sinn läge.

Auch Schiller, dessen kunsttheoretische Abhandlungen sich aus der Auseinandersetzung mit der Ästhetik Kants entwickelten, lehnte eine Zweckbestimmung der Kunst als Lehrhilfe ab und vertrat dessen Auffassung von ihrer Autonomie. Gleichwohl war er wie alle Kunsttheoretiker der Aufklärung und wie auch Kant, dessen philosophische Untersuchungen des Erkennens, Empfindens, Handelns, Urteilens immer auch als psychologische zu lesen sind, brennend an Wirkungsfragen interessiert. Als Dramatiker bezog er seine theoretischen Überlegungen hierzu zunächst gezielt auf die Tragödie *(Über den Grund des Vergnügens an tragischen Gegenständen*, 1792; *Über die tragische Kunst*, 1792; *Über das Erhabene*, 1792/93 – erst 1801 gedruckt; *Über das Pathetische*, 1793; *Über Anmut und Würde*, 1793). Wie Lessing polemisiert er gegen die unwahrhaftigen Tragödien der Franzosen, übernimmt auch Lessings Begriff des Mitleids, nicht aber dessen gesamtes Mitleidskonzept. Vielmehr bleibt er in der Nähe von Lessings Freund Moses Mendelssohn, der in seiner Schrift *Über das Erhabene und Naive in den schönen Wissenschaften* von 1758 die Wirksamkeit des Erhabenen herausgestellt hatte, das sich in solchen Helden manifestiert, die das moralisch Gute höher als das physisch Gute schätzen und Schmerz, Ketten und Tod ertragen, um die Unschuld ihrer Seele unbefleckt zu erhalten. Mit Mendelssohn verachtet Schiller die bloß zärtlichen Rührungen, die nur zu „Ausleerungen des Thränensacks" führen *(Über das Pathetische)*. Seine wirkungsästhetische Argumentation führt ihn dazu, das Mitleid in die Wirkung des Erhabenen einzubeziehen, die Wirkung des Erhabenen gleichsam um die Lessingsche Empfindsamkeit zu bereichern und hierfür den Begriff des Pathetisch-Erhabenen zu prägen. Das Mitleid bleibt nach dieser Vorstellung nicht seiner eigenen Entfaltung überlassen wie bei Lessing, sondern wird zum dramaturgischen Mittel, durch das der moralische Sieg des leidenden Helden beim Betrachter einen besonders tief greifenden Eindruck hinterlässt. An der moralischen Inferiorität des Mitleids lässt Schiller – von Kants Gedanken über die sinnlich-übersinnliche Doppelnatur des Menschen beeinflusst – keinen Zweifel, da das Mitleid in die Sphäre der Sinnlichkeit gehört, dem Naturgesetz gehorcht, und „keine freye Aeußerung unsers Gemüths“ ist (*Vom Erhabenen*, 1793). Wie Lessing setzt Schiller den ‚besten Menschen‘ an die Spitze seines Programms. Aber nicht der mitleidigste ist für ihn der beste Mensch wie für Lessing, sondern der „seiner absoluten Selbsttätigkeit gewisse Bürger“.[57] Nicht in der Einschätzung, dass, sondern in der Frage, wie menschliche Autonomie durch das ästhetisch autonome Kunstwerk zu erreichen sei, emotionalistisch oder idealistisch, unterscheiden sich die beiden; ihre unterschiedliche Antwort ist begründet in ihren unterschiedlichen anthropologischen Leitvorstellungen.

Nirgendwo wird das wirkungsbezogene Denken Schillers deutlicher als in seinen Briefen *Über die ästhetische Erziehung des Menschen* (1795), in denen er seine Ansichten über die Kunst auf die historische Situation seiner Zeit bezieht und danach fragt, was die Aufgabe der Kunst in ihr sein könne. Insofern lassen sie sich als sein kulturpolitisches Programm oder, wie er sie selbst einmal interpretiert hat, als sein politisches Glaubensbekenntnis verstehen.[58] Ausgehend von einer Zeitkritik, in der die Abhängigkeit des Menschen vom Nutzen, den Geschäft und Wissenschaft ihm bringen, und der daraus resultierende Verlust seiner Bestimmung als moralisches Wesen, der Verlust der ‚Totalität des Charakters‘, beklagt wird, legt Schiller seine Überzeugung dar, dass die Krise der bürgerlichen Gesellschaft nur zu bewältigen sei, wenn der Mensch zuerst den ästhetischen Weg wähle, „weil es die Schönheit ist, durch welche man zu der Freiheit wandert“. Dies heißt nicht, dass gesellschaftliche und politische Probleme zur Angelegenheit der Ästhetik werden sollen, sondern zielt auf eine ästhetische Erziehung des Menschen in politischer Absicht.[59] Nur die Schönheit vermag für Schiller die im Menschen antagonistisch wirkenden Kräfte von Natur und Vernunft, den ‚Stofftrieb‘, der ihn von der materiellen Wirklichkeit abhängig macht, und den ‚Formtrieb‘, der seinen Freiheits- und Selbstbestimmungswillen repräsentiert, miteinander zu versöhnen. Dies geschieht durch den ‚Spieltrieb‘ als einer vermittelnden Distanz, die es dem Menschen bei der Beschäftigung mit der Schönheit, und zwar mit der ‚energischen‘, das Erhabene implizierenden Schönheit, ermöglicht, die Freiheit vollständig auch schon in einer Welt einseitiger und determinierter Existenz zu erproben. Der Mensch, heißt es im 15. Brief, ist „nur da ganz Mensch, wo er spielt“. Im Spiel erlebt er die Harmonie aller Gemütskräfte, die er in der Wirklichkeit verloren hat. Die Erfahrung dieser Harmonie, die Schiller den ‚ästhetischen Zustand' nennt, ist ihm die Voraussetzung jeder gesellschaftlichen und politischen Veränderung des Bestehenden. Der Künstler hat die Aufgabe, der Gesellschaft, in der er wirkt, durch ästhetische Erziehung der Menschen die Richtung zum Guten zu geben. Aus dem ästhetischen Zustand, nicht dem physischen, entwickelt sich der moralische.

Über die Breitenwirksamkeit einer ästhetischen Erziehung konnte sich Schiller keine Illusionen machen. Dass sich der allgemeine Zustand der Gesellschaft durch das Anschauen von Theaterstücken oder eine andere Beschäftigung mit dem Kunstschönen nicht bessern würde, war ihm bewusst. So steht am Ende der Briefe die Metapher vom ‚ästhetischen Staat', vom ‚Staat des schönen Scheins', der wenigstens „als eine Art Staat im Staat Ferment des Besseren sein soll",[60] und dies nicht erst in ferner Zukunft. Er verwirklicht sich (vgl. dazu den 27. Brief) „im Kreise des schönen Umgangs", im „geselligen Charakter", den gesellschaftlichen Umgangsformen einer Elite, „in einen wenigen auserlesenen Zirkeln", denen Bürgerliche wie Adlige angehören und in denen „das Ideal der Gleichheit erfüllt" wird – es liegt nahe, dabei an die Geheimbünde der Freimaurer und Illuminaten zu denken[61] (vgl. o.) oder aber auch an die um den Weimarer Hof zentrierte ‚gute Gesellschaft' (vgl. Kap. 1), die Gesellschaft der ‚humanistisch' Gebildeten.

Schillers Programm der ästhetischen Erziehung ist schon immer auch als seine Antwort auf die Französische Revolution verstanden worden. Obwohl entschiedener Verfechter der Ideale der Revolution, war er ein ebenso entschiedener Gegner der mit ihr einhergehenden Gewalttaten, die er mit heftigsten Äußerungen verurteilte. Je mehr die Gewalt die Revolution verdarb, desto überzeugter vertrat er den Gedanken der ästhetischen Erziehung als der Bedingung einer auf „Staatsverbesserung" zielenden Politik. Das autonome Kunstwerk also, das für ihn zur Veredelung des Charakters beiträgt, sollte „das Heiligste aller Güter", die „politische und bürgerliche Freiheit", befördern helfen. Freilich blieb offen, mit welchem politischen Staatsmodell dies geschehen könne, so dass die Frage gerechtfertigt ist, „ob die vollendete ästhetische Kultur nicht schon das Ziel vorwegnimmt, dessen Wegbereiter sie sein soll."[62]

Auch Schillers letzte große kunsttheoretische Schrift, *Über naive und sentimentalische Dichtung*, die ab 1795 in Fortsetzungen erschien und sein Programm der ästhetischen Erziehung kulturhistorisch absichern sollte, hat diese Frage nicht gelöst. In ihr ging es nicht nur um die Gegenüberstellung zweier dichterischer Grundeinstellungen, mit der Schiller sich zugleich von Goethe abzugrenzen suchte, sondern auch um deren zeitliche Abfolge im Rahmen eines geschichtsphilosophischen Entwurfs, dessen Konzept eines triadischen Rhythmus der Menschheitsgeschichte wesentlich von Gedanken Johann Gottlieb Fichtes angeregt war und auf die von den

Romantikern diskutierten Vorstellungen von der Vergangenheit und Zukunft des ‚goldenen Zeitalters' vorauswies. Schiller beschreibt das Naive, mit dessen Betrachtung schon einige andere seiner Zeitgenossen hervorgetreten waren,[63] zunächst als Phänomen einer bestimmten Kulturepoche, verwendet den Begriff dann aber auch als dichtungstypologische und als charakterologische Bezeichnung. Im Naiven setzt sich für ihn die Kunst in Beziehung zu einem Naturzustand, in dem die Menschen – wie die Kinder – mit sich selbst vollkommen identisch sind, also in einem ganz ungebrochenen Verhältnis zu sich und zu der sie umgebenden Wirklichkeit stehen. Die Nachahmung dieses Naturzustands findet er unter dem Einfluss Winckelmanns, aber auch Goethes vor allem in der Kunst der griechischen Antike. Auch in der Gegenwart kann dieser Naturzustand abgebildet werden, nämlich im Werk des schöpferischen Genies, das für Schiller, der den Begriff des Genies damit typologisch verengt, der naive Künstler schlechthin ist. Der Gegenbegriff des Naiven ist das Sentimentalische – als Bezeichnung für die (schon bei Horaz einsetzende) reflexive Kunsthaltung derer, denen die Übereinstimmung mit der Natur verloren gegangen ist und die entsprechend auch nicht an den sie umgebenden Gegenständen um ihrer selbst willen, sondern an den durch die Gegenstände dargestellten Ideen interessiert sind. Schiller sieht das kritische, gebrochene Verhältnis des Künstlers zur Realität, das eine Vielfalt dichterischer Gattungen hat entstehen lassen, vor allem in der eigenen Zeit verwirklicht und nutzt den Begriff des Sentimentalischen auch dazu, sich selbst als künstlerischen Charakter zu legitimieren und seine Gleichwertigkeit gegenüber Goethe zu betonen. Spiegelt sich in der sentimentalischen Dichtung gewissermaßen eine fortgeschrittenere historische Entwicklungsstufe als in der naiven, so ist sie doch keinesfalls das anzustrebende Ziel der Poesie. Dieses liegt vielmehr in der Wiederherstellung der ursprünglichen Totalität des Menschlichen auf einer höheren Ebene, auf der allein es möglich wird, den Zustand vollendeter Sittlichkeit zu erreichen. Diese Sittlichkeit, die es erlaubt, den Vernunftstaat zu errichten, kann nur durch das Zusammenwirken des naiven und des sentimentalischen Charakters entstehen. Diese Argumentation erinnert an den Schluss der ‚Ästhetischen Briefe' und bleibt, was die Möglichkeiten der Realisierung der politischen Absichten angeht, ebenfalls sehr vage.

Das Projekt der Weimarer Klassik

Das von Schiller gewünschte Zusammenwirken des naiven und des sentimentalischen Dichters war ein Reflex auf den beginnenden Gedankenaustausch zwischen Goethe und ihm, den beide zunehmend als Bereicherung empfanden und den Goethe später ein ‚glückliches Ereignis' genannt hat. Es ging dabei in Gesprächen und Briefen nicht nur um Gattungsgesetze und um die Wahl adäquater Stoffe, sondern besonders auch um gegenseitige Stellungnahmen zu den eigenen dichterischen Produktionen und um den Austausch über die Möglichkeiten und Grenzen des einen oder anderen der beiden. Wichtig war für beide auch die Arbeit an Schillers monatlich erscheinender, philosophisch und literarisch ausgerichteter, auch poetische Texte veröffentlichender Zeitschrift *Die Horen*, an der zwischen 1795 und 1797 viele führende Köpfe mitwirkten, neben Goethe und Schiller auch Herder, Fichte, Wilhelm von Humboldt, August Wilhelm Schlegel und andere. Getragen wurde diese Arbeit von einem zumal von Schiller deutlich formulierten literaturpolitischen Programm. Die Zeitschrift solle dazu dienen, schrieb er in der öffentlichen Ankündigung ihres Erscheinens, die Menschen „durch ein allgemeines und höheres Interesse an dem, was rein menschlich und über allen Einfluss der Zeiten erhaben ist, ... wieder in Freiheit zu setzen und die politisch geteilte Welt unter der Fahne der Wahrheit und Schönheit wieder zu vereinigen." Das Projekt der *Horen* wurde zum Versuch der Verwirklichung dessen, was in den in dieser Zeitschrift gedruckten Briefen *Über die ästhetische Erziehung des Menschen* gefordert war. Aus der Lektüreerfahrung und dem Konsens der Gebildeten sollte jene herrschaftsfreie und nachdenkliche Kommunikation erwachsen, die Schiller als Bedingung eines ‚ästhetischen Staates' vorschwebte.

So sehr diesem Projekt, das mit dem Begriff der Weimarer Klassik verbunden ist, immer wieder – gerade angesichts der Französischen Revolution – der Vorwurf gemacht worden ist, sich den zeitgenössischen politischen Problemen entzogen zu haben, so wenig ist doch die politische Bedeutung zu verkennen, die von ihm letztlich ausgegangen ist. Der – sicherlich utopische, der Aufklärung tief verpflichtete – Gedanke einer vernünftigen, moralisch und ästhetisch kultivierten Welt wurde in Weimar, wenigstens versuchsweise, „in die Wirklichkeit hineingebildet".[64] Dass dabei am Ende weniger herauskam als erhofft, obwohl das Großherzogtum 1816 als erster deutscher Staat eine landständische Verfassung erhielt und obwohl in ihm zumal die Künste und Wissenschaften besonders gefördert wurden, ist weniger wichtig als die Tatsache, dass von Weimar ein Anstoß zur Veränderung des bestehenden politischen und gesellschaftlichen Status unter Beteiligung aufgeklärter Bürger ausging, dass Weimar gleichsam als ein ‚Modell' ins Bewusstsein trat, das einen deutschen „Alternativanspruch zur Französischen Revolution" bildete.[65] Die Beziehungen zwischen diesem Weimarer ‚Modell' und den preußischen Reformen (vgl. o.) sind entsprechend vielfältig[66] und finden ihren sichtbarsten Ausdruck in der Person Wilhelm von Humboldts, des Wegbegleiters Goethes und Schillers (vgl. seinen Briefwechsel mit ihnen), der, weil er sich weigerte, den Menschen vom Bürger zu trennen, zwischen geistigem Leben und Politik die in jener Zeit vielleicht tragfähigste Brücke geschlagen hat (*Ideen zu einem Versuch die Grenzen der Wirksamkeit des Staates zu bestimmen*, 1792).

Gerade zur Zeit der Weimarer Klassik also berührt sich der ästhetische Diskurs stark mit dem politischen. Und bis in die Zeit der Weimarer Klassik ist die Aufklärung der tragende Grund ästhetischer Erwägungen. Erst mit der Romantik (verstanden als Bezeichnung für historische Erscheinungen im Bereich der Kunst) löst sich die enge Bindung des Ästhetischen an diese philosophisch bestimmbare Gesamtbewegung, gewinnt das Ästhetische ein Eigenleben. Während bis zu Kant und Schiller – und gerade von ihnen – das künstlerische Spiel in seinem Verhältnis zum Moralgesetz reflektiert wird, behaupten die Romantiker den Primat der Kunst über alle Erscheinungsformen des geistigen und gesellschaftlichen Lebens, wird die Kunst zum absoluten Reservat der Freiheit des Individuums. In der Romantik eignet die Kunst sich die Wirklichkeit an, um sie ‚poetisch' zu machen, oder enthüllt sie die Wirklichkeit vom übergeordneten Standpunkt des Künstlers her als unzulänglich. Mit der Romantik beginnt zugleich die Zeit der literarischen Experimente, der Vermischung der Gattungen, tritt das Interessante an die Stelle des Schönen und ist das Interessante nicht mehr Symbol des Sittlichen, sondern „Zeichen eines Unendlichen, das die Kunst in das Endliche zu übersetzen" sucht.[67] Die Vielfalt künstlerischer Möglichkeiten beginnt den sich abzeichnenden Werterelativismus der Moderne zu spiegeln. Ihn zu erklären, erfordert einen neuen Ansatz, die Beschreibung der Normgefüge der sich entwickelnden industriellen Gesellschaft. Insofern ist es sinnvoll, den Überblick über den ästhetischen Diskurs der ‚staatsbürgerlichen' Gesellschaft mit dem Beginn der romantischen Bewegung zu beenden und auch die folgende Beschreibung der literarischen Entwicklungen in der ‚staatsbürgerlichen' Gesellschaft in diesem Kapitel nur bis zur Romantik zu führen.

Analog zu den vorangegangenen Kapiteln, sollen bei der Beschreibung dieser literarischen, an den Gattungen entlang führenden Entwicklungen sowohl die sozial- und kulturgeschichtlichen Bedingungen der Entstehung und Rezeption der exemplarisch ausgewählten Texte als auch die sich gerade in ihrer Stoffwahl und in ihren Problemstellungen niederschlagenden Wertvorstellungen des neuen Bürgertums, aber auch ihre durch die zuletzt skizzierte ästhetische Diskussion beeinflussten Formmerkmale und Wirkungsintentionen miteinander in Beziehung gesetzt werden. Es bietet sich an, mit dem Drama zu beginnen, das wegen seiner Publikumsnähe und der unmittelbar von ihm ausgehenden Wirkungen die besondere Aufmerksamkeit der wirkungsbezogen denkenden Philosophen und Autoren des 18. Jahrhunderts auf sich gezogen, und das, zumal in Lessings ‚bürgerlichen Trauerspielen', wie kaum eine andere Gattung die Kommunikationsformen und Überzeugungen der ‚staatsbürgerlichen' Gesellschaft zur Anschauung gebracht hat.

5. Das Drama im 18. Jahrhundert

5.1. Theatersituation und Gattungsgeschichte

Die Situation des Theaters in den deutschen Staaten

Die Situation des Theaters in den deutschen Staaten des 18. Jahrhunderts blieb zunächst wesentlich von den Entwicklungen des 17. Jahrhunderts bestimmt. Nach wie vor standen auf den höfischen Bühnen der Residenzstädte Opern- und Ballettaufführungen im Mittelpunkt; nach wie vor wurden in den Gymnasien Schuldramen aufgeführt; nach wie vor unterhielten Wandertruppen in den Städten (aber auch an den Höfen) ein breiteres Publikum mit ihren auf handfeste Wirkungen zielenden, für Improvisationen offenen Repertoirestücken. Dennoch befand sich das Drama am Ende des 17. und in den ersten Jahrzehnten des 18. Jahrhunderts in einer Krise, die mit erwähnenswerten Stücken deutschsprachiger Autoren erst überwunden wurde, als sich in den dreißiger Jahren das neue Wertsystem der ‚staatsbürgerlichen' Gesellschaft etablierte, das gerade vom Schauspiel reflektiert und weitergetragen wurde.

Die Bedeutung Gottscheds

Von größter Bedeutung für diesen einsetzenden Prozess waren die Initiativen Johann Christoph Gottscheds (vgl. o.). Einer der Ausgangspunkte seiner Bemühungen um eine Theaterreform war seine Abneigung gegen die Programme und die Bühnenpraxis der Wandertruppen. „Lauter schwülstige und mit Harlekins Lustbarkeiten untermengte Haupt- und Staatsaktionen, lauter unnatürliche Romanstreiche und Liebesverwirrungen, lauter pöbelhafte Fratzen und Zoten waren dasjenige, so man daselbst zu sehen bekam", schrieb er in der ‚Critischen Vorrede' zu seinem 1732 publizierten Trauerspiel *Sterbender Cato.* Kontakt hielt er lediglich zu der Schauspieltruppe von Karoline und Johann Neuber, die sich vor allem um die Aufführung französischer Autoren wie Corneille, Racine, Molière, Destouches, Deschampes bemühten und dabei nicht nur auf Textverfälschungen und auf die beim Publikum beliebten witzigen oder auch akrobatischen Einlagen verzichteten, sondern Mimik und Gestik überhaupt zu Gunsten des bloßen Skandierens der Verse, zu Gunsten des Wortkunstwerkes also, zurückdrängten. 1737 inszenierte die Neuberin in Leipzig sogar eine allegorische Vertreibung des Harlekins, ließ andererseits aber bei der Aufführung von Komödien, u. a. ihrer eigenen, die traditionell bewährten Typenfiguren wirksam ausspielen. Zum Bruch mit dem puristischen Gottsched kam es 1741 anlässlich einer Kostümierungsfrage. Als dieser seinen *Cato* bei ihr in Originalkostümen aufführen ließ (und nicht, der zeitgenössischen Mode folgend, mit Allongeperücken, in Zwickelstrümpfen usw.), provozierte sie das Gelächter des Publikums, was Gottsched als Sabotage seiner ganzen Theaterkonzeption verstand.[68]

Diese Konzeption basierte auf dem Wunsch, eine ebenso nützliche wie vergnügsame Theaterkultur aufzubauen, die sowohl die Bürger als auch den die allgemeine Wohlfahrt und Sicherheit garantierenden Regenten ansprechen sollte. Dafür stellte Gottsched in den sechs Bänden des von ihm herausgegebenen Sammelwerks *Die deutsche Schaubühne nach den Regeln der alten Griechen und Römer eingerichtet* (1740/45) geeignete Texte zusammen – Übersetzungen vor allem aus dem Französischen, aber auch deutsche ‚Originalstücke', die er selbst und seine Frau sowie Freunde und Schüler von ihm verfassten. Seine Überzeugung, dass gerade auch der Herrscher durch das Theaterspiel zu angemessenen, der Staatsraison dienenden Verhaltensweisen erzogen werden müsse, ließ ihn strikt an der traditionellen Ständeklausel festhalten, nach der den Repräsentanten des Staates, den politisch Handelnden, die Tragödie, den Bürgern, den Privatleuten, die Komödie vorbehalten war. Dabei war Gottscheds Erziehungsziel keine allgemeine, die Moralität fördernde Gefühlsdisposition (wie sie später Lessing im Sinn hatte), sondern die Akzeptanz ganz konkreter, gleichsam katalogisierbarer Verhaltensweisen, die für bestimmte Handlungsbereiche relevant waren. Entsprechend der Ständeklausel sollten in den Tragödien daher – wie schon in den barocken Trauerspielen – Normenkonflikte bei der Herrschaftsausübung behandelt werden, in den Komödien dagegen Laster und Tugenden, die sich auf das Privat- und Wirtschaftsleben der Bürger, aber durchaus auch des niederen Adels, beziehen ließen.

Während Gottscheds Frau Luise Adelgunde sich der Komödie widmete, interessierte er selbst sich hauptsächlich für das Trauerspiel. Als dem Vernunftprinzip des Wahrscheinlichen verpflichteter Regelpoetiker forderte er in Anlehnung an Aristoteles und die französischen Klassizisten die Einheit von Handlung, Raum und Zeiterstreckung und distanzierte sich damit zumal vom schlesischen Kunstdrama des 17. Jahrhunderts mit seinen allegorischen Zwischenspielen (vgl. Kap. 1), die er als Produkte vernunftwidriger Einbildungen abtat. Charakteristisch für Gottsched aber war vor allem, dass er, um die Aufgabe der Tugendvermittlung durch das Drama zu betonen, die auf die Zuschauerwirkung abzielenden aristotelischen Begriffe ‚eleos' und ‚phobos' (‚Jammer' und ‚Schauder') durch die Kategorie der ‚Bewunderung' ergänzte. Für Gottsched sollte der Zuschauer durch das unglückliche Schicksal des ihm vor Augen stehenden Tragödienhelden nicht nur durch die Empfindungen von Jammer und Schauder emotional getroffen und sich am Ende von eben diesen Empfindungen entlastet (gereinigt) fühlen, er sollte durch die vorbildliche Tugendhaftigkeit des Helden zugleich auch beeindruckt und erbaut werden. Dabei war es für

Gottsched wichtig, dass der Held, wiederum, um dem Wahrscheinlichkeitsgebot zu genügen, weder ‚recht schlimm' noch ‚recht gut' ist, also auch charakterliche oder habituelle Schwächen zeigt. Zur Veranschaulichung dieser zuerst 1729 in einer vor der Leipziger ‚Vertrauten Rednergesellschaft' dargelegten Vorstellungen schrieb er in der Folgezeit eine Reihe von Tragödien als Musterstücke, von denen der aus verschiedenen Vorlagen kompilierte *Sterbende Cato* (1732) das erfolgreichste wurde.[69] Gottsched führt in ihm die kompromisslose Ablehnung der Alleinherrschaft und des Machtanspruchs Cäsars durch den Republikaner Cato vor, der allerdings an keine anderen Strategien des Widerstands als an den passiven denkt und sich schließlich selbst tötet. Damit bleibt diese Figur, wenn auch ohne christliche Erlösungsgewissheit, ganz in der Nähe der Märtyrerhelden des barocken Trauerspiels. Denkt man an Gottscheds Wirkungsprogramm, begegnet man hier einem Dilemma, das nicht nur dieses Stück sichtbar werden lässt. Denn es stellt sich die Frage, wie die aristotelischen Wirkprinzipien mit der Konzeption der ‚mittleren' Persönlichkeit dramaturgisch zu harmonisieren sind, wie also Cato, wenn er als bewunderungswürdiger, weil prinzipienfester Stoiker entworfen ist, der Forderung der Fehlerhaftigkeit des Helden entsprechen kann, die doch gerade die emotionale Anteilnahme des Zuschauers ermöglichen soll. – Auch Gottscheds Schüler Johann Elias Schlegel, der sich theoretisch von seinem Lehrer abzusetzen versuchte, indem er unter Berufung auf Shakespeare eine lebendigere Personencharakterisierung forderte, kam in seinem seinerzeit viel besprochenen Trauerspiel *Canut* (1746) nicht über dieses Dilemma hinweg. Hier wird ein Herrscher verklärt, der konsequent einer Staatskonzeption folgt, nach der Monarch und Untertanen, gleichsam auf der Basis eines Vertrags, ihre Interessen auszugleichen vermögen, und der selbst gegenüber einem Usurpator, der machtgierig einem veralteten Ehrbegriff und dem Recht des Stärkeren folgt, Milde walten zu lassen bereit ist und Skrupel hat, diesen zu bestrafen. Bewundert werden konnten in diesem Stück die sittliche Würde, die Empathie und der Altruismus des aufgeklärten Fürsten Canut. Doch, wie schon Nicolai und Lessing kritisierten, fehlt dem Titelhelden gänzlich das tragische Profil, so dass eine affektive Teilnahme des Publikums kaum entstehen konnte.

In Gottscheds Konzept der literarischen Moralerziehung wurde, wie angedeutet, auch der Komödie eine wichtige Funktion zugesprochen, und für die bürgerlichen Zuschauer waren Komödien, in denen sie, schon wegen der in ihnen auftretenden Figuren, die eigene Lebenswirklichkeit viel unmittelbarer als in den Tragödien abgebildet sahen, ohnehin unterhaltsamer und – was die Breitenwirkung angeht – auch einflussreicher. Komödien sollten für Gottsched die Nachteile des Lasters verdeutlichen. Im Sprachgebrauch der Zeit war das Laster ein Defekt, ein Mangel an Vernunft, eine Torheit, die grundsätzlich mit Hilfe vernünftiger Einsicht aufgehoben werden konnte. Laster sollten der Lächerlichkeit preisgegeben, der als Sonderling charakterisierte, genauer: der eine einzelne lasterhafte Eigenschaft repräsentierende, als Typus gezeichnete Komödienheld sollte ausgelacht, d. h. durch das Lachen bestraft[70] werden. Im Verlachen lag für Gottsched zugleich auch die Erbauung des Zuschauers, der sich als Besserwissender, als Überlegener fühlen konnte. Andererseits sollte die Komödie den Zuschauer, indem sie ihm den Spiegel vorhielt und ihm die Nachteile unvernünftigen Verhaltens vorstellte, auch zur Selbsterkenntnis führen. Insofern wirkte sie als gesellschaftliches Regulativ und überredete den bürgerlichen Zuschauer zur Annahme von Normen, die nach Auffassung Gottscheds Gültigkeit beanspruchen durften. – Es ist nachvollziehbar, dass solch ein didaktisches Konzept keinen Harlekin auf der Bühne duldete (wenn dieser auch in anderen Figuren, etwa in der Figur des schlauen Dieners, versteckt durchaus noch weiterlebte). Denn der Harlekin – als Nachfahre des Narren (vgl. P. N., 2012 a, IV) – war selbst Verlachender, Anstifter des Lachens, nicht etwa Gegenstand des Gelächters, und lebte von einer Komik, die sich subversiv, oft anarchisch gegen bestehende gesellschaftliche Gepflogenheiten richtete, so dass ein Tugendprogrammatiker wie Gottsched zwangsläufig ein Bedrohungspotenzial in ihm sehen musste.

Die ‚Verlachkomödien' der Gottschedin und anderer

Ob die ‚Verlachkomödien' oder – in gängiger Bezeichnung – die ‚sächsischen Typenkomödien', die in Gottscheds Umkreis entstanden, nun einen lasterhaften Charakter von seiner vernünftigen Umwelt isolierten und verspotteten oder aber die individuellen Fehler eines Charakters in einen – satirisch überzeichneten – allgemein-gesellschaftlichen Missstand einbetteten[71] – stets war das didaktische Anliegen all dieser Texte überdeutlich. Unverkennbar lagen ihre Intentionen in der Nähe der Anliegen der im gleichen Zeitraum so populären Moralischen Wochenschriften, nur dass normative Forderungen in den Komödien mit deren eigenen Mitteln, mit dem Verlachen nicht akzeptierter Verhaltensweisen, also durch Repression durchgesetzt werden sollten. – Auch in den Komödien[72] standen thematisch Sitten, die den Umgang der sich als aufgeklärt verstehenden Gesellschaft der Staatsbürger bestimmten, im Vordergrund. Gegen die dem Ideal rationalen Denkens widersprechende religiöse Schwärmerei, d. h. gegen Gemütsverwirrung, intellektuelle Konfusion und dunkle Rede ging es in Luise Adelgunde Gottscheds *Die Pietisterey im Fischbeinrocke* (1736), einer von einer französischen Vorlage abhängigen Komödie, die in Pietistenkreisen einen Sturm der Entrüstung auslöste. Aber auch die Anmaßungen der Halbgebildeten wurden von dieser Autorin gegeißelt. *Der Witzling* von 1745 verspottet in den selbstgefällig sich spreizenden Figuren Vielwitz, Sinnreich und Jambus eine sich als Selbstzweck verstehende Gelehrsamkeit ohne kritisches Urteilsvermögen (ein Motiv, das zur gleichen Zeit auch Lessing in seiner 1748 aufgeführten, aber schon etwas früher entstandenen Typenkomödie *Der junge Gelehrte* aufgriff). Im Mittelpunkt steht bei der Gottschedin die Frage, welches Gewicht die deutsche Sprache im öffentlichen Diskurs besitzen sollte. Während die bornierten Gelehrten am Lateinischen festhalten, übernimmt bezeichnenderweise ein Kaufmann, der schon aus beruflichen Gründen auf Verständigung angewiesen ist, die Position des aufgeklärten Sprachreformers. Der Hamburger Kaufmann Hinrich Borkenstein stellte in *Der Bookesbeutel* (1741) den engstirnigen Provinzialismus eines Kaufmanns der älteren Generation an den Pranger und erwies sich damit als Vertreter einer neuen bürgerlichen Kaufmannschaft, die an großflächigen wirtschaftlichen Verkehrsformen interessiert war und damit auch Handelspartner anderer Kulturen gelten ließ. Auch die Verachtung übertriebener Geldgier entsprach dem Denken des neuen Bürgertums, das Eigennutz und Gemeinsinn aufeinander bezog, jedenfalls das Geld produktiv eingesetzt sehen wollte. Die Erbschleicher in *Das Testament* der Gottschedin von 1745 gehen am Ende leer aus – eine Mahnung an die allzu egoistischen Vorteilsnehmer unter den Zuschauern. Gegenstand des Spottes war schließlich auch die Nachäffung höfischer Lebensart durch einzelne ehrgeizige Bürger. In J. E. Schlegels von Lessing gelobter Verskomödie *Die stumme Schönheit* von 1747 wird dabei durch die Gegenüberstellung zweier Frauenfiguren, der für eine vernunft- und gesprächsbestimmte Lebensgestaltung eintretenden Leonore und der die höfischen Verhaltensregeln imitierenden Charlotte, nicht nur die Oberflächlichkeit des aristokratischen Lebensstils herausgestellt, sondern vor allem die Verblendung, ihm bewundernd zu folgen. Das Motiv erinnert an Molières *Le bourgeois gentilhomme* (1670), eine Komödie, in der ein Bürger sich allerlei Lehrer hält, um in die besseren Kreise aufsteigen zu können. Allerdings diente Molières Text dazu, die Lebensform des höfischen Publikums durch Verspottung der bürgerlichen Großmannssucht zu stärken, während Schlegel einem Publikum aufgeklärter Bürger zeigt, dass es sich gar nicht lohnt – und eben auch lächerlich geworden ist, sich an den höfischen Umgangsformen zu orientieren.

Während Molières Kritik der Sitten, die er auch in seinen anderen Komödien, beispielsweise in Le *Tartuffe* (zuerst 1664) oder in *L'Avare* (1668) vorführte, rein moralistisch war und er die bestehende Struktur der Gesellschaft als gegeben ansah und für berechtigt hielt, unterschied sich die von ihm und anderen Franzosen in Stoffwahl, Struktur und Pointentechnik beeinflusste, wenn auch deren Niveau kaum erreichende ‚sächsische Typenkomödie' intentional insofern, als sie die Wertvorstellungen und Verhaltensnormen ihrer Zielgruppe des neuen Bürgertums nicht nur verteidigte, sondern vor allem erst zu etablieren trachtete. Die Mittel, mit denen dies geschehen konnte, blieben umstritten.

Das ‚rührende Lustspiel' Gellerts und anderer

Gegen die Komödien des Gottschedkreises, die auf das ‚Verlachen' des Normabweichlers zielten, damit aber die zeitweilige ‚Anästhesie des Herzens'[73] in Kauf nahmen, die mit dem Verlachen, dem distanzierten Blick auf das als lächerlich Erscheinende verbunden ist, antwortete schon bald eine andere Komödienkonzeption, die weniger an die Vernunft der Zuschauer als vielmehr an deren Gemüt und an deren Empfindungen zu appellieren suchte. Statt das Laster zu verspotten, wollte das so genannte ‚rührende Lustspiel' tugendhafte Eigenschaften des Menschen wie Selbstlosigkeit und Großmut, Freundschaft und Liebe herausstellen und mit ihnen die Herzen ergreifen. Dies führte notwendigerweise zur Verdrängung des Komischen. Vom ‚rührenden Lustspiel' führt ein direkter Weg zum ‚bürgerlichen Trauerspiel' (vgl. u.); vom ‚rührenden Lustspiel' sind zugleich die zahllosen, seit ca. 1750 die Bühnen geradezu überschwemmenden ‚bürgerlichen Rührstücke'[74] beeinflusst, die heute üblicherweise der Trivialliteratur zugeordnet werden.

Auch das ‚rührende Lustspiel' griff wie die ‚Verlachkomödie' insbesondere auf französische Vorbilder zurück, auf die ‚comédie larmoyante' eines Philippe Néricault Destouches oder Pierre Claude Nivelle de la Chausée, dessen *Mélanide* (1741) zum unerreichten Vorbild wurde. In Deutschland nahm Christian Fürchtegott Gellert die Anregungen aus Frankreich, aber auch England, am entschiedensten auf (vgl. seine *Abhandlung für das rührende Lustspiel* von 1751). Seine Stücke *Die Betschwester* (1745) und *Das Loos in der Lotterie* (1746) standen zwar noch unter dem Einfluss des satirischen Komödienkonzepts Gottscheds, stellten den lasterhaften Figuren aber bereits Kontrastfiguren entgegen, die das Publikum auf Grund der von ihnen vorgelebten Tugenden ‚bewegen' sollten. Erst Gellerts letzte Komödie, *Die zärtlichen Schwestern* (1747), ließ die ‚Verlachkomödie' vergessen, obwohl sie in der Einseitigkeit der Charakterzeichnung kaum über diese hinausging, nur dass nun statt der lasterhaften die tugendhafte Figur typisiert wurde. Der Liebhaber der Heldin dieses Stückes entscheidet sich unter Skrupeln für deren Schwester, weil diese eine lukrative Erbschaft gemacht hat. Die Verlassene gönnt der Schwester alles Glück und bittet dazu noch den Himmel, dem untreuen Liebhaber zu verzeihen. Diese selbstlose Haltung sollte nicht nur Mitgefühl evozieren („Bedauern sie mich" – ruft Lottchen, die Heldin, am Schluss ganz unverblümt), sondern die Zuschauer auch moralisch steuern – hierin blieb Gellert ganz traditionell. Der Konflikt, den er in den *Zärtlichen Schwestern* entwirft und der auch *Das Loos in der Lotterie* bestimmt, liegt in der

Unverträglichkeit zwischen „Wirtschaftsegoismus“[75] und Uneigennützigkeit. Während in der ‚sächsischen Typenkomödie‘ nur der verantwortungslose, d. h. unsoziale Umgang mit dem Geld verurteilt wird, der Besitzerwerb selbst jedoch als unanstößig gilt, wird in Gellerts Komödien allein schon das Streben nach Gewinn verdächtigt. Die Tugendhaften ziehen sich irritiert auf sich selbst zurück und drängen das Erwerbsleben aus ihrem Gefühlsbereich hinaus; und den Geschäftsleuten wie Herrn Dämon in *Das Loos in der Lotterie* und Geldgierigen wie Siegmund in den *Zärtlichen Schwestern* erscheinen die Tugendhaften – mehr oder weniger – einfältig. Diese jedoch tragen den moralischen Sieg davon. Mit ihnen fühlen die Zuschauer und durch sie vertieft sich die zunehmend empfundene Kluft zwischen dem Privatleben und einem Außenbereich von Wirtschaft und Politik, der nach den Vorgaben der ‚rührenden Komödie‘ als moralisch minderwertig wahrgenommen werden soll.

‚Bürgerliche Rührstücke‘ Kotzebues und anderer

Aus der ‚rührenden Komödie‘ entwickelten sich in der zweiten Jahrhunderthälfte in gleitenden Übergängen all jene trivialen Schauspiele,[76] die das Komische immer weiter um rührender Effekte willen zurückdrängten. Mit ihnen war über Jahrzehnte hinweg ein breites Publikum zu gewinnen. Diese ‚rührenden Schauspiele‘, in treffenderer Bezeichnung ‚bürgerlichen Rührstücke‘, zu deren populärsten Autoren Friedrich Ludwig Schröder (u. a. *Die Gefahren der Verführung*, 1778), August Wilhelm Iffland (u. a. *Die Jäger*, 1785) und August von Kotzebue (u. a. *Die deutschen Kleinstädter*, 1803) gehörten, rückten ganz ähnliche Konfliktkonstellationen in den Mittelpunkt wie die ‚rührende Komödie‘. Bezeichnenderweise legten diese Autoren, die zum Teil als Schauspieler und Regisseure selbst aktiv in den Theaterbetrieb eingespannt waren und unmittelbar auf den Publikumsgeschmack reagierten – allein Kotzebue schrieb mehr als zweihundert Dramen –, wenig Wert auf die gattungstheoretische Begründung ihrer Produktionen. Iffland z. B. nannte seine Stücke relativ beliebig ‚Lustspiel‘, ‚Schauspiel‘, ‚Familiengemälde‘ oder ‚Sittengemälde‘.

Im Mittelpunkt all dieser Texte standen gewöhnlich Familienprobleme, die sich aus Gefahren ergaben, die dem als Refugium verstandenen Familienverband von innen wie von außen drohten und das bürgerliche Publikum deswegen beunruhigten: Ehezwistigkeiten, Vater-Sohn-Konflikte, unglückliche Liebesbeziehungen von Söhnen und Töchtern, Standesunterschiede und Mesalliancen, aber auch Verarmung, Verleumdung, Intrigen. Schauplatz der Auseinandersetzung ist in dieser Trivialdramatik in der Regel die Wohnstube bzw. der Salon, wo die Konflikte sich am Ende auch lösen, die Kontrahenten sich versöhnen, die Unglücklichen beschwichtigt werden, die Rechtschaffenen triumphieren, die finanzielle Not abgewendet wird usw.

Die Happyends, mit denen das an der Wertvorstellung der intakten Familie orientierte Verhalten der Protagonisten belohnt wird, lösten bei den Zuschauern, die ihre eigenen Angelegenheiten auf der Bühne wiedererkannten, Tränen der Erleichterung aus und bestätigten und verinnerlichten ihre eigene Wertschätzung der Familie als Gefühlsgemeinschaft. Bestärkt wird in der trivialen Dramatik dieser Zeit insbesondere die väterliche Autorität. Wer sie nicht respektiert, gilt als Außenseiter, der zu Gehorsam und Pflichterfüllung zurückzuleiten ist. Die Autorität des Hausvaters kann allerdings auch von diesem selbst untergraben werden, z. B. wenn er in seiner Fürsorgepflicht für die Familie versagt. Scheitert er auf Grund der Unterlegenheit seines Standes gegenüber sich unedelmütig verhaltenden Adligen, so wird diese Machtkonstellation normalerweise in der Vorstellung von der ‚moralischen' Überlegenheit des Bürgers aufgefangen. Fast immer werden in den ‚Rührstücken' die Konflikte in einer für das bürgerliche Publikum akzeptablen Weise gelöst, wird zumal auch die Unterwerfung des Außenseiters unter die bürgerlichen Normen mit Glücksgefühlen genossen; gerade hierin liegt ein Merkmal ihrer Trivialität. – Am ehesten noch unterbrach Kotzebue in einigen seiner Stücke diese Stereotypie und wurde dafür durch das öffentliche Urteil gehörig bestraft. Er galt – wenigstens zeitweilig – als Anwalt der Unmoral, weil er heikle Themen- und Problembereiche wie den des unehelichen Kindes (*Das Kind aus Liebe*, 1791) oder des weiblichen Ehebruchs (*Menschenhaß und Reue*, 1789) aufgriff und die Rigidität der Verurteilung dieser Normverstöße abschwächte.[77]

Lessings Komödien

Vor der Folie der ‚Verlachkomödien', der ‚rührenden Komödien' und der vielen um Rührung bemühten Schauspiele heben sich zwei Dramen Gotthold Ephraim Lessings in gedanklicher und künstlerischer Hinsicht deutlich ab, sein Lustspiel *Minna von Barnhelm* (1767) und sein Versdrama *Nathan der Weise* (1779). Lessing hatte zunächst in frühen Versuchen mit seinem ausgeprägten Sinn für satirische Komik die ‚sächsische Typenkomödie' nachgebildet (u. a. *Der junge Gelehrte*, s. o.) und sich von der ‚rührenden Komödie' fern gehalten. Mit seinen beiden 1749 entstandenen Lustspielen *Der Freygeist* und *Die Juden* hatte er danach die Typenkomödie insofern verändert, als er die Aufmerksamkeit der Zuschauer von den isolierten Fehlern einzelner Figuren wegzulenken und stattdessen auf allgemein verbreitete Irrtümer (über die Geistlichkeit, über die Juden[78]) zu richten suchte. In beiden Stücken konzipierte er die Helden als Vorurteilsträger, die ‚zur Vernunft kommen', ließ er also die menschliche Qualität der Helden sich nicht in ihren Fehlern erschöpfen. Die Zuschauer wurden deswegen auch nicht genötigt, sie zu verlachen, sondern erhielten die

Möglichkeit, sich in ihnen wiederzuerkennen und die durch sie veranschaulichte Lehre zu akzeptieren. An die Stelle der Entlarvung des Lasterhaften trat die ‚Freilegung' eines Wertvollen – insofern sind gerade diese beiden Stücke zu Recht als frühe Vorläufer des *Nathan* verstanden worden.

Auch in der *Minna von Barnhelm*, der herausragenden Komödie der ganzen Epoche, soll der Protagonist, Major von Tellheim, keinesfalls verlacht werden. Dieser wegen einer angeblichen Veruntreuung aus preußischen Diensten entlassene, inzwischen verarmte Offizier, der in einem Berliner Gasthof seine Verlobte, das sächsische Edelfräulein Minna von Barnhelm, wiedertrifft, sich aber nicht mehr zu ihr zu bekennen mag, weil er sich ihrer nicht mehr würdig fühlt, erscheint zunächst – der Typenkomödie gemäß – als Personifizierung einer menschlichen Schwäche, eines überspannten Ehrgefühls, an dem er starrsinnig wie an einem Laster trägt. Doch ist Tellheims Zurückhaltung Minna gegenüber – und damit geht Lessing über das Modell der Typenkomödie hinaus – gut begründet. Denn durch seine Entlassung ist nicht nur er geächtet, auch Minnas gesellschaftliche Existenz wäre, würde er ihrer ‚blinden Zärtlichkeit' folgen und sie heiraten, vernichtet. So ist Tellheims Ehrbegriff keineswegs veräußerlicht und damit ‚lasterhaft'; vielmehr verwirklicht sich in ihm der Anspruch der Unverletzlichkeit der Person, der nicht zuletzt darin liegt, als der zu gelten, der man in Wahrheit ist. Die Möglichkeit der ‚Weltflucht', des Rückzugs in einen gesellschaftsfreien Raum, wird von Tellheim nur punktuell, aber nicht ernsthaft erwogen, eben weil er seine Identität als unverzichtbaren Wert begreift. All dies wird ganz nachvollziehbar und verständlich allerdings erst in Szene IV, 6, die Auskunft über die Hintergründe und das Ausmaß seiner Kränkung gibt. Insofern ist auch Minnas Verhalten bis zu dieser Szene angemessen. Sie setzt – das Lustspiel trägt ihren Namen und zieht damit die Aufmerksamkeit gerade auch auf sie – im Wesentlichen vernunftgesteuerte Mittel ein, um den in ihren Augen Starrsinnigen zu befreien und für sich zurückzugewinnen. „Ich bin eine große Liebhaberin der Vernunft …", sagt sie (in II, 9); entsprechend möchte sie Tellheim durch Fragen dazu bringen, seinen Entschluss argumentativ zu begründen. Sie sucht den Diskurs, der ihr die Maßstäbe seines Verhaltens verdeutlichen soll. Als Tellheim sich entzieht und sich in einem Brief rechtfertigt, gibt sie diesen – angeblich ungelesen – zurück, um ihn zu zwingen, sich dem beweglicheren Gespräch zu stellen, um damit auch seine Verkrampfung zu lösen. Als schließlich auch ihre Ironisierung des feudalistischen Ehrbegriffs und seines Machtanspruchs nichts fruchtet, greift sie zum Mittel der Intrige, die in diesem Fall eine „kommunikations-therapeutische Aufgabe"[79] erfüllt. Denn als sie Tellheim den Verlobungsring zurückgibt, der auf Grund einer von ihr initiierten Vertauschung sein eigener ist, ihm vorspielt, dass sie seinetwegen von ihrem Oheim enterbt worden sei, und unter Tränen abgeht, schlägt Tellheims Zurückhaltung, ganz ihrem Kalkül entsprechend, ins Gegenteil um. Nun ist er es, der die klärende Aussprache sucht, und nun wird es zur Angelegenheit seiner Ehre, die ihm zuvor befahl, sich als Unglücklicher der Glücklichen zu entziehen, Minna aus ihrem Unglück zu befreien und sie zu heiraten. An dieser Stelle geht er im Überschwang seines Herzens sogar so weit, in einer von der Gesellschaft abgesonderten Zweierbeziehung das ‚Paradies' zu sehen. Diesen Überschwang seines Herzens ausgelöst zu haben, rechtfertigt für Minna das eigene Vorgehen. „Nein, ich kann es nicht bereuen, mir den Anblick Ihres ganzen Herzens verschafft zu haben! – Ah, was sind Sie für ein Mann!" Ihre Intrige hat dazu geführt, dass etwas moralisch Wertvolles, Tellheims Charakter, sich enthüllt hat. Darin liegt, was sich schon im *Freygeist* und in den *Juden* ankündigte, die Umkehrung der Typenkomödie, die stets einen Fehler bloßstellen wollte. Die Folge ist, dass Minna für die zunächst als ‚fehlerhaft' angesehene Person nun nur Achtung und Bewunderung fühlt – und so soll auch der Zuschauer fühlen. In der Tat bleibt Tellheim, auch in der Umkehrung seines Verhaltens Minna gegenüber, ganz und gar derselbe, ganz und gar mit sich identisch, und handelt nach einer Wertvorstellung, in der das Wohl der nächsten Person im Mittelpunkt steht (wie auch schon zu Beginn des Dramas demonstriert wird, als er der Witwe eines Freundes geschuldetes Geld erlässt, das er selbst so gut gebrauchen könnte). So wie er Minna zunächst vor seinem Unglück zu schützen suchte, so möchte er sie nun vor Armut und Vereinsamung bewahren. – Dass das Drama als Komödie endet, verdankt es nicht nur der Rationalität Minnas und Tellheims Edelmut, sondern auch dem preußischen König, der durch ein Handschreiben, das Tellheim rehabilitiert, als Deus ex machina fungiert, so dass die durch Minnas Intrige hergestellte innere Harmonie der Protagonisten nicht mehr gefährdet ist. Denn was geschähe, wenn Tellheim Minnas Intrige als Intrige zu durchschauen gezwungen wäre? Die innere Harmonie wird von der durch die Deus-ex-machina-Lösung herbeigeführten äußeren Harmonie der Verhältnisse gleichsam gesichert – ein Dementi, wenn man so will,[80] des in der Komödie der Aufklärung üblichen Optimismus, dass der Mensch allein kraft seiner Vernunft sein Schicksal bestimmen könne. Die Zustimmung, die Lessings Stück schon unter seinen Zeitgenossen auslöste, ist wohl nicht zuletzt auch darin begründet, dass der in ihm zur Anschauung gebrachte zwischenmenschliche Konflikt aus der zeitgeschichtlichen Aktualität der Folgejahre des Siebenjährigen Krieges herauswuchs und dass man in den Grenzen der Wirklichkeitsbeherrschung, vor die sich die Protagonisten hier gestellt sehen, auch die eigenen erkannte.

Nathan der Weise als gattungspoetischer Sonderfall

Trotz der Dissonanzen, die Lessing in der Wirklichkeit erkannte, hielt er an der aufklärerischen Utopie vom Sieg der Vernunft in der Welt fest. Am deutlichsten wird dies in seinem 1779 erschienenen ‚dramatischen Gedicht' *Nathan der Weise*, das, wie immer bemerkt worden ist, durchaus verschiedene Elemente einer Komödie aufweist, nicht nur einige in ihr übliche Rollen und für sie typische Merkmale der Charakterisierung, nicht nur mit Sprachwitz geführte Dialoge und einige mit Spektakel verbundene Szenen, sondern vor allem das harmonische Schlusstableau, das zwar kein Hochzeitsfinale ist, aber doch eine Zusammenführung der Repräsentanten verschiedener Religionen als Mitglieder einer großen Familie. Andererseits prägen den *Nathan* epische Komponenten (dialogische Erzählungen, die Einfügung einer Parabel von zentraler Bedeutung), die in einer Komödie schwer denkbar sind und dem Stück, das sich über die herkömmlichen und gerade für die Rationalisten wichtigen Gattungsunterscheidungen hinwegsetzt, eine gewisse Statik der äußeren Handlung, aber auch ein besonderes didaktisches Gewicht verleihen. – Der Schauplatz dieses ‚dramatischen Gedichts' ist das Jerusalem zur Zeit der Kreuzzüge. Hier treffen drei Religionen und damit auch drei Lebenswelten aufeinander: die der Juden, der Moslems und der Christen – personifiziert durch den Kaufmann Nathan, den Despoten Saladin und den Kreuzritter (den Tempelherrn) Leu von Filnek, deren Standpunkte durch andere, ihnen beigegebene Nebenfiguren auf unterschiedliche Weise gebrochen werden. Der interkulturelle Kontakt führt im Drama notwendigerweise zu Verständigungsproblemen und Konflikten, die ein katastrophales Ende nehmen könnten – insofern enthält der *Nathan* durchaus auch Ansätze zu einer Tragödie –, wenn nicht der Jude Nathan als ‚Verständigungs-Regisseur'[81] durch sein überlegtes Verhalten alles im Lot hielte. Diese Handlungskonstellation legt nahe, den *Nathan* auf den so genannten Fragmentenstreit zu beziehen.[82] Als Wolfenbütteler Bibliothekar hatte Lessing größere Partien des religionskritischen Werkes von Samuel Reimarus herausgegeben, was ihn in einen Streit mit dem Hamburger Pastor Melchior Goeze verwickelte (vgl. seine Schrift *Anti-Goeze* von 1778). Als ein Kabinettsbefehl ihm schließlich die Publikation weiterer Teile des Reimarus-Nachlasses verbot, änderte er nicht etwa seine Position, nämlich prinzipiell alles, auch Autoritäten, der Kritik zu unterwerfen, wechselte aber das Medium und zog sich auf seine ‚alte Kanzel', das Theater, zurück. Insofern ist der *Nathan* der Polemik gegen religiöse Intoleranz und orthodoxe Selbstisolierung erwachsen. Zugleich steht er in enger gedanklicher Beziehung zu Lessings Schrift über *Die Erziehung des Menschengeschlechts* (1777), in der die „Ausbildung geoffenbarter Wahrheiten in Vernunftwahrheiten" gefordert wird, die allein die „Zeit der Vollendung" herbeiführen könne.

Das Drama war als poetische Umsetzung dieses aufklärerisch-optimistischen Wunsches gedacht und als ein Erziehungsversuch, dessen erhoffte gesellschaftsverändernde Wirkung durch die Kraft der Anschauung gesteigert werden sollte.

Die Toleranzdiskussion fand keineswegs um ihrer selbst statt; sie war eine Reaktion der Aufklärung nicht nur auf die tatsächlichen konfessionellen Spannungen der Christen in den deutschen Territorien seit dem Augsburger Religionsfrieden von 1555 und dem Westfälischen Frieden von 1648, sondern vor allem auch eine Reaktion auf die schlechte Behandlung religiöser Minderheiten, insbesondere auf die auch im aufgeklärten Absolutismus anhaltende Diskriminierung der Juden. Gerade Lessing, der sich seit 1749 mit einer Vielzahl von Schriften an dieser Diskussion beteiligte, ist einer der wichtigen Wegbereiter der im 19. Jahrhundert einsetzenden Judenemanzipation gewesen. Lässt sich sein Lustspiel *Die Juden* als Protest gegen die schlechte Praxis des Zusammenlebens zwischen Christen und Juden verstehen, so stellt der *Nathan* den utopischen Entwurf vom gleichberechtigten Miteinander und friedlichen Wettbewerb der Religionen dagegen. Dabei war es durchaus von politischer Brisanz, dass ausgerechnet ein Jude – im allgemeinen Vorurteil (vgl. dazu P. N., 2012 a, IV) noch immer als minderwertig angesehen – in diesem Stück als überlegener Anwalt der Aufklärung und Verfechter dieser Utopie auftrat.

Als jüdischer Kaufmann ist Nathan nicht ein Verfechter der Konfrontation wie der christliche Tempelherr und der muslimische Despot Saladin es sind, sondern der Kommunikation. Er ist derjenige, der die Vertreter der verschiedenen Religionen zum Gespräch bereit macht, indem er ihre Vorstellung von sich selbst, ihr Selbstbildnis, verunsichert und sie mit Klugheit, ja mit List aus ihren Rollenzwängen löst – den Tempelherren aus der Erstarrung seiner aggressiv religiösen Vorurteile, Saladin als den Repräsentanten absolutistischer Willkür aus seiner Selbstüberheblichkeit, um von anderen Figuren hier nicht zu sprechen. Die eigene Rollenfixierung hat Nathan zu einem Zeitpunkt überwunden, der vor der Handlung des Stückes liegt: Die Ermordung seiner Frau und seiner sieben Söhne durch Christen hat er mit der Adoption eines Christenmädchens beantwortet – Zeichen seiner neuen, sowohl vom Bewusstsein als auch von Herzensgüte gesteuerten Identität.

Im Zentrum der Aufklärungsarbeit Nathans steht die von ihm erzählte ‚Ringparabel', die das (Boccaccios *Decamerone* entnommene) Gleichnis von den in drei Ringen versinnbildlichten drei Religionen enthält, deren Echtheit im einen wie im anderen Fall unerweislich erscheint. Die Religionen, das will dieses Gleichnis vermitteln, sind nicht „von Seiten ihrer Gründe" unterscheidbar; ihre feststellbaren Unterschiede sind historisch gewachsen. Die drei sie umgebenden Kulturen sind nicht rational, sondern jeweils durch ihre Traditionen legitimiert. Doch mit dieser Einsicht ist es nicht getan.

Nathan ist weniger an der Herkunft und Berechtigung der Religionen als an deren Wirkungen interessiert. Deswegen führt er in die Bildhälfte seiner Parabel den Richter ein, der – das Gleichnis bedenkend – kein Urteil über die Echtheit des einen oder anderen Ringes spricht, sondern den Rat gibt, dereinst zu vergleichen, inwieweit sie ihre Träger haben motivieren können, Kommunikation zu stiften und Gutes zu tun. Der Despot Saladin, dem Nathan diese Parabel erzählt, begreift ihren Wahrheitsgehalt sofort und trägt ihm seine Freundschaft an, nachdem er ihn zuvor mit der Aufforderung, die jüdische Religion von den anderen Religionen abzugrenzen, in eine bedrohliche Lage gebracht hat. Mit Recht vermutet Nathan hierin eine Falle, weil Saladin eine solche Abgrenzung nämlich als Überheblichkeit deuten und zum Anlass nehmen könnte, gegen ihn vorzugehen, ihm damit auch sein Geld abzunehmen. Daher ist das Erzählen der ‚Ringparabel' eine taktische Leistung. Nathan reagiert situationsadäquat und partnerbezogen, versucht, seine Einsicht sich und dem anderen nutzbar zu machen. Dass er dabei als Kaufmann, d. h. als Bürger, den absolutistisch regierenden Herrscher ‚erzieht', entspricht ganz dem vorrevolutionären Wunsch der Aufklärer.

Auch der ‚Wahrheits-' oder ‚Sachgehalt' der ‚Ringparabel' selbst zielt letztlich auf Partnerbezug und Nutzen. Oft wird dieser Wahrheitsgehalt verkürzt so verstanden, die Religionen seien gleich gültig. Daraus erwächst dann jener falsche – heute populäre – Toleranzbegriff, der auf ‚Gleichgültigkeit' beruht und keine Wertvorstellung mehr ernst nimmt. In Wahrheit aber verbindet die ‚Ringparabel' Toleranz mit Wettbewerb und Praxisbezug. „Es strebe von euch jeder um die Wette / Die Kraft des Steins in seinem Ring' an Tag / Zu legen! …" Insofern ist Lessings Toleranzbegriff ein durchaus kämpferischer. An den Früchten, die sie tragen, ist für ihn der Wert der Religionen zu erkennen; und in dem Versuch, sich in konkreter Humanität gegenseitig zu übertreffen, erfüllt sich für ihn die göttliche Vorsehung, an die er in der Hoffnung auf das Fortschreiten der Welt zur Vollkommenheit fest glaubte. Die drei Repräsentanten der Religionen sind mit ihren ‚guten Taten' in diesen Wettbewerb längst involviert. Nathan, dessen Familie von Christen ermordet worden ist, hat seinerzeit Recha, das Christenmädchen, adoptiert und damit die Vernunft über Rachegefühle und religiös begründete Vorurteile triumphieren lassen, Saladin hat den Tempelherrn geschont (wenn auch nur aus einer Laune), der Tempelherr Recha aus dem Feuer gerettet. – Der eigentliche Antipode des gesprächsbereiten, klug taktierenden, dabei sein Gegenüber stets als Person achtenden und hilfsbereiten Nathan ist der Patriarch von Jerusalem. Dieser christliche Kirchenfürst, der, als er, ohne dass Namen genannt würden, durch den Tempelherrn von der Adoption einer getauften Christin durch einen Juden erfährt, von religiöser Frevelei spricht und dessen Tod fordert, verweigert den Diskurs und begründet sein Urteil mit der ihm als Patriarchen zugesprochenen Autorität. Fragen des Tempelherrn zu diesem Urteil und Zweifel an ihm – Fragen und Zweifel sind die Instrumente des um Aufklärung Bemühten – werden mit dem mehrfach wiederholten „Tut nichts! Der Jude wird verbrannt ..." beantwortet, aus der Haltung des Dogmatikers heraus, der die Umstände des Einzelfalles gar nicht zur Kenntnis nehmen will. Er verdeutlicht im Stück gleichsam die Barrikade, die zu überwinden ist, soll die am Schluss aufleuchtende Utopie von der Zusammenführung der zerstreuten und zerstrittenen Glieder der Menschenfamilie wirklich gelingen. Für Lessings Zeitgenossen war es leicht zu erkennen, dass der Patriarch mit seiner formalistischen und dogmatischen Denkweise Züge des Hauptpastors Goeze veranschaulichte und dieses Stück damit zugleich auch als neuer Einfall der Polemik gegen die Orthodoxie anzusehen war.

In der Folgezeit ist die Erinnerung an die aktuellen Entstehungsbedingungen des *Nathan* im allgemeinen Bewusstsein der Rezipienten eher verblasst. Aber Lessings Stück avancierte schon im 19. Jahrhundert wegen der in ihm zur Geltung kommenden Hoffnung auf eine Vernunftreligion, unter deren Zeichen das Judentum, das Christentum und der Islam prinzipiell gleichberechtigt miteinander konkurrieren, zur Pflichtlektüre in deutschen Gymnasien, die es bis heute geblieben ist. Gleichwohl ist *Lessings ‚Nathan' aus der Perspektive von Auschwitz* betrachtet – so der Titel eines erhellenden Vortrags von Walter Jens aus dem Jahr 1982[83] – wenig tatsächliche Wirkung beschieden gewesen. Von all den in Deutschland lebenden Juden, die sich bei Wahrung ihrer religiösen Identität um Assimilation bemühten, als Text der Aufklärung bewundert, oft so sehr, dass sie ihren Kindern den Namen Lessing als zusätzlichen Vornamen gaben, hat der *Nathan* in der ‚christlichen' Bourgoisie, die das Erbe der Aufklärung verramschte, weder der religiös begründeten Judenfeindlichkeit Einhalt gebieten noch den qualitativen Umschlag des Antijudaismus in den rassistisch begründeten Antisemitismus mit seinen noch viel schrecklicheren Folgen verhindern können – wohl aber wenigstens bei einigen die Möglichkeit eines besseren Zusammenlebens als Vorstellung wach gehalten.

Das ‚bürgerliche Trauerspiel'

Nicht nur die deutsche Komödie des 18. Jahrhunderts ist von Lessing verändert worden, sondern auch das deutsche Trauerspiel. Auf englische und französische Vorbilder zurückgreifend, hat Lessing in Deutschland das ‚bürgerliche Trauerspiel' eingeführt, das man – wie Gottsched es tat – als ‚ernsten Ableger' der ‚comédie larmoyante', des ‚rührenden Lustspiels' also (vgl. o.), bezeichnen kann. Wie dieses war es nämlich mehr als an der Einhaltung überkommener Gattungsregeln an der psychologisch richtigen Darstellung von Charakteren und ihrer Gemütsverfassung interessiert, die den Zuschauern vor allem Möglichkeiten zur Identifikation bieten sollte. Für das neue Trauerspiel hatte dies zur Folge, dass es nicht nur auf die unerreichbaren, aus der Distanz bewunderten Heroen der klassizistischen Tragödie verzichtete, sondern weitgehend auch auf mythologische Stoffe und historisch bedeutsame Vorlagen. Die so genannte Ständeklausel, die tragische Konflikte zu erleben allein gesellschaftlich hoch stehenden Personen zuerkannte, wurde nun außer Kraft gesetzt. Dies hieß jedoch nicht, dass im ‚bürgerlichen Trauerspiel' keine Adligen mehr auftraten oder dass die Konflikte der Handlung sich aus dem bloßen Gegenüber der Stände ergaben. Die Protagonisten in Lessings *Miß Sara Sampson* beispielsweise gehören dem niederen Adel an, und auch in *Emilia Galotti* tritt ein Bürgertum, das man dem neuen Bürgertum der Städte zuordnen könnte, nicht auf. Das Attribut ‚bürgerlich' ist nicht in seiner ständischen Bedeutung zu verstehen.[84] ‚Bürgerliche Trauerspiele' verdienen ihr Attribut allein deswegen, weil sie vom Ethos und von der Mentalität des neuen Bürgertums durchdrungen sind. Arbeitseifer und Sparsamkeit, Ordnungsliebe und Zuverlässigkeit, Bescheidenheit und Uneigennützigkeit, vor allem aber die nur durch Selbstbeherrschung zu erreichende Regulierung der Affekte sind die Wertvorstellungen und Verhaltensweisen, von denen abzuweichen zu den Konflikten führt, die im Drama gestaltet werden. Diese Konflikte lässt das ‚bürgerliche Trauerspiel' sowohl Bürger wie Adlige durchleben – die bürgerlichen Wertvorstellungen erheben den Anspruch, als allgemeinmenschliche aufgefasst zu werden. Zur bürgerlichen Mentalität gehörte – besonders seit der Mitte des Jahrhunderts – aber auch das empfindsame Interesse an der Gemütsverfassung der Mitmenschen, das Lessing, wie bereits ausführlich beschrieben, durch seine Betonung des Mitleids, das er in den Rang einer moralischen Kategorie erhob („Der mitleidigste Mensch ist der beste Mensch …", vgl. o.), zu sensibilisieren und zu einer allgemeinen Menschenfreundlichkeit weiterzuentwickeln hoffte. Für diese erzieherische Aufgabe erschien ihm das Trauerspiel besonders geeignet. Dem entspricht, dass er sich in der *Hamburgischen Dramaturgie* (insbesondere im 74.–80. Stück) nicht nur nachdrücklich mit wirkungsästhetischen Fragen beschäftigte, sondern dabei auch das Mitleid als das Zentrum der tragischen Affektpsychologie herausstellte, demgegenüber Bewunderung und Schrecken, Affektkategorien der heroischen Tragödie, zurücktreten. Im Rekurs auf Aristoteles übersetzt Lessing das griechische ‚phobos' hier nicht mehr, wie üblich, mit Schrecken, sondern mit Furcht und definiert Furcht als das auf uns selbst bezogene Mitleid. Im Trauerspiel packt uns danach nicht der Schrecken über das bevorstehende Unglück eines anderen, „sondern … die Furcht, welche aus unserer Ähnlichkeit mit der leidenden Person für uns selbst entspringt; … die Furcht, daß die Unglücksfälle, die wir über diese verhänget sehen, uns selbst treffen können; … die Furcht, daß wir der bemitleidete Gegenstand selbst werden können." (75. Stück) Damit ist die Furcht dem Mitleid nicht mehr gleichgesetzt, sondern erhält eine untergeordnete Funktion. Eine aristotelische Kategorie wird den bürgerlichen Wertvorstellungen angeglichen. Um in den Zuschauern überhaupt die Empfindung von Mitleid und Furcht auszulösen, ist es für Lessing unabdingbar, dass der Protagonist der Tragödie und der Zuschauer sich ähneln, nicht unbedingt in ihrem sozialen Status, wohl aber in ihrem Gefühlshaushalt. Daraus ergibt sich die Forderung nach dem ‚mittleren' oder ‚gemischten' Charakter des tragischen Helden, den der Betrachter nicht ‚anzustaunen' braucht, sondern in dem er sich wiedererkennen, mit dem er sich identifizieren kann. Nur dann nämlich ist auch die kathartische Wirkung möglich, die Lessing im Sinn hat: die Reinigung von Mitleid und Furcht durch ebendiese Leidenschaften, womit gemeint ist, dass Mitleid und Furcht, die das Trauerspiel hervorruft, im Zuschauer die Extremformen dieser Leidenschaften, zu denen er auf Grund seiner anthropologischen Anlagen disponiert ist, regulieren. Nicht Verstand und Einsicht können nach diesem Konzept die leidenschaftlichen Affekte kontrollieren, sondern nur Affekte selbst tragen zur Beschwichtigung, zur Kultivierung von Affekten bei. Dahinter steht auch hier das für die Aufklärung charakteristische Ideal der Disziplinierung menschlicher Triebhaftigkeit. Die Katharsis, die das Trauerspiel nach Ansicht Lessing zu bewirken vermag, führt im Zuschauer zu einem ‚Gleichgewicht der Emotionen',[85] zu deren Harmonisierung.

Lessings *Miß Sara Sampson* und *Emilia Galotti*

Schon bevor Lessing seine Trauerspielkonzeption darlegte, hatte er mit *Miß Sara Sampson* (1755) ein Drama geschrieben, das ganz auf die affektive Reaktion der Zuschauer zielte. Angeregt war es durch George Lillos *The London Merchant* von 1731, das – in der Lebenswelt des kaufmännischen Bürgertums angesiedelt und der Propagierung innerweltlicher Askese dienend – als Prototyp des ‚bürgerlichen Trauerspiels' gilt, angeregt war es vor allem aber auch durch die psychologisch differenzierte Darstellung der Charaktere in Denis Diderots dem ‚drame bourgeois' zugeordneten, der ‚comédie larmoyante' nahe stehenden Bühnenstücken *Le Fils naturel* (1757) und *Le père de famille* (1757/58), die er 1760 in deutscher Übersetzung veröffentlichte. Auch Lessing ist vor allem an den Charakteren seiner Dramenfiguren interessiert. Sie alle sind von Leidenschaften beherrscht, die sie kaum kontrollieren können. Die Titelheldin kann der Verführung durch Mellefont nicht widerstehen; dieser selbst zeigt die Schwächen eines nur von Emotionen geleiteten Menschen, Wankelmut und Egoismus; seine frühere Geliebte Marwood ist von leidenschaftlicher Rachsucht erfüllt, der die bürgerliche Familienmoral hütende Vater der verführten Sara zunächst stolz verbohrt. Aus diesen undisziplinierten Affekten erwächst das tragische Geschehen. Nachdem die eifersüchtige Marwood Gift in die Arznei ihrer Rivalin geschüttet hat, können die Möglichkeiten vernunftgesteuerten Verhaltens nicht mehr verwirklicht werden. Des Vaters Versöhnungsbereitschaft kommt für die Tochter zu spät – auch für Mellefont, der immerhin, nachdem die sterbende Sara ihrer Mörderin verziehen hat, von Rache an der Marwood absieht, bevor er sich selbst das Leben nimmt. Die Figuren sind ‚gemischte' Charaktere mit ‚gemischten' Empfindungen, ratlos verstrickt in den Kampf des Ausgleichs von Emotionalität und Moral, und damit zugänglich für die ‚mitleidenden' Rezipienten. Dabei versucht Lessing deren mitfühlende Reaktion dadurch zu verstärken, dass er die Protagonisten selbst, allen voran Sara und ihren Vater, als empfindungs- und leidensfähige Gestalten zeigt. Freilich ist deren Ausdruckskraft, wie immer wieder kritisiert worden ist, durchaus begrenzt. Saras ständiges Reden über ihre reuevollen Empfindungen, das die Zuschauer rühren sollte, vollzieht sich relativ kontrolliert. Die Gefühle werden – anders als im späteren Drama der Geniezeit – eher benannt und kommentiert als expressiv geäußert, wenn man von den vielen Tränenflüssen der Heldin einmal absieht.

Lessings aus heutiger (nicht aus unmittelbar zeitgenössischer) Sicht bedeutsameres zweites bürgerliches Trauerspiel, *Emilia Galotti* (1771/72), greift eine ähnliche Thematik auf wie *Miß Sara Sampson*. Auch in der *Emilia Galotti* zerbricht eine in sich ruhende Familie durch die Konfrontation mit einer anderen Lebenswelt, auch hier zerstört ein heiratsscheuer Verführer die Ausgeglichenheit und das Leben einer jungen Frau. Allerdings erhält der Konflikt in diesem Stück eine entschieden politische Dimension. Die Rolle des Verführers übernimmt ein absolutistisch regierender Prinz, der seine Verfügungsgewalt in das Privatleben seiner Untertanen ausdehnt und damit die Herrscherpflicht der Zurückhaltung missachtet. Obwohl Lessing die Handlung vorsichtig in einen italienischen Kleinstaat der Renaissance verlegte, musste jedem Zuschauer doch deutlich sein, dass die Hof- und Absolutismuskritik auf die deutschen Verhältnisse des 18. Jahrhunderts zielte. Dennoch geht es im Drama nicht um die Ständeproblematik zwischen Fürstentum und Bürgertum im engeren Sinn. Emilias Familie gehört selbst dem niederen Adel an. Die politische Dimension des Konflikts erscheint in dem Antagonismus zwischen höfischer Lebenswelt und Familie, wobei die Welt des Hofes als Ort moralischer Verfehlungen, die Familie dagegen als Ort praktizierter, wenn auch stets gefährdeter Tugenden angesehen wird. Der despotische Übergriff in den Bezirk der Familie, den das Stück vor Augen führt, musste den Nerv des aufgeklärten bürgerlichen Publikums treffen, für das die Familie (vgl. o.) die ganz besondere Bedeutung des Schutz bietenden Refugiums besaß. Von der politischen Brisanz des Stückes abgesehen, liegt sein eigentlicher Konfliktstoff – wie in der *Miß Sara Sampson* – in der Unvereinbarkeit von leidenschaftlichen Affekten und vernünftigem Handeln. Unter ihr leiden alle tragenden Figuren des Stückes. Anders als in der *Miß Sara Sampson* gelingt es Lessing nun übrigens, die spannungsvolle Seelenlage der Handelnden auch sprachlich anschaulich zum Ausdruck zu bringen – etwa durch Satzbrüche, Umstellungen, Versprecher. Zeichen für die Unausgeglichenheit der Figuren sind allein schon die Ruhelosigkeit, Ungeduld und Zeitnot, von denen sie alle auf die eine oder andere Weise getrieben werden.[86] In der Gruppe der dem Hof zugeordneten Figuren tritt besonders der Prinz hervor, der sich in Emilia verliebt hat. Er ist ein „Raub der Wellen" (1,7) der sinnlichen Erregung, die ihn die rationalen Handlungsmaximen eines aufgeklärten Herrschers vergessen lässt.[87] Beleg für seine Verwirrung – weniger für bösartige Willkür – ist das Todesurteil, das er zur Bestürzung seines Rates Camillo Rota, der solch ein Verhalten offensichtlich nicht gewohnt ist, „recht gern" unterschreiben will. Des Prinzen Verfehlung liegt darin, ‚Mensch' sein, seinem ‚Herzen' folgen zu wollen, sich gleichsam ‚bürgerliche' Gefühle zu erlauben, die er sich als Fürst nach der Lehre von der Staatsraison, die ihm seine feste Rolle zuweist, zu versagen hat. Nachdem er in seiner Gedankenlosigkeit dem rational taktierenden Intriganten Marinelli Vollmacht gegeben hat, Emilia zu gewinnen, wird er im Verlauf der Handlung nur noch vor vollendete Tatsachen gestellt. Auch Graf Appiani, der Verlobte Emilias, befindet sich in einem Rollenkonflikt, der bei ihm zu Melancholie und Missstimmung führt. Unmittelbar vor der Hochzeit wird ihm bewusst, dass er gesellschaftlich in höfische Verpflichtungen eingebunden ist, in die er Emilia jedoch nicht hineinziehen möchte. Die Gräfin Orsina, die frühere Geliebte des Prinzen, von Hass und Rachsucht beherrscht, wirkt zwar ‚aufklärend', indem sie Emilias Vater Odoardo, mit dem sie nach der Ermordung Appianis durch die Helfer Marinellis auf dem Lustschloss des Prinzen zusammentrifft, dessen Gewissenlosigkeit vor Augen führt und sogar mit dem Forum der bürgerlichen Öffentlichkeit droht („Morgen will ich es auf dem Markt ausrufen …" – IV,5); gleichzeitig drückt sie Odoardo den Dolch in die Hand und schafft so die Voraussetzung für die Katastrophe. – Ebenso wie die Repräsentanten der höfischen Gesellschaft sind auch die Angehörigen der Familie Galotti Opfer von Affekten, die sie nicht beherrschen können. Emilias Vater, als Oberst kein Bürger im ständischen Sinn, wohl aber von der Denkweise des Bürgers geprägt, versucht ängstlich, seine Familie unbeschädigt zu halten und spürt voller Misstrauen überall Gefahren nach, die von außen auf sie zukommen könnten. Wie der Prinz als Landesvater den Staat absolutistisch regiert, ist Odoardo ein absolutistischer Familienfürst, der Sicherheit schaffen will, aber immer Gefahr läuft, Frau und Tochter unmündig zu halten. Eine offene Aussprache erscheint in dieser Familie kaum möglich. Äußert sich im Palast Kommunikationslosigkeit dadurch, dass der Intrigant freie Hand erhält, so in der Familie durch das ‚Verschweigen' dessen, was beunruhigend wirkt.[88] Aus den von dem rigiden Tugendwächter verursachten Zwängen versucht seine Frau sich durch ehrgeiziges Kokettieren mit den ihr fremden Bräuchen der Galanterie aus ihrer Rolle zu befreien. Und Emilia, Opfer der Annäherungsversuche des Prinzen und des Verleumdungsversuchs ihrer Mutter, bleibt alleingelassen und verwirrt. Obwohl sie die Tugenden der Frömmigkeit und des Gehorsams den Eltern gegenüber geradezu musterhaft vorlebt, spürt sie die Gewalt der Verführbarkeit („Was Gewalt heißt, ist nichts: Verführung ist die wahre Gewalt … Ich stehe für nichts. Ich bin für nichts gut." – V,7). Diese Sätze drücken weniger ein Eingeständnis erotischen Interesses für den Prinzen aus als vielmehr das Erschrecken über die Möglichkeit, dass Sinnlichkeit und Tugendhaftigkeit auseinander fallen könnten. Wenn Emilia am Ende ihren Vater bittet, den Dolch, den er von der Gräfin Orsina erhalten hat, um den Prinzen zu töten, gegen sie zu richten, versucht sie, ihre Würde als sich selbst bestimmender Mensch zu erhalten, die ja auch und gerade dadurch verletzt wird, dass nach dem Tod Appianis über sie verfügt, sie zum Objekt des Willens anderer gemacht werden soll. Dass sie ihre Identität nur im Tod wahren zu können glaubt und dass vor allem Odoardo, von Emilia durch den Hinweis auf den Vater der römischen Virginia angestachelt,[89] sich darauf einlässt, die eigene Tochter an Stelle des Tyrannen zu ermorden, den er nur moralisch dazu verurteilt, die selbstzerstörerische Rolle des schuldig gewordenen Richters auf sich zu nehmen, hat seit jeher Verwunderung ausgelöst. Das zeitgenössische Publikum hat offenbar weniger mit dem von Lessing erwünschten Mitleid als mit Missmut oder gar mit Lachen reagiert.[90] Auch heute wird oft noch übersehen, dass Emilia nicht allein wegen ihrer Verführbarkeit aus dem Gleichgewicht gerät, sondern dass sie die Autonomie ihrer ganzen Person durch das Verhalten des Prinzen und seiner Helfer zerstört sieht. Sie ist insofern eine tragische Figur, als sie, um den Wert der Selbstbestimmung nicht aufzugeben, auf den des Lebens verzichtet. Auch ihres Vaters Zurückweichen vor dem Tyrannenmord zu beklagen, führt an den Intentionen des Stückes vorbei. Diese liegen weniger darin, die politische Ohnmacht des Bürgers zu zeigen, für den ein politischer Umsturz noch undenkbar erscheint; getroffen werden soll vielmehr das Überlegenheitsgefühl bürgerlicher Tugendhüter und ihr repressives, die ‚mündige' Bewältigung von Problemen blockierendes Kontrollverhalten. Lessings ‚bürgerliches Trauerspiel' demonstriert damit zugleich, dass das Drama der Aufklärung durchaus in der Lage war, „die Dialektik ihrer eigenen Ideale kritisch zu reflektieren."[91] Darüber hinaus aber führt es den Riss vor Augen, der durch die ganze Gesellschaft des 18. Jahrhunderts zieht, das konkurrierende, meist kommunikationslose Nebeneinander des Sozialverhaltens der alten höfischen Gesellschaft (vgl. Kap. 1) und des sich widersprüchlich bildenden Sozialverhaltens der neuen ‚Staatsbürger'.

Schillers *Kabale und Liebe*

Dieser Riss tritt am deutlichsten in Friedrich Schillers *Kabale und Liebe* (1784) vor Augen, einem bürgerlichen Trauerspiel, das die Thematik der *Emilia Galotti* aufgreift und weiterführt. Auch Schillers Stück hat eine – besonders eindrücklich sich eröffnende – politische Dimension. Unmittelbarer als in ihm ist Hofkritik im 18. Jahrhundert nicht zum Ausdruck gebracht worden, so dass die Formulierung, es sei ein „Dolchstoß in das Herz des Absolutismus"[92] treffend ist. Aber ebenso wenig wie bei Lessing geht Schillers Anliegen so vordergründig in der bitteren (durch eigene bedrängende Erfahrungen im Herzogtum Württemberg begründeten) Verurteilung absolutistischer Willkür auf. Neben die Hofkritik tritt nicht nur die Kritik an bestimmten Erscheinungsformen des Bürgertums; der Text veranschaulicht im Wesentlichen die Unvereinbarkeit von Wertvorstellungen zweier Liebender, die mit deren unterschiedlichen sozialen Bindungen in enger Beziehung stehen. – Der Protagonist des Trauerspiels, Ferdinand, Sohn des allmächtigen Ministers (Präsidenten) eines deutschen Fürsten (unmissverständlicher als bei Lessing wird bei Schiller die eigene Gegenwart angesprochen), versucht sich in der Liebe zu der aus kleinbürgerlichen Verhältnissen stammenden Luise Miller aus dem Milieu des Hofes und von den in der höfischen Gesellschaft geltenden Verhaltensweisen zu befreien. Die Widernatürlichkeit dieser Gesellschaft wird von Schiller im Verlauf des Dramas mit satirischer Schärfe entlarvt. In der Hofgesellschaft gelten Heuchelei, Korruption, Gewalt (man denke an den Verkauf von 7000 Landeskindern nach Amerika, der in II, 2 angeprangert wird). Dabei richtet Schiller die Aufmerksamkeit nicht auf den Despoten selbst, sondern auf dessen Höflinge, gleichsam auf das System absolutistischer Gewaltherrschaft und deren Methoden. Diese werden exemplarisch durch die Intrige (die Kabale) verdeutlicht, die Ferdinands Vater mit seinem Günstling Wurm gegen die Verbindung seines Sohnes mit dem Bürgermädchen anzettelt, indem ihr unter Androhung von Gewalt gegen ihre Eltern ein Liebesbrief an den Hofmarschall von Kalb und ein Eid, diesen Brief als freiwillig geschrieben auszugeben, abgepresst wird. – Auch auf die Welt der Kleinbürger fällt ein tiefer Schatten. So aufrecht Luises Vater, der Musikus Miller, mit seinen derb-volkstümlichen Redensarten auch erscheint, so sehr vertritt er zugleich – ähnlich Emilias Vater in Lessings Drama – eine patriarchalische Denkweise und einen restriktiven, von Standesdenken befangenen Tugendbegriff.

Wohin sein einengendes Schutzbedürfnis führt, zeigt Luises Mutter. Sie versteht die Besuche Ferdinands in ihrem Hause als Möglichkeit, ihrer Einschnürung wenigstens in der Phantasie zu entkommen – auch hier ist die Parallele zu Lessings *Emilia Galotti* deutlich. Den Wunsch nach Befreiung versuchen Ferdinand und Luise im Überschwang ihrer Gefühle füreinander zu verwirklichen. Den Zwängen der ständischen Gesellschaftsordnung setzen sie das Recht des Herzens entgegen. In ihren Bekenntnissen füreinander überhöhen sie ihre Zuneigung dabei ins Religiöse, umgeben sie ihre Liebe, indem sie gewiss sind, der ‚Himmel' habe sie füreinander ‚gemacht', mit der „Aura des Transzendenten"[93] – hier schlägt sich nicht zuletzt die Kenntnis von Shakespeares *Othello* und *Romeo und Julia* nieder, die Schiller zur Entstehungszeit seines Dramas las. Besonders Ferdinand äußert sich über sein Liebesverhältnis zu Luise in exaltierter, geradezu hybrider Weise, wenn er den Sinn der ganzen Weltordnung Gottes im Glück der Liebenden sich erfüllen sieht. Doch diese „Sakralisierung der Liebe",[94] an der sich Autoren in der zweiten Hälfte des 18. Jahrhunderts allenthalben beteiligten und die im orthodoxen christlichen Verständnis auf eine unangemessene Inbesitznahme des Evangeliums durch das empfindsame Gefühl, auf eine Selbstvergottung des Menschen hinausläuft, bewährt sich in *Kabale und Liebe* gerade nicht. Der von der Stärke seiner Liebe immerfort redende Ferdinand versagt angesichts der Intrige auf klägliche Weise. Als er den erpressten Liebesbrief Luises in den Händen hält, fällt er auf die ungeschickte Täuschung sofort herein, schlägt sein Gefühl jäh um. Seine rasende Eifersucht („Schlange, du lügst ...", III,5) zeigt nicht nur den Mangel seiner Affektbeherrschung, sondern vor allem auch, wie sehr er in Wahrheit an die höfische Vorstellungswelt gebunden ist, der die Untreue der Frau von vornherein plausibel erscheint. Jetzt wird auch deutlich, was zuvor überhört werden konnte, der egozentrische Besitzanspruch seiner Liebe („Du bist meine Luise! Wer sagt dir, daß du noch etwas sein solltest?" I,4; „Mein bist du ..." II,5, usw.) – einer Liebe, die sich auf dem Prüfstand als Schwärmerei erweist. – Luise erscheint von vornherein reflektierter als ihr Geliebter. Zwar lässt sie sich zunächst von seinem empfindsamen Liebesevangelium anstecken, doch geschieht dies nicht ohne Skrupel gegenüber dem Christentum, das sie von der Kanzel vernimmt. („... der Himmel und Ferdinand reißen an meiner blutenden Seele ...", I,2). Damit ist das Thema ihres tragischen Konflikts angeschlagen. Gebunden an das Christentum, das die Selbstüberhöhung des Menschen und die Verabsolutierung seiner Gefühle als Sünde, als ‚superbia', ablehnt, bleibt ihr der Plan Ferdinands, mit ihr aus der gesellschaftlichen Öffentlichkeit in eine im Unbestimmten angesiedelte Idylle zu fliehen, fremd. Dass sie sich von ihm lossagt und dass sie den erpressten Eid befolgt, um ihre Eltern zu schützen, zeugt mehr von ihrem ausgeprägten Verantwortungsgefühl als von ihrer kleinbürgerlichen Sozialisation. Das christliche Sozialdenken lutherischer Prägung, in das sie eingebunden ist und das sich keineswegs nur aufs Kleinbürgertum beschränkt, lässt sie die gesellschaftliche Ordnung und die sich daraus ergebenden Verpflichtungen anerkennen, auch wenn sie ersehnt, dass „die Schranken des Unterschieds einstürzen. – ... von uns abspringen all die verhaßten Hülsen des Standes – Menschen nur Menschen sind." (I,4) Hieraus ergibt sich ihre Ausweglosigkeit, in der sie sich unschuldig schuldig fühlt, für welche Seite auch immer sie sich entscheidet. Würde sie Ferdinand folgen, handelte sie gegen ihre Eltern und ihr christliches Gewissen; aber weil sie sich nach ihrem Gewissen richtet, wird sie an Ferdinand schuldig. – Der theatralische Schluss dieses Trauerspiels – der eifersüchtige Ferdinand vergiftet Luise und anschließend sich selbst; Luise, die sich im Sterben von ihrem Eid entbunden fühlt, sagt die ganze Wahrheit und vergibt dem geliebten Mörder, der seinerseits, sterbend, seinem Vater vergibt – stiftet eine Versöhnung, die nicht mehr in die Realität zurückwirken kann, wohl aber das Mitleid der Zuschauer herausfordern soll. Dass Ferdinand am Ende sein Reden von Gott als dem Vater der Liebenden vergisst und mehrfach den Richter der Welt, den Gott der jüdisch-christlichen Tradition beschwört und dazu seinem Vater die Schreckensvision des Jüngsten Gerichts vor Augen stellt, belegt, dass Schiller der „säkularisierten Liebestheologie der Empfindsamkeit"[95] zumindest kritisch gegenüberstand. Sie war ihm so verdächtig wie andererseits eine borniert auftretende Orthodoxie. So gesehen, berührt sein ‚bürgerliches Trauerspiel' neben aller gesellschaftskritischen Sprengkraft, die es enthält, auch die theologische Frage, inwieweit die Möglichkeiten der Autonomie des Menschen, der auch sein Glück selbst zu bestimmen versucht, angesichts seiner Unvollkommenheit denn reichen.

Zwischen Lessings *Emilia Galotti* und Schillers *Kabale und Liebe* bestehen Gemeinsamkeiten, die sich bis in Einzelheiten der Figurierung und Motivik weiter verfolgen ließen. Unter sozialgeschichtlichen Gesichtspunkten ist bedeutsam, dass in beiden Trauerspielen die für die Intrigen verantwortlichen Herrschaftsträger bei aller Verachtung, die sie auf sich ziehen, physisch unversehrt bleiben und ihr Treiben fortsetzen können, während diejenigen, die sich ihren Absichten verweigern, im Tod enden.

5.2. Thematische Akzentuierungen und ihre Ausdrucksformen in der Dramatik seit den siebziger Jahren

Das Problem individueller Befreiung am Beispiel von Liebeskonflikten

Die Verletzung der Person (in *Emilia Galotti)* und die Zerstörung der Liebe als der innigsten personalen Beziehung (in *Kabale und Liebe)* durch politisch begründete Gewaltansprüche ist in der zweiten Hälfte des 18. Jahrhunderts im Drama nirgendwo eindrücklicher dargestellt worden. Wohl aber ist gerade während der siebziger Jahre die Einschränkung, Deformation und das Scheitern von Liebesbeziehungen durch Zwänge vornehmlich innerhalb der Privatsphäre immer wieder thematisiert worden. Dass sich dabei der Ständegegensatz mit seinen mentalen Verkrustungen wie ein ‚cantus firmus' durch die Texte zog, hatte auch handfeste soziale Gründe. Ehen zwischen Adligen und Bürgerlichen standen viele Hindernisse entgegen – z. B. drohten erbrechtliche Konsequenzen, in einigen Staaten war die Erlaubnis des Landesherrn einzuholen.[96] Den adligen Offizieren war die Ehelosigkeit Pflicht. Wenn Liebesbeziehungen sich über solche Barrieren hinwegsetzten, hatte dies oft genug gravierende Folgen: Mädchen blieben sitzen, Schwangerschaften wurden abgebrochen, Neugeborene getötet. Der Kindsmord stand unter den Kapitalverbrechen obenan, und zwar gerade in den ärmeren Schichten der Bevölkerung, der Selbstmord junger Frauen war häufig.[97] Wie sehr diese Verhältnisse die kommunizierende Öffentlichkeit bewegte, zeigt etwa der breitenwirksame Bänkelsang des 18. und 19. Jahrhunderts und zum Teil die von ihm beeinflusste Balladendichtung (vgl. u.). Auch das Drama griff dieses Konfliktfeld auf und versuchte – jedenfalls in seinen interessantesten Beispielen – neue Bewertungen unkonventioneller, ‚verbotener' Liebesbeziehungen anzuregen, auch dadurch, dass es formal experimentierte und ein neues Rezeptionsverhalten einzuüben versuchte.

Lenz: *Der Hofmeister; Die Soldaten*

Besonders innovativ wirkten zwei Dramen des dem Straßburger Kreis um den jungen Goethe nahe stehenden Livländers Jakob Michael Reinhold Lenz: *Der Hofmeister oder Vortheile der Privaterziehung* (1774) und *Die Soldaten* (1774/75). Wie Goethe und Herder lehnte Lenz den Regelzwang normativer Poetik ab, erhob Shakespeare zum Vorbild und sah sich als Angehörigen der Geniebewegung. Gleichzeitig fühlte er sich durchaus der Aufklärung zugehörig, betonte deren gesellschaftsverändernden Anspruch und sprach deswegen auch der Erziehung eine besondere Bedeutung zu.

Zeugnis dafür ist seine Reformschrift *Über die Soldatenehen* (1776), deren Thematik, das erzwungene Junggesellenleben der Soldaten, zum Teil schon in seinem Drama *Die Soldaten* angeschlagen wurde. In der Tat ist das Programmatische seiner Dichtung nicht zu übersehen. Obwohl er keinen realen Ansatz sah, den Klassenantagonimus von Adel und Bürgertum zu überwinden, versuchte er mit seinen Dramen doch wenigstens, die gegenseitige Kenntnis dieser beiden Gesellschaftsschichten zu intensivieren und auf Aufgaben aufmerksam zu machen, die im gemeinsamen öffentlichen Interesse lagen. – Für diesen Zweck hielt er weder das Trauerspiel noch die Komödie geeignet. In seinen *Anmerkungen übers Theater* (1774) skizzierte er – wie alle Anhänger der Geniebewegung relativ unbekümmert mit der Gattungstheorie umgehend – Vorstellungen über eine Tragikomödie, die, komisch und tragisch zugleich, ein „Gemälde der menschlichen Gesellschaft" abgeben und zugleich für jedermann nachvollziehbar sein sollte. Seinen *Hofmeister* nannte er in Briefen ‚Trauerspiel', im Manuskript für die Berliner Aufführung ‚Lust- und Trauerspiel' später ‚Komödie'. Diese Unentschiedenheit mag damit zusammenhängen, dass Lenz mit diesem Stück etwas ganz Neues versuchte. Er ging weder von Charakteren aus, die wie in der Tragödie die Begebenheiten bestimmen, noch von den für die Komödie typischen ‚unvernünftigen', komisch wirkenden Handlungen, sondern von ‚Umständen', aus denen sich Konflikte ergaben. Nicht von ungefähr gilt Lenz deshalb heute als Begründer, zumindest Vorläufer des sozialkritischen Milieudramas. Mit ihm begann eine Entwicklung, die über Büchner, Grabbe, Hauptmann, Wedekind und Sternheim bis hin zu Brecht führt, der 1950 den *Hofmeister* bearbeitete und ihn zum Modellfall der deutschen Misere im 18. Jahrhundert werden ließ. Mit seinem dramatischen Konzept brach Lenz zugleich die Form des ‚geschlossenen' Dramas auf und stellte mit der von Shakespeare beeinflussten Technik der Kurzszenen ein frühes Beispiel eines ‚offenen' Dramas vor.[98] Gleichwohl sind die vielen kleinen Szenen, aus denen es besteht, aufeinander bezogen, zum Teil spiegelbildlich,[99] so dass die gezeigten Wirklichkeitsausschnitte letztlich einen ‚ganzen' (aus sich ergänzenden Teilen zustande kommenden) Eindruck von der so gar nicht als ‚heil' empfundenen Wirklichkeit zu vermitteln vermögen. Das Stück, das den bürgerlichen Theologiestudenten Läuffer als ‚Hofmeister', als Hauslehrer in der adligen Familie des Majors von Berg vorführt, desillusioniert die aus den gesellschaftlichen ‚Umständen' resultierenden pädagogischen Verhaltensweisen nahezu sämtlicher Beteiligten, und nicht nur die pädagogischen. Die Familie Berg – auch hier dient wieder eine Familie dazu, repressive gesellschaftliche Tendenzen abzubilden – ist einer Lebensweise des gesellschaftlichen Scheins verfallen, die sich besonders auch in ihren Erziehungsidealen spiegelt (Drill in allen Wissenschaften, Artigkeiten, Weltmanieren, Anleitung im

Christentum). Nur der Geheime Rat, der Bruder des Majors, fällt aus diesem ganzen System des Selbstbetrugs heraus und verdeutlicht mit der Haltung des Aufklärers dem alten Pastor Läuffer, dem Vater des Hofmeisters, dass die Arroganz des Adels so groß ist wie die Unterwürfigkeit des Bürgers es erlaubt. Sie vor Augen zu führen, dient vor allem die Figur des Hofmeisters selbst, der, von der Familie Berg vielfach gedemütigt, auf jegliches offene Aufbegehren verzichtet und sich, um seine äußere Existenz zu sichern, vollkommen anpasst, ohne zu begreifen, dass er dieses Verhalten mit dem Verlust seiner Würde als Person bezahlt. Wie wenig seine Selbstverantwortung und seine Verantwortung für andere entwickelt ist, wird an seiner Liebesbeziehung zu seinem Zögling Gustchen demonstriert, die sich eigentlich fest an den Sohn des Geheimen Rats, an den in Halle studierenden Fritz, gebunden hat. Aber dessen Abwesenheit und Läuffers Frustration schaffen die im eigentlichen Sinn ‚zufällige' Situation, der beide gleichsam willenlos zum Opfer fallen, aus Triebhaftigkeit und Langeweile zugleich. Die Freiheit, in der die Standesschranken nicht überwunden, sondern einfach vergessen werden, ist lediglich die der Bindungslosigkeit. So ernst die Folgen dieser flüchtigen Verbindung sind (das aus dem Elternhaus geflohene Mädchen bringt ihr Kind in einer Waldhütte zur Welt; der ebenfalls davongelaufene, bei einem Dorfschulmeister untergekommene ‚Läuffer' entmannt sich, als er das Kind sieht, aus Reue und Selbsthass), so versöhnlich lässt Lenz das Stück ganz im Stil einer Komödie ausklingen: Der Kastrierte findet ein Bauernmädchen, das ihn – neues Unglück zeichnet sich damit bereits ab – wegen seines Standes bewundert; dem Gustchen wird von ihrem Verlobten verziehen, der damit eine neue Perspektive eröffnet. Spricht sein Vater, der Geheime Rat, sich vehement gegen die private und für eine öffentliche Erziehung aus, welche die Tugenden einer aufgeklärten Öffentlichkeit aufwerten könne, so weist sein Sohn, der das, was Aufklärung heißen sollte, offensichtlich bereits verinnerlicht hat, mit der Überwindung von Affekten wie Eifersucht und Verachtung das Publikum auf die Möglichkeit einer neuen Familie der ‚edlen Herzen' hin. Das ‚Gemälde der menschlichen Gesellschaft', das diese tragische Komödie vorzeigt, appelliert mehr als an das Mitleid an die Reflexion der Betrachter, fordert sie zum Überdenken ihrer konventionellen Einstellungen heraus.

Eine andere Variante der die ständischen Grenzen überspielenden Liebesbeziehung, die Verführung des Bürgermädchens Marie Wesener durch den adligen Offizier Desportes, stellt Lenz in den ebenfalls in eine Vielzahl von Szenen aufgesplitterten *Soldaten* dar. Auch hier werden zugleich, und zwar mit eindrucksvollem Sprachrealimus, die ‚Umstände' gezeigt, denen diese Beziehung sich verdankt. Der Sittenlosigkeit des adligen Offizierskorps steht die Großmannssucht der Bürger gegenüber, der in diesem Stück nicht nur die Mutter, sondern auch der Vater Maries verfallen ist, der dem heimlichen Treffen seiner Tochter mit Desportes aus Eitelkeit, Ehrgeiz und Gutgläubigkeit zustimmt. Als dieser sich aus dem Staub macht, ist Maries Weg zur Hure vorgezeichnet. Lässt Lenz seine Protagonistin und ihren Vater in dieser Lebenslage hilflos reagieren, so tritt mit dem Tuchhändler Stolzius, dem gehörnten Bräutigam der Marie, eine neue Figur auf die Bühne: Dieser kränkliche Mensch, betrogen und von den Offizieren verspottet, übt Rache. Er ermordet Desportes mit Rattengift. Zwar wird diese – bei Lessing oder Schiller undenkbare – Tat nicht reflektiert und bleibt allein durch die Art des Giftes obskur; aber sie lässt immerhin – fast wie eine Warnung – das zerstörerische Potenzial aufleuchten, das in den Gequälten sich ansammelt. Als ‚Pädagoge' zeigt Lenz einen Ausweg aus dieser Misere. In Nachbetrachtungen, die man im Haus der Marie gewogenen, aufgeklärten Gräfin La Roche anstellt, werden Offizierskurtisanen gefordert, um der „furchtbaren Ehlosigkeit" der Soldaten zu begegnen. Gesellschaftskritik beschränkt sich bei Lenz auf den einzelnen – behebbaren – Missstand; die Klassengesellschaft wird auch von ihm nicht grundsätzlich verworfen.

Wagner: *Die Kindermörderin*

Die Verführung eines Bürgermädchens durch einen Offizier thematisiert auch das 1776 aufgeführte, viel Aufsehen erregende Trauerspiel *Die Kindermörderin* des sich ebenfalls dem Straßburger Kreis um den jungen Goethe zugehörig fühlenden Heinrich Leopold Wagner. Er verknüpfte das Motiv der Mesalliance mit dem des Kindesmords, den er in wenig zimperlicher Deutlichkeit auf der Bühne stattfinden ließ. Auch dieses Stück lebt von der Gegenüberstellung bürgerlicher Reputierlichkeit und zugleich Eitelkeit auf der einen Seite und adliger Zügellosigkeit auf der anderen. Allerdings verurteilt Wagner nicht den plötzliche Reue zeigenden Verführer, sondern dessen Freund, der es mit der Offiziersehre für unvereinbar hält, eine Bürgerliche zu heiraten, und der Verführten eine deren Verzweiflungstat auslösende Lüge auftischt. Es ist bezeichnend, dass Wagner dieses Stück 1778 umarbeitete, weniger wohl wegen seiner Motivationsschwächen als wegen der Verwirrung, die sein krasser Naturalismus unter den Zuschauern auslöste. Die zweite Fassung – für das Publikum „in unseren delikaten tugendlallenden Zeiten" (Wagner im Vorwort) – führt eine glückliche Wendung herbei: Der Kindesmord wird verhindert, und das Evchen wird von ihrem Leutnant als Braut heimgeführt. Die Umarbeitung trug den Titel *Evchen Humbrecht, oder: Ihr Mütter merkt's euch!* Damit entsprach Wagner dem verbreiteten Bedürfnis nach Versöhnung und Harmonie und schlug sich auf die Seite der Schreiber bürgerlicher Rührstücke (vgl. o.), die den sentimentalen Ausgleich gesellschaftlicher Gegensätze als Unterhaltung verkauften.[100]

Goethe: *Faust; Clavigo; Stella*

Völlig andere Dimensionen eröffnet die Gestaltung des Kindesmordmotivs in Johann Wolfgang von Goethes *Faust*. Von vornherein wird die Liebestragödie in diesem Drama auch in einen weiteren Rahmen gestellt und mit der Gelehrtentragödie, die der Fauststoff anbot, verknüpft. Goethe begegnete diesem Stoff in einer Bearbeitung des Volksbuchs von 1587 (vgl. P. N., 2012 a, IV), dem *Christlich Meynenden* von 1725, durch die er die Motive der Faust-Fabel kennen lernte (auf deren unterschiedliche Ausgestaltung im Lauf der Jahrhunderte hier nicht eingegangen wird), und aus einem der vielen, auf Christopher Marlowe (auf dessen *Doctor Faustus* von 1588) zurückgehenden, besonders den Wissensdurst Fausts betonenden Puppenspieltexte, wie ihn die Wanderbühnen spielten. Mit Sicherheit kannte er auch Lessings *Faust*-Fragment aus dem 17. Literaturbrief von 1759. Während in der Volksbuchtradition Faust stets verdammt wird, weil er sich in seinem Erkenntnisdrang anmaßt, Gott gleich zu sein, und daher den Pakt mit dem Teufel eingeht, sah Lessing als Aufklärer gerade diesen Erkenntnisdrang als etwas Positives an. Dieser Bewertung folgte auch Goethe. Dass er in die bekannte Fabel die Gretchentragödie integrierte, ist ganz seine eigene Leistung. Wohl kannte die Fauststoff-Tradition Weibergeschichten, doch ist die Bedeutung, die Gretchen in Goethes Text erhält, völlig neu. Gretchen steht gleichberechtigt neben Faust, ist ebenso wichtig wie er. Dies gilt zumal für den so genannten *Urfaust*, die erste erhaltene Fassung des Dramas, die aus (seit 1773 verfassten) Szenen besteht, die Goethe 1775 nach Weimar mitgebracht hatte und dort vorlas, wo sie von dem Hoffräulein Luise von Göchhausen mitgeschrieben wurden. Ihre erst 1887 aufgefundene Mitschrift enthält als eine erste Gruppe Szenen um den Gelehrten Faust, die nicht nur von Goethes Erfahrungen als Student der Universitäten Leipzig und Straßburg, sondern auch von seiner Lektüre pansophisch-alchimistischer Schriften beeinflusst sind. Faust erscheint als Wissenschaftler, dem die bloßen Kenntnisse aus den verschiedensten Disziplinen nicht genügen; er sucht nach Erkenntnis, die ihm zugleich das Erlebnis verschafft, Gott näher zu kommen. Wenn Gott sich ausgeströmt hat in die Welt – dies ist das neuplatonische Bild der Emanation –, so muss er auch durch das All und in den Zusammenhängen, die es bestimmen, erfahrbar werden. Doch der ‚Forschertitanismus', mit dem Faust seine Entfremdungsgefühle überwinden will, bricht mit den Worten des ihm begegnenden Erdgeistes, der ihm die Begrenztheit des Menschen bewusst macht, zusammen. Deswegen sucht Faust einen anderen Weg der Entgrenzung aus den Fesseln des Ichs – die Liebe. Hier setzt die Gretchenhandlung ein, in die nicht nur Goethes Erinnerungen an seine Jugendliebe Friedrike Brion und Schuldgefühle ihr gegenüber eingegangen sind, sondern auch Eindrücke, die er 1772 vom Prozess gegen die anschließend in Frankfurt hingerichete Kindsmörderin Susanna Margaretha Brandt empfangen hatte (Abschriften der Verhörprotokolle sind in Goethes Vaterhaus gefunden worden). So wie das trockene Schulwissen im Stück das Gegenbild zu Fausts Erkenntnisdrang bildet, so die auf Sexualität gerichteten Anspielungen des Teufels Mephistopheles zu der ins Religiöse sich ausweitenden Liebe Gretchens und Fausts, in der die seelische und körperliche Verbindung untrennbar zusammengehören. Doch diese Liebe scheitert. Nicht nur lädt Faust in der Nähe des unvermittelt aufgetauchten Mephistopheles, dessen Dienste er in Anspruch nimmt, Schuld auf sich, sein Freiheitsdrang ist unvereinbar mit den Bindungen, die ihm die Verantwortung für Gretchen und ihr mit ihm gezeugtes Kind auferlegen würden. So gerät Gretchen, die sich um ihrer Liebe willen über alle Grenzen bürgerlicher Moral hinweggesetzt hat und – hierin selbstsicher – ganz ihrem Gefühl gefolgt ist, in eine ausweglose Situation, die in Kindesmord, der größten denkbaren Schuld, in Verhaftung und Verurteilung mündet. Die Gestaltung dieser Situation, in der Schuld und Schmerz von Gretchen so unbedingt erlebt werden wie zuvor die Liebe, wird bei Goethe ganz aus dem Inneren der Person entwickelt. Der von H. L. Wagner vorgeführte Realismus des Äußeren interessierte ihn nicht. Das äußere Geschehen liegt unausgeführt zwischen den Szenen, die Gretchens zunehmend verwirrten, zutiefst verzweifelten Zustand vergegenwärtigen.

Was im *Urfaust* skizziert worden ist, hat Goethe erst viel später erweitert. 1790 veröffentlichte er *Faust, ein Fragment*, das u. a. die Gespräche zwischen Faust und Mephistopheles ausweitet, aber den Pakt zwischen beiden noch nicht enthält. Erst 1808 erschien dann die gültige Fassung der Tragödie von *Faust* (Erster Teil). In ihr findet sich die eigenwillige Gestaltung des Pakts mit dem Teufel als Wette, und mit dem ‚Dialog im Himmel' wird der große Rahmen gesteckt, in den auch noch der erst 1831 vollendete Zweite Teil des Dramas sich fügt.[101] Schon in der Fassung des *Faust I* hat Goethe die Problemstellung des *Urfaust* erweitert und die Empörung des Subjekts, die sich in den Dichtungen der ‚Genieperiode' vornehmlich gegen gesellschaftliche Bedingungen richtete, auch ins Metaphysische gewendet. Faust rebelliert nicht mehr nur gegen gesellschaftliche Konventionen, er ist als Teufelsbündner zugleich auch „Gottrebell" und stellt damit die ganze sittliche Weltordnung in Frage.[102] Das Faszinosum des Fauststoffs lag darin, dass sich all die unterschiedlichen Aspekte der Freiheitssuche – vom Protest des Aufklärers gegen den Wissenschaftsbetrieb, dem Anspruch der unbedingt Liebenden gegen die verengten bürgerlichen Moralvorstellungen über das Recht schließlich des politisch kreativ (kolonisierend) Handelnden angesichts von Kriegsgeschehen und Destruktion bis hin zur ekstatischen, sich gegen den christlichen Dogmatismus wendenden Gottessuche – mit ihm verbinden und mit ihren Gefährdungen, Abgleitungen und auch ihrem Scheitern veranschaulichen ließen. Insofern ist auch das Prinzip der künstlerischen Verarbeitung dieser Vielzahl von Lebensaspekten, die das Gesamtwerk versammelt und auf die hier nur andeutend verwiesen wird, das der Verbindung von Gegensätzlichem. Dies erweist sich nicht nur in der reflektierten Bildsymbolik des Dramas, im Reichtum der Tropen und der Versformen, sondern auch in ihrer oft alle Erwartungen sprengenden Verwendung, wenn beispielsweise – um nur die Behandlung der Versformen zu erwähnen – komplizierte Gedankengänge im Knittelvers zur Sprache kommen oder ein antikes Metrum zum romantischen Reimvers wechselt (wie in der Begegnung Fausts mit Helena) und auf diese Weise der Gegensatz und das Kontinuum der Kulturen auch klanglichen Ausdruck findet.

In seiner Anlage überaus geeignet, weitgespannte Themenstellungen in sich aufzunehmen und in jeder Hinsicht auch ästhetische Ansprüche zu befriedigen, gerät Goethes *Faust* trotz regelmäßig wiederkehrender Versuche, ihn neu zu inszenieren, in der gegenwärtigen Rezeption – eben weil die Gestalt Fausts im allgemeinen Bewusstsein als Figuration des Wissensdurstigen, Erkenntnissuchenden verankert ist – eher in den Hintergrund – vielleicht deswegen, „weil in entscheidenden Punkten die Wissenschaft schon zuviel erkannt, also die Mittel zur totalen Selbstzerstörung der Menschheit gefunden hat, und … das wichtigste humanistische Unterfangen darauf hinausläuft, die Entdeckungen der Wissenschaft unter strengste Kontrolle zu bringen, zu schweigen von dem heimlichen Wunsch, daß am besten manches nie entdeckt worden wäre“, wobei es sich allerdings fragt, ob aus Goethes Drama nicht „auch die Prophetie einer solchen Situation herauszulesen ist“.[103]

Mit dem Problem, sich frei zu Liebesbindungen zu bekennen, sich aus ihnen aber auch wieder lösen zu müssen, beschäftigte der junge Goethe sich nicht nur bei der Gestaltung der Gretchentragödie im *Urfaust*. Sein 1774 entstandenes, von seinem Freund J. H. Merck als „Quark“ bezeichnetes, aber bühnenwirksames Trauerspiel *Clavigo* behandelt einen in mancher Hinsicht vergleichbaren Konfliktstoff. Nur ist der bürgerliche Liebhaber Clavigo, der die arme Marie Beaumarchais in den Tod treibt, weil er sein Versprechen, sie zu heiraten, unter dem Einfluss seines Freundes Carlos gleich zwei Mal bricht, kein Faust, der die Grenzen menschlicher Möglichkeiten erkunden will und sich über sie hinaussehnt, sondern ein am Erfolg in der höfischen Gesellschaft interessierter Literat und Karrieremacher, Prototyp des modernen Intellektuellen, dessen Begabung und Ehrgeiz sich mit Minderwertigkeitsgefühlen und Wankelmütigkeit verbinden. Er gehört damit zu der Gruppe unentschiedener, fluchtbereiter und schuldbewusster Männer wie Weislingen in *Götz von Berlichingen*, Fernando in *Stella*, später Eduard in den *Wahlverwandtschaften*, die Goethe nicht nur als Spiegelbilder seiner selbst gestaltete, sondern auch, weil er, wie er in *Dichtung und Wahrheit* (15. Buch) mehr andeutet als ausführt, den tragischen Konflikt nicht mehr nur immer aus dem Einfluss von außen, aus dem Anstoß von Bösewichtern entwickelt sehen wollte, sondern aus den Veranlagungen des Helden selbst und seiner Mitspieler.

Eine solche Veranlagung wurde deutlicher noch als in *Clavigo* in *Stella* herausgearbeitet, einem ‚Schauspiel für Liebende', das Goethe 1775, kurz vor seiner Übersiedlung nach Weimar schrieb. Der Held des Dramas, Fernando, der, seiner inneren Unruhe nachgebend, nacheinander Cäcilie, seine Ehefrau, dann Stella, seine Geliebte, verlassen hat, sich zu beiden aber zurücksehnt, steht plötzlich vor dem Problem, beiden am gleichen Ort wiederzubegegnen und eine von ihnen erneut unglücklich machen zu müssen. Die großmütige Cäcilie verhindert einen tragischen Ausgang und schlägt ein Zusammenleben zu dritt vor. Dieser ‚unmoralisch'-utopische Schluss[104] wurde von der zeitgenössischen Kritik als Skandal empfunden; er wirft im Nachhinein ein besonders helles Licht darauf, wie problematisch der Geniebewegung das auf Liebe und Ehe sich beziehende bürgerliche Normgefüge erschien. Auch Fernando ist ein Ruheloser, der dauerhafte Bindungen nicht einzugehen vermag. Obwohl er unter Gewissensqualen leidet, scheint die Unbeständigkeit zu seiner ‚Natur' zu gehören, der er nicht entkommt. Der Grund dafür liegt in seiner starken Empfänglichkeit für die jeweils gegenwärtigen Eindrücke. Mit welcher der beiden Frauen er auch spricht, immer erscheint er von der einen oder anderen vollkommen überwältigt, so dass er auch seinen Vorsatz, sich von der eben zurückgewonnenen Stella wieder zu trennen und seiner Frau Cäcilie zu folgen, nicht verwirklichen kann, weil er sich – aus Anstand – zunächst von Stella ‚losmachen' möchte, was ihm jedoch nicht gelingt. Gerade Fernandos leichte Entflammbarkeit nimmt die Frauen für ihn ein, vermittelt sie ihnen doch die Illusion, in der Begegnung mit ihm etwas Einzigartiges zu erfahren. Dies gilt insbesondere für Stella, die sich Ferdinand mit einer an Gretchen erinnernden Unbedingtheit zuwendet, ohne auch nur einen einzigen Gedanken an seine charakterlichen und moralischen Qualitäten zu verschwenden. Insofern geht Stella, auch wenn sie sich gerne anderen mitteilt und ‚empfindsam' spricht, mit ihrer Zuwendung weit über das in den unterhaltenden Dramen und Romanen dieser Jahrzehnte aufgebaute Ideal der ‚Zärtlichkeit' hinaus. Ihre Liebe ist ungebrochen und absolut, seelische und körperliche Hingabe in einem. Umso glaubhafter ist ihr vollkommener Zusammenbruch, als sie erfährt, dass Cäcilie Fernandos verlassene Ehefrau und Lucie, die ihre Gesellschafterin werden sollte, seine Tochter ist. Nur Cäcilie vermag die endgültige Katastrophe abzuwenden, indem sie die Vorstellung des Zusammenlebens zu dritt ins Spiel bringt. Anders als Stella ist Cäcilie auch in ihrer Liebe durchaus ‚vernunftgeleitet'. Sie vertritt die Tugenden, die im Zeitalter der Aufklärung von so hohem Wert waren – übernimmt Verantwortung und versucht sowohl Fernando als auch Stella, in fast schwesterlicher Verbundenheit, eine Stütze zu sein; und sie ist, was die Erfüllung ihrer Liebe angeht, zur Zurückstellung eigener Wünsche bereit. Dass gerade sie dabei – gleichsam aus Mitleid mit Fernando – gleichwohl ganz unkonventionell verfährt, indem sie die Liebe über die gesellschaftliche Norm siegen lässt, dürfte für das zeitgenössische Publikum das eigentliche Ärgernis gewesen sein und ist es im übrigen noch für das heutige.[105] Dabei erwies Goethe mit diesem Stück der Institution der Ehe und der Gattenliebe in einer Zeit, in der die Ehe oft genug eine reine Zweckverbindung war, besondere Wertschätzung, indem er den Sinn der Ehe gerade in der seelischen Partnerschaft verwirklicht sah. Dennoch haftet seinem ‚Gedankenspiel' – das sich nicht umsonst im „gesellschaftlichen Niemandsland"[106] vollzieht – mit seinem Schluss, der die Rollen der Gattin und Geliebten auf zwei Frauen verteilt, etwas Fragwürdiges an, weil in dieser Konstellation gerade die personale Einheit von seelischer und sinnlicher Liebe gefährdet erscheint, auch wenn die Gattin wieder Geliebte und die Geliebte auch Gattin werden soll. Dreißig Jahre später ließ Goethe das Stück in einer zweiten Fassung tragisch enden, ließ Stella Gift nehmen und Fernando sich erschießen und gehorchte damit wieder der traditionellen Moral.

Überblickt man die Konflikte und Konfliktlösungen in den zuletzt besprochenen – ‚bürgerlichen' – Trauerspielen und den ihnen nahe stehenden Tragikomödien und Schauspielen, so ist wohl am auffälligsten, dass die in ihnen die tragenden Rollen spielenden Frauen stets als Leidende gezeigt werden, auch wenn in einigen der Stücke ein versöhnlicher Ausgang angedeutet wird. Ob die Protagonistinnen all dieser Dramen manipuliert und verführt werden (sollen) oder ihren eigenen Leidenschaften erliegen, ob sie um ihrer grenzenlosen Liebe willen die gesellschaftlichen Regeln überschreiten oder ob sie schließlich mit männlicher Unzuverlässigkeit umgehen müssen, die ebenfalls ihre – sich mehr oder weniger bewusst als Rollenverständnis niederschlagenden – gesellschaftlichen Aspekte hat, stets erscheinen sie als Opfer drückender, zum Teil erdrückender Bedingungen, die sich in den Standesgrenzen, in gesellschaftlichen Institutionen wie der Ehe, in dem die Bedürfnisse des ‚Herzens' erstickenden moralischen Normengefüge des Bürgertums oder in allen gleichzeitig manifestieren.

Insofern ist der Titel von Friedrich Maximilian Klingers Trauerspiel *Das leidende Weib* (1775) für eine für den ganzen Zeitabschnitt der sechziger und siebziger Jahre wichtige Thematik geradezu programmatisch. In der Konfliktstellung Goethes *Stella* nicht unähnlich, ist die problematische Figur in Klingers Drama allerdings nicht ein wankelmütiger Ehemann, sondern die von ihrer Leidenschaft getriebene Gattin eines Gesandten, die sich einem adligen Liebhaber hingegeben hat. Obwohl sich Verführte wie Verführer zum sittlichen Wert der Ehe bekennen, sind sie dem Drang zu ihrer Zerstörung ausgeliefert. Triebpotenziale, zeigt Klinger (nicht zuletzt auch durch eine charakteristische Nebenhandlung), entladen sich auch in anderen Bahnen als in den durch Konventionen und rechtliche Vereinbarungen vorgesehenen. Zwar wird der Ehebruch gesühnt (das ‚leidende Weib' stirbt, *Emilia Galotti* zitierend, am gebrochenen Herzen, ihr Geliebter ersticht sich), doch fällt auf die Familie als dem Ort ungestörter Zuneigung und aufgeklärter Kommunikation (vgl. o.) durch ein Stück wie dieses der Schatten einer die Zeitgenossen beschäftigenden Verunsicherung darüber, zu welchem Preis Refugium und Idylle erkauft sein könnten.

Das Problem der ‚staatsbürgerlichen' Befreiung am Beispiel gesellschaftlicher und politischer Konflikte

All den ‚Familiendramen', in denen – ob sie nun als ‚bürgerliche Trauerspiele', als ‚Schauspiele', als ‚tragische Komödien' oder anders bezeichnet wurden – Konflikte im Wesentlichen im Bereich des Privaten entfaltet und ‚gelöst' wurden, stand seit den siebziger Jahren die anwachsende Zahl der an historischen, politischen und sozialen Problemen orientierten Dramen gegenüber. Indem sie Grundfragen zum Verhältnis von Bürger und Staat aufwarfen und damit den ‚Staatsbürger' im Zuschauer ansprachen, wurden sie stärker als die ‚Familiendramen' zu einem Instrument ‚politischer' Öffentlichkeit, das in der Regel gleichwohl unverfänglich genug erschien, um im aufgeklärten Absolutismus geduldet zu werden (man denke andererseits allerdings z. B. an die Repressionen, die Schiller nach dem Erscheinen der *Räuber* (vgl. u.) von Herzog Karl Eugen erleiden musste).

Dramen des jungen Goethe: *Götz von Berlichingen; Egmont*

An den Beginn dieser stärker politisch orientierten Dramen lässt sich mit guten Gründen Goethes *Götz von Berlichingen mit der eisernen Hand* (1773) stellen (eine erste Fassung, der sog. ‚Urgötz', entstand bereits 1771), mit dem in der bürgerlichen Literatur des 18. Jahrhunderts das Geschichtsdrama neu belebt wurde. Die Handlung des Stückes spielt im 16. Jahrhundert zur Zeit der Bauernkriege. Im Mittelpunkt steht der freie, nur dem Kaiser verpflichtete Reichsritter Götz, der – zeitweilig als Verbündeter der revolutionären Bauern – gegen einen Repräsentanten des Territorialfürstentums kämpft, den von ihm als Gegner in einer Fehde angesehenen Bischof von Bamberg, der einen seinen Reiterbuben gefangen hält. Obwohl Goethe wissen musste, dass sein Freiheitsheld Götz und die von ihm vertretene Rechtsauffassung des Fehde- und Faustrechts unter historischen Gesichtspunkten auch im 16. Jahrhundert schon einer vergangenen Zeit angehörten, war er von der ihm aus einer historischen Quelle bekannten Gestalt des Götz fasziniert. In ihm sah er das große, sich selbst verwirklichende Individuum, das sich mit den kleinlichen und bedrückenden Verhältnissen seiner Zeit nicht abfinden wollte. Von der Geniebewegung des 18. Jahrhunderts, die das Stück begeistert aufnahm, wurde dies sofort verstanden; in Götz fand man, mit Goethe, eine Symbolfigur, durch die der eigene Widerstand gegen den Herrschaftsapparat und die gesellschaftlichen Zwänge des absolutistischen Staates unterstützt wurde.

Das Geschichtsverständnis, das sowohl der Wahl und der Behandlung des Götz-Stoffes durch Goethe als auch der Rezeption seines Dramas in der jungen Generation zu Grunde lag, war für die ganze Geniebewegung charakteristisch. Wo Goethe sich von Geschichte angesprochen fühlte,[107] war es die menschliche Geschichte, die Lebensgeschichte großer Persönlichkeiten, zu denen er, Distanzen aufhebend, gleichsam in eine dialogische Ich-Du-Beziehung treten, dabei auch sich selbst begegnen und bestätigt fühlen konnte. Die Welt der Geschichte als Menschengeschichte zu verstehen, als ein ‚unendliches Drama von Szenen', war ihm von Herder nahe gebracht worden (zunächst durch dessen Shakespeare-Aufsatz – später auch durch den Essay *Auch eine Philosophie der Geschichte zur Bildung der Menschheit* von 1774). Für Goethe lag in der Bewunderung der großen Persönlichkeit die Möglichkeit der inneren Befreiung aus den Fesseln des gesellschaftlichen Lebens seines Jahrhunderts. Seine frühen Dichtungen sind deshalb voll von nach Freiheit und Selbstentfaltung strebenden Individuen. Dabei ist deren Art der Selbstverwirklichung nicht egozentrisch, sondern tendiert dazu, andere am eigenen Glück teilnehmen zu lassen, lebenssteigernd auch auf andere zu wirken. Gerade auf die Figur des Götz trifft dies zu. Goethe, an historischer Richtigkeit wenig interessiert, stilisiert ihn zum unverbildeten ‚Naturmenschen', zu dessen Wertvorstellungen neben dem ausgeprägten Freiheitsverlangen ganz wesentlich Großmut, Fürsorge, Treue gegenüber den ihm Anvertrauten gehören und der damit in dieser Hinsicht dem aus dem mittelalterlichen Regentenideal abgeleiten Bild des patriarchalisch sich verhaltenden, gleichzeitig sich sorgenden ‚Hausvaters' nahe kommt. Um dem Zuschauer diese Verhaltensweisen des Götz ganz sinnlich nahe zu bringen, zeigt Goethe ihn deshalb immer wieder im Kreis seiner Familie, seiner Getreuen und seiner Knechte. Noch deutlicher wird die idealisierte Persönlichkeit des Ritters Götz durch seinen als Kontrastfigur und Gegenspieler aufgebauten ehemaligen Jugendfreund Weislingen. Dem ‚naiven' Götz steht in Weislingen der reflektierte Anpasser gegenüber, der sich – einst selbst ein freier Ritter – dem Bamberger Fürstbischof verdungen hat – nicht zuletzt, weil er die geschichtliche Überlegenheit des dem römischen Recht verpflichteten Territorialfürstentums gegenüber dem alten Kriegeradel spürt. Sein schwach ausgeprägtes Selbstbewusstsein entspricht seiner neuen Stellung und Aufgabe als Hofbeamter. Keineswegs als Bösewicht gezeichnet, gehört er zu den von Goethe oft entworfenen schwankenden Charakteren (wie Clavigo oder Fernando, vgl. o.), die für alle auf sie einströmenden Reize besonders empfänglich sind. Eben mit Maria, der Schwester des sich mit ihm aussöhnenden Götz verlobt, erliegt er am Bamberger Hof der Intrigantin Adelheid. Erst dieser Treuebruch zwingt ihn, Götz fortan mit Feindschaft zu verfolgen. Dessen Untergang ist – nach Zwischenspielen der Gefangennahme und Befreiung – besiegelt, nachdem er sich als Verbündeter der aufständischen Bauern (mit denen Goethe ihn sich im ‚Urgötz' stärker solidarisieren lässt als in der Aufführungsfassung von 1773) dem mächtigen Reichsheer gegenübersieht.

Für die Veranschaulichung der Charaktere und Verhaltensweisen seiner Protagonisten wählte Goethe ungewohnte Techniken: Einerseits die schon von vielen Zeitgenossen enthusiastisch begrüßte, an Shakespeare anknüpfende, die drei Einheiten des Ortes, der Zeit und der Handlung zersprengende offene Form des Dramas (es enthält mehr als fünfzig Szenen), die es ermöglichte, die Figuren in ganz unterschiedlichen Situationen zu zeigen und ihr Handeln aus ihnen heraus zu motivieren; andererseits, durch diese offene Form unterstützt, ein Spiegelungsverfahren, das darauf beruht, das Bild einer Figur durch die ‚Erzählungen' anderer zusammenzusetzen.[108] Wenn beispielsweise Gefährten und Knechte über Götz sich austauschen, entsteht eine Art vielschichtiger, auch sprachlich differenzierter öffentlicher Diskurs über ihn, der nicht nur Licht auf den Gesprächsgegenstand wirft, sondern auch die Intentionen der Sprecher zu enthüllen vermag. Diese Multiperspektivität der Anschauungen hat die aufgeklärten, an den Diskurs gewohnten Rezipienten des Stückes mit Sicherheit angesprochen. Nicht von ungefähr ist der *Götz* von Goethes Zeitgenossen gerade unter ästhetischen Gesichtspunkten diskutiert worden.

Über seine politische Intention zu sprechen, erübrigte sich fast – sie war deutlich genug. Gleichwohl erscheint sie aus heutiger Sicht widersprüchlich: Die Überhöhung des großen Individuums – mit dem Wort ‚Freiheit' auf den Lippen sterbend, wird Götz selbst noch im Untergang verklärt – verstellte eher den Blick, dass dieser Ritter weder für die Neuordnung der politischen Verhältnisse des 16. noch gar für die des 18. Jahrhunderts geeignet war. Goethes Götz ist alles andere als ein politischer Revolutionär (in der Fassung von 1773 noch weniger als im ‚Urgötz'), sondern vielmehr

Bewahrer verlorener Ideale einer auf personalen Beziehungen wie der gegenseitigen Verantwortung füreinander aufgebauten Gesellschaft, die schon im Territorialfürstentum des 16. Jahrhunderts historisch überholt war und erst recht nicht mehr den Bedingungen des aufgeklärten Absolutismus und des ‚Staatsbürgertums' im 18. Jahrhundert entsprach. Insofern trägt Götz in der Tat Züge Don Quixotes, des Ritters von der traurigen Gestalt. Das Selbsthelferideal, das er vertritt und mit dem er scheitert, blieb eher ein Wunschbild, das für das Selbstgefühl vieler Rezipienten des 18. Jahrhunderts wichtig sein mochte. Es war – wichtig genug – Ausdruck des Protests gegen den verwaltungsuniformierten Staat des Absolutismus, auch gegen die in ihm nicht überwundene Rechtsungleichheit, und Aufforderung, den zwischenmenschlichen Beziehungsformen größere Geltung zu verschaffen. Aber zur politischen Organisation des Bürgertums konnte es kaum etwas beitragen. Dies wirft zugleich ein Licht auf die Funktion so mancher Dramen der Geniebewegung: Sie kompensierten durch Emotionalisierung die in der Realität bestehende Ohnmacht ihrer Adressaten, ohne doch eine praktikable Hilfe für politisches Handeln zu geben.

Goethes Trauerspiel *Egmont* – 1775 begonnen, aber nach verschiedenen Anläufen erst 1787 fertig gestellt und ein Jahr später erschienen – wirkt in vieler Hinsicht wie eine Fortführung des *Götz*. Auch im *Egmont* geht es um eine zeitlich zurückliegende Auseinandersetzung, um den Freiheitskampf der Niederländer gegen die spanische Krone im 16. Jahrhundert, auch hier nimmt Goethe es mit der historischen Richtigkeit nicht genau, auch hier steht mit dem niederländischen Grafen Egmont eine für den Freiheitsgedanken eintretende ‚große Natur', eine verklärte Persönlichkeit im Zentrum des Geschehens, so dass sich das Geschichtsdrama eigentlich als Drama eines Charakters erweist (der im Übrigen ebenfalls multiperspektivisch aus den Blickwinkeln ganz verschiedener Personen vermittelt wird wie Götz), und auch hier unterliegt der ‚naive', d. h. ganz mit sich selbst übereinstimmende Held einer absolutistischen Macht, die durch den spanischen Herzog Alba repräsentiert wird. Ähnlich großherzig, freimütig und volksverbunden wie Götz, begreift Egmont gar nicht, dass Alba mit Andersdenkenden nicht diskutiert, sondern sie liquidiert. Sich auf solche Haltung nicht einzustellen zu können, ist sein die Warnungen des Freundes Wilhelm von Oranien überhörender Leichtsinn, der ihn das Leben kostet, zugleich aber Ausdruck seiner inneren – sich auch in seiner Liebe zu Klärchen, dem Bürgermädchen, erweisenden – Unabhängigkeit und Spontaneität. Auch Egmont steht wie Götz für eine sich auf die Freiheit des Naturzustandes berufende Menschlichkeit, die allerdings, so sehr sie ‚Bewunderung' verdient, politisch nicht unmittelbar wirken kann, weil sie die historischen Gegebenheiten nicht richtig einschätzt – weder die Interessen der absolutistischen Königsmacht noch die Handlungsfähigkeit des „braven", aber furchtsamen niederländischen Volkes, das von Klärchen vergeblich angerufen wird. Insofern ist auch Egmont ein Träumer – die Sphäre des Traumhaften und Visionären spielt in dem Stück eine wichtige Rolle und hat eine erhellende Funktion –,[109] und es bleibt offen, inwieweit es, zumal bei seiner Fertigstellung in den achtziger Jahren, von Goethe noch als unbefangene Ermutigung der staatsbürgerlichen Freiheitsgesinnung seiner Zeitgenossen gemeint war.

Dramen von Leisewitz und Klinger

Während Goethes Freiheitshelden trotz ihres Scheiterns den rebellischen Geist des staatsbürgerlich gesinnten Publikums ansprachen, vermittelten andere der politisch orientierten Dramen der Geniebewegung eher das Gefühl der Resignation. Eine beliebte Thematik war der mit dem Vater-Sohn-Problem verknüpfte Bruderzwist, ließen sich mit einem Familienkonflikt dieser Art doch leicht Rechts- und Machtfragen aufwerfen. Sowohl Johann Anton Leisewitz als auch Friedrich Maximilian Klinger, die neben Heinrich Wilhelm von Gerstenberg zu den begabtesten Dramatikern des so genannten Sturm und Drangs gehörten, als etwas später auch Friedrich Schiller nutzten diese Figurenkonstellation zur Vermittlung politischer Ansichten. Leisewitz, der im Rahmen eines Wettbewerbs der Schröderschen Schauspielgesellschaft denselben Stoff (die Geschichte des Florentiner Herzogs Cosimo I. und seiner Söhne) aufgriff wie Klinger, diesem aber unterlag, führt in seinem Trauerspiel *Julius von Tarent* (1776) mit der Titelfigur einen Thronerben vor Augen, der seine durch das Erbrecht vorgegebene öffentliche Rolle nicht akzeptiert, sondern nur Privatmann sein möchte und den Forderungen seines Herzens nachgebender Liebhaber der bürgerlichen Bianca, während sein handlungsfreudiger Bruder Guido, als Zweitgeborener zum Privatmann verdammt, sich umgekehrt nach öffentlichem Ruhm verzehrt. Das Sträuben des Protagonisten lässt sich zugleich als Widerstand gegen den Absolutismus verstehen, nur dass es sich weniger gegen den schlechten Staat richtet als vielmehr gegen den Staat überhaupt („… mußte denn das ganze menschliche Geschlecht, um glücklich zu sein, durchaus in Staaten eingesperrt werden …" oder „… der Staat tötet die Freiheit!"). Der rousseauistisch schwärmende Julius, der sich durch Flucht mit der Geliebten in die Idylle absetzen will, fällt schließlich durch die Hand des Bianca ebenfalls liebenden eifersüchtigen Bruders, der dafür von dem greisen Vater gerichtet wird. Auch wenn das Fürstenhaus damit am Ende zerstört und ohne Zukunft ist, die väterliche Autorität als solche und damit zugleich die patriarchalische Regentschaft wird durch das Stück nicht angetastet. Der in sich schon fragwürdige, von Egoismus bestimmte Protest des Helden verpufft ins Leere.

In Klingers Trauerspiel *Die Zwillinge* (1776) sind die Akzente verschoben. Hier steht der Brudermörder Guelfo im Mittelpunkt; und weniger der Bruder fungiert als sein Gegenspieler als vielmehr sein melancholischer Freund Grimaldi, der ihn von seinem Vorhaben abzubringen versucht. Das Stück lebt von dem monomanisch artikulierten Selbstgefühl der Kraftnatur Guelfo, der sich wie Esau um die Erstgeburt betrogen fühlt und benachteiligt wie Kain. Ganz von seinem Hass bestimmt, wirkt er weniger als Charakter denn als personifizierte Eigenschaft[110] – wie ein Relikt des Barockdramas. Wie in keinem anderen Text der Geniebewegung äußert sich der Extremismus des Gefühlsbesessenen hier auch sprachlich: in Anrufen, Interjektionen, Anakoluthen und Satzfetzen – oft in die Vulgärsprache und ins reine Fluchen abgleitend. Eine sittliche Entscheidung wird nicht getroffen. Wenn überhaupt und nur sehr eingeschränkt von Tragik gesprochen werden kann, so liegt sie in der Trostlosigkeit der Ichbezogenheit, des schrankenlosen Subjektivismus. Erschöpft erwartet Guelfo nach seiner mörderischen Tat das Todesurteil des Vaters. Eine Auflehnung auch gegen ihn, den Repräsentanten gesellschaftlicher Ordnung, bleibt undenkbar. Mit der Selbstvernichtung des Kraftgenies wurde in diesem überaus erfolgreichen Stück die Krise der Sturm und Drang-Bewegung ganz sinnfällig.

Schillers Dramen: *Die Räuber; Fiesco*

Auch Schiller, der den *Julius von Tarent* besonders schätzte, hat in seinem ersten Drama das Motiv der verfeindeten Brüder verwendet, um daran Fragen zum Verhältnis von Freiheit, Usurpation und Macht aufzuwerfen, aber beide Brüder erhalten bei ihm im dramaturgischen Sinn das gleiche Gewicht. Sein Schauspiel *Die Räuber* erschien nach weiter zurückliegenden, nicht erhaltenen Vorarbeiten 1781, wurde ein Jahr später in Mannheim uraufgeführt, nachdem der Theaterdirektor es durch etliche Eingriffe und Kürzungen entstellt hatte, die Schiller kurz darauf in einer zweiten Auflage zurücknahm und durch eigene Änderungen ersetzte. Nicht nur das begeisterte bürgerliche Publikum spürte sofort die politische Brisanz dieses Stückes; der württembergische Herzog Karl Eugen verbot dem Autor das Dichten und drohte mit Festungshaft, worauf Schiller über die Grenze nach Mannheim floh. – In den *Räubern* ist Franz, der jüngere, von der Erbfolge ausgeschlossene, noch dazu durch seine hässliche Erscheinung belastete Sohn des gräflichen Hauses Moor von einem Hass erfüllt, der viel weiter reicht als der von Leisewitz' Guido oder Klingers Guelfo und sich auch anders auslebt. Schillers Figur äußert den Grundzweifel an der die Existenz Gottes bezeugenden Ordnung der Welt. („Ich habe große Rechte, über die Natur ungehalten zu sein, und bei meiner Ehre! ich will sie geltend machen."). Die Willkür der Natur beantwortet Franz mit der Willkür seines sich über alle Moral hinwegsetzenden Verhaltens. Nicht nur versucht er, durch das Fingieren eines Briefes seinen Bruder Karl von der Erbfolge auszuschließen und ihm zugleich seine Braut Amalie abspenstig zu machen, er plant auch den Mord an seinem Vater, den er tödlich erschrecken will. Hierin wird nicht nur sein Kompensationsbedürfnis erkennbar, sondern auch sein Machtwille,[111] der sich Bestätigung in der Vergewaltigung anderer, in der Anwendung des Rechts des ‚Stärkeren' sucht. Das Mittel, das Franz dabei einsetzt, ist das des kalkulierenden Verstands, das den räsonierenden Zeitgenossen geläufig war, in Schillers Drama aber in der abschreckenden Abgleitung des raffinierten Intrigierens vorgeführt wird. Dem hässlichen, hasserfüllten, kalt berechnenden Amoralisten steht – gleichsam als Antithese – der schöne, enthusiastisch der Stimme des Herzens folgende ältere Bruder Karl gegenüber, der – ganz im Sinne der Geniebewegung – gegen kleinbürgerlich-enge Verhaltensweisen, gegen das „schlappe Kastratenjahrhundert" rebelliert und sich nach Freiheit und Größe sehnt. Doch dieser Freiheitsdrang findet kein Gegenüber, an dem er sich messen könnte. Karl erscheint zunächst in der Rolle des ‚verlorenen Sohnes', der nach stürmisch verbrachten Studentenjahren den Vater bittet, ihm zu verzeihen. Doch wird sein reuevoller Brief von Franz so verfälscht, dass Karl dem Alten wie eine Ausgeburt des Bösen vorkommt. Enttäuscht überlässt er Franz die Antwort, der den Bruder, angeblich im Namen des Vaters, mitleidlos zurückweist. Für Karl, der sich von dieser Antwort täuschen lässt und seinem Vater die Lieblosigkeit so blindlings zutraut wie dieser zuvor ihm alle möglichen Schandtaten, wird damit nicht nur die familiäre Vater-Sohn-Beziehung zerstört, sondern, weil ihm diese Beziehung Halt gewährte, die gottgegebene Ordnung der ganzen Welt. Die flächige Familientragödie erhält auf diese Weise eine theologische Tiefendimension.[112] Entsprechend zielt Karls Reaktion weit über die Wiederherstellung seiner persönlichen Ansprüche hinaus. Mit seinem emphatisch vorgetragen Entschluss, Anführer einer Räuberbande zu werden, verbindet sich der verzweifelte, aber auch maßloser Selbstüberschätzung entspringende Wunsch, den verlorenen Bau der sittlichen Weltordnung wiederherzustellen. Der jähe Umschlag der privaten Erbitterung in einen gegen alle gerichteten ‚Universalhass' berührt die Problematik des vorrangig von seiner Emotionalität regierten Menschen. Noch fragwürdiger aber wird Karls Verhalten bei seinen Streifzügen als Räuberhauptmann. Denn auch wenn er sich einredet, als Richter der Ausbeuter und Retter der Unterdrückten aufzutreten und damit gesellschaftliche Verhältnisse zu verbessern – Schiller greift hier das Motiv des ‚edlen Räubers' auf, das besonders in der Trivialliteratur der folgenden Jahrzehnte immer beliebter werden sollte –, so kann ihn diese sich selbst zugesprochene Legitimierung seines Handelns doch nicht darüber hinwegtäuschen, dass seine Kumpane gewöhnliche Verbrecher sind, dass ihm und seiner

Bande auch Unschuldige zum Opfer fallen, dass also der edle Zweck durch die Mittel korrumpiert wird und der Riss durch die Welt sich eher öffnet als schließt. Karls Schuldgefühle treiben ihn noch einmal zurück ins väterliche Schloss, wo nun die Katastrophe ihren Lauf nimmt. Franz, der den verkleideten Bruder erkennt und in seinem Erscheinen das Wirken der Nemesis erfährt, erdrosselt sich, von Gewissensbissen gepeinigt; der von ihm in den Hungerturm gesperrte Vater stirbt, als Karl ihm sein Räuberhandwerk gesteht; Karl gibt Amalie, seiner Geliebten, die sich, als Leidende, ihre Identität bewahrt hat, den Tod, gleichsam um die eigene Schuld untilgbar werden zu lassen, bevor er sich einem Tagelöhner ausliefert, dem er das auf ihn gesetzte Kopfgeld zukommen lassen will. So intendiert das Stück nicht nur eine Auseinandersetzung mit zwei durch die beiden Brüder verkörperten Zeitströmungen, dem in Zynismus abgeglittenen Rationalismus auf der einen und dem totalitäre Züge annehmenden Kraftgeniekult auf der anderen Seite; es ist auch ein Aufruf, im Gewissen Gegenkräfte gegen die ‚wirkliche Welt' zu mobilisieren,[113] um die personale Würde zu bewahren und – gerade auch im Untergang – Zeugnis für die Idee der sittlichen Weltordnung Gottes abzulegen – allerdings nicht mehr in der Gewissheit der christlichen Märtyrer des Barockdramas. – Mit dem misstrauischen, gleichwohl manipulierbaren Vater, dem intriganten, machtbesessenen Franz verdeutlichte Schiller in den *Räubern*, ähnlich wie dann zugespitzter in *Kabale und Liebe*, seinen Protest gegen das die Familie wie den Staat, d. h. die ganze gesellschaftliche Ordnung stützende, den Menschen einschnürende autoritäre Denken und Verhalten. Im politischen Sinn revolutionär war das Stück deswegen noch nicht. Denn Karl ist ebenso wenig wie Ferdinand willens und in der Lage, politische Zielvorstellungen zu entwerfen; beide bleiben empörte Schwärmer.

Das Aufbegehren gegen autoritär organisierte Macht ist Thema auch von Schillers ‚republikanischem Trauerspiel' *Die Verschwörung des Fiesco zu Genua* (1783), mit dem er sich das Genre des historisch-politischen Dramas anzueignen suchte. Mit den *Räubern* verbindet es zudem das Motiv des großen, des ‚erhabenen' Verbrechers, für dessen Persönlichkeitsstruktur sich Schiller mehr interessierte als für die politischen Implikationen des in diesem Stück aufgeworfenen Konflikts. Die Handlung spielt im Genua des 16. Jahrhunderts und stellt die einsetzende Verschwörung des Stadtadels und aufgebrachter Bürger gegen die Tyrannis des Dogen Andrea Doria, mehr noch seines Neffen Gianettino dar. Der Republikaner Verrina gewinnt den Grafen Fiesco als Führer der Aufständischen, der allerdings zunehmend mehr die eigene Herrschaft über Genua im Sinn hat als die Freiheit der Bürger und sich schließlich zum Fürsten ausrufen lässt. Doch Verrina will einen neuen Tyrannen nicht dulden – er stürzt Fiesco ins Meer und wendet sich nach dem Scheitern seiner

Pläne dem ‚aufgeklärten' Herrscher Andrea Doria zu. – Obwohl dieses Trauerspiel in die Renaissance zurückversetzt war, konnten die unter feudal-absolutistischen Verhältnissen lebenden Rezipienten des 18. Jahrhunderts unschwer erkennen, dass es um ihre eigene Sache ging, um die Verbindlichkeit von Gesetzen auch für den Herrscher und um das Widerstandrecht gegen dessen Willkür. Doch wurde die staatsrechtliche Problemstellung von Schiller nicht vertieft. Als er den *Fiesco* schrieb, war er ganz vom Charakter seines Protagonisten fasziniert, der Züge eines Karl und Franz Moor in sich vereint. Mit Karl verbindet ihn die Überzeugung von der Außerordentlichkeit seiner Person, die Verabsolutierung seiner Subjektivität, die sich mit der Mentalität des Selbsthelfers verbindet, der sich – gleichsam mit dem Recht des Genies – über Konventionen und eben auch über das Gesetz hinwegsetzt, wo dies seiner ‚Natur' entspricht. Zu dieser ‚Natur' gehört seine Herrschsucht, die, weil ihr kein Interesse am Staat und am Gemeinwohl zu Grunde liegt, nicht einmal das Ideal vom gerechten Herrscher, ganz unpolitisch ist. Wenn Fiesco, im Morgenrot über Genua schauend, ausruft: „Diese majestätische Stadt ... *Mein!* – und drüber emporzuflammen gleich dem königlichen Tag – drüber zu brüten mit Monarchenkraft – ..." (III,2), so spricht daraus die pure Lust an der Macht. Für seine Selbstvergötterung sind Fiesco alle Mittel recht, auch die, deren sich in den *Räubern* ein Franz Moor bedient. Dazu gehören, ohne dass dies hier auszuführen wäre, Täuschung und Manipulation (von Freund und Feind). Der geradezu triebhaft zur Machtausübung Hingezogene zeigt zu ihr ein ganz kalkulatorisches und amoralisches Verhältnis – vergleichbar dem Präsidenten in *Kabale und Liebe* und dem Großinquisitor im *Don Carlos*. Auch im *Fiesco* wird wie in den *Räubern* die Hybris der Selbstüberheblichkeit verurteilt, die sich diesmal im Bereich des Politischen verwirklicht, und in ihrer vernichtenden Konsequenz gezeigt (als Fiesco versehentlich seine eigene Frau tötet, die, das Naturrecht vertretend, maskiert auf der Seite der Republikaner kämpft); auch im *Fiesco* wird die Idee einer sittlichen Weltordnung gerettet, wenn auch nicht durch Reue und Schuldbekenntnis, sondern durch den Tyrannenmord Verrinas, der im Übrigen – ein Riss zwischen seinem moralischen und politischen Verhalten – als Familienvater genau die Unterdrückung praktiziert, die er politisch überwinden will.[114] Eine bessere politische Wirklichkeit wird auch in diesem Stück nicht hergestellt. Die Republik als freiheitliche Staatsform bleibt weiterhin ein fernes Ziel. Verrina wählt das kleinere Übel des ‚gerechten' Herrschers, der von dem alten Doria repräsentiert wird. Gleichwohl warf das Stück für das Publikum die beunruhigende Frage nach der Rechtmäßigkeit absolutistischer Gewalt auf. Die Umarbeitung der Mannheimer Bühnenfassung, in der Fiesco die Herzogswürde ablehnt und sich zu sittlicher Größe aufschwingt, wurde allerdings von Schiller bald wieder verworfen, weil sie dem vorgeführten widerspruchsvollen Charakterbild seines Protagonisten nicht entprach.

Don Carlos; Wallenstein; Maria Stuart

Wie *Die Räuber*, wie in mancher Hinsicht auch *Die Verschwörung des Fiesco*, wie vor allem *Kabale und Liebe* (vgl. o.) steht auch Schillers viertes Drama, *Dom Karlos, Infant von Spanien* 1787) (in späteren Ausgaben *Don Karlos*, heute *Don Carlos*), durchaus in der Tradition der Familientragödie[115], nur dass der Vater-Sohn-Konflikt, den es vor Augen führt, in diesem Fall unter den hoch gestellten Persönlichkeiten eines Fürstenhauses ausgetragen wird. Carlos, spanischer Thronfolger, liebt seine jugendliche Stiefmutter und wird von Philipp, seinem Vater, deswegen gehasst und gefürchtet, obwohl dieser die Vertraute der Königin liebt, die sich ihrerseits zu Carlos hingezogen fühlt, usw. Diese Verwicklungen sind eigentlich nur insofern von Interesse, als sich mit ihnen politische Entscheidungen verknüpfen. Mit dem vereinsamten und misstrauischen Philipp steht ein Despot auf der Bühne, dessen Herrschaft nicht mehr allein durch die Willkür einzelner Maßnahmen gekennzeichnet ist, sondern – wie Schiller durch etliche Beispiele veranschaulicht – durch ein totalitäres, auf umfassende Bespitzelung aufbauendes Überwachungssystem, in dem auch kleinste Verstöße unnachsichtig bestraft werden. Die ideologischen Grundlagen dieses Systems liefert die katholische Kirche, hier in Gestalt des Großinquisitors, die ihre Besitz- und Machtinteressen mit dem Wahrheitsanspruch in Glaubensfragen verbrämt. Philipp, der sich diesem Anspruch unterworfen hat, handelt deshalb auch nicht aus Lust an der Macht wie ein Franz oder auch Karl Moor, ein Fiesco oder der Präsident in *Kabale und Liebe*, sondern er ist der Despot aus Pflichtgefühl, sich selbst entfremdet, selbst unfrei. Diese fest gefügte politische Konstellation wird durch den Marquis Posa erschüttert, der seinen Jugendfreund Carlos für die Befreiung der von Spanien unterdrückten flandrischen Provinzen zu gewinnen sucht. Seine hochgesteckten Ziele – die Wiederherstellung einer intakten Sozialordnung, die Vision einer besseren Menschheit – haben dabei, zumal in ihren Formulierungen, viel von dem Schwärmerischen, das der ganzen Geniebewegung eigen war, erinnert im Übrigen aber auch an Lessings Utopieentwurf im *Nathan* und damit daran, dass der Begriff des Politischen im 18. Jahrhundert viel weiter gespannt war als im 19. und noch im 20. Jahrhundert, weil er die Sorge um die Herstellung humaner Lebensverhältnisse stets implizierte. Posa – nicht etwa ein Bürgerlicher, sondern der jüngeren Generation des Adels zugehörig – ist der Träger von Aufklärungsideen. Er setzt auf Reformen, für die Carlos die Voraussetzungen schaffen soll, nicht auf Revolution; vor allem ist er derjenige, der seine aufklärerischen Gedanken aus der bloßen Spiritualität lösen und sie mit allen Mitteln in die Tat umsetzen will. In der Wahl dieser Mittel freilich verstrickt er sich. Um sein politisches Ziel zu erreichen, täuscht er – ohne dass dies hier näher auszuführen ist – sowohl den König als auch Don Carlos und stößt damit sich selbst und den Freund ins Verderben. Die Problematik des *Fiesco* wird damit erweitert. Es geht nicht mehr allein um den Machtmissbrauch in der einen oder anderen Form, sondern auch um die durch die Gestalt Posas aufgeworfene Frage, ob ‚Geschichte' ‚machbar' ist. Auch im Verhalten Posas liegt bei aller moralischen Berechtigung seiner vernünftigen Zielsetzungen eine Anmaßung (vgl. dazu Schillers *Zwölf Briefe über Don Karlos*, 1788), derer er sich bewusst ist und an der er scheitert. Der höhere Zweck heiligt nicht die unmoralischen Mittel, die Widersprüchlichkeit, die mit der Realisierung von Vernunftideen verbunden ist, scheint unauflösbar.

Das widersprüchliche Verhältnis von vernünftiger politischer Zielsetzung und persönlicher Machtbegierde, der Machtmissbrauch, die Verstrickung in betrügerische Mittel zur Erhaltung der Macht sind Motive, die Schiller auch in seiner *Wallenstein-Trilogie* aufgriff, nur dass er hier stärker als in seinen früheren Dramen das Problem der Legitimität und Illegitimität von Herrschaft akzentuierte. Die dreiteilige Tragödie (*Das Lager, Die Piccolomini, Wallensteins Tod)* entstand zwischen 1798 und 1799 und gehört damit in die Zeit der Weimarer Klassik und des regen Gedankenaustauschs mit Goethe. Den Stoff hatte Schiller bereits in seiner *Geschichte des Dreyssigjährigen Krieges* (1791–93) bearbeitet, und schon hier hatte ihn die vieldeutige Persönlichkeit des kaiserlichen Feldherrn Wallenstein zunehmend fasziniert. In der Tragödie musste er auf die historischen Ereignisse weniger Rücksicht nehmen und konnte sich stärker dem schillernden Charakter des Protagonisten widmen und damit der ‚poetischen Wahrheit' gegenüber der historischen zu ihrem Recht verhelfen. Von seinen verblendeten Soldaten wird Wallenstein zum Auserwählten, zum unbesiegbaren Verbündeten der Glücksgöttin überhöht; er selbst ist von diesem Bild affiziert, umso mehr, als er von Selbstzweifeln geplagt ist. Sein Glaube an die Astrologie ist nur ein Ausdruck seiner eigenen Unsicherheit, an der auch eine zurückliegende Demütigung durch den Kaiser ihren Anteil hat. So erklären sich seine Machtgier und seine Skrupel zugleich. Sein Ziel, angesichts des schwachen Kaisers aus eigener Kraft ein Reich der Glaubensfreiheit und des Friedens zu sichern, bleibt seltsam undeutlich und unglaubwürdig, weil es sich mit ehrgeizigen Plänen vermischt, für sich selbst die Königskrone Böhmens zu erwerben. Die Verhandlungen, die er mit den Schweden und Sachsen, den Gegnern des Reiches, ‚zum Schein' führt, um den Kaiser unter Druck setzen zu können, insgeheim aber auch, um seine Eigeninteressen zu verfolgen, verleiten ihn zu doppeldeutigen Äußerungen, die nicht geheim bleiben und ihm als Hochverrat ausgelegt werden.

Octavio Piccolomini, Wallensteins Vertrauter, der als Anwalt des Kaiserhauses zu seinem Gegenspieler wird, leitet seine Entmachtung ein. Intrigierend bringt er die Offiziere gegen ihn auf, während Wallenstein, auf eine günstige Sternenkonstellation wartend, sich zu wehren zögert und einem Mörder zum Opfer fällt. – Reduziert man – wie hier notgedrungen – die figuren- und facettenreiche Trilogie auf den in ihr behandelten Problemkern, so muss man ihn wohl in der Frage nach der Legitimität des Aufbegehrens gegen die dynastische, auf dem Gottesgnadentum beruhende Macht sehen, in einer Frage also, die für das Publikum, zumal nach der Französischen Revolution, höchste Aktualität besaß. Triumph und Untergang französischer Revolutionsführer wie Danton, Marat oder Robespierre standen vor aller Augen. Auch Wallensteins Verhältnis zu seinen Soldaten hat etwas durchaus Republikanisches; aber er ist ohne politische Vision. Die schwärmerisch anmutenden Vorstellungen eines auf dem gegenseitigen Vertrauen aller Bürger beruhenden Staates der Freiheit, die seine Tochter Thekla und Max Piccolomini äußern, bleiben bei ihm Rhetorik und werden von seinen eigennützigen Machtinteressen überschattet, gehen im Übrigen auch an der politischen Realität des 17. Jahrhunderts, auch noch des 18. Jahrhunderts, vorbei. Wallenstein erscheint nicht als jemand, der Verträge achtet, sondern als jemand, der nur sich selbst gehorcht. Insofern ist er für seine sich von ihm abwendenden Pappenheimer auch nicht der Garant, der nach Ablösung der alten Ordnung eine neue einhalten wird. Angesichts der sittlichen Indifferenz Wallensteins gewinnt am Ende der Tragödie, auch für die zeitgenössischen Rezipienten, die von Octavio verteidigte alte, ‚legitime' Verfassung, die dem Bürger zwar nicht die politische Freiheit, aber doch den Schutz der Existenz gewährt, das Übergewicht. Zu Beginn der Weimarer Klassik erschien die Usurpation des außergewöhnlichen Einzelnen und die Gefahr des Machtmissbrauchs durch ihn als ein Risiko, das sich gerade dann verbot, wenn man sich von der ‚ästhetischen Erziehung' der Bürger (vgl. o.) eine bessere Zukunft erhoffte.

Das Problem der Legitimierung politischer Herrschaft bestimmt auch Schillers – in ästhetischer Hinsicht wohl vollkommenstes – Drama, das im Jahr 1800 in Weimar uraufgeführte Trauerspiel *Maria Stuart*. Der hier dargestellte Anspruch der aus Schottland geflohenen katholischen Maria Stuart auf den englischen Thron gründet auf dem Recht der feudalen Erbfolge. Die englische Königin Elisabeth, ihre protestantische Kontrahentin, beruft sich auf die gleiche Legitimation, nur sind ihre Geburtsrechte weniger makellos, da sie einer, nach katholischer Auffassung, illegitimen Ehe Heinrichs VIII. entstammt. Dies ist der Grund, warum sie die Gunst der öffentlichen Meinung sucht, dem Volk und Parlament entgegenkommt und damit den Schein einer aufgeklärten Regierungspraxis erweckt. Doch wird dieser Schein von dem Moment an entlarvt, an dem sie das Todesurteil gegen Maria Stuart unterschreibt. Denn dieses Urteil beugt Maria Stuarts Recht, hinter ihm steht Herrscherwillkür. Die geltend gemachte Staatsraison ist nur der Deckmantel, den Elisabeth über ihre ganz persönlichen Gefühle legt. Sie hasst Maria, weil ihr deren Schönheit, Anziehungskraft und lebensvolle Vergangenheit das eigene reglementierte, Leidenschaften verbietende Dasein als Frau bewusst werden lässt. Auch in diesem Drama zeigt Schiller, wie „seelische Verstörungen und angestaute Affekte unkontrollierbar in die geschichtliche Szene eindringen und sich dort des Handelnden bemächtigen."[116] Dies gilt auch für Maria, die sich gerade in ihrer Begegnung mit Elisabeth zu so unmäßigen Äußerungen hinreißen lässt, dass ihr Untergang unausweichlich wird. Erst im letzten Akt wird sie angesichts des Todes zu der aggressionslosen ‚schönen Seele', der eine Versöhnungsbotschaft möglich ist. Für die zeitgenössischen Betrachter enthielt Schillers historisches Trauerspiel nicht nur genügend Anregungen, um über das Rollenspiel der Geschlechter in einer patriarchalischen Gesellschaft nachzudenken;[117] es war in einem direkteren politischen Sinn auch insofern aktuell, als es, nachdem die Guillotinierung Ludwigs XVI. erst wenige Jahre zurücklag, einen Königsmord dramatisierte und das Missverhältnis von Gewaltanwendung und Gerechtigkeit herausstellte. In die Alternative zu der vorgeführten absolutistischen Rechtsbeugung, in die Volkssouveränität, konnte das Publikum sich allenfalls hineindenken, gezeigt wurde sie nicht. Schillers Wirkungsintentionen zielten auch eher in die u. a. in den *Ästhetischen Briefen* angesprochene Richtung. Deutlich wird in *Maria Stuart* vor Augen geführt, dass es gelingen kann, die Trieb- und Sinnenwelt, in die Maria als Heldin leidend verstrickt ist, durch den erhabenen Schwung ins Reich der Vernunft zu überwinden. Maria lebt angesichts ihres Todes diese Schönheit des Menschlichen vor, indem sie ihre natürlichen Affekte, ihre Rachegefühle, überwindet. Symbolisch lässt Schiller in der betonten Festlichkeit ihrer Kleidung auch ihre äußere Erscheinung im Glanz erstrahlen.

Die Freiheit des Gemüts sollte auch der Zuschauer beim Betrachten des Kunstwerks bewahren. Gerade an der *Maria Stuart* lässt sich nachvollziehen, wie sehr sich Schiller in dieser ‚klassischen' Periode darum bemühte, eine zwanghafte Wirkung vorgeführter Affekte auf das Publikum zu vermeiden und ihm zu dem dafür nötigen Abstand zu verhelfen. Um den Kunstcharakter des fiktionalen Gebildes herauszustellen und damit dem Eindruck entgegenzuwirken, die Bühnenhandlung sei ein bloßes Abbild der Realität, nutzte er als wichtigste Mittel und keineswegs nur zum Vergnügen des beanspruchten Publikums die Versform, also die Verwandlung der „prosaischen Sprache in eine poetisch-rhythmische" (Brief an Goethe vom 24.11.97), und zugleich das reiche Arsenal rhetorischer Figuren (u. a. Wiederholung, Parallelismus, Variation, Steigerung). Durch verfremdende Ausschmückung sollte der ästhetische Spieltrieb der Betrachter und damit auch deren Nachdenklichkeit angeregt werden. So sollte das Theaterpublikum zum Forum richtender Öffentlichkeit über das Dargestellte erzogen werden und bei seinen Beurteilungen zugleich seine eigene gesellschaftliche Lage erkennen. Insofern sind Schillers ästhetische Intentionen durchaus politisch relevant, wenn auch die bereits aufgeworfene Frage sich stellt, bei wem anders als bei einer Bildungselite dieses ästhetische Programm wirksam werden konnte. Das Theater hatte auch in Weimar um 1800 schon ganz andere – vornehmlich unterhaltende und entlastende – Funktionen als die von Schiller insgeheim erhofften und angestrebten.

Die Jungfrau von Orléans; Wilhelm Tell

Unterhaltsam wirkte offenbar seine ‚romantische Tragödie' *Die Jungfrau von Orléans* (1801). Das an theatralischen Effekten reiche Stück ist vom Publikum, auch von den ‚unteren Ständen', begeistert aufgenommen worden, und offenbar wurden – heute kaum nachvollziehbar – ganze Passagen auch auswendig gelernt.[118] Wie in allen seinen historischen Dramen bemühte sich Schiller auch in diesem, Tendenzen des politischen Lebens auf die Bühne zu bringen, um den Zuschauern die ‚Bekanntschaft' mit den sie umlauernden Gefahren zu ermöglichen (vgl. seinen Aufsatz *Über das Erhabene*, 1792/93). Dabei war nicht nur die Wahl des Stoffes, mit Hilfe dessen dieses Ziel erreicht werden sollte, zweitrangig, sondern auch die Richtigkeit der historischen Fakten, mit der er gerade in diesem Stück freizügig umging. Dass die Geschichte des lothringischen Bauernmädchens, das im Hundertjährigen Krieg, einer göttlichen Eingebung folgend, die französischen Truppen von Sieg zu Sieg gegen die Engländer führte und deren Fremdherrschaft abschüttelte, das Publikum ansprechen musste, das zur Zeit der Machtausdehnung Napoleons selbst die Fremdherrschaft fürchtete, erklärt sich selbst. Es kam hinzu, dass Schiller die Fremdherrschaft, gegen die seine Heldin ankämpft, als Herrschaft ohne soziale Verpflichtung herausstellt; seine Johanna von Orléans bindet Herrschaft dagegen gerade an die notwendige Rücksicht des Herrschers auf die niederen Stände. Ihr Appell an die Vernunft ihres Königs, in dem Schillers eigenes Vertrauen in die Kraft der Vernunft sich niederschlägt, ist deutlich, enthält sogar die Andeutung einer Warnung: „Dein Stamm wird blühn, so lang er sich die Liebe / Bewahrt im Herzen seines Volks, / Der Hochmut nur kann ihn zum Falle führen / Und von den niedern Hütten, wo dir jetzt / Der Retter ausging, droht geheimnisvoll / Den schuldbefleckten Enkeln das Verderben." (III,4) Freilich steht den aufgeklärten Zielsetzungen auch in diesem Stück die menschliche Natur entgegen. Sie bricht – eine Vorausdeutung auf Kleists *Penthesilea* – in Johannas jäher Liebe zu Lionel hervor, einem der englischen Anführer, dem sie in der

Schlacht begegnet und den sie entkommen lässt. In diesem Moment, in dem das Herz spricht, wo es nicht sprechen soll, zerbricht ihr Selbstverständnis, ihr Sendungsbewusstsein. Ihrer inneren Sicherheit beraubt, fällt sie in die Hände der Feinde. Nun erst, nachdem sie von den schützenden Göttern verlassen ist, muss sie ihre Größe aus eigener Kraft beweisen. Sie weist Lionels Werben ab, sprengt – hier geht Geschichte in Legende über – ihre Ketten und verhilft den Franzosen zum entscheidenden Sieg. Tödlich verwundet, erhebt sie sich in ihrer Vision von den sich ihr öffnenden Himmelstoren selbst in die Verklärung. Dass dieses ‚katholisierende Finale'[119] seine Publikumswirkung nicht verfehlt hat, belegt die Rezeptionsgeschichte des Stückes; dass es Schillers eigenen Anforderungen an die ‚reine, poetische Tragödie' entsprach, wird man schwerlich behaupten können.

Von besonderer Bedeutung ist Schillers letztes vollendetes Drama, *Wilhelm Tell* (1804). Die Nachhaltigkeit seiner Wirkung lässt sich daran ablesen, dass es – nicht zuletzt weil es kollektive Wunschträume erfüllte – in der zweiten Hälfte des 19. Jahrhunderts zur schulischen Pflichtlektüre avancierte (bis es 1941 unter den Nationalsozialisten an Schulen verboten wurde). Auch in diesem ‚Schauspiel' griff Schiller auf einen historischen Stoff zurück, den Freiheitskampf dreier Schweizer Kantone gegen den Herrschaftsanspruch Österreichs zu Beginn des 14. Jahrhunderts, ohne dass die Faktizität des Historischen ihn um ihrer selbst willen interessierte. Vielmehr ging es ihm auch hier darum, aus den Elementen des Historischen eine poetische Konstruktion zu formen, die der „Phantasie eine Freiheit über die Geschichte" verschafft, wie er in einem Brief an Goethe formulierte.[120] Um so eher konnte der Zuschauer erwägen, inwiefern sich die historische Konstellation auf seine eigene Gegenwart, in der sich Napoleons Herrschaft über Europa ausbreitete, beziehen ließ.

Auch im *Wilhelm Tell* wird wie in der *Jungfrau von Orléans* die Abschüttelung von Fremdherrschaft thematisiert. An die Stelle des Krieges treten hier Aufstand und Tyrannenmord. Dabei artikuliert sich der Freiheitswunsch im *Tell* nicht nur in der Gewalttat des einzelnen Volkshelden, sondern auch im Dialog der unterdrückten Bürger und in ihrer Solidarität. Insofern ist dieses Drama, das Schillers Äußerungen gegenüber Körner zufolge eines für das ‚ganze Publikum', ein ‚Volksstück' sein sollte, sein in politischer Hinsicht sicherlich brisantestes.

Als Freiheitsheld gehört der historische Wilhelm Tell zu den „Kirchenvätern der Revolution";[121] seine Büste stand im Jakobinerclub; Saint-Just bezog sich in seinen Reden auf ihn. Bei Schiller handelt Wilhelm Tell allerdings nicht aus politischen, sondern aus moralischen Motiven. Er tritt zunächst – ähnlich Karl Moor – als Selbsthelfer und als Helfer in Not Geratener in Erscheinung, geprägt von einem naturverbundenen, ungeschichtlichen Denken. Selbst auf die im Drama zur Geltung gebrachten Gewalttaten, von denen der unmenschliche Befehl des Reichsvogts Geßler ihn unmittelbar selbst betrifft, weil er, um das eigene Leben und das seines Kindes zu retten, diesem einen Apfel vom Kopf zu schießen gezwungen wird, reagiert er nicht politisch. Vielmehr entschließt er sich zum Mord an Geßler, um das Sittengesetz wiederherzustellen, und versteht sich dabei als Werkzeug Gottes. So sehr Tell mit dem Freiheitswunsch der Eidgenossen sympathisiert, ist sein Handeln moralisch motiviert, auch wenn es politische Konsequenzen hat und ein Dienst am schweizerischen Gemeinwesen ist. Immerhin steht Tell am Schluss als Veränderter vor dem Zuschauer. Durch die Skrupellosigkeit Geßlers in seinem naiven Vertrauen in den natürlichen Frieden erschüttert, erhebt er sich, seine geplante Tat abwägend und prüfend, auf die Stufe der Reflexion und wird sich seiner selbst als verantwortlich Handelnder ganz bewusst. Weil Tell auf diese Weise seine Personalität entwickelt, ist er den Eidgenossen, insbesondere Stauffacher, Walter Fürst und Melchtal, die der Aufklärung das Wort reden, schon indem sie den Dialog zum „rettenden Prinzip" erheben[122] und sich im Rütli-Schwur ihrer brüderlichen Verbundenheit und ihres Widerstandswillens versichern, zumindest ebenbürtig. Wie sie seinem Denken die politische Dimension eröffnen, so befreit er sie durch seine selbstverantwortete Tat. Politische und moralische Wertsetzungen gehen zwar nicht ineinander auf, können sich aber, zumindest im Kunstwerk, zusammenfügen und ergänzen.

Die patriotischen Gefühle, die Schiller in seinen späten Dramen mehr oder minder gewollt bei den Zuschauern ansprach, wurden zu Beginn des 19. Jahrhunderts, zur Zeit der Befreiungskriege, mit den Geschichtsdramen anderer Autoren gezielt bedient und bestärkt. Der gemeinsame Tenor der ins Tendenziöse abgleitenden Stücke eines Zacharias Werner (u. a. *Martin Luther, oder die Weihe der Kraft*, 1806), eines Friedrich de la Motte Fouqué *(Der Held des Nordens*, 1808/10) oder Theodor Körner *(Zriny*, 1812) war der hasserfüllte Widerstand gegen eine feindliche Übermacht, mit der, auch wenn Germanen gegen Römer kämpften oder Österreicher gegen Türken, immer Frankreich unter der Herrschaft Napoleons gemeint war, sowie die Besinnung auf vaterländische Helden, deren Verhalten als Vorbild genommen werden sollte. Auch Heinrich von Kleist beteiligte sich mit seinem Drama *Die Hermannsschlacht* (1808) an diesen exzessiv nationalistischen Reaktionen, die den Widersacher lediglich diffamierten. Mentalitätsgeschichtlich hat diese schriftstellerische, auf Grund ihrer penetranten Schwarz-Weiß-Malerei ein breites Publikum beeindruckende Abwehrschlacht gegen die Franzosen fatale Folgen gehabt, auch wenn sie aus dem Gefühl der Schwäche angesichts kleinstaatlicher Zerrissenheit und aus der Furcht vor dem Verlust auch der kulturellen Einheit der Deutschen erklärt werden mag.

Dramen Goethes zur Zeit der Weimarer Klassik

Einen weniger geradlinigen Weg als Schiller ging Goethe als Dramatiker seit der Mitte der siebziger Jahre. 1775 folgte er der Einladung des Herzogs Karl August nach Weimar, wo er vielfältige administrative und politische Aufgaben übernahm. Überzeugt von der Notwendigkeit praktischer Tätigkeit, ließ er sich einbinden in die Rollenwelt des Hofes. Seine politische Einstellung wurde davon insofern berührt, als er zwar an seiner Ablehnung von Übergriffen der Zentralgewalt (wie sie insbesondere im *Götz* (vgl. o.) zum Ausdruck gekommen war) festhielt, solche Übergriffe nun aber umso mehr allein durch Reformen verhindern zu können meinte. Damit hat er sich seit seiner Übersiedlung nach Weimar entschieden zu einem ‚aufgeklärten' Absolutismus bekannt und in diesem Zusammenhang auch mit Kritik an den Zuständen im Herzogtum keineswegs gespart. Durch sein Engagement in der Verwaltung wurde seine künstlerische Entfaltung – ihm schmerzlich bewusst – für Jahre, bis zu seiner ‚Flucht' nach Italien (1786–88), beeinträchtigt.

Iphigenie

An dramatischen Arbeiten entstanden während dieser Zeit *Der Triumph der Empfindsamkeit* (1776), eine spöttische Absage an die zunehmend von der Trivialliteratur vereinnahmte Schaustellung von Gefühlen, sowie einige kleine Singspiele, vor allem aber die Prosafassung der *Iphigenie auf Tauris* (1779), die in den folgenden Jahren in eine Versfassung umgearbeitet und 1786 in Italien vollendet wurde. Die *Iphigenie* war von Goethe für den begrenzten Kreis der mit dem Weimarer Hof verbundenen Kunstliebhaber (dem um die Herzogmutter Anna Amalia zentrierten ‚Weimarer Musenhof') konzipiert, stand also von vornherein in der Nähe des Sprechtheaters, das auf gröbere Bühneneffekte verzichtet und sich im Wesentlichen um seelische Bewegungen bemüht, die nur durch das Wort und verhaltene Gebärden vermittelt werden. Auf diesen Adressatenkreis kunstliebender Hofleute, in die eine gebildete bürgerliche Elite integriert war, nicht also auf ein breites städtisches Publikum, zielte auch die Intention, die Goethe verfolgte. Sein Schauspiel – „ganz verteufelt human" bezeichnete er es später und spielte damit auf seinen Charakter als Lehrstück an – wollte ein Einverständnis über die Kraft der auf der Würde der Person beruhenden herrschaftsfreien, also auch Standesschranken überwindenden Kommunikation aufgeklärter Menschen erzielen und damit auch der Fürstenerziehung dienen. So weit der Stoff des Dramas in die Geschichte zurückreichte (Goethe entnahm ihn der *Iphigenie bei den Tauriern* des Euripides), so zeitbezogen waren die Anspielungen, die er ermöglichte.

Mit dem Rückgriff auf Euripides partizipierte Goethe an der neu erwachten Begeisterung für die Antike, die von Winckelmanns Bewunderung der griechischen

Kunst als dem zeitüberdauernden Vorbild zu den großen Übersetzungsleistungen eines Johann Heinrich Voß *(Odyssee*, 1781; *Ilias*, 1793) reichte, auch die Bildungsreise nach Italien obligatorisch werden ließ oder etwa die Mode auslöste, Wohnungen und Gärten mit Abgüssen griechischer Skulpturen zu schmücken (man denke an die Innenräume von Goethes Haus am Frauenplan in Weimar), u. a. m.

Die Gestalt der Iphigenie in Goethes Drama entspricht ganz dem Winckelmann'-schen Ideal. Sie ist die – auch im Sinne von Schillers Naivität des Geistes (vgl. o.) – vollkommen mit sich selbst übereinstimmende Person. Als Griechin auf die Insel Tauris verschlagen und dort als Priesterin der Göttin Diana lebend, geht von ihr auf das dort lebende barbarische Naturvolk jene die Sitten mildernde Wirkung des sittlich-schönen Menschen aus, die dazu führt, dass der König Thoas den alten Brauch, Fremde den Göttern als Menschenopfer darzubringen, an ihr nicht vollzieht. Nachdem sie sich freilich als Priesterin und als Griechin, die sich in ihre Heimat zurücksehnt, dem Werben des Thoas selbstbewusst verweigert („Ich bin so frei geboren als ein Mann“ (V,3)), geraten zwei gerade gelandete Fremde – hier beginnt ein neuer Handlungsstrang – in Gefahr, Opfer eines Rückfalls in diese alte Sitte zu werden. Iphigenie erkennt in ihnen ihren wegen seines Mordes an seiner verräterischen Mutter von den Erinnyen gehetzten Bruder Orest und dessen Freund Pylades. Orest, dem vom Apollon-Orakel in Delphi geweissagt worden ist, dass er seine Schuld sühnen könne, wenn er – eine doppeldeutige Aussage – ‚die Schwester‘ heimhole, denkt an das Götterbild der Diana, der Schwester Appolls, das Pylades, der lebenskluge Rationalist und Ränkeschmied, sich auch gleich zu rauben anschickt, nicht aber an die eigene Schwester Iphigenie. Sie aber ist es, in deren Gegenwart er in einen Genesungsschlaf fällt (ein in Goethes Werk häufig wiederkehrendes Motiv), die ihn durch ihre liebevolle Zuwendung von seinem ‚Wahnsinn‘ zu ‚heilen‘ vermag. Zu ihrer eigentlichen Bestimmung aber erhebt sie sich, als sie sich den Plänen des Pylades widersetzt und sich entscheidet, Thoas die Wahrheit zu sagen. Mit dieser ‚unerhörten Tat‘ (V,3), ihrer Absage an Lüge und Verstellung, erweist sie sich als Figur, in der Goethe die oberste Maxime der Aufklärung aufleuchten lässt sowie die – ganz in der Nähe Kants (*Zum ewigen Frieden*, 1791) stehende – Einsicht, dass nur die Wahrheit Frieden schafft. Iphigenies Entscheidung für die Wahrhaftigkeit wiegt umso schwerer, als auch sie wie ihr Bruder Orest dem fluchbeladenen Geschlecht der Tantaliden angehört, als auch in ihr, sie gefährdend, der „Erbzwang des Bösen“[123] angelegt ist. Doch dieser Erbzwang kann, auch wenn er als Bedrohung gegenwärtig bleibt, durch die moralische Autonomie des Menschen außer Kraft gesetzt werden. Wie stark die Überzeugungskraft der Wahrheit wirkt, hat Thoas zu beweisen, dem durch Iphigenies Bekenntnis humanes Verhalten abverlangt wird. Dass er am Ende, wenn auch zögernd, das Blutritual des Menschenopfers, für aufgeklärtes und christliches Denken der grausigste Verstoß gegen die Bestimmung des Menschen, aufhebt und die Fremden unangetastet lässt, ist zugleich Beispiel dafür, zu welch schönen Handlungen ein ‚aufgeklärter' Herrscher sich aufzuschwingen vermag. Insofern plädiert gerade die *Iphigenie*, nicht zuletzt durch das verklärte Bild der Antike, das sie vermittelt, auch für ein neues Verhältnis von gerechtem Herrscher und freiem Bürger in einem aufgeklärten Staatswesen.

Antikenbegeisterung und ihre Zurücknahme

Will man wenigstens einen Seitenblick auf die damalige Begeisterung für die Literatur der Alten werfen, so sieht man auch Schiller, von Goethes *Iphigenie* angeregt, mit den Möglichkeiten beschäftigt, das antike Drama als Medium zeitgenössischer Problemstellungen zu nutzen. Davon zeugen nicht nur Dramenentwürfe und verschiedene Schriften über das Problem des Tragischen aus den frühen neunziger Jahren, sondern schließlich vor allem *Die Braut von Messina* (1803), eine Tragödie, welche die Befreiung von Schicksalszwängen durch die Übernahme der Verantwortung für das eigene Handeln thematisierte, im Übrigen aber ästhetischen Experimenten diente, die insbesondere die Funktion des Chores betrafen. Experimentellen Charakter hatten auch Friedrich Hölderlins Bemühungen um das antike Drama. *Der Tod des Empedokles* ist der Titel dreier zwischen 1798 und 1800 entstandener Fragmente eines Trauerspiels, in denen die prophetische Gestalt des griechischen Philosophen aus dem 5. vorchristlichen Jahrhundert – im Mythos durch den Sturz in den Ätna die Einheit mit der Natur suchend – zunächst als Revolutionär gezeigt wird, der durch seinen Freitod die Bürger Agrigents gegen die sie unterdrückende Priesterherrschaft aufrütteln will, indem er ihnen zeigt, dass das Alte sterben muss, wenn Neues entstehen will. In den späteren Fassungen wird das Opfermotiv noch stärker betont und nimmt Empedokles Züge eines messianischen Erneuerers an, der seine Botschaft durch den Tod unanfechtbar macht. So wenig zu verkennen ist, dass Hölderlins Empedokles nicht in der Rolle des politischen Aktivisten aufgeht, so deutlich sind andererseits doch die Anspielungen auf die zögerlichen Revolutionsversuche der schwäbischen Jakobiner zur Entstehungszeit des Dramas, die Hölderlin mit seiner entschieden republikanischen Haltung unterstützte. – Sowohl Schiller als auch Hölderlin entfernten sich von Winckelmanns idealisiertem Bild der Antike insofern, als sie deren Kunstwerke nicht mehr als gültig vorbildliche einfach bewunderten, sondern vielmehr als reflektierend anzueignende betrachteten und dabei das Moderne, das Eigene, das ‚Nationelle' (Hölderlin) betonten. Ihre zahlreichen Übersetzungen, Entwürfe, Fragmente bezeugen, wie produktiv, aber auch spannungsvoll ihre Antikenrezeption verlief.

Den gänzlichen Bruch mit Winckelmanns Vorstellungen führte etwas später Heinrich von Kleist mit seiner *Penthesilea* (1808) herbei. Zuvor war er ähnlich experimentell mit der antiken Tradition umgegangen wie Schiller und Hölderlin. In seinem Lustspiel *Der zerbrochene Krug* (entstanden 1803–06, unter Goethes – verständnisloser – Leitung 1808 in Weimar aufgeführt) griff er, die Form des ‚analytischen' Dramas erprobend, auf die auch im *König Ödipus* des Sophokles gestaltete Mythe vom Richter zurück, der sich selbst als Täter entlarven muss, und behandelte (als Jurist) dabei zugleich, was in Interpretationen gern übersehen wird, ganz aktuelle Probleme des Strafprozessverfahrens, die, nachdem Napoleon den *Code Civil* eingeführt hatte, in ganz Europa diskutiert wurden; in seinem auf den *Amphitruo* des Plautus und Molières *Amphitryon* (1668) zurückgreifenden Lustspiel *Amphitryon* (1807) stiftete er, nicht zuletzt durch etliche selbst erfundene Handlungsvarianten, ein abgründiges Verwirrspiel von Wahrheit und Schein, das auf die in der Moderne aufbrechende Identitätskrise des Menschen vorausweist, wobei die Tragödie in der Komödie darin liegt, dass die Verwirrung von den Göttern ausgeht und gleichsam in metaphysischer Unordnung ihre Ursache hat, ein Aspekt, der zumal Goethe missfiel.

Die Tragödie *Penthesilea* ist das Gegenstück zum humanistischen Lehrtheater der Weimarer Klassik – und natürlich konnte Goethe sich auch mit diesem Stück, vor dem er zurückschreckte, nicht abfinden (Brief an Kleist vom 1.2.08), bringt es doch Affekte auf die Bühne, die den Betrachtern die Brüchigkeit aller kulturellen und sittlichen Übereinkünfte ins Bewusstsein heben. Die jäh aufbrechende Leidenschaft der Amazonenkönigin Penthesilea zu dem vor Troja kämpfenden Griechen Achill stürzt beide in eine Verwirrung, aus der nur der Tod sie erlöst, in dem allein ihre Liebe, die gegen die Wertvorstellungen und Verhaltensnormen ihrer jeweiligen Gruppe verstößt, bewahrt werden kann. Penthesilea bricht das Gesetz der Amazonen, das diesen vorschreibt, Männer nur für einen rituellen Akt der Fortpflanzung zu erbeuten und sie dann zu verstoßen; Achill verleugnet seine Ehre als Krieger, indem er die von ihm besiegte, im Schlachtengewühl in Ohnmacht gefallene Penthesilea glauben macht, sie habe ihn bezwungen, wie das Amazonengesetz es von ihr verlangt. Als Penthesilea die Wahrheit erkannt hat, fordert er sie, in der Absicht, ihr zu unterliegen, zu erneutem Zweikampf heraus. Doch die Verunsicherte verkennt sein Entgegenkommen. In sinnloser Hassliebe trifft sie seinen Hals, zerfleischt ihn mit einer Hundemeute und stirbt ihm nach, getötet nicht von einem metallenen Dolch, sondern vom Dolch eines ‚vernichtenden Gefühls', dem Jammer und der Reue. – Mit der Vergegenwärtigung der ungehemmten Affekte seiner Helden – durch sprachliche (metaphorische wie syntaktische) Mittel, die alle Konventionen sprengten – zerriss Kleist zugleich das Idealbild der Antike, das vor ihm eine Generation entworfen hatte, die in ihr die

Möglichkeit des harmonischen Ausgleichs aller Kräfte des Menschen, der Affektregulierung und der vernünftigen, die Freiheit der Person unangetastet lassende Gestaltung gesellschaftlichen und politischen Zusammenlebens angelegt sah. Insofern ist Kleist auch der Dichter, der zugleich die Krise der Aufklärung einfängt, in die Einzelne, wie er selbst, durch die erkenntniskritischen Schriften Kants geraten waren, und die alle an den problematischen, zum Teil ins Gegenteil von Aufklärung umschlagenden, ihrem Ziel gerade zuwiderlaufenden Ergebnissen der Französischen Revolution spürten – von den nicht überwundenen sozialen Spannungen ganz zu schweigen.

Goethe oder Schiller sahen diese Krise nicht weniger, wollten sie jedoch nicht als Scheitern verstehen, sondern als „vorwärtstreibendes Moment im Bildungsgang des Individuums ebenso wie der Gesellschaft, in dem sie zuletzt ebenso aufgehoben ist wie der Irrtum in der Wahrheit …",[124] Aus dieser Hoffnung entwickelte sich das ‚Weimarer Modell', zu dem die *Iphigenie* hinführte. Berührt von der Kritik an diesem Stück, dem es, wie Goethe selbst wusste, zwar nicht an Sittlichkeit, wohl aber an Sinnlichkeit und Dramatik fehlte (paradoxerweise kommt Kleist als Zertrümmerer des Idealbilds der Antike ihr hierin viel näher als Goethe), wandte er sich mit seinen nächsten großen dramatischen Projekten anderen Zeiträumen zu.

Tasso; Die natürliche Tochter

Sein Schauspiel *Torquato Tasso* (um 1780 begonnen, 1789, nach der italienischen Reise, fertig gestellt, 1790 erschienen) ist in der höfischen Welt der italienischen Spätrenaissance angesiedelt. Auf einem Lustschloss in der Nähe Ferraras übergibt der berühmte Dichter Tasso seinem Herzog das Manuskript seines Hauptwerks. Goethe nahm diese Übergabe zum Anlass, das Verhältnis des Dichters zur höfischen Gesellschaft zu entfalten, ein Problem, das ihn selbst unmittelbar betraf. Der *Tasso* gilt als das erste Künstlerdrama der deutschen Literatur; aber indem es den Konflikt zwischen gesellschaftlicher Konvention und dem individuellen Anspruch auf Anerkennung geistiger Unabhängigkeit behandelt und der Lösungsmöglichkeit der gewaltsamen Verletzung eines Sittenkodex die des ‚schönen' Umgangs miteinander gegenüberstellt, besaß es selbstverständlich auch zeitgeschichtliche Relevanz, wenn auch auf eine sehr vermittelte Weise.

Tasso ist bei Goethe als der geniale, in sich selbst versponnene Dichter gestaltet (vgl. das berühmte Seidenraupen-Gleichnis in V,2), der unabhängig von gesellschaftlichen Rücksichten ganz seiner Natur zu leben wünscht, deswegen jedoch am Hofe isoliert wird. Das Schauspiel verdeutlicht die Kollision zwischen der extremen Subjektivität des Künstlers und den disziplinierenden Regeln des Hofes, der hier nicht nur Abbild feudaler Verhältnisse ist, sondern darüber hinaus – insbesondere durch den Herzog und seinen Staatssekretär Antonio – die Notwendigkeit einer ‚realitätsbezogenen' Lebensführung geltend macht, in einer Reihe von Szenen, deren wichtigste Tassos Auseinandersetzung mit Antonio und seine Gespräche mit der von ihm geliebten Prinzessin Leonore sind. In diesen Begegnungen überschreitet Tasso Regeln der ‚guten Sitte', Grenzen, die ihm als Dichter, aber auch als Person gezogen sind – woran freilich sowohl Antonio als auch die Prinzessin, die ihn auf unterschiedliche Weise bewundern, nicht ganz schuldlos sind. Als er von Antonio, dem er die Freundschaft aufzudrängen versucht, abgewiesen wird, zieht er vor Wut den Degen, was ihm Arrest einträgt. Und als er von der Prinzessin, die er liebt, in die Schranken gewiesen wird, erlaubt er sich, der Unmittelbarkeit des Gefühls trauend, sie heftig zu umarmen, sie sich gleichsam ‚anzueignen', wofür der Hof ihn zur Strafe ‚vergisst'. So auf sich selbst zurückgeworfen und ohne weitere Zukunft als Künstler, der vom Mäzen abhängig ist, arrangiert er sich am Ende mit dem für das ‚Realitätsprinzip' stehenden Antonio: „So klammert sich der Schiffer endlich noch / am Felsen fest, an dem er scheitern sollte", lauten seine Schlussworte (V,5). Selbst hier noch übt er Zwang aus, erwartet er von Antonio doch, dass dieser ihn in die wirkliche, in die politische Welt mitnehme.[125]

Für Goethe bot die Arbeit am *Tasso* nicht nur die Möglichkeit des produktiven Umgangs mit der eigenen Problemlage; wenn er „die Disproportion des Talents mit dem Leben" (so seine Äußerung zu Caroline Herder) demonstrierte und kritisierte, hatte er dabei schon die neue, auf ästhetischer Bildung basierende, von gegenseitiger Achtung und Rücksichtnahme getragene, harmonisch organisierte Gesellschaft als Ideal vor Augen, von der er – ganz wie Schiller – wünschte, sie möge Deutschland in den Rang einer Kulturnation erheben.

Der *Tasso* wurde eine Woche nach der Erstürmung der Bastille fertig gestellt. Unmittelbarer auf die politischen Ereignisse in Frankreich reagierte Goethe in einer Reihe so genannter ‚Revolutionsstücke'. Das Lustspiel *Der Groß-Cophta* (1791) führt die Manipulierbarkeit aller Menschen vor Augen; *Der Bürgergeneral* (1793), ebenfalls ein Lustspiel, verspottet die rückständigen politischen Zustände und den Revolutionsdilettantismus in den deutschen Kleinstaaten; das Komödienfragment *Die Aufgeregten* (begonnen 1791/92, aufgeführt 1793) spiegelt Goethes Zuversicht, dass menschliche Großherzigkeit die Standesschranken und die sozialen Konflikte, die zu einer – in seinen Augen unausweichlich in Barbarei umschlagenden – Revolution führen können, zu überwinden vermag. Am Ende dieser Reihe steht *Die natürliche Tochter* (1803), ein Trauerspiel von hohem Anspruch, das als erster Teil einer nie vollendeten Trilogie konzipiert war. In ihr wollte Goethe all das, was er über die Französische Revolution dachte, „mit geziemendem Ernste"[126] niederlegen. Auch wenn es zu dieser Trilogie nicht gekommen ist, die *Natürliche Tochter* veranschaulicht als ihr erstes Teilstück deutlich genug, wie Goethe als Weimarer ‚Klassiker' auf das politische Zeitgeschehen künstlerisch reagierte und was er ihm entgegenzusetzen suchte. Dabei ist die Zeitgeschichte nicht Gegenstand des Dramas – es versetzt den Rezipienten im Gegenteil in eine Sphäre, in der von der „tosenden Weltbewegung" (*Campagne in Frankreich)* nichts zu spüren ist und den Ereignissen durch allegorische Verweisungszusammenhänge „ein anderer Sinn zukommt",[127] lädt aber nichtsdestoweniger zur Deutung von Geschichte ein.

Während eines Jagdausflugs entdeckt der Herzog – die Personen haben bis auf die Protagonistin keine Eigennamen – dem König die Identität seiner aus einer unehelichen Beziehung hervorgegangenen Tochter Eugenie (das ist die ‚Edelgeborene'), die er nach dem Tod der Mutter legitimieren und bei Hofe einführen möchte. Noch während dieses Jagdausflugs stürzt die als Amazone teilnehmende Eugenie, der das Pferd durchgeht, in einen Abgrund, ein allegorischer Verweis auf ihren Lebenssturz aus idyllischem Dasein in die politische Welt – der Gefahren und Sorgen. Als sie aus tiefer Ohnmacht erwacht, wird ihr vom Vater und vom König auferlegt, ihre bevorstehende Erhöhung als Geheimnis zu hüten. Doch diese Probe besteht sie nicht. Die wahrhaft fürstliche Haltung verfehlend, die ihr die Verlockung durch den schönen Schein verbieten müsste, schmückt sie sich vorzeitig mit kostbaren Juwelen, den Insignien ihres herausgehobenen Ranges, was ihren Bruder, der um sein Erbe fürchtet, und andere, die ihre politischen Interessen in Gefahr sehen, veranlasst, sie zu entführen, um sie in die Verbannung zu schicken. In der Krisensituation wandelt sie sich zu der Persönlichkeit, die allen hochfliegenden Wünschen entsagt und die ihr gebotene Hand eines bürgerlichen, sie respektierenden Mannes ergreift, um an seiner Seite, gleichsam aus dem Verborgenen heraus, ihre aristokratische Gesinnung zu entfalten. – Wie schon in der *Iphigenie* und im *Tasso* traut Goethe auch in der *Natürlichen Tochter* gerade einer Frau es zu, die gesellschaftlich bedingten Spannungen auszugleichen und durch das eigene Verhalten an das humane ‚Urbild' des Menschen zu erinnern. Eugenie kann die unterschiedlichen Lebensformen des Adels und des Bürgertums nicht aus der Welt schaffen, aber durch ihre gesellschaftliche Entsagung auf jene Menschlichkeit hinweisen, vor der die Gegensätze der Lebensformen irrelevant erscheinen. In dieser inneren Kraft, in der Bildungskraft des Menschen als dem Prinzip künftiger Geschichte lag die Hoffnung, der sich die ‚Weimarer Klassiker' verschrieben. Das Unterpfand dieser Hoffnung, die man als Ausweichen vor den Erschütterungen der Geschichte bewerten mag oder ganz im Gegenteil als Möglichkeit eines auf Reformen setzenden Weges, war für sie die Kunst, genauer die durch sie hervorgerufene Wirkung. Gerade in der *Natürlichen Tochter* betonen das stilisierte Personal, die stilisierte Szenerie, das Gleichmaß des Blankverses, vor allem aufeinander bezogene Motive mit hohem Symbolgehalt[128] und nicht zuletzt das den dramatischen Nexus überschreitende sentenzhafte Reden den Kunstcharakter des dichterischen Werkes, das als strenge Ordnung der chaotischen Wirklichkeit gegenüberstehen und den Rezipienten in reflektierende Distanz zwingen soll. Für den ‚Klassiker' Goethe war diese Distanzierung des Betrachters Teil der ‚ästhetischen Erziehung' und Voraussetzung, die geschichtlich-politische Wirklichkeit angemessen einzuschätzen (für ihn selbst, der „der Revolution nicht geraden Blickes ins Antlitz zu sehen vermochte",[129] war sie zudem notwendig, um das innere Gleichgewicht zu bewahren).

Dass Goethes Arbeit als Dramatiker um die Jahrhundertwende allmählich zurücktrat (seit 1797 wurden noch die Fragmente zum *Faust* erweitert), hatte seine Ursache nicht zuletzt in seinem intensiven Gedankenaustausch mit Schiller, der ihm verdeutlichte, dass er zum Tragödiendichter seiner Natur nach eigentlich nicht geeignet sei. So hat Goethe sich als Dramatiker in der Folgezeit im Wesentlichen nur noch mit dem zweiten Teil des *Faust* beschäftigt, der erst viel später zwischen 1825 und 1831 planmäßig vollendet wurde und auf den erst im folgenden Kapitel eingegangen wird. Umso engagierter war Goethe während der neunziger Jahre und nach der Jahrhundertwende bei seiner Tätigkeit als Weimarer Theaterdirektor. Dabei konnte er seinen eigenen Stücken nur zu wenigen Aufführungen verhelfen (der *Tasso* beispielsweise brachte es auf vierzehn, die *Natürliche Tochter* nur auf sieben). Schillers Dramen dagegen erreichten eine gewisse Popularität. Aber insgesamt muss die Wirksamkeit der kulturpädagogischen Absichten der beiden ‚Klassiker' doch mit gehöriger Skepsis betrachtet werden. Denn viel stärker als sie bestimmten Autoren von Unterhaltungsstücken den Weimarer Spielplan, und der erfolgsorientierte Goethe gab den Wünschen des Publikums durchaus nach. In seiner Zeit als Theaterdirektor ließ er insgesamt 87 Stücke von Kotzebue aufführen, 46 von Vulpius, 31 von Iffland, 22 von Schröder, dagegen nur 15 von sich, 10 von Schiller, 8 von Shakespeare und 4 von Lessing.[130] Auf diese Weise konnte das Bedürfnis nach Abwechslung in der kleinen Residenzstadt befriedigt werden, deren wenige Einwohner (6561 im Jahre 1791), von denen zudem keineswegs alle ins Theater gingen, das Repertoire schnell kannten und es ständig erneuert sehen wollten. Die so genannte ‚Weimarer Klassik' hat zur Zeit ihrer Blüte selbst in Weimar nur einen sehr kleinen Kreis von Menschen berührt. Nichtsdestoweniger haben gerade Schiller und Goethe auf das ganz Europa umstürzende Zeitgeschehen politisch reagiert, so vermittelt diese Reaktion auch gewesen ist, während die Autoren des Unterhaltungstheaters – dies näher zu erforschen, wäre freilich ein Desiderat – insgesamt im Bereich des Privaten blieben und allenfalls einige soziale Probleme aufgriffen.

6. Die Lyrik im 18. Jahrhundert

Während die Dramen des 18. Jahrhunderts die lebendige Vielfalt der neuen ‚staatsbürgerlichen' Lebensführung abbildeten und die an sie gebundenen Wertvorstellungen und Verhaltensnormen befestigten, problematisierten und erweiterten, sich immer wieder auch – mehr oder minder vermittelt – um zeitgeschichtliche Aktualität bemühten, die politischen und sozialen Gegebenheiten im absolutistischen Staat der Kritik unterzogen, Fragen des Verhältnisses von Macht und Recht, von gesellschaftlichen Bindungen und individueller Freiheit aufwarfen und dabei der um Aufklärung bemühten Kommunikation einen so hohen Rang zusprachen (nicht umsonst gewann die Intrige als beabsichtigte Störung von Kommunikation in diesem Jahrhundert ihren besonderen dramaturgischen Stellenwert) – ließ die Lyrik Unverwechselbares dieser Lebensführung auf andere, nicht minder eindrückliche Weise hervortreten.

6.1. Lehrdichtung, ‚anakreontische' Lyrik, ‚Hainbund'

Lyrik war während der ersten Hälfte des 18. Jahrhunderts, also während der Phase der Frühaufklärung, vor allem Lehrdichtung. Kritisch wandte man sich allgemein nicht nur gegen die im ausgehenden 17. Jahrhundert Überhand nehmende Gelegenheitsdichtung (vgl. I), sondern auch gegen barocke Stilmittel wie die Allegorie, das mythologische Zitat, die Schmuckmetapher, das Rätsel, das Wortspiel, gegen Klingverse usw. und bemühte sich stattdessen verstärkt um die nüchterne Betrachtung des Gegenständlichen.

Die Lehrdichtung der Frühaufklärung

Die beiden herausragenden Lyriker der Frühaufklärung, der Hamburger Jurist und spätere Ratsherr Barthold Heinrich Brockes und der Berner Mediziner und Botaniker Albrecht von Haller, wandten sich entsprechend den Naturerscheinungen zu und suchten ihren Lesern naturwissenschaftliche und naturphilosophische Zusammenhänge zu vermitteln. Insbesondere Brockes, im Urteil Arno Schmidts der „Kirchenvater deutscher Naturbeschreibung“,[131] zeichnete in seinem zwischen 1721 und 1748 erschienenen neunbändigen Hauptwerk *Irdisches Vergnügen in Gott* ein detailgenaues, dem Wissensstand der Zeit folgendes Bild des Mikro- und des Makrokosmos (vom kleinsten Käfer und Blatt bis zur Sternenwelt des Universums) und hoffte auf diese Weise die ‚beschauliche‘ Freude an der innerweltlichen Ordnung der Erscheinungen zu wecken, von der er, der Leibniz'schen Theodizee-Vorstellung folgend, überzeugt war, und damit zugleich die Besinnung auf Gott als dem Schöpfer und fürsorglichen Souverän dieser Ordnung zu motivieren. Von besonderer Bedeutung war sicherlich sein entschiedenes Eintreten für das kopernikanische Weltbild, das sich in der Breite auch der bürgerlichen Bevölkerung noch keineswegs durchgesetzt hatte und auf den zumindest unterschwelligen Widerstand der Kirchen stieß. (Was Brockes den ‚gebildeten‘ Ständen verdeutlichen wollte, hat noch viele Jahrzehnte später Johann Peter Hebel einem anderen Publikum, den Bauern und Kleinbürgern, auf seine unvergleichliche Art zu erklären versucht.)

Am bekanntesten von den Lehrgedichten A. v. Hallers wurde ein Text mit dem Titel *Die Alpen* aus dem Jahre 1729, ein Preislied auf die Schönheit der Gebirgswelt, das die Schilderung landschaftlicher Reize mit botanischen und geologischen Ausführungen verbindet. Wie Brockes sah Haller die Naturerscheinungen als Manifestationen der Schöpferkraft Gottes. In dieser Gewissheit verliert die Natur dann auch dort, wo sie bedrohlich erscheint (in schroffen Gebirgsmassiven, tiefen Abgründen usw.), ihren Schrecken, gewinnt ihr Anblick für den Betrachter, in dessen Gefühl Angst und Freude sich vermischen, die Qualität des Erhabenen. Von besonderem literaturgeschichtlichem Interesse ist Hallers Gedicht im Übrigen wegen eines Motivs, das in die Antike zurückreicht und bis in die Gegenwart hinein immer wieder, insbesondere in der Heimatliteratur und ihren trivialen Ablegern, aufgegriffen und ideologiebildend wirksam geworden ist. Nicht nur wird in seinem Text dem Lob des Daseins in der schönen Natur eine Kritik des Stadtlebens gegenübergestellt, wie man sie schon bei Horaz, Theokrit und besonders Vergil (in den *Georgica* aus dem ersten vorchristlichen Jahrhundert) findet, die von der städtischen Zivilisation unberührte Berglandschaft wird auch zum Sinnbild der Unschuld, der Natürlichkeit und des Glücks der in ihr bescheiden lebenden Menschen. Der Segen des Schöpfers liegt gleichermaßen auf der Natur der Berge als auch auf deren Bewohnern. Was bei Haller oder auch bei Ewald Christian von Kleist (in der Ode *Das Landleben* von 1735) an Zivilisationskritik anklingt, ist in den nachfolgenden, von Rousseau beeinflussten Generationen literarisch weitergeführt worden, etwa in Schillers Elegie *Der Spazier-*

gang, 1795/1800), dann aber vor allem in den unzähligen Heimatromanen des 19. Jahrhunderts, die auf die Sehnsüchte des von der Industrialisierung betroffenen städtischen Lesepublikums antworteten. Der andere Aspekt der von Haller noch völlig harmlos, d. h. auch wenig reflektiert, verwendeten Opposition von Bergwelt und Stadt, die Entsprechung der von Gott gesegneten Natur und der von Gott gesegneten Bergbewohner, ist am Ende des 19. Jahrhunderts insbesondere in den noch heute millionenfach verlegten Romanen Ludwig Ganghofers in biologistische Denkbahnen geführt worden[132] und hat das Rezeptionsklima für eine ‚Heimatliteratur' vorbereiten helfen,[133] von der sich die Aufklärer gewiss nicht haben träumen lassen.

Klopstock

Der sachbezogene, lehrhafte Ton in den Naturgedichten von Brockes und Haller trat wenig später in der Naturlyrik des Theologen Friedrich Gottlieb Klopstock deutlich zu Gunsten des subjektiven Gefühlsausdrucks zurück.[134] In seiner berühmt gewordenen *Frühlingsfeyer* (1759), einer Hymne, die er 1771 auch unter dem Titel *Das Landleben* veröffentlichte, folgt er zwar insofern der Konvention, als er – die ‚physikotheologische' Betrachtungsweise seiner Vorgänger teilend – in einzelnen Naturphänomenen (wie Blitz, Donner, Regenbogen usw.) die Allmacht Gottes erkennt und dabei die Stellung des Menschen in der Schöpfung bedenkt; in sprachlicher Hinsicht aber geht er neue Wege. Beeinflusst von der biblischen Psalmendichtung, rückt Klopstock die Hymne an den Rand des Gebets, in dem die subjektiven Empfindungen des Naturbetrachters nicht nur in religiösem Vokabular Ausdruck finden, sondern auch in der Unregelmäßigkeit der Syntax: Interjektionen, hyperbolische Wendungen, Anaphern, Inversionen, Satzbrüche prägen Klopstocks Stil, und der Rhythmus seiner Verse ist so frei wie der Strophenbau asymmetrisch. Die freiere Odenform Pindars, des antiken Lehrmeisters Klopstocks, löst die strengere des für Brockes und Haller maßgeblichen Horaz ab – der zum Pathetischen neigende Ton ersetzt den lehrhaft-didaktischen.

‚Anakreontische' Lyrik

Die ästhetischen Konventionen durchbrach Klopstock nicht nur im Bereich der Naturlyrik, sondern auch in dem der geselligen Lyrik. Hier war seit ungefähr 1740 eine Mode aufgekommen, die dem Vorbild des griechischen Dichters Anakreon aus dem 6. vorchristlichen Jahrhundert folgte. Dieser in der Spätantike oft nachgeahmte Lyriker war in der Renaissance wieder entdeckt worden, aber ob die ihm zugeschriebenen Texte, die – nach Übersetzungsversuchen J. Ch. Günthers – zuerst 1746 von Johann Nikolaus Götz und Johann Peter Uz vollständig ins Deutsche übersetzt wurden, von ihm selbst stammen, bleibt ungewiss. Deswegen spricht man üblicherweise nur von einer anakreontischen Stilrichtung, zu deren Hauptvertretern nicht nur Götz und Uz, sondern auch Friedrich von Hagedorn und Johann Ludwig Gleim gehörten und mit der im Übrigen auch zahlreiche andere Autoren, nicht zuletzt der junge Goethe, wenigstens zeitweilig ihr Spiel trieben. Die lyrischen Gebilde, die in Anlehnung an diese Stilrichtung im 18. Jahrhundert entstanden, die Anakreonteen, sind in der Regel leicht eingängige drei- oder vierhebige jambische oder trochäische Verse, in einfache Strophen gegliedert und häufig mit einer Pointe endend. Ihr zentrales Thema ist die Freude am Lebensgenuss, am geselligen Beisammensein, an erotischer Freizügigkeit. Imaginäre Geliebte werden angerufen, die stets die gleichen Namen wie Phyllis, Chlorinde oder Daphne tragen, ihre Reize sehen lassen, sich letztlich aber verweigern. Einerseits dokumentiert sich in dieser Lyrik das Bedürfnis und das Vergnügen, sich gesellschaftlicher, konfessioneller und moralischer Einschnürungen zu entledigen, andererseits die Angst, Distanz aufzugeben und sich als Person preiszugeben. Moralischer Zwang wird abgelöst durch den Zwang, geistreich, d. h. witzig zu sein. Die Anspielung, das überraschende Wortspiel, der das Lachen erregende Gegensatz, die Pointe sind Wesensmerkmale anakreontischer Lyrik. Ihre Nähe zum Rationalismus ist unverkennbar. – Mit welcher Leichtigkeit und Treffsicherheit auch Goethe während seiner Leipziger Zeit als Student mit diesen Vorgaben umging, zeigt sein Gedicht *Das Schreien* (1767), das ein bekanntes Motiv und darüber hinaus eine Vorlage von Christian Felix Weiße *(Der Kuss*, 1758) aufgreift und zuspitzt:

> Jüngst schlich ich meinem Mädchen nach,
> Und ohne Hindernis
> Umfaßt' ich sie im Hain; sie sprach:
> „Laß mich, ich schrei' gewiß!"
> Da droht' ich trotzig: „Ha, ich will
> Den töten, der uns stört!"
> „Still", winkt sie lispelnd, „Liebster, still,
> Damit dich niemand hört!"

Das in den anakreontischen Gedichten zum Ausdruck kommende Vergnügen an unbeschwerter, spielerischer Kommunikation, das sich auf viele der Angehörigen des geselligen neuen Bürgertums offensichtlich übertrug, erhielt durch Klopstocks Loblieder auf die Gemeinschaft und durch seine Freundschaftslieder schon früh eine tiefere Dimension. Das bekannteste unter diesen Liedern ist seine 1750 geschriebene Ode *Der Zürchersee*. Sie entstand nach einer gemeinsamen Bootsfahrt mit Freunden auf dem Zürcher See und verarbeitet die Erlebnisse der Landschaftserfahrung, der

Geselligkeit und der literarischen Reflexion (wie aus einem Brief Klopstocks bekannt, wurden während der Fahrt Teile aus seinem *Messias* (vgl. u.) und Gedichte E. v. Kleists und Hagedorns rezitiert (im Gedicht selbst wird auch Haller erwähnt), wurde der Genuss des Schönen also literarisch begleitet). Die Geselligkeit der Menschen ist in dieser Ode die Quelle der Freude, die das Lob der Natur enthusiastisch, geradezu religiös überhöht. Als beglückendes, aus der gegenseitigen Zuneigung im Anblick der Natur erwachsendes Gefühl ist die „Göttin Freude" weit mehr als das Vergnügen des geselligen Spiels, das die anakreontischen Gedichte beschreiben und zu evozieren suchen. Die Freude ist zugleich der Antrieb des Dichters, die erfüllte Zeit des empfundenen Einklangs von Naturerfahrung und menschlicher Nähe im ästhetischen Gebilde festzuhalten, ihr in der sprachlichen Form Dauer zu verleihen, wobei die Intensität des Ausdrucks sich der auffallend häufigen Verwendung des absoluten Komparativs verdankt – im Übrigen aber der schon erwähnten syntaktischen und rhythmischen Mittel, die Klopstock auch in der *Frühlingsfeyer* verwendet.

Göttinger ‚Hainbund'

Sowohl die anakreontischen Gedichte als auch Klopstocks gefühlsintensive Oden spiegeln den hohen Wert der geselligen Zuwendung der Menschen, unter denen diese Texte entstanden und gelesen wurden. Dies gilt auch für die Lyrik der Angehörigen des ‚Hainbundes', der 1772 in Göttingen (deswegen auch ‚Göttinger Hain') von literaturbegeisterten Studenten gegründet wurde. Sie alle schwärmten für Klopstock, dessen Ode *Der Hügel und der Hain* (1767) ihrer Vereinigung den Namen gab. Obwohl ganz unterschiedlichen Gesellschaftsschichten entstammend (Friedrich Leopold Graf zu Stolberg beispielsweise gehörte dem hohen Adel an, Ludwig Christoph Heinrich Hölty, der begabteste unter ihnen, dem gebildeten Bürgertum, Johann Heinrich Voß war der Enkel eines Leibeigenen), praktizierten sie – in Anlehnung an die ‚geheimen Gesellschaften' (vgl. S. 130 ff.) – den Gleichheitsgrundsatz besonders nachdrücklich und bemühten sich in der Tradition der Aufklärung um eine neue politische und soziale Wertsetzung. Auch literarisch versuchten sie im Anklang an Klopstock eine Neuorientierung. Hatte Klopstock in der zuletzt genannten Ode den Sitz der Musen vom griechischen Parnass in „Teutoniens Hain" verlegt und – wie auch in vielen seiner anderen Gesänge (vgl. die 1771 erschienene erste Gesamtausgabe seiner *Oden und Elegien*) – die germanische Mythologie beschworen, so besangen nun auch die Göttinger Poeten nicht mehr nur die Unbeschwertheit des Landlebens und das Glück der Freundschaft, sondern auch die ‚deutsche' Tugenden und den Ruhm des Vaterlands.

Die patriotische Bewegung, während des Siebenjährigen Krieges (1756–63) aufgekommen und in allerlei auf den Nationalstolz pochenden Schriften sich niederschlagend, ergriff damit auch die Lyrik und verband sich – ungeklärt – mit dem aufklärerischen Protest gegen jegliche Fremdbestimmung. Von dieser lyrischen Praxis, an der fortan auch die ‚minor poets', die ‚Minderdichter',[135] teilnahmen (vgl. III), führt nicht nur eine Linie zur antiabsolutistischen ‚Jakobinerlyrik' eines Christian F. D. Schubart, Gottlieb K. Pfeffel und anderer am Ausgang des Jahrhunderts, in der die allgemeinen Ideale der Französischen Revolution – Freiheit, Gleichheit, Brüderlichkeit – besungen wurden, sondern auch, was die Studenten des Göttinger Hains überhaupt nicht voraussehen konnten, eine ganz andere zu den „gut gemeinten, aber gedankenarmen",[136] den Nationalstolz aufschürenden und zugleich den Hass gegen die Franzosen anheizenden Gedichten eines Ernst Moritz Arndt und eines Theodor Körner (vgl. dessen populäre Gedichtsammlung *Leyer und Schwert*, 1814) und ihres Umkreises während der Freiheitskriege, eine Linie, die sich dann über die das eingespielte Vokabular nutzende Triviallyrik des Burschenschafts- und Vereinslebens im 19. Jahrhundert bis in die – auch andere lyrische Strömungen aufgreifende – Agitationslyrik des Dritten Reichs verlängerte.[137]

Das Publikationsorgan des ‚Hainbundes' war der jährlich erscheinende, von Heinrich Christian Boie herausgegebene *Göttinger Musenalmanach*. Derartige, nach französischem Vorbild gestaltete, kleinformatige Almanache wurden besonders gern auch von Frauen genutzt, die zu den interessiertesten Rezipienten lyrischer Dichtungen gehörten, nicht zuletzt weil sich hier genügend Vorlagen fanden, die sich im kleinen Kreis nicht nur vorlesen, sondern auch vertonen, bei Hausmusikabenden singen und am Klavier begleiten ließen und somit einer der Aufgaben' der bürgerlichen Frauen, für familiale Harmonie und kleingruppenhafte Geselligkeit zu sorgen, entgegenkamen. Für Vertonungen besonders geeignet waren das Lied, aber auch Romanzen und Balladen, die bei den Göttingern die antiken Formen, die Ode, Elegie und Hymne, immer mehr verdrängten – trotz des bewunderten Klopstock, der mit antiken Mustern allerdings recht frei verfuhr. Diese Umorientierung ging mit der neuen Begeisterung für die ‚Volkspoesie' einher: Im einfachen Lied sah man eine Elementarform menschlichen Ausdrucks, in der sich das Gefühl ohne das Dazwischentreten von Kunstgesetzen direkt vermitteln konnte. Deutlich kam diese neue Tendenz im ‚Musenalmanach auf das Jahr 1774' zur Geltung, in dem nicht nur die ‚Hainbündler' Gedichte veröffentlichten, sondern auch ihnen nahe stehende und sie als Lyriker überragende Freunde wie Claudius, Bürger und Goethe.

Claudius und Bürger

Gerade Matthias Claudius[138] bemühte sich um ‚Lieder im Volkston', die er hauptsächlich im *Wandsbecker Boten* veröffentlichte, einem Landblättchen, das er zwischen 1771 und 1775 in Wandsbeck bei Hamburg redigierte (die Sammlung seiner Beiträge erschien ab 1775 in 8 Bänden unter dem Titel *Asmus omnia sua secum portans, oder Sämmtliche Werke des Wandsbecker Bothen).* Sein 1779 im Hamburger Musen-Almanach gedrucktes, 1790 von Johann Abraham Peter Schulz vertontes *Abendlied* wurde zu einem der populärsten Texte der deutschen Literaturgeschichte, was nicht zuletzt seiner Aufnahme in den zweiten Teil von Herders Volksliedsammlung (*Volkslieder*, 1778/79) zu verdanken ist (als Auswahlkriterium galt diesem weniger die Entstehung eines Liedes im Volk als vielmehr der „wahre Ausdruck der Empfindung") und dem festen Platz, den es bald in evangelischen Gesangbüchern einnahm. Doch ist das ‚Wahre' nicht mit dem Spontanen gleichzusetzen. Das *Abendlied* von Claudius steht in der festen Tradition eines bestimmten Typus geistlicher Dichtung, der etwa auch Paul Gerhardts ‚Abendlied' *Nun ruhen alle Wälder* angehört. Solche Abendlieder beginnen zumeist mit einem ‚Natureingang' und knüpfen an ihn erbauliche Gedanken; der Anschauung folgt eine theologisch-didaktische Betrachtung. In Claudius' *Abendlied* ist der Natureingang (Str. 1) von jeher als besonders stimmungsvoll empfunden worden:

Der Mond ist aufgegangen,
Die goldnen Sternlein prangen
    Am Himmel hell und klar.
Der Wald steht schwarz und schweiget.
Und aus den Wiesen steiget
    Der weisse Nebel wunderbar.

Den berühmt gewordenen drei Eingangsversen, die vom erleuchteten Abendhimmel sprechen, stehen die Verse 4–6 kontrastiv gegenüber. Der schwarze, schweigende Wald, den Menschen näher als der Himmel, und der die klare Sicht verstellende Nebel rufen Elemente der Bedrohung auf („wunderbar" ist hier noch ganz wörtlich zu nehmen und markiert die Grenze rationaler Zugänglichkeit). Die Angst vor der Nacht[139] war in einer nicht elektrifizierten Umwelt, zumal auf dem Land, ein wichtiger Beweggrund, sich in der Hausgemeinschaft zu versammeln und sich im Gebet und Gesang Gottes Schutz anzuvertrauen. Bei Claudius allerdings wird dem Gefühl des Ausgeliefertseins nicht nur, wie noch in Gerhardts Lied, mit der (auch den kranken Nachbarn fürbittend einschließenden) Anrufung Gottes begegnet; die Natur selbst ist, obwohl immer auch fremd, gleichsam an den Tod gemahnend („Kalt ist der

Abendhauch", Str. 7), ‚Garant der Geborgenheit', ‚Refugium'[140] vor des „Tages Jammer" (Str. 2), wird wie die „stille Kammer" zur „Hülle", unter der Schlaf und Vergessen gefunden werden (Str. 2). Bemerkenswert ist, dass diese beruhigende Vorstellung von der Einsicht in die begrenzte Erkenntnisfähigkeit des Menschen begleitet wird (Str. 3 u. 4). Claudius setzt der aufklärerischen Selbstüberschätzung die ‚Einfalt' (vgl. Str. 5) entgegen, die in der Natur, so widersprüchlich diese erscheinen mag, das tröstliche Wirken Gottes erkennt – als ob er die Sicherheit des voraufklärerischen Gottvertrauens beschwören wollte. – Einen anderen Eindruck dagegen vermittelt sein vielleicht vollkommenstes Gedicht, *Der Tod und das Mädchen* (1775), das durch Schuberts romantische Komposition eine ebenfalls große, wenn auch nicht so gestreute Verbreitung erfahren hat. In diesem Dialoggedicht, das motivlich an die spätmittelalterlichen Totentanzlieder anknüpft, aber deren Intention gerade ins Gegenteil verkehrt, erscheint der Tod als einnehmende, tröstende, fast verführerische Gestalt, die ihren Schrecken nicht verdient – als ob Claudius der Angst des Mädchens das Argument der Aufklärung entgegensetzen wollte. – Aufklärerisch wirkt auch sein – missverständlich so genanntes – *Kriegslied* von 1778, mit dem er sich von der patriotischen Modeströmung in der Lyrik absetzte. Rhetorisch ausgefeilt, spricht es von der Schuld, die derjenige auf sich lädt, der Kriege führt, und ist zugleich ein Protest gegen die Kriegsgedichte eines Karl Wilhelm Ramler oder Johann Wilhelm Ludwig Gleim, in denen das Grauen der Realität des Krieges mit Floskeln von Gott, Vaterland, Krone, Ehre usw. überspielt wurde.

Auch Gottfried August Bürger, beeinflusst von Herders Begeisterung für die ‚Volkspoesie', insbesondere von dessen Briefwechsel über *Ossian und die Lieder alter Völker* (1773), wollte ‚volkstümlich' wirken und möglichst viele Menschen unterschiedlichen Standes ansprechen (vgl. seinen *Herzensgruß über Volks-Poesie*, 1773). (Heute ist er vor allem noch als Herausgeber, Rückübersetzer und Bearbeiter der in England von Rudolf Erich Raspe 1785 publizierten Münchhausen-Geschichten *Wunderbare Reisen zu Wasser und zu Lande, Feldzüge und lustige Abenteuer des Freyherrn von Münchhausen*, 1786, bekannt.) Ihn interessierte vor allem die englische Tradition der Volksballade (engl. ‚ballad'), die Erzählung dramatischer Ereignisse in lyrischer Form. Gleichwohl gilt seine 1774 im Göttinger Musenalmanach erschienene *Lenore*, die ihn schlagartig bekannt machte, als erstes Beispiel der deutschen ‚Kunstballade'. Der Lenorenstoff, der von der Kraft einer Liebenden erzählt, die ihren toten Geliebten zum Wiedergänger erweckt, aber damit ihr eigenes Leben aufgibt und zu ihm ins Grab muss, war in Volkssagen und Volksliedern weit verbreitet. Bürger machte daraus eine Schauerballade, indem er das Grausige des Stoffes durch die Dramatisierung des Geschehens und durch sprachliche Mittel,[141] insbesondere durch Lautmalereien, zu einem derartigen ‚Tumult' übersteigerte, dass der Sinn der Erzählung hinter den sich verselbstständigenden Effekten zurücktrat, was Herders Verständnis vom Volkstümlichen als dem Natürlichen vollkommen entgegenlief. In seiner späteren Ballade *Des Pfarrers Tochter von Taubenhain* (1781) dagegen, die das Motiv der Verführung des einfachen Mädchens durch einen Adligen und das Kindsmordmotiv aufgreift, dient das sprachlich hervorgerufene Schaurige als „Provokation der Erkenntnis"[142] eines empörenden Vorgangs, die den Text des Juristen Bürger zum frühen Beispiel einer ‚sozialkritischen Ballade' macht, die als Typus – d. h. also abgesehen von allen historisch bedingten Varianten – ihren Höhepunkt im 20. Jahrhundert bei Bert Brecht finden wird.

6.2. Goethe

Die Liebeslyrik des jungen Goethe

Auch der junge Goethe stand wie Claudius und Bürger den Götttinger Hainbündlern zeitweilig nahe und ließ einzelne seiner Gedichte im ‚Musenalmanach' erscheinen; und auch er war wie Bürger von Herder beeinflusst, von dem er 1770/71 in Straßburg nachdrücklich auf Homer, Shakespeare und vor allem die ‚Volkspoesie' hingewiesen worden war. In Straßburg lernte er nicht nur das alte *Liederbuch* (1602) des Paul von der Aelst kennen, sondern auch Thomas Percys Sammlung schottischer Balladen, die *Reliques of Ancient English Poetry* (1756); und er selbst trug bei seinen Streifzügen durch das Elsass 12 Lieder zusammen, die er, anders als Herder, so, wie er sie hörte, aufzeichnete und unangetastet ließ. Gerade im Volkslied entdeckte er Möglichkeiten, die seinen eigenen Ausdruckswünschen in diesen Jahren entgegenkamen – das berühmte *Heidenröslein* (1771) (das Motiv war Goethe aus der Sammlung von der Aelsts bekannt) ist dafür der beste Beleg. Herder nahm es später wegen seines volkstümlichen Tons in seine Volksliedsammlung auf, obwohl es doch, schon indem es auf die für das Volkslied typische lockere Reihung der Motive, auf Füllsel, vor allem auf ausgesprochene Vergleiche verzichtet, viel Kunstverstand zeigt. Auch die Sesenheimer Lieder, für seine Jugendliebe Friederike Brion geschrieben, führen vor Augen, dass Goethe sich vom Volkslied inspirieren ließ, ohne es nachzuahmen. Der Gegensatz zu den anakreontischen Versen aus seiner Leipziger Studienzeit könnte nicht größer sein. Wie Goethes Liebe nichts mit dem Spiel der Begehrlichkeiten zu tun hatte, sondern tiefes, reines Gefühl für die Geliebte war, gingen auch die charmanten Wendungen, das rhetorische Gespreize, die Pointenhascherei im Gedicht verloren und machten einer Sprache Platz, die sich an das Volkslied anlehnt und es doch übersteigt. Nirgendwo wird dies anschaulicher als in Goethes 1771 entstandenem

Maifest

Wie herrlich leuchtet
Mir die Natur!
Wie glänzt die Sonne!
Wie lacht die Flur!

Es dringen Blüten
Aus jedem Zweig
Und tausend Stimmen
Aus dem Gesträuch

Und Freud und Wonne
Aus jeder Brust.
O Erd', o Sonne,
O Glück, o Lust,

O Lieb', o Liebe,
So golden schön
Wie Morgenwolken
Auf jenen Höhn,

Du segnest herrlich
Das frische Feld –
Im Blütendampfe
Die volle Welt!

O Mädchen, Mädchen,
Wie lieb' ich dich!
Wie blinkt dein Auge,
Wie liebst du mich!

So liebt die Lerche
Gesang und Luft,
Und Morgenblumen
Den Himmelsduft,

Wie ich dich liebe
Mit warmem Blut,
Die du mir Jugend
Und Freud' und Mut

Zu neuen Liedern
Und Tänzen gibst.
Sei ewig glücklich,
Wie du mich liebst.[143]

Die Natur erscheint in diesen Versen wie hineingenommen in die Seele des Dichtenden, der sich ihrer bedient, um sich auszudrücken. Aber nicht nur dient das Wahrnehmbare dem subjektiven Ausdruck; auch das Seelische wird wahrnehmbar: Erde, Sonne, Glück, Lust werden im selben Atemzug genannt, die Landschaft wird verinnerlicht, aber der Entzückte, der den Frühling und die Geliebte in sich trägt, gerät auch außer sich, gießt sein Inneres in Freuderufen und Naturbildern aus. Dieser von Ausrufen und Anrufen bestimmte Ton, der das subjektive Erleben unmittelbar ins künstlerische Experiment hineinwirken lässt, war in der Lyrik bis dahin unbekannt; Natur und sprechendes Ich wurden wohl miteinander in Beziehung gesetzt, ohne sich aber so zu durchdringen. Die jubelnden Ausrufe, denen die Kürze der Verse angemessen ist, waren zudem ein noch nicht gehörter Ausdruck des Jung-Seins. Jugendliches Temperament wurde nicht länger benannt, sondern artikulierte sich hier in einer eigenen Sprechweise. Wie neu dies war, selbst für den experimentierenden Goethe, zeigen die letzten sechs Verse des Gedichts, die wie ein Rückfall in die Rhetorik der Anakreontiker wirken.

Goethes Hymnen

Einen Durchbruch zu neuen Ausdrucksformen erzielte Goethe auch mit seinen etwa zur gleichen Zeit entstandenen Hymnen. Von ihnen haben *Prometheus* (1774) und *Ganymed* (1774), die Goethe in seinen Werkausgaben seit 1789 immer wieder selbst nebeneinander stellte, seit jeher die größte Aufmerksamkeit auf sich gezogen, weil sich an ihnen nicht nur sein damaliges Bild des Künstlers, sondern auch seine sich in ihren Grundzügen ausbildende religiöse Weltanschauung erkennen lässt. Der *Prometheus* bezieht sich auf den gleichnamigen Mythos, demzufolge der Halbgott Prometheus Menschen aus Ton gestaltet, ihnen gegen den Willen des Zeus das Feuer bringt, dafür aus Strafe an den Kaukasus geschmiedet und später befreit wird. Die Hymne greift lediglich die Auflehnung des Prometheus gegen Zeus heraus und gibt den Hinweis auf seine bildnerische Tätigkeit. Natürlich wurde dieser Mythos im 18. Jahrhundert nicht ‚geglaubt', so dass sich die Frage stellt, aus welchen Gründen Goethe ihn aufgriff und welchen Bedeutungshorizont er mit ihm eröffnen wollte. So umstritten die Ansichten hierzu sind, ist man sich hinsichtlich der Figur des Prometheus überwiegend einig, dass Goethe mit ihr ein Bild des Künstlers entwerfen wollte, obwohl Prometheus keine künstlerischen Produktionen hervorbringt. Kontrovers ist dagegen, welche Vorstellungen Zeus aktivieren sollte. Welche Autorität auch immer Zeus repräsentiert, muss hier nicht diskutiert werden.[144] Entscheidend, auch für die Rezeptionsgeschichte des Gedichts, ist die von Emotionen getragene und sprachgewaltig artikulierte Auflehnung des Prometheus. Obwohl das Gedicht monologisch ist, lässt es sich doch als Teil eines Dialogs, einer ‚dramatischen' Auseinandersetzung verstehen, ist die Neigung zur Argumentation unverkennbar (was ganz mit Goethes Plan, ein Prometheusdrama zu schreiben, im Einklang steht). Der Grund der Auseinandersetzung liegt in der Weigerung oder Unfähigkeit der Götter, in die Lebensbedingungen der Menschen trotz deren Bitten handelnd einzugreifen. Himmel und Erde stehen sich fremd gegenüber. Hieraus erwächst der Selbstbehauptungswille des Prometheus, der den Widerständen der Natur zum Trotz seine eigene Kulturwelt schafft, unter Berufung auf sein „heilig glühend Herz". Dies stimmt ganz mit der Auffassung vom ‚Originalgenie' überein, wie sie von den Stürmern und Drängern theoretisch vertreten wurde (vgl. o.). In der Gestalt von Goethes Prometheus wird solch ein Genie lebendig, in der Art des Sprechens zumal: Prometheus äußert sich in Freien Rhythmen, was der Emotionalität seines Denkens entspricht, immer wieder auch in Ausrufen; er bildet Satzgefüge, die das zuerst Gedachte an den Anfang stellen, fügt in seiner Wortbildung unterschiedliche Vorstellungen zu nie gehörten Komposita zusammen („Knabenmorgen-Blütenträume") und bringt mit alledem seine auch sprachlich alle Konventionen sprengende Subjektivität zur Anschauung. – Doch ist mit dem *Prometheus* nur der eine Teil der sich bildenden Weltanschauung des Künstlers Goethe bezeichnet, der andere schlägt sich in *Ganymed* nieder. Auch diese in reimlosen freien Versen geschriebene Hymne erinnert an einen griechischen Mythos. In ihm wird vom Raub des schönsten aller sterblichen Jünglinge durch den als Adler erscheinenden Zeus erzählt. Von einem Raub ist in Goethes Hymne nicht die Rede, aber in der Annäherung von Göttlichem und Menschlichem lässt sich der Vergleichspunkt suchen. Anders als im *Maifest*, in dem Goethe das Glück eines erfüllten Augenblicks gestaltet und die frühlingshafte Natur als Ausdruck seiner Empfindungen wahrnimmt (und künstlerisch nutzt), beschwört er als sprechendes Ich in *Ganymed* den Frühling als ein Gegenüber, dessen Schönheit und ihn ‚anglühende' Gewalt so stark auf ihn eindringt wie er diese Gewalt, in der er das Göttliche spürt, ersehnt. In der Vorstellung des gegenseitigen Aufeinanderzukommens liegt das Unverwechselbare dieses Gedichts.

Hinauf, hinauf strebts
Es schweben die Wolken!
Abwärts die Wolken!
Neigen sich der sehnenden Liebe

Mir! Mir!
In deinem Schoose
Aufwärts!
Umfangend umfangen,

Aufwärts
An deinem Busen
Allfreundlicher Vater!

endet das Gedicht (in der ältesten überlieferten Fassung).[145] Der Frühling als „mythische Verleiblichung der ewigen, allererzeugenden Kraft"[146] und der sich nach ihr sehnende Mensch vereinigen sich – „umfangend umfangen" – in einem Akt der Liebe. Eine solche Berührung zwischen Mensch und Natur war in der deutschen Dichtung neu. Die Natur wurde wohl als Gegenüber erfahren, aber nicht mehr als fremdes oder fernes, das es zu beschreiben galt, sondern als geliebtes und selbst liebendes, in dem der Mensch aufgehen, sich – in Goethes eigener, späterer Ausdrucksweise (vgl. das Ende des 8. Buches von *Dichtung und Wahrheit)* – ‚entselbstigen' konnte.

Die ‚Verselbstung', die der *Prometheus* zum Ausdruck bringt, und die ‚Entselbstigung' des Liebenden im *Ganymed* sind die Pole einer sich im jungen Goethes ausbildenden Weltanschauung, die er damals nicht theoretisch formulierte, die aber sein gesamtes dichterisches Werk von dieser Zeit an durchdrang. Was vom Schöpfer ausgeströmt ist – Goethe teilte den neuplatonischen Emanationsgedanken – und sich in der Trennung von ihm als etwas Eigenes, als Selbst behauptet, will zugleich auch wieder zu ihm zurück. Dies ist nur möglich in stufenweiser Annäherung, doch ohne dass ein Sprung in etwas ganz anderes nötig wäre, denn Gott und Natur sind nicht zu trennen. Deshalb ist die Natur, die dingliche Welt um uns herum, für Goethe immer auch Gleichnis des Göttlichen, Symbol dessen, was direkt nicht erfahrbar ist, lebt das Unendliche im Endlichen. Und dieser Unendlichkeit sich zu nähern, geschieht im Schauen, im Ahnen und Fühlen, im Denken zugleich.[147]

Gedichte von großen, ‚genialen' Menschen, von ihrem Selbstbehauptungswillen, ihrem stürmischen Lebensrhythmus, ihrer Erlebnisfähigkeit und ihrer Verbundenheit mit Natur und Schöpferkraft sind auch – mit verschiedenen Akzentuierungen – die anderen großen Hymnen dieser Jahre wie *Wandrers Sturmlied, Mahomets-Gesang, An Schwager Kronos, Seefahrt, Harzreise im Winter*, die alle, zumal in ihrer Konventionen sprengenden sprachlichen Ausdruckskraft, unsere Vorstellung von der Lyrik der Geniebewegung mitbestimmen.

Goethes gesellschaftsbezogene ‚Gelegenheitsgedichte'

Neben diesen, Goethes Ruhm als Lyriker begründenden Hymnen stehen zahlreiche, z. T. ebenfalls schon in den siebziger, dann in den achtziger Jahren und später geschriebene, gleichsam einen zweiten, weniger bekannten, nur zum Teil auch anspruchsloseren Kreis bildenden ‚Gelegenheitsgedichte' (Liebesgedichte,

Lehrgedichte, Weltanschauungsgedichte), die in ihrer Mehrzahl belegen, wie sehr Goethe immer auch der kommunikationsfreudigen, den Dialog suchenden Lebensführung des neuen Bürgertums verbunden war, die zu Beginn dieses Kapitels beschrieben worden ist. Keineswegs sagt der Begriff ‚Gelegenheitsgedicht' in diesem Fall generell etwas Verbindliches über den literarischen Rang eines so bezeichneten Textes aus. Goethe selbst hat im 10. Buch von *Dichtung und Wahrheit* ausdrücklich gerade das ‚Gelegenheitsgedicht' gerühmt und zumal dessen hohen Wert für das gesellige Zusammenleben herausgestellt. Diese Auffassung wird gerne übersehen, wenn man in Goethe nur den Erlebnislyriker sehen möchte – wobei zu fragen ist, inwiefern das – herausgehobene – Erlebnis selber von ihm immer schon auch als „poetische Gelegenheit"[148] begriffen worden ist oder noch zugespitzter: das Leben – wenigstens teilweise – als „ästhetische Veranstaltung", d. h. in der Absicht geführt worden ist, es poetisch zu verwerten (ganz deutlich wird dies etwa im Briefwechsel mit Bettine Brentano, der den späteren – unvergleichlichen – Zyklus der *Sonette* (1807/08) begleitet.) Gelegenheitsgedichte sind in diesem Sinne dann auch viele von Goethes Liebesgedichten – vielleicht weniger die an Lili Schönemann (u. a. *Auf dem See*), wohl aber die an Lida (Charlotte von Stein) gerichteten (u. a. *Warum gabst du uns die tiefen Blicke, Rastlose Liebe, An den Mond)*, die – mit Ueding – als „Teil einer umfassenden Gesprächssituation, eines Dialogs, in den zuallererst die beiden Liebenden, aber auch (in der Imagination) die Gesellschaft, die zu ihnen gehört (*An Frau von Stein und ihre Gesellschaft*) ..."[149] verstanden werden können.

Die Kunstabsicht des Symbolisierens

Aus der Einbildungskraft, die dieser Art von Poesie zu Grunde lag, entwickelte sich auch Goethes Verständnis des poetischen Symbols, an dem er bis in seine Alterslyrik festhielt, ein Verständnis, das im poetischen Bild das Mittel sieht, eine Bedeutung, eine Idee so in sich aufzunehmen, dass sie unaussprechlich bleibt, d. h. nicht auf den Begriff zu bringen ist, aber doch ihre volle Wirkung entfalten kann. In Goethes eigener Formulierung: „Die Symbolik verwandelt die Erscheinung in Idee, die Idee in ein Bild, und so, dass die Idee im Bild immer unendlich wirksam und unerreichbar bleibt und, selbst in allen Sprachen ausgesprochen, doch unaussprechlich bliebe." *(Maximen und Reflexionen*, 1822) Das symbolische Sprechen verliert in diesem Verständnis die Eindeutigkeit, weil der platte Begriff bzw. die begriffliche Deutlichkeit vor der Komplexität und Ambivalenz der Lebensverhältnisse, zumal der ‚Liebesverhältnisse', versagt. Gerade in seinen ‚Gelegenheitsgedichten' hat Goethe die Kunst des Symbolisierens ausgebildet und Bedeutungen unausgesprochen,

d. h. offen gelassen – auch dies, wenn man so will, ein Teil des kommunikativen Spiels, zu dem sich das ‚neue' Bürgertum verstand.

Als Kunstabsicht wird das Symbolisieren fast überdeutlich in den *Erotica Romana*, seit 1806 von Goethe als *Römische Elegien* bezeichnet, die zwischen 1788 und 1790 nach der Rückkehr von der Italienischen Reise und nach der Begegnung mit Christiane Vulpius entstanden. Obwohl als Zyklus konzipiert, schildern sie keinen Handlungsverlauf, sondern zeigen eine Reihe einzelner Szenen, in denen verschiedene Motive zusammenfließen und sich gegenseitig spiegeln: das Liebesmotiv; die Stadt Rom als gegenwärtiger Eindruck und weltgeschichtliche Erinnerung; schließlich die mythologische Welt der antiken Götter. Das persönlich in der Liebe Erfahrene erscheint – hier wird das Symbolisieren wirksam – vor dem Göttlich-Mythischen als Typisches, Gesetzmäßiges und gewinnt dadurch zugleich an Bedeutung und Glanz; die Begegnung mit der Götterwelt in der Liebe findet auf dem Boden der gegenwärtigen Weltstadt Rom statt, deren Mauern beseelt sind von der Geschichte der antiken Kultur und die den Genius inspirieren, dem, mit der Geliebten im Arm, nicht nur der Marmor lebendig wird, sondern auch die antike Literatur und ihre Formen. So präsentieren sich die Texte des vielseitig ‚Begeisterten', der die Kulturerfahrung der Antike, die Begegnung mit den bereichernden Anschauungen eines fremden Volkes, den sinnlichen Liebesgenuss und die künstlerische Produktivität in ihrem Zusammenklang erfährt, selbst in antiker Form und in antiken Maßen. Die Form der Elegie (aufgebaut aus Distichen = Zweizeilern, in denen daktylische Hexameter und Pentameter verbunden werden) vergegenwärtigte mit ihrer steigenden und fallenden Rhythmik dabei ganz die gemischten Empfindungen dessen, der die Erfüllung und die Vergänglichkeit des Liebesgenusses erfahren hatte, eben die Gefühle des im Rückblick Schreibenden, des Reflektierenden – ganz so wie schon die römischen Liebeslyriker Tibull, Properz und Ovid, Goethes Vorbilder, die Elegie nutzten, um in ihr das Angenehme, aber doch nicht mehr Gegenwärtige in Erinnerung zu rufen, also Beglückung zu evozieren und Bedauern zugleich. – Wie kaum ein anderes Werk Goethes sind die *Römischen Elegien* schon zu seiner Zeit – von ihm eher ungewollt, denn er hielt sie zunächst zurück – ins öffentliche ‚Gerede' gekommen (und auch heute noch streiten sich manche darum, ob die römische Witwe Faustina Antonini oder Christiane Vulpius das Vorbild für die Geliebte in den *Elegien* gewesen sei). Insbesondere die Damenwelt war über die erotische Freizügigkeit in diesen Texten empört und verkannte damit deren symbolischen Gehalt, auf den es dem Dichter doch gerade ankam.

‚Gelegenheitsgedichte' im besten Sinne, also Gedichte, die in der Öffentlichkeit anregend und gesprächsfördernd wirken sollten, waren Goethes ‚Weltanschauungsgedichte‘, waren seine Lehrgedichte, seine Epigramme (u. a. seine nach 1790 entstandenen, 1795 in Schillers *Musen-Almanach* veröffentlichten zeitkritischen *Venetianischen Epigramme* und die mit Schiller im Dialog gemeinsam verfassten polemisch-satirischen, 1796 ebenfalls im *Musen-Almanach* erschienenen *Xenien)*, später seine lehrhafte Spruchdichtung mit der in ihr erkennbaren Neigung, das Typische in den Erscheinungen des Lebens zu suchen und festzuhalten.

Weltanschauungsgedichte; Lehrgedichte; Balladen

Schon in seiner frühen Weimarer Zeit verfasste Goethe lyrische Texte (heute gern als Weltanschauungsgedichte bezeichnet), die zum Gedankenaustausch in der dortigen gebildeten Gesellschaft Anlass geben sollten, u. a. die berühmt gewordenen *Grenzen der Menschheit* (1781) und *Das Göttliche* (erschienen im *Tiefurter Journal* vom November 1783). Wie *Prometheus* und *Ganymed* sprechen auch sie vom Verhältnis des Menschen zu den Göttern bzw. zum Göttlichen. Während in den beiden Hymnen der Genieperiode der Mensch (vertreten durch die mythischen Gestalten Prometheus und Ganymed) über seine Grenzen hinausgeht, einmal in seiner maßlosen Selbstherrlichkeit, das andere Mal in seiner maßlosen Selbsthingabe, spiegeln die beiden späteren Gedichte Goethes neue Erfahrungen in Weimar, die ihm die Einschränkungen seiner Möglichkeiten in verschiedener Hinsicht bewusst machten, und wirken den Verabsolutierungen des Gefühls gerade entgegen. *Grenzen der Menschheit* (gemeint ist: des Menschseins) betont die sittliche Verpflichtung des Menschen, sein Maß zu finden, d. h. seine Bindung an die Naturgesetzlichkeit, die ihn sterblich sein lässt, und damit auch seine begrenzten Wirkungsmöglichkeiten anzuerkennen. Das Ring-Bild in der letzten Strophe verdeutlicht diese Begrenztheit, evoziert aber doch auch die Vorstellung der Erfüllung in der harmonisch geschlossenen, vollendeten Form. Die Lebenshaltung der so genannten Klassik war damit gefunden. Bestärkt durch das Studium der Griechen, deren Ethik das Bedenken der eigenen Gebundenheit, die Ehrfurcht vor den Göttern, Selbstbeherrschung und eine maßvolle Lebensführung fordert, lenkte einige Jahre später *Das Göttliche* den Blick gezielt auf die dem Menschen gegebene Freiheit sittlichen Handelns, durch die allein er die Kausalitäten der Natur übersteigen und sich der göttlichen Sphäre nähern kann.

Das bedeutendste der Lehrgedichte Goethes ist sicherlich *Die Metamorphose der Pflanzen* von 1798, das auf seine morphologischen Forschungen und insbesondere auf den schon 1790 erschienenen *Versuch die Metamorphose der Pflanzen zu erklären* zurückgreift. Seit den späten achtziger Jahren verstand Goethe sich vor allem als Naturforscher. Um sich einen umfassenden Einblick in die Naturvorgänge zu verschaffen, beschäftigte er sich mit der Morphologie der Pflanzen und Tiere, mit der Farbenlehre, mit Gesteins- und Wetterkunde und veröffentlichte etliche Abhandlungen zu diesen Studiengebieten (am bekanntesten und umstrittensten wurde seine 1790 begonnene, erst 1810 erschienene, gegen Newton gerichtete Schrift *Zur Farbenlehre)*. Wesentlich war ihm dabei, immer auch den Sinn seines Erkenntniswunsches zu erläutern und seiner eigenen Einstellung zu den Naturphänomenen Ausdruck zu geben, seinem Staunen, seinem Ergriffensein. Insofern besaß seine wissenschaftliche Prosa von vornherein eine gewisse Affinität zur Poesie, wie umgekehrt der ‚naturwissenschaftliche Grundbaß'[150] seines Denkens und Dichtens nicht zu übersehen ist, auch wenn dieser erst allmählich erschlossen wird.[151] Gerade an Goethes Arbeiten zur Metamorphose der Pflanzen lässt sich nicht nur diese Affinität, sondern zugleich auch sein besonderes naturwissenschaftliches Interesse zeigen. Es lag vor allem darin, im Mannigfaltigen die ‚Urgestalt' und im unaufhörlichen, verwirrenden Wechsel der Erscheinungen das Gesetz des Dauernden zu erkennen. So sieht Goethe in allen Pflanzen, die auf der Erde wachsen, Varianten ein und desselben Grundorgans, des Blattes. Was in Farbe, Form, Funktion differiert, ist – morphologisch gesehen – insgeheim identisch. Und in den Veränderungen der Pflanzen vom Saatkorn zur Blüte, zur Frucht waltet überall das gleiche Gesetz, ein Gesetz, das über die Pflanzenwelt hinausgeht.[152] Was die Abhandlung erläutert, wiederholt in aller Kürze der Mittelteil des Gedichts. Dennoch ist dieser Mittelteil nicht allein „versifizierte Wissenschaft".[153] Ist schon die Abhandlung ein Zeugnis von Goethes zwar von nüchterner Beobachtung geprägter, gleichwohl aber mit bewertenden Epitheta durchsetzter Naturbeschreibung, so weist das Gedicht, etwa da, wo es im Hinblick auf die Entwicklung der Pflanze von der ‚sanften' Lenkung der Natur „in das Vollkommnere" (Z. 34) spricht, diesen an ‚Qualitäten' orientierten, das Urteil einbeziehenden Erkenntnisdrang noch deutlicher aus. Seinen eigentlichen poetischen Gehalt gewinnt der Text freilich dadurch, dass die Beschreibung der Metamorphose der Pflanzen in einen Gesprächsrahmen eingebettet wird, in dem der angeredeten Geliebten das „geheime Gesetz" des „Blumengewühls" (Z. 2) im Garten erklärt wird und in dem am Ende der Sprechende den Metamorphose-Gedanken auf das Verhältnis der Liebenden überträgt, deren Freundschaft in der „höchsten Frucht gleicher Gesinnungen" (Z. 78) ihre Vollendung finden soll. So führt das Anschauen der Natur in die Überredung zur Liebe, wird Natur zur Quelle der Selbsterfahrung und eröffnet das Lehrgedicht eine Dimension, durch die es sich zum Liebesgedicht verwandelt.

Das Ansprechen der Geliebten wird in der – an dieser Stelle nicht zu behandelnden – späten Lyrik Goethes häufig zum Wechselgespräch erweitert, im Zyklus der

Sonette (1807/08) etwa, vor allem aber im Buch *Suleika*, dem Kernstück des *West-östlichen Divan* (1814/15), wo sich im Dialog der Liebenden die Liebe ganz erfüllt.

Wie sehr das Dialogische, das Kommunikative das lyrische Schaffen Goethes während seiner Weimarer Zeit bestimmte, zeigte sich auch auf andere Weise. Auf Verse der Lyrikerin Friederike Brun antwortete er beispielsweise mit einer Kontrafaktur (*Nähe des Geliebten*, 1796, ein Gedicht, das dann durch Schuberts Vertonung bekannt wurde), die wiederum mit einer Kontrafaktur beantwortet wurde.[154] Solch ein Austausch zwischen Lyrikern konnte, wie die Entstehungsgeschichte der *Sonette* belegt, bis in den Wettbewerb führen. Mit Schiller führte er intensive Gespräche über lyrische Gestaltung, aus denen Texte hervorgingen, die sich beide zur gegenseitigen Begutachtung vorlegten. Und auch mit der literarischen Öffentlichkeit wurde der Dialog (z. B. über antike, romantische, orientalische Formen der Lyrik) schon insofern gesucht, als die meisten Gedichte – dies gilt nicht nur für Goethe oder Schiller – eben zuerst in Journalen und Almanachen, d. h. in Kontexten mit anderen Gedichten und Gedanken über sie erschienen und in Gesprächszusammenhängen standen, die vergessen werden, wenn die Texte des einen oder anderen Autors gesammelt, aber aus der literaturgeschichtlichen Entstehungsgeschichte herausgerissen in Werkausgaben stehen.

Ein solcher Gesprächszusammenhang war der – im Jahr 1797 kulminierende – Gedankenaustausch Goethes und Schillers über die Ballade, der von zahlreichen Balladendichtungen beider begleitet war, die im *Musen-Almanach auf das Jahr 1798* erschienen (von Goethe u. a. *Die Braut von Korinth, Der Gott und die Bajadere, Der Zauberlehrling*; von Schiller u. a. *Der Taucher, Der Handschuh, Der Ring des Polykrates, Die Kraniche des Ibykus)*. Was beide Dichter im Zusammenhang ihrer Diskussion über die literarischen Gattungen an der Ballade besonders interessierte, war das in ihr angelegte Zusammenspiel der drei ‚Naturformen' der Poesie, des Epischen, Dramatischen und Lyrischen. Deswegen sahen sie in der Ballade auch die Dichtart, die unterschiedliche menschliche Vermögen zur gleichen Zeit anzusprechen und damit umfassende und intensive Wirkungen auszuüben in der Lage war, die sie zum Zweck der ästhetischen Erziehung möglichst vieler Menschen, also auch der weniger gebildeten, nutzen wollten. Dem kam entgegen, dass sich Balladen gut zum Vortrag eigneten – Goethe las seine Balladen nicht nur gern im engeren Freundeskreis vor, sondern auch in der später (1801) von ihm gegründeten ‚Mittwochsgesellschaft'.

Trotz des gemeinsamen Interesses an dieser Gattung und ihres Gesprächs über sie entstanden die Balladen Goethes und Schillers nicht in Koproduktion, wie etwa die *Xenien*, sondern blieben Ausdruck der jeweils eigenen künstlerischen Begabung ihrer Verfasser. Während Schiller dramatische, sittliche Entscheidungen in den Mittelpunkt stellende Texte schrieb, stand bei Goethe die Anfälligkeit des Menschen gegenüber Einwirkungen nicht erklärbarer Naturkräfte im Vordergrund.

Ein frühes Beispiel für Goethes so genannte naturmagische Balladen ist der 1782 entstandene, stofflich auf eine von Herder übersetzte dänische Volksballade zurückgreifende *Erlkönig*, die wohl bekannteste Ballade der deutschen Literaturgeschichte. Vergegenwärtigt werden die Reaktionen eines Vaters und seines kleinen Sohnes auf Naturerscheinungen während eines Rittes durch die Dunkelheit, wobei die Empfänglichkeit des Gestalten sehenden und Stimmen hörenden Kindes für die magischen, ‚überwältigenden', hier tödlichen Kräfte der Natur und die nüchternen Erklärungsversuche des die Erfahrungen seines Sohnes abweisenden Vaters im Dialog zwischen beiden gegenübergestellt werden. Das Verhältnis des Erwachsenen und des Kindes ist in dieser Ballade nicht nur als ein personales zu verstehen. Beide Figuren repräsentieren – das ist immer wieder herausgestellt worden – darüber hinaus Einstellungen gegenüber der Natur, die einerseits den Rationalismus kennzeichnen, sich andererseits in der Geniebewegung wiederfinden.[155] Sah jener, wie die besonnene Haltung des Vaters im *Erlkönig* zeigt, die Natur vor allem unter quantitativen und funktionalen Gesichtspunkten, so hatte diese alles Verständnis für eine qualitative, d. h. subjekthafte, damit auch mit Ängsten verbundene, eben auch den Tod ‚erlebende' Naturerfahrung. Im Gedicht wird die Verständigkeit des Vaters schließlich in ihrer ganzen Hilflosigkeit bloßgestellt. Dass gerade Kinder (neben manchen Menschen aus dem einfachen Volk (vgl. Goethes Ballade *Der Fischer* von 1778 oder auch sensiblen Frauen) den Sinn für die Elementargewalten der Natur besitzen, ist eine Vorstellung, die in der ‚Volkspoesie', die Goethe schätzte, lebendig war und die in den Dichtungen der Romantiker weiterwirkte.

Von magischen Kräften handelt etwa noch die viel später, im ‚Balladenjahr' 1797 entstandene, kaum minder populär gewordene Ballade *Der Zauberlehrling* – ebenfalls ein anschauliches Beispiel für Goethes besonderen Zugriff auf diese Gattung. Auch dieser Text, der auf eine antike Quelle zurückgeht (auf Lukianos von Samosata), hat wie der *Erlkönig* einen dialogischen Charakter. Nicht nur spricht der Zauberlehrling mit dem Wassermengen herbeischleppenden Besen, den er mit der magischen Formel des Meisters beschworen hat und dessen er nicht mehr Herr wird, seine Rede ist zugleich Selbstgespräch, einem imaginären Publikum vorgeführt („Seht … Seht … Seht"), und endet schließlich mit der Anrede an den Meister, der die Geister, die in seiner Abwesenheit gerufen worden sind, mit dem richtigen Spruch wieder bannt. Erzählerische, dramatische (besser: dialogische) und lyrische Elemente, die hier in den lautmalerischen Zauberformeln zur Geltung kommen, spielen (wie auch im *Erlkönig)* zusammen und schaffen jenen – (in Schillers Worten) ‚organisierten'[156] – unterhaltsamen Reiz, der ein breites Publikum ansprechen sollte. Auch der *Zauberlehrling* gestaltet Spannungen, wenn nicht zwischen Vater und Sohn, so doch zwischen Älterem und Jüngerem, wobei der erfahrene Ältere in diesem späteren Gedicht (anders als im *Erlkönig)* das katastrophale Geschehen abwenden kann, das der undisziplinierte Junge ausgelöst hat (der hier im Übrigen der Naturgewalt erst ausgeliefert ist, nachdem er sie leichtfertig provoziert hat). Man kann den Text, wie oft geschehen, vor dem Hintergrund der Französischen Revolution und ihrer Folgen als Warnung Goethes vor den zerstörerischen Konsequenzen affektiven Handelns lesen, ihn aber auch als Bildhälfte einer Parabel verstehen, deren Wahrheitsgehalt sich auch auf ganz aktuelle Lebenssituationen beziehen lässt.

Weniger populär geworden, dafür umso mehr die Aufmerksamkeit der Literaturwissenschaftler auf sich ziehend, sind die vielfach gedeuteten, ebenfalls weitgehend dialogisch aufgebauten Balladen *Die Braut von Korinth* und *Der Gott und die Bajadere* aus dem ‚Balladenjahr'. In der *Braut von Korinth* gestaltete Goethe – ebenfalls eine antike Stoffvorlage aufgreifend – den Konflikt zwischen christlich-bürgerlicher Moral und natürlichem, sinnlichem Liebesverlangen und setzte dabei ins Bild, dass permanente Triebunterdrückung den Menschen zum ‚Gespenst' verkommen lässt; in *Der Gott und die Bajadere* dagegen, einer auf eine indische Legende zurückgreifenden Ballade, welche die alte mythische Vorstellung vom zu den Menschen auf die Erde kommenden Gott aufnimmt, veranschaulichte er mit der Vereinigung des ‚großen Gottes' Mahadöh mit der Bajadere, der Dirne, dass wahre, sogar den freiwilligen Opfertod auf sich nehmende Liebe unabhängig von allen historisch-kulturellen Voraussetzungen alle Fesseln des Herkommens abstreifen kann.[157] Hier wie dort trat er für die stets durch moralische Verengungen gefährdete ganzheitliche Natur des Menschen ein, der allein wirkliche Humanität entspringt.

6.3. Schiller und Hölderlin

Schillers Lehrgedichte und Balladen

Ebenso wie Goethe suchte auch Schiller mit seinen Balladen die Nähe des Publikums. Aber anders als Goethe war er dabei wesentlich angespannter, ohne dessen heitere Gelassenheit, vielmehr erfüllt von erzieherischen Absichten. Möglichst viele Leser sollten über das bürgerliche Mittelmaß und die dazugehörenden Tugendvorstellungen hinaus zu einem neuen Selbstverständnis, zur Erkenntnis der dem Menschen erreichbaren Freiheit geführt werden. Um dieses ‚Programm' zu verwirklichen, gestaltete er in seinen Balladen Entscheidungssituationen, in denen seine Protagonisten sich bewähren und als Vorbilder stimulierend auf die Leserschaft wirken konnten. Dabei betonte er die Handlungsbezogenheit seiner Balladen ganz bewusst durch die Häufung sensationeller Effekte, die ihm, der die Trivialliteratur seiner Zeit interessiert verfolgte, nicht zuletzt aus der Bänkelsangtradition bekannt waren. Dazu gehörten entsprechende rhetorische Mittel wie z. B. die Verdreifachung von Motiven, die Verswiederholung, die Aufmerksamkeit weckende Frage, der Wechsel von Raffung und Dehnung der erzählten Zeit, mit all denen er die Leser für das Ideelle mobilisieren zu können hoffte. Das Problem lag für ihn darin, geeignete stoffliche Vorlagen für die Versinnlichung dieses Ideellen zu finden, und nicht immer haben die von ihm gewählten, das aktuelle Zeitgeschehen bewusst ausblendenden (ihm mehrfach von Goethe angebotenen) Stoffe sowie seine suggestiv wirkenden Stilisierungen über den Mangel hinwegtäuschen können, dass der Gehalt nicht aus der Tiefe des behandelten Gegenstands selbst abgeleitet werden konnte.

Ein gewisser Beleg dafür ist die besonders bekannt gewordene Ballade *Die Kraniche des Ibykus*, die 1797 in engem Gedankenaustausch mit Goethe entstand. Sie greift auf eine antike Sage zurück und erzählt – hierin liegen ihre ‚sensationellen‘ Höhepunkte – zunächst von der Bluttat an dem zu den Isthmischen Spielen reisenden Ibykus und am Ende vom Selbstverrat eines der beiden Mörder, der im Amphitheater von Korinth unter dem Eindruck des Chores und beim Anblick des Kranichschwarms, der auch die Mordszene überflogen hatte, durch seinen erschrockenen Ausruf („‚Sieh da! Sieh da, Timotheus / Die Kraniche des Ibykus!‘“) sich und seinen Kumpan entlarvt. Dieses scheinbar so banale Geschehen wird von Schiller in mehrfacher Hinsicht für seine Anliegen genutzt. Einmal – dies war zeitgeschichtlich durchaus aktuell – wird die Überführung der Täter in der Öffentlichkeit und durch die Öffentlichkeit hergestellt. Die Verwirklichung des Rechts und Öffentlichkeit beziehen sich aufeinander: Rechtsprechung setzt Öffentlichkeit voraus, Öffentlichkeit bedarf zugleich des durch das Recht geschützten Raums (auf den das Volk in der Ballade vertraut, denn es übergibt die Mörder dem Richter, es lyncht sie nicht). Schiller griff damit einen zentralen Gesprächsgegenstand der staatsbürgerlichen Gesellschaft im 18. Jahrhundert auf. Zum anderen gelingt die Verwirklichung des Ideals (der Herstellung von Gerechtigkeit) in dieser Ballade entscheidend durch die Mitwirkung der Kunst. Der Mittelteil des Textes widmet sich in aller Breite dem im Theater auftretenden Chor, der von der von den Erinnyen vollzogenen Nemesis kündet, die den Schuldigen unweigerlich ereilt. Als ‚vorgestellte‘ Rachegeister haben die Erinnyen keine Wirklichkeit außerhalb des ästhetischen Scheins. Dennoch verfehlt dieser ästhetische Schein seine Wirkung nicht. Auch wenn der Mörder – hierin liegt die Problematik der stofflichen Vorgabe dieses Textes, der zudem auf eine Vorbildfigur verzichten muss – keineswegs geläutert wird, im Sinne der reinigenden Wirkung der Kunst, wird er dennoch von ihr „überwältigt“,[158] als er alles andere um sich herum vergisst, die Selbstkontrolle verliert und sich beim Anblick der Kraniche, die hier den ‚Effekt‘ ‚auslösen‘, verrät. So hat die Kunst für das (hier ungewollte) Geständnis der Wahrheit zumindest die ‚Stimmung‘ (Schiller) hergestellt.

Über die Bedeutung der Kunst für die Veredelung des Menschen hat Schiller immer wieder nachgedacht, nicht zuletzt im Zusammenhang mit seinen großen, schwer zu lesenden ‚Lehrgedichten‘, die den Balladendichtungen vorausgingen. Genannt seien vor allen anderen *Der Spaziergang* und *Das Ideal und das Leben*, beide aus dem Jahr 1795. Grundlegend für das Verständnis dieser Texte ist Schillers Gedanke, dass der Mensch, der in seiner Begegnung mit der Natur und mit der Geschichte überall seine Begrenzungen erfährt, am unausweichlichsten im Tod, dieser Herrschaft der Notwendigkeit entkommen kann, indem er sie freiwillig als gegeben anerkennt. Genau in dieser ‚Freiwilligkeit‘ liegt seine Würde. Sie erlaubt ihm, sich in betrachtender Distanz über die Naturbedingungen zu erheben. Im Kunstwerk wird diese betrachtende Haltung, die den Leser oder Zuschauer mit seiner ihm möglichen Freiheit bekannt macht und ‚erhabene‘ Gefühle in ihm weckt, ästhetisch vermittelt. In einem großen Entwurf schildert *Der Spaziergang* eben diese Entstehung des Bewusstseins der Freiheit. Direkter angesprochen wird das Gemeinte in *Das Ideal und das Leben*. Die Autonomie des Menschen, die Freiheit der Gedanken, die ihn der „Angst des Irdischen“ (Z. 28) enthebt, wird ihm am ehesten durch das Medium der Kunst, durch der „Schönheit Sphäre“ (Z. 81), verdeutlicht. Das Reich der Freiheit wird im Phänomen des Schönen anschaubar – ein Gedanke, der auch in Schillers kunstphilosophischen Schriften (vgl. o.) immer erneut entfaltet wird.

Seine berühmteste Ballade, *Die Bürgschaft* (1798), versucht genau diese Vorstellung zu exemplifizieren. Man sollte nicht außer Acht lassen, dass diese politisch programmatische Ballade neun Jahre nach dem Beginn der Französischen Revolution geschrieben worden ist, die nach Schillers Meinung gescheitert war. Auch in Schillers Text geht es zunächst um einen Revolutionsversuch, um das Attentat auf einen, wie herausgestellt wird, besonders bösartigen Alleinherrscher, den sizilianischen Dionys, der allerdings, nachdem der Anschlag gescheitert und der Attentäter ergriffen worden ist, zustimmt, dass dieser, wenn er einen Bürgen für sich findet, für drei Tage freigelassen wird, um, alter griechischer Sitte folgend, nach dem Tod des Vaters die Trauung der Schwester zu vollziehen. Dass sich Dionys diesem Brauch verpflichtet fühlt, relativiert seine Bösartigkeit, zeigt er doch Respekt vor einer Instanz außer sich, und vermittelt, jedenfalls aus heutiger Sicht, ein eher geschöntes Bild eines machtpolitisch denkenden Tyrannen. Dafür kontrastiert die Ballade seine menschliche Arglist mit dem ‚idealen' Verhalten zweier füreinander eintretender Freunde. Der Attentäter darf über den Freund als Bürgen vollständig verfügen, und dieser unterwirft sich schweigend, d. h. ohne Ausflüchte, wie selbstverständlich der an ihn gestellten Erwartung. Beide, in dieser Situation zumal der Freund, bewähren sich. Aber auch dem, der die Freundesliebe in Anspruch nimmt, ist „das Sittengesetz zur fraglosen Natur geworden".[159] Denn er überwindet nach vollbrachtem Auftrag unter Lebensgefahr alle Hindernisse, um zur rechten Zeit den Freund auszulösen. Der reißende Strom (das Naturelement), die Räuberbande (das amoralische Menschentum), die glühende (die eigene Hinfälligkeit vor Augen führende) Sonne sind Manifestationen roher Natur; ihre Überwindung zeigt den Sieg des Ideals (der Freundespflicht) über den ‚natürlichen' Selbsterhaltungstrieb. Die drängende Zeit, das von Schiller meisterhaft genutzte Mittel des Spannungsaufbaus, verstärkt zugleich das Bewährungsmotiv. An der Notwendigkeit, sich bewähren zu müssen, hält der Zurückkehrende sogar noch fest, als ihm der entgegenkommende Philostratus zu verstehen gibt, er komme zu spät. In diesem Moment, als ihm jeder praktische Zweck hinfällig erscheinen muss, handelt er ganz ‚rein' und damit zugleich ‚schön', ganz der Idee folgend. In diesem Moment tritt das Ideal in die wirkliche Welt, erneuert sich in ihr die ‚Menschheit' (die Menschlichkeit), was zu jener Rührung führt, von der die empfindsame Aufklärung sich so viel versprach (vgl. Schillers 15. Ästhetischen Brief). In der Ballade erweist sich, dass das ideale Handeln „kein leerer Wahn" (Z. 137) ist. Der Freund wird gerettet, und der Tyrann erfährt jene kathartische Rührung, die ihn das Todesurteil aufheben und darum bitten lässt, in den Freundschaftsbund aufgenommen zu werden – und das heißt im politischen Sinn eben auch, Gleicher unter Gleichen zu sein, Staatsbürger unter Staatsbürgern. So wie der Tyrann in der Ballade durch das ‚reine', jeglichen Utilitarismus verachtende Handeln der Freunde zum neuen Menschen (und zum Staatsbürger) verwandelt wird, soll auch der Leser – durch das Kunstwerk, durch ästhetische Erziehung – sein Verhalten in den Dienst der Menschlichkeit stellen. Nach Schillers Überzeugung führt nicht die politische Revolution, sondern nur das in jedem Einzelnen sich verankernde Humanitätsideal auch zu neuen und vernünftigen Ordnungen des Staates. Freiheit, Gleichheit und Brüderlichkeit werden nicht durch Gewalt ermöglicht, sondern durch das individuelle Handeln der einzelnen – ästhetisch erzogenen – Bürger. Dass dieser politische, für die Weimarer ‚Klassiker' bedeutsame Aspekt in der Rezeptionsgeschichte gerade der *Bürgschaft* zum Hohelied privater Freundestreue oder gar Pflichterfüllungsmoral verkürzt worden ist (während gerade ihr Anfang und Schluss immer wieder parodiert wurden), spricht nicht gegen Schiller.

Hölderlins Lyrik

Wie Schiller war auch der dritte große Lyriker des ausgehenden 18. Jahrhunderts, Friedrich Hölderlin, in hohem Maße politisch motiviert. Nicht von ungefähr wurde er in der Frühphase seines Dichtens (außer von Klopstock) besonders von Schiller beeinflusst, nicht von Goethe, und nicht von ungefähr war Schiller, der unter den prominenten Schriftstellern seiner Zeit als Einziger Hölderlins Begabung erkannte, freundlich um ihn bemüht, nahm einige seiner Gedichte auch in den von ihm redigierten Zeitschriften, in der *Neuen Thalia*, in den *Horen*, in den *Musen-Almanachen*, auf. Dennoch wahrte er Hölderlin gegenüber Distanz, weniger wegen dessen politischer Ansichten als wegen dessen Neigung zu visionärem Überschwang. „Weitschweifigkeit" warf er ihm vor (Brief vom 24.11.96) und gab ihm den Rat, nicht die Nüchternheit in der Begeisterung zu verlieren.

Hölderlin, Schwabe wie Schiller, seit 1788 Theologiestudent im Tübinger Stift, dort Zimmergenosse Hegels und Schellings, war überzeugter Anhänger der Französischen Revolution, hatte früh Verbindungen zu Gruppen, die in Württemberg eine Republik errichten wollten, und entkam später als Freund und Schützling des revolutionär gesinnten Isaac von Sinclair nur knapp einem Hochverratsprozess. Dennoch, auch wenn er wie kaum ein anderer deutscher Schriftsteller von ständigem „politischem Fluidum umgeben" war,[160] wurde er nicht im eigentlich politischen Sinn aktiv, sondern blieb sympathisierender Zuschauer, dem die Revolution das Tor aus der Enge seiner häuslichen Verhältnisse und seines Studiums öffnete und der in ihr enthusiastisch vor allem den Vorboten einer neuen, von Menschlichkeit und Freundschaft bestimmten gesellschaftlichen Ordnung sah und sehen wollte. Diese schwärmerische Einstellung, die sich mit der Abneigung gegen ideologiegesteuerten Terror (vgl. den *Hyperion*) und danach gegen den Aufstieg des Besitzbürgertums in Frankreich verband, schlägt sich in Hölderlins frühen Gedichten der Tübinger Zeit deutlich nieder. Sie sind Preislieder auf humanistische Ideale, auf Schönheit und Natürlichkeit, Freundschaft und Brüderlichkeit, Mut und Freiheit. Dabei erscheint die griechische Antike als Paradigma einer harmonischen Ordnung des Daseins und wird nicht nur als in der Vergangenheit verwirklichtes Ideal, sondern auch im Sinne einer Zukunftshoffnung beschworen. Immer wieder wird auch die Rolle des Dichters oder der Dichtkunst reflektiert, deren Aufgabe es ist, in einem Zeitalter der Götterferne, d. h. des entfremdeten, von purer Rationalität bestimmten Lebens, dem verlorenen Zustand des Glücks nachzusinnen oder ihn zu vergegenwärtigen.

In der Reflexion über den Dichterberuf gewann Hölderlin Mitte der neunziger Jahre seine Selbstständigkeit gegenüber Schiller. Sein Gedicht *Die Eichbäume* (1796), Antwort auf ein Gedicht Schillers (*Der philosophische Egoist* von 1795), markiert seine Distanzierung zu ihm sehr genau. Auch in dieser verschlüsselten Weise ließen sich Dialoge führen. Den gepflegten Gärten setzt Hölderlin die allein auf der Höhe stehenden gewaltigen Eichbäume entgegen, den gesellig lebenden, sich anregenden Menschen die Größe und Autarkie des Einsamen. Gleichzeitig bezieht sich das Gedicht motivlich auf Schillers *Spaziergang* (s. o.), eine Huldigung des sich von ihm Lösenden. Diese Lösung ging einher mit einer Absage an das von Schiller häufig verwendete große Reimgedicht und mit der Rückwendung zu den antiken Formen der Elegie, der alkäischen und asklepiadeischen Ode und der Hymne in Hexametern, in denen sich sein Sinn für Formstrenge fortan zumeist entfaltete.

Die unglückliche Liebe zu der verheirateten Susette Gontard (Diotima), deren Kinder er als Hauslehrer unterrichtete, und die ihm abverlangte Selbstbeherrschung hat Hölderlins Lyrik nicht nur thematisch bereichert – in der Liebe lag für ihn (wie für manche Romantiker in ihren utopischen Entwürfen eines goldenen Zeitalters) fortan der Schlüssel für die Wiederherstellung der verlorenen Harmonie des Menschen mit der Natur –, sie hat auch sein Formbewusstsein gestärkt, konnte der seelische Überschwang doch im Maß der Kunst ‚bewältigt' werden. Es entstanden vollkommene lyrische Gebilde wie *Abbitte* (1798),[161] in denen das antike Versmaß dem eigenen Ausdruckswillen ganz anverwandelt ist:

Heilig Wesen! gestört hab' ich die goldene
Götterruhe dir oft, und der geheimeren,
Tiefern Schmerzen des Lebens
Hast du manche gelernt von mir.

O vergiß es, vergieb! gleich dem Gewölke dort
Vor dem friedlichen Mond, geh' ich dahin, und du
Ruhst und glänzest in deiner
Schöne wieder, du süßes Licht!

Den durch die unerfüllte Liebe verursachten Bruch seines Lebens hat Hölderlin nirgendwo eindringlicher zur Sprache gebracht als in derartigen kurzen Oden aus dieser Zeit (u. a. in *Lebenslauf* oder *Die Liebenden*), am ergreifendsten aber sicherlich in dem ganz aus dem Rahmen fallenden (1799 im Entwurf vorliegenden, 1803 überarbeiteten) kurzen Gedicht in freien Rhythmen, in *Hälfte des Lebens*,[162] das heute in keiner Lyrik-Anthologie fehlt:

Mit gelben Birnen hänget
Und voll mit wilden Rosen
Das Land in den See,
Ihr holden Schwäne,

Und trunken von Küssen
Tunkt ihr das Haupt
Ins heilignüchterne Wasser.

Weh mir, wo nehm' ich, wenn
Es Winter ist, die Blumen, und wo
Den Sonnenschein,
Und Schatten der Erde?
Die Mauern stehn
Sprachlos und kalt, im Winde
Klirren die Fahnen.

Die Erfahrung der Lebenskrise kommt hier in der Symbolik von Naturerscheinungen zum Ausdruck.[163] Dem Bild der Fülle in Str. 1 antwortet das Bild der Erstarrung in Str. 2. Dem Harmonischen steht das Disharmonische gegenüber, dem Lebendigen, Beweglichen das Leblose, Starre. In der Sommer-Strophe ist das Ich des Sprechenden ‚absorbiert',[164] ist der Gegensatz von Subjekt und Objekt aufgehoben, worin Hölderlin das Wesen der Vollendung gesehen hat, in der Winter-Strophe dagegen tritt es den Objekten reflektierend entgegen. Das Zerbrechen des Lebens, das dieses Gedicht vorausgreifend ins Auge fasst, ist zugleich auch – darauf weist eine weitere Symbolschicht – das Zerbrechen der dichterischen Existenz.[165] Die metaphorische Gleichsetzung des Schwanes mit dem Dichter reicht bis in die Antike zurück, deren Überlieferung Hölderlin wie kaum ein anderer kannte. Die Sprachlosigkeit der Mauern verweist direkter auf das Erlöschen des dichterischen Ausdrucksvermögens. Erst wenn man sich vergegenwärtigt, dass Hölderlin in der dichterischen Arbeit seine tiefste Identität fand, kann man die ganze Not, die dieser Text erkennen lässt, ermessen.

Bevor es zu diesem Versiegen, genauer: zur Verschüttung seines dichterischen Ausdrucksvermögens kam und Hölderlin in der Isolation der lang andauernden geistigen Verstörung endete, entstanden um die Jahrhundertwende die großen Elegien und Hymnen, u. a. *Brot und Wein* (1801), *Der Rhein* (1801), *Friedensfeier* (1801/02), *Patmos* (1802), die seinen Ruhm und in der Rezeptionsgeschichte viele Missverständnisse begründeten.[166] In großen Bildern entwarfen sie die ursprüngliche, verloren gegangene Einheit der Welt, eine Heimat, in der Frieden herrscht und Menschen würdig, d. h. mit sich selbst identisch zu leben vermögen. Solche Gegenentwürfe zur eigenen Lebenswirklichkeit empfand er als Asyl vor verabsolutierter Rationalität und Geschäftigkeit, aus der nur Zwietracht erwuchs. („Sei du, Gesang, mein freundlich Asyl!", heißt es in *Mein Eigentum).* Dass diese Gegenentwürfe ein hohes Maß an Exklusivität annahmen, die den Zugang zu ihnen – nach wie vor – erschwert, sogar verstellt und damit dem Missbrauch aus dem Zusammenhang gerissener Textstellen für eigene Zwecke Vorschub leistet – die Nationalsozialisten beispielsweise konnten das von Hölderlin beschworene Gemeinschaftsdenken und seinen Wunsch nach einem neuen Vaterland (womit er freilich ein Vaterland für alle Menschen meinte) so gut für sich instrumentalisieren, dass Goebbels sich zum Schirmherrn der Hölderlin-Gesellschaft ernannte – liegt in erster Linie an seiner nicht ohne weiteres durchschaubaren mythologischen Vorstellungswelt, in der es um religiöse Verhältnisse geht, nicht um intellektuelle, moralische, rechtliche oder historische.

Zum einen waren die antiken Mythen für ihn nicht nur Erinnerungsbilder, sondern auch Bilder der Verheißung. Die heile, von Göttern belebte Welt der Griechen lag als idealer Zustand zeitlich nicht nur vor der entfremdeten Welt der Gegenwart, sondern, gemäß dem triadischen Geschichtsbild, das dahinter stand, als Utopie auch in der Zukunft, die vor allen anderen der Dichter als Visionär vor Augen führen konnte. Nicht nur Hölderlin fand in diesem Modell einen Halt, sondern beispielsweise auch der zur gleichen Zeit dichtende Friedrich von Hardenberg (Novalis), der das Motiv vom goldenen Zeitalter ‚ante‘ und vom goldenen Zeitalter ‚post‘ in immer neuen Varianten durchspielte. – Zum anderen wird die Götterwelt der griechischen Mythologie von Hölderlin insofern bereichert, als auch Christus (als Bruder des Herakles und Dionysos) in sie hineingenommen und als Erscheinung des höchsten Gutes gesehen wird. Auch wenn ein derartiges Christusbild heute bei kritischen Theologen (nicht unbedingt bei Literaturwissenschaftlern) nur Kopfschütteln hervorrufen mag, die heilsgeschichtliche Perspektive, die in der Erinnerung zugleich die Zukunft findet, ist natürlich auch gegenwärtiger Theologie nicht fremd. – Schließlich ist Hölderlins Bildwelt entscheidend durch die Natur geprägt, die nicht um ihrer selbst willen – im Sinne wissenschaftlicher Betrachtung – in den Blick kommt, sondern deren Teile immer in besonderen Qualitäten erscheinen, die der Verdeutlichung der eigenen mythologischen Konstruktion dienen. So ist beispielsweise der Fluss in der Hymne *Der Rhein* (1801) nicht etwa als Teil der Landschaft von Interesse, sondern allein als sinnbildliche Gestalt für einen Lebensprozess.

Durch die Integration von Naturmetaphorik, antikem und biblischem Mythos sollte jene „neue Mythologie der Vernunft“, jene neue Frieden stiftende Religion der allgemeinen „Freiheit und Gleichheit der Geister“ aufgebaut werden, von der die Freunde Schelling und Hölderlin schon als Studenten in Tübingen in einem (im Wesentlichen von Schelling formulierten) Entwurf *Das älteste Systemprogramm des deutschen Idealismus* geträumt hatten. Das vielleicht anschaulichste Beispiel einer solchen Konstruktion ist unter den großen Hymnen Hölderlins die (bis 1954 nur in Entwürfen bekannte) *Friedensfeier*, in der sich die genannten Vorstellungskomplexe in einer großen Zusammenschau miteinander verschlingen. Sie drückt – im Zeitalter der napoleonischen Kriege – die Sehnsucht nach einem ewigen Frieden aus, die Hölderlins Dichtung insgesamt durchzieht und die auch das intellektuelle Gespräch der staatsbürgerlichen Gesellschaft zumal seit Kants in die Breite wirkender Schrift *Zum ewigen Frieden* (1795) vielfältig (und durchaus auch politisch konkret) bestimmte.[167] Der Text der Hymne'[168] beginnt mit der Betrachtung eines Saals, der seine lebendige Festlichkeit durch die Gäste gewinnt, die hier den Fürsten des Festes, den Friedensfürsten, erwarten, der den Menschen seit langem, seit den „Tagen der Unschuld", entschwunden ist. Seither ist göttliches Wirken nur vorübergehend in den Kräften der Natur und des Lebens erkennbar und in Christus, der selbst ein Opfer von „tödtlichem Verhängniß" wurde. Vom betrachtenden Sprecher wird Christus später zur Feier gerufen, als Geist und Bürge eines Friedens, der nicht durch menschliche Vernunft, sondern durch den Glauben an Gott eintreten wird. Christus wird zum Vorboten einer neuen Herabkunft der Götter, einer neuen Harmonie zwischen Göttern und Menschen, eines neuen friedlichen Zeitalters:

> Leichtathmende Lüfte
> Verkünden euch schon,
> Euch kündet das rauchende Thal
> Und der Boden, der vom Wetter noch dröhnet,
> doch Hoffnung röthet die Wangen,
> Und vor der Thüre des Haußes
> Sizt Mutter und Kind,
> Und schauet den Frieden
> (…)

Die politisch visionären und sich unmittelbarem Verständnis entziehenden Hymnen des republikanisch orientierten Hölderlin haben die Reflexionen seiner Zeitgenossen kaum beeinflusst – ganz im Gegensatz zu den an konkrete Situationen gebundenen Balladen Schillers, der politisch viel weniger radikal dachte. Von Goethe und Schiller wegen seiner Überspanntheiten getadelt, wurde Hölderlin auch vom Kreis der Frühromantiker um die Brüder Schlegel zurückgewiesen, weil man – befremdet von seinem für überholt gehaltenen klassizistischen Formideal – verkannte, wie sehr seine Bemühungen um eine ‚neue Mythologie' sich mit dem berührte, was sie selbst und zumal Novalis mit dem Begriff des Romantischen meinten.

7. Die Erzählliteratur im 18. Jahrhundert

Betrachtet man die in der staatsbürgerlichen Gesellschaft gelesene Prosaliteratur, stößt man nicht nur auf eine große Vielfalt von Formen, sondern auch auf die sprunghaft ansteigende Zahl neu erscheinender Titel. Die – allmählich zunehmende – Ausweitung der Lesekultur, die das bürgerliche Selbstbewusstsein entscheidend stärkte, und die Entstehung des literarischen Marktes (vgl. o.) führten vor allem zu einem kaum überschaubaren Anstieg der Romanproduktion (vgl. die Grafik[169]), förderten jedoch auch die kurzen und kürzeren Prosaformen.

7.1. Kurzformen des Erzählens

Die Fabel als Mittel von Erziehung, Kritik und Polemik

Unter den Kurzformen des Erzählens war zwischen 1730 und 1770 und dann auch noch unmittelbar vor und nach der Französischen Revolution die mit Abstand beliebteste die Fabel.[170] Fast alle bekannten Autoren dieser Zeit – unter ihnen Gellert, Hagedorn, Gleim, Lichtwer, Lessing – versuchten sich an ihr und griffen dabei einerseits auf die Fabeln des Äsop (6. Jhdt. v. Chr.) und des Phädrus (1. Jhdt. n. Chr.) zurück, die in Übersetzungen, wenn auch in ungesichertem Wortlaut, vorlagen, andererseits auf französische Fabeldichter wie Jean de La Fontaine aus dem 17. Jahrhundert und Antoine Houdar de La Motte aus dem frühen 18. Jahrhundert. Begleitet wurde die zeitweilige Begeisterung für die Gattung von einer breit geführten Diskussion über ihre Form und Funktion. An dieser Diskussion, die von La Mottes *Discours sur la fable* (1719) ihren Ausgang nahm, beteiligten sich neben anderen Gottsched, Breitinger, Gellert und insbesondere auch Lessing, der seine eigenen Fabeln gemeinsam mit theoretischen Erörterungen publizierte (*Fabeln. Drei Bücher. Nebst Abhandlungen mit dieser Dichtungsart verwandten Inhalts*, 1759).

Einig war man sich über den erzieherischen Nutzen von Fabeln. An ihnen ließ sich zeigen, wie Menschen sich tatsächlich verhalten und wie sie sich als vernünftige Wesen eigentlich verhalten sollten. Und an ihnen ließ sich, demonstrativ und verschlüsselt zugleich, auch veranschaulichen, dass der sozial Schwache, aber Vernünftige, dem sozial Starken, aber Unvernünftigen, überlegen ist. Insofern lag in den Fabeln, zumindest eines Lessing, Pfeffel oder Fischer, auch politischer Zündstoff.

Über die zweckmäßige Form der Fabel herrschte Uneinigkeit. Während man – im Zeichen des Rationalismus – zunächst grundsätzlich und kontrovers die Frage erör-

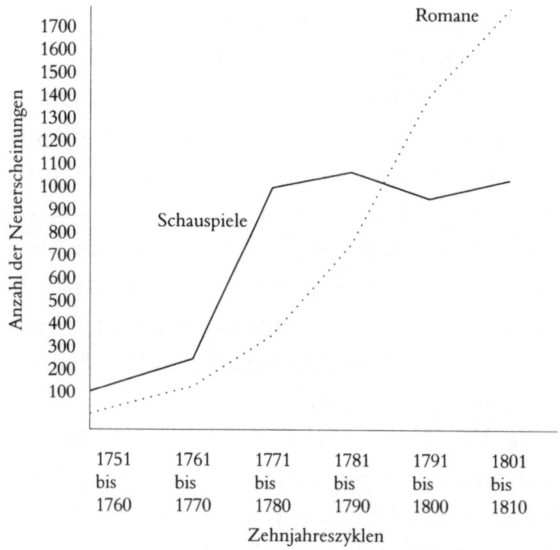

Der Übergang zur extensiven Literaturrezeption setzte im Bereich des Dramas etwas früher ein als in der Prosaliteratur, denn die Lesefähigkeit des Publikums stieg nur langsam, und das Theater konnte mit seinen speziellen Wirkungsmöglichkeiten Gefühlserlebnisse leichter auslösen als das gedruckte Wort. Massgeblich für den Erfolg von Romanen wurde schließlich aber die private Lektüre: Die Romanproduktion stieg weiter, wie es die Grafik verdeutlicht.

terte, inwieweit die Fabel die Grenze der Zumutbarkeit überschreite, wenn sie, aller Erfahrung zum Trotz, redende Tiere als Handlungsträger einführe und damit das Wahrscheinlichkeitskriterium verletze, verlagerte sich die Diskussion, nachdem Gottsched in der vierten Auflage seiner *Critischen Dichtkunst* von 1751 die Fabelwesen als Rollenträger mit verbindlich festgelegten Eigenschaften bezeichnet und den illustrativen Charakter dieser auf lehrreiche Wirkungen zielenden Gattung betont hatte, bald auf einen anderen Schwerpunkt, den besonders Lessing akzentuierte. Wie andere zeitgenössische Theoretiker auch, sah er in den Tieren der Fabel keine allegorischen Verkörperungen abstrakter Begriffe, sondern Wesen, deren typische Eigenschaften in konkreten Situationen anschaulich zur Geltung kommen sollten. Mehr als andere aber legte er Wert auf die Kürze und Prägnanz einer Fabel. Damit wandte er sich gegen den ausschmückenden, oft Nebensächlichkeiten herausstellenden Stil La Fontaines, den auch viele deutsche Autoren (z. B. Hagedorn) nachahmten. Mit der Forderung nach Kürze verband Lessing die Empfehlung, Prosafabeln zu schreiben. Nur in der Prosa konnten Rede und Gegenrede so scharf aufeinander stoßen, wie es gerade ihm als Formideal vorschwebte. Denn die Fabel lebt vom Dialog, der sich nach der Exposition, die eine Konfliktstellung vor Augen führt, zwischen zwei Figuren bzw. zwei Parteien entfaltet, wobei Rede und Gegenrede (actio und reactio) – oft verknüpft mit entsprechenden Verhaltensweisen – sich auf nur zwei prägnante Äußerungen oder auf eine kurze Kette von Wechselreden beschränken. Je knapper und lakonischer der Dialog ausfällt, desto fasslicher und einprägsamer ist in der Argumentation Lessings die Konfliktlösung, bei der die eine Partei sich als überlegen, die andere sich als unterlegen erweist. Seine Vorliebe für die wirkungsvolle Kürze der Fabel ließ Lessing in den meisten Fällen auch auf die bei anderen Fabelautoren durchaus übliche Formulierung einer Lehre verzichten, die – der ‚Bildhälfte' als Promythion voran- oder als Epimythion nachgestellt – die ‚Sachhälfte', d. h. den Wahrheitsgehalt, in abstrakter Form als Lehr- oder Merksatz oder auch als Handlungsanweisung sichern wollte. Vielmehr vertraute er auf die selbstständige Denktätigkeit des Rezipienten, die sich aus dem Verständnis der Bildhälfte von selbst ergeben sollte, oder setzte allenfalls einmal eine Verwünschung an den Schluss wie in seiner berühmten Bearbeitung der alten Fabel des Phädrus vom *Raben und dem Fuchs*.

Während Friedrich von Hagedorn wie La Fontaine die Bildhälfte seiner Fabeln unterhaltsam ausschmückte und Christian Fürchtegott Gellert viel Wert auf die Ausführlichkeit und Unmissverständlichkeit seiner Vor- und Nachsprüche legte, mit denen er seinen Lesern moralisierend den Lauf der Welt zu erklären suchte, waren Lessings pointiert formulierte Bildhälften voller politischer Anspielungen und Absichten und von satirischer Schärfe. Ein Musterbeispiel[171] ist

Der Esel mit dem Löwen (1753)

Als der Esel mit dem Löwen des Äsopus, der ihn statt seines Jägerhorns brauchte, nach dem Walde ging, begegnete ihm ein anderer Esel von seiner Bekanntschaft und rief ihm zu: Guten Tag, mein Bruder! – Unverschämter! war die Antwort. Und warum das? fuhr jener Esel fort. – Bist du deswegen, weil du mit einem Löwen gehst, besser als ich? Mehr als ein Esel?

Eine Exposition klärt die Situation; es folgt (in Gruß und Ausruf) die denkbar kürzeste Form einer Rede und Gegenrede, die noch einmal erwidert wird. Eine Lehre wird nicht formuliert, sie muss den Äußerungen der beiden Esel entnommen werden. Untypisch, auf Lessings Lust am Experiment hinweisend, ist der Dialog zwischen zwei ‚Gleichartigen', wenn auch nicht Gleichgestellten. Der Löwe beteiligt sich an der Auseinandersetzung der Esel nicht, sondern steht nur (anders als bei Phädrus) im Hintergrund. Damit zielt diese zur Blütezeit des Absolutismus in Deutschland geschriebene Fabel – wenn man ihren ‚Sitz im Leben' sucht – nicht gegen den König (der Tiere), sondern gegen die ihn Umgebenden (Esel), von denen einer hier von einem anderen zurechtgewiesen wird. Die Beleidigung dessen, der auf sich allein gestellt ist und bei seinem Gruß mit brüderlicher Solidarität rechnet, zeigt die Überheblichkeit des Höflings (des von der Macht Geschützten), der am Ende an seine Asinität, im übertragenen Sinn an seine Eselhaftigkeit, erinnert wird. (Es bleibt offen, ob diese Erinnerung ebenfalls eine Eselei ist.)

Schärfer als bei Lessing wurden die politischen Anspielungen und die Kritik an den Obrigkeiten des absolutistischen Staates später während der Revolutionsjahre bei Christian August Fischer (*Politische Fabeln*, 1796) und bei Gottlieb Konrad Pfeffel. Es scheint, als ob die Vorsicht kritischer Autoren, sich durch die ‚uneigentliche Rede' der Fabel vor Repressionen zu schützen, nun abnahm. Pfeffels berühmteste Fabel *Der Kornett und das Pferd* (1792)[172] lässt ein Tier und den ‚unmenschlichen' Menschen aufeinander stoßen; er veranschaulicht den Aufstand des mächtigen Pferdes, das von seinem Herrn gequält und gewaltsam zum Tanz gezwungen wird. Die durch die – in der Fabeldichtung dieser Zeit eigentlich fast schon anachronistisch wirkende – Versform hervorgerufene rhythmische Bewegung ist in künstlerischer Absicht dem Thema ‚angemessen' – selbst noch am Schluss des Textes, der auch heute Betroffenheit, wenn nicht Schrecken auslöst:

> Gepeinigt durch der Peitsche Zwang,
> Tanzt sich der Braun' halbtot,
> Bis endlich der Trommete Klang
> Dem Heer ins Feld gebot.
>
> Max fiel. Voll Wut zerstampfet ihn
> Der wiehernde Koloß.
> „Was tust du?" schrie der Paladin.
> „Ich tanze", sprach das Roß.

Auch in dieser Fabel wird auf die Lehre verzichtet – das Bild spricht für sich.

Satirischer Stil (u. a. bei Lichtenberg)

Die Fabel war nur eine der Erzählformen, in denen sich im Zeitalter des öffentlichen Räsonnements das Bedürfnis nach kritischer Auseinandersetzung und Polemik niederschlug. Besonders auffällig sind die unterschiedlichen Ausprägungen satirischen Stils, der sich prinzipiell in allen Gattungen niederschlagen kann, für den viele Autoren des 18. Jahrhunderts aber gerade die kürzeren Prosaformen suchten. Sie griffen damit auf eine Tradition zurück, die in der Antike von Martial und Menippos zwar vorgeprägt, aber (im Vergleich zu den Verssatiren eines Horaz, Lucilius, Juvenal) nur als Randerscheinung wahrgenommen worden war. In Deutschland war es besonders der Engländer Jonathan Swift, der das Interesse an der Prosasatire, die im 17. Jahrhundert nur wenige Vorläufer hatte, neu belebte (*Travels into Several Remote Nations of the World. By Lemuel Gulliver …*, 1726, in Deutschland bekannt unter *Gullivers Reisen*, enthält viele satirische Einlagen; *A Modest Proposal for Preventing the Children of Poor People from being a Burden to their Parents or Country, and for Making them Beneficial to the Publick*, 1729, gilt als die bitterste Satire der gesamten Weltliteratur). Die bekanntesten deutschen Satiriker des 18. Jahrhunderts waren Christian Liscow, Gottlieb Wilhelm Rabener, Abraham Gotthelf Kästner und vor allem der heute noch gelesene Georg Christoph Lichtenberg. Liscow war ein Anhänger der so genannten Personalsatire, die bis zur Schmähschrift abgleiten konnte, die Erwiderung des Geschmähten provozierte, der dann neue Attacken folgten. In der immer auch streitlustigen bürgerlichen Gesellschaft war auch dies eine Form des Disputs, die allerdings kaum noch auf Kritik als vielmehr schon auf die Vernichtung des Kontrahenten zielte. Liscows langjährige Auseinandersetzung mit dem Rhetorikprofessor J. E. Philippi begann 1732 mit der Publikation *Briontes der Jüngere, oder Lobrede auf den Hochedelgebohrnen und Hochgelahrten Herrn D. Johann Ernst Philippi*, einem Angriff auf die Gelehrteneitelkeit.[173] Höhepunkt seiner satirischen Praxis, die sich auch gegen obrigkeitliche Willkür und Dogmatismus richtete, ist die Schrift über die *Vortrefflichkeit und Notwendigkeit der elenden Scribenten* von 1734. Dagegen waren Rabeners Schriften moderat. Sie richteten sich gegen einzelne menschliche Fehlhaltungen und folgten damit einer Tendenz, von der um die Jahrhundertmitte auch die Typenkomödie (vgl. o.) lebte. Kästner, Göttinger Mathematiker und Physiker, neigte – die Eitelkeit der Gelehrten verspottend – zu besonders kurzen Ausdrucksformen, zu Epigrammen und Anekdoten, die den Pointen bildenden Stil seines Schülers Lichtenberg beeinflussten. Lichtenberg, ebenfalls Mathematiker und Physiker in Göttingen, ebenfalls gern den Gelehrtenstand, darüber hinaus aber auch die wissenschaftliche Praxis selbst, ihre Terminologien und Methoden angreifend, liebte den Aphorismus, mit dem er spielte und dem er zu neuen Möglichkeiten des Ausdrucks verhalf. Bis dahin verstand man unter Aphorismen geistreich formulierte Merksätze, in denen sinnreiche Gedanken zusammengefasst wurden. Meister dieser Form, für die es ganz verschiedene Bezeichnungen gab (Apophthegmata, Dicta, Pensées, Réflexions, Maximes, Sentenzen, Sprüche, Fragmente) waren die französischen ‚Moralisten' La Rochefoucauld und La Bruyère, die ihre Wirkung beispielsweise auf Herder, Goethe, Jean Paul, F. Schlegel, Novalis nicht verfehlten, die alle auch derartige Gedankensplitter, die ihre Leser zum Nachdenken und ins Gespräch bringen sollten, veröffentlichten. Auch Lichtenberg war ‚Moralist', insofern er Menschen beobachtete und charakterisierte und ihre Lebensführung reflektierte. Als Naturwissenschaftler liebte er – von Bacon beeinflusst (wie überhaupt von den Engländern, auch von ihren Schriftstellern, zumal von Swift, inspiriert) – das Experiment (in seinen Vorlesungen, zur damaligen Zeit ganz außergewöhnlich, knallte, sprühte und stank es), und die dafür nötigen Verhaltensweisen, das Beobachten, das Prüfen, das Denken in Möglichkeiten, prägten auch seinen Umgang mit Menschen und mit der Literatur. Als Fragender und Anregender wurde er wie kein anderer Wissenschaftler des 18. Jahrhunderts zur intellektuellen Instanz, mit der zu kommunizieren man sich glücklich schätzte. Sein Briefwechsel war immens, ebenso die Zahl seiner Besucher (unter ihnen Lessing), mit Bürger, Forster, Möser war er befreundet, Goethe und Kant umwarben ihn. Dennoch gehörte er niemals einem Freundesbund an, verpflichtete sich – hierin spiegelt sich seine Abneigung gegen alles systemhaft Geschlossene – auch keiner Schule oder Strömung, sondern blieb stets nur gesprächsbereiter Beobachter und Skeptiker. Schon früh, seit 1764, sammelte er seine Beobachtungen und Einfälle in Wachstuchheften, von denen er als „waste books', Schmier- und Sudelbüchern sprach und die später unter allen seinen Schriften seinen eigentlichen literarischen Ruhm begründen sollten.[174] In ihnen finden sich seine Aphorismen, die sein besonderes Verhältnis zur Sprache zeigen. Nicht nur betrachtete er die Verbindung von Sachlichkeit, Einfachheit und Klarheit als oberstes stilistisches Gebot, das er am eindrucksvollsten bei dem von ihm bewunderten Lessing verwirklicht sah; er ging so weit, die gewohnten Bedeutungen von Wörtern und Metaphern zu hinterfragen („Im Wort Gelehrter steckt nur der Begriff, dass man ihn vieles gelehrt, aber nicht, dass er auch etwas gelernt hat …"), sie durch überraschende Umstellungen oder neue zu Kombinationen verfremden und ihnen ihren verschütteten Sinn abzugewinnen oder ihren mehrdeutigen offen zu legen („Mit der christlichen Religion läßt sich Staat machen, aber wahrlich mit den Christen sehr wenig."). Immer wieder brachte er unterschiedliche Bedeutungsbereiche miteinander in Berührung und erzeugte dadurch unerwartete Einsichten („Flicksentenzen"; „Zeit urbar machen"). Sein experimentierender Umgang mit der Sprache zeigt sich ferner in gleichsam geometrisch geordneten Strukturen („Kluge Leute glauben zu machen, man sei, was man nicht ist, ist in den meisten Fällen schwieriger, als wirklich zu werden, was man scheinen will."), vor allem aber auch im reichen Gebrauch des Konjunktivs,[175] der sein zweifelndes, immer auch andere Deutungen erwägendes Möglichkeitsdenken belegt. So erscheint der frei denkende, kommunizierende, experimentierende, jedem Dogmatismus entgegentretende Lichtenberg als Aufklärer schlechthin. Seine intellektuelle Schärfe hat ihn vor Fehlurteilen freilich nicht bewahrt. Sie liegen weniger darin, dass er, der seinen analytischen Blick gerade auch auf die Seele des Menschen und dessen Umgang mit sich selbst richtete, manche Auswüchse der Empfindsamkeit und der Geniebewegung verspottete, sondern viel eher in seiner Abwendung auch von Werken des jungen Goethe und des jungen Schiller, deren Besonderheit er nicht erkannte. Insofern blieb er, wie auch in seinem privaten Leben, in seinem Jahrhundert bei aller Kontaktaufnahme immer auch ein Isolierter und Außenseiter.

Moralische und philosophische Erzählungen

Die kurze, von der Pointenbildung lebende, an die Reflexionskraft der Leser appellierende Form der Satire ist stets nur Lektüre für wenige geblieben. Breiter ausholende und den Intellekt weniger beanspruchende epische Formen wie die Erzählung und vor allem der Roman hatten größeren Unterhaltungswert und damit auch größeren publizistischen Erfolg, und auch Meister satirischen Stils wie Christoph Martin Wieland oder Theodor Gottlieb von Hippel haben sich diesem Trend zur Ausführlichkeit und Anschaulichkeit nicht entziehen können. (Anders als sie verfiel Jean Paul, der zu Beginn seiner schriftstellerischen Tätigkeit als Bewunderer Swifts und Liscows Satiren schrieb, und zwar durchaus auch politisch brisante (*Grönländische Prozesse*, 1782/83; *Auswahl aus den Papieren des Teufels*, 1789), wegen seines Einfallsreichtums und seiner oft zum Selbstzweck geratenen geistreichen Wortspielereien der Ausführlichkeit eher unfreiwillig und erstickte die eigentlich von ihm beabsichtigten Pointen ganz ungewollt.)

Die Erzählung war im 18. Jahrhundert eine überaus verbreitete Gattung. Da sie in den klassizistischen Poetiken kaum erwähnt wurde und ihre Merkmale daher nicht definiert waren, konnten die Autoren umso leichter eigenen Intentionen folgen oder sich am Publikumsgeschmack orientieren. Die Grenze zum Roman blieb fließend, wie auch die gängige zeitgenössische Begrifflichkeit belegt, mit der Romane oft als Erzählungen bezeichnet wurden und umgekehrt.[176] Die große Verbreitung von Erzählungen erklärt sich nicht zuletzt aus der zunehmenden Lesefähigkeit und dem ansteigenden Lesehunger, der auch dem Roman zu seinem Erfolg verhalf.

Trotz der großen Zahl der erscheinenden Erzähltexte blieb deren Charakter doch zunächst relativ einheitlich, weil sie in ihrer Mehrzahl in den Moralischen Wochenschriften erschienen und dort als Beispielerzählungen fungierten, mit denen moralische Merksätze illustriert werden sollten. Oft wurden derartige Merksätze (wie im Promythion mancher Fabel) den erzählten Geschichten vorangestellt, um deren Verständnis auf diese Weise zu steuern, oft schalteten sich die Erzähler mit sentenziösen Ausrufen oder kommentierenden Einschüben in den Gang der Handlung ein, um die gewünschten Akzente zu setzen. Insgesamt entsprach dieses Verfahren dem der –

bürgerlichen – Kalendermacher, die ihre Kalender in erzieherischer oder manipulierender Absicht ebenfalls mit Beispielserzählungen zur ‚erbaulichen' Lektüre ausweiteten, allerdings ein andere Rezipientenschicht, die der ‚kleinen Leute', ansprechen wollten. Themen der vielen moralischen Erzählungen in den Moralischen Wochenschriften für das gebildete ‚staatsbürgerliche' Publikum waren vor allem die Tugenden des Familiensinns, des Pflichtbewusstseins, der Sparsamkeit, der weiblichen Keuschheit, die Laster der erotischen Verführung, des übertriebenen Ehrgeizes, elterliche Erziehungsfehler usw. – Themen, die ganz und gar an die der vielen Typenkomödien erinnerten, die in Deutschland zur gleichen Zeit aufgeführt wurden.

Den Moralischen Erzählungen waren die so genannten Philosophischen Erzählungen ähnlich, nur dass in ihnen kein moralischer Merksatz illustriert, sondern eine philosophische These belegt oder ein philosophisches Problem angeschnitten wurde.

Beide Ausprägungen der Erzählung hatten ihre Vorbilder in Frankreich. Marmontels *Contes moraux*, die seit 1752 erschienen und seit 1762 ins Deutsche übersetzt wurden, beeinflussten direkt beispielsweise die Erzählungen von Sophie von La Roche (*Moralische Erzählungen*, 1782–84), die allerdings empfindsame Motive verstärkte, oder auch Johann Carl Wezels *Satirische Erzählungen* (1777/78), in denen die bürgerlichen Laster karikiert wurden, während für die in Deutschland weniger populären Philosophischen Erzählungen, wie etwa Wieland sie zeitweilig schrieb (vgl. *Koxkox und Kikequetzl* aus den *Beyträgen zur Geheimen Geschichte des menschlichen Verstandes und Herzens* [1770]), insbesondere Voltaire maßgeblich war, dessen Erzählungen *Zadig, ou la destinée* (1747) und *Candide, ou l'optimisme* (1759) das behandelte philosophische Problem schon im Titel andeuteten.

Moralische Erzählungen, obwohl überwiegend in Prosa verfasst, konnten im Übrigen auch in Versform erscheinen. Insbesondere Wieland liebte die Verserzählung (am bekanntesten wurde *Musarion*, 1768), weil in ihr der Aufklärungsanspruch mit Formkunst verbunden werden konnte, durch die der Autor glänzen und die Leser ihre eigene ästhetische Kennerschaft genießen konnten.

Einen besonderen Akzent erhielt der Typus der Moralischen Erzählung in Deutschland durch die *Criminalgeschichten*, die August Gottlieb Meissner 1778 veröffentlichte. Meissners Geschichten, die ebenfalls auf eine französische Vorlage, auf die von Gayot de Pitaval verfassten *Causes célèbres et interéssantes* (1735 ff.), zurückgingen, waren wie die Geschichten des Franzosen von der Absicht bestimmt, den Rechtsbrecher als Menschen zu verstehen und womöglich zu entlasten (wobei auf die sensationellen, unterhaltsamen Effekte des Verbrechens keineswegs verzichtet wurde). Dieser neue Blick auf den Verbrecher, der sich mit einer in trivialen Dramen und Romanen dieser Zeit festzustellenden Tendenz traf, den Räuber zu glorifizieren, sofern er für die Rechte der Besitzlosen und Ausgebeuteten eintrat (die gegenteilige Tendenz, ihn als abschreckendes Beispiel hinzustellen und grausam zu verurteilen, läuft dazu parallel[177]), löste eine ganze Welle sozialkritischer Literatur über Gesetzesbrecher aus (plausibel in einer Zeit, in der wie in keiner anderen über Recht und Rechtsverwirklichung nachgedacht wurde). Sie kulminierte in Schillers Erzählung *Verbrecher aus verlorener Ehre* (1787) und verlor auch im 19. Jahrhundert nicht an Nachhaltigkeit. Gerade auch Schriftsteller hohen Ranges nahmen sich der Thematik an – man denke an Droste-Hülshoffs *Die Judenbuche* (1842), Fontanes *Unterm Birnbaum* (1885), Raabes *Stopfkuchen* (1891) (vgl. III).[178] Schiller ging es wie Meissner um eine Analyse der Entstehungsbedingungen des Verbrechens, die, weil sie der vorschnellen, pharisäerhaften Verurteilung des Verbrechers entgegentrat und damit auch dessen Resozialiserung als Möglichkeit ins Gespräch brachte, moralisch wirken konnte.

Auch Heinrich von Kleist hat sich als Erzähler etwas später als Schiller von diesem Zweig der Moralischen Geschichten beeindruckt gezeigt. Zwar war er weniger als dieser an Charakteren interessiert, und entsprechend wenig am Charakter des ‚edlen Verbrechers', sondern viel stärker – im Sinn der Novelle (vgl. u.) – an der unerhörten Begebenheit; aber das Motiv des Rechtsbruches, des Rechtskonflikts, der Rechtsverwirklichung, an das dieses Genre gebunden war und für das die bürgerlichen Leser, die in einer Zeit der Übergriffe der noch kaum kontrollierten Staatsautorität immer dringlicher nach verlässlichen Justizverfahren verlangten, verständlicherweise größtes Interesse zeigten, durchzieht sein gesamtes erzählerisches wie dramatisches Werk. Am eindrucksvollsten und differenziertesten wird es im *Michael Kohlhaas* (1810) entfaltet (vgl. III), wo das Leiden an der Rechtsbeugung zur Gegenwehr, zur nanspruchnahme des Widerstandsrechts, führt, wodurch neues Unrecht entsteht, auf das die Vertreter der bestehenden Rechtsordnung reagieren. – In seinem Interesse für Rechtsfragen war Kleist ganz dem 18. Jahrhundert verhaftet, und eben auch der Tradition der Moralischen Erzählung, sofern diese sich mit dem Verbrechen, seinen Anlässen und seiner Aufklärung befasste. Aber die Konsequenz, mit der er den Leser mit der Darlegung des Rechtskonflikts in die Ausweglosigkeit führt („Das Rechtsgefühl … machte ihn zum Räuber und Mörder." – heißt es schon im ersten Absatz der Novelle), in eine Wirklichkeit hinein, in der die Handlungen miteinander so unübersehbar verschlungen sind, dass sie sich nicht mehr durch bloße Analyse auflösen lassen, sondern dass durch sie die Rätselhaftigkeit, letztlich die ‚Unordnung der Welt' sichtbar wird, erweist Kleist als Dichter der Romantik, der Moderne überhaupt, von dem der Weg zu Kafka führt (der Kleist wie keinen anderen liebte).

Kunstmärchen

Neben die Moralischen und Philosophischen Erzählungen trat in der zweiten Hälfte des 18. Jahrhunderts schließlich noch das dem französischen Feenmärchen nachempfundene Kunstmärchen, das dem Bedürfnis nach ungebundenem Fabulieren entgegenkam. Das Feenmärchen hatte sich als literarische Form am Hofe Ludwigs XIV. etabliert, als die gelangweilte – den antiken Stoffen überdrüssige – Hofgesellschaft nach neuen Unterhaltungsstoffen suchte, und in Charles Perrault seinen Meister gefunden. Perrault griff in seinen Märchen (*Contes de ma mère l'oye*, 1697) zum Teil auf Volksmärchen zurück, bettete die dort entnommenen Motive – vor allem das der mit Zauberkräften ausgestatteten Fee – in die Lebensform der höfischen Gesellschaft ein, der er damit schmeichelte (denn deren Damen erkannten in den Feen gern ihr Spiegelbild) und deren vor sich hergehaltenen moralischen Anspruch er durch angefügte ‚moralités', moralisierende Resümees, gerecht zu werden suchte. (Dennoch konnten die Kunstmärchen Perraults, weil sie den im Volk beliebten Erzählstoffen so nah blieben, wieder in die mündliche Erzähltradition integriert werden, so dass die Brüder Grimm für ihre Sammlung der *Kinder- und Hausmärchen* (zuerst 1812/15, vgl. III) teilweise Märchen Perraults übernahmen, ohne dies zunächst zu bemerken.) Gleichzeitig mit Perraults Märchen wurden in den französischen Salons orientalische Märchen, vor allem die *Märchen aus 1001 Nacht* in der Übersetzung von Antoine Galland (1704 ff.) bekannt, deren Nacherzählung die neue Mode, sich mit Märchen die Zeit zu vertreiben, noch verstärkte, zumal das Personal der Prinzen und Prinzessinnen, von denen hier erzählt wurde, dem eigenen Milieu nahe stand. Als besondere Reize kamen die exotische Kulisse des Orients und die Dominanz sexueller Motive hinzu – willkommene Fluchtwege für die Phantasie in der streng geregelten höfischen Lebensform.

In Deutschland wurden Feenmärchen von den Gebildeten zunächst in französischer Sprache gelesen. Wielands erster Roman *Der Sieg der Natur über die Schwärmerey, oder die Abentheuer des Don Sylvio von Rosalva* (1764), dessen schwärmerischer, an Don Quixote erinnernder Held sich mit Feenmärchen dermaßen den Kopf verdreht, dass ihn die völlig überzogene, als Parodie gemeinte *Geschichte des Prinzen Biribinker* von seinem Wahn heilen soll, ist ein Beleg dafür, dass die ‚Feerei' auch unter deutschen Lesern um sich gegriffen hatte. Obwohl Wieland sich zunächst von dieser Mode, die einer seiner Meinung nach falschen Anschauung der Welt Vorschub leistete, distanzierte, wandte er sich später, um das Wunderbare vor der Verurteilung durch pedantische Rationalisten zu retten, den Feenmärchen doch zustimmend zu und gab einen Sammelband mit zumeist von ihm selbst stammenden Bearbeitungen französischer Feenmärchen heraus (*Dschinnistan*, 1786–89), wobei sein eigener Anteil zuweilen besonders hoch war, etwa in *Der Stein der Weisen*. Auch die *Volks-*

märchen der Deutschen (1782–86) von Johann Karl August Musäus sind überwiegend Kunstmärchen, die sich – nicht ohne ironisch-witzige Anmerkungen – an französische Vorbilder anlehnen. (Der Titel der Sammlung ist irritierend, nicht nur weil Musäus' Erzählstil von dem der *Kinder- und Hausmärchen* der Brüder Grimm, der in Deutschland als der eigentliche Stil des Volksmärchens angesehen wird, weit entfernt ist, sondern auch weil die aus mündlicher Überlieferung stammenden Texte dieser Sammlung eigentlich Bearbeitungen von Legenden- und Sagenstoffen sind.) Gerade auf das romantische Kunstmärchen (vgl. III), das sich von der ‚Gattung Grimm' wesentlich unterscheidet,[179] haben die Märchen des Musäus unverkennbaren Einfluss ausgeübt, im Übrigen auch auf Goethe (vgl. insbesondere *Das Märchen*, 1795).

Das novellistische Erzählen Goethes

Auch die Novelle (der Begriff, ausgehend von lat. novus = neu, ist aus dem Italienischen übernommen und bezeichnet die kleine Neuigkeit) begann sich noch während des 18. Jahrhunderts in Deutschland zu etablieren. Obwohl man von Versuchen einer Gattungsbestimmung erst seit der Frühromantik sprechen kann und die Grenzen zur Erzählung zuvor ganz fließend waren, enthielten einige Erzähltexte aus dem 18. Jahrhundert doch ein Merkmal, über das in der späteren Novellentheorie immer wieder nachgedacht wurde, nämlich den im Text mitgestalteten Gesellschaftsbezug. Schon in vorchristlicher Zeit gab es, besonders im Orient, Erzählungen, die durch einen Rahmen zusammengehalten wurden, z. B. die schon erwähnten arabischen Märchen von *Tausendundeiner Nacht*, die – wenigstens teilweise – um 1400 in Italien bekannt wurden.[180] In Boccaccios *Decameron* (1349–53), einem Sammelbecken verschiedenster Einflüsse, von dem, ohne dass dies hier verfolgt werden könnte, ein großer Teil der europäischen Erzählliteratur der folgenden Jahrhunderte angeregt worden ist, wird dieser Rahmen aus der Beschreibung jener Personen gebildet, die sich in zehn Tagen hundert (noch nicht gehörte, also neue) Geschichten erzählen, und des Anlasses, aus dem heraus sie dies tun (nämlich um sich von den Schrecken der Pest von 1348 abzulenken).

An der Rahmenbildung novellistischen Erzählens knüpfte Goethe in seinen *Unterhaltungen deutscher Ausgewanderten* (1795) an, wenn er eine sich von den französischen Revolutionsheeren des Jahres 1792/93 bedroht fühlende Flüchtlingsgemeinschaft diskutieren und erzählen lässt. Nicht nur prallen innerhalb dieser Gemeinschaft unterschiedliche Ansichten über die Französische Revolution aufeinander, auch ihre Erzählungen werfen Fragen auf, die sich auf das politische Geschehen beziehen lassen, z. B. die Fragen des Verhältnisses von Herrschaft und

Selbstbeherrschung, von bedingungsloser und begrenzter Freiheit, von Individual- und Sozialethik. Während bei Boccacio die erzählten Geschichten Zeit überbrücken und ablenken helfen wollen, dienen sie bei Goethe der Selbstverständigung der Gemeinschaft. Entsprechend trennt Goethe auch nicht wie Boccacio strikt zwischen Rahmenerzählung und Binnenerzählungen, sondern unterbricht die Erzählungen durch Hörerkommentare und Berichte und verzahnt somit die gegenwärtige Situation der Erzählenden (den Rahmen) mit dem von ihnen Erzählten immer wieder auf höchst geschickte Weise (auch wenn der Rahmen sich am Ende nicht schließt, sondern mit einer ‚Erzählung', dem schon erwähnten *Märchen*, endet, das den Blick „gleichsam ins Unendliche" öffnet (Goethe am 17. 8. 1795 an Schiller).[181] Insofern sind Goethes *Unterhaltungen* Programm. Sie lassen nicht nur den komplexen gesellschaftlichen Diskurs über die politische Lage Europas aufscheinen, sondern sind als Literatur auch ein Beitrag zur ästhetischen Erziehung, indem sie eine Gesellschaft vorführen (und zur Nachahmung anbieten), in der jeder Einzelne dem anderen als Person Respekt bezeugt, jeder bemüht ist, gleichsam sich selbst überwindend, den anderen gelten zu lassen, und so an die ‚Brüderlichkeit' erinnern, die als Forderung der Revolution nach Goethes Ansicht zu schnell vergessen worden war. Gerade die *Unterhaltungen*, in denen Goethe die Vorzüge geselliger Erzählkultur ins Bild setzt, in der Gespräche nicht nur Zerstreuung bieten, sondern auch zur Sammlung und Selbstbesinnung führen (unterstützt durch die Erzählungen, die es richtig zu verstehen gilt) sind somit auch Ausdruck und Spiegel der Lebensführung kommunikationsfreudiger und verantwortungsvoller ‚Staatsbürger', die sich während des 18. Jahrhunderts ständig weiter entwickelte und sich selbst zugleich – wie hier bei Goethe – zum Ideal erhob.

Die Lösung der Erzählung einer neuen, noch nicht gehörten (in Goethes Formulierung einer „unerhörten") Begebenheit aus dem Rahmen, d. h. dem mitgestalteten Erzählanlass, die Konzentration auf die Erzählung eines einmaligen, unverwechselbaren Ereignisses, ist eine Entwicklung, die im 19. Jahrhundert einsetzte. Goethe selbst hat sie mit seiner (von ihm geliebten) *Novelle* unterstützt, die er seit 1797 im Sinn hatte, aber erst 1826/27 fertig stellte. Der bewusst gewählte abstrakte Titel deutet an, dass der Text als Muster der Gattung verstanden werden sollte. Auch in ihm, in dem zwar auf den Rahmen, den mitgestalteten Gesellschaftsbezug, verzichtet wird, geht es freilich immer noch ganz und gar um die Funktionen des Gesellschaftlichen, genauer der gesellschaftlichen Ordnung, des Gesetzlichen, des Gesitteten, die allein – wenn auch unzulänglich – das Elementare, die äußere Gewalt wie den Dämon der Leidenschaft, einzudämmen und zu besänftigen vermögen.

7.2. Die Ablösung des Versepos durch den Roman; Bedingungen für den Erfolg des Romans

Die große, über die Erzählung und Novelle hinausgreifende epische Form stand im 18. Jahrhundert im Zeichen des Romans, der das von vielen Gebildeten geschätzte Versepos in den Hintergrund drängte. Klopstocks Versepos *Der Messias*, dessen erste Gesänge 1748 erschienen, wurde noch begeistert aufgenommen, aber als das Werk 1773 fertig gestellt war, nahm kaum jemand noch Notiz davon. Das Interesse am Mythos, in diesem Fall an der christlichen Religion des einzigen Gottes, war dem an geschichtlichen, gesellschaftlichen, vor allem auch an psychologischen Fragen, die der Roman zu bewältigen suchte, weitgehend gewichen. Zwar wurden die Homer-Übersetzungen von Johann Heinrich Voß, mit denen deutschen Lesern die griechische Mythologie in Hexametern vergegenwärtigt wurde, als mustergültig gefeiert und waren Goethes *Reineke Fuchs* (1794) und *Hermann und Dorothea* (1797), in denen der Kontrast von Form und Handlung als bewusst eingesetztes Kunstmittel durchschaubar wurde, wenigstens in literarischen Kreisen ein Erfolg; insgesamt jedoch entsprach der Roman mit seinen Möglichkeiten, die Innenwelt der sich ihrer selbst bewussten und reflektierenden Figuren in ihrem Verhältnis zu der ihnen vielfältig entgegentretenden, aber auch von ihnen selbst zu gestaltenden Wirklichkeit darzustellen, der Mentalität des bürgerlichen Publikums weit eher.

Ausschlaggebend für den Erfolg des Romans war – abgesehen von dieser wichtigsten Voraussetzung – zunächst seine Prosaform. Denn Prosa war die Sprache des Alltags und – im Vergleich zur gebundenen Sprache – prinzipiell jedermann, der lesen konnte, unmittelbar zugänglich. Es kam hinzu, dass die Leser die Prosaliteratur ganz privat rezipieren konnten. Obwohl sie häufig in kleinen Zirkeln vorgelesen wurde und das gesellige Gespräch anregte, wurde sie in den letzten Jahrzehnten des Jahrhunderts immer häufiger, zumal von Frauen, auch in häuslicher Abgeschiedenheit gelesen, wo sich Gefühle ungestörter und unkontrollierter äußern konnten. Entsprechend stellte sich die Romanliteratur darauf ein, das Gefühlsleben der Leser anzuregen bzw. zu entlasten. So fanden Bekenntnisse, die sonst nur im Brief ausgesprochen wurden, Eingang in die Literatur (in den Briefroman z. B.) und boten Möglichkeiten an, teilnehmend eigene seelische Befindlichkeiten auf Identifikationsfiguren zu projizieren. Dabei ist von Interesse, dass solche Identifikationsfiguren zum großen Teil von ihren Emotionen und ihrer Triebhaftigkeit gesteuert werden und die rigiden Vorstellungen der Aufklärung über Tugend und Selbstdisziplin gerade nicht verwirklichen können.[182] Dies äußert sich zumal in den vielen ‚inferioren' Unterhaltungsromanen, deren Verfasser den Wünschen des Publikums nachspürten und entgegenkamen. Dies waren freilich nicht nur Wünsche, sich des Innenlebens anderer Personen auf dem Weg über die Literatur zu vergewissern. Das Bedürfnis, an den Erfahrungen anderer Menschen teilzunehmen, das mit dem grundlegenden empirischen Interesse der Aufklärung korrespondierte, bezog sich z. B. auch auf den Bildungsweg des sich mit der Realität auseinander setzenden Individuums, auf die politisch-sozialen Verhältnisse oder auf die unbekannte äußere Wirklichkeit, wie die zahlreichen Autobiographien, Bildungsromane, Staatsromane, Reise- und Abenteuerromane belegen, die zudem alle genügend Möglichkeiten eröffneten, verschiedensten Phantasien Raum zu geben. So stellten sich Schriftsteller und Verleger – wie bereits oben erwähnt – mit einem sich differenzierenden literarischen Angebot gezielt auf unterschiedliche Leserdispositionen ein – und je mehr die Kommerzialisierung der Literatur voranschritt, desto planmäßiger ging man hierbei vor. In der explodierenden Romanproduktion bildete sich ein Großteil jener Genres heraus, die auch heute noch den literarischen Markt bestimmen. Zwar sind im 19. und 20. Jahrhundert neue Genres (wie z. B. die Science Fiction) hinzugekommen und sind einige (wie z. B. der Räuberroman) ganz verschwunden, doch ist die Kontinuität bestimmter Grundmuster des Romans (und damit auch die Kontinuität der Bedürfnislage des Publikums) bemerkenswert.[183] Die meisten der qualitativ hoch stehenden Texte fügten sich in diese Muster ein, bestimmten deren Entwicklung sogar maßgeblich mit – während die weitgehend derivative, ästhetisch verflachende Unterhaltungs- und Trivialliteratur hauptsächlich um die Häufung und Intensivierung wirkungsvoller Effekte bemüht war.

Die unterschiedlich breiten Bahnen, in denen sich die deutsche, insbesondere von englischen, aber auch von französischen Vorbildern beeinflusste, Romanproduktion bewegte, sind relativ deutlich zu überschauen, auch wenn die Grenzen nicht immer klar verlaufen und es im Einzelfall strittig sein mag, wohin der eine oder andere Titel gehört – eine Einschränkung, der jede um Übersicht und Akzentuierung bemühte Darstellung unterliegt.

7.3. Die Ausbildung unterschiedlicher Genres des Romans

Staatsromane

Die so genannten Staatsromane der Aufklärung knüpften an die Tradition der höfisch-heroischen Romane des 17. Jahrhunderts (vgl. I) und an die viel ältere, von Xenophons *Kyru paideia* herrührende, normative Herrscherbiographien vorstellende Tradition der Fürstenspiegel an. Aber anders als die entsprechenden Barockromane stellten sie nicht mehr den durch das Gottesgnadentum legitimierten Fürsten in den Mittelpunkt, sondern den aufgeklärten Souverän, der sich dem Gedanken des Gesellschaftsvertrags (vgl. o.) und damit seinen Untertanen verpflichtet weiß. Hiermit folgten sie François Fénelons in ganz Europa gelesenem Roman *Les aventures de Télémaque* (1699), der (als Erzieher der Enkel Ludwigs XIV.) das Thema der Fürstenerziehung mit deutlicher Kritik am gesetzlich nicht eingeschränkten Absolutismus behandelt hatte (was ihn in Ungnade fallen ließ), ohne deswegen freilich Monarchie und Standesprivilegien in Frage zu stellen. Auch die Einbettung der pädagogischen Gespräche und Unterweisungen in einen handlungsreichen Rahmen, der in der Anlehnung an das 4. Buch der *Odyssee* Homers Elemente des Reise- und Abenteuerromans aufgreift, wurde in den deutschen Staatsromanen nachgeahmt.

Mit ihrer politischen Thematik und ihrem aufklärerischen Impuls zeigten die Staatsromane eine gewisse Verwandtschaft mit den ‚klassischen' Utopien, von deren Modellcharakter sie gleichwohl weit entfernt waren. Die Erzählweise des Romans erlaubte und verlangte geradezu, sich mit der ‚schlechten Realität' auseinander zu setzen, der die Utopien zwar ihre Entstehung verdankten, die darzustellen sie jedoch möglichst vermieden. Insofern fehlte den Staatsromanen die Geschlossenheit und damit auch der Glanz der in den Schriften eines Morus, Campanella, Andreae vorgestellten Idealkonstruktionen (vgl. P. N., 2012 a, V), doch griffen sie das politische Interesse der bürgerlichen Leser auf und reflektierten diejenige Staatsform, die deren Erfahrungen bestimmte. Dass dabei das Verhalten des Herrschers oder des für die Herrschaft Vorgesehenen die größte Aufmerksamkeit erfuhr, erklärt sich allerdings nicht allein aus den Voraussetzungen des Absolutismus, sondern ebenso aus dem Erziehungsanspruch der aufgeklärt denkenden Verfasser. Ihre Helden sind deshalb vorzugsweise Prinzen, die zu sittlichen Persönlichkeiten erzogen werden müssen, um ihren späteren Aufgaben gerecht werden zu können. Insofern entwerfen Staatsromane allenfalls Utopien der Person, nicht zukünftige in sich geschlossene Gesellschaftsordnungen. Sie stehen damit in einer unübersehbaren Nähe zum Erziehungs-

und Bildungsroman (vgl. u.). Denn das Politische wird im erzieherischen Rahmen der Weitergabe von Wertvorstellungen und Verhaltensweisen an eine einzelne, herausgehobene Person abgehandelt, die angehalten wird, sich mit ihnen auseinander zu setzen. Soll die moralische Erziehung erfolgreich sein, muss sie das Herz des Fürsten gewinnen. Deswegen schildern Staatsromane auch die Anstrengungen, die hierfür unternommen werden. Dabei spielt u. a. die ländlich-natürliche Umgebung, also die von aller Korruption abgesonderte Idylle als Erziehungsraum eine Rolle – ebenso wie der Mentor, der Fürstenerzieher, der die moralisch-politische Idealität freundschaftlich überzeugend vorträgt, wobei gerade diese Funktion – das Thema ist in der Literatur des 18. Jahrhunderts allgegenwärtig – in vielen Variationen erscheint (bis zur Zugehörigkeit des Mentors zu einem aufklärerischen Geheimbund).

Der verbreitetste Staatsroman in der ersten Jahrhunderthälfte war *Der redliche Mann am Hofe* (1740) von Johann Michael von Loen. Der Hof erscheint in ihm als gesellschaftlicher Bereich, der Anfechtungen aller Art bereithält, denen gegenüber der gleichsam von außen zustoßende Held, ein Graf, der in diesem Roman in die Rolle des Mentors seines Königs hineinwächst, sich als tugendhafter Mensch bewähren muss. Mit seiner – ‚staatsbürgerlichen' – Redlichkeit gewinnt er gegen die Widerstände der Hofkamarilla das Vertrauen des Herrschers und leitet eine dem aufgeklärten Absolutismus ähnelnde Staatsform ein (deren Grundzüge als Anhang hinter den Roman geheftet sind). Goethe bescheinigte dem Roman später in *Dichtung und Wahrheit*, dass er den Höfen, wo sonst nur Klugheit zu Hause sei, Sittlichkeit abverlange – und in der Tat wirkt der Text als entschiedene Absage an die ‚prudentia' (die Klugheit im Dienst der Machtbehauptung) mit all ihren Verstellungskünsten, die das Bild politisch-höfischen Handelns im 17. Jahrhundert bestimmt hatte (vgl. I) und gegen die nur die Märtyrer im barocken Trauerspiel sich aufzulehnen gewagt hatten. Nun – im 18. Jahrhundert, in Loens programmatisch ausgerichteter Phantasie – wird die Tugend „auch politisch unwiderstehlich"[184] und kann ihre Kräfte am Hof ebenso wie in der bürgerlichen Lebensführung erweisen.

Eine ähnliche Ermunterung der Leser, sich als ‚Staatsbürger' zu verstehen und die Angelegenheiten des Staates durch tugendhaftes Verhalten zu beeinflussen (Loen selbst wurde preußischer Regierungspräsident) ging u. a. von den drei Staatsromanen des Schweizer Gelehrten Albrecht von Haller aus, dessen *Usong. Eine Morgenländische Geschichte* (1771) am bekanntesten wurde. Auch Haller befürwortete den aufgeklärten Absolutismus und bekräftigte zugleich seine Ablehnung einer radikalen Demokratie.

Wielands Romane

Ein Jahr später, 1772, erschien Wielands skeptischer Staatsroman *Der Goldene Spiegel oder die Könige von Scheschian*. Der dargestellte Optimismus seiner Vorläufer, dass Macht und Moral sich vereinbaren ließen, wurde nun kritisch unterlaufen. Zwar erzählt die im Mittelpunkt stehende wechselvolle Geschichte des Staates Scheschian von einem Fürsten, dessen moralische Qualitäten ihn dazu führen, den zuvor zerrütteten Staatskörper neu zu beleben und ihn – wie im aufgeklärten Absolutismus – mit einem Netz effizienter, den Bürgern dienlicher Reformen zu überziehen (ein detailliert ausgeführter Entwurf, der Wieland in Weimar hoffähig machte und ihm bei der Herzogin die Stellung eines Erziehers einbrachte), doch wird das idealisierte Bild insofern ironisch gebrochen, als der Roman die Rezeption dieser Geschichte bei den Machthabern unterschiedlicher Höfe, einem indischen, einem chinesischen, in den Blick rückt – ebenso wie das Schicksal ihrer Erzähler – und ihr auf diese Weise die dürftige Wirklichkeit entgegenhält. 1794 gab Wieland dem Roman die endgültige Fassung und änderte vor allem die Geschichte von Scheschian. Der ideale Staat verfällt nun u. a. deswegen, weil das Volk nicht länger im Bann des Gehorsams verweilt. Damit rückt Wieland nicht nur den grundsätzlichen Widerspruch des aufgeklärten Absolutismus in den Blick – dass dieser das Volk unmündig halten muss, sofern er Absolutismus bleiben will, und es aus seiner Unmündigkeit sich befreien lassen muss, sofern er Aufklärung verspricht –, er gibt auch den ernüchternden Erfahrungen aus der Französischen Revolution und seinem aus ihnen resultierenden Zweifel an der Verwirklichung des Fortschritts in der Geschichte Ausdruck. Damit findet der Staatsroman des 18. Jahrhunderts sein Ende. Wieland selbst gerät in die Nähe des Programms der Weimarer Klassik, auf das sein Roman *Geschichte des Agathon* (zuerst 1766/67; 1773 und 1794 umgearbeitet) in gewisser Weise schon früh vorausgewiesen hatte. Auch der in der griechischen Antike spielende *Agathon* – in den Literaturgeschichten normalerweise in seiner Bedeutung als psychologischer Entwicklungsroman geschätzt – trägt Züge des Staatsromans.[185] Denn die Reise des Helden, der sich vorgenommen hat, die Tugend in die politische Wirklichkeit hineinzutragen, ist nicht zuletzt (sieht man von etlichen Verstrickungen in Liebesgeschichten einmal ab) eine Reise durch verschiedene Regierungsformen, unter denen er Erfahrungen sammelt. Die neue Perspektive Wielands liegt darin, dass er den Helden nicht, wie in den Staatsromanen üblich, nach einem Idealbild entwirft, sondern die Begegnungen mit der politischen Wirklichkeit der Bildungsgeschichte eines Individuums unterordnet. Nicht von einem festgelegten Ziel her also werden die Handlungen des Helden motiviert; sie entwickeln sich in psychologischen Begründungszusammenhängen aus Begegnungen mit der Realität bei prinzipiell offenem Ausgang. Die politischen Erfahrungen Agathons beginnen dabei im republikanischen Athen, das er als Chaos sich widersprechender Interessen, als ‚Chaos der bürgerlichen Gesellschaft' erlebt, und setzen sich im despotisch regierten Syrakus am Hof des jüngeren Dionysius fort, dem er, nachdem er sein Vertrauen gewonnen hat, u. a. Reformen in Wirtschaft, Verwaltung und Erziehung vorschlägt, um einen Idealstaat zu errichten. Er scheitert dabei an der Missgunst der Hofleute. Tugend, muss er lernen, wirkt keinesfalls ansteckend. In einem wenig überzeugenden Schluss führt Wieland, wohl um den unübersehbaren Widerspruch zwischen der Entwicklung Agathons, die der Roman zu zeigen intendiert, und den diese Entwicklung eher hemmenden desillusionierenden Erfahrungen zu lösen, seinen Helden in die von Tugend durchdrungene Republik von Tarent, die der Erzähler selbst ironisch den Utopien zuordnet. Hier wird Agathon (in der letzten Fassung von 1794) vom weisen Archytas dazu angehalten, weiter an der Vervollkommnung der eigenen Person zu arbeiten, weil nur dadurch auch das Gemeinwesen gefördert werde. So endet der Roman unverbindlich, auch wenn es heißt, dass Agathon sich fortan mit Eifer den öffentlichen Angelegenheiten Tarents widme. Die politischen Zielsetzungen des aufgeklärten Staatsromans jedenfalls verlieren sich hier im optimistisch Ungenauen.

Dennoch gehört der Staatsroman des 18. Jahrhunderts insgesamt zu „den raren Beispielen einer literarischen Offensive der Aufklärung, die unmittelbar in die Sphäre der Politik vorgetragen wird, während die avancierte bürgerliche Literatur sonst sich dazu anschickt, in eher defensiver Opposition zur großen, zur höfischen und politischen Welt die privaten Binnenräume und ihre moralischen, psychologischen, familialen Strukturen, also die Leiden und Freuden der bürgerlichen Subjektivität zu entdecken und zu durchforschen."[186]

Kein Staatsroman, aber in seiner pädagogischen Absicht den Staatsromanen doch ähnlich war Johann Heinrich Pestalozzis Erfolgsroman *Lienhard und Gertrud. Ein Buch für das Volk* (1781–87). Obwohl er sich an das ‚Volk' wandte, war er eher eine Anleitung für die Volkserzieher, für Pfarrer, Lehrer, Gutsherrn, den ihnen Anvertrauten Wahrheiten zu sagen und Ratschläge zu erteilen. Die Reformvorschläge, die er enthält, beziehen sich auf das Zusammenleben in der Familie, dann in der Dorfgemeinschaft, von der schließlich ein Anstoß für landesweite Veränderungen ausgeht. Pestalozzis Versuch, das Volk in dessen eigenem Interesse von ‚oben', ‚patriarchalisch' aufzuklären, passte zur Intention der Volksaufklärer, die große gesellschaftliche Gruppe der ‚kleinen Leute' zu belehren – ein Gegenprogramm gleichsam zur Fürstenerziehung und diesem in der vorsichtigen Zurückhaltung gegenüber entschiedenen politischen Veränderungen doch vergleichbar.

Der Staatsroman hatte seine Verwandten auch unter den Historischen Romanen, die zumeist der Trivialliteratur angehören. Die Mittelalter-Begeisterung der ‚Geniebewegten', später auch der Romantiker führte im Zusammenhang mit nationalen Identitätsbedürfnissen nicht nur zu den Sammlungen deutscher Rechtsaltertümer, altdeutscher Mythologie und Dichtung, deutscher Sagen, Märchen, Volkslieder. Die sich verbreitenden Kenntnisse über die Vergangenheit des eigenen Volkes beeinflusste auch die aktuelle Literaturproduktion (man denke z. B. an Goethes *Götz von Berlichingen;* vgl. o.), vor allem die Romanproduktion. Veit Webers (eigentlich Leonhard Wächters) *Sagen der Vorzeit* (1787), ein Werk, das der von Regelzwängen geprägten Alltagswelt der Bürger die Welt kraftgenialischer, für Freiheit streitender Ritter als Gegen- und Wunschbild gegenüberstellte, löste die Flut der vielen Ritterromane aus, die Deutschland in den folgenden Jahrzehnten überschwemmte, während Benediktine Naubert in ihren Romanen (u. a. *Geschichte der Gräfin Thekla von Thurn oder Scenen aus dem dreyssigjährigen Kriege*, 1788) sich vom Mittelalter abwandte und mit Beschreibungen des Lebens in den Fürstenhäusern des 17. und 18. Jahrhunderts das Interesse der Untertanen am Schicksal der Mächtigen und Einflussreichen befriedigte.[187]

Reise- und Abenteuerromane; Reiseberichte

Reise- und Abenteuerroman haben eine lange, hier nicht zu verfolgende Tradition und unterschiedliche gesellschaftliche Funktionen (vgl. auch I).[188] Im 18. Jahrhundert reagierten sie weitgehend auf Leserwünsche, die sich gegen das ökonomische Zweckmäßigkeitsdenken, gegen die bürgerliche Ordnung und Enge richteten. Sie schildern den Ausbruch einzelner Protagonisten aus der bürgerlichen Gesellschaft (ganz im Gegensatz etwa zu den mittelalterlichen Artusromanen, in denen die Helden durch das Bestehen von Abenteuern gerade ihre Qualifikation für die Zugehörigkeit zur gesellschaftlich führenden Klasse zu gewinnen trachten). Gleichzeitig aber sind die erzählten Abenteuer des 18. Jahrhunderts auch in die Interessenlage des Bürgertums eingebunden, das sich – nicht zuletzt, um neue Märkte aufzuspüren – Einblicke in fremde Länder und Kulturen (insbesondere die Neue Welt und Asien) zu verschaffen suchte, sich für den ‚edlen Wilden' begeisterte (in dessen Lebensumständen man das Gegenbild zur verhassten höfisch-aristokratischen Lebensweise sehen konnte) und im Übrigen auch am tatkräftigen Individuum Gefallen fand, das sich bewährte und sich die Welt gleichsam unterwarf. So gingen der Fluchtwunsch und der Versuch, die Wirklichkeit zu erkunden, bei der Lektüre der Reise- und Abenteuerromane ineinander über. Entsprechend ambivalent war seine Beurteilung in der Öffentlichkeit. Einerseits war der allein ausziehende Held[189] dem saturierten Bürger verdächtig (Robinson Crusoe wird von seinem Vater gewarnt, zur See zu gehen), andererseits wurde er von ihm wegen seines Freiheitsdrangs bewundert.

Dass die Geschichte des bürgerlichen Reise- und Abenteuerromans in England begann, und noch dazu mit einem Seefahrerroman, mit Daniel Defoes *The Life and Strange Surprizing Adventures of Robinson Crusoe of York, Mariner* (1719), kam nicht von ungefähr. Denn gerade in England waren auf Grund seiner Insellage die ruhige Lebensweise des Kaufmanns und Handwerkers und die gefahrvolle des reisenden Unternehmers und Seemanns spannungsvoll aufeinander bezogen, was das Interesse an Motiven wie dem Aufbruch, der Bewältigung unvorhergesehener Gefahren, der Erfinderkraft und dem Durchsetzungsvermögen herausgehobener Einzelner verständlich macht. Defoes Roman, der den schiffbrüchigen Robinson auf einer Insel sich behaupten und ihn, der gleichsam die Zivilisationsgeschichte der Menschheit wiederholt, zum lebenstüchtigen Mann reifen lässt, war so erfolgreich, dass er in ganz Europa zahlreiche (allein in Deutschland, und nur bis 1750, mehr als vierzig) Nachahmungen und Bearbeitungen anregte, die unter der Sammelbezeichnung ‚Robinsonaden' in die Literaturgeschichte eingegangen sind.

Robinsonaden und ‚empfindsame Reisen'

Die bekannteste deutsche Robinsonade wurde Johann Gottfried Schnabels *Wunderliche Fata einiger Seefahrer …* (1731–43), die von Ludwig Tieck 1829 umgeformt und unter dem Titel *Die Insel Felsenburg* herausgegeben wurde. (Andere bemerkenswerte Bearbeitungen stammen von den Aufklärern Johann Carl Wezel (*Robinson Krusoe*, 1779/80) und Joachim Heinrich Campe (*Robinson der Jüngere*, 1779/80, der aus dem Stoff ein Jugendbuch konzipierte.)

Schnabel, der in seinem Roman verschiedenste Motive des Abenteuerromans vereinigte, versteht die Insel – ganz in der Tradition der Staatsutopie (vgl. P. N., 2012 a, V) – als Ort, an dem eine Gesellschaft (hier eine bürgerliche Großfamilie) durch Tüchtigkeit und Frömmigkeit zu einer moralisch vollkommenen Gemeinschaft zusammenwächst; wie die Insel ein Fels im Meer, ist diese Familie, im allegorischen Sinn, eine Festung der ‚constantia' im ungestümen Meer des Lebens[190] – oder genauer: der korrupten politischen Wirklichkeit in der verlassenen Heimat. Die Verbindung von Abenteuerstoff, der in spannenden Episodenerzählungen entfaltet wird, in denen Mitbewohner der Inselgemeinschaft über ihr je eigenes Schicksal sprechen, und durch aktuelle Schilderungen des Insellebens narrativ vermittelter utopischer Verhältnisse sicherte dem Roman großen Erfolg beim zeitgenössischen Publikum, auch bei Jugendlichen, und führte zu immer neuen Auflagen. In der Begeisterung für ihn spiegelte sich nicht zuletzt die Beunruhigung über die eigenen sozialen und politischen Lebensbedingungen. Gegen diese am eigenen Leib erfahrenen Bedingungen setzt der Roman eine soziale Ordnung, in der alle Standesunterschiede aufgehoben sind, so dass jeder Mensch seine Individualität entfalten darf – wenn auch mit der Einschränkung, dass die geschlechtsspezifischen Rollenmuster beibehalten werden. Auch in politischer Hinsicht bleibt der utopische Entwurf gemäßigt: Der Inselstaat wird vom Ältesten der Inselgemeinschaft fürsorglich gelenkt; auf Felsenburg herrscht keineswegs die Demokratie, sondern eine patriarchalische Machtausübung, die im Klima freundschaftlicher Toleranz allgemein akzeptiert wird. In dieser Hinsicht also steht Schnabels Roman ganz in der Nähe der Staatsromane, die einem aufgeklärten Absolutismus das Wort reden.

Wurde die Insel von Schnabel als idealer Ort für ein pädagogisches Modell genutzt, dessen Vorbildlichkeit auf die eigene Gesellschaft zurückwirken sollte, beschrieben andere Autoren ganz andere, geographisch sehr genau verortete Inseln, die in der Ferne lagen und auf denen die Kultur fremder Völker als – meist positiv verstandenes – Gegenbild zur verdorbenen europäischen Kultur erschien. Zur berühmtesten solcher Inseln wurde Tahiti. Expeditionen dorthin erregten großes allgemeines Aufsehen, hatte die Ausdehnung des Erkenntnisdranges der Aufklärer hier doch ein sehr verständliches konkretes Ziel. Die Reiseberichte des Franzosen Louis-Antoine Bougainville (*Voyage autour du monde ...*, 1771) und des Deutschen Johann Georg Forster (*Johann Reinhold Forsters Reise um die Welt*, in englischer Fassung 1777, in deutscher Fassung 1777 und 1780) wurden verschlungen und begründeten – rousseauistische Träume vieler Leser erfüllend – den Mythos dieser Insel als eines ‚Garten Eden', an dem am Ende des 19. Jahrhunderts noch Paul Gauguin mit seinen Gemälden arbeitete (und der bis heute im Klischee von der Insel als dem Schauplatz der Liebeserfüllung zumal im Schlager lebendig gehalten wird.) Georg Forster hatte als junger Mann in Begleitung seines Vaters Reinhold Forster an der zweiten Südseefahrt von James Cook teilgenommen (1772–75) und schilderte Tahiti als einen Ort idealer Lebensbedingungen. Faszinierend musste auf deutsche Leser vor allem das einfache Zusammenleben der Menschen frei von allen Standesunterschieden wirken. Doch hütete sich Forster, vorsichtiger als Bougainville, vor Idealisierungen und wies nicht nur auf den Einklang von milder Natur und milder Gesinnung der Insulaner hin, sondern auch auf moralische Abgleitungen und Vorfälle von Korruption, an denen die europäischen Entdecker mit ihrem anderen Besitz- und Machtdenken keineswegs unbeteiligt waren. Insofern war Forsters stilistisch hoch stehender Bericht[191] sachlich, reflektiert und skeptisch genug (insbesondere gegenüber der Überlegenheit der Europäer), um für das Genre der Reisebeschreibung[192] zu einer Art Vorbild zu werden. Vor allem aber belebte und steigerte er das Leserinteresse auch an der fiktionalen Reise- und Abenteuerliteratur, die sich erst im 19. Jahrhundert im Zuge der Auswanderungsbewegung nach Amerika voll entfaltete und damit auch ganz neue Räume, etwa den ‚Wilden Westen', eröffnete.[193]

Eine Gegenstimme inmitten der allgemeinen Südsee- und Tahitibegeisterung bildete Kants Essay *Mutmaßlicher Anfang der Menschheitsgeschichte* (1786). Für Kant war der Zustand der Unschuld, den man in der exotischen Ferne zu finden meinte, der Zustand der Unmündigkeit, in dem der Mensch lediglich den Stimmen seiner Natur, seinen Trieben, folgt, nicht aber der Stimme der Vernunft und der Sittlichkeit.

Eine andere Art von Reisebeschreibungen als die spektakulären Expeditionsberichte, aber keineswegs als Reaktion auf diese zu verstehen, sondern als parallel laufende literarische Erscheinung, zeigten die Schilderungen so genannter ‚empfindsamer Reisen' in den Romanen eines Moritz August von Thümmel, Theodor Gottlieb Hippel und vieler anderer, die sich alle an Laurence Sternes *A Sentimental Journey Through Italy and France* (1768) orientierten. In den hier erzählten Geschichten, die ihre realen Entsprechungen in den im 17. und 18. Jahrhundert üblichen Kavalierstouren herrschaftlicher Söhne, aber auch in den die Kavalierstouren nachahmenden Bildungsreisen junger bürgerlicher Akademiker und Hauslehrer (insbesondere nach Italien) hatten, wurde die Welt in hohem Maße Anlass zu subjektiven Betrachtungen. Sie interessierte in diesen Romanen weniger um ihrer selbst und ihrer Eigenarten willen denn als Anregung, den Protagonisten Empfindungen und Gedanken äußern zu lassen. Dafür eigneten sich auch Bagatellen und Banalitäten, so dass die auf Reisen gesehene Wirklichkeit in eine Vielzahl kleiner Ausschnitte zerfiel, ihre Betrachter als Personen dafür umso deutlicher in Erscheinung traten. Damit diese für den Leser an Reiz gewannen, wurden die gefühlvollen, geistreichen Helden, die reflektierenden Empfindsamen, gerne auch als liebenswerte Sonderlinge gestaltet – Sternes Yorick, den eine ganze Generation von Lesern liebte, ist das beste, oft nachgeahmte Beispiel dafür. Die Hauptperson beispielsweise in Thümmels *Reise in die mittäglichen Provinzen Frankreichs* (1791–1805) ist ein Hypochonder, ein neurotisch Ichbefangener, der zugleich die Gefahren bewusst macht, in die fortwährende Selbstbeobachtung führen kann.

So verwandelt sich der Reise- und Abenteuerroman in dieser Ausprägung zum psychologischen Roman, und er steht mit seiner Vorliebe für komische Käuze zugleich auch an der Grenze zum satirischen Roman, der von Überzeichnungen lebt.

Satirische Romane

Die satirischen Romane des 18. Jahrhunderts, die sich in ihrer Schärfe mit den satirischen Kurzformen (vgl. o.) nur selten messen, dafür aber mehrere Aspekte der Wirklichkeit zur Zielscheibe ihres ‚Angriffs‘ vereinen konnten, nutzten, um diesen Wirklichkeitszuwachs aufzubauen, gerne zumindest das Konstruktionsschema des Abenteuer- und Reiseromans, die Reihung von Handlungsepisoden wie auf einer Kette.

Wezel und Wieland

Einzelne Figuren in den Mittelpunkt rückten – um die in dieser Hinsicht wichtigsten Titel zu nennen – Wilhelm Ehrenfried Neugebauers *Der teutsche Don Quijotte* (1753), Christoph Martin Wielands schon erwähnter *Der Sieg der Natur über die Schwärmerei oder die Abenteuer des Don Sylvio von Rosalva* (1764) und Johann Carl Wezels *Lebensgeschichte Tobias Knauts, des Weisen, sonst Stammler genannt* (1773–76). Während Neugebauer in deutlicher Anlehnung an Cervantes seinen von der Lektüre galanter Romane verblendeten Helden mit seinem Diener in die Welt schickt, um ihn dort ständig scheitern, am Ende aber doch zur Vernunft kommen und seine Pflichten erfüllen zu lassen, ist Wielands Don Sylvio ganz ähnlich ein begeisterter Leser von Feenmärchen, bis er auf der Suche nach Erfüllung seiner Träume durch eine Parodie ernüchtert wird. Beide Romane waren vom Optimismus der frühen Aufklärung geprägt, dass aus der Verirrung in Illusionen ein Weg zu einer ‚vernünftigen‘ Lebensgestaltung zurückführt. Wezel teilte diese Überzeugung nicht. Sein Held, ein behinderter und zugleich stumpfsinniger Mensch, eine Art Gegenbild des ‚reinen Toren‘, weil er den ethischen Wert, den diese Figur zum Beispiel bei Wolfram (vgl. P. N., 2012 a, III) oder bei Grimmelshausen (vgl. o., Kap. 1) trägt, auch nicht andeutungsweise besitzt,[194] ist durch Vererbung und Erziehung völlig determiniert und zudem von so vielen satirisch ins Bild gesetzten deformierten Existenzen umgeben, dass dieses „Panoptikum von Karikaturen“[195] als entschiedene Absage an die Vorstellung von der Perfektibilität (der Fähigkeit zur Vervollkommnung) des Menschen zu verstehen ist.

Wezels zweiter bedeutender Text, der erst 1965 durch Arno Schmidt wieder aus der Vergessenheit gehobene *Belphegor oder die wahrscheinlichste Geschichte unter der Sonne* (1776), gehört in die Gruppe satirischer Romane, deren Angriffe sich stärker auf gesellschaftliche Verhältnisse richten. Denn obwohl Belphegor, der sich auf ständigen, Kontinente überspringenden Irrfahrten befindet, durchaus im Mittelpunkt steht, dient seine Figur doch nur dazu, eine These von gesellschaftspolitischer Relevanz zu verhandeln. Insofern orientiert sich Wezel an Voltaires philosophischem Thesenroman *Candide*, aus dem er im Übrigen auch viele Einzelheiten übernommen hat.[196] Belphegor, von der gütigen Natur des Menschen überzeugt, erfährt auf seinen Reisen ein Debakel nach dem anderen. Jede erzählte Episode trägt dazu bei, wenn nicht ihn, so doch den Leser zu desillusionieren und die These zu widerlegen, dass die Welt sich – den Idealen der Aufklärung entsprechend – vernünftig einrichten lasse. Die Erfolge seines Antipoden Fromal, des intellektuellen Zynikers, führen vor Augen, dass Neid, egoistische Vorteilsnahme und Gewalt das Zusammenleben der Menschen bestimmen. Die Vieldeutigkeit von Voltaires *Candide* wird in eine einseitig pessimistische Bestandsaufnahme verwandelt. Doch endet der Roman mit einem ‚offenen' Ausblick. Denn trotz aller Enttäuschungen zieht der unerschütterlich optimistische Belphegor in den amerikanischen Unabhängigkeitskrieg, um für Recht und Freiheit zu kämpfen, ohne dass freilich deutlich würde, wie diese Wertvorstellungen zu verwirklichen wären.

Von der satirischen Überzeichnung einzelner Figuren und der satirischen Figurierung einer philosophischen These löste sich die breitere Gesellschaftskritik Friedrich Nicolais in seinem viel gelesenen, von Lessing, Herder und Goethe gelobten satirischen Roman *Das Leben und die Meinungen des Herrn Magisters Sebaldus Nothanker* (1773–76). Schon der Titel erinnert an *The Life and Opinions of Tristram Shandy Gentleman* (1759–67) von Laurence Sterne, von dessen die Kausalkette des erzählten Geschehens spielerisch auflösender, die Dialogbereitschaft des bürgerlichen Lesers nutzender und diesen in eine innere Gesprächssituation mit dem Erzähler ziehender, völlig ungewohnter Technik der Abschweifung Nicolai sich immerhin so weit anstecken ließ, dass ein großer Anteil an Reflexionen den durch Deutschland und Holland führenden Leidensweg des Titelhelden überlagert. Auch dieser Held ist wie Wezels Belphegor ein Dulder, der seine Niederlagen mit heiterem Stoizismus erträgt. Aber die satirischen Energien des Autors richten sich – trotz der seltsamen Steckenpferde, die er ihm zuweist wie Sterne seinen Figuren – nicht auf ihn als Sonderling; vielmehr unterstützt der Wahrheitssinn des Sebaldus Nothanker das Bedürfnis Nicolais, allgemeine Missstände anzuprangern: hauptsächlich die gegen die Aufklärung sich richtende kirchliche Orthodoxie, aber auch den frömmelnden Pietismus, die literarische Geniebewegung, die oberflächliche Lebensweise des Adels u. a. m. Der das bürgerliche Selbstverständnis der Gewissensfreiheit und des vernünftigen Handelns propagierende Roman gewann zusätzlichen Reiz durch zahlreiche Anspielungen auf prominente Personen des Zeitgeschehens.

Ein gesellschaftskritischer Zeitroman war auch Wielands *Geschichte der Abderiten* (1774–80), der wohl wichtigste satirische Roman des 18. Jahrhunderts. Wielands

Abderiten, koloniale Abkömmlinge der Athener, sind eine Gesellschaft von Spießbürgern, die Ruhmsucht, Ehrgeiz, Dummheit und Bösartigkeit in sich vereint – schon dies eine Provokation für all diejenigen, die unter dem Einfluss Winckelmanns im Griechentum das Urbild humaner Vollendung sahen. Allerdings gab Wieland genügend Hinweise, dass er seine Abderiten als „Völkchen" verstanden wissen wollte, das man überall und zu allen Zeiten findet. So lebt es in Verhältnissen, die man als Leser durchaus mit denen eines deutschen Territorialstaates im 18. Jahrhundert vergleichen konnte, und auch der „Abderitismus" selbst, die Eigenschaften und Verhaltensweisen der Abderiten, ließ sich, wenn man genügend abstrahierte und das Typische in ihm sah, auf die Gegenwart übertragen (und übt auch heute noch Reiz aus). In ihrem Wunsch, es den Athenern in allen Bereichen des kulturellen Lebens gleichzutun, versteigen die Abderiten sich in Anstrengungen, die ihre Unzulänglichkeiten auf komische Weise enthüllen. Alles, was sie beginnen, gerät zur Parodie ihrer Vorbilder, auch ihre Republik ist das Zerrbild eines vernünftigen Staatswesens und ihr Froschkult das traurige Missverständnis von Religion. Als Gegenbilder der sich wie Narren[197] aufführenden Halbgebildeten wirken drei Figuren, die das Ideal des aufgeklärten Staatsbürgertums verkörpern: Demokrit, Hippokrates und Euripides. Gerade in den Gesprächen mit ihnen erweist sich die Torheit der Abderiten und in der Ausgrenzung Demokrits der so kurze Übergang von der Dummheit zur Inhumanität.

Die Unvernunft der Abderiten erscheint bei Wieland nicht korrigierbar. Vernunft, so lässt er erkennen, kann sich nur durchsetzen, wo bereits Vernünftige sind.[198] So bleibt nur die ironische Resignation oder das Amüsement der Überlegenen, die Belustigung des sich distanzierenden Erzählers und der von ihm mitgenommenen Leser über die Albernheit der Dummen (vgl. das 8. Kapitel im 3. Buch), in denen man sich – wenigstens teilweise – zugleich immer auch selbst wiedererkennen kann. Die Satire verliert damit ihre Zuversicht, bestehende Verhältnisse verändern zu können. Der literarische Angriff verwandelt sich in ein Rückzugsgefecht. Die Vernünftigen (Erzähler und Leser) ziehen sich in sich selbst zurück und schützen sich durch ihr Lachen – über die anderen, aber auch über sich selbst.

Der Stilwandel zum humoristischen Roman

Der Stilwandel vom satirischen zum humoristischen Erzählen war, obwohl im Umfeld der Französischen Revolution weiterhin einzelne radikale satirische Texte publiziert wurden (u. a. Georg Friedrich Rebmanns *Hans Kiekindiewelts Reisen in alle vier Erdteile*, 1795) nicht mehr aufzuhalten – eine Folge nicht nur der Erfahrung der Wirkungslosigkeit satirischen Schreibens, sondern auch des Verlusts allgemein verbindlicher Beurteilungskriterien der gesellschaftlichen und politischen Wirklichkeit und des damit verbundenen Rückzugs in die Innerlichkeit. Am Ende dieses Stilwandels standen die – nur noch sehr bedingt in den Kontext dieses Abschnitts gehörenden – Romane Jean Pauls (vgl. u. zu einzelnen seiner Romane S. 288 ff. und S. 303 f.), der mit heftigen Attacken gegen Auswüchse des Absolutismus und aufklärerischem Elan begonnen hatte, seine satirischen Neigungen dann aber in humoristischem Erzählen aufgehen ließ, das er selbst (wie seine *Vorschule der Ästhetik* von 1805 belegt) als romantisches Erzählen verstanden wissen wollte.[199] Die humoristische, die romantische Haltung zur Welt erwies sich für ihn in der subjektiven Verfügungsgewalt über die Wirklichkeit. Alles Wirkliche war ihm – in dieser humoristischen Haltung – nur Material seiner Einbildungskraft – und seine Romane wurden zu Geweben von Anspielungen, Zitaten, Exkursen, teilweise bizarren Bild- und Gedankenkombinationen, Perspektiven- und Themenwechseln, ironischen Kommentierungen des sich einmischenden Erzählers u. a. m., die in ihrer rhetorischen Kunstfertigkeit das große Vorbild von Sternes *Tristram Shandy* übertrafen und sich von der in der Tendenz geradlinigen Erzählweise der Aufklärer weit entfernten.

Familien-, Liebes- und Eheromane

Anders als die bisher vorgestellten Genres des Romans, die auf die Breite gesellschaftlicher Verhältnisse zielten, Abenteuer in der Ferne einbezogen, utopische Lebensbedingungen entwarfen, Kritik an Missständen übten usw., konzentrierten sich die Familien-, Liebes- und Eheromane des 18. Jahrhunderts auf die privaten Beziehungen von Menschen und die Darstellung ihrer Innenwelt. Dies schloss nicht aus, dass gerade auf diese Weise auch Konflikte und Wünsche Ausdruck fanden, die das gebildete Bürgertum insgesamt (und teilweise auch den Adel) prägten.

Die Bedeutung des Briefromans

Um Einblick in das Innere der Figuren zu gewähren, um also ganz unmittelbar ihre subjektiven Empfindungen und Gedanken wiederzugeben, schien nichts so geeignet wie der Brief, der in der bürgerlichen Lebenswelt des 18. Jahrhunderts längst nicht mehr ausschließlich für die politische und geschäftliche Korrespondenz, sondern auch als Mittel persönlicher Mitteilungen genutzt wurde. So ist der Familien-, Liebes- und Eheroman zugleich die eigentliche Geburtsstunde des Briefromans, auch wenn schon viel früher Briefe vereinzelt in den Handlungsgang von Romanen (z. B. von Schäferromanen, vgl. o., I) eingefügt worden waren.

Die Zielgruppe des neuen Genres waren vornehmlich die Frauen, die, wie beschrieben, in der Realität durch Rollenzuweisung besonders auf die ans Gefühl gebundenen Tugenden wie Herzensfrömmigkeit, Altruismus, Familiensinn, Sanftmut, Zärtlichkeit verpflichtet waren. Indem der weiblichen Leserschaft durch die Texte gerade die Gefährdung solcher Tugenden vergegenwärtigt wurde, sollte deren Wert nur umso stärker ins Bewusstsein gehoben werden. So zeigen die – zunächst in der Mehrzahl von Männern, später immer mehr auch von Frauen verfassten[200] – ‚empfindsamen' Familien-, Liebes- und Eheromane und all ihre trivialen Derivate ihre Protagonistinnen in Anfechtungen, deren Überwindung die Moral stärken sollte, deren Darstellung aber zweifellos auch ihren eigenen Reiz ausübte. Als Feind der weiblichen Tugendhaftigkeit wurde in der Regel die unkontrollierte Leidenschaft herausgestellt. Verführungen, Entführungen, Vergewaltigungen, inzestuöse Beziehungen wurden in Szene gesetzt – vornehmlich um zu zeigen, wie all diese von der sexuellen Triebnatur des Menschen verursachten Abgleitungen durch Vernunft und Liebe besiegt werden können. Der grundsätzliche Konflikt zwischen der vernunftgesteuerten ‚Sanftmut des Herzens' und den unbeherrschten Affekten verband sich mit einigen immer wiederkehrenden Motiven, die auf Ängste wie auf Wünsche bürgerlicher Frauen des 18. Jahrhunderts verweisen, – zunächst hauptsächlich dem der verfolgten Unschuld und dem der Überwindung von Standesgrenzen, später auch dem der Entsagung.

Gellert und La Roche

1740 erschien in England Samuel Richardsons Briefroman *Pamela, or Virtue Rewarded*, in dem ein armes, sittsames Dienstmädchen in Briefen an ihre Eltern erzählt, wie sie den Verführungsversuchen des auch vor einer Entführung nicht zurückschreckenden jungen Herrn B. widersteht, bis aus dem Wüstling schließlich, nachdem er, von Rührung überwältigt, ihre Aufzeichnungen gelesen hat, ein sie ernsthaft liebender Ehemann wird. Diese Gedanken, dass die Tugend sich gegen die Unmoral durchsetzt, dass also die Frau in ihrer sexuellen Unschuld dem triebgebundenen Mann überlegen ist, und zwar gerade auch dem sozial über ihr stehenden Mann, wurde in Deutschland dankbar aufgegriffen. Nicht nur Gellerts Roman *Das Leben der schwedischen Gräfin von G. …* (1747/48) ist von ihnen getragen, sondern auch Sophie von La Roches *Geschichte des Fräuleins von Sternheim* (1771).[201]

In Gellerts beliebtem, während des 18. Jahrhunderts in fünf Auflagen erschienenem Roman, dem ersten deutschen Familienroman, ist die mit Motiven des Abenteuerromans angereicherte Handlung ins Milieu des Adels verlegt, in dem sich gleichwohl bürgerliche Wertvorstellungen bewähren. Hier widersteht eine Gräfin, deren Mann sich im Krieg befindet, den Annäherungsversuchen und Intrigen eines Prinzen und vermählt sich, als der Graf totgeglaubt ist, mit dem bürgerlichen Freund ihres Gatten. Doch der Graf kehrt zurück, der Freund verzichtet, lebt jedoch mit den nun wieder Vereinten weiterhin in einer Lebensgemeinschaft zusammen, zu der auch noch eine bürgerliche Freundin des gräflichen Paares gehört. Das Verhalten dieser Hauptfiguren ist vollkommen diszipliniert. Selbstbeherrschung bezwingt alle Affekte und soll vorbildlich wirken, gerade angesichts der Emotionalität anderer, in einer Nebenhandlung kontrapunktisch eingesetzter Figuren. Gleichwohl sind die Protagonisten keineswegs gefühllos, nur wird ihr Gefühl durch ihre moralische Anstrengung gemildert, verwandelt ihre Leidenschaft sich in Herzensneigung und soziale, auch die Standesgrenzen aufhebende Verbundenheit. Auch wenn der Roman heute gern als „Musterfall moralischer Planwirtschaft" abgetan wird,[202] ist er, historisch gesehen, doch einer der wichtigsten Impulse, Literatur als Mittel der Erziehung des Menschen einzusetzen. Mit dem durch ihn vermittelten Blick auf die Frau als vernünftige, den Männern ebenbürtige, wenn nicht sogar überlegene Person, seinem Bild von der Ehe als einer Institution, in der sich die Partner aus freiem Entschluss aneinander binden, redete er der Aufhebung geschlechtsspezifischer Privilegien das Wort – ebenso wie er, wofür auch Adoptionen fremder und verlassener Kinder durch die Gräfin stehen, Standesgrenzen einzureißen suchte. Auch Außenseiter wie der „pohlnische Jude" (der erste ‚edle Jude' in der deutschen Literatur),[203] der dem Grafen das Leben gerettet hat und diesen später besucht, gehören gleichberechtigt in die offene Gesellschaft, die Gellert (lange schon vor Kant) als Ideal vor Augen schwebte.

Der Wert reflektierten und zugleich maßvollen Handelns, den Gellert seinen Lesern nahe zu bringen suchte, findet unter anderem auch Ausdruck in der Bedeutung, die gerade die ‚aufgeklärten' Romanfiguren dem Schreiben und Lesen beimessen. Während die ihren Leidenschaften ausgelieferten jungen Menschen in diesem Roman immer wieder in „Affektgeschrei"[204] ausbrechen, gefallen sich die disziplinierten Älteren im Umgang mit dem geschriebenen Wort. Zum Leben der Aufgeklärten gehört deren Literalität. Nicht nur ist das Lesen und das Nachdenken über das Gelesene die liebste Beschäftigung der Gräfin und ihres bürgerlichen Freundes und zeitweiligen Gatten; auch das Schreiben von Briefen gehört zu ihrer Lebenspraxis und wird immer dann wichtig, wenn es gilt, von der eigenen Emotionalität Abstand zu gewinnen und sie zu verarbeiten. Lesen und Schreiben sind somit Beschäftigungen, in denen die Unmittelbarkeit des Umgangs miteinander aufgehoben und die Vernunft sich geltend machen kann, die allein die Gelassenheit ermöglicht, mit der sich das Zusammenleben ‚regeln' lässt. Dabei folgt das Schreiben immer dem Vorsatz der Verständlichkeit. Die Briefe schreibenden Romanfiguren bemühen sich wie der hinter ihnen stehende, die erzieherische Wirkung auf den Leser im Blick behaltende Gellert um einen Stil, der aus möglichst unkomplizierten Kurzsätzen besteht und durch Inversionen, Ellipsen, Ausrufe, rhetorische Fragen um Lebendigkeit (im Sinne von Beweglichkeit) bemüht ist. Dass das Innere der Figuren eher abstrakt benannt wird als unmittelbaren Ausdruck findet (eine Möglichkeit, die erst Goethe mit seinem *Werther* ganz erschließt), ist nicht einfach Unvermögen, sondern liegt ganz in der Konsequenz ‚vernünftigen' Schreibens.

Noch deutlicher als Gellert gab Sophie von La Roche ihre pädagogischen Absichten zu erkennen. In ihrer anonym erschienenen, von Wieland herausgegebenen, sich als überaus erfolgreich erweisenden *Geschichte des Fräuleins von Sternheim*, dem ersten von einer Frau verfassten Familien- und Liebesroman in der deutschen Literatur des 18. Jahrhunderts, erweiterte und steigerte sie das von Gellert angeschlagene Motiv der verfolgten Unschuld. Die halbbürgerliche Heldin widersteht dem Versuch ihrer Verwandten, sie aus Geldgründen dem Landesherrn als Mätresse anzudienen; sie verweigert sich einem heuchlerischen adligen Casanova, der sie unter dem Vorwand, sie vor Nachstellungen zu schützen, entführt und eine Scheinehe mit ihr eingeht, und sie übersteht eine weitere Entführung und sogar Einkerkerung. Die Verfasserin nutzte auch das Motiv der Überwindung der Standesgrenze, die aber als solche nicht in Frage gestellt wird, denn am Ende wird Sophie von Sternheim von einem Lord, der sich einst bei Hof in sie verliebt hatte, geheiratet und empfängt den Lohn ihrer Tugend durch eine Standeserhöhung. Die Vorbildlichkeit der Heldin sah La Roche allerdings nicht nur in der geduldigen Hinnahme breit dargestellter Entbehrungen, obwohl das in der Leserschaft Mitleid evozierende Entsagungsmotiv sich in diesem Roman deutlich ankündigt, sondern vor allem in der Kompensation privaten Unglücks durch anderen Menschen geltende Wohltätigkeiten. Gerade in ihrer Verlassenheit bewährt Sophie von Sternheim sich wiederholt als Erzieherin, errichtet sogar eine Institution zur Ausbildung junger Mädchen, in der Fragen ökonomischer Haushaltsführung u. a. erörtert werden – hier schlagen sich Ansichten nieder, die Sophie von La Roche auch in ihrer Zeitschrift *Pomona für Teutschlands Töchter* (1783/84) und in Erziehungsbüchern wie *Briefe an Lina als Mädchen. Ein Buch für junge Frauenzimmer die ihr Herz und ihren Verstand bilden wollen* (1785/87) publizierte. Dass der Altruismus der Heldin nicht frei von Eigenliebe ist (dieser Aspekt wird im Roman mehrfach reflektiert) und ihre Fürsorglichkeit zuweilen hysterische Züge annimmt, tut seiner literaturgeschichtlichen Bedeutung als Frauenroman, der die Geschlechterrollen neu zu definieren suchte, keinen Abbruch. Sie liegt sowohl in der hervorgehobenen Selbstständigkeit der Heldin während ihrer Bewährungsproben als auch in ihrem Bemühen, sich als Person zu artikulieren. Denn dieser Briefroman, der trotz eingefügter erzählerischer Partien zum größeren Teil aus Briefen Sophies besteht, macht sinnfällig – und wurde nicht zuletzt deswegen auch von Goethe, Herder, Jacobi enthusiastisch begrüßt –, dass Frauen begannen, sich in den öffentlichen Diskurs ‚hineinzuschreiben'.

Das zweite ausländische Vorbild für den deutschen Briefroman war neben Richardson Jean-Jacques Rousseau. Dessen Briefroman *Julie ou La Nouvelle Héloïse* (1761) begnügte sich nicht mit der Selbstentblößung einer Seele, sondern stellte Liebe als Leidenschaft dar und bezog dabei die Natur als Stimulans der Seelenregungen der Liebenden ein. Dies öffnete den Weg für Goethes *Werther*, in dem auch das Grundmotiv der *Nouvelle Héloïse*, dass die Liebe wegen der ehelichen Bindung des einen Partners nur im Verzicht sich verwirklichen kann, aufgegriffen wurde.

Goethes *Leiden des jungen Werthers* und seine Rezeption

Die Leiden des jungen Werthers (1774), drei Jahre nach La Roches *Geschichte des Fräuleins von Sternheim* erschienen, ist ein Briefroman, der (abgesehen von den Ergänzungen des fiktiven Herausgebers am Schluss) ausschließlich aus Briefen Werthers selbst besteht, die er (mit der Ausnahme einiger an die von ihm geliebte Lotte gerichteter Briefe) in einem Zeitraum von knapp zwanzig Monaten seinem Freund Wilhelm schreibt. Diese Briefe sind im Wesentlichen monologisch, dienen nicht dem Gedankenaustausch zweier Partner, sondern dem Ausdruck des Gefühlsreichtums eines Subjekts. Da alle geschilderten Ereignisse den Schreibenden innerlich berühren, werden seine Briefe, die eben immer auch seine Stimmungen und Gedanken wiedergeben, zu einer Seelengeschichte, wie sie der Briefroman in dieser Intensität bis dahin nicht gekannt hatte.

Thema des Buches ist die aufbrechende, nicht einzudämmende Leidenschaft Werthers für die bereits verlobte Lotte, die er als Besucher der kleinen Stadt, in der sie lebt, kennen gelernt hat. Seine tragische Situation entsteht aus dem Gefühl seiner Liebe als einer seelisch-körperlichen Einheit, das es ihm unmöglich macht, mit Lotte nur eine Seelenfreundschaft einzugehen. Als sinnlich geliebte Frau aber ist sie ihm verwehrt und verwehrt sie sich ihm. Die religiöse Dimension seiner Liebe, deren Absolutheitsanspruch, der eine ‚vernünftige' Regelung, wie sie Gellert in der *Schwedischen Gräfin* vorgeschlagen hatte, von vornherein verbietet, die Kraft des Herzens, auf die Werther sich als Grundlage seiner Existenz beruft (und die alle sentimentalen Züge, die ihm auch eigen sind, als nebensächlich erscheinen lässt), die Eindringlichkeit seines Erlebens, das die Natur wie die Liebe als Abglanz des Göttlichen empfindet und deswegen, wenn es sich ausspricht, immer auch Naturbilder und Liebesempfindungen in Beziehung setzt, die Unmittelbarkeit seiner (grammatikalische

Normen oft durchbrechenden) Sprache, die das Gefühl nicht abstrakt benennt, sondern es als seelischen Vorgang mitvollziehbar werden lässt, – all dies begegnete den lesenden Zeitgenossen als etwas überwältigend Neues.[205] Als etwas ebenso Neues, aber zugleich als Einbruch in das Weltbild der Aufklärung (viel mehr noch der Orthodoxie), wurde Werthers Selbstmord empfunden. Werther nimmt sich das Leben, nachdem er sich zunächst von Lotte und Albert zurückgezogen hat (seine Stellung in einer Gesandtschaft, seine Einladung auf ein ländliches Schloss sind Anlass zur Kritik an der höfisch-großbürgerlichen Gesellschaft und ihrer Missachtung individueller Bedürfnisse), dann, auf sein Innenleben zurückgeworden, zu beiden zurückgekehrt ist und zu spüren begonnen hat, dass sein Verhalten ins Pathologische umschlägt. Doch seine ‚Krankheit' ist zugleich seine Größe.[206] Weil die Liebe schlechthin alles für ihn bedeutet und er sie nicht relativieren kann, bleibt nur der Tod als Ausweg. Die ‚aufgeklärte' Leserschaft, dazu erzogen, menschliche Verhaltensweisen – in welchen Situationen auch immer – der Kontrolle der Vernunft zu unterwerfen, biss sich geradezu an diesem Schluss fest, zumal der Selbstmord im Roman nicht von einem einfältigen, sondern einem hochgebildeten Menschen begangen wird. Die verstörende Wirkung dieses Schlusses wird nicht nur durch verschiedene Nachbildungen und Parodien (vgl. u.) belegt, die den tragischen Konflikt im *Werther* und auch dessen Kunstcharakter – seine Komposition, seine Motivverflechtungen – absichtlich übersahen; erschreckender war, zumal für Goethe, die Welle der Nachahmungstaten von Menschen, die sich mit der literarischen Figur so identifizierten, dass sie in deren Selbstmord den Ausweg aus eigener Verzweiflung sahen. Hinzu kamen Missverständnisse anderer Art. Die einen sahen im *Werther* die Verherrlichung von Empfindsamkeit (im Sinne einer in sich kreisenden Gefühlsseligkeit), was er gerade nicht war; andere lasen ihn als Schlüsselroman und zeigten sich von den biographischen Anlässen für seine Entstehung fasziniert. Nicht zuletzt die Aufgeregtheiten seiner Rezeption führten dazu, dass der *Werther* Goethes größter Bucherfolg wurde und er selbst eine europäische Berühmtheit. 1787 erschien eine zweite Fassung, in der durch einige Zusätze die tragische Situation Werthers noch deutlicher herausgestellt wurde. Danach umging Goethe diesen Roman mit Scheu. Wie nah er ihm dennoch war, zeigt sein 1824 in hohem Alter geschriebenes Gedicht *An Werther*.

Das Unbehagen, das die Aufklärer, unter ihnen auch Lessing, gegenüber dem *Werther* bekundeten, gipfelte in Friedrich Nicolais Parodie *Freuden des jungen Werthers* (1775). Albert füllt die Pistole, mit der Werther sich erschießen will, mit Hühnerblut und tritt ihm Lotte ab. Dieser billige Spott, der sich gegen die Übersteigerung der Empfindungen Werthers richtete, verriet nur, dass dem Verfasser die existenzielle Konfliktlage Werthers verschlossen geblieben war. Ob das Verständnis derer, die Werthers Gefühlsintensität bewunderten, allerdings viel weiter reichte, lässt sich bezweifeln. Während Jakob Michael Reinhold Lenz in seinem 1776 erschienenen Fragment eines Briefromans *Der Waldbruder. Ein Pendant zu Werthers Leiden* die erhitzte Neigung des Helden für eine Frau, der er nie begegnet ist, durch Konversationspartner, die sich darüber austauschen, wie sie ihn zur Besinnung bringen können, immerhin problematisierte, stellte Johann Martin Miller die Empfindsamkeit des Helden ganz ungebrochen in den Vordergrund. Sein *Siegwart. Eine Klostergeschichte* (1776) hatte eine ähnlich große öffentliche Resonanz wie Goethes Roman. Miller, der das Entsagungsmotiv des *Werther* aufgriff und als Besonderheit den Raum des Klosters als literarisches Motiv in die deutsche Literatur einführte, war allerdings weit davon entfernt, einen tragischen Konflikt zu gestalten, sondern ließ seine Erzählung einfach nur traurig enden. Der Protagonist haucht auf dem Grab seiner Angebeteten vor Kummer sein Leben aus, nachdem er, Priester geworden, in einer sterbenden Nonne die Frau wiedererkannt hat, der er einst sein Herz verschrieb und die, um ihre Seelentreue zu bewahren und die Ehe mit einem anderen zu vermeiden, ins Kloster gegangen war.

Auffallend ist die Tränenseligkeit der Figuren in diesem Roman. Waren Tränen noch einige Jahrzehnte zuvor – etwa in Schnabels *Insel Felsenburg* (vgl. o.) – eine Art Vertrauensbeweis einander nahe stehender Menschen, die auch ihr Inneres nicht voreinander zu verbergen brauchen, so wird bei Miller fast reflexartig über alles und jedes geweint,[207] wirken die Tränen wie ein Angebot an den Leser, Gefühle des Schmerzes zu genießen. Nicht umsonst gestaltete Miller fortlaufend Situationen, die Anlass zum Weinen bieten konnten, den Abschied, die Trennung, die Verlassenheit. Während er (im Vorbericht zum *Siegwart)* den Wert des Weinens für die Besserung der Menschen herausstellte, übersah er geflissentlich den kommerziellen Aspekt seiner literarischen Gefühlsschwelgerei, die es dem Leser ermöglichte, eigene ungeklärte Empfindungen in Tränen sich ergießen zu lassen. Welch ein Nerv hier getroffen und vermarktet wurde, belegen die vielen Neuauflagen und Raubdrucke des Romans, etliche Nachahmungen, sogar Vertonungen einzelner seiner Motive.[208]

Empfindsame Unterhaltungsliteratur

Sophie von La Roches *Geschichte des Fräuleins von Sternheim* und Goethes *Werther* lösten eine im Wesentlichen auf die Unterhaltung der Leser zielende Flut von Familien-, Liebes- und Eheromanen aus, die, indem in ihnen die Wahrhaftigkeit des Gefühls häufig in eine affektiert zur Schau gestellte Gefühligkeit abglitt, den Weg für den trivialen Frauenroman des 19. und 20. Jahrhunderts öffnete. Sehr viele dieser

Texte wurden in der Folgezeit von Frauen geschrieben, deren Anliegen, die Lebensbedingungen und die Rollenzuweisung der Frau der öffentlichen Betrachtung auszusetzen, nicht zu verkennen ist, auch wenn diese Rollenzuweisung letztlich meist akzeptiert wurde. Dabei erhielt das Motiv der Entsagung besondere Bedeutung. Am publikumswirksamsten gestaltete es Wilhelmine Karoline Wobeser in ihrem Roman *Elisa oder das Weib wie es seyn soll* (1795). Die Heldin verzichtet auf ihren ihr an Tugend und Bildung gleichwertigen Geliebten, stimmt der ihr aufgezwungenen Ehe mit einem stumpfsinnigen Egozentriker zu und erträgt die Demütigungen an seiner Seite unerschüttert und ohne zu klagen. Ihre Leidenschaft bezwingt sie durch das selbstauferlegte Sittengesetz. Zufriedenheit, ist die Botschaft der Autorin, findet die Frau durch Anpassungsfähigkeit, Verzicht und Pflichterfüllung. Viele Leserinnen fanden ihr eigenes Schicksal hier offenbar gespiegelt, anders ist der Erfolg des Romans kaum zu erklären. – Neben den sich aufopfernden Heldinnen standen die ledig Gebliebenen wie in Friederike Helene Ungers *Julchen Grünthal* (1784 ff.) oder aber die Leidenden wie in Romanen von Eleonore Thon und Sophie Dorothea Liebeskind.[209]

Daneben wurde das Motiv des Standesunterschieds in der Unterhaltungsliteratur des späten 18. Jahrhunderts allerdings nicht vergessen. Ganz vorrangig war es in August Lafontaines Erfolgsroman *Klara du Plessis und Klairant* (1794). Klara, die Tochter eines aus Frankreich emigrierten Vicomte liebt Klairant, den Sohn eines nicht standesgemäßen Pächters. Der Vicomte kann diese Bindung nicht gutheißen. Aus dem durch die Mesalliance entstehenden Konflikt zwischen Herzenszuwendung und überkommener Sitte erwachsen Verwirrungen und Intrigen, bis Klara – von ihrem Geliebten getrennt und nur brieflich mit ihm kommunizierend – aus Trennungsschmerz schließlich stirbt und der fiktive Erzähler, sich an den am Sterbebett sitzenden Vater wendend, dessen falschen Ehrbegriff anklagt. Wie Lafontaine, der ca. 150 Romane schrieb, als Schriftsteller einzuschätzen ist, bleibt umstritten. Man mag die Banalität seiner Themen und die Unwahrhaftigkeit ihrer Behandlung herausstellen,[210] kann aber durchaus auch seine kritische Haltung gegenüber gesellschaftlichen Verhältnissen anerkennen[211] und ihn in die Nähe Kotzebues rücken.

Eheromane von Jean Paul und Goethe

Fernab aller Unterhaltungsliteratur und als unumstrittene Höhepunkte des Genres um die Jahrhundertwende stehen Jean Pauls *Blumen-, Frucht- und Dornenstücke oder Ehestand, Tod und Hochzeit des Armenadvokaten F. St. Siebenkäs im Reichsmarktflecken Kuhschnappel* (1796/97) und Goethes *Wahlverwandtschaften* (1809). Jean Paul, der selbst bezeugte, dass er von Richardson und Sterne beeinflusst war, versetzt den Leser mit dem *Siebenkäs*, dem ersten großen deutschen Eheroman, ganz in die Welt des Kleinbürgertums. Das Motiv des Standesunterschieds ist verblasst, das der Entsagung erscheint in einer neuen Variante. Denn anders als in den Unterhaltungsromanen, zumal in den von Frauen geschriebenen, wird hier nicht die Frau, sondern der Mann zur „Passionsfigur"[212] stilisiert. Allerdings gelingt es dem Armenadvokaten und Schriftsteller Siebenkäs aus Kuhschnappel, sich aus der Ehemisere, in die er durch die Heirat mit der seiner künstlerischen Arbeit verständnislos gegenüberstehenden Haubenmacherin Lenette geraten ist, auf Grund eines komödiantischen Einfalls zu befreien. Nachdem er bemerkt, dass Lenette ihrer beider armselige Lebensverhältnisse durch eine Seelenfreundschaft mit dem spießigen Schulrat Stiefel zu kompensieren sucht und er selbst die verarmte Adlige Natalie kennen lernt, entschließt er sich zum makabren Spiel eines Scheinbegräbnisses, bei dem ihm Leibgeber, sein Freund und ‚Doppelgänger' – das Wort ist eine Prägung Jean Pauls – behilflich ist. Während Lenette an seinem leeren Grab trauert, kann er unter der Identität Leibgebers nach Vaduz entfliehen, wo er ein neues Leben als Inspektor beginnt. Bis hierher ist der Roman die gleicherweise skurril wie psychologisch scharfsinnig erzählte Geschichte der Verletzungen, die zwei Ehepartner sich zufügen. Einer der Gründe für das Scheitern ihrer Ehe ist die Identitätsproblematik des bürgerlichen Intellektuellen Siebenkäs, der ständig die gesellschaftlichen Institutionen, unter anderem auch die Ehe, angreift, von denen er doch zugleich abhängig ist. Jean Paul setzt diese Problematik dadurch ins Bild, dass er seinem Helden den Doppelgänger Leibgeber zur Seite stellt. Dieser gleicht Siebenkäs (bis auf Kleinigkeiten wie einen hinkenden Fuß) in seinem Aussehen und seinen Einstellungen, aber unterscheidet sich von ihm in seiner bindungslosen, selbstbezogenen Lebensweise. Insofern ist er eine Wunschgestalt für Siebenkäs, die in dem Moment entschwindet (um in Jean Pauls *Titan* als Schoppe wieder aufzutauchen), als sie ihren Namen (d. h. im übertragenen Sinn auch ihre Identität) an Siebenkäs abgegeben hat. Kommt mit dem Doppelgänger ein phantastisches Element in den realistischen Roman hinein, so mit dessen Schluss ein märchenhaftes. Als Siebenkäs-Leibgeber ein Jahr später das Grab seiner Lenette besucht, trifft er dort Natalie, die sich ihm auf ewig verspricht. Wie ein Auferstandener wirkt er in dieser Grabesszene auf Natalie, und aus der Distanz des humoristisch ‚reflektierenden' Lesers erscheint der ganze Roman wie ein blasphemisches Spiel mit der christlichen Mythologie. Siebenkäs imitiert unter der Hand des Erzählers Leiden, Tod und Auferstehung Christi – der Text ist bis zur letzten Szene voller Anspielungen auf die biblische Geschichte. Wohin freilich das selbstgewisse Spiel derer führen kann, die sich über ihre nichtigen Daseinsbedingungen, über die Gefühle ihrer Mitmenschen und ironisch auch über sich selbst mit Humor zu erheben versuchen, deutet der als äußerste Bedrohung empfundene Traum von der ‚Rede des todten Christus vom Weltgebäude herab, dass kein Gott sei' an, die als – berühmt gewordenes – ‚Blumenstück' der Handlung beigefügt ist. Diese Rede spricht von der Grunderfahrung totaler Vereinsamung („Was ist jeder so allein in der weiten Leichengruft des Alls."), in die sich auch der intellektuelle Spötter Siebenkäs geworfen weiß, als er – vor dem Grab der getäuschten Lenette und vor seinem eigenen leeren Grab stehend – sein Verhalten als Schuld zu begreifen beginnt, bevor Natalie ihn in neue Hoffnungen stürzt.

Vom Scheitern einer Ehe schrieb auch Goethe, doch führt sein Roman, obwohl die Alltäglichkeit auch ihn beschäftigt, in eine andere Welt als der *Siebenkäs*. Der Titel *Die Wahlverwandtschaften* ist der Abhandlung *De attractionibus electivis* (1775) des schwedischen Chemikers Torbern Bergman entlehnt, der 1786 von Hein Tabor mit ‚Wahlverwandtschaften' übersetzt worden war. Bergman hatte erläutert, und Goethe war als Naturwissenschaftler davon beeindruckt, dass sich bestimmte chemische Elemente bei der Annäherung anderer Elemente aus ihren bestehenden Verbindungen lösen und sich mit den neu hinzugetretenen, ihnen gleichsam näher stehenden, ‚wahlverwandtschaftlich' vereinigen. Goethe übertrug diesen ‚gesetzlichen' Vorgang, den er übrigens in hintergründiger Ironie im Roman (in I,4) von den Figuren selbst besprechen lässt, auf menschliche Verhältnisse. In einem fiktionalen Experiment organisierte er eine Figurenkonstellation, in der dieser Prozess von Anziehung und Abstoßung in den Beziehungen zwischen den Geschlechtern verdeutlicht werden konnte. Seine Erzählhaltung ähnelt dabei durchaus der distanzierten des Naturwissenschaftlers. Die Figuren der *Wahlverwandtschaften* sind nicht psychologisch von innen her aufgebaut, sondern in ihren Verhaltensweisen und Äußerungen präsent, also von außen her gesehen. Sie bewegen sich – auch dies entspricht einer naturwissenschaftlichen Versuchsanordnung – innerhalb eines gesetzten Rahmens und treten nur in kleiner Anzahl miteinander in Beziehung – und dies unter einer bestimmten Fragestellung, nämlich wie sie als einerseits der Natur unterworfene, triebgebundene Wesen, andererseits als über ein sittliches Vermögen verfügende Personen aufeinander wirken. Natürlich weiß der dichtende Experimentator Goethe, wie sein Versuch enden wird. Insofern handelt es sich um ein Scheinexperiment. Sein Wissen ermöglicht ihm, schon während des Schreibens ein den Ausgang mitbedenkendes Zeichensystem von Bedeutungen zu entwerfen, in dem jedes Detail, ob es sich um Äußerungen und Gesten der Figuren, um ihre Handlungen, um Räume, in denen sie sich bewegen, oder um Requisiten, mit denen sie umgehen, handelt, sich auf andere Details beziehen lässt und seinen ganzen Sinn erst in der vielfältigen Spiegelung mit anderen entfaltet. Goethe hat dieses Verfahren,[213] das allem und jedem Verweischarakter auf die Grundproblematik zuspricht, ‚symbolisch' genannt , und es ist unverkennbar, wie sehr seine künstlerische symbolische Konstruktion der Reflexion des Wissenschaftlers entspringt, obwohl das Symbolgefüge gerade bezweckt, die eindeutige (und das heißt auch platte) Begrifflichkeit zu vermeiden und die Unaussprechlichkeit der Geschichte für sich sprechen zu lassen.

In ihr wird im ersten Teil zunächst das zurückgezogene, der Kultivierung von Parkanlagen gewidmete gemeinsame Leben des Barons Eduard und seiner Frau Charlotte vorgestellt. Nachdem Eduard seinen in Not geratenen Freund, den Hauptmann Otto, und Charlotte ihre Nichte und Pflegetochter Ottilie zu sich aufs Schloss eingeladen haben, sind die Voraussetzungen für das ‚elementare' Kräftespiel der ‚Wahlverwandtschaften' gegeben. Der Hauptmann und Charlotte, Eduard und Ottilie ziehen sich gegenseitig an. Während aber die ersten beiden der erwachten Neigung ihren sittlichen Willen entgegensetzen, sind die anderen beiden ihr fast hilflos ausgeliefert. Der Besuch eines in wilder Ehe lebenden Paares auf dem Schloss begünstigt den Wunsch, die neuen Gefühle gewähren zu lassen. Es kommt zum Höhepunkt des novellistisch erzählten ersten Teils, als Eduard und Charlotte während einer ehelichen Vereinigung in der Phantasie Ehebruch begehen und jeweils an den neuen Partner denken. Das in dieser Nacht gezeugte Kind wird die Züge des Hauptmanns und Ottilies tragen – hier siegt der Zeichen setzende Künstler Goethe über den Naturwissenschaftler in ihm. Es folgen Liebesgeständnisse und Trennungen. Der Hauptmann verlässt das Schloss, Eduard zieht in den Krieg.

Der zweite Teil, der zunächst das Leben der beiden zurückgebliebenen Frauen schildert, erweitert sich durch die Darstellung ihrer Tätigkeiten und der damit verknüpften Gespräche sowie durch die Einführung einiger Randfiguren, insbesondere der gefallsüchtigen Luciane, der Tochter Charlottes, zum Roman. In Opposition zu dem geselligen Treiben auf dem Schloss steht die Vereinsamung Ottilies. Die innere Erregung, in die sie gerät, als der unversehrt zurückgekehrte Eduard ihr eine hoffnungsvolle gemeinsame Zukunft ausmalt, führt zu einer Unaufmerksamkeit während einer Kahnfahrt, bei der das inzwischen geborene, ihr anvertraute Kind Eduards und Charlottes ertrinkt. Diese Katastrophe, von den Eheleuten als Zeichen des Schicksals gedeutet, ihre Verbindung aufzulösen, von Ottilie jedoch als eigenes Verschulden verstanden, führt zu deren Rückzug und Entsagung. Dies ist ihr Ausweg aus der tragischen Situation, in die sie geraten ist. Das, was ihrem Inneren die Sittlichkeit vorschreibt, deren Verletzung der Tod des Kindes drastisch vor Augen führt, ist nicht mit ihrer Liebe zu vereinbaren, die sie, ebenso wie Eduard, mit so elementarer Gewalt überfallen hat, dass nur ihrer beider Zusammensein die Übereinstimmung mit sich selbst zu gewähren vermag.

> Nach wie vor übten sie eine unbeschreibliche, fast magische Anziehungskraft gegeneinander aus … Nur die nächste Nähe konnte sie beruhigen, aber auch völlig beruhigen, und diese Nähe war genug; nicht eines Blickes, nicht eines Wortes, keiner Gebärde, keiner Berührung bedurfte es, nur des reinen Zusammenseins. Dann waren es nicht zwei Menschen, es war nur Ein Mensch im bewußtlosen, vollkommnen Behagen, mit sich selbst zufrieden und mit der Welt.[214]

Anders als Ottilie setzt Eduard nach seinem Kriegsabenteuer seinem Gefühl nichts mehr entgegen, sondern gibt ihm ganz nach. Er wird deswegen von Goethe nicht abgewertet; im Gegenteil ist er ihm ‚unschätzbar', weil er ‚unbedingt' liebt. Deswegen aber kann er Ottilies Entschluss, ins Pensionat zurückzukehren, um dort ein neues Leben in tätiger Nächstenliebe zu beginnen, nicht ertragen und stellt sich ihr in den Weg. Von seiner Zudringlichkeit belastet, verweigert sie die Nahrung und stirbt durch Askese. Eduard stirbt ihr nach; beide werden nebeneinander bestattet.

Auch der breit geratene, Züge der Legende tragende Schluss hat Zeichencharakter. Liebe und sittliche Idee lassen sich nur im Tod in Einklang bringen. Der elementaren Gewalt der Natur zu widerstehen, erhöht den Menschen zur sittlichen Person, erhöht Ottilie fast zur Heiligen, und bewirkt doch zugleich ihren Untergang.

Den Zeitgenossen Goethes blieb das Dämonische, das sich hinter der Naturgewalt der Wahlverwandtschaft verbirgt und die Ehe als sittlich begründete gesellschaftliche Institution zu zerstören vermag, eher fremd. Man warf dem Roman Immoralismus vor und verkannte damit den in ihm gestalteten tragischen Konflikt. Andere nahmen die zahlreichen Zeitbezüge, die Anspielungen auf den Müßiggang des Adels zum Anlass, den Text als Bild verwirrter Zeitläufte zu verstehen. Doch auch wenn man dies nicht abwehren will, bleiben die *Wahlverwandtschaften* doch zuerst Ausdruck des Zweifels, dass Ehen durch die Kraft der Vernunft zusammengehalten werden könnten. Hierin ist Goethes Roman dem *Siebenkäs* Jean Pauls ganz nah – und damit steht er zugleich am Beginn der Reihe der großen Eheromane des 19. Jahrhunderts, zu denen Flauberts *Madame Bovary* ebenso gehört wie Tolstois *Anna Karenina* oder Fontanes *Effi Briest*.

Schauer-, Geheimbund- und Räuberromane

Die Flucht in die Irrationalität

Die ‚Entdeckung' der großen Macht des Gefühls, aber auch die in der Trivialliteratur kommerziell genutzten Abgleitungen ins Gefühlige, in die Sentimentalität, waren Gegenbewegungen zum Vernunftoptimismus der Aufklärung, dessen zwanghafte

Seiten im Verlauf des Jahrhunderts immer weniger zu übersehen waren. Aber während die Familien-, Liebes- und Eheromane – nach anfänglicher Zustimmung zu vernunftgesteuerten Haltungen auch in privaten Beziehungen (bei Gellert oder La Roche) – diesen Vernunftanspruch zunehmend durch die Darstellung von ‚Innerlichkeit' (in der Trivialliteratur) oder aber durch den Blick ins tiefste Innere des Menschen (bei Goethe) abwehrten, gab es auch eine andere Möglichkeit der Reaktion, die Flucht in die Irrationalität.

Diese Flucht, an der teilzunehmen oder auch: der sich auszusetzen ein im Publikum unverkennbar großes Bedürfnis bestand, wurde durch Genres ermöglicht, in denen viele, zum erheblichen Teil in der Volkssage lebendige Motive hervortraten, die sich dann in der literarischen Phantastik des 19. und 20. Jahrhunderts (vgl. III) breit entfalteten: z. B. das der Umtriebe des Teufels, vor allem das des Gespenstes, aber etwa auch das des Vampirs.[215] Derartige Motive erinnerten daran, dass sich Menschen nicht nur als Vernunftwesen, wie die Anthropologie der Aufklärung es sich wünschte, sondern ebenso als bedürftige und angstbesessene Geschöpfe aus Fleisch und Blut verstanden. Auch als solche wollten viele Leser angesprochen werden, sich wiedererkennen, sich abreagieren. Insofern waren die Autoren der Schauer-, Geheimbund-, Räuberromane prinzipiell bereit, die optimistischen Deutungsmuster der Aufklärung zu unterlaufen, auch wenn viele Texte dieser Genres Ängste nur zum Spiel evozierten und dann wieder zurückdrängten. Die auf solche Texte sich beziehende Ansicht, dass die Schauerliteratur um 1800 ein Surrogat abnehmender oder durch die Aufklärung sogar ausgeräumter Insekurität und nur um eines Lustgewinn erzeugenden Angstreizes willen geschrieben und gelesen worden sei,[216] ist jedenfalls ergänzungsbedürftig. Denn das aufgeklärte 18. Jahrhundert, das die metaphysischen Traditionen erschütterte, rief auch ganz neue real empfundene Ängste erst hervor, etwa die Angst des Verlusts verbindlicher Orientierungen mit der damit verbundenen Angst vor sinnentleertem Leben und trostlosem Tod, und Literatur, die solche Ängste ins Bild setzte und auf diese Weise den mehr oder weniger bewussten Umgang mit ihnen ermöglichte, befriedigte auch andere Bedürfnisse als bloß die nach emotionaler Anspannung, unter anderem das nach Abwehr dessen, was als gewählter Angstanlass (die satanische Figur als Personifikation des Bösen, das Gespenst als Bote aus dem Jenseits, der Vampir als Erscheinung verdrängter Triebhaftigkeit usw.) undurchschaubar und bedrohlich erschien. Eindeutig sind die Gründe für den großen Erfolg der Schauer-, Geheimbund- und Räuberliteratur also nicht. Diese Genres bildeten unterschiedliche Möglichkeiten ab, wie irrationale Ängste aufgefangen, wie aber auch Bedürfnisse nach Angsterregung genutzt werden konnten. Der entscheidende Anstoß für den Schauerroman kam ebenso wie für den empfindsamen

Familien- und Liebesroman aus England. Horace Walpole stellte in *The Castle of Otranto* (1764) die Figuren, Requisiten und Situationen bereit, die das Genre der ‚gothic novel' (eben des Schauerromans) begründeten, die abgründige Schurkenfigur, Geistererscheinungen, die verfallende Burg mit ihren labyrinthischen Gängen, Kerkerhaft und Mord, Prophezeihungen und Enthüllungen usw. Was Walpole initiierte und Ann Radcliffe in ihren Romanen fortführte, steigerte etwas später M. G. Lewis ins Exzessive. In *The Monk* (1796) ließ er einen verführbaren Mönch zum Vergewaltiger, Mörder und Teufelsbündner werden und schilderte Gespensterbann, schwarze Magie, Folter und sadistische Gewalttaten.

Die deutschen Nachahmer der ‚gothic novel' fanden insbesondere an dem dort häufig wiederkehrenden Motiv der Geistererscheinung Gefallen. Geister und Gespenster, in der Volkssage seit Jahrhunderten in unterschiedlichen Gestalten präsent, in Umzügen wie der Wilden Jagd, als umgehende Tote, Aufhocker, Weiße Frauen usw., waren Bestandteile des durch die Kirche nie ausgeräumten, allenfalls eingedämmten Dämonenglaubens und spiegelten die Ängste vor dem Übergriff des Reiches der Toten in die Welt der Lebenden. Was den Aufklärern als überwunden galt, weil es den Naturgesetzen und empirisch überprüfbarer Erfahrung widersprach, bewegte gleichwohl die Einbildungskraft nicht nur der Ungebildeten, sondern vieler derer, die sich mit dem gerade durch die Aufklärung verursachten Verlust metaphysischer Orientierung nicht abfinden konnten und den Tod mehr fürchteten denn je. Dieser eroberte als Geistererscheinung oder Gespenst, nachdem er die mündlich überlieferte Erzählliteratur längst beherrschte, aber etwa auch im Drama der Shakespeare-Zeit und in den Stücken der Wanderbühnen seine Rolle spielte, nun auch den viel gelesenen Roman. Selbst Schiller, eigentlich doch der Anwalt der Ästhetik des Erhabenen, die gegen die Furcht vor der Gewalt der Natur den moralischen Willen des Subjekts einzusetzen empfahl, beugte sich in seinem Romanfragment *Der Geisterseher* (1787) dem verbreitete Ängste aufgreifenden und Sensationslüste befriedigenden Trend und erzielte mit dieser Geschichte, in der, wäre sie vollendet worden, das Thema der politischen Intrige sicher stärker in den Vordergrund getreten wäre, zu seinem eigenen Verdruss einen seiner größten literarischen Erfolge. Auch andere angesehene, insbesondere der Romantik zugeordnete Autoren hat das Motiv der Geistererscheinung beschäftigt, etwa Tieck (*Der blonde Eckbert*, 1796), Kleist (*Das Bettelweib von Locarno*, 1810), Hoffmann (*Die Serapionsbrüder*, 1819/21) (zu allen vgl. III); eigentlich ausgebeutet hat es der Trivial- und Unterhaltungsroman.[217]

Varianten des Schauerromans in der Trivialliteratur

Cajetan Tschinks unmittelbar von Schiller angeregte *Geschichte eines Geistersehers* (1790/91) ist das erwähnenswerte Beispiel der ersten von zwei immer wiederkehrenden Varianten des Schauerromans. Das Übernatürliche wird hier im Nachhinein, nachdem die von ihm ausgehenden Effekte zur Geltung gebracht worden sind, durch einen Akt der Aufklärung zurückgewiesen. Tschinks Roman enthält eine ganze Reihe unheimlich wirkender Szenen – abgesehen von der Schilderung einer Übernachtung des Helden auf einem Friedhof, der im Volksglauben seit je als Begegnungsstätte von Lebenden und Toten gefürchtet wird, etwa die breite Darstellung einer Geisterbeschwörung, die aber in einem sich anschließenden Gespräch als betrügerische Machenschaft eines Magiers und als Sinnestäuschung entlarvt wird. Insofern zielte dieser Roman – an einer Stelle sogar ganz explizit[218] – letztlich auf eine Bekräftigung des Rationalen.

Die zweite Variante der Schauerliteratur erscheint auch heute weniger harmlos. In ihr fehlt die Erklärung des Unheimlichen, wird an die Macht der Dämonen (scheinbar) wirklich geglaubt. Während die Volkssagen von Riesen, Teufeln, Kobolden, wandelnden Toten, jagenden Geistern usw. sprachen, um gleichzeitig ganz naiv die richtigen Verhaltensweisen zu empfehlen, wie man diesen Wesen begegnen, sie abwehren, ihnen ausweichen könne (vgl. P. N., 2012 a, IV), setzte der Schauerroman dieses zweiten Typus auf den Aberglauben seiner Leser, ohne ihnen die Erleichterung einer dargestellten Abwehr evozierter Ängste zu gewähren. So entstanden nicht mehr durch die Texte gelöste seelische Spannungen, wie sie ähnlich auch die gegenwärtigen Horrorromane und -filme hervorrufen. Ein Beispiel für diese Art des Schauerromans ist *Das Petermännchen. Geistergeschichte aus dem 13. Jahrhunderte* (1791/92) von Christian Heinrich Spieß, den Tieck sehr schätzte. Spieß griff hier auf den Faust-stoff zurück und schilderte das Leben eines Ritters, der vom Petermännchen, einem Handlanger des Teufels, und schließlich von diesem selbst zu grausamen Verbrechen angetrieben wird, bis er am Ende siebzig Morde und ein halbes Dutzend missbrauchter Frauen auf dem Gewissen hat. Die im Detail vorgeführten Brutalitäten verhalfen dem Roman zu wiederholten Neuauflagen und auch zu einer Dramatisierung. Spieß versuchte zwar, sich in der Vorrede zur zweiten Auflage als Aufklärer zu präsentieren, der vor der Maßlosigkeit der Leidenschaft warnen wolle, aber diese Beteuerung dürfte an der Wirkung des Buches nicht viel geändert haben. – Einen von Dämonen getriebenen Verbrecher beschrieb auch Theodor Ferdinand Kajetan Arnold in seinem Roman *Der schwarze Jonas. Kapuziner, Räuber und Mordbrenner. Ein Blutgemälde* (1805). Hier steht die Abartigkeit sexueller Gewalttätigkeiten, die bis zum Lustmord reichen, im Mittelpunkt, und es bleibt offen, ob dieses Buch in seinen Lesern eine

Abwehrhaltung gegen die Verbrechen erzeugte oder nicht vielmehr unterdrückte sadistische Triebe ansprach und verstärkte.

Geheimbund- und Räuberromane

Zwischen beiden Ausprägungen des Schauerromans stehen die um 1800 außerordentlich beliebten Geheimbundromane. Über die geheimen Machenschaften der Logen (vgl. o.) gingen in ganz Europa die abenteuerlichsten Gerüchte um, die das Publikum faszinierten. Es ist nicht verwunderlich, dass die Trivial- und Unterhaltungsliteratur sich dieser Faszination annahm und sie mit Mischungen aus mystischem, kabbalistischem und alchimistischem Gedankengut noch förderte. Die Geheimbundromane zeigen Helden, die durch unterschiedliche Schicksalsschläge aus dem Gleichgewicht gebracht worden sind und durch das Wirken geheimnisvoller gesellschaftlicher Mächte wieder in einen beruhigten Zustand geführt werden. Dabei spielen unerkannte Abgesandte, Botschaften rätselhafter Herkunft, anonyme Handlungsanweisungen u. ä. eine wichtige Rolle, die den Helden als Spielball fremder Einflüsse zeigen und ihm seine Abhängigkeit vor Augen führen, so dass man von einem ‚innerweltlichen Fatalismus' sprechen kann, der diese Literatur durchzieht.[219] Der populärste aller Geheimbundromane war Karl Grosses *Der Genius. Aus den Papieren des Marquis C. von G.* (1791–95), ein Roman, in dem die Verwirrspiele, Wahrnehmungstäuschungen und Ohnmachtsgefühle einen Höhepunkt erreichten und der sich als Ausdruck einer tiefen Identitätskrise verstehen lässt,[220] von der offenbar viele Rezipienten betroffen waren. Dass auch die anspruchsvollere Literatur von der Bundesmystik ergriffen wurde, zeigen u. a. Jean Pauls *Titan* oder Goethes *Wilhelm Meister* (vgl. u.), in denen die Geheimorden eine wichtige erzieherische Funktion übernehmen und nicht, wie in der Trivialliteratur, einschüchternd ihre pure Macht demonstrieren.

Von den Geheimbundromanen lässt sich eine Brücke zu den ‚Räuberromanen' schlagen. Der berühmteste, in viele Sprachen übersetzte Roman dieses Genres, *Rinaldo Rinaldini, der Räuber Hauptmann* (1799), stammt von Goethes Schwager Christian August Vulpius. Auch Rinaldo Rinaldini, durch eine Affekthandlung auf die schiefe Bahn geraten, wird bei seinen Abenteuern von einer geheimnisvollen Macht geleitet, die ihn einen wohltätigen Helden werden und Gutes in der Gesellschaft bewirken lassen will. Damit ähnelt dieser ständig den Verlust seiner Tugend beklagende Räuberhauptmann den edlen Räubern, die vor allem in den Erzählungen und in der Heftchenliteratur der Landbevölkerung als Beschützer der Armen fungierten, indem sie diese an den Reichen rächten oder die Reichen auch nur ausplünderten, um die Beute ans Volk zu verteilen (so auch in Heinrich Zschokkes bürgerlichem Unterhaltungsroman *Abaellino, der große Bandit*, 1793). – Auch in der Bewunderung der gewalttätigen Gestalt manifestierte sich eine Art naiven Schicksalsglaubens, der zugleich das autoritätsorientierte Denken derer, die solche Literatur lasen, belegt.

Die bürgerliche Trivialliteratur sah im Räuber freilich nicht nur die für die Freiheit der Ausgebeuteten eintretende Gestalt, sondern häufig auch den Bösen, der zur Warnung vor dem Verbrechen als abschreckendes Beispiel aufgebaut und endlich grausam hingerichtet wurde.[221]

Während die Mode der Räuberromane nach 1840 verblasste, entfaltete die Schauerliteratur langsam, aber stetig ihre Wirksamkeit, nicht mehr so sehr in der Form des Gespenster- und Geheimbundromans, sondern in der nicht fest zu umreißenden ‚Phantastischen Literatur', wobei die phantastischen Elemente die schaurigen, zu denen zunehmend auch das Vampirmotiv, das Motiv des Monsters oder das des künstlichen Menschen gehörte, integrieren konnte. Autoren wie Mary W. Shelley, C. R. Maturin, R. L. Stevenson, später B. Stoker sind als wichtige Träger dieser Entwicklung (vgl. III) ebenso zu nennen wie u. a. E. A. Poe, A. Bierce, N. Gogol und in Deutschland neben L. Tieck und E. T. A. Hoffmann, die schon erwähnt wurden, W. Hauff, J. Gotthelf, später G. Meyrink oder A. Kubin. – Die gegenwärtig in Romanheften massenhaft verbreitete Horrorliteratur stärkt ihre Leser, denen sie Möglichkeiten für die Abfuhr verschiedener Ängste anbietet, immer noch in dem Gefühl ihres totalen Ausgeliefertseins an ungreifbare, ihr Leben gefährdende oder zerstörende Mächte (mögen die Dämonen auch nur Spielfiguren sein, an die sich anders begründete Abhängigkeitsgefühle anlehnen können) und bekräftigt ihre Überzeugung, dass jede Gegenwehr letztlich vergeblich sei, wobei die der Vernunft gar nicht mehr in den Blick gerät.

Autobiographien, autobiographische Romane und Bildungsromane

Mit der Psyche des Menschen, mit seinen Irritationen und Ängsten und mit Möglichkeiten ihrer Bewältigung befassten sich – unter anderem und auf vollkommen andere Weise als die Schauerromane und deren benachbarten Genres – auch Autobiographien, autobiographische Romane und Bildungsromane. In ihnen traten Beunruhigungen nicht in rätselhaften oder monströsen Projektionen in Erscheinung, sondern als innere Regungen, denen beobachtend auf die Spur zu kommen und deren Ursachen analytisch ans Licht zu heben ihre Autoren sich bemühten. Dieses analytische Interesse verknüpfte sich mit dem an lebensgeschichtlichen Entwicklungen, das fast die gesamte

Romanliteratur des 18. Jahrhunderts durchzog und in Autobiographien, autobiographischen Romanen und Bildungsromanen eigene Formen der Gestaltung fand.

Lebensgeschichten wurden – wenigstens in Abschnitten – in Staatsromanen, Reise- und Abenteuerromanen, Familien-, Liebes-, Eheromanen, sogar in Räuberromanen erzählt. Die Reisen, auf denen in den Romanen Erfahrungen gesammelt werden, sind zugleich Lebensreisen; Schicksalsschläge in Liebesbeziehungen sind Wendepunkte einer Lebensbahn usw. Aus all dieser Literatur spricht der Sinn für Aufbruch, Initiative, Bewegung. Auch wenn Pläne nicht in Erfüllung gehen, sondern scheitern, werden sie jedenfalls entworfen. Und wo Bewegung als Flucht erscheint, steht auch dahinter der Drang, sich zu verändern.

Die Aufmerksamkeit, die man im 18. Jahrhundert den Lebensgeschichten, den ‚Erfahrungsgeschichten' Einzelner schenkte, gleichgültig, ob man sich in ihnen wiedererkannte oder sich an ihnen orientierte, entsprach dem wachsenden Selbstbewusstsein der Leser bzw. ihrem Wunsch, sich selbst zu finden,[222] entsprach auch der zunehmenden sozialen Mobilität als einem Charakteristikum der staatsbürgerlichen Lebensführung.

Zum Aufbau des ‚Selbstbewusstseins' gehört die Erinnerung an die eigene Entwicklung, das Nachdenken über sie. Es verwundert daher nicht, dass im Bürgertum des 18. Jahrhunderts literarische Formen in Erscheinung traten bzw. auflebten, in denen das sich seiner gewahr werdende Subjekt über sich reflektierte und die Beobachtungen über sich selbst auch anderen mitteilte – wie dies schon in der Renaissance insbesondere Michel de Montaigne in seinen Essays (*Les essais*, 1580 ff.) begonnen hatte. Briefe, Tagebücher, Reisejournale, aber etwa auch religiöse Lebensbeichten waren als Lektüre zunächst für einen engeren Kreis von Menschen bestimmt, bald aber auch für ein größeres Publikum gedacht; Memoiren und Autobiographien wandten sich von vornherein gezielt an die Öffentlichkeit.

Während die Memoiren-Literatur vor allem der Sphäre des Hofes und der oberen Gesellschaftsschicht angehörte, waren die autobiographischen Schriften meist eng an die Entwicklung eines bürgerlichen Individuums geknüpft.[223] Memoiren (frz. mémoires = Denkwürdigkeiten), die besonders in Frankreich während des 17. Jahrhunderts zu ihrer maßgeblichen Form gefunden hatten (man denke nur an die Memoiren von Richelieu oder Kardinal Retz) und in den folgenden Jahrhunderten in ganz Europa geschrieben wurden, stellten bedeutende, oft anekdotisch erzählte Begebenheiten aus dem Leben des Verfassers heraus und verknüpften sie mit wichtigen politischen, sozialen oder kulturellen Ereignissen, so dass zugleich das subjektiv gefärbte Bild eines ganzen historischen Zeitabschnitts enstand. Autobiographien dagegen waren – gerade im 18. Jahrhundert – ungleich mehr auf das erzählende Subjekt und seine Innenwelt konzentriert, bestimmt vom Wunsch der Selbstergründung und Selbstdarstellung, waren Reflexion eher einer gelebten als gesehenen Vergangenheit. Goethes *Dichtung und Wahrheit* (1811/13), wo das Wechselverhältnis von Retrospektive des erlebenden Ich und Betrachtung der es prägenden Welt besonders ausgewogen erscheint, mag man schließlich als das vollendete Beispiel der Verknüpfung beider Ansätze verstehen.

Auf die Geschichte der Autobiographie seit Augustins *Confessiones* (um 400) und auf den Wandel der Motivationen, Autobiographien zu verfassen, ist bereits eingegangen worden (vgl. P. N., 2012 a, I); im 18. Jahrhundert erlebte sie im Zusammenhang mit dem Pietismus und der von ihm geförderten religiösen Selbstbeobachtung einen beachtlichen Aufschwung, der auch zahlreiche autobiographische Romane in Deutschland anregte. Schon Schnabels *Insel Felsenburg* (s. o.) enthielt eine ganze Reihe von Lebensläufen oder Lebensbeichten, auf Grund deren Einzelne sich als würdig erwiesen, in die Gott vertrauende Inselgemeinschaft aufgenommen zu werden. Besonders stark der religiösen Tradition der Autobiographie verhaftet war Johann Heinrich Jung- Stillings 1777 von Goethe herausgegebener autobiographischer Roman *Heinrich Stillings Jugend. Eine wahrhafte Geschichte*, der das Leben eines sensiblen, aus kleinbürgerlichen Verhältnissen stammenden Aufsteigers schildert, der alles, was ihm widerfährt, als Gottes Fügung begreift, was seiner Selbstanalyse freilich relativ enge Grenzen setzt.

1782 und 1789 erschienen in zwei Teilen posthum *Les Confessions* von Jean-Jacques Rousseau. Obwohl diese einflussreiche Autobiographie sich mit ihrem Titel auf Augustin bezog, konnte die Haltung, aus der heraus sie geschrieben wurde, nicht unterschiedlicher sein. Die Selbstanalyse und Lebensbeichte, die Rousseau ankündigte, geriet zur Selbstverteidigung und Selbstverherrlichung. Statt sich selbst als Sünder zu bekennen, wie Augustinus, sah er sich lediglich durch andere fehlgeleitet und beklagte die Unvereinbarkeit von natürlicher Lebensweise und der durch die Zivilisation verdorbenen. Damit distanzierte er sich von der christlich orientierten Autobiographie, die den Menschen zunächst in seiner Weltverfallenheit und dann – nach der Bekehrung – in seiner beruhigenden Übereinstimmung mit Gott gezeigt hatte. – Ob Ulrich Bräker den zwischen 1786–90 ins Deutsche übersetzten ersten Teil der *Confessions* gelesen hatte, als er seine *Lebensgeschichte und natürliche Ebentheuer des Armen Mannes im Tockenburg* (1789) schrieb, muss dahingestellt bleiben. Jedenfalls vollzog dieser autobiographische Roman des in ärmlichen Verhältnissen lebenden Sohnes eines Kleinbauern den Bruch mit der Vorstellung eines auf ein gottgewolltes Ziel hinführenden, Zukunft schenkenden Lebens radikal. Weder die teleologische Betrachtung seines Lebens war Bräker möglich noch eine Bekehrung, gar unter pietistischem Vorzeichen, sondern nur die vergangenheitsbezogene Erklärung seines Ichs aus den elenden Bedingungen seiner Herkunft und aus seiner eigenen psychischen Konstitution.

Moritz' *Anton Reiser*

Der wichtigste autobiographische Roman des 18. Jahrhunderts in Deutschland, der in vier Teilen zwischen 1785 und 1790 erschienene *Anton Reiser* von Karl Philipp Moritz, trägt im Untertitel die Bezeichnung ‚Ein psychologischer Roman', womit der Verfasser ankündigte, den Akzent des Erzählens auf die innere Geschichte seines Helden zu legen. Dass er, obwohl er nachgewiesenermaßen über seine eigenen Kindheits- und Jugenderfahrungen sprach, statt der Ich-Form die Er-Form und einen fremden Namen wählte, sollte verdeutlichen, dass er das von ihm Erlebte aus der Distanz betrachtete, als etwas Begriffenes, das sich weiterzugeben lohnte, weil es, wie er vermutete, exemplarisch war, für viele galt und vielen zu Einsichten über sich selbst verhelfen konnte. Dieser pädagogische Impuls, verbunden mit dem Wunsch, möglichst objektiv etwas ebenso Differenziertes wie Allgemeinverbindliches über die menschliche Seele auszusagen, schlägt sich auch in dem von ihm seit 1783 herausgegebenen *Magazin zur Erfahrungsseelenkunde* nieder, das als Projekt neben seinem psychologischen Roman einherlief. In ihm wurden wichtige Partien aus dem *Anton Reiser* als Fallstudie abgedruckt, was unterstrich, dass Moritz auch als erzählender Schriftsteller die Beobachtung über die Einbildungskraft setzte. So ist der Roman von einem scharfen Blick auf Details, auf leicht zu übersehende Kleinigkeiten geprägt, der sich gerade dann bewährt, wenn es gilt, den – zerstörerischen – Einflüssen der Umwelt nachzuspüren, die auf die Titelfigur eingewirkt haben. Man hat deswegen, um diese Erzähltechnik des Autors zu charakterisieren, zutreffend von einer „Mikroskopie des Elends"[224] gesprochen, wobei Elend sich in diesem Roman gleicherweise auf materielle wie auf seelische Not beziehen lässt.

Die Darstellung der Geschichte des jungen Anton Reiser (der Roman bricht ab, als Anton kaum das Jünglingsalter hinter sich gelassen hat) konzentriert sich auf drei Stoffkomplexe,[225] die sich zum Teil überschneiden: Zum einen werden die schlimmen Folgen sektiererischer Religiosität herausgestellt. Anton, dessen Vater der quietistischen Frömmigkeitsbewegung ebenso angehört wie sein Lehrherr, wird von deren Zwangsvorstellungen geradezu erdrückt und zum Hypochonder. Moritz wertet die Rituale dieser Frommen als Anschläge auf die menschliche Natur, die bei Anton zur ‚Seelenlähmung', zu Minderwertigkeits- und Ohnmachtsgefühlen und zu sozialer Scham führen und durch Gewaltvorstellungen und kindliche Zerstörungsspiele kompensiert werden. – Einen anderen Stoffkreis bilden die Erlebnisse Antons in verschiedenen Schulen, die er mit wechselndem Erfolg besucht. Eigene Ungeschicklichkeiten, der Spott der Mitschüler u. a. führen schon früh zur Flucht in eine eigene Welt der Phantasie, die sich vorwiegend aus Büchern speist. Das Lesen und Schreiben durchzieht allerdings nicht nur deswegen den ganzen Text als ein besonders wichtiger Motivstrang.[226] Für Moritz ist beides der entscheidende Beitrag zur Bildung und Sozialisation des Individuums. Problematisch aber erscheint Antons extensive Romanlektüre. So sehr sie sich dazu eignet, dem die soziale Wirklichkeit bestimmenden Rollendruck auszuweichen, so sehr erkauft Anton sein Leseglück mit zunehmender Passivität, mit der Vernachlässigung seiner selbst, was seine materielle wie psychische Situation weiter verschlechtert. Moritz wird nicht müde, kausalgenetisch auf diese Wechselbeziehung hinzuweisen. Aber anders als manche Rationalisten will er das extensive Lesen nicht etwa moralisch verurteilen, sondern die sich darin spiegelnde individuelle wie allgemeine Seelenkrankheit aufdecken, deren Ursachen er in den zeitgenössischen gesellschaftlichen Verhältnissen begründet sieht. – Als dritter Stoffkreis des Romans schließt sich die Theaterleidenschaft Antons an. Ebenso wie die ‚Lesewut' war die ‚Theatromanie' gerade während der achtziger Jahre ein in der Öffentlichkeit kontrovers diskutiertes Thema, und auch hierin war Moritz ganz aktuell. Auch im Theater witterten orthodoxe Kirchenvertreter und rationalistisch festgelegte Pädagogen etwas Verdächtiges. Denn im Theater konnten ganz neue Rollen, d. h. andere als gewohnte Verhaltensweisen probiert und sinnlich vermittelt werden. Antons Theaterleidenschaft ist der letzte seiner im Roman gezeigten Versuche, sich aus seiner materiellen wie seelischen Notlage zu befreien. Sein Wunsch, sich einer Wanderbühne anzuschließen, ist ganz sinnfällig mit eigener Wanderschaft verbunden. Doch haben seine Fußwanderungen nichts mit den Abenteuer-, mit den empfindsamen und den Bildungsreisen zu tun, von denen die Abenteuer- und Reiseromane sprachen (vgl. o.). Er wandert, um der Stadt als dem Ort seiner Niederlagen und Ängste zu entkommen. Der Raummetaphorik, die das klaustrophobische Wirklichkeitsempfinden Antons veranschaulicht, hat Moritz besondere Aufmerksamkeit gewidmet. Antons Wandern ist damit auch nicht als – einem optimistischen Lebensgefühl entspringende – Suche nach neuen, lustvollen Erfahrungen zu verstehen, sondern viel eher als – von ängstlicher Vereinsamung her motivierte – Suche nach Geborgenheit in einer Gruppe Gleichgesinnter. Was ihn am Theater reizt, wird im Roman selbst ganz deutlich formuliert: „Und dann konnte er auf dem Theater alles sein, wozu er in der wirklichen Welt nie Gelegenheit hatte – und was er doch oft zu sein wünschte – großmütig, wohltätig, edel, standhaft, über alles Demütigende und Erniedrigende erhaben – wie schmachtete er, diese Empfindungen, die ihm so natürlich zu sein schienen, und die er doch stets entbehren musste, nun einmal durch ein kurzes täuschendes Spiel der Phantasie in sich wirklich zu machen." Auf dem Theater hofft Anton sich die Beachtung zu verschaffen, die ihm die bürgerliche Gesellschaft verweigert, was schon insofern ein Missverständnis seinerseits ist, als er übersieht, dass gerade die Wanderbühnen, sofern sie nicht in einer Residenzstadt hoffähig wurden (vgl. Kap. 1), auch am Ende des 18. Jahrhunderts noch kaum öffentliche Anerkennung fanden und ihre Schauspieler fast wie Asoziale behandelt wurden. Noch weniger aber durchschaut er, dass zum Gelingen von Theaterarbeit ein gefestigtes Ich – wie es Antons Freund Iffland besitzt – Voraussetzung ist und nicht erst eine Folge des Spiels. Der Roman bricht mit dem Bankrott der Schauspielertruppe ab, und der Leser verliert den Helden aus den Augen als jemanden, der so hilflos ist wie zuvor.

Der *Anton Reiser* ist ein autobiographischer, aber deswegen doch kein Bildungsroman. Obwohl in ihm Bildungsinstitutionen wie die Schule oder das Theater eingehend betrachtet werden, geschieht dies nicht in der Absicht, deren Funktionen für die Entwicklung und Reifung einer Person herauszustellen, die vorzustellen der eigentliche Schreibanlass wäre, sondern um an genau beobachteten gesellschaftlichen Gegebenheiten, zu denen Schule und Theater neben anderen gehören, die Pathogenese eines Menschen aus dem Kleinbürgertum zu erklären. Dieser Ansatz läuft dem des Bildungsromans, der sich bei aller Berücksichtigung von Widersprüchlichkeiten im Reifungsprozess eines Individuums einem aufklärerischen Optimismus verpflichtet weiß, geradezu entgegen.

Dass die Darstellung von Lebensläufen noch keinen Bildungsroman konstituiert, belegen zahlreiche sich an Lebensgeschichten orientierende Romanexperimente, die nach dem Erscheinen des *Anton Reiser* das literarische Leben bereicherten und in den Zusammenhang eines neuen Kapitels gehören. Hölderlins *Hyperion* (1797/99) etwa beschreibt (hierin prinzipiell, wenn auch nicht inhaltlich und gedanklich dem *Agathon* Wielands ähnlich) das Leben eines jungen Bürgers – weniger, um dessen Bildungsgeschichte zu entfalten, als um dessen Umgang mit der politischen Wirklichkeit und politischen Idealen zu vergegenwärtigen und zur Diskussion zu stellen. Und die im gleichen Zeitraum verfassten Romane der Frühromantiker, etwa Ludwig Tiecks *Franz Sternbalds Wanderungen* (1798), Friedrich Schlegels *Lucinde* (1799), Novalis' *Heinrich von Ofterdingen* (geschrieben 1799/1800, veröffentlicht 1802), verknüpften mit den Lebensgeschichten ihrer einsamen, sich als Fremdlinge in der Welt fühlenden Helden Vorstellungen von Gemeinschaft, Heimkehr, universaler Harmonie und Erlösung, in deren Vermittlung sie ihr eigentliches, sie auch zu ästhetischen Innovationen führendes Programm sahen, das sehr wohl auch seinen gesellschaftlichen und politischen Ort hatte und die Sehnsucht nach Frieden in der Umbruchszeit zwischen der Französischen Revolution und den Napoleonischen Kriegen spiegelte.

Jean Pauls *Titan* und Goethes *Wilhelm Meister*

Der in der Nähe autobiographischer Romane stehende Bildungsroman, der während der Weimarer Klassik entstand und sich im 19. Jahrhundert – auch unter der Bezeichnung Entwicklungsroman – als ein spezifisch deutscher, soziale und politische Probleme eher vernachlässigender Romantypus erwies, konzentrierte sich seit Goethes für das ganze Genre zum Maßstab werdenden *Wilhelm Meister* auf die innere Entwicklung, auf die ‚Bildung' eines Menschen zu einer allseits gereiften Persönlichkeit. Einzelne Erfahrungen (Freundschaft, Liebe, Schule, Universität, Berufung, Berufstätigkeit u. a. m.) werden im Bildungsroman so miteinander verklammert, dass sich der Prozess der Reifung der im Mittelpunkt stehenden Person, auch wenn er zeitweilig zum Stillstand kommen mag, doch deutlich abzeichnet und schließlich in einer ‚selbstbewussten' Existenz seinen Abschluss findet.

Man kann darüber streiten, ob neben Goethes Projekt des *Wilhelm Meister*, das ihn über Jahrzehnte hinweg beschäftigte, auch Jean Pauls *Titan* (begonnen 1792, veröffentlicht 1800–03) zur Etablierung des Genres beitrug. Der *Titan*, der zu den bedeutendsten Romanen der Jahrhundertwende gehört und den Jean Paul für sein Hauptwerk hielt, trägt jedenfalls entscheidende Züge des Bildungsromans, wie ihn Goethe entwickelte, auch wenn er daneben Merkmale des gesellschaftskritischen satirischen Romans enthält und darüber hinaus traditionelle Motive wie den Bösewicht und die Intrige, auf die Goethe verzichtete. Jean Paul, der zuerst einen jungen Bürger in den Mittelpunkt rücken wollte, entschied sich schließlich für einen Prinzen, der auf Grund seiner Erziehung bürgerliche Ideale vertritt. Dies gab dem Autor nicht nur Gelegenheit (wie schon in früheren Romanen, insbesondere in *Hesperus oder fünfundvierzig Hundsposttage. Eine Lebensbeschreibung*, 1795) die höfische Gesellschaft eines kleinen deutschen Fürstentums satirisch zu betrachten, sondern auch für eine andere Erziehung des Adels einzutreten. Sein Titan, der nicht als Gigant, sondern als Genius die Wirklichkeit von seinem Inneren her verändern will, ist Albano, dessen fürstliche Eltern seine Geburt verbergen, weil sie wegen dynastischer Streitereien seine Ermordung befürchten. So wächst er, abgeschieden vom Hofleben und seinen Lastern, unter verschiedenen bürgerlichen Erziehern auf und erfährt erst am Ende des Romans von seiner Herkunft und seinen bevorstehenden Verpflichtungen als Regent. Während seiner Erziehung werden ihm die Ideale des bürgerlichen Humanismus nahe gebracht. Er lernt den Müßiggang und das parasitäre Leben der höfischen Gesellschaft zu verachten und wünscht sich, sein Leben aus eigener Kraft zu gestalten. Seine Nähe zum Bürgerlichen wird nicht zuletzt in seiner Sehnsucht nach echter Freundschaft und Liebe erkennbar. Gerade hier freilich erlebt er Enttäuschungen und ist genötigt, seine überspannten Erwartungen mit der Wirklichkeit in Einklang zu bringen. Eine ganze Reihe von Figuren, zu denen er Beziehungen eingeht, dient dazu, ihm negative Entwicklungsmöglichkeiten von Menschen vor Augen zu führen, die alle deswegen scheitern, weil sie einem falschen Titanismus huldigen, d. h. ihre Veranlagungen verabsolutieren und sich aus Illusionen nicht befreien können. Albanos erste Liebe Liane, Tochter eines intriganten Ministers, wird das Opfer ihrer Empfindsamkeit und zerbricht an verschiedenen Zumutungen ihrer gefühlsrohen Umwelt; ihr Bruder Roquairol, zunächst Albanos Freund, verspielt sein Leben, indem er literarische Rollen nachahmt, ein Identitätsloser, Zerrissener, der schließlich die Rolle des Zerstörenden übernimmt, indem er Linda, Albanos zweite Liebe, hinterhältig verführt und sich dann selbst tötet; dem Emanzipationsstreben und der weitsichtigen Vorurteilslosigkeit Lindas setzt Jean Paul ironisch deren Nachtblindheit entgegen, deretwegen sie Roquairol in der Dunkelheit der Verführungsszene für Albano hält; Albanos Berater und Freund Schoppe schließlich, der Leibgeber aus dem *Siebenkäs* (vgl. S. 288 ff.), geht, von republikanischem Freiheitsstreben erfüllt, an seiner Verzweiflung über die deutschen Verhältnisse und seinem Welt-Ekel zu Grunde. Sie alle sind als ‚einseitige' Figuren konzipiert, an denen und mit denen Albano durch seine Verstrickung in ihre Schicksale zum ‚allseitigen' Menschen reift, der die ihm zustehende Regierungsaufgabe – dies ist der problematisch harmonisierende Schluss des Romans – als ein die Krone tragender Bürger im Sinne allgemeiner Brüderlichkeit erfüllen will. Ob er sich als Bürger-Fürst angesichts der im Roman dargestellten politischen Missstände bewähren kann, bleibt offen. Auch im Hinblick auf die politische Lage in Europa und die sich abzeichnende Unterwerfungspolitik Napoleons wirkt das Ende etwas versponnen. Immerhin hat sich Jean Paul mit dem *Titan* im politischen Diskurs engagiert und das Selbstwertgefühl des ‚Staatsbürgers' stärken helfen.

Gerade der *Titan* ist freilich nicht so erfolgreich gewesen wie die früheren Romane Jean Pauls. Dagegen war Goethes *Wilhelm Meister* im Gespräch all derer, die sich für Literatur interessierten, und entfachte vor allem unter den Frühromantikern eine heftige Kontroverse. Goethe beschäftigte sich seit 1777 mit dem Stoff – fast bis an sein Lebensende. Zwischen 1777 und 1786, bis zu seinem Aufbruch nach Italien, hatte er sechs Kapitel (Bücher) fertig gestellt (die inzwischen unter dem Titel *Wilhelm Meisters theatralische Sendung* als zwar fragmentarische, aber eigenständige Frühform betrachtet werden); 1793 nahm er die Arbeit wieder auf, veränderte die frühe Fassung, vollendete und publizierte sie 1795/96 unter dem Titel *Wilhelm Meisters Lehrjahre;* erst 1821 (in erweiterter Form 1829) erschien die schon 1807 begonnene Fortsetzung des Romans unter dem Titel *Wilhelm Meisters Wanderjahre oder Die Entsagenden.*

Während die *Theatralische Sendung* die Leidenschaft des jungen Kaufmannssohnes Wilhelm für das Theater herausstellt und den Leser mitvollziehen lässt, wie die künstlerische Begabung und die zu Illusionen neigende Begeisterungsfähigkeit des Protagonisten in bürgerliche Wertvorstellungen integriert werden kann, betonen die *Lehrjahre* dagegen dessen allmählich wachsende Distanzierung von der Welt des Theaters. Auch in den *Lehrjahren* werden zunächst Wilhelms Erlebnisse unter Schauspielern ausgebreitet. Zwar hält ihn seine Enttäuschung über Mariane, eine Schauspielerin, die er liebt und dann grundlos der Untreue verdächtigt, für einige Zeit bei den geschäftlichen Unternehmungen seines Vaters fest, doch gerät er während einer Reise in einen Kreis fahrender Künstler, der ihn fesselt und den er großzügig mit Geld unterstützt. Die vielen, von unterschiedlichen Leidenschaften getriebenen Menschen, mit denen er nun verkehrt, führen ihn immer tiefer in die Lebenswelt des Theaters hinein, er schreibt selbst Texte, liest Shakespeare, spielt schließlich den Hamlet und meint sich damit wirkungsvoll in Szene zu setzen. Seinem Freund Werner schreibt er (in 5,3) den viel zitierten, gleichsam als Motto des ‚Bildungsromans' geltenden Satz: „Daß ich Dir's mit *einem* Worte sage: mich selbst, ganz wie ich da bin, auszubilden, das war dunkel von Jugend auf mein Wunsch und meine Absicht." Aber nicht nur der Wunsch nach allseitiger Entfaltung seiner Anlagen motiviert ihn, sondern ebenso sein Bedürfnis nach öffentlicher Anerkennung, die er als Theatermäzen, aber auch als Schauspieler zu gewinnen hofft. Das Theater erscheint in den *Lehrjahren* weniger als Medium der Kunst, wie noch zuvor in der *Theatralischen Sendung*, sondern vielmehr als ein Bereich der Öffentlichkeit, in der Wilhelm sich bewähren möchte. Dabei ist es sein – allerdings anachronistischer – Wunsch, dem Leitbild und Verhaltenskodex des ‚homme galant' (vgl. I) zu entsprechen, das den Adel des 17. und 18. Jahrhunderts prägte und vom gehobenen Bürgertum imitiert wurde, das aber in dem im *Wilhelm Meister* dargestellten Zeitraum längst suspekt geworden war. Dass Wilhelm ausgerechnet den Hamlet spielt, mag man deswegen auch als Chiffre für seine eigene Isolation, auch für die – hier nicht nachzuzeichnenden – zahlreichen unentschiedenen menschlichen Verhältnisse lesen, in denen er sich zu diesem Zeitpunkt seines Lebens befindet. Zudem markieren äußere Ereignisse, soziale Auflösungserscheinungen der Theatergesellschaft, eine Brandkatastrophe u. a. m., das Scheitern seiner Vorstellungen von Selbstverwirklichung. An dieser Stelle fügte Goethe als 6. Buch die ‚Bekenntnisse einer schönen Seele' ein, wobei er auf Aufzeichnungen seiner älteren Freundin Susanne von Klettenberg zurückgriff, die ihn in seiner Frankfurter Jugendzeit religiös beeinflusst hatte. Diese biographisch angelegten ‚Bekenntnisse' gelten dem inneren Leben einer fiktiven Verfasserin, insbesondere ihrer religiösen Bekehrung. Aber es ging Goethe keineswegs darum, die Frömmigkeit einer pietistischen Seele zu verklären; er wollte die Gefahr veranschaulichen, die eine derartig introvertierte Lebensführung in sich birgt. Der im 6. Buch geschilderte radikale Rückzug des Menschen auf sein Inneres wirkt fast schon menschenverachtend.[227] Ein anderes Beispiel gesellschaftlicher Isolation, das nachdenklich stimmen soll, bietet das Schicksal des alten Harfners, dem Wilhelm unter den Fahrenden begegnet. Der Harfner ist das Gegenbild der schönen Seele, in seiner Asozialität ihr aber doch vergleichbar. Beide Figuren verweisen auf Abgleitungen, die durch den Verlust sozialer Beziehungen und gesellschaftlichen Verantwortungsbewusstseins entstanden sind.[228] Vor einer derartigen, auch ihm drohenden Fehlentwicklung wird Wilhelm durch mehrere Umstände bewahrt. Im 7. Buch erfährt er, dass er der Vater des kleinen Felix ist, der nach dem Tod Marianes bei der Gesellschaft der Schauspieler geblieben war. Indem er nun Verantwortung für einen anderen Menschen übernimmt (dass er schon viel früher die misshandelte zwölfjährige Mignon aus einer Zirkustruppe herausgekauft hatte, entsprang eher einer großzügigen Laune), löst er sich nicht nur von seinem Leitbild des ‚galant homme', sondern gibt auch seiner Persönlichkeitsbildung eine Wende. Er bekennt sich zu den Tugenden des Bürgers, darin bestärkt von Mitgliedern eines unabhängigen Geheimbundes, der Turmgesellschaft, die ihn, nachdem sie, wie sich herausstellt, seinen Weg schon zuvor unmerklich begleitet hatten, in ihren Kreis aufnehmen und ihm den ‚Lehrbrief' erteilen. Damit wird ihm der Weg gezeigt, wie Selbstverwirklichung in freiwilliger Wohltätigkeit für andere aufgehen kann. Seine wechselvollen Beziehungen zu Frauen (Philine, Therese) münden nun in die sich vertiefende Liebe zu Natalie, in der er zugleich für Felix die künftige Mutter sieht. Vor einer Verbindung mit ihr wird er mit Felix eine Wanderung nach Italien beginnen. Diese Entsagung spannt den Bogen zu den *Wanderjahren*. Sich Natalie würdig zu erweisen, wird dort Wilhelms Bestreben sein. Am Ende ist Natalie mit Freunden der Turmgesellschaft nach Amerika gegangen, und es bleibt offen, ob Wilhelm, der mit ihr durch Briefe auf einer anderen Ebene intensiv verbunden ist, folgen wird.

Betrachtet man die *Lehrjahre* und die *Wanderjahre* in ihrem Zusammenhang, liegt im 6. Buch der *Lehrjahre*, in den ‚Bekenntnissen der schönen Seele', die ‚Gelenkstelle' des ganzen Romanprojekts.[229] Denn inhaltlich steht Wilhelm von da an nicht mehr allein im Mittelpunkt des Erzählinteresses; immer mehr Figuren und Lebensgeschichten schieben sich in den Vordergrund. Goethe beginnt, das Lebensgefüge der Turmgesellschaft, das Lebensgefüge eines freien, von ‚staatsbürgerlicher' Gesinnung getragenen Verbands, zu vergegenwärtigen, und dies gelingt erzähltechnisch, indem er die Romanhandlung zersplittert und in die Breite schichtet, Novellen und Utopieentwürfe einfügt, Textsorten vermischt, „einen Verband der disparatesten

Einzelheiten" (Goethe am 28.7.1829 an Johann F. Rochlitz) herstellt, die doch alle aus „Einem Sinn" (Goethe am 17.9.1821 an Josef S. Zauper) geschrieben sind. Es ist schon oft bemerkt worden, dass damit der moderne Roman des 20. Jahrhunderts sich ankündigt, der den Leser statt mit einer linear geführten Handlung, dem roten Faden der Erzählung, mit verschiedenen Realitätsschichten und Bewusstseinsspiegelungen konfrontiert und anstrengt. Ob es gerechtfertigt ist, die *Wanderjahre* deswegen als Gesellschaftsroman zu bezeichnen (dagegen spricht seine Abstinenz allen unmittelbar politischen Problemen gegenüber), soll dahingestellt bleiben, eine „Vorwegnahme des Gesellschaftsromans"[230] ist er allemal. Bestimmt aber ist der *Wilhelm Meister* in seiner Gesamtheit ein Bildungsroman, und zwar in doppelter Ausprägung als Bildungsroman einer Person und Bildungsroman einer Idee. Sein erster Teil ist der Bildungsroman einer Person allerdings in einem etwas anderen Sinn, als Wilhelm selbst ihn in seinem Brief (vgl. o.) zunächst formuliert. Während er dort die Ausbildung aller seiner Anlagen und Fähigkeiten meint, versteht Goethe, weitergehend, als gebildete Persönlichkeit die verantwortliche und erinnert damit auch an die christliche Herkunft des Bildungsbegriffs (vgl. P. N., 2012 a, I). Wilhelm erweist sich als ‚gebildeter' Mensch in seiner Fürsorge für Felix (in den *Wanderjahren* wird er ihm als ‚ausgebildeter' Wundarzt das Leben retten). Auch seine Bereitschaft zur Entsagung erwächst nicht nur dem Wunsch, sich selbst zu vervollkommnen, sondern gleichermaßen dem Wunsch, verantwortlich gegenüber Natalie zu handeln. In dem Maße, in dem die geheime Turmgesellschaft, dieser gesellige ‚Bund der Entsagenden', das Erzählte bestimmt, wird der *Wilhelm Meister* aber auch zum Bildungsroman einer Idee. Denn dieser freiwillige Sozialverband verkörpert im Roman eine Utopie, die Utopie des vorurteilsfreien, unabhängigen, aber auf bloße Selbstverwirklichung verzichtenden, vielmehr sich für einzelne andere ebenso wie für das Gemeinwohl einsetzenden Staatsbürgers (wie sie etwa auch die Freimaurer zu verwirklichen suchten). Insofern ist der Roman, so sehr er in seinem zweiten Teil die traditionelle Erzählform sprengt und in die Zukunft weist, ganz dem Jahrhundert der Aufklärung verpflichtet.

Die Reaktion auf ihn war gespalten und bezog sich nach Erscheinen der *Lehrjahre* auch zunächst nur auf diese, konnte also den utopischen Aspekt des gesamten Buches noch gar nicht deutlich wahrnehmen. Während beispielsweise Friedrich Schlegel und Adam Müller, nicht zuletzt wegen der Welthaltigkeit des Romans, die *Lehrjahre* als bedeutendstes literarisches Ereignis der neunziger Jahre rühmten, fand Novalis das Buch in höchstem Maße undichterisch, eine bürgerlich häusliche Geschichte ohne Sinn für das Wunderbare. Ihn störte nicht nur, dass mit dem Einfluss der Turmgesellschaft auf Wilhelm das Romantische im Aufklärerischen untergeht, er verspottete Wilhelms Lebensweg auch als „Wallfahrt nach dem Adelsdiplom". Das Körnchen Wahrheit in dieser Bemerkung liegt darin, dass in der Turmgesellschaft tatsächlich viele Adlige mitwirken. Dass Goethe dadurch den Adel idealisiert hätte, lässt sich nicht behaupten. Aber sicherlich hat er Teilen des Adels (zumal des Landadels) zuweilen mehr Kraft zugetraut, das Anliegen staatsbürgerlicher Aufklärung und gesellschaftlicher Kultivierung voranzutreiben, als städtischen Bürgern, die er, wenn sie ihm in geistiger Enge und Selbstzufriedenheit entgegentraten, verachten konnte.

8. Schlussbetrachtung: Öffentliches Räsonieren als Aufgabe

Wie kein anderer Roman spiegelt der *Wilhelm Meister* die wichtigsten Möglichkeiten, die zumal während der zweiten Hälfte des 18. Jahrhunderts von der bürgerlichen Intelligenz zur Stärkung der staatsbürgerlichen Gesellschaft und das heißt auch einer qualitativen Veränderung des Staates vorgeschlagen worden sind: das kritische Räsonieren in der Öffentlichkeit; die Gründung von Institutionen und Gesellschaften, die diesem Räsonieren dienlich waren und es schützten; die ästhetische Erziehung der Menschen durch das Theater und die Literatur. Insofern mag er der Anlass sein, sich diese Bemühungen des gebildeten Bürgertums noch einmal zu vergegenwärtigen.

1. Goethes Roman lebt von Unterhaltungen – auch von Darstellungen geselligen Miteinanders. Sein gesprächsfähiger Held, dessen Wirklichkeitserfahrung sich vorrangig aus menschlichen Beziehungen aufbaut, nimmt Anteil an allen, die ihm begegnen, ob mitfühlend, fürsorglich, freundschaftlich, liebend, ob neugierig oder kritisch. Kritisches Denken und Reden, das Elixier der staatsbürgerlichen Lebensführung, scheint zumal in den Auseinandersetzungen über die Schauspielkunst und über Kunsterlebnisse auf. Durch die Ironie des Erzählers[231] und seine die Reflexion bemühende Konstruktion der Erzählung[232] wird permanent auch vom Leser zumindest die Erfüllung der Voraussetzung für kritisches Denken, die Distanz des Betrachters vom Gegenstand, eingefordert. Mit dem Theater steht diejenige Institution der Öffentlichkeit im Mittelpunkt, die nicht nur Wilhelm Meister fasziniert, sondern die am vielseitigsten und vielleicht am wirksamsten auch den Gedankenaustausch der Zuschauer angeregt hat, werden auf der Bühne doch Rede und Wechselrede selbst vorgeführt.

2. Mit der Einführung der Turmgesellschaft griff Goethe auf die verbreiteten Geheimorganisationen zurück, die sich zum Ziel gesetzt hatten, aus ihrem geschützten Inneren heraus sittliches Denken und Verhalten zu vermitteln. Ein neuer Staat – dies war die Überzeugung eines Adam Weishaupt, des Gründers des Illuminatenordens – sollte nicht durch politische Umwälzungen, sondern durch die allmähliche Zunahme sittlicher Individuen entstehen.[233] Zu diesem angestrebten Sittenregiment gehörte selbstverständlich die Überwindung des Standesdenkens. Adel und absolutistische Monarchie sollten zwar nicht abgeschafft, aber doch humanisiert werden. Die moralisch vollkommensten Staatsbürger, die sich am intensivsten für das Gemeinwohl einsetzten, sollten auch den stärksten politischen Einfluss nehmen können. Der blutige Verlauf der Französischen Revolution zwischen 1793 und 1794 hat nicht nur Goethe, sondern den größten Teil der Intellektuellen in Deutschland in diesen Vorstellungen bestärkt. So illusionär sie heute insgesamt erscheinen mögen, haben sie doch, wie die preußischen Reformen zeigen, im Einzelnen zu beachtlichen politischen Konsequenzen geführt, die immerhin wahrgenommen zu werden verdienen.
3. Das Programm der ästhetischen Erziehung (vgl. o.) führt Goethes Roman zum einen am Beispiel seines Helden vor Augen, denn das Theater wird zu seiner Bildungsgrundlage, die ihm – durch das Kontrastbild seines Jugendfreundes Werner, der sich aus der Beschränktheit des Faktischen nicht zu lösen vermag, noch verdeutlicht – die Freiheit des Möglichen eröffnet, auf Grund derer er sich im Kreis der Turmgesellschaft sogar zu einer neuen, höheren Stufe eines (nicht nur funktionalistischen) Lebens erheben kann; zum anderen ist der Roman selbst als Kunstwerk Teil dieses Programms der Weimarer Klassik, das den Lesern nicht nur des Bürgertums, sondern auch des Adels und selbst den lesenden Fürsten den Wert der Freiheit aller Staatsbürger anschaulich machen wollte. Deswegen ist es abwegig, die Ästhetik der Weimarer Klassik für formalistisch zu halten; sie war im Gegenteil (Schillers kunsttheoretische Schriften belegen dies eindrucksvoll) auf soziale Wirksamkeit hin konzipiert, dabei freilich in hohem Maße idealistisch.

Nicht nur der gebildete Weimarer Kreis verfolgte idealistische Ziele. Johann Peter Hebel und andere ‚Volksaufklärer' mühten sich zur gleichen Zeit, bei den ‚kleinen Leuten' überhaupt erst die Voraussetzungen für aufgeklärte ‚Mitsprache' zu schaffen, indem sie gegen Aberglauben argumentierten und auf die emanzipatorischen Möglichkeiten hinwiesen, die durch vernünftiges Denken und Verhalten eröffnet werden. Auch diese Bemühungen blieben ohne große Folgen. Hebel mochte von den Lesern seines Kalenders buchstabiert werden; gelesen und gerühmt wurde er, nachdem der Verleger Cotta ihn um eine Sammlung seiner Geschichten gebeten hatte, von den literarisch Versierten, die sich in die Motive seines Schreibens gar nicht hineinversetzen wollten. Die vielen ‚kleinen Leute' lasen, sofern sie sich im Lesen übten, Einblattdrucke und Hefte; die weniger gebildeten Bürger, aber nicht nur sie, verschlangen die neu entstandene, den literarischen Markt überflutende Unterhaltungsliteratur. Dies ist bis heute letztlich so geblieben, wenn auch die Medien sich zum Teil verändert haben und Fernsehserien manche Lektüre ersetzen.

Die Hoffnung auf die Wirksamkeit aufklärerischen Denkens und gar das Vertrauen in den Sinn einer ‚ästhetischen Erziehung' sind im 20. Jahrhundert nachhaltig erschüttert worden. Dabei wären die Ideale der literarisch orientierten Staatsbürger des 18. Jahrhunderts, auch wenn sie (was gern bemängelt wird) keine gesellschaftsverändernde politische Sprengkraft entfalteten, gerade in der Gegenwart neu zu überdenken. Zwar ist das Recht des Staatsbürgers zur ‚Mitsprache' in den modernen Demokratien durch die Verfassungen garantiert, doch hat der Einfluss der Massenmedien zu einer neuen Unmündigkeit geführt. Obwohl das Bedürfnis nach öffentlicher Auseinandersetzung nach wie vor besteht, wird es durch die Medien ständig restringiert. Statt dass die Bürger das Gespräch führen, wird es ihnen, wie Jürgen Habermas schon vor Jahren herausgestellt hat,[234] zunehmend von (Polit-)Stars ‚vorgeführt', wird es zur – arrangierten – Programmnummer in Funk und Fernsehen, zum Konsumgut, das vor allem die Funktion eines „quietiven Handlungsersatzes" erfüllt. Angesichts dieses Befunds, der sich inzwischen erweitern und vertiefen ließe, besteht alle Ursache, sich der Wertvorstellungen und Verhaltensweisen der ‚Staatsbürger' des 18. Jahrhunderts zu erinnern.

III. Die Lebensführung in der industriellen Gesellschaft und die Literatur des 19. Jahrhunderts

Im 19. Jahrhundert entsteht die moderne Großstadt, in der sich fortan die wirtschaftlichen, sozialen und politischen Probleme bündeln. Fabrikschornsteine ragen höher empor als Kirchtürme; Fabriken und Maschinenhallen – oft noch im Gefühl des eigentlich Unstatthaften hinter schönen Fassaden verborgen – stehen in der Nähe spätbarocker und klassizistischer Verwaltungsgebäude, Museen, Theater usw. Neben dem Industriebau verändert der Wohnungsbau das Bild der Städte. Die in die Stadt drängenden Massen von Menschen, die in den Fabriken Arbeit suchen, führen zur Errichtung der Mietskasernen mit ihren Hinterhöfen und lassen zugleich immer neue Vorstädte und Wohnsiedlungen sowie den dazugehörenden Nahschnellverkehr entstehen.

Während diese Entwicklung, die bereits im 18. Jahrhundert einsetzt und in der ersten Jahrhunderthälfte immer deutlicher ‚in Erscheinung' tritt, malt ein Caspar David Friedrich fast menschenleere Landschaften, in denen oft ein einzelner Betrachter dem Unwiederbringlichen nachsinnt, und versenken viele Romantiker unter den Literaten sich in Vorstellungen von einem verlorenen, aber vielleicht wiederkehrenden ‚goldenen Zeitalter'. Die Reaktionen der Künstler auf die neu sich bildende wirtschaftliche und soziale Situation sind über die ersten Jahrzehnte des neuen Jahrhunderts hinweg fast ausschließlich Zeugnisse der Verdrängung oder des Ausweichens und verändern sich erst allmählich im ‚Vormärz'.

Am augenfälligsten zeigt das industrielle Zeitalter sein Gesicht in den technischen Innovationen und den mit ihnen verbundenen wirtschaftlichen Veränderungen. Mit ihnen gehen mannigfache soziale Probleme einher, und die Politik, in Deutschland vom aufgeklärten Absolutismus (vgl. II) geprägt und an ihn gebunden, sucht auf die neu sich bildenden Verhältnisse Antworten zu finden, die sich insgesamt als wenig zureichend erweisen.

1. Entwicklungstendenzen des industriellen Zeitalters

1.1. Grundzüge der gesellschaftlichen Entwicklung

Ökonomische Entwicklung

Die auf Rationalität und Empirie beruhenden Naturwissenschaften und deren praktische Anwendungen in der Technik hatten bereits das 18. Jahrhundert zu prägen begonnen und traten im 19. Jahrhundert ihren Siegeszug an. 1764 baute James Hargreaves eine Spinnmaschine mit mechanischem Antrieb, 1769 konstruierte James Watt die erste Dampfmaschine, die es erlaubte, menschliche Arbeitskraft zu ersetzen, in den 1770er Jahren wurde von Carl Wilhelm Scheele und Joseph Priestley der Sauerstoff entdeckt, der eine Verbrennungstheorie ermöglichte, die u. a. zur Voraussetzung für die Technologie der Motoren wurde, gegen Ende des Jahrhunderts wurde von Charles Augustin Coulomb, Luigi Galvani, Alessandro Graf Volta, Johann Wilhelm Ritter die Elektrizität wissenschaftlich erforscht und teilweise schon nutzbar gemacht – um nur Wichtigstes zu nennen. Im 19. Jahrhundert gewann mit der Herstellung von Stahl im Koks-Hochofen, mit der Mineraldüngung, mit dem Bau von Eisenbahnen und Schienenwegen, Dampfschiffen und Kanälen, mit der Anwendung der Gasbeleuchtung, mit der Erfindung des Telegrafen und der Fotografie, der Druckmaschine und vielen anderem mehr die Technik eine Bedeutung, die den Alltag der Menschen und deren Lebensführung grundlegend beeinflusste.

Mit der Möglichkeit der Massenproduktion von Gütern mit Hilfe von Maschinen entwickelten sich auch neue Wirtschaftsformen. Die auf vielfältigen administrativen Eingriffen und Unterstützungen des Staates beruhende Wirtschaftsordnung des Merkantilismus wurde allmählich durch die privaten Initiativen bürgerlicher Unternehmer abgelöst, die mit Hilfe des ihnen von Banken geliehenen Geldes nicht nur ihre Produktivität erhöhen, sondern auch ganz neue Märkte erschließen konnten. Die Banken, die als Kapitalgeber Unternehmen gründen halfen und auch an deren Steuerung mitwirkten, unterstützten dabei vorrangig solche Wirtschaftszweige, in denen die technischen Innovationen wirksam werden konnten. Es entstand – viel später als in England und Frankreich – der moderne Finanzkapitalismus mit seinen Kategorien der Investition, Innovation und des Wettbewerbs, und es verwandelte sich auf diese Weise die alte Agrargesellschaft relativ schnell in eine Industrie- und Konsumgesellschaft, wobei technischer Fortschritt selbstverständlich auch in der Landwirtschaft genutzt wurde.

Voraussetzung für diese sogenannte ‚industrielle Revolution' war die Überwindung des staatlichen Partikularismus. Dass Deutschland Jahrzehnte hinter der wirtschaftlichen Entwicklung Englands und Frankreichs zurückgeblieben war, hatte seine wichtigste Ursache in seiner Zersplitterung in über dreihundert souveräne, absolutistisch regierte Territorialstaaten (vom König- und Kurfürstentum bis zur Grafschaft und zum Bistum). Steuern, Zollschranken, verschiedene Währungen usw. behinderten Handel und Verkehr. Mit der Verringerung der deutschen Kleinstaaten durch Napoleon (1803), der Gründung des Deutschen Bundes aus 39 Einzelstaaten (1815), der Begründung des deutschen Zollvereins (1834) wurden nach und nach wirtschaftliche Beschränkungen abgebaut. Der wirtschaftliche Einigungsprozess stand mit dem politischen in Wechselwirkung. Die nach der Revolution von 1848 von bürgerlichen Schichten bestimmte Nationalversammlung in der Frankfurter Paulskirche, die – getragen von dem besonders seit den Befreiungskriegen gegen Napoleon erwachten Nationalgefühl – die Schaffung einer deutschen Zentralgewalt anstrebte, scheiterte zwar; doch es kam unter dem preußischen Ministerpräsidenten Otto von Bismarck mit der sogenannten ‚kleindeutschen Lösung' zur Gründung des Norddeutschen Bundes (1867) und schließlich (1870) durch Anschluss der süddeutschen Staaten an den Norddeutschen Bund und nach dem Krieg gegen Frankreich (1871) zur Bildung eines deutschen Nationalstaates und zur Gründung des föderalistisch strukturierten, tatsächlich aber unter Führung Preußens stehenden Kaiserreichs, das sich unter Kaiser Wilhelm I. in den achtziger Jahren an den imperialistischen Bestrebungen der großen Mächte, an deren kolonialer Expansion zu beteiligen begann, vor allem um der Industrie neue Märkte, aber auch Rohstoffquellen zu erschließen.

Die aufgrund des zögerlichen wirtschaftlichen und staatlichen Einigungsprozesses auch vergleichsweise erst spät einsetzende industrielle Entwicklung in Deutschland hatte freilich den Vorteil, dass ohne Umwege auf den neuesten – woanders schon bewährten – Stand der Technik zurückgegriffen werden konnte.[1] Dies gelang nicht zuletzt auch deswegen, weil durch den Zusammenschluss vieler kleinerer Banken zu Großbanken genügend Kapital zur Verfügung stand, mit dem Gewinn versprechende Projekte finanziert wurden. Auf diese Weise wurde nicht nur der Konzentrationsprozess auch in der Industrie begünstigt – Deutschland erlebte generell, trotz verschiedener Rückschläge in der zweiten Hälfte des 19. Jahrhunderts, einen industriellen Aufschwung ohnegleichen.

Der Siegeszug der industriellen Revolution wurde von ökonomischer Theoriebildung begleitet, auf die heute noch – mehr im politischen als im wirtschaftswissenschaftlichen Diskurs – Bezug genommen wird. Am einflussreichsten wurde das schon 1776 erschienene Hauptwerk des Engländers Adam Smith, *An Inquiry Into the Nature and Causes of the Wealth of Nations.* Sein unglaublicher und lang anhaltender Erfolg – vielen galt es als das wichtigste Buch nach der Bibel[2] – weist darauf hin, dass es dem Zeitgeist ganz und gar entsprach. Smith glaubte, dass eine ‚unsichtbare Hand' die egoistischen Eigeninteressen der einzelnen zum Ausgleich bringe und den Wohlstand der Gemeinschaft mehre. Er forderte deshalb höchstmögliche Freizügigkeit im Wirtschaftsleben sowohl eines einzelnen Landes als auch der Länder untereinander und wehrte sich gegen den Anspruch des Staates, regulierend in wirtschaftliche Prozesse einzugreifen. Den Mittelpunkt seiner Gedanken bildet seine Preis- und Marktlehre. Während der ‚natürliche Preis' eines Produkts den tatsächlichen Aufwendungen für Arbeit, Kapital, Boden entspricht, ergibt sich sein ‚Marktpreis' aus dem Spiel von Angebot und Nachfrage auf dem Markt. Mit der Propagierung des freien Spiels konkurrierender Kräfte und seiner Zurückweisung staatlicher Eingriffe, also merkantilistischer Reglementierungen und Begünstigungen, der Zölle, der Preisvorschriften, der Monopole wurde Smith zum Wegbereiter des ökonomischen Liberalismus, der das gesamte 19. Jahrhundert wesentlich bestimmte. Dass die von Smith erhoffte Harmonisierung der Interessen letztlich nicht gelang und zu Lasten der sozial Schwachen ging, hat sich im Nachhinein erwiesen und zu den Korrekturen geführt, die unter Mitwirkung des Staates im 20. Jahrhundert schließlich in eine ‚freie' *und* ‚soziale' Marktwirtschaft mündeten.

Soziale Krise und sozialistische Bewegung

Im schroffen Gegensatz zu den Harmonievorstellungen der liberalen Volkswirtschaftslehre eines Adam Smith stand die Not der sich in den Städten zusammendrängenden Arbeiter. Die massenhafte Abwanderung der Landbevölkerung in die Ballungsräume der Großstädte, wo sich die Industriebetriebe ansiedelten, führte zu unerträglichen Lebensbedingungen. Arbeiterfamilien wohnten zusammengepfercht in Mietskasernen, in Kellern, oft zu acht und mehr Personen in einem Raum. Um den kärglichen Lebensunterhalt zu sichern, standen Arbeiter für einen Spottlohn 16–18 Stunden pro Tag an den Maschinen. Frauen, vor allem aber auch Kinder, die oft nicht einmal sechs Jahre alt waren, wurden in Fabriken und Bergwerke geschickt. Die Kindersterblichkeit stieg dramatisch an, verursacht durch Hunger, Überanstrengung, akute und schleichende Krankheiten, die nicht zuletzt durch die Umweltbedingungen ausgelöst wurden, denn Hütten- und Chemiewerke bliesen ihre Abgase ungefiltert in die Luft, leiteten die Abwässer ungeklärt in die Flüsse.

All dieses (seinerzeit als Pauperismus bezeichnete) Elend des neuen ‚vierten Standes' der abhängigen Lohnarbeiter, das sich in England Jahrzehnte früher ausbreitete als auf dem Kontinent, hat Friedrich Engels in seiner Jugendschrift *Die Lage der arbeitenden Klasse in England* (1845) eindringlich geschildert und damit nicht nur das von ihm und Karl Marx verfasste *Kommunistische Manifest* von 1847 vorbereitet, sondern auch einen entscheidenden Anstoß für die von Marx später entwickelte theoretische Begründung der Kapitalismuskritik gegeben. In Deutschland bildeten sich angesichts der seit den fünfziger Jahren immer stärker ins Bewusstsein dringenden sozialen Krise zunächst ‚Arbeiterverbindungen', die jedoch 1854 kurzerhand verboten wurden, um der Politisierung der Arbeiterschaft Einhalt zu gebieten. Adel und Bürgertum fanden auf die sozialen Missstände vornehmlich moralische Antworten und unterstützten eher unpolitische konfessionelle Arbeitervereinigungen, wie sie von dem katholischen Bischof Wilhelm Ketteler, dem katholischen Theologen Adolph Kolping und dem evangelischen Theologen Johann Hinrich Wichern ins Leben gerufen wurden.

Das Protestpotential der Arbeiterschaft weitgehend zu ersticken, gelang der Führungsschicht der konservativen und liberalen Kräfte in Bürokratie und Wirtschaft nicht zuletzt auch deswegen, weil der industrielle Aufschwung in den sechziger Jahren und später auch die Kriegskonjunktur neue Arbeitsplätze schuf und die Wirtschaft belebte. Da die Arbeiter zudem weitgehend auch die nationale Begeisterung des Bürgertums und des Adels teilten, blieben die meisten staatsloyal; andere freilich verließen das Land im Zuge der Auswanderungsbewegung in die Vereinigten Staaten. Immerhin aber begann der Wunsch nach Veränderung der entwürdigenden Lebensbedingungen sich im deutschen Proletariat durch die Gründung sozialistischer Organisationen allmählich auch politisch zu artikulieren. Neben örtlichen Selbsthilfemaßnahmen wie Arbeiterbildungsvereinen, Unterstützungs- und Hilfskassenvereinen, die teilweise schon im Vormärz gegründet wurden, traten überregionale Geheimbünde und Organisationen, die sozialpolitische Kampfziele verfolgten und unter anderem Boykotts und Streikbewegungen organisierten. Die wachsende Kampfbereitschaft mündete schließlich in den Aufbau von Gewerkschaften und in die Gründung der Sozialdemokratie. Die von ihr geforderte Umgestaltung von Staat und Gesellschaft beantwortete Reichskanzler Otto von Bismarck 1878 mit dem Sozialistengesetz, das alle sozialistischen Vereine, Versammlungen, Denkschriften usw. verbot. Als sich daraufhin trotz vollzogener Ausweisungen, Gefängnis- und Zuchthausstrafen die sozialdemokratischen Forderungen verschärften, änderte Bismarck seine Taktik und rief eine karitative Fürsorgepolitik ins Leben. Das Gesetz über die Krankenversicherung (1883), die Unfallversicherung (1884), die Invaliditäts- und Altersversicherung (1889) waren bahnbrechende Leistungen und dienten wie schließlich auch die Aufhebung des Sozialistengesetzes (1890) in erster Linie der Beschwichtigung des Unwillens der Arbeiterschaft. Deren viel weitergehende Forderungen nach Beschränkung der Frauenarbeit und nach dem Verbot der Kinderarbeit, nach Betriebs- und Lohnschutz, nach einer Arbeiterschutzgesetzgebung, nach Mitbestimmung wurden in Deutschland erst im Verlauf des 20. Jahrhunderts im Zuge von Reformen erstritten.

Ebenso wie der ökonomische Liberalismus wurde die soziale Bewegung von impulsgebenden theoretischen Auseinandersetzungen begleitet. Bereits die französischen Frühsozialisten dachten über die Umgestaltung der ganzen Gesellschaft nach. Den Gedanken des bedeutendsten von ihnen, des Grafen Claude-Henri de Saint-Simon (vgl. dessen Schrift *Du système industriel* von 1821), widersprach besonders entschieden Karl Marx. St.-Simons ‚utopischem Sozialismus' stellte er seinen eigenen ‚wissenschaftlichen Sozialismus' gegenüber. Anders als St.-Simon, der den Aufstieg des ‚dritten Standes' als einen allmählich sich vollziehenden Prozess in der Ablösung der feudalistischen durch die wissenschaftlich-industrielle Phase der Geschichte begriff, hielt Marx angesichts des Elends der Arbeiter die Zeit reif für eine revolutionäre Umwälzung. Der besitzlose Lohnarbeiter, der seine Arbeitskraft auf dem Arbeitsmarkt als ‚Ware' verkaufen musste, der arbeitete, um seine bloße biologische Existenz erhalten zu können, nicht aber um sich in der Arbeit als Mensch zu verwirklichen und in ihr seine Bedürfnisse zu erfüllen, war für ihn nicht nur dem Produkt seiner Arbeit und seiner Arbeit überhaupt, sondern auch sich selbst gegenüber entfremdet und in seinem Verhältnis zu anderen Menschen beeinträchtigt (vier Formen der Entfremdung). Um diesen entwürdigenden Zustand zu verändern, forderte er in seinen Frühschriften die Aufhebung der Lohnarbeit, später zurückhaltender (vgl. *Das Kapital*, Bd. I, 1867), dass die dem Kapital disponible Arbeiterbevölkerung durch die Disponibilität des Menschen für wechselnde Arbeitserfordernisse ersetzt werden müsse. Um seine Forderungen zu untermauern, entwickelte er eine Geschichtsphilosophie, durch die er ‚wissenschaftlich' zu beweisen suchte, dass der Kapitalismus als Wirtschaftssystem vor seiner Auflösung stehe. Er bediente sich dafür der ‚dialektischen Methode' Hegels, der den – sinnvollen, vom Plan des ‚Weltgeistes' gesteuerten – Fortschritt der Geschichte aus deren Widersprüchen sich entwickeln sah, nur dass Marx diese Widersprüche nicht, wie Hegel, in den geistigen Gehalten der geschichtlichen Epochen fand, sondern in den Gesellschaftsformationen und deren ökonomischen Bedingungen. Dieser materialistische Denkansatz seiner Lehre, des Historischen Materialismus, erklärt die Geschichte als eine Geschichte von Klassenkämpfen. Dialektisch ist ihr Verlauf insofern, als diejenige Gesellschaftsklasse, die in einem Zeitabschnitt führend ist, weil sie den ‚fortschrittlichsten' Zweig der Produktion vertritt, durch eine andere Klasse, die über neuere und effizientere Produktivkräfte verfügt, durch revolutionäre Eingriffe abgelöst wird. So wurde nach dieser Sichtweise beispielsweise die mächtigste Klasse des Mittelalters, der die Landwirtschaft kontrollierende Feudaladel, mit der Entwicklung der Maschinen während der Manufakturperiode und dem Aufstieg des industriellen Zeitalters von der Bourgoisie, der Klasse der Kapitalisten, verdrängt. Mit ihrem bevorstehenden, durch das Proletariat herbeizuführenden Zusammenbruch kündigt sich in den Überlegungen von Marx das Ende der Herrschaft einzelner Klassen an – das Proletariat wird durch die fällige Revolution und die Zwischenstufe seiner Diktatur die klassenlose, kommunistische Zukunftsgesellschaft vorbereiten. Wie diese Zukunftsgesellschaft konkret aussehen soll, war dabei für Marx weniger interessant als die – hier nicht näher zu verfolgende – ökonomische Begründung des zwangsläufigen Zusammenbruchs der kapitalistischen Gesellschaft.

Wie kein anderes ökonomisches Werk hat *Das Kapital* die sozialen Spannungen in der Gesellschaft des 19. Jahrhunderts vor Augen geführt und die des 20. Jahrhunderts gleichsam prophetisch vorweggenommen. Von keinem anderen Werk sind auch so weitreichende – im 20. Jahrhundert durch die russische Revolution von 1917 eintretende – politische Folgen ausgegangen, wobei Vorhersagen von Marx zum Dogma oder auch nur zu Parolen verhärtet wurden – und dies auch angesichts der Tatsache, dass viele seiner Überlegungen sich nicht bewahrheiteten und auch theoretisch anfechtbar sind.[3] Trotz seines großen politischen Einflusses ist das Werk von Marx der breiten bürgerlichen Leserschaft, aber auch der Arbeiterschaft in seinen ökonomischen Details so gut wie unbekannt geblieben. Dies gilt für das 20. ebenso wie schon für das 19. Jahrhundert.

Politische Herrschaft

Die Ideen der unveräußerlichen Menschen- und Bürgerrechte und der auf die Legitimitätsbasis der Volkssouveränität gestellten Republik, die in der Amerikanischen Revolution von 1775/76 und in der Französischen Revolution von 1789 ihre ersten großen Siege errungen hatten, blieben für den politischen Entwicklungsgang des 19. Jahrhunderts trotz aller restaurativen Rückschläge richtungsweisend. Zwar gelang es dem Ancien Régime, nach den napoleonischen Kriegen und dem Wiener Kongress von 1815 auf dem Kontinent zunächst wieder Fuß zu fassen und den absolutistischen Herrschaftsgedanken zu erneuern, doch hinter der Fassade der Restauration blieb der optimistische Glaube der Aufklärung, die politische Wirklichkeit durch die Vernunft gestalten zu können und die Freiheits- und Eigentumsrechte aller Bürger zu sichern, wirksam. Er äußerte sich – gerade auch angesichts der ökonomischen Entwicklung und der sozialen Emanzipationsbewegung der Arbeiter – in Reformbewegungen und Revolutionen. Die Amerikanische und die Französische Revolution, so singulär sie waren, eröffneten ein ganzes Zeitalter dynamischer Erneuerungen mit unterschiedlichen Ergebnissen.

In Deutschland und Österreich war der spätabsolutistische Staat durch die von der aufgeklärten Intelligenz und den bürgerlichen Interessen an ihn gestellten Reformerwartungen grundsätzlich überfordert: Sein Regime und die ständische Gesellschaft stützten sich auf Geburtsprivilegien, Ungleichheit, Gängelung der Untertanen, wirtschaftliche Zwangsmaßnahmen. Das neue ‚Staatsbürgertum' (vgl. II) verlangte dagegen nach Rechtsgleichheit und Leistungsorientierung, nach politischer Mitwirkung und freier Unternehmenswirtschaft. Dennoch besaß dieser Staat eine gewisse, nicht zuletzt durch die Aufklärung bewirkte Elastizität, die ihm – in den einzelnen Herrschaftsgebieten in unterschiedlichem Maß – Zugeständnisse an das Bürgertum erlaubte. Erst durch die Machtausdehnung Napoleons aber kam es zu entschiedenen Anpassungen an die revolutionären Errungenschaften Frankreichs. In den von Napoleon okkupierten süddeutschen Staaten, namentlich in Baden, entstanden erste Verfassungen, die den Bürgern einige Grund- und Mitspracherechte gewährten. In Preußen, das sich vom absolutistischen Herrschaftsgedanken nicht löste, wurde eine Reihe von Reformen verabschiedet, die vom Gedanken der Mitverantwortung des Bürgers geprägt waren und von einigen aufgeklärten Aristokraten – zumal dem Reichsfreiherrn vom Stein und Karl August Fürst von Hardenberg – durchgesetzt wurden. Auch wenn diese Reformen nach 1815 wieder abgeschwächt bzw. teilweise zurückgenommen wurden, blieb der sie tragende Impuls doch weiterhin lebendig. Dass es Deutschland zu keiner wirklichen politischen Umwälzung kam, ist immer wieder besprochen (oft auch nur abfällig bemerkt) worden. Die wichtigsten Gründe dafür[4] liegen sicherlich darin, dass erstens der deutsche Adel viel weniger mächtig war als der französische und fest in den Staatsdienst, in dem auch zahllose Bürgerliche arbeiteten, eingebunden war; dass zweitens die wirtschaftliche Machtstellung des Bürgertums noch lange nicht so entwickelt war wie in Frankreich; dass drittens Deutschland staatlich zersplittert war und damit ohne Revolutionszentrum. Regional sich äußernde Empörungen, die es zur Genüge gab, blieben daher weitgehend wirkungslos und führten allenfalls zu vereinzelten herrschaftlichen Zugeständnissen. Auch die ‚deutschen Jakobiner', die 1792 in Mainz eine nur wenige Monate überlebende Republik ausriefen, konnten keine Massen in Bewegung setzen. Insgesamt hat die Politik des ‚aufgeklärten Absolutismus' dazu beigetragen, die latent vorhandene Unzufriedenheit insbesondere der Bürger immer wieder zu beschwichtigen.

Die Erstarkung der konservativen Kräfte nach 1815 hat die bürgerliche Freiheitsbewegung, den bürgerlichen Liberalismus, keineswegs zum Erliegen gebracht, sondern eher gekräftigt. Dabei war der Liberalismus keine einheitliche Bewegung. Den auf den modernen demokratischen Rechtsstaat voraus weisenden Verfechtern einer radikalen Gleichheitsforderung, die keinen Unterschied zwischen besitzenden und nicht-besitzenden Staatsbürgern gelten ließen, standen mehrheitlich die gemäßigten Liberalen gegenüber, die der radikalen Forderung nach einem allgemeinen und gleichen Wahlrecht nicht nachgaben, sondern das (in Preußen seit 1848 gültige) Dreiklassenwahlrecht akzeptierten, nach dem das Gewicht der Stimmen vom Besitz und den Steuerabgaben abhängig war. Zugleich favorisierte diese Mehrheit die konstitutionelle Monarchie, die auf dem Kontinent während des ganzen Jahrhunderts (in Deutschland bis 1918) die überwiegende Staatsform geblieben ist und das Nebeneinander von monarchischer und parlamentarischer Macht erlaubte, wobei die Verteilung der Gewichte fließend blieb und Anlass zu ständigen Konflikten gab.

Diese Konflikte zwischen Konservativen und Liberalen, zwischen monarchischer und parlamentarischer Macht bestimmten die zweite Hälfte des 19. Jahrhunderts. Die Revolution von 1848, die zu Wahlen eines gesamtdeutschen Parlaments führte, zur unmittelbar danach mit der Arbeit an einer Verfassung und einem Katalog von Grundrechten beginnenden deutschen Nationalversammlung, scheiterte letztlich daran, dass dieser Nationalversammlung der Zugriff auf die Exekutive fehlte und der König von Preußen zu einer reaktionären Wende entschlossen war. Danach geriet der Liberalismus immer stärker in den Sog der – durch Bismarcks ‚Realpolitik', aber auch durch den Erfolg des Industriekapitalismus gestärkten – Konservativen, die den nationalen Gedanken der Einheit, dann auch den der Kolonialexpansion über den Freiheitsgedanken stellten und damit sogar große Teile der Arbeiterschaft faszinierten. Er kam hinzu, dass Konservative und Liberale durch ihr gemeinsames Ziel, die Ausbreitung sozialistischer Ideen und die politische Erstarkung der Sozialdemokratie zu verhindern, zu einer immer engeren Interessengemeinschaft zusammenwuchsen.

Der Liberalismus stand von Beginn an in enger Verbindung mit der den traditionellen Landespatriotismus überdeckenden Idee der nationalen Einigung, der anderen großen, das ganze Jahrhundert durchziehenden geistigen Strömung. Die Anfänge des deutschen Nationalismus[5] hatten ihre ganz konkreten historischen Ursachen zunächst in der Auflösung des Heiligen Römischen Reiches durch den Reichdeputationshauptschluss im Jahre 1803 und der durch ihn bewirkten Zerstörung und Neugliederung der deutschen Staaten, sodann in der Ausdehnung der französischen Hegemonialmacht, dem Anspruch Napoleons, „Universaldespot"[6] zu sein, und der durch all dies ausgelösten Krisensituation. Insbesondere das intellektuelle Bürgertum forderte eine ‚Staatsnation' bzw. eine ‚Nationaldemokratie' und sah darin das Mittel, den Gedanken der Volkssouveränität gegen das fürstliche Gottesgnadentum auszuspielen und die alten Bindungen an dynastische, religiöse, regionale Traditionen zu lockern. Es ist jedenfalls festzuhalten, dass der Nationalstaatsgedanke in seinen Anfängen eng mit dem bürgerlichen Emanzipationsbedürfnis und mit dem Wunsch nach politischer Partizipation verbunden war und bis über die Jahrhundertmitte immer eine „innenpolitische Modernisierungsbewegung“[7] blieb. Seine Attraktivität beruhte nicht zuletzt auch darauf, dass er der durch die Revolutions- und Kriegsjahre bewirkten sozialpsychologischen Verunsicherung eine neue Identifikationsmöglichkeit entgegensetzen konnte. Von vielen Intellektuellen wurde dies schnell begriffen. Die – von den Humanisten schon im 16. Jahrhundert begonnene und ständig weitergeführte – Beschäftigung mit der nationalen Vergangenheit erhielt einen neuen Auftrieb und führte unter anderem zur Begründung der Germanistik als Wissenschaft von der geschichtlichen Entwicklung der deutschen Sprache und Literatur (den ersten germanistischen Lehrstuhl erhielt Friedrich von der Hagen 1810 in Berlin). Unter den zahlreichen bedeutenden Philologen der ersten Jahrhunderthälfte wirkten besonders motivierend die Brüder Jacob und Wilhelm Grimm, die mit ihren in unterschiedliche Gebiete ausgreifenden Textsammlungen (*Kinder- und Hausmärchen*, 1812 ff.; *Deutsche Sagen*, 1816–18; *Deutsche Rechtsaltertümer*, 1818; *Deutsche Mythologie*, 1835) und der Konzeption eines *Deutschen Wörterbuchs* (1852 ff.) eine Gesamtanschauung der deutschen Vergangenheit zu fördern und hierbei insbesondere das spezifisch Deutsche herauszustellen suchten. Die Kehrseite philologisch-kritischer Beschäftigung mit Zeugnissen deutscher Vergangenheit aus national empfindendem Geist heraus bildeten – das breite Bildungsbürgertum stark ansprechende – populärwissenschaftliche Überhöhungen der deutschen Geschichte, in denen beispielsweise Arnim der Cherusker, Karl der Große oder Kaiser Barbarossa zu Symbolfiguren früherer nationaler Einheit umgedeutet wurden. Das Bemühen darum, dem eigenen Volk durch die Vergegenwärtigung seiner vaterländischen Vergangenheit neues Selbstbewusstsein einzureden, was vielen angesichts des unter Napoleon entstandenen französischen Chauvinismus geboten erschien, verband sich freilich schnell mit hasserfüllten Stellungnahmen gegen den Nachbarn, den man wenige Jahrzehnte zuvor wegen der in der Revolution proklamierten aufklärerischen Ideale der Freiheit, Gleichheit und Brüderlichkeit noch so bewundert hatte. Das Zusammengehörigkeitsgefühl der Deutschen sollte damit zusätzlich durch das Feindbild der Franzosen gestärkt werden, und es bleibt erstaunlich, zu welchen Ausbrüchen sich gerade Intellektuelle und Schriftsteller wie beispielsweise Friedrich Schlegel, Joseph Görres, Friedrich Ludwig Jahn und besonders Ernst Moritz Arndt hinreißen ließen.[8] Der von ihnen und vielen anderen geschürte Hass auf die Franzosen hat für die Entwicklung des deutschen Nationalismus, zumal auch in breiteren

Bevölkerungskreisen, mit Sicherheit einen größeren Einfluss gehabt als der verklärende Rückblick in die deutsche Geschichte.

Nach dem Scheitern der März-Revolution von 1848 erlahmte im liberalen Bürgertum zunächst der Freiheitsimpuls, der bis dahin auch durch die Befreiungskämpfe mancher kleiner Völker Europas, allen voran Griechenlands, lebendig geblieben war, und ließ der Sehnsucht nach nationaler Einheit immer mehr Raum. Für viele Menschen, gerade auch aus der Arbeiterschaft, bildete diese Sehnsucht zugleich eine Kompensationsmöglichkeit ihrer sozialen Unterdrückung. Die ansteigende nationale Leidenschaft der vielen – geschürt von den zahllosen Sängerschaften, Turnerschaften, Burschenschaften, gesamtdeutschen Vereinen verschiedener Berufsgruppen, Festen, auch Predigten – wurde von den Trägern der politischen Herrschaft geschickt genutzt. Der Sieg über Frankreich und die Reichsgründung von 1871 ist von den meisten Deutschen begeistert begrüßt worden und hat die konstitutionelle Monarchie nur befestigt – so wie sich der Industriekapitalismus in der Folgezeit von der nationalen Zustimmung zur Kolonialexpansion, die erweiterte Ausfuhrgebiete und gesicherte Rohstoffzufuhren versprach, gestärkt fühlen konnte. Damit standen zur Jahrhundertwende die Monarchie, die konservative Bürokratie und die Großindustrie als Profiteure da, während die großen Freiheitsimpulse des 19. Jahrhunderts, der bürgerliche Frühliberalismus und die Emanzipationsbewegungen der Arbeiter, blockiert waren. Die dominierenden Herrschaftseliten zeigten sich aufgrund ihrer gemeinsamen Machtinteressen weder willens noch mental in der Lage, eine egalitäre Marktgesellschaft mit demokratischen Rechten für alle herbeizuführen und blieben damit hinter den in die Zukunft weisenden Bedürfnissen der Mehrheit der Bevölkerung zurück.

Auch die Entwicklung der politischen Herrschaft in den deutschen Staaten des 19. Jahrhunderts ist von vielfältigen theoretischen Überlegungen der Vertreter der verschiedenen Lager begleitet worden, von Staatsrechtlern, Philosophen, zumal auch von Schriftstellern. Der für die Konservativen richtungsweisenden Schrift über die *Restauration der Staatswissenschaften* (1816 ff.) des Schweizer Patriziers Karl Ludwig von Haller standen unter den zahlreichen Äußerungen der Frühliberalen beispielsweise die große Wirkung erzielenden staatsrechtlichen Texte des badischen Historikers und Politikers Karl Wenzeslaus von Rottecks und des Historikers und Politikers Friedrich Christoph Dahlmann, des Wortführers der Göttinger Sieben, gegenüber.

Die Anfänge des deutschen Nationalismus hat maßgeblich Johann Gottlieb Fichte mit seinen *Reden an die deutsche Nation* (1808) beeinflusst. Immerhin verbanden sich seine während der französischen Besatzungszeit geäußerten patriotischen Ansichten, nach denen der deutsche, von der gemeinsamen Sprache geprägte Nationalcharakter am ehesten in der Lage sei, den vollkommenen, von den Wissenschaften geleiteten Menschen heranzubilden, ohne den auch ein vollkommener Staat undenkbar sei, mit einem gewissen Kosmopolitismus. Denn die Erziehung zum rein Menschlichen werde, so Fichte, der aufklärerisch von der Gestaltbarkeit der Geschichte ausging, anstiftend auf andere Nationen wirken – andernfalls drohe das Ende der Zivilisation durch Türken, Neger, Indianerstämme usw. Dieser heute befremdende Sendungsglaube, der sich auch bei Schleiermacher, F. Schlegel, A. v. Müller und anderen sublimiert als Kulturnationalismus äußerte, hat Vorstellungen von der Überlegenheit des deutschen Volkes aufbauen helfen, die um so wirksamer wurden, je deutlicher sie sich mit dem – schon erwähnten, gerade auch von vielen Intellektuellen massiv geförderten – Feindbild des Franzosen verbanden. Aus dieser Verbindung konnte dann der dünkelhafte Staatsnationalismus der Kaiserzeit entstehen, der später zum Mythos vom deutschen Herrenvolk pervertierte.

Dass gerade die staatskonservativen und nationalen Töne in der geistigen Auseinandersetzung um die Formen politischer Herrschaft besonders laut zu vernehmen waren, lag wesentlich an der vom Deutschen Bund auf Betreiben der Wiener Regierung mit den Karlsbader Beschlüssen 1819 eingeführten, dreißig Jahre lang währenden Zensur von Publikationen, die den ganzen ‚Vormärz', auch den literarischen, geprägt hat. Durch ihre strikte Durchführung wurde jede schriftlich formulierte Kritik der liberalen Öffentlichkeit an den politischen Verhältnissen erstickt oder zumindest verwässert. Strafen, gegen die man bei keiner Appellationsinstanz protestieren konnte, ruinierten Existenzen, trieben manchen in die Emigration, schüchterten die aufgeklärten ‚Staatsbürger' ein und untergruben ihre Zivilcourage, regten freilich auch – gerade bei Schriftstellern – Gedanken an, wie man Kritik erfolgreich verschleiern konnte, zumal die Zensoren bei ihren Kontrollen intellektuell oft überfordert waren. So restriktiv die Zensur einerseits wirkte, so wenig konnte sie letztlich den Widerstand gegen die Fürstenherrschaft verhindern; vielmehr hat sie paradoxerweise gerade zu deren Destabilisierung beigetragen. Dass der Liberalismus nach 1848/49 an Kraft verlor, hat andere Gründe, die bereits angedeutet wurden.

1.2. Die Lebensführung der Gesellschaft des 19. Jahrhunderts

Bevölkerungszunahme und Urbanisierung

Das 19. Jahrhundert war von einem immensen Bevölkerungswachstum geprägt. Die Einwohnerzahl in Preußen beispielsweise stieg allein zwischen 1850 und 1870 um 45 % auf über 24 Millionen an. Um der mit der Bevölkerungsexplosion einhergehenden breiten Verarmung zu entgehen, schlossen viele sich der großen, gerade in diesen Jahren einsetzenden Auswanderungsbewegung in die USA an, die meisten freilich zogen in die großen industriellen Ballungszentren, in denen sie Arbeit zu finden hofften. Die Einwohnerzahl Berlins etwa nahm in den genannten zwanzig Jahren um 85 % zu, wobei ca. 80 % aller Einwohner nicht nur Berlins, sondern auch der anderen großen Industriezentren Lohnarbeiter und Dienstboten waren.

Die Zuwanderung so vieler Menschen in die industriellen Standorte hatte einschneidende Konsequenzen unterschiedlichster Art: Die Städte vergrößerten sich, Siedlungen wurden eingemeindet, neue Städte wurden an Verkehrsknotenpunkten gegründet, während das Umland oft verwaiste; der lang anhaltende Modernisierungsprozess der Urbanisierung setzte voll ein. Das schnelle Anwachsen der städtischen Bevölkerung führte zu anarchischen Verhältnissen in der Baupraxis. Fabriken, Abraumhalden, Bahnhöfe, Gefängnisse, Krankenhäuser, Schlachthöfe, Friedhöfe, Wohnquartiere für Arbeiter, Biergärten und Ausflugslokale lagen in dichtem Gemenge beieinander. In Berlin z. B. stieg die Zahl der Häuserblöcke mit dichter Hinterhofbebauung, den berüchtigten Mietskasernen, in denen Menschen zusammengepfercht lebten, sprunghaft an. Zur gleichen Zeit entstanden in den waldnahen Vororten die Villenviertel für das Besitz- und Bildungsbürgertum. Diese durch die Bauordnungen unterstützte Wohnsegregation hatte beträchtliche Auswirkungen auf die Ausbildung des Klassenbewusstseins zumal der Arbeiterschaft. Deren miserable Wohnbedingungen, die Erfahrung der Enge, der Armut, der Krankheiten, des frühen Kindertods, dazu Probleme der Abfallbeseitigung, die manche Viertel zeitweilig mit bestialischem Gestank erfüllten, Trinkwasserprobleme und anderes mehr ließen das proletarische Solidaritätsgefühl und das Protestpotential entstehen, das vom konservativen und liberalen Bürgertum immer mehr gefürchtet wurde. Deswegen blieb die gebietskörperschaftliche Einwohnergemeinde, die den alten korporativen Vollbürgerstand ablösen und gleiches Recht für alle Stadtbewohner sichern sollte, so lange und so heftig umstritten; deswegen blieb das Dreiklassenwahlrecht, durch welches das Besitzbürgertum privilegiert wurde, erhalten, und vor diesem Hintergrund sind auch die Sozialistengesetze (vgl. o.) zu sehen, die dem als Bedrohung empfundenen Proletariat verbieten sollten, sich politisch zu organisieren.

Die Entwicklung zur Klassengesellschaft

Schon im 18. Jahrhundert begann der Prozess der Umwandlung der Standesgesellschaft, in der das Wirtschaften fest in einen soziokulturellen Kontext eingebunden war und die Zugehörigkeit zu einem bestimmten Stand die Lebensbedingungen entscheidend mitbestimmte, in die allein den Gesetzen des Marktes folgende Wirtschafts- oder Marktgesellschaft, in der die Lebenschancen von der – ungleichen – Verfügung über Güter und von Leistungsqualifikationen abhängig wurde. Diese Umwandlung vollzog sich nur zögerlich und nicht für alle Stände gleichzeitig, so dass es allenthalben zu Überlagerungen von Standesdenken und Leistungsorientierung kam. Mit der Hinwendung zur Marktgesellschaft ging das Verblassen des Standesbegriffs einher. Stattdessen sprachen die Zeitgenossen im Alltag immer häufiger – meist unpräzis im Plural – von ‚Klassen', von gebildeten oder Höheren Klassen, von den unteren Volksklassen, den arbeitenden Klassen usw.[9], wenn sie die zunehmend vom Leistungsprinzip geprägten sozialen Formationen bezeichnen wollten.

Der Blick auf die Größenverhältnisse dieser gesellschaftlichen Formationen oder Klassen des 19. Jahrhunderts ist aufschlussreich, zumal er vage Vorstellungen vom 19. Jahrhundert als dem ‚bürgerlichen Zeitalter' korrigieren helfen kann. Noch im Kaiserreich nach 1871 bestand die Oberklasse des Adels aus weniger als 0,5 % der Gesamtbevölkerung, das Wirtschaftsbürgertum (Fabrikanten, Kaufleute, Bankiers und andere) aus weniger als 5 %, das Bildungsbürgertum (Ärzte, Professoren, Anwälte, Lehrer, Pfarrer und andere) aus ca. 1 %, das Kleinbürgertum (Handwerker, Händler, Gastwirte und andere) aus ca. 15 %; bis zu 80 % der Bevölkerung aus den ländlichen und städtischen Unterschichten, wenn auch die Abgrenzung zum Kleinbürgertum teilweise fließend war und ungesichert bleibt. Zusammen mit dem Kleinbürgertum bestand die gesamte ‚bürgerliche Gesellschaft' aus ca. 20 % der Bevölkerung, wobei die kulturelle ‚Prägekraft' (Wehler) allenfalls von 6 % ausging. Diese Relationen galten – die unterschiedlichen Schätzungen stimmen hierin überein[10] – mit relativ geringen Schwankungen während des ganzen Jahrhunderts. Innerhalb dieser sozialen Formationen oder Gesellschaftsklassen gab es erhebliche soziale Differenzierungen. Keineswegs ist von der Einheitlichkeit etwa einer bürgerlichen Klasse oder der Arbeiterklasse auszugehen.

Betrachtet man zunächst, um eine grobe Orientierung zu ermöglichen, die ‚bürgerliche Gesellschaft', einschließlich des Adels einerseits und einschließlich des Kleinbürgertums andererseits, sind zuerst die sozialen Unterschiede zwischen dem Besitzbürgertum, der sog. Bourgoisie, und dem Bildungsbürgertums bemerkenswert. Beide Gruppen bildeten innerhalb der gesamten Einwohnerschaft der Stadt eine Minderheit, waren jedoch, was den Sozialstatus, den politischen und kulturellen Gestaltungswillen angeht, tonangebend. Sie förderten weiterhin – nicht zuletzt aus wirtschaftlichen Gründen – vor allem den Umwandlungsprozess vom Stadtbürgertum mit seinen ständisch gegliederten, auf Privilegien achtenden Trägerschichten in eine Einwohnergemeinde prinzipiell gleichberechtigter Staatsbürger, was teilweise zu erheblichen Spannungen mit dem traditionsgebundenen Kleinbürgertum der Handwerker und kleinen Gewerbetreibenden führte. Leistungsorientierter Veränderungsdrang kollidierte mit ständisch orientiertem Beharrungsdenken.

Bürgertum und soziale Unterschichten

Das Besitzbürgertum verdankte seinen Aufstieg während des 19. Jahrhunderts dem Zusammenspiel von eigenem unternehmerischen Engagement und den Voraussetzungen, die durch die neuen technischen Möglichkeiten entstanden. Dass es dennoch wenig in die Breite wuchs, sondern auf einen relativ kleinen Kreis von Familien beschränkt blieb, beruhte auf dem sozialen Netzwerk, das diese Klasse sich schuf. Ausbildung, Startkapital, Marktkenntnisse, Heirat untereinander sorgten dafür, dass sie weitgehend unter sich blieb. Erst in der zweiten Jahrhunderthälfte gesellten sich zu den Eigentümer-Unternehmern die Angestellten-Unternehmer, eine Funktionselite von kaufmännisch, technisch oder juristisch begabten Managern, die freilich am Wohlstand der Eigentümer nur begrenzt partizipierte.

Zwiespältig blieb das Verhältnis der neuen Unternehmerdynastien zum Adel. Mit dem bürgerlichen Leistungsstolz ging die Ablehnung der ‚unverdienten' Privilegien dieses Standes einher. Andererseits wurden immer mehr Adlige selbst zu landwirtschaftlichen Großunternehmern und bildeten eine Klasse von Agrarkapitalisten, die rational zu wirtschaften gezwungen waren, wenn sie am Markt bestehen wollten. Dies erleichterte der Bourgeoisie, alte Minderwertigkeitsgefühle durch die Imitation des adligen Lebensstils (der – bis heute – auf viele offenbar einen unwiderstehlichen Reiz ausübt) zu kompensieren und das Bedürfnis nach Anerkennung zu befriedigen. Ein Rittergut zu besitzen, zumindest eine schlossähnliche Villa in Wald- oder Parknähe, signalisierte den sozialen Aufstieg. Kutschenfahrten, Jagdausflüge und ähnliches erhöhten die Reputation. Unverhohlen wurden Ehen mit Töchtern aus dem Adel, Orden, Titel, die eigene Nobilitierung angestrebt, und gerade die Herrschaftsträger des wilhelminischen Kaiserreichs, das die Stellung des Adels neu aufwertete, unterstützte diese Begehrlichkeiten, um die Macht des Kapitals enger an sich zu binden. Besonders deutlich wurde die Nachahmung adligen Herrschaftsstils, wenn bürgerliche Unternehmer ihre Betriebe unter dem Deckmantel des Paternalismus paramilitärisch mit Gehorsam fordernden Befehlen führten und ihre Angestellten und Arbeiter auf diese Weise zu disziplinieren sowie aufkeimende Solidarität unter ihnen zu zerstören suchten.

Den alten Bürgerstolz des 18. Jahrhunderts hielt am ehesten die prozentual kleine Gruppe des Bildungsbürgertums aufrecht. Als akademisch geschulte Intelligenz hatte es sich seit langem immer stärker in öffentlichen Ämtern gegenüber dem Adel durchgesetzt und ihn das bürgerliche Leistungsprinzip zu respektieren gelehrt. Auch in anderen Berufen wie denen des Arztes, Apothekers, Architekten usw. war das Bildungsbürgertum aufgrund speziellen Fachwissens unentbehrlich. Dennoch lag sein Lebensstandard, trotz des hohen Sozialprestiges, das es sich erworben hatte, weit unter dem der Bourgeoisie. Gerade gegen Ende des Jahrhunderts fühlte sich die sogenannte ‚Aristokratie der Bildung' gegenüber der neuen ‚Geldaristokratie', den Aufsteigern des Wirtschaftslebens im Industriestaat, schmerzlich in der Defensive und verlor viel von dem Selbstbewusstsein, das es in den vielen Jahrzehnten zuvor als Opposition gegen die Herrschaftsträger des Absolutismus gewonnen hatte. Die Folge war bei vielen ein Rückzug in Bünde, Vereine, Verbände, in denen man sich abschotten und gegen die materialistische Lebensführung und das Sekuritätsdenken protestieren, aber auch schwärmerisch für etliche, die ‚Wahrhaftigkeit' fördernde ‚Lebens-Reformen' eintreten konnte. Die beliebte – Verbundenheit suggerierende – Formel vom ‚Besitz- und Bildungsbürgertum' ist jedenfalls beschönigend und überspielt die Rivalität beider bürgerlicher Gruppierungen.

Die zahlenmäßig stärkste bürgerliche Gruppe der städtischen Einwohnergemeinde bildete das sich aus Handwerkern, Kleinhändlern, Angestellten, Subalternbeamten, Facharbeitern und anderen zusammensetzende Kleinbürgertum, der sogenannte Mittelstand, der – im Ganzen gesehen – weder am wirtschaftlichen Aufschwung des Besitzbürgertums noch an der gestaltenden Rolle des Bildungsbürgertums teilnahm, sondern eine traditionalistische Kollektivmentalität ausbildete, die an den Bedingungen des alten Stadtbürgertums festhalten wollte und seine Abneigung gegenüber den Innovationen des industriellen Zeitalters nicht verbarg, sich vielmehr nach dem Sozialprotektionismus und den Moralsetzungen, d. h. der Sicherheit vergangener Zeiten zurücksehnte und deswegen unzufrieden und auch anfällig für ideologische Beeinflussungen wurde.

Der bürgerlichen Gesellschaft stand die ebenso differenzierte Gesellschaft der Bauern und Landarbeiter und der städtischen Unterschichten gegenüber, wobei man sich vergegenwärtigen muss, dass trotz des industriellen Aufschwungs und trotz der das Innovative hervorhebenden Rede vom ‚industriellen Zeitalter' die Landwirtschaft bis gegen Ende des Jahrhunderts in Deutschland dominierte. Der Agrarkapitalismus wuchs bis 1870 schneller als die Industrie.

Unter der Landbevölkerung hob sich die (in mancher Hinsicht der Bourgoisie vergleichbare) bäuerliche Besitzklasse deutlich von der Landarbeiterschaft ab. Unterhalb des adligen Großgrundbesitzertums brachten es die selbständig wirtschaftenden Groß- und Mittelbauern zu teilweise erheblichem Wohlstand. Aber diese bäuerlichen Besitzer blieben eine Minderheit, die je nach Region zwischen zehn und zwanzig Prozent der gesamten Landbevölkerung bildete. Unter den Kleinbauern mit Landbesitz, die eine ähnlich große Gruppe bildeten, konnten nur wenige ohne einen Nebenerwerb auskommen, so dass – und dies durch das ganze Jahrhundert relativ gleichbleibend – nur ca. ein Viertel der bäuerlichen Gesellschaft aus wirtschaftlich unabhängigen Landwirten bestand.[11] Ihnen standen die Millionen unselbständiger Landarbeiter, die Gesindeleute, Knechte, Mägde und Tagelöhner gegenüber, wobei die durch Kontrakt gebundenen Gutstagelöhner besser gestellt waren als die einfachen Tagelöhner oder Landlosen, die je nach Lage der Konjunktur auf den Höfen Arbeit fanden. Sie blieben Abhängige – nicht mehr in rechtlicher, aber doch in sozialer Hinsicht und suchten ihrer elenden Lebenslage in Scharen durch Abwanderung in die Städte zu entgehen. Angesichts des Gefälles sozialer Ungleichheit auf dem Land entbehrt jedenfalls das in der deutschen Literatur, zumal in den Bauernromanen, häufig begegnende romantisierende Klischee vom heilen Bauernstand jeder Grundlage.

Die umfassendste gesellschaftliche Veränderung des 19. Jahrhunderts vollzog sich in den Städten. Der mit der Entwicklung des Kapitalismus einhergehende Übergang zur industriellen Lohnarbeit, zum Verkauf menschlicher Arbeitskraft und Leistungsqualifikation als marktabhängiger Ware an Arbeitgeber, ließ die Klasse, besser: die Klassen der Arbeiter entstehen (vgl. die im 19. Jahrhundert lange übliche, den Plural verwendende Rede von den ‚arbeitenden Klassen'). Auch durch sie liefen zahlreiche Trennungslinien, zumal zu den ‚unteren Volksklassen' (ebenfalls ein zeitgenössischer Terminus) nicht nur die industriellen Lohnarbeiter, sondern auch die Handwerksgesellen, Krämer, Dienstboten, Heimarbeiter, die zuwandernden ländlichen Tagelöhner und andere mehr gehörten. In dieser Menge blieb die industrielle Arbeiterschaft, das ‚Industrieproletariat', wie es abwertend bald hieß, lange eine relativ kleine Gruppe von zehn bis fünfzehn Prozent aller Erwerbstätigen. Und auch sie war in sich strukturiert, z. B. durch erhebliche Lohnunterschiede. Die Meister, Facharbeiter, Vorarbeiter mit Spezialkenntnissen verdienten mehr als die Angelernten und dreimal so viel wie die Ungelernten, die Tagelöhner, die Frauen (zum Teil auch die Kinder), die noch dazu wegen der Konjunkturschwankungen ständig mit ihrer Entlassung rechnen mussten. Die zählebige Vorstellung von der Einheitlichkeit der Arbeiterklasse ist jedenfalls ein Mythos, auch wenn sich in der mit der Armut kämpfenden lohnabhängigen Bevölkerung allmählich so viele integrative Momente herausbildeten, dass man (vgl. u.) von einer gemeinsamen Mentalität und einem gemeinsamen Identitätsgefühl sprechen darf.

Grundzüge der bürgerlichen Lebensführung

Bürgerliche Wertvorstellungen und Verhaltensnormen waren im 19. Jahrhundert keineswegs auf die Sozialformationen oder Klassen des Bildungsbürgertums und des Besitzbürgertums beschränkt. Auch viele Angehörige des Kleinbürgertums passten sich den zu beschreibenden Denkmustern und Verhaltensweisen des ‚gehobenen' Bürgertums an und übernahmen von ihm wichtige normative Grundlagen der Lebensführung.[12] Auch weite Teile der Arbeiterschaft konnten sich dem Sog der bürgerlichen Wertvorstellungen und Verhaltensnormen nicht entziehen, wenn sie andererseits – dies rechtfertigt einen gesonderten Abschnitt darüber – daneben auch andere, eigene Wertvorstellungen und Verhaltensnormen ausbildeten. Und selbst viele Angehörige des Adels, der eine eigene kulturelle Sphäre bildete, die für viele Bürger eine große Anziehungskraft besaß und sie zu den schon genannten Nachahmungen verleitete, standen angesichts der Leistungskraft des Bürgertums unter hohem Anpassungsdruck. So sehr sich also die empirischen Erfahrungsfelder und Einflussbereiche der genannten Sozialformationen oder Klassen – bei zunehmender Durchlässigkeit der Abgrenzungen – voneinander unterschieden, so unübersehbar ist doch zugleich, dass sich ein – hier als ‚bürgerlich' bezeichneter – Horizont von Wertvorstellungen und Verhaltensnormen bildete, der nahezu alle Angehörigen dieser Klassen in ihren mentalen Orientierungen und Verhaltensweisen in vielerlei und entscheidender Hinsicht gleichermaßen bestimmte oder zumindest berührte.

Anforderungen im Beruf

Als eine entscheidende gemeinbürgerliche Integrationskraft wirkte die um sich greifende Anpassung an das die industrielle Arbeitswelt durchdringende Gesetz der ‚Rechenhaftigkeit'.[13] Das Arbeiten zu vielen, die daraus folgende organisierte Arbeitsteilung und vor allem rationalisierte, d. h. rechnerisch in ihre Teile aufgelöste und unter dem Gesichtspunkt optimaler Effektivität konstruktiv zusammengefügte Arbeitsprozesse, die nicht nur in den Fabriken, sondern auch in größeren wie kleineren Betrieben sowie in der Verwaltung entworfen und umgesetzt wurden, verfehlten ihre Wirkung auf die daran beteiligten Menschen nicht.

Hans Freyer hat dargelegt[14], wie die Gewöhnung an die immer exakter bestimmten Arbeitsabläufe, an die ihr Funktionieren sichernden Anordnungen, Verordnungen, Verfügungen usw., an die hinter all solchen Maßnahmen stehende Kompetenzhierarchie das soziale Leben insgesamt verändert und eine Ethik ‚eingebürgert' hat, die „mit dem Menschen im Zustand der Organisation rechnet." Dies heißt nicht nur, dass der

Zwang, sich sachlich und effektiv zu verhalten, verinnerlicht wurde, dass Disziplin, Selbstkontrolle, Gründlichkeit, auch Schnelligkeit zu immer wichtigeren Tugenden wurden – es heißt vor allem, dass die Menschen lernen mussten, in der industriellen Arbeitswelt nicht als ganze Personen ‚für voll' genommen zu werden, sondern nur ‚als etwas' zu gelten, wenn sie dem an sie gestellten (auch an sich selbst gestellten) ‚Anspruch' gerecht wurden, wenn sie sich also damit abfanden, als etwas zu funktionieren. Diese tendenziell immer wirksamer werdende Reduktion des arbeitenden Menschen auf rollenverhaftetes Verhalten, gleichsam seine Behandlung als für bestimmte Zwecke einsetzbares, dem Gesetz errechenbarer Abläufe zu unterwerfendes Objekt, provozierte mannigfache Formen der Anpassung, auch der Unterwerfung. Die Fähigkeit des sich glatt einfügenden ‚Mitspielers', der, wenn es nötig erschien, lavierte, auswich, wendig durchschlüpfte, wurde zur Erfolg versprechenden Verhaltensqualität. Und auch diejenigen, die über andere verfügten, wussten, wenn sie ihre Aktionsfelder absteckten, gangbare Wege suchten, um Konkurrenten Fallen zu stellen, ‚was gespielt wurde', und lebten, um des Erfolgs willen, ebenfalls in Rollenspielen.

Zum Erfolg unter den Bedingungen der industriellen Arbeitswelt gehörte freilich auch die Bewährung in der Funktion, die man ausübte. Das Leistungsdenken, der aus Konkurrenz- und Abhängigkeitsverhältnissen erwachsende Leistungs- und auch Zeitdruck zeigten sich schon im 19. Jahrhundert in all den bis heute bekannten Formen mitsamt den Begleiterscheinungen wie Erschöpfungszuständen und psychischen Störungen, die den privaten Bereich (vgl. u.) belasteten, zugleich aber auch in die Arbeitswelt und in die Öffentlichkeit zurückwirkten.

Mit der Gewohnheit des genauen Beobachtens und Kalkulierens ging die Hochschätzung des Faktischen einher. Man kann weit ausholen und mit Max Weber als Ursache hierfür den Verlust religiöser Bindungen erkennen.[15] Folgt man diesem Erklärungsansatz, mussten die Menschen ihr insbesondere seit der Aufklärung erschüttertes Gottvertrauen durch die Schaffung irdischer Sicherheiten kompensieren und die Angst auslösenden Erfahrungen durch Bearbeitung und Unterwerfung der Wirklichkeit zu bewältigen suchen. Der Fortschritt wäre dann dem Irdischen durch menschliche Willenskraft rational abgepresst, um die Leere, das Wissen um Vergeblichkeit zu überspielen.[16] Ob man sich dieser Argumentation anschließen mag oder nicht – es bleibt die Tatsache, dass – nicht zuletzt angeregt durch die Ingenieurswissenschaften – die Naturwissenschaften, die Soziologie, die Psychologie, auch die Philosophie das Transzendenzproblem zurückdrängten und sich mit nicht gekanntem Elan der Erforschung von Gesetzmäßigkeiten und Mechanismen der konkret vorfindbaren Phänomene der Wirklichkeit widmeten.

Die vielen technischen Erfindungen und Innovationen sprechen eine beredte Sprache. Welche Macht sie gewannen, lässt sich nicht nur daran erkennen, dass der Rhythmus der Maschinen bis heute den Arbeitsrhythmus vieler Menschen beeinflusst oder sogar bestimmt. Inzwischen ist es fast wichtiger, sich zu verdeutlichen, was ebenfalls im 19. Jahrhundert bereits einsetzt: das technisch Machbare um des Götzen des Fortschritts willen auch zu verwirklichen, ohne die Konsequenzen ausreichend in Erwägung zu ziehen.[17] Der Verlust von ‚Verantwortung' wird hierin ganz sinnfällig.

Das am Faktischen orientierte Denken bestimmte im 19. Jahrhundert zunehmend auch die anderen wissenschaftlichen Disziplinen. Die philosophische Grundlage hierfür bildet der moderne Positivismus des Franzosen Auguste Comte, des Verfassers des *Cours de philosophie positive* (1830–42). Für ihn liegt in der ‚positiven' Betrachtungsweise gegenüber der theologischen und metaphysischen insofern ein Gewinn, als sie bewusst auf die Reflexion über die ‚Ursachen' der Phänomene verzichtet und ganz deren tatsächlichen Gesetzen nachgeht. In der Bereitstellung von Wissen, um Entwicklungen, insbesondere auch soziale, erklären und vorhersagen zu können, mit dem Ziel, dadurch die Lebensbedingungen der Menschen zu verbessern, lag für Comte der Sinn jeglicher wissenschaftlicher Arbeit. Der Einfluss seiner Schrift war immens und hatte durch seinen Schüler Hippolyte Taine auch unmittelbare Auswirkungen in der Literaturgeschichte.

Was Comte von den Wissenschaften forderte, leistete in England Charles Darwin in der Biologie. Auf der Grundlage umfassender und andauernder Beobachtungen entwickelte er in seinem Hauptwerk *On the Origin of Species by Means of Natural Selection* (zuerst 1859) eine Selektions- und Evolutionstheorie, die nicht nur im 19. Jahrhundert breit diskutiert und oft missverstanden wurde, sondern noch heute Bestand hat. Sie besagt, auf einen einfachen Nenner gebracht, dass im Ringen um die Existenz diejenigen Varianten einer Art überleben, die sich ihrer jeweiligen Umwelt am besten anpassen können, und dass sich zugleich durch die Auslese der besseren Varianten fortschreitend Veränderungen des Artenbildes ergeben. Diese empirisch begründbare Gesetzmäßigkeit war ein Schlag gegen das Schöpfungsdogma, gegen den vorausplanenden und willkürlich eingreifenden Schöpfer der Theologen (und der Theologe Darwin fühlte sich nach eigener Aussage, als habe er einen Mord begangen). Auch seine Theorie hat im Übrigen – nicht zuletzt über seine Schüler – einen erheblichen Einfluss in der Literaturgeschichte ausgeübt.

Die Gesetzmäßigkeit, die Darwin in der Biologie entdeckte, versuchte Marx in der Geschichte der Klassenkämpfe zu finden (vgl. o.). Auch wenn die Begründung dieser Gesetzmäßigkeit durch Fakten – jedenfalls aus heutiger Sicht – nur unzureichend gelang, spiegelt sich in seiner Arbeit doch eben die Denkweise, um die es in unserem Zusammenhang geht.

Schließlich ist als letztes großes Beispiel für die Hochschätzung des Faktischen das psychoanalytische Werk Sigmund Freuds zu nennen (unter anderem *Die Traumdeutung*, 1900). Was Freud mit Darwin, einem seiner Vorbilder, verbindet, ist die Methode, Gegenwärtiges aus Vergangenem zu erklären und die Erklärungen an feststellbare Gesetzmäßigkeiten zu binden. Für die von ihm entwickelte Psychoanalyse, die dem Versuch entsprang, neurotisch gestörte Patienten zu therapieren, ist die Hypothese grundlegend, dass psychische Vorgänge kausal determiniert und auf Triebregungen und frühere Erfahrungen rückführbar sind. Sind solche Erfahrungen dem Bewusstsein aus verschiedenen Gründen nicht mehr zugänglich, sondern ins Unbewusste abgedrängt und rufen sie dort Traumata hervor, versucht der Analytiker mit Hilfe eines hier nicht darzulegenden Erklärungsmodells der Struktur und Dynamik seelischer Kräfte (Verdichtung, Verschiebung, Verkehrung ins Gegenteil usw.) das Verdrängte im Patienten bewusst werden zu lassen, in der Hoffnung, dass dies zu einer kathartischen, heilenden Wirkung führe.

All diese bedeutenden Schriften, die sowohl im 19. Jahrhundert als auch – denkt man an Darwin, Marx, Freud – im 20. Jahrhundert für die Wissenschaften, überhaupt für den Diskurs der Intellektuellen von größter Bedeutung waren und im Gespräch des breiten Publikums aufgegriffen, popularisiert, auch zerredet und missverstanden wurden, spiegeln eine an der Empirie orientierte Einstellung sowie den – bei Darwin weniger als bei Freud, insbesondere aber bei Marx ausgeprägten – Versuch, Regeln und Ergebnisse bereitzustellen, die dazu beitragen könnten, die Wirklichkeit der Vernunft und dem Willen des Menschen verfügbar zu machen. Die im 19. Jahrhundert immer stärker werdende Realschulbewegung mit der Akzentuierung der naturwissenschaftlichen, ‚lebenspraktischen' Fächer spiegelt diese Einstellung im pädagogischen Bereich wider.

Die Funktion der Familie

Die an Rechenhaftigkeit und Faktizität orientierte Denkhaltung und die Erfahrung, in Rollen sich bewegen und ‚funktionieren' zu müssen, um den Anforderungen der arbeitsteiligen Berufswelt gerecht werden zu können, sowie der damit einhergehende ‚sachliche' Verkehrston und das Gefühl, die Innenseite der eigenen Person vor anderen besser zu verbergen, haben zu ganz unterschiedlichen Kompensationen geführt. Von der Flucht in die sich entwickelnde Unterhaltungsindustrie wird später die Rede sein. Vor allem die Familie wirkte als regenerativer Schutz- und Zufluchtsraum. Diese Funktion, die sie im städtischen Leben des 18. Jahrhunderts bekommen hatte, verstärkte sich in den Großstädten des 19. Jahrhunderts, in denen Arbeitsteilung, soziale Mobilität, anonyme bürokratische Verhältnisse, auch wirtschaftliche Unsicherheiten bzw. Zusammenbrüche das Bedürfnis nach seelischer Stabilisierung weiter anwachsen ließen. Dass die Menschen in der Familie die Gefühlsseite ihrer Persönlichkeiten zum Ausdruck bringen konnten, gleichzeitig aber auch die ‚Tugend' der Affektbeherrschung übten, gehörte schon zur bürgerlichen Lebensform des 18. Jahrhunderts (vgl. dazu II). Folgt man der neueren Sozialforschung[18], so verdient gerade der Aspekt der Affektbeherrschung im 19. Jahrhundert besondere Aufmerksamkeit. So sehr im beschirmten, also von der ‚Außenwelt' möglichst isolierten Raum der Familie (in den Großstädten immer mehr nur noch der sogenannten Kernfamilie) das vertrauensvolle Miteinander der ihr Angehörenden gelebt oder doch zumindest gewünscht wurde, so sehr war es zugleich durch die außerhalb der Familie geforderten Denk- und Verhaltensweisen gefährdet. Auch wenn die Familie die Erfahrungen von Entfremdung gerade ausgleichen sollte, gab es keinen Schutz davor, dass vieles von dem, was in der Arbeitswelt eingeübt wurde, auch ins familiäre Zusammenleben hineinwirkte. Wie im 18. Jahrhundert die durch das Nützlichkeitsdenken gestärkten sekundären Tugenden wie Fleiß, Ordnungsliebe, Genügsamkeit und ähnliche auch das Familienleben mitbestimmten, erhielt ganz vergleichbar im 19. Jahrhundert das rollenbewusste, d. h. zugleich das regulierbare, durch Regeln steuerbare Verhalten auch in der Familie ein immer stärkeres Gewicht. Die persönliche Zuwendung der Familienmitglieder zueinander wurde gleichsam von einem Mantel des Wohlverhaltens im Lot gehalten. Spontaneität galt als Gefährdung; beobachtende Kontrolle mit all ihren unerfreulichen Begleiterscheinungen, maßregelnder Eingriff sicherten die seelisch so sehr benötigte Stabilität. Dies jedenfalls scheint eine sehr verbreitete Tendenz des Verhaltens gewesen zu sein. Dabei hat die Verkleinerung der Familie zur Kernfamilie das Ordnungsproblem sicherlich erleichtert, weil die Zahl der Rollen, die jedes Familienmitglied zu erfüllen hatte, sich wegen der Abwesenheit der Großeltern und anderer Verwandter verringerte.

Geschlechterrollen

An der Art der Geschlechterrollenverteilung veränderte sich im Vergleich zum 18. Jahrhundert kaum etwas, nur dass die Einhaltung dieser Rollen, etwa die der Frau als an die Wohnung gebundene fürsorgliche Ehefrau, Haushälterin und Mutter um so notwendiger erschien, je weniger Möglichkeiten nun bestanden, Aufgaben an andere Familienangehörige abzugeben. Die Frauen wurden auf diese Weise mit der Familie gleichsam identifiziert, wurden zu ‚Familienpersonen'[19], zum Inbegriff der Hoffnung auf Zärtlichkeit, privates Glück und Geborgenheit. Es gehört zu den Paradoxien des ganzen Zeitalters, dass diese fast sklavische Bindung der Frauen an die Familie mit dem politischen Aufstieg der Idee der Freiheit und Gleichheit einherging.

Vor dem „Tor der Privatheit"[20] kam diese Idee zum Erliegen. Das „Gegeneinander von Liebe, Freiheit und Familie"[21] wirksam aufbrechen zu lassen, blieb dem 20. Jahrhundert vorbehalten, obwohl – gerade auch in der Literatur – Ansätze dazu schon im 19. Jahrhundert zu erkennen sind.

Wie stark die Einhaltung fixierter Rollen zumal von den Frauen zugleich als seelische Belastung oder gar als Bedrohung empfunden wurde, zeigt das Maß an spezifischen körperlichen und psychischen Beschwerden, von denen Ärzte im 19. Jahrhundert berichten.[22] Diese Beschwerden führen vor Augen, wie die bürgerliche Familie, in der Stabilität gewonnen werden sollte, durch die dafür entwickelten Zwänge, jedenfalls bei vielen Frauen, gerade das Gegenteil, Instabilität, erreichten. An vorderer Stelle unter den Symptomen standen Bleichsucht und chronische Verdauungsprobleme, die unter anderem auf Bewegungsmangel, letztlich wohl auf die Angst, das ‚Haus' überhaupt zu verlassen, zurückzuführen sind. Vor allem aber haben Depressionen und hysterische Reaktionen (zwanghaftes Lachen, Weinkrämpfe), von denen immer wieder die Rede ist, die neu entstehende Psychoanalyse geradezu herausgefordert – wobei eine der erklärten Zielsetzungen Freuds interessanterweise die Stärkung der Selbstkontrolle war.

Erziehung

Kontrolle ist auch ein zentraler Begriff für die Beschreibung von Erziehungsmaßnahmen, die nicht nur in den bürgerlichen Elternhäusern, sondern auch in den Schulen gängige Praxis waren. Während die Kinder im 18. Jahrhundert, ganz den Gedanken der Aufklärung entsprechend, als Hoffnungsträger angesehen wurden, die durch die Ansammlung von Wissen und den Gebrauch ihrer Vernunft auf ihr künftiges, oftmals vorgegebenes Berufsleben vorbereitet wurden, richtete sich die Aufmerksamkeit der Eltern während des 19. Jahrhunderts angesichts der wachsenden Unvorhersehbarkeit der beruflichen Zukunft und zunehmender Mobilität stärker als zuvor auf das Ziel, ihren Kindern Prinzipien zu vermitteln, die in ihrer Abstraktheit umfassend anwendbar waren, denen situationsgebundene Begründungen also oftmals fehlten. Die Folge war eine Zunahme von Disziplinierungsmaßnahmen und Lernkontrollen, die sich als nötig erwiesen, wenn Kindern der Sinn ihres Lernens nicht einleuchtete. Hinzu kam eine neue, durch manche Romantiker (z. B. durch Ludwig Tieck), später auch durch Heinrich Hoffmann und Wilhelm Busch geförderte Sichtweise auf das Kind als ein kleines, seine Affekte durchaus auch bedrohlich auslebendes ‚Triebwesen', was den Willen der in ihren Rollenfixierungen gefangenen Eltern, ihren Kindern Anpassung und Gehorsam abzuverlangen, eher stärkte – ganz abgesehen von sozialen Zwängen wie den engen großstädtischen Wohnverhältnissen, durch die der Bewegungsspielraum der Kinder von vornherein eingeengt wurde. Das Wort von der ‚guten Kinderstube' beschwört das Idealbild, das mit allen Mitteln verwirklicht werden sollte. Was – sicherlich auch von guten Absichten getragene – Appelle, Warnungen, Moralpredigten, Verbote, Bestrafungen in den Familien bewirkten (auch die Kinder- und Jugendliteratur lässt dies ahnen), setzte sich in den Schulen fort, deren ‚Schwarze Pädagogik'[23] bis weit ins 20. Jahrhundert hineingetragen worden ist. Frontalunterricht, das Sitzen in starren Bänken, stures Auswendiglernen und Sprechen im Chor, Pedanterie, mechanische Körperübungen, Prügelstrafe zielten darauf ab, die unkontrollierte Motorik der Kinder auszuschalten, Ruhe zu sichern, ein rein rezeptives Lernverhalten zu fördern, Kinder und Jugendliche unter die Autorität der Erwachsenen und der ‚Verhältnisse' zu zwingen. Der Protest der Betroffenen dagegen war vehement und findet sich in vielen Texten fast aller literarischen Gattungen wieder.

Verfall des öffentlichen Lebens

Die Abwehr der komplexen und schwer durchschaubaren sozialen Außenwelt, der Rückzug in die Intimität der Familie, das angstbesetzte Festhalten an vermeintlich das Selbst stabilisierenden Rollen, die dort zu spielen waren, fiel mit großstädtischen Entwicklungen zusammen, die der Entfremdung und Vereinsamung der Menschen Vorschub leisteten und damit den Verfall des öffentlichen Lebens in die Wege leiteten, das im 18. Jahrhundert vom Bürgertum entfaltet worden war und das dessen staatsbürgerliches Selbstbewusstsein nachdrücklich gestützt hatte. In den überschaubaren Städten des 18. Jahrhunderts dienten unter anderem Kaffeehäuser, Postgasthöfe, städtische Parks, Theater und Opern als Treffpunkte, die den Rahmen für den Gedankenaustausch der Bürger – auch mit Fremden – bildeten (vgl. II). Öffentliches Leben und Familienleben ergänzten sich in ihrem Gegengewicht zur Arbeitswelt. In den sich bildenden Großstädten des 19. Jahrhunderts, in denen Vorstädte sich ausbreiteten, Wohnung und Arbeitsplatz oft weit auseinander lagen, somit zeitraubende Wegstrecken überwunden werden mussten und die Notwendigkeit, die eigenen Kräfte zu regenerieren, entsprechend zunahm, blieb kaum noch genügend Muße für Begegnungen in Räumen der Öffentlichkeit, wuchsen inmitten der Menge Isolation und Fremdheit. Noch war die ‚Straße' zwar nicht bloßes Mittel der Fortbewegung von Ort zu Ort, wie in den großen Städten des 20. Jahrhunderts (obwohl der Autoverkehr um die Jahrhundertwende bereits einsetzte), aber sie verlor zunehmend ihren Wert als Raum für sich, in dem Menschen, weil sie sich begegneten und miteinander sprachen, gern verweilten.

Anonymität und Konsumorientiertheit in den Großstädten

Ein anschauliches Beispiel für die Anonymität des Großstadtlebens war die Ausbreitung der den Einzelhandel verdrängenden Warenhäuser[24], die dem Kunden Zeit sparten, indem sie – wie auf den Märkten – viele Waren an ein und demselben Ort anboten. Aber während auf den Märkten sowohl Käufer wie Verkäufer zum Teil theatralisch um Preise feilschten (wie auch in den einzelnen Geschäften miteinander geredet und verhandelt wurde), unterband das Kaufhaus diese Form von Geselligkeit schon dadurch, dass es den Festpreis einführte, der nötig erschien, weil die vielen Angestellten im Kaufgespräch nicht gleichermaßen geschickt sein konnten. Der Käufer wurde dadurch zur passiven Figur – wie er überhaupt durch die Fülle und die Verpackung der Waren in die Rolle des Beobachters gedrängt wurde. Dekorationen, Reklamebilder, Werbung, die den Massenprodukten eine besondere Aura zu geben und geheime Wünsche der Konsumenten anzusprechen versuchten, sollten dabei zugleich die Kaufbereitschaft der Kunden anregen. An die Stelle des informativen Kaufgesprächs traten immer mehr die Verführung durch die Warenästhetik[25] und damit auch die Konsumorientiertheit der Gesellschaft.

Isolation und Anonymität im Großstadtleben münden im – auch heute noch gelebten – Verhaltensmuster des Zuschauens, der passiven Teilnahme und des Schweigens im öffentlichen Raum. Der Voyeurismus ist eine extreme Zuspitzung dieses Musters.

Trotz des Rückgangs der gesellschaftlichen Kommunikation ist das 19. Jahrhundert – wie schon angedeutet – ein Jahrhundert der Vereinsgründungen gewesen. Doch dieser Widerspruch erweist sich als scheinbar, wenn man bedenkt, dass in Sängerbünden, Schützen- und Sportvereinen und anderen Verbindungen Gleichgesinnte zusammentrafen, um gemeinsam ganz bestimmten Neigungen nachzugehen, nicht aber etwa um den ‚staatsbürgerlichen', auch politisch kontroversen Diskurs der gebildeten Bürgerschicht des 18. Jahrhunderts fortzusetzen. Vielmehr war das Vereinsleben eine Verlängerung des Familienlebens und erfüllte ganz ähnliche Funktionen wie dieses, unter anderem die des Rückzugs, der Entlastung, der Regeneration.

Moden und Lebensstil

Es erscheint plausibel, wenn Soziologen[26] in der funktionsorientierten arbeitsteiligen Berufswelt, in sozialer Mobilität, im anonymen Zusammenleben der Großstädter wichtige Ursachen für die Tendenz zur Individualisierung des Lebens sehen. Nicht nur hing der Lebenserfolg gerade der Bürger immer weniger vom Herkommen und von Beziehungen, sondern mehr und mehr von den Leistungen und Entscheidungen des Einzelnen ab; zugleich richtete das Verblassen des öffentlichen Lebens und der damit einhergehende Verlust an Kommunikation und Expressivität die Aufmerksamkeit auch stärker als zuvor auf die je eigene Befindlichkeit. Zwar war diese Tendenz durchaus im 18. Jahrhundert angelegt, kam aber erst im 19. Jahrhundert zur eigentlichen Geltung.

Zu erkennen war der Drang, sich individuell von anderen abzuheben und gleichsam die private Vorstellungswelt in die öffentliche Sphäre hineinzutragen und diese mit ihr zu überlagern, etwa – um zunächst auf Äußeres einzugehen – in der Veränderung der Kleidung. War die Kleidung im 18. Jahrhundert immer noch weitgehend Symbol eines Standes, Ausdruck der gesellschaftlichen Stellung einer Person und damit relativ konventionell gewesen, so wurde sie in der bürgerlichen Welt des 19. Jahrhunderts vielfältiger, farbiger, anspruchsvoller, wollte das Besondere der sie tragenden Person hervorheben. Dies gilt zumal für die Kleidung der Frauen. Während die Männer eher vorsichtig darum bemüht waren, nicht zu sehr aufzufallen, schon um sich im Geschäftsleben bzw. in der Arbeitswelt nicht als unsolide zu diskreditieren, ihre Individualität aber durchaus durch den besonderen Schnitt des Anzugs, durch die Auswahl und das Binden von Halstüchern und Krawatten usw. zu zeigen versuchten, erfuhr die Damenmodebranche einen gewaltigen Aufschwung. Wohl wechselten die Moden (z. B. die Taillenhöhe der Kleider, die Größe der Hüte), aber der Bedarf an farbigen Bändern, Spitzen, Schals, Korsetts und ähnlichem war immens, ganz abgesehen von den aufwendigen Frisuren.

Der Bedeutung, die man im Bürgertum der Kleidung zumaß, um seine Individualität zu betonen, entsprach in gewisser Weise die Ausstattung der Wohnungen.[27] Auch hier wechselten Moden, in diesem Fall Möbelstile; durchgängig aber war der Hang zum Dekorativen. Die Zimmer, zumal die ‚gute Stube', waren überladen mit Plüschvorhängen, Kissen und Decken, mit – womöglich Sinnsprüche wiedergebenden – Seidenstickereien, mit Bildern, Buketts, Porzellanfiguren und Nippes aller Art, um Freunden und Bekannten zu zeigen, wer man war und was man sich leisten konnte.

Und auch die Ernährungsgewohnheiten zumindest der oberen bürgerlichen Schichten passten in dieses Bild. Die Wohlhabenden wählten nicht nur zwischen etlichen Sorten der Grundnahrungsmittel wie Kartoffeln, Salaten usw., sondern legten Wert auf ausgefallene Soßen und Desserts, experimentierten mit Gewürzen und schwelgten in Süßigkeiten aller Art. Ratgeber für die gute bürgerliche Küche überschwemmten den Markt. Sie vermittelten durchaus auch aufgeklärte Ansichten, indem sie vor Unmäßigkeit warnten, die Bedeutung des Essens für den Körper erläuterten oder Methoden der Konservierung von Speisen beschrieben; entscheidend aber ist, dass sie den ästhetischen Aspekt der Zubereitung der Speisen hervorhoben und damit dem Wunsch der Frauen entgegenkamen, sich in der Kochkunst zu bewähren und damit zu glänzen. Die Folge war, dass jede Kritik am Zubereiteten einer Kritik der Hausfrau gleichkam, die, ihre Herabsetzung zurückgebend, den Kindern, kam die Kritik von ihnen, den Entzug des Essens als Strafe androhte, was die zwanghafte Seite dieser Esskultur verdeutlicht, die sich auch in den starr befolgten Tischsitten zu erkennen gab (man denke etwa – vgl. u. – an Hoffmanns *Struwwelpeter*). All das über die Kleidung, die Wohnungseinrichtung, die Ernährung Gesagte gilt – die Übergänge sind fließend – für das Kleinbürgertum nur in eingeschränkter Weise, obwohl dessen Nachahmungsbedürfnis erheblich war. Keinesfalls gilt es für die sozialen Unterschichten.[28]

Das Bemühen um Individualität und Selbstbehauptung

Der Wunsch, die eigene Individualität hervorzuheben, hatte selbstverständlich auch seine nach Innen gerichtete Seite, die für den Literaturwissenschaftler von besonderem Interesse ist. Nicht nur über die äußere Erscheinung und den Lebensstil versuchte man sein Selbstverständnis zu verdeutlichen, sondern auch über die eigenen Empfindungen, über deren Äußerung, deren Formulierung. Auch dieses psychologische Interesse an der eigenen Person, das Bemühen, sich zur ‚Persönlichkeit' zu ‚entwickeln', ist im 19. Jahrhundert nicht etwa als etwas Neues in Erscheinung getreten, aber es ist auffällig, wie sehr in diesem Jahrhundert das Bedürfnis nach persönlicher Unverwechselbarkeit, nach Authentizität gegenüber der im Bürgertum des 18. Jahrhunderts vorwiegend bestehenden Neigung, sich durch vernünftiges Verhalten einem allgemeinen Idealbild des Menschen, seinem ‚natürlichen Charakter' anzunähern, zunimmt. Nicht umsonst erhält im 19. Jahrhundert beispielsweise der Entwicklungs- und Bildungsroman, der erinnernd den Aufbau einer Individualität schildert, oder auch der Künstlerroman einen so großen Stellenwert.

Das Interesse an der Entwicklung der eigenen Persönlichkeit verband sich mit dem Interesse an der Persönlichkeit des ‚Anderen', auch mit dem Wunsch, diesen richtig zu sehen und einzuschätzen. Auch dieses seit der Renaissance festzustellende Bedürfnis war im 18. Jahrhundert – erkennbar z. B. in den vielen Charakterkunden und Physiognomischen Studien (vgl. insbesondere Lavaters *Physiognomische Fragmente* von 1775) – bereits stark ausgeprägt und weitete sich im 19. Jahrhundert nur weiter aus. Man mag es mit dem Wunsch nach Beherrschbarkeit aller Lebensverhältnisse in Verbindung bringen, der das Denken des aufgeklärten, dann des industriellen Zeitalters bestimmte und der auch die Beurteilung anderer Menschen auf rationale Grundlagen zu stellen suchte. Das Sicherheitsbedürfnis, das daraus sprach, steht jedenfalls in Einklang mit den vielen für das 19. Jahrhundert typischen Normierungsprozessen, die das von der Norm Abweichende ausgrenzte und verurteilte. (Die Überwachungsstrategien der Kriminalistik, das Gefängnis, das Irrenhaus sind Erscheinungen, die sich in diesem Jahrhundert ausprägen.[29]) Gleichwohl war die Freude an individualistischem Verhalten und an Extravaganzen, solange sie Normen nicht ernstlich verletzten, ungetrübt – als ob die durch Entfremdung, Anonymität und kontrollierende Denkgewohnheiten unterdrückten Triebwünsche in die ‚Anderen', die sie zu erfüllen schienen, projiziert, aber auch in die eigene ‚Erscheinung' verlagert wurden, um Entlastungen zu ermöglichen.

Die Hochschätzung des Persönlichen, die Beschäftigung mit sich selbst und mit den Lebensgeschichten der ‚Anderen' blieben nicht ohne Konsequenzen für das Handeln im öffentlichen Raum. Die Institutionen, in denen das bürgerliche Publikum des 18. Jahrhunderts öffentlich ‚räsonierte'[30], blieben zum großen Teil zwar weiter bestehen, aber das von den Zielvorstellungen der Aufklärung getragene, handlungsbezogene Gespräch verflachte oder trat in den Hintergrund. Waren beispielsweise die Zeitschriften des 18. Jahrhunderts Instrumente des Gedankenaustauschs darüber, was eine aufgeklärte Gesellschaft ausmache und wie man sich in ihr sinnvollerweise verhalte, so bedienten die Zeitschriften des 19. Jahrhunderts, jedenfalls die erfolgreichen, weniger eine streitende als eine rezipierende Leserschaft. Die programmatischen Almanache wurden von einem breiteren Publikum nicht mehr angenommen, sondern vom Typus der ‚Familienzeitschrift' verdrängt. Die ‚Gartenlaube' (vgl. u.) oder ‚Westermanns Monatshefte' erzählten von Einzelschicksalen und der Intimsphäre der Menschen. Und auch die Vereine und anderen Zusammenschlüsse wurden zunehmend als Gelegenheiten verstanden, sich persönlich zu begegnen und Gefühle auszutauschen.

Damit verband sich die Neigung, öffentliche Handlungen nicht um ihrer selbst willen zu beurteilen, sondern im Zusammenhang mit den Personen, von denen sie ausgingen. Der psychologische Kontext, der Charakter, die ‚Glaubwürdigkeit' der Person bestimmte auf diese Weise das öffentliche Urteil über das, was sie tat, ein für die Gestaltung der Gesellschaft folgenreicher Wandel, dessen bis in die heutige Mediengesellschaft anhaltende und sich verstärkende Wirkungen immer deutlicher zutage treten.[31] Gerade das politische Handeln ist von dieser „intimen Sichtweise"[32], die das rationale Gesellschaftsverständnis mit der Kraft psychologischer Urteile und Vorurteile zurückdrängt, also dazu führt, mit öffentlichen Angelegenheiten auf der Basis von Gefühlsregungen umzugehen, beeinflusst und beeinträchtigt worden; sie blieb im übrigen keineswegs auf das gehobene Bürgertum beschränkt, sondern erfasste ebenso das Kleinbürgertum und weite Teile der sozialen Unterschichten. In der heutigen Mediengesellschaft wird Politik vollends danach beurteilt, wie die für sie verantwortlichen Politiker sich als Personen darstellen und auch im privaten

Umfeld verhalten. Dem entspricht die Personalisierung als wichtigste der Manipulationsstrategien der Massenpresse, die das auf Personen fixierte, abwartend beobachtende Verhalten ihrer Rezipienten nur noch bestärkt (vgl. dazu ausführlich Kap. 4).

Grundzüge der Lebensführung in den sozialen Unterschichten

Verelendung; Solidarität; Zukunftshoffnungen

Viele Angehörige der in sich durchaus nicht einheitlichen Arbeiterschaft haben sich im Verlauf des 19. Jahrhunderts bürgerlichen Wertvorstellungen und Verhaltensnormen anzupassen versucht. Dennoch hat sich gerade im Industrieproletariat, aber auch unter anderen in die Städte zugewanderten Lohnabhängigen ein Identitätsgefühl entwickelt, dessen Gründzüge in dieser Literaturgeschichte, die nicht allein auf die Hochliteratur des Bildungsbürgertums eingehen will, wenigstens angedeutet werden sollen.

Das wachsende Identitätsgefühl der Angehörigen der unteren sozialen Klassen beruhte auf einer Reihe grundlegender, mehr oder weniger von allen gemeinsam gemachter Erfahrungen. Im Berufsleben waren die Arbeiter, jetzt abgesehen von ihren unterschiedlichen Qualifikationen, ihren unterschiedlichen Löhnen usw., in das System arbeitsteiliger Produktionsvorgänge eingebunden, das ständige Anweisungen und Kontrollen erforderte und ihnen ein hohes Maß von Anpassung abverlangte. Gleichzeitig schuf dieses System, in dem einer den anderen überwachte (vom Unternehmer zum Betriebsleiter, zum Zwischenmeister, zum Vorarbeiter, zum Gesellenarbeiter bis zum ungelernten Arbeiter) psychisch belastende Abhängigkeitsverhältnisse. Unter der „Zwangsgewalt von Fabrikuhr und Vorgesetzten"[33] zu stehen, ständig diszipliniert zu werden, rief insbesondere in den unteren Schichten der Arbeiterschaft ein Gefühl der Ohnmacht hervor, das sich durch täglich mit anzusehende oder selbst erlittene Unfälle, Berufskrankheiten, Entlassungen nur verstärkte. Die meisten Fabrikarbeiter wussten zudem, dass die Chancen für den eigenen Aufstieg innerhalb der betrieblichen Hierarchie äußerst gering waren. Das Wissen um die versperrte Zukunft förderte die den Arbeitern immer wieder zugeschriebene Resignation und fatalistische Schicksalsergebenheit. Nur wenige waren letztlich in der Lage, das Gefühl der Bitterkeit, das durch die Erfahrungen am Arbeitsplatz, aber auch durch die diskriminierende Verachtung der Fabrikarbeiter im Bürgertum entstand, in Protest umzuwandeln und zu den erwähnten, politisch wirksamen Selbsthilfemaßnahmen beizutragen.

Identitätsgefühl entstand nicht nur im Umfeld der Arbeit, sondern auch in den Wohnquartieren. Die in jeder Hinsicht eingegrenzten Lebensumstände begünstigten unwillkürlich soziale Kontakte, die ein spezifisches Sozialmilieu entstehen ließen. Nicht nur lebten die Arbeiter in den meisten großen Städten in relativ abgeschlossenen, ghettoähnlichen, jedenfalls von der bürgerlichen, auch der kleinbürgerlichen Welt abgesonderten Wohnvierteln, in denen allein sie die Mieten bezahlen konnten. Die ‚Mietskasernen' mit ihren (heute gern als ‚Gartenhäuser' bezeichneten) Seitenflügeln, die einen kleinen Hof umschlossen, der wiederum Durchgang zu weiteren umbauten ‚Hinterhöfen' sein konnte[34], bildeten den Rahmen für ständige Begegnungen. Die Enge des Zusammenlebens zwangen im übrigen dazu, Hof und Straße in die Lebenswelt des Alltags einzubeziehen, woraus sich zusätzlich Kontakte jeglicher Art ergaben. So konnte auch die Kneipe für viele zum Ersatz des Wohnzimmers werden, zum Ort des Austauschs, nicht zuletzt des Abreagierens der existentiellen Notlagen, die aus Entlassungen, Geldnot, Familienkonflikten, chronischen Krankheiten, Erschöpfungszuständen und anderem mehr entstanden. Das in diesem Sozialmilieu verbreitete Lebensgefühl war dem am Arbeitsplatz in mancher Hinsicht vergleichbar, wenn es sich auch, jedenfalls teilweise, aus anderen Quellen speiste. Resignation und Fatalismus dominierten.

Andererseits wuchs in diesen Lebensverhältnissen auch das Zusammengehörigkeitsgefühl. Sowohl die hohe Binnenintegration als auch die durch die Abwehrhaltung der bürgerlichen Welt gezogenen Außengrenzen förderten eine Subkultur der Arbeiterschaft, die sich unter anderem in eigenen Zusammenkünften und eigenen Vereinen äußerte, die man als Ersatz für ähnliche, aber versperrte bürgerliche Einrichtungen ansehen kann; zugleich wurden sie – angesichts der vielfältigen Erfahrungen von Diskriminierung – aber auch zur Voraussetzung für die vielbeschworene politische Solidarität der Arbeiter, die schließlich auch zur Konfliktbereitschaft und – unter dem Antrieb einer Minderheit von Aktivisten – zu kollektivem Handeln mit all seinen Erfolgen und Rückschlägen führte. Die Frage, inwieweit der Marxismus das sich verfestigende Klassenbewusstsein der Arbeiter entscheidend beeinflusst hat, muss in unserem Zusammenhang nicht thematisiert werden. Es hat auch im Industrieproletariat sicherlich einen Pluralismus konkurrierender politischer Meinungen gegeben, doch hat der Marxismus, gerade in seiner „eigentümlichen Mischung von realistischer Analyse und politischer Religion"[35] vielen Arbeitern jahrzehntelang Erklärungshilfen, Selbstbewusstsein und Zuversicht vermittelt.

2. Zur Darstellung der Literatur des 19. Jahrhunderts

Die Darstellung literarischer Entwicklungen im 19. Jahrhundert wird sich keinem Schema aufeinanderfolgender ‚Epochen' unterwerfen; einem derartigen Schema hat die literarische Wirklichkeit nie entsprochen. Epocheneinteilungen der Literatur und der unfruchtbare Streit um Abgrenzungen mögen einem verbreiteten Ordnungssinn gerecht werden, vernachlässigen aber zumeist die Parallelität und vielfältigen Wechselwirkungen literarischer Stilrichtungen, die man als unterschiedliche geistige und künstlerische Auseinandersetzungen mit Tendenzen eines ganzen Zeitalters verstehen sollte, das ebenso wenig in ein Korsett von Jahreszahlen oder Begriffen zu pressen ist wie die Literaturgeschichte. Vielmehr gilt es, das Bewusstsein für fließende Übergänge zu schärfen, und zwar sowohl auf der Ebene der zeitlichen Abfolge als auch auf der Ebene der literarischen Qualitätsunterschiede. So ist der für dieses Kapitel gesetzte Rahmen durchlässig. Er orientiert sich an den skizzierten Formen der Lebensführung, an Wertvorstellungen und Verhaltensnormen, die sich im 19. Jahrhundert ausgeprägt haben, sich aber weit ins 20. Jahrhundert hineinziehen.

Trotz des Versuchs, den Zeitraum des 19. Jahrhunderts und auch die literarischen Entwicklungen in ihm als eine größere Einheit zu begreifen, sollen jedoch gängige Bezeichnungen für literarische Strömungen durchaus verwendet werden, ohne dabei allerdings – wie üblich – eine festliegende Abfolge zu konstatieren. Die Lesestoffe der Angehörigen der unteren sozialen Schichten werden in die Darstellung einbezogen, auch wenn die Hochliteratur der kulturtragenden Bevölkerungsschicht (hier des Bildungsbürgertums) im Mittelpunkt steht. Dass bei der Auswahl der zu besprechenden Texte exemplarisch verfahren wird und auf die europäische Literatur nur verwiesen werden kann, wo es dringend geboten erscheint, ist in der Einführung bereits erläutert worden.

Die schmale Schicht des Bildungsbürgertums, die – man muss sich dies vergegenwärtigen – einen ganz geringen Prozentsatz der Gesamtbevölkerung ausmachte, wurde im 19. und im frühen 20. Jahrhundert zur Trägerschicht der literarischen Entwicklung wie überhaupt des kulturellen Lebens in Deutschland. Teile des Adels, die Bourgoisie und das Kleinbürgertum, Teile der Arbeiterschaft nahmen zwar daran teil (und erhöhten entsprechend die Zahl der an Literatur Interessierten), begnügten sich aber meist mit den Derivaten der sogenannten ‚hohen Literatur', den Unterhaltungsromanen, dem Unterhaltungstheater, der zweckgebundenen Lyrik.

Die literarische Entwicklung im 19. Jahrhundert ist durchaus von den bereits umrissenen politischen Entwicklungen beeinflusst, vor allem aber auch – in verschiedener Hinsicht – von den sozialen Umbrüchen, ebenso von technischen Innovationen, die beispielsweise das neue Genre des Kriminalromans (vgl. u.) entscheidend prägten. Während zur Zeit der Weimarer Klassik die bürgerlichen und manch adlige Autoren die Veränderungen der politischen Ordnung nach der Französischen Revolution mit ihrem pädagogischen Harmonisierungskonzept zu bewältigen suchten, hoben die Romantiker – oft allerdings auf recht abstrakte Weise – eher die Krisenerscheinungen der Zeit und die Zwiespältigkeit der menschlichen Reaktionen darauf hervor, ohne dass sie den Optimismus der ‚Klassiker' und deren Glauben an eine durch aufgeklärtes Zusammenleben bestimmte Zukunft teilten. Auch während der – unglücklicherweise meist mit dem Missverständnisse provozierenden Begriff ‚Biedermeier' (vgl. u.) gekennzeichneten – Jahrzehnte nach den Befreiungskriegen, in denen sich Autoren verschiedener literarischer Strömungen (Spätromantiker, Jungdeutsche, Frührealisten und wie sie alle genannt werden) in einem spannungsvollen Nebeneinander bewegten, trat eher das Unbehagen am restaurativen, die Freiheit des einzelnen einschränkenden Staat in den Vordergrund als das Einverständnis mit ihm. Mit den Vertretern einer dieser literarischen Strömungen, den Dichtern des ‚Vormärz', setzte eine entschiedene Politisierung der Literatur ein, die in den insbesondere auf die sozialen Verhältnisse reagierenden literarischen Realismus und später den Naturalismus hineinwirkte, mit denen die deutsche Literatur, wenn auch mit Einschränkungen, Anschluss an vorausgegangene westeuropäische Entwicklungen fand.

Unter den Gattungen dominierte im 19. Jahrhundert der Roman, der seinen Erfolgszug, der im 18. Jahrhundert begonnen hatte, fortsetzte. Ihn begleiteten andere, kürzere Formen erzählender Prosa, wobei insbesondere die Novelle als Gattung eindrucksvoll in Erscheinung trat. Natürlich hatte die Vorrangstellung des Romans (der im Folgenden aus heuristischen Gründen im Verbund mit den kürzeren Prosaformen betrachtet wird) viele Gründe, auch andere als nur die mit der Entwicklung des literarischen Marktes in Zusammenhang stehenden. Neben der Neugier auf unterschiedliche Lebensverhältnisse, die von ihm befriedigt werden konnte, neben dem durch ihn evozierten illusorischen Glück, das – wenigstens für die Dauer der Lektüre – den Leser von den eigenen in der Realität erfahrenen Versagungen ablenkte, hatte gerade er die Möglichkeit, große Spannen erzählter Zeit vor Augen zu führen und damit persönliche und gesellschaftliche Wandlungsprozesse zu thematisieren. Nicht umsonst blühte er in einer Zeit auf, in der sich zugleich der ‚Historismus' in den Geisteswissenschaften durchsetzte – als ein Bewusstsein davon, dass alles Leben und alle gesellschaftliche Wirklichkeit geschichtlich bedingt sind und in dieser geschichtlichen Bedingtheit verstanden werden müssen. Und nicht umsonst übernahmen gerade die Genres des

Historischen Romans und des gesellschaftskritischen Zeitromans eine besondere Rolle, während andere – im 18. Jahrhundert populäre – Genres wie der Staatsroman oder der Schauer-, Räuber-, Geheimbundroman, die der Wirklichkeit des industriellen Zeitalters immer weniger entsprachen, verebbten. – Das Drama trat während des 19. Jahrhunderts – sieht man gleich an seinem Beginn von Heinrich von Kleist als der großen Ausnahme ab – eher in den Hintergrund. Es hatte seine literarischen Höhepunkte in den Jahrzehnten zwischen 1830–1850 sowie als bevorzugte Gattung der Naturalisten gegen Ende des Jahrhunderts, war in verschiedenen Ausprägungen des Unterhaltungstheaters (als Posse, Schwank, Boulevardstück) allerdings zumindest in der zweiten Hälfte des Jahrhunderts stets präsent. – Vergleichbares gilt für die Lyrik. Als zweckgebundene Gebrauchslyrik allgegenwärtig, kam es zu bedeutenden lyrischen Gestaltungen am häufigsten unter den Romantikern und den politisch engagierten Dichtern aus der Zeit des Vormärz, vereinzelter auch bei einigen dem Realismus und dem Naturalismus zuzuordnenden Autoren in der zweiten Jahrhunderthälfte, bevor um die Wende zum 20. Jahrhundert eine Phase vielseitigster lyrischer Produktionen einsetzte.

3. ‚Volk ohne Buch' – populäre Lesestoffe

Was die ‚kleinen Leute' im 18. Jahrhundert lasen bzw. sich vorlesen ließen und weitererzählten, ist lange auch im 19. Jahrhundert populär geblieben. Von geschäftstüchtigen Bürgerlichen verfasste Einblattdrucke und kleine Broschüren mit sensationellen wie konventionell belehrenden oder auch eindeutig manipulierenden Inhalten fanden weiterhin großen Absatz.

Ursachen für die Massenproduktion von Druckerzeugnissen

Ungefähr seit der Jahrhundertmitte erweiterte sich der Markt für Zeitschriften und lose gebundene unterhaltende Literatur erheblich und begannen sich die Lektüregewohnheiten der Angehörigen der sozialen Unterschichten, aber auch großer Teile des zahlenmäßig viel kleineren Bürgertums auffällig zu verändern. Insofern besitzt der Titel *Volk ohne Buch*, den Rudolf Schenda für seine maßgebliche Sozialgeschichte der populären Lesestoffe zwischen 1770 und 1910 gewählt hat[36], seine Berechtigung. Wichtige Ursachen für die Massenproduktion informativer und unterhaltender Texte waren die zunehmende Lesefähigkeit[37], technische Innovationen und rückläufige Preise für Druckerzeugnisse.

Je mehr die Industrialisierung voranschritt und je bürokratischer das Staatswesen verwaltet wurde, desto notwendiger erschien auch der schulische Lese- und Schreibunterricht. Während um die Jahrhundertmitte erst 50–60 % eines Jahrgangs die Volksschule besuchten, waren es um 1870 bereits 85–88 %. Für die Massenproduktion von Texten gleichermaßen entscheidend wie die wachsende Zahl möglicher Leser war die Vielzahl drucktechnischer Erfindungen. 1812 wurde – um nur einiges zu nennen[38] – die Zylinderdruckmaschine (Schnellpresse) erfunden, die kontinuierliches Drucken ermöglichte; 1872 die Setzmaschine, mit der man die Zahl der pro Stunde mit der Hand gesetzten Buchstaben mehr als verdreifachen konnte; im selben Jahr wurde die (in Amerika schon 1863 eingesetzte) Rotationsmaschine in Deutschland eingeführt, mit der fast 25 000 Abdrucke pro Stunde möglich wurden, was die Produktion von Zeitungen und Zeitschriften entscheidend beschleunigte; seit 1878 erlaubte die Drahtheftmaschine billige Massenheftungen, usw.

Auch der Vertrieb der Texte veränderte sich. Spielte bis in die Mitte des Jahrhunderts zunächst noch der Kolporteur (der Begriff leitet sich her aus frz. col = Hals und frz. porter = tragen und verweist auf einen umgehängten Bauchladen) eine Schlüsselrolle, zumal er angesichts der Urbanisierung nicht mehr nur die ländlichen Gebiete bediente, sondern auch in die Städte eindrang und dort einen Hausierhandel mit bestimmten Lesergruppen, mit Dienstboten, kleinen Angestellten, auch mit Arbeitern unterhielt, so verlor er in der zweiten Hälfte des Jahrhunderts, zunächst in den großen Städten, seine Bedeutung. Kioske, Tabak- und Papierläden erlaubten den Zugriff auf ein viel größeres Angebot, sparten den eiligen Kunden, die nicht mehr in Gespräche verwickelt wurden, Zeit und entsprachen damit der um sich greifenden Anonymität, von der im vorangegangenen Abschnitt bereits die Rede war.

Massenpresse

Die Massenproduktion von Druckerzeugnissen führte nicht nur zu erschwinglichen Preisen, die wiederum die Nachfrage stärkten – sie bereitete vor allem ganz bestimmten Arten von Texten den Weg. An vorderster Stelle stand die Vielzahl verschiedener Zeitungen und Zeitschriften, deren Produzenten sich überlegt auf verschiedene Leserzielgruppen einstellten. Zeitungen für alle, also gerade auch für die Angehörigen der Unterschichten, waren die sogenannten ‚Pfennig-Magazine', deren auflagenstärkste seit 1833 in Leipzig und Berlin, seit 1835 in Köln erschienen. Sie enthielten wichtige internationale Nachrichten, aber auch – darin der Zeitschriftenliteratur des 18. Jahrhunderts noch verbunden – lebenspraktische, belehrende und unterhaltsame Beiträge. Ende der sechziger Jahre verschwanden sie vom Markt und wurden durch die sogenannten ‚Generalanzeiger' ersetzt, die sich hauptsächlich über den Anzeigenteil finanzierten, was, weil man als Werbeträger attraktiv sein wollte, ein weiterer Grund dafür war, mit breitenwirksamen Texten höhere Auflagen anzustreben. Diese Massenblätter erschienen zunächst nur wöchentlich, seit 1885 nach dem Vorbild des über viele städtische Vorkommnisse berichtenden ‚Berliner Lokal-Anzeigers' immer öfter auch täglich. Einen besonderen Aufschwung erhielt diese Massenpresse in den achtziger Jahren dadurch, dass die Klischierung von Bildern und Fotografien möglich wurde. Was den Zeitungen zunächst als Bildbeilagen hinzugefügt wurde, entwickelte sich rasch zu den massenhaft vertriebenen Illustrierten Zeitungen, die von einem besonders großen Bedarf an Sensationsgeschichten und auch fiktionalen Unterhaltungsstoffen gesteuert wurden. Neben diesen massenhaft verbreiteten Blättern entstanden zahllose andere Zeitungen und Zeitschriften, die spezielle Interessengruppen ansprachen und hauptsächlich bürgerliche Leser fanden, z. B. Zeitschriften für Frauen, für Jugendliche, Zeitschriften, die sich an die wissenschaftlichen Disziplinen anlehnten, wobei die Medizin eine besondere Rolle spielte. Insgesamt lässt sich als Trend eine Flucht ins Fachwissen und in die Unterhaltung feststellen.

Die populärste bürgerliche Familienzeitschrift wurde die 1853 von Ernst Keil gegründete, wöchentlich erscheinende ‚Gartenlaube', die 1876 mit einer Auflage von 400 000 Exemplaren den Höhepunkt ihres Erfolgs erreichte. Sie integrierte verschiedenste Themenbereiche, behandelte beispielsweise Erziehungs- und Gesundheitsfragen, klärte über naturwissenschaftliche und geographische Realien sowie über technische Neuheiten auf, gewann ihre große Popularität aber eigentlich durch die Fortsetzungsromane (z. B. von Eugénie Marlitt, vgl. u.), mit denen die einzelnen Ausgaben verklammert wurden. Mit seiner ‚Gartenlaube' unterstützte Keil unter dem Deckmantel einer unpolitischen Zeitschrift zunächst durchaus liberale Anliegen und setzte sich – darin von der Marlitt unterstützt – auch für die Emanzipation der Frauen ein, schwenkte dann aber in den siebziger Jahren ins konservative und nationale Lager um.

Romanhefte

Neben die Zeitungen und Zeitschriften traten als massenhaft produzierter Lesestoff die acht- bis vierundsechzigseitigen Heftchen in verschiedenen Formaten – Liedsammlungen, Traktate, Kalender, Sensationsgeschichten und anderes mehr.[39] Im letzten Drittel des 19. Jahrhunderts kamen die periodisch erscheinenden Romanhefte auf den Markt, die zum größten Teil von Kleinbürgern, Arbeitern, Dienstboten gelesen wurden. Sie erschienen zunächst[40] als Folgen breit angelegter Romane (sogenannter Kolportageromane) und versuchten die Leser, ohne diese durch die Dickleibigkeit und den Preis des Buches abschrecken zu müssen, durch das Prinzip der weitläufigen Fortsetzung einer rührenden oder spannenden Handlung als Kunden zu binden. Erst um die Jahrhundertwende wurden in Deutschland die in den USA schon seit 1860 erfolgreichen Heftroman-Serien populär, die pro Heft jeweils zu einem Ende kommende Geschichten erzählten, aber immer die gleichen Helden auftreten ließen – ein Prinzip, dem derartige Serien bis heute folgen. Auf diese Weise konnten sich die Leser an ihre Identifikationsfigur gewöhnen, ohne sich doch sorgen zu müssen, den Anschluss zu verlieren, wenn sie einmal eine Folge ausließen. Die Produzenten mussten sich nun allerdings darum bemühen, für den Serienhelden stets neue für Spannung sorgende und in sich abgeschlossene Abenteuer zu erfinden, um die Leselust der Rezipienten immer wieder zu motivieren. Dies führte zur Häufung aktionistischer Handlungsverläufe und sensationeller Motive. Die Entstehung der Form des Thrillers beispielsweise erklärt sich so nicht zuletzt aus ökonomischen Interessen.[41] – Neben die Heftroman-Serien, die sich an die Genres der Abenteuerliteratur anlehnten, traten die Heftroman-Reihen, die den Genres des Liebesromans folgten. Unter dem Reihentitel erschienen (und erscheinen bis heute[42]) eigenständige kleine Romane mit wechselndem Personal, was wegen der Einmaligkeit der dargestellten großen Liebe auch zwingend erscheint. Dass Heftroman-Serien wie Heftroman-Reihen bald millionenfach verkauft werden konnten (zu den Romanheften kamen im 20. Jahrhundert die Comic-Hefte hinzu) lag nicht nur an ihrem geringen Preis (weswegen sie bis in die zweite Hälfte des 20. Jahrhunderts auch ‚Groschenhefte' genannt wurden) oder an der Sammelfreude der Leser, sondern im Wesentlichen an der Befriedigung von deren Bedürfnissen. Auf unterschiedlichste Weise kompensierten sie (und kompensieren sie bis heute) in der Realität erlittene Versagungen – nicht nur, indem sie Identifikationsmöglichkeiten bereitstellten und im Happyend sich lösende Konflikte vor Augen führten, sondern auch indem sie – z. B. durch ihre Schwarz-Weiß-Malerei – problematische bzw. verlogene Orientierungshilfen anboten und gängige Vorurteile bestätigten.

Leihbüchereien

In viel geringerem Maße als Zeitschriften und Hefte gehörten auch Bücher zu den Lesestoffen der breiten Masse der Bevölkerung. (Insofern ist die etwas plakative Bezeichnung ‚Volk ohne Buch' zwar zu relativieren, bleibt aber im Kern berechtigt.) Denn Bücher waren für die Angehörigen der unteren sozialen Schichten auch im 19. Jahrhundert meist unerschwinglich. Da zugleich jedoch die allgemeine Lesefähigkeit zunahm und bei vielen Lesern zumal des Kleinbürgertums der Wunsch bestand, vom Lesevergnügen des Bildungsbürgertums nicht ausgeschlossen zu sein, breiteten sich gewerblich betriebene Leihbüchereien aus (um 1880 gab es schätzungsweise viertausend von ihnen). Sie wurden insbesondere auch von Frauen genutzt und enthielten überwiegend belletristische Texte[43], also die seit der Entstehung des literarischen Marktes (vgl. II) in immer größerer Zahl publizierten Trivial- und Unterhaltungsromane (auf die bei der Behandlung der Erzählliteratur des 19. Jahrhunderts, wo es angemessen erscheint, einzugehen sein wird). Speziell für das Lesepublikum der Arbeiterschaft gab es seit 1850 vereinzelt auch Arbeiterbibliotheken, deren Zahl nach Aufhebung der Sozialistengesetze, also nach 1890, sprunghaft anstieg.

Die Popularisierung des Lesens und die damit einhergehende soziale Öffnung der Leserschaft haben, so wichtig sie für die Befriedigung von Unterhaltungs- und Informationsbedürfnissen so vieler Menschen waren, auch eine Kehrseite gehabt: Die durch die schnelle und stetige Produktion erzwungene Standardisierung der Texte, ihre Austauschbarkeit und die – auf breiten Absatz der Produkte zielende – Konventionalität der durch sie verbreiteten Vorstellungen haben den Wandel der breiten Masse der Bevölkerung zu einer schichtenübergreifenden Konsumgesellschaft entscheidend mitgeprägt, einen Wandel, der im 20. Jahrhundert durch die neuen technischen Medien Film, Funk, Fernsehen, Video vollends deutlich geworden ist und auch weitreichende politische Folgen zeigt.

4. Die ‚Arbeiterliteratur‘

Der Begriff ‚Arbeiterliteratur‘ ist umstritten. Im engeren Sinn deckt er nur die Literatur ab, die *von* Arbeitern für Arbeiter geschrieben wurde; in einem weiter gefassten Verständnis bezieht er auch all die Literatur für Arbeiter ein, die bürgerliche bzw. kleinbürgerliche, mit der Arbeiterbewegung sympathisierende Schriftsteller schrieben, sofern in dieser Literatur die Klasseninteressen der Arbeiterschaft erkennbar und Perspektiven zur Überwindung der Lage der Arbeiter entworfen wurden. Zumindest für das 19. Jahrhundert ist wegen der zahlreichen Texte, die Bürgerliche im Interesse der Arbeiter schrieben, dieses weiter gefasste Verständnis des Begriffs angebracht, der oft auch, um Missverständnisse zu vermeiden, durch ‚sozialistische Literatur‘ ersetzt worden ist.[44] Eine Arbeiterliteratur im engeren Sinn ist verschiedentlich erst im 20. Jahrhundert rigide verfochten worden.

Sozialistische Kulturpolitik

Die Arbeiterliteratur des 19. Jahrhunderts ging im wesentlichen aus der sozialdemokratischen Arbeiterbewegung hervor, in der intellektuell führende Köpfe für eine eigene sozialistische Kulturpolitik eintraten und dem allgemeinen Trend zum Konsum lediglich unterhaltender und ablenkender Trivialliteratur, der (vgl. den vorangegangenen Abschnitt) auch die sozialen Unterschichten zunehmend ergriff, entgegenzutreten suchten. Sie bauten dafür ein Kommunikationsnetz (Verlage, Zeitungen) auf, das ihre sozialistischen Überzeugungen an eine möglichst breite Leserschaft weitergeben sollte. Im Jahr 1877 verfügten die Sozialdemokraten bereits über 42 Partei- und über 14 Gewerkschaftszeitungen mit 160 000 Abonnenten (aber wesentlich mehr Lesern).[45] Besonders hohe Auflagen erreichten das Illustrierte Unterhaltungsblatt ‚Die Neue Welt' und der Volkskalender ‚Der arme Conrad', deren unterhaltende Teile die Bereitwilligkeit für die Aufnahme informativer bzw. belehrender Beiträge fördern sollten.

Vor allem Wilhelm Liebknecht und August Bebel, die von der Bedeutung kulturellen Wissens für den Emanzipationskampf der Arbeiterschaft, insbesondere auch der Arbeiterfrauen, überzeugt waren (vgl. Bebels Hauptwerk *Die Frau und der Sozialismus*, 1879), setzten sich für den Aufbau einer Parteipresse ein. ‚Der Socialdemokrat' (ab 1879) und ‚Die Neue Zeit. Revue des geistigen und öffentlichen Lebens' (ab 1883) wurden zu den wichtigsten Parteiorganen, die nicht nur die politische und ideologische Arbeit der sozialistischen Bewegung theoretisch und agitatorisch begleiteten, sondern auch parteiliche literarische Texte (vor allem Liedtexte und kleine Prosa) veröffentlichten. Bedeutendster Mitarbeiter der ‚Neuen Zeit' war seit Beginn der neunziger Jahre als Redakteur des Feuilletons der auch als Literarhistoriker hervortretende Franz Mehring, der die lesende Arbeiterschaft aus marxistischer Sicht mit dem humanistischen und demokratischen bürgerlichen Erbe der Vergangenheit bekannt machen wollte.

Politische Lyrik

Die bevorzugte Gattung der frühen Arbeiterliteratur war die politische Lyrik. Als Gelegenheitsdichtung, zum Teil aus ganz aktuellen Anlässen heraus geschrieben, wollte sie möglichst weite Kreise der Arbeiterschaft erreichen und emotional motivieren; sie erschien deshalb weniger in Buchpublikationen als vielmehr in den zahlreichen Zeitungen und Zeitschriften, die von Arbeitern gelesen wurden. Überschaut man diese Gedichte (auch unter Einbeziehung von Anthologien, die gegen Ende des Jahrhunderts herausgegeben wurden – z. B. *Deutsche Arbeiter-Dichtung. Eine Auswahl. Lieder und Gedichte deutscher Proletarier*, 1893; *Stimmen der Freiheit*, 1900), wird deutlich, dass ihr beherrschendes Thema nicht etwa das soziale Elend der Arbeiter war, wie es im Bürgertum die literarische Bewegung des Naturalismus herausstellte (vgl. u.), sondern die Hoffnung auf die Veränderbarkeit der Verhältnisse, der agitatorische Aufruf, die optimistische Zukunftsperspektive.

Dem entsprach ein Stil, der plakativ Schlagwörter herausstellte, einprägsame Sentenzen formulierte, zahlreiche Allegorien zur Veranschaulichung politischer Verhältnisse und Aussichten bildete, vor allem auch die das Kollektiv beschwörende Wir-Form wählte, womit das Schicksal der Arbeiterklasse insgesamt, nicht das persönliche Schicksal des einzelnen Proletariers, in den Blick gerückt werden sollte.

Als Anstoß für diese Lyrik wird allgemein das anonyme, in verschiedenen Fassungen überlieferte Weberlied von 1844, *Das Blutgericht*, angesehen, von dem später Gerhart Hauptmann sieben Strophen für sein Drama *Die Weber* (1892) übernommen hat. Dieses Lied hat etliche Autoren zu Überarbeitungen angeregt, unter anderen Heinrich Heine, dessen Gedicht *Die schlesischen Weber* (1844) in einen revolutionären Appell mündet. Eine bloße Mitleidsdarstellung vermieden auch die sich an den Charakter des Volkslieds anschließenden *Lieder aus Lancashire* (1845/46) des mit Engels befreundeten Kaufmanns Georg Weerth. Bei aller Betonung des sozialen Elends der englischen Arbeiter sprechen sie unverhohlen Drohungen gegen deren Ausbeuter aus und beschwören die Solidarität der Ausgebeuteten. Einer der populärsten, mit der sozialistischen Bewegung sympathisierenden politischen Lyriker bürgerlicher Herkunft war Georg Herwegh, dessen Gedichte, etwa das *Bundeslied für den Allgemeinen Deutschen Arbeiterverein* (1863) oder *Die Soziale* (1871) das Selbstbewusstsein der Arbeiterschaft zu stärken suchten. Unter seinem Einfluss standen zahllose, heute längst vergessene Lyriker, die zum Teil aus der Arbeiterschaft selbst stammten und sich als Autodidakten betätigten. Die meistgesungenen Kampflieder des Proletariats wurden das *Lied der deutschen Arbeiter* (1864), die sogenannte Arbeiter-Marseillaise, von Jakob Audorf und später der 1891 geschriebene, bis 1910 verbotene *Sozialistenmarsch* von Max Kegel.

Erzählprosa

Im Vergleich zur politischen Lyrik spielte die Erzählprosa in der deutschen Arbeiterliteratur des 19. Jahrhunderts eine eher untergeordnete Rolle. Dass beispielsweise Romane kaum geschrieben wurden, lag einerseits daran, dass die von Arbeitern bevorzugt gelesenen Zeitungen und Zeitschriften leichter kurze Formen der Prosa publizieren konnten; aber es lag auch daran, dass die im Bürgertum populären Romangenres einschließlich der vielen Unterhaltungsromane das Bewusstsein der sozialistisch orientierten Autoren so stark prägten, dass ihr Vorsatz, das neue Weltbild der Arbeiterschaft zu vermitteln, schwer zu verwirklichen war. Viele Texte glitten in von Sentimentalität nicht freie Darstellungen proletarischen Elends ab, andere – man denke z. B. an Minna Kautskys Versuch *Die Alten und die Neuen* von 1884– verkündeten zu viele sozialistische Glaubensbekenntnisse und entgingen dabei nicht der Phrasenhaftigkeit. Am überzeugendsten war vielleicht August Otto-Walster mit seinem ins Utopische überleitenden Roman *Am Webstuhl der Zeit* (1873), in dem der Aufbau verschiedener politischer Organisationen der Arbeiterschaft bis hin zu einem Staatsgefüge, einem ‚Volksstaat', geschildert wird. Arbeiterromane sind als Stützen proletarischen Selbstverständnisses und als Mittel der Agitation erst seit den zwanziger Jahren des 20. Jahrhunderts, zumal nach der Gründung des Bundes Proletarisch-Revolutionärer Schriftsteller (BPRS) im Jahre 1928, aussagekräftiger und populärer geworden (vgl. IV). – Dagegen wurde schon im 19. Jahrhundert mit etlichen Formen kurzer Prosa experimentiert, mit historischen Erzählungen, Kalendergeschichten, vor allem mit Lebensbildern einzelner Arbeiter, mit Momentdarstellungen ihrer Lebens- und Arbeitsbedingungen und ihres Einsatzes zu deren Verbesserung (zu nennen ist hier beispielsweise Johann Philipp Beckers *Abgerissene Bilder aus meinem Leben*, 1876). Auf diese Weise drangen Stoffe und Themen in die deutsche Literatur, auch Vorlagen konkreter Milieubeschreibungen, auf die bürgerliche Naturalisten wie Gerhart Hauptmann erst später aufmerksam wurden. Gerade die Naturalisten freilich missachteten aus sozialistischer Sicht meist die klassenkämpferische Forderung, die Arbeiter – ‚vorbildlich' – als mitreflektierende Revolutionäre zu zeigen.

Theaterstücke

Als Mittel der Verständigung untereinander, des Aufbaus einer solidarischen Haltung und der Agitation war das Theater geeigneter als die Prosa (– einige wichtige der gespielten Texte sind inzwischen in einer 1970 erschienenen Anthologie leicht zugänglich[46]). Es entstand im Zusammenhang der Tätigkeit von Arbeitern in den Arbeitervereinen und präsentierte in kleinen Szenen und Stücken in laienhaftem Spiel Auseinandersetzungen zwischen sozialdemokratisch gesinnten Arbeitern und ihren Klassenfeinden – Unternehmern, Justizbeamten, Polizeispitzeln und anderen. Dabei wurden der Schwank und die Posse bevorzugt, in denen der Gegner lächerlich gemacht werden konnte. Daneben entwickelte sich das kleine Lehrstück, in dem voller Optimismus kämpferische Einstellungen der mit sozialistischen Forderungen vertrauten Figuren vorgeführt und der Sieg der Arbeiterklasse propagiert wurden. Während der Wirksamkeit der Sozialistengesetze musste der agitatorische Grundzug der Stücke zurückgenommen bzw. entschärft werden (etwa durch Einbettung aktueller sozialdemokratischer Forderungen in historisch zurückliegende Ereignisse wie in Manfred Wittichs *Ulrich von Hutten* [1887]), bis er nach 1890 dafür um so stärker in Erscheinung trat. Es entstanden Kampfspiele (am bekanntesten wurde *Der Kampf* [1892] von Friedrich Bosse), deren wichtigstes Thema die Vorbereitung, die Durchführung und die Konsequenzen eines Streiks für das Kollektiv der Arbeiter, aber auch für den einzelnen Arbeiter bildete; und es entstanden aus Anlass des 1. Mai, der im Jahr 1890 vom Internationalen Arbeiterkongress in Paris zum Kampftag der Arbeiterklasse erklärt worden war, die sogenannten ‚Maifestspiele', in denen Partien, die den Erfolg der Arbeiter zum Teil mit Gesängen feierten, und agitatorische Dialoge, die zur Erfüllung ganz konkreter Ziele aufriefen, miteinander verbunden wurden.

Die ‚freien Volksbühnen'

Mit dem Beginn der Gründung der ‚Freien Volksbühnen' durch die Sozialdemokratie im Jahre 1890, also nach Aufhebung der Sozialistengesetze, traten bald all die Probleme in Erscheinung, die dazu führten, dass die kämpferische Zweckgebundenheit des proletarischen Laientheaters verblasste. Zwischen Schriftstellern, Literaturtheoretikern, Theaterleitern und anderen brach ein heftiger Streit darüber aus, wie sich das Ziel der sozialdemokratischen Partei erreichen ließe, auch das Theater für die Emanzipation des Proletariats einzusetzen. Während Franz Mehring, der die ‚Freie Volksbühne' in Berlin zeitweilig leitete, sich dafür einsetzte, die klassenbewussten Arbeiter maßgeblich an der Gestaltung und Leitung des Theaters zu beteiligen, dann aber doch nicht darauf verzichtete, immer mehr progressive Bürgerliche (Ibsen, Tolstoi, G. Hauptmann) aufzuführen, sah Bruno Wille in den Arbeitern von vornherein nur ‚Zöglinge im volkspädagogischen Sinn'[47] und spaltete sich mit der Gründung der ‚Neuen Freien Volksbühne' von der proletarischen Volksbühne ab. Ob diese und andere Diskussionen unter Intellektuellen (etwa auch darüber, inwiefern die Zielsetzung der Volksbühnen der Arbeiterklasse mit den Zielsetzungen eines ‚Nationaltheaters' im 18. Jahrhundert zu vergleichen seien[48]) von den betroffenen Arbeitern überhaupt nachvollzogen wurden, bleibe dahingestellt. Wichtiger war, dass mit der Institutionalisierung des Theaters und der damit verbundenen Professionalisierung durch hauptberufliche Schriftsteller, Regisseure und Schauspieler der Verwässerung der Spielpläne Vorschub geleistet wurde, weil alle diese Beteiligten auch Anerkennung beim bürgerlichen Publikum finden wollten und deswegen der bürgerlichen Dramatik insbesondere der Naturalisten Raum gaben.

Entscheidend aber war, dass mit der Gründung der Volksbühnen die am Theater interessierten Arbeiter immer stärker in eine rein rezeptive Rolle gedrängt wurden und die Spielbegeisterten unter ihnen viel von der Naivität und Lust verloren, sich selbst einzubringen und sich bewegend und mitdenkend zu lernen und gegenseitig zu überzeugen. Diesen Verlust hat in den zwanziger Jahren des 20. Jahrhunderts Bert Brecht mit seiner Konzeption des Lehrstücktheaters (vgl. IV) auszugleichen versucht – freilich ohne die erwünschte Breitenwirkung zu erzielen.

5. Erzählliteratur

Die literaturgeschichtliche Darstellung an den großen Gattungen statt am Gesamtwerk einzelner Autoren oder an vermeintlich klar voneinander abgrenzbaren ‚Epochen' zu orientieren, erleichtert es, Grundtendenzen literarischer Entwicklungen auch eines großen Zeitraums in ihrer widersprüchlichen Einheit vor Augen zu führen. Wenn innerhalb der erzählenden Prosa dazu auch die Entwicklung einzelner Genres in Längsschnitten verfolgt wird, so geschieht dies, um die Schwerpunkte der Interessen der Autoren und ihrer Leser zu verdeutlichen. Dass sich manche Texte oft nicht eindeutig einem Genre zuordnen lassen oder als Beispiele verschiedener Genres herangezogen werden können, ist hin und wieder sicherlich problematisch, wird aber um der Übersichtlichkeit und Akzentuierung und der Zielsetzung dieser Literaturgeschichte willen bewusst in Kauf genommen.

Bei dem massiven Anstieg der Buchproduktion im 19. Jahrhundert muss sich die Beschreibung innerhalb des hier gewählten Rahmens auf exemplarisch ausgewählte Texte konzentrieren. Andere wichtige Texte können nur genannt, viele müssen übergangen werden. Dies ist auch hier noch einmal gegenüber der seltsamen, aber verbreiteten, schon in der Einführung zurückgewiesenen Erwartung zu betonen, Literaturgeschichtsschreibung erfülle die Funktion eines Fakten aufzählenden Handbuchs.

5.1. Kunstmärchen

Sammlungen der ‚Volkspoesie'

Die Brüder Grimm hatten ihre berühmt gewordene Sammlung deutscher Volksmärchen (*Kinder- und Hausmärchen*, zuerst 1812/15) ebenso wie ihre Sammlung deutscher Volkssagen (*Deutsche Sagen*, 1816/18) (vgl. zur Trägerschicht und zur Thematik von Volksmärchen und -sagen ausführlich P. N., 2012 a, IV) nicht zuletzt als Versuch verstanden, das nationale Identitätsgefühl der Deutschen in der Zeit der napoleonischen Fremdherrschaft zu stärken. Achim von Arnim und Clemens Brentano hatten schon vor ihnen unter dem Titel *Des Knaben Wunderhorn* (1806/08) eine Sammlung deutscher Volkslieder herausgegeben, und zumal Brentano zeigte ebenfalls Interesse an der Sammlung von Märchen. Darin kam zugleich das bereits insbesondere bei Johann Gottfried Herder stark ausgeprägte Interesse zu Geltung, die deutsche Literatur in ihrer geschichtlichen ‚Entwicklung' zu betrachten und dafür Zeugnisse bereitzustellen. Anders als bei Herder, spiegelte die entschiedene Rückwendung in die Vergangenheit aber auch die Distanzierung eines großen Teils des gebildeten Bürgertums von der eigenen problembeladenen Gegenwart mit ihren politischen, sozialen und wirtschaftlichen Umbrüchen, was dem Anliegen, sich für das Geschichtliche, das Wechselnde im gesellschaftlichen Zusammenleben der Menschen zu öffnen, eigentlich widersprach.

Die *Kinder- und Hausmärchen* der Brüder Grimm

Die Grimms hofften, mit ihren Sammlungen – wie vor ihnen Herder – etwas Ursprüngliches, Natürliches zu finden, das dem Charakter der Deutschen eigen sei, gleichsam die Seele der Nation, ohne dass sie genauer definieren konnten, was sie damit meinten. Deswegen verwendeten sie auch die Begriffe Volkspoesie, Naturpoesie, Nationalpoesie synonym.[49] Mit diesen Begriffen verknüpften sie ihre Auffassung von der nichtindividuellen Entstehung der Volkspoesie, was sie dazu veranlasste, der mündlichen Überlieferung nachzuspüren, beispielsweise Märchenerzählerinnen aufzusuchen und ihnen zuzuhören, in der Hoffnung, in deren Geschichten längst Vergangenes erhalten zu finden. Daneben freilich nutzten sie für die Zusammenstellung ihrer Sammlung – wie sie selbst sehr sorgfältig ausgewiesen haben – ausgiebig auch schriftliche Quellen, wenn sie meinten, in ihnen auf volkstümliche Motive gestoßen zu sein.[50] Nicht nur hierin zeigt sich, dass ihr Vorhaben nicht ohne Einschränkungen zu verwirklichen war; inzwischen ist auch deutlicher geworden, dass manche der Gewährsleute der Grimms, die ihnen Märchen erzählten und von ihnen als Leute aus dem Volk bezeichnet wurden, in Wahrheit im Umkreis des gebildeten Bürgertums lebten und Zugang zu literarischen Vorlagen hatten, insbesondere zu den Feenmärchen von Charles Perrault.[51] Die Absicht, der mündlichen Überlieferung treu zu folgen, ist im Übrigen auch durch Wilhelm Grimm selbst unterlaufen worden. Seine zwischen 1819 und 1857, von der zweiten Auflage bis zur sechsten Auflage der *Kinder- und Hausmärchen* zu verfolgenden stilistischen und inhaltlichen Überarbeitungen[52], durch die er die einzelnen Stücke der Sammlung zu einem poetischen Ganzen zu formen suchte, durch die vor allem aber auch seine entschieden bürgerlichen Moralvorstellungen Einlass fanden, belegen die Mittelstellung der – deswegen oft auch als ‚Buchmärchen' bezeichneten – Grimm'schen Märchen zwischen den nur in Bruchstücken erkennbaren subliterarischen Volksmärchen und der Tradition der Kunstmärchen. Dabei ist allerdings davon auszugehen, dass viele Kunstmärchen von mündlich weiter getragenen Motiven der ‚Volkspoesie' beeinflusst wurden.

Volksmärchen vs. Kunstmärchen

Nicht zuletzt aus diesem Grund ist es schwer, eine schlüssige Definition für das Kunstmärchen zu finden. In der Märchenforschung begnügt man sich daher meist mit der Feststellung, dass Kunstmärchen nicht wie Volksmärchen mündlich und anonym tradiert werden, sondern Erfindungen namentlich bekannter Autoren sind; dass sie nicht im Prozess der mündlichen Weitergabe ‚zerredet' werden, sondern ihre schriftlich fixierte Gestalt behalten. Daneben werden ihnen Eigenheiten zugesprochen, die sich mit ihren historischen Erscheinungsformen verändern. Dazu gehört – hierin ganz vergleichbar den Volksmärchen – der Umgang mit dem Wunderbaren, der agierende Held, am Ende die Glücksutopie. Aber dies schließt z. B. satirische Einlagen nicht aus, die das Volksmärchen nicht kennt, ebenso wenig eine oft schwer zugängliche, schwer aufzulösende Chiffrierung der Figuren, die darauf hinweist, dass theologische oder philosophische oder politische Problemstellungen behandelt werden – nahezu undenkbar im Volksmärchen. In struktureller Hinsicht lehnt sich das Kunstmärchen wie auch das Volksmärchen gern an andere Kurzformen des Erzählens an. Neigt das Volksmärchen zum Schwank, so das Kunstmärchen zur Novelle. Sehr häufig integrieren Autoren von Kunstmärchen deren Erzählanlass sowie deren Aufnahme durch ein Publikum in eine Rahmenhandlung. In ihr können dann auch ganze Zyklen von Märchen erzählt werden (man denke z. B. an *Tausendundeine Nacht* oder – bezogen auf die Novelle, die diese Erzähltechnik ebenfalls nutzt, an Boccaccios *Decamerone*). Mit einem derartigen Verfahren, das die in der Realität verloren gegangene oder verloren geglaubte Geselligkeit derer, die sich Geschichten erzählen, nachbildet und ins Werk hineinnimmt, nicht zuletzt um dadurch zusätzliche Spannungseffekte zu erzielen (Scheherezades Märchenerzählungen in *Tausendundeiner Nacht* halten den Sultan davon ab, sie wie seine vorigen Frauen umzubringen), erweist sich das Kunstmärchen gegenüber dem Volksmärchen als die reflektiertere, d. h. auch ‚entfremdetere' Form, was über den literarischen Wert der Texte keineswegs etwas aussagt.

Die Kunstmärchen von Strapola, Basile, Perrault

Das Kunstmärchen, das seit der Mitte des 16. Jahrhunderts bis zum Ausgang des 18. Jahrhunderts in Europa im wesentlichen der – teils derben, teils geistreichen – Unterhaltung seiner Rezipienten diente, bisweilen auch, in verschlüsselter Form,

Gesellschaftskritik übte, erhielt um 1800 in der deutschen Romantik einen ganz neuen Stellenwert.

Um kurz zurückzublicken: Der erste namhafte Märchenautor der neueren Literaturgeschichte, der Italiener Giovan Francesco Straparola, hatte in seinen *Piacevoli notti* (1550/53) die Märchenstoffe, die bis dahin zu den mündlich tradierten, in den unteren Gesellschaftsschichten lebendigen Erzählungen gehörten, insofern ‚nobilitiert'[53], als er sie – teilweise umgearbeitet und um viele Derbheiten ergänzt – in eine Rahmenhandlung einbettete, in der gesellschaftlich gehobene Kreise sich mit ihnen befassten. Damit hatte er das Tor geöffnet, um Märchenstoffe in Gesellschaftsschichten einzuführen, die mit der ursprünglichen Trägerschicht kaum etwas zu tun hatten. Einen weiteren Schritt auf diesem Weg, bekannte Märchengeschehnisse künstlerisch dem Geschmack neuer Rezipientenschichten anzupassen, war ein Jahrhundert später Giambattista Basile mit seinem *Pentamerone* (1634/37) gegangen, vor allem indem er durch seine ‚barocke Stilartistik' Volkstümliches in etwas Exotisches verwandelte.[54] Wiederum später – an der Wende zum 18. Jahrhundert – hatte der Franzose Charles Perrault (*Histoires ou Contes du Temps passé, avec Moralitéz*, 1697) den Versuch unternommen, volkstümliche Märchenerzählungen in die höfische Gesellschaft einzuführen, indem er nicht nur die Handlungen in die Welt von Prinzen und Prinzessinen verlegte, sondern – bereits der Aufklärung verpflichtet – auch den moralischen Nutzen und erzieherischen Wert seiner Märchen bedachte. Von ihm waren die größten Einflüsse auf die deutschen Märchenerzähler des 18. Jahrhunderts ausgegangen, auf Christoph Martin Wieland und Johann Karl August Musäus, die sich mit dem Kunstmärchen anfreunden konnten, weil es, im Gegensatz zum Volksmärchen, dem Erzähler erlaubte, das Wunderbare spielerisch, oft auch spöttisch, als Verkleidung für die Vermittlung „gewisser Wahrheiten" (Wieland) an die Gesellschaft (der Leser) zu nutzen.

Die Utopie vom ‚goldenen Zeitalter' bei Novalis

Im Vergleich zu den Autoren des 18. Jahrhunderts trauten die Romantiker des beginnenden 19. Jahrhunderts dem Märchen mehr und ganz anderes zu. Für Novalis (Friedrich von Hardenberg) war das Märchen der „Canon der Poesie", nicht also eine Gattung unter vielen, sondern der Inbegriff aller Kunst. Alles Poetische müsse märchenhaft sein, heißt es bei ihm.[55] Er sprach damit dem Märchen eine Bedeutung zu, die weit über das Verständnis der bislang am Kunstmärchen, nicht zuletzt auch an dessen Unterhaltungsqualitäten interessierten Leserschaft hinausging und auch die überaus große Wertschätzung übertraf, die Jacob und Wilhelm Grimm dem Volksmärchen entgegenbrachten. Während die Grimms die zumindest im

Volksmärchen behandelten Themen und Motive und deren Funktionen durchaus realistisch in der Wirklichkeit verankert sahen (vgl. dazu P. N., 2012 a, IV), überhöhte Novalis das Märchen als Kunstform zum Mittel, dem Leser die Vorstellung vom paradiesischen Zustand eines ‚goldenen Zeitalters' zu veranschaulichen, in dem die Menschen in einem anarchischen Einklang mit der Natur leben. Das triadische Geschichtsmodell, das dahinter stand und viele Zeitgenossen (unter anderen Hölderlin) beeinflusste, stellt die Utopie vom ‚goldenen Zeitalter' den durch Rationalität geprägten, durch Regeln eingeschnürten, entfremdeten Lebensverhältnissen der eigenen, als Belastung empfundenen Gegenwart gegenüber. Das zerstörte ‚goldene Zeitalter' der Vergangenheit sollte ins Bewusstsein gehoben werden, um ein neues – auf noch höherer Stufe stehendes – ‚goldenes Zeitalter' der Zukunft herbeizuführen, und die – ‚märchenhafte' – Poesie sollte der Schlüssel sein, um den Blick für diese Zukunft aufzuschließen, die auch in der Gegenwart immer schon aufscheinen kann – im Traum etwa oder im Verhalten der Kinder und der kindlichen Gemüter. Die Poesie, die solche ‚Augenblicke' einfängt und visionär das erfüllte Zeitalter der Zukunft erahnen lässt, übernahm damit für Novalis eine prophetische Funktion, der wahre Dichter (der Sänger) die Rolle des Sehers (vgl. z. B. auch die fünfte der *Hymnen an die Nacht*, 1800). Die Anklänge dieses Geschichtsbildes (vgl. dazu auch den Aufsatz von Novalis über *Die Christenheit oder Europa*, 1799) an gewisse Aspekte christlicher Heilsgeschichte sind unverkennbar, wenn auch hier nicht zu erörtern, ebenso die Anklänge an die im Christentum lebendigen Wünsche nach Selbstfindung und erfülltem Leben. Mit dem Realitäts- und Gesellschaftsbezug der biblischen Texte freilich haben die utopischen Vorstellungen des Romantikers Novalis wenig gemein. – Sein Märchen von *Hyazinth und Rosenblütchen*, eingefügt in den unvollendeten Roman *Die Lehrlinge zu Sais*, an dem Novalis zwischen 1798 und 1800 arbeitete, verdichtet den von ihm immer wieder beschworenen Dreitakt der großen geschichtlichen Epochen in der Lebensgeschichte des Protagonisten. Hyazinth, zunächst in seinem kindlich vertrauensvollen Umgang mit der Natur und mit seiner Freundin Rosenblütchen gezeigt, wird durch seinen erwachenden Wissensdurst zum unzufriedenen, vereinsamten Menschen und rastlosen Wanderer, bis er schließlich an einem Ort der Weisheit – träumend – erfährt, dass in der Liebe zu Rosenblüte, mit der er einst schon so vertraut war, die Erfüllung seines Lebens liegt. Das Märchen spiegelt im Gefüge des Romans damit zugleich dessen Sinngehalt, der auf den Zusammenhang zwischen Natur- und Selbsterkenntnis verweist. Enthält dieses Märchen, das in einer oft kritisierten bürgerlichen Idylle endet, deutlich Motive des Volksmärchens (die ‚wunderbare' Kommunikation des Helden mit der Natur, sein Auszug aus der gewohnten Umgebung, das glückliche Ende), sind die in das 1802 erschienene Romanfragment des *Heinrich von Ofterdingen* (vgl. u.) eingefügten Märchen, *Das Märchen von Atlantis* und *Das Märchen von Eros und Fabel*, reine Kunstmärchen, die den triadischen Geschichtsmythos allegorisch umspielen. Im zweiten dieser beiden Märchen[56] sind Fabel (d. i. die Poesie) und Eros die Kräfte, welche die Zustände rationalistischer Erstarrung überwinden und ein neues ‚goldenes Zeitalter' heraufführen.

Die alltagskritischen Kunstmärchen Brentanos

Fasziniert von der Gattung des Märchens war auch Clemens Brentano, der den Brüdern Grimm im Jahre 1810 von ihm gesammelte Märchenerzählungen selbstlos zur eigenen Verwendung überließ. Unter den Autoren von Kunstmärchen ist Brentano derjenige, der sich am engsten an die Italiener anlehnte. Er übertrug etliche Märchen aus Basiles *Pentamerone* ins Deutsche, nicht zuletzt weil dessen Sprachspiele ihn begeisterten. Seine Märchen gruppierte er in zwei Zyklen, die *Italienischen Märchen* und die *Märchen vom Rhein* (entstanden zwischen 1805 und 1817), die, mit Ausnahme einzelner Texte, erst nach seinem Tod erschienen (1846/47). Der Grund dafür lag in seinem gewachsenen Misstrauen gegenüber aller Poesie, das sich im Verlauf seiner religiösen Besinnung ständig verstärkte. Anders als Novalis entwarf Brentano keine Geschichtsprophetie, sondern schrieb Märchen, die spöttische, oft satirische Anspielungen auf die politische Lage und die Wirklichkeit des Alltags enthalten, auf die deutsche Kleinstaaterei, die kapitalistische Gewinnsucht, die autoritäre Pädagogik, usw. Diese Kritik wirkt freilich recht harmlos. Dazu trägt nicht nur der in der Gattung angelegte Zwang des glücklichen Endes bei, sondern vor allem auch Brentanos unbändige Lust an geradezu artistischen, oft ins Skurrile übergehenden Sprachexperimenten, die von der Namensgebung der handelnden Figuren bis zu exzessiven Klangspielen in seinen Schilderungen reichen. Anschaulich vereint findet sich all dies in seinem das Verlangen nach Reichtum und Würde als Selbsttäuschung entlarvenden und den Zustand der Kindlichkeit (freilich ganz anders als Novalis) herbeirufenden, berühmtesten Märchen von *Gockel, Hinkel und Gackeleia* – mehr noch in dessen erster Fassung von 1811 als in der unmäßig angeschwollenen zweiten von 1838.

Der Einbruch des Dämonischen bei Tieck, Fouqué, Hoffmann

Nicht nur den Zustand der Kindlichkeit haben die Kunstmärchen der Romantik beschworen. Eine ganz andere, abgründige Seite des Menschen tut sich auf, wenn man die Märchen von Tieck, Fouqué und Hoffmann betrachtet.

Ludwig Tieck, Großstädter, für Berliner Verleger arbeitend, mit den populären Lesestoffen und ihren Wirkungsmechanismen bestens vertraut, nutzte das Märchen, um Gefühlsverwirrungen ins Bild zu setzen, die zugleich auch die Erschütterungen gesellschaftlicher Verhältnisse spiegelten. *Der blonde Eckbert*, 1797 unter einem Pseudonym veröffentlicht, später in Tiecks Sammlung des *Phantasus* (1812–16) aufgenommen, in der die meisten seiner Märchen (eingebettet in die Rahmenhandlung eines erzählenden Personenkreises) erschienen, spielt mit einigen charakteristischen Elementen des Volksmärchens: Das Mädchen Bertha befreit sich aus ihrer sozialen Misere (dem Zustand des Mangels, den fast alle Volksmärchen zu Beginn entwerfen) durch Flucht in die ‚Waldeinsamkeit', die (anders als im Volksmärchen, das sich gerade durch seine Eindimensionalität zu erkennen gibt[57]) bewusst als ‚Gegenwelt' konzipiert ist, als ein zeitenthobener Ort, an dem statt des Gesetzes der Leistung die Gesetze der Magie gelten. In dieser verzauberten Einöde lebt Bertha mit einer Alten und hat nur die eine Aufgabe, während der Abwesenheit der ‚Hexe' einen Vogel und einen kleinen Hund zu versorgen. Doch diese ‚Probe' (die das Volksmärchen kennt) besteht sie nicht. Weil sie ihre Lage so unbefriedigend findet wie ihre Not zuvor, flieht sie erneut, lässt den Hund unversorgt zurück, stiehlt den täglich Edelsteine produzierenden Vogel und tötet ihn nach längerer Zeit. Als sie später, längst mit Eckbert verheiratet, ihre Geschichte vor dessen Freund Walter erzählt und dieser den Namen des von ihr gar nicht erwähnten kleinen Hundes nennt, erleidet sie einen psychischen Schock. Der misstrauisch gewordene Eckbert erschießt darauf den Freund während einer Jagd. In diesem Moment stirbt auch Bertha. Nun verfällt Eckbert einem Verfolgungswahn, der ihn den Getöteten in verschiedenen Gestalten wiedererkennen lässt. Von der Alten, die ebenfalls die Züge Walters trägt, erfährt er, dass Bertha seine Schwester war. Die Schilderung des Verfolgungswahns eines von Schuldgefühlen belasteten Menschen lässt Eingebildetes als Realität erscheinen und Realität als eine Fassade, hinter der Unbegreifliches lauert. Selbstsucht, Wahnvorstellungen, Verlust der Ich-Identität sind jedoch nicht nur als Krankheiten des einzelnen zu verstehen; sie weisen auch auf den sozialen Defekt der Isolation und Entfremdung, die Tieck gerade in der Stadt erfahren konnte. Ihn zu heilen freilich, auch dies wird deutlich, gelingt durch Wirklichkeitsflucht, die letztlich nur zu destruktiven Wirkungen führt, gerade nicht. – Deutlicher noch wird die soziale Verwirrung in Tiecks Märchen *Der Runenberg* (1804)[58]. Auch in ihm werden zwei Welten gegenübergestellt, zwischen denen sich der Held hin- und herbewegt. Der Alltagswelt entflieht er in die Einsamkeit der Natur, die in seiner phantasievollen, aber schon wahnhaften Wahrnehmung dämonische Züge annimmt. Zurückgekehrt in die Arbeitswelt eines Dorfes, wo er heiratet und zeitweilig glücklich wird, locken ihn Träume von der Königin des Runenbergs doch wieder in die Bergwelt, in der er vergeblich nach Schätzen gräbt, bis er am Ende als psychisch zerstörter Mann zurückkehrt und mit einem alten Waldweib, die er für die Bergkönigin hält, verschwindet. Hinter den beiden in diesem Märchen vorgestellten Sphären stehen zwei Frauen, an die sich unterschiedlich materielle Wertvorstellungen knüpfen. Die Bäuerin steht inmitten der überkommenen Lebenswelt des Grundbesitzes und der Landwirtschaft, die imaginierte Bergkönigin ist die Hüterin der beweglichen Güter des Goldes und der Edelsteine. Der Held erliegt ihrer Faszination und scheitert. Damit zerbrechen zugleich auch die Träume dessen, der sich aus den überlieferten Gesellschaftsverhältnissen zu befreien versucht. Die beweglichen Güter, Chiffren für das in der Realität aufziehende neue, gleichwohl nicht durchschaute Wirtschaften, entfalten in Tiecks Märchen zwar ihre die Phantasie stimulierende Zauberkraft, erweisen sich aber als ruinös, wenn man nach ihnen greift und sein Leben den von ihnen ausgehenden Verlockungen unterwirft. Das Wunderbare, von dem die Märchen einst erzählt haben, verkehrt sich bei Tieck ins Bedrohliche, führt nicht zum Glück des Helden, sondern bewirkt sein Verderben. Tiecks Kunstmärchen haben sich in heillose, in Anti-Märchen verwandelt, in denen die gestörte ‚Weltordnung'[59] nicht mehr wiederhergestellt wird – eine Absage an Wunscherfüllungsträume der Rezipienten angesichts der Wucht der gesellschaftlichen und wirtschaftlichen Umwälzungen des heraufziehenden industriellen und kapitalistischen Zeitalters.

Auch bei Friedrich Baron de la Motte Fouqué verbergen sich im Märchen zeitkritische Aussagen. Seine *Undine* (1811) gehörte zu den beliebtesten Kunstmärchen der Romantik, erschien in immer neuen Auflagen, wurde in verschiedene Sprachen übersetzt, später von E. T. A. Hoffmann und Albert Lortzing zu Opern vertont – von der weiteren Rezeptionsgeschichte ganz zu schweigen. Das Wunderbare, das Fouqué in diesem Märchen durch den Rückgriff sowohl auf Elemente der Volkssage als auch des Volksmärchens aufruft, umspielt, ähnlich wie bei Tieck, einen psychischen Prozess, der zugleich Defizite gesellschaftlicher Verhältnisse zutage treten lässt. Die Märchenheldin, Undine, ist ein Wesen, das den Elementargeistern, wie die Sage sie kennt, verwandt ist. Sie gehört zu den Wassergeistern, die menschliche Gestalt annehmen, aber eine menschliche Seele nur gewinnen können, wenn sie von einem Mann bedingungslos und treu geliebt werden. Der Ritter jedoch, der die von dem Wassergeist Kühleborn immer wieder beschützte Undine heiratet, und das ungebrochene Naturgeschöpf zur bewussten menschlichen Existenz, auf eine gleichsam höhere Daseinsstufe erhebt, verfällt einer anderen, einem gesellschaftlich abgerichteten, sich jeglicher Konvention unterwerfenden höfischen Fräulein. Er spaltet sich in eine öffentliche Person, die sich den Regeln ihres sozialen Umfelds nicht entziehen kann, und in eine Privatperson, die nur in gesellschaftlicher Isolation unbefangen mit Undine umgehen kann. An dieser als Verrat der Liebe empfundenen Unentschiedenheit geht Undine letztlich zugrunde – sie versinkt wieder in ihr Element und zieht ihren Mann später, als dieser die Nebenbuhlerin heiraten will, zu sich nach. Was die Zeitgenossen an der *Undine* so faszinierte, war vermutlich nicht nur die kunstvoll naive Erzählweise Fouqués[60] oder die altbekannte Dreiecksbeziehung eines Mannes zwischen zwei Frauen, sondern die Darstellung des Identitätsverlusts in einer von Rollenzwängen bestimmten Gesellschaft, die, obwohl ins Mittelalter verlegt, der eigenen in manchem vergleichbar erschien. Auch die konventionellen, unterhaltsamen Märchenmotive (das Motiv der wahren und der falschen Braut, das der Verwandlung und Erlösung, das des Helfers und andere mehr), verdeckten nicht, dass Fouqués Text ein Problem thematisierte, das von vielen als eigenes empfunden wurde, das des der Natur entfremdeten, des „gesellschaftlich denaturierten Menschen".[61]

Die beißendste Gesellschaftskritik in den Kunstmärchen der Romantik findet sich in den Märchen E. T. A. Hoffmanns (u. a. *Der Goldene Topf*, 1814; *Klein Zaches oder Zinnober*, 1819; *Prinzessin Brambilla*, 1820; *Meister Floh*, 1822). Den *Goldenen Topf*, der hier exemplarisch für sie steht, hielt Hoffmann selbst für einen ‚großen Wurf', obwohl, was allein die Gesellschaftssatire betrifft, *Klein Zaches* und *Meister Floh* ihm nicht nachstehen. Von der Märchentradition abweichend, ziehen Hoffmanns Märchenhelden nicht aus ihrer Umgebung fort, um dem Wunderbaren zu begegnen, sondern finden es gerade in ihr – in der eigenen Stadt, im eigenen Haus. Der *Goldene Topf* beginnt mit genauen Hinweisen auf Zeit und Ort der Handlung. Sie spielt in Dresden zu Beginn des 19. Jahrhunderts, und etliche topographische Angaben wollen den Leser von der Authentizität der erzählten Geschichte überzeugen. Umso schockierender wirkt der Einbruch des Wunderbaren in diese realistisch dargestellte Wirklichkeit. Ihm begegnet freilich nur, wer dafür empfänglich ist und zur Geisterwelt in Beziehung treten kann – wie der Student Anselmus, der Held dieser Geschichte. Er ist – das liegt in der romantischen Tradition und darüber hinaus in der Tradition vieler Zaubermärchen unter den Volksmärchen – ein naiver, kindlicher Mensch, aber er ist, hierauf legt Hoffmann einen besonderen Akzent, auch ein Sonderling – gegen die Mode gekleidet, linkisch in seiner Gestik, in die seine Emotionen ungelenk, d. h. vom Verstand ungelenkt, eingehen. Viele Helden Hoffmanns sind in dieser Weise unangepasst, am auffälligsten sicherlich Meister Floh im gleichnamigen Märchen, dessen ‚unberechenbare', bizarre Bewegungen zu ‚anstößigem' Wirrwarr führen und den Leser ‚verunsichern'. Mit ihrer Kindlichkeit, ihrer Ungelenkigkeit und Zerstreutheit, ihrem überschüssigen Bewegungstrieb unterlaufen Hoffmanns Märchenhelden die „eingespielte Praxis" der bürgerlichen Welt[62], deren ruhiges Erwerbs- und Familienleben. So wie sie den Philistern als Störenfriede, also als ‚Friedenstörer' erscheinen, wird an ihren ungewohnten Einfällen, Aktionen, Erlebnissen auch das ganze Ausmaß festgefahrener Verhaltensweisen der Bürger deutlich. In Hoffmanns Märchen (und auch in anderen seiner Texte) wimmelt es von verschrobenen, satirisch überzeichneten Spießern, zumal von Gelehrten und Beamten.

Im *Goldenen Topf* ist es ein Konrektor mit seiner Tochter und ein Registrator, die diese Schicht der allein auf ihre Vorteile bedachten und um ihre soziale Stellung besorgten Leute vertreten, vor denen sich wie vor einer Folie nicht nur der Märchenheld, sondern vor allem diejenigen Figuren um so deutlicher abheben, die dem Helden ein Zauberreich eröffnen. In diesem Märchen verbirgt sich im Archivar Lindhorst in Wahrheit ein Elementargeist, der Anselmus in seinen Bann zieht und ihm seine Tochter Serpentina zuführt, was nicht ohne unterhaltsame Rangeleien zwischen den guten und den bösen Geistern (hier das Äpfelweib) abgeht[63], die in Hoffmanns Märchen gern im Streit miteinander liegen. – Der Sehnsuchtsbereich der elementaren Natur, unter den romantischen Märchendichtern bis dahin ein idealisierter, Glück versprechender Raum, in dem sich zu bewegen allenfalls die Menschen scheiterten (wie bei Tieck oder Fouqué), wird in den Märchen Hoffmanns – das ist neu – als solcher beschädigt. Die Verkörperungen der Natur, die er ins Bild setzt, sind sich selbst entfremdet, teilweise ins Groteske verzerrt. Und das Reich Atlantis, in dem Anselmus und Serpentina leben werden, wird – höchst ironisch – nur noch zugänglich durch einen Topf, den der am Ende der Erzählung kunstvoll hinein genommene Autor, Arak schlürfend, betrachtet, bis er ernüchtert aus seinen Visionen erwacht. Hoffmanns Ironie bleibt, wie Volker Klotz resümiert hat[64], letztlich destruktiv. Erscheint ihm schon das Bürgerleben im Zeitalter der Kleinstaaterei, hierarchisch strukturierter Gesellschaftsverhältnisse und beginnender Industrialisierung trostlos, so desillusioniert er auch die Phantasien vom harmonischen Miteinander alles Lebendigen in zurückliegenden oder künftigen goldenen Zeitaltern durch die grotesken Verzerrungen und Verwandlungen der Figuren seiner Geisterwelt. Befreiung ist in Hoffmanns Märchen nicht in Sicht, und auch die Märchen selbst, als Poesie, hinterlassen einen irritierten Leser, der sich die Frage, wie die Phantasie das Leben verändern könnte, selbst beantworten muss.

Kunstmärchen von Hauff, Andersen und Dickens

Anders als Hoffmann, ließ der viel gelesene Wilhelm Hauff in seinen Kunstmärchen das Wunderbare nicht in den wohlbekannten Alltag einbrechen, sondern war vielmehr bestrebt, den Leser von den erzählten Ereignissen zu distanzieren. Er publizierte in drei *Maehrchenalmanachen* (1825–1828) eine Reihe – jeweils in eine Rahmenerzählung eingebetteter – abenteuerlicher Geschichten, darunter nur wenig Märchen im eigentlichen Sinn, die meist an exotischen Schauplätzen spielen. So bekannt gewordene Märchen wie *Kalif Storch; Geschichte von dem kleinen Muck; Märchen vom falschen Prinzen* sind im orientalischen Milieu angesiedelt, andere wie *Das kalte Herz* zwar in Deutschland, aber doch in geographischer Abgeschiedenheit. Am ehesten ist *Zwerg Nase* der dem deutschen Leser bekannten geschäftigen Alltagswelt verbunden. Gleichwohl sind Geschäftsbeziehungen in allen Märchen Hauffs das bestimmende Motiv.[65] Seine Wunschvorstellungen richteten sich dabei an jenen Verkehrsformen aus, die seinen zeitgenössischen Lesern zunehmend verlorengingen, am persönlichen Gegenüber von Verkäufer und Käufer, die für die Güte ihrer Waren und das Entgelt für sie verantwortlich einstehen. Das ist für ihn z. B. immer dann nicht mehr der Fall, wenn die Menschen sich verkleiden. So fungiert das häufig bei ihm erscheinende Verkleidungsmotiv als Warnsignal. Wer seine Identität nicht zu erkennen gibt (wie im *Märchen vom falschen Prinzen*), ist erlösungsbedürftig und wird schließlich in die alten, ehrlichen Verhältnisse zurückgeführt. Auch die als Abartigkeit ins Bild gesetzte Verhaltensweise, die im Geschäftsleben das Risiko des hohen Verlusts in Kauf nimmt, um Gewinn zu machen (*Das kalte Herz*), ist, weil sie die althergebrachte Lebensführung durchkreuzt, für Hauff nicht akzeptabel. Nur suggeriert er ganz unrealistisch, dass paternalistisches Wirtschaften allein durch charakterlichen Wandel wieder herstellbar sei. Auch *Zwerg Nase*, sein wohl bekanntestes Märchen, reflektiert Geschäftsbeziehungen. Der ausbeuterischen Hexe, die den kleinen Jakob zur Missgestalt verwandelt und ihn jahrelang um den Lohn seiner Arbeit betrügt, lässt sich nur durch einen Gegenzauber beikommen. Aber die gleichfalls verzauberte Gans Mimi, die Jakob zu dem Kräutlein verhilft, das ihm seine wahre Gestalt zurückgibt und ihn befreit, wird nicht etwa als ‚Braut' heimgeführt, sondern zu ihrem Vater zurückgebracht, der die Tochter entzaubert und Jakob großzügig belohnt. Kleinbürgerlich wird die gute Tat materiell vergolten, und der ‚Held' kauft sich am Ende – einen Laden. Das Wunder erscheint bei Hauff vornehmlich nur als Mittel zum Zweck, die überkommene Wertewelt des mittleren und kleinen Bürgertums zu stabilisieren.

Um die Mitte des Jahrhunderts neigte sich die Zeit der Kunstmärchen ihrem Ende zu. Ludwig Bechsteins *Deutsches Märchenbuch* (1845), weit verbreitet, gehört nicht eigentlich in den Zusammenhang des Kunstmärchens, denn es versammelt überwiegend bekannte, von Bechstein nur didaktisch und stilistisch bearbeitete Texte, die in die Tradition des Volksmärchens gehören. Einzig der Däne Hans Christian Andersen hob sich durch sein schnell ins Deutsche übersetztes Werk von den wenigen Autoren ab, die in der zweiten Jahrhunderthälfte gelegentlich noch Kunstmärchen verfassten – Eduard Mörike etwa (u. a. *Das Stuttgarter Hutzelmännlein*, 1853), Gottfried Keller (*Spiegel das Kätzchen*, 1856) oder Theodor Storm, der den Anachronismus des Kunstmärchens in der Vorrede zu seinen *Geschichten aus der Tonne* (1873) ausdrücklich betonte.

Andersen, der in seinen Kunstmärchen (*Eventyr, fortalte for Born*; dt. *Märchen, für Kinder erzählt* – in elf Heften zwischen 1835 und 1848 erschienen) viele Motive des Volksmärchens aufgriff, sich aber von dessen magischer Weltsicht löste, gilt noch heute im Bewusstsein vieler neben den Brüdern Grimm als Märchenerzähler schlechthin. Sicher hängt dies zu einem nicht geringen Teil an seiner Fähigkeit, das Märchenerzählen selbst zum Stilmittel auszubilden. Immer wieder simuliert er durch spontane Ausrufe, direkte Anreden und Einschübe die Mündlichkeit des Erzählvorgangs und versucht dadurch eine affektive Nähe zu seinen Lesern herzustellen. Mindestens ebenso publikumswirksam aber war und blieb, jedenfalls in der bürgerlichen Schicht, für die er schrieb, sein Hang zur Idyllik. Gleichermaßen weit entfernt von den utopischen Hoffnungen eines Novalis wie von den sich gegen das Spießbürgertum richtenden Bissigkeiten eines Hoffmann, war er ganz der Alltagswelt verbunden, die er – wie eben dieser – mit Wundern durchsetzte und poetisierte. Dabei gewinnen seine Märchen, die nicht immer gut enden, ihre Eigenart nicht durch außergewöhnliche, abenteuerliche Geschehnisse, sondern durch die Hervorhebung des Unscheinbaren, Kleinen (z. B. *Däumelieschen*), die Belebung von Dingen, etwa einem Zinnsoldaten, aus dessen Perspektive dann auch erzählt wird – einer Perspektive von unten nach oben (*Der standhafte Zinnsoldat*). Verbunden mit seinem Sinn für soziale Spannungen, die allerdings ganz unpolitisch behandelt werden (*Das kleine Mädchen mit den Schwefelhölzern; Das häßliche junge Entlein*), und moralischer Nachdrücklichkeit, entsprach diese Neigung, das leicht zu Übersehende hervorzuheben, dem Geschmack der vielen sich zurückgesetzt fühlenden, durch solche Lektüre gleichwohl zu beschwichtigenden Leser.

Einen viel direkteren Zugriff auf soziale Probleme wagte zur gleichen Zeit in England Charles Dickens mit seinem Weihnachtsmärchen *A Christmas Carol in Prose* (1843). Er griff in ihm die Verkümmerung menschlicher Regungen durch die Regeln des Kapitalismus an und stellte einen Unternehmer in den Mittelpunkt, dessen kaltherziger Geschäftssinn schließlich, nachdem ihm die Geister seiner Opfer als Ausgeburten seines schlechten Gewissens erschienen sind, erweicht wird. Anders in *The Chimes* (1844): In dieser Geschichte verliert ein sozial Deklassierter sein ihm oktroyiertes Minderwertigkeitsgefühl und eröffnet den Blick in eine humanere Zukunft für alle. Trotz der wundersamen Erscheinungen, denen die Protagonisten in beiden Texten ausgesetzt sind, stellt sich die Frage, ob es sich hier noch um Märchen handelt oder ob die Grenze zur realistischen Erzählung bereits überschritten ist.

5.2 Literatur der Phantastik

Der Einfluss der Volkssage

Dem Märchen steht die Sage gegenüber (zur Abgrenzung beider Gattungen vgl. P. N., 2012 a, IV) – und so wie das Volksmärchen die Kunstmärchen beeinflusste, fand auch die Volkssage Eingang in die schriftlich tradierte Literatur, im 18. Jahrhundert vor allem in die sogenannte Schauerliteratur, die in den großen Rahmen der im 19. Jahrhundert sich ausbreitenden Literatur der Phantastik gehört. Diese Literatur lebt bis heute von etlichen, Angst und Entsetzen auslösenden Sagenmotiven, wobei diese Motive effektvoll ausgestaltet werden, um die Leser durch ‚Angstlust'[66] zu unterhalten, gleichzeitig aber auch als Mittel des Protests gegen ein vernunftgläubiges Menschenbild zu verstehen sind. Denn die Literatur der Phantastik erinnert mit ihren Darstellungen des Übernatürlichen, des Wahnsinns, des Bösen, der Triebhaftigkeit daran, dass der Mensch nicht allein, sich selbst betrügend, in rationalen Verhaltensweisen aufgeht – auch wenn er darin seine Bestimmung sehen mag.

Gespenstergeschichten (u. a. Kleist)

Gerade in den Jahrzehnten um 1800 übernahm die Literatur der Phantastik von der Sage auch verschiedene Merkmale des mündlichen Erzählens, die besonders deutlich in den zahllosen damals verbreiteten Gespenstergeschichten ausgeprägt waren – etwa die Einbettung des Erzählten in eine Rahmenhandlung, in der sich Teilnehmer von Gesprächsrunden über Gehörtes oder Erlebtes unterhalten, sowie die dazugehörige Ich-Form des Vortrags. Durch beides gewann das Erzählte für den Leser an Glaubwürdigkeit, und skeptische Einwände, die ihm einfallen mochten, konnten vorwegnehmend bereits von den fiktiven Zuhörern geäußert und entkräftet werden. Auch viele Kunstmärchen haben – wie erwähnt – von diesem die Oralität von Literatur vorführenden Kunstgriff profitiert, wie überhaupt die Neigung, dem gesprochenen Wort mehr Geltung zu verschaffen, dem Zeitgeist entsprach und zu den Reaktionen auf die vom geschriebenen Wort bestimmte, als einengend empfundene Intellektualität vieler Aufklärer gehört – man denke auch hier an die von Geniebewegten des 18. Jahrhunderts und Romantikern des 19. Jahrhunderts begonnenen Sammlungen der mündlich tradierten Volkspoesie und an die Auffassung vieler Romantiker, dass der wahre Geist der Poesie in ihren mündlich tradierten Formen zu finden sei.

Die heute noch bekannteste Gespenstergeschichte dieser Zeit, Heinrich von Kleists *Das Bettelweib von Locarno* (1810), anekdotisch kurz nur aus zwanzig Sätzen bestehend, bildet freilich gerade in dieser Hinsicht die auffälligste Ausnahme. Kleist verzichtete sowohl auf eine Rahmenhandlung als auch auf einen Ich-Erzähler und damit zugleich auch auf die Möglichkeit von stimmungsbildenden Gefühlsäußerungen des Erzählenden. Vielmehr betonte er durch Stilmittel des Berichts[67] gerade die Objektivität des Geschehens. Erzählt wird eine Rachegeschichte, die thematisch durchaus in den Kanon der Gespenstersagen und ihrer literarischen Nachbildungen gehört, in denen der Tod nur die „Durchgangspforte zu einem anderen Leben"[68] ist, die aber – und hierin liegt das Schockierende – von beiden Seiten her durchschritten werden kann, so dass auch die Toten ins Leben zurückkehren oder den Lebenden erfahrbar werden können (wobei gläubigen Christen die Schrecken verbreitende Wiederkehr der Toten ein besonderes Ärgernis sein musste). Kleist berichtet von einem Marquese, der einst eine Bettlerin von ihrem Strohlager verscheucht und damit, weil sie stürzte, unwillentlich ihren Tod verursacht hat. Jahre später wird er von der unsichtbaren Erscheinung der Alten heimgesucht, verfällt darüber in Wahnsinn, zündet sein Schloss an und verbrennt dabei selbst. Dadurch dass Kleist auch andere Personen als den Marquese den Spuk wahrnehmen lässt, sogar seinen Hund, der in Panik gerät, schließt er aus, dass es sich um die bloße Einbildung des Schuldigen handelt. Die Verhältnismäßigkeit von Schuld und Sühne, in der Sage üblich, wird von Kleist missachtet. Die Folgen der Rache der Toten sind dem menschlichen Gerechtigkeitssinn schwer verständlich, denn der Marquese ist kein Meuchelmörder. So wird diese Erzählung zum Hinweis auf eine gestörte Weltordnung.

Kleist traf damit eine unter den Lesern des beginnenden 19. Jahrhunderts verbreitete, diffuse Ängste in sich aufnehmende Stimmung, die durch die politischen Erschütterungen im Gefolge der Französischen Revolution, durch soziale Spannungen, durch mangelnde Zukunftsperspektiven, durch metaphysischen Orientierungsverlust entstanden war und empfänglich machte für Texte, in denen die Hostilität der Welt, die Ausweglosigkeit aus ihr und das vom Verstummen bis zur Existenzvernichtung führende Entsetzen darüber beschrieben wurden.

Diese Grundstimmung blieb für den zeitweilig großen Erfolg des Genres ‚Gespenstergeschichte' sicherlich entscheidend, auch wenn es konkretere Angstanlässe hervorhob[69] und damit Akzente setzte. Während Kleist das Motiv der Rache aus dem Jenseits mit dem des Spukhauses bzw. -zimmers verknüpfte, um die Gespensterangst zu evozieren, nutzten andere Autoren dafür ganz andere Sagenmotive, beispielsweise das des umgehenden Toten oder das der Gespensterbraut – so, in etlichen ihrer Erzählungen, die damals sehr populären Johann August Apel und Friedrich Laun (d. i. Friedrich August Schulze), die sie gemeinsam 1810–1812 unter dem Titel *Das Gespensterbuch* herausgaben. Hier holen die Verstorbenen die oder den überlebenden geliebten Menschen zu sich ins Totenreich, häufig nachdem die Lebenden sie schon durch Treuebruch verraten haben. Auch hier kommt die Bestrafung als eine in der Vorstellungswelt der Sage fest verankerte Verhaltensweise zur Geltung. Zugleich aber wies die Beliebtheit dieses Motivkomplexes auf ein neues Verständnis von Liebe, das die früher üblichen Nützlichkeitserwägungen zurückstellte und stattdessen die von Leidenschaft und Gefühlstiefe geprägte Verbindung, und sei es nur als Wunschvorstellung, in den Mittelpunkt rückte.

Seltener (z. B. in Apels Erzählung *Der Todtentanz*) griff man in Gespenstererzählungen auf das Motiv des Totentanzes zurück, das allerdings weniger gewählt wurde, um, wie im Mittelalter, die Gleichheit aller Menschen im Tode ins Bild zu setzen, als vielmehr um Schrecken über die Hinfälligkeit des Lebens, die verwesenden Leiber, also die ‚missratene' Schöpfung zu verbreiten – nicht zuletzt als Protest gegen die Verdrängung des Todes aus der Gedankenwelt der Rationalisten.

Teufelsbündnergeschichten (u. a. Hoffmann, Chamisso, Gotthelf)

Langlebiger als die Gespensterthematik, die bald das Interesse der Leser verlor (und nachdrücklicher erst in der gegenwärtigen Trivialliteratur erscheint) erwies sich das seit dem Mittelalter bekannte Thema des Teufelsbündners, das im 18. Jahrhundert nicht nur in den Bearbeitungen des Fauststoffs, sondern auch in den ‚gothic novels' der Engländer aufgegriffen worden war und im ganzen 19. Jahrhundert wiederkehrte, ohne doch zu den bestimmenden Genres der literarischen Phantastik zu gehören. Der Sinn, den die Volkssagen dem Teufelspaktmotiv gaben, lag in der Warnung vor der vergeblichen Hoffnung des Menschen, durch den Pakt mit dem Bösen die im Jenseits erwartete Seligkeit bereits im Diesseits, das als Elend und Verzicht erfahren wurde, vorwegnehmen zu können. Damit diese Warnung auch jedem deutlich wurde, zahlten die Teufelsbündner in der Sage für ihren zeitweiligen Reichtum, für die Erfüllung ihrer sexuellen Wünsche, für ihren Wissensdrang usw. den hohen Preis eines schrecklichen Todes mit der Aussicht auf bevorstehende Höllenqualen. Elemente des Teufelspaktmotivs boten sich zur farbigen Ausgestaltung für die Unterhaltung des Publikums geradezu an – die Versuchungen des in verschiedenen Gestalten erscheinenden Teufels, die erlangten Vorteile und der ausschweifende Lebensstil des Paktierers, die sich ankündigende und vollzogene Bestrafung. Wenn hierauf in den Texten besonderer Wert gelegt wurde, gerieten die anderen (besonders in Goethes *Faust* herausgestellten) Aspekte des Motivs – z. B. der Drang des Protagonisten, sich aus vorgegebenen Bindungen zu befreien, sein Wissensdurst – meist aus dem Blick.

Unter den deutschen Autoren, die auf das Teufelspaktmotiv zurückgriffen, zeigte sich von den englischen ‚gothic novels' besonders E. T. A. Hoffmann beeinflusst. Sein

Roman *Die Elixiere des Teufels* (1815/16) lehnt sich in seinem äußeren Handlungsverlauf eng an den 1796 erschienenen skandalträchtigen Roman *The Monk* von Gregory Lewis an, der schon zwei Jahre später ins Deutsche übersetzt worden war. Doch anders als bei Lewis, bei dem das Böse eine aus dem Jenseits wirkende Gewalt bleibt, erhalten bei Hoffmann die seelischen Kräfte des Unterbewussten als auslösende Faktoren verbrecherischer Handlungen ein ungewohntes Gewicht. Dies gelingt durch die Einführung des Doppelgängermotivs, das den durch den Trank eines Elixiers vom Teufel besessenen Mönch Medardus, dem als ‚alter ego' der wahnsinnige Leonhard gegenübergestellt wird, als gespaltene Persönlichkeit erscheinen lässt (man vgl. dazu auch Sigmund Freuds Studie *Das Unheimliche* von 1919, die eine Flut psychoanalytischer Deutungen dieses Romans ausgelöst hat[70]). Die mörderischen Handlungen beider Figuren, die im Zusammenhang einer verwickelten Liebesgeschichte aus libidinösem Antrieb heraus begangen werden, weisen nicht nur auf die dämonische Macht des Unterbewussten hin, sondern auch auf die Frage nach der Identität der Person, eine Frage, die, wie schon am Beispiel des Kunstmärchens gezeigt, tief beunruhigte in einer Zeit, in der die gesellschaftlichen Verhältnisse die individuelle Entfaltung und Betätigung gerade der gebildeten Bürger hemmten. Dass Hoffmanns Roman durch die Buße des Medardus versöhnlich endet, erinnert an die Handlungselemente frühmittelalterlicher Legendenerzählungen, in denen Teufelsbündner nach Sündenfall und Verdammnis zu einem gottgefälligen Leben bekehrt werden, und weckt den Zweifel, ob der ganze Ansatz des Romans damit nicht konterkariert wird – es sei denn, man betrachtet die Buße als Selbstanalyse mit heilender Wirkung.

Anders als Hoffmann nutzte Adalbert von Chamisso in seiner Novelle *Peter Schlemihl's wundersame Geschichte* (1814) das Teufelsbündnermotiv zu einer tiefgreifenden Kritik an den geschäftlichen Verkehrsformen der bürgerlichen Geldgesellschaft. Der Teufel kommt bei ihm als Alltagsfigur, als ein graugekleideter, unermesslich reicher Herr John daher, der dem Helden der Geschichte, Peter Schlemihl, dessen Schatten abkauft und ihm dafür einen stets sich mit Dukaten füllenden Geldsack zur Verfügung stellt (was eben impliziert, dass Menschen durch das Geld etwas genommen werden kann, was eigentlich zu ihnen gehört). Ohne Schatten wird Schlemihl gesellschaftlich geächtet und verliert sogar das von ihm geliebte Mädchen. Ein erneutes Tauschgeschäft, das der als Bürger verkleidete Teufel ihm vorschlägt, ihm den Schatten gegen seine Seele zurückzugeben, schlägt er aus, wirft zugleich auch seinen Geldbeutel fort. Als Schattenloser mit Siebenmeilenstiefeln, an die er durch Zufall gerät, zieht er von da an durch die Welt und bereichert die menschliche Gesellschaft, von der er sich isoliert, durch seine Naturforschungen. Auch diese Erzählung hat ein ‚gutes Ende' – der Teufel ist abgewiesen. Gleichzeitig aber verliert

Peter Schlemihl mit seinem Schatten die Verankerung unter seinen Mitmenschen, lebt, zwar eins mit sich selbst, doch realitätsentfremdet – wie auch andere von Romantikern vorgestellte Intellektuelle und Künstler (man lese dazu Thomas Manns Essay über Chamisso von 1911). Deutlicher lässt sich zugleich die Verachtung des auf das Geld fixierten Bürgertums kaum ausdrücken. Dass Schlemihl als empirisch arbeitender Naturwissenschaftler an der bürgerlichen, den Gesetzen der Rationalität folgenden Gesellschaft dennoch teilhat, entbehrt nicht der Ironie.

Als Literatur der Phantastik unter den Teufelsbündnergeschichten ist in der ersten Jahrhunderthälfte schließlich *Die schwarze Spinne* (1842) des Schweizers Jeremias Gotthelf besonders hervorzuheben, die sich von der gleichnamigen, eher trivialen Erzählung von August Langbein aus dem Jahr 1821 deutlich durch ihre kunstvolle Struktur und ihre Sprachgewalt abhebt. Gotthelfs von religiösem Ernst getragene Erzählung stellt der mit grauenerregender Drastik geschilderten todbringenden schwarzen Giftspinne, in die eine Teufelsbündnerin, die ihr Versprechen nicht einhält, schließlich verwandelt wird, einige zum Märtyrertod entschlossene Christen gegenüber, die den Kampf gegen das Untier aufnehmen, es besiegen, in einen Balken sperren, ihren Sieg jedoch mit dem Leben bezahlen. Sagen- und Legendenmotive werden in dieser Erzählung zusammengeführt, Schuldhaftigkeit und Opferbereitschaft in verschiedenen Facetten gezeigt. Diese Geschichte, die von einem Alten während einer Tauffeier angesichts des schwarzen Fensterbalkens erzählt wird, der sich noch immer im längst erneuerten Haus erhalten hat, wird durch eine weitere, ebenfalls von diesem Alten erzählte Geschichte ergänzt, in der die gleiche Handlungskonstellation noch einmal wiederholt wird, nur dass der Zeitpunkt des Geschehens später liegt und das Personal sich verändert hat. Wieder hat die aus triebhaftem Übermut befreite Spinne ihren Mordzug begonnen und ist schließlich wieder von Opferbereiten eingefangen worden. Mit dem Kunstgriff der ‚Wiederholung' verweist Gotthelf auf den geschichtlichen Charakter der Gefährdung der Menschen und des Einbruchs des Bösen in die Gemeinschaft; die Rahmenerzählung, die das immer noch bestehende Gefängnis der Spinne sichtbar vor Augen treten lässt, verklammert darüber hinaus die Vergangenheit mit der unmittelbaren Gegenwart. Das Grauen, das diese Erzählung auszulösen vermag, liegt nicht nur in der ins Groteske gesteigerten Beschreibung des Tieres, sondern in seiner Angst auslösenden Ungreifbarkeit und Beweglichkeit und der Permanenz der Bedrohung. Nur gottgläubigen Christen gelingt es, so Gotthelf, das Böse zu packen und aus der Welt zu verbannen, in der es doch nach wie vor lauernd anwesend ist; ob es erneut ausbricht, haben die Menschen selbst in der Hand.

Mit dieser von Schwarz-Weiß-Malerei nicht freien Erzählung war der Höhepunkt der Teufelsbündnererzählungen im 19. Jahrhundert überschritten. Erst gegen Ende des Jahrhunderts wurde das Motiv in der Variante der Teufelsjünger[71] wieder belebt, die, meist durch Rauschmittel in Ekstase versetzt, schwarze Messen feiern, in denen Tieropfer, sexuelle Ausschweifungen, Perversitäten verschiedenster Art den spirituellen Charakter der christlichen Messe verhöhnen wollen. Literarisches Vorbild für solche Schilderungen waren Teile aus Joris Karl Huysmans' Roman *Là-bas* von 1891. In der deutschen Literatur ist diese Variante der Phantastik in unterschiedlicher Absicht etwa von Gustav Meyrink (*Meister Leonhard*, 1916) oder von Franz Werfel (*Die schwarze Messe*, 1920) aufgegriffen worden, wobei der religiöse und soziale Tabubruch und die Flucht in den Okkultismus auch als Protest gegen die Lebensformen des positivistischen Zeitalters zu verstehen sind. Er trägt teilweise unfreiwillig komische Züge, weil der rituelle Charakter der Ekstase, also die geregelten Enthemmungen, gerade den Zwang spiegeln, gegen den der Einspruch sich richten wollte. Als eine vollends inhumane Abgleitung ist *Der Zauberlehrling oder Die Teufelsjäger* (1909) von Hanns Heinz Ewers anzusehen, der die sadistische Gewaltausübung um ihrer selbst und billiger Sensationseffekte willen verherrlicht.

Erzählungen über Vampire

Die angelsächsische, französische und russische Literatur zeigten sich im 19. und frühen 20. Jahrhundert besonders vom Thema des Vampirismus fasziniert, das aber in Deutschland – übergeht man einmal kleinere Arbeiten, die von Goethes *Die Braut von Korinth* (1798) bis zu Ewers' *Die Spinne* (1908) und Kubins *Die Jagd auf den Vampir* (1925) reichen – keine im internationalen Vergleich überragende Gestaltung fand. Gleichwohl lebte der Vampir, auch der ihm entfernt verwandte Werwolf, in der mündlichen Tradition der Volkssage; und gerade der Vampirismus war durchaus Gesprächsstoff auch gebildeter Bürger, sofern sie sich in der europäischen Literatur auskannten. Erst durch die Filmversionen aus der ersten Hälfte des 20. Jahrhunderts fand der Vampirstoff in Deutschland eine breite Rezeption (vgl. z. B. *Nosferatu, eine Symphonie des Grauens* [1922] unter der Regie von F. W. Murnau). Noch zurückhaltender ist in Deutschland das Motiv des Werwolfs aufgegriffen worden. Während der Werwolf in der phantastischen Literatur eine lebende menschliche Kreatur ist, die nachts ins Animalische, in einen reißenden Wolf pervertieren kann, ist der Vampir – auch er ein Mensch, der Attribute des Tieres annimmt – ein sogenannter ‚Untoter', eine nachts zum Leben erwachende Leiche, der insofern andere Ängste als der Werwolf anspricht, als er nicht nur Menschliches und Tierisches in einer einzigen Gestalt aufweist, sondern zugleich Leben und Tod in eine schillernde Wechselwirkung treten lässt. Das Vampirmotiv besitzt damit eine ungleich größere „Elastizität"[72] als das Werwolfmotiv und hat sich deswegen auch literarisch als ergiebiger erwiesen.

Der Werwolf gehört in die Reihe der ‚sagenhaften' Monstren, die durch ihre Abweichung von der Vorstellung dessen, was den Menschen ausmacht, als Bedrohung erscheinen; zugleich sind diese Monstren durch ihr Anderssein auch Wesen, die zwischen der erfahrbaren Realität und dem unverstandenen Jenseitigen eine Brücke bilden und deshalb von jeher auch mit Scheu, oft sogar mit Verehrung betrachtet wurden. Schon antike ägyptische und griechische Mythen kannten deformierte Gottheiten und Halbgottheiten oder auch Götter, die sich zeitweilig in Tiere verwandelten. Mythos und Sage haben, indem sie die Dämonen als Monstren figurierten und benannten, gemahnt, sich des Animalischen im Menschen bewusst zu sein, auch – wie die Sage – Maßnahmen zu ihrer Abwehr vorgeschlagen. Gerade diese Abwehrhaltung ist durch das Christentum verstärkt worden – man denke nur an all die Monster, die an den Westwerken mittelalterlichen Kirchen die Dämonen zurückschrecken sollten –, und die Aufklärung, die fest an die Humanität des Menschen glaubte, hat das ihre dazu beigetragen, diese Haltung zu bekräftigen. Dagegen ist seit der Renaissance auch die Neugier auf die Grenzbereiche des Lebens zur Geltung gekommen, ist das Abnorme mit geheimer oder auch offener Lust, jedenfalls nicht nur zur Abschreckung, etwa auf den Bildern Boschs festgehalten worden, bis im 19. Jahrhundert schließlich Darwins Evolutionstheorie zeigte, dass der Mensch sich nur graduell vom Tier unterscheidet, womit auch das Tier im Menschen wenn nicht rehabilitiert[73], so doch erkannt werden konnte. (H. G. Wells' *The Island of Doctor Moreau* [1896] gibt ein Zeugnis davon ab.)

In der Literatur hat diese Erkenntnis neue Phantasien freigesetzt. Es ging nicht mehr nur, wie meist in der Sage, um den Selbstschutz vor den Dämonen, obwohl es immer auch um ihn geht (Werwölfe bringt man mit Kugeln aus geweihtem Silber um), sondern um den Horror hervorrufenden Reiz des Exorbitanten. Dabei konnte das Werwolfmotiv die blutrünstige Brutalität fluchbeladener Menschen vergegenwärtigen (z. B. in Frederick Marryats Erzählung *The White Wolfe of the Heart Mountains*, 1839, oder in Hans Watzlicks Erzählung *Wolfsleute*, 1928), deren Rückfall in einen animalischen Zustand dem Wunsch entsprach, sie aus der zivilisierten menschlichen Gemeinschaft zu verstoßen. Unter den Rezipienten der Werwolfgeschichten wurden freilich auch andere Wünsche befriedigt. Einerseits konnten die geschilderten Überfälle der Werwölfe den Lesern zu Affektabfuhren verhelfen, andererseits mochten sich einzelne auch masochistisch in den Opfern zumal primitiver sexueller Erbeutung hineinversetzen – Angebote dafür gibt es nicht erst in Stephen Kings *The Cycle of the Werewolf*, 1982, sondern schon in Prosper Merimées Novelle *Lokis*, 1869, oder in Ambrose Bierce' Erzählung *The Eyes of the Panther*, ca. 1900 – und wieder andere die Vorstellung einer doppelten Identität reizvoll finden.

Auch der Vampir entspringt der Vorstellungswelt der Sage. Der Volksglaube an den ‚Nachzehrer' besagt, dass die Toten die von ihnen geliebten Menschen zu sich ins Grab ziehen wollen, worauf diese Menschen erkranken und sterben, ein Glaube, der in den Zeiten der Hungersnöte und Epidemien des Mittelalters nur einen besonderen Schub erhielt, denn auch seine Ursprünge reichen bis in die Antike zurück (vgl. z. B. eine seiner Varianten im Orpheus-Mythos). Welche Wirkungen gerade die Vorstellung des (männlichen oder weiblichen) Vampirs hervorrufen, der nachts unverwest dem Grab entsteigt, um sich an Lebendigen zu vergreifen, ist schwer festzulegen. Als lebender Leichnam und als Blutsauger ist er, obwohl er in der Literatur eher selten eine monströse Gestalt annimmt, nichtsdestotrotz ein Monstrum, das Schrecken erregt, von dem aber auch Reize ausgehen können, die bei manchen Lesern erotische, auch nekrophile Phantasien anregen. Nicht zuletzt weil literarische Vampire meist als Wesen erscheinen, die sich nach Liebe sehnen und zudem, unter einem unerklärlichen Verhängnis stehend, halbwegs unschuldig wirken, setzen sie sehr unterschiedliche Identifizierungswünsche frei, nicht unbedingt nur sadistische (sexuelle Gier und Grausamkeit vermischende), sondern oft auch masochistische (die Lust der Duldung suchende) oder aber auch Bestrafungswünsche – und all diese Wünsche können sich gegenseitig durchdringen.

Als Blutsauger ist der Vampir Gewalttäter, der sich anmaßt, über das Leben anderer zu verfügen, aber doch nur, um sich selbst wieder, wenigstens nachts, in das Leben zu integrieren. Genau dieses Bedürfnis aber verleiht ihm Züge, die seine Opfer zu betören vermögen. Die interessanteren literarischen Darstellungen des Vampirismus gehen über das Motiv der bloßen Blutzufuhr hinaus und bringen eine libidinöse Beziehung zwischen dem Blutsauger und seinem Opfer ins Spiel. Nicht aus dem Durst des Untoten gewinnt der Text dann seinen Reiz, sondern aus seinem sexuellen Verlangen, das durch die entsprechende – psychoanalytisch leicht zu deutenden – Symbolik der langen entblößten Zähne bzw. des wie eine Wunde geöffneten Mundes mit seinen karmesinroten Lippen deutlich hervorgehoben wird.[74] (Allerdings können auch weibliche Vampire ihre Zähne zeigen, z. B. in E. A. Poes *Berenice*, 1845.) Dabei ist das übermäßige Verlangen des Vampirs oft von emotionaler Zuneigung durchsetzt – hier ist das Nachzehrermotiv der Sage zu erkennen. Irritierender freilich wirkt die zum Teil lustvoll erlebte Passivität vieler Opfer. Manche fühlen sich ständig umlauert, was bis zur Empfindung der Lähmung oder des Besessenseins führen kann (z. B. in von der Gablentz' *Der Vampir*, 1904, oder in H. H. Ewers' *Die Spinne*, 1908), oft Vorstufen höriger Unterwerfung. (H. C. Artmann hat solche lüsterne Erwartungshaltung in *Dracula, Dracula*, 1966, parodiert). Die Duldungen der weiblichen Vampiropfer sind nicht ohne „morbiden Beigeschmack".[75] Deren Auszehrung erinnert an Krankheitsbilder wie die ‚Schwindsucht', die im 19. Jahrhundert grassierte. Aber indem der körperliche Verfall in den Texten ästhetisiert wird, vom Fieberglanz der Augen bis hin zum Bild der ‚schönen Leiche', das dem voyeuristischen männlichen Blick sich darbietet, wird nicht dem Tod der Schrecken genommen, es wird vor allem auch die Krankheit verklärt, die in derartiger Darbietung zu suggerieren vermag, sie sei ein Attribut des Zarten, ja des Vornehm-Aristokratischen.

Die Gier des Vampirs, ebenso die lustvoll erlebte Hingabe seines Opfers sind bei allem Reiz, der von ihnen auf manche Leser ausgehen mag, zugleich ein Angriff auf bürgerliche Moral- und Liebesvorstellungen. Denn Vampire sind unersättlich, sie kommen Nacht für Nacht, quälen ihre Opfer, bis sie ihnen den tödlichen Biss versetzen, und sie wechseln ihre Opferpartner, ohne Gefühle der Bindung zu entwickeln. Dies sind Gründe, um auch die Bestrafungsphantasien der Leser zu wecken. In manchen Texten zieht gerade die Vernichtung des Vampirs eine besonders große Aufmerksamkeit auf sich (man denke z. B. an den Klassiker des Genres, an Bram Stokers *Dracula*, 1897). Vor Weihwasser, Hostien, Rosenkranz oder dem Kreuz hat der Vampir wie der Teufel Angst[76]; ein geweihter Holzpflock, in die Brust gestoßen, beendet seine fluchbeladene Existenz, und die Befriedigung, die der Vampir dabei erfährt, wird ihm häufig ins Gesicht geschrieben. Dass vorwiegend christliche Utensilien als Mittel dienen, ihn abzuwehren, dürfte der Reflex darauf sein, dass diese blutleere Gestalt des Untoten eine widergöttliche Kreatur ist, die der Schöpfungsordnung widerspricht, von der die jüdische und die christliche Religion ausgehen. Die Bestrafungswünsche, die durch die Verfolgung und Vernichtung des Vampirs in vielen Lesern angesprochen werden, mag man psychoanalytisch als Versuch deuten, wenigstens in der Phantasie dasjenige in sich selbst zu töten, was den Vampiren verwandt ist. Eine andere Deutung, die im wesentlichen nur auf die Bestrafungswünsche der Leser zurückgreift und damit andere Lesemotivationen vernachlässigt, sieht die Popularität des Vampirstoffes eher in sozialgeschichtlichen Voraussetzungen begründet.[77] Ihr zufolge ist der Vampirismus eine Metapher für feudalistische, auf blutiger Gewalt basierende Ausbeutung. Auch dann wäre der Vampir eine Projektionsfigur: Als Aristokrat, der die bürgerlichen Emporkömmlinge ausbluten lässt, lenkte er die Hassgefühle der Unterdrückten auf sich, die sich in der Phantasie an ihm rächen könnten. Zugleich aber, und gerade dies ist an dieser Deutung von Interesse[78], gäbe der Vampir mit jedem Biss das Gesetz der blutsäugerischen Ausbeutung an die von ihm verseuchten Bürger weiter, und der bürgerliche Leser bekäme eine Ahnung davon, dass der Vampirismus trotz der Vernichtung einzelner aristokratischer Gestalten längst auf die eigene Klasse übergegriffen hat.

Mit Gespenstern, Teufeln, Monstern, Vampiren, dämonischen Wesen also, die aus der Vergangenheit ins 19. Jahrhundert hinüberlugten und die Macht einer jenseitigen Welt anzeigten, protestierte die phantastische Literatur gegen die Entmythologisierungslust der führenden Aufklärer und deren Glauben an ein vernunftgeleitetes Leben. Sie wies mit derartigen Gestalten auf jene Bereiche, die sich dem Zugriff der Vernunft weitgehend entziehen, auf Abgründe der Psyche, auf bösartige Besessenheit, unkontrollierte Triebhaftigkeit, und verschaffte damit den Ängsten vieler Rezipienten Ausdruck und Entlastung.

Der Motivkomplex des künstlichen Menschen

Auf die sichtbarste Erscheinung der Macht der Rationalität, auf die Entwicklung der Technik und die zunehmende Herrschaft der Maschinen in der Lebenswelt des 19. Jahrhunderts, reagierte die phantastische Literatur mit dem Motiv des künstlichen Menschen und des Scheiterns all der optimistischen Hoffnungen seiner Konstrukteure. Auch wenn der künstlich gezeugte Mensch, der Homunculus, schon ein Traum der Alchimisten war, weist die um 1800 fast schlagartig einsetzende Verbreitung dieses literarischen Motivs, das noch im 20. Jahrhundert die Science Fiction maßgeblich beeinflusste, auf die Beunruhigung, die all die technischen Innovationen auslösten. Denn auch wenn sich in ihm der utopische Wunsch wiederfand, die Natur, die ihre Gaben so ungerecht verteilt, überlisten zu können, so überwog in den literarischen Darstellungen doch der innere Widerstand gegen die Ausgeburten technischer Phantasie; und die Homunculi, Golems, automatischen Puppen, die in den Texten der Romantiker herumgeistern, dienten eher dazu, in satirischer Absicht das Zerrbild des fremdgesteuerten, angepassten Philisters aufzubauen oder aber, gezielter, das Zerrbild des seinem Ehrgeiz unterworfenen Forschers.

Als Klassiker der Behandlung des Motivkomplexes des künstlichen Menschen gilt Mary W. Shelleys Roman *Frankenstein or the Modern Prometheus* (1818), der auf die Vorstellung von der ‚Zeugung' eines künstlichen Menschen zurückgreift. Aus organischem Material, in diesem Fall aus Leichenteilen, versucht Viktor Frankenstein, in der Hoffnung, der Menschheit damit einen Dienst zu erweisen, einen neuen, künstlichen Menschen zusammenzusetzen, der den Gesetzmäßigkeiten der Natur, zu denen Krankheit und Tod gehören, nicht mehr unterworfen ist. Das hat freilich kaum etwas mit Wissenschaft zu tun, sehr viel dagegen mit Blutaberglauben und Alchimie. Ähnlich laborieren fast hundert Jahre später noch die Protagonisten in Somerset Maughams *The Magician* (1908) oder in Hanns Heinz Ewers' *Alraune* (1911). – Von alchimistischen Zeugungsprozeduren unterscheidet sich die Schöpfung eines Golems, die in Ableitungen religiöser jüdischer Vorstellungen wurzelt. Ein Brocken

Lehm wird durch einen Rabbiner beseelt, dessen liturgische Handlungen in der Folge unverzichtbar sind, soll der Golem nicht destruktive Energien entwickeln. In der deutschen Literatur konnte mit dieser Vorstellung keine Tradition aufgebaut werden – Achim von Arnims *Isabella von Ägypten* (1812) bildet einen Einzelfall. Gustav Meyrinks bekannter Roman *Der Golem* (1915) steht, trotz seines Titels, thematisch in ganz anderen – okkultistischen – Zusammenhängen. Beliebt dagegen war, gerade unter den Dichtern der Romantik zu Beginn des Jahrhunderts (man denke vor allem an E. T. A. Hoffmanns *Der Sandmann* von 1814), die Verunsicherung der Leser durch Automatenmenschen, die in den Robotern der Science Fiction des 20. Jahrhunderts wiederkehren und immer dann höchst irritierend wirken, wenn ihre mechanische Konstruktion plötzlich aus den berechneten Bewegungen und Verhaltensweisen ausbricht.

Wie auch immer die Entstehung und das Verhalten künstlicher Menschen in der phantastischen Literatur beschrieben werden, am Ende erweisen sich diese Figuren alle als monströse, unterschiedlich ins Bild gesetzte Fehlentwicklungen. Die Bedingungen der Natur, Zeugung und Reifung, lassen sich, heißt das, nicht ungestraft übergehen. So sehr die phantastische Literatur sich im Umgang mit dem Motiv des künstlichen Menschen von den Möglichkeiten des Experimentierens und Forschens fasziniert zeigte, so entschieden formulierte sie doch zugleich die Konsequenzen menschlicher Hybris auf diesem Gebiet und zog auch daraus ihre Reize. Nicht nur werden viele Erzeuger künstlicher Menschen um so hinfälliger, je mehr Leben ihre Kreaturen gewinnen (z. B. Nathanael in Hoffmanns schon genanntem *Sandmann* oder Florio in Eichendorffs *Marmorbild* (1819), als ob sie ihre Energien an diese weitergegeben hätten; die künstlichen, aus der Natur heraus gefallenen Geschöpfe selbst werden zu Leidenswesen, rufen durch ihre körperlichen Deformationen, ihre parasitäre Existenz, ihre amoralischen Neigungen und schließlich auch durch ihre Gewalttaten (wie beispielsweise in Shelleys *Frankenstein*) Entsetzen hervor. Und als ob ein in sie eingesenktes Böses auf ihre Erzeuger zurückschlägt, wenden diese, aber auch andere Figuren in derartigen Erzählungen, sich schaudernd vor ihnen ab, scheuen den Blick aus ihren seelenlosen Augen, zumal sie wie alle Untoten – hier taucht das Vampirmotiv wie ein Schatten auf – „den lebendigen Funken aus der Seele holen" wollen[79]- man denke wiederum an Hoffmanns *Sandmann*. Nirgendwo ist gerade die Augenmetaphorik so ausgeprägt und wird der Gegensatz zwischen dem beseelten Auge als dem Organ menschlicher Erkenntnis und dem entstellten Auge als dem Signal des Widernatürlichen so eindringlich und anspielungsreich eingesetzt wie in dieser Erzählung.[80]

Die gewalttätigen Homunculi und Gliederpuppen senkten dem Leser ins Bewusstsein, wohin Wissenschaft, die der Kontrolle der Vernunft entgleitet, führen kann.

Mindestens ebenso aber bot der unberechenbare Aktionismus dieser Figuren den Lesern unterschiedliche Möglichkeiten der Abfuhr von Affekten, die sich unter dem Zwang der ausführlich beschriebenen rationalen Lebensführung in ihnen ständig neu anstauten.

So erscheint die phantastische Literatur insgesamt, gleichgültig ob sie Gespenster, Teufel, Werwölfe, Vampire, die alle noch im Volksglauben lebendig waren, oder künstliche Menschen zur Anschauung brachte, als ästhetisches Angebot, Ängste anzusprechen und um der Unterhaltung willen auch zu verstärken, die der Rationalismus nicht wahrhaben wollte oder aber beschwichtigte. Der Protest gegen dessen Dominanz, der sich hierin äußerte, war um so deutlicher, als auch die Überwindung der Angst auslösenden Gestalten in den Texten nicht mit den Mitteln der Aufklärung versucht wird, sondern mit Gewalt, und zwar teilweise mit über die Stränge schlagender und von den Agierenden auch lustvoll genossener – auch dies ein Vehikel für psychische Entlastungen der Leser.

Dass die phantastische Literatur gerade in der Gegenwart, in der modernen Wissens- und Informationsgesellschaft, wieder aufgelebt ist, dürfte an vergleichbaren, aber noch gestiegenen Frustrationen vieler Rezipienten liegen und an ihren Aversionen, sich den rationalen Zwängen ihrer Lebensverhältnisse vollkommen zu unterwerfen, oft wohl aber auch an der Unfähigkeit, am rationalen gesellschaftlichen Diskurs überhaupt teilzunehmen.

5.3 Erzählungen über Sonderlinge und Künstler; Bildungsromane

Das neue Interesse an psychischen Erkrankungen

Das seit dem Ende des 18. Jahrhunderts ständig anwachsende allgemeine Interesse an den vielen Facetten des Seelischen fand Ausdrucksmöglichkeiten nicht nur in der phantastischen Literatur, sondern auch in den sich verbreitenden Texten über Sonderlinge und psychisch Erkrankte, über Künstler, die sich dem bürgerlichen Leben entzogen, oder über Menschen, deren Identitätsfindung sich auf problematische Weise vollzog. Als Gründe für dieses Interesse sind immer wieder die Enttäuschungen genannt worden, die aus den Einseitigkeiten des rationalistischen Menschenbildes, den Einengungen der rationalen Lebensführung überhaupt und auch der politischen Bedeutungslosigkeit des Bürgertums erwuchsen, aus Enttäuschungen, die insgesamt eine Haltung begünstigten, sich auf das eigene Innenleben zurückzuziehen oder aber in der Phantasie am Innenleben anderer teilzunehmen. Unmittelbarer als diese allgemeine Stimmungslage haben, worauf kürzlich entschieden aufmerksam gemacht worden ist[81], Entwicklungen in der Psychiatrie und auch die Einrichtung der Institution des Irrenhauses zumindest auf die Autoren eingewirkt. Motive des Wahnsinns durchziehen zahllose Texte der Jahrhundertwende und des frühen 19. Jahrhunderts und finden sich konzentriert gerade in Erzählungen über Künstler und in Bildungsromanen.

Orte des Asyls für Geisteskranke gab es im christlichen Abendland seit Jahrhunderten.[82] Hatte für sie über einen langen Zeitraum die Kirche die Verantwortung übernommen, so entstanden seit dem Anwachsen der Städte im späten Mittelalter und der frühen Neuzeit nicht nur immer mehr Krankenhäuser, sondern – außerhalb der Stadtmauern – auch denkbar primitive Irrenhäuser. Viele Betroffene blieben freilich unversorgt, bettelten oder wurden gegen ein Entgeld zur Schau gestellt. Im 18. Jahrhundert wurden multifunktionale ‚Waisen-, Toll-, Kranken-, Zucht- und Arbeitshäuser' (so die Bezeichnung des 1714 in Pforzheim gegründeten Hauses) eingerichtet und neben den Geistesgestörten auch Bettler, Vagabunden, Kriminelle und andere Ausgestoßene untergebracht. Der Versuch, all diese Menschen zu isolieren[83], erwuchs aus der Angst der ‚aufgeklärten' Gesellschaft vor dem in ihnen leibhaftig sichtbar werdenden Gegenteil der Vernunft bzw. des geregelten Zusammenlebens.

Die insbesondere von Geisteskranken ausgelösten Irritationen gingen mit der Überzeugung einher, dass der Wahnsinn unheilbar sei. Erst gegen Ende des 18. Jahrhunderts begann diese Einstellung sich zu ändern, als immer mehr psychiatrische, z. T. philosophisch untermauerte Studien entstanden[84], deren Verfasser auch therapeutische Behandlungen vorschlugen. Damit war der erste Schritt zur Umwandlung des Asyls in eine Heilanstalt getan. Um die Jahrhundertwende wurde der Besuch von Irrenhäusern geradezu zur Pflicht für Ärzte, Theologen, Pädagogen und andere Gebildete der bürgerlichen Gesellschaft, unterstützte der medizinische Fortschritt doch erneut das Vertrauen auf den Erfolg rationalen Handelns.

Der Wahnsinn als viel beachtetes Phänomen beschäftigte um 1800 auch bildende Künstler (z. B. William Hogarth, David Chodowiecki, Francisco de Goya) und Schriftsteller. Besonders der Roman erwies sich als geeignete Gattung, das erwachende Interesse des Publikums für die Psychiatrie zu vertiefen, weil er durch die Breite der in ihm möglichen Darstellungen nicht nur Äußerungsformen des Wahnsinns detailliert schildern, sondern auch dessen Ursachen und die gesellschaftlichen Reaktionen auf ihn oder auch Versuche, ihn zu überwinden, in den Blick rücken konnte. Dabei interessierten sich die Autoren freilich weniger für die angeborenen geistigen Behinderungen als vielmehr für die schwer auf den Begriff zu bringenden ‚Verrücktheiten' einzelner, von gültigen Verhaltensnormen Entfernter, wobei durchaus unterschiedliche Akzente gesetzt wurden.

Goethe, Spiess oder Tieck hoben das mit dem Wahnsinn häufig einhergehende Depressive und die damit verbundene gesellschaftliche Isolierung ihrer betroffenen Figuren hervor. Ein ganzes Spektrum von Seelen- und Geisteskrankheiten erscheint in Goethes *Wilhelm Meister* (vgl. zu ihm Kap. 2) – nicht in der frühen Fassung der *Theatralischen Sendung*, sondern in der späteren, in den *Lehrjahren* (1795–96). Der krasseste Fall ist die Dementia des Harfners in Wilhelms Schauspieltruppe, der unter manischen Depressionen leidet und sich schließlich, obwohl ihn ein Geistlicher und ein Arzt betreuen, selbst tötet. Auch Mignon, seine von ihm nicht erkannte Tochter, leidet an Verstörungen, deren mögliche Ursachen im Roman breit entfaltet werden. Den Zustand der Melancholie illustriert der Graf, dessen Persönlichkeit sich nach dem Erscheinen eines vermeintlichen Doppelgängers verdüstert. Seine Frau, die Gräfin, ist ein Musterbeispiel für Hypochondrie. Aurelies Leben ist von Wahnsinn zumindest überschattet. Zugleich wird der Wahnsinn im Zusammenhang der Diskussion um Shakespeares *Hamlet* unter den Schauspielern zum Gesprächsthema. Andere Figuren im *Wilhelm Meister* tragen deutliche Zeichen von Persönlichkeitsverformungen. Wilhelms bester Freund, Werner, ist ein Arbeitsversessener, der seine geschäftlichen Erfolge mit dem Verlust des inneren Gleichgewichts erkauft. Therese ist eine zwanghafte Pedantin, und vor allem die im 6. Buch vorgeführten ‚Bekenntnisse einer schönen Seele' lassen sich als ein Fall religiöser Hysterie lesen. Auffällig ist zugleich die im Roman auftretende Reihe von Ärzten (Wilhelm selbst wird in den *Wanderjahren* ein Wundarzt) sowie die Zahl der medizinischen Aspekte, die in ihm angeschnitten werden. Insofern repräsentiert der *Wilhelm Meister* nicht nur den neuen Blick der Spätaufklärung auf die Kräfte des Irrationalen, die störend in eine ‚vernünftige' Lebensführung eingreifen, sondern auch die damals diskutierten Ansätze zur Behandlung von Seelenkranken und Geistesgestörten. – Expliziter noch als Goethe konfrontierte Christian Heinrich Spiess, einer der Begründer des deutschen Schauerromans, mit seinen zur gleichen Zeit wie der *Wilhelm Meister* erschienenen *Biographien der Wahnsinnigen* (1795–96) die Leser mit unterschiedlichsten Ausprägungen von Geisteskrankheiten. Anders als bei Goethe aber, blieb bei Spiess, der selbst dem Wahnsinn verfiel und tobsüchtig endete, der Aspekt der Heilbarkeit der Kranken ganz im Hintergrund. Vielmehr malte er, sehr an Unterhaltungseffekten für ein breiteres Publikum interessiert, die Gefahren aus, durch die jedermann aufgrund überspannter, individuell zu verantwortender Leidenschaften zum Opfer psychischer Erkrankungen werden kann. Auch Ludwig Tieck führte in seinem frühen Roman *Die Geschichte des Herrn William Lovell* (1795) deren Unheilbarkeit vor Augen. Der Freund seines Helden durchläuft alle Stadien von der Melancholie bis zur Manie und Raserei, an deren Folgen er schließlich stirbt. Hier wird die damals weit verbreitete Angst des Publikums vor dem Verrücktwerden bedient, zumal Tieck mit der Wahl der Innenperspektive die Seelenvorgänge der betroffenen Figur selbst zur Darstellung bringt. Doch geht er insofern über Spiess hinaus, als sein Wissen über motivische Einzelheiten der von ihm geschilderten Krankheit dem Diskussionsstand entsprach, wie er sich in den wissenschaftlichen Veröffentlichungen der Zeit abbildete.

Einen neuen, viel beachteten Akzent in dieser Diskussion setzten die Schriften des Mediziners Johann Christian Reil, besonders dessen *Rhapsodieen über die Anwendung der psychischen Curmethode auf Geisteszerrüttungen* (1803). Für ihn war der Wahnsinn nicht mehr länger ein „unheilbarer Zustand der Entfremdung vom natürlichen Menschen und von der menschlichen Gesellschaft“[85], sondern Ausdruck eines Ungleichgewichts des Nervensystems und der Seelenkräfte, die prinzipiell, wie er meinte, ins Gleichgewicht zurückgeführt werden könnten. Insofern unterschied sich in seinen Thesen der Geistesgestörte nur graduell vom Gesunden und dessen psychischem Normalzustand, eine Auffassung, die insbesondere den Romantikern entgegenkam. Folgerichtig hielt Reil es für absurd, Geistesgestörte als wesensfremde Menschen anzusehen und sie von der Gesellschaft zu isolieren, also wegzusperren; vielmehr forderte er Heilanstalten als Behandlungsstätten und für sie die spezielle Ausbildung von Ärzten und Psychologen. In geistiger Verwandtschaft zu Reil stand Jean Paul, dessen Hauptwerk, der *Titan* (1800–03) (vgl. S. 303 f.), den Wahnsinn – hierin dem *Wilhelm Meister* vergleichbar – auf vielfältige Weise integrierte, ihn aber im Unterschied zu diesem als eine Art Spiegelbild der Normalität vorführte. Auch das Irrenhaus, in das Schoppe, eine der die Handlung tragenden Figuren, eingeliefert wird, ist eine Heilanstalt, wie sie Reil vorschwebte und wie sie ein mit Jean Paul befreundeter Mediziner in Bayreuth schon vor dem Erscheinen von Reils *Rhapsodieen* einzurichten versucht hatte. – Unmittelbar von Reil beeinflusst und dessen Auffassung konsequent übertreibend, sind die *Nachtwachen* des Bonaventura (1804/05), über deren wirklichen Verfasser bis heute gestritten wird (Ernst August Klingemann und Johann Karl Wezel stehen in den letzten Jahrzehnten hoch im Kurs).[86] In diesem Text erscheint die gesamte bürgerliche Gesellschaft als aus dem Gleichgewicht geraten. Kreuzgang, der Held der *Nachtwachen*, wird, weil er der Idee verfallen ist, die ganze Welt gleite ins Chaos, ins Tollhaus eingewiesen, wo er auf lauter Intellektuelle trifft, die dort sämtlich ihre eigenen ‚fixen Ideen‘ ausleben. Für Kreuzgang ist die Anstalt, in der er sich glücklich fühlt, ein „Asyl des Geistes“[87], das ihm zugleich erlaubt, mit Medizinern und medizinisch interessierten Besuchern Gespräche zu führen und seine Mitinsassen zu kommentieren. Diese Satire, die das Bürgertum als eine Anhäufung von entfremdeten, Mummenschanz treibenden Narren erscheinen lässt und dem Durcheinander der Anschauungen auch strukturell Ausdruck verleiht, indem sie gegen alle gewohnten Ordnungen des Erzählens verstößt[88], steht in der Tradition des römischen Satirikers Juvenal und nutzt zugleich den in der Literatur des Barock gebräuchlichen Topos von der ‚verkehrten' und ‚falschen Welt', nur dass dort noch der Blick in den Himmel offenstand, während in den *Nachtwachen* auch von Gott wie von einem Wahnsinnigen gesprochen wird (vgl. die 9. Vigilie). Zugleich parodiert Bonaventura ironisch auch den Religionsersatz, den viele seiner Zeitgenossen mit ihrer Begeisterung für bestimmte Naturphänomene wie beispielsweise die Nacht als dem Medium mystischer Verinnerlichung oder mit ihrer enthusiastischen Verehrung des begnadeten Künstlers anboten.

Sonderlinge und Künstler bei Wackenroder, Tieck, Hoffmann

In der Tat hatten etliche Autoren, die um die Jahrhundertwende schrieben, Künstler in den Mittelpunkt gestellt und sie als von der Gesellschaft besonders abgehobene einzelne, auch als Sonderlinge dargestellt. Die Grenze zum Wahnsinn wurde dabei freilich erst später in E. T. A. Hoffmanns Figur des genialen Musikers Kreisler berührt. Ganz im Gegensatz zur Auffassung der Autoren der Geniebewegung und der Weimarer Klassik, die in der Produktivität eines echten Künstlers dessen tiefes Verständnis für die Gesetzmäßigkeiten und Bildungskräfte der Natur wahrnahmen, lösten viele Autoren der folgenden Generation den Künstler aus diesem Lebenszusammenhang heraus und sahen in ihm den gleichsam von ‚oben' Inspirierten, dessen Arbeit von ‚Einfällen' oder ‚Eingebungen' lebt[89], der also auch Träumen oder Rauschzuständen folgt. Die von ihnen beschriebenen Künstler sind daher immer wieder Figuren, die sich mit ihrer Existenz entzweit haben, ihre Brüchigkeit empfinden, sich aus der bürgerlichen Gesellschaft ausschließen und ein ziel- und heimatloses Leben führen. Ein erstes überzeugendes Beispiel für einen derartigen Künstler ist der Kapellmeister Berglinger in Wilhelm Heinrich Wackenroders *Herzensergießungen eines kunstliebenden Klosterbruders*, die 1796 unter Mitarbeit von Ludwig Tieck anonym erschienen. Am Ende dieser Sammlung von kleineren Malerbiographien steht das Portrait des genannten Musikers, der die neue Kunstauffassung so formuliert: „Die Kunst ist über dem Menschen: wir können die herrlichen Werke ihrer Geweiheten nur bewundern und verehren …" Die Kunst rückt damit in die Nähe der Religion, sie zieht das „Unsichtbare, das über uns schwebt" „in unser Gemüt". Zumindest für Wackenroder ist die Musik für eine solche Offenbarung des Übernatürlichen als Medium eher geeignet als die Malerei. Doch der von der Kunst beschenkte Musiker Berglinger leidet zugleich unter der Kunstfeindlichkeit seiner der Geschäftigkeit hingegebenen Umwelt so intensiv, dass er aus der Wirklichkeit immer wieder in die Welt seiner Empfindungen flieht und schließlich an Nervenschwäche stirbt. – Während Goethe die *Herzensergießungen* mit Spott übergoss, zeigten die jungen Romantiker sich nachhaltig von ihnen beeindruckt.

Im Jahr 1798 erschien Ludwig Tiecks fragmentarisch gebliebener Roman *Franz Sternbalds Wanderungen*, der an dem in Wackenroders *Herzensergießungen* enthaltenen ‚Brief eines jungen deutschen Malers an einen Freund in Nürnberg' anknüpft. Man kann ihn als ersten deutschen Künstlerroman ansehen, weil in ihm in allen seinen Teilen – dies unterscheidet ihn sowohl von Heinses *Ardinghello* als auch von Goethes *Wilhelm Meister* – die Kunst das zentrale Thema ist. Die Handlung besteht aus einer lockeren Folge von Episoden, in denen die Wanderung des Helden, eines jungen Dürer-Schülers, von Nürnberg nach Italien vergegenwärtigt wird. Die Schilderung dieser Wanderung wird immer wieder durch Kunstbetrachtungen, durch Landschaftsbeschreibungen oder durch eingeschobene Erzählungen und Gedichte unterbrochen, dadurch aber auch bereichert. Dieses fragmentarische Erzählen, das eine stabile Kommunikation zwischen Erzähler und Leser verhindert, sollte in der Folgezeit zum formalen Merkmal des ‚romantischen Romans' werden, der die ‚prosaische' Abbildung konkreter Realität zugunsten der Evokation ‚poetischer' Stimmungen zurückstellte. Gleichwohl ist im *Sternbald* ein Grundmotiv zu erkennen, dem die meisten der eingesetzten Mittel des Erzählens funktional zugeordnet sind – die Polarität zweier Lebensweisen, denen unterschiedliche Kunstauffassungen entsprechen. Dem deutschen Bürgertum steht die italienische Bohème gegenüber; der an der Harmonie der Naturgesetze ehrfürchtig orientierten Kunst eines Dürer die sinnenfreudige venezianische Malerei, die anstelle gegenständlicher Figurenzeichnung Landschaftsdarstellungen mit reizvollen, das Gemüt ansprechenden Licht- und Farbeffekten bevorzugt. Franz Sternbald steht zwischen diesen Gegensätzen. Einerseits von der Nürnberger Malerei geprägt, sehnt er sich doch, hierin von seinem Wanderfreund Florestan beeinflusst, nach ‚Phantasielandschaften', deren Stimmungen den Künstler ‚überkommen' und ihn inspirieren, mit der Malerei zugleich ‚Seelenlandschaften' zu entwerfen.[90] Die Begegnung mit dem malenden Einsiedler Anselm steigert diesen Enthusiasmus noch zu der Vorstellung, das Gemalte als eine Allegorie des „göttlichen Gesamtlebens" und den Maler letztlich als „Offenbarungsmedium" zu verstehen.[91] Inwiefern der Held des Romans dieser Vorstellung letztlich folgt oder Skrupeln nachgibt, die diese ästhetische Kunstauffassung angesichts der ihn umgebenden sozialen Wirklichkeit in ihm hervorrufen, bleibt ungewiss. Der Roman endet als Fragment. Man könnte ihn selbst als Versuch einer nicht-mimetischen Kunst verstehen, insofern er Störungen normaler Wahrnehmung und normalen Denkens bezeugt und sich damit bezeichnend in die gesellschaftlich aufgewühlten Jahrzehnte um 1800 einfügt. Unbestritten ist die Wirkung, die von ihm auf das literarische Leben der Romantik, aber auch auf Maler, wie z. B. Philipp Otto Runge, ausgegangen ist.[92]

Der Höhepunkt der hier angesprochenen Künstlerproblematik wird in vielen Texten E. T. A. Hoffmanns erreicht, insbesondere in seinem letzten, unvollendet gebliebenen Roman *Lebensansichten des Katers Murr nebst fragmentarischer Biographie des Kapellmeisters Johannes Kreisler in zufälligen Makulaturblättern* (Bd. 1: 1819; Bd. 2: 1821). Dessen exzentrische Künstlerfigur, der Musiker Johannes Kreisler, hatte Hoffmann schon in vorausgegangenen Skizzen, den *Kreisleriana* (1814–15), beschäftigt, wie überhaupt Künstlerfiguren und Exzentriker sein Werk durchziehen. Zweifellos folgte er hierbei einem Vorsatz, den die in seinem Erzählzyklus *Die Serapions-Brüder* (1819–21) sich Geschichten erzählenden Freunde als ‚serapiontisches Prinzip' bezeichnen.[93] Dieses wendet sich ab von der Nachahmung der äußeren Natur, von dem, was mit „leiblichen Augen geschaut" ist, und setzt dagegen die Phantasie, die mit den „innern Augen" schaut und die sowohl den Erzähler als auch den Hörer oder Leser zu „entzünden" vermag[94], wobei das Wunderbare, das so zur Sprache kommt, nicht allein für sich maßgeblich, sondern in Beziehung zur Außenwelt stehen, in diese einbrechen soll. Wenn man Hoffmanns Werk überschaut, wird die Konstellation, die, durch einzelne Figuren vermittelt, dieses entzündende Phantastische im bürgerlichen Alltag aufleuchten lässt und diesen oft furchtbar erhellt oder auch zerstört, überall sichtbar, ob man dabei an Erzählungen wie *Der goldene Topf* (1814) oder *Der Sandmann* (1817) oder *Das Fräulein von Scuderi* (1819) denkt, um nur einige herausragende zu nennen. Das Exzentrische manifestiert sich dabei in Figuren, die selbst Künstler sind oder aber die Voraussetzungen zum Künstler in sich tragen.

Zur Künstlerfigur im *Kater Murr* führen nicht nur die *Kreisleriana*, sondern auch andere Erzählungen hin, allen voran schon eine so frühe, im Umkreis von musikkritischen Schriften Hoffmanns entstandene, wie *Ritter Gluck* von 1809, in der ein Musiker in einer Reaktion auf die Widrigkeiten der Welt dem Wahn verfallen ist, er selbst sei der längst verstorbene Komponist Gluck, und eine Kunsttheorie entwickelt, die der Musik die Möglichkeit der Berührung mit dem Transzendenten zuschreibt. Nur mit der Flucht in den Schutz bietenden Wahn erscheint in diesem Frühwerk der Mensch seine höchste Bestimmung erreichen zu können. Besonders vielschichtig wird das Thema der Spannung zwischen der den Zugang zur Transzendenz eröffnenden reinen Kunst und den Widrigkeiten der Wirklichkeit in Hoffmanns Novelle *Rath Crespel* (1818) behandelt. Wer diese Spannung lebensgeschichtlich in so erschütternder Weise erfährt wie der Protagonist, steht zumindest am Rande des Wahnsinns.

Dies gilt schließlich auch für die Figur des Johannes Kreisler im *Kater Murr*, wobei offen bleiben mag, ob Kreislers exaltierte Stimmungen und sein skurriles Benehmen bereits Ausdruck des Wahnsinns sind oder eher Schutz-Reaktionen vor dessen drohendem Ausbruch. Ebenso der Musik verschrieben wie Crespel, muss auch Kreisler erfahren, dass die der Kunst innewohnende Möglichkeit, den Menschen zu öffnen und ihm eine neue, ihn inspirierende Dimension des Lebens zu erschließen, in der auf Unterhaltungsgenüsse fixierten Gesellschaft, zumal der höfischen eines Fürstentums, nicht zu verwirklichen ist. Der Verzweiflung darüber und der daraus folgenden, auch dämonische Anfechtungen in sich bergenden Vereinsamung sucht Kreisler dadurch zu entkommen, dass er in das klösterliche Leben einer Abtei flieht, ist das Kloster in seinen Augen doch der Ort für diejenigen, die sich als Fremdlinge in der Welt verstehen, weil sie einem höheren Sein angehören wollen und dessen Ansprüche als Lebensbedingung gutheißen. Doch Kreisler vermag die asketische Haltung und die musikalische Inspiration nicht zu vereinbaren und entzieht sich auch dieser Lebensgemeinschaft, bleibt heimatlos, ein ‚Sonderling'. Seine Lebensgeschichte endet offen. Die unzusammenhängenden Bruchstücke, die dem Schicksal Kreislers gelten, sind in die Selbstdarstellung des denkenden und dichtenden Katers Murr eingebettet, der in naiver Überheblichkeit seinen Werdegang erzählt und sich dabei als eingebildeter und verlogener Philister, als Bourgois, entlarvt. Mit diesem Katerbild verdeutlicht Hoffmann nicht nur den eingeschränkten Horizont der zeitgenössischen Gesellschaft und ihr plattes Kunstverständnis, sondern parodiert zugleich auch das sich an Goethe und Jean Paul orientierende Genre des Bildungsromans. Im bitter ironisch herbeigeführten Zusammenstoß des von Murr repräsentierten Philisterhaften und des von Kreisler repräsentierten Idealischen liegt der eigentliche Reiz dieses unvollendeten Romans, der – als ein Werk der ‚Zeitwende'[95] – die zunehmende (nicht zuletzt auch durch die Wahl eines Katers als eine der Hauptfiguren anschaulich werdende) Verdinglichung des Lebens und, davon weitgehend verursacht, die Krise der Künste vor Augen führt.

Novalis: Kunsttheorie und Werk

Auch der *Heinrich von Ofterdingen* (geschrieben 1799/1800; erschienen 1802) des Novalis ist ein Künstlerroman. Der Titelheld macht keine Entwicklung durch, sondern wird zum Dichter, indem sich nur entfaltet, was von Anfang an in ihm angelegt ist („Die Worte des Alten hatten eine unentdeckte Tapetenthür in ihm geöffnet" – heißt es beispielsweise im Roman). Vornehmlich Gespräche, Erzählungen oder plötzliche Einsichten lassen den Helden erkennen, worin der Kern seines Selbst besteht. Poetologisch ist dies das Gegenmodell zu Goethes *Wilhelm Meister*, wie überhaupt die Romanexperimente der jungen Romantiker, denen Novalis angehörte, sich als Auseinandersetzung mit diesem großen Vorbild lesen lassen. Friedrich Schlegels *Lucinde* (1799) gehörte zu diesen Experimenten ebenso wie Friedrich Hölderlins *Hyperion*, Ludwig Tiecks *Franz Sternbald* (vgl. o.) und die *Nachtwachen* des Bonaventura (vgl. o.) oder auch Clemens Brentanos *Godwi* (1801). Ihnen allen gemeinsam war der Wunsch, die Gattung des Romans zu erneuern, wobei Schlegel und Novalis dieses Anliegen theoretisch vertieften und den Roman zur äußersten, alle anderen Gattungen übergreifenden und integrierenden Form aller Kunst erklärten. Durch eine die tradierten Gattungen überschreitende Ästhetik sollten die Leser aktiviert, sollte ihr subjektives Freiheitsgefühl gestärkt werden. Auffällig sind die weitgehend vergleichbaren inhaltlichen Schwerpunkte all dieser romantischen Romanexperimente[96] (den Begriff ‚romantisch' haben die Zeitgenossen durchaus mit dem ‚Romanhaften' verbunden, worunter sie das Ungezügelte, Phantastische verstanden). Die Helden sind einsame Menschen, Einzelgänger, Fremdlinge, die nach Gemeinschaft suchen. Ihre Liebesbeziehungen entstehen aus der Sehnsucht nach Geborgenheit und Erlösung aus der Isolation. Von dieser Sehnsucht ist auch ihr Verhältnis zur Natur bestimmt, mit der sie ganz im Einklang zu leben träumen. Der Mythos vom friedlichen, allseitig harmonischen Goldenen Zeitalter am Anfang und Ende der Geschichte durchzieht die Gedankenwelt all dieser insbesondere von der Naturphilosophie Schellings (*Ideen zu einer Philosophie der Natur*, 1797; *Von der Weltseele*, 1798; *Erster Entwurf eines Systems der Naturphilosophie*, 1799) berührten Autoren und unterstützt das Motiv des Fremdlings in dieser Welt. Anders gewendet: Obwohl diese Romane durch ihren utopischen Gehalt von politischer Bedeutung sind, gehen sie in auffälliger Weise an der Darstellung der gesellschaftlichen Wirklichkeit vorbei, verstehen sich insgeheim als Protest gegen das heraufziehende Industriezeitalter, gegen Geldwirtschaft und Nützlichkeitsdenken. Ihre Romane sollten dagegen – so haben es Friedrich Schlegel (vgl. insbesondere das 116. seiner in der Zeitschrift ‚Athenäum' im Jahr 1798 erschienenen Fragmente) und Novalis (vgl. insbesondere seine Fragmentensammlung *Blüthenstaub*, 1798) begründet[97] –, dazu beitragen, neue, weite Perspektiven des Weltverständnisses zu eröffnen, vor allem den transzendenten Bezug des menschlichen Lebens zu verdeutlichen und auf diese Weise auch eine neue, ideale Existenz zu ermöglichen. Das „Leben und die Gesellschaft poetisch zu machen", heißt es bei Schlegel, sei die Aufgabe romantischer Dichtung, und der Roman als „romantisches Buch", als ein Sammelbecken für literarische Ausdrucksformen überhaupt und als Anreiz, Gattungen zu vermischen, half der Verwirklichung dieser Zielsetzung in seinen Augen am ehesten. Durch den Roman sollten die Leser selbst in kreative Prozesse verwickelt und zu Künstlern werden, ihr Leben in eine „progressive Universalpoesie" aufgehen lassen.

Den Auffassungen des Kulturhistorikers Schlegel am engsten verbunden war Novalis, obwohl die Voraussetzungen seines Denkens ganz andere waren. Als in der Praxis tätiger Naturwissenschaftler besaß er Kenntnisse, die ebenfalls nötig waren, wenn die romantische Kunst ihren universalen Anspruch einlösen wollte. Ihm ging es darum, die ursprüngliche Einheit von Mensch und Natur im Bewusstsein seiner Leser wachzurufen. Während Schlegel die idealisierte Antike der kritisch gesehenen Moderne gegenüberstellte, beklagte Novalis die verloren gegangene Harmonie aller Teile der Schöpfung. Sie als innere Einstellung wiederzugewinnen, war das Ziel seiner schriftstellerischen Arbeit, die unverkennbar auch Züge des Religiösen trug, für das er aufgrund seiner pietistischen Erziehung und persönlicher Erfahrungen (früher Tod der Geschwister und seiner Braut) besonders empfänglich war. Die Aufgabe des Dichters sah er darin, den höheren Zusammenhang all dessen zu vermitteln, was durch Naturwissenschaften und Medizin, durch Geschichte und Religion immer nur in Bruchstücken erkannt wurde. An dieser Zielsetzung, nach der zugleich das Gewohnte durch die Kunst befremdlich gemacht und der Leser in einen Bewusstseinsprozess des ‚Romantisierens' hineingezogen werden sollte, war er sich ganz mit Schlegel einig. Und in diesem Sinn sind seine Formulierungen zu verstehen, die Poesie sei „Gemütherregungskunst" und der wahre Leser müsse der „erweiterte Autor" sein.

Seine Auffassung, dass gerade der Dichter, der Außenseiter in der Gesellschaft, diesen Bewusstseinszustand herbeiführen könne, stellt ihn zugleich in den oben beschriebenen Kontext des inspirierten Künstlers, der die Gewohnheiten des Alltäglichen durchbricht. Nicht von ungefähr hat Novalis in diesem Zusammenhang häufig auch vom Wahnsinn des Dichters gesprochen, z. B. in den Paralipomena zum *Ofterdingen*: „Heinrich wird im Wahnsinn Stein – (Blume) klingender Baum – goldner Widder – Heinrich erräth den Sinn der Welt. Sein freywilliger Wahnsinn." Im Wahnsinn lag für Novalis und, später, für Schelling (vgl. dessen *Stuttgarter Privatvorlesungen*, 1810) nichts Beunruhigendes; sie sahen in ihm das „tiefste Wesen des menschlichen Geistes" (Schelling). Zum Wahnsinn durchzudringen, war gleichsam die Voraussetzung, andere Formen des Seins zu erfahren; Wahnsinn galt Novalis nicht als eine Form der – unheilbaren oder heilbaren – Krankheit, sondern als Pforte zu einem höheren Bewusstseinszustand, der, mit Hilfe des eine ‚transzendentale Poesie' schaffenden Dichters, die ganze Welt erfassen sollte.

Wie Schlegel erschien auch Novalis der Roman als geeignetes Experimentierfeld, um dem Ziel näherzukommen, die Wirklichkeit zu ‚romantisieren', also eben nicht nur zu kopieren, und zugleich den Leser innerlich in dieses Experiment zu verwickeln, ihm zu einem ‚freien Gemüt' zu verhelfen. So gibt sein großes Romanfragment, der *Heinrich von Ofterdingen*, den fortlaufenden Strang der Handlung auf und entwickelt sich zu einem Kaleidoskop von geschilderten Begebenheiten, Reflexionen, Dialogen, integriert lyrische Texte und vor allem Märchen, durch die sich die Phantasie des Lesers frei entfalten sollte. (Dem gleichen Erzählprinzip folgt sein kleines Prosawerk, *Die Lehrlinge zu Sais* [begonnen 1798, erschienen 1802, vgl. o.], das den Roman auch thematisch begleitet, indem es die enge Verflechtung von Naturerkenntnis und Selbsterkenntnis herausstellt.) Die Reise des Helden des im Mittelalter spielenden *Ofterdingen* ist eigentlich nur der Anlass, um immer neue Gespräche mit Mitreisenden, Gastgebern, Bekannten zu initiieren. Einerseits wird ihm durch diese Gespräche ein Panorama der Welt erschlossen (er erfährt etwas von den Gesetzen des Wirtschaftens, vom Bergbau, von der Bedeutung der Geschichte usw.); andererseits eröffnet sich ihm seine eigene Bestimmung als Dichter (durch ein Buch, das er bei einem Einsiedler findet; dann durch den Dichter Klingsohr, der ihm das Wesen der Poesie erläutert und die Liebe zu ihrer wichtigsten Voraussetzung erklärt; schließlich durch seine Liebe zu Mathilde, Klingsohrs Tochter, in der er das Gesicht wiedererkennt, das er in seinem, vorausdeutenden, Traum von der ‚blauen Blume' gesehen hatte). Auch das Märchen von Eros und Fabel, das den ersten Teil des Buches beschließt, umspielt dieses Motiv. Es ist von jeher als zentraler Teil des Romans verstanden worden. Mit Achim von Arnim, der von ihm eher enttäuscht war, lässt es sich, wenn man seine Allegorien aufgelöst hat, trotz seiner komplizierten Anlage auf eine einfache Botschaft reduzieren: Fabel, die Poesie, führt Eros, die Liebe, zu Freya, dem Frieden, und begründet ein neues Reich, ein neues Goldenes Zeitalter. Wie auf einen Fluchtpunkt laufen all die gedanklichen Linien nicht nur des Märchens auf diese Botschaft hin. Der Roman ist insofern ein höchst rationales Konstrukt, das manch laienhaftes Urteil über das Romantische widerlegt. Gerade die Durchsichtigkeit seiner Thematik, auch seines symbolischen Beziehungsgeflechts verschafft dem Leser ein hohes Maß an Erkenntnisvergnügen – so wie es ihn durch die Situierung aller inhaltlichen Erzählelemente in eine nicht genau festzulegende Vergangenheit, durch die Darstellung von Märchenhandlungen und Träumen – ganz den poetologischen Absichten des Autors entsprechend – aus der Prosaik des gewohnten Lebens herausführt und im übrigen auch gültige gesellschaftliche Wertvorstellungen und Verhaltensnormen durchbricht, etwa im Bereich der Sexualität, die, Tabus verletzend, anarchische Züge trägt.[98]

Wie der Roman abgeschlossen werden sollte, ist aus den begonnenen Teilen, den Notizen und Stichwörtern nur zu erschließen. Nach dem Tod der Geliebten sollte der Held durch viele Stationen der Welt geführt werden und am Ende, als Märchengestalt, etliche Verwandlungen durchleben und im Einklang mit der Natur das goldene Zeitalter herbeiführen.

In ästhetischer Hinsicht ist der *Heinrich von Ofterdingen* ein „Archiv“[99] für experimentelle Dichtung bis in die Gegenwart geblieben, ist er ein Vorläufer der literarischen Moderne. Was die durch ihn vermittelten utopischen Vorstellungen betrifft, die auf dem triadischen Geschichtsbild eines goldenen Zeitalters ante und post und einem zwischen beiden stehenden Zeitalter der Entfremdungen beruhen (vgl. o.) und von vielen Autoren der Jahrhundertwende geteilt wurden, muss man sich, um ihn zu würdigen, über ein vordergründiges Wirklichkeitsverständnis hinwegsetzen und vor allem die bereits skizzierten wirkungsästhetischen Intentionen der Frühromantiker berücksichtigen. An dieses Geschichtsbild erinnert auch noch Joseph von Eichendorffs Künstlernovelle *Das Marmorbild* (1819), nur dass die Bildwelt des Novalis hier auf den Kopf gestellt und das Nächtige, mit dem Abgründigen, Dämonischen der menschlichen Natur gleichgesetzt, durch das Taghelle, in die Zukunft weisende christliche Gebet bezwungen wird.

Varianten des Bildungsromans

Die Übergänge vom Künstler- zum Bildungsroman sind fließend. Denn fast immer waren es Künstler, an denen im 19. Jahrhundert die ‚Bildung‘ eines Menschen demonstriert wurde. Den Hauptfiguren dieser Bildungsromane gemeinsam sind Merkmale der Verinnerlichung, die auch die Künstlerromane herausstellten. Dass dabei die extreme Form der Innerlichkeit, die Novalis in idealistischer Absicht der empirischen Wirklichkeit entgegensetzte, weniger zur Geltung kam als der in der Tradition Hoffmanns stehende Typus des an den festgefügten Verhaltensnormen der Gesellschaft leidenden Außenseiters, ist angesichts der skizzierten Gesellschaftsgeschichte in Deutschland leicht zu erklären. Die immer weiter voranschreitende Industrialisierung und die mit ihr einhergehenden Entfremdungsprozesse ließen sich nicht ignorieren und führten auch bei den Autoren, die vornehmlich an der Bildungsgeschichte einer einzelnen Person interessiert waren, zur mehr oder weniger intensiven Berücksichtigung der empirisch vorfindlichen Alltagswelt. Die ‚Bildung‘ eines Menschen darzustellen, hatte eine lange Tradition, die der Bildungsroman im 19. Jahrhundert nur fortsetzte.[100] (Vgl. zur Entwicklung und Entfaltung des Bildungsbegriffs P. N., 2012 a, I, und zum Bildungsroman des 18. Jahrhunderts in diesem Bd., II.) Was den Bildungsroman als eigenes Genre auch des 19. Jahrhunderts charakterisiert, ist die Behandlung des Bildungsgeschehens als zentrales – wenn auch nicht alleiniges – Thema, was über den Verlauf und das Ende der immer auch von den gesellschaftlichen Umständen geprägten Bildungsgeschichte eines Protagonisten aber noch nichts aussagt.

Mörike und Immermann

Ein Beispiel für die Problematik der Zuordnung einzelner Texte zu fest definierten Genres ist Eduard Mörikes von ihm eigentlich als Novelle in zwei Teilen konzipierter Roman *Maler Nolten* (1832), der sich im Grenzbereich von Künstler- und Bildungsroman befindet und der zudem auch Konventionen des Bildungsromans, wie sie vor allem durch Goethes *Wilhelm Meister* befestigt worden waren, konterkariert. Künstlerroman ist *Maler Nolten* in der Nachfolge romantischer Vorbilder insofern, als sein Protagonist ein Maler ist, der dem Leser nicht zuletzt durch seine Bildentwürfe und Gespräche über sie vorgestellt wird. Auch sein Lebensweg, auf dem er eine Reihe der üblichen Stationen des Künstlers durchläuft und sich in Liebesverwirrungen verstrickt, die seine Kreativität hemmen, ähnelt dem der Helden vieler romantischer Romane. Züge des Bildungsromans trägt *Maler Nolten* insofern, als sein Held durch Schicksalsschläge zu einer vertieften Einsicht seines Inneren gelangt. Doch liegt gerade hierin die Unentschiedenheit des Romans. Nolten gelingt es nicht, der schicksalhaften Fremdbestimmung eine eigene, frei gewählte Lebensorientierung entgegenzusetzen. Auch die pädagogischen Bemühungen seines Freundes Larkens, der als Schauspieler die gängige Theaterthematik in den Roman trägt, vermögen keinen stärkeren Willen zur Selbstbestimmung in ihm auszulösen. Insofern scheint er, wie häufiger festgestellt, tatsächlich eine Gegenfigur Wilhelm Meisters zu sein.[101] Das Grübeln über die ‚Nachtseiten' des Schicksals teilt Nolten auch mit anderen wichtigen Figuren des Romans. Ihr teilweise mit Depressionen einhergehendes Gefangensein im Vergangenen, dem die häufigen Rückblenden in der Erzählstruktur zusätzlich Ausdruck verleihen, führt zu Gegenwartsverlust und Wirklichkeitsferne. Über Nolten heißt es bezeichnenderweise einmal: „Er sah die jetzt verflossenen Stunden, wenn er sie je wirklich verlebt haben sollte, wie eine längst entflohene Vergangenheit an, aber die Gegenwart deuchte ihm deshalb um nichts wahrhafter und gegenwärtiger und die Zukunft völlig ein Unding."[102] Am Ende steht der seelische und körperliche Zusammenbruch nicht nur des Helden. Vom optimistischen Ansatz des Genres, das die Entfaltung der ganzen Persönlichkeit eines Menschen zu veranschaulichen anstrebt, ist bei Mörike nichts zu spüren. Vielmehr lässt sich aus ihm die Resignation einer sich selbst für überlebt haltenden, sich zur gesellschaftlichen Inaktivität verurteilt sehenden Generation ohne Zukunft ablesen.

Eine ähnliche Zwischenstellung wie *Maler Nolten* nimmt Karl Immermanns Roman *Die Epigonen* (1836) ein. Hier bleibt unentschieden, ob es sich nicht eher um einen Zeitroman als um einen Bildungsroman handelt. Zwar übernimmt Immermann, ebenfalls am *Wilhelm Meister* orientiert, das Schema des Bildungsromans und lässt Hermann, seinen Helden, durch etliche Reisen mit verschiedenen Gesellschaftsschichten und -gruppen in Berührung kommen, doch gewinnt das auf diese Weise aufgebaute Zeitpanorama für einen Bildungsroman unverhältnismäßig viel Gewicht. Andererseits bleibt die ‚Bildung' das zentrale Thema des Romans. Denn die Menschen, die der Held kennenlernt, entlarven sich immer auch durch ihren Bildungsbegriff. Insbesondere das in der Figurenwelt des Romans allenthalben begegnende Verständnis der Bildung als Besitz (als Fakten- und Zitatenwissen, mit dem sich Eindruck schinden lässt, das als Schmuck auch dem Standesdünkel dient) wird vom Erzähler ins Lächerliche gezogen. ‚Bildung' tritt dem Leser im Roman (in der Figur Flämmchens) zudem als Verbildung entgegen, ohne dass dies, auch hierin liegt viel Ironie, den Reiz dieser Frauengestalt mindert. Die Bildungsthematik wird von Immermann also genutzt, den brüchigen Zustand der in erheblicher Breite eingefangenen Gesellschaft zu verdeutlichen. Der Held erscheint dabei nur wie ein Auffangbecken, das die unterschiedlichen gesellschaftlichen Einflüsse betrachtet und aufnimmt. Das aber heißt, dass die genretypische Dominanz der individuellen Bildungsgeschichte aufgegeben ist, dass der im Bildungsroman traditionell alle Aufmerksamkeit auf sich ziehende Held nur noch das erzähltechnisch probate Mittel ist, um einen zeitgeschichtlichen Roman zu schreiben.[103]

Keller und Stifter

In seiner reinen Form erschien das Genre des Bildungsromans noch einmal in zwei Romanen aus den 50er Jahren, in Gottfried Kellers *Der grüne Heinrich* (entstanden 1846–50; in erster Fassung erschienen: 1854/56) und in Adalbert Stifters *Der Nachsommer* (1857), mit denen – wie mit Goethes *Wilhelm Meister* – die allgemeine Vorstellung davon, was ein Bildungsroman zu sein habe, auch heute eng verknüpft ist. Das Individuum als Träger bürgerlicher Bildungsvorstellungen zu bewahren, mag dem Scheitern der Revolution von 1848 zuzuschreiben sein, viel eher aber den zunehmenden Entfremdungsprozessen der Industriegesellschaft, angesichts derer das Schreiben und Lesen dieser Texte Möglichkeiten der Selbstvergewisserung, aber auch der Entlastung bot. Dem kam die Romantheorie dieser Zeit entgegen, vor allem Georg Friedrich Wilhelm Hegels einflussreiche, auf spätere Theoretiker des Romans wie Friedrich Theodor Vischer, Otto Ludwig und Friedrich Spielhagen wirkende Ansicht, der Bildungsroman, der die Spannung zwischen der ‚Poesie des Herzens' und den prosaischen Verhältnissen verdeutliche, sei das Muster des Romans schlechthin (vgl. seine *Vorlesungen über die Ästhetik* von 1835/37).

Kellers Roman entsprach dieser Theorie insofern, als in ihm die Phantasie und Gestaltungslust eines jungen Menschen, der sich zum Maler berufen fühlt, mit der gesellschaftlichen Realität konfrontiert wird, an der er schließlich scheitert. Wie kein anderer Autor des 19. Jahrhunderts vor ihm bemühte sich Keller gerade um die Veranschaulichung dieser realen Lebenswirklichkeit. Die Geschichte des Vaters des Helden beispielsweise, die für dessen Identitätssuche eine wichtige Rolle spielt und der in den Erinnerungen des Sohnes ein breiter Raum gewährt wird, zeigt exemplarisch den sozialen Aufstieg eines Bauernsohnes zum Handwerksmeister, zum Geschäftseigentümer. Dies geschieht durch Arbeit; das bürgerliche Ansehen, der Status des Bourgois ist hart erkämpft. Dass der Vater Heinrichs mit seiner Tätigkeit in Bildungsvereinen für Handwerker und seinem ausgeprägten Sinn für das Gemeinwohl auch ein Citoyen ist und darüber hinaus, aufgrund seiner autodidaktischen Bildung, ein ‚Homme', ein Mann von Kultur, also über Kapital, Zweckrationalität und Kunstsinn zugleich verfügt und sich bildungspolitisch engagiert, erscheint freilich wie ein Idealbild[104], das den damals noch weitgehend gültigen Vorstellungen von Bildung als einem Standesprivileg des Adels und des wohlhabenden Bürgertums entgegensteht. Der Vater, der es zu verwirklichen sucht, überfordert sich damit und stirbt – nicht ohne symbolischen Hintersinn – einen frühen Tod. Als Über-Ich des Protagonisten lebt er indessen weiter fort. Vom Vater übernimmt Heinrich das Verpflichtungsgefühl, gesellschaftlich nützlich tätig zu sein. Dies jedoch belastet seinen Werdegang erheblich. Denn Heinrich besitzt, was in zahlreichen Episoden insbesondere aus seiner Kindheit verdeutlicht wird, einen ausgeprägten Hang zur Unabhängigkeit und zum phantasievoll Spielerischen. Der Konflikt zwischen diesem um sich selbst kreisenden erfinderischen Spieltrieb, der auch seine Entwicklung zum Künstler bestimmt, und dem Antrieb, sich sozial verhalten und gesellschaftsbezogen arbeiten zu sollen, führt zu jenem von seiner bürgerlich-erwartungsvollen Mutter wach gehaltenen Schuldbewusstsein, das letztlich seine Tatkraft bricht und sein Leben überschattet. Sein Konflikt spiegelt sich in seiner Doppelliebe zu zwei Frauen, von denen er sich Bilder macht, die ihrem Wesen nicht gerecht werden. Während er die eine, die mädchenhafte Anna, zu einer Art Heiliger verklärt, gleichsam um an ihr Selbstdisziplin zu üben und sein vor ihr gezügeltes Begehren als künstlerische Energie in seiner Malerei zu sublimieren, reduziert er die andere, die reifere Judith, auf ihre seine Phantasie beflügelnde Sinnlichkeit, deren Erfüllung jedoch durch das Bild Annas gestört wird. So werden beide Beziehungen von seinen Selbsttäuschungen und den durch sie ausgelösten Hemmungen zerstört. Nach Annas Tod reißt er sich im Andenken an sie von Judith los und zieht sich in seine ichbezogene Isolierung zurück.

So wie Heinrich als Liebender scheitert, scheitert er auch als Künstler. Er erkennt seine Malerei als „Unverantwortlichkeit der Einbildungskraft" unter „Umgehung der guten Natur" und sieht darin eine moralische Niederlage. Selbstdarstellung, heißt dies, führt auch in der Kunst ins Abseits. Heinrichs Bildungsweg führt, eben weil er

Bildung ausschließlich auf das eigene Ich bezogen hat, an kein Ziel. Wie die Selbstbildung mit Sittlichkeit, mit sinnvoller Arbeit an der menschlichen Gemeinschaft, in der Kunst durch die „Abspiegelung der Menschenverhältnisse" in der Realität, zu verbinden sei, und dies in einer Zeit, in der sich ökonomische Fremdbestimmung auf allen Ebenen breitzumachen beginnt, ist die eigentliche Problemstellung des Romans, die der Erzähler immer wieder durch Reflexionen und kommentierende Einschübe vertieft, so besonders im 4. Kapitel des 4. Buches. Hier wird Heinrich bei wissenschaftlichen Studien gezeigt, die ihn bei der Analyse der gesellschaftlichen Lage zu Ergebnissen führen[105], die in der Nähe der ökonomischen und philosophischen Gedanken von Karl Marx liegen (vgl. o.). In dieser Zeit leidet Heinrich auch als Künstler unter der Macht des freien Marktes, dem er sich wegen seiner Schulden ausliefern muss, dessen Willkür ihn trifft, dessen Mechanismen er schließlich folgt, indem er wertlose Bilder als Massenprodukte herstellt und dabei der Entfremdung vom eigenen Produkt und damit der Selbstentfremdung als Künstler innewird.

Am Ende korrespondiert sein Verzagen als Künstler mit den Schuldgefühlen, die er wegen seines Versäumnisses, die Mutter rechtzeitig vor ihrem Tod zu besuchen, aufbaut. Sein eigener Tod erscheint danach wie die Konsequenz seines aus seiner Veranlagung wie aus seinen Erfahrungen hervorgehenden Selbstzerstörungswunsches.

Keller hat in der späteren Fassung von 1879/80 – wohl auch als Antwort auf die negative Rezeption seines Romans, dessen kritische Gesellschaftsanalyse den die bürgerliche Ordnung als Ideal beschwörenden Zeitgenossen zu unbequem erschien – nicht nur den resignierten Schluss aufgehoben, indem er Heinrichs Schuldbewusstsein minderte, ihm die ihm sein inneres Gleichgewicht wiedergebende Judith an die Seite stellte und ihn ein öffentliches Amt im Dienst der Gemeinschaft antreten ließ; er hat auch die Polemiken gegen die Schule, den Staat und die Kirche geglättet, ganz zu schweigen von strukturellen und stilistischen Änderungen, deren wichtigste, die Vereinheitlichung der Erzählform zur reinen Ich-Erzählung, die Selbstbewahrung des sein ganzes Leben selbst erzählenden Helden glaubhaft macht. Damit ging die Unmittelbarkeit der frühen Fassung verloren, wurde auch der Zweifel an der Angemessenheit der bürgerlichen Bildungstradition entschärft, der im Kern freilich erhalten blieb und im Kaufmannsroman *Martin Salander* (1886), Kellers Alterswerk, wieder deutlicher hervortrat.

Anders als Keller ist Adalbert Stifter in seinem von ihm als Erzählung bezeichneten Roman *Der Nachsommer* (1857) den gesellschaftlichen Problemen der Zeit ausgewichen. Der Bildungsprozess, den sein Held Heinrich Drendorf, Sohn eines vermögenden Kaufmanns, durchläuft, besteht im wesentlichen im eifrigen Aufsaugen von Wissen, wobei – dies ist eine gewisse Konzession an die Realität des 19. Jahrhunderts – seine naturwissenschaftlichen Studien überwiegen. Von den Methoden der Naturwissenschaften beeinflusst, nimmt er auch in seiner Haltung gegenüber Menschen die distanzierte, Sicherheit gewährende Rolle des Beobachters ein, bis – eine Schlüsselszene – beim Ansehen des *King Lear* von Shakespeare sein Wirklichkeitsverständnis zwar erweitert, nicht aber erschüttert wird. Nun beginnt er sich für Menschen zu interessieren, zeichnet Mädchenköpfe, nimmt auch Natalie wahr, die er als Gast des Barons von Risach kennengelernt hat und später heiratet. Der Umgang mit Kunstwerken überlagert hinfort sein naturkundliches Interesse, ohne dass freilich deren Realitätsbezug reflektiert würde. Kunstgegenstände dienen in der Welt des Romans lediglich der ästhetischen Betrachtung, sind gleichsam Dekorationen in einer Umgebung, die den bürgerlichen Alltag nicht an sich heran lässt. Insofern kann man auch von einer rückwärtsgewandten Utopie sprechen, von der Beschwörung einer heilen Welt, in der das Schöne, der schöne Schein, regiert. Dazu passt, dass der Romanheld auch keine wirklichen Konflikte durchlebt. Heinrichs Bildungsgang ist, ganz anders als der des grünen Heinrich, unbelastet. Auch die Arbeit, in Kellers Roman ein zentrales Thema, wird in der Figurenwelt Stifters allenfalls beobachtet, und dies ganz teilnahmslos als Abfolge von ineinandergreifenden Vorgängen, ohne dass die Arbeitenden dabei als Menschen in den Blick gerieten. Dabei wird im Roman ausdauernd von Geld gesprochen, von der ökonomischen Sicherung vorhandenen Besitzes, der dem großbürgerlich-adligen Milieu, das der Roman einfängt, zugute kommt, während diejenigen, die diesen Besitz tätig erhalten, als Masse von Funktionsträgern unbeachtet bleiben.

Dieser Traumwelt des Romans, der das humanistische Bildungsideal, das er propagiert, jedoch ganz entleert, entsprechen seine künstlerischen Mittel. Besonders auffällig ist der Verzicht auf die psychologische Ausgestaltung der Figuren. Sie bleiben schemenhaft blass, werden mit allgemeinsten Adjektiven gekennzeichnet, die keine persönlichen Charakteristika hervortreten lassen. Emotionen, die konventionelle Bahnen überschreiten, werden nicht zugelassen, allenfalls in eine Vorgeschichte (Risach-Mathilde) verlagert. Die Hauptfigur erscheint nicht als jemand, dessen existentielle Substanz aufgebaut wird, sondern dessen Kenntnisse sich auf Erfahrungsfeldern wie Natur, Kunst, Gesellschaft, Geschichte, Religion systematisch erweitern. Die Bildung der Person reduziert sich auf ihre kognitiven Aspekte. Auch die Handlung bleibt arm. Es geschieht wenig in diesem Roman; die zwischenmenschlichen Kontakte werden durch normierte, fast zeremonielle Verhaltensmuster bestimmt. Und auch die sprachliche Vergegenwärtigung, insbesondere der Wortschatz, ist seltsam karg. Feststehende, ständig wiederholte Redewendungen verstärken den Eindruck der Stilisierung der eingefangenen Realität zu einer harmonisierten, konfliktfreien Idylle. Offensichtlich sah Stifter in einer so im ‚Kunstwerk' gestalteten ‚künstlichen' Welt, im Ästhetisieren das einzige Mittel der Gegenwehr gegen die von ihm als deformiert empfundene zeitgenössische Wirklichkeit. Was die im Roman implizit beschworene Aufklärung des 18. Jahrhunderts eigentlich wollte, war damit freilich verspielt.

Die Parodie des Bildungsromans bei Raabe

Am Ende der auffälligen Glieder in der vielfältig schillernden Traditionskette der Bildungsromane des 19. Jahrhunderts steht Wilhelm Raabes *Stopfkuchen* (1891), der sich – nicht nur, aber auch – wie eine Parodie auf die Gattung lesen lässt. Lange vorher hatte Raabe, dessen gesellschaftskritische Intentionen das Interesse für den Bildungsgang einer einzelnen Person überlagerte, den Roman *Der Hungerpastor* (1864) veröffentlicht, der – seiner Bedeutung als Schriftsteller nicht gerecht werdend – sein populärstes Werk werden und bleiben sollte. In ihm beschrieb er den Lebens- und Bildungsweg gleich zweier Personen, die er, nicht frei von Schwarzweißmalerei, kontrastiv gegenüberstellte – den nach Wissen hungernden, hochintelligenten Juden Moses Freudenstein, der sich von seiner Geldgier korrumpieren lässt (was ein ungerechtfertigtes Vorurteil gegen Raabe aufbaute, der die Figur des Veitel Itzig aus Gustav Freytags *Soll und Haben* [vgl. u.] wohl kannte, aber dessen Verallgemeinerungen nicht folgte), und seinen Freund, den sich gegen den Materialisten abhebenden Idealisten und weltfremden Träumer Hans Jacob Unwirrsch, der seinen Frieden in der ‚Hungerpfarre' eines Fischerdorfes findet, im Rückzug aus der ihn desillusionierenden Gesellschaft in die Idylle.

In einer ‚Idylle' lebt auch Heinrich Schaumann, wegen seiner Leibesfülle schon in seiner Jugend als ‚Stopfkuchen' verspottet, die Hauptfigur in Raabes gleichnamigem Spätwerk. Aber die Idylle trügt. Sie verdeckt nicht nur ein Mordgeschehen, sondern auch menschliche Aggressivität. Dieses vom Schein eines geruhsamen Lebens verdeckte Böse enthüllt sich, als Stopfkuchen, der auch all seine früh erfahrenen Erniedrigungen in sich ‚hineingefressen' hat, den überraschenden Besuch seines Schulkameraden Eduard, eines Weltenbummlers, für eine vielschichtige Aufklärung nutzt – über die Mordgeschichte, in die er indirekt verwickelt ist, über die ihn anwidernde philiströse Gesellschaft, die ihn umgibt, über die unrühmliche Rolle auch Eduards während der Schulzeit, wobei der Hass, der sich in ihm angesammelt hat, dem Leser auch Aufschluss über ihn selbst gibt.[106] Am Ende ergreift Eduard, der all dies im Nachhinein aufschreibt, die Flucht, läuft, obwohl er innerlich an seinen Heimatort gebunden ist, den sich hinter dieser ‚heilen Welt' verbergenden Rohheiten davon. Eine Parodie auf den Bildungsroman ist dieser komplexe, mit zahlreichen symbolischen Verweisen spielende Text Raabes schon insofern, als die in diesem Genre übliche Bildungsreise konterkariert wird. Der Held des Romans sitzt buchstäblich fest, hat sich verschanzt. Statt in die Weite geht er dafür in die Tiefe. Raabe verdeutlicht dies nicht nur an Stopfkuchens Steckenpferd, der Paläontologie, die ihn sich in die Urgeschichte der Natur versenken lässt, sondern auch an seinen detektorischen Bemühungen und Rückbesinnungen. Als Reisender erscheint dagegen der Erzähler Eduard, nur dass dieser die ferne Welt nicht mehr entdeckt, sondern, in einer Gegenbewegung, in die Heimat zurückkehrt. Nicht nur die Struktur des Bildungsromans wird parodiert; auch die traditionellen Bildungswerte und insbesondere alle bloße Schulbildung werden, jedenfalls in den Reflexionen Stopfkuchens, fortwährend verächtlich gemacht. So belegt gerade dieser Roman, wie sehr sich am Ausgang des Jahrhunderts dieses spezifisch deutsche Genre überlebt hat. Unter dem Einfluss der europäischen Romanliteratur war es längst auch in Deutschland zu einem Aufschwung gesellschaftskritischer Prosatexte gekommen, deren frühe Ausprägungen, will man ihre Wurzeln nicht noch weiter zurückverfolgen, schon in die Bewegung der Romantik zurückreichen.

5.4 Gesellschaftskritische Prosatexte

Unter dieser umfassenden Überschrift werden aus heuristischen Gründen all die zahlreichen Erzählungen und Romane subsumiert, deren Intention darin lag, Wechselwirkungen zwischen individuellen Schicksalen und gesellschaftlichen Verhältnissen zu veranschaulichen und dabei gerade den letzteren besondere Beachtung zu schenken. Thematisch gehören in diesen Abschnitt der Darstellung auch Texte, die vom Werdegang, von Unternehmungen, von Liebeserlebnissen einzelner Menschen erzählen, aber eben dabei die gesellschaftlichen Ursachen von Konfliktsituationen, Erfahrungen des Scheiterns und anderem in den Blick rücken, wobei die Stilmerkmale des Erzählens, auf die jeweils an den ausgewählten Beispielen eingegangen wird, ganz unterschiedlich sind.

Die Anekdoten Kleists, sein Erzählstil

Kompakt und einzigartig steht am Anfang dieser Reihe das Prosawerk Heinrich von Kleists. Es entstand in seiner endgültigen Form in dem kurzen Zeitraum zwischen 1807 und 1811 und erschien in verschiedenen literarischen Zeitschriften, teilweise auch in den von Kleist vom Oktober 1810 bis zum März 1811 herausgegebenen ‚Berliner Abendblättern', die man als Vorläufer einer auf Breitenwirkung zielenden Tageszeitung ansehen kann.

Zu den sensationellen Nachrichten, die in den ‚Abendblättern' publiziert wurden, passten auch die knapp 30 Anekdoten, die Kleist für sie schrieb. Die kritische, wenn nicht subversive Sicht auf die Geschichte, die Anekdoten immer schon innewohnte, wenn sie eine wenig bekannte Eigenart oder auch Schwäche einer historisch bedeutsamen Persönlichkeit pointiert herausstellen und damit die offizielle Geschichtsschreibung unterlaufen, übernimmt auch Kleist – besonders auffällig in der *Anekdote aus dem letzten preußischen Kriege* und der *Anekdote aus dem Kriege*, die sich beide auf die zeitgeschichtliche Erfahrung des Krieges zwischen Preußen und Frankreich beziehen. In beiden aber geht es entgegen der literarischen Konvention nicht um historisch bekannte, sondern völlig unbekannte Figuren, wie überhaupt Kleists Augenmerk in den Anekdoten weniger auf das Personal als auf eine überraschende, weil ganz ungewöhnliche Verhaltensweise gerichtet ist, die auf seine Leser nicht nur amüsant, sondern auch politisch stimulierend wirken sollte. In der erstgenannten, berühmt gewordenen Anekdote schildert er die Unerschrockenheit eines einfachen (d. h. auch naiven) Soldaten angesichts der Überzahl der Feinde (man vgl. dazu Brechts mehr als ein Jahrhundert spätere *Fragen eines lesenden Arbeiters*); die andere Anekdote zeigt die Respektlosigkeit eines preußischen Soldaten, ebenfalls eines Niemands, vor einem französischen Kriegsgericht. Seine Todesverachtung zieht zugleich die Autorität dieses Gerichts und darüber hinaus die juristische Verbrämung des Kriegsgeschäfts ins Lächerliche. – Kleists dramatischer Stil, seine Fähigkeit, die Verhaltensweisen der Figuren durch Hinweise auf deren Gestik zu unterstreichen und das Erzählte nach Möglichkeit ins Dialogische aufzulösen, hat die erwünschte Wirkung auf die Leser der ‚Abendblätter' zweifellos unterstützt.

Auch seine größeren Erzählungen (eigentlich, obwohl er sie nicht so nannte, sämtlich Novellen, weil sie ‚unerhörte Begebenheiten' schildern und auch sonst Formmerkmale tragen, die sich in der Literaturtheorie der Folgezeit für die Bestimmung dieser Gattung immer fester herauskristallisiert haben) zielen auf Gesellschaftskritik. Im *Michael Kohlhaas* etwa wird die staatliche Autorität in Frage gestellt, im *Erdbeben in Chili* die der Kirche, in der *Marquise von O…* die von Ehe und Familie. Gleichzeitig sind all die Erzählungen jeweils auch psychologische Fallstudien, die den Leser mit Menschen konfrontieren, die in existentielle Grenzsituationen geraten, d. h. aus ihren alltäglichen Lebensgewohnheiten herausgerissen werden. Dabei faszinieren Kleist freilich weniger die ‚außergewöhnlichen' Charaktere, die seine romantischen Zeitgenossen mit ihren Malern, Musikern, Literaten und anderen intellektuellen Außenseitern als Protagonisten wählten, als vielmehr der Zwang der Ereignisse, der dramatische Konflikt, für deren Veranschaulichung er ganz einfache Bürger oder Adlige als Figuren agieren lässt.

Das Ereignishafte bestimmte auch Kleists in seinem Gespräch *Über das Marionettentheater* (1810) verschlüsselte Dichtungstheorie. In diesem Gespräch geht es um den Verlust der Grazie in der menschlichen Bewegung durch die Reflexion über sie und um die Frage, wie sich diese Bewegung der Unschuld wiedergewinnen ließe: Nur „wenn wir wieder von dem Baume der Erkenntnis essen", lautet die Antwort, und die Erzählungen geben Proben, was aus dieser Zielvorstellung werden kann. Kleists Figuren sind immer Verunsicherte, Verstörte, aus dem Paradies der Unschuld Vertriebene, die um die Rückkehr in ein neues Gleichgewicht kämpfen.

Die auffällige Vorliebe Kleists für dramatische Zuspitzungen, die das Innenleben der Akteure in der Darstellung fast ganz zurücktreten lässt, sich dieses vielmehr in ihren Handlungen äußern lässt, schlägt sich in seinem unverwechselbaren Erzählstil nieder.[107]

Die innere Form seiner Erzählungen ist der Bericht (in seinen verschiedenen Ausprägungen wie Chronik, Reportage, Historie usw.), dessen wesentliches Merkmal in der Beschränkung auf die Faktizität des Erzählten liegt, der also subjektive Beimischungen, qualifizierende Aussagen, moralische Wertungen prinzipiell vermeidet. Kleists Erzählungen sind Verkürzung von Lebensumständen zu ‚Fällen'. Zu dieser Verknappung gehört die Raffung der Zeit. Nur die Höhepunkte des Geschehens werden erzählt, über zeitliche Zwischenräume eilt der Bericht hinweg. Auch die räumlichen Verhältnisse interessieren nur, so weit sie für die Klarheit der Handlung nötig sind. Die Handlung wird dadurch gleichsam ‚rein' herauspräpariert, und die durch sie vermittelten Tatsachen erhalten ein besonderes Schwergewicht, tragen die Bedeutungen in sich selbst und nehmen bei Kleist oft auch den Charakter des Sensationellen an. Zu seinem Bericht- oder Reportagestil gehören verschiedene sprachliche Mittel, etwa die Verwendung des indikativischen Historicums (Präsens oder Präteritum), die Dominanz der Verben, der weitgehende Verzicht auf schmückende Adjektive, die nachgestellten Attribute, die wegen der durch sie bewirkten Verzögerungen des Leseflusses Akzentuierungen erlauben, die Vielzahl der Konjunktionen, der Gelenkstellen der von Kleist geliebten Satzgefüge, die ein verflochtenes Geschehen, dessen Momente in wechselseitiger Abhängigkeit stehen, geradezu sinnlich nachvollziehbar werden lassen, schließlich auch der häufige Gebrauch von Satzpartikeln, die Sinnakzente setzen können, etwa eine einschränkende Funktion haben oder Widersprüche ins Spiel bringen, jedenfalls die spröde protokollarische Form des Berichts durchbrechen. Das Subjektive seiner Figuren ins Sichtbare nach außen treten zu lassen (z. B. auch in Mimik und Gestik) und die Wahrheit des Sachverhalts nicht durch Reflexionen eines Deutenden zu zerstören, war Kleists Grundvorstellung von der Redlichkeit des Dichters.

Kleists Erzählungen

Seine berühmt gewordene Erzählung *Michael Kohlhaas. Aus einer alten Chronik*, schon 1804 begonnen, aber erst 1810 beendet, immer wieder, bis in die Gegenwart hinein, gedruckt, in viele Sprachen übersetzt, in Bearbeitungen auch dramatisiert, ist ein Musterbeispiel sowohl für seine gesellschaftskritische Einstellung als auch für seinen Sprachstil; und auch seine dichtungstheoretischen Überlegungen schlagen sich in ihr nieder. Kleist erzählt einerseits im Stil eines bloße Fakten zusammenstellenden Chronisten (er benutzte als Stoffquelle eine Chronik über die Geschichte Ober-Sachsens und benachbarter Länder aus dem Jahr 1731), andererseits im Stil eines breiter ausholenden, Ursache und Wirkung verknüpfenden Betrachters, der ein historisch belegtes Geschehen aus dem 16. Jahrhundert vor Augen zu führen sucht. Im Mittelpunkt dieses Geschehens stehen den Protagonisten der Erzählung quälende Rechtsprobleme, die auch in Kleists Gegenwart (er selbst hatte Jura studiert) aktuell waren und ihre Bedeutung teilweise bis heute nicht verloren haben.

Kleists Geschichte erzählt vom Rosshändler Michael Kohlhaas, dem „Muster eines guten Staatsbürgers", dem beim Grenzübergang von Brandenburg nach Sachsen bei der Burg des Junkers Wenzel von Tronka widerrechtlich zwei Pferde konfisziert werden. Seine Versuche, die Pferde mit juristischen Mitteln wiederzuerlangen, misslingen aufgrund von Intrigen der einflussreichen Gegenpartei. Als seine Frau bei dem Versuch, eine Bittschrift zu überreichen, tödlich verletzt wird, schlägt Kohlhaas' Frustration in Gewalt um. Mit einigen Knechten äschert er die Tronkenburg ein, verfolgt den flüchtigen Junker und beginnt mit ihm zulaufenden Spießgesellen einen brandschatzenden und mörderischen Rachefeldzug. Auf Vermittlung Luthers, der ihn als Frevler anprangert, aber dennoch eine Amnestie für ihn erwirkt, kommt es beim Kurfürsten von Sachsen zur Wiederaufnahme seines Falles. Erneut fällt er den Intrigen der Adelspartei zum Opfer. Am Ende wird er zum Tode verurteilt, erhält aber durch Intervention des brandenburgischen Kurfürsten Genugtuung insofern, als er seine Pferde zurückerhält und seine Klage gegen den Junker von Tronka anerkannt wird. Er stirbt innerlich versöhnt, nicht allerdings ohne zuvor mit einem psychologischen Mittel Rache an dem abergläubischen Kurfürsten von Sachsen genommen zu haben, vor dessen Augen er einen die Zukunft Sachsens prophezeienden Zettel verschlingt, den er von einer Zigeunerin in einer – vom Kurfürsten begehrten – Kapsel erhalten hat.

Die Paradoxie der Erzählung, die ihren Helden aus Rechtsgefühl zum Mörder werden lässt – Kohlhaas war „einer der rechtschaffensten zugleich und entsetzlichsten Menschen seiner Zeit", heißt es gleich in ihrem ersten Satz – konfrontiert den Leser auf verstörende Weise mit der grundsätzlichen Rechtsproblematik, ob der

Widerstand gegen die Willkür von Herrschenden legitim sei. Während das Widerstandsrecht gegen ungesetzliche Handlungen der Obrigkeit im Mittelalter unstrittig war (vgl. z. B. den *Sachsenspiegel* Eike von Repgows), weil das Lehnsrecht den Herren zur ‚Treue' verpflichtete, drängte der entstehende absolutistische Staat mit seiner Betonung des Gottesgnadentums, also des von Gott eingesetzten Fürsten, die Selbsthilfe der Untertanen zurück, was von Luther mit religiösen, auf die Gefahr des Missbrauchs der Gewalt beim Widerstand zielenden Argumenten unterstützt wurde. Unter den juristischen Zeitgenossen Kleists war das Widerstandsrecht äußerst umstritten. Seine eigenen Lehrer, Ludwig Gottfried Madihn und Adam Müller, waren sich hierin uneins. Madihn, ein Anhänger des Naturrechtsgedankens der Aufklärung, gestand der gewaltsamen Selbsthilfe ihr Recht zu; Müller, mit dem Kleist befreundet war und mit dem zusammen er die Zeitschrift ‚Phöbus' herausgab, verwarf unter dem Einfluss der Französischen Revolution alle Gewalt und hoffte auf die vernünftige und sich organisch weiterentwickelnde Gestaltung des positiven Rechts, eine Ansicht, die sich etwas später in der historischen Rechtslehre Friedrich Karl von Savignys niederschlug. Kleists Figur des Kohlhaas bewegt sich zwischen diesen rechtsphilosophischen Fronten. Einerseits gewaltsam sein Recht im Widerstand suchend und bis zuletzt (mit Hilfe der Kapsel der Zigeunerin) Rache nehmend, akzeptiert er andererseits doch das Todesurteil des brandenburgischen Fürsten und bezeugt dies mit Demutsgeste und Kniefall vor ihm.

Möglicherweise hat die unentschiedene Haltung des Kohlhaas etwas mit der anhaltenden Aktualität dieser Novelle zu tun[108], denn Rollenverletzung und -befolgung, Staatsverachtung und -gehorsam oder Staatsraison und Gerechtigkeitssinn berühren die Praxis des gesellschaftlichen und politischen Lebens auch heute noch. Dass Kleist den historischen Stoff auf die eigene Gegenwart bezog, ist unbestritten. Zumal die Rolle des Adels, dem er angehörte, beschäftigte ihn, aber ebenso auch der Kampf der unterprivilegierten Schichten um mehr staatsbürgerliche Rechte. Kohlhaas selbst ist ein Vertreter des Handelsbürgertums, der seine Interessen gegenüber der ihre Vormachtstellung mit allen Mitteln verteidigenden Aristokratie durchzusetzen versucht. Dass Kleist den Einzelkonflikt zum Gruppenkonflikt erweitert, der schließlich auch die Landes- und Reichsordnung berührt, belegt seinen weiten politischen Horizont, der auch die Stimmung des Volkes in ihrer Ambivalenz zwischen einer gegen den Adel gerichteten Feindseligkeit und einer das Ständesystem in Kauf nehmenden Revolutionsunwilligkeit umfasst. Die Verlagerung des eine aktuelle Problematik in sich tragenden Geschehens ins 16. Jahrhundert diente nicht nur dem eigenen Schutz als Schriftsteller, sondern auch der Distanzierung des Lesers, der auf diese Weise deutlicher sehen lernen sollte.

Freilich griffe man zu kurz, wollte man Kleists Novelle auf ihre juristische und politische Relevanz reduzieren. Was Kohlhaas erlebt, führt ihm die „gebrechliche Einrichtung“, die „allgemeine Not der Welt“, deren „ungeheure Unordnung“ vor Augen, die er auch in seinem eigenen Inneren erfährt und erkennt. Sein vielzitiertes Gespräch mit Luther ist nicht nur auf Rechtsauffassungen fokussiert, sondern wird zum Anstoß eines Selbsterkenntnisprozesses, der ihn am Ende einsehen lässt, dass er durch seine Handlungen selbst zur Unordnung der Welt beiträgt. Diese Einsicht, die ihn in sein Todesurteil einwilligen lässt, die seine Verstörung aufhebt, ihm ein neues Gleichgewicht schenkt und seinen Söhnen den Ritterschlag einbringt (nicht zuletzt ein Zeichen einer sich anbahnenden Versöhnung von Bürgertum und Adel), lässt sich als ein Schritt zu jenem durch Reflexion erreichbaren Paradies verstehen, von dem im *Marionettentheater* (vgl. o.) die Rede ist.

Ein Gegenstück zum *Michael Kohlhaas* ist Kleists Novelle *Die Marquise von O…* (1808). In ihr steht mit der Marquise eine Figur im Mittelpunkt, die nicht mit der großen Politik in Konflikt gerät, sondern mit der eignen Familie. Stellt sich im *Michael Kohlhaas* „das Öffentliche auch als ein Bild des Privaten, des Individuellen dar, so ist bei der Marquise das Private, Individuelle zugleich Öffentliches, und die historischen Verhältnisse hinter ihrer Geschichte sind von nicht geringerer Macht als diejenigen, die sich in Kohlhaas spiegeln.“[109] Die Provokation dieser Novelle für die zeitgenössische Leserschaft lag zum einen in der ungewohnt offenen Behandlung der Sexualität, noch dazu in ihrer tiefsten Abgleitung, der Vergewaltigung, und zum anderen in dem Skandalon, dass ausgerechnet ein Offizier, ein Angehöriger des Adels, sich zu dieser Untat hinreißen lässt, obwohl er sein Opfer zuvor vor der Brutalität der eigenen Soldaten geschützt hat. Besonders sensationelle Effekte liegen zudem darin, dass der Täter, der russische Graf F., die verwitwete Marquise von O… im Zustand der Bewusstlosigkeit missbraucht und dass die Schwangere, die in dem Grafen ihren Retter sieht, über eine Annonce den Vater suchen lässt, also öffentlich bekannt macht, dass sie „ohne ihr Wissen“ in andere Umstände gekommen sei – ein für Außenstehende kaum nachvollziehbares, in damaliger Zeit einer Bloßstellung gleichkommendes Verhalten, das darauf hinweist, wie ‚verstört‘, aus dem Gleichgewicht gebracht die Marquise ist, wie unabwendbar sie aus dem Paradies der Gewohnheit herausgerissen ist. Kleist erzählt im Folgenden die Geschichte der Annäherung beider Protagonisten. Der Graf, der sich, von seinem Gewissen geplagt, der Marquise nähert und ihr einen Heiratsantrag macht, sie zu lieben beginnt, gibt sich nach der Lektüre ihrer Annonce als der Gesuchte zu erkennen, weil ihm nur so Vergebung und Versöhnung überhaupt denkbar erscheinen. Kleists eigentliches Interesse aber gilt dem Verhalten der Marquise. Der aus Angst vor gesellschaftlicher Verachtung entspringenden Wut ihres Vaters, der sie, als er von der Schwangerschaft erfährt, aus dem Haus weist, setzt sie den Stolz ihres schuldfreien Bewusstseins und ihre Mutterliebe gegenüber und wählt, sich überwindend, das Mittel der öffentlichen Anfrage. Der Vater, schließlich von der Unschuld seiner Tochter überzeugt, umarmt diese mit einer Zärtlichkeit, die auch seine tiefe Gefühlsverwirrung vor Augen führt. Doch in der Überwindung dessen, was nach bürgerlicher Konvention Schande bringt, ist die Aussagekraft dieser Geschichte keineswegs erschöpft. Nachdem der Graf sich zu erkennen gegeben hat, der „Retter" als der „Teufel" erscheint, gerät die Marquise in den Konflikt zwischen ihrer Liebe zu dem unerwarteten Kind und ihrer Verabscheuung des Vergewaltigers. Die Unbedingtheit der Zuneigung des Grafen, der aus einem neugewonnenen Gleichgewicht handelt, lässt sie schließlich in eine mit Verzichtbedingungen ausgehandelte Ehe einwilligen, nicht aus materiellen Gründen, sondern weil auch sie, indem sie lernt, die Gebrechlichkeit des Menschen als Trieb- und Geistnatur zu verstehen, auf dem Weg ist, in der Verzeihung ein neues Gleichgewicht zu finden. Die Spannungen, die der Krieg – Sinnbild der Unordnung der Welt – ans Licht gebracht hat, das Verbrechen wie die Humanität des Beschützers, sind nur durch eine neue – im Sinne des *Marionettentheaters* ‚reflektierte' – Qualität der Liebe auszuhalten.

Von familiären Bindungen und Brüchen handelt vordergründig auch die Erzählung *Das Erdbeben in Chili*, die bereits 1807 als *Jeronimo und Josephe* erschienen war und ihren endgültigen Titel erst 1810 erhielt. Doch was in der Familie geschieht, erscheint hier weitgehend vom unheilvollen Einfluss der katholischen Kirche bestimmt, deren Dogmen in den Köpfen der Menschen fest verankert sind. Rückblickend und gedrängt berichtet der Erzähler von der Liebesbeziehung zwischen Josephe, der Tochter eines angesehenen Bürgers, und Jeronimo, ihrem Hauslehrer, der nach der Entdeckung ihrer Beziehung entlassen worden ist. Als die in ein Kloster gesteckte Josephe nach einem heimlichen Treffen mit Jeronimo ein Kind erwartet, soll sie auf Geheiß des Erzbischofs hingerichtet werden. Untröstlich, versucht der eingesperrte Jeronimo sich im Gefängnis zu erhängen, als ein gewaltiges Erdbeben dessen Mauern niederreißt und ein derartiges, aus der Perspektive Jeronimos in erlebter Rede beschriebenes Chaos verursacht, dass sich der Eindruck aufdrängt, als solle mit der Stadt auch zugleich die ganze verlogene Gesellschaftsordnung zerstört werden. Aber weniger hierin liegt die ‚unerhörte' Begebenheit als vielmehr in der sich anschließenden Szene in der freien Natur, wo die Überlebenden, unter ihnen die beiden Liebenden und ihr Kind, sich gegenseitig Hilfe leisten und ihr ‚Menschsein' entdecken. Doch diesem ‚Paradies' ist ausgerechnet die Kirche nicht gewachsen. Den aus Dankbarkeit zu einem Gottesdienst Zusammengeströmten predigt ein ahnungsloser

Priester, gleichsam aus alter Gewohnheit, erneuten Hass auf Jeronimo und Josephe, die als Sündenböcke herzuhalten haben. In der manipulierten Masse der Menschen – niemand hat sie vor Kleist so beschrieben –, im ausbrechenden Chaos der Emotionen, das ebenso zerstörend wirkt wie das Erdbeben zuvor, entsteht Mord und Totschlag, verwandeln sich die Kirchgänger in „Mordknechte", in eine „satanische Rotte". Nicht nur Jeronimo und Josephe werden getötet, sondern auch der kleine Sohn ihres Beschützers Don Fernando, dessen Rettungsversuche erfolglos geblieben sind. Doch das Neugeborene überlebt und wird von Don Fernando in seine Obhut genommen. – In der Struktur der Erzählung steht der Mittelteil, der einen paradiesischen Zustand aufleuchten lässt, zwischen zwei Katastrophen, die ihn verschütten. Nur am Ende der Erzählung schimmert – sehr zurückhaltend – Hoffnung auf – durch einen einzelnen Menschen, der mit seiner Entscheidung über eingefahrene Verhaltensweisen hinauswächst und wie ein wahrer Christ handelt.

Das ambivalente Verhältnis von Gut und Böse im Menschen, das im *Erdbeben in Chili* vor Augen tritt, bestimmt auch die wohl hoffnungsloseste Erzählung Kleists, *Der Findling*, erschienen 1811, aber wohl schon früher geschrieben. In den vielfältigen Aspekten unterdrückter Sexualität und deren Folgen, die sie am Schicksal einer Familie sichtbar werden lässt, spielen im Übrigen wiederum die Kirche und ihre institutionellen Vertreter eine unrühmliche Rolle. Andererseits hat Kleist in seiner ‚Legende' *Die heilige Cäcilie oder die Gewalt der Musik* (1810/11) die Gläubigen selbst aufs Korn genommen, genauer eine besondere Gruppe von ihnen, und den Gefühlsüberschwang von Konvertiten verspottet – womit er den im Zeitalter der Säkularisation mit seiner Betonung des Ichs von vielen intensiv durchlebten und bis heute ungeklärten Übergang von Religion in Psychologie, von Offenbarung in seelischen Enthusiasmus thematisiert.

In den Erzählungen *Die Verlobung in St. Domingo* (1811) und *Der Zweikampf* (1811) werden Liebe und Sexualität direkter mit politischen Konstellationen verwoben. *Die Verlobung in St. Domingo*, deren Handlung ursprünglich im Milieu der Französischen Revolution angesiedelt werden sollte, wurde von Kleist später nach St. Domingo (Haiti) in die Zeit des Aufstandes der Einheimischen gegen die weißen Kolonialherren verlegt, eines Aufstandes, der als mörderische und tückische Gewalt präsentiert wird. In dieser Situation baut sich die Liebesgeschichte zwischen dem sich auf der Flucht befindlichen Schweizer Gustav und Toni, der Pflegetochter des grausamsten der Aufständischen, auf. Zwar zeigt Gustav in Gesprächen mit Toni Verständnis für die Motive des Aufstands, verurteilt aber dessen Exzesse und den Zusammenbruch der sozialen Ordnung. Aber gerade er vermag den Ausweg, den Toni ihm durch ihre Hingabe und ihr absolutes Vertrauen zeigt, den durch die Unverletzlichkeit der persönlichen Beziehung gewährten Neubeginn, nicht zu gehen und sieht in ihr beim Erscheinen des Pflegevaters und den sich anschließenden Kampfsituationen die Verräterin, die er erschießt, um sich anschließend, nachdem er seinen Irrtum, sein ‚Versehen' erkannt hat, selbst umzubringen. Sein die Katastrophe auslösendes Misstrauen ist nicht nur Ausdruck der Selbstentfremdung und Vereinzelung, sondern gleichermaßen Folge historisch bedingter gesellschaftlicher Konflikte und ihrer daraus folgenden Verunsicherungen.

Der Zweikampf verknüpft Liebesbeziehungen mit der Problematik der Rechtsprechung, die wie ein roter Faden die meisten – auch die dramatischen – Texte Kleists durchzieht. Auch diese Erzählung verlegt mit verfremdendem Kunstgriff den Schauplatz des Geschehens in die Vergangenheit (hier des 14. Jahrhunderts), weist nichtsdestoweniger aber auf Verhältnisse in Kleists Gegenwart hin. Die verwickelten Ereignisse, die sie zusammenträgt, enthalten alle Elemente einer Kriminalerzählung, eines Genres, das sich erst in der Mitte des 19. Jahrhunderts voll entfaltet (vgl. u.), dessen Entstehungsbedingungen und literarische Vorläufer aber ins 18. Jahrhundert und weiter zurückreichen.[110] Es geht um Mord und Rufmord, Aufklärungsversuche, Tatverschleierung, Verdächtigungen, Verhöre, um die falsche Fährte, um sekundäre Geheimnisse, bis schließlich der Sachverhalt sich klärt. Diese Elemente erweisen sich zum einen als besonders geeignet, um gegen Verwirrungen, die durch Zufälle und Täuschungen entstehen und rational nicht auflösbar erscheinen, die Gefühlssicherheit dessen zu stellen, der bedingungslos für den geliebten Menschen auch dann eintritt, wenn dieser – dem ‚Vor-urteil' der Gesellschaft entsprechend – verdächtigt wird; zum anderen bieten sie die Möglichkeit, Zweifel an einem Rechtssystem zu äußern, das Verurteilungen nicht zweifelsfrei durch Indizien begründet. Denn der Zweikampf, der in dieser Novelle über Schuld und Unschuld wie ein Gottesgericht entscheiden soll, erweist sich, obwohl sein Ausgang den Schuldigen, der später an einer kleinen Wunde stirbt, schließlich zu erkennen gibt, als für die Rechtsprechung ungeeignet, weswegen der Kaiser ein solches Gottesgericht faktisch außer Kraft setzt. Darin liegt ein verstecktes Plädoyer Kleists für eine sich aus den Vorgaben des Römischen Rechts entwickelnde Rechtsordnung wie sie im 1794 veröffentlichten Preußischen Landrecht und im französischen Code Civil von 1804 angelegt worden war, gleichwohl unter den Romantikern strittig diskutiert und im übrigen längst nicht überall in der Praxis durchgesetzt wurde (vgl. dazu Kleists Komödie *Der zerbrochene Krug*).

Hoffmann

Das Problem der Rechtsordnung wirft auch E. T. A. Hoffmann in seiner bekannten Novelle *Das Fräulein von Scudéri* (1819) auf, und auch er wählt dafür Elemente der Kriminalgeschichte, wobei deren entscheidendes Merkmal, die Entlarvung des Täters durch rationale Ermittlungsmethoden, allerdings fehlt. Zugleich gehört dieser Text auch in die Gruppe der im vorigen Abschnitt behandelten Künstlergeschichten. Denn der Goldschmied Cardillac, der die Käufer seiner besten Arbeiten ermordet, um diese zurück in seinen Besitz zu bringen, ist ein exzentrisches, dem ‚Wahnsinn' ausgeliefertes Genie, das seine psychische Konstitution hinter der Maske bürgerlicher Wohlanständigkeit zu verbergen sucht. Als sein unschuldiger Mitarbeiter in den Verdacht gerät, die Mordtaten zu verüben, tritt das Fräulein von Scudéri, eine am Hofe Ludwigs XIV. beliebte und einflussreiche alte Dame, für ihn ein und erwirkt beim König durch ihre feurige, das serapiontische Prinzip (vgl. o.) verwirklichende Beredsamkeit seinen Freispruch, während Cardillac beim Überfall eines neuen Opfers getötet wird. Die kunstvoll erzählte Geschichte, die den Leser durch das kriminalistische Rätsel in Spannung versetzt und ihm zugleich die Zerrissenheit des Künstlers Cardillac nahebringt (und im übrigen zu einem Vergleich zwischen der Scudéri und Cardillac anregt, die beide soziale Verantwortung nicht wahrzunehmen vermögen), ist darüber hinaus aber auch – versteckt hinter dem Schauplatz Frankreichs im 17. Jahrhundert – eine indirekte politische Stellungnahme des praktizierenden Juristen Hoffmann zur Rechtsprechung seiner Zeit. Im *Fräulein von Scudéri* werden nicht nur die versagenden Rechtsorgane kritisiert. Die Tatsache, dass das Recht in dieser Geschichte nur durch den Eingriff des Königs hergestellt wird, entspringt weniger der Skepsis gegenüber den preußischen Reformen, die den königlichen Machtanspruch gerade zurückweisen wollten, sondern ist ein Misstrauensvotum gegen die reaktionäre Rechtspraxis des Systems Metternich. Auch das Bild des Königs, dessen Gesinnung sprunghaft veränderlich und eher von Stimmungen abhängig erscheint als von einer sachlichen Beurteilung der Vorgänge, um die er sich erst am Schluss bemüht, bleibt nicht unangetastet. Man kann dies als verkappte Kritik an dem wankelmütigen preußischen König Friedrich Wilhelm III. lesen. (Gleichwohl galt Hoffmanns Protest als Jurist während des Prozesses gegen den ‚Turnvater' Friedrich Jahn der Willkür der Justizbehörden, nicht dem König, auf dessen Sonderrecht, den Gang des Rechts aus Staatsgründen zu hemmen, er ausdrücklich verwies.)

Arnim, Fouqué und Eichendorff

Zu den gesellschaftskritischen Autoren jener Zeit gehörte auch Achim von Arnim, wie Kleist ein preußischer Junker, auch er seinem eigenen Stand gegenüber voller

Vorbehalte. Seine beiden Romane *Armut, Reichtum, Schuld und Buße der Gräfin Dolores* (1810) und *Die Kronenwächter* (1817), der erste ein Eheroman, den man im Kontrast zu Goethes *Wahlverwandtschaften* sehen muss, der zweite ein Fragment gebliebener, in die Zeit der Reformation zurückversetzter politisch-historischer Roman, enthalten nicht nur Verurteilungen der Lebensweise des Adels, sondern auch erzieherische Visionen. In der *Gräfin Dolores* sieht Arnim, exemplifiziert an der Figur des Grafen Karl, die Lebensform des Bürgers, und zwar des Staatsbürgers (des Citoyen), der dem Gemeinwohl dient, als ideale Möglichkeit an, den Adel produktiv in die Gesellschaft einzubinden; und auch in den *Kronenwächtern* versucht der Protagonist, der Hohenstaufer-Abkömmling Berthold, die Lebensform des Bürgers anzunehmen, wird Textilfabrikant und Bürgermeister von Waiblingen, scheitert dann allerdings durch falschen politischen Ehrgeiz. In der Einigkeit aller Stände, an deren Aufhebung Arnim freilich nicht dachte, sollten die aus der Französischen Revolution bekannten revolutionären Gefahren eingedämmt und die Kräfte aller Staatsbürger im Interesse einer zu entwickelnden deutschen Nation gebündelt werden.

Arnims Vorliebe für politische Problemstellungen fanden ihren Niederschlag auch in seinen bekanntesten Novellen *Isabella von Ägypten, Kaiser Karl des Fünften erste Jugendliebe* (1812) und *Der tolle Invalide auf dem Fort Ratonneau* (1818). Letztere mochten seine Leser als einen Beitrag zur deutsch-französischen Aussöhnung verstehen. In der im 20. Jahrhundert von Alfred Kubin illustrierten Novelle *Die Majoratsherren* (1819), die man mit guten Gründen auch der Literatur der Phantastik zuordnen könnte, weil Arnims Interesse am Somnambulismus und an anderen psychologisch-naturphilosophischen Zeitströmungen in ihr besonders bestimmend zum Ausdruck kommen, enthüllt sich freilich auch die problematische Seite seines Gesellschaftsbildes, sein Vorurteil gegenüber Juden, das sich schon in der *Isabella von Ägypten* manifestiert. In den *Majoratsherren* sind die Juden die Urheber des Industriekapitalismus, enthält der religiös begründete Antisemitismus eine neue Qualität. Dies passte genau zu den vielen antisemitischen, z. T. äußerst gewaltsamen Ausschreitungen des Jahres 1819 in Deutschland, deren Ursache nicht zuletzt der geneidete Erfolg jüdischer Händler und jüdischer Bankiers und deren Einflussnahme auf politische Entscheidungen war. Nach den Tumulten dieses Jahres wurde das Thema des Juden in der Gesellschaft auch in der Literatur aktuell – man denke beispielsweise an *Jud Süß* (1828) von Wilhelm Hauff, an *Der junge Tischlermeister* (1836) von Ludwig Tieck, an *Die Judenbuche* (1842) von Annette von Droste-Hülshoff oder an *Soll und Haben* (1855) von Gustav Freytag –, ohne dass sich dabei ein einheitliches Bild ergab

Viel weniger politisch als Arnim dachte ein Romantiker wie der umtriebige Literat Friedrich Heinrich Baron de la Fouqué, auch er ein preußischer Junker, der den gesellschaftlichen Verhältnissen seiner Gegenwart, von denen er enttäuscht war, ein Idealbild des Mittelalters entgegensetzte, so vor allem in seinem überaus populären, eher der Unterhaltungsliteratur zugehörenden Roman *Der Zauberring* (1813); wie Clemens Brentano wandte er sich zurück in die Welt der Märchen und Sagen. – Voll von beißender Gesellschaftskritik dagegen waren die meisten Texte E. T. A. Hoffmanns, der seine Sonderlinge und Künstler als Kontrastfiguren zum Philistertum der Bürger aufbaute und der Eigenart und des Gewichts dieser Figuren wegen bereits im vorangehenden Abschnitt behandelt wurde.

In die Gruppe zeitkritischer Prosatexte gehören die Romane und Erzählungen des Freiherrn Joseph von Eichendorff, der hauptsächlich wegen seiner Landschaftsdarstellungen von vielen noch heute als der romantische Dichter der Deutschen schlechthin angesehen wird. Doch ist diese Einschätzung, zumal wenn man das Gesamtwerk betrachtet, problematisch. Seine Naturdarstellungen, die aus einer überschaubaren Anzahl von Bausteinen (aus schlagenden Nachtigallen, klingenden Posthörnern, weißen Schlössern, stillen Parks, rauschenden Wäldern, wogenden Kornfeldern usw. und immer wieder den Tälern und der Ferne) vor allem durch Verben der Bewegung zusammengesetzt sind und im Leser entgrenzende Stimmungen evozieren, verstellen leicht den Blick auf ein tiefer liegendes Erzählinteresse, die Vergegenwärtigung gesellschaftlicher und psychischer Fehlentwicklungen zu Beginn des industriellen Zeitalters. In *Ahnung und Gegenwart* (1810–12; erschienen 1815) beispielsweise, Eichendorffs erstem Roman, steht sein Held, Graf Friedrich, der Genusssucht und Verantwortungslosigkeit der in den Städten ansässigen Angehörigen seines eigenen adligen Standes kritisch ablehnend gegenüber und zieht sich nach allerlei Verwicklungen schließlich ins Kloster zurück. Ebenso kritisch aber betrachtete Eichendorff den politischen Liberalismus, den er in seiner Satire *Auch ich war in Arkadien* (1832) geißelte oder auch in seiner bekannteren Novelle *Das Schloß Dürande* (1837). Am eindringlichsten schlägt sich die Eigenart von Eichendorffs kritischem Erzählen in seiner berühmten Novelle *Aus dem Leben eines Taugenichts* (1826) nieder. Die ans Märchen erinnernde Handlung ist leicht skizziert: Ein zur Melancholie neigender Müllersohn verlässt das Elternhaus, zieht mit seiner Geige in die Ferne, arbeitet als Gärtnerbursche auf einem Schloss, wo er sich in ein ihm unerreichbar erscheinendes Mädchen verliebt, bricht nach Italien auf, erlebt dort allerlei verwickelte Abenteuer mit Malern, Musikanten, Studenten, Grafen und Kleinbürgern, kehrt endlich auf das Schloss zurück (nicht ins Elternhaus) und heiratet die Angebetete, nachdem sich herausgestellt hat, dass sie keine Gräfin, sondern die Nichte des Schlossportiers ist. Dieses eigentlich belanglose Geschehen wird in Kulissen eingebettet, die aus den erwähnten topoi der Raumdarstellung Eichendorffs zusammengesetzt und von eingestreuten Gedichten (u. a.

Wem Gott will rechte Gunst erweisen) begleitet werden. Beide Mittel verweisen auf die Gemütslage des Helden und wollen auch im Leser Stimmungen erzeugen. Gerade die Naturschilderungen erheben keinen Anspruch auf Realitätsnähe im Sinn der Abbildung ihrer Oberfläche – sie lyrisieren die Wirklichkeit, stilisieren den Raum zum ‚erlebten Raum'.[111] Doch die Tiefenstruktur der Erzählung lässt Eichendorffs Verhältnis zu seiner Zeit durchaus deutlich erkennen. Eine der Hauptformeln des Textes ist das Wandern (der Aufbruch, das Durchmessen von Räumen), die Freude an der Bewegung überhaupt, die Begegnung des jugendlichen Helden mit anderen ‚fahrenden' Gesellen, eine Lebenshaltung, die sich dem Rezipienten einprägt – nicht zuletzt durch Wiederholung, aber auch, weil die bewegten und Bewegung auslösenden Naturdarstellungen damit korrespondieren. In Opposition zu diesen Aufbruchsbewegungen steht die funktionierende Welt der Bürger, die bewegte Bewegungslosigkeit immer gleicher Abläufe, in der Erzählung am eindringlichsten gleich zu Beginn eingefangen im Bild der Mühle, einem Bild voller Hintersinn, nicht nur der Gleichförmigkeit der Drehbewegung wegen, sondern weil die Mühle als verrufener Ort galt, als Treffpunkt der ‚kleinen Leute' und Börse des Meinungsaustausches und daher von Obrigkeiten wie Kirchenchristen gleichermaßen in Misskredit gebracht, und weil der Berufsstand des Müllers, der offenbar häufig der Versuchung nachgab, sich durch Veränderung des Gewichts der Kornsäcke zu bereichern, als ‚unehrlich' galt (man vgl. die vielen entsprechenden Redewendungen um das Wort ‚Mühle'[112]). Aus der Verkettung dieser gegensätzlichen Motive, der Wiederkehr des Immergleichen und der regellosen Ausbruchs- und Aufbruchsbewegungen, gewinnt die Erzählung ihren Reiz. Beide Motivketten waren jedoch zugleich auch geeignet, die kollektiven Frustrationen und Sehnsüchte der zeitgenössischen und späteren Leser aufzufangen, denn anders lässt sich die Rezeptionsgeschichte gerade dieses immer wieder gelesenen Textes schwer erklären. Die Frustration über die leere Geschäftigkeit, über den Leistungsdruck und das Ordnungsdenken in der Industriegesellschaft war Nährboden für die Sehnsüchte nach Befreiung aus dem Einerlei und dem Zwang der Wiederholungen; und der jugendliche Ausbrecher, der ‚Taugenichts', entsprach diesen Bedürfnissen eines breiteren Publikums, das sich auch viel später an vergleichbaren Figuren erfreute – man denke an Hermann Hesses *Knulp* (1915). Gesellschaftliche Strömungen wie z. B. die Wandervogelbewegung um die Jahrhundertwende oder die Hippie-Bewegung im 20. Jahrhundert beeinflussten zugleich ihre Deutung. Leicht konnte daher der Schluss des *Taugenichts*, das märchenhafte Happyend in kleinbürgerlicher Idylle, übersehen werden. In ihm manifestieren sich die Vergeblichkeit des Ausbruchsversuchs des Protagonisten und auch die Ratlosigkeit Eichendorffs angesichts der zuvor eingefangenen gesellschaftlichen Spannungen.

Trivial- und Unterhaltungsromane

Der Verzicht auf konstruktive Glücks- und Gesellschaftsentwürfe über die bloße Rebellion hinaus verweist auf Affinitäten zur eskapistischen Trivialliteratur, die zur Entstehungszeit des *Taugenichts* nach ihren Anfängen im 18. Jahrhundert einen ungeahnten Aufschwung nahm. Doch während Eichendorff wie alle Romantiker – allen voran Novalis – den Leser gerade zu neuen Wahrnehmungen und kreativen Gedanken über alternative Lebensentwürfe führen wollte (selbst wenn der Schluss der *Taugenichts* diese Absicht unterläuft), blieb und bleibt die Trivialliteratur bis heute stets konventionell. Wenn sie, indem sie die Protagonisten am Ende in Glück verheißende Lebensverhältnisse entlässt, ihre Konsumenten mit Hilfe von Identifikationsprozessen über im eigenen Leben erfahrene Frustrationen hinwegzutrösten versucht, reproduziert sie letztlich doch nur die gewohnten Denkbahnen des breiten Publikums, das sie erreichen will.

Die im 18. Jahrhundert vorgebildeten Themen der Gruppe explizit gesellschafts- und zeitbezogener Trivialromane, insbesondere der Familienromane, wurden im 19. Jahrhundert nur weitergeführt.[113] Nach wie vor spielten Standesunterschiede eine dominierende Rolle, inzwischen weniger, weil sie unüberbrückbar erschienen, sondern weil, um hohe Verkaufzahlen zu erzielen, Leser aller Stände sich darin wiedererkennen sollten – Adlige ebenso wie das Bedienungspersonal. Zu den erfolgreichsten Autoren solcher – die Interessen aller Stände berücksichtigenden – unterhaltenden Literatur gehörten zu Beginn des Jahrhunderts Friedrich Laun, dessen Novellensammlung *Die Fehdeburg* (1810/11) genannt zu werden verdient, und H. Clauren (ein Anagramm von Carl Heun), der Unterhaltungseffekte genau zu kalkulieren verstand und mit seiner anschließend in viele Sprachen übersetzten Erzählung *Mimili* (1816) das patriotische Thema der Befreiungskriege mit einer sentimentalen, mit Klischees gespickten Liebesgeschichte zwischen einem preußischen Offizier und einem Schweizer Alpenmädchen verknüpfte – und damit zugleich der Rückwendung des Interesses einer politisch entmutigten Generation für die Familie entsprach. Die ‚Mimili-Manie', die sich zeitweilig in Deutschland breit machte, veranlasste Heinrich Heine zu der bissigen Bemerkung, man werde, wenn man Clauren nicht kenne, in kein Bordell eingelassen, womit er auf die Prostituierung der Poesie zielte, deren dieser Autor in seinen Augen sich schuldig gemacht hatte.[114]

Einen ähnlichen Erfolg wie Clauren erzielte in der Mitte des Jahrhunderts nur noch Eugenie Marlitt (eigentlich Eugenie John), die ihre gesellschaftsbezogenen Familien- und Liebesromane in der von Ernst Keil herausgegebenen Zeitschrift ‚Die Gartenlaube' (vgl. o.) erscheinen ließ (*Goldelse*, 1866; *Das Geheimnis der alten Mamsell*, 1867; *Im Hause des Kommerzienrats*, 1867; *Reichsgräfin Gisela*, 1869, um nur einige zu nennen). Anders als Clauren vertrat sie liberale Anliegen – hierin stimmte sie mit Keil überein, der während des Vormärz dafür im Gefängnis gesessen hatte – und engagierte sich für die emanzipatorische Frauenbewegung. Ob sie jedoch in ihren Romanen in politischer Hinsicht aufklärerisch wirksam geworden ist, erscheint eher zweifelhaft.[115] Zwar greift sie überall die Borniertheit des Adels an und lässt ihre Figuren Standesschranken überwinden, jedoch dürfte die Wahrnehmung dieser kritischen Haltung beeinträchtigt worden sein, wenn gleichzeitig um entsprechender Wunschvorstellungen der Leser willen der Glanz des aristokratischen Milieus ausgebreitet wurde. Die kritisch auf die gesellschaftlichen Verhältnisse zielenden Bemühungen wurden von der suggestiven Wirkung der die Emotionalität der Leser evozierenden Unterhaltungsmechanismen eher überdeckt. Und im Übrigen waren diese Bemühungen selbst keineswegs tiefgründig. Die politischen und wirtschaftlichen Gegebenheiten kamen konkret nicht in den Blick, und alle sozialen und weltanschaulichen Probleme wurden letztlich auf ein Gut-Böse-Schema zurückgeführt, d. h. moralisch und nicht politisch behandelt. Insofern ist auch das Erziehungsprogramm der ‚Gartenlaube', in das die Romane sich einfügen wollten, gescheitert. Auch andere Autoren – etwa die viel gelesene Wilhelmine Heimburg (u. a. *Lumpenmüllers Lieschen*, 1879) haben es nicht eingelöst, und Keils Zeitschrift schwenkte entsprechend immer mehr ins konservative Lager über.

Autoren des ‚Jungen Deutschland'

Sowohl von den zum Teil utopische Zielsetzungen verfolgenden und um ein neues Menschenbild bemühten Romantikern mit ihren sich gegen die gesellschaftliche Wirklichkeit ihrer Gegenwart gerichteten kritischen Seitenhieben als auch von den sich dem breiten Publikumsgeschmack anpassenden Verfassern von Unterhaltungsliteratur hob sich in den 30er und 40er Jahren eine Gruppierung von Schriftstellern ab, die der Literatur ein ausgeprägtes politisches Gesicht zu geben versuchte. Sie ist als ‚Junges Deutschland' in die Literaturgeschichte eingegangen und dem politischen Vormärz zuzuordnen.[116] Die Bezeichnung stammt von Ludolf Wienbarg, der sie in seinen *Ästhetischen Feldzügen* (1834) verwendete; aber erst als der Frankfurter Bundestag die Schriften des Jungen Deutschland mit der Begründung verbot, sie griffen die gesetzliche Ordnung, die christliche Religion und die bestehenden sozialen Verhältnisse an, wurde die Bezeichnung zum Begriff, der freilich suggerierte, es handele sich um eine feste Vereinigung von Autoren, was nicht der Fall war. Die programmatischen Auseinandersetzungen beispielsweise zwischen Ludwig Börne (d. i. Löb Baruch) und Heinrich Heine waren erheblich. Einigkeit allerdings herrschte unter all den Jungdeutschen, denen u. a. auch Karl Gutzkow, Heinrich Laube, Theodor Mundt,

Georg Weerth, Georg Herwegh und Ferdinand Freiligrath angehörten, in der grundsätzlichen Ausrichtung gegen die politische Restauration und zudem in der Vorliebe für das immer größeren Einfluss gewinnende und Breitenwirkung sichernde Medium der Zeitung, für das auch neue literarische Formen entwickelt wurden, in denen sich Anschauung, Reflexion, Kritik, Polemik in gebotener Kürze vereinbaren ließen. In Reiseberichten und -briefen, in feuilletonistischen Skizzen, politischen Gedichten konnten Zeitkritik verhüllt und Zensurbestimmungen geschickt umgangen werden. Gleichzeitig entstanden auch umfangreichere Zeit- und Gesellschaftsromane wie etwa Gutzkows *Wally, die Zweiflerin* (1835) oder Satiren wie Weerths *Humoristische Skizzen aus dem deutschen Handelsleben* (1847/48) (vgl. u.).

Heine

Dass gerade Reisebriefe und Reisebilder zu den bevorzugten Genres der Jungdeutschen gehörten, mag damit zu tun haben, dass die Unzufriedenheit, die über die Kontrollschikanen an den innerdeutschen Grenzen herrschte, als Vehikel genutzt werden konnte, um spöttisch den Ärger an den erstarrten politischen Verhältnissen zu äußern – wie etwa Ludwig Börne in seinen *Briefen aus Paris*, 1832–34. Andererseits konnte die Schilderung von Reisebewegungen, wie es Heinrich Heines *Reisebilder* (1826–1830) belegen, dazu dienen, der eigenen (geistigen) Beweglichkeit, dem eigenen Veränderungswillen anschaulich Ausdruck zu geben. Heine stellte in den *Reisebildern*, die er in vier Bänden nacheinander veröffentlichte, zunächst Lyrik und Prosa nebeneinander, bis er die Lyrik immer mehr zurücktreten ließ. In den Prosastücken – am bekanntesten sind *Die Harzreise, Die Reise von München nach Genua, Die Bäder von Lucca* geworden – flossen die Traditionen der beschreibenden Reiseliteratur, die im 18. Jahrhundert in aufklärerischer Ansicht geschrieben worden waren, und der poetischen Reiseliteratur im Gefolge von Laurence Sternes *Sentimental Journey Through Italy and France* (1768) zusammen, und ebenso wie die Romantiker, insbesondere Eichendorff, nutzte er das Reise- und Wandermotiv dazu, den Freiheitsdrang des Subjekts zu artikulieren. Dennoch löste er sich von all diesen Vorgaben insofern, als seine kritischen Intentionen unter einem besonderen Vorzeichen standen. Es wäre falsch, seine sicherlich oft an E. T. A. Hoffmann erinnernde Philisterkritik als bloße Wiederholung, Variation oder Ergänzung von bereits von anderen Geschriebenem zu verstehen.

Wenn Heine den akademischen Betrieb, den Dünkel der Professoren, die Überschätzung des bloßen Faktenwissens, auch die subalterne Goetheverehrung verhöhnte oder die Verquickung von Adel und Klerus und das bürgerliche Nützlichkeits- und Erwerbsdenken attackierte, so ging es ihm nicht darum, damit das Gegenbild des

Genies oder des ungebundenen Lebens aufzurichten, sondern um den Angriff auf das Rückständige, dem Fortgang der Geschichte nicht mehr Angemessene. Philistertum war ihm gleichbedeutend mit gesellschaftlicher und politischer Restauration.[117] Er selbst verstand sich damit als Anwalt des politischen Fortschritts und der Befreiung aus Abhängigkeiten, wo immer sie sichtbar wurden, wie z. B. auch im privaten Bereich als Abgleiten in Sentimentalitäten und sprachliche Klischees. Das falsche Gefühl, die Gefühligkeit, hat er stets heftig verspottet, auch in seiner Lyrik (vgl. u.), so wie ihm die Verlogenheiten, mit denen die Trivialliteratur hausieren ging, verhasst waren. Dies widersprach keineswegs seiner Sinnenfreude, auch nicht seinem literarischen Ästhetizismus, den ihm Börne zum Vorwurf machte, der darin eine Verwässerung des revolutionären Elans sah. Die Französische Revolution mit ihrer naturrechtlichen Begründung der Menschenrechte und ihrer Verkündigung der Freiheit auch für die sozial Ausgebeuteten blieb der wichtigste Bezugspunkt in Heines politischem Denken, auch wenn er die politische Doktrin und das Schlagwort als andere Formen der Unfreiheit ablehnte.

Weerth, Gutzkow, Freytag

Über das Heine noch fehlende präzise Vokabular zur Kennzeichnung der durch den Kapitalismus hervorgerufenen Zwänge verfügte dagegen Georg Weerth in beträchtlichem Maße. Er war mit Karl Marx bekannt, seit seinem Englandaufenthalt von 1843–44 mit Friedrich Engels befreundet, der ihn später den „ersten und bedeutendsten Dichter des deutschen Proletariats“ nannte, und von Beginn an (seit 1848) Mitarbeiter an deren ‚Neuer Rheinischen Zeitung‘, wo er im Feuilleton beißende Satiren schrieb. Die feuilletonistische Arbeitsweise machte sich auch in seinen größeren Prosawerken bemerkbar. Zwischen 1843 und 1847 schrieb Weerth an einem Roman, den er abbrach, vermutlich weil seine Erfahrungen mit den deprimierenden sozialen Verhältnissen in England nicht deckungsgleich mit der deutschen Wirklichkeit, die er schilderte, übereinstimmten. Dieses *Fragment eines Romans* ist gleichwohl bemerkenswert, weil es in der Gestalt eines aus England zurückkehrenden Mechanikers den ersten klassenbewussten, zum organisierten Widerstand gegen einen Fabrikherren aufrufenden Arbeiter in der deutschen Romanliteratur vor Augen führt. Die großangelegte Konzeption dieses Versuchs, der den fortschreitenden Kapitalisierungsprozess an drei Gesellschaftskreisen vergegenwärtigen wollte, an der Gestalt des die Industriebourgoisie repräsentierenden, seine Arbeiter rücksichtslos ausbeutenden Fabrikanten Preiss, an der Familie eines verschuldeten Barons, der in die Abhängigkeit des gerissenen Fabrikanten geraten ist, und an den aufständischen Arbeitern, schrumpfte, nachdem Weerth ihn abgebrochen hatte, zu den satirischen Texten zusammen, die er ab 1847/48 zuerst in der ‚Kölnischen Zeitung', dann in der ‚Neuen Rheinischen Zeitung' in mehreren Folgen als *Humoristische Skizzen aus dem deutschen Handelsleben* veröffentlichte. Hier steht allein die Figur des Herrn Preiss im Mittelpunkt, nunmehr ein Handelskaufmann, der durch den Widerspruch zwischen seinen moralischen Reden und seinen schamlos profitorientierten Praktiken lächerlich gemacht wird. – Eine weitere kritische Charakterstudie gelang Weerth mit *Leben und Taten des berühmten Ritters Schnapphahnski* (1848/49), einem in vielen Folgen erschienenen ‚Feuilletonroman'. Im Mittelpunkt steht der schon in Heines Versepos *Atta Troll* (1847) verspottete schlesische Fürst Lichnowski, ein Abgeordneter des preußischen Herrenhauses, dessen in satirischer Übersteigerung herausgestelltes intrigantes Schmarotzertum exemplarisch für die ganze von Weerth verachtete Klasse der ‚Krautjunker' stehen sollte. Der Text wurde als so brisant empfunden, dass sein Verfasser dafür drei Monate ins Gefängnis gesteckt wurde.

Auch Karl Gutzkow war darum bemüht, die gesellschaftliche Wirklichkeit zu reflektieren, nahm dabei aber eine weniger entschiedene Haltung ein als Weerth. Während sein berüchtigter Roman *Wally, die Zweiflerin* (1835) – der auch ihm eine Gefängnisstrafe einbrachte und dem Bundestag in Frankfurt im übrigen als Vorwand diente, den Autoren des ‚Jungen Deutschland' die Verbreitung ihrer Schriften zu verbieten – die zeitgenössischen Diskussionsstoffe der sexuellen und religiösen Emanzipation aufgriff und sich dabei auf eine exzentrische Heldin konzentrierte, versuchte sein heute in Vergessenheit geratener, seinerzeit überaus populärer Roman *Die Ritter vom Geiste* (1850/51) ein ganzes gesellschaftliches Panorama zu entwerfen – hierin Immermanns *Epigonen* ähnlich (vgl. o.), aber über dessen engere Fragestellung nach der Bildung der Menschen hinausgehend. Der bereits – von Arno Schmidt in *Die Ritter vom Geist. Von vergessenen Kollegen*, 1965, hervorgehobene – moderne Erzähltechniken verwendende, über viertausend Seiten starke Roman setzt Figuren aus allen Gesellschaftsschichten zueinander in Beziehung, wobei die Kritik am Machtmissbrauch des Adels besonders betont wird. Auch bei Gutzkow treten wie bei Weerth Angehörige der proletarischen Unterschicht in Erscheinung, doch bilden sie eher eine in Lethargie verharrende Masse als dass sie gezielt den Widerstand vorbereiten und erproben. Gutzkows Roman war deutlich vom französischen Großstadtroman beeinflusst, den Eugène Sue mit *Les mystères de Paris* (1842/43) populär gemacht hatte und der in Deutschland vor allem in der auf Sensationseffekte setzenden Trivialliteratur zahlreiche Nachahmer fand, z. B. in Joseph Chowanetz' *Die Geheimnisse von Wien* (1844) oder in Rudolf Lubarschs *Die Mysterien von Berlin* (1844/45). Außer bei Gutzkow ist dann etwas später die industrielle Wirklichkeit wenigstens ansatzweise bei Friedrich Spielhagen in den Blick gerückt, der sich vehement für ein soziales Engagement des Bürgertums einsetzte (*Hammer und Amboß*, 1869).

Den eigentlichen Gegenpol zu Weerths bissigen Kaufmannssatiren bildet Gustav Freytags Roman *Soll und Haben* (1855). Freytag, der sich einerseits von den ‚Jungdeutschen' distanzierte, ist ihnen insofern verbunden, als auch er sein literarisches Werk der gesellschaftlichen Wirklichkeit dienstbar machen und Einstellungen der Leser beeinflussen wollte. Im Mittelpunkt seines Romans steht der kleinbürgerliche Anton Wohlfahrt, dem aufgrund seiner Redlichkeit und seines Ehrgeizes ein unaufhaltsamer Aufstieg vom Lehrling zum Mitinhaber einer großen Handelsfirma gelingt. In diese Geschichte werden zwei Nebenhandlungen eingefügt. Die eine zeigt den Werdegang von Wohlfahrts jüdischem Schulkameraden Veitel Itzig, der nicht aus Freude an der Arbeit, sondern von Herrschsucht angetrieben wird, um die zu erniedrigen, die auf ihn herabgesehen haben; die andere zeigt den Niedergang der Familie des Freiherrn von Rothensattel, der sein Vermögen durch Geldspekulationen verliert. Das zutiefst Problematische des Romans liegt nicht nur im klischeehaft verzeichneten Bild des Juden, das die antisemitischen Einstellungen vieler Leser bediente, sondern auch in der Idealisierung des bürgerlichen Kaufmanns, der in der vom Kapital gesteuerten Gesellschaft nicht nur dem Adel überlegen ist, sondern sich bei allem Geschäftssinn zugleich als rechtschaffen und fürsorglich erweist. Die lohnabhängigen Angestellten und Arbeiter sind keiner ehrlichen Betrachtung wert; sie erscheinen bei Freytag, der die Hungerdemonstrationen und Aufstände des Proletariats in Breslau, wo er bis 1847 lebte, sehr wohl kannte, harmonisch in den Wirtschaftsprozess integriert, sofern sie sich aufopferungsvoll dem Dienstherrn fügen. Diese Tendenz, über die tatsächlichen sozialen Spannungen hinwegzusehen, macht *Soll und Haben* zu einem Vorläufer der späteren Industrieromane Rudolf Herzogs (*Die Wiskottens*, 1905).[118] Hier wie dort wird das gesellschaftliche Konfliktpotential auf ein individuelles heruntergebrochen und erscheint daher fälschlicherweise auch durch persönliche Tugenden lösbar. Der auf solchen zweifelhaften Voraussetzungen basierende Optimismus, der sich unter den bürgerlichen Lesern einstellen und deren Selbstwertgefühl stabilisieren sollte, wurde zum Garanten des immensen Erfolgs sowohl Freytags als Jahrzehnte später auch Herzogs.

Parallel zur Prosaliteratur der Jungdeutschen bzw. des literarischen Vormärz – auf die andauernde Diskussion um die differenzierende Bedeutung dieser Bezeichnungen soll hier nicht eingegangen werden – entstanden während der Restaurationszeit nach 1815 neben unzähligen Unterhaltungs- und Trivialromanen[119] einige künstlerisch bedeutende – hier exemplarisch herausgestellte – Erzähltexte, die nur schwer einer literarischen Strömung oder Gruppierung zuzuordnen sind. Sie als Texte des ‚Biedermeier' zu bezeichnen (ein Begriff, der im Rückblick auf die ‚biederen' Reimereien eines schwäbischen Dilettanten in den 50er Jahren parodistisch von Ludwig Eichrodt und Adolf Kußmaul geprägt wurde, sich am Ende des 19. Jahrhunderts positiv in den Sinn von ‚guter alter Zeit' wandelte und dann zunächst vornehmlich für Mode und Möbel verwendet wurde), ist allenfalls angemessen, wenn man in dieser Strömung[120] nicht nur den Rückzug in eine überschaubare Welt wahrnimmt, in der noch einfache Beziehungen und tradierte Wertvorstellungen, das Unpolitische, Privatistische, Heimatverbundene, auch Resignative lebendig waren, sondern gerade auch die innere Zerrissenheit als Lebensgefühl der Autoren[121], die sich in den Texten als Leiden einzelner an der Macht der das Individuum bedrängenden gesellschaftlichen Umstände niederschlägt.

Novellen von Büchner und Grillparzer

Singulär unter diesen Texten ist Georg Büchners Novelle *Lenz*, 1835 geschrieben, aber erst 1839 posthum veröffentlicht. Sie greift auf Briefe des Sturm-und-Drang-Dichters Jakob Michael Reinhold Lenz zurück und schildert dessen psychischen Zusammenbruch in der letzten Phase seines Lebens. Thematisch knüpft Büchner damit an das seit dem Ende des 18. Jahrhunderts erstarkte Interesse an psychischen Erkrankungen an und an die zahlreichen Künstler-Erzählungen (vgl. o.), die sich nicht zuletzt diesem Interesse verdanken. Der umfassende gesellschaftskritische Aspekt der Novelle Büchners ist freilich nicht zu übersehen, so dass sie erst hier genannt wird. Denn die Depressionen, die Schizophrenie, schließlich die Apathie des Protagonisten, die Büchner erzähltechnisch höchst kunstvoll durch die Aneinanderreihung zufälliger Wirklichkeitswahrnehmungen und das Nebeneinander verschiedener Stilebenen gestaltet, sind nicht nur in einer individuellen Lebensgeschichte begründet, sondern spiegeln zugleich auch die Vereinsamung und Verkümmerung eines sensiblen Menschen in einer Gesellschaft, die insgesamt unter Entfremdung und Sinnverlust zu leiden hat. Der Negativität solch allgemeiner Erfahrungen kann Büchner nur das Pathos der Verzweiflung seines Helden entgegensetzen.

Auch Franz Grillparzers Erzählung *Der arme Spielmann* (1847) stellt die psychische Situation eines Künstlers vor Augen, der sich wie ein Fremdling in seiner Umwelt fühlt. Vom ehrgeizigen Vater seiner bürgerlichen Zukunft beraubt, weil er dessen Leistungsanforderungen nicht zu entsprechen vermag, zieht er sich, um seine „Seelenschönheit" zu retten, in die Phantasiewelt seines völlig unzulänglichen Geigenspiels zurück und übernimmt die Rolle des verarmten Sonderlings. Obwohl die Erzählung in der Stadt angesiedelt ist, bleibt die soziale Wirklichkeit in ihren oberflächlichen Erscheinungen auch in ihr weitgehend ausgeklammert. Wohl aber werden die Kommunikationsformen eingefangen, die einen Menschen zum Außenseiter stempeln. Wer anders ist als die Mehrzahl der Menschen, wer sich nicht den allgemeinen Erwartungen anpasst, wird, bestenfalls, verlacht. Nicht nur die Kinder verspotten den Sonderling, die gesamte Volksmenge tut es. Das ausgelachte Leben des Spielmanns verweist auf das soziale Problem der Entwurzelung des einzelnen, das bei Grillparzer durch einen Extremfall veranschaulicht wird, von dem sich in der Mitte des 19. Jahrhunderts aber viele getroffen fühlen konnten.

Novellen von Mörike, Droste-Hülshoff, Stifter

Anders als Büchner und Grillparzer, die Lebensabschnitte psychisch verstörter Personen ausbreiteten, bündelte Mörike die Begebenheiten seiner vielschichtigen Erzählung *Mozart auf der Reise nach Prag* (1855)[122] in einen einzigen Tag. Nicht ein armer Spielmann, sondern das musikalische Genie steht hier im Mittelpunkt, das trotz seiner verschwenderischen unbürgerlich-bürgerlichen Lebensweise und seines geselligen Benehmens völlig isoliert ist. In die Idylle eines Rokokoschlösschens mit seiner kunstbeflissenen adligen Gesellschaft, in die der Held zufällig gerät und in der er aus seiner fast fertig gestellten Oper ‚Don Juan' vorspielt, bricht mit dieser Musik plötzlich eine die Zuhörer erschütternde Todesahnung ein, als stünde ihnen das Ende der ganzen lebensfroh verspielten Welt der Aristokratie des Ancien Régime vor Augen.

Während der bürgerliche Eduard Mörike als Schauplatz seiner Novelle die Adelsgesellschaft wählte, beschrieb umgekehrt die dem Adel angehörende Annette von Droste-Hülshoff in ihrer Erzählung *Die Judenbuche. Ein Sittengemälde aus dem gebirgichten Westfalen* (1842) das Milieu eines Dorfes. Mit der Wahl des Dorfes als gesellschaftlichem Mittelpunkt half sie eine in den vierziger Jahren sich entwickelnde literarische Bewegung anzustoßen, die schließlich in der ins Triviale abgleitenden Heimatliteratur mündete (vgl. u.). Droste-Hülshoffs Erzählung dagegen ist hochartifiziell. Sie wählt die kleine Welt des Dorfes und die aus eigener Anschauung bekannte heimatliche Umgebung – ebenso wie nach ihr Gotthelf, Stifter, Storm –, um möglichst genau auf die Lebenswirklichkeit der dort lebenden Menschen eingehen zu können, während die triviale Heimatliteratur das Dorf sentimental als heile Gegenwelt zur zivilisationsgeschädigten Stadt vermarktet. Der Wunsch, die individuellen Schicksale in genau beobachteten Lebensbezügen zu verankern, wirkte zugleich als Impuls für die Theorie und Praxis des ‚Realismus' (vgl. u.), der in der zweiten Jahrhunderthälfte über Jahrzehnte hinaus nicht nur in der Literatur, sondern auch in der Malerei bestimmend wurde. – Der in der *Judenbuche* erzählten Geschichte liegt ein

Verbrechen zugrunde, das sich im 18. Jahrhundert bei Paderborn ereignet hatte. Droste-Hülshoff folgt dem wirklichen Geschehen und betont mit ihren genauen Angaben zu Ort und Zeit die Authentizität des Erzählten. Nichts wolle sie „davon- oder dazutun", versichert sie dem Leser, dem die Wirklichkeit in der Fiktion möglichst unverfälscht entgegentreten soll. Im Mittelpunkt steht die Lebensgeschichte Friedrich Mergels, der nicht nur in einem desolaten Elternhaus aufwächst, sondern auch in einem Milieu, in dem Rechtsbrüche (Holz- und Jagdfrevel) an der Tagesordnung sind. Nach dem Tod des Vaters wird der von seinen Altersgenossen gehänselte Junge unter dem unheilvollen Einfluss seines Onkels zum gewaltbereiten Wichtigtuer, der schließlich aus verletzter Eitelkeit, wegen einer Lappalie, einen Mord an einem Juden begeht. Weil der Ermordete ein Jude ist, kann Mergel mit der heimlichen Solidarität mindestens eines Teils der Dorfgemeinschaft rechnen. Vor seiner Überführung als Mörder flieht er mit seinem Schützling Johannes Niemand, seinem ‚alter ego', symbolisch zu verstehen als sein eigentliches Ich, um nach 28 Jahren unter dem Namen dieses Freundes schuldbewusst zurückzukehren. Er erhängt sich an der Judenbuche, die – hier kommen von der Droste gern verwendete naturmagische Komponenten ins Spiel – von den Glaubensbrüdern des Ermordeten als Baum des Unheils und der Rache gekennzeichnet worden ist. – Diese Erzählung, wie üblich, als Kriminalgeschichte zu bezeichnen, beruht auf einem Missverständnis. Da in ihr die planmäßige Detektion eines unaufgeklärten Verbrechens fehlt, ist sie – ebenso wie Schillers *Verbrecher aus verlorener Ehre* oder Fontanes *Unterm Birnbaum* – eine Verbrechensgeschichte, die nach dem Ursprung, der Wirkung des Verbrechens, nach den Motiven des Täters, nach seiner Schuld und Sühne fragt.[123] In der *Judenbuche* werden die Motive des Täters als Folge seiner Determination durch die sozialen Verhältnisse veranschaulicht. Doch verhindert diese Intention keineswegs das künstlerische Spiel mit dem Doppelgängermotiv, mit naturmagischen Motivketten, mit Verweisen auf alte Symboltraditionen. Die Narbe Mergels lässt sich als Zeichen der ungesühnten Schuld nicht nur auf die Narbe des Odysseus beziehen, sondern auch auf Kain, der zugleich den Judas des Neuen Testaments präfiguriert. Wie Judas erhängt sich auch Mergel, wie der Vater des Judas heißt Mergels Ziehvater Simon, usw. Damit eröffnet sich neben der gesellschaftskritischen eine weitere Dimension, in der die von der Droste auch in ihrer Lyrik oft aufgeworfene religiöse Thematik von Schuld, Sühne und Gnade erkennbar wird.

Konservative Züge trägt auch Adalbert Stifters Novelle *Brigitta* (1843), die wohl bedeutendste seiner Erzählungen, die er in den Sammelbänden *Studien* (1844–50) und *Bunte Steine* (1853) veröffentlichte. Das Gesellschaftsbild, das dem Leser in dieser ungewöhnlichen Liebesgeschichte entgegentritt, ist das eines aufgeklärten Feudalismus. Die beiden Protagonisten sind Gutsbesitzer in der Steppe des ungarischen Ostens, kultivieren ihr Land und behandeln ihre zahlreichen Arbeiter und Bediensteten wohlwollend patriarchalisch. Ihre Arbeit in der Natur steht am Ende eines von persönlichen Erschütterungen bestimmten Lebensabschnittes. Stephan Murai, der die äußerlich hässliche, aber von innerer Schönheit durchglühte Brigitta zur Frau gewinnt, ihr aber wegen eines reizvollen Mädchens untreu wird, kehrt nach langer Umtriebigkeit auf sein Gut zurück. Mit seiner Gutsnachbarin Brigitta, die ihm in ihrem verletzten Stolz nicht verzeihen kann, verkehrt er lediglich freundschaftlich distanziert, bis er ihren gemeinsamen Sohn, der von Wölfen angefallen wird, aus seiner aussichtslosen Lage befreit. Der Freund Murais, der Erzähler der Geschichte, wird zum Zeugen der nach diesem Ereignis neu erwachten, geläuterten Liebe der Ehegatten, die nie erloschen, aber durch Schuld bzw. Stolz verstellt war. Beide Eheleute wissen am Ende darum, dass jedes Glück – der Überfall der Wölfe hat deutlich darauf verwiesen – gefährdet ist. Um es zu erhalten, auch um der seelischen ‚Versteppung', d. h. Verödung entgegenzuwirken – kunstvoll setzt Stifter Landschaft und Räume durchgängig in Beziehung zu den inneren Befindlichkeiten seiner Figuren – widmen sie sich ihrer Arbeit, die der ungebändigten Natur den geschützten Raum abgewinnt. Darin erfüllt sich zugleich das ‚sanfte Gesetz', das Stifter im Vorwort zu den *Bunten Steinen* formuliert hat. Er geht dort zunächst auf die Gesetzmäßigkeiten in der Natur ein und macht darauf aufmerksam, dass etwa das Wachsen des Getreides, das Wehen der Luft, das Schimmern der Gestirne von viel größerer Kraft zeugen als etwa das vorübergehende Gewitter oder das Erdbeben, um dann die Brücke zum Menschen zu schlagen, dessen aufflammende Gemütsbewegungen wie Zorn oder Rache viel geringer einzuschätzen seien als ein in Gerechtigkeit, Selbsterkenntnis, Heiterkeit geführtes ganzes Leben. Dieses ‚sanfte Gesetz' bestimmt am Ende die beiden Liebenden in der Novelle, und auch die Ausführlichkeit, mit der Stifter einfache Lebensvollzüge schildert, erhält von dieser Vorstellung her ihren Sinn. Gleichwohl lässt sich nicht übersehen, dass das gesellschaftlich konfliktfreie Leben, das hier beschworen wird, an den Umwälzungen der Jahrhundertmitte vorbeigeht. Wie im *Nachsommer* (vgl. o.) bleibt auch in *Brigitta* die Gestaltung einer ‚heilen Insel' inmitten der Bedrohungen einer nicht kontrollierbaren Wirklichkeit für Stifter die dem Dichter gemäße Möglichkeit der Auflehnung.

Die ‚Heimatliteratur'

Der resignative Grundzug Stifters, der auch den frühen Erzählungen Theodor Storms nicht fremd war, bestimmt letztlich auch die sogenannte Heimatliteratur. Denn wenn dieses Genre das ländliche Leben als heile Welt präsentiert, so eröffnet es doch vor allem, bewusst oder unbewusst, einen Fluchtraum. Dass die Zahl der Heimatromane und -erzählungen seit der Mitte des 19. Jahrhunderts kontinuierlich anwuchs, entsprach den Wunschvorstellungen breiter Leserschichten, die sich durch die Zusammenballung so vieler Menschen in den großen Städten und durch die für viele sinkende Lebensqualität in ihnen nach Gegenbildern zu den realen Verhältnissen sehnten. Das auf der Opposition von städtischem Leben und ländlicher Idylle aufbauende Genre selbst, dessen Wurzeln bis in die Antike zurückreichen, hat im 19. Jahrhundert durchaus auch Autoren von Rang angezogen, allen voran den Schweizer Jeremias Gotthelf (vgl. seinen 1846 und 1849 erschienenen Doppelroman *Uli der Knecht – Uli der Pächter*). Zur vielgelesenen Unterhaltungsliteratur aber wurde es durch Berthold Auerbachs *Schwarzwälder Dorfgeschichten* (1843–53) und seinen Erfolgsroman *Barfüßele* (1856), in dem das Aschenputtelmotiv aufgegriffen und eine verwaiste Gänsemagd zur Braut eines reichen Bauernsohnes auserwählt wird. Auerbachs Erfolg veranlasste viele Schriftsteller, ähnliche Dorfgeschichten zu schreiben, und bald hatte jede Region ihre Heimatschriftsteller.[124] Damit ging, was die bedeutendsten Autoren des sogenannten Biedermeier bewegte, das ersehnte Idyllische in seinen Gefährdungen zu zeigen, endgültig verloren. Das Heimatmotiv diente fortan vorrangig dem Hervorrufen sentimentaler Effekte. Die größte Breitenwirkung erzielten mit dieser Absicht freilich erst einige Autoren um die Jahrhundertwende, etwa Gustav Frenssen (*Jörn Uhl*, 1901) oder Peter Rosegger (*Als ich noch der Waldbauernbub war* (1900–1902), vor allem aber Ludwig Ganghofer. Seine millionenfach verkauften Bücher (u. a. *Schloß Hubertus*, 1895; *Das Schweigen im Walde*, 1899), in denen inmitten einer verklärten Hochgebirgswelt Liebesverhältnisse und Familienkonflikte emotional aufwendig durchgespielt werden, sind auch in ideologiegeschichtlicher Hinsicht von Interesse, weil er wie kaum ein anderer vor dem Dritten Reich die Berglandschaft mit der Vorstellung vom gesunden Menschen verband. Im 3. Band seiner Autobiographie *Lebenslauf eines Optimisten* (1909–1911) entwarf er ein Programm für die Gesundung des Volkes mit Raum, das sich, vor allem in der Forderung, die ‚Ungesunden' auszustoßen oder auszumerzen, wie ein Vorwort zum Programm des Nationalsozialismus liest. Der Erfolg Ganghofers, der übrigens von Kaiser Wilhelm II. besonders geschätzt wurde, trug dazu bei, dass in den folgenden Jahrzehnten eine Unmenge völkisch bestimmter Heimatliteratur entstand (vgl. etwa *Wiltfeber der ewige Deutsche*, 1912, von Hermann Burte), die schließlich nahtlos in die Blut- und Boden-Literatur der Nazis mündete. Es ist aufschlussreich zu wissen, dass Ganghofers Bücher nach dem 2. Weltkrieg in der Bundesrepublik wieder in Millionen von Exemplaren verlegt und verkauft worden sind und dass die Heimat- und Bergromane in Heftform das Motiv der Bindung der Protagonisten an die fruchtbare heimatliche Scholle ungestört weitertragen.[125]

Entwicklungen des Romans in Frankreich

Während in der Heimatliteratur die Auseinandersetzung mit der Realität verloren ging, bemühten sich die bedeutendsten deutschen Autoren seit der Jahrhundertmitte gerade um die besten Möglichkeiten ihrer Vergegenwärtigung. Es ist bezeichnend, dass diese Bemühungen, zumal in den 50er Jahren, mit theoretischen Erwägungen einhergingen, die allerdings angesichts der tatsächlichen Entwicklung der europäischen Literatur einigermaßen reduziert erscheinen. Man muss die Entwicklung gerade des französischen Romans vor Augen haben, um ermessen zu können, in welchen Grenzen sich die deutsche Prosaliteratur in dieser Zeit bewegte.

In Frankreich hatte zuerst Stendhal (d. i. Henri Beyle) in seinem Roman *Le Rouge et le Noir* (1830) die Charaktere und Handlungen seiner Figuren eng mit zeitgeschichtlichen politischen und sozialen Verhältnissen verknüpft, bis Honoré de Balzac (u. a. *Le père Goriot*, 1834/35) die Darstellung des zeitgenössischen Lebens als seine ureigenste Aufgabe begriff. Um größte Wirklichkeitsnähe bemüht, beschrieb er Landschaften, Wohnviertel, Wohnungen usw., um Wechselbeziehungen zwischen dem Milieu seiner Figuren und deren Charaktere, Gesinnungen und Entscheidungen verständlich werden zu lassen. Damit wurde er zum eigentlichen Begründer des sich um das Alltägliche bemühenden modernen Realismus, dem in den fünfziger Jahren Gustave Flaubert (*Madame Bovary*, 1856) eine neue Nuance gab, indem er konsequent die Erzählhaltung wechselte. Während Stendhal und Balzac die Geschichten, die sie erzählten, mit teilweise gerührten, teilweise ironischen, teilweise sachlichen Kommentaren begleiteten, verzichtete Flaubert auf den Einschub eigener Meinungen fast vollständig und begnügte sich, die erzählten Vorgänge für sich selbst sprechen zu lassen. Diese Sachlichkeit, das Sich-Versenken in die Figuren und die eigene Zurücknahme als Erzähler, beruhte auf der Überzeugung, dass die Realität bereits das eigentliche Kunstwerk sei und der Künstler sie deshalb nur genau nachzuahmen habe, eine Auffassung, die in den folgenden Jahrzehnten im Naturalismus ihre volle Wirkung entfaltete und viele Erzähler des 20. Jahrhunderts beeinflusste. Was Flaubert mit Stendhal und Balzac verband, war sein Interesse für das kleine Bürgertum und die Einbettung alltäglicher Vorgänge in die geschichtliche Epoche; was ihn von seinen Vorgängern abhob, war sein scharfer Blick auf die Leere und Trostlosigkeit menschlichen Miteinanders in der zeitgeschichtlich geprägten bürgerlichen Kultur.

Gehörte es zur Überzeugung der französischen Realisten, die Schattenseiten der Realität nicht auszusparen, so machten wenig später die Brüder Edmond und Jules Goncourt (*Germine Lacerteux*, 1864) daraus ein Programm. Obwohl selbst halbaristokratische Großbürger und mit der Not der untersten sozialen Schichten wenig vertraut, zeigten sie sich vom sinnlichen Reiz des ‚Hässlichen' fasziniert (hierin

Charles Baudelaire geistesverwandt, dessen Gedichtband *Fleurs du Mal* schon 1857 erschienen war). Man mag darin einen späten Protest gegen die idealisierende Literatur der klassisch-romantischen Periode erkennen, in Wahrheit war es eher die ästhetische Ausbeutung eines bis dahin tabuierten Wirklichkeitsausschnitts. – Von ganz anderer Intention waren die Werke Emile Zolas (u. a. *Germinal*, 1888) getragen. Wenn er über das Leben in einem nordfranzösischen Kohlerevier schrieb und dabei die optischen und akustischen Eindrücke so exakt wiederzugeben suchte, wie es sprachlich möglich war, so nicht, um dem Elend einen makabren ästhetischen Genuss abzugewinnen, sondern um eine soziale Anklage zu erheben. Gleichwohl haben seine mit detaillierten Kenntnissen gefüllten Industriearbeiterromane, jedenfalls in Deutschland, in erster Linie den Schreibstil der Naturalisten beeinflusst (vgl. u.), während ihre aufklärende und erschütternde Thematik eher verdrängt wurde.

Die ‚Realismus'-Diskussion in Deutschland und ihre Folgen

Während die französische Prosaliteratur, mehr noch als die englische und russische, die sozialen Probleme der Jahrhundertmitte aufgriff und ihre psychologischen Implikationen vor Augen führte, wahrte die deutsche Literatur in dieser Hinsicht Distanz. Immerhin begann in den fünfziger Jahren in Deutschland eine Diskussion über den ‚Realismus', nicht über den erkenntnistheoretischen, sondern über den ästhetischen Aspekt dieses Begriffs. In ihr ging es im weitesten Sinn um die Art und Weise der Beziehungen zwischen historischer Wirklichkeit und ihrer Gestaltung in Kunstwerken. Maßgeblich für diese Diskussion wurden zwei Schriften von Theodor Fontane und Otto Ludwig. In seinem Aufsatz *Unsere lyrische und epische Poesie seit 1848* (1853) distanzierte sich Fontane nicht nur von der tendenziösen Kunst des Vormärz, sondern auch von Bestrebungen, die Nachahmung der Wirklichkeit auf ‚die bloße Sinnenwelt', das ‚bloß Handgreifliche' zu reduzieren. So wie er sich später gegen Zolas ‚Reportertum' wandte, ist diese frühe Schrift ein Plädoyer für die Gestaltung des ‚Wahren', das sich gerade durch die ästhetische Bearbeitung deutlich zum Ausdruck bringen lässt. Otto Ludwig prägte in seinen 1871 postum erschienenen *Shakespeare-Studien* dafür den Begriff des ‚poetischen Realismus' (während der konkurrierende Begriff des ‚bürgerlichen Realismus' erst eine Erfindung der Germanistik in der zweiten Hälfte des 20. Jahrhunderts ist[126] und stärker den Gesellschaftsbezug der Literatur nach 1848 in den Blick nimmt). Die erzählte Wirklichkeit sollte poetisch überhöht oder ‚verklärt', auf diese Weise das Hässliche zwar nicht verleugnet, aber doch entschärft werden, damit das ideelle Anliegen des Dichters um so deutlicher hervortreten könne. Ludwigs eigentlich als Roman zu bezeichnende Novelle *Zwischen Himmel und Erde* (1856) belegt dieses Konzept.

Detailliert und präzise in der Wiedergabe der Enge einer deutschen Kleinstadt und der psychischen Verhaltensweisen zweier gegensätzlich veranlagter Brüder, geht es doch letztlich darum, den Erfolg des Gewissenhaften der beiden und dessen sittliche Ideale zu propagieren.

Es ist dieses Beharren auf der ‚Verklärung' der Verhältnisse, zu der sich Fontane noch in den 80er Jahren in seinen Briefen wiederholt bekannt hat, das die deutschen Realisten den Anschluss an die Entwicklung des europäischen Romans nicht hat finden lassen. Vom französischen Realismus zeigte sich noch am ehesten Friedrich Spielhagen (*Beiträge zur Theorie und Technik des Romans*, 1871/82) beeindruckt, der im Sinne Flauberts das Zurücktreten des Erzählers forderte, ohne dass sich diese Forderung in der Praxis durchsetzen konnte. Erst die Naturalisten bekannten sich in den letzten beiden Jahrzehnten des Jahrhunderts unter dem Einfluss der Franzosen, aber auch technischer Innovationen wie der Fotografie zur genauen Abbildung der Wirklichkeit, was insbesondere die Dramenliteratur beeinflusste, aber in der Realismusdiskussion die Kritik und die Abgrenzungswünsche eines Fontane und anderer motivierte.

Dorf und Kleinstadt als Schauplätze der Realisten

Die literarisch bedeutendsten deutschsprachigen Realisten des 19. Jahrhunderts wählten fast alle als Schauplatz und Mittelpunkt ihrer Erzählungen das Dorf bzw. die kleine Stadt. Selbst Wilhelm Raabe und Theodor Fontane, die ihre Romanhandlungen häufiger nach Berlin und seine Umgebung legten, gingen an der industriell geprägten Großstadt und ihren sozialen Problemen eher vorbei. Raabe schilderte Rückzugsorte in der Stadt, Fontane verklärte Berlin zu einer Ansiedlung preußisch gesinnten Bürgertums und Adels (spöttisch bezeichnet als ‚Fontanopolis'). Gerade die Wahl der Schauplätze macht die Abkoppelung der deutschen Erzählliteratur von der europäischen augenfällig und zeigt zugleich, wie stark die Tradition des Biedermeier fortwirkte. Dazu passt die bei vielen Autoren festzustellende, ziemlich diffuse Abwehrhaltung gegenüber den neuen, mit der Entwicklung der Großstadt und der industriellen Arbeitswelt einhergehenden Zeittendenzen, die, auch noch am Ende des Jahrhunderts, in der Dämonisierung der Technik ihren Ausdruck findet (etwa in Conrad Albertis Roman *Maschinen* (1895) oder in der Verdrängung sozialer Notstände durch das Trostangebot der Religion (wie in Max Kretzers Roman *Das Gesicht Christi*, 1896) oder ganz allgemein im Kollektivsymbol der als Bedrohung erscheinenden Flut[127] – man denke an Friedrich Spielhagens Roman *Sturmflut* (1877) oder an Theodor Storms Novellen *Carsten Curator* (1878) und *Der Schimmelreiter* (1888), in denen zumindest unterschwellig auf die zerstörerische Dynamik des Kapitalismus angespielt wird.

Keller, Storm und andere

Die in Dörfern und kleinen Städten der Schweiz lebenden Kleinbürger bilden die Figurenwelt Gottfried Kellers, dessen resignativer, gern als Gegenstück zu Gustav Freytags *Soll und Haben* angesehener Bildungs- und Gesellschaftsroman *Der grüne Heinrich* schon vorgestellt wurde. In seinen zahlreichen Novellen, von denen hier exemplarisch nur zwei herausgegriffen werden können, äußert sich Gesellschaftskritik auf ganz unterschiedliche Weise. *Romeo und Julia auf dem Dorfe*, erschienen 1856 in Kellers bekanntester Novellensammlung *Die Leute von Seldwyla* (andere Sammlungen erschienen 1876 als *Züricher Novellen* oder 1881 als *Das Sinngedicht*), ist eine tragische Liebesgeschichte, eine der ergeifendsten und kunstvollsten in deutscher Sprache, die stofflich auf Shakespeares Tragödie *Romeo und Julia* zurückgreift. Auch bei Keller steht die – bei ihm ausführlich in ihrem Ursprung gezeigte – Feindseligkeit zweier Familien der Liebe der beiden Kinder dieser Familien entgegen. Die Familienoberhäupter, zwei Bauern, werden dabei nicht als Individuen, sondern als gleichsam auswechselbare Vertreter einer ökonomisch orientierten Lebensform vorgestellt – so ähnlich sind ihre ganz dem wirtschaftlichen Nützlichkeitsdenken verhafteten Wertvorstellungen und Verhaltensweisen, die sie schließlich in jeder Hinsicht ‚verarmen' lassen. Ihre Kinder können ihre Liebe nur verwirklichen, indem sie die gesellschaftliche Konvention sprengen, versinnbildlicht dadurch, dass sie am Tanzfest eines Außenseiters, des schwarzen Geigers, teilnehmen, bevor sie von einem Kahn, ihrem Hochzeitsbett, in den Tod gleiten. Die Erfüllung ihrer Liebe erscheint ihnen, denen das Glück durch die bourgoisen Denkkategorien ihrer Väter versperrt ist, nur im Abschied von dieser Welt möglich. Was sie ersehnen, die Hingabe an den geliebten Menschen in einer bürgerlichen Ehe, wird ihnen durch die Kehrseite bürgerlicher Normativität, den Eigennutz ihrer Väter, denen sie sich ausgeliefert fühlen, verwehrt.

Ganz anders als *Romeo und Julia* wird Kellers berühmteste Novelle *Kleider machen Leute*, die er 1874 im zweiten Teil der *Leute von Seldwyla* veröffentlichte, von der Erzählhaltung des distanziert nachsichtigen Humoristen getragen. Auch in dieser Novelle ist die gewinnsüchtige Bourgoisie Gegenstand der Gesellschaftskritik. Die Goldacher Geschäftsleute versuchen aus dem gut gekleideten Fremden, den sie für einen polnischen Grafen halten, obwohl er in Wahrheit nur der arbeitslose Schneider Wenzel Strapinski aus dem Nachbarstädtchen Seldwyla ist, ihren Profit zu ziehen, indem sie ihn unterwürfig hofieren. Der verträumte Schneider besitzt nicht die Kraft, sich aus der Rolle, in die er unversehens hineingeraten ist, zu befreien. Als er sich mit Nettchen, der Tochter des Bürgermeisters, verlobt, wird sein falsches Spiel während des Festes durch Gäste aus Seldwyla entlarvt. Vernichtet verlässt er die Gesellschaft und wird von seiner Verlobten, die ihm nachgeeilt ist, halb erfroren gefunden und gerettet. Aller Konvention zum Trotz, verzeiht sie ihm und gründet mit ihm in Seldwyla, wo er ein angesehener Tuchherr wird, eine kinderreiche Familie. Das Problem, das Keller mit diesem Text aufwirft, ist die Verführbarkeit der Bürger durch den schönen Schein, der ihr kleinlich geführtes Leben kompensieren soll. Nicht nur die Goldacher und auch Nettchen, die in dem Schneider zunächst ihren erträumten Märchenprinzen sieht, sind ihm erlegen, auch dieser selbst unterwirft sich in seiner angenommenen Rolle dem falschen Spiel nicht ohne Faszination. Die Überwindung der Beschämung gelingt nur durch den Realitätssinn Nettchens, der eigentlichen Heldin dieser Geschichte. Sie zeigt, dass Wunder sich nicht in realitätsfremden Träumereien ereignen, sondern durch die Haltung praktischer Humanität in der gesellschaftlichen Wirklichkeit.

Zu den einem poetischen Realismus folgenden Autoren von Novellen gehören auch Kellers Landsmann Conrad Ferdinand Meyer, der vornehmlich historische Stoffe gestaltete, sowie Theodor Storm, Kellers norddeutscher Antipode. Die Novelle drängte sich in der zweiten Jahrhunderthälfte unter den Prosagattungen ganz in den Vordergrund und wurde auch theoretisch begleitet – etwa von dem selbst ein umfangreiches Novellenwerk hinterlassenden Paul Heyse, der 1871 in seiner Einleitung zu der von ihm und Hermann Kurz herausgegebenen Sammlung *Deutscher Novellenschatz* von der ‚Silhouette' sprach, dem unverwechselbaren Grundmotiv, von dem jedes Beispiel der Gattung getragen werden müsse, und damit eine programmatische Forderung aufstellte, die in einer Zeit unbewältigter Umbrüche dem Regelbedürfnis des literarisch interessierten Publikums entgegenkommen mochte.

Unter den zahlreichen Novellen Storms verdienen unter gesellschaftskritischem Aspekt *Hans und Heinz Kirch* (1882) und *Der Schimmelreiter* (1888) besondere Aufmerksamkeit. In *Hans und Heinz Kirch* lässt sich besonders gut nachvollziehen, wie Storm seine Handlungen durch überlegte Raumdarstellungen vorbereitet,[128] wobei der Geschehensraum nicht Heimatstimmungen erwecken, sondern als Brennpunkt sozialer Verhältnisse verstanden werden soll. Die Enge der kleinen Stadt am Meer, die Storm in dieser Novelle beschreibt, verweist auf die verengten Lebensgewohnheiten ihrer Bewohner. Von striktem Arbeitsethos erfüllt, am wirtschaftlichen Erfolg orientiert, von Konkurrenzgefühlen und Aufstiegswillen gesteuert, zeichnet Storm das abschreckende Bild einer Bürgergesellschaft, die sich an Sekundärtugenden wie Pünktlichkeit, Ordnungsliebe, Fleiß usw. festklammert, dafür aber menschlich verkümmert. Zu welchen Konsequenzen eine solche sich selbst versklavende und freudlose Lebenshaltung führen kann, wird am Vater-Sohn-Konflikt zwischen Hans und Heinz Kirch gezeigt. Heinz Kirch, der den Vorstellungen seines Vaters nicht entspricht, wird von diesem verstoßen, wobei die unterschiedlichsten Formen des Verstoßens vom jähen Wutausbruch bis zur Verleugnung und zur kalkulierten Unbarmherzigkeit durchgespielt werden. Das Gegenbild zur Selbstentfremdung des Vaters, der hilflos wie eine Marionette am Gängelband seiner Erwartungen hängt, leuchtet in der Liebe des Sohnes zu der sozial unterprivilegierten Wieb auf, in einer Liebe, die durch erzwungene Trennung und gesellschaftliche Vorurteile vernichtet wird. Das Schuldbewusstsein des Vaters, der am Ende vom Schlag getroffen wird, kommt zu spät. Es führt auch nicht zu einer klaren Selbsterkenntnis (allein im Traum leuchtet sie als Ahnung auf), sondern nur in die Angst, im Jenseits bestraft zu werden. Aus den Schlussszenen, in denen sich ausgerechnet die ins Unglück gestürzte Wieb fürsorglich um den Alten kümmert, spricht Storms Überzeugung, dass neben dem Eros nur die weibliche Caritas die deformierte bürgerliche Welt befreien könne.

Obwohl Storm es vermied, sich offen auf konkrete zeitgeschichtliche Ereignisse zu beziehen, setzte er sich doch sehr wohl mit den Wertvorstellungen der bürgerlichen Gesellschaft und den geistigen Strömungen seiner Zeit auseinander – in seiner letzten und bekanntesten Novelle, im *Schimmelreiter*, mit dem allgemeinen Vertrauen in die Leistung wissenschaftlicher Rationalität. Hauke Haien, der Held der innerhalb einer gestaffelten Rahmenhandlung von einem aufgeklärten Schulmeister einem Reisenden erzählten Geschichte, wird als ein hochbegabter, vom Glauben an den technischen Fortschritt beseelter, von brennendem Arbeitseifer erfüllter Deichbauer charakterisiert, der, obwohl er eine Gestalt aus ferner Vergangenheit ist, als Typus des erfolgreichen Ingenieurs ganz dem optimistischen Menschenbild in den Gründerjahren entspricht und auch den Reisenden, der im Unwetter einen Schimmelreiter gesehen zu haben meint, fasziniert. Der Schulmeister erzählt, wie die Pläne dieses durch eine Heirat zum Deichgrafen aufgestiegenen Mannes gescheitert sind – zum einen am Widerstand der seinen kühnen Plänen misstrauenden reichen Bauern, die keine Mittel für das Gemeinschaftswerk eines neuen Deichs bereitstellen wollten, zum anderen am Aberglauben der besitzlosen Deicharbeiter, die ein Bauernopfer, „was Lebigs", als Tribut verlangten, schließlich an seiner eigenen Hybris, allein etwas vollbringen zu wollen, was die Gemeinschaft nicht mitträgt, und auch an einer momentanen Nachgiebigkeit seinem größten Rivalen gegenüber. Als eine Sturmflut seinen unvollendeten Deich durchbricht, so erzählt der Schulmeister, wird er selbst zum Opfer des Meeres und geistert seither als Schimmelreiter und Teufelsbündner durch die Phantasie der anhaltend abergläubischen einfachen Leute. Durch die Erzähltechnik eines doppelten Rahmens verwebt Storm höchst kunstvoll verschiedene Bewusstseinsebenen und führt den Leser, der sich in dem Reisenden wiedererkennen mag, in die gleiche tiefe Verunsicherung gegenüber der Fortschrittsgläubigkeit hinein, die er selbst empfand.

Seiner Heimatregion verbunden blieb auch der populäre, in mecklenburgischem Dialekt schreibende, stilistisch dem mündlichen Erzählen nahekommende Fritz Reuter, der in *Ut mine Stromtid* (1862–64), seinem ein ganzes Gesellschaftspanorama entwerfenden Hauptwerk, soziale und politische Spannungen innerhalb der Landbevölkerung heraushob und den Glücksanspruch der ‚kleinen Leute' verteidigte. Sein österreichisches Pendant fand er in Marie von Ebner-Eschenbach (*Dorf- und Schloßgeschichten*, 1884; *Das Gemeindekind*, 1887), die gegen feudalistische Willkür ankämpfte und ihre christlichen Wertvorstellungen nicht moralisierend verkündete, sondern durch das Handeln ihrer Hauptfiguren hervortreten ließ. Ebenfalls zeitgeschichtliche Stoffe bevorzugte der Österreicher Ferdinand von Saar (*Novellen aus Österreich*, 1877), der, auf Joseph Roth voraus weisend, die Dekadenz der Militärwelt der Donaumonarchie akzentuierte.

Raabe

Auch Wilhelm Raabe, auf den bereits im Zusammenhang mit dem Bildungsroman eingegangen worden ist, verankerte seine gesellschaftskritischen Erzählungen gerne im Milieu seiner niedersächsischen Heimatregion, was ihn nicht hinderte, auf gesamtgesellschaftliche Probleme hinzuweisen und dabei einen durch seine vielen Anspielungen auf die Weltliteratur und symbolische Überhöhungen gekennzeichneten, ganz dem ‚poetischen Realismus' entsprechenden Erzählstil zu entwickeln, durch den sich, zumindest für den literarische gebildeten Leser, Horizonte eröffneten, die das Lokale weit überstiegen. In seiner Erzählung *Zum wilden Mann* (1873) etwa, in der ein Unternehmer von seinem Freund, einem Apotheker, rücksichtslos Geld zurückfordert, wird der Verlust von dessen Freundschafts-Illusion durch die Leere eines Raumes nach dem Verkauf der ihn zum ‚Wohnraum' erhebenden Möbel und Bilder verdeutlicht. Zu den versteigerten Bildern gehören auch Darstellungen von Szenen der 48er-Revolution, die den Apotheker als Liberalen erkennen lassen, worin sich Raabes Hinweis auf den Ausverkauf des Liberalismus versteckt. Der kleine Roman *Horacker* (1876) wendet sich gegen Konformismus und Gerüchtebildung und zeigt dabei zugleich durch Anspielungen auf die Genres der Abenteuer- und Kriminalliteratur (vgl. u.), wie literarische Muster die Wahrnehmung zu steuern vermögen und die heile Welt friedlichen Zusammenlebens zerstören können. Von der Sehnsucht nach der Idylle ist auch *Pfisters Mühle* (1884) geprägt. Sie ist gefährdet durch den Bau einer Fabrik, die an der Stelle des vormaligen Ausflugslokals gebaut wird. Raabe belegt hier die gefährdende Macht der Industrialisierung an der bedenkenlosen Umweltzerstörung durch verseuchte und stinkende Abwässer. Diese Darstellung (des ‚Hässlichen') wirkte offenbar so ernüchternd und einem bürgerlichen Lesepublikum so wenig zumutbar, dass sowohl ‚Westermanns Monatshefte' als auch die ‚Deutsche Rundschau' den Abdruck des Textes ablehnten, obwohl doch dem Helden des Romans, dem ebenfalls die Natur zerstörenden Waschmittelfabrikanten Asche, am Ende bescheinigt wird, dass Leute seines Schlages Idyllen wie Pfisters Mühle noch am ehesten erhalten könnten – worin man auch Raabes Resignation angesichts der realistisch eingeschätzten Unaufhaltsamkeit der gründerzeitlichen Umgestaltung einer vom Kapital gesteuerten Welt erkennen mag. Der Verlust der Idylle wird schließlich auch in *Die Akten des Vogelsangs* (1896) thematisiert. Die dem Bauboom des ausgehenden Jahrhunderts gewichene Gartenvorstadt Vogelsang erscheint in der Retrospektive als ein Ort ungestörten Zusammenlebens und emotionalen Reichtums. Am Verhalten dreier junger Menschen, die in dieser heilen Welt aufgewachsen sind, verdeutlicht Raabe das Abgleiten der Gründerzeitgesellschaft in puren Materialismus und Selbstzerstörung. Auch der Erzähler des Romans, einer der drei Protagonisten, vermag sich der Sinnkrise nicht zu entziehen: Der Erzählvorgang zerfällt in einzelne ‚Akten', die zusammengestellt werden und das sich brechende Bild einer zerbrochenen Welt wiedergeben.

Wilhelm Buschs Bildergeschichten

Man mag darüber streiten, ob Wilhelm Busch, der vielleicht populärste Autor seiner Zeit, mit dem von ihm entwickelten Genre der Bildergeschichte in den Zusammenhang der Prosaschriftsteller einzuordnen ist, zumal die Texte unter seinen Zeichnungen Verse, meist Knittelverse, sind. Doch stehen die Bilder, die eine Geschichte erzählen (wobei das Geschehen punktuell dargestellt werden muss, Busch durch die richtige Wahl der transitorischen Momente aber den Zeitverlauf fühlbar werden lässt), neben den Versen vollkommen gleichrangig. Aus der Spannung zwischen Bildern und Versen erwächst zumeist auch die Komik der Situationen und schlägt sich des Autors Schwarzer Humor und sein böser Blick auf die Gesellschaft nieder.

Bis heute gilt Busch, der seine Bildergeschichten zwischen 1858 und 1884 veröffentlichte, als Humorist, der die kleinen Missgeschicke des Alltags belächelt. Diese Einschätzung aber beruht auf einem Missverständnis oder auf unbewussten Abwehrhaltungen. Die Bildergeschichten sind in hohem Maße von Motiven der Gewalt und der Qual, der Misshandlung und des Totschlags bestimmt. Dass man trotzdem über sie lachen kann, liegt an ihrem Spielcharakter, der überall durchscheint und die innere Distanzierung des Rezipienten von dem dargestellten Fürchterlichen, dem Angstanlass, erlaubt. Busch sichert diesen Spielcharakter durch das Bizarre seiner Zeichnungen, durch den Kontrast zwischen Bild und Text, die trockene und pointierte Kommentierung der grausigsten Vorkommnisse und vieles andere mehr.[129]

Doch auch der spielerische Umgang mit dem Tabuierten verhindert nicht, dass das Tabuierte aufgerufen wird und damit wie aller Schwarzer Humor bewirkt, dass den meisten das Lachen im Halse steckenbleibt – man denke nur an so makabre kleine Geschichten wie *Der Eispeter* (1863) oder *Eine kalte Geschichte* (1877/78).

Berühmt wurde Busch mit seiner 1865 erschienenen Bildergeschichte *Max und Moritz*, die bis heute in zahlreichen Übersetzungen und auch Bearbeitungen erscheint. In ihr wird, wie später in *Plisch und Plum* (1882), das Thema angeschnitten, das ihm auch aufgrund seiner eigenen Biographie[130] besonders beschäftigte, die herzlose Behandlung von Kindern, die mit ihren Streichen das kleinbürgerliche Wohlverhalten unterlaufen. Buschs wilde, triebhafte Kindergestalten stehen dabei in krassem Widerspruch zum Wunschbild des unschuldigen Kindes, das im 19. Jahrhundert aufgebaut wurde[131], konterkarieren gleichsam die ‚gute Kinderstube'. Aber anders als Heinrich Hoffmanns *Struwwelpeter* (1847), dem bis heute vielleicht erfolgreichsten deutschen Kinderbuch, werden bei Busch nicht die Kinder blamiert, sondern die Erwachsenen. Deren Domestizierungsversuche, die zwangsläufig auch entsprechende Reaktionen bei ihren Zöglingen auslösen, werden als zutiefst inhuman entlarvt. Während Hoffmann als Verfechter der ‚schwarzen Pädagogik'[132] erscheint, zeigt Busch gerade deren Unangemessenheit – in anderen Geschichten auch im Umgang mit Tieren, die sich nicht der Dressur fügen (*Hans Huckebein*, 1867; *Fipps der Affe*, 1879). Andere Geschichten (wie *Die fromme Helene*, 1872) nehmen die Frömmelei aufs Korn oder schildern (wie die zwischen 1875–77 entstandene *Knopp-Trilogie*) ganze von Verlogenheit durchdrungene Lebensläufe von Philistern. Mit den Selbsttäuschungen des Künstlers in *Balduin Bählamm* (1883) und *Maler Klecksel* (1884) beendete Busch seine Bildergeschichten und widmete sich danach der Lyrik und der Malerei.

Auch wenn er sich in den Bildergeschichten ebenso wie die meisten ‚Realisten' seiner Zeit auf den engen Raum des Dorfes und der Kleinstadt konzentrierte, in dem weder die Industrialisierung noch die großen sozialen Umwälzungen ihren Platz haben, so darf doch dieser Rückzug in die Idylle über die Grundsätzlichkeit von Buschs Gesellschaftskritik nicht hinwegtäuschen. Selbst wenn die Szenen seiner Bildergeschichten fast alle im Wohnzimmer oder der kultivierten Natur spielen, Arbeitsräume bis auf einige des Handwerks und der Landwirtschaft bei ihm nicht in Erscheinung treten, werden gleichwohl bei genauem Hinsehen alle die Verkehrsformen sichtbar, die den Kapitalmarkt, die Industrialisierung, die Bürokratie bestimmten.[133] Die Begriffe Entfremdung und Verdinglichung werden von Busch zwar nicht gebraucht, aber seine Figuren sind entfremdet – von sich selbst und den Dingen um sie herum (man denke nur an die Tücke der Objekte, an die

Der Wächter singt: Bewahrt das Licht!
Der kalte Meister hört es nicht.
(Aus: Wilhelm Busch, Eine kalte Geschichte)

Erfahrung seiner Helden, die Dinge nicht kontrollieren zu können) – und ihre Beziehungen untereinander sind verdinglicht, wie zahlreiche Bildergeschichten es belegen.[134]

Wenn man weiterhin an die ständigen Auseinandersetzungen in Buschs Bilderwelt denkt, an die spontane und die überwiegend planende Aggressivität, an die Freude der Überlegenen, die Triumphgebärden der Sieger[135], an den vielfältigen Ausdruck von Schadenfreude auf den Gesichtern, so wird hier der Konkurrenzgesellschaft der Spiegel vorgehalten. Manches erscheint so überzeichnet, so absurd, dass das Erschreckende vom Betrachter weggeschoben und im Gelächter enden kann, allerdings in einem kurzen, gequälten, im ambivalenten Gelächter des Schwarzen Humors.

Es gibt zu denken, wenn ein großes Publikum bis heute in Busch nur den heiteren Versemacher zu sehen gewillt ist und über seine das Fürchten lehrenden Darstellungen des menschlichen Zusammenlebens lieber hinwegsieht – als ob beim Betrachten und der Lektüre seiner Geschichten etwas verdrängt werden muss, was auf die eigene Geschichte und Gegenwart einen zu dunklen Schatten würfe.

Die ‚Gesellschaftsromane' Fontanes

Unter all den deutschen Realisten kommt Theodor Fontane als Erzähler eine Sonderstellung zu. Als einziger gewinnt er Anschluss an den europäischen, insbesondere den französischen Gesellschaftsroman. Zwar sind die von ihm erzählten Geschichten wie bei den zuvor genannten Autoren ebenfalls in einem bestimmten Raum, in diesem Fall in der Lebenswelt der sogenannten ‚guten Gesellschaft' Berlins und Brandenburgs und ihrem preußischen Traditionalismus, verankert, doch geht die von ihm immer wieder aufgegriffene Thematik des Gefangenseins der Menschen in sozialen Rollen und der sich daraus ergebenden, zum Teil tragischen Konflikte entschieden über jeden Regionalismus hinaus und öffnet den Blick für ein gesamtgesellschaftliches Problem. Mit der sozialen Notlage vieler Menschen in den Großstädten, die zu beschreiben die Naturalisten (vgl. u.) in der Nachfolge Zolas forderten, hat diese Thematik allerdings wenig zu tun. Fontanes Welt ist die des untergehenden Adels, der sich seiner Überlebtheit bewusst zu werden beginnt, und die der sich an die Lebensführung und Wertvorstellungen dieser Schicht anklammernden gutsituierten Bürger. Insofern sind die meisten seiner Romane zwar keine ausdrücklich ‚sozialen' Romane, gleichwohl aber ‚Gesellschaftsromane'. Sie sind dies nicht zuletzt auch deswegen, weil Fontane sich von Genres löste, die gesellschaftliche Probleme eher an den Rand drängten. Weder schrieb er Bildungsromane, noch blieb er nach seinem Romandebüt (*Vor dem Sturm*, 1878) dem historischen Roman verhaftet, und auch der Heimatroman reizte ihn trotz seines Interesses für lokale Besonderheiten nicht. Lediglich die den Zusammenhang von Schuld und Sühne herausstellende Verbrechensliteratur[136] faszinierte ihn zunächst (u. a. *Unterm Birnbaum*, 1885; *Quitt*, 1890) und verwies auf seine Begabung als Dichter von Balladen, in denen dieser Zusammenhang oft thematisiert wird. Fontanes durch seine Hauptwerke begründete Singularität unter seinen Zeitgenossen ist zudem auf eine von ihm immer stärker entwickelte Erzähltechnik zurückzuführen, die seine Texte unverwechselbar machen, auf die Zurückstellung erzählter Handlungen zugunsten der Wiedergabe von Gesprächen. Während die Handlungen zu großen Teilen aus Versatzstücken zusammengefügt sind (der Zusammenkunft bei einem Gastgeber, dem Ausflug aufs Land, dem Spaziergang u. ä.), entfaltet sich Fontanes Talent in den Dialogen. Deren ästhetische Bedeutung liegt weniger in der Suggestion von Wirklichkeitsnähe, obwohl zum Beispiel die Konversationskultur der gesellschaftlichen Oberschicht auf diese Weise glänzend eingefangen wird[137], als vielmehr in der Möglichkeit, verschiedene Standpunkte unmittelbar aufeinandertreffen zu lassen, die Sprechenden durch die Art ihrer Äußerungen zu charakterisieren und manche von ihnen dabei auch in ihren einseitigen Ansichten ironisch zu entlarven.

Das zentrale Thema der meisten großen Erzählungen Fontanes ist die bürgerliche Institution der Ehe. Während in den frühen ‚Eheromanen' (etwa in *L'Adultera*, 1880, oder *Cécile*, 1888), die zugleich Berliner Gesellschaftsromane sind, ganz gegen den allgemeinen Zeitgeist um Verständnis für den weiblichen Ehebruch geworben wird, wobei die mit dem Scheitern der Ehe einhergehende gesellschaftliche Verurteilung in *Cécile* konsequent und in ihren Auswirkungen auf die Psyche der Heldin auch besonders differenziert verfolgt wird, bleiben die beiden etwa zur gleichen Zeit entstandenen und aufeinander bezogenen Romane *Irrungen Wirrungen* (1887) und *Stine* (1890) gleichsam im Vorfeld der Ehe, deren Zustandekommen durch Standesschranken verhindert wird. Dieses traditionelle Motiv gewinnt in beiden Texten dadurch einen besonderen Reiz, als ihre weiblichen Hauptfiguren der sozialen Unterschicht entstammen, deren Alltag, deren Moralvorstellungen, deren Redensarten Fontane authentisch wiederzugeben verstand, was ihm von den Naturalisten viel Anerkennung einbrachte, obwohl er gerade in diesen Romanen gekonnt die Kunst der ‚Verklärung' (vgl. o.) einsetzte, indem er die ‚hässlichen' und tragischen Aspekte der Handlung zwar nicht aussparte, aber doch eher nur andeutete als vertiefte und sie damit dem Leser erträglicher zu machen suchte. In Wahrheit ging es Fontane in diesen Romanen auch weniger um die Schicksale der beiden Mädchen, die sich reinen Herzens, aber im Bewusstsein der Aussichtslosigkeit ihren aristokratischen Verehrern zuwenden, als um deren sich aus ihrer eigenen Herkunft ergebende, sie in Konfliktlagen bringende Vorbehalte. Beide vermögen sich nicht aus ihren sozialen Bindungen zu lösen, deren Irrelevanz sie doch durchschauen. Während Botho in *Irrungen Wirrungen*, um die ‚Ordnung' zu wahren, eine konventionelle Ehe eingeht, die sein Leben leer bleiben lässt, durchbricht Waldemar in *Stine* die Konvention insofern, als er sich selbst tötet – und damit dem Leser die gewaltsame Variante der Selbstzerstörung vor Augen führt.

Der bedeutendste der ‚Eheromane' Fontanes ist zweifellos *Effi Briest* (1894/95). In mancher Hinsicht von Flauberts *Madame Bovary* beeinflusst[138], gestaltet Fontane auch in ihm den Widerspruch zwischen dem Wunsch nach individuellem Glück und gesellschaftlichen Ansprüchen, die diesem im Wege stehen. Anders als Lene und Stine, die von Adligen umworben werden, ist Effi, selbst dem Landadel zugehörig, bereits mit Baron von Innstetten verheiratet, bevor gesellschaftliche Verhaltensnormen eine verhängnisvolle Wirkung zeigen. Nachdem sie sich, in Konventionen verkümmernd, relativ leidenschaftslos auf ein kurz andauerndes Liebesverhältnis mit dem Major von Crampas eingelassen hat, wird sie, obwohl ihr Ehemann von ihrem Seitensprung erst viele Jahre später erfährt, ein Opfer von dessen rigiden Moralvorstellungen, die dieser jedoch nicht aus Überzeugung, sondern nur aus Prinzipientreue vertritt. Damit wird erneut der von Fontane mehrfach vor Augen geführte Konflikt entfaltet, der entsteht, wenn Personen handeln, ohne dabei mit sich selbst identisch zu sein. Instetten tötet Crampas in einem Duell, das er selbst für überflüssig hält, und fühlt im Nachhinein den lächelnd-resignierten Blick des Sterbenden auf sich ruhen: „... so hieß der Blick: ‚Instetten, Prinzipienreiterei ... Sie konnten es mir ersparen und sich selber auch.'" Und nachdem er, ebenfalls weil der übliche „Begriff" von Ehre es verlangt, sich von Effi trennt, hadert er mit sich selbst: „Und diese Komödie muß ich nun fortsetzen und muß Effi wegschicken und sie ruinieren, und mich mit ..." Am Ende stirbt die kranke Effi als Opfer verquerer Wertvorstellungen, die den von allen Protagonisten ersehnten humanen Umgang miteinander verstellen. Damit erhält die Geschichte das „Sittenbildliche", das „Politische", das Fontane mehr interessierte als der private ‚Skandalfall' eines Ehebruchs (am 2.7.84 an Stephany). Effi stirbt im Hause ihrer Eltern, dort, wo das Eingangskapitel in dichter Symbolik bereits das Ende angedeutet hat – wie überhaupt das ausgeklügelte Motivgeflecht gerade in diesem Roman nachdrücklich auf dessen Kunstcharakter verweist. Die mehrfach gebrauchten Bilder des Schaukelns und Fliegens, die sich am Anfang und Ende des Romans finden, können z. B. als Hinweis auf den Wunsch verstanden werden, die Schwere gesellschaftlicher Ordnung abzuwerfen, oder genauer: als eine unbewusste Reaktion darauf, wie eine „Ware" in die Ehe „verschoben" zu werden oder „verschoben" worden zu sein.[139]

Andere Frauencharaktere als in den ‚Eheromanen' gestaltet Fontane in *Mathilde Möhring* (1891; nicht vollendet) und in *Frau Jenny Treibel oder ‚Wo sich Herz zum Herzen find't'* (1892). Wie Lene und Stine kommt auch Mathilde aus der Unterschicht, aber im Unterschied zu ihnen ist sie keine liebende, sondern eine berechnende Frau, die ihren sozialen Aufstieg zielstrebig plant und es zur Bürgermeistergattin in der Provinz bringt. Man kann in dieser Geschichte ein emanzipatorisches Engagement Fontanes erkennen; eher aber wird seine Ablehnung der kühl kalkulierenden Art und Weise deutlich, mit der seine Protagonistin ihre Wunschvorstellungen durchsetzt. So sehr Fontane den sozialen Aufstieg zu begrüßen scheint, so sehr ist er doch offensichtlich um den Preis, die Abtötung des Gemüts, besorgt, der dafür – jedenfalls von seiner Heldin – gezahlt wird. Sein Urteil bleibt ambivalent.[140] Der Leser hat seine eigenen Schlüsse zu ziehen.

Auch Jenny Treibel in dem gleichnamigen Roman ist eine Aufsteigerin. Als Tochter eines Berliner Kolonialwarenhändlers mit dem sprechenden Namen Bürstenbinder ist sie durch Heirat zur Frau eines Fabrikanten mit dem Titel Kommerzienrat geworden und verfügt über eine Villa und Kapital. Der Roman zeigt, anders als *Mathilde Möhring*, nicht den Prozess des Aufstiegs, sondern das Bemühen, die einmal erreichte gesellschaftliche Stellung als Besitzstand zu bewahren. Vornehmlich in den Gesprächen zwischen Jenny und ihrem ehemaligen Jugendfreund, dem jetzigen Gymnasialprofessor Schmidt, zeigt Fontane voller Spott, wie in der ihn tief beunruhigenden Bourgoisie der Gründerzeit das Besitzdenken sich auch der Bildungstradition bemächtigt und sie pervertiert. Bildung erscheint in diesen Kreisen nicht als etwas, wonach man strebt, sondern worüber man zu verfügen meint – in Form von Zitaten und Redensarten, die, oft fehlerhaft oder bei unpassender Gelegenheit wiedergegeben, den, der sie so gebraucht, als bestenfalls halbgebildet zu erkennen geben. Bei Jenny Treibel mischt sich in das eitle Reden auch noch Sentimentalität, etwa wenn sie im Gespräch mit dem Jugendfreund über ihrer beider Vergangenheit triviale Liebeslyrik deklamiert. Nicht umsonst trägt der Roman den alternativen Titel ‚*Wo sich Herz zum Herzen find't*', den letzten Vers eines gefühligen Gedichts, das Schmidt ihr einst zugeeignet hatte. Doch ihre Sentimentalität hindert sie nicht daran, die sich anbahnende Verbindung zwischen dessen mittelloser Tochter und ihrem eigenen Sohn hartherzig und erfolgreich zu hintertreiben. Ihre Gefühlsschwelgerei überdeckt lediglich ihre kalte Lebensphilosophie, dass Geld sich gefälligst zu Geld zu finden habe. Es ist unschwer zu erkennen, dass Fontane damit nicht nur eine einzelne Person, sondern eine Zeiterscheinung zu treffen suchte. Gerade im wirtschaftlichen Aufschwung der Gründerjahre hat der Kitsch (nicht nur der literarische) die schönsten Blüten getrieben.[141] Aber trotz aller Verspottung der Bourgoisie lässt der Roman den Leser verunsichert zurück. Denn in dem komödienhaften Schluss, der die beiden Familien wieder freundschaftlich vereint, scheint der Bildungsbürger Schmidt sich in das bourgoise Gehabe zu fügen und überspült die unterschiedliche Lebenssicht mit Champagner („Geld ist Unsinn, Wissenschaft ist Unsinn, alles ist Unsinn. Professor auch."), lässt sogar das rührselige Lieblingslied der Jenny anstimmen – als wäre der Gelehrte insgeheim vom Erfolg der Treibels fasziniert, wie umgekehrt Jennys Sehnsucht nach ‚Bildung' letztlich das Ungenügen an bloß materiellem Reichtum verrät.

Der Verzicht des Erzählers auf Beurteilungen kennzeichnet schließlich auch Fontanes Alterswerk, den Roman *Der Stechlin* (1897), der, wie vor ihm schon *Die Poggenpuhls* (1895/96), fast ausschließlich von Plaudereien und Gesprächen bestimmt ist und mit einem ganz sparsamen, konfliktfreien Handlungsrahmen auskommt. Im Mittelpunkt steht der alte Dubslav von Stechlin, der die Zurückhaltung im Urteilen geradezu vorlebt. Wo immer möglich, bringt er seine Geringschätzung festgefügter Meinungen zum Ausdruck, setzt hinter jede Ansicht ein Fragezeichen und kommentiert seine eigenen Äußerungen mit Selbstironie: „Wenn ich das Gegenteil gesagt hätte, wäre es ebenso richtig." Als jemand, der alles Festgelegte und Festgefahrene relativiert, ist er ein Vorfahre von Musils Mann ohne Eigenschaften, dessen Zugriff auf Ideologisches freilich ein anderer ist. Die skeptische, relativierende Sicht der Hauptfigur passt zu dem alle Gespräche durchziehenden Grundthema des Romans, dem des Wandels, des Übergangs von Alt in Neu, wobei die Bedeutung des Tradierten von den Figuren, denen der Umbruch der Wertvorstellungen, von denen sie bestimmt sind, zumeist bewusst ist, immer wieder besprochen und eingeschätzt wird. Dies geschieht am Beispiel der verschiedensten Lebensbereiche und betrifft sowohl die soziale Stellung des Adels in der Industriegesellschaft, seine veraltete Lebensform und seine möglichen künftigen Aufgaben, als auch die soziale Funktion des Christentums in ihr und besonders auch die Berechtigung und das Kräfteverhältnis politischer Strömungen. Fontanes *Stechlin* ist ein durchaus politischer Roman, in dem, auch wenn die Lage der Arbeiter konkret nicht in den Blick gerät, die Rolle der Sozialdemokratie und die Problematik von Revolutionen erörtert wird – dies alles im Zusammenhang der Aufstellung Dubslavs zum Kandidaten der Konservativen für den Landtag. Dessen wichtigste, keineswegs ausschließliche, aber ebenbürtige Gesprächspartner sind der Pastor Lorenzen, Graf Barby und dessen Tochter Melusine, während viele der anderen, in Konversation geübte Figuren des Romans dazu dienen, die Verkrustungen der ‚alten' Gesellschaft zu illustrieren – allen voran Dubslavs eigene Schwester Adelheid – und dabei oft komische Effekte zu erzielen. In Lorenzen begegnet dem Leser die geistig allen anderen überlegene Gestalt des Romans. Der christlich sozialen Bewegung nahestehend, verdeutlicht er, dass gerade in der Rückbesinnung auf die Wurzeln des Christentums dessen Bedeutung für die Zukunft liegt. Graf Barby, als Kontrastfigur zu Dubslav angelegt, vertritt im Gegensatz zu dessen Verbundenheit mit der märkischen Heimat die Weltoffenheit als Gebot der Zukunft. Seine Tochter Melusine bringt dies in ihrem „revolutionären Diskurse" mit Lorenzen (im 29. Kapitel, das oft auch als Fontanes geistiges Testament angesehen wird) auf den Satz: „Sich abschließen heißt sich einmauern, und sich einmauern ist Tod." Der Zusammenklang von Altem, Begrenztem, und Neuem, Weltoffenem, dem die Hauptfiguren Fontanes in all ihrem Reden und Fragen ständig nachspüren, verdichtet sich in dem See, der dem Roman den Namen gegeben hat, zu einem symbolträchtigen Zeichen: Denn der Stechlin ist nicht nur der nördlich von Berlin gelegene stille märkische See, sondern steht, wie der Erzähler ernsthaft, teilweise auch humorvoll mitteilt, in Verbindung zu den entferntesten Teilen der Welt und lässt, wenn es in Island, auf Java oder anderswo vulkanisch grollt, das Wasser aufspringen; und wenn es ein großes Erdbeben gibt, steigt (der Lokalsage nach) „statt des Wasserstrahls ein roter Hahn" auf. So verbindet dieser See Entgegengesetztes: Provinz und weite Welt, Unveränderliches und Erschütterungen, denn der rote Hahn ist das Symbol des Feuers und der Revolution. All dies umkreist dieser Roman im Gespräch, der angemessenen Form nicht für die Belehrung, aber für das Denken.

Die naturalistische Bewegung

Als Literaturopposition gegen den ‚poetischen Realismus' empfand sich die naturalistische Bewegung junger Intellektueller, die sich seit den 80er Jahren in mehrere Gruppen mit den Zentren in Berlin und München aufteilte und zunächst vor allem durch programmatische Aufsätze auf sich aufmerksam machte. Zu erwähnen sind die 1882/84 erschienenen *Kritischen Waffengänge* der Brüder Heinrich und Julius Hart und die von Michael Georg Conradi in München herausgegebene Zeitschrift ‚Die Gesellschaft'. Daneben bildeten sich literarische Vereine (am bekanntesten wurde der 1886 gegründete Berliner Verein ‚Durch'), in denen Thesenpapiere erarbeitet wurden, in denen sich aber auch erhebliche Meinungsverschiedenheiten bemerkbar machten, die bereits in der Mitte der 90er Jahre zum Zerfall der ganzen Bewegung führten.

Was ihr den anfänglichen Elan gab, war die in ihr herrschende Anteilnahme am Elend breiter Bevölkerungsschichten und die Begeisterung für die Vorstellungen der Sozialdemokratie. Für diese Anteilnahme und die auf gesellschaftliche Veränderungen gerichtete Zukunftsgläubigkeit wurden sowohl neue inhaltliche Schwerpunkte gesucht als auch neue literarische Ausdrucksformen, die alles Konventionelle – nicht nur die bürgerlichen Realisten, sondern auch Erfolgsschriftsteller wie Paul Heyse, der ständig den Ausnahmemenschen und sein Recht auf Normverstöße beschwor – vergessen machen sollten. Die Zielsetzung der Naturalisten, die brennenden sozialen Fragen zu thematisieren und dabei schonungslos auch die ‚hässlichen' Seiten der Wirklichkeit zu schildern, war stark von französischen Schriftstellen beeinflusst, allen voran von Emile Zola – nicht nur von seinem Romanwerk, sondern auch von seinen Abhandlungen (*Le Roman expérimental*, 1880). Im Vordergrund sollte das Individuum in seiner Abhängigkeit von es bestimmenden gesellschaftlichen Faktoren wie dem Milieu, in dem es lebte, stehen, sollten Entfremdungsprozesse und menschliche Deformationen sowie moralisches Fehlverhalten aufgrund der kapitalistischen Arbeitsverhältnisse beschrieben werden. Dies alles sollte so objektiv wie möglich geschehen. Wie der Naturwissenschaftler sollte der Schriftsteller die Realität beobachten, die durch Physiologie und Milieu bestimmten Gesetzmäßigkeiten menschlichen Handelns verstehen lernen und ästhetisch umsetzen (man vgl. dazu insbesondere die programmatischen Schriften von Wilhelm Bölsche, *Die naturwissenschaftlichen Grundlagen der Poesie*, 1887, und von Conrad Alberti, *Natur und Kunst*, 1890). Dies führte zu etlichen literarischen Experimenten, ohne dass diese eine notwendige Folge solch materialistischen und kausal-mechanischen Denkens gewesen wären. Im Roman, der besonders gut geeignet erschien, die Veränderungen der Lebenswirklichkeit wiederzugeben, vor allem aber Milieus einzufangen, versuchte man Realitätsnähe beispielsweise durch Einfügung dokumentarischen Materials, durch Briefe und Tagebuchaufzeichnungen zu erzielen oder durch die Aufsplitterung geschlossener Handlungszusammenhänge. Die Texte, die damals im Anklang an Zola entstanden, sind heute zumeist vergessen. Erwähnenswert aber bleiben etwa Max Kretzers mit Schilderungen kleinbürgerlichen Lebens im Berlin der Gründerjahre angefüllter Roman *Meister Timpe* (1888), dessen Titelgestalt, ein Drechslermeister, sich ohne Erfolg gegen die um sich greifende Industrialisierung wehrt, bis schließlich die neue Trasse der Stadtbahn über sein kleines Haus hinwegführt; oder Hermann Sudermanns Roman *Frau Sorge* (1887), der, wie auch *Der Büttnerbauer* (1895) von Wilhelm von Polenz, die Zerstörung patriarchalischer Ordnungen auf dem Lande mit den deprimierenden sozialen und menschlichen Folgen für die dort lebenden ‚kleinen Leute' vergegenwärtigt. Besonders eindrucksvoll ist Gerhart Hauptmanns Novelle *Bahnwärter Thiel* (1888), die zugleich Hauptmanns Sonderrolle unter den Naturalisten belegt. Denn anders als die Gefolgsleute Zolas, die ganze Gesellschaftsbilder entwarfen, beschäftigte er sich in dieser Novelle mit einem einzelnen Menschen, dessen totale Vereinsamung in eine Katastrophe führt, in die Ermordung seiner zweiten Frau, die am Tod seines Kindes aus erster Ehe schuldig geworden ist. Die psychische Isolation und Bedrängtheit des Bahnwärters, der sich innerlich von seiner ersten Frau nicht lösen kann, wird – dies ist eine weitere Besonderheit der Erzählweise Hauptmanns – nicht allein durch die Darstellung der Vereinsamung des Bahnwärters an seinem Arbeitsplatz glaubhaft gemacht; die psychische Situation des dort allein vor sich Hinbrütenden prägt sich dem Leser vor allem durch ein von Hauptmann kunstvoll aufgebautes Symbolsystem ein: Dem von seinen Phantasien Überwältigten erscheinen die Schienen als Schlangen, die Telegraphendrähte als ein Gewebe von Riesenspinnen, das ihn eisern umklammert. So soll zugleich die Gefangenschaft und Gefährdung des sich in der Gewalt der Technik befindlichen Menschen in symbolischer Überhöhung vergegenwärtigt werden.

Den Schritt zum sogenannten ‚konsequenten Naturalismus' gingen Arno Holz und Johannes Schlaf in einigen gemeinschaftlich verfassten Erzählungen, wobei *Papa Hamlet* (1889) sicher die gelungenste ist. Auch hier geht es um die scheiternde Existenz eines einzelnen, eines alternden Schauspielers, der sich mit Shakespeare-Zitaten und Erinnerungen an seine Glanzzeiten über seine trübsinnigen Lebensverhältnisse hinwegzutrösten versucht. Das Bedeutsame dieser Erzählung sind die erzähltechnischen Neuerungen, die sie vorführt. Ausgehend von der Überzeugung, dass das Wesen der Kunst in einer möglichst exakten Reproduktion der Natur liege („Die Kunst hat die Tendenz, wieder die Natur zu sein. Sie wird sie nach Maßgabe ihrer jeweiligen Reproduktionsbedingungen und deren Handhabung" – „Kunst = Natur – x", schreibt Holz in seiner Abhandlung *Die Kunst. Ihr Wesen und ihre Gesetze*, 1891), ließen die beiden Autoren Erzählerkommentare ganz zurücktreten und gaben dem Dialog absoluten Vorrang. Bei diesem szenischen Erzählen bemühten sie sich um phonographische Genauigkeit, also nicht nur um die Wiedergabe von Dialekt und Soziolekt, sondern auch um die genaue Nachbildung etwa von Beschleunigungen und Verzögerungen der Rede. Nicht nur bei der Wiedergabe der direkten Rede, sondern auch bei der Darstellung von Bewegungen im Raum erstrebten sie die Deckungsgleichheit von Erzählzeit und erzählter Zeit, den sogenannten ‚Sekundenstil', der, um Pausen anzuzeigen, vor allem in Kapitel 7 mit Auslassungspunkten und Gedankenstrichen arbeitet. Natürlich war auch diese Art von Realitätsnähe vom Kunstverstand gesteuert, anders wären Eingrenzungen des Dargestellten, Akzentsetzungen, auch Motivverflechtungen gar nicht möglich. So sehr der ‚konsequente Naturalismus' den Blick für die Prägung einzelner Menschen durch ihr Milieu schärfte, so wenig gelang ihm mit seiner Methode der Abbildung nur der Oberfläche der Wirklichkeit freilich die gedankliche Durchdringung des Beobachteten.

5.5 Sonderentwicklungen erzählender Prosa: Historische Romane und Erzählungen; Abenteuerromane und Science Fiction; Verbrechens- und Kriminalliteratur

Historische Romane und Erzählungen

Die intensivere Beschäftigung mit historischen Stoffen setzte in den letzten Jahrzehnten des 18. Jahrhunderts ein. Die Mittelalterbegeisterung der Stürmer und Dränger, man denke nur an Goethes Drama *Götz von Berlichingen* (1771/1773), später der Romantiker führten im Zusammenhang mit nationalen Identitätsbedürfnissen zu wissenschaftlichen Quellenstudien, zu Sammlungen deutscher Rechtsaltertümer, altdeutscher Mythologie und Dichtung, deutscher Sagen, Märchen, Volkslieder. Die sich verbreitenden Kenntnisse über die Vergangenheit des eigenen Volkes regten die Phantasie der Schriftsteller wie der Leser an und beeinflussten die aktuelle Literaturproduktion in allen Gattungen, besonders aber auf dem Gebiet des Romans. Hinzu kam mit den Erfahrungen der Französischen Revolution und der napoleonischen Zeit die im Bürgertum sich verbreitende Einsicht, dass Menschen die Geschichte selbst bestimmen können und Geschichte das Erlebnisfeld aller ist, was das Geschichtsbewusstsein generell aktivierte.[142] Der ‚historische Roman', ein eigenes Genre, das sich im Verlauf des 19. Jahrhunderts immer weiter festigte, begann mit Büchern von Veit Weber (eigentlich Leonhard Wächter)(*Sagen der Vorzeit*, 1787), Friedrich Schlenkert (*Friedrich mit der gebissenen Wange*, 1787), Carl Gottlob Cramer (*Hasper a Spada. Eine Sage aus dem 13. Jahrhunderte*, 1792/93). Diese Autoren gelten als die Väter der sogenannten Ritterromane, die in Deutschland bis in die vierziger Jahre des 19. Jahrhunderts populär waren, weil sie dem untertänigen, dem Regelzwang des Alltags ausgelieferten Bürger retrospektiv eine Welt von kraftgenialischen, für Freiheit streitenden Rittern als Gegenbild und Wunschbild gegenüberstellten. – In den ersten Jahrzehnten des 19. Jahrhunderts verlagerte sich das Interesse auf andere Schwerpunkte, zumal auf den Dreißig- und den Siebenjährigen Krieg, mit denen nationale Gesichtspunkte besser zur Geltung gebracht werden konnten. Unzählige Trivialromane entstanden, wobei Benediktine Naubert (u. a. *Geschichte der Gräfin Thekla von Thurn oder Scenen aus dem dreyssigjährigen Kriege*, 1788) für viele zum Vorbild wurde.[143] Gefördert wurde das Interesse an historischen Romanen durch die Übersetzungen der Werke (insbesondere der im 18. Jahrhundert angesiedelten Waverly-Romane) des Schotten Walter Scott, dessen häufig nachgeahmte ‚Zweischichtentechnik', mit Hilfe deren ein Hintergrund historischer Ereignisse aus der Sicht nicht unmittelbar an ihnen Beteiligter wahrgenommen wird, die Möglichkeit bot, faktenreiche Informationen und Erlebniserzählung miteinander zu verbinden – was zwar der rein subjektiven Deutung von Geschichte Vorschub leistete, aber das Unterhaltungsbedürfnis des Publikums befriedigte. Der erfolgreichste deutsche historische Roman des gesamten 19. Jahrhunderts blieb dennoch dem deutschen Mittelalter treu: Joseph Victor von Scheffels *Ekkehard. Ein Roman aus dem zehnten Jahrhundert* (1855), der die Liebesgeschichte eines jungen Mönchs und einer Herzogin erzählt und bis zum Tode seines Verfassers schon die 90. und um die Jahrhundertwende die 200. Auflage erreichte. Auch in diesem Roman, der auf eine Chronik des Klosters St. Gallen zurückgreift und den Verfasser des dort entstandenen *Waltharius-Liedes* in seiner Hauptfigur Ekkehard nachbildet, liegen das Bemühen um historische Authentizität und Erfindungslust dicht beisammen. Entscheidend für seine Popularität war nicht nur der dargestellte Konflikt zwischen Enthaltsamkeit und Leidenschaft, sondern auch die Verklärung bürgerlicher Tugenden, allen voran des Arbeitseifers und der nationalen Gesinnung, die Ekkehard in seiner Teilnahme an der Schlacht gegen die Hunnen (sic!) beweist. – Nationale Gesinnung erfüllt auch die Texte von Wilhelm Heinrich Riehl (*Kulturgeschichtliche Novellen*, 1856), der die Vorstellung von Nation im Begriff der Kulturnation aufgehen ließ und die Schilderung von im Volk lebendiger Sitten und Bräuche als Hintergrund für seine stets wiederkehrenden psychologischen Problemstellungen ausbaute.

Letztlich dienten historische Stoffe dazu, die in der eigenen Gegenwart lebendigen Wertvorstellungen, politischen Überzeugungen und Wünsche dadurch zu legitimieren, dass man ihren Wurzeln in der Vergangenheit nachspürte. So bemühte sich Gustav Freytag in seiner Sammlung *Bilder aus der deutschen Vergangenheit* (in 5 Teilen, 1859/67), die Grundpositionen liberaler Politik als folgerichtiges Resultat der geschichtlichen Erfahrungen der Deutschen herzuleiten, und sah im Hegemonieanspruch des Bürgertums das ‚sittliche Empfinden' des ganzen Volkes verkörpert.[144] Solch einen Zusammenhang suchte er auch in seinem achtbändigen Romanzyklus *Die Ahnen* (1872/80) nachzuweisen, der zur Zeit der Völkerwanderung einsetzt und die erfüllte Gegenwart der Reichgründung als Schlusspunkt einer evolutionären Entwicklung versteht – was den Einfluss des naturgeschichtlichen Denkens Darwins nicht verleugnen kann.

Neuansätze bei Alexis, Stifter, Fontane, Meyer, Raabe

Neben Scheffel, Riehl, Freytag, deren Intentionen sich weitgehend ähnelten, gab es freilich auch einige radikaler denkende Autoren, die in der Geschichte Ansätze für soziale Befreiungskämpfe zu finden hofften. Zu ihnen gehörte Moritz Hartmann (*Revolutionäre Erinnerungen*, 1860) ebenso wie Willibald Alexis, der nach seinem heute noch bekannten Roman *Die Hosen des Herrn von Bredow* (1846) besonders in *Ruhe ist die erste Bürgerpflicht* (1852) und *Isegrimm* (1854) die wohl schärfste Kritik gegen den preußischen Hof, gegen den Adel und die Bourgoisie im Genre des historischen Romans äußerte.

Nach 1871, nach der Gründung des deutschen Kaiserreichs, wurden solche oppositionellen Texte von einer Anzahl historischer Romane zurückgedrängt, die man gern als ‚Professorenromane' bezeichnet. Auf der Suche nach alten Traditionen des Kaisertums entdeckte man nun das alte Ägypten und die römische Antike als geeignete Handlungsspielräume. Sie mit Leben zu erfüllen, setzte kulturgeschichtliche Kenntnisse voraus. Hohe Auflagen erzielten insbesondere der Ägyptologe Georg Ebers, der mit seinem Roman *Uarda* (1877) eine Priester-Intrige gegen den Pharao Ramses II. thematisiert und damit deutlich auf den Kulturkampf der Bismarck-Ära anspielt, vor allem aber der Rechtswissenschaftler Felix Dahn, der in *Ein Kampf um Rom* (1876) die Auseinandersetzung der Ostgoten mit dem zerfallenden weströmischen Imperium behandelt und dabei in deutlicher Absicht germanisches Heldentum verklärt. Der Untergang der Ostgoten sollte dem Leser den Wert der endlich erreichten Reichseinheit erst recht bewusst machen. Vermutlich aber geht der Publikumserfolg dieses Romans weniger auf diese ideologische Komponente als auf die Vielzahl der spannend erzählten Intrigen, Grausamkeiten und Kämpfe zurück, die ihren eigenen Reiz entfalteten.

Abseits von diesen massenhaft gelesenen, der Trivial- oder Unterhaltungsliteratur zuzuordnenden Texten entstanden im gleichen Zeitraum freilich auch historische Erzählungen und Romane anspruchsvollerer Autoren. Stifters *Witiko* (erschienen 1865–67), ein Prosaepos über die Geschichte Böhmens im 12. Jahrhundert, entwarf am Beispiel seines Titelhelden, eines jungen Ritters und späteren Lehnsmanns des Herzogs Wladislaw, ein ganzes politisches Konzept. Witiko erscheint mit seinen Tugenden der Sanftmut und Charakterfestigkeit inmitten von blutigen Auseinandersetzungen aus Machtansprüchen als ein Friedensheld, der versucht, die zwischen Privatpersonen geltenden moralischen und juristischen Normen mit Hilfe rationaler Argumentation (d. h. bereits mit den Mitteln der Aufklärung) auch als die Gesetze des Umgangs zwischen Nationen zu etablieren. Insofern kann der Roman auch als ein Gegenmodell zur machtbezogenen ‚Realpolitik' Bismarcks gelesen werden, von der sich Stifter abgestoßen fühlte. Man hat dem *Witiko* immer wieder, zum Teil in bissigen Formulierungen, seine Langatmigkeit vorgeworfen. In ihr verwirklicht sich ein poetisches Verfahren, das sich aus Stifters Überzeugung von der Kraft des ‚sanften Gesetzes' (vgl. o.) herleitet; zugleich war es nach seiner Vorstellung von der Aufgabe des historischen Romans angemessen, Geschichte nicht nur als Hintergrund für die Konflikte einzelner Personen zu nutzen, sondern sie als Hauptsache darzustellen – die einzelnen Menschen dagegen nur als Nebensache. So erklären sich die Monotonie der vielen Massenszenen in diesem Roman, die langen Redebeiträge oder die ausführliche Schilderung von Schlachten als intendierte Versuche, dem Leser eine Ahnung von der „Abwicklung eines riesigen Gesetzes"[145] zu vermitteln, die allerdings mit dem Verzicht auf vordergründige Unterhaltungseffekte erkauft werden.

Auch Fontanes schon Anfang der sechziger Jahre begonnener, aber erst später vollendeter Erstling *Vor dem Sturm* (1878) war ein kontrovers diskutierter historischer Roman. Anders als Stifter entwirft Fontane keine Friedensutopie. Vielmehr zeigt er sich an gesellschaftlichen Umbrüchen interessiert, die am Vorabend der Befreiungskriege gegen Napoleon in den Jahren 1812/13 erkennbar wurden. So lässt er Vertreter verschiedener gesellschaftlicher Schichten aufeinandertreffen, die das „große Fühlen"[146] vor der kriegerischen Auseinandersetzung verdeutlichen sollen, wobei sich der Adel – das Bürgertum bleibt vernachlässigt – auf das einfache Volk zu bewegt (verdeutlicht vor allem am gemeinsamen, selbstverantworteten Versuch des Aufbaus einer bewaffneten Landwehr); denn sowohl dem Adel als auch dem einfachen Volk steht die Bindung an die preußische Heimat näher als die Bindung an ihren unentschlossenen König. So redet dieser episodenreiche, von Fontane selbst als ‚Vielheitsroman' bezeichnete Text[147], der ohne einen eigentlichen

Helden auskommt, zugleich der Wiederbelebung der gegenseitigen Treuebindung als zentraler Norm der patriarchalisch organisierten Gesellschaft das Wort.

Während sich Fontane bald von historischen Stoffen abwandte, blieb der Schweizer Conrad Ferdinand Meyer in seinen zahlreichen Novellen ganz an sie gebunden. Mit Ebers und Dahn im Briefwechsel stehend, teilte er deren Sinn für theatralische Effekte, sah aber viel mehr als diese gelehrten Verfasser des ‚Professorenromans' in der Geschichte nur den Anlass, große Charaktere und ihre Konflikte zu präsentieren, mit der ausdrücklichen Absicht, das „Ewig-Menschliche"[148] künstlerisch herauszustellen, wobei er eine Vorliebe für Figuren aus dem Zeitalter der Renaissance und der Glaubenskriege entwickelte. Sein leitendes Interesse war dabei die Darstellung von Loyalitätskonflikten. Treue, Intrigen, Verrat sind zentrale Motive sowohl in *Jörg Jenatsch* (1874/76) als auch in *Der Heilige* (1879) oder *Die Versuchung des Pescara* (1887), um nur die bedeutendsten seiner Werke zu nennen.

Als Abgesang auf den ‚historischen Roman', wie ihn all die Nachfolger Scotts und insbesondere die das Genre für die Propagierung nationaler Gesinnungen missbrauchenden Autoren verstanden, ist Wilhelm Raabes Roman *Das Odfeld* (1888) anzusehen. Raabe, der mit seinem *Stopfkuchen* (1891) (vgl. o.) auch den Bildungsroman – parodistisch – verabschiedete, stellt im *Odfeld* ein bestimmtes historisches Ereignis, eine in der Geschichtsschreibung Preußens verherrlichte Schlacht während des Siebenjährigen Krieges auf einem Feld in der Ith-Landschaft Niedersachsens, in den Mittelpunkt, aber nicht etwa, um deren Verlauf zu schildern, sondern um dem Leser durch Betrachtungen über den Kriegsschauplatz bewusst zu machen, dass sich auf ihm über Jahrhunderte hinweg das Immergleiche abgespielt hat. Dies geschieht vor allem durch Reflexionen und Gespräche einer Gruppe von Zivilisten, die sich am Vorabend der Schlacht zwischen den Fronten in eine Höhle retten, ohne dort freilich Sicherheit zu finden. Die Aufmerksamkeit wird so, u. a. durch kunstvolle Motivverklammerungen[149], nicht nur auf die sinnlosen Wiederholungen militärisch ausgetragener Machtspiele gelenkt, sondern, zumal einer aus der kleinen Gruppe ums Leben kommt, auch auf die Opferrolle der Ausgenutzten und Unbeteiligten. Mit diesem von Resignation erfüllten Roman stellte Raabe sich gegen den Geschichtsoptimismus der meisten seiner schreibenden Vorgänger und der Gründerzeit allgemein und zugleich gegen den „Ladenschwengel-Geschmack unserer Nation".[150]

Abenteuerromane zwischen Aufklärung und Unterhaltung

Der Abenteuerroman des 19. Jahrhunderts knüpfte direkt an die Tradition der Reise- und Abenteuerromane des 18. Jahrhunderts (vgl. II) an. Aber während im 18. Jahrhundert Seefahrerromane und Robinsonaden dominierten, begannen sich im 19. Jahrhundert die Schauplätze zu wandeln. Weniger die Südsee oder die ferne Insel faszinierten nun die Leser; deren Phantasien richteten sich vielmehr immer stärker auf die ‚Neue Welt'. Auch hier machte sich, wie bei den Seefahrerromanen, zugleich ein Informationsbedürfnis geltend, das mit der seit ungefähr 1820 ansteigenden Auswandererbewegung nach Amerika, später auch mit kolonialistischen Interessen zusammenhing.[151] Die Abenteuerliteratur antwortete auch hierauf mit Texten unterschiedlichen Niveaus.

Zu den besten gehören die des deutschen Auswanderers Charles Sealsfield (eigentlich Karl Anton Postl). Sein Ziel war es, den Deutschen die freiheitliche Staatsform der Vereinigten Staaten als Vorbild nahezubringen. Mit ihren detaillierten Beschreibungen des Alltagslebens der Menschen zeugen seine Bücher (u. a. *Lebensbilder aus beiden Hemisphären*, 1835–37, später umgearbeitet und als *Lebensbilder aus der westlichen Hemisphäre* erschienen; *Das Kajütenbuch oder nationale Charakteristiken*, 1841, mit der berühmt gewordenen Erzählung *Die Prairie am Jacinto*) von genauer Kenntnis des amerikanischen Milieus. Ethnographischen Informationswünschen kamen auch die Romane Friedrich Gerstäckers entgegen (u. a. *Die Regulatoren von Arkansas*, 1846; *Die Flußpiraten des Mississippi*, 1848), der sich insbesondere dem ‚Wilden Westen' als der Schnittstelle von Wildnis und Zivilisation widmete und Schilderungen des Lebens der Siedler in diese Romane einfügte.

Im Gegensatz zu den aufklärerischen Abenteuerromanen eines Sealsfield, Gerstäcker oder auch des seinerzeit populären Balduin Möllhausen (u. a. *Das Mormonenmädchen*, 1864), der die eigene Kultur der indianischen Ureinwohner Nordamerikas hervorhob, sind die Sensationsromane des konservativen Journalisten Hermann Goedsche, der unter dem Pseudonym Sir John Retcliffe schrieb, eindeutig der Trivialliteratur zuzuordnen. In ihnen (am populärsten wurde *Puebla oder Die Franzosen in Mexiko*, 1865–68) wird offen einem brutalen Kolonialismus und Rassismus gehuldigt. In B. Traven, der ebenfalls über Mexiko schrieb (u. a. in seinem *Caoba*-Zyklus, 1931 ff.) und Partei für die ausgebeuteten Indianer ergriff, fand er im 20. Jahrhundert seinen eindrucksvollsten Antipoden (vgl. IV).

Auch schon Karl May, der in seinem ersten großen Kolportage-Roman *Das Waldröschen oder Die Verfolgung rund um die Erde …*, 1882, unmittelbar an Retcliffes *Puebla* anknüpfte, vertrat in politischer Hinsicht eine humanere Einstellung als dieser und widersprach allen kolonialistischen Bestrebungen. May hat in der Geschichte der deutschen Abenteuerliteratur den größten Erfolg gehabt (vor allem mit den im Wilden Westen spielenden Büchern *Winnetou* I–III, 1876–93; *Old Shurehand*, 1894; *Der Schatz im Silbersee*, 1894; oder mit dem 1892 endgültig überarbeiteten Orient-Zyklus von *Durch die Wüste* bis zu *Der Schut*). Er dürfte darauf beruhen, dass er mit seinen großspurigen und bei der Jagd nach Verbrechern und Ausbeutern letztlich stets siegreichen Helden Old Shatterhand, Kara Ben Nemsi, Old Shurehand Identifikationsfiguren für ein Massenpublikum schuf, das Bedürfnisse nach Anerkennung, Macht, Unersetzbarkeit usw. während der Lektüre wenigstens in der Phantasie ausleben konnte. Dass Mays Romane so viele Leser beeindruckten, liegt allerdings nicht nur an den Qualifikationen der Helden, die stets aufs neue schier ausweglose Situationen bewältigen, sondern auch an bewusst eingesetzten erzähltechnischen Mitteln: der Orientierung gewährenden Einteilung der Menschen in gute und böse, dem geschickten Arrangement von Handlungselementen wie Verfolgung, Flucht, Sich-Anschleichen, Sich-Verstecken, Gefangennahme, Befreiung, Kampf, deren Sinn restlos im Sinnlichen aufgeht und die, weil sie primitive Lagen des Unterbewussten ansprechen, ja auch die Grundfiguren der beliebtesten Kinderspiele sind. Zu diesen Mitteln kommt ein den Helden und seinen Gefährten auferlegter Patriotismus hinzu, der, zumal er christlich verbrämt wird (die den verfolgten Indianern helfenden Westmänner sind stets ritterlich handelnde Deutsche), ebenfalls kompensatorische Möglichkeiten für den Leser eröffnete. Bemerkenswert ist dabei, dass Mays ideologisches Programm dem Spannungsverlauf des Abenteuerromans nicht im Wege steht, sondern ihn sogar fördert. Wer den Feind schont, spart ihn auf für weitere Abenteuer; und umgekehrt: wer sich als Verbrecher zeitraubender Foltermethoden bedient, verschafft dem Helden den Spielraum, sich selbst zu befreien oder von Helfern befreien zu lassen. Ideologie und Erzählökonomie arbeiten so Hand in Hand.[152] Die bis heute aufgelegten Abenteuerromane Karl Mays sind an Breitenwirksamkeit nicht mehr übertroffen worden.

Die Anfänge der Science Fiction

Das im 19. Jahrhundert zunehmende öffentliche Interesse an technischen Entwicklungen und die allgemeine Fortschrittsgläubigkeit, aber auch die Kritik an ihr, begünstigten einen literarischen Zweig, der das Abenteuer an wissenschaftliche und technische Innovationen bindet und dabei Elemente des Reiseromans, der utopischen und der phantastischen Literatur assimiliert. Spielen die Handlungen des historischen Romans in der Vergangenheit, des Abenteuerromans in fremden Ländern, so in der Science Fiction in der Zukunft und unbekannten Räumen. Eskapistische Bedürfnisse des Lesers befriedigen all diese Genres in jedem Fall. Science Fiction vereinbart dabei wissenschaftliche Rationalität und Phantasie. Fehlt die Einbettung wissenschaftlichen Denkens in eine phantasievolle Geschichte, handelt es sich um Futurologie, die künftige Entwicklungen aufgrund objektiver Bestandsaufnahmen der jeweiligen Gegenwart prognostiziert; fehlt das Bemühen um Wissenschaftlichkeit, haben wir literarische Phantastik vor uns. Die Übergänge sind freilich fließend, und gerade in der Trivialliteratur werden auch Texte Science Fiction genannt, die das Phantastische des erzählten Geschehens nur pseudowissenschaftlich verbrämen.

Unter den zahlreichen thematischen Schwerpunkten der Science Fiction traten im 19. Jahrhundert unter dem Einfluss literarischer Utopien und ihrer langen Tradition (vgl. P. N., 2012 a, V) und unter dem Einfluss des Reiseromans aus dem 18. Jahrhundert (vgl. II) hauptsächlich Reisen zu anderen Planeten und Zeitreisen in den Vordergrund, also Reisen zu Zielen, die in der Realität nicht erreichbar waren. Am vollkommensten repräsentierten diese Art von Literatur der Franzose Jules Verne (u. a. *De la terre à la lune*, 1865), der Engländer H. G. Wells (u. a. *The Time Machine*, 1895) und der Deutsche Kurd Laßwitz (u. a. *Auf zwei Planeten*, 1897). Ihrer Richtung folgte auch Bernhard Kellermanns Weltbestseller *Der Tunnel*, 1913. Der Einfluss der Phantastischen Literatur, der die Science Fiction unter anderem Motive wie den Übermenschen, den degenerierten Menschen, den Maschinenmenschen verdankt, trat erst im Verlauf des 20. Jahrhunderts hervor, seit dessen Mitte die Science Fiction einen verblüffenden Aufschwung nahm (vgl. IV).

Verbrechensliteratur[153]

Während der Historische Roman in die zeitliche Ferne ausgreift, der Abenteuerroman in die räumliche und die Science Fiction zeitliche und räumliche Ferne kombiniert, handeln Verbrechens- und Kriminalliteratur von sozialer Ferne, indem sie Lebensverhältnisse und Taten von Menschen aufdecken, von denen ihre bürgerlichen Leser sich im Alltag distanzieren und sich doch zugleich reizen lassen, als schauten sie auf etwas Verbotenes, Verdrängtes, als ob sie ihre eigene Sicherheit um so lustvoller genießen möchten.

Das im ausgehenden 18. und frühen 19. Jahrhundert anwachsende Interesse für den Verbrecher und das Verbrechen erklärt sich sozialgeschichtlich aus der nur langsam voranschreitenden Konsolidierung des Rechtsstaats. Je mehr die Staatsautorität kontrolliert wurde, desto stärker wuchs auch das Verlangen nach der Verlässlichkeit von Justizverfahren. Gleichzeitig bewirkte der Demokratisierungsprozess, dass nicht mehr nur der ‚große Räuber', sondern auch der Verbrecher aus dem Volk Neugier erweckte, die sich nicht nur auf seine Motive, sondern gerade auch auf seine Überführung, auf das Gerichtsverfahren und auf seine Bestrafung richtete. In Frankreich hatte sich das Problem der Rechtverwirklichung literarisch bereits 1735 in Gayot de Pitavals *Causes célèbres et interéssantes* … niedergeschlagen, ein Werk, das seitdem in immer neuen Auflagen erschienen und in verschiedene Sprachen übersetzt worden war. Der ‚Pitaval', wie es abgekürzt genannt wurde, versammelte aufsehenerregende Kriminalfälle und kompilierte dabei Zeit, Ort, Art des Delikts, Verhandlungsprotokolle und kommentierende Anmerkungen auf so geschickte Weise, dass nicht nur die sozialen und psychologischen Ursachen für das Verbrechen, sondern auch die juristischen Probleme des Falles deutlich wurden. Allerdings entstand die Spannung bei der Lektüre nicht aus der allmählichen Aufdeckung eines Verborgenen, wie später im Detektivroman, sondern, da die Fälle als schon gelöste dargestellt wurden, aus der Vergegenwärtigung der Abfolge von Verbrechen, Überführung, Prozess, Urteil und Bestrafung.

Der ‚Pitaval' fand zahlreiche Nachfolger – auch in Deutschland. Schon im 18. Jahrhundert veröffentlichte August Gottlieb Meissner *Criminalgeschichten* (ab 1778); im 19. Jahrhundert wurde besonders die vielbändige Sammlung *Der neue Pitaval. Eine Sammlung der interessantesten Criminalgeschichten aller Länder und Völker,* 1842 ff.) bekannt, die Eduard Hitzig und Wilhelm Häring (Willibald Alexis) herausgaben. Wie sehr insbesondere die psychischen und sozialen Ursachen des Verbrechens auch Autoren höheren Ranges beschäftigten, zeigen beispielsweise Schillers *Der Verbrecher aus verlorener Ehre*, Droste-Hülshoffs *Die Judenbuche*, Fontanes *Unterm Birnbaum*, die bereits erwähnt wurden.

In Frankreich bahnte sich in der Mitte des Jahrhunderts mit Eugène Sues Kolportageroman *Les mystères de Paris* (1842/43) eine neue Entwicklung an. Bewusst wurde hier die Großstadt als Ort des Verbrechens vor Augen geführt und dem bürgerlichen Leser als Nervenkitzel ein Einblick in das unterste soziale Milieu gewährt. Unmittelbar danach erschienen, diesem Muster folgend, in Deutschland *Die Geheimnisse von Wien* (1844) von Joseph Chowanetz und *Die Mysterien von Berlin* (1844/45) von Rudolf Lubarsch; auch Großstädte wie Wien, Leipzig, Petersburg wurden bald darauf als Handlungsorte gewählt.[154]

Kriminalliteratur

Von der Verbrechensliteratur, die Motive und Handlungen des Verbrechens in den Mittelpunkt stellt und ihre bedeutenden Verwandten überall da in der Weltliteratur hat, wo mit dem Verbrechen tragische Konflikte verknüpft werden (wie z. B. im *König Ödipus* des Sophokles), unterscheidet sich die Kriminalliteratur grundsätzlich dadurch, dass sie die Anstrengungen schildert, die zur Aufdeckung einer kriminellen Tat und zur Überführung des Täters notwendig sind. In der Ausprägung des Detektivromans, der im 19. Jahrhundert, in der Anfangsphase der Kriminalliteratur, im Vordergrund stand, handelt es sich dabei um vorrangig intellektuelle Bemühungen des oder der Ermittelnden; im Thriller, der sich voll erst im 20. Jahrhundert entfaltete, eher um die aktionistische Verfolgung eines schon bald identifizierten Täters bzw. einer Tätergruppe.

Auch für die Entstehung der Kriminalliteratur sind unter anderen sozialgeschichtliche Ursachen zu nennen.[155] Entscheidend war die Veränderung der Strafprozessform, die sich aus der schrittweisen Abschaffung der Folter ergab. Das erpresste Geständnis wurde durch die Überführung durch Indizien ersetzt, die ein immer größeres Eigengewicht erhielten. Je mehr im Strafverfahren der Sachbeweis an Bedeutung gewann, desto stärker wuchs auch das Interesse an detektorischer Arbeit. Sowohl private als auch staatliche Institutionen, Spezialabteilungen innerhalb der Polizei, bildeten sich zur Verfolgung von Verbrechern heraus, und zugleich wurde dabei die sich entwickelnde Kriminalistik mit ihren Methoden (Knochenbildmessungen, Fingerabdruckskarteien, Fotografien usw.) zu einem unentbehrlichen Hilfsmittel. Überhaupt haben technik- und auch mediengeschichtliche Entwicklungen[156] nicht nur die Autoren bei der Vergegenwärtigung der detektorischen Arbeit beeinflusst, sondern auch die Popularität der Kriminalliteratur gefördert.

Weil die Kriminalliteratur sich als Gattung mit dem ‚Entdecken' des ‚Verdunkelten' befasst, mit Handlungen, die weitgehend vom Augensinn gesteuert sind (ein ‚dunkler Vorfall' wird mit ‚detektivischem Blick' ‚aufgeklärt'), waren die technischen Hilfsmittel des Sehens (u. a. Lupe, Fernrohr, Mikroskop) in ihr von Beginn an genutzte Requisiten. Entscheidend aber wurden für den Detektivroman die Fotografie, für den Thriller (vgl. IV) der Film und die mit ihnen verbundenen Wahrnehmungsweisen.

So wie die Kamera ihrem Gegenstand gegenüber teilnahmslos bleibt, weil für sie nur Objekte existieren und keine Bedeutungen, so bemüht sich auch der Detektiv des Detektivromans, jedenfalls in der Konstituierungsphase der Gattung, um einen vorurteilslosen Blick, der auf der Suche nach Spuren Oberflächenphänomene registriert. Wie die Linse der Kamera erfasst der ‚detektivische Blick' – so wird dem Leser suggeriert – die sichtbare Wirklichkeit unbestechlich genau und umfassend, ohne die selektive Wahrnehmung, die uns üblicherweise eigen ist. Mit dem Kamerablick werden Menschen weniger als Personen gesehen als nach Merkmalen abgesucht, die Hinweise auf ihre Verstrickung in dem zu untersuchenden ‚Fall' geben. Freilich ist es damit nicht getan: Zu der Beobachtung der Fakten kommt ihre Verknüpfung zu Hypothesen über den möglichen Hergang der Tat, die dann durch andere Methoden zu verifizieren oder zu falsifizieren sind. In dieser Hinsicht steht der Detektivroman, der den Erfolg rationalen Vorgehens herausstellt, geistesgeschichtlich in der Tradition des Rationalismus. Doch weil seine Spannung nur daraus erwächst, ob es gelingt, etwas zuvor Verdunkeltes, Vertuschtes zu klären, lässt sich darüber streiten, ob der Reiz seiner Lektüre und der Erfolg der Gattung nicht mindestens ebenso in der durch das jeweils bis zum Schluss noch Ungeklärte, durch die Verunsicherung hervorrufenden mystery-Effekte, begründet liegt.[157]

Als die Geburtsstunde des Detektivromans gilt gemeinhin *The Murders in the Rue Morgue* (1841) des Amerikaners Edgar Allan Poe, der die meisten der für den Detektivroman typischen Motive zum ersten Mal integrierte:[158] den Mord als zentrales Thema, den verschlossenen Raum als Tatort, den mit einem Freund (hier dem Erzähler) zusammenarbeitenden Detektiv, der das scheinbar Geheimnisvolle rational erklärt. Dabei gilt Poe nicht zuletzt deswegen als maßstabbildend, weil sein Detektiv Dupin, der Inbegriff eines ‚Scharfsinnshelden', geradezu mit Glaubenseifer die Macht des Intellekts proklamiert. Poe fand seinen Nachfolger weder in Wilkie Collins noch in Emile Gaboriau, in deren breit angelegten Feuilletonromanen die detektorische Aufklärung verbrecherischer Geheimnisse mit der Darstellung vieler Einzelschicksale verbunden wurde, als vielmehr erst in Arthur Conan Doyle, der dem Genre um die Jahrhundertwende mit seinen Sherlock-Holmes-Geschichten zum endgültigen Durchbruch verhalf. Sein Detektiv verfährt methodisch anders als Dupin. Während dieser die Kunst der Deduktion vorführt, ist Holmes der Empiriker, der seine Schlussfolgerungen erst nach längerer und genauer Beobachtung der Fakten zieht. Die moralische Indifferenz, mit der sowohl Dupin als auch Holmes den sie beschäftigenden Kriminalfällen gegenüberstehen, weist bereits den Weg zum reinen ‚Rätselroman', wie er in den folgenden Jahrzehnten von Gaston Leroux, Agatha Christie und anderen weiterentwickelt wurde. Die Reaktionen auf ihn wiederum ließen nicht auf sich warten. Dorothy Sayers, Georges Simenon und der Schweizer Friedrich Glauser sind die herausragenden europäischen Autoren, die den Detektivroman unter Beibehaltung seiner Erzählstruktur zum realistischen Roman umzugestalten suchten. Auch die amerikanische ‚hard-boiled school' polemisierte später gegen die Sterilität der Rätselgeschichten. Dashiell Hammett und Raymond Chandler bemühten sich zu zeigen, dass dem Verbrechen keine ‚heile Welt' gegenübersteht, sondern dass es dem kapitalistischen Gesellschaftssystem immanent ist. Gerade von diesen beiden sind für die Weiterentwicklung des Kriminalromans mannigfache Impulse ausgegangen (vgl. IV).

Die im 19. Jahrhundert entstandenen deutschsprachigen Detektivromane sind bisher relativ wenig beachtet worden.[159] Zu erwähnen sind immerhin Autoren wie J. D. H. Temme (u. a. *Der erste Fall im neuen Amt*, 1858), Heinrich Ritter Levitschnigg (u. a. *Diebsfänger*, 1869) oder Adolph Streckfuß (u. a. *Der Sternkrug*, 1870). Der Thriller hat sich in Deutschland erst im 20. Jahrhundert durchgesetzt (vgl. ebenfalls IV).

6. Drama

Im Theater spielen Menschen vor anderen Menschen zwischenmenschliche Handlungsfolgen. Szenische Nachahmung also erfolgt in „direkter Verkörperung".[160] Zur Sprache hinzu kommen Mimik, Gestik, Bewegung. Deswegen hat das Theater schon immer eine besondere Affinität zur breiten, d. h. auch: den Umgang mit Literatur nicht gewohnten Bevölkerung gehabt. Besonders anziehend waren dabei für das Publikum schon immer auch die verschiedenen Ausprägungen des Lachtheaters – man denke nur an den Erfolg der Englischen Komödianten und ihrer Nachfolger in Europa (vgl. I). Denn das Lachen, das durch die mündliche Erzählung oder szenische Vergegenwärtigungen komisch wirkender Situationen, Charaktere, Sprachkombinationen ausgelöst wird, erzeugt Gefühle des Wohlbefindens, der Entlastung, die in der Gruppe der Zuhörer und Zuschauer durch allgemeines Einverständnis noch verstärkt werden (‚Lachen steckt an'). Dass das Lachen gerade deswegen auch allgemein akzeptierte Wertvorstellungen und Verhaltensnormen sichert, denn gelacht wird über die Abweichungen vom Gewohnten, weist zugleich auf den problematischen Aspekt des Lachtheaters hin: Bestätigt werden in ihm immer auch ‚Vorurteile', verlacht werden Minderheiten bzw. Außenseiter, die allenfalls Nachsicht finden, wenn sie sich an den Horizont der Lachenden anpassen.

Unter der literatursoziologischen Fragestellung dieser literaturgeschichtlichen Darstellung sind gerade auch die publikumswirksamen Stücke des Theaters von besonderem Interesse, zumal diese sich dem öffentlichen Geschehen viel stärker öffneten als die dem Zeitgeschehen eher ausweichenden Literaturdramen, die vor allem das Bildungsbürgertum erreichten und die in der Literaturgeschichtsschreibung üblicherweise die ganze Aufmerksamkeit auf sich ziehen.

6.1. Theater für die ‚kleinen Leute'

Wertvorstellungen in den Alt-Wiener Volksstücken

Zu den bekannten komischen Figuren der Wanderbühnen des 17. und 18. Jahrhunderts (Stockfisch, Pickelhäring, Hanswurst und andere) gesellte sich die 1769 von dem Schauspieler Johann La Roche geschaffene Kasperl-Figur, die in den folgenden Jahrzehnten die Wander- und Vorstadtbühnen eroberte und vor allem im Wiener Theater in der Leopoldstadt, das im Volksmund bald ‚Kasperltheater' hieß, triumphierte. Die tradierten Funktionen der komischen Figur, die sich unmotiviert in das dargestellte Geschehen einmischen konnte und für Lacheffekte sorgte, aber in direkter Ansprache an das Publikum auch Kommentare und Erklärungen abgab, wurden im Vorstadttheater Wiens noch durch die zahlreichen kritischen und ironischen Anspielungen auf zeitgenössische Verhältnisse erweitert. Die Stücke selbst,[161] die an die ‚Verlachkomödien' und die bürgerlichen Rührstücke des 18. Jahrhunderts, aber auch an Sagenstoffe, Geister- und Rittergeschichten anknüpften, suchten – dies ist ihr gemeinsamer Nenner – die optimistischen Ideale der Aufklärung populär zu machen und traten, nicht ohne rührselige Akzentsetzungen, für die Herzensbildung und die moralische Erziehung des Menschen ein (als Beispiel sei hier Karl Friedrich Henslers *Das Judenmädchen von Prag oder Kaspar der Schuhflicker*, 1794, genannt), teilweise auch für die von den Freimaurern vertretenen Freiheitsideale (man denke an Emanuel Schikaneders von Mozart vertontes Erfolgsstück *Die Zauberflöte*, 1791).

Die Nähe der Alt-Wiener Volksstücke zur Musik war eines ihrer Charakteristika. Nicht nur berührten sie sich stofflich mit Musikkomödien und Singspielen (von Joachim Perinet gibt es sogar Singspielkasperliaden, z. B. das von Wenzel Müller vertonte Spiel *Kaspar, der Fagottist, oder: die Zauberzither*, 1791); sie enthielten seit der Zeit des Rokoko in der Regel auch scherzhafte oder rührselige Liedeinlagen. Eine besondere Rolle spielten sie in den oft mit maschinellem Aufwand in Szene gesetzten ‚Zauberpossen', in denen, wie im Theater des Barock, wenn auch nicht in der gleichen Funktion, Genien und Allegorien die im realen Diesseits spielende Handlung als „seelische Kongruenzfiguren"[162] begleiteten und überhöhten, wobei der Gesang und auch der Tanz eine die Zuschauer beschwingende, die moralischen Aussagen der Stücke unterstützende Wirkung erzielen sollten.

Zauberpossen: Raimund

Der bedeutendste und zugleich eigenwilligste Verfasser solcher Zauberpossen war im 19. Jahrhundert Ferdinand Raimund.[163] In seinen zahlreichen Stücken durchdringen sich eine realistische Weltsicht und Märchenhaftes – wie etwa in einem seiner bekanntesten, auf das beliebte Motiv des ‚Menschenfeinds' zurückgreifende Stück *Der Alpenkönig und der Menschenfeind*, 1828, in dem der Protagonist, ein von Argwohn und Wahnvorstellungen getriebener ‚Rappelkopf', sich resigniert in die Einsamkeit zurückziehen will, jedoch vom Alpenkönig Astragalus, der ihm sein Spiegelbild vor Augen stellt, zur Selbsterkenntnis gebracht und geheilt in seine alte Welt zurückgeführt wird. Die Märchenfigur wirkt in diesem Stück allerdings so stark als eigenwilliger Charakter und Gegenspieler des Misanthropen, dass ihre gewohnte Funktion als ‚deus ex machina' überschritten wird. – Auch in anderen seiner Stücke hat Raimund den Übergang zum Charakterdrama gesucht, indem er stärker als andere Autoren dieses Genres vom kleinbürgerlichen Lokalkolorit absah. *Der Verschwender* (1834 aufgeführt im Theater an der Josefsstadt) verweist am Beispiel des Aufstiegs und Unglücks eines Edelmanns auf die Selbstverantwortung des Menschen für sein Schicksal; auch wenn außerirdische Mächte (hier die Fee Cheristane) sein Leben am Anfang seines Weges lenken, trägt der Protagonist Flottwell doch alle Schuld und die Konsequenzen für sein leichtsinniges Leben. Erst sein Sinneswandel führt den Beistand seiner Fee wieder herbei. Dieser Wandel aber ist nicht zuletzt seinem biederen, ihm in seinem Unglück beistehenden ehemaligen Diener Valentin zu verdanken, der die Tugenden des ehrlichen und dankbaren ‚kleinen Mannes' vertritt (berühmt geworden ist das von ihm gesungene schicksalsergebene *Hobellied*) und dem Stück dann doch die vom Publikum gewollten, es bestätigenden Wertvorstellungen einschreibt.

Lokalpossen: Nestroy

Um die im Volksstück vermittelten Wertvorstellungen genauer verstehen zu lernen, muss man freilich vor allem die Lokalposse betrachten,[164] die zwischen 1819 und 1870 das populärste Theatergenre in Österreich und Deutschland war. Sie unterscheidet sich von der Zauberposse durch den Verzicht auf Gestaltung jenseitiger Wesen, und konzentriert sich besonders intensiv auf die Lebenswelt der Kleinbürger, die zugleich ihr Publikum bildeten und die ihre Verhaltensweisen in den Stücken wiedererkennen wollten.

So besteht denn auch deren Figureninventar aus Handwerkern, Krämern, Dienstboten usw., die fest in ein bestimmtes, regional begrenztes Milieu eingebunden sind und auch den authentischen Dialekt sprechen. Bei Adolf Bäuerle und Johann Nestroy steht Wien im Mittelpunkt, bei Louis Angély und David Kalisch Berlin, bei Carl Malss Frankfurt am Main, bei Ernst Elias Niebergall Darmstadt. Damit sind zugleich auch die bekanntesten Autoren dieser Gattung genannt. Die Betonung des Lokalen, die bei ihnen Autoren zu finden ist, ihre Beschränkung auf den Horizont ihrer Heimatstadt, ist insofern plausibel, als der kommunale derjenige Bereich war, in dem die kleinbürgerliche Mittelschicht sich auch politisch am weitesten entfalten konnte. Nicht von ungefähr richteten sich gerade Lokalpossen deswegen auch durchaus kritisch gegen Anmaßungen des Adels, zugleich freilich auch gegen die Überfremdungen durch Kapitalismus und Industrialisierung, die sowohl das individuell betriebene Handwerk als auch das individuelle Gepräge der einzelnen Städte angriffen. So sind die Konfliktstellungen im wesentlichen Ausdruck kleinbürgerlicher Anti-Haltungen. Das Fremde wird im vorgeführten Milieu immer als Störendes, Wegzudrängendes oder aber als Anzupassendes empfunden. Aus dem Zusammenstoß zwischen Vertrautem und Fremdem ergeben sich die dramatischen Konflikte, deren Lösung (fast) immer – ein Kennzeichen des Trivialen – auf eine Bestätigung des Gewohnten hinausläuft, dem das Publikum erleichtert beipflichtet. Volker Klotz hat eine ganze Reihe dieser Konflikte zusammengetragen. Zu ihnen gehören: Sesshaftigkeit gegen Umtriebigkeit; Freundschaft und Nachbarschaft gegen anonymen gesellschaftlichen Verkehr; zünftiges Handwerk gegen freischwebendes Spekulantentum; Sparsamkeit gegen Verschwendung; innere Werte gegen äußeren Glanz; soziale Selbstregulierung im kleinen Kreis gegen staatliche Eingriffe; private Pflichterfüllung gegen politischen Einsatz; patriarchalische Familienordnung gegen neutralen Interessenausgleich; erotische Sittsamkeit und Ehemoral gegen sexuelle Freizügigkeit; persönliche Bewährung und Berufung gegen beliebige Berufstätigkeit.[165] Immer triumphiert das intakte Milieu, immer werden die es aus dem Gleichgewicht bringenden Kräfte abgewehrt oder die aus ihm Ausbrechenden zurückgeholt.

In Carl Malss' *Der Bürger-Capitän* (1821) bricht die Gefahr gleich doppelt über die friedfertigen Kleinbürger herein: als Feuersbrunst und als die Entführung eines Mädchens durch einen Adligen; am Ende gehen die Protagonisten und die ganze Gemeinschaft gestärkt aus der Bewältigung dieser Störungen hervor, und wird sogar ein Außenseiter, ein junger Akademiker, der sich als Lebensretter besonders hervorgetan hat, der ‚ingroup' hinzugewonnen. Der Akt der Bewährung durch eine außerordentliche Tat, gleichsam durch ein ‚Meisterstück', ist in diesen Possen ein zentrales Motiv, das sich etwa auch in Bäuerles *Die Bürger in Wien* (1813), in Kalischs *Einmalhunderttausend Taler* (1847) oder in Niebergalls *Datterich* (1862) wiederfindet. Kommt die Gefahr von innen, d. h. wird die Flucht aus dem Milieu einmal gewagt, was immerhin die Möglichkeit der Kritik an ihm impliziert, so erweisen sich derartige Abenteuer schließlich als unbekömmlich und enden mit der Rückkehr in die Normalität des Alltags.

Gerade die Zusammenstöße mit von außen kommenden Störenfrieden bieten als Abweichungen vom Gewohnten Gelegenheit, Belustigungen hervorzurufen. So erscheinen die Fremden oft als ‚deplaciert', ‚fehl am Platze', weil sie anderer Herkunft sind, andere Manieren haben, den gesprochenen Dialekt nicht beherrschen und deswegen hilflos wirken, sind also dem Verlachen preisgegeben. Indem das von der Normalität des lokalen Milieus Abweichende ‚verlacht' wurde, vermochte gerade dieser Unterhaltungseffekt ideologisch wirksam zu werden und dazu beizutragen, das Reservat der kleinbürgerlichen Verkehrsformen, die Schutz gegen eine unwirtlich gewordene Wirklichkeit gewährten, zu befestigen.

Freilich konnte diese ängstlich am Gewohnten festhaltende Tendenz der Lokalposse auch durchbrochen werden, wenn dem Betrachter – wie in vielen der Stücke

Johann Nestroys – das umfassende Verfangensein der Protagonisten in kollektiven Zwangsvorstellungen vor Augen geführt wurde und seine Gefühle sich auf diese Weise im Rezeptionsvorgang verwirrten. Nestroy begann mit Zauberpossen (am bekanntesten wurde *Der böse Geist des Lumpazivagabundus*, 1833), gewann seine Unverwechselbarkeit aber erst durch seine zum Teil heute noch aufgeführten satirischen Lokalpossen (Possen mit Gesang, wie er sie nannte), von denen hier nur eine exemplarisch herausgegriffen wird – *Der Talisman*, 1840. Im Mittelpunkt steht der arbeitslose Barbiergeselle Titus Feuerkopf, der die Niedertracht der Vorurteile des Kollektivs der Kleinbürger gegenüber Rothaarigen über sich ergehen lassen muss. Als der in die Asozialität Hineingedrängte in den Besitz einer schwarzen Perücke gelangt, des Talismans, der seinen Makel verdeckt und zum Garanten seines Aufstiegs wird, wendet er die Verhaltensweisen, die er von seiner Umgebung abgesehen hat, nun zu seinen eigenen Gunsten an. Durch Täuschungen und Heucheleien steigt er, protegiert von verschiedenen Frauen (in den Zauberpossen waren es Feen aus einer anderen Welt), mit Hilfe seiner Perücke und in wechselnder Kleidung vom Gärtner, zum Jäger, schließlich zum Privatsekretär einer Gräfin auf. Dabei wird deutlich, dass der Mensch nicht als Person gesehen, sondern nur – und dies ständeübergreifend – nach seinem äußern Erscheinungsbild eingeschätzt wird, nach seinem Anzug, auch nach seinem ‚rhetorischen Gewand'.[166] Als Feuerkopfs Perücke fällt, fällt auch er zurück ins Bodenlose. Da aber das Publikum einen guten Schluss erwartet, zaubert Nestroy einen reichen Onkel, einen Märchen-Kapitalisten, herbei, der den Entlarvten rettet. Dieser aber heiratet nicht, wie erhofft, die Kammerzofe der Gräfin, sondern eine ebenfalls rothaarige Gänsemagd – ein symbolisches Bündnis der Deklassierten, ein Ausrufezeichen, das durchaus als Warnung an die korrumpierte Gesellschaft, zu der schließlich auch die Zuschauer gehörten, verstanden werden konnte. – Damit stellte Nestroy die gewohnten Intentionen der Lokalposse auf den Kopf. Die Verstoßung (oder Vereinnahmung) des Störenfrieds durch das Kollektiv verliert bei ihm seine Bedeutung, weil das Kollektiv selbst als zutiefst gestört erscheint.

Auch wenn die Lokalposse während der Gründerjahre vom Bühnenschwank verdrängt wurde, nutzten einzelne Autoren sie in gesellschaftskritischer Absicht auch noch im 20. Jahrhundert. Franz Xaver Kroetz, Martin Sperr, Peter Turrini, um nur die bekanntesten zu nennen, bedienten sich ihrer Möglichkeiten, um die Einschnürung und Überwältigung der Menschen durch selbstauferlegte und gesellschaftliche Zwänge bewusst zu machen, wobei die ‚komischen Deplacierungen' oft genug in Schwarzen Humor umschlugen, der den Zuschauern das Lachen im Halse steckenbleiben ließ.

Bühnenschwänke

Von der Posse hebt sich der (auf der Bühne dargestellte) Schwank ab. Besonders populär wurde er in Deutschland nach 1880[167] – und als Boulevardstück und vor allem als ‚Volksschwank', den auch das Fernsehen regelmäßig überträgt, bestimmt er das Unterhaltungstheater bis heute. In seiner frühen Phase war er stark von französischen Vorlagen abhängig, insbesondere von den Stücken von Eugène Labiche und Georges Feydeau. In Frankreich hatte sich die Trägerschicht des Schwanks, das mittlere Bürgertum, schon um 1848 politisch und wirtschaftlich fest etabliert, in Deutschland in ähnlicher Weise erst Jahrzehnte später. Dieses Bürgertum bildete nicht nur das Publikum des Schwanks, es war auch sein Gegenstand – allerdings nicht im Sinn des frühen bürgerlichen Rührstücks, das vielfältige Beziehungen und Konflikte der bürgerlichen Familie und ihrer Stellung in der Gesellschaft angeschnitten hatte, sondern in einer sehr eingegrenzten Weise.[168]

Ausgangspunkt der schwankhaften Handlung ist stets das saturierte bürgerliche Heim, und ihr spezielles Thema sind die sexuellen Interessengegensätze der Geschlechter in ihm. Die Männer suchen sich durch – verheimlichte – Seitensprünge vom Einerlei des Ehealltags zu befreien, doch kommen ihnen ihre Frauen auf die Spur. Diese sind zwar als die Betrogenen zunächst die Verlierer in diesem Spiel, am Ende aber triumphieren sie und sind zur Aussöhnung bereit. Ihr Triumph kommt auch ihren ertappten Männern zugute. Denn wichtiger als der Gewinn der Freiheit ist in der bürgerlichen Geschäftswelt die Vertrauenswürdigkeit. Wer ausschweift, setzt nicht nur sein Eigentum aufs Spiel, sondern auch seinen Kredit. Diese Parallele von sexueller und monetärer Vergeudung und ihrer Verhinderung, von sexueller Restriktion und öffentlichem Ansehen ist von Volker Klotz[169] nachdrücklich herausgestellt worden. Aber nicht immer haben beide Motive in den Schwänken das gleiche Gewicht. In dem berühmt gewordenen Schwank *Der Raub der Sabinerinnen* (1884) von Franz und Paul Schönthan etwa tritt das erotische Motiv zurück, ist aber gleichwohl vorhanden; das Schema wird dann nur variiert, nicht außer Kraft gesetzt.

Die Komik des Bühnenschwanks beruht einerseits auf den vielen Missgeschicken, die dem Schwankhelden bei all den Mühseligkeiten des Verheimlichens und Lügens widerfahren, aber ebenso auf dem – schwankhaften – Umschlag vom Erfolg in den Misserfolg. Denn am Ende ist alle Mühe vergeblich gewesen, ist der gehetzte Ausbrecher aus dem Familienkreis wieder der Domestizierte. Um die komischen Effekte noch anzuhäufen, arbeiten die Autoren häufig mit der Generationsverdoppelung (vgl. etwa Franz Arnolds und Ernst Bachs Stücke *Die spanische Fliege*, 1913, oder *Zwangseinquartierung*, 1920), wobei die Ehemänner dann auch als Väter von Töchtern in Erscheinung treten, die den künftigen Schwiegersöhnen verbieten müssen, was sie sich selbst erlauben, usw. Auch gegenwärtig nutzen die Autoren solche und ähnliche Mittel – in Deutschland in den vergangenen Jahrzehnten am geschicktesten sicherlich Curt Flatow, der sich um ständig neue Variationen des überkommenen Schemas bemüht hat (vgl. u. a. *Der Mann, der sich nicht traut*, o. J.).

An der Zielsetzung und an den Gründen für den Erfolg der Bühnenschwänke bzw. Boulevardstücke hat sich in den letzten hundert Jahren kaum etwas geändert. Immer dreht es sich im Schwank darum, das ‚Verbotene' möglichst zu tun, aber den damit verbundenen möglichen Skandal zu vermeiden. All die heimlichen Unternehmungen des Schwankhelden dienen diesem Zweck. An den Pranger gestellt, d. h. öffentlich bloßgestellt zu werden (plötzlich in der Unterhose dazustehen, was dem Helden auf der Bühne immer wieder passiert, ist nur die Verkleinerungsform dafür), wirkt auch heute noch für viele Zuschauer wie ein Albtraum. In dieser vorgeführten Angst können sie die eigene wiedererkennen. Dass sie dennoch lachen, liegt daran, dass das Geschehen auf der Bühne übertrieben erscheint, und dass die Erleichterung darüber, in dieser Weise nicht betroffen zu sein, die Überhand gewinnt. Zugleich kommt die Schadenfreude über den Ungeschickten auf der Bühne hinzu und am Ende die Befriedigung, dass der ihm drohende (auch das eigene Innere beunruhigende) Skandal vermieden worden ist. Ob dabei die wesentlichen Motive des Schwanks (die Verstellungen, die in Situationen führen, die man nicht mehr steuern kann; die marionettenhafte Abhängigkeit von sexuellen Wünschen; die Angst vor der Niederlage und gesellschaftlicher Isolation; der begrenzte Handlungsspielraum außerhalb der Familie) als Spiegelbilder der eigenen ohnmächtigen Lage erkannt wurden und werden, bleibt eher zu bezweifeln.

6.2. Dramen für das gebildete Bürgertum

Dramen der Romantiker

Für die Romantiker wurde das Drama deswegen zum Problem, weil sie gerade im Roman das Mittel sahen, ihrem insbesondere von Friedrich Schlegel und Novalis formulierten Wunsch nach Romantisierung oder Poetisierung des Lebens und der Gesellschaft gerecht zu werden (vgl. o.). Der Roman sollte alle bisherigen Gattungen vereinen und das ganze Wesen seiner Leser verändern. Dramatische Konflikte aufzubauen und austragen zu lassen, lag am Rande oder sogar außerhalb der Vorstellungswelt dieser Autoren. Dem entsprach, dass die wenigen unter ihnen, die sich theoretisch zur Kunst des Dramas äußerten, wie etwa Adam Müller mit seiner Schrift *Über die dramatische Kunst* (1808) oder Friedrich Schlegel in seiner *Geschichte der alten und neuen Litteratur* (1812), mehr als an den Konflikten an der Art und Weise der Konfliktlösungen interessiert waren und dafür, dies gilt insbesondere für Schlegel und blieb nicht ohne Einfluss, die christlichen Dramen des Spaniers Pedro Calderón de la Barca als Vorbild nahmen, in denen unter dem Dach der Kirche alle irdischen Gegensätze versöhnt werden.

Das Fehlen eines dramatischen Gestaltungswillens bei den Autoren, unter anderem erkennbar an verwickelten, sich im einzelnen verlierenden Handlungen oder auch an der Anreicherung der Dramentexte mit lyrischen Einlagen, hatte einerseits zur Folge, dass viele ‚romantische' Dramen nie aufgeführt wurden, sondern ‚Lesedramen' blieben, führte andererseits aber auch zu einigen beachtenswerten Innovationen. Ein Beispiel dafür ist *Der gestiefelte Kater* (1797) Ludwig Tiecks. Dessen zahlreiche Stücke (überwiegend Dramatisierungen von Märchen- und Sagenstoffen oder von Volksbüchern) fanden auf der Bühne keinen Platz. Gleichzeitig weist gerade der *Gestiefelte Kater* schon auf die anti-illusionistische Theaterströmung im 20. Jahrhundert voraus. Denn das Stück ist darauf angelegt, die Erwartungen des Publikums ständig zu stören. Dies geschieht zwar noch nicht, wie oft im modernen Theater, dadurch, dass mit dem realen Publikum direkt kommuniziert wird, doch lässt Tieck im Stück ein fiktives Publikum mitspielen und will damit auch ein reales Publikum, das ihm zu Lebzeiten nicht gewährt wurde, verunsichern. Auf der Bühne findet – eine schon in der commedia dell'arte bewährte Technik – ein Spiel im Spiel statt; die Aufführung des Märchens vom ‚Gestiefelten Kater', das aus der Sammlung Perraults (vgl. o.) bekannt war und später auch von den Grimms für ihre *Kinder- und Hausmärchen* (vgl. o.) übernommen wurde, wird vom fiktiven Publikum, das einen „festen Standpunkt" vermisst, immer wieder empört unterbrochen; der Dichter muss auf der Bühne erscheinen und wird am Ende mit Äpfeln und Birnen beworfen. So erweist sich Tiecks Stück als eine Satire, die sich hauptsächlich gegen den Geschmack des zeitgenössischen, an die rührseligen Trivialstücke eines Iffland oder Kotzebue gewohnten Publikums richtet, das nichts anderes als Identifikationsangebote und emotionale Erregung verlangte.

Auf Formen des Volkstheaters und Stoffe der ‚Volkspoesie' haben, teilweise ebenfalls in satirischer Absicht, auch andere Romantiker wie Achim von Arnim, Clemens Brentano und Joseph von Eichendorff zurückgegriffen, ohne damit jedoch eine nachhaltige Wirkung zu erzielen. Auch viele Texte des zur Zeit der napoleonischen Kriege beliebtesten dramatischen Genres, des Historiendramas, waren bühnenunwirksam, weil sie entweder stofflich überladen waren oder keine zündenden Konflikte aufbauten oder weil sich Bezüge zur eigenen Gegenwart für die Zuschauer oft nur schwer herstellen ließen. Was die Intention dieser Dramen angeht, war ihr gemeinsamer

Nenner die Besinnung auf die eigene Geschichte und die Stärkung des Nationalbewusstseins. Dies gilt für Dramen von Zacharias Werner (u. a. *Martin Luther, oder: Die Weihe der Kraft*, 1807) ebenso wie etwa für *Die Hermannsschlacht* (1808) von Heinrich von Kleist, für Friedrich Heinrich de la Motte Fouqués Nibelungentrilogie *Der Held des Nordens* (1810) (auf die später Richard Wagner für seine Operntetralogie zurückgriff) oder auch für Karl Theodor Körners – seinerzeit ausnahmsweise erfolgreiche – Tragödie *Zriny* (1812), um nur wenige Titel zu nennen. Daneben entstanden Schauertragödien (etwa Werners *Der vierundzwanzigste Februar*, 1809) und ‚Schicksalsdramen', unter denen Arnims *Die Gleichen* (1819), in dem eine Orientalin und eine Christin einen ‚Schwesternbund' eingehen, Beachtung verdient.

Goethes *Faust II*

Aus dem Experimentierfeld der Romantiker ragt das größte dramatische Experiment dieses Zeitraums, Goethes *Faust. Der Tragödie zweiter Teil* (vollständig erschienen 1832), einsam heraus. Auch dieses komplexe Werk ist im Grunde ein ‚Lesedrama'. Was im Rückgriff auf Volksbuch und Puppenspiel begann und mit der Bewegung des Sturm und Drang schließlich durch verschiedene Vorstufen hindurch im ersten Teil des *Faust* in einer sozialen Tragödie, in Gelehrten- und Gretchentragödie, vorläufig endete, wurde im zweiten Teil – undenkbar ohne die Gedankenwelt und die künstlerischen Einfälle der Romantiker – auf einer anderen Ebene fortgesetzt. Der zweite Teil des *Faust* ist ein Panorama von Einzelszenen, die unterschiedliche Wirklichkeitsbereiche symbolisch zur Anschauung bringen – in einem unvergleichlichen Reichtum an Bildern und überlegt eingesetzten Versformen. Auf die dem Werk immanente Musikalität ist oft verwiesen worden; an verschiedenen Stellen wird im übrigen wie im ersten Teil der Sprechvers von Liedern unterbrochen. In der Bildwelt mischt sich Phantastisches mit Realistischem, die Grenzen von Raum und Zeit erscheinen aufgehoben. Das ganze ‚Drama' wird, verfolgen wir die Stationen, die Faust durchläuft, zum Welttheater. Auch Goethe schätzte Calderón.

Der Umschlag vom bürgerlichen Trauerspiel zum Welttheater ist angelegt im ‚Prolog im Himmel', der um 1800 entstand und 1808 erstmals mit dem gesamten ersten Teil publiziert wurde. Dort wird der Rahmen gesteckt, in dem sich fortan die Handlung abspielt, die nunmehr in eine große kosmische Ordnung eingebettet ist. Im ‚Prolog' wird die Rolle Mephistos als Knecht Gottes verdeutlicht, der versuchen mag, Faust vom ‚rechten Weg' abzubringen. Nicht als gleichberechtigter Antipode Gottes tritt er auf, sondern als Teil der von Gott geschaffenen Weltordnung, in der die Kraft des Bösen das Gute im Menschen erst recht hervorzubringen vermag. Der Kraft der Selbstbestimmung des Menschen trotz aller Anfechtungen ist Gott sich im

‚Prolog' so sicher, dass er das unangemessene Wettangebot Mephistos nicht einmal zurückweist.

Wie schon im ersten Teil versucht Mephisto auch im zweiten Teil, Faust seiner Liebesfähigkeit zu berauben und Liebe zur Triebhaftigkeit zu erniedrigen. Wird Faust im ersten Teil unter Mephistos Einfluss schuldig, weil er die Bindungen Gretchens missachtet, so gelingt es ihm im zweiten Teil nicht, Helena, die antike Königin, festzuhalten, die sich von ihrem gemeinsamen Sohn Euphorion, in dem Fausts inneres Wesen lebendig wird, fortziehen lässt. Das Leiden Fausts an seinem Scheitern bleibt seinem Widersacher unzugänglich. Dies gilt auch für den Schluss des Dramas, als Faust sein Glück in sozialem Handeln sucht, dem Meer Neuland abgewinnt und dabei die Hütte und das Glück von Philemon und Baucis zerstört. Als er schließlich, blind und verblendet, die Spatenstiche für sein Grab als Spatenstiche für einen neuen Damm missdeutet und eingesteht, nun den „höchsten Augenblick" zu genießen, glaubt Mephisto seine mit ihm seinerzeit geschlossene Wette gewonnen zu haben und hat sie doch verloren. Denn Fausts lebenslanger Wille, der bloßen Destruktion entgegenzutreten und dem Leben Sinn abzugewinnen, wird trotz all seiner schuldhaften Verstrickungen dadurch belohnt, dass Gottes Engel ihn in eine andere Wirklichkeit emporziehen – und so auch seine Sehnsucht nach Entgrenzung, nach Teilhabe an der Sphärenharmonie erfüllen.

Der Symbolgehalt des Stückes, die vielen allegorischen Verweisungen, die Anspielungen auf Tendenzen des eigenen Zeitalters, die auch den politischen und ökonomischen Bereich von Macht und Geld einbeziehen (vgl. die Szenen am Kaiserhof), können hier im einzelnen nicht einmal andeutungsweise behandelt werden. Sie haben die zwiespältige Rezeption des zweiten Teils begünstigt (und auch zu zahllosen Deutungen des Textes geführt). Gerade sein Schluss hat die Zeitgenossen erregt und etliche ironische Umgestaltungen provoziert. Die Gestalt des Faust, wie sie dem Leser in beiden Teilen entgegentritt, ist bereits im 19. Jahrhundert unter Missachtung der Komplexität seines Charakters und ohne Verständnis des künstlerischen Gehalts des Dramas zu einem Idealbild des Deutschen überhöht worden und hat, wie die Redensarten vom ‚deutschen Faust', vom ‚faustischen Menschen' usw. belegen, bis in die Zeit des Nationalsozialismus dazu herhalten müssen, deutsches Sendungsbewusstsein zu repräsentieren. Auf die gerade gegenwärtig zu zahlreichen Neuinszenierungen führende widersprüchliche ‚Modernität' des *Faust II* mit seinen Motiven der Zeugung künstlichen Lebens oder der durch neue Technologien verursachten Zerstörungsgewalt ist hier nur hinzuweisen.

Kleist

Der bedeutendste, bis heute immer wieder gespielte Dramatiker im Umfeld der Romantiker war Heinrich von Kleist. Anders als die meisten seiner Theaterstücke schreibenden Zeitgenossen, war er weder einem philosophischen System verpflichtet, noch vertraute er dem Versprechen des Christentums, obwohl dessen Bilder ihn beeinflussten (man denke an die heilsgeschichtliche Abfolge von Paradies, Sündenfall und Suche nach der Rückkehr in den Zustand der Unschuld, die im Zusammenhang mit seiner Schrift *Über das Marionettentheater* und seinen Erzählungen bereits besprochen wurde). Die Konflikte seiner Dramen erwuchsen aus der Widersprüchlichkeit des Individuums als frei sich verwirklichendes Selbst und als Gesellschaftswesen, das in Gesetze, Verträge, in Institutionen von der Familie bis zum Staat eingebunden ist; sie waren also wesentlich psychologischer Natur und blieben letztlich so ungelöst wie Kleists eigene Widersprüchlichkeit, die in den Freitod führte. An den ästhetischen Experimenten der Romantiker beteiligte er sich nicht; dazu waren ihm die von ihm gewählten Konfliktstellungen zu ernst.[170] Wohl aber teilte er mit Romantikern wie Tieck, Brentano und anderen die Erfahrung der Unsicherheit sprachlicher Kommunikation, die in dieser Generation wohl deswegen so deutlich bewusst wurde, weil der Sprache mit der Ablösung des Absolutismus durch sich entwickelnde demokratische Staatswesen, mit der Kodifizierung von Gesetzen, mit der Rechtsverwirklichung (Anklage, Verteidigung) und der Funktion der um Einfluss bemühten politischen Rede eine neue, entscheidende Bedeutung zuwuchs. Im Drama, das die Distanz schaffende Kommentierung eines Erzählers nicht kennt, sondern Aussagen der Kontrahenten und Selbstaussagen unmittelbar vorführt, musste das Misstrauen gegenüber der vermeintlichen Eindeutigkeit sprachlicher Äußerungen besonders stark wirksam werden. Nicht umsonst spielen Mimik und Gestik nicht nur in den Erzählungen, sondern gerade auch in den Dramen Kleists eine Schlüsselrolle.[171] Missverständnisse und Lügen, das sprachliche Versagen in entscheidenden Momenten werden zu tragenden Motiven.

Die Radikalität, mit der Kleist seine Zweifel ins Drama einbrachte, und zwar sowohl in seine Lustspiele wie in seine Tragödien und Schauspiele, hat seine Zeitgenossen irritiert und zur Verkennung seiner Bedeutung geführt, etwa auch zu Goethes Verhunzung des *Zerbrochenen Krugs* (1808) auf seiner Weimarer Bühne.

Dieses Lustspiel stellt neben der Kleist stets beschäftigenden Problematik der Rechtsverwirklichung einen Aspekt des eben erwähnten Sprachproblems deutlich vor Augen. Die über die Wirklichkeit hinwegtäuschenden Lügen des Dorfrichters Adam, der über seine eigenen Verfehlungen urteilen soll, sein bewusstes Missverstehen der Gesprächspartner, seine Selbstgespräche verweisen auf die Täuschungen, die durch den Gebrauch von Sprache möglich werden. Am Ende steht die Entlarvung des Prahlhanses, dieser Shakespeares Falstaff verwandten „Figur des Appetitiven".[172] Kleist hat den einst von Gottsched geschmähten Hanswurst auf die Bühne zurückgeholt, um sie endgültig von ihr zu verjagen. Der Anflug des Tragischen, den man hierin erkennen mag, wird freilich von der umwerfenden Komik des ganzen Vorgangs überspielt. *Der zerbrochene Krug* erfüllt alle Kriterien für das ‚Lachen', die viel später in dem berühmt gewordenen Essay von Henri Bergson unnachahmlich veranschaulicht worden sind[173], wobei in diesem Stück von der Verkehrung der Rolle (der Inversion) die größte Wirkung ausgehen dürfte.

Den Rollentausch als Mittel der Komik setzte Kleist auch in seinem Lustspiel *Amphitryon* (1807) ein. In ihm übernimmt der Gott Jupiter in Abwesenheit des griechischen Feldherrn Amphitryon dessen Gestalt, um Alkmene, seine Ehefrau, zu verführen. Die aus der Antike stammende Vorstellung des Verkehrs zwischen Göttern und Menschen kannte Kleist aus Rotrous Lustspiel *Les Sosies* (1638) und aus Molières Komödie *Amphitryon* (1668), die ihrerseits beide auf den *Amphitruo* des Plautus zurückgriffen. Kleist hat sich eng an Molière gehalten, einige Szenen hinzugefügt und mit ihnen den Gehalt des Stückes verändert. Das bei Molière witzig-oberflächliche Spiel zwischen den drei Hauptfiguren verwandelt sich bei Kleist in eine psychologisch differenzierte Gefühlsproblematik, in die Alkmene durch Jupiter gestürzt wird. Während der eitle Jupiter in der berühmten 5. Szene des 2. Akts, die ganz Kleists Eigentum ist, Alkmene den Unterschied zwischen Geliebtem und Gemahl zu erklären versucht, vermag Alkmene diesen Unterschied nicht nachzuvollziehen. Ihr „unfehlbares" Gefühl sagt ihr, dass ihre Liebe zu Amphitryon unteilbar ist. In dieser Unteilbarkeit liegt ihr eigenes Selbstbewusstsein begründet. Deswegen ist sie dem Spiel Jupiters zwar ausgeliefert, ohne doch Amphitryon zu betrügen. Wenn sie unbewusst doch dem Gott verfällt, so liebt sie in Wahrheit die „ins Göttliche geläuterte Gestalt"[174] ihres Ehemanns. Im Versagen, dem Verkennen, liegt zugleich ihre Bewährung – dieser Widerspruch ist der tragische Anteil, den auch diese Komödie besitzt. Auch das oben angesprochene Sprachproblem wird in ihr gestaltet – in diesem Fall der gegenteilige Aspekt der Sprachlosigkeit. Die durch ein Indiz und Amphitryons Rückkehr hervorgerufene Gefühlsverwirrung Alkmenes führt in ihr Verstummen. Ihr letztes, ihre Ratlosigkeit offenbarendes „Ach" durchzieht wie eine „Sprachmelodie" das ganze Stück und hält es in der Schwebe von Tragödie und Komödie.[175] Dass es auch Komödie bleibt, ergibt sich nicht nur aus dem Rückzug des über seine eigene Schöpfung beglückten Jupiter, sondern vor allem aus der Parallelhandlung um Sosias, Charis und Merkur, in die Kleist alle vordergründige Komik verbannt hat, die Rotrou und Molière ihm anboten.

Vor den beiden Lustspielen hatte Kleist bereits zwei Trauerspiele verfasst, von denen eines, *Robert Guiscard* (1804), das – in hochpolitischer Anspielung auf Napoleon – die Usurpation der Macht gegen das dynastische Prinzip behandeln wollte, von ihm verbrannt wurde und nur in einem aus seinem Gedächtnis rekonstruierten Bruchstück überliefert ist. Kleists erstes Trauerspiel, *Die Familie Schroffenstein* (erschienen 1803), zählt nicht zu seinen bekannten Stücken, enthält aber bereits wichtige Motive der späteren Dramen und Erzählungen.

Den ‚Romeo und Julia'-Stoff gestaltend, die Liebe zweier Kinder aus zwei verfeindeten Zweigen einer (im Unterschied zu Shakespeare) einzigen Familie, bietet Kleist, nachdem er die von Besitzdenken und Rachegelüsten erfüllten Väter in einem Akt des Versehens ihre Kinder hat töten lassen, als Hoffnung nur jenes von den Kindern vorgeführte Gefühl des unbedingten gegenseitigen Vertrauens an, das er später immer wieder thematisierte: Nur dieses Gefühl besitzt angesichts der mangelnden kognitiven Erkenntnisfähigkeit des Menschen die Qualität, jenseits aller Worte – auch hier kommt das Sprachproblem zur Geltung –, die Kluft, die Menschen voneinander trennt, zu überwinden.

Auch Kleists Tragödie *Penthesilea* (erschienen 1808) (zu ihr vgl. II) stellt das Absolute der Liebe in den Mittelpunkt. Da die Liebe im Amazonenstaat Penthesileas jedoch keinen Platz hat, endet ihr Konflikt zwischen Gesetzestreue und Selbstbestimmung im Tod, in den sie auch Achill reißt, in den einzigen Ort, in dem sich, weil außerhalb aller menschlichen Lebensformen, ihre Leidenschaft erfüllen kann.

Ebenso wie in der *Penthesilea* wird auch in dem ‚Ritterschauspiel' *Das Käthchen von Heilbronn* (1808), deren Protagonistin Kleist in einem Brief von 1807 als Kehrseite der *Penthesilea* bezeichnet hat, die monomanische Besessenheit der Liebe gestaltet, nur dass die fünfzehnjährige Tochter eines Waffenschmieds ihren Geliebten nicht wie die Amazonenkönigin zerfleischt und tötet, sondern ihn durch aufopferungsvolle Hingabe an sich fesselt. In der vollkommenen Sicherheit ihres durch einen Traum ausgelösten Gefühls für den Grafen Wetter vom Strahl erscheint sie wie die Verkörperung der Grazie in Kleists *Marionettentheater* (vgl. o.). Im Schlaf, im Zustand des Unbewussten, offenbart sie dem Angebeteten, dass er ihr im Traum von einem Engel als Bräutigam zugeführt worden sei. Der Graf erkennt in Käthchens Traum das Pendant zu seinem eigenen, dass er die Kaisertochter heiraten werde. Wie im Märchen – nicht umsonst waren die Brüder Grimm von diesem Schauspiel begeistert, und vielleicht hat sein märchenhafter Gehalt auch die breite Zustimmung des Publikums ausgelöst – erweist sich das Käthchen tatsächlich als illegitime Tochter des Kaisers und gewinnt der Graf die Kraft, sich von der ‚falschen Braut', der berechnenden Kunigunde von Thurneck, zu lösen. Das reine Gefühl der ‚wahren

Braut' führt ihn zu sich selbst und eröffnet ihm nach seinem Versehen ein neues Paradies – auch dies noch einmal ein Hinweis auf das *Marionettentheater.* So einfach wie in solcher Abstraktion freilich ist der Gang dieses Dramas nicht. Abgesehen von den nicht immer überzeugenden Ausbuchtungen und Verwicklungen der äußeren Handlung, sind seine Bildwelt, seine Metaphernsprache, seine Anspielungen so komplex und vielschichtig, dass nur ihre hier nicht zu leistende Erklärung ihm wirklich gerecht werden könnte.

Während politische Verhältnisse im *Käthchen* nur Beiwerk bleiben, es sei denn, man interpretiert das ganze Stück in der Nachfolge Michel Foucaults einseitig als Ausdruck verbogenen bürgerlichen Redebedürfnisses über Sexualität und verleiht ihm damit vom Autor sicher ungewollte Aussagekraft über bestehende soziale und auch politische Machtverhältnisse,[176] war Kleists von jeher umstrittenstes Drama, Die *Hermannsschlacht* (1808), von höchster politischer Aktualität. In den Römern, die Hermann, der Cheruskerfürst, bekämpft, konnte man unschwer die Franzosen erkennen, in den Cheruskern die Preußen, in Hermanns Kontrahenten und späteren Verbündeten Marbod den Vertreter Österreichs, in den anderen uneinigen Germanenstämmen die Rheinbundfürsten. In künstlerischer Hinsicht wegen seiner plakativen Darstellung der Charaktere nicht mit Kleists anderen Dramen zu vergleichen und wegen des in ihm zum Ausdruck kommenden Römerhasses, sprich: Franzosenhasses von patriotischen Mißtönen durchzogen, ist es, wenn man sich von dem Kurzschluss befreit, der Autor habe sich mit der Hauptfigur identifiziert, gleichwohl ein Lehrstück über kaltes politisches Kalkül, über List, Heuchelei und Manipulation der Massen, eine heute beklemmend wirkende Vorausschau auf die Mechanismen totalitärer Herrschaft.

Ein patriotischer Impuls, der die Erstarkung Preußens und auf diese Weise die nationale Unabhängigkeit Deutschlands vorantreiben wollte, ging auch von Kleists letztem und vielschichtigstem Schauspiel aus, obwohl in ihm gerade die Gefühlskräfte und ihre Wirkung problematisiert werden. *Der Prinz von Homburg* (1809/11) thematisiert den Konflikt von Entscheidungsfreiheit des einzelnen und seiner strikten Subordination unter das Gesetz, der in unterschiedlichen Varianten alle Dramen Kleists bestimmt. Der Prinz, der Natalie, die Nichte des brandenburgischen Kurfürsten, anbetet und nach einem Traumerlebnis die Schlachtorder des Feldmarschalls geistesabwesend überhört, fühlt sich in der Schlacht von Fehrbellin gegen die Schweden zu Außerordentlichem berufen und führt, gerade weil er den Befehl verletzt und eigenwillig handelt, den Sieg herbei. Dafür wird er, der Lob und Ruhm erwartet, zum Tode verurteilt. Verständnislos und von Angst gepeinigt, bittet er um Fürsprache und Gnade. Diese wird ihm erst gewährt, als er die Rechtmäßigkeit seiner Verurteilung anerkennt; auch der Verbindung mit Natalie steht danach nichts mehr im Wege. Die Tragödie kippt um in die Komödie. – Auch dieses Stück beschäftigt sich mit dem von Kleist immer wieder durchdachten Zusammenhang von Gefühlssicherheit und Sprachlosigkeit – und zwar auf eine Weise, die an das *Käthchen von Heilbronn* erinnert. Kleists Überzeugung, dass Sprache die tiefsten seelischen Regungen nicht zu fassen vermag, bestimmt untergründig die ganze Handlung. In den wichtigsten Szenen ist der von Gefühlen geleitete Prinz nicht in der Lage, sich auf der Ebene rationaler sprachlicher Kommunikation angemessen zu verhalten. Nicht nur beschäftigt ihn sein Traum so sehr, dass er die Befehlsausgabe überhört und auch später, kurz vor der Schlacht, unfähig ist, den Schlachtplan zu wiederholen; nicht nur folgt er während der Schlacht spontan, ohne Übersicht über ihren Verlauf, seiner Eingebung – wortlos lässt er auch seine Verhaftung über sich ergehen, ganz im Vertrauen auf die Gnade des Kurfürsten. Ganz seinem Gefühl überlässt sich der Prinz vor allem in seiner Todesangst – es erscheint hier ins Negative gewendet[177], doch die Unbedingtheit ist die gleiche. Der Vorgang der Selbsterkenntnis des Prinzen, die ihn sein Urteil akzeptieren lässt, verläuft im Grunde wortlos (erst ihr Resultat wird in Worte gefasst), ebenso wie der Kurfürst über seine Beweggründe, den Prinzen zu begnadigen, nicht spricht. Die wichtigsten Entscheidungen also vollziehen sich stumm. So wird nicht deutlich, was eigentlich den Kurfürsten zur Aufhebung des Todesurteils veranlasst: der Gesinnungswandel des Prinzen (seine im Sinne Schillers ‚erhabene' Haltung), die militärischen Argumente des Obersten Kottwitz, der Hinweis Hohenzollerns auf das zweideutige Spiel, das der Kurfürst vor der Schlacht mit dem träumenden Prinzen getrieben hat, oder alles zusammen? Eine Begründung seines Urteils erfolgt nicht. Recht und Unrecht verschieben sich ineinander.

Inwiefern gerade die äußerste, an die Gethsemane-Szene des Neuen Testaments erinnernde und bezeichnenderweise seinerzeit in adligen Kreisen Anstoß erregende Verlassenheit und Verzweiflung eines Menschen sowie die Begnadigung durch die kurfürstliche Vaterfigur eine christliche Deutung des Dramas erlauben, muss hier unerörtert bleiben.[178] In sozialgeschichtlicher Perspektive könnte man in ihm auch nur die dramatische Umsetzung eines zumal von den preußischen Heeresreformern Scharnhorst, Gneisenau und Clausewitz breit ausgetragenen zeitgeschichtlichen Diskurses über die Berechtigung spontaner militärischer Entscheidungen sehen, deren Ausbleiben vielen als die Ursache für Preußens Niederlage gegen Napoleon erschien. Die Verwirrung nicht nur der Zeitgenossen gerade über dieses Schauspiel blieb anhaltend – vor allem weil die psychologische Studie über einen ‚nachtwandelnden' Menschen (die Erforschung des Somnambulismus, der Kehrseite des Rationalen, war zur Entstehungszeit des Dramas ganz aktuell, und Kleist war fasziniert von Gotthilf

Heinrich Schuberts *Ansichten von der Nachtseite der Naturwissenschaften*, 1808) sich auf einen Angehörigen des preußischen Herrscherhauses bezog und damit die Möglichkeit eröffnete, es allein als politisches Drama zu lesen, was es nicht ist.

Die Politisierung des Dramas im Vormärz

Erweisen sich Kleists Dramen vor dem Hintergrund romantischer ‚Lesedramen' aufgrund ihrer psychologischen Komplexität und ihrer dramatischen Zuspitzungen als unverwechselbar, so ragen etwas später, um 1830, aus der Vielzahl der die romantischen Historienbilder nachahmenden, gern weiterhin die Stoffe aus der Geschichte des Mittealters verwendenden dramatischen Massenprodukte, etwa eines Ernst Raupach, die Dramen Christian Dietrich Grabbes und Georg Büchners heraus. Sie fügten der Faszination, die von großen, zumindest repräsentativen historischen Einzelgestalten ausging, ganz neue Aspekte hinzu. Zwar war ein zeitgeschichtlich relevantes Motiv wie das des Volksaufstands gegen politische Herrschaft vereinzelt auch bei anderen Autoren zu finden, etwa in Karl Immermanns *Andreas Hofer, Landwirt von Passeyer* (1833) oder in August Graf von Platens *Die Liga von Cambrai* (1833); doch nur Grabbe und Büchner stellten sich den politischen und sozialen Verhältnissen ihrer Zeit ganz unmittelbar.

Grabbe und Büchner

Ein Beispiel dafür ist Grabbes Drama *Napoleon oder die Hundert Tage* (entstanden 1829/30). Auch hier bildete eine historisch bedeutende – und in diesem Fall den Zeitgenossen gleichsam noch vor Augen stehende – Gestalt den Mittelpunkt; aber ihr gegenüber und ihre Geschichtsmächtigkeit relativierend steht das ‚Volk', das in seiner Vielschichtigkeit, seiner revolutionären Kraft, aber auch in seiner Unberechenbarkeit gezeigt wird. Das Volk von Paris, das Grabbe in kaum übersehbarer Menge auf die Bühne stellt, zerstört die Aura des großen, der Geschichte seinen Willen aufzwingenden Mannes, und präsentiert sich selbst als Macht – ohne dass diese freilich einheitlich auf ein Ziel gerichtet wäre. In Straßenszenen äußern sich etwa Krämer und Proletarier ebenso wie kaisertreue Soldaten und Royalisten. Zu den Differenzen ihrer politischen Anschauungen kommen Stimmungsschwankungen, die auf die Anfälligkeit der Masse verweisen, einer autoritären Führerpersönlichkeit zu folgen. Grabbes Drama, das die revolutionäre Stimmung unmittelbar vor der französischen Julirevolution einfing, wirkte nicht nur durch die Gestaltung der Massenszenen innovativ, sondern brachte durch seine Episoden aneinanderreihende ‚offene Form' auch Möglichkeiten des Dramas in Erinnerung, die an die Dramatik des Sturm und Drang anknüpften. Doch ging es ihm nicht um eine Fortführung der ‚Shakespeare-Manie' (vgl. seinen dramentheoretischen Aufsatz *Über die Shakespearo-Manie* von 1827), sondern um eine auf die ‚Idee der Geschichte' zielende Einkreisung. Als Idee der Geschichte kristallisierte sich bei ihm allerdings kein in dialektischen Sprüngen sich vollziehender Fortschritt heraus, sondern die pessimistische Einsicht, dass sich in ihr stets nur die gleichen – revolutionären und restaurativen – Abläufe wiederholen. – In seinen späteren Geschichtsdramen hat Grabbe die Originalität des Napoleon-Dramas nicht mehr erreicht. Die Tragödie *Hannibal* (1835) etwa zeigt im Niedergang des Protagonisten die Sympathie des Autors für die heroische Persönlichkeit, die zum Opfer der eigenen, allein von wirtschaftlichen Interessen geleiteten Landsleute wird.

Sah Grabbe im Volk den Grund für das Scheitern der großen historischen Persönlichkeiten, denen – hierin war er traditionsverhaftet – sein eigentliches Interesse galt, wird bei Büchner das Volk zum eigentlichen Agenten. Auch bei ihm stehen die großen Gestalten – dies gilt zumindest für *Dantons Tod* (1835) – noch im „Vordergrund der Szene"[179], aber sie werden aus einer Perspektive von unten gesehen, was zu ungewohnten Einschätzungen führt. Dies hängt zweifellos mit Büchners politischer Ausrichtung zusammen. Während Grabbe sich als Außenseiter der bürgerlichen Gesellschaft resigniert zurückzog und 1836 in völliger Vereinsamung starb, nahm Büchner nach der Niederschlagung der Julirevolution in Frankreich an revolutionären Aktionen teil und wurde steckbrieflich verfolgt. Schon als Straßburger Medizinstudent schloss er sich der ‚Gesellschaft der Menschenrechte' (‚Societé de droits de l'homme et du citoyen') an und setzte sich für die breite Masse der notleidenden Bevölkerung aus den untersten sozialen Schichten ein. Zeugnis dieser politischen Aktivität ist seine Flugschrift *Der Hessische Landbote* (1834), die in die Reihe der großen politischen Agitationsschriften von Thomas Müntzer bis Karl Marx gehört. Erst der Fehlschlag seines direkten politischen Engagements brachte ihn zur Literatur, in der er seine Zielsetzungen mit anderen Mitteln weiterverfolgte.

Sein erstes Drama, *Dantons Tod* (1835), das einzige, das zu seinen Lebzeiten erschien (Büchner starb vierundzwanzigjährig bereits 1837), von Karl Gutzkow, dem Herausgeber, an zahllosen Textstellen, um der Zensur zuvorzukommen, verstümmelt, führt einen Ausschnitt aus der Spätphase der Französischen Revolution vor Augen, in der sie in die Diktatur umzuschlagen droht, und konfrontiert mit Danton und Robespierre die beiden prominentesten Revolutionsführer. Ihre Reden übernahm Büchner zum großen Teil wörtlich historischen Quellen, was seinem Bekenntnis zur Lebenswahrheit entsprach, die für ihn zugleich das oberste ästhetische Kriterium bildete. Dennoch geht sein Realismus nicht in bloßer Abbildung auf, sondern dringt tief in die alles Oberflächengeschehen bestimmenden sozialen und politischen Antinomien ein. Mit Danton und Robespierre stehen sich die Protagonisten eines grundsätzlichen Konflikts politischer Ethik gegenüber, und in der Austragung des Konflikts kommt zugleich Büchners skeptische, d. h. anti-idealistische Geschichtsauffassung zum Ausdruck, die den „gräßlichen Fatalismus der Geschichte" beklagt, der allen individuellen Gestaltungswillen, gerade auch den revolutionären, vergeblich erscheinen lässt. Im Stück veranschaulicht Danton diese Skepsis, in der sich Büchners eigene Resignation als Revolutionär wiederfindet. Die Handlung setzt ein, als er, abgestoßen vom ständigen Blutvergießen, sein aktives Mitwirken an der Revolution bereits aufgegeben hat und zum reflektierenden, alles relativierenden Zyniker geworden ist, der von der unaufgeklärten, würdelosen Haltung des Volkes enttäuscht ist, hierin dem enttäuschten Revolutionär Büchner ähnlich. In der Tat erscheint das Volk in diesem Drama als missbrauchte, ohne Zielsetzung, also als situationsgebunden reagierende, unmündige Masse, die sich in Obszönitäten und pathetischen Phrasen ergeht und gegensätzliche Urteile unüberlegt übernimmt.[180] Genau diese Manipulierbarkeit macht sich Dantons Gegenspieler Robespiere zunutze, der seinen Machtwillen demagogisch durchsetzt. In der persönlichen Auseinandersetzung zwischen beiden hält Robespierre Danton dessen Aristokratismus und antirevolutionäre Genussbereitschaft vor und verbiegt damit die politische Kritik in die Lasterkritik an der Person, während Danton, überzeugt von der sinnlosen „Immergleichheit" des Lebens, Robespierre einen totalitären Tugendrigorismus vorwirft, der blind für den Wert des Lebens geworden sei. Gewalt und Massentötungen sind in Dantons Augen nicht zu rechtfertigen.

Als Revisionist in einem verlogenen, die Praxis der Tugenddiktatur der Jakobiner entlarvenden Schauprozess verurteilt, wartet er in den beiden Schlussakten des Dramas mit seinen Freunden auf die Hinrichtung, als jemand, der „das Leben nicht mehr versteht, weil er es verstanden hat"[181] – in seiner Widersprüchlichkeit und Hoffnungslosigkeit. Die Bindungen der Freundschaft und Liebe, die sich unter den Verurteilten vor ihrem Ende vertiefen, helfen ihnen, ihr Scheitern zu ertragen. Ganz gewiss wollte Büchner damit nicht eine rein private Existenz als Fluchtraum und als Alternative für öffentliche Verantwortung und politisches Handeln vorschlagen.

Sein *Danton* brach mit der Form des klassischen Dramas, weil er keine auf eine Entscheidung zusteuernde ‚Handlung' gestaltete. Das Leben und das Leiden, das sich vor dem Zuschauer auf der Bühne sprachgewaltig (und voller Anspielungen auf die antike Literatur) entfaltet, vergegenwärtigt vielmehr sich ausschließende Haltungen angesichts der Rätselhaftigkeit des Fortgangs der Geschichte, verurteilt aber zugleich auch, worauf die durchgängige Theatermetaphorik des Textes verweist, die großen politischen Akteure als Rollenspieler, genauer: ihre „ästhetisierende Aneignung gesellschaftlicher Wirklichkeit."[182]

Bezieht man das Drama auf Büchners eigene politische Praxis im Vormärz, so führt es in die ‚radikale Negation'.[183] Es entspricht Büchners in seinen Briefen geäußerter Anschauung und den von ihm gezogenen Konsequenzen, dass die gesellschaftlichen Voraussetzungen für eine soziale Umwälzung nicht vorhanden waren, weil das Volk die Rolle eines handelnden Subjekts im historischen Prozess nicht zu übernehmen in der Lage war und die bürgerlichen Theoretiker hierauf keine Antwort wussten. In einem Brief schrieb er bereits 1833: „Die politischen Verhältnisse könnten mich rasend machen. Das arme Volk schleppt geduldig den Karren, worauf die Fürsten und Liberalen ihre Affenkomödie spielen."[184]

Das ‚den Karren schleppende Volk', das „Leben des Geringsten", wie es im Kunstgespräch seiner Erzählung *Lenz* heißt (vgl. o.), gestaltete Büchner in seinem Dramenfragment *Woyzeck* (1836/37), über dessen in vier Handschriften überlieferte Bruchstücke und deren Zuordnung seit langem diskutiert wird.[185] Trotz dieser Schwierigkeiten bei der Textgestaltung ist der das Drama tragende Sinn deutlich. Der Soldat und Gelegenheitsarbeiter Woyzeck ist der Prototyp des ausgebeuteten Ärmsten der Armen, der wehrlos die Quälereien, die ihm von verschiedenen Seiten zugefügt werden, über sich ergehen lassen muss. Als er durch die Untreue seiner Geliebten, die ihm die einzige Zuflucht in einer ihn fortwährend erniedrigenden Umgebung gewesen ist, vollends zurückgestoßen wird, tötet er sie in einer zwanghaften Reaktion. Keineswegs gestaltet Büchner hiermit eine Eifersuchtstragödie; die Eifersucht ist das auslösende Moment, nicht aber die Ursache seines Verhaltens. Diese liegt in den Demütigungen, die er als Arbeits- und Versuchstier zu ertragen hat und die Büchner in einzelnen Szenen, hierin dem Muster des ‚offenen Dramas' folgend[186], vor Augen führt, wobei er die Wirklichkeitsnähe, die er auf diese Weise erzielt, durch die umgangssprachliche und dialektgefärbte Redeweise der Figuren noch verstärkt. In der Erniedrigung Woyzecks wird ein ganzes System erkennbar, das in der Ausbeutung als Zweck, der Unterdrückung als Mittel und der Entfremdung als Folge[187] besteht. Als Armer hat er keinen einzelnen Gegner, sondern gleichsam die ganze bürgerliche Gesellschaft gegen sich. Exemplarisch werden einige Vertreter dieser Gesellschaft herausgehoben – ohne Namen, weil es sie überall gibt: der Hauptmann, der Woyzeck verhöhnt und sich dabei als bornierter Dummkopf entlarvt; der Doktor, der ihn physisch durch Ernährungsexperimente ruiniert und sich dabei als ein Robespierre im Kleinformat erweist, dem der Mensch nur Mittel zum Zweck ist; der Tambourmajor, der ihm die Frau wegnimmt und ihn die – tierische – Gewalt seiner sexuellen Überlegenheit spüren lässt. Man kann erwägen, ob mit diesen Figuren auch auf die staatlich-organisatorischen, die bürgerlich-wissenschaftlichen und die sozialen Autoritäten angespielt wird. – Mit der teilweise satirischen Überzeichnung der Verhaltensweisen dieser Figuren vergegenwärtigt Büchner die Ursachen, die einen Menschen, den man als Sklaven behandelt, in den körperlichen Zusammenbruch und in eine Psychose treiben. Dass sich dessen Wut statt auf die Verursacher seines Leidens auf die von ihm geliebte Marie richtet, die er ersticht, womit er sich selbst ‚ans Messer liefert', ist der Höhepunkt seiner tragischen Desorientierung. Sie wird nicht zuletzt in seinem Sprachverhalten evident. Während der Hauptmann und der Doktor als die ihn Ausbeutenden eloquent auf ihn einreden, hochmütig oder herablassend, ist Woyzeck von Sprachnot beherrscht. Er stammelt, unterbricht sich, wiederholt Wörter oder verstummt – all dies ist Ausdruck seiner ‚Unterdrückung', schließlich seiner ‚Ver-rücktheit'.

Mit dem *Woyzeck* brachte Büchner dichterisch seinen Protest zum Ausdruck, dass der historische Woyzeck, dessen Verurteilung er zum Anlass seines Dramas nahm, nach einem gerichtsmedizinischen Gutachten des Hofrats Dr. Clarus von 1823 rücksichtslos als zurechnungsfähig verurteilt und hingerichtet worden war. Unausgesprochen forderte sein Drama als politische Konsequenz den Umsturz des gesellschaftlichen Systems, das Zustände wie die ins Bild gesetzten zuließ.

Im Vergleich zum *Woyzeck*-Fragment, das in der Geschichte des Dramas zum ersten Mal einen Angehörigen des vierten Standes zum tragischen Helden machte und damit die höchste der durch die Tradition aufgebauten Barrieren einriss, wirkt Büchners Komödie *Leonce und Lena* (1836) zunächst weniger verstörend – besonders wenn man sie neben Grabbes 1822 entstandenes Lustspiel *Scherz, Satire, Ironie und tiefere Bedeutung* hält. Während Grabbe bewusst mit den Konventionen des empfindsamen Lustspiels des 18. Jahrhunderts und der Trivialdramatik brach und einen kaum nachvollziehbaren, von einem auf die Erde gekommenen Teufel angezettelten Wirrwarr auf die Bühne zauberte, der sowohl Möglichkeiten für die Verspottung des Literaturbetriebs als auch für eine bissige Adelssatire bot, komponierte Büchner eine einfach strukturierte Handlung und war in seiner Gesellschaftskritik doch unvergleichlich schärfer als Grabbe.

Aus dem absolutistischen Hofstaat König Peters, der ganz vom Leerlauf des Zeremoniells geprägt ist, bricht der Thronfolger Leonce mit seinem Freund Valerio aus, als sein Vater ihn mit Prinzessin Lena aus dem Nachbarstaat verheiraten will. Auf dem Weg nach Italien trifft er die aus den gleichen Motiven ausgebrochene Lena, verliebt sich in sie und heiratet sie. Resigniert kehren sie beide um und fügen sich in ihr gewohntes Leben, aus dem es, so scheint es, kein Entrinnen gibt, nicht ohne eine vage Utopie zu entwerfen, wie es besser zu gestalten wäre. – Diesem simplen Dreischritt von nicht nur in der Komödie üblicher Darstellung von etwas unerträglich gewordenem Gewohntem, dem Ausbruch daraus und den damit verbundenen Verwirrungen, schließlich der Rückkehr mit einem Neuanfang gibt Büchner ein ganz eigenes Gepräge. Mit dem Hofstaat König Peters zeigt er in satirischer Verzerrung nicht nur den Leerlauf eines politischen Unterdrückungssystems, in dem die Menschen wie Automaten funktionieren, womit durchaus auch eine Gefährdung der bürgerlichen Lebensform in den Blick gerät, er gibt mit König Peter, der in den Fesseln seines eigenen Systems gefangen ist und sich in albernen Wortspielen und inhaltsleeren Logismen ergeht, auch begriffliche Systembildungen dem Gelächter preis, das freilich dort im Halse steckenbleibt, wo auch der soziale Aspekt des von Zwängen bestimmten Ordnungsgefüges in den Blick gerät, in der Manipulation einer Gruppe von Bauern, die ein Vivat-Gejubel einstudieren müssen, während sie sich vor Hunger kaum auf den Beinen halten können. Leonce, der diesem ganzen, auf Unterdrückung zielenden, sich in ähnlicher Weise auch in *Dantons Tod* und im *Woyzeck* abbildenden Herrschaftsgefüge zu entkommen sucht, ist das Gegenteil eines Revolutionärs. Vielmehr gehört er wie Danton oder wie Lenz, der an seiner Lebensleere psychisch erkrankt, zur Büchners Melancholikern. Man kann darüber streiten, ob auch der Melancholie, hier in ihrer Ausprägung der Langeweile, etwas Subversives innewohnt; in jedem Fall ist sie wie das ‚närrische' Reden ein Ausdruck innerer Distanzierung. Damit die Narrenrede dieses Melancholikers nicht zum Monolog ausartet, ist Leonce der Freund Valerio, ein Narr aus dem Gefolge Shakespeares, beigegeben. Er ist derjenige, der am Schluss der Komödie als designierter Staatsminister ein Narrenreich einrichten möchte, in dem die Gesetze des Schlaraffenlandes gelten – auch dies ein närrischer Vorschlag, wie insgesamt der scheiternde Fluchtversuch Leonces und seine Rückkehr in die Konvention als ironische Bewertung romantischer Illusionen angesichts der realen historischen Gegebenheiten zu verstehen sind.

Welche satirische Kraft dem Stück noch gegenwärtig innewohnt, belegt beispielsweise seine Absetzung in der ehemaligen DDR, als sich das Publikum über die verspotteten staatstragenden Persönlichkeiten des Stückes, über die Flucht der Unzufriedenen, über das arrangierte Jubelspalier der Bauern außerordentlich amüsierte[188], und belegen zudem auch Neuinszenierungen, die den Systemcharakter der Unterdrückung herausstellen.

Im Nachhinein wirken Büchners Dramen nicht nur als der wichtigste Anstoß für die Politisierung der Literatur während der 30er Jahre des 19. Jahrhunderts, sondern auch als ihr Höhepunkt. Ihrer Sprengkraft ist keiner der Vormärz-Dramatiker wie Karl Gutzkow, Heinrich Laube oder Robert Perutz auch nur nahegekommen. Unter ihnen ging Karl Gutzkow, um nur den beim Publikum erfolgreichsten herauszugreifen, mit seinen Dramen *Richard Savage oder der Sohn einer Mutter* (1839) und *Uriel*

Acosta (1846) gegen Vorurteile der Aristokratie bzw. gegen religiösen Dogmatismus an, blieb dabei aber ganz der konventionellen Form des Geschichtsdramas verhaftet. Wesentlich origineller waren die Arbeiten des Berliners Adolf Glaßbrenner, der als Mitarbeiter und Herausgeber von Zeitungen neben vielen kleinteiligen Prosaformen auch kurze dialogische Texte schrieb sowie, nach der gescheiterten Revolution von 1848, seine Komödie *Kaspar der Mensch* (1851), in der sich der Teufel als Verkörperung der reaktionären Kräfte und Kaspar als Verkörperung der unbesiegbaren revolutionären Bewegung gegenüberstehen. Bemerkenswert an Glaßbrenner ist seine entschiedene Hinwendung zum städtischen Proletariat. Hier geht er auch über die Autoren der schon behandelten Lokalpossen hinaus, deren Figuren dem Milieu der kleinbürgerlichen Handwerker entnommen sind. Glaßbrenners ebenfalls Dialekt sprechende Eckensteher, Fuhrleute, Köchinnen, Dienstboten usw. wurden zu teilweise unverwechselbaren Gestalten (in den Dialog-Szenen[189] , die in den 40er Jahren geschrieben wurden, sind es vor allem der Guckkästner und Herr Buffey), deren aufsässige Anschauungen ein gutes Stimmungsbild der Berliner Unterschicht vor der Revolution vermitteln und die (nicht zuletzt den bürgerlichen Leser) ermuntern sollten, sich der Oppositionsbewegung anzuschließen. Auch Glaßbrenner blieb eine Ausnahme (wie er letztlich auch aus einer Geschichte des Dramas herausfällt).

Geschichtsdramen und zeitkritische Dramen

Das Bürgertum, zumal das Bildungsbürgertum, ließ sich politisch weiterhin eher von gegenwartsbezogenen Geschichtsdramen an- oder aufregen. Unter den Verfassern solcher Dramen ragen in der Mitte des Jahrhunderts Franz Grillparzer und Friedrich Hebbel heraus.

Der Österreicher Grillparzer war mit der Tradition des Wiener Volkstheaters bestens vertraut und erhielt von daher seine Motivation, die Nähe des Publikums zu suchen. Dennoch ist gerade er am Wiener Publikum, nicht allerdings am Vorstadtpublikum, sondern am Publikum des Hoftheaters, des Burgtheaters, gescheitert. (Heute sind die Standesbarrieren längst nivelliert – die Klassiker werden auch in der Vorstadt gespielt, und die Stücke Nestroys gehören zum Repertoire des ‚Burg'theaters.) Für einen Eklat sorgte dort eines seiner relativ frühen Stücke, das Lustspiel *Weh dem, der lügt* (1838). Dessen Fabel geht auf die *Historia Francorum* Gregors von Tours zurück: Leon, der Küchenjunge des Bischofs Gregor, erbietet sich, dessen Neffen aus der Gewalt eines noch nicht zum Christentum bekehrten Grafen zu befreien, erhält die Erlaubnis dafür vom Bischof aber nur unter der Bedingung, dabei nicht zu lügen. Doch diese sittliche Norm ist, setzt man sie absolut, nicht einzuhalten. Leon, der sich als Koch bei dem Grafen verdingt, erreicht sein Ziel nur durch die List, die Wahrheit, nämlich seinen Befreiungsversuch, so offen zur Schau zu stellen, dass niemand ihm glaubt. Nur in dieser Brechung des Lügenverbots – die komplexe Wahrheitsfrage wird dabei in verschiedenen Situationen durchgespielt – ist sein Handeln schließlich erfolgreich. Auch der Bischof muss erkennen, dass das gottgewollte Prinzip der Wahrhaftigkeit in der „buntverworrenen Welt" nicht einzuhalten ist, sondern nur angestrebt werden kann. Dies freilich bleibt ein unangefochtener Grundsatz, den Grillparzer angesichts der von ihm befürchteten Bedrohung moralischer Werte aufrechterhielt. Die aristokratischen und bildungsbürgerlichen Zuschauer verstanden das Stück nicht nur als Ständesatire, das es auch ist; das ambivalente Spiel mit der Wahrheit in ihm, das gerade im 20. Jahrhundert zu immer neuen Aufführungen gerade dieses Stückes geführt hat, erschien ihnen zugleich als direkter Angriff auf ein von ihnen in verlogener Weise in Anspruch genommenes Leitbild.

Nach dem Misserfolg von *Weh dem, der lügt*, aber nicht zuletzt auch wegen seines Ärgers über die Eingriffe der Zensur, ließ Grillparzer keines seiner späteren Stücke mehr aufführen. Der Aufführungsverzicht kam seiner Neigung zur „höchst gefährlichen" Thematik von Geschichtsdramen entgegen. Hatte er in frühen Geschichtsdramen antike Stoffe bevorzugt (u. a. in der Trilogie *Das goldene Vlies*, 1821), beschäftigte er sich nun mit der Habsburger Monarchie. Schon in *König Ottokars Glück und Ende* (1823/uraufgeführt 1825) hatte er das Motiv der Hybris des Herrschers behandelt, das er in *Ein Bruderzwist in Habsburg* (begonnen 1825, beendet 1848) wieder aufgriff. Dem machtbewussten Matthias steht hier sein stiller Bruder, Kaiser Rudolf II., gegenüber. Das Stück, das am Vorabend des Dreißigjährigen Krieges spielt und Parallelisierungen mit der Situation vor 1848 erlaubt, lebt von der widersprüchlichen Einsicht, dass alles politische Handeln, aber auch die bloße Betrachtung der eigenen Zeit als Denkender – das ist die Haltung, die Rudolf einnimmt – gleichermaßen problematisch sind. Obwohl der Niedergang der Habsburger Monarchie hier schon erahnt wird, hat gerade dieses Drama, in dem weises (aber schließlich unzulängliches) Zögern des kaiserlichen Handelns vorgeführt wird, den Mythos vom langlebigen, weil taktvoll regierten Habsburger Reich aufbauen helfen, den später Autoren wie Karl Krauss oder Robert Musil zerstört haben.

Im Nachlass Grillparzers fanden sich auch zwei historische Trauerspiele, die etwa zur gleichen Zeit wie *Ein Bruderzwist in Habsburg* geschrieben wurden. In ihnen, in *Libussa* (1847 beendet, uraufgeführt 1874) und in *Die Jüdin von Toledo* (beendet Anfang der fünfziger Jahre, uraufgeführt 1872), stehen Frauen im Mittelpunkt, die eine ähnliche Rolle übernehmen wie Rudolf im *Bruderzwist*, nämlich die der Weisen, der Vorausschauenden. Die an die Frühgeschichte der Tschechen anknüpfende *Libussa*-

Tragödie stellt der Herrscherin Libussa, einer Sagengestalt, die matriarchalisch mit Milde, aber ohne rechtsstaatliche Prinzipien regiert, den von ihr zum Gemahl erwählten Primislaus gegenüber, den legendären Begründer der böhmischen Premysliden-Dynastie, der mit der Gründung Prags die Wertvorstellungen der Rationalität und des Nutzens in die Gesellschaft hineintragen will. Obwohl Libussa die Folgen der Männerherrschaft und der Auseinandersetzungen um die Macht, der auch sie zum Opfer fallen wird, erahnt, billigt sie sein Vorhaben als eine notwendige Zwischenstufe zu einem dereinst erneut zu gewinnenden Zeitalter der gesellschaftlichen Harmonie (was stark an das geschichtsphilosophische Modell der Frühromantiker [vgl. o.] erinnert). Auch hier mochte man Grillparzers Distanzierung von den realen Zuständen der Habsburger Monarchie erkennen. Sie wird verschlüsselt auch in der *Jüdin von Toledo* deutlich, einem Trauerspiel, das auf die in einer spanischen Chronik erzählte Liebe des Königs Alphons VII. von Kastilien zu einer Jüdin in Toledo zurückgeht. Grillparzers Jüdin Rahel, die sich zu den königlichen Gärten Zugang verschafft und in dem lebensfremden Alfonso eine leidenschaftliche, ihn seine Pflichten vergessen lassende Liebe auslöst, wird von den Granden des Landes aus Ordnungsprinzipien, aus Staatsraison ermordet, ohne dass Alfonso dies verhindern kann. Rahels Schwester Esther fasst als eine der ‚weisen' Figuren Grillparzers die als tragisch empfundene Zwangsläufigkeit allseitigen menschlichen Versagens in dem Gedanken zusammen, dass nur die Gnade der Verzeihung den Menschen helfen könne („Verzeihn wir denn, damit uns Gott verzeihe.").

Die resignierte, von der offenen Anklage Büchners weit entfernte Haltung Grillparzers schlägt sich in anderer Ausprägung auch in den Dramen Friedrich Hebbels nieder. Obwohl aus ärmsten Verhältnissen stammend, widmete er sich den Lebensbedingungen und Verhaltensweisen der ‚kleinen Leute' intensiv nur in seinem ‚bürgerlichen Trauerspiel' *Maria Magdalene* (1843). In seinen frühen Tragödien *Judith* (1838/40) und *Genoveva* (1841), aber auch in den meisten seiner um und nach 1848 entstandenen Stücke, in *Herodes und Mariamne* (1848), *Gyges und sein Ring* (1853/54) und der Trilogie *Die Nibelungen* (1855/57 und 1859/60), blieb er dem historischen Drama mit den in ihm dargestellten tragischen Konflikten großer historischer Persönlichkeiten verhaftet, die ihre unveräußerliche Menschenwürde nur im Untergang bewahren können, gab dem Genre durch seine Kunst psychologischer Motivierung allerdings eine eigene Qualität. Von besonderem Interesse unter seinen historischen Dramen ist die Tragödie *Agnes Bernauer* (1852), nicht zuletzt weil sie das Bürgertum einbezieht. Die Titelfigur, Tochter eines einfachen Augsburger Baders, die den bayrischen Thronfolger Albrecht liebt, wird im Auftrag von dessen Vater, Herzog Ernst, ermordet, der die Mesalliance aus Staatsraison auflösen zu müssen glaubt. Den ihr angetragenen Ausweg, ins Kloster zu gehen, verschmäht die Heldin in der Unbedingtheit ihres ganz unverstellten, natürlichen Gefühls. Albrecht versöhnt sich schließlich mit dem schuldig gewordenen Vater aus der Einsicht heraus, dass der Staat als Träger der sittlichen Ordnung Vorrang vor dem individuellen Glück des Herrschers habe. Die Problematik des Stückes liegt in Hebbels Staatsbegriff. Das Beispiel des feudalen Ständestaats – die Handlung spielt im 14. Jahrhundert – geht an der Staatsidee des 19. Jahrhunderts vorbei und spiegelt nur Hebbels im Sinne Hegels verstandenen abstrakten Begriff vom Staat als sittlicher Macht – allenfalls auch sein Missbehagen an der gesellschaftlichen Verfassung seiner Zeit.

Eine Sonderstellung unter Hebbels Dramen nimmt *Maria Magdalene* ein. Dieses bürgerliche Trauerspiel befasst sich nicht nur mit der Welt des Kleinbürgertums, sondern bezieht sich zugleich unmittelbar auf die Zeitgeschichte. Hebbels Interesse galt dabei weniger dem Problem sozialer Verelendung, wie sie Büchners *Woyzeck* vor Augen geführt hatte, als vielmehr dem engstirnigen moralischen Formalismus, der das Denken des Meisters Anton beherrscht, einer Vaterfigur im Gefolge von Schillers Musikus Miller in *Kabale und Liebe*. Seinen lebensfeindlichen Ansichten versuchen seine Kinder zu entfliehen: der Sohn Karl durch seinen Entschluss, zur See zu gehen, die Tochter Klara, die sich einem Unwürdigen hingegeben hat (der Titel *Maria Magdalene* ist ein mehrdeutiger Hinweis auf die reuige Sünderin im Neuen Testament), durch Selbstmord, nachdem der durch den Tod der Mutter vereinsamte Vater sie erpresserisch ermahnt hat, ihm als Tochter keine Schande zu machen. Dieser – ganz unchristliche – Ehrbegriff, dem auch der von Klara eigentlich geliebte Mann anhängt, der sie verschmäht, als er erfährt, dass sie ein Kind von seinem Nebenbuhler erwartet, der sie ebenfalls im Stich lässt, weist auf eine letztlich von Konformismus und Ängsten deformierte Gesellschaft. Die Intensität, mit der Hebbel – gerade auch durch die Kunst der Dialogführung der oft aneinander vorbeiredenden Figuren – die von Zwängen geprägte Lebenswirklichkeit des Kleinbürgertums einfing, hat dieses Drama zur Brücke zwischen Büchner und dem Drama der Naturalisten werden lassen.

Auf die Dramatik des Naturalismus steuerte auch der Österreicher Ludwig Anzengruber zu. War Hebbel dem Burgtheater verbunden, so Anzengruber dem Wiener Vorstadttheater. Wie auch Nestroy war er – jedenfalls zeitweise – Schauspieler und Stückeschreiber in einer Person und dachte stets an die Bühnen- und Publikumswirksamkeit seiner Texte. Dass er mit seinen an alte Wiener Traditionen anknüpfenden ‚Volksstücken' (vgl. o.), die einen großen Teil seiner literarischen Produktion ausmachen und seine literaturgeschichtliche Bedeutung begründen, dennoch kaum die ‚kleinen Leute' ansprach, dürfte darauf zurückzuführen sein, dass er das Bauernmilieu, das er als erster auf die Bühne stellte, nur als Mittel nutzte, um aktuelle politische, insbesondere kirchenpolitische Themen aufzugreifen, über die vor allem das gehobene städtische Bürgertum diskutierte. Durchschlagenden Erfolg hatte – im Bürgertum – sein als Volksstück mit Gesang bezeichnetes, gegen den Klerus gerichtetes Tendenzdrama *Der Pfarrer von Kirchfeld* (1869/70), das kurz nach dem auf dem Vatikanischen Konzil von 1870 verkündeten Unfehlbarkeitsdogma des Papstes uraufgeführt wurde. In ihm wurden unter anderem das abhängige Verhältnis des Landpfarrers vom Adel, der Priesterzölibat, die Mischehe, die Bestattung von Selbstmördern angeschnitten. Weniger an kirchenpolitischen Streitpunkten als an religiösen Überzeugungen knüpfte *Der Meineidbauer* (1871) an. Hier wurden nicht nur die Auflösung sittlicher Normen durch den Einfluss einer neuen geldgierigen Gesinnung in der Landbevölkerung, sondern zugleich religiöse Versprechungen des Ausgleichs der auf der Erde erfahrenen Ungerechtigkeiten in einem himmlischen Leben angeprangert. Die Furcht vor dem Verlust des Seelenheils verspottete auch die Komödie *Der G'wissenswurm* (1874), Anzengrubers langfristig erfolgreichstes, noch heute oft gespieltes Stück. Als Anwalt der Aufklärung erwies sich Anzengruber schließlich auch in seinem Volksstück *Das vierte Gebot* (1877), das nicht mehr im Bauernmilieu, sondern in Wien spielt und den Verfall zweier bürgerlicher Familien thematisiert. Gerade in ihm erwies sich freilich, dass Anzengruber – hierin das Interesse Hebbels teilend – nicht soziale Spannungen, sondern moralische Schieflagen vergegenwärtigen wollte. Gleichwohl wurde dieses Stück in einer Zeit, in der sich die naturalistische Bewegung formierte, in der Berliner Freien Bühne aufgeführt, wie überhaupt Anzengruber Anfang der neunziger Jahre zum meistgespielten Autor an den beiden Berliner Volksbühnen aufstieg. Den Grund hierfür muss man in der Vergleichbarkeit seiner Themenstellungen beispielsweise mit denen eines Ibsen oder Hauptmann suchen.

‚Volksbühnen'; Festspielkultur

Die Freie Bühne und die nach ihrem Vorbild gegründeten Berliner Volksbühnen (die Freie Volksbühne und die Neue Freie Volksbühne), die bereits im Zusammenhang mit der Arbeiterliteratur erwähnt wurden, waren Vereinsbühnen, die aufgrund des Vereinsrechts die staatliche preußische Zensur umgehen konnten (wenn auch nur mit wechselndem Erfolg). Dafür durften die Aufführungen, die als geschlossene Veranstaltungen galten, nur ein einziges Mal stattfinden. Der Spielplan war damit weitgehend von ökonomischen, sich an den Publikumsgeschmack bindenden Interessen unabhängig und bot sich aus diesem Grund für Experimente auf dem Theater geradezu an. Davon profitierten die Naturalisten, die ihre Stücke als experimentelle Literatur verstanden. Gerade die Berliner Vereinsbühnen, die nur für ein relativ kleines Publikum bestimmt waren, haben auf diese Weise literaturgeschichtliche Bedeutung gewonnen.

Die breite Masse des Publikums unterhielt sich in den vielen kleinen, immer zahlreicher gegründeten Privattheatern, in denen Boulevardkomödien und andere Unterhaltungsstücke gespielt wurden – in Ausnahmefällen auch Klassiker und moderne Autoren (wie im zunächst als Sozietät gegründeten, dann in Privatbesitz gelangenden Deutschen Theater in Berlin, das seit 1894 unter Otto Brahm, der – bezeichnenderweise – zuvor die Freie Bühne geleitet hatte, mit Stücken von Ibsen, Hauptmann und Schnitzler zu einem der Wegbereiter der ‚Moderne' wurde).

Daneben blühte im wilhelminischen Kaiserreich die Festspielkultur auf, an der breite Bevölkerungsschichten teilnahmen. Man muss dabei nicht gerade an die (seit 1876 veranstalteten) Bayreuther Wagner-Festspiele denken, die durch den Verkauf von Theaterkarten, die sich nur Wohlhabende leisten konnten und können, aus dem Rahmen fiel, sondern an die zahllosen, oft auch im Freien stattfindenden, allgemein zugänglichen Veranstaltungen, in denen das Theater als Schmuck für einen bestimmten Anlass genutzt wurde und das Theatralische (statische Bilder, allegorische Figuren, Liedeinlagen, die oft vom Publikum mitgesungen wurden) in den Vordergrund traten. Die thematische Palette war breit und reichte von patriotischer Selbstvergewisserung in Erinnerung an die Schlacht von Sedan bis zur Ermutigung zum Klassenkampf. Monarchistischen wie sozialdemokratischen Festspielstücken war dabei die Instrumentalisierung des Theaters für die Vermittlung ideologischer Zielsetzungen gemeinsam.

Richard Wagner und seine Rezeption

Das Bayreuther Festspielhaus wurde im August 1876 mit Richard Wagners *Der Ring des Nibelungen* eröffnet, einem aus vier Teilen (*Das Rheingold. Vorabend; Die Walküre. Erster Tag; Siegfried. Zweiter Tag; Götterdämmerung. Dritter Tag*) bestehenden Musikdrama, an dem er hauptsächlich in den 50er Jahren gearbeitet hatte und das nun – nach Uraufführungen der ersten beiden Teile 1869 und 1870 in München – zum ersten Mal vollständig präsentiert wurde. Wagners zunächst von Heinrich Heine beeinflusste gesellschaftskritische Gesinnung, die ihn Pamphlete gegen die Aristokratie und die Herrschaft des Kapitals hatte schreiben lassen und die sich künstlerisch am deutlichsten in seiner frühen Oper *Rienzi* (uraufgeführt 1842 in Dresden), der Geschichte eines scheiternden Revolutionärs, niederschlug, fand auch im *Ring* ihren Ausdruck, verband sich dort jedoch mit einer mythischen Vision, die auf Gedanken der Frühromantiker zurückgriff.

Deren Versuch, der heraufziehenden Industrialisierung und ihren Begleiterscheinungen mit dem Mythos vom Goldenen Zeitalter zu begegnen, in dem sich Mensch und Natur in harmonischem Zusammenklang befinden, und durch eine alle Gattungen aufhebende, zur kreativen Teilnahme anregende Kunst Menschen zu verändern, ‚Leben und Gesellschaft poetisch zu machen' (F. Schlegel) (vgl. o.), stand nicht nur Pate bei Wagners Arbeit am ‚Gesamtkunstwerk', sondern steuerte auch seine Absicht, den im Kunstwerk eingefangenen Gefährdungen des von Zwängen bestimmten Menschen ‚richtige Empfindungen' entgegenzusetzen. Das Musikdrama, das ‚Gesamtkunstwerk', war ihm hierzu Mittel zum Zweck: In ihm wirken alle künstlerischen Kräfte zusammen – Wort und Musik, Körpersprache und Bilder – und lassen sich zu einem einzigen Bedeutungsgefüge integrieren. Hinzu kommt das Ritual der Aufführung im Festspielhaus, das im Publikum die Empfänglichkeit für eine den Alltag überschreitende Erfahrung noch weiter erhöht.

Was der bis heute in immer neuen Inszenierungen am selben Ort (und anderswo) aufgeführte *Ring* inhaltlich vorführt, müsste, recht betrachtet, auf das so ‚erhobene' Publikum freilich durchaus ernüchternd wirken: Denn er zeigt – in letzter Abstraktion – nichts anderes als den Untergang der Götter, die, in ihren Machtspielen verstrickt, den „dämonischen Geist des Industriezeitalters" (Safranski) erkennen lassen. Nur der zur Liebe erwachte Mensch (hier in der Gestalt Siegfrieds), der sich von der Last des Götterhimmels befreit, bildet, auch wenn er scheitert, das Gegengewicht zur allgemeinen Korruption in der Welt.

Es bleibt den Rezipienten überlassen, ob sie – wie von Wagner, dem Anhänger Ludwig Feuerbachs (*Grundsätze der Philosophie der Zukunft*, 1843), intendiert – in der Götterwelt die Projektionen ihrer eigenen Verfehlungen und Selbstentfremdung erkennen oder nicht. Wichtig war Wagner vor allem, mit seinem Gesamtkunstwerk entgrenzende Empfindungen hervorzurufen, die, über Alltagswahrnehmungen hinausgehend, eine Abkehr von den Gepflogenheiten alltäglicher Lebenspraxis und im erfüllten Augenblick des Kunstgenusses eine Hinwendung zu neuen Erfahrungs- und Erlebniswelten ermöglichen.

So diffus das bleibt – die Nähe zur Utopie des Goldenen Zeitalters der Frühromantiker ist unübersehbar, auch wenn die von Wagner eingesetzten Mittel ganz andere sind als die der Romantiker. Das die verschiedenen Künste (Musik, Theater, Literatur, Malerei) zusammenführende Gesamtkunstwerk war der Versuch, deren Zersplitterung und deren Missbrauch für spezielle kommerzielle Interessen entgegenzuwirken (vgl. Wagners Aufsatz *Die Kunst und die Revolution* von 1849). Gleichwohl bleibt zu fragen, ob Wagner sich mit seinen rauschhafte Effekte organisierenden Wirkungsabsichten nicht selbst gewollt oder ungewollt dem Gesetz des Marktes unterworfen hat.

Von seinen Zeitgenossen zeigten sich insbesondere die französischen und deutschen Symbolisten von seinem Angriff auf die Auswirkungen des Kapitalismus fasziniert. Einen besonderen Bewunderer und Freund fand er in Friedrich Nietzsche. Dessen Kritik an der wilhelminischen Epoche und dem überall zur Geltung kommenden Nützlichkeitsdenken, dem er das Orgiastische, Rauschhafte, das ‚Dionysische' als Lebensmacht entgegensetzte (vgl. *Die Geburt der Tragödie aus dem Geist der Musik*, 1886), fand in Wagners Musik eine Bestätigung, weil sie die Aufmerksamkeit auf abgründige Lebenskräfte lenkte, die im allgemeinen Bewusstsein von der Fortschrittsgläubigkeit verdrängt wurden. Später distanzierte sich Nietzsche von der Artistik und dem Theaterzauber seines Freundes und brach mit ihm, fühlte sich zumal auch von der Bayreuther Wagner-Gemeinde abgestoßen. Mit der ‚Verführung' des Publikums in ‚mythische Erlebnisse' hinein öffnete Wagner dem Missbrauch seiner Absichten Tür und Tor. Einer der von seiner Musik und der mit ihr verbundenen Theatralik Begeisterten war Adolf Hitler. Den Nazis kam zudem Wagners schrecklicher, sich nicht in seinen Werken, aber in seinen Schriften und Briefen äußernder Antisemitismus entgegen. Seitdem polarisiert Wagner das Publikum wie nie zuvor.

Naturalistische Dramen; Hauptmann

So breitenwirksam die ‚Festpielkultur' in der wilhelminischen Zeit auch war, so wenig war sie doch an literarischen Innovationen beteiligt. Um sie bemühte sich seit Ende der achtziger Jahre der Kreis der Naturalisten, dessen theoretische Vorstellungen schon bei der Besprechung ihrer Erzählungen dargelegt wurden. Während ein Autor wie Hermann Sudermann mit seinem Drama *Die Ehre* (1889) thematisch der Gedankenwelt der Naturalisten entsprach, wenn er mit der Gegenüberstellung von Menschen aus dem Vorder- und dem Hinterhaus auf die Lebensverhältnisse der sozial Deklassierten und die verlogenen Konventionen der Bürger hinwies (von einer vergleichbaren Gegenüberstellung lebte schon Nestroys *Zu ebener Erde und erster Stock*, 1835), erfüllte erst das 1889 entstandene Schauspiel *Die Familie Selicke* von Johannes Schlaf und Arno Holz die programmatischen Ansichten der Naturalisten auch in formaler Hinsicht. Das Stück, das ein sich vom Heiligen Abend bis zum Morgen des ersten Weihnachtstages erstreckendes Familiengeschehen abbildet, in dem ein Kindestod und die Zurückweisung eines Heiratsantrags im Mittelpunkt stehen – begleitet von den Tiraden eines Säufers, des Familienoberhaupts, hat vor allem als dramatisches Experiment Bedeutung erlangt, die zunächst nur Theodor Fontane erkannte. Nicht in der Verwendung des Dialekts lag dabei das eigentlich Neue (den nutzte längst die Lokalposse), sondern in den detaillierten Bühnenanweisungen für Gestik und Mimik, vor allem für das Sprechtempo und die Einhaltung von Pausen, die eine exakte Wiedergabe der Wirklichkeit und des Zeitverlaufs suggerieren sollten. Einen Zustand zu vergegenwärtigen, das Milieu in größtmöglicher Intensität einzufangen, um dessen determinierende Wirkung auf die Figuren zu verdeutlichen, wurde freilich mit dem Verzicht auf eine dramatische Konfliktstellung und ihre Lösung erkauft, was die Aversionen der meisten zeitgenössischen Rezipienten erklärt.

Der Mitverfasser der *Familie Selicke*, Johannes Schlaf, ging später einen eigenen Weg und konzentrierte sich auf psychologische Problemfelder (u. a. in *Meister Oelze*, 1892). Andere naturalistische Dramatiker wie Max Halbe (u. a. *Jugend*, 1893) oder Georg Hirschfeld (u. a. *Zu Hause*, 1893) erwiesen sich mehr oder weniger stark von Henrik Ibsen und Gerhart Hauptmann, der dominierenden Figur der ganzen Bewegung, beeinflusst.

Hauptmanns Außergewöhnlichkeit lässt sich schon daran erkennen, dass er sich von den kunsttheoretischen Erörterungen und Experimenten der Naturalisten zwar anregen ließ (*Papa Hamlet* von Holz und Schlaf verstand er als eine entscheidende Hilfe), sich aber zugleich über sie hinwegsetzte. Sein eigener Ausdruckswille schützte ihn davor, sich den theoretischen Vorgaben des ‚konsequenten Naturalismus' zu unterwerfen, was ihn auch davor bewahrte, in Zufälligkeiten, die mit der Abbildung von Oberflächen verbunden ist, zu versinken – einer Gefahr, der Holz und Schlaf nicht entgingen. Der Versuch, die Wirklichkeit so genau wie möglich zu vergegenwärtigen (auch Hauptmann ließ seine handelnden Figuren im Dialekt und der ihnen eigenen Idiomatik sprechen, gab genaue Bühnenanweisungen usw.), erschien ihm nur sinnvoll, wenn dadurch das innere Wesen der Protagonisten sowie das Typische an ihnen in einem gesellschaftlichen Zusammenhang zum Ausdruck gebracht wurde.

Sein erstes veröffentlichtes Drama, *Vor Sonnenaufgang*, 1889 in der Berliner ‚Freien Bühne' uraufgeführt, verursachte einen Skandal, weil viele der Zuschauer die im Stück gezeigte Ausweglosigkeit, die zu einer Veränderung der gesamten Lebensverhältnisse geradezu aufrief, als zu umstürzlerisch empfanden. Bis heute kreist die Diskussion darum, ob *Vor Sonnenaufgang* ein ‚soziales Drama' sei, wie es Hauptmann selbst im Untertitel bezeichnete. Man kann daran zweifeln, weil nicht die sozialen Gegensätze in ihrer ganzen Schärfe thematisiert werden (das Proletariat erscheint, anders als kurz darauf in den *Webern*, noch nicht auf der Bühne); vielmehr treten der Alkoholismus und seine Folgen in den Vordergrund; andererseits werden alle Figuren in ihren sozialen Bindungen und Abhängigkeiten gezeigt und weist das Motiv der Selbstzerstörung einer durch ihre Bodenschätze wohlhabend gewordenen Gruppe von Bauern durchaus auf ein soziales Problem hin. Vor dem Hintergrund einer durch den Alkohol zerrütteten Familie entfaltet Hauptmann eine Liebesgeschichte zwischen dem als ‚Forscher', d. h. als Beobachter (im dramaturgischen Sinn als ‚Bote aus der Fremde'), unter diese Gruppe von Neureichen gekommenen Loth (eine Anspielung auf den biblischen Lot, der rechtzeitig flieht, bevor Gott die sündige Stadt Sodom zerstört) und Helene, der Tochter des durch den Alkohol zum „Tier" verkommenen Bauern Krause. Als Loth den in der Familie verbreiteten Alkoholismus durchschaut, zieht er sich als ideologisch verbohrter Anhänger eines naturwissenschaftlich begründeten Determinismus, demzufolge Alkoholismus sich vererbt, von der unschuldigen Helene zurück, die daraufhin Selbstmord begeht. Nicht zuletzt dieser theatralisch wirksame Schluss sicherte dem Stück seine Wirkung. Er hebt noch einmal die Inhumanität Loths hervor. Die negative Sicht Hauptmanns auf diese Figur belegt seine eigene distanzierte Haltung zu einem deterministischen Menschenbild und den damals heiß diskutierten Vererbungstheorien, die im 20. Jahrhundert schließlich zu den Zwangsvorstellungen der Rassenhygiene und ihren mörderischen Konsequenzen degenerierte.

Die beiden Dramen, die *Vor Sonnenaufgang* folgten, sind stark von Ibsen beeinflusst. Es sind Familiendramen, die das bildungsbürgerliche Milieu der Vororte Berlins lebendig werden lassen und private Konflikte vorführen, die dem Zuschauer die Brüchigkeit, mindestens die Gefährdung von sozialen Institutionen wie der Ehe oder der Familie verdeutlichen. *Das Friedensfest* (1890) führt den vergeblichen Versuch, eine zerrissene Familie in der Weihnachtsstimmung zu versöhnen, vor Augen; *Einsame Menschen* (1891) die Ehekrise eines Privatgelehrten, dem in der Begegnung mit einer geistreichen, emanzipierten Studentin die Leere der Beziehung zu seiner hausbackenen Ehefrau aufgeht. In beiden Dramen also handelt es sich um das Erkennen verdrängter Unwahrhaftigkeiten, wobei das ‚Aufklären' der Lebenslügen (im *Friedenfest* mit Hilfe der analytischen Dramentechnik Ibsens, die weit Zurückliegendes als Ursache für gegenwärtiges Unglück aufdeckt) jeweils in die Katastrophe führt.

Hauptmanns ungewöhnlichstes und erfolgreichstes Drama, *Die Weber*, erschien nach sorgfältigen historischen Studien 1892 (vorausgegangen war eine Dialektfassung mit dem Titel *De Waber*, 1891). Obwohl es auf zurückliegende Ereignisse, den Weberaufstand des Jahres 1844, zurückgriff, empfand das Publikum, wie aktuell der soziale Skandal, den das Stück ins Bewusstsein brachte, geblieben war. In den Vereinsaufführungen der Berliner ‚Freien Volksbühnen' haben viele Arbeiter das ‚Weberlied' mitgesungen. Das Drama – hierin liegt seine wichtigste formale Besonderheit – verzichtet auf einen individuellen Helden und stellt dem Unternehmer Dreißiger und seinen Mitläufern (einem Pastor und einem Polizeiverwalter, womit Wirtschaft, Kirche und politische Exekutive als Gruppe zusammengefasst werden) die Menge der notleidenden Weber gegenüber, deren Angst, deren Unmut, deren

Unruhe, schließlich deren Gewaltbereitschaft sich abwechselnd in Massenszenen und in exemplarisch herausgehobenen Familienszenen artikulieren. Dabei sprechen die Figuren selten im Dialog; meist schildern sie ihre Notlage, oft hilflos stockend und wirr. Ihre Konfliktbereitschaft wird durch das von dem Heimkehrer Moritz Jäger mitgebrachte ‚Weberlied', in dem sich für ihre Befindlichkeit präzise und einprägsame Formulierungen finden, von außen angefacht, ohne dass ihre Wut allerdings eine klare Zielvorstellung findet. Die epische, durch das Prinzip der Reihung von Äußerungen verstärkte Konzeption des Dramas wird durch den vieldiskutierten 5. Akt abgefangen, der einen dramaturgisch notwendigen Schlusspunkt setzt. In diesem Akt wird der alte Weber Hilse mit seiner Schwiegertochter im Streitgespräch über die Berechtigung revolutionärer Gewalt gezeigt, während im Hintergrund, durch Teichoskopie (‚Mauerschau') und Botenbericht verdeutlicht, der Weberaufstand niedergeschlagen wird. Am Ende tötet – Ironie der Geschichte – den Alten, der den Aufstand aus religiösen Gründen und unter Berufung auf das ‚göttliche Gericht' ablehnt, eine verirrte Kugel. Der Tod dieses Sonderlings ist nicht nur ein theatralisch effektvoller Schlussakzent; er setzt der durch das Stück evozierten emotionalen Anteilnahme der Zuschauer sowohl am Elend als auch an der Gewaltbereitschaft der Ausgebeuteten eine Grenze, indem er Irritationen auslöst. So bleiben *Die Weber* letztlich ein ‚Mitleidsdrama' ohne revolutionäre Perspektive, was gerade Marxisten immer bedauert haben, was jedoch Hauptmanns Ansicht, dass sozialrevolutionäre Tendenzstücke eine Herabwürdigung der Kunst seien, vollkommen entsprach. Dennoch haben die Zensurbehörden, die in den *Webern* ein ‚Kampfstück' sahen, seine Aufführung zu verhindern versucht, schließlich, nach langen gerichtlichen Auseinandersetzungen, ohne Erfolg, was Kaiser Wilhelm II. nicht davon abhielt, seine Loge im ‚Deutschen Theater' zu kündigen.[190]

Unter den vielen naturalistischen und postnaturalistischen Dramen, die Hauptmann in späteren Jahren schrieb, bevor er sich im 20. Jahrhundert immer stärker märchenhaften und mythischen Stoffen zuwandte, sind neben seiner ‚Diebskomödie' *Der Biberpelz* (1893) und der ihr nahestehenden Tragikomödie *Der rote Hahn* (1901) vor allem das Schauspiel *Fuhrmann Henschel* (1898), die Tragödie *Rose Bernd* (1905) und die Tragikomödie *Die Ratten* (1911) hervorzuheben. Die in diesen späteren Stücken aufgeworfenen Konflikte (meist Ehe- und Familienkonflikte) sind in unterschiedlichen Milieus angesiedelt, deren Vergegenwärtigung Hauptmann besonders eindringlich in *Rose Bernd* gelang, einem Stück, dessen unter Bauern und Landarbeitern spielende Handlung nichtsdestoweniger in der Tradition des bürgerlichen Trauerspiels steht, und in den *Ratten*, wo den Zuschauern das Elend der Wohnverhältnisse in Berliner Mietskasernen vor Augen geführt wurde.

Unter all den Dramen, die nach Hauptmanns früher ‚naturalistischer Tetralogie' entstanden, hat *Der Biberpelz* die am längsten andauernde Wirkung gehabt. Mit ihm gewährt Hauptmann Einblick in eine Welt der kleinen Leute „irgendwo um Berlin" am Ende der 80er Jahre, zur Zeit der Sozialistengesetze. Die resolute Mutter Wolff, die Schulden zu begleichen hat, schafft auf kleinen Raubzügen nach und nach einen gewilderten Rehbock, trockenes Brennholz und den wertvollen, gut zu verkaufenden Biberpelz des Rentiers Krüger herbei. Als dieser seinen Verlust beim Amtsvorsteher Wehrhahn anzeigt, schlägt das Stück tendenziell in eine Satire um, weil der bornierte Wehrhahn, statt sich um den Diebstahl zu kümmern, lieber, um seine eigene Bedeutung zu unterstreichen, „reichs- und königsfeindliche Elemente" aufspüren will. Trotz des Protests Krügers, der auf seine Rechte als Staatsbürger pocht, interessiert Wehrhahn sich für den freigeistigen, etliche Zeitungen beziehenden (Züge Hauptmanns tragenden) Demokraten Dr. Fleischer, den er wegen Majestätsbeleidigung und Umstürzlertum verhaften möchte, wobei er sich, indem er einem Denunzianten glaubt, selbst verbotener Mittel bedient. Als er den Hinweis erhält, dass der Spreeschiffer Wulkow einen neuen Pelz trage, lässt er sich ausgerechnet von diesem bestätigen, dass dies doch nicht außergewöhnlich sei. Die Vergehen der sich redlich gebenden Mutter Wolff bleiben unaufgeklärt (Hauptmann setzt eine Schlusspointe, wenn Wehrhahn gerade sie auffordert, sich nach dem Schuldigen umzusehen). Das Stück endet offen, weil der „moralische Regelkreis"[191] nicht geschlossen wird. Dass der Komödiencharakter dennoch gewahrt bleibt, liegt an dem Zusammenspiel von Wort-, Charakter- und Situationskomik, am Auseinanderfallen von Schein und Sein der Hauptfiguren, an der ‚Interferenz'[192] des Situationen nicht durchschauenden Wehrhahn und des überlegenen Wissens der Zuschauer.

Literatursoziologisch ist von besonderem Interesse, wie skrupellos sich die Kleinbürgerin Wolff der Doppelmoral der Wohlhabenden anschließt. Von der Ehrlichkeit der um die Veränderung ihrer Lage vergeblich kämpfenden Weber findet sich in diesem Stück keine Spur. Die Energie der Heldin ist darauf gerichtet, mit allen, auch kriminellen Mitteln auf der sozialen Stufenleiter höherzusteigen, von der Plebejerin, der Waschfrau, zur Kleinbesitzerin. „... wenn du erst reich bist ... und kannst in der Eklipage sitzen, da fragt dich kee Mensch nich, wo de's her hast."

Die Freude der damaligen Zuschauer über das ungestraft bleibende Vergreifen an fremdem Eigentum und über die Pfiffigkeit und List, die dabei eingesetzt werden, belegt einen tiefgreifenden, im Wilhelminischen Reich vollzogenen Wandel gesellschaftlichen Selbstverständnisses. Die Gesinnung der Vorteilsnahme, die Hauptmann mit diesem Stück und mit dessen Fortsetzung, der Tragikomödie *Der rote Hahn*, in dem die Wolff in ihrer Besitzgier zur Brandstifterin wird, dem Publikum als Spiegel vor Augen hielt, wurde (und wird bis heute) vom Verlachen über den aufgeblasenen Getäuschten beiseite geschoben, was letztlich auf denselben Wertewandel hinweist. Wehrhahn steht dabei zwar in der literarischen Tradition des ‚miles gloriosus' (des Großmauls), über den man schon immer lachte, aber er gehört auch in die Reihe der in satirischer Absicht gezeichneten Figuren des ‚bürgerlichen Heldenlebens', mit denen kurz darauf Frank Wedekind, Georg Kaiser, Carl Sternheim und Heinrich Mann die lesende Öffentlichkeit konfrontierten.

7. Lyrik

Lyrik ist persönlicher in ihrem ‚Anspruch' als andere Gattungen und daher in der Regel auch nur schwer sozialen Gruppierungen zuzuordnen. Ein Volkslied vermag auch einen Hochgebildeten anzusprechen oder ein romantisches Kunstlied einen literarisch ahnungslosen Laien. Dennoch lassen sich Aussagen sowohl über die Qualität von Gedichten als oft auch über ihre Verbreitung treffen, was vorsichtig zu ziehende Rückschlüsse erlaubt sowie eine Übersicht wie die im Folgenden versuchte, die von literatursoziologischen Gesichtspunkten getragen ist.

7.1. ‚Volkslieder'

Volkslieder (zum Begriff des ‚Volkslieds' und der ‚Volkspoesie' generell vgl. P. N., 2012 a, IV), verstanden als Lieder, die sich an den kollektiven Überzeugungen einer großen Gruppe von Menschen und deren Geschmack orientierten (ob ihre Verfasser nun bekannt waren oder anonym blieben), die mündlich ‚mitgeteilt', d. h. mit anderen geteilt und auch miteinander gesungen wurden, waren im Mittelalter tief in der Landbevölkerung und in der sozialen Unterschicht der Städte verankert und sprachen Themen an, die mit der Lebenswirklichkeit der Angehörigen dieser Gruppen zu tun hatten (etwa dem durch Abwanderung verbundenen Trennungsschmerz, mit der Sehnsucht nach dem geliebten Menschen – vgl. dazu ausführlich P. N., 2012 a, IV). Bis gegen das Ende des 18. Jahrhunderts haben sich die sozialen Voraussetzungen für die Entstehung von Volksliedern und hat sich die emotionale Bedürftigkeit ihrer Rezipienten aus dem einfachen Volk nur wenig verändert. Erst mit der aufkommenden Industrialisierung und der Entstehung des literarischen Marktes verloren die Volkslieder ihre ‚Naivität'. Obwohl sie noch lange weiter erinnert wurden und damit, verblassend, lebendig blieben, wurden sie zunehmend als Steinbruch benutzt, aus dem sich nicht nur die ‚hohe Dichtung' bediente, zumal die des Sturm und Drang und der Romantik, sondern auch die vielen ‚Minderdichter' (zu diesem Begriff vgl. u.) und die triviale Lyrik, zu der auch der Schlager zählt. Auch das Sammeln von Volksliedern ist ein Indiz für den langsam eintretenden Verlust ihres ‚Sitzes im Leben', für das allmähliche Erlöschen ihrer unmittelbaren Wirkung.

Die Motive, von denen Herder sich in den 70er Jahren des 18. Jahrhunderts für seine Sammlung *Volkslieder* (1778/79) hatte leiten lassen, waren wesentlich darauf gerichtet, den Stand der Gebildeten von der Gefühlstiefe der einfachen Menschen zu überzeugen, die ohne Kenntnis von Kunstgesetzen Elementares auszudrücken vermochten. Dieser auf die Überwindung von Standesgrenzen zielende Ansatz ließ Herder auch Kunstlieder in seine Sammlung aufnehmen, wenn sie dem Volkslied in seiner Schlichtheit nahekamen (z. B. Goethes *Heidenröslein*). Auch über nationale Abgrenzungen setzte er sich hinweg, wenn er Volkslieder aus anderen europäischen Ländern in deutscher Übersetzung berücksichtigte. In der großen Volkslied-Sammlung, die Achim von Arnim und Clemens Brentano 1808 unter dem Titel *Des Knaben Wunderhorn* veröffentlichten, waren die Akzente verschoben. Mit Herder teilte von Arnim, der inspirierende der beiden Herausgeber, die hohe Einschätzung dieser einfachen Poesie. Anders als bei Herder aber sollte das *Wunderhorn* vor allem auf das nationale Kulturgut aufmerksam machen und die nationale Selbstbesinnung der Leser anregen. Dies führte zugleich zu einer Idealisierung des Begriffes ‚Volk', der statt als Bezeichnung für die unteren sozialen Schichten nun gleichbedeutend mit dem Begriff ‚Nation' verstanden werden sollte.

Mit der Zusammenstellung der Lieder und auch durch ihre Bearbeitungen sollte ein Eindruck von der Buntheit und Fülle nationalen Lebens entstehen, vor allem auch von seiner Impulsivität und Kraft. So finden sich im *Wunderhorn* in ständigem Wechsel ca. 700 Lieder – Liebeslieder (zur Thematik dieser Lieder und zu ihren Stilmerkmalen vgl. ausführlich P. N., 2012 a, IV), Handwerker- und Wanderlieder, Soldaten- und Trinklieder, auch geistliche Lieder, selbst Kinderverse und Abzählreime. Allerdings entstammt nur ein Bruchteil (ungefähr ein Dutzend) dieser Texte der mündlichen Tradition. Die Herausgeber benutzten als Quellen ganz überwiegend Bücher, Liedersammlungen, Fliegende Blätter, die zwischen ca. 1500 und 1750 erschienen waren, und seltener auch von Sammlern und Wissenschaftlern zur Verfügung gestellte Aufzeichnungen, wobei philologisch nicht nachprüfbar ist, ob diese auf mündliche Versionen zurückgehen.[193] Daraus wird deutlich, wie ungesichert unser Wissen darüber ist, welche Texte im ‚Volk' wirklich lebendig waren, d. h. dort auch entstanden. Oft haben allein bestimmte Stilmerkmale die Sammler überzeugt, dass es sich um Volkslieder handeln müsse. Von einigen Zeitgenossen (u. a. Goethe, später Heine) begeistert aufgenommen, von anderen (u. a. den Brüdern Grimm) wegen der vielen Verfälschungen abgelehnt, wurden die (zum Teil auch von Komponisten wie Schumann oder Brahms vertonten) Texte dieser bald populärsten deutschen Volksliedsammlung ein Motivschatz für die gesamte Lyrik des 19. Jahrhunderts.

7.2. Triviale Lyrik[194]

Als von bürgerlichen Routiniers für die ‚kleinen Leute' ‚gemacht' gelten die Bänkellieder und Moritaten, die auch noch im 19. Jahrhundert auf Jahrmärkten gesungen und verbreitet wurden (vgl. dazu schon II). Gerade in der Wahl der Themen und Motive, aber auch sprachlich wurden solche Lieder den Volksliedern (oder was man dafür hielt) angepasst und zusätzlich mit melodramatischen bzw. sensationellen Effekten angereichert.

‚Küchenlieder', Schlager, ‚Minderdichter'

Eine eigene Gruppe waren die sog. ‚Küchenlieder', die das weibliche Publikum ansprachen und in der sozialen Unterschicht, vor allem unter Dienstboten, sehr beliebt waren. Solche Lieder[195], die nicht unbedingt nur in der Küche, aber eben auch da gesungen wurden, waren teilweise Derivate der im ‚herrschaftlichen' bürgerlichen Publikum verbreiteten Unterhaltungslyrik oder ‚Minderpoesie' (vgl. u.), teilweise aber auch Übernahmen oder Bearbeitungen der auf dem Markt gesungenen Bänkellieder, Moritaten oder Gassenhauer. Keinesfalls lassen sie sich als fest zu umreißendes literarisches Genre ansehen. Aber sie griffen, oft mit ironischem Unterton, mit ihren Themen und Motiven Erfahrungen und Wünsche einer bestimmten Zielgruppe auf, die auch viele Volkslieder bestimmten – z. B. die Sehnsucht von in der Stadt arbeitenden Dienstmädchen nach Elternhaus und ländlicher Heimat, die Sehnsucht nach Liebesbindungen und vor allem nach Treue.

Sehnsucht nach Liebe und Treue ist auch das wichtigste Thema des Schlagers[196], doch sind seine Aussagen so allgemein, dass er nicht ohne weiteres auf gruppenspezifische Dispositionen bezogen werden kann. Wann der Begriff ‚Schlager', der aus dem Kaufmännischen kommt und den preiswerten und erfolgreichen Artikel bezeichnete, auch auf musikalische Erfolgsstücke angewandt wurde (wohl erst am Ende des Jahrhunderts), lässt sich nicht genau fixieren. Was heute als Schlager bezeichnet wird, das arbeitsteilig und industriell gefertigte, aus Textschablonen und musikalischen Klischees zusammengesetzte Lied, hat seine Vorläufer jedenfalls in besonders eingängigen Volksliedern, Marktliedern, Gassenhauern, Küchenliedern, Operettenliedern, Couplets, die in Kaffeehäusern und in Biergärten oder in Weinlokalen gesungen wurden. Die zu Beginn des 20. Jahrhunderts einsetzende Schlagerindustrie hat aus diesen Ressourcen diejenigen Vorstellungszusammenhänge abstrahiert, in die möglichst viele Konsumenten ihre Wünsche projizieren konnten (vgl. IV).

Die Zunahme der Zahl und der Auflagenhöhe von Printmedien führte im 19. Jahrhundert auch zu einer immer weiter ansteigenden Zahl veröffentlichter Gedichte. Nicht nur die schon längst etablierten, meist kurzlebigen Musenalmanache, an deren Herausgabe auch unsere ‚Klassiker' beteiligt waren, sondern gerade auch die viele Leser findenden Wochen- und Familienzeitschriften boten Routiniers, die kennerhaft über poetische Techniken und einen gewissen Metaphernvorrat verfügten und sich auch in Motivtraditionen auskannten, die Möglichkeit, lyrische Texte zu publizieren, oft zu rein unterhaltsamen Zwecken, oft um, etwa im Fall patriotischer Gedichte, Stimmungen des Publikums gezielt zu bedienen. Solche Routiniers oder ‚auctores minores', im Englischen als ‚lesser poets' bezeichnet, im Deutschen gelegentlich als ‚Minderdichter'[197], die sich dem allgemeinen Publikumsgeschmack und kollektiven Wahrnehmungsweisen anpassten und immer wieder in sprachliche Klischees abglitten, konnten in Einzelfällen außerordentlich populär werden (vgl. u.). Zur Verbreitung solch angepasster Lyrik trug nicht zuletzt auch die Art und Weise ihrer Rezeption bei. Das in Zeitschriften, poetischen Taschenbüchern und anderswo Gedruckte wurde nicht nur still gelesen, sondern im Kreis der Familie, der Freundinnen oder Freunde auch vorgetragen. Manche Gedichte wurden zudem vertont und gesungen. Die Liedkomposition (wie überhaupt die Hausmusik) erreichte zu Beginn des Jahrhunderts in Übereinstimmung mit der Familien- und Gefühlskultur des Bürgertums einen Höhepunkt – und keineswegs war das Kriterium für die Vertonung von Texten allein die literarische Qualität, sondern mindestens ebenso deren leichte Eingängigkeit und Sangbarkeit. Umgekehrt wurde vieles von dem, was gesungen wurde und sich gut singen ließ, erst besonders bekannt, ging auch (man denke z. B. an Eichendorffs *In einem kühlen Grunde*) in Volksliedsammlungen ein. Das *Wunderhorn* (s. o.) hat durchaus dazu beigetragen, hier die Grenzen zu verwischen.

Eine Abgrenzung der trivialen Lyrik, die ‚zur Sprache bringt', was ‚viele Herzen bewegt', von der ‚Volkspoesie' oder qualitativ hochstehender Dichtung ist auch in thematischer Hinsicht schwierig. Aber es gibt Themenbereiche, die in der trivialen oder kommerziellen Lyrik auffällig häufig angeschnitten werden. Die Sehnsucht nach Freundschaft oder inniger Zusammengehörigkeit, die mit der Zunahme anonymer menschlicher Beziehungen im gesellschaftlichen Leben und dem entsprechenden Verlust an Geborgenheit einherging, stand dabei an vorderer Stelle. Einen anderen Schwerpunkt bildeten die vielen Gedichte, die patriotische Gefühle beschworen. Solche glühenden, meist gedankenarmen ‚Vaterlandslieder'[198] entstanden in großer Zahl während der napoleonischen Kriege. Populäre Autoren waren Ernst Moritz Arndt, Max von Schenkendorf und Theodor Körner, dessen Band *Leyer und Schwerdt* (1814) ein großer Verkaufserfolg wurde. Ein weiteres Thema, das noch in der trivialen Lyrik des 20. Jahrhunderts eine dominierende Rolle spielte, war das der Wanderschaft in freier, idyllisch verklärter Natur. Angeregt vom Volkslied und von romantischer Dichtung, spielten Gedichte zu diesem Thema mit den Motiven des Umherschweifens, des Naturpreises, der Einsamkeit in der Fremde, des Abschieds, der Sehnsucht, der Geselligkeit usw. und waren nicht nur in Bürgerhäusern, sondern auch in Handwerksstuben, in Vereinen, in studentischen Verbindungen präsent, waren Teil des gelebten Alltags. Die Verbreitung der Wanderlyrik und die lange Dauer ihrer Popularität bis in die Zeit des Dritten Reichs haben komplexe sozialpsychologische Ursachen[199]. Die Gegenüberstellungen von Wanderseligkeit und Alltagswelt spiegeln die Verdrängung gesellschaftlicher Entwicklungen, wobei die Beschwichtigungsstrategien der Autoren wechselten. Die sentimentale Rheinromantik eines Emanuel Geibel oder Franz Wisbacher während der Mitte des Jahrhunderts kam dabei anderen Erwartungen entgegen als die in der Gründerzeit zur Schau gestellte Kraftmeierei in den Studenten- und Burschenliedern eines Victor von Scheffel oder Rudolf Baumbach oder die ‚lebensreformerischen' Fluchtbewegungen in der ‚Wandervogel'-Poesie der Jahrhundertwende. Kontinuierlich aber wirkt in allen Wanderliedern mehr als ein Jahrhundert lang eine antizivilisatorische Tendenz. Je mehr die Industrialisierung voranschritt und die sozialen Spannungen zunahmen, desto deutlicher traten eskapistische Züge in Erscheinung, an denen gerade auch der Schlager anknüpfte.

Ihre eigentliche Breitenwirkung erzielte die triviale Lyrik, gleichgültig, wo ihre thematischen Schwerpunkt lagen, im 19. Jahrhundert durch Veröffentlichungen in Sammelbänden, in denen Texte für bestimmte Gebrauchszusammenhänge zusammengestellt waren, teilweise in pädagogischer Absicht (etwa um das Gemüt der Mädchen zu ‚veredeln'[200]). Zu den erfolgreichsten solcher Anthologien, die durch Vorworte oder Nachworte immer auch das Rezeptionsverhalten ihrer Leser steuerten[201], gehörten der von Rudolf Gottschall herausgegebene *Blüthenkranz neuer Deutscher Dichtung* (zuerst 1856) und *Dichtergrüße*, herausgegeben von Elise Polko (zuerst 1860).

7.3. Lyrik für das gebildete Bürgertum

Die experimentierende Lyrik der Romantik: Novalis

Die ‚Volkspoesie' hat nicht nur die Autoren von Trivialliteratur beeinflusst, sondern auch Dichter, die qualitativ hochstehende Texte schrieben. Dass Volkslieder überhaupt ins Bewusstsein des gebildeten Bürgertums drangen, war – wie dargelegt – vornehmlich den Sammlungen Herders sowie Arnims und Brentanos zu verdanken. Gerade für die Romantiker, wie zuvor auch schon für manche Autoren der Geniebewegung des Sturm und Drang, waren die schlichten Volkslieder eine Möglichkeit, sich von strengen Gedichtformen zu lösen, die im 18. Jahrhundert in der Regel bevorzugt wurden, und eine willkommene Hilfe bei ihren Bemühungen um eine neue, die Gattungsgrenzen überwindende ‚Universalpoesie' (vgl. o.).

Selbst Novalis, der den theoretischen Erwägungen Friedrich Schlegels nahestand und mehr als Erzähler und Aphoristiker denn als Lyriker hervortrat, ist vom Volkslied nicht unbeeinflusst geblieben und nutzte dessen einfache Diktion in seinen nach und nach um die Jahrhundertwende entstandenen *Geistlichen Liedern*, um den Lesern das Bewusstsein von einer ‚höheren Welt' auch emotional zu vermitteln. Manche dieser und anderen Lieder sind seinerzeit in evangelische Gesangbücher aufgenommen worden, die um 1800 in verschiedenen protestantischen Gebieten umgestaltet wurden. Die lose Form des Volkslieds, das assoziativ ein Thema umkreist, erkennt man auch in seinem ebenfalls um 1800 entstandenen, den Tod als Grenze negierenden *Lied der Toten*. Über die Reihenfolge der 15 Strophen war Novalis sich unsicher, weil der Text konkrete Vorstellungsbereiche schon nach der ersten Strophe verlässt und ein metaphorisches Spiel mit unbegrenzten Räumen und Zeiten vorführt, das einer strukturierten Anschauung entgegenwirkt. In einen anderen ästhetischen Grenzbereich war Novalis schon zuvor in seinen sechs *Hymnen an die Nacht* (1799/1800) vorgestoßen. Auch diese teilweise in Prosa, teilweise in Versen niedergeschriebene Lyrik thematisiert die Überwindung des Todes, mit dessen Gewalt Novalis durch den frühen Tod seiner Geliebten konfrontiert worden war. Doch wird der äußerste subjektive Trennungsschmerz, der in den Hymnen Ausdruck findet, in einem im Kunstwerk selbst vollzogenen religiösen Akt des Transzendierens aufgehoben. Mit dieser ‚Versenkung' und zugleich visionären ‚Erhebung' durchbrach Novalis all die Gewohnheiten, die in der religiösen Dichtung seit dem Barock mit ihren Motiven wie Sündenklage, Weltverneinung und ‚memento mori', Ermahnung und Bekenntnis vorherrschend gewesen waren.

Tieck, Brentano, v. Arnim, Eichendorff

Einen anderen Weg des Experimentierens mit Gedichten gingen Ludwig Tieck und Clemens Brentano. Beiden ist gemeinsam, dass sie ihre Gedichte zumeist im Rahmen epischer oder dramatischer Werke veröffentlichten, also den programmatischen Gedanken der Vermischung der Gattungen verwirklichten. Tieck hat erst spät seine verstreuten Gedichte gesammelt und dabei umgearbeitet (*Gedichte*, 3 Bände, 1821 ff.), während Brentano seine in den *Godwi* (1801) und in frühe Dramentexte eingefügten Gedichte später lediglich autorisiert hat. Brentanos Gedichte sind darüber hinaus oft nur in Briefen erhalten; sie waren bezogen auf Adressaten, trugen zu einer Geselligkeit bei, die als Gegengewicht zur Kommunikation der als fremd empfundenen bürgerlich-rationalen Alltagswelt aufgebaut wurde.

Tiecks und Brentanos Besonderheit als Lyriker liegt in ihrem Sinn für die lautlichen Qualitäten von Sprache – zu erkennen an ihrer beider außergewöhnlichen Reimkunst, die vielen ihrer Texte einen geradezu magischen Charakter verleiht, der durch das Spiel mit Synästhesien, die auf die innere Verwandtschaft aller Dinge verweisen wollen, noch verstärkt wird. Die Gedichte sind, verallgemeinernd gesagt, hochartifiziell, teilweise manieristisch – weniger Ausdruck persönlicher Empfindungen als vielmehr Versuche, den Leser in bestimmte Seelenlagen hineinzuziehen, die nur ein Kunstwerk adäquat einfangen kann, wobei diese Versuche auch emotionale Anteilnahme evozieren sollten und konnten. Eines der schönsten und künstlerisch vollendeten Beispiele hierfür ist Brentanos *Der Spinnerin Nachtlied* (entstanden 1802, erschienen 1818 in der *Chronika eines fahrenden Schülers*):

Es sang vor langen Jahren
Wohl auch die Nachtigall;
Das war wohl süßer Schall,
Da wir zusammen waren.

Ich sing und kann nicht weinen
Und spinne so allein
Den Faden klar und rein,
Solang der Mond wird scheinen.

Da wir zusammen waren,
Da sang die Nachtigall;
Nun mahnet mich ihr Schall,
Daß du von mir gefahren.

So oft der Mond mag scheinen,
Gedenk ich dein allein;
Mein Herz ist klar und rein,
Gott wolle uns vereinen!

Seit du von mir gefahren,
Singt stets die Nachtigall;
Ich denk bei ihrem Schall,
Wie wir zusammen waren.

Gott wolle uns vereinen,
Hier spinn ich so allein,
Der Mond scheint klar und rein,
Ich sing und möchte weinen!

Wenn in einem solchen, die Verlassenheit eines Mädchens und seine sich im Kreis drehende ‚Befangenheit' auch sprachlich wiedergebenden Text oder in ähnlichen Gedichten Brentanos die ‚einfachen Leute' in den Blick gerieten, so war dies auch Ausdruck seiner Distanzierung von der eigenen großbürgerlichen Herkunft und des gutgemeinten, wenn auch weltfremden Wunsches, mit Hilfe der Kunst und im Kunstgenuss soziale Gegensätze zu überwinden und die Verwandtschaft aller Menschen in ihrem Inneren zu betonen. Später hat sich Brentanos Neigung, Menschen zu einer die Realität übersteigenden Orientierung zu verhelfen, auf religiöse Themen gerichtet und ihn neben etlichen Erbauungsschriften zahlreiche geistliche Lieder und Gedichte sowie sein früh angelegtes, Fragment gebliebenes lyrisches Epos *Romanzen vom Rosenkranz* (entstanden zwischen 1803 und 1812, erschienen 1852) veröffentlichen lassen.

Anders als Brentano ist der Mitherausgeber des *Wunderhorns*, Achim von Arnim, als Lyriker weniger bekannt geworden, obwohl er zahllose Gedichte schrieb, die auch er in Romane und Erzählungen einfügte. Die Sprödigkeit seiner Sprache allerdings, die ihn den einfachen Liedton nicht treffen ließ, seine Neigung zu Abstraktionen, die viele seiner Gedichte zur Spruchdichtung werden ließ, und manche Manieriertheit seiner Bilder, die ihn wie einen Vorläufer des Ästhetizismus und Symbolismus am Ende des Jahrhunderts erscheinen lassen (man vgl. etwa sein Gedicht *Der freye Dichtergarten*, das 1808 in der ‚Zeitung für Einsiedler' erschien), verstellten ihm den Zugang zu einer breiteren Leserschaft.

Den einfachen Ton des Volkslieds traf dagegen der bis heute bekannteste Lyriker der deutschen Romantik, Joseph Freiherr von Eichendorff, der seine Gedichte wie Tieck, Brentano und v. Arnim vornehmlich in seine Prosatexte einstreute, hauptsächlich in seinen Roman *Ahnung und Gegenwart* und in seine Novellen *Aus dem Leben eines Taugenichts* und *Das Marmorbild*, und (abgesehen von einer kleinen 1808 erschienenen Sammlung früher Lyrik, die unter dem Einfluss eines Heidelberger Kreises von Dichtern entstand) erst 1837 einen eigenen Sammelband herausgab, als die Romantik als literarische Strömung längst der Vergangenheit angehörte.

Unter Eichendorffs vielen lyrischen Texten zu unterschiedlichen Anlässen und Themen, auch zu politischen, ragen insbesondere die seinen anhaltenden Ruhm begründenden Naturgedichte heraus, deren vom *Wunderhorn* beeinflusste einfache Liedform und deren Klangreichtum ihre Rezeption begünstigte (gerade Eichendorffs Lieder sind gerne vertont worden – man denke nur an den Eichendorff-Zyklus Robert Schumanns) und deren stets wiederkehrende Bildelemente (Wälder, Täler, Ströme, Berge, Mondnächte usw.) eine gewisse Zeitlosigkeit suggerieren. (*O Täler weit, o Höhen …; Wer hat dich du schöner Wald …; Dämmrung will die Flügel spreiten …; Ich hör ein Bächlein rauschen …* und andere mehr werden von vielen noch heute erinnert.) Eichendorffs Bildersprache zielte nicht auf die realistische Wiedergabe von konkret Gesehenem. Während die Frühromantiker um Novalis die Natur auf mythologische und geschichtsphilosophische Vorstellungen bezogen, während der späte Goethe, naturwissenschaftlich orientiert, das genau Beobachtete symbolisch überhöhte, ging es Eichendorff darum, mit Versatzstücken der Natur seelische Befindlichkeiten ins Bild zu setzen, keineswegs nur freudige, sondern auch verzagte, wie denn überhaupt die Vereinsamung des Künstlers, seine Verlorenheit in der Welt ein stets wiederkehrendes Motiv Eichendorffs ist. Die Natur war für ihn allerdings mehr als ein bloßes Rückzugsgebiet. Der sich als Christ verstehende Eichendorff sah in ihr ein Zeichen für das Wirken Gottes, und die Hingabe des Menschen an sie war immer auch Ausdruck der Sehnsucht, Gott nahezukommen. Besonders deutlich wird dies in seinem berühmt gewordenen Gedicht *Mondnacht* (1830):

Es war, als hätt' der Himmel
Die Erde still geküßt,
Daß sie im Blüten-Schimmer
Von ihm nun träumen müßt'.

Die Luft ging durch die Felder,
Die Ähren wogten sacht,
Es rauschten leis die Wälder,
So sternklar war die Nacht.

Und meine Seele spannte
Weit ihre Flügel aus,
Flog durch die stillen Lande,
Als flöge sie nach Haus.

Die religiöse Bedeutung der Landschaften Eichendorffs, in denen zumal der Wald, der den Menschen beruhigen, aber auch ängstigen kann, als Zeichen der größten Gottesnähe gesehen wird, ist den Sehnsüchten eines breiten Publikums nach einem

Freiheitsraum außerhalb des reglementierten und durch die Technik beeinflussten gesellschaftlichen Zusammenlebens entgegengekommen. Gott nicht als den in die Geschichte eingreifenden, sondern als den in der Natur wirkenden Schöpfergott zu verstehen, ist – ganz entgegen jüdisch-christlicher Tradition – eine auch gegenwärtig gängige Vorstellung, die von Romantikern wie Eichendorff zumindest gefördert worden ist.

Die Lyrik des Biedermeier

Schon als ein Nachfahre der Romantiker fühlte sich Eduard Mörike, der mit ihnen gleichwohl seine Vorliebe für das Volkslied und ihre Naturverbundenheit teilte und in seiner frühen Lyrik auch viele ihrer Motive aufgriff. Allerdings ging er nicht mehr so weit, die ganze Natur als von Poesie durchdrungen und den Dichter als ein Organ dieser Poesie zu sehen, und auch die Vorstellung von der Natur als einem von Gott geschenkten Freiheitsraum blieb ihm fremd. Bescheidener sah er in der Begegnung mit ihr die Möglichkeit, ‚erfüllte Augenblicke' zu erleben und sich ihnen zu öffnen. Die Herausforderung für den Dichter lag für ihn darin, solche den Menschen ‚ergreifenden' Augenblicke zu gestalten. Dass Mörike dafür häufig das poetische Mittel der Personifikation wählte (so etwa in seinen bekannten Gedichten *Er ist's* [„Frühling lässt sein blaues Band …"], *September-Morgen* [„Im Nebel ruhet noch die Welt, / Noch träumen Wald und Wiesen …"] oder *Mitternacht* [„Gelassen stieg die Nacht ans Land …"]) belegt sein Verständnis von der Natur als einem lebendigen Gegenüber. Auch für Mörike gilt, dass die Begegnung mit der Natur, mit dem Elementaren, den seelischen Schmerz hervorbrechen lassen kann – wie in seinem an ein Volkslied erinnernden und doch sehr kunstvollen Gedicht

Das verlassene Mägdlein (1829)

Früh, wann die Hähne krähn,
Eh die Sternlein verschwinden,
Muß ich am Herde stehn,
Muß Feuer zünden.

Schön ist der Flammen Schein,
Es springen die Funken;
Ich schaue so drein,
In Leid versunken.

Plötzlich, da kommt es mir,
Treuloser Knabe,
Daß ich die Nacht von dir
Geträumet habe.

Träne auf Träne dann
Stürzet hernieder;
So kommt der Tag heran –
O ging er wieder!

Das Motiv des Feuers findet sich beispielsweise auch in seiner schon 1820 entstandenen Ballade *Der Feuerreiter*, in der die elementare Gewalt des Feuers eine elementare existentielle, im Tod endende Reaktion eines Menschen auslöst. Der ‚erfüllte' wird hier zum ‚vernichtenden' Augenblick. Mörike, der bei seiner Ballade auf die Sage vom Feuerreiter zurückgriff, die diesen positiv als Retter sieht, gab seinem Verhalten durch die 1837 zugefügte dritte Strophe eine negative Bestimmung, die der Blasphemie. Ganz verständlich wird diese Ballade allerdings erst, wenn man sich ihren politischen Bedeutungsgehalt, das politische ‚Spiel mit dem Feuer', vor Augen führt. Mörike war als Student Mitglied der Tübinger Burschenschaft ‚Der Feuerreiter' gewesen, von deren radikal für Freiheitsrechte eintretenden Kommilitonen er sich bald distanzierte. Insofern kann man in der roten Mütze des Feuerreiters auch die Jakobinermütze erkennen. Dass Mörike ihn scheitern und sterben lässt, spiegelt seinen Abscheu vor gewalttätigen politischen Lösungen und seinen Rückzug in eine bürgerliche Innerlichkeit, aus der heraus, wenn auch apolitische, so doch formvollendete Gedichte wie etwa *Auf eine Lampe* entstanden.

Eng der Romantik verbunden sind auch noch die naturlyrischen Gedichte der Annette von Droste-Hülshoff. Ihre besten Gedichte leben von der Gestaltung irrealer Elemente, die in eine außerordentlich präzise realistische Wirklichkeitserfassung einbezogen werden. Das bekannteste Beispiel hierfür ist ihre mit effektvollen Lautmalereien ausgestattete Ballade *Der Knabe im Moor* (erschienen 1844 im Zyklus *Heidebilder* der *Gedichte*). Das von ihr häufig aufgegriffene Thema menschlicher Ohnmacht in einer von undurchschaubaren Mächten beeinflussten Wirklichkeit führte sie, die sich vom öffentlichen Leben fernhielt, immer wieder auch zur religiösen Dichtung (*Das geistliche Jahr*, begonnen 1820, erschienen 1851), in der sie bekenntnishaft Glaubensschwäche, als Schuld verstandene Gottesferne und religiöse Ungeborgenheit beklagte.

Goethes späte Lyrik

Lyrische Experimente waren auch die meisten der späten, zwischen 1806 und 1832 entstandenen Gedichte Goethes (zu seiner Lyrik bis 1806 vgl. II), ohne dass er die gleichen Wege beschritt wie die Romantiker und deren Nachfolger. Die in der Tradition des Volkslieds stehenden Möglichkeiten hatte er längst ausgeschöpft und war mit einigen seiner Gedichte selbst zum ‚Volkslieddichter' geworden, der im *Wunderhorn* als solcher Aufnahme fand.

Das erste Experiment, auf das er sich nach 1806 einließ, nach der in diesem Jahr erschienenen Werkausgabe bei Cotta, in der er seine bis dahin geschriebene Lyrik sammelte, war die „Sonettenwut", in die einige seiner Freunde und Bekannten ihn hineinzogen. Eine Zuneigung zu Wilhelmine (Minchen) Herzlieb nahm er 1807 zum Anlass, seine Gefühle durch die Arbeit an der strengen Form des Sonetts zu disziplinieren – wie überhaupt die Spannung von Leidenschaft und Entsagung thematisch den ganzen Zyklus *Sonette* bestimmt. Ganz unbedenklich verwendete er für ihn, die persönliche Diskretion aus künstlerischem Gestaltungswillen heraus missachtend, auch Formulierungen aus Briefen der für ihn schwärmenden Bettine Brentano, etwa aus einem Brief von Anfang Dezember 1807, aus dem sein formvollendetes Sonett *Abschied* hervorging:

> „… So wie der Freund Anker löst nach langer Zögerung und endlich scheiden muß, ihm wird die lezte Umarmung / was ihm hundert Küße und Worte waren, ja mehr noch, ihm werden die Ufer / die er in der Entfernung ansieht, was ihm der lezte Anblick war, Und wenn nun endlich auch das blaue Gebirg verschwindet, so wird ihm seine Einsamkeit / seine Erinnerung alles, so ist das treue Gemüth beschaffen / das Dich lieb hat, das bin ich! … Bettine"[202]

Sonett VII, Abschied (1807)

War unersättlich nach viel tausend Küssen,
Und mußt' mit Einem Kuß am Ende scheiden.
Nach herber Trennung tiefempfundenen Leiden
War mir das Ufer, dem ich mich entrissen,

Mit Wohnungen, mit Bergen, Hügeln, Flüssen,
Solang ich's deutlich sah, ein Schatz der Freuden;
Zuletzt im Blauen blieb ein Augenweiden
An fernentwichnen lichten Finsternissen.

Und endlich, als das Meer den Blick umgrenzte,
Fiel mir zurück ins Herz mein heiß Verlangen;
Ich suchte mein Verlornes gar verdrossen.

Da war es gleich, als ob der Himmel glänzte;
Mir schien, als wäre nichts mir, nichts entgangen,
Als hätt' ich alles, was ich je genossen.

Blieb das Sonett, obwohl es im Kreis Goethes kurzfristig in Mode kam, dem romantischen Zeitgeist eher fremd, kam es doch Goethes Bedürfnis entgegen, auch in seiner Arbeit ständig neue Erfahrungen zu sammeln. Gleichzeitig zwang die Regelhaftigkeit dieser Gedichtform (das feste Reimschema, der inhaltliche Bruch zwischen

Quartetten und Terzetten) in besonders entschiedener Weise zur Distanzierung von unmittelbarer Emotionalität, was dem Lebensgefühl des damals fast 60jährigen entsprach. Der zitierte Text *Abschied* ist ein treffendes Beispiel für Goethes Versuch, den Schmerz des Vergänglichen und Vergeblichen in einer Gewissheit des Inneren, der Erinnerung, aufzuheben und zu bewältigen.

Zur Distanzierung von sich selbst, zur Objektivierung der eigenen Person gehörte auch das Spiel mit Rollen, das abwechselnde Sprechen von Mann und Frau, das Goethe in seinem Sonetten-Zyklus begann und später im *West-östlichen Divan*, im ‚Buch Suleika', gemeinsam mit der von ihm geliebten Marianne von Willemer, zur Meisterschaft entwickelte.

Der *West-östliche Divan*, das kühnste lyrische Experiment des alten Goethe, entstand in verschiedenen Phasen seit 1814 und erschien, unterteilt in verschiedene ‚Bücher', 1819. Goethe hatte 1814 den *Divan* des persischen Dichters Hafis in deutscher Übersetzung kennengelernt und fühlte sich von dessen Texten in mehrfacher Hinsicht inspiriert. Nicht nur fand er an den Reimspielen dieser orientalischen Lyrik Gefallen, sondern vor allem an ihrer Verflechtung von bildlicher Lied- und gedanklicher Spruchdichtung, von Liebesthematik und lebenspraktischer, naturbetrachtender, religiöser Reflexion, was seinem Hang, Wirklichkeitsbereiche in Beziehung zu setzen, entsprach. In allen ‚Büchern' des *Divan* ist das in vielfältigen Facetten erscheinende Motiv der Liebe gegenwärtig. Gefühlstiefe und Selbstironie, Nachdenkliches und Lehrhaftes stehen in einem spannungsvollen Nebeneinander, und die (von Goethe teilweise wohl veränderten) Gedichte Marianne von Willemers fügen sich nahtlos in dieses kunstvolle Spiel ein, dem das Orientalische häufig als Maske dient, um Eigenstes zu verhüllen (wobei man sich hüten muss, die Texte nur nach ihren biographischen Bezügen abzusuchen).

Indem Goethe die Thematik und Form seiner Vorlage kreativ adaptierte, fand er nicht nur eine ihm im Alter selbst gemäße Ausdrucksform, sondern öffnete zugleich den Blick auf eine reizvoll fremde Welt, auf die sich freilich nur wenige Leser einlassen wollten. Einer der wenigen, die den *Divan* schon früh begeistert aufnahmen, war Heinrich Heine, der ihn in seiner *Romantischen Schule* (1835) ausführlich würdigte.

Goethes Hang zum Lehrhaften schlug sich auch in den vielen – hier nur zu erwähnenden – ‚vermischten' und ‚weltanschaulichen' Gedichten nieder, etwa in dem von ihm selbst hoch eingeschätzten, Naturgesetze und Lebensgang verknüpfenden Gedicht *Urworte. Orphisch* (1820), sowie in den nahezu tausend ‚Sprüchen' (u. a. gesammelt in den *Zahmen Xenien* von 1827), von denen manche (teilweise nur einzelne Zeilen) durch Verbreitung in Kalendern, Zeitschriften, Lesebüchern usw.

zu feststehenden Redewendungen geworden sind, weil das Bürgertum, das in ihnen eigene Verhaltensnormen bestätigt fand, sie häufig zitierte.

In einigen bedeutenden Altersgedichten trat das Lehrhafte zugunsten symbolischer Verdichtung menschlicher Grundsituationen zurück. In der Marienbader *Elegie* (1823), die nach seiner Begegnung mit der jungen Ulrike von Levetzow entstand, gestaltete er noch einmal die Überwältigung durch Leidenschaft und ihre Sublimierung in einer inneren Erfüllung; in kurzen Naturgedichten (*Dämmrung senkte sich von oben* gehört zu ihnen), die er 1830 in dem kleinen Zyklus *Chinesisch-deutsche Jahres- und Tageszeiten* vereinigte, versuchte er erneut eine Annäherung an die Dichtung des Ostens, indem er kleine Bilder mit Naturmotiven wie Miniaturen mit ganz sparsamen Mitteln und dennoch größter Ausdruckskraft skizzierte; im zweiten der ‚Dornburger' Gedichte von 1828, dem unvergleichlichen *Früh, wenn Tal, Gebirg und Garten* bildet sich im Wechsel der Tageszeiten der ganze Verlauf des Lebens ab:

Früh, wenn Tal, Gebirg und Garten
Nebelschleiern sich enthüllen,
Und dem sehnlichsten Erwarten
Blumenkelche bunt sich füllen,

Wenn der Äther, Wolken tragend,
Mit dem klaren Tage streitet,
Und ein Ostwind, sie verjagend,
Blaue Sonnenbahn bereitet,

Dankst Du dann, am Blick dich weidend,
Reiner Brust der Großen, Holden,
Wird die Sonne, rötlich scheidend,
Rings den Horizont vergolden.

Politisches Engagement in der Lyrik um 1830

Schon vor dem Einsetzen der tiefgreifenden politischen Veränderungen um 1830 zeichneten sich bei vielen Lyrikern ein gebrochener Umgang mit der romantischen Tradition, ein größerer Zeitbezug und politisches Engagement ab.

Am Beginn dieser neuen Tendenz standen einige Autoren, die man gern als Angehörige der ‚schwäbischen Dichterschule' bezeichnet, wie z. B. Ludwig Uhland und Justinus Kerner. Im Süden Deutschlands hatten sich nach dem Ende des ‚Heiligen Römischen Reiches deutscher Nation' zuerst konstitutionelle Regierungssysteme und ein eingeschränkter Parlamentarismus entwickelt, was im Bürgertum zu einem gestärkten Identitätsbewusstsein und auch zu patriotischen Gefühlen führte, die sich im Vereinsleben oder in Bünden auslebten, deren Geselligkeit nicht zuletzt durch Liedtexte und andere Gedichte gefördert wurde. Der bemerkenswerteste und überaus populäre Dichter dieser ‚schwäbischen Schule' war Ludwig Uhland. Auch er war, wie die Romantiker, stark vom Volkslied beeinflusst, wie seine Sammlung *Gedichte* (zuerst 1815, dann immer wieder erweitert) belegt. Sein 1809 entstandenes Gedicht *Der gute Kamerad* wurde selbst zu einer Art Volkslied. Uhlands einfache Diktion, die weniger auf genaue Anschauung als auf emotionale Wirkung zielte, ließ der Phantasie der Rezipienten viel Spielraum und regte deswegen auch viele Komponisten zu Vertonungen an. Schubert, Mendelssohn, Schumann, Brahms, Loewe, Spohr und andere haben sich mancher seiner Texte angenommen. Besonders populär wurde Uhland durch seine auch in Schulbüchern schon bald verbreiteten Balladen, die gern aufs Mittelalter und auf die schwäbische Geschichte zurückgriffen und nationale Gesinnung, heldenhafte Größe, aber auch Selbstbewusstsein gegenüber der Willkür von Herrschenden als Haltungen vorführten, die er später auch als Abgeordneter der Frankfurter Nationalversammlung vertrat.

Von den norddeutschen Lyrikern um 1830 haben besonders Wilhelm Müller, August von Platen und Adalbert von Chamisso literaturgeschichtliche Bedeutung gewonnen. Wie Uhland war auch Wilhelm Müller beim Verfassen seiner vielen, ihm einen hohen Grad an Popularität verschaffenden Frühlings-, Liebes-, Wanderlieder (*Gedichte aus den hinterlassenen Papieren eines reisenden Waldhornisten*, 1820 und 1824) vom Volkslied beeinflusst, ohne dass er dessen ‚Naivität' bewahren konnte. Deutlich ist dies auch in seinen beiden Textzyklen *Die schöne Müllerin* (1821) und *Die Winterreise* (1824) zu erkennen, die wegen ihrer unvergleichlichen Vertonung durch Schubert die Rezipienten bis heute bewegen. So geht etwa *Die schöne Müllerin* auf ein ästhetisches Experiment unter Angehörigen einer bildungsbürgerlichen Berliner Salongesellschaft zurück, die ein italienisches Singspiel für die deutsche Salonkultur adaptieren wollte. Dies schließt nicht aus, dass in vielen Gedichten, die für die großstädtischen Hörer die ländliche Lebensweise kontrastiv und artifiziell herausstellen, auch der eigene Weltschmerz des Verfassers eingegangen ist.[203] Beide Zyklen Müllers handeln von Wandersleuten, von ihrer Liebessehnsucht und Enttäuschung, ihren Gefühlen der Zerrissenheit und – besonders ausdrucksvoll in der *Winterreise* – von ihrer Vereinsamung und Todessehnsucht. Die metrische Vielseitigkeit der Gedichte ebenso wie die Variation der Strophenformen und die unmittelbar eingängige Bildlichkeit waren ideale Voraussetzungen für die „Modulationen der Musik".[204] Seinen Zeitgenossen war der von Heine hochgeschätzte Müller freilich in erster Linie als ‚Griechen-Müller' bekannt. Ganz anders als die Texte in den genannten Zyklen, deren sozialer Bezug verschwindend gering ist, waren seine *Lieder*

der Griechen (in 6 Heften zwischen 1821–24 erschienen) politisches Bekenntnis, Zeugnis des in Deutschland verbreiteten Philhellenismus, der den 1821 einsetzenden Freiheitskampf der Griechen gegen die Türken begleitete. Dass sich diese Sympathie gerade in Deutschland so stark entwickelte und auch zur Teilnahme mancher junger Deutscher an den Kämpfen in Griechenland führte, lag in erster Linie in der Enttäuschung darüber begründet, dass der eigene erfolgreiche Befreiungskampf gegen die napoleonische Fremdherrschaft in der politischen Friedhofsruhe der Restauration versunken war. Im Übrigen aber löste die Erhebung der Griechen auch deswegen einen so großen Enthusiasmus aus, als man in ihr in Deutschland, wo die Bewunderung für die griechische Antike eine so lange Tradition besaß, eine Wiederbelebung des Geistes der griechischen Helden erhoffte. Auch Müller hat diese Hoffnung in seinen Texten, die unter anderem in den überall gegründeten Griechenvereinen gelesen wurden, ausgedrückt, ist aber dabei nicht stehengeblieben, sondern hat die Griechen seiner Zeit als eigenständige und selbstbewusste Glieder eines christlichen und liberalen Europa gesehen, das der Antike als Lehrmeister Dank schuldet. Aus der Fülle der philhellenischen Texte ragen seine Gedichte nicht zuletzt auch deswegen hervor, als sie sich nicht nur auf Bekenntnis und Appell beschränkten; viele von ihnen sind als Rollengedichte aus der Perspektive der Kämpfenden selbst geschrieben, wodurch sie besonders suggestiv wirkten.

Platen und Chamisso entstammten dem preußischen Adel, was beide nicht daran hinderte, sich in vielen Texten gegen restaurative politische Tendenzen und philisterhafte Gesinnungen zu wenden. Beide gingen in ihrer Lyrik dabei unterschiedliche Wege. Platen wandte sich zunächst – gleichsam aus Protest gegen die allgemeine Bindung an die ‚Volkspoesie' – strengen Formen des Gedichts zu, dem persischen Ghasel (u. a. *Neue Ghaselen*, 1823), dem Sonett (u. a. *Sonette aus Venedig*, 1824), dann der Ode, hatte dabei aber Mühe, geeignete Stoffe zu finden und pries als Absage an die ihn enttäuschende zeitgenössische Lebensweise relativ abstrakt menschliche Größe, Kulturbewusstsein und den Sinn für Schönheit. Erst in seinen *Polenliedern* (1831/32; erschienen erst 1839 außerhalb Deutschlands) schlug sein Hass gegen jegliche Form von Tyrannei in ein offenes Bekenntnis für den Freiheitskampf der Polen gegen die zaristische Despotie und preußische Willfährigkeit um. In diesen Texten fand er auch freiere Ausdrucksmöglichkeiten und nutzte zunehmend auch unkomplizierte Liedformen.

Anders als Platen nahm sich der weltoffenere Chamisso, der sich in der Tradition von Volkslied und Ballade weiterbewegte, brisanter sozialer Alltagsthemen an, etwa wenn er die Polizeiwillkür ironisch kommentierte oder auf das Elend abgedankter Soldaten hinwies und bei solchen kritischen Versen vor umgangssprachlichen, auch sentimentalen Effekten nicht zurückschreckte (z. B. in *Der alte Müller*, 1822, oder *Der Bettler und sein Hund*, 1829). Gerade solche sozialkritischen Balladen, die seine Popularität im Bürgertum nicht gerade steigerten, haben bis in die Lyrik des Naturalismus hineingewirkt. Einen Anfang setzte der technikfreundliche Chamisso auch mit dem ersten deutschen Gedicht auf die Dampflokomotive (*Das Dampfroß*, 1830) und bewies damit sein Gespür für den Beginn eines neuen Zeitabschnitts, in dem das Sparen von Zeit, die Zeitbemessung überhaupt, eine immer wichtigere Rolle spielte.

Eine etwas andere Färbung als in Deutschland nahm die politisch orientierte Lyrik in Österreich an. Franz Grillparzer, Anastasius Grün und der weitgereiste Nikolaus Lenau, der allerdings eher wegen seiner gefühlvollen Naturgedichte hervorgehoben zu werden verdient, engagierten sich weniger für die Freiheitsbewegungen anderer Völker, als dass sie das Spitzelsystem in der Ära Metternich, die scharfen Zensurbestimmungen und die unangemessene Macht des Klerus in Österreich kritisierten.

Heinrich Heine als Lyriker

Der herausragende Lyriker dieser Zeit, in der die Vorlieben für das Volkslied sowie stimmungsvolle romantische Gedichte einerseits und politisches Engagement andererseits spannungsvoll aufeinanderstießen und eine Vielfalt lyrischer Formen hervorriefen, war Heinrich Heine. Seine in Zyklen unterteilte Gedichtsammlung *Buch der Lieder* (1827), in die er viele seiner zuvor in Zeitschriften veröffentlichten Gedichte aufnahm, sie dafür auch bearbeitete und mit neuen Gedichten vermischte, begründete seinen frühen Ruhm. Schon zu seinen Lebzeiten erreichte diese Sammlung 13 Auflagen – was nicht zuletzt unterstreicht, welche Bedeutung um 1830 das Gedicht generell gewann, konnte man mit ihm doch auch am leichtesten die staatliche Zensur umgehen oder überspielen. Politisch brisant wurden freilich erst Heines spätere Gedichtsammlungen, selbst wenn man im *Buch der Lieder* die dort intensiv zum Ausdruck kommende Erfahrung der Isolierung, des Ausgeschlossenseins, des Fremdseins in der Gesellschaft auch als politisch relevant verstehen mag. Das *Buch der Lieder* ist im Wesentlichen auf das Thema des Liebesleidens konzentriert (wobei es hier gleichgültig bleiben soll, ob dies biographisch bedingt oder ein fiktives Rollenspiel war) und lässt Heines Nähe zum Volkslied und zur romantischen Lyrik, zugleich aber auch seine Distanzierung von diesen Vorbildern spüren. Er verwendet deren Stilmittel, ohne doch das Gefühl, das diese einmal vermittelten, teilen zu können. Besonders deutlich wird dies an seinen häufigen, pointiert desillusionierenden Schlussversen, die das zuvor Mitgeteilte ironisch brechen oder – den Adressaten verletzend oder schonend – entwerten und zugleich den Sprechenden als jemanden zeigen, der sich selbst ständig in Frage stellt oder auch nur im Spiel versteckt, was sein Inneres berührt. („Und wenn dich mein Arm gewaltig umschließt – / Sterb ich vor Liebessehnen!" [*Lyrisches Intermezzo* 6]). Im *Lyrischen Intermezzo*, dem Zyklus des *Buches der Lieder*, der die bekanntesten dieser desillusionierenden Texte enthält (vgl. etwa Nr. 15, 32, 52), findet sich unter Nr. 42 beispielsweise das nie erwähnte, gleichwohl höchst kunstvolle Gedicht

> Mein Liebchen, wir saßen beisammen,
> Traulich im leichten Kahn.
> Die Nacht war still, und wir schwammen
> Auf weiter Wasserbahn.
>
> Die Geisterinsel, die schöne,
> Lag dämmrig im Mondenglanz;
> Dort klangen liebe Töne,
> Und wogte der Nebeltanz.
>
> Dort klang es lieb und lieber,
> Und wogt' es hin und her;
> Wir aber schwammen vorüber
> Trostlos auf weitem Meer.

Die Strophenform und die rhetorischen Mittel (etwa die Wiederholung, Reihung, Steigerung) sind aus dem Volkslied bekannt, das Vokabular ist das im romantischen Gedicht geläufige. Doch seine Zusammensetzung ist neu. Das Gedicht ist voller Antithesen: der ‚leichte Kahn' ist bereits eine; das trauliche Beisammensein im Kahn inmitten der weiten Wasserbahn des Meeres; die Geisterinsel mit den (erotisch verlockenden, im Rhythmus nachgebildeten) Bewegungen auf ihr und die Trostlosigkeit der sie verfehlenden Liebenden; vor allem aber die Traumsituation in der Schilderung des aus ihr Erwachten. Die präsentische Anrede weist auf diesen Erwachten, der seinem ‚Liebchen' nicht gemeinsam Erlebtes im Präteritum erzählen müsste, wenn es sich nicht um einen Traum handelte. Das ‚Liebchen' (in dieser Anrede ist die Distanzierung schon eingeschlossen) muss aus dem bildlich – und damit schonend – Gesagten selbst seine Lehre ziehen.

Dieses Verfahren, die Leser seiner Texte ihre eigenen Schlüsse ziehen zu lassen und ihnen dabei Anstrengung und Kunstverstand abzufordern, hat Heine immer wieder auch in seinen politischen Gedichten angewandt. Seine zweite Sammlung von Gedichten, die zum großen Teil vor 1840 entstanden waren, erschien 1844 unter dem Titel *Neue Gedichte*. Sie enthielt einen Zyklus *Zeitgedichte*, der zusammen mit dem ganzen Band bald verboten wurde. Die Mehrzahl der Texte war kritisch-satirisch gegen Fürstenwillkür, gegen Zensur, gegen Religion als Stütze des feudalabsolutistischen Staates, aber auch gegen spießbürgerliche Gesinnungen gerichtet. Heines Zeitgenossen, allen voran Ludwig Börne, bemängelten an ihnen fehlende Schärfe, fehlendes konkretes politisches Engagement und warfen ihm gesinnungsloses Ästhetentum vor (vgl. Börnes 109. Brief aus Paris). Heines Antworten (vgl. besonders seine Denkschrift *Heinrich Heine über Ludwig Börne*, 1840) verdeutlichen, wie fremd ihm in der Tat jegliche Einmischung in das politische Tagesgeschehen blieb. Den Enthusiasmus von Agitationslyrik hielt er für künstlerisch unangemessen, den bloßen Transport von politischen Programmen und Schlagwörtern für das Ende der Dichtung überhaupt. Dagegen setzte er, auch wenn er damit letztlich nur das Bildungsbürgertum ansprach (eine Ausnahme bildet vielleicht das berühmt gewordene *Weberlied*) seine Hoffnung in die „reflektierende Eigenaktivität des Lesers“[205], von der er sich langfristig größere Wirkung für eine allgemeine Emanzipationsbewegung versprach. So verweigerte er ebenso wie in seinen Liebesgedichten auch in seinen Zeitgedichten das feste Urteil, löste er die Eindeutigkeit von Antworten – oft spielerisch – in die Unsicherheit einer kritischen Fragehaltung auf.

1843 veröffentlichte Heine in der ‚Zeitschrift für die elegante Welt‘ den *Atta Troll*, sein erstes Versepos, das er 1847 überarbeitet als Buch herausgab. Die Titelfigur ist ein Tanzbär, der dem literarisch gebildeten Publikum aus den Fabeln Gellerts, Lessings und Pfeffels bekannt war. Auch die europäische Tradition des Tierepos, das nicht zuletzt Goethe mit seinem *Reineke Fuchs* (1794) wiederbelebt hatte, war vielen Lesern vertraut. Heine, der seit 1831 in Paris lebte, kannte überdies die überaus erfolgreichen *Scènes de la vie privée et publique des animaux* (1841), eine Textsammlung mit Beiträgen bekannter französischer Schriftsteller, die Tiere revolutionäre Reden halten ließen und damit an die seit je bestehende gesellschaftskritische Funktion dieser Gattung anknüpften. Heine fügte im *Atta Troll* eine Reihe von Episoden zusammen, deren Zusammengehörigkeit manches Kopfzerbrechen ausgelöst hat. Spöttische Attacken gegen die Autoren der ‚Schwäbischen Dichterschule‘ (vgl. o.) – der plumpe Tanzbär ist eine Allegorie all der sich der Tendenzpoesie hingebenden oppositionellen Bewegungen dieser Zeit, all der „Scheinhelden und Maulpatrioten“ (so im Brief an Laube vom 7.11.42) –, stehen neben Zeitdiagnosen, in denen die Ideale der Französischen Revolution gegen die bürgerlich-kapitalistische Gesellschaft ausgespielt werden, und neben anderem mehr. Das ganze Epos mit seiner disparaten Struktur lebt von geistreichen Anspielungen und Uneindeutigkeiten und verfolgt damit die schon beschriebene Strategie Heines, den Leser durch die Poesie in eine gedankliche Freiheit hineinzuziehen, die als Voraussetzung politischer Freiheit verstanden wird.

Angriffslustiger als der *Atta Troll* wirkt Heines populärster lyrischer Text, das Versepos *Deutschland. Ein Wintermärchen* (1844). Er entstand im Zusammenhang einer Reise, die Heine 1843 nach 13 Jahren der Abwesenheit nach Deutschland unternahm. Strukturell folgt der Text den *Reisebildern*, reiht also Station an Station aneinander und verklammert diese durch die einheitliche Perspektive der Betrachtung, und zwar hier der Betrachtung des Deutschland gleichsam von außen Sehenden. Den ironisch-satirischen Stil behielt Heine auch hier bei, doch mussten viele Textsstellen durch ihre Kontrastierungen und Doppelbedeutungen ausgesprochen provokativ wirken – auf ein patriotisch gesinntes Publikum etwa Verse wie

> Jedwedem fühlenden Herzen bleibt
> Das Vaterland ewig teuer –
> Ich liebe auch recht braun geschmort
> Die Bücklinge und die Eier. (Cap. VII)

Die Kritik am Überlebten, am Erstarrten – darauf bezieht sich auch der ironische Titel des Werkes – ist der ‚rote Faden', der sich durch alle seine Teile schlingt. Den Höhepunkt dieser Kritik am Restaurativen bilden die vier Kapitel (XIV–XVII), die sich um die Kyffhäusersage ranken. Das Innere des Kyffhäuser erscheint als Rumpelkammer toter Vergangenheit, und Kaiser Barbarossa – unter den Lesern von so vielen verehrt – als alter Trottel, auf dessen Wiederkehr zu warten sich nicht lohnt:

> Geh, leg dich schlafen, wir werden uns
> Auch ohne dich erlösen. (Cap. VII)

„Wir werden uns … erlösen" – diese Hoffnung auf die Eigeninitiative des Volkes bleibt auch im *Wintermärchen* ohne direkten revolutionären Aufruf. Der Dichter übernimmt bei Heine vielmehr die Funktion des Erinnernden, das Gewissen Aufweckenden und damit des Vorbereiters einer umfassenden Emanzipation.

Weniger eingängig sind Heines späte Gedichte, die er von seinem Krankenlager in Paris, von der ‚Matratzengruft' aus schrieb. Die wichtigsten sind im dreiteiligen *Romanzero* (1851) versammelt. Heines Leiden an seiner Epoche, deutlich in den ‚Historien', verbindet sich mit dem Grundmotiv der ‚Lamentationen', dem physischen Elend, und mit der Teilnahme am Schicksal der Juden, deren Wahrung menschlicher Würde bei allem Erdulden von Erniedrigungen in den ‚Hebräischen Melodien' thematisiert wird. Die Darstellung des Leidens in seinen verschiedenen Formen und aus verschiedenen Anlässen heraus erscheint so als durchgängiges Motiv Heines vom Frühwerk des *Buches der Lieder* an und ist auch in den Texten der allerletzten Sammlung, *Gedichte 1853 und 1854*, gegenwärtig. Zugleich treten auch hier ebenso wie im *Romanzero* Heines bekannte Techniken der Distanzierung vor Augen. Sehr eindrücklich lässt sich dies in den ‚Historien' des *Romanzero* erkennen, wo Heine in balladesken Gedichten – die den Titel beeinflussende Romanze ist die Bezeichnung für die von den deutschen Romantikern sehr geschätzte spanische Volksballade – das in der Mitte des Jahrhunderts beliebte Genre der ‚heldischen' Ballade, dem etwa Moritz Graf von Strachwitz oder der junge Theodor Fontane zur Breitenwirkung verhalfen, in mehrfacher Hinsicht unterlief. Denn während die ‚heldische' Ballade eine herausgehobene historische Figur stets als in kritischen Situationen handelnde zeigt und sie zur Identifikationsfigur überhöht, war Heine an Identifikation nicht gelegen; vielmehr sah er Geschichte von den Leidenden her und zerstörte die ‚heroische' Illusion zusätzlich durch seine spöttischen Kontrastierungen. Dass er sich nicht auf die deutsche Geschichte beschränkte, sondern den Leser auch in den Orient oder nach Mexiko führte und dort die gleichen bzw. vergleichbaren Vorgänge sich abspielen ließ, war ein weiterer Affront gegen die allgemeine Vorliebe und Glorifizierung ‚vaterländsicher' Stoffe – auch dies ein Versuch, das Publikum in seinen festgelegten Denkmustern zu erschüttern und es daraus zu befreien.

Die politische Lyrik des Vormärz

Der Aufschwung der politischen Lyrik während der vierziger Jahre steht im Zusammenhang mit dem anwachsenden Bewusstsein für das soziale Elend der breiten Massen und den sich formierenden Widerstand dagegen. Der Weberaufstand von 1844 und andere das Bürgertum beunruhigende oppositionelle Bewegungen verdeutlichten die Brisanz der Lage, und manche Lyriker fanden nun konkrete Zielsetzungen, die sie auf unterschiedliche Weise unterstützten. Publikationsformen wie das Flugblatt und der Einblattdruck, vor allem aber die in Zeitungen abgedruckten Texte trugen dazu bei, dass das politische Gedicht zu einer bis dahin nicht erreichten Breitenwirkung kam. Entsprechend waren die Autoren, anders als Heine, stark am aktuellen Tagesgeschehen interessiert. Die direkte, oft polemische Benennung von Missständen, die von Heine verspottete pathetische, zum Teil agitatorische Deklamation von Zielen sind Grundtendenzen all dieser politischen Gedichte des Vormärz und der Revolution von 1848.

Zu den begabtesten dieser Vormärzlyriker gehörten Georg Herwegh und Ferdinand Freiligrath. Während Herwegh (*Gedichte eines Lebendigen*, 1841) mit rhetorischem Aufwand ständig die Freiheit beschwor und damit, eine bürgerliche Republik im Sinn, die Befreiung von feudalabsolutistischer Herrschaft meinte, wobei seine anfängliche Begeisterung bald in bittere Ironie, ja in Sarkasmus umschlug, schrieb Freiligrath nicht nur anschaulicher, sondern, sozial engagiert, auch kämpferischer, zur Revolte auffordernd (vgl. u. a. *Ca ira!*, 1846, oder sein Gedicht *Die Toten an die Lebenden* vom Juli 1848). Auf die Not der Industriearbeiter konzentrierte sich der heute vergessene Kurt Beck (*Lieder vom armen Mann*, 1846).

Der herausragende Vertreter der Vormärzlyrik war der auch als Prosaschriftsteller bedeutende Georg Weerth (vgl. o.), der, mit Friedrich Engels befreundet, lange in England lebte und die inhumanen Lebensbedingungen des dortigen Industrieproletariats kannte. Seine in volksliedhaftem Ton verfassten *Lieder aus Lancashire* (1845) haben ihm den Ruf eingebracht, der erste Dichter des Proletariats gewesen zu sein, weil er sich nicht nur mit der bürgerlichen Mitleidsattitüde begnügte, sondern die Arbeiter zu Selbstvertrauen, Solidarität und zum Widerstand ermutigte, was beispielsweise *Der Kanonengießer* aus dem genannten Zyklus verdeutlicht.

Die Hügel hingen rings voll Tau;
Da hat die Lerche gesungen.
Da hat geboren die arme Frau –
Geboren den armen Jungen.

Und als er sechzehn Jahre alt:
Da wurden die Arme strammer;
Da stand er in der Werkstatt bald
Mit Schurzfell und mit Hammer.

Da rannt er den Öfen in den Bauch
Mit schweren Eisenzangen,
Daß hell aus Schlacken und aus Rauch
Metallne Bäche sprangen!

Kanonen goß er – manches Stück!
Die brüllten auf allen Meeren;
Die brachten die Franzen ins Ungelück
Und mußten Indien verheeren.

Die warfen Kugeln, leidlich schwer,
Den Chinesen in die Rippen;
Die jauchzten Britanniens Ruhm daher
Mit eisernen Kehlen und Lippen!

Und immer goß der lust'ge Held
Die blitzenden Geschütze:
Bis ihm das Alter ein Bein gestellt,
Die Fäuste wenig nütze.

Und als sie versagten den Dienst zuletzt,
Da gab es kein Erbarmen:

Da ward er vor die Tür gesetzt
Wohl unter die Krüppel und Armen.

Er ging – die Brust so zornig weh,
Als ob sie der Donner durchgrollte
Von allen Mörsern, die er je
Hervor aus den Formen rollte.

Doch ruhig sprach er: „Nicht fern ist das,
Vermaledeite Sünder!
Da gießen wir uns zu *eignem* Spaß
Die Vierundzwanzigpfünder."

Lyrik nach 1848

Nach der gescheiterten Revolution von 1848 trat die politisch motivierte Lyrik in den Hintergrund. Der Blick auf soziale Umbrüche, überhaupt auf konkrete Lebensverhältnisse wich der erneuten Aufmerksamkeit für die Gefühlslage des Subjekts.

Die Gedichte, die entstanden, blieben in der Mehrzahl epigonal, rhetorisch geschickt gemacht, aber voller zum Klischee verkommener Formeln; nur wenigen, auch in anderen literarischen Gattungen führenden Autoren wie Hebbel, Fontane, Storm, Keller, Meyer, die alle – dies gilt besonders für Fontane und Meyer – auch als Verfasser von Balladen bekannt wurden und in Erinnerung blieben (man denke nur an Fontanes *Die Brück am Tay* oder *John Maynard* oder an Meyers *Die Füße im Feuer*), gelangen immer wieder Texte voller Ausdruckstiefe und Originalität.

Zu den Epigonen gehörten die um Emanuel Geibel gruppierten Autoren des ‚Münchner Dichterkreises', den Maximilian II. 1852 ins Leben gerufen hatte und dessen Mitgliedern er eine Pension gewährte. Entsprechend orientierte sich die dort entstehende Lyrik an den Bedürfnissen der Aristokratie und des Bürgertums und überhöhte – sehr ähnlich der trivialen Lyrik (vgl. o.) – deren prosaische Lebenswirklichkeit ins belanglos Schöne, wählte auch gern Stoffe aus der antiken und mittelalterlichen Geschichte sowie dem Orient, um den Reiz des Ungewohnten auszuspielen.

Unter den Autoren von literarischem Rang thematisierte Friedrich Hebbel (vgl. die Sammlung seiner *Gedichte* von 1857) immer wieder seine Vereinsamung, indem er die Empfindungen des lyrischen Ichs angesichts von Abend und Nacht, Sommer und Herbst, Schmerz und Tod vergegenwärtigte. Seine berühmt gewordene Ballade *Der Heideknabe* von 1841 zeigt zugleich seine Empfänglichkeit für das Schaurige. Auch Theodor Storms Gedichte tragen in ihrer Mehrzahl einen elegischen Ton. Bestimmend ist das Vergänglichkeitsmotiv, das Bewusstsein vom Verrinnen des Lebens wie der Liebe, die Erinnerung an vergangene, erfüllte Zeit. Die zeitgeschichtliche und soziale

Wirklichkeit blieb in dieser Erlebnislyrik weitgehend ausgeklammert; nur wenige politisch relevante Gedichte zeugen von Storms Hass auf die Feudalaristokratie und die preußische Bürokratie, doch fehlt ihm der Emanzipationsanspruch, der die Vormärzlyrik bestimmte. Die humane Persönlichkeit des sprechenden Ichs zu bewahren, erschien sowohl Hebbel wie Storm wichtiger als die gesellschaftliche Analyse und Veränderung. Der Schweizer Gottfried Keller dagegen, der mit der Vormärzbewegung sympathisierte, verfasste in den vierziger Jahren neben zahlreichen Naturgedichten auch eine kapitalfeindliche, heimatverbundene politische Lyrik (*Gedichte*, 1846) und suchte mit ihr bei unterschiedlichsten Festen das Bürgertum in seiner demokratischen Gesinnung zu stärken; in seinen späteren Gedichten (*Gesammelte Gedichte*, 1883) trat deren spruchhafter, belehrender Charakter noch deutlicher hervor.

Eine besondere, auf den Symbolismus um die Jahrhundertwende voraus weisende Entwicklung der Lyrik leitete unter diesen renommierten bürgerlichen Autoren der ebenfalls aus der Schweiz stammende Conrad Ferdinand Meyer ein. In seinen bedeutendsten Gedichten vermied er es, den eigenen Erlebnissen unmittelbar Ausdruck zu geben; vielmehr ließ er sein Inneres in Situationen oder Dinge eingehen, welche die Sicht des sich als lyrisches Subjekt zurücknehmenden Dichters symbolisch offenbarten, so etwa in dem bekannten Liebesgedicht *Zwei Segel* (endgültige Fassung 1881/82). Welche Bedeutung für diese Kunst des Symbolisierens gerade auch die Formgebung des Textes besaß, zeigen die beiden folgenden Fassungen des *Römischen Brunnens*:

Rom: Springquell (1860)

Es steigt der Quelle reicher Strahl
Und sinkt in eine schlanke Schal'.
Das dunkle Wasser überfließt
Und sich in eine Muschel gießt.
Es überströmt die Muschel dann
Und füllt ein Marmorbecken an.
Und jedes nimmt und gibt zugleich
Und allesammen bleiben reich,
Und ob's auf allen Stufen quillt,
So bleibt die Ruhe doch im Bild.

Der römische Brunnen (1882)
Aufsteigt der Strahl und fallend gießt
Er voll der Marmorschale Rund,
Die sich verschleiernd überfließt
In einer zweiten Schale Grund;
Die zweite gibt, sie wird zu reich,

Der dritten wallend ihre Flut,
Und jede nimmt und gibt zugleich
Und strömt und ruht.

Dem ersten, ziemlich hilflosen Versuch folgten fünf weitere Varianten, bis 1882 die vollendete Fassung vorlag, in der die visuelle Anschauung des Brunnens auch rhythmisch nachgebildet ist. So wird jenseits allen Verhaftetseins an der Oberfläche der Erscheinungen ein Lebensgesetz gezeigt, das auf den harmonischen Zusammenklang alles Widersprüchlichen hinweist. Auch in dieser Form der Verinnerlichung wird die weite Entfernung von den sozialen Alltagsproblemen deutlich, denen sich viele Vormärzdichter und dann während der 80er Jahre die Naturalisten – auch in der Lyrik – widmeten.

Die Lyrik der Naturalisten

Zur neuen Orientierung der Naturalisten (zu ihren theoretischen Überlegungen vgl. o., S. 432 ff.) gehörte auch für die Lyriker unter ihnen eine gesteigerte Aufmerksamkeit für das Leben in der Großstadt, für die Arbeitswelt und für soziale Ungerechtigkeiten – ebenso wie ihre Entscheidung, möglichst genau zu beobachten und Faktisches einzufangen. Hinzu kam bei einigen das offene politische Bekenntnis, die Parteinahme für die ausgebeutete Arbeiterschaft, die Aufforderung zu revolutionärer Veränderung. Insgesamt war dies ein deutlicher Bruch sowohl mit der im Bürgertum populären klischeehaften Lyrik eines Geibel und seiner Anhängerschaft als auch mit der Erlebnislyrik ‚bürgerlichen Realisten'.

Die auffälligsten Zeugnisse naturalistischer Lyrik sind die Gedichte von Arno Holz, die er 1885 in dem Band *Buch der Zeit. Lieder eines Modernen* veröffentlichte und die sich deutlich von seinem epigonalen Frühwerk (vgl. *Klinginsherz*, 1883) unterscheiden. Satirische Verse über die Lebensweise der Privilegierten stehen neben Bildern des Großstadtmilieus, Sympathiebezeugungen für die Proletarier und Aufrufen zu einem befreienden Umsturz. Holz, der sich später von der Sozialdemokratie abwandte, stand in seinem Engagement keineswegs allein. Ein entschiedener Mitstreiter war der von der Vormärzlyrik beeinflusste Karl Henckell, der im Auftrag der SPD unter anderem eine bekannt gewordene Anthologie, das *Buch der Freiheit* (1891), zusammenstellte; ein anderer war Hermann Conradi (*Lieder eines Sünders*, 1887), dessen lyrisches Talent sich allerdings im Aufbegehren eines Mit-Leidenden erschöpfte. Immerhin hat gerade Conradi, indem er rhythmische Zeichen und Sperrungen in seine Verse einfügte oder Zitate montierte, in formaler Hinsicht – wie später Holz im *Phantasus* – Konventionen gesprengt. Im *Phantasus*, der verschiedene

Vorstufen durchlief und erst 1898/99 in zwei Heften in Buchform erschien, fand Holz zu einer experimentellen Lyrik, in der man einerseits noch die Überzeugungen des Naturalisten erkennt, wenn er, um die Angleichung der ‚Kunst' an die ‚Natur' bemüht, in einer Art von ‚Depeschenstil' einzelne Wahrnehmungsmomente aneinanderreihte, in der dann aber andererseits in den sogenannten ‚Mittelachsengedichten', die den Rhythmus im Schriftbild wiederzugeben suchten, ein Ästhetizismus wirksam wurde, der als abwehrende Reaktion auf den Naturalismus zu verstehen ist. Die graphische Gestaltung der Verse, an Spielereien der Barocklyrik erinnernd, steht in der Nähe des Jugendstils – und nicht von ungefähr wurden einzelne 1897 im Vorabdruck erschienene Gedichte des *Phantasus*-Zyklus von Ornamenten Oskar Panuks, eines Jugendstilkünstlers, eingefasst.

Von den Naturalisten selbst wurde neben Holz besonders Detlev von Liliencron als Lyriker hoch geschätzt, ein verarmter Freiherr, der sich zwar nicht politisch engagierte, sich aber doch entschieden von der im Kaiserreich populären ‚Goldschnittlyrik' abwandte. Thematische Schwerpunkte seiner Texte liegen in der Wahrnehmung großstädtischen Lebens (Liliencron wohnte zeitweilig in New York) und, ganz konträr dazu, in der Wahrnehmung von Landschaftsbildern. Auffällig ist die Bestandsaufnahme visueller Eindrücke, der Vorrang des Deskriptiven in den Gedichten (in seiner bekanntesten Sammlung, *Adjutantenritte und andere Gedichte*, 1883, vermischen sich prosaische und lyrische Formen). Seine Vorliebe für reizvolle sensuelle Oberflächen, aber auch für die Zersplitterung der Wirklichkeit in kleine Einzelheiten hat immer wieder den Vergleich mit Tendenzen impressionistischer Malerei herausgefordert.

So verflüchtigt sich am Ende des Jahrhunderts allmählich die naturalistische Programmatik und gibt lyrischen Neuansätzen Raum, die – nicht zuletzt dem Verdruss über die Erfolglosigkeit engagierter Lyrik geschuldet – entweder über die Experimente von Holz oder Liliencron und die Formspiele Christian Morgensterns oder Paul Scheerbarts im puren Ästhetizismus des Kreises um Stefan George münden oder aber durch die Neubelebung der Erlebnislyrik, durch Visionen vom neuen Menschen oder die Beschwörung von Gefühlsverwirrungen (man denke an Gedichte von Richard Dehmel, Alfred Mombert, Otto Erich Hartleben, dann Frank Wedekind) zu Vorbereitern der expressionistischen Bewegung werden.

8. Schlussbemerkung und Ausblick: Die polyphone Literatur der Jahrhundertwende

Den Abschluss der Literatur des 19. Jahrhunderts bei den Naturalisten zu sehen, mag problematisch erscheinen, verstanden sich diese selbst doch als Anwälte eines Neubeginns, als Repräsentanten der ‚Moderne'. Unter rein ästhetischen Gesichtspunkten kann man den konsequenten Naturalismus etwa eines Arno Holz zu den Anregungen zählen, die in der Literatur des 20. Jahrhunderts wirksam geworden sind. Doch gehören die Naturalisten in ihrer Gesamtheit, sofern man an ihr soziales Engagement denkt, um dessentwillen sie, vor allem in der Prosa und im Drama, ihre literarischen Experimente durchführten, ganz sicherlich zum 19. Jahrhundert, in dem, jedenfalls in seiner zweiten Hälfte, die soziale Not der Angehörigen der Unterschichten auch für die Schriftsteller des Naturalismus zum Skandalon wurde.

Für viele Autoren der Jahrhundertwende freilich war gerade die Fokussierung auf die soziale Frage ärgerlich und ein Missgriff. Sie reagierten, wie Stefan George, Hugo von Hofmannsthal oder Rainer Maria Rilke, die an vielen Vorstellungen der Frühromantiker anknüpften, auf den Naturalismus mit der Beschreibung der inneren Befindlichkeiten des Subjekts, zumal des ästhetisch empfänglichen. Viele schlossen sich auch den Rückzugsbewegungen aus der Alltagswirklichkeit an und der gegen die bürgerliche Lebensform und ihre Verhaltenscodices gerichteten ‚Lebensphilosophie' mit ihrer Verklärung der Jugendlichkeit (vgl. die 1896 gegründete Zeitschrift ‚Jugend'); andere entwarfen im Gefolge von Gustav Landauer und den Gebrüdern Hart und ihrem Bund ‚Neue Gemeinschaft', der sich in Landkommunen außerhalb des Molochs Großstadt verwirklichte, ein neues, visionäres, ichbezogenes Menschenbild. Wieder andere widmeten sich kulturkritisch der Beschreibung gesellschaftlicher Deformationen, etwa dem Vater-Sohn-Konflikt in seiner persönlichen wie gesellschaftlichen Ausprägung.

Doch ebensowenig wie es ratsam erscheint, den Begriff der Moderne dem Naturalismus zuzuweisen, wäre es angemessen, den einen oder anderen dieser vielfältigen literarischen Ansätze mit diesem Etikett zu versehen (wie z. B. Hermann Bahr es für die von ihm proklamierte ‚Nervenkunst' forderte). Allenfalls die Gesamtheit all dieser literarischen Strömungen, für die in Literaturgeschichten jeweils entsprechende Begriffe kursieren (Impressionismus, Ästhetizismus, Symbolismus, Dekadenzliteratur, Bohème usw.) und zu denen dann partiell, unter ästhetischen Gesichtspunkten, auch der Naturalismus gehört, ließe sich als Beginn der oder einer literarischen Moderne verstehen, der für viele freilich in die Zeit der Romantik zurückreicht;

spiegelt diese Gesamtheit doch in ihrer Differenziertheit den sich anbahnenden ‚Polytheismus der Werte' (Max Weber) oder den Pluralismus der Anschauungen, der das 20. Jahrhundert bestimmt. Zurückhaltender spricht man, wenn man die literarischen Strömungen um die Jahrhundertwende insgesamt meint, von der ‚Literatur des Fin de siècle' oder schlicht von der ‚Literatur der Jahrhundertwende'.

Für viele Betrachter der politischen Geschichte bildet erst der 1. Weltkrieg die eigentliche Zäsur zwischen dem 19. und 20. Jahrhundert. Doch Literaturgeschichte und politische Geschichte fallen nicht deckungsgleich zusammen. Viele mentale Befindlichkeiten, die gleichsam die Katastrophe des Krieges ankündigten, wurden von Schriftstellern schon Jahrzehnte zuvor aufgegriffen oder erahnt – am wenigsten von den Naturalisten, sondern viel häufiger von Autoren, die anderen literarischen Bewegungen angehörten. Peter Sprengel hat ausführlich auf „Kollektivphantasien" hingewiesen[206], die auszubilden auch Schriftsteller maßgeblich beteiligt waren. Als Evokation vitaler, oft geradezu animalischer Lebenskräfte und Rauschzustände lassen sich manche der vielen Tanzbeschreibungen verstehen (u. a. in Texten von Otto Flake, Hugo von Hofmannsthal, Rainer Maria Rilke), in denen die allgemeine Tanzbegeisterung der Vorkriegszeit aufgegriffen wurde; ferner ist bemerkenswert, wie häufig um die Jahrhundertwende der Opfergedanke, die Aufopferung des einzelnen um des Gemeinwohls willen, literarisch verfestigt wurde (u. a. in Texten von Frank Wedekind, Else Lasker-Schüler, Georg Kaiser); bestürzend geradezu wirken die – vage Ängste konkretisierenden – Untergangsvisionen, die schon um 1900 auflebten und dann in der Literatur des Expressionismus kulminierten (u. a. in Texten von Thomas Mann, Robert Walser, Georg Heym). Es sind nicht zuletzt solche dichterisch verarbeiteten Kollektivphantasien, die es sinnvoll erscheinen lassen, die literarischen Reaktionen auf den Naturalismus dem 20. Jahrhundert zuzuordnen.

IV. Die Lebensführung in der nachindustriellen Gesellschaft und die Literatur des 20. und beginnenden 21. Jahrhunderts

1. Entwicklungstendenzen im nachindustriellen Zeitalter

Auch im 20. und im beginnenden 21. Jahrhundert hat die Literatur in Wechselbeziehung mit der Lebenswirklichkeit und der Lebensführung ihrer Leser gestanden und deren Wertvorstellungen und Verhaltensnormen beeinflusst, sie bestätigt, verändert, in Frage gestellt. Von geschlossenen, mit sozialen Gegebenheiten im Einklang stehenden Lebensformen, die sich schon im 19. Jahrhundert aufzulösen begannen, kann allerdings noch weniger die Rede sein. Deswegen ist es angemessen, wie im vorangegangenen Kapitel statt von Lebensform von Lebensführung zu sprechen. Die Vielfalt der Wertvorstellungen und Verhaltensnormen der Menschen ist freilich in einer einleitenden Skizze nicht wiederzugeben. Sichtbar gemacht werden können allenfalls durch wirtschaftliche, soziale, politische Entwicklungen beeinflusste Tendenzen des gesellschaftlichen Zusammenlebens, auf die literarisch ganz unterschiedlich reagiert worden ist.

Viele der im vorigen Kapitel beschriebenen Merkmale des industriellen Zeitalters sind in das 20. Jahrhundert hineingetragen worden und haben sich dort weiter entfaltet, dabei aber zunehmend ihre Konturen verloren. Der Machtgewinn des technisch-ökonomischen Fortschritts ist längst von der mit ihm einhergehenden Produktion von Risiken überschattet, die keine herunterzuspielenden Nebenwirkungen der Industrialisierung sind, sondern irreversible globale Gefährdungen des Menschen, des Lebens überhaupt hervorgerufen haben. Mit guten Gründen ist in der Soziologie deswegen von der ‚Risikogesellschaft' die Rede.[1] Diese Risiken sind Ergebnisse des Erfolgs industriellen Fortschritts, der sich mit ihnen ins Absurde verliert, zumal wissenschaftliche und politische Rationalität, die am industriellen Wachstum maßgeblich beteiligt sind, gerade angesichts der Zivilisationsgefährdungen eher versagt als wirksam ist.

1.1. Grundzüge der gesellschaftlichen Entwicklung

Grundzüge der ökonomischen Entwicklung

Die Entwicklungstendenzen des Industrialisierungs- und Kapitalisierungsprozesses im einheitlichen Wirtschaftsraum des Deutschen Reiches nach 1870 sind in Kapitel III schon skizziert worden, ebenso die Tendenz zu immer stärkerer Konzentration der Industriebetriebe. Schaltzentralen des wirtschaftlichen Erfolgs waren die Banken, die den Kapitalbedarf der Industrie steuerten und dadurch auch entscheidenden politischen Einfluss nahmen. Für das wirtschaftliche Wachstum war nicht nur die Ausnutzung des technischen Fortschritts, hier vor allem die systematisch betriebene, auf die Praxis gerichtete Technikforschung, die Rationalisierung der Produktion (mit der Einführung des Fließbands seit 1913), die Entwicklung des Verkehrs (mit der Eisenbahn als Transportmittel und einem immer dichter werdenden Schienennetz) entscheidend; ebenso wichtig für den Absatz der massenhaft produzierten Güter war das Verhalten der Konsumenten, das mit immer perfekteren Methoden der Ermittlung von Bedürfnissen und der Werbung gesteuert wurde und wird. Dass es im Zusammenhang – hier nicht darzustellender – politischer Entscheidungen über Freihandelszonen einerseits und Schutzzölle und weitere protektionistische Maßnahmen andererseits sowie wegen der großen politischen Krisen des 20. Jahrhunderts immer auch zu Rückschlägen des Wachstums kam, hat die Tendenz, den Wirtschaftsprozess durchweg zu funktionalisieren, nicht aufgehalten. Die wirtschaftliche Expansion nach dem 2. Weltkrieg hat, jedenfalls in den westlichen Industrienationen, den Massenkonsum unaufhaltsam ausgeweitet und dem Begriff von der ‚Konsumgesellschaft' seine Grundlage gegeben. Die Planwirtschaft in den sozialistischen osteuropäischen Ländern, die sich zu sehr auf den Ausbau der Schwer- und Rüstungsindustrie konzentrierten und damit hoch verschuldeten, sind nicht zuletzt daran gescheitert, dass sie die Konsumbedürfnisse der breiten Masse der Bevölkerung und damit deren Lebensstandard zurückstellten – ganz abgesehen von der geringeren Spreizung der Löhne, fehlenden Arbeitsanreizen, mangelnder Effizienz usw.

Im Zusammenhang der Funktionalisierung des Wirtschaftslebens wuchs der Bedarf an Kontrolle, sowohl an wirtschaftlicher, sozialer als auch an politischer, was zu einer ausgedehnten Bürokratisierung führte. Das gesamte öffentliche Leben ist inzwischen vollkommen bürokratisiert, wobei, abgesehen von einer qualifizierten Führungsschicht, auch die meisten der in den Verwaltungen arbeitenden Menschen nur noch Teilvorgänge nach Vorschriften bearbeiten und ohne Entscheidungsbefugnisse bleiben, also reine Funktionsträger sind. Auch durch die Bürokratie ist die Rationalisierung und Standardisierung (in hierarchisch strukturierten Abläufen, Befehlsketten usw.) vorangeschritten, wobei flexible Organisationen in modernen Betrieben das Prinzip programmierter Arbeitsabläufe als solches nicht außer Kraft setzen.

Im letzten Drittel des 20. Jahrhunderts begann das Zeitalter der ‚digitalen Revolution' und der sogenannten ‚Informationsgesellschaft'. Die Entwicklung der Computertechnik und der digitalen Speichermedien, die Vernetzung der gesammelten Datenmengen im Internet, die sich daraus ergebenden Konsequenzen für die Infrastruktur (Satelliten-Antennen, Decoder, Internetzugänge, Computer) haben zu ganz neuen Formen der Kommunikation geführt. Den in der Schule schon trainierten Fertigkeiten der Nutzung der Geräte, auch der Weiterentwicklung von Computerprogrammen, und den dafür notwendigen kognitiven Voraussetzungen steht die zum großen Teil unkritische Nutzung der Informationen gegenüber (wobei von dem Trugschluss, die geistige Welt lasse sich in Informationen auflösen, zunächst gar nicht die Rede ist). Die ständigen Innovationen im Bereich der digitalen Datenträger haben in den letzten Jahrzehnten nicht nur zu neuen Verwertungspraktiken geführt, sondern auch ganz neue Industrie- und Dienstleistungszweige eröffnet. Vor allem aber hat der weltweite Austausch von Daten im Internet zu einer Globalisierung der Geschäftsbeziehungen geführt – mit zwiespältigen Folgen: etwa der Entstehung weltweiter Konzerne, die verdeckt auch politische Entscheidungen beeinflussen, zur Verlagerung und zum Abbau von Arbeitsplätzen, freilich auch zu neuen Wachstumsimpulsen. Zugleich hat das weltweite Datennetz – über das Ökonomische hinausgehend – neue demokratische und emanzipatorische Möglichkeiten eröffnet (etwa das Unterlaufen staatlicher Zensur, neue Diskussionszirkel, umfassende Informationsangebote usw.), von denen allerdings ein Großteil der Weltbevölkerung wegen fehlender Bildungschancen noch ausgeschlossen bleibt.

Die Folgen eines ungezügelten, global agierenden Kapitalismus, der, um Geldanleger zu befriedigen, auf größtmöglichen Profit fixiert ist, mit Währungen spekuliert, ohne Blick in die Zukunft Rohstoffe verbraucht, die Umwelt, also unser aller Lebensbedingungen, zerstört, arbeitende Menschen nur als Mittel zum Zweck ansieht usw., werden seit Jahrzehnten auf allen Ebenen diskutiert. Untergangsszenarien, insbesondere in den Massenmedien, haben ebenso Konjunktur wie um Aufklärung bemühte politische Initiativen. Ökonomie und Ökologie (auch gegen wirtschaftliche Interessen) vernünftig miteinander zu verbinden und der explosiv wachsenden Weltbevölkerung ein menschenwürdiges Leben zu ermöglichen, ist die entscheidende Herausforderung des 21. Jahrhunderts.

Grundzüge der sozialen Entwicklung

Die ökonomische Entwicklung im 20. Jahrhundert hat auch die Struktur der Gesellschaft beeinflusst. Die Verbitterung über die im 19. Jahrhundert durch die Zusammenballung der Menschen in den Industriezentren entstandene Massenarmut mit all ihren Begleiterscheinungen wurde am Ende des Jahrhunderts in ganz Westeuropa insofern etwas aufgefangen, als die Arbeitszeiten sich verkürzten (wenngleich sie nach heutigen Maßstäben inakzeptabel blieben), die Löhne anstiegen und den Arbeitern in Deutschland durch die Bismarck'sche Sozialgesetzgebung ein gewisser Schutz gegen Unfall- und Krankheitsrisiken gewährt wurde (vgl. III). Das Konzept der – wenig spektakulären – Sozialreformen wurde in Deutschland auch im 20. Jahrhundert beibehalten. Die freien Gewerkschaften gewannen schon am Ende des 19. Jahrhunderts immer größeres Gewicht, und Massenstreiks trugen dazu bei, dass die Regierungen der konstitutionellen Monarchie sich sehr pragmatisch auf eine Politik der schrittweisen Verbesserung für die Arbeiterschaft einstellten. Während des 1. Weltkriegs festigte sich dieser ‚Burgfriede', wie er genannt wurde, zumal die Gewerkschaften sich den ‚vaterländischen' Interessen anschlossen und die gemeinsamen Fronterlebnisse, die jedem die Gleichheit des Todes vor Augen führten, zeitweilig die Klassenschranken verwischten. Schon während des Krieges entstanden auch auf der Unternehmerseite Interessenverbände, und in der Weimarer Republik entwickelte sich dann in Deutschland das auf den Wohlfahrtsstaat zusteuernde Modell der paritätisch auszuhandelnden Löhne und Arbeitsbedingungen.

Gleichwohl kann dies nicht darüber hinwegtäuschen, dass die bestehenden Klassengegensätze weiter bestehen blieben und sich nach dem Krieg sogar verschärften, nicht zuletzt weil die Unterstützung für die Familien der Kriegsteilnehmer unzulänglich waren, während auf der anderen Seite eine Oberschicht von Unternehmern und anderen sogenannten ‚Kriegsgewinnlern' ein Leben in Saus und Braus führte. Die Spannungen entluden sich bereits in der Revolution von 1918, zu deren Antriebskräften auch die aufgestauten Klassenkonflikte gehörten.[2]

Trotz dieser Konflikte blieb die Sozialstruktur auch nach dem 1. Weltkrieg prinzipiell erhalten. Am stärksten wurde die Stellung des Adels beeinträchtigt. Als Machtelite nach dem Zusammenbruch der Monarchie demontiert, suchte er auf seinen Gütern (im Agrarkapitalismus) und im Militär zu überleben, geriet jedoch unaufhaltsam unter den Einfluss bürgerlicher Machtansprüche, was die heftig geäußerten Ressentiments gegen die Republik erklärt. Damit wurde er zugleich anfällig für den Sog rechtsextremistischer Ideologie, deren Elitevorstellungen und deren dumpfes Aufbegehren gegen die Moderne solchen Ressentiments entgegenkamen. – Erfahrungen der Deklassierung machten auch die ungefähr ein Drittel aller Erwerbstätigen stellenden Bauern, deren Anteil am erwirtschafteten Sozialprodukt im Zusammenhang mit Deutschlands Wandel zum Industriestaat ständig schrumpfte. Ohne die bäuerliche Schichtung und Interessenlage hier zu berücksichtigen, lässt sich verallgemeinernd sagen, dass die wirtschaftlichen Einbrüche auf dem Land der rechtsradikalen ‚Landvolk'-Bewegung und den Nationalsozialisten einen reißenden Zustrom verschafften. – Auch in den Städten machte sich die Unzufriedenheit mit den Verhältnissen der Weimarer Republik breit. Die sehr kleine Gruppe der Bildungsbürger war erschüttert in ihrer Staatsloyalität, die einkommensstarken Wirtschaftsbürger wünschten mehrheitlich autoritäre Lösungen der endlosen Krisenprobleme, viele der Kleinbürger, insbesondere die am Mangel an Aufträgen leidenden Handwerker, ersehnten die ‚Volksgemeinschaft' als Möglichkeit der Überwindung von Klassengegensätzen, und auch die unterschiedlich qualifizierten Arbeiter, dauernd von der Arbeitslosigkeit bedroht und am stärksten betroffen von ihr, wurden zunehmend empfänglich für die Versprechungen extremer politischer Parteien.

Das Bedürfnis nach Überwindung der sozialen Ungleichheit, das nach dem Weltkrieg gerade die unterprivilegierten Schichten empfanden, nutzten die Nationalsozialisten, indem sie die Vision einer ‚Leistungsgemeinschaft' anboten, in der jeder Aufstiegschancen zugesprochen bekam. Gemeinnutz vor Eigennutz war die propagandistisch verbreitete Devise. Anders als die Marxisten, die eine Revolutionierung der Sozialstruktur im Sinn hatten, forderten die Nazis damit eine ‚Gesinnungsrevolution', die nicht nur durch den die Massen manipulierenden Führer Adolf Hitler angestachelt wurde, sondern auch durch die Einrichtung zahlreicher, ideologische Schulung betreibender Verbände und Institutionen. Der Bewusstseinswandel, der so erzwungen werden sollte und erzwungen worden ist, war von Vorstellungen getragen, deren Inhumanität offensichtlich war, aber von großen Teilen der Bevölkerung, die sich von den wirtschaftlichen Erfolgen und der nicht zuletzt der Rüstung dienenden Schaffung von Arbeitsplätzen verblenden ließen, ‚übersehen' wurde. Im Mittelpunkt standen der Wahn von der Überlegenheit der arischen Herrenrasse und die gleichzeitige Verfolgung und Ermordung der Juden, der in den 2. Weltkrieg führende Anspruch auf unbegrenzten Lebensraum für eben diese Herrenrasse, die Drangsalierung der Frauen durch die Indoktrination des Rollenbildes der dem Mann ergebenen ‚Gefährtin' und Gebärerin, die Zwangserziehung der Jugendlichen zu Gefolgsleuten des Führers.

Nach dem Zusammenbruch der Diktatur des ‚Dritten Reiches' ist die bis heute diskutierte Frage aufgeworfen worden, inwiefern in ihm Tendenzen unserer heutigen Leistungsgesellschaft vorbereitet worden sind. Unter Historikern und Soziologen besteht inzwischen Konsens darüber, dass vieles von dem, was bereits vor der NS-Diktatur angelegt war, in ihr weitergeführt und verstärkt, allerdings auch auf charakteristische Weise pervertiert worden ist. So ist, um nur wichtigste Beispiele zu nennen[3], der Wandel von der Agrar- zur Industrie- und Konsumgesellschaft im ‚Dritten Reich' weiter gefördert worden, allerdings unter dem Vorzeichen der Aufrüstung und Kriegsführung. Deswegen konnte die Bundesrepublik auf einem Sockel moderner Industrieanlagen aufbauen. – Auch ist die überkommene Gesellschaftsstruktur nach 1933 weiter demontiert worden, hauptsächlich um den Einfluss nationalsozialistischer Sondergewalten leichter etablieren und innerhalb deren die Aufstiegschancen der Parteiangehörigen erhöhen zu können. Doch konnte später in der Bundesrepublik an verbesserte Sozialleistungen, die trotz der Zerschlagung der Gewerkschaften durch die Deutsche Arbeitsfront gerade Arbeitern und Angestellten gewährt wurde, angeknüpft werden. – Den unaufhaltsamen Aufstieg der Wissenschaften, der längst vor den Nazis in Gang war, ist von diesen zunächst unterbrochen und dann auf die schlimmste Weise pervertiert worden. Nicht nur wurden jüdische Wissenschaftler vertrieben und ganze Forschungsfelder, die nicht unmittelbar der Rüstung dienstbar gemacht werden konnten, stillgelegt; Wissenschaftler, insbesondere Mediziner, Biologen, Psychiater, wurden gezwungen und ließen sich zwingen, unter dem Vorzeichen des rassistischen Züchtungswahns Menschenexperimente, Sterilisation, Euthanasie vorzunehmen. Geblieben ist und in die Breite weiterentwickelt hat sich die technokratische Orientierung der Wissenschaften und ihre Förderung nach dem Prinzip ihres Nutzens für profitable Interessen; ebenso die ethische Haltlosigkeit in ihnen unter dem Deckmantel des Fortschritts. – Schließlich hat auch der Führerkult im ‚Dritten Reich', der an eine lange monarchische Tradition und an das Leitbild vom ‚guten Fürsten' anknüpfen konnte, auch heute noch Auswirkungen, wie die in der meritokratischen Gesellschaft offenbar nicht zu vertreibende Autoritätsgläubigkeit in allen Bereichen des öffentlichen Lebens belegt.

Nach dem 2. Weltkrieg und nach der Teilung Deutschlands sind – in der Bundesrepublik – die alten sozialen Gruppierungen zwar im wesentlichen erhalten geblieben, doch hat die Durchlässigkeit zwischen ihnen zugenommen. Eine Voraussetzung dafür war der in allen Bevölkerungsschichten sich geltend machende Leistungs- und Aufstiegswille, der sich in der Nachkriegsgeneration teilweise noch aus der Kollektivmentalität der ‚Volksgemeinschaft' speiste, sich dann aber zunehmend mit den Erfordernissen der Marktwirtschaft entwickelte. Auch wenn soziale Barrieren nach wie vor viele Menschen am gesellschaftlichen Aufstieg hindern, wird doch das Prinzip der Chancengleichheit politisch gewollt und gefördert, ohne dass damit sein Erfolg gewährleistet ist. Denn die Verteilungspolitik, die mit dem Wachstum der 'sozialen Marktwirtschaft' einherging und eine Wohlfahrtsbürokratie entstehen ließ, führte in größeren Teilen der Gesellschaft auch zu einer 'Klientenhaltung', die den Leistungswillen untergraben hat.

In der DDR, der eine staatskommunistische zentrale Planwirtschaft und ungünstige Handelsverträge mit der UdSSR auferlegt wurden und die bis zum Mauerbau im Jahr 1961 Millionen von Menschen verlor, die in den Westen flohen, ist die Gesellschaft im wesentlichen durch die Diktatur einer parteigebundenen Führungsclique, in der verschiedene ideologische Überzeugungen aufeinandertrafen, und den ihr dienenden Staatssicherheitsapparat zusammengehalten worden. Die proklamierte klassenlose Gesellschaft war in Wahrheit in einen besondere Vorrechte genießenden Partei-Adel mit ihren Funktionären und die Masse der 'Werktätigen' aufgeteilt, die sich zunehmend in private Nischen zurückzogen und dabei eine besondere Kultur der Zusammengehörigkeit entwickelten. Eine aufstiegsorientierte Mentalität konnte sich unter diesen Umständen nicht entfalten.

Im wiedervereinigten Deutschland beginnen sich die sozialen Großgruppierungen der alten Bundesrepublik und der DDR zu verwischen. Denn die soziale Ungleichheit, die nicht abgenommen hat, sondern eher anwächst, verteilt sich inzwischen über alle Schichten hinweg. Arbeitslosigkeit beispielsweise, ob in der Form der Langzeit- oder vorübergehenden Arbeitslosigkeit, sowie Teilzeitarbeit sind überall anzutreffen, so dass Soziologen von der „Individualisierung sozialer Ungleichheit" sprechen.[4] Benachteiligt sind heute nicht ein ganzer Stand oder eine ganze gesellschaftliche Schicht, sondern Unqualifizierte, an bestimmte Wohnorte Gebundene, Frauen, Angehörige von Randgruppen oder ethnischer Minoritäten, ältere Menschen usw. Andererseits werden Ausbildungschancen in allen Gesellschaftsschichten von einzelnen wahrgenommen. Diese 'Individualisierung' hängt mit den Anforderungen zusammen, die insbesondere von großen Unternehmen an Arbeitnehmer gestellt werden.[5] Weil diese Unternehmen im Zeitalter der Globalisierung ihre Standorte wechseln, je nach den für ihren Profit oder den Profit ihrer Aktionäre günstigsten ökonomischen Bedingungen, werden ohne andere hinreichende Gründe Arbeitnehmer entlassen, wird zumindest große Mobilität von ihnen erwartet. Damit werden langfristige Lebensplanungen fragmentiert, werden Familien zerrissen. Nicht jeder ist willens oder in der Lage, diesen Erwartungen nachzukommen. Eine andere Herausforderung betrifft die berufliche Qualifikation. In den avanciertesten Betrieben der Produktion ist ständiges Umlernen erforderlich. Die überkommene handwerkliche Einstellung, eine Sache optimal zu beherrschen, wird damit außer Kraft gesetzt. Nicht in der Vergangenheit liegende Erfahrungen und Leistungen sind gefragt, sondern potentielle Fähigkeiten. Dem entspricht ein Konsumentenverhalten, das ständig nach Neuem sucht und völlig intakte Güter dafür wegwirft. Es ist evident, dass diese ökonomischen und sozialen Veränderungen auch die Lebensführung, die Wertvorstellungen und Verhaltensnormen und selbst die Psyche der Menschen nachhaltig beeinflusst.

Grundzüge der politischen Entwicklung

Die ökonomischen und sozialen Entwicklungen haben die Literatur des 20. Jahrhunderts weniger beeinflusst als die politischen. Versucht man in einem Abriss wie diesem problemorientiert vorzugehen, lässt sich sagen, dass das 20. Jahrhundert politisch von den beiden Weltkriegen, von den Ideologien des Nationalismus, des Rassismus und des Kommunismus und von der ideologischen Auseinandersetzung im Kalten Krieg bestimmt worden ist.

Nicht die Jahrhundertwende, sondern der 1. Weltkrieg von 1914–1918 ist, historisch gesehenen, der eigentliche Beginn des 20. Jahrhunderts. Mit ihm endete das ‚lange 19. Jahrhundert', das seit der Französischen Revolution und mit der Industriellen Revolution einen einmaligen sozialpolitischen und ökonomischen Evolutionsschub hervorgebracht hatte; der von Deutschland mitverschuldete 1. Weltkrieg hat das alte Europa zerschlagen. Ursachen, Verlauf, Beendigung dieses Krieges sind hier nicht zu beschreiben. Welch entscheidende Bedeutung ihm als Epocheneinschnitt zukommt, verdeutlichen einige seiner Grundzüge – seine immense Ausweitung, die schließlich zum Eintritt der USA in ihn führte, die Mobilisierung aller wirtschaftlichen Kräfte für ihn, seine Technifizierung, die sowohl die Herstellung schwerer Waffen durch die Rüstungsindustrie als auch die Zusammenführung großer Menschenmassen durch den Schienenverkehr ermöglichte. Die Millionenheere, die in Europa aufgestellt wurden und sich gegenseitig vernichteten, lösten unendliches Leid durch Tod, Verwundungen, Vergiftungen aus. Deswegen standen dem geschürten Nationalismus, der Unterwerfung unter militärische Verfügungsgewalt bald auch gegenläufige Bewegungen gegenüber, die den Umsturz der Herrschaftsverhältnisse und Demokratie verlangten.

Die deutschen Kriegsziele[6], die eine politische wie ökonomisches Hegemonie in Europa anstrebten und – besonders bestürzend – auch schon mit Aussiedlungen bzw. Vertreibungen von ‚Fremdvölkischen', von Slawen und Juden spekulierten, standen zum tatsächlichen Verlauf des Krieges in eklatantem Widerspruch. Zu seiner enthusiastischen Unterstützung trugen besonders die kleine Gruppe der ‚Gebildeten' und die Kirchen beider Konfessionen bei, die über das Ausmaß der Kriegsplanungen freilich nicht wirklich informiert gewesen sein dürften. Gerade Schriftsteller ließen sich zu schwärmerischen, teilweise hysterischen Gefühlsäußerungen über die magischen Kräfte des Krieges hinreißen. Während die radikalnationalistische Kriegseuphorie hauptsächlich das Bildungsbürgertum erfasste, das die Öffentlichkeit mit Aufrufen, Broschüren, Anthologien von Kriegsgedichten überschüttete, blieben die großen Bevölkerungsanteile sowohl der Arbeiter als auch der Bauern eher zurückhaltend und fatalistisch, zumal sie als erste in existentielle, durch Rekrutierung und Arbeitslosigkeit hervorgerufene Notlagen gerieten.

Die Jahre nach der Niederlage im Krieg, dem Zusammenbruch der Monarchie, der Revolution im Herbst 1918, der Einberufung der Weimarer Nationalversammlung, der Gründung der Republik auf der Basis der Volkssouveränität waren durch tiefe gesellschaftliche und politische Spannungen gekennzeichnet. Das obere und mittlere Bürgertum, sofern es nicht Profit aus der Nachkriegswirtschaft schlug, hatte mit dem Verlust des halbautoritären Kaiserstaats weitgehend seine Orientierung verloren und war voller Ressentiments gegen die demokratische Staatsform; das Kleinbürgertum und die Arbeiterschaft, deren Reallöhne rapide sanken, protestierte mit Massenstreiks und radikalisierte sich nach rechts und links. Die labilen republikanischen Regierungen schlugen Protestbewegungen mit Gewalt nieder, um einen Bürgerkrieg zu verhindern; nach der Wahl Hindenburgs zum Reichspräsidenten 1925, die sich deswegen als so verhängnisvoll erwies, als nun Militärführung, Großagrarier und Schwerindustrielle einen direkten Zugang zu diesem von vielen als ‚Ersatzkaiser' betrachteten General hatten, wurde immer häufiger mit Notverordnungen regiert (nach Art. 48 der Weimarer Verfassung). So erfolgte eine stillschweigende Umgründung der Republik im Sinne der politischen Rechten, was schließlich zur Wahl Hitlers zum Reichskanzler führte, den man unter Verkennung seiner ideologischen Vorstellungen und der hinter ihm stehenden Massenbewegung in die bürgerliche Präsidialdemokratie einzubinden hoffte, was sich schnell als Trugschluss herausstellte.

Mit Hitler und den Nationalsozialisten ist der in großen Teilen der Gesellschaft zumal seit dem 1. Weltkrieg lebendige Nationalismus dermaßen radikalisiert und mit antisemitischen, antimarxistischen, antiparlamentarischen Vorurteilen sowie mit aggressiv vertretenen Visionen von einem Großreich durchsetzt worden, dass die Nähe zum italienischen Faschismus unübersehbar ist, der 1922 mit paramilitärischen Kampfbünden (ital. fasci = Bünde) unter Führung Mussolinis zur Macht gekommen war. Dass Hitlers radikaler Nationalismus in Deutschland solche begeisterte Zustimmung finden konnte, hatte verschiedene Ursachen: eine Inflation schwindelerregenden Ausmaßes, Reparationsleistungen, die Weltwirtschaftskrise, die Massenarbeitslosigkeit hatten das Sozialgefüge schwer belastet, weswegen die Utopie einer harmonischen Volksgemeinschaft an Boden gewann. Es kam hinzu, dass viele Wähler noch im autoritären Kaiserreich sozialisiert worden waren; andere kämpften ausschließlich um ihr materielles Auskommen; ferner sorgte das neue Verhältniswahlrecht, das die Kandidaten der Parteien in der Anonymität ließ, für einen zusätzlichen Entfremdungseffekt gegenüber dem Weimarer ‚System', und wegen der häufig wechselnden Regierungen konnte kein Vertrauen in den neuen Staat aufgebaut werden. Mit alledem stieg die Anfälligkeit breiter Massen für einen ‚Charismatiker', der eine unbürokratische Verbesserung aller Verhältnisse versprach.

Mit dem radikalen Nationalismus verband sich unter den Nationalsozialisten die zweite mächtige ideologische Strömung des 20. Jahrhunderts – der rassistische Antisemitismus. Ohne dessen Geschichte hier darstellen zu können, ist doch herauszustellen, dass er bereits während des 1. Weltkriegs zu einer politisch wirksamen Bewegung geworden war. Die Befürchtung, Deutschland könnte durch jüdisches Proletariat unterwandert werden, löste eine Flut übelster antijüdischer Hetzschriften aus, in denen erfolgreiche jüdische Kaufleute als Schleichhändler und Wucherer diffamiert wurden, sowie eine sich ausbreitende, den Juden zum Feindbild aufbauende ‚völkische' Schundliteratur, vor allem aber die Gründung zahlreicher antisemitischer Organisationen, die sich nach dem Krieg im ‚Deutschen Schutz- und Trutzbund' (DSTB) zusammenschlossen. Nach Kriegsende erwachten auch Pogromstimmungen, die vom jüdischen, längst assimilierten oder sich um Assimilation bemühenden Bildungsbürgertum, das einen überproportionalen Anteil international renommierter Künstler und Wissenschaftler stellte, oft nicht realistisch genug eingeschätzt wurde.

Diese Stimmungslage konnte sich Hitler, der die „Resonanzfähigkeit"[7] antijüdischer Vorurteile sehr schnell erkannte, demagogisch zunutze machen. Er selbst war von bösartigem Hass gegen die Juden erfüllt, die er nicht als Religionsgemeinschaft wahrnahm, sondern als ihre Gastvölker verseuchende Rasse verstand. Die Juden schienen ihm als Initiatoren und Drahtzieher für all das verantwortlich zu sein, was er als Gefahr betrachtete – die parlamentarische Demokratie vor allem und den Marxismus. Deswegen forderte er schon 1919 ihre Entfernung aus dem ‚Volkskörper'. Sein rassistischer Antisemitismus verband sich dabei mit den Anschauungen der aus sozialdarwinistischen Wurzeln erwachsenden Eugenik, einem Teilgebiet der Medizin, deren Ziel es war, die Ausbreitung von Genen mit ungünstigen Wirkungen zu verhindern. Der Katalog von ‚Schädlingen', den die Nazis erstellten, umfasste mit dieser inhumanen Begründung auch Schwerbehinderte, Debile, Alkoholiker, Homosexuelle sowie Zigeuner, Schwarze und andere. Sie alle konnten nach 1933 aufgrund eines Erbgesundheitsgesetzes rassehygienischen Sonderbehandlungen unterzogen werden, die bis zur Ermordung führten, wobei Angehörige der medizinischen Eliten ihre Dienste zur Verfügung stellten, zum Teil aus Überzeugung oder geschürter Angst vor der Vorherrschaft der ‚Minderwertigen', zum Teil aus Ehrgeiz oder naivem wissenschaftlichen Fortschrittsglauben. Die Mitwirkungsbereitschaft Hunderttausender an der Vernichtungsmaschinerie der Nazis erklärt sich nicht nur aus der Besessenheit des ‚Führers', der dem Verbrechen die ‚Legitimität' zusprach, sondern auch aus den vielen von ihnen eingerichteten, psychische wie physische Gewalt ausübenden Sonderstäben und Einsatzgruppen, geführt nicht etwa von gescheiterten Existenzen, sondern zumeist von karrieresüchtigen Jungakademikern, die im wesentlichen die Effizienz der Erledigung ihrer Aufträge im Sinn hatten – ein Verhalten, das sich unter verschiedenen Konstellationen in der Geschichte offenbar stets wiederholt.

Der rassistische Antisemitismus führte in seiner Entwicklung unter den Nazis von Hetzschriften über sonderrechtliche Regelungen, Enteignungen, Brandstiftungen, Pogrome (wie der ‚Reichskristallnacht' im November 1938) bis schließlich zum Massenmord durch Erschießungen hinter der Front, zur Internierung in Ghettos, dann in sechs großen Vernichtungslagern, in denen nach der ‚Wannsee-Konferenz' vom Januar 1942, in der die ‚Endlösung der Judenfrage' beschlossen wurde, Millionen von Menschen (im Holocaust) vergast wurden.

Obwohl dieser Völkermord, der als Zivilisationsbruch mit anderen Unmenschlichkeiten in der Geschichte nicht zu vergleichen ist, möglichst geheimgehalten wurde, hätte seit 1933 für jeden Deutschen erkennbar sein müssen, wohin die Judenverfolgung führte. Zwar fanden spontan wirkende Pogrome wenig öffentlichen Beifall, doch wurden die unzähligen legalistisch durchgesetzten Diskriminierungen ohne Protest, oft zustimmend zur Kenntnis genommen[8]. Widerstand regte sich nur vereinzelt. Dass er zu keiner Massenbewegung werden konnte, lag nicht zuletzt in einer politischen Kultur begründet, die in langen autoritären Traditionen stand und die Verteidigung universal geltender – theoretisch vielen sehr wohl bekannter – Menschrechte niemals eingeübt hatte. Es ist aufschlussreich, wie Schriftsteller auf die Diskriminierung der Juden und ihre Ermordung während der nationalsozialistischen Herrschaft und danach reagiert haben.

Nach dem 1. Weltkrieg entwickelte sich auch die dritte das 20. Jahrhundert bestimmende – von den Nationalsozialisten konsequent als Feindbild genutzte – politische Ideologie, der aus dem Marxismus hervorgehende totalitäre Kommunismus. Die geschichtsphilosophischen Grundlagen des Marxismus sind im vorangegangenen Kapitel bereits ausführlicher behandelt worden. Die von Lenin initiierte russische Revolution von 1917 gegen die zaristische Autokratie ist im westlichen Europa unter dem Druck des 1. Weltkriegs und seiner Folgen von den linken radikalen Flügeln der Sozialisten als Vorbild begriffen worden. Es gründeten sich überall kommunistische Parteien, in Deutschland zur Jahreswende 1918/19 unter Führung des maßgeblich von Rosa Luxemburg und Karl Liebknecht beeinflussten Spartakusbundes die KPD. Doch die Versuche, auch in Deutschland die kommunistische Revolution zu wiederholen und einen Bürgerkrieg hervorzurufen, erwiesen sich als illusorisch; militante Aktionen der Kommunisten wurden niedergeschlagen. Gleichwohl wurde die KPD, unter Ernst Thälmann ganz dem Vorbild Stalins folgend, allmählich zur Massenpartei und Anfang der 30er Jahre zeitweilig die drittstärkste politische Kraft in Deutschland. Da sie jede Mitarbeit verweigerte, trug sie, starr ihren ideologischen Vorgaben folgend, zur Schwächung der Opposition gegen die Nationalsozialisten bei, unter denen sie nach deren Machtergreifung brutal zerschlagen wurde. Große Teile der Arbeiterschaft, für die der Kommunismus bis dahin Hoffnungsträger war, wurden durch die auch die Gewerkschaften ausschließende, arbeiterfreundliche Politik der NSDAP (Vollbeschäftigung, Verbesserungen im Arbeitsalltag, Aufstiegschancen, Anerkennung der ‚Arbeiter der Faust', Freizeitangebote) auf deren Seite gezogen. Der dadurch einsetzende und fortschreitende Erosionsprozess des proletarischen Klassenbewusstseins ist nach dem 2. Weltkrieg in der DDR – letztlich ohne Erfolg – aufzuhalten versucht worden. In der Sowjetischen Besatzungszone und späteren DDR war nach dem Krieg ein Satrapenstaat der Sowjetunion entstanden, auf den die totalitäre kommunistische Parteidiktatur übertragen und mit modernen Manipulationsstrategien und Gewalt durchgesetzt wurde. Ihre Tarnung als ‚Volksdemokratie' hat nicht darüber hinwegtäuschen können, dass es sich dabei um ein die produktiven Entfaltungsmöglichkeiten der Menschen einschnürendes, von einer Kaderpartei sowjetischen Typs geschultes Regime handelte, das als Gefangener seiner eigenen marxistischen Geschichtsutopie nach verschiedenen Phasen der Repression (Reaktionen auf den Juniaufstand von 1953; Bau der als ‚antifaschistischer Schutzwall' deklarierten Berliner Mauer) und Phasen der Lockerung (kulturpolitisches ‚Tauwetter' in den 70er Jahren mit größeren Entfaltungsmöglichkeiten auch für Schriftsteller) schließlich in der friedlichen Revolution von 1989 unterging. Der Zusammenbruch der kommunistischen Bewegung war nicht nur dem Freiheitswillen der Bürger, sondern auch dem Scheitern der zentralen Planwirtschaft und vor allem den weltpolitischen Veränderungen geschuldet.

Nach dem Ende des 1939 von Hitler begonnenen, fast sechs Jahre andauernden 2. Weltkrieg, der Abermillionen von Soldaten und Zivilisten das Leben kostete oder sie verstümmelte; in dem ca. 6 Millionen europäische Juden ermordet wurden; der zu Kriegsgefangenschaft, Massenflucht und Vertreibungen führte; nach all dem unsäglichen Elend bildeten sich während der Nachkriegsjahre die beiden Machtblöcke, die sich in den folgenden Jahrzehnten im sogenannten ‚Kalten Krieg' gegenüberstanden. Durch Deutschland verlief die Konfrontationslinie zwischen der im Mai 1949 aus den Besatzungszonen der drei westlichen Alliierten hervorgegangenen Bundesrepublik und der als Reaktion darauf im Oktober 1949 aus der sowjetischen Besatzungszone hervorgegangenen Deutschen Demokratischen Republik (DDR). Die Bewältigung der Erfahrungen des Krieges und seiner Vorgeschichte sowie die deutsche Teilung haben auch in der Literatur beider deutscher Staaten, wie darzulegen sein wird, einen nachhaltigen Niederschlag gefunden. Während die DDR von der Sowjetunion abhängig blieb und von dieser gerade in den ersten Nachkriegsjahren industriell demontiert wurde, kam es in der Bundesrepublik, deren Verfassung an die der Weimarer Republik anknüpfte, durch amerikanischen Unterstützung (Marshallplan), durch Währungs- und Wirtschaftsreform zu einem schnellen Aufschwung (‚Wirtschaftswunder'). Innenpolitisch sind dabei auch institutionelle Traditionen weitergeführt und zum nicht geringen Teil auch Menschen beschäftigt worden, die nicht frei von Komplizenschaft mit dem NS-Staat waren, was – gesamtgesellschaftlich gesehen – nicht erlaubt, von einem absoluten Neubeginn (einer ‚Stunde Null') nach dem Krieg zu sprechen. Außenpolitisch ist die Bundesrepublik in die westliche Staatengemeinschaft integriert worden, die sich neu zu organisieren begann. Politisch am bedeutsamsten war der allmähliche, alte Feindschaften überwindende Aufbau der europäischen Gemeinschaft; militärisch am folgenschwersten war die Gründung einer westlichen Verteidigungsgemeinschaft, der NATO, der als Reaktion im Ostblock der Warschauer Pakt entgegentrat. Damit begann ein atomares Wettrüsten mit unterschiedlichen Bedrohungsszenarien, ein mit zahlreichen innenpolitischen Spannungen auf beiden Seiten verbundenes Ringen um das Gleichgewicht der Kräfte, dessen vor allem wirtschaftliche Belastungen die Sowjetunion schließlich überforderten und die Auflösung des Ostblocks einleitete. Das Bekenntnis des Generalsekretärs Gorbatschow zur Offenheit (Glasnost) und seine auf Demokratisierung und Einhaltung der Menschenrechte aufbauende Politik des ‚neuen Denkens' (Perestroika) förderten die Abrüstung und führten zugleich auch zu nationalen Erhebungen in Polen, Ungarn und in der DDR und schließlich 1990 zur Wiedervereinigung der beiden deutschen Staaten, zum Rückzug der Alliierten und zur Wiedererlangung der nationalen Souveränität. Diese Vorgänge haben unerwartet viele – auch literarisch reflektierte – Anpassungsprobleme mit sich gebracht, so dass eine ‚innere Einheit' sich erst allmählich aufbaut.

Mit der Beendigung des ‚Ost-West-Konflikts' schob sich der ‚Nord-Süd-Konflikt' (so eine schematisierende Bezeichnung) stärker in den Vordergrund der Aufmerksamkeit, der – ebenfalls literarisch begleitete – Konflikt zwischen den entwickelten kapitalistischen Industriestaaten und den Entwicklungsländern Asiens, Afrikas, Lateinamerikas, der sogenannten ‚Dritten Welt', der durch deren soziale Degradation (extreme Armut, Hunger, geringe Lebenserwartung, hohe Kindersterblichkeit, Krankheiten, Analphabetismus, ethnische Konflikte, Umweltzerstörung durch chaotische Urbanisierung) und deren ungleiche Position in den weltwirtschaftlichen Beziehungen brisant geworden ist. Auch die Umweltbewegung, deren Anliegen durch den Klimawandel inzwischen unabweisbar geworden sind, gehören in den Zusammenhang des Nord-Süd-Konflikts, der nicht zuletzt auf der sorglosen Verschwendung von Rohstoffen beruht, die zum großen Teil in den armen Ländern des Südens gefunden und von den Industriestaaten der nördlichen Erdhalbkugel ausgebeutet werden.

Es wird – um nur wichtigste politische Ziele anzusprechen – darauf ankommen, die Vorteile der Globalisierung auch für die Länder der ‚Dritten Welt' wirksam werden zu lassen und die auf den Prinzipien der Rechtsbindung und Nichtdiskriminierung basierenden Funktionen der Welthandelsorganisation (WTO) zu stärken; das Weltfinanzsystem neu zu organisieren und den für die Förderung der Entwicklungsländer zuständigen Internationalen Währungsfond (IWF) zu fördern; das Problem des explosiven Bevölkerungswachstums gerade in den Entwicklungs- und den sogenannten ‚Schwellenländern' zu lösen; die Rolle der Vereinten Nationen bei der Friedenssicherung zu stärken, die Waffenproduktion im Rüstungswettlauf abzubauen und argumentativ gegen den Fundamentalismus in den Religionen anzugehen.

Die Frage wird sich stellen, ob und inwiefern die deutsche Literatur der Gegenwart an dieser Zukunftsorientierung teilhat.

1.2. Die Lebensführung der Gesellschaft des 20. und des beginnenden 21. Jahrhunderts

Wie im 19. Jahrhundert stand die Lebensführung der Gesellschaft auch im 20. Jahrhundert in engem Zusammenhang mit den skizzierten wirtschaftlichen, sozialen und politischen Ereignissen. Manche der im 19. Jahrhundert angelegten Entwicklungen setzten sich kontinuierlich fort – etwa das Wachstum der Bevölkerung, das zwischen 1910 und 1941 von 65 auf 90 Millionen anstieg[9], sowie die fortschreitende Urbanisierung mit deren schon im vorigen Kapitel beschriebenen Begleiterscheinungen.[10] Die weitgehende Zerstörung deutscher Städte durch die Bombardierungen im 2. Weltkrieg hat zwar beim Wiederaufbau zu neuen stadtplanerischen Konzepten (etwa den Hochhaussiedlungen oder neuen Verkehrswegen) geführt, die Situation der Menschen (man denke an das zusammengedrängte Wohnen) aber nur teilweise verändert. Mit der Urbanisierung in Ländern wie Japan, Korea, Mexiko und in den Entwicklungs- und Schwellenländern der Erde, wo die Bevölkerung in den Hauptstädten oft längst eine zweistellige Millionenhöhe erreicht hat, ist die Entwicklung in Deutschland freilich bislang nicht zu vergleichen. Die Probleme von Nahrungsmittelknappheit, mangelhafter Wasserversorgung, Abfallentsorgung, Luftverschmutzung, wie sie in den riesigen Slumgebieten entstanden sind, zeichnen sich im westlichen Europa allenfalls ansatzweise ab.[11]

Die Auflösung der Klassengesellschaft

Ganz neu setzte im 20. Jahrhundert eine Entwicklung ein, die Ulrich Beck als Auflösung der Klassengesellschaft beschrieben hat.[12] Dass Sozialformen der Industriegesellschaft wie die Klassen ihre lebensweltliche Identität und damit auch ihre identitätsstiftende Kraft verloren haben, heißt freilich nicht, dass damit die sozialen Ungleichheiten überwunden wären. Nur werden diese nicht oder kaum mehr in ihrer gesellschaftlichen Relevanz, sondern als individuelle Problemlagen wahrgenommen, so dass von einer „‚Klassenlosigkeit' sozialer Ungleichheit" gesprochen werden kann.[13] Den Ursachen für diesen Wandel ausführlicher nachzugehen, würde hier zu weit führen. Sicherlich haben die – trotz der Weltkriege – erfolgte Anhebung des materiellen Lebensstandards sowie der Ausbau der sozialen Sicherungssysteme entschieden zu ihm beigetragen; ferner aber auch – trotz mancher weiter bestehender Unterschiede – die Angleichung der Konsumstile, die vor allem in Nahrung und Kleidung viele klassenkulturelle Attribute abgelegt haben. Eine besondere Rolle beim Verwischen der Klassengrenzen spielen Veränderungen der Berufsstruktur. Zumal der Ausbau des Dienstleistungssektors bot vor allem den Angehörigen des unteren sozialen Drittels der Bevölkerung Aufstiegschancen, die aufgrund der ‚Bildungsrevolution' (Verlängerung der Schulzeit; wachsende Bedeutung der weiterführenden Schularten) auch ergriffen werden konnten. So ist z. B. signifikant, dass sich seit 1960 der Anteil der Studienanfänger aus der Arbeiterschicht mehr als vervierfacht hat. Umgekehrt garantiert die Ausbildung heutzutage keinen sozialen Status mehr. Hochschulabsolventen, die aus höheren sozialen Kreisen stammen, müssen sich Bewährungsproben stellen, die eine sich verändernde Wirtschaftsstruktur mit sich gebracht hat, und können dabei scheitern und sozial schnell absinken. Im Übrigen werfen die Massenarbeitslosigkeit bzw. die Unterbeschäftigung von Arbeitnehmern in einem aufgrund von Rationalisierungen schrumpfenden Arbeitsmarkt ein weiteres Schlaglicht auf die Brüchigkeit der Klassengegensätze.

Leistungsdruck und individueller Existenzkampf

Interessanter als deren Ursachen sind für unseren Zusammenhang ihre Folgen, deren Skizzierung sich hier im wesentlichen auf die letzten Jahrzehnte bezieht, weil es erst in den sechziger und siebziger Jahren zu entscheidenden soziokulturellen Umbrüchen gekommen ist. Die immer weiter um sich greifende Entwicklung, in der gesellschaftliche Krisen als individuelle wahrgenommen werden, hat auf dem Feld der Berufstätigkeit ganz allgemein den Leistungswillen vieler einzelner bis zur Grenze ihrer Belastbarkeit und darüber hinaus ansteigen lassen sowie zu einem robusten Konkurrenzverhalten geführt. Wer in seiner Berufstätigkeit physisch, intellektuell und emotional nicht mithalten kann, fällt sozial zurück. Das Empfinden, dass die Schere zwischen erfolgreich und erfolglos, reich und arm usw. sich auf diese Weise immer weiter öffnet, gewinnt deswegen an Kraft und hat zugleich politische Auswirkungen.

Unterstützt wird diese Entwicklung durch ein Schul- und Hochschulwesen, das sich nicht mehr am Begriff der Bildung, sondern an dem der Ausbildung orientiert, deren Effizienz zum höchsten Maßstab geworden ist. Wer in den Schulen und Hochschulen scheitert, gerät in der Konkurrenzgesellschaft ins Hintertreffen, denn fachliches Können des einzelnen wird in allen Berufsfeldern mehr und mehr zur Voraussetzung des Erfolgs oder auch praktisch wirksamer Macht. Dabei werden auch diejenigen benachteiligt, die bei all den auf ein abrufbares Faktenwissen und auf die Schnelligkeit gedanklicher Verbindungen ausgerichteten Leistungsbewertungen versagen, weil ihr möglicherweise kreatives Potential bei solchen Bewertungen unentdeckt bleibt.

Dass die insbesondere seit den letzten Jahrzehnten stark an wirtschaftliche Interessen gekoppelten und damit ihre Autonomie verlierenden Wissenschaften, deren Ethos – die Freiheit der Forschung und ein systematischer Skeptizismus – zunehmend verblasst, und dass die durch die Informatik geförderte wissenschaftlich-technische Rationalität häufig zu Fehleinschätzungen und Verharmlosungen und damit zu Risiken größten Ausmaßes führt (unter anderem zur industriellen Verseuchung und Vergiftung von Luft, Wasser, Nahrungsmitteln, zum Siechtum von Pflanzen, Tieren und Menschen), ist ein gegenwärtig ungelöstes Problem[14], das nicht einmal ansatzweise bewältigt werden kann, solange die der vernachlässigten ‚Bildung' innewohnende, stets die Sinnfrage reflektierende Vernunft um wirtschaftlicher und politischer Interessen willen weiterhin zurückgedrängt wird. Gegen diese ‚unvernünftige' Risikoblindheit ist nicht zuletzt deswegen so schwer anzugehen, weil es in einer Gesellschaft individueller, konkurrierender Interessenlagen, einer ‚Arbeitsmarkt-Individualisierung', den vielen einzelnen aus Angst vor persönlichen Erfolgseinbußen, Karrierebrüchen, Arbeitslosigkeit im Hinblick auf die eigene Person und die Familie opportun erscheint, Gefährdungspotentiale zu verleugnen. Diese Haltung ist umso leichter einzunehmen, als Gefährdungen erst ansatzweise ‚erfahren' worden sind und auch die medial vermittelten unterschiedlichen ‚Rationalitäten' von Interessengruppen – beispielsweise das Leugnen von Risiken oder die Verschiebung von Grenzwerten – Irritationen hervorrufen und objektive Wahrnehmungen verstellen.

Die Zielvorstellung der Selbstverwirklichung

Die unterschiedlichen Interessen der vielen einzelnen, die in ihrem individuellen Existenzkampf allenfalls situationsbezogene Zweckbündnisse eingehen (Teilnahme an Bürgerinitiativen, Demonstrationen usw.), sich aber immer weniger in soziale Lebenszusammenhänge eingebettet fühlen können und die sich nicht zuletzt um der Absicherung gegen soziale Risiken willen dem in der Konkurrenzgesellschaft üblichen Leistungsdruck unterwerfen, finden einen gemeinsamen Nenner am ehesten in der Zielvorstellung der Selbstverwirklichung. Materielle Wünsche wie das Eigenheim, das Auto, neueste technische Geräte, Reisen, Fortbildungen für ein besseres Einkommen usw. sind dabei die eine Seite dieser Zielvorstellung; die Kehrseite zeigt sich in der Selbstverunsicherung, ob man sich wirklich selbst erfülle, glücklich sei, sich geistig und religiös richtig orientiere. Die Ratgeber-Literatur wächst ins Unermessliche und animiert zum gesunden Essen, zum effektiven Sport, zum befriedigenden Sex und anderem mehr. In dieser um das eigene Selbst kreisenden Beweglichkeit liegt kein Pluralismus der Wertvorstellungen, sondern allenfalls ein Pluralismus der Interessen und Wünsche, der sich als Folge aus der einen Wertvorstellung der Selbstverwirklichung ergibt, die allgemein anerkannt ist.

Um ein schwieriges Beispiel zu wählen: Seitdem die Religionen, jedenfalls im westlichen Europa, ihren bestimmenden Einfluss verloren haben und die christlichen Konfessionen im Wettbewerb miteinander, mit ‚Fremdreligionen' und auch mit nicht-religiösen Wertsystemen stehen, kann der einzelne leichter als früher entscheiden, ob er sich überhaupt religiös orientieren will und gegebenenfalls in welche Richtung. Solche Entscheidungen werden immer weniger aus der Sicherheit einer kulturellen Tradition heraus getroffen als vielmehr aus selbständig durchgeführten Vergleichen oder auch nur aus persönlichen Stimmungslagen. Das Neue liegt darin, dass die Entscheidungsbefugnis des einzelnen ein stärkeres Gewicht erhalten hat und die Tradition, in die er hineingewachsen ist, leichter abgeworfen werden kann.

Diese Individualisierung bzw. Selbstständigkeit verändert auch Vorstellungen von ethischem Verhalten in eine Richtung, die nicht nur im Gegensatz zu den traditionellen, im wesentlichen vom Christentum beeinflussten Vorstellungen steht, sondern auch im Gegensatz zur Verantwortungsethik, wie sie Hans Jonas entworfen hat.[15] Die sich gegenwärtig durchsetzende Ethik einer ‚Verpflichtung gegenüber sich selbst' soll nicht pauschal abgewertet werden, denn sie impliziert auch Selbstaufklärung und Selbstbefreiung[16], aber der Sozialcharakter traditioneller Ethik, die Verpflichtung zur Hilfeleistung gegenüber Benachteiligten aller Art, ist damit zugleich in den Hintergrund getreten – ganz zu schweigen von der Forderung, unsere ‚Nahraum-Moral' und ‚Nächsten-Ethik' zu erweitern und uns zu unserer kollektiven Verantwortung für die Folgen der technologischen Zivilisation zu bekennen, also für die Verletzung der Natur und die Unumkehrbarkeit unserer Eingriffe in sie. Ein solcher, die anthropozentrische Beschränkung überwindender ethischer Entwurf steht in krassem Widerspruch zu der sich etablierenden Ethik der Selbstbezogenheit und des Eigeninteresses. Es ist z. B. bezeichnend, dass sich die Rechtsprechung nach wie vor fast ausschließlich der anthropozentrischen Ethik verpflichtet weiß, wenn es auch im Umweltrecht Ansätze zur Überwindung solcher Begrenzungen gibt.[17] Insgesamt jedoch bleibt – trotz all der ökologischen Initiativen vieler einzelner und kleiner Gruppen und Parteien – die Lebensführung der Gesellschaft des 20. und beginnenden 21. Jahrhunderts noch weit hinter den Anforderungen zurück, ohne deren Beachtung das eigene Überleben aufs Spiel gesetzt wird.

Wandlungen im Rollenverständnis von Männern und Frauen

Die Selbstbezogenheit, die mit der Auflösung von Sicherheiten bietenden gesellschaftlichen Bindungen einhergeht, führt häufig auch zu psychischen Konsequenzen für den einzelnen. Es kommt nicht von ungefähr, dass Ängste, Neurosen, Beziehungslosigkeit, Verantwortungsdelegation und im Gegenzug die Ratgeber-Literatur zur Bewältigung von Lebensproblemen auffällig zugenommen haben und Psychotherapeuten einen ungeahnten Zulauf erfahren.

Dieser Aspekt führt in die private Sphäre der Lebensführung in der nachindustriellen Gesellschaft (bzw. der ‚Konsumgesellschaft', der ‚Informationsgesellschaft' usw.), also in die Themenfelder von Familie, Ehe, Liebe, Elternschaft, Erziehung. Galt im 19. Jahrhundert und auch in der ersten Hälfte des 20. Jahrhunderts die Kleinfamilie im wesentlichen als der Ort, an dem die in der Arbeitswelt erfahrene Entfremdung ausgeglichen wurde und erschien dafür auch ein festgelegtes Geschlechterrollenverständnis unverzichtbar (vgl. III), so bricht zumal seit den 60er Jahren dieses Gefüge in vielfacher Hinsicht in sich zusammen, werden die Menschen in die ‚Einsamkeit' der Selbstverantwortung, Selbstbestimmung entlassen und müssen damit vor allem auch traditionell gültige Geschlechterrollen durchbrechen.

Dass die Anforderungen des Arbeitsmarktes (Leistungsdruck, Mobilität, Fortbildungszeiten etc.) dem für die seelische Regeneration wichtigen Familienleben immer weniger Zeit lässt, ist nur der eine Aspekt einer neuen familialen Lebensführung; der andere, viel bedeutsamere, liegt in der Neuverteilung der Geschlechterrollen. Da endlich auch die Frauen Freiheit und Gleichheit beanspruchen dürfen (vgl. das Grundgesetz der Bundesrepublik und das seit 1977 geltende neue Ehe- und Familienrecht, das die ‚gesetzlich' fixierte Zuständigkeit der Frauen für Haushalt und Familie aufgehoben hat), und da ihre Bildungschancen denen der Männer angeglichen sind und ergriffen werden und entsprechend der Arbeitsmarkt sich ihnen immer mehr öffnet – wobei die tatsächliche Ungleichheit gerade in den gehobenen Positionen von Wirtschaft, Justiz, Wissenschaft, Medien etc. noch nicht überwunden worden ist –, muss das Zusammenleben von Partnern zumal von Partnern mit Kindern neu arrangiert werden.

Die stark angestiegene berufliche Motivation der Frauen, die sie die überkommene Rolle als Hausfrau aufgeben lässt, zumal eine technisch perfekte Innenausstattung des Haushalts mit Geräten und Maschinen nicht dazu geeignet ist, in der Hausarbeit irgendeine aus erbrachter Leistung resultierende innere ‚Erfüllung' zu sehen, stellt auch die Männer vor ganz neue, ungewohnte Aufgaben. Ihre physische und psychische Verausgabung bloß für berufliche und betriebliche Ziele ist, wenn zugleich auch der Partner berufstätig ist, nicht mehr möglich; vielmehr müssen sie sich an der ‚Schattenarbeit' des Haushalts und gegebenenfalls der Erziehung der Kinder mehr als früher beteiligen, wenn die Harmonie der Partnerschaft aufrechterhalten bleiben soll. Dies erfordert immer neue Absprachen und Vereinbarungen. Die alte Rollenfestschreibung ist gleichsam durch den Diskurs ersetzt worden, der zu Konflikten, aber auch zur Stärkung der Partnerschaft führen kann, allerdings sehr häufig auch zum Verlust sozialer Kontakte und Aktivitäten.

Ein schwerwiegendes Problem liegt darin, dass die institutionalisierten Strukturen in Behörden, Betrieben usw. auf die neue Geschlechterrollenverteilung (noch) nicht zureichend eingestellt sind (fehlende Betriebskindergärten, Ganztagsschulen und anderes mehr) und die Chancengleichheit der Frau auf diese Weise praktisch unterlaufen wird.

Die privaten Zerreißproben, die daraus entstehen können, aber auch die finanzielle Selbständigkeit der berufstätigen Frauen führen nicht nur in der Bundesrepublik, sondern in allen westlichen Industrieländern zu immer mehr Scheidungen (in Großstädten wird in der Bundesrepublik fast jede zweite Ehe geschieden). Obwohl die Sehnsucht nach einer festen Beziehung in der nachindustriellen Risikogesellschaft vorhanden ist, verursachen deren Bedingungen zugleich das ‚Chaos der Liebe'[18], eine

Formulierung, die auf die Wechselbeziehungen von Singles anspielt, deren Zahl unaufhörlich steigt, und auf die zahllosen Ehen ohne Trauschein, die man noch in den 60er Jahren abschätzig als ‚Konkubinat' bezeichnete, die aber heute allgemein akzeptiert werden.

Erziehung

Zu leiden haben unter diesen instabilen Beziehungen vor allem diejenigen Kinder, denen eine Bezugsperson weggenommen wird, aber auch solche, die von alleinerziehenden Müttern oder Vätern als ‚Partner' missverstanden und behandelt werden und auf diese Weise ihre kindliche Unbekümmertheit verlieren. In einer alarmierenden Studie[19] ist kürzlich auf sich häufende Erziehungsfehler aufmerksam gemacht worden, wenn Kinder entweder als kleine Erwachsene behandelt und damit überfordert werden oder wenn sie als Projektionsfiguren emotional bedürftiger Eltern oder Elternteile dienen, die um die Anerkennung ihrer Kinder buhlen und damit erpressbar werden, oder wenn die elterliche sich mit der kindlichen Psyche so vermischt, dass der Elternteil sich vollständig über das Kind definiert und diesem die Erfahrung der personalen Abgrenzung verstellt. Solche Formen falscher Eltern-Kind-Beziehung haben gravierende Entwicklungsstörungen zur Folge, die von Respektlosigkeit, Lernunfähigkeit, seelischer Apathie bis zur Aggressivität reichen. Sie häufen sich da, wo Erwachsene aufgrund eigener Frustration und Vereinsamung das Kind als Quelle seelischen Ausgleichs missbrauchen, d. h. ihre Aufgabe als überlegene ‚Erzieher' nicht wahrnehmen. Noch ist dies keine Regel, aber die Problemfälle, wie jeder Pädagoge weiß, häufen sich zunehmend. Soziologisch sind sie durchaus erklärbar. Denn obwohl das Kind im Individualisierungsprozess ein Hindernis ist, das Tages- und Lebenspläne auf den Kopf stellt, ist es doch zur „letzten verbliebenen, unaufkündbaren, unantastbaren Primärbeziehung“[20] geworden und zieht alle emotionale Energie auf sich, was zu den genannten Fehlentwicklungen führen kann.

Die ‚Tyrannei der Intimität'

Wenn also die private Sphäre vielfach belastet ist, erscheint sie angesichts der Anonymität, Entfremdung und des Leistungsdrucks auf dem Arbeitsmarkt sowie der Angst vor Arbeitslosigkeit nach wie vor als Fluchtpunkt. Der Wunsch nach Sicherheit und Ruhe, nach emotionaler Verständigung, nach Stabilität der ehelichen Beziehung ist, obwohl sie gefährdet ist, so groß, dass Soziologen sogar von einer ‚Tyrannei der Intimität' sprechen – dies freilich im Zusammenhang mit dem feststellbaren Verfall des öffentlichen Lebens, der Kultur des öffentlichen Gesprächs.[21] Denn gerade die Belastungen in der Privatsphäre, die alle Aufmerksamkeit auf die unmittelbaren Lebensumstände lenken, führen, zumal durch sie auch die Zeit für außerfamiliale Interessen abnimmt, zu einer ‚Lokalisierung'[22] der Erfahrungen. Dies macht verständlich, dass öffentliches, politisches Engagement sich nur bei wenigen noch entwickelt. Die vielen vor allem von älteren Menschen wahrgenommenen Ehrenämter sprechen nur scheinbar dagegen, denn es handelt sich bei ihnen meist um persönliche Hilfeleistungen oder um Arbeiten mit einem engen Personenbezug. Jedenfalls lässt sich kaum leugnen, dass gesellschaftliche Angelegenheiten schon seit geraumer Zeit, mehr als je zuvor, vorwiegend unter psychologischen Blickwinkeln gesehen werden. Einzelne Personen interessieren zunehmend mehr als komplexe strukturelle Zusammenhänge und dahinter stehende Machtverhältnisse. Aber je weniger diese durchschaut werden, desto weniger sind sie zu beeinflussen. Die durch das Internet gewährte Informationsflut täuscht darüber hinweg, dass Erkenntnisse, die nur aus der – meist nicht geleisteten – gedanklichen Verarbeitung von Informationen hervorgehen können, mehr als bloße Kenntnisse sind. Die Verwechslung von Kenntnissen und Erkenntnis schlägt sich gegenwärtig besonders deutlich in den von den Unterhaltungsprogrammen der Medien überall geförderten ‚Kreuzworträtselgesinnung' nieder, in denen nur das für sich genommen tote Faktenwissen belohnt wird.

Politik als Konsum

Die Passivität der großen Mehrheit der Bevölkerung gegenüber politischen Angelegenheiten hat trotz etlicher Bürgerinitiativen kleinerer Gruppen und zeitweiliger Partizipationsinteressen einer größeren Zahl von Bürgern (etwa in der Anti-Atom-Bewegung) insgesamt in den letzten Jahrzehnten zugenommen, was unter anderem an den relativ geringen Wahlbeteiligungen zu erkennen ist. Diese Entwicklung ist nicht auf Deutschland beschränkt, sondern gilt für alle westlichen Industrieländer. ‚Politik als Konsum' ist zum soziologischen Stichwort geworden. Man kann in diesem Zusammenhang mit guten Gründen Parallelen zwischen der Vermarktung von Waren und der Vermarktung von Politikern und ihren plakativen Aussagen ziehen.[23] Die Vermarktung von Politik aber widerspricht der Idee der Demokratie, in der öffentlicher Gedankenaustausch und ‚Beratung' verlangt wird, nicht die Abspeisung von Konsumenten durch Berufspolitiker, den Technokraten der Macht[24], oder kaum zugängliche Parteigremien, die ihre Abgeordneten in einer quasi ‚geschlossenen Gesellschaft' bestimmen.

Dabei reichen die Probleme viel tiefer, weil auch die Politiker längst von den außerparlamentarischen Entscheidungen, die in den Forschungslabors und in den Vorständen der großen Konzerne getroffen werden, mittelbar abhängig geworden sind. Die Frage, wie der machtvollen technisch-ökonomischen Subpolitik politisch,

d. h. demokratisch legitimiert, zu begegnen sei, ist ungelöst. Plausibel erscheint der Vorschlag, Wirtschaft und Forschung, die sich gern davon freisprechen, dass ihr Handeln, schon weil es das gesamte gesellschaftliche Leben verändert, oft mit unabsehbaren Risiken verbunden ist, in ihren Grundsatzentscheidungen einem Rechtfertigungszwang vor den demokratischen Institutionen auszusetzen, um ein öffentlich diskutiertes Mindestmaß an Steuerung zu erreichen. Bedingung dafür ist ein Politikverständnis, das Bürger wie ihre Abgeordneten zu einer öffentlichen Abwägung von Interessen, Standpunkten, Möglichkeiten und Risiken anhält.

Öffentliche Meinungsbildung durch die Medien

Dies setzte freilich zugleich Medien voraus, die ihrer öffentlichen Verantwortung gerecht würden und nicht selbst in ihrer überwiegenden Zahl eine von privaten Interessen gesteuerte, profitorientierte Subkultur bildeten. Da die Medien die Alltagsdiskurse der Menschen beeinflussen und die öffentliche Meinungsbildung mitbestimmen, sind sie ein eminent wichtiger Faktor der gesellschaftlichen Lebensführung. Über die Auswahl der gerade in der Massenpresse und im privaten Fernsehen vermittelten Inhalte (man denke an die Vorliebe für stark emotionalisierende Darstellungen von Katastrophen, privaten Unglücksfällen, Skandalen usw.) ist bereits in der 70er Jahren viel Kritisches geschrieben worden[25], ohne dass sich dadurch etwas verändert hätte. Beunruhigender noch ist der bereits im vorigen Kapitel angesprochene Trend, die an Personen und persönlichen Schicksalen orientierte Wahrnehmung der Wirklichkeit zu bedienen und zu verstärken. Im Mittelpunkt der im Zusammenhang mit der Trivial- und Unterhaltungsliteratur des 20. und beginnenden 21. Jahrhunderts noch näher zu beschreibenden Kommunikations- und Manipulationsstrategien[26] steht als eine die Orientierung erleichternde Strategie sowohl der Nachrichtenvermittlung als auch der Unterhaltung die sogenannte Personalisierung. Durch sie und durch andere Strategien (vgl. u.) werden gesellschaftliche Probleme als Probleme einzelner Personen und deren psychischer Verfassung präsentiert, wodurch die Analyse sozialstruktureller Ursachen für bestimmte Tatbestände zurückgedrängt, also politische, wirtschaftliche, gesellschaftliche Sachverhalte in ihren Wechselbeziehungen gar nicht ins Bewusstsein gehoben werden. Politik erscheint gerade in der Massenbildpresse nicht als ein Feld komplexer, durchaus von Interessen gesteuerter sachlicher Zusammenhänge, sondern lediglich als ein Feld der rivalisierenden Auseinandersetzung oder auch Kooperation einiger weniger Politiker. Primär meldenswert sind deren persönliche Reaktionen aufeinander, weniger ihr Problembewusstsein und ihre Problemlösungsvorschläge. Damit werden die Leser dieser Presse daran gewöhnt, eher

Personenkritik als Sach- oder gar Systemkritik zu üben. Die Darstellung sinnlich nachvollziehbarer Kommunikationsvorgänge kann deswegen so erfolgreich, d. h. allgemein erwünscht sein, weil sie den in der Arbeitswelt wie im privaten Alltag überforderten Rezipienten durch individuell-menschliche Vorgaben entlastet, ihm die Möglichkeit der zeitweiligen Realitätsflucht erleichtert und damit auch sein öffentlichkeitsabstinentes Verhalten bestätigt.

Wenn man sich zudem vergegenwärtigt, dass Massenbildpresse, Anzeigenwerbung und massenhaft verbreitete fiktionale Literatur, insbesondere die wöchentlich millionenfach verkauften Heftromane, sich derselben Strategien der Beeinflussung bedienen (vgl. u.), verfestigt sich der Eindruck, dass große Teile der Gesellschaft um durchsichtiger Interessen willen ‚unmündig' gehalten und das heißt zugleich: ruhiggestellt werden sollen – ein Bestreben, das freilich zunehmend durchschaut wird.

2. Zur Darstellung der Literatur im 20. und 21. Jahrhundert

Die Frage, inwieweit die deutsche Literatur des 20. und beginnenden 21. Jahrhunderts die knapp umrissene historische und sozialkulturelle Lebenswirklichkeit ‚verarbeitet' hat, sei es als Spiegelung oder als Verzerrung dieser Realität, sei es als kritische Auseinandersetzung mit ihr oder als Versuch, Anstöße für Veränderungen zu geben oder sogar Gesellschaftsutopien zu entwerfen, ist nur in der Betrachtung einzelner Texte zu entscheiden. Dabei ist eine Orientierung vermittelnde Literaturgeschichte – es sei wiederum betont – auf Schwerpunktsetzungen angewiesen, wenn sie nicht ins Uferlose abgleiten will.

Auch in diesem Kapitel wird die übliche ‚Epochen'-Darstellung durch gattungsbezogene Längsschnitte ersetzt (was leidige, teilweise törichte Diskussionen über innerliterarische Abgrenzungen zu übergehen erlaubt), ohne dass gängige Epochenbezeichnungen deswegen aufgegeben würden. Durch Längsschnitte können nicht zuletzt die ästhetischen Besonderheiten der Texte besser ins Licht gerückt werden. Und auch in diesem Kapitel werden die massenhaft verbreiteten populären Lesestoffe in die Darstellung aufgenommen. Dass qualitativ hochstehende Texte wiederum einen viel größeren Darstellungsraum erhalten, liegt nicht nur an der komplexeren Machart der Texte, sondern ist auch der Forschungslage geschuldet und entspringt zudem didaktischer Überzeugung.

3. Massenhaft verbreitete Lese- und Unterhaltungsstoffe

Printmedien und ihre Manipulationsstrategien

Auf den Anstieg der Lesefähigkeit der Bevölkerung, auf technische Innovationen, neue Möglichkeiten des Vertriebs und auf die Preisgestaltung von Druckerzeugnissen ist bereits im vorigen Kapitel hingewiesen worden. All diese Voraussetzungen für den massenhaften Absatz haben sich im 20. Jahrhundert weiterentwickelt, so dass die Printmedien fast jeden Bürger erreichten. Im Jahr 1914 erschienen 4200 verschiedene Zeitungen (teilweise in mehreren Ausgaben an einem Tag) und 4000 verschiedene Zeitschriften. Gerade deren Zahl steigerte sich bis 1930 auf über 7000 Neuerscheinungen, die der Zeitungen auf annähernd 5000[27], bis sich dieser Trend nach der Machtergreifung der Nationalsozialisten umkehrte. Stießen während der Weimarer Zeit eine Fülle von Meinungen aufeinander und halfen damit Grundlagen für ein demokratisches Bewusstsein zu legen (auch wenn man konstatieren muss, dass die politische Blockbildung und Polarisierung auch die Printmedien erfasste), so setzte sich in den 30er Jahren die nationalsozialistische Politik der Gleichschaltung durch. Zumal die liberalen, auflagenstarken Meinungsführer wie das ‚Berliner Tageblatt', die ‚Frankfurter Zeitung' oder die ‚Vossische Zeitung' wurden nach und nach verboten; statt dessen verbreitete sich mit dem ‚Völkischem Beobachter' als dem Monopolorgan der Nazis die intellektuelle Einöde. Darüber hat auch das relativ bunte, von Goebbels geförderte Unterhaltungsangebot der Illustrierten, die für die Ablenkung der Massen von der Realität des Krieges sorgen sollten, nicht hinwegtäuschen können.

In der Bundesrepublik hat sich nach dem Zusammenbruch des Dritten Reiches – ganz im Gegensatz zur parteigelenkten DDR – der Markt für Printmedien neu belebt, ohne dass die Vielfalt der Weimarer Zeit auch nur im entferntesten erreicht worden wäre (1967 beispielsweise gab es insgesamt nur 477 verschiedene Tageszeitungen und 238 Zeitschriften – also ca. nur ein Zehntel des Angebots während der Zwanziger Jahre). Ein Grund dafür war die aus wirtschaftlichen Erwägungen heraus vorangetriebene Konzentration der Verlage, die als horizontale (Zeitungs- oder Zeitschriftenverlage werden zusammengelegt), als vertikale (die zur Herstellung der Zeitung notwendigen Betriebe von der Papierfabrikation über die Maschinenherstellung bis hin zum Vertrieb werden zusammengefasst) oder sogar auch als diagonale (Zeitungsverlage werden mit Unternehmen anderer Industriezweige vereinigt) in Erscheinung tritt. Leistungszuwachs, Risikominderung, Steuervorteile, Profitsteigerung, Einflussnahme waren und sind der Antrieb solcher Konzentration, deren Folgen meist unterschätzt werden. Denn der wirtschaftliche Gewinn der Verleger wird mit dem Verlust an differenzierter öffentlicher Meinungsbildung erkauft.[28]

Die Verwendung gleicher Nachrichtenquellen, gleicher Titelgeschichten und Reportagen in mehreren von einem Großverlag abhängigen Zeitungen oder Zeitschriften führt zur Angleichung des Inhalts und vergrößert die Austauschbarkeit der einzelnen Blätter; übereinstimmende Kommentare können den trügerischen Eindruck einer vollständigen Information sowie richtiger Interpretation erzeugen. Im gleichen Umfang, in dem der Zugang zu abweichenden Informationen versperrt wird (manche Bereiche des öffentlichen Lebens werden in der Berichterstattung von vornherein vernachlässigt oder sogar ausgespart[29]), dürfte sich das Urteilsvermögen der Staatsbürger zumal in politischen Fragen verringern. Natürlich ist zu berücksichtigen, dass Zeitungen und Zeitschriften, mit denen Informationen und Unterhaltung verkauft werden, Waren sind und dass damit die Bedingungen des Marktes für sie gelten. Dies hat die Anpassung an den Geschmack der Käufer (Leser) zur Folge. Andererseits darf nicht übersehen werden, dass der Geschmack der Käufer durch das Angebot der Verlage wesentlich mitbestimmt wird. ‚Geschmack' ist nicht naturgegeben, sondern wird ‚sozial gelernt'. Noch deutlicher wird der gesellschaftspolitische Einfluss der konzentrierten Massenpresse, wenn man sich vergegenwärtigt, dass auch Politiker sich oft zu bestimmten Entscheidungen drängen lassen, um sich die Kritik in den Printmedien und den daraus folgenden Nachteilen bei künftigen Wahlen zu entziehen.

Immer stärker ist die ein breites Publikum beeinflussende, teilweise manipulierende Massenpresse freilich selbst in Abhängigkeit geraten. Ihre Haupteinnahmequelle sind nicht die Vertriebserlöse, sondern die Erlöse aus der Anzeigenwerbung. Gerade die Zeitschriftenverlage lassen daher Leseranalysen durchführen, um sich der Wirtschaft als Werbeträger für bestimmte Zielgruppen anbieten zu können. Anzeigen und redaktionelle Teile sind daher mehr oder weniger offensichtlich aufeinander abgestimmt[30] und bedienen sich vergleichbarer Kommunikationsstrategien.

Im Bereich der massenhaft verbreiteten fiktionalen Literatur eroberten sich im 20. Jahrhundert die zunächst als Groschenhefte bezeichneten Heftromane die größten Marktanteile (vgl. Grundsätzliches zu ihnen in III). Sie werden – die Konzentration von Verlagen wird auch hier wirksam – von einigen wenigen Verlagen produziert, wobei sich nur zwei Verlage rund drei Viertel des Marktes teilen. Einer der größten Zweige der Unterhaltungsindustrie also und damit ein Teil der Bewusstseinsbildung vieler Millionen von Menschen (pro Woche werden ca. 5 Millionen Heftromane verkauft, von denen jeder mehrere Leser findet) wird von einer Handvoll von Unternehmern kontrolliert.[31]

Im Vergleich zum 19. Jahrhundert ist die im 20. Jahrhundert immer weiter sich entwickelnde Differenzierung der Heftromangenres auffällig. Zu der großen Gruppe der Abenteuerromane gehören seit längerem nicht nur die schon im 19. Jahrhundert bekannten Wildwest- und Kriminalromane, sondern auch die Science Fiction, die Kriegsromane (Landserromane), die Horrorromane; zu der großen Gruppe der Frauenromane gehören die Schicksals- und Arztromane, die Fürstenromane, Heimatromane, Tierromane. Seit den 80er Jahren gesellen sich hier die etwas solider verklebten Taschenromane hinzu, die das in den Heftromanen vermittelte konservative Frauenbild zu verändern vorgeben, in Wahrheit aber an den alten Mustern der Unterwerfung festhalten.[32]

Zu all den Heftromangenres kommen die Bildserienhefte, die Comics, hinzu. Während die Heftromangenres zwar nicht ausschließlich, aber doch vorwiegend in den unteren sozialen Schichten gelesen werden[33], verteilt sich die Popularität der Comics gleichmäßiger auf alle Bevölkerungsschichten. Die erfolgreichsten Comic-Serien (wie Mickey Mouse, seit 1930, und Donald Duck, seit 1938) sind für Kinder konzipiert, werden aber auch in anderen Altersgruppen gelesen. Insgesamt werden Jugendliche und Erwachsene aber eher von anderen Serien angesprochen, die sich den Genres der Trivial- und Unterhaltungsliteratur anpassen (Abenteuer-Comics, SF-Comics, Fantasy-Comics usw.) Daneben gibt es in geringerer Anzahl von der Pop-Art beeinflusste sowie sozialkritische Comics, die direkt auf Erwachsene als Konsumenten zielen. Auch wenn Comics in Einzelfällen als Mittel der – oft satirischen – Gesellschaftskritik genutzt werden, tragen die Comic-Hefte in ihrer Masse nicht zuletzt aufgrund der durch das Medium bedingten Formen der Verknappung, ihrer ausgeprägten Schwarz-Weiß-Malerei und auch der Art und Weise des in ihr dargestellten Einsatzes von Gewalt in nicht geringem Maß manipulative Züge.[34]

Die gesamte fiktionale Massenliteratur arbeitet als industriell (zum großen Teil von ganzen Teams) verfertigte Literatur mit Standardisierungen. Sie zeigen sich schon beim äußeren Erscheinungsbild der Publikationen (Gestaltung des Titelblatts, Druckbild etc.), führen über die sprachlichen Mittel, die, um möglichst viele Leser anzusprechen, die schnelle und leichte Verständlichkeit der Texte sichern sollen (umgangssprachlicher Wortschatz, zahlreiche Redewendungen, einfache Syntax etc.), und münden in die immer gleichen, einfache Gegensätze dualistisch gegenüberstellenden Handlungsschemata, in denen sich typisierte, dem jeweiligen Genre angepasste Figuren durch ebenfalls dem Genre angepasste Räume bewegen. Von besonderem Interesse sind dabei eine Reihe tiefenstrukturell wirksamer Strategien, die für die sichere Orientierung des Lesers sorgen und seine Bedürfnisse nach Affektlösung und Bestätigung befriedigen sollen.[35]

Zu den für Orientierung sorgenden Strategien gehört als wichtigste die Personalisierung. Mit der ‚Vorbildlichkeit' einzelner als Identifikationsobjekte aufgebauter Figuren, die ihre Ziele in der Gruppe der Abenteuerromane mit Autorität und Gewalt durchsetzen, in den Frauenromanen das Glück durch Geduld und Entsagung erlangen, geht der weitgehende Verzicht auf die Begründung historischer, politischer, sozioökonomischer, kultureller, vor allem auch psychologischer Zusammenhänge einher, wird der Leser mit Oberflächenreizen abgespeist. Diese mit Simplifizierungen, Scheinerklärungen und feststehenden Werturteilen arbeitende ‚Zersplitterung' der komplexen Wirklichkeit befriedigt offenbar zusammen mit der Personalisierung das weitverbreitete, aus Realitätsmüdigkeit und Ohnmachtsgefühlen herrührende Bedürfnis nach Rückzug ins Private, nach Beschäftigung mit Einzelschicksalen, nach Regression ins Unkomplizierte und Bewunderung erfolgreicher Konfliktbewältigung.

Für affektive Bewegungen sorgen die Strategien der Emotionalisierung und des Aktionismus, die in ein Wechselspiel von spannungsaufbauenden und spannungslösenden Momenten gebracht werden. Um psychische Spannungen im Leser zu erzeugen, arbeiten Heftromane vornehmlich mit der Erregung von Angst – in den Abenteuerromanen durch die Gestaltung situativer Bedrohungen (Verfolgung, Gefangennahme usw.), in den Frauenromanen durch die Gestaltung von Trennungen oder die Einführung von Nebenbuhlerinnen. Diese Spannungen werden durch die Reaktionen der Protagonisten gelöst – in den Abenteuerromanen durch Befreiungsaktionen, in den Frauenromanen durch seelische Bewegungen. Auch diese Affekte auslösenden Strategien treffen auf zu ihnen passende Dispositionen der ‚vielen' Leser, auf eine Angstbereitschaft, die in der Geschichte stets vorhanden war, deren Anlässe sich aber ständig verändert haben, die oft auch nicht deutlich zu benennen sind. Heutzutage dürften ihre Ursache vor allem undurchsichtige Herrschaftsstrukturen oder schmerzlich wahrgenommene Informationsdefizite sein. Da Angst aggressives Potential entbindet, bietet der in der trivialen Massenliteratur insbesondere von den Identifikationsfiguren ausgehende Aktionismus Lesern die Möglichkeit, Aggressionen wenigstens in der Phantasie abzuführen, wobei dieser psychohygienische Effekt nicht über die bei vielen labilen Rezipienten gleichzeitig ausgelösten aggressionsaufbauenden Wirkungen hinwegtäuschen darf. Abenteuerromane können Feindbilder verfestigen oder zur Nachahmung gewalttätiger Handlungen anregen, zumal wenn diese in den Romanen vom Erfolg gekrönt sind; durch Frauenromane werden durch das – ebenfalls belohnte – sehnsuchtsvolle Warten, das man auch als eine Form nach innen gelenkter Aggression verstehen kann, zumindest weitverbreitete Determinationsvorstellungen vertieft.

Maximale Konsumierbarkeit wird schließlich auch durch die Strategie der Bestätigung erzielt. Die Identifikationsfiguren vertreten, auch wenn sie überhöht werden bzw. in Wunschwelten leben, in den Texten stets mehrheitlich akzeptierte Wertvorstellungen und Verhaltensnormen. In den Genres des Abenteuerromans verkörpert der Held anerkannte Leistungstugenden wie Disziplin, Einsatzbereitschaft, Loyalität und hält eine vertikale Gesellschaftsstruktur, in der es Befehlende und Gehorchende gibt, für normal; in den Genres des Frauenromans bleibt die autoritäre Rolle des Mannes unangetastet, auch wenn neuerdings Frauen häufiger als berufstätig und als sexuell freizügiger dargestellt werden.[36] Zur Strategie der Bestätigung gehört daneben die Hervorhebung von Attributen des Luxus und der Technik. Durch Figuren, die sich in dieser ‚Warenwelt' ungehindert und sorgenfrei bewegen, werden nicht nur Wunschträume der Rezipienten erfüllt; das vorgeführte Bild eines ‚funktionierenden' Lebens trägt dazu bei, Kauflust anzuregen und eine Gesellschaft zu festigen, welche die Ware fetischisiert. Die Wirkungsstrategie der Bestätigung ist schon allein deswegen so effektiv, weil der Wunsch, sich der eigenen Werturteile und Verhaltensweisen zu versichern, zu den Grundbedürfnissen der in Gruppen und Gesellschaften lebenden Menschen gehört. Allerdings bedürfen gerade die Angehörigen der unterprivilegierten Bevölkerungsteile, die zugleich die wichtigste Leserzielgruppe der Heftromane bilden, der sich aus Anpassung ergebenden Sicherheit in besonderem Maße. Wer in wirtschaftlicher und sozialer Abhängigkeit lebt, möchte auf der ‚richtigen Seite' stehen und sich in allgemein geltenden Normen und Deutungsmustern aufgehoben finden. Auch dem Entspannungsbedürfnis kommt die Bestätigungsstrategie entgegen. Das Wiedererkennen von schon Bekanntem und Akzeptierten erfordert weder Konzentration noch kognitive Anstrengung und wirkt insgesamt beruhigend. So stabilisiert die Lektüre trivialer Texte einen Bewusstseinsstand, der sich von ihren Produzenten permanent und profitabel ausnutzen lässt.

Die hier erwähnten Strategien finden sich nicht nur in den Genres der massenhaft verbreiten Heftromane (und übrigens auch in vielen der in Fortsetzungen publizierten trivialen Illustriertenromane), sondern lassen sich ebenso in der Massenpresse und in der Anzeigenwerbung erkennen. Die Personalisierung (in der Massenpresse die Hervorhebung einzelner Personen als Stars, als Vaterfiguren, als Sündenböcke anstelle der Vergegenwärtigung komplexer Sachzusammenhänge; in der Anzeigenwerbung die Darstellung von Vorbildverbrauchern, die über ihre positiven Konsumerfahrungen berichten), die Zersplitterung (in der Massenpresse das Nebeneinander von Reizeffekte auslösenden Kurzmeldungen; in der Anzeigenwerbung die Montage heterogener, Wünsche evozierender Elemente), die Emotionalisierung (in der Massenpresse die Bevorzugung sensationeller Meldungen aus den Bereichen Unfall, Verbrechen, Krankheit, Naturkatastrophen; in der Anzeigenwerbung die Erzeugung von Angst, den Erwartungen der Gesellschaft nicht zu genügen), der Aktionismus (in der Massenpresse die Hinweise auf die rastlosen Tätigkeiten von Politikern, auf Begegnungen, Ankünfte, Abschiede, auf militärische Bewegungen, die alle an der ‚Sache' vorbeigehen; in der Anzeigenwerbung Mimik und Gestik des Konsumenten beim Gebrauch der angepriesenen Ware oder die den ‚Zugriff' des Betrachters provozierende Platzierung der Ware), die Bestätigung von Werturteilen (in der Massenpresse die hohe Einschätzung des Leistungs- und Erfolgsdenkens sowie des Konsumverhaltens oder das Aufgreifen weitverbreiteter Ressentiments; in der Anzeigenwerbung die Reproduktion von Rollenklischees und die versteckte Ermahnung, bestimmten Rollenerwartungen zu genügen) – all diese Wirkungsstrategien verweisen auf die enge Interessenverflechtung der Produzenten dieser Printmedien, auch auf die gegenseitigen Abhängigkeiten (etwa der Massenpresse von der Wirtschaftswerbung). Wenn man sich vergegenwärtigt, dass Rezipienten durch die ständig wiederholte Lektüre von Texten, die nach immer gleichen Mustern geschrieben werden, nicht unwesentlich in ihrer Wahrnehmung der Wirklichkeit und ihren Urteilen über sie beeinflusst werden, so kann das enge Zusammenspiel von Massenpresse, Anzeigenwerbung und Heftromanliteratur und das in ihm liegenden manipulative Potential nur Beklemmung hervorrufen.

Film und Fernsehen

Obwohl die Anfänge des Films schon ins letzte Jahrzehnt des 19. Jahrhunderts zurückreichen, wo er, zunächst als Stummfilm, auf Jahrmärkten und Varietés gezeigt wurde, dann zu Beginn des 20. Jahrhunderts in einer zunehmenden Zahl von Ortskinos, begann sein Aufstieg zum eigentlichen Massenmedium erst in den Zwanziger Jahren. Nach dem Vorbild der Filmindustrie Hollywoods wurden auch in Deutschland jährlich Hunderte von Filmen gedreht, wuchs die Zahl der regelmäßigen Kinogänger in die Millionen. Zweifellos hat der Film deren Wahrnehmung der Wirklichkeit beeinflusst und verändert. Zeitraffung, Hell-Dunkel-Effekte, Schnitte, ungewohnte Perspektiven und anderes mehr sorgten für irritierende Unterhaltung, zugleich für Verunsicherungen, die durch Happyends wieder aufgefangen werden konnten oder aber weiterwirkten. In Anlehnung an den literarischen Expressionismus entstanden so bedeutsame Filme wie *Das Kabinett des Dr. Caligari*, *Dr. Mabuse*, *Nosferatu*; allerdings gewannen in der marktorientierten Filmproduktion Genres, die rührende oder spannungserregende oder belustigende Effekte publikumswirksam häuften, bald das Übergewicht, wobei die Technik des Tonfilms (um 1930 waren alle deutschen Kinos mit Tonbildanlagen ausgestattet) die Wirkung solcher Effekte verstärkte. Auch in der Filmbranche kam es bald zu Konzentrationsprozessen: die UFA (Universum Film AG), Tobis und Bavaria hatten Anfang der 30er Jahre ungefähr zwei Drittel der gesamten Filmproduktion in der Hand, was die künstlerische Vielfalt durchaus minderte. Während der Naziherrschaft wurde der Film vollends instrumentalisiert, wobei es nun vor allem um politische Steuerung ging. Das Reichslichtspielgesetz von 1934 verbot alle Filme, die ‚nationalsozialistische Empfindungen' verletzten, was zu einem Exodus von Schauspielern und Regisseuren führte. 1937 wurde die UFA verstaatlicht. Allerdings blieben unmittelbar politische Agitationsfilme wie etwa der *Ewige Jude* (1940) oder *Jud Süß* (1940) eher in der Minderzahl. Goebbels favorisierte die nach den Regeln Hollywoods verfertigten Unterhaltungsfilme, die zumal während der Kriegsjahre in der Zivilbevölkerung für Entspannung im Alltagsleben sorgen und das psychische Gleichgewicht der Konsumenten stabilisieren sollten, ohne dass dabei auf unterschwellige Propaganda (besonders im Genre des Heimatfilms) verzichtet wurde.

In der Nachkriegszeit begann für den deutschen Film, nicht nur für ihn, die Herausforderung durch das Fernsehen. Neue Impulse – gerade auch in einzelnen Filmgenres wie dem Gangster- und Kriminalfilm – gingen seit den 60er Jahren vor allem von der sogenannten ‚Neuen Welle' in Frankreich aus, die unter anderem das Bewusstsein für politische und soziale Gegenwartsprobleme stärkten. Seit den 80er Jahren ist der Film nur noch Teil eines weitgefächerten Angebots der Unterhaltungsindustrie, die vom Fernsehen dominiert wird. Immerhin haben in den letzten Jahrzehnten zahlreiche Filmförderungsprogramme künstlerische Experimente angeregt, die gerade auch dem deutschen Film neue Anerkennung gebracht haben.[37]

Zum einflussreichsten Massenmedium wurde im 20. Jahrhundert das Fernsehen. Versuchssendungen gab es für ein kleines Publikum schon in den zwanziger und dreißiger Jahren (insbesondere zur Berliner Olympiade 1936), bevor, nach technischen Weiterentwicklungen, in Deutschland ab 1952 ein regelmäßiges Fernsehprogramm gesendet wurde – von Anstalten öffentlichen Rechts, die von sogenannten Rundfunkräten, d. h. von Vertretern der Öffentlichkeit (bei faktischer Dominanz von Vertretern der Parteien), bis heute kontrolliert werden, wobei die öffentlich-rechtlichen Sender (ARD, ZDF, 3. Programme) inzwischen mit privaten Fernsehsendern gerade auch in wirtschaftlicher Hinsicht konkurrieren müssen.

Die positiven wie negativen Wirkungen des Massenmediums Fernsehen, das inzwischen fast alle Bürger erreicht, sie täglich meist stundenlang an die Bildschirme fesselt und die öffentliche Meinungsbildung entscheidend prägt, werden permanent diskutiert. Einerseits wird sein Wert für die allgemeine Horizonterweiterung, die Anhebung des Bildungsniveaus, die kulturelle Demokratisierung und für die politische Demokratie hervorgehoben; andererseits werden gerade diese Bewertungen in Frage gestellt und Befürchtungen formuliert: dass die Lesefähigkeit verkümmere, die Phantasie gelähmt werde, das Visualisierbare das Gedanklich verdränge, die Wirklichkeit durch die manipulative Auswahl der Bilder ‚inszeniert' werde, die Menschen immer stärker in die Zuschauerrolle und damit in die Isolierung voneinander gedrängt würden, der Einfluss der Werbung zu groß sei, die zunehmenden Gewaltdarstellungen sich auf das Verhalten einzelner auswirke, usw.

In literaturgeschichtlichen Zusammenhängen sind gerade solche Sendungen von Interesse, die sich an literarische Gattungen und Genres binden, wobei weniger an Literatur-, Theater- oder Opernverfilmungen gedacht ist als an eigene speziell für das Fernsehen entworfene Fernsehspiele und Fernsehserien. So aussichtslos es ist, das Fernsehspiel als Gattung fest zu umreißen – die technischen Voraussetzung des im Vergleich zur Leinwand kleinen Bildschirms und das daraus folgende stilistische Merkmal der Groß- und Nahaufnahme als bevorzugter Kameraeinstellung, die weniger für den ‚Überblick' als für den ‚Einblick' geeignet ist, hat inhaltlich dazu geführt, dass im Fernsehspiel Privatkonflikte eindeutig Vorrang erhalten. Wenn gesellschaftliche Probleme angesprochen werden, so werden die sich aus ihnen ergebenden Konsequenzen für die Privatsphäre in den Vordergrund gestellt. (Dies gilt z. B. auch für *Holocaust*, 1979, das wohl umstrittenste Fernsehspiel, das je geschrieben wurde.) Die Faszination, die der Einblick in die Privatsphäre von Menschen ausübt, entspricht ganz und gar der oben beschriebenen Tendenz des Rückzugs in die ‚Intimität' der Kleingruppe und des Verlusts sozialer Bindungen in der Lebensführung der gegenwärtigen Gesellschaft – insofern bestätigt sich auch hier die Feststellung, dass die Massenmedien sich den Erwartungen der ‚vielen' Konsumenten anpassen, wie sie andererseits bestehende Erwartungshaltungen immer auch bestärken und vertiefen.

Beliebter noch als Fernsehspiele sind die vielen – nach dem amerikanischen Vorbild der Serials gestalteten – fiktionalen Fernsehserien, die ein breites Spektrum von der Familienserie über die Situationskomödienserie (vgl. die amerikanische ‚sitcom') bis zur Abenteuer- und Krimi-Serie abdecken, also die Unterhaltungsbedürfnisse nach Rührung, nach Belustigung, nach Spannung und Entspannung befriedigen, die als tiefenstrukturelle Bedingungen jeder Form von Unterhaltung anzusehen sind.[38] Faszinierend wirkt in den Serien insbesondere das Wiedererkennen, die entstehende Vertrautheit mit Identifikationsfiguren, die in vordergründig wechselnde, teilweise durchaus Sachverhalte gesellschaftlicher Realität aufnehmende, aber immer den gleichen Mustern folgende Handlungen verwickelt sind. All diese Serien spielen – wie die Heftromanserien – in Variationen mit einer von den Rezipienten offenbar gewünschten ‚familialen' Kleingruppenmentalität, ob man dabei an die Beziehungsverwicklungen innerhalb eines Freundeskreises, an die Arbeit eines Polizeiteams, an die Abenteuer einer Raumfahrercrew oder anderes denkt.

Dass dies nicht anders als in den massenhaft verbreiteten Genres der Trivialliteratur ist, macht zugleich deutlich, wie stark die massenmedialen Angebote auf dem Unterhaltungssektor miteinander verflochten sind. Nicht nur gelten für die Autoren von Heftromanen wie von Fernsehserien verbindliche redaktionelle Vorgaben (z. B. Tabu-Kataloge) oder werden Manuskripte von ganzen Teams nicht nur kontrolliert, sondern zum Teil auch erarbeitet und auf wohlkalkulierte Effekte hin ausgerichtet; die kommerziell lohnende Mehrfachverwendbarkeit von Textvorlagen wird auch dadurch gesichert, dass in Romanmanuskripte bereits Elemente des Drehbuchs eingefügt werden (z. B. durch eine entsprechende Dialogführung, durch die Aneinanderreihung kleiner aktionsgeladener Szenen, durch zahlreiche Schauplatzwechsel, durch eine der Großaufnahme entgegenkommende Art der Beschreibung von Mimik und Gestik der Figuren), wie umgekehrt auch Drehbücher ohne großen Aufwand zu Romanen umgearbeitet werden können.

Der Schlager

Ein besonders gutes Beispiel für das Funktionieren des angesprochenen Medienverbundsystems bietet der Schlager. Hier haben technische Innovationen im Bereich der Tonträger (beginnend mit dem Siegeszug der Schallplatte nach dem 1. Weltkrieg) wesentlich zu seiner Textgestaltung beigetragen. Dadurch dass der Schlager durch sie für seine Hörer in den unterschiedlichsten Kommunikationssituationen verfügbar wurde, also nicht mehr an öffentliche Stätten wie Bier-, Wein-, Tanzlokale gebunden war (heutzutage versuchen Hitparaden im Fernsehen den Verlust an gemeinsamer Freude wettzumachen), sondern auch, getrennt von der Gruppe, in der Zurückgezogenheit des Privatbereichs gehört werden konnten (längst sogar mit Kopfhörern) und damit auch jederzeit, zu allen Gelegenheiten und Stimmungslagen, abrufbar wurden, bevorzugten die Produzenten bei der Textgestaltung diejenigen Stilmittel, die geeignet sind, möglichst allgemein vertretene Gefühlshaltungen anzusprechen. Am auffälligsten sind die unverbindlich bleibenden Reizwörter und Klischees ohne Anschauungsgehalt. In einer Untersuchung zum deutschen Schlager der 70er Jahre sind die am häufigsten vorkommenden Wörter ermittelt worden: In der Bundesrepublik standen ‚Ich, Du' an der Spitze, bald danach folgten ‚sagen, Liebe, heute, Nacht, Glück, Herz, schön'; für den DDR-Schlager ergaben sich die gleichen Wörter in fast derselben Reihenfolge.[39] Die zentralen Vorstellungen, die aus derartigem Wortmaterial aufgebaut werden, kreisen um die Liebe, die verloren ist bzw. herbeigesehnt wird, um die Wärme und Geborgenheit, die mit ihr verbunden ist, um Orte der Lebensfülle wie die so oft beschworene Südseeinsel, die als Ort der Abgeschiedenheit die Partner zugleich auch aneinander bindet. Indem der Schlager so allgemein und vage formuliert, was viele aus unterschiedlichen Gründen nicht zur Sprache bringen können, kommt er nicht nur der Ausdrucksnot seiner Konsumenten entgegen; er baut zugleich, wenn er von Glückserfüllung spricht, Hoffnungen auf, die in der Realität erfahrene Versagungen und Geborgenheitsverluste kompensieren sollen. Allerdings kann seine Trost spendende Funktion auch anderen kollektiven Bedürfnissen entgegenkommen. Zum Beispiel fingen gegen Ende des 2. Weltkriegs gesungene Schlager wie ‚Es geht alles vorüber, es geht alles vorbei …' oder ‚Ich weiß, es wird einmal ein Wunder gescheh'n …' die allgemeine Friedenssehnsucht auf. Sie wurden auf diese Weise mit einem politischen Sinn erfüllt, der in den Texten selbst gar nicht in Erscheinung trat.

4. Die ‚Arbeiterliteratur'

Der innere Protest gegen die um sich greifende, gerade auch die soziale Unterschicht ergreifende Massenliteratur mit ihren den klassenkämpferischen Interessen zuwiderlaufenden, Fluchtphantasien fördernden Wirkungen hat auch im 20. Jahrhundert zu Initiativen geführt, durch Literatur das Bewusstsein der Arbeiter zu schulen und sie dabei zugleich emotional zu stimulieren. Dabei sind die Ansätze, die sich in der Arbeiterliteratur des 19. Jahrhunderts entwickelt hatten (vgl. III) teilweise fortgeführt worden und haben vor allem in den 20er und 60er Jahren, in Jahren des politischen und sozialen Umbruchs, Resonanz gefunden. Dabei standen vor allem Theaterexperimente und Experimente in der Erzählliteratur im Vordergrund.

Theaterexperimente

Auffällig ist die Theorielastigkeit, die mit dieser Literatur einherging, ein Beleg dafür, wie stark sie von denen, die sie produzierten, als Erziehungsmittel verstanden wurde. Der grundsätzliche Streit ergab sich während der 20er Jahre aus der Frage, inwieweit die bürgerliche Kunst der Vergangenheit, zumal des 18. Jahrhunderts, als Erbe zu verstehen sei, das man sich nutzbar machen könne, oder ob radikale Neuanfänge versucht werden müssten. Während die KPD (vgl. etwa die Artikel von Gertrud

Alexander in der ‚Roten Fahne‘) zunächst traditionalistisch argumentierte, am Kunstcharakter der Literatur festhielt und sich dabei gerne auf die literaturkritischen Arbeiten von Franz Mehring berief (vgl. III), formierte sich unter dem Einfluss von Dadaisten eine sogenannte Antikunstbewegung, die eine neue proletarische Kultur im Sinn hatte, die mit Agitation und Propaganda (Agitprop) populär gemacht werden sollte.

Wortführer dieser Bewegung wurde bald Erwin Piscator. Sein unmittelbar nach der russischen Revolution initiiertes ‚Proletarisches Theater‘ brachte es bis zu seinem Verbot 1921 zu mehr als 50 Aufführungen, teils heute vergessener Agitpropstücke nach russischem Vorbild, teils bearbeiteter bürgerlicher Dramen (z. B. Büchners und Hauptmanns). Die Aufführungen fanden nicht in einem eigenen Theater, sondern in unterschiedlichen Vereinslokalen statt, wie Piscator überhaupt die traditionelle Theaterorganisation aufbrach und durch Kollektivarbeit ersetzte, bei der jeder vom Schauspieler bis zum Bühnenarbeiter seine Ansichten äußern durfte und oft auch die Zuschauer in die Spielpraxis einbezogen wurden. Der Zulauf von Arbeitern zu diesen Aufführungen ermutigte zu zahlreichen Nachahmungen. 1929 gab es, nun auch von der KPD akzeptiert, mehr als 300 Agitproptheatergruppen. Piscator entwickelte unterdessen einen neuen Inszenierungsstil, indem er, ab 1927 auf eigener Bühne, Filme und Bildprojektionen einsetzte, um den politischen Gehalt der aufgeführten Lehrstücke und Revuen (z. B. *Roter Rummel*, 1924) möglichst wirkungsvoll zu vermitteln. Paradoxerweise fand daran gerade das ästhetisch interessierte bürgerliche Publikum Gefallen.

Die Arbeiterkorrespondentenbewegung

Die Theaterpraxis der Arbeiterbildungsvereine wurde zunehmend durch Prosatexte ergänzt, die von sogenannten, von der KPD geförderten Arbeiterkorrespondenten geschrieben wurden. Diese schreibenden Arbeiter sollten über ihre Erfahrungen in Betrieben berichten, was zur Dominanz autobiographischer Texte führte, mit denen sich persönliche Betroffenheit besonders authentisch weitergeben ließ (wie beispielsweise in Ludwig Tureks *Ein Prolet erzählt*, 1930). Die schriftstellerischen Experimente der Arbeiterkorrespondenten wurden vom 1928 gegründeten ‚Bund Proletarisch-Revolutionärer Schriftsteller‘ (BPRS) unterstützt, der in seiner Zeitschrift ‚Die Linkskurve‘ über Zielsetzungen und Formen proletarischer Literatur diskutierte (Literatur von Arbeitern oder für Arbeiter? – Nur Kämpfe oder auch Perspektiven der Arbeiterbewegung? – Wirklichkeitsdarstellung allein aus der Sicht der Proletarier? usw.) und die Schreibenden ermutigte, sich nicht nur in Reportagen, sondern auch in der Großform des Romans zu versuchen. Bekannte Romanautoren wurden unter anderen Willi Grünberg (*Brennende Ruhr*, 1928), Willi Bredel (*Maschinenfabrik N&K*, 1930), Hans Marchwitza (*Sturm auf Essen*, 1930), Klaus Neukrantz (*Barrikaden am Wedding*, 1931), Walter Schönstedt (*Kämpfende Jugend*, 1932).

Die Arbeiterkorrespondentenbewegung erlosch bald nach Beginn der 30er Jahre, nicht nur weil sie linksbürgerliche Intellektuelle als Bundesgenossen ablehnte oder weil der als Theoretiker hoch angesehene Georg Lukács in seinen Arbeiten (z. B. *Reportage oder Gestaltung*, 1932) aus seiner Skepsis gegenüber den schreibenden Arbeitern keinen Hehl machte und die künstlerisch gestaltete Literatur des bürgerlichen Realismus zum Vorbild nahm, sondern vor allem weil die Nationalsozialisten seit 1933 alle Arbeiterorganisationen, deren Rolle auch als kulturelle Organisatoren nicht zu unterschätzen ist, zerschlagen haben.

Die ‚Literatur der Arbeitswelt' in der Bundesrepublik

Erst zu Beginn der 60er Jahre ist die Arbeitswelt als Gegenstand der Literatur in der Bundesrepublik wiederentdeckt worden, nachdem in den Jahren zwischen 1945 und 1960 der Wiederaufbau, das Wirtschaftswunder und die politische Konsolidierung alle Aufmerksamkeit auf sich gezogen hatten. Als die wirtschaftliche Entwicklung stagnierte, Zechen stillgelegt wurden, Massenentlassungen von Arbeitern einsetzten, auch die Not der Dritten Welt deutlicher ins Bewusstsein trat, kam es zu einer Neubelebung der ‚Literatur der Arbeitswelt', die sich in die allgemeine Politisierung der deutschen Literatur in den späten 50er und in den 60er Jahren einfügte.

Im Frühjahr 1961 gründete sich als eine Art Gegenbewegung zur ‚Gruppe 47' (vgl. u.) die ‚Dortmunder Gruppe 61', die eine „literarisch-künstlerische Auseinandersetzung mit der industriellen Arbeitswelt und ihren sozialen Problemen" als Absichtserklärung formulierte. Die erfolgreichsten Mitglieder dieser Gruppe wurden Günter Wallraff und Max von der Grün. Wallraff (u. a. *13 unerwünschte Reportagen*, 1969) wählte für seine Reportagen die unkonventionelle Methode, sich in Betrieben unter falscher Identität und unter verändertem Aussehen (Identitätsverschleierung) einstellen zu lassen, um dort die Arbeitsbedingungen ‚von innen' als Beteiligter kritisch beschreiben zu können (Realitätsentschleierung). Dabei stieß er auf gravierende Ausbeutungs- und Unterdrückungsmechanismen, deren Aufdeckung schließlich auch Unternehmer das Fürchten lehrte, zumal die Auflage seiner Bücher anstieg (von *Ganz unten*, 1985, wurden in kurzer Zeit über eine Million Exemplare verkauft, ganz abgesehen davon, dass Wallraff auch in den Schulunterricht Einlass fand). Im Gegensatz zu Wallraff bevorzugte Max von der Grün den Roman. Sein bekanntester Text (*Irrlicht und Feuer*, 1963) stellte die Verhältnisse im Bergbau dar, die von der Grün selbst kennengelernt hatte. Die Abwehr nicht nur der Industrie, die eine einstweilige

Verfügung gegen einzelne Passagen erwirkte, sondern auch der Gewerkschaft Bergbau und Energie war für den seinerzeit viele Leser findenden Roman die beste Werbung.

Da sich der fortdauernde – an der Masse der Arbeiter selbst ganz vorbeigehende – Streit um die Authentizität von Arbeiterliteratur nicht beilegen ließ, spaltete sich 1969 der ‚Werkkreis Literatur der Arbeitswelt' (bekannt geworden unter dem Namen ‚Werkkreis 70') ab, um die aus den 20er Jahren bekannte Arbeiterkorrespondentenbewegung wiederzubeleben. Zu diesem Zeck entstanden Schreibschul-Werkstätten, in denen interessierte Arbeiter, teilweise im Team, so wirklichkeitsnahe wie ästhetisch simple Texte produzierten.

Einen originellen Weg ging Erika Runge, die zuerst der ‚Gruppe 61', dann dem ‚Werkkreis' angehörte, mit ihren bereits 1968 erschienenen *Bottroper Protokollen.* Sie nahm Stellungnahmen und Erzählungen von Arbeitern aufs Tonband auf und bearbeitete sie anschließend, indem sie kürzte oder montierte, äußerte sich aber selbstkritisch zu den begrenzten Möglichkeiten dieses Verfahrens. Es macht ein Dilemma deutlich, über das immer wieder diskutiert worden ist – wie nämlich der Bewusstseinsstand der betroffenen Arbeiter zu überschreiten sei, wie ihnen eine klassenkämpferische Perspektive beizubringen, sie selbst zu einer Änderung ihrer Lage zu bewegen seien. Die Einsicht, dass der Roman hierzu noch am ehesten Gelegenheit bot, hat auch die Experimente des Werkkreises mit kurzer Prosa bald versanden lassen. Im übrigen ist immer auch der mikroökonomische Ansatz der aus der Perspektive der Arbeiter verfassten Texte beklagt worden; eine Sicht auf größere wirtschaftliche Zusammenhänge oder gar auf marxistische Theorieentwürfe blieb ihnen letztlich verwehrt, ganz abgesehen von der ungelösten Frage, wie diese literarisch zu vermitteln seien.

5. Lyrik

Die im Bürgertum des 20. und 21. Jahrhundert entstandenen fiktionalen Texte und ebenso die literaturwissenschaftlichen Studien zu ihnen sind nahezu unüberschaubar, und Literaturgeschichten geben dem 20. Jahrhundert, schon wegen ihrer Nutzung im Unterricht der Schulen und Universitäten, einen besonders großen Raum. Im Gegensatz dazu hält sich die Darstellung dieser Literaturgeschichte weiterhin daran, unter der gestellten literatursoziologischen Fragestellung nur die wichtigen Entwicklungslinien innerhalb der literarischen Gattungen zu verfolgen. Deswegen können längst nicht alle Autoren, die genannt zu werden verdienten, berücksichtigt werden; andererseits soll aber wiederum die vorrangig unterhaltende Literatur in knapper, übersichtlicher Weise einbezogen werden.

Die Anordnung der Längsschnitte in diesem Kapitel mit der Lyrik zu beginnen und die Darstellung damit direkt an den Lyrik-Abschnitt des vorangegangenen Kapitels anzuschließen, hat seinen Grund darin, dass der literaturgeschichtliche Umbruch vom 19. zum 20. Jahrhundert (vgl. die Schlussbemerkungen von Kapitel 3) besonders deutlich in der Lyrik sichtbar wird.

5.1. Epigonale und triviale Lyrik der Jahrhundertwende; Reaktionen auf sie und sich daraus herleitende literarische Entwicklungen

Wie im 19. Jahrhundert sind auch im 20. Jahrhundert, und hier vor allem um die Jahrhundertwende und in der Zeit vor dem 1. Weltkrieg, Unmengen an epigonaler Lyrik sogenannter ‚auctores minores' (‚Minderdichter') (vgl. III) publiziert und konsumiert worden. Ursachen dafür – unter anderem die Zunahme der poetische ‚Lückenfüller' benötigenden Printmedien; das Bedürfnis nach geselligem Zusammensein, das durch Lieder und Gedichte gefördert wurde; die Popularisierung epigonaler Texte durch Anthologien und den Unterricht (für ‚höhere Töchter') – sind bereits benannt worden (vgl. III).

Grundsätzlich Ergänzenswertes ergab sich auch am Beginn des 20. Jahrhunderts nicht, es sei denn, man nimmt die zum Teil sehr eigenwilligen Reaktionen auf all diese Gedichte mit in den Blick. Thematisch lagen deren Schwerpunkte nach wie vor bei Liebe und Leid (unfreiwillig komisch sind hier die Gedichte des ‚schlesischen Schwans' Friederike Kempner), Beschaulichem und Häuslichem, Vaterländischem und Krieg, Natur und Wanderschaft. Als Gedichtform war die Volksliedstrophe dominierend; besonders populär blieb in dieser teilweise durchaus ein könnerhaftes Niveau erreichenden Poesie auch die Ballade (hervorzuheben sind Autoren wie Börries Freiherr von Münchhausen, Lulu von Strauß und Torney oder Agnes Miegel); modisch wurden ferner hymnische, häufig von dem Amerikaner Walt Whitman (*Leaves of Grass*, 1855, endgültige Fassung 1891/92, deutsch 1907) angeregte Dichtungen, in denen kosmische Entwürfe mit utopischem Einschlag ausgebreitet wurden (u. a. bei Theodor Däubler, Alfred Mombert, Ludwig Rubiner, Johannes R. Becher, Franz Werfel), dagegen aber auch die strenge Form des Sonetts (etwa bei Rudolf Alexander Schröder, Anton Wildgans oder Carl Hauptmann), der sich auch viele der ästhetisch hochrangigen Autoren wie Georg Heym und Rainer Maria Rilke bedienten (vgl. u.).

Diese hier nur gestreifte epigonale, teilweise ausgesprochen triviale Lyrik, die durchaus gründlichere Untersuchungen verdiente[40], ist Anlass für verschiedene originelle (in den folgenden Abschnitten umrissene) literarische Reaktionen auf sie geworden. Im übrigen haben sich angesichts der zahllosen qualitativ mittelmäßigen oder auch minderwertigen Gedichte, die unablässig in eigenen lyrischen Publikationsorganen (z. B. in ‚Die deutsche Dichterhalle'), in Gedichtsammlungen, Wochenblättern, Zeitungen erschienen, viele der bedeutenderen Autoren durch die Gründung eines Kartells gewehrt, das sich zwischen 1902 und 1933 für eine angemessene Honorierung der eigenen Texte und insbesondere für die Verbesserung des Urheberschutzgesetzes einsetzte.[41]

Von der Moritat zum Protestsong

Eine der folgenreichsten Reaktionen auf die inflationäre Lyrikproduktion der Jahrhundertwende war die Verspottung der zeitgenössischen historischen Balladen. Sie artikuliert sich in der *Blechschmiede* (1902) von Arno Holz, wo ein Balladerich den ebenso volkstümlichen wie trivialen Bänkelsang und die Moritat, aber auch das Vorbild der politischen Lyrik der Jahrhundertmitte dazu nutzt, die in den epigonalen Dichtungen vorherrschende Pathetik bloßzustellen; in Erich Mühsams karikierenden Versen (*Balladen*, 1901); vor allem aber bei Frank Wedekind, der im Münchner literarischen Kabarett ‚Die elf Scharfrichter' seit 1901 Bänkellieder und Moritaten vortrug und sein Publikum mit Liedern wie *Auf die Ermordung Alexanders II.*, *Brigitte B.* oder *Der Tantenmörder* mit schwarzem, an Wilhelm Busch erinnernden Humor belustigte und durch die Umwertung aller Werte auch schockierte:

Ich hab' meine Tante geschlachtet,
Meine Tante war alt und schwach;
Ich hatte bei ihr übernachtet
Und grub in den Kisten-Kasten nach.

Da fand ich goldene Haufen,
Fand auch an Papieren gar viel
Und hörte die alte Tante schnaufen
Ohn' Mitleid und Zartgefühl.

Was nutzt es, daß sie sich noch härme,
Nacht war es rings um mich her –
Ich stieß ihr den Dolch in die Därme,
Die Tante schnaufte nicht mehr.

Das Geld war schwer zu tragen,
Viel schwerer die Tante noch.

Ich faßte sie bebend am Kragen
Und stieß sie ins tiefe Kellerloch.

Ich hab meine Tante geschlachtet,
Meine Tante war alt und schwach;
Ihr aber, o Richter, ihr trachtet
Meiner blühenden Jugend-Jugend nach.

Bei zur Laute gesungenen Liedern wie diesem ist, will man sie richtig einschätzen, die Kommunikationssituation immer mitzuberücksichtigen. Das Kabarett, das Revue-Theater, bei den Protestsongs der jüngsten Vergangenheit auch der Hörsaal oder die Straße sind Faktoren, die den Einsatz literarischer Mittel um der Wirkung auf ein bestimmtes Publikum willen immer mitbestimmt haben.

Wedekinds Kabarettballaden und -lieder haben zahlreiche Autoren der Folgegeneration beeinflusst, unter anderem Klabund (eigentlich Alfred Henschke), Alfred Lichtenstein, Joachim Ringelnatz, Erich Kästner, Kurt Tucholsky, Bert Brecht, deren Widerspruch sich nicht mehr nur gegen epigonale Balladen richtete, sondern ebenso gegen die artifizielle Lyrik des Jugendstils und des Georgekreises (vgl. u.) oder gegen expressionistischen Überschwang.

Das politische Chanson, das Couplet (das kurze, pointierte Lied) der 20er Jahre, auch manche von der anwachsenden Filmindustrie popularisierte Schlager verdanken letztlich Wedekind den Ausbruch aus der Zwanghaftigkeit festgefügter bürgerlicher Moralvorstellungen, womit nicht zuletzt auch die geltende Sexualmoral gemeint war. Gegen eine Fixierung dieser Kleinkunst auf das Thema der Sexualität wandte sich allerdings schon 1919 Kurt Tucholsky in seinem Aufsatz *Die Kunst des Couplets*. Seine Forderung nach einer neuen Politisierung des Chansons ist dann vor allem durch Brecht eingelöst worden.

Brecht begann zunächst in Anlehnung an den von ihm bewunderten Wedekind mit auf Schockwirkung zielenden Moritaten, die er in den einleitenden ‚Bittgesängen' seiner *Hauspostille* (1927) veröffentlichte und gelegentlich auch zur Laute vorsang (z. B. auf der Münchner ‚Wilden Bühne'). Das Thema der Kindesmörderin etwa (*Von der Kindesmörderin Marie Farrar*) war ein längst bekanntes Motiv nicht nur der Dramen des Sturm und Drang, sondern gerade auch des populären Bänkelsangs, aber im Gegensatz zu diesem steht bei Brecht nicht die Verurteilung, sondern das Werben um Verständnis für die existentielle Not der Mörderin im Vordergrund. Über das soziale Engagement hinaus gingen dann vor allem die Lieder, die im Zusammenhang mit Theaterstücken entstanden. Zwar war schon die in der unmittelbaren Nachkriegszeit geschriebene *Legende vom toten Soldaten* (das Entstehungsjahr ist umstritten) satirisch aggressiv gegen einzelne gesellschaftliche Gruppen gerichtet, aber erst in den Songs für die *Dreigroschenoper* (1928) und für den *Aufstieg und Fall der Stadt Mahagonny* (1931) fand Brechts politischer Protest seine eigentliche Ausprägung. Seine Absicht, die Bürgerwelt in ihren korrumpierten Verhaltensweisen und ihrer Doppelmoral zu entlarven, kommt besonders breitenwirksam in seiner von Kurt Weill vertonten *Moritat von Mackie Messer* zum Ausdruck, die der *Dreigroschenoper* vorangestellt ist und auf deren Thematik vorausweist. In ihr werden nicht nur die Verbrechen aufgeführt, die der nach außen hin honorige Macheath begangen hat, sondern wird zugleich auf deren Verborgenheit hingewiesen:

> Und der Haifisch, der hat Zähne
> Und die trägt er im Gesicht
> Und Macheath, der hat ein Messer
> Doch das Messer sieht man nicht.
> [...]

Dieser Song, dessen Stellung in der *Dreigroschenoper* an die Theater-Couplets eines Nestroy erinnert (vgl. III) und exemplarisch auch die Funktion der Musik für das epische Theater Brechts illustriert (vgl. dazu auch dessen Aufsatz *Über die Verwendung von Musik für ein episches Theater*, 1957), wurde so bekannt, dass er als eine Art von Schlager ein eigenes Leben zu führen begann, womit sein gesellschaftskritischer Impetus freilich verblasste.

Während des 2. Weltkriegs und in der Nachkriegszeit hat Brecht weiterhin Balladen und Songs geschrieben, unter anderem die satirische Großballade *Der anachronistische Zug oder Freiheit und Democracy* (1947), in der er all die Gestalten (Industrielle, Kirchenleute, Intellektuelle usw.) und als Allegorien auftretende Gewalten (Unterdrückung, Betrug, Dummheit, Mord usw.), die schon dem Faschismus gedient hatten, aufmarschieren lässt. Am apokalyptischen Ende dieses Gedichts bleiben nur noch Ratten übrig – eine Zukunft gibt es nicht mehr.

> Und ein Wind aus den Ruinen
> Singt die Totenmesse ihnen
> Die dereinst gesessen hatten
> Hier in Häusern. Große Ratten
>
> Schlüpfen aus gestürzten Gassen
> Folgend diesem Zug in Massen.
> Hoch die Freiheit, piepsen sie
> Freiheit und Democracy!

Diese Ballade hat später in der Bundesrepublik Furore gemacht[42], als eine Gruppe von Autoren sie 1979 angesichts der bevorstehenden Wahl eines ehemaligen NSDAP-Mitglieds zum Bundespräsidenten aufführen ließ, unter massiven Eingriffen des gleichsam Zensur ausübenden Bonner Polizeipräsidenten. 1980 zog das Aufführungsteam mit dieser inszenierten Ballade 3300 Kilometer, in München endend, durch die Bundesrepublik – einige Teilnehmer wurden wegen ‚Beleidigung der Ehre des CSU-Vorsitzenden' vor ein Gericht gestellt. Nicht nur das geistreich-spielerische Chanson konnte aus der balladesken Lyrik hervorgehen, sondern, wie dieses Beispiel eines Protest-Songs zeigt, auch die öffentliche politische Agitation.

Moritaten schrieben nach dem Ende des 2. Weltkriegs auch Hans Carl Artmann, Ror Wolf (eigentlich Raoul Tranchirer), Wolf Biermann und Franz Josef Degenhardt. Mit ihnen sind nur die bedeutendsten Verfasser von Texten dieses Genres genannt, zu denen etwa auch Christa Reinig oder Gerhard Rühm gehören.[43] Artmann (*Med ana schwoazzn dindn*, 1958) nutzte den Wiener Dialekt für Verfremdungen der Hochsprache und konnte seinen Motiven von Mord und anderen Schreckenstaten, die dem Arsenal des Schwarzen Humors entstammen, damit nicht nur besonders drastische Akzente verleihen, sondern ihnen auch das Spielerische geben, ohne das der Schwarze Humor als purer Horror wirken würde.[44] Ror Wolf (*mein famili*, 1968), ebenfalls dem Schwarzen Humor anhängend, bevorzugte in seinen Texten die Techniken der Worthäufung, Wortwiederholung, der Reihung, um den Spielcharakter seiner sich aus Familienidyllen entfaltenden Monstrositäten zu sichern. Den politischen Impetus im Sinne Brechts, mit dem er die Verehrung François Villons teilte, hat vor allem Wolf Biermann aufgenommen. In der DDR lebend, griff er, zur Gitarre singend, die Probleme der sozialistischen Gesellschaft auf (*Die Drahtharfe*, 1965), vor allem das Versiegen des revolutionären Schwungs durch die Machenschaften der Partei- und Staatsführung, die Beschneidung der Freiheitsrechte, das Duckmäusertum, und forderte Lösungen in dieser Gesellschaft selbst (*Für meine Genossen*, 1972). An dieser Haltung hat er noch bei seiner eine Solidaritätswelle unter den ostdeutschen Intellektuellen auslösenden Ausbürgerung aus der DDR im Jahre 1976 festgehalten. Der im Westen lebende Franz Josef Degenhardt traktierte dagegen die bundesrepublikanische Nachkriegsrestauration und deren Führungskräfte und stellte sich auf die Seite der ausgegrenzten Randexistenzen (*Spiel nicht mit den Schmuddelkindern*, 1967).

So unterschiedlich sich die hier in einem Längsschnitt erwähnten gesellschaftskritisch engagierten Lyriker des 20. Jahrhunderts die Tradition der Ballade und die trivialen Formen des Bänkelsangs und der Moritat nutzbar machten, gemeinsam ist ihnen fast allen der Bezug auf konkrete, politisch relevante Situationen und ihre auf Breitenwirkung zielende Intentionalität.

Von der Unsinnsdichtung zur Konkreten Poesie

Eine andere folgenreiche Reaktion auf die epigonale Lyrikproduktion der Jahrhundertwende war deren Verspottung und die sich daraus ergebende Lust an Übertreibungen, Verkehrungen, an bis ins Groteske reichendem, durchaus Tiefsinn bergendem Unsinn, am Spiel mit der Sprache. Für all diese Arten des Sich-Distanzierens mag man Arno Holz als wichtigsten Initiator ansehen. Er parodierte die epigonale Dichtung, zu der manche seiner Gedichte selbst gehören, war zugleich voller Selbstironie, spielte mit neuen Möglichkeiten lyrischer Formgebung – man denke nur an die schon erwähnte Mittelachsenlyrik in seinem *Phantasus* (vgl. o.), und auch die Freude an sprachlichen Überraschungen tritt in seinen Texten immer wieder hervor.

Das eigentliche Genie sowohl der Unsinnspoesie als auch des ins Komische gewendeten Sprachspiels aber war Christian Morgenstern. Seine *Galgenlieder* (1905, erweitert 1908), die noch heute in immer neuen Ausgaben aufgelegt werden, gehören zum Originellsten, was je in deutscher Sprache gedichtet worden ist. Morgenstern war einer der vielen (unter ihnen in Deutschland Peter Hille oder Erich Mühsam), die sich der Subkultur der Bohème verbunden fühlten. Die Bohèmiens (das französische Wort leitet sich aus dem mlat. bohemas = Böhme her, aber gemeint waren die Zigeuner, die über Böhmen nach Westeuropa eingewandert waren) verstanden sich als Kritiker der bürgerlichen Gesellschaft und sympathisierten mit deren Außenseitern wie Landstreichern, Huren, auch Kriminellen, und liebten, wenn sie künstlerisch tätig waren, das Extravagante, Anrüchige; spätere, vor allem studentische antibürgerliche Gruppierungen wie etwa die Hippies oder Kommunarden sind letztlich Ausläufer dieser Bewegung, die sich besonders in Großstädten etablierte, in Frankreich bereits seit Mitte des 19. Jahrhunderts. Manche der Gedichtmotive Morgensterns lassen sich ohne weiteres der Bohème zuordnen – das Todes-, das Galgen- und Henkers- oder das Wahnsinnsmotiv – aber der spielerische, höchst phantasievolle Umgang mit ihnen nimmt ihnen das Grauen, das vom Grotesken auszugehen vermag, und rückt sie in den Bereich des Schwarzen Humors, der das Grauen als Ahnung zwar in uns aufsteigen lässt, mit Hilfe seines Spielcharakters aber sofort wieder zurückweist, so dass wir zugleich gequält und erleichtert lachen können.[45] Dieses Spielerische trat in seinen Dichtungen auf mannigfaltige Weise in Erscheinung, begleitet vom schwingenden Rhythmus, von der Musikalität seiner Verse. Ein ‚Geist' (ein besser passender Ausdruck als Figur) wie Herr von Korf, der ständig Erwartungen auf den Kopf stellt und unglaubliche Problemlösungen vorschlägt ist wie der Ästhet Palmström (vgl. auch *Palmström*, 1910) auf diese Weise nicht nur Kritiker nicht hinterfragter Gewohnheiten, sondern bereichert unser Verständnis der Wirklichkeit zugleich durch überraschenden, aus einfallsreichem ‚Unsinn' sich ergebenden Tiefsinn.

Die Behörde

Korf erhält vom Polizeibüro
ein geharnischt Formular,
wer er sei und wie und wo.

Welchen Orts er bis anheute war,
welchen Stands und überhaupt,
wo geboren, Tag und Jahr.

Ob ihm überhaupt erlaubt,
hier zu leben und zu welchem Zweck,
wieviel Geld er hat und was er glaubt.

Umgekehrten Falls man ihn vom Fleck
in Arrest verführen würde, und
drunter steht: Borowsky, Heck.

Korf erwidert darauf kurz und rund:
„Einer hohen Direktion
stellt sich, laut persönlichem Befund,

untig angefertigte Person
als nichtexistent im Eigen-Sinn
bürgerlicher Konvention

vor und aus und zeichnet, wennschonhin
mitbedauernd nebigen Betreff,
K o r f. (An die Bezirksbehörde in –)"

Staunend liests der anbetroffene Chef.

Neben den ‚Sinnspielen' stehen sprachspielerische Gedichte wie etwa der berühmt gewordene *Werwolf*:

Ein Werwolf eines Nachts entwich
von Weib und Kind und sich begab
an eines Dorfschullehrers Grab
und bat ihn: „Bitte, beuge mich!"

Der Dorschulmeister stieg hinauf
auf seines Blechschilds Messingknauf

und sprach zum Wolf, der seine Pfoten
geduldig kreuzte vor dem Toten:

„Der Werwolf,“ sprach der gute Mann,
„Des Weswolfs, Genitiv sodann,
dem Wemwolf. Dativ, wie mans nennt,
den Wenwolf, – damit hats ein End.“

Dem Werwolf schmeichelten die Fälle,
er rollte seine Augenbälle.
„Indessen,“ bat er, „füge doch
zur Einzahl auch die Mehrzahl noch!“

Der Dorfschulmeister aber mußte
gestehn, daß er von ihr nichts wußte.
Zwar Wölfe gäbs in großer Schar,
doch „Wer“ gäbs nur im Singular.

Der Wolf erhob sich tränenblind –
er hatte ja doch Weib und Kind!!
Doch da er kein Gelehrter eben,
so schied er dankend und ergeben.

Schließlich finden sich bei Morgenstern auch reine Lautgedichte (wie *Das große Lalulá*), die ihre eigene Absurdität entfalten, wobei noch selbst das Spiel mit den Lauten durch das mit den Zeichen ersetzt werden kann wie in *Fisches Nachtgesang*.

Lautgedichte, Verse ohne Worte, wurden wenige Jahre später von den sogenannten Dadaisten neu belebt. So bezeichnete sich (die Herkunft des Wortes ist nicht zu klären) eine Gruppe von Autoren, die 1916 das Züricher ‚Cabaret Voltaire‘ zu einer Experimentierbühne erklärten, auf der sie eine Literatur- und Kunstrevolution ins Leben rufen wollten, um dem „Wahnsinn der Zeit“ (Hans Arp), oder etwas genauer: einem für den Weltkrieg mitverantwortlichen, ihn glorifizierenden Bürgertum entgegenzutreten. Dazu gehörte die Verleugnung aller geltenden Kunstideale. Wichtigstes Mittel, um dies zu verdeutlichen, war die Provokation. Hugo Ball, neben Hans Arp und Richard Huelsenbeck der Wortführer der Bewegung, verkleidete sich im Kabarett als ‚magischer Bischof‘ und trug Lautgedichte vor, die keine semantischen Bezüge erkennen ließen (mit ‚Labadas Gesang an die Wolken‘ eröffnete er das Programm der absoluten künstlerischen Freiheit). Experimentiert wurde nicht nur mit Lautgedichten, die nichts als Geräuschkonzerte hervorriefen, sondern vor allem mit Collagen, in denen Sätze aus Zeitungen, Plakaten, Katalogen usw. kombiniert wurden – und das nicht nur in der Dichtung, sondern auch in den bildenden Künsten. Allerdings erhielt das Spielerische, das bei Morgenstern seinen Charme nie verlor, in der Dada-Bewegung, die das Anarchische fetischisierte, einen verkrampften Beigeschmack. Nach dem Weltkrieg zersplitterte sie sich in verschiedene kleine, in Deutschland und Frankreich verstreute Gruppen und Privat-Initiativen. Am bekanntesten wurde der Berliner ‚Club Dada', dem unter anderen Richard Huelsenbeck, George Grosz, Raoul Hausmann angehörten, sowie der von dem Maler und Plastiker Kurt Schwitters unter dem Namen ‚Merz' (so hieß auch die von ihm herausgegebene Zeitschrift) praktizierte ‚Privat-Dada'. Viele seiner Gedichte (vgl. *Anna Blume. Dichtungen*, 1922), in denen das Wort, ähnlich wie bei Arp, wieder als Bedeutungsträger angesehen wurde, gehören zu den originellsten Beiträgen der ganzen Bewegung.

Gleichwohl hat sie am längsten durch ihre akustische Lyrik, also durch ihre Lautgedichte nachgewirkt und in den 50er und 60er Jahren den Zweig der sogenannten ‚Konkreten Poesie' inspiriert. ‚Konkret' heißt diese Poesie, weil sie mit dem konkreten Material der Sprache, mit Buchstaben, Silben, Wörtern unmittelbar, d. h. losgelöst von syntaktischen Zusammenhängen Aussagen zu gestalten versucht, aber oft auf Aussagen auch ganz verzichtet. Das Spiel mit dem Sprachmaterial hat dabei verschiedene Formen angenommen[46], wobei der Dadaismus ebenso wie die Texte der Amerikanerin Gertrude Stein Pate gestanden haben. Helmut Heißenbüttel (u. a. *Topographien*, 1956), der sich am ausführlichsten auch theoretisch zur konkreten Poesie äußerte (etwa in seinen ‚Frankfurter Vorlesungen', 1963), verfuhr zunächst relativ konventionell, indem er aus dem Spiel mit Wörtern – wie häufig auch bei Eugen Gomringer handelte es sich um Repetitionen oder Wortkonstellationen – Spiegelungen entstehen ließ, ohne dass dadurch Sinn, geschweige denn Tiefsinn erwuchs – und leider auch nur ein sehr geringes Maß an Komik. So heißt es in Heißenbüttels *Lehrgedicht über Geschichte* (1954):

Rekapitulierbares dies ist mein Thema
Rekapitulierbares dies ist mein Thema
Rekapitulierbares dies ist mein Thema

nicht Rekapitulierbares

und in Gomringers seinen Inhalt veranschaulichendem Ideogramm

schweigen

schweigen schweigen schweigen
schweigen schweigen schweigen
schweigen   schweigen
schweigen schweigen schweigen
schweigen schweigen schweigen

An serielle Musik erinnern Gedichte von Gerhard Rühm (u. a. *rhythmus r*, 1958, veröffentlicht 1968), der den semantischen Bereich einbeziehen, ihm aber durch sprachliche Veränderungen bzw. Manipulationen neue Reize abgewinnen wollte. Rühm gehörte wie H. C. Artmann oder Konrad Bayer der ‚Wiener Gruppe' an (bekannt wurde seine Anthologie ‚Die Wiener Gruppe', 1967), die, ähnlich den Dadaisten, mit aggressivem, sich teilweise in kabarettistischen Happenings niederschlagendem Protest gegen den offiziellen Kulturbetrieb auf sich aufmerksam machte. – Am radikalsten mit dem Experimentieren am Sprachmaterial ging – jedenfalls zeitweilig – Franz Mon zu Werke (u. a. *artikulationen*, 1959), der in vielen Gedichten auf semantische Anklänge ganz verzichtete und reine, durch Laute hervorgerufene Klänge wie Ketten nebeneinanderstellte, damit aber auch der reinen Willkür Tür und Tor öffnete.

All diese seit den 50er Jahren entstandene ‚konkrete Poesie', für die – literatursoziologisch gesehen – eine gewisse Resonanz überhaupt erst entstehen konnte, nachdem die großen um die Kriegs- und Nachkriegszeit kreisenden Themen zur Sprache gekommen waren, erschöpfte sich rasch. Allein die Texte Ernst Jandls, der auch den Spaß in seine Sprachspiele zurückbrachte, haben eine gewisse, bis heute andauernde Popularität gewonnen. Für seine ernsthaften, auch um theoretische Begründungen ihrer Dichtkunst und sich als Avantgarde verstehenden Kollegen hatte er nur Spott übrig: „i love concrete/i love pottery/but i'm not/a concrete pot." (aus: *Der künstliche Baum*, 1970). *Laut und Luise* (1966) enthält viele seiner bekanntesten, mit unterschiedlichen Sprachwitz-Techniken spielenden Texte, die oft nicht nur belustigend wirken, sondern auch zeitkritisch sein wollen – etwa das berühmt gewordene Einwort-Gedicht *schtzgrmm*, das die Geräuscherlebnisse im Schützengraben lautlich nachbildet. Jandls Befreiung aus literaturtheoretischen Zwängen hat ihn zum vielseitigsten Vertreter der hier skizzierten Entwicklungslinie der ‚Unsinnspoesie' werden lassen (vgl. u. a. seine Bände *sprechblasen*, 1968, *dingfest* 1973, *serienfuss*, 1974) und ihm eine für Lyriker unübliche Popularität vor allem im gebildeten Bürgertum verschafft, mit der in letzter Zeit nur noch Robert Gernhardt (u. a. *Wörtersee*, 1981) konkurrieren konnte, der – ähnlich alltagsbezogen und sarkastisch wie Jandl – die Mittel des Sprachwitzes freilich weniger abwechslungsreich einsetzte (seine besten Effekte entstehen aus dem sich wiederholenden Spiel mit dem Endreim), auch der Gefahr des bloßen Kalauerns nicht entging, aber zusätzliche Wirkungen aus seinen zugespitzten Zeichnungen erzielte.

5.2. Ästhetizismus

Anmerkungen zur Begrifflichkeit

Die verallgemeinernd meist unter dem Begriff des Ästhetizismus subsumierten lyrischen Dichtungen Stefan Georges, Hugo von Hofmannsthals und Rainer Maria Rilkes sind nur sehr bedingt ebenfalls als Antworten auf die sich ausbreitende epigonale Lyrik um die Jahrhundertwende zu verstehen; sie entstanden, so unterschiedlich sie sind, in einer Abwehrbewegung von den gesamten Lebensumständen der von der vordrängenden Technik bestimmten Industriegesellschaft und des Kulturbetriebs in ihr. Die Hochschätzung des Kunstwerks als Ausdruck einer Gegenwelt, die durchaus auch in die Gesellschaft zurückwirken sollte, erinnert an Hoffnungen und Utopien der Romantiker – auf die sich zurückzubeziehen gerade um die Jahrhundertwende unter Intellektuellen zu einem wachsenden Bedürfnis wurde (Ricarda Huchs umfassende Epochendarstellung der Romantik erschien in zwei Bänden 1899 und 1902). Als Vermittler waren bei diesem Rezeptionsprozess die Franzosen Charles Baudelaire, Arthur Rimbaud, Paul Verlaine und Stéphane Mallarmé von Bedeutung, die ihrerseits schon seit der Mitte des 19. Jahrhunderts Motive der Romantik wiederbelebt und den Gedanken von der Autonomie des Kunstwerks, d. h. auch der sich von den als verächtlich empfundenen Lebensumständen abkehrenden Kunst, unter der immer wieder zitierten Formel ‚L'art pour l'art' artikuliert hatten. Was diese Franzosen so einflussreich machte, war ihr Verständnis der Welt als ein ‚Dickicht von Symbolen' (‚forêts de symboles'), wie es Baudelaire in seinen *Les Fleurs du Mal* (1857) formulierte, deren Wahrnehmung eine tiefe Erkenntnis der Wirklichkeit ermögliche, ohne dass die Bedeutung der Symbole doch ganz entschlüsselt werden könne. Welche Ausdrucksformen sich daraus ergaben, lässt sich am Beispiel mancher Texte Rilkes erläutern (s. u.). Es wäre allerdings abwegig, den Begriff des Symbolismus, der sich von der Kunstauffassung der genannten Franzosen herleitet, zu verabsolutieren; er bezeichnet ein poetisches Verfahren in einer bestimmten literarischen Strömung um die Jahrhundertwende – so wie der ebenfalls gern pauschal eingesetzte Begriff Décadence nur als Bezeichnung für eine bestimmte Haltung unter vielen anderen innerhalb der Literatur dieses Zeitraums taugt.[47] Umfassender und für die genannten Autoren auch zutreffender ist der Begriff des Ästhetizismus. Auch er ist über die Franzosen nach Deutschland vermittelt worden, obwohl er von den englischen Präraffaeliten geprägt wurde – übrigens zwei Jahrzehnte nach der ‚L'art pour l'art'-Parole. Die Schönheit um der Schönheit willen zu lieben – hierin treffen sich beide Begriffe – war als ästhetische Opposition gegen die zweckbestimmte Gegenwart der Gründer- und der sich anschließenden wilhelminischen Zeit zu verstehen, deren künstlerische Gestaltungen weitgehend vom protzigen Geschmack der aufsteigenden, das Repräsentativ-Monumentale fördernden Bourgoisie bestimmt waren, nicht nur in der Architektur mit ihren überladenen Häuserfassaden oder in der Malerei mit ihren theatralischen Motiven, sondern vor allem auch in der populären Literatur, die gern die historischen Vorbildfiguren, die großen einzelnen, ihren Willen zur Macht, auch ihre Lust an der Aggression usw. glorifizierte – während die Frauen mit epigonaler Lyrik in Goldschnittbändchen oder besonderen Zeitschriften in die ihnen zugedachten Rollen verwiesen wurden (vgl. o.).

Gegen diese ‚Un-kultur' hatten schon die vielen Realisten opponiert, obwohl nicht zu verkennen ist, dass manche von ihnen (man denke nur an Freytag, Meyer, Dahn, auch Storm) an der ästhetischen Heroisierung des großen Menschen durchaus beteiligt waren; auch Nietzsche, der Kritiker der Epoche, der zugleich in ihre Rhetorik verfiel, wäre hier zu nennen. Erst die Naturalisten verstanden sich als entschiedene Protestbewegung gegen den herrschenden Zeitgeist, gründeten eigene Zeitschriften, entwickelten Programme, organisierten das Theater neu und verstanden sich mit Wortführern wie Otto Julius Bierbaum oder Wilhelm Bölsche als Repräsentanten der ‚Moderne'. Genau dieser Begriff wurde dann von der um Exklusivität bemühten ästhetischen Bewegung (insbesondere von Hofmannsthal) in Anspruch genommen. Doch die Beschäftigung mit Streitereien darüber, ob nun die Analyse des Lebens oder die Flucht aus ihm ‚modern' sei, Streitereien, die schon Zeitgenossen als töricht empfanden (vgl. etwa Samuel Lublinski, *Bilanz der Moderne*, 1904), lässt leicht vergessen, dass dieser Begriff immer nur die Bewegung von Minderheiten erfasste und weder dem Verlauf der politischen wie der Gesellschaftsgeschichte noch der Massenkultur in ihr gerecht wurde. Durchgesetzt hat sich bis zum heutigen Verständnis dieses schillernden und missverständlichen Begriffs (und zwar nur in seiner ästhetischen, nicht in seiner historischen Verwendung) die Auffassung der Antipoden des Naturalismus. Identitätsverlust, Sprachnot, die Selbstreflexivität der Kunst, die er als wesentliche Kennzeichen abdeckt (die künstlerische Reflexion über sie wird heute meist mit dem noch unbestimmteren Begriff der ‚Postmoderne' bezeichnet [vgl. u., S. 593 und 709 f.]) sind freilich sämtlich schon in der Romantik verankert, so dass es angebracht erscheint ‚Moderne' wie ‚Postmoderne' mit Zurückhaltung und den notwendigen Erläuterungen zu gebrauchen.

George, Hofmannsthal, Rilke

‚George und sein Kreis' ist zu einer Formel geworden, mit der Exklusivität konnotiert wird, der ‚Ausschluss' der hässlichen Außenwelt, der sozialen Realität, von dem geistigen Austausch ganz sich selbst genügender Künstler. So elitär George sich gab, so sehr brauchte er seine Bewunderer, die ihm seine herausgehobene Stellung bestätigten, Karl Wolfskehl an erster Stelle, und die gelebte Gemeinschaft, wie sie nicht zuletzt in häuslichen Festen zelebriert wurde. Auch die von George herausgegebene Zeitschrift ‚Blätter für die Kunst', in der nur Gleichgesinnte zu Wort kamen, diente diesem Zweck. Sie enthielt nicht nur Gedichte der Angehörigen dieses Kreises, sondern auch programmatische Stellungnahmen, in denen George seine künstlerischen Grundsätze formulierte, zu denen unter anderem die Ablehnung freier Rhythmen und das Plädoyer für den sorgfältigen Umgang mit dem Endreim gehörten. Den strengen formalen Forderungen entsprach eine besondere Vortragskunst, die an die rituelle Liturgie der katholischen Kirche erinnerte.

Die Betonung des Formalen lag in der Konsequenz dessen, womit die Dichtungen sich thematisch befassten. Im Mittelpunkt der meist zyklisch geordneten Gedichte – auch die in einem Zyklus sich abbildende ästhetische Perfektion gehörte zu den Anforderungen, die George an sich stellte – steht die domestizierte Natur, der schöne Garten oder Park, die Vorstellung vom ‚künstlichen Paradies', in dem auch die von ihrer Triebhaftigkeit befreiten Tiere sich gemessen bewegen oder ruhen. So heißt es in *Die Bücher der Hirten- und Preisgedichte, der Sagen und Sänge und der Hängenden Gärten* (1895)[48]:

> Meine weissen ara haben safrangelbe kronen.
> Hinterm gitter wo sie wohnen
> Nicken sie in schlanken ringen
> Ohne ruf ohne sang.
> Schlummern lang.
> Breiten niemals ihre schwingen –
> Meine weissen ara träumen
> Von den fernen dattelbäumen.

In die ‚paradiesischen' Räume einzutreten, laden viele der Gedichte Georges den Leser durch das Du der Anrede ein:

> Komm in den totgesagten park und schau:
> Der schimmer ferner lächelnder gestade.
> Der reinen wolken unverhofftes blau
> Erhellt die weiher und die bunten pfade.
>
> Dort nimm das tiefe gelb. das weiche grau
> Von birken und von buchs. der wind ist lau.

die späten rosen welkten noch nicht ganz.
Erlese küsse sie und flicht den kranz.

Vergiss auch diese letzten astern nicht.
Den purpur um die ranken wilder reben.
Und auch was übrig blieb von grünem leben
Verwinde leicht im herbstlichen gesicht.

Dieses vielleicht bekannteste Gedicht Georges (aus der Gedichtsammlung *Jahr der Seele*, 1897) setzt den Herbst ins Bild, der George von allen Jahreszeiten am nächsten steht. Denn dem Herbst wohnt jene Stimmung des Vergehens inne, die auch die Stimmung dessen ist, der sein Ich in der Natur ‚aufgehen' lässt. Der Narzissmus, der sich hierin erfüllt, trägt als Kehrseite die moralische Apathie mit sich, wie sie am deutlichsten im frühen Zyklus *Algabal* (1892) zum Ausdruck kommt, wo selbst eine Massenhinrichtung nur als ästhetisches Ereignis wahrgenommen wird.

Georges umfangreichster Zyklus, *Der siebente Ring* (1907), in dem die nach 1899 entstandenen Gedichte gesammelt und nach rein numerischen Prinzipien geordnet sind, hat seine Schüler besonders intensiv beschäftigt und deren Selbstdeutung als Jünger eines ‚Sehers' bestärkt. Auch wenn George in diesem Zyklus der Dichtung immer wieder in oft hymnischem Ton religiöse Bedeutung zusprach, ist die Selbstbezogenheit als Kern seines religiösen Gefühls, das mit dem Christentum nichts gemein hat, unübersehbar.

Auch Hugo von Hofmannsthal, der als Lyriker hauptsächlich nur zwischen 1891 und 1896 hervortrat, verstand sich als Formkünstler und übte sich zunächst in Sonetten, Stanzen, Ghaselen usw., doch war seine Erfahrung der Wirklichkeit gebrochener als die Georges, der sich gleichwohl intensiv um ihn bemühte, ihm die französischen Symbolisten nahebrachte und ihm seine ‚Blätter für die Kunst' als Publikationsorgan zur Verfügung stellte. Es kam zum Bruch, als Hofmannsthal von Georges ‚lebensfeindlichem Ästhetizismus' sprach. Seine eigenen Gedichte kreisen um das gestörte Verhältnis des Menschen zur Welt. Die Welt, in die sich das Ich meditativ zu versenken wünscht, wird als zersplittert empfunden; im Scheitern seines Wunsches erfährt das Ich seine Verlorenheit und Vereinsamung, was in einem der bedeutenden Gedichte Hofmannsthals, in der *Ballade des äußeren Lebens* (um 1895), einen besonders charakteristischen Ausdruck findet. Die Darstellung des Leidens am Verlust einer eigenen sinnerfüllten Identität und der Reflexion über dieses Leiden ist Hofmannsthals wesentlicher Beitrag zur Überwindung der gängigen, an Oberflächenabbildungen festhaltenden Lyrik der Jahrhundertwende. – In seinem fiktiven ‚Brief des Lord Chandos' (*Ein Brief*, 1902) hat er all dies auch diskursiv (übrigens in vollendeter Rede) formuliert: die Unmöglichkeit, die Bestandteile der Wirklichkeit als Zusammenhang zu sehen und sie in zusammenhängende Rede zu zwingen – was als Perspektive die Gestaltung von Augenblickserlebnissen und mystischen Vertiefungen in sie eröffnet.

Wie Hofmannsthal begann auch Rainer Maria Rilke als formbewusster Nachahmer unterschiedlicher Vorbilder. In Prag geboren, häufig seine Wohnorte wechselnd, verkörpert er besonders sinnfällig den heimatlosen, sozial nicht verankerten, von Gönnern unterstützten Intellektuellen, der sein Ungenügen daran auch schon einmal dadurch kompensierte, dass er gedruckte Texte von sich „dem Volke“ schenkte und kostenlos an Krankenhäuser und Handwerkervereine verteilte.[49] Dies entsprach – Rilke verstand sich als Werkzeug göttlicher Sendung – einem unangemessenen Selbstwertgefühl, das sich nicht nur in der Subjektivität seiner frühen Gedichte, sondern auch noch im religiösen Überschwang späterer Texte äußerte. Seine eigentliche Bedeutung als Lyriker gewann er erst mit den beiden Bänden seiner *Neuen Gedichte* (1907/08). Sie enthalten die zahlreichen ‚Dinggedichte‘, die Rilkes unverwechselbare Stellung in der Literaturgeschichte begründen. Der Begriff ‚Dinggedicht‘ ist missverständlich, weil es Rilke nicht – ebensowenig wie bereits C. F. Meyer in seinen symbolistischen Gedichten *Der römische Brunnen* und *Zwei Segel* (vgl. III) – um die bloße Beschreibung von Objekten ging, sondern um das Verstehen von etwas ‚Wesentlichem‘, das durch die Dinge hindurchscheint. Das gilt beispielsweise für die *Römische Fontäne*, wo das Motiv von C. F. Meyers *Römischen Brunnen* aufgegriffen wird, das die Einheit des Widersprüchlichen zur Anschauung bringt, ebenso wie für *Das Karussell*, dessen Betrachtung eine Ahnung von der Wiederkehr des Immergleichen aufscheinen lässt, oder für *Der Ball*, das den Gegenstand, der sich zwischen Flug und Fall bewegt, als Symbol der Verwandlung versteht. Das berühmteste Gedicht dieser Sammlung, *Der Panther*, verdeutlicht nicht nur die Qual der Gefangenschaft, die Spannung zwischen Vitalität und zivilisatorischer Einengung, sondern im ‚verständnislosen‘ Blick des Tieres auf den Menschen auch die Grenze der Kommunikation zwischen beiden, – wobei das Wesen des literarischen Symbols eben darin liegt, dass es nie ganz auf den Begriff zu bringen ist und es immer auch am Rezipienten liegt, was es in diesem wachruft.

Der Panther
Im Jardin des Plantes, Paris

Sein Blick ist vom Vorübergehn der Stäbe
so müd geworden, daß er nichts mehr hält.
Ihm ist, als ob es tausend Stäbe gäbe
und hinter tausend Stäben keine Welt.

Der weiche Gang geschmeidig starker Schritte,
der sich im allerkleinsten Kreise dreht,
ist wie ein Tanz von Kraft um eine Mitte,
in der betäubt ein großer Wille steht.

Nur manchmal schiebt der Vorhang der Pupille
sich lautlos auf –. Dann geht ein Bild hinein,
geht durch der Glieder angespannte Stille –
und hört im Herzen auf zu sein.

Den *Neuen Gedichten* sind keine größeren Gedichtsammlungen mehr gefolgt. Das lyrische Spätwerk Rilkes konzentriert sich auf die zwischen 1912 und 1922 entstandenen, dem Verständis nur schwer zugänglichen *Duineser Elegien*, in denen der Klage über die Begrenzungen des menschlichen Daseins der Versuch einer religiös begründeten, vom Dichter unterstützten Sinngebung des Lebens folgt. Dass diese visionäre Gedankenlyrik mit ihren symbolischen Verstrebungen uneindeutig bleibt, hat zu ihren unterschiedlichsten Deutungen geführt.

5.3. Georg Trakl

Der Österreicher Georg Trakl ist der große Einzelgänger unter den Lyrikern nach der Jahrhundertwende (vgl. seine *Gedichte*, 1913). Psychisch labil, starb er 1914 schon als 27-Jähriger an den Folgen einer Kokainvergiftung nach einem Einsatz als Sanitäter an der galizischen Front. Auch Trakl stand wie George, Hofmannsthal, Rilke zunächst unter dem Einfluss des französischen Ästhetizismus, insbesondere Baudelaires, Verlaines und Rimbauds. Mit all diesen Dichtern teilte er die Vorliebe für Motive des Verfalls in einer als zerrissen empfundenen Wirklichkeit („Es ist ein so namenloses Unglück, wenn einem die Welt entzwei bricht …", schrieb er an den Freund Ludwig von Ficker) sowie das visionäre Ausgreifen in eine andere Wirklichkeitsdimension. Trakls Singularität erwächst aus seinem Reihungsstil, in dem Bild an Bild gefügt wird, allerdings meist nicht, um auf die in unverbundene Elemente zerfallende Realität hinzuweisen, sondern um im Gedicht, im Kunstwerk, das Zerfallene zu einem einheitlichen Eindruck zusammenzufügen. Die Bilder, die er wählte, stammen zum großen Teil aus dem Bereich der Natur des Herbstes und Winters, die den Tod in sich tragen, auch des Abends und der Nacht, und erweitern sich, je später sie entstanden, zum Entwurf von Räumen, wo sich todgeweihte Menschen bewegen (u. a. Kaspar Hauser – sowie Figuren aus Trakls eigener Vorstellungswelt: Sebastian, Helian, Elis, die Schwester), in denen man das Schicksal Jesu gespiegelt finden kann, in denen sich jedenfalls der Mythos des Zusammenhangs von Opfer und Erlösung wiederfindet. Dennoch ergibt sich nicht etwa – wie Heidegger vermutete – ein symbolisches System. Ebensowenig wie Trakl die Dinge nur ‚benannt' hat, werden sie in ein festes Bedeutungsgefüge gepresst. Es ist das Verdienst der historisch-kritischen Trakl-Ausgabe Walther Killys und Hans Szklenars, die ständig variierende Arbeitsweise dieses Dichters, die sich auch in seinen kaum entzifferbaren Handschriften niederschlägt, die ‚Textgeschichte' der einzelnen Gedichte als erste nachvollziehbar gemacht zu haben.[50]

Trakls Variationen beziehen sich im Wesentlichen auf die Epitheta, die den Substantiven unablässig beigegeben werden. Auffällig sind dabei die Farbbezeichnungen, die als solche keine oder nur sehr ungenaue Bedeutungen tragen, vielmehr nach klanglichen und rhythmischen Gesichtspunkten ausgewählt werden,[51] wobei die Zahl der Farbadjektive relativ begrenzt bleibt. Auch die Verben tauscht Trakl in den Handschriften immer wieder aus. So entsteht in seinen Gedichten eine Welt vieldeutiger poetischer Chiffren, die nicht zu enträtseln sind, weil sie gar keine empirische Realität herstellen wollen. Ihren Zauber gewinnen sie durch die Musikalität ihrer Zusammenfügung, durch eine Schwermut, die durch klangliche Assoziationsgewebe hervorgerufen wird.

In den Nachmittag geflüstert

Sonne, herbstlich dünn und zag,
Und das Obst fällt von den Bäumen.
Stille wohnt in blauen Räumen
Einen langen Nachmittag.

Sterbeklänge von Metall;
Und ein weißes Tier bricht nieder.
Brauner Mädchen rauhe Lieder
Sind verweht im Blätterfall.

Stirne Gottes Farben träumt,
Spürt des Wahnsinns sanfte Flügel.
Schatten drehen sich am Hügel
Von Verwesung schwarz umsäumt.

Dämmerung voll Ruh und Wein;
Traurige Gitarren rinnen.
Und zur milden Lampe drinnen
Kehrst du wie im Traume ein.

Trakls Gedichte bewegen sich in ihrem eigenen Kosmos, der sich langsam und geringfügig – nur zum Ende seines Lebens hin plötzlich und grundlegend – veränderte (vgl. seine Gedichte *Klage* und *Grodek*). Seine Art zu dichten hat bis heute keine bedeutenden Nachfolger gefunden.

5.4. Expressionistische Lyrik

Der Begriff Expressionismus, zuerst 1911 auf die französische Malerei angewandt, dann in Deutschland auf die Dichtung übertragen, deckt unterschiedliche lyrische Ausdrucksformen ab. Gemeinsam ist den expressionistischen Lyrikern nicht nur der Wunsch nach Befreiung aus ästhetischen Konventionen, sondern auch das Unbehagen an den gesellschaftlichen, patriarchalisch strukturierten Lebensverhältnissen sowie (in dieser Hinsicht mit den Ästhetizisten ganz einig) am ‚Zivilisationsmaterialismus', wie Ludwig Rubiner es 1912 in der Zeitschrift ‚Die Aktion' formulierte. Neuanfang, Aufbruch wurden zu Stichwörtern in der Generation der um 1890 Geborenen, und die Orientierung an den vitalen Kräften des Menschen zu einer Art Mode, in der sich zugleich die Ablehnung der Achtsamkeit auf sensible seelische Prozesse, denen etwa der Ästhetizismus nachging, niederschlug.

Großstadt und Krieg als Motive: Stadler, Heym, Stramm

So knüpften die expressionistischen Lyriker thematisch wieder an die Naturalisten an, indem sie das Motiv der Großstadt und der entfremdeten Lebensverhältnisse in ihr neu entdeckten; so kam es allerdings auch bei etlichen Autoren, wenigstens zeitweilig (etwa bei Georg Heym in seinem Gedicht *Gebet*) zur Verklärung von Krieg und Revolution, in denen man verblendet den vitalen Lebenswillen sich erfüllen sah, bis nach dem Ausbruch des 1. Weltkriegs die Ernüchterung einsetzte und pazifistische, ja messianische Gedanken der friedlichen Welterneuerung Ausdruck fanden.

Die berühmte, von Kurt Pinthus 1919 zusammengestellte Anthologie *Menschheitsdämmerung. Ein Dokument des Expressionismus* enthält Gedichte, die diese Aspekte zur Geltung bringen, auch wenn die Auswahlkriterien (z. B. die Bevorzugung der Freunde des Herausgebers) heute als zu subjektiv gelten und die Repräsentativität der Sammlung beeinträchtigen.

Der Überschwang der Gefühle, den die Expressionisten häufig auch nur als literarisches Mittel einsetzten, lässt sich sehr deutlich an ihrer Behandlung des Motivs der Großstadt und des großstädtischen Lebens als einem besonders charakteristischen Motiv veranschaulichen. Während die Ästhetizisten die Großstadt zwar wahrgenommen, aber das, was in ihr geschah, nicht sonderlich ernst genommen hatten, weil sie sich im wesentlichen für ihre eigenen seelischen Regungen interessierten

(„Die dunkle Stadt, sie schläft im Herzen mein.“, Hofmannsthal), orientierten sich die Expressionisten enger an den impressionistischen Eindrücken, wie sie in Gedichten von Naturalisten aufgeschrieben worden waren, glitten dabei aber gern in ekstatische Visionen ab. So endet Ernst Stadlers bekanntes Langzeilen-Gedicht *Fahrt über die Kölner Rheinbrücke* (1913), in dem das Beobachtete gleichsam als Mittel dient, um den Beobachtenden in einen Rauschzustand zu versetzen, mit den Versen

> Und dann die langen Einsamkeiten. Nackte Ufer. Stille. Nacht.
> Besinnung. Einkehr. Kommunion. Und Glut und Drang
> Zum Letzten, Segnenden. Zum Zeugungsfest. Zur Wollust.
> Zum Gebet. Zum Meer. Zum Untergang.

So viel Gefühligkeit, in der sich Religiosität und Vitalismus vermischen, wirkt inzwischen mehr als befremdlich; weniger exaltiert ist das Gedicht *Bahnhöfe*, in dem das Ein- und Ausfahren der als ‚erzne Kraft‘ empfundenen Züge den Träumen des sie Anschauenden von ‚südlichen Meeren‘ und ‚grünen Küsten‘ gegenübersteht. Die Walt Whitman nachahmenden Langzeilen unterstützen dabei die Sehnsuchtsstimmung. Nicht nur von der Technik, insbesondere von der Eisenbahn, war Stadler fasziniert und irritiert zugleich; er richtete sein Augenmerk ebenso wie die Naturalisten auch auf das Skandalon der extremen sozialen Ungleichheit, etwa in seinem Gedicht über die *Kinder vor einem Londoner Armenspeisehaus*, wobei sich der Betrachtende über sein naturalistisch eingefangenes Bild-Erlebnis hinausgehend in die Träume der wartenden Kinder versetzt und so einen zusätzlichen Mitleids-Effekt erzielt. Deutlicher konnte die Abkehr vom Schönheitskult der Ästhetizisten nicht zum Ausdruck kommen.

Die Handschrift der Naturalisten lassen z. B. auch die Großstadtgedichte längst vergessener Autoren wie Armin T. Wegner, Ernst Blass, Max Herrmann-Neisse oder auch bekannterer wie Alfred Lichtenstein und Alfred Wolfenstein erkennen, in denen der gern verwendete ‚Reihungsstil‘ die verwirrende Gleichzeitigkeit urbaner Ereignisse und die Verlorenheit des einzelnen Menschen in ihnen veranschaulichen sollte (vgl. etwa Wolfensteins *Städter*). Einen anderen als diesen resignierten, nur zu häufig auch larmoyanten Ton schlugen Autoren an, die das Bild der Großstadt ins Groteske verzerrten wie etwa Jakob van Hoddis (vgl. *Weltende*) und Georg Heym in manchen seiner Texte.

Heym hat das Großstadtmotiv von allen Expressionisten zweifellos am originellsten behandelt. Es steht ganz im Mittelpunkt seiner Lyrik zwischen 1910 und 1912, dem Jahr, in dem er als Vierundzwanzigjähriger tödlich verunglückte. Sein Frühwerk, das hier übergangen werden kann, hatte sich mit unterschiedlichen Stoffen, unter anderem aus der Antike (Heym war altsprachlich gebildet und konnte sich lateinisch unterhalten), befasst und schon seine Neigung zu Überhöhungen. allegorischen Personifikationen und Dämonisierungen erkennen lassen, die sich auch noch in seiner Großstadtlyrik finden. Ebenso wie er sich vom Ästhetizismus absetzte (George und Rilke verspottete er), distanzierte er sich auch von den Naturalisten, deren von Mitleid durchtränkte Elendspoesie er ablehnte. Von gezeigter Anteilnahme ist in Heyms Großstadtgedichten (zu finden in *Der ewige Tag* (1912), der einzigen von ihm autorisierten Auswahl seiner Gedichte) nichts zu spüren. Vielmehr führen sie beschädigte Existenzen in oft grotesker Verzerrung vor Augen. Gefangene, Kranke, Invaliden, Bettler, Blinde, verkrüppelte Kinder verweisen auf eine aus den Fugen geratene Welt und auf verkümmertes Leben in ihr. Nicht von ungefähr tritt das Motiv des Todes, des Totseins hier im Leben, in immer neuen Varianten hervor. Wird in den Berlin-Sonetten Heyms der Anblick von Industrieanlagen noch mit Hinterhofsszenen als Zufluchtsorten kontrastiert, so verlieren spätere Gedichte alles Idyllische und machen der Dämonisierung des Molochs Großstadt Platz. Der Gott der Stadt in Heyms bekanntestem, gleichnamigem Gedicht verwandelt alle Energie nur in Verderben.

Auf den Weltkrieg vorausweisende Züge – und damit kommt ein zweites dominierendes Thema expressionistischer Lyrik in den Blick – gewinnt die Apotheose des Untergangs in Heyms Gedichten *Der Krieg* oder *Die Nacht*, die den Krieg thematisieren und die Zerstörung, die er hinterlässt, in apokalyptischen Bildern einfangen. So endet *Der Krieg* mit den Strophen:

Und mit tausend Zipfelmützen weit
Sind die finstren Ebnen flackernd überstreut,
Und was unten auf den Straßen wimmelnd flieht,
Stößt er in die Feuerwälder, wo die Flamme brausend zieht.

Und die Flammen fressen brennend Wald um Wald,
Gelbe Fledermäuse, zackig in das Laub gekrallt,
Seine Stange haut er wie ein Köhlerknecht
In die Bäume, daß das Feuer brause recht.

Eine große Stadt versank in gelbem Rauch,
Warf sich lautlos in des Abgrunds Bauch.
Aber riesig über glühnden Trümmern steht,
Der in wilde Himmel dreimal seine Fackel dreht

Über sturmzerfetzter Wolken Widerschein,
In des toten Dunkels kalten Wüstenein,
Daß er mit dem Brande weit die Nacht verdorr,
Pech und Feuer träufet unten auf Gomorrh.

Und in der folgenden Strophe von *Die Nacht* kündigen sich bereits die Brand- und Phosphorbombenverwüstungen des 2. Weltkriegs an:

> Auf Schlangenhälsen die feurigen Sterne
> Hängen herunter auf schwankende Türme,
> Die Dächer gegeißelt. Und Feuer springet
> Wie ein Gespenst durch die Gassen der Stürme.

Dass Heym, formbewusst wie er war, konsequent an der strukturierten Verszeile und am Reim festgehalten hat, trennt ihn von vielen seiner sich emotional verströmenden Zeitgenossen, gibt der Wirkung seiner Verse aber die zusätzliche Kraft der Konzentration.

Der Krieg ist das wichtigste Thema auch in der späten Lyrik von August Stramm, der wegen der Verknappung seines Stils, wegen seiner Worterfindungen und seiner zersplitterten, die Grammatik missachtenden Syntax gern als der Protagonist expressionistischer Lyrik angesehen wird. Seine den intensivsten Ausdruck suchende ‚Wortkunst', die oft schon in der Nähe experimenteller Lyrik (vgl. o.) steht, entsprach den Intentionen des Herausgebers der Zeitschrift ‚Der Sturm', Herwarth Walden, der Stramm förderte und dessen Texte veröffentlichte. Zu Stramms Lebzeiten – er fiel 1915 – erschienen allerdings nur Liebesgedichte von ihm (*Du. Liebesgedichte*, 1915); die in wenigen Monaten entstandenen Kriegsgedichte wurden posthum erst 1919 unter dem Titel *Tropfblut* gedruckt. Ihre alles Persönliche zurückdrängende, sich an Begrifflichkeiten orientierende Sprache erinnert an das Konstruktivistische, das dem Kubismus und Futurismus in der bildenden Kunst eigen war. Die wichtige theoretische Schrift hierüber, das *Manifesto tecnico della letteratura futurista* (*Technisches Manifest des Futurismus*) von Filippo T. Marinetti, kannte Stramm durch H. Walden – dessen Zeitschrift sich um die Zusammenführung von expressionistischer Literatur und Malerei bemühte. Über die Abstraktion hinaus freilich geht Stramms bekanntestes Gedicht *Patrouille*:

> Die Steine feinden
> Fenster grinst Verrat
> Äste würgen
> Berge Sträucher blättern raschlig
> Gellen
> Tod.

Das Leiden an den Entfremdungen des Lebens in der Großstadt und den Schrecken des Krieges führte bei manchen expressionistischen Lyrikern auch zu Reaktionen, die in der Spannung von Weltflucht und Innerlichkeit lagen. Einige haben diese Spannung in die Aussagen über Liebesbeziehungen hineingetragen, etwa auch August Stramm, der in der genannten Sammlung seiner Liebesgedichte erotische Begegnungen, sofern sie das Innerste berühren, in die Nähe der Gotteserfahrung rückte. Dazu passte die bereits angesprochene Suche nach dem intensivsten sprachlichen Ausdruck – auch jenseits der grammatikalischen Richtigkeit.

Lasker-Schüler

Die Verknüpfung von erotischem Erleben und einem ins Kosmische ausgreifenden Mystizismus findet sich schon vor dem 1. Weltkrieg vor allem in der Lyrik von Else Lasker-Schüler, die, ebenfalls von Walden beeinflusst (mit dem sie in zweiter Ehe verheiratet war), wie Stramm um des intensiven Gefühlsausdrucks willen zu Wortneuschöpfungen neigte. Liebende, die miteinander verschmelzen, die in der erotischen Begegnung ihre Individualität verströmen lassen, gewinnen in Lasker-Schülers Gedichten (vgl. ihre Sammlung *Der siebente Tag*, 1905) den Zugang zu einem paradiesischen Urzustand oder erfahren eine diese Welt überschreitende Grenzenlosigkeit. Dieses Verwobensein miteinander und mit dem Kosmos hat einen auch sprachlich vollkommenen Ausdruck in ihrem berühmtesten Gedicht *Ein alter Tibetteppich* (1910) gefunden, wobei das Ausweichen in eine fremde, fernöstliche Vorstellungswelt die eskapistische Tendenz ihrer Lyrik unterstreicht:

> Deine Seele, die die meine liebet,
> Ist verwirkt mit ihr im Teppichtibet,
>
> Strahl in Strahl, verliebte Farben,
> Sterne, die sich himmellang umwarben.
>
> Unsere Füße ruhen auf der Kostbarkeit,
> Maschentausendabertausendweit.
>
> Süßer Lamasohn auf Moschuspflanzenthron,
> Wie lange küßt dein Mund den meinen wohl
> Und Wang die Wange buntgeknüpfte Zeiten schon?

Auch in späteren Texten hat die Dichterin ihre zahlreichen Liebesbeziehungen poetisch begleitet und dabei vielfältige seelische Grenzerfahrungen angesprochen.

5.5. Gottfried Benn

Auch bei Gottfried Benn, einem der bemerkenswertesten Lyriker des 20. Jahrhunderts, ist die Spannung zwischen Resignation angesichts der erfahrenen Wirklichkeit und der Sehnsucht nach einem sich aus dieser Wirklichkeit herauslösenden anderen Zustand immer wieder erkennbar, wobei die Resignation in die Gedichte hineingenommen wird. Sie äußert sich zunächst als schonungslose, wenn nicht zynische Enthüllung des Inneren des Menschen als bloße Körperlichkeit, die dem Verfall, dem Würmerfraß ausgesetzt ist. So lautet die *Schöne Jugend* aus *Morgue und andere Gedichte* (1912), dem Frühwerk des Mediziners Benn:

> Der Mund eines Mädchens, das lange im Schilf gelegen hatte,
> sah so angeknabbert aus.
> Als man die Brust aufbrach, war die Speiseröhre so löcherig.
> Schließlich in einer Laube unter dem Zwerchfell
> fand man ein Nest von jungen Ratten.
> Ein kleines Schwesterchen lag tot.
> Die andern lebten von Leber und Niere,
> tranken das kalte Blut und hatten
> hier eine schöne Jugend verlebt.
> Und schön und schnell kam auch ihr Tod:
> Man warf sie allesamt ins Wasser.
> Ach wie die kleinen Schnauzen quietschten!

Ohne auf die Anspielung auf das ‚Volkslied' *Schön ist die Jugend*, die Relativierung von Klischee-Vorstellungen[52], überhaupt den poetischen Gehalt dieser Verse und den der anderen Morgue-Gedichte hier eingehen zu können – thematisch gemeinsam ist ihnen, dass mit dem Blick auf die zerfallenden Körper alle geistigen und seelischen Überhöhungen des Menschen als Selbsttäuschung entzaubert werden sollen.

Doch behält diese nihilistische Attitude nicht das letzte Wort. In den desillusionierenden Jargon bricht schon in Benns frühen Gedichten die Sehnsucht nach einer ganz anderen Lebenswirklichkeit ein. Seine Wunschphantasien kreisen um Zustände, in denen der Intellektuelle („Ich bin der Stirn so satt" heißt es in *Untergrundbahn*, 1913) sich in dionysischem Tanz und Rausch vergessen und seine Triebnatur ausleben kann (vgl. dazu etwa *Alaska*, 1913, *Karyatide*, 1916, *Kokain*, 1917). Immer wieder wird für diesen Ausbruch aus den Fesseln der Zivilisation und des Gesitteten das Bild des Südens beschworen (vgl. z. B. *Palau*, 1922), wobei das „Südwort" Blau, also die Farbe der deutschen Romantik, für den ‚intellektuellen

Narkotiker'[53] Benn das Sehnsuchtswort schlechthin ist. Es findet sich auch noch in *Fragmente* (1951), dessen Mittelteil – reflektierend – der zersplitterten Welt der Gegenwart eine mythische Idylle der „Schöpfungsfrühe" entgegensetzt:

> … aber Abende gab es, die gingen in den Farben
> des Allvaters, lockeren, weitwallenden,
> unumstößlich in ihrem Schweigen
> geströmten Blaus,
> Farbe der Introvertierten,
> da sammelte man sich
> die Hände auf das Knie gestützt
> bäuerlich, einfach
> und stillem Trunk ergeben
> bei den Harmonikas der Knechte – …

Wer die Masken der bürgerlichen Lebensform so zertrümmerte wie Benn, wollte auch auf die bürgerliche Diktion verzichten. In seiner vieldiskutierten Rede über *Probleme der Lyrik* (1949) hat er resümierend seine Ansicht über die Fehler herkömmlicher Lyrik beschrieben, von denen die wie-Vergleiche der ärgste für ihn war; dagegen setzte er die Suche nach dem reinen Ausdruck, dem Wort, das an niemanden gerichtet ist, sondern als solches zum Erlebnis wird – wie überhaupt diese Rede ein Bekenntnis zur ‚Artistik', zur „Transzendenz der schöpferischen Lust" ist, die der „hohlen" Existenzform des Menschen der Gegenwart entgegengesetzt wird. Poetisch hatte diese Überzeugung schon vorher Ausdruck in seinem Gedicht *Ein Wort* (1941) gefunden:

> Ein Wort, ein Satz –: aus Chiffren steigen
> erkanntes Leben, jäher Sinn,
> die Sonne steht, die Sphären schweigen
> und alles ballt sich zu ihm hin.
>
> Ein Wort – ein Glanz, ein Flug, ein Feuer,
> ein Flammenwurf, ein Sternenstich –
> und wieder Dunkel, ungeheuer,
> im leeren Raum um Welt und Ich.

Benns Bekenntnis zum ‚moralfreien' Wortkunstwerk, das er auch schon früher dargelegt hatte (vgl. etwa *Zur Problematik des Dichterischen*, 1930; *Soll Dichtung das Leben bessern?*, 1931), wirkte angesichts der Millionen von Toten der beiden Weltkriege und der Not der Nachkriegsjahre in Deutschland überaus provokativ, als Flucht aus der Realität durch Regression ins Innere; gleichwohl sind ihm, der mit dem eigenen Narzissmus Form und Zucht verband, ja diese selbst als Flucht in einen geistigen Rausch erlebte, unter rein ästhetischen Gesichtspunkten so vollendete Gedichte gelungen wie etwa das in den zwanziger Jahren entstandene Gedicht

Astern

Astern – schwälende Tage,
alte Beschwörung, Bann,
die Götter halten die Waage
eine zögernde Stunde an.

Noch einmal die goldenen Herden
der Himmel, das Licht, der Flor,
was brütet das alte Werden
unter den sterbenden Flügeln vor?

Noch einmal das Ersehnte,
den Rausch, der Rosen Du –
der Sommer stand und lehnte
und sah den Schwalben zu,

noch einmal ein Vermuten,
wo längst Gewißheit wacht:
die Schwalben streifen die Fluten
und trinken Fahrt und Nacht.

5.6. Die Politisierung der Lyrik in der Zeit der Weimarer Republik

Der verlorene Weltkrieg, der Zusammenbruch des wilhelminischen Kaiserreichs, die Gründung der Republik und die damit verbundenen militanten Unruhen, die soziale Ungleichheit, der Aufstieg des Faschismus und die Reaktionen auf ihn, die Spaltung der Arbeiterbewegung, das Fehlen eines demokratischen Grundkonsenses in der Bevölkerung (vgl. zu all dem ausführlicher o., S. 513 ff.) führten zu einer Politisierung der Literatur, die auf die gesellschaftlichen Vorgänge nicht nur reagierte, sondern auch Einfluss auf sie zu nehmen suchte. Benns Rückzug in eine ‚poésie pure' stempelten ihn unter den Lyrikern zum Außenseiter, der gerade bei marxistisch orientierten Autoren wie Johannes R. Becher, den späteren Kulturminister der DDR, der von der Literatur, gerade auch von der Lyrik, politisches Eingreifen forderte, auf Unverständnis und entschiedene Abwehr stoßen musste.

Autoren der ‚Neuen Sachlichkeit'

Doch nicht nur die im BPRS organisierten Autoren wie Becher, die Literatur zu Agitation und Propaganda für den Klassenkampf nutzten, trugen zur Politisierung gerade der Lyrik bei; eine größere Breitenwirkung ging sicherlich von Erich Kästner und Kurt Tucholsky aus, die ebenfalls die politischen Verhältnisse reflektierten, ohne sich dabei parteipolitisch zu engagieren. Sie prägten für ihre Gedichte den Begriff der ‚Gebrauchslyrik' und verteidigten damit eine Lyrik, die für den Alltagskonsum, für die Aufklärung und Unterhaltung möglichst vieler Leser gedacht war. Beide publizierten in den Feuilletons von Zeitungen und Zeitschriften (Tucholsky z. B. in der von ihm und Carl von Ossietzky herausgegebenen ‚Weltbühne'), durch die allerdings vor allem nur Teile des gebildeten Bürgertums, nicht aber die Leserschaft der Massenpresse erreicht wurde. Kästner schrieb etliche Gedichte (vgl. z. B. seinen ersten Zyklus *Herz auf Taille*, 1928), die sich gegen eine in der neuen Republik nur Unheil stiftende militaristische oder bürokratische Gesinnung richteten, was keineswegs ausschloss, dass er auch ganz andere Themen behandelte, z. B. das der Entfremdung von Liebenden wie in seiner berühmt gewordenen *Sachlichen Romanze*, die seinen zweiten Gedichtzyklus *Lärm im Spiegel* (1929) einleitet. Tucholsky (z. B. *Deutschland, Deutschland über alles*, 1929), der als Autor kurzer satirischer Prosa größere Wirkung als mit seinen Gedichten erreichte (vgl. u.), polemisierte häufig gegen die bürgerliche Justiz, empörte sich über die soziale Ungleichheit, über Ausbeutung und Armut und sah besorgt den Faschismus heraufziehen.

Anders als Kästner und Tucholsky, die man gern der ‚Neuen Sachlichkeit' zuordnet (zu diesem Begriff vgl. u., S. 668), mischten sich Johannes R. Becher und Erich Weinert mit ihren Gedichten direkt in die politischen Tageskämpfe ein. Während Becher (in scharfer Abgrenzung zu Gottfried Benn) zwar dem „Befreiungskampf des Proletariats" dienen wollte, dafür aber nicht immer die adressatengerechten Worte fand, war der vom politischen Kabarett kommende Weinert, der seine Text gern in Versammlungen vorlas, realitätsbezogener (vgl. etwa sein Gedicht *Wie hetze ich erfolgreich*) und in seiner kämpferischen Eindeutigkeit wirksamer.

Brecht

Der vielschichtigste Lyriker dieser Jahre war Bertolt Brecht, dessen *Hauspostille* 1927 erschien. Der Titel dieser berühmt gewordenen Sammlung, der sich ironisch an Luthers als Erbauungsbuch konzipierte *Kirchen- und Hauspostille* aus dem Jahr 1527 anlehnt, enthält zyklisch geordnete Gedichte, die den Glauben an die Macht und das Eingreifen Gottes gerade desillusionieren und den Menschen auf sich selbst zurückwerfen. Auch darin lag für Brecht ein ‚Gebrauchswert', der der Aufklärung.

Schon die Einteilung in ‚Lektionen' sollte den Leser davor bewahren, die Texte als unmittelbaren Gefühlsausdruck zu verstehen – sie wollten belehren, und das Vergnügen sollte aus der Belehrung gezogen werden. So gilt, in Umkehrung gewohnter Erwartungen, in den ‚Bittgängen' die Fürbitte dem Elternmörder Apfelböck und der Kindesmörderin Marie Farrar und nicht deren Opfern; so bleibt in den ‚Exerzitien', die im katholischen Verständnis Sündern den Weg der Läuterung weisen sollen, den Menschen diese Läuterung gerade verschlossen; so werden in den *Chroniken* nicht die Lebensläufe historisch bedeutsamer Menschen, sondern die der ‚kleinen Leute' beschrieben; usw. Das vielleicht bekannteste Gedicht der *Hauspostille*, die *Erinnerung an die Marie A.*, ist eben kein konventionelles Liebesgedicht, sondern – schon durch den Dialog in der mittleren Strophe erkennbar – eher ein „parodistischer Gegenentwurf zu bürgerlicher Liebeslyrik"[54], aber doch auch mehr als das. Sucht man in der *Hauspostille*, in der verschiedenste lyrische Gattungen, besonders so volkstümliche wie Ballade und Song, versammelt sind, nach einem gemeinsamen Nenner, so liegt er in der Beschreibung von Zuständen der Entfremdung und in der Entblößung unterschiedlicher Formen gesellschaftlicher Gewalt, ohne dass Brecht in ihr bereits (wie dann in seiner Lyrik aus dem Exil) eine ausgeprägt antifaschistische Haltung einnimmt oder klassenkämpferische Lösungen vorschlägt (vgl. u.).

5.7. Nationalsozialistische Lyrik und Lyrik der ‚inneren Emigration', des Widerstands und des Exils

Ideologische Liedtexte der Nationalsozialisten

Ebenso wie Autoren anderer Gattungen haben Lyriker nach der nationalsozialistischen Machtergreifung, nach der Diskriminierung von Schriftstellern und der Bücherverbrennung vom April 1933, nach der Gleichschaltung der Presse im Sinne der Partei und des Reichkulturkammergesetzes vom September 1933, welches das kulturelle Leben insgesamt der Aufsicht des NS-Regimes unterstellte und das Berufsverbot für jüdische und politisch andersdenkende Autoren zur Folge hatte, unterschiedlich reagiert. Wer nicht bald ins Exil ging, wurde entweder Mitläufer der Nazis oder sogar Verfechter ihrer Ideologie oder wich in die sogenannte ‚innere Emigration' aus, zog sich, so weit möglich, in ein rein privates Dasein zurück – immer in der verblendeten Hoffnung, dass die als Spuk empfundene Gewalttätigkeit bald ein Ende nähme. Nur wenige fanden den Mut, in Deutschland – unter Gefährdung ihrer Existenz – gegen den Faschismus Stellung zu beziehen.

Blickt man zunächst auf die lyrischen Texte der Anhänger Hitlers und seiner Partei, so stößt man auf eine Unmenge ideologiestützender Liedtexte, die in Parteiversammlungen, in öffentlichen Feierstunden, bei Aufmärschen oder ähnlichen Anlässen genutzt wurden. Einzelne Gruppen, insbesondere militärische, sangen ihre ganz speziellen Lieder und stärkten auf diese Weise ihr Zusammengehörigkeitsgefühl. Das Kampflied *Es zittern die morschen Knochen*, 1934 von Hans Baumann verfasst, wurde in der Hitler-Jugend gesungen; das schon 1922 geschriebene *Deutschland erwache* von Dietrich Eckart, einem Redakteur des ‚Völkischen Beobachters' und Freund Hitlers, war das ‚Sturmlied' der SA. Gruppengrenzen konnten aber durchaus durchbrochen werden. Horst Wessels zunächst in der SA gesungenes Lied *Die Fahne hoch* (1927) ist zum Kampflied der ganzen NS-Bewegung geworden.

Es ist wichtig, sich zu verdeutlichen, dass alle diese Lieder, die in Gruppen oder größeren Gemeinschaften gesungen wurden, die Emotionen vieler Menschen zu einem Wir-Gefühl zusammenziehen, also eine einigende Funktion ausüben sollten. Der Vorgang des Singens selbst überspielte dabei die Bedeutungen der Texte, wie man der Tatsache entnehmen darf, dass viele NS-Lieder einfache Bearbeitungen kommunistischer Kampflieder waren, die ihrerseits, wenigstens teilweise, aus alten Soldatenliedern hervorgegangen waren. *Auf, auf zum Kampf, zum Kampf* wurde beispielsweise bereits im wilhelminischen Kaiserreich gesungen; aus der Zeile „Dem Kaiser Wilhelm haben wir's geschworen" wurde im proletarischen Kampfgesang, im sogenannten ‚Liebknecht-Lied', „Dem Karl Liebknecht haben wir's geschworen, Der Rosa Luxemburg reichen wir die Hand", bis die Nazis den Text etwas kürzten und den Namen Adolf Hitler einsetzten. Aus der russischen Arbeiterhymne *Brüder, zur Sonne, zur Freiheit* (1897) wurde unter den Nazis das Marschlied *Brüder in Zechen und Gruben*:

> Brüder in Zechen und Gruben, Brüder ihr hinter dem Pflug,
> aus den Fabriken und Stuben folgt unsres Banners Zug.
>
> Börsengauner und Schieber knechten das Vaterland;
> wir wollen ehrlich verdienen, fleißig mit schaffender Hand.
>
> Hitler sind treu wir ergeben, treu bis in den Tod.
> Hitler wird einst uns führen aus unsrer tiefen Not.[55]

Solche Lied-Entsprechungen erlauben selbstverständlich nicht, die unterschiedlichen Ideologien (im Sinne von Rot = Braun) gleichzusetzen; sie belegen nur, dass der durch die Texte und die Melodien evozierte emotionale Zusammenhalt die Aussagen selbst offenbar zurückdrängte.

Nicht nur heute längst vergessene Autoren wie Ludwig Friedrich Barthel, Hermann Burte, Hanns Johst, Erwin Guido Kolbenheyer, Baldur von Schirach, Will Vesper verfassten derartige Lieder; auch nach dem Krieg noch von vielen gern gelesene und hochgeschätzte Schriftsteller, und zwar durchaus auch Frauen wie Ina Seidel, Gertrud von Le Fort und Agnes Miegel, schrieben Hymnen und Balladen, die von der Kraft des deutschen Volkes und seiner Opferbereitschaft, von deutschem Gemeinschaftsgefühl, dem Blut der Ahnen, gar einem deutschen Gott schwärmten und im Grunde nur die Formierung von Gewalt heraufbeschworen.[56]

Rückzug in die ‚innere Freiheit'

Andere Schriftsteller gingen während des Dritten Reichs in die sogenannte ‚Innere Emigration'[57]. Der Begriff ist nicht eindeutig. Er bezeichnet nicht nur diejenigen, die in Deutschland blieben – also nicht ins Exil gingen – und Wege suchten, wie sie ihre Distanz zur nationalsozialistischen Ideologie zu Ausdruck bringen konnten; er bezeichnet auch den ‚Weg nach Innen', den Weg in die eigene Subjektivität, den viele – sich von der politischen Wirklichkeit abwendend – dabei einschlugen. Während diejenigen, die Prosa verfassten, zum Teil sehr deutlich zu vernehmende regimekritische Töne anschlugen, zogen sich Lyriker eher auf sich selbst, ihre Gefühlswelt oder ins ‚Reich der inneren Freiheit' zurück. Zu dieser Abschottung nach außen passten das Anknüpfen an klassische Formtraditionen, der Verzicht auf sprachliche Experimente und Provokationen, überhaupt eine durchgängige Modernismus-Kritik. Thematisch standen auffällig und bezeichnenderweise Naturgedichte im Vordergrund, die auch nach dem Krieg noch längere Zeit tonangebend blieben. Von Oskar Loerke erschien 1934 der Band *Silberdistelwald*, von Albrecht Goes 1935 *Heimat ist gut*, von Wilhelm Lehmann ebenfalls 1935 *Antwort des Schweigens*, 1942 *Der grüne Gott*, um nur wenige einflussreiche Veröffentlichungen zu nennen. Die vielen anderen, die in der ‚Inneren Emigration' begannen und erst nach dem Krieg zu ihrer eigentlichen Ausdruckskraft fanden, müssen hier nicht erwähnt werden.[58] All die Naturgedichte, aber auch die religiösen Gedichte (vgl. z. B. Rudolf Hagelstanges *Venezianisches Credo*, 1944), die damals entstanden, wirken heute deshalb so irritierend, weil sie, wie Elisabeth Langgässer durchaus voller Selbstkritik schrieb, nur ein „Tändeln mit Blumen und Blümchen über dem scheußlichen, weit geöffneten, aber mit diesen Blümchen überdeckten Abgrund der Massengräber"[59] waren. Obwohl ihre Verfasser sich dem Zwang der nationalsozialistischen Machthaber entzogen, trugen sie letztlich zu deren Herrschaftssicherung bei, weil sie Widerstand nicht riskierten.

Antifaschistische Literatur

Die wenigen, die dies wagten, die aus dem Untergrund ‚antifaschistische Literatur' schrieben und damit ihre Freiheit oder sogar ihr Leben aufs Spiel setzten, waren zum größten Teil Kommunisten, Sozialisten oder bürgerliche Linke. Viele ihrer Texte wurden erst nach dem Krieg in Nachlässen gefunden, manche aber auch nach der Flucht ihrer Autoren im Exil publiziert. Öffentliche Wirkung konnten sie unter den gegebenen Verhältnissen nicht oder allenfalls in sehr geringem Maße erzielen. Bert Brecht hat in einem Aufsatz (*Fünf Schwierigkeiten beim Schreiben der Wahrheit*, 1934/35) thesenförmig die Maßstäbe genannt, die seines Erachtens antifaschistische Literatur zu befolgen habe. Um die Wahrheit (über den Faschismus) unter möglichst vielen Menschen zu verbreiten, müsse sie so eingekleidet werden, dass sie den Faschisten entgehe, aber bei den Unterdrückten ein operatives, d. h. eingreifendes Denken in Gang setze, wobei die ästhetischen Qualitäten der Texte unwesentlich seien. Die Versuche der Tarnung waren vielfältig; das Denken freizusetzen, gelang vor allen anderen Brecht selbst.

Die vielen Gedichte auf Flugblättern und Klebezetteln, die kursierten, hatten meist appellativen Charakter. Von den Gedichten (von Texten anderer Gattungen ist später die Rede) sind bis heute das *Moorsoldaten-Lied* in Erinnerung geblieben, das 1933/34 im KZ Börgermoor entstand (der Refrain „Dann zieh'n die Moorsoldaten / Nicht mehr mit dem Spaten / ins Moor!" stammt von Wolfgang Langhoff) und die im Krieg verfassten *Moabiter Sonette* von Albrecht Haushofer, die 1945 nach dessen Hinrichtung durch die SS von seinem Bruder gefunden worden sind.

Brecht

Die Schriftsteller, die seit 1933 ins Exil gingen, schrieben im wesentlichen Prosa oder dramatische Texte (vgl. die folgenden Abschnitte). Bert Brecht war der einzige, der auch zahllose Gedichte verfasste. Welche Schwierigkeiten ihm das Schreiben von Gedichten bereitete, hat er in seinen Versen *Schlechte Zeit für Lyrik* (1939) erklärt. Gedichte, die Leser politisch aufklären und aufrütteln sollten, mussten lehrhaft oder satirisch sein, was einen so unbekümmerten Schreibanlass wie die ‚Begeisterung über den blühenden Apfelbaum' zurückdrängte.

> In mir streiten sich
> Die Begeisterung über den blühenden Apfelbaum
> Und das Entsetzen über die Reden des Anstreichers.
> Aber nur das zweite
> Drängt mich zum Schreibtisch.

Brecht, der diesen Zwiespalt des Lyrikers am eindringlichsten reflektiert hat, erprobte im Exil an verschiedenen lyrischen Formen, wie sich gesellschaftliche Zusammenhänge wirkungsvoll vermitteln ließen und hat auch seine damals entstandenen Liebesgedichte als Beiträge vorbildlichen freundlichen Umgangs miteinander verstanden. Während seines Exils in Dänemark zwischen 1933 und 1939 entstand neben anderen Gedichten der berühmt gewordene Zyklus der *Svendborger Gedichte* (1939 erschienen). Auch er ist wie die *Hauspostille* in einzelne Abschnitte unterteilt. Der ‚Deutschen Kriegsfibel', deren Texte den Krieg als Resultat der nationalsozialistischen Politik und der unausgetragenen Klassenkämpfe vorhersehen, folgen Darstellungen von Einzelschicksalen (vgl. etwa die *Ballade von der ‚Judenhure' Marie Sanders*), dann in einem dritten Abschnitt ‚Chroniken', die eine weltgeschichtliche Perspektive eröffnen, indem sie die ständigen Niederlagen von Völkern im Verlauf von Kriegen thematisieren und dabei das bürgerliche Geschichtsbild korrigieren (*Fragen eines Lesenden Arbeiters; Die Legende von der Entstehung des Buches Taoteking*). In den folgenden beiden Teilen wendet Brecht sich dann dem Faschismus der Gegenwart zu, wobei im 5. Teil (‚Deutsche Satiren') die Praktiken der Herrscher im Mittelpunkt stehen, die als lächerliche, aus niedrigen Motiven handelnde Persönlichkeiten große Verbrechen anstiften. Die Gedichte des abschließenden 6. Teils (mit dem immer wieder zitierten Gedicht *An die Nachgeborenen*) befassen sich mit der Situation und der Verantwortung der ins Exil Gegangenen.

Viele dieser ‚Svendborger Gedichte' sprengen die konventionellen lyrischen Formen. Brecht verzichtete nicht nur auf den Reim, der einem Gedicht Geschlossenheit verleiht, sondern oft auch auf regelmäßige Rhythmen (vgl. dazu seinen Aufsatz *Über reimlose Lyrik mit unregelmäßigen Rhythmen* von 1939); offene Sätze mit pointierter, einzelne Wörter hervorhebender Zeilenbrechung erschienen ihm am ehesten geeignet, sich zur Realität zu öffnen und den Lesern/Hörern Gelegenheit zu selbständigem und produktivem Weiterzudenken zu geben.

> Die Minister verkünden unaufhörlich dem Volk
> Wie schwer das Regieren sei. Ohne die Minister
> Würde das Korn in den Boden wachsen anstatt nach oben.
> Kein Stück Kohle käme aus dem Schacht
> Wenn der Kanzler nicht so weise wäre. Ohne den
> Propagandaminister
> Ließe sich kein Weib mehr schwängern. Ohne den Kriegsminister
> Käme niemals Krieg […]
>
> (aus ‚Deutsche Satiren')

Die verkürzte Sprache, der Verzicht auf Ausschmückungen – Brecht selbst sprach von „Sprachwaschung“ – blieb ein Merkmal seiner Lyrik auch während des schwedischen und finnischen Exils seit 1939, schließlich auch des amerikanischen Exils von 1941 bis 1947, wo er von „basic german“ sprach und damit die Reduktion der Sprache zum bloßen Mittel der Verständigung meinte.

In Kalifornien traf Brecht zahlreiche andere deutsche Exilanten, blieb jedoch wegen seiner sozialistischen Einstellung Außenseiter, was sich in seiner Polemik gegen Thomas Mann niederschlug, dem er vorwarf, den antifaschistischen Widerstand nicht konsequent zu unterstützen und letztlich, wie andere Bürgerliche auch, innerlich unbeteiligt zu bleiben. Brechts in Amerika geschriebene Gedichte lassen deutliche Stoßrichtungen erkennen: Einmal kritisieren sie diejenigen Intellektuellen, die sich zu einer konsequenten Haltung nicht durchringen konnten; zum anderen verhöhnen sie den Konsumterror der amerikanischen Gesellschaft. Den Höhepunkt dieser Abneigung gegen den amerikanischen Lebensstil bilden die *Hollywood-Elegien* von 1942. Los Angeles erscheint hier als eine Hölle, in der alles Menschliche ausgelöscht ist – eine Sicht, die alle im Expressionismus geäußerte Kritik am entfremdeten Leben in der Großstadt bis aufs äußerste zuspitzt. Die Ursachen sah Brecht in der ‚Unbewußtheit‘ der Bevölkerung, ihrer willenlosen Unterwerfung unter die Praktiken des Kapitalismus, in dem er Parallelen zum Faschismus entdeckte (explizit auch in seinem 1941 in Finnland verfassten Stück *Der aufhaltsame Aufstieg des Arturo Ui*; s. u.).

Nach Kriegsende beklagte Brecht vor allem das Weiterleben bzw. die Wiederherstellung der alten kapitalistischen Verhältnisse in Deutschland (vgl. *Deutsche Satiren II* oder sein Lehrgedicht *Über die Unnatur der bürgerlichen Verhältnisse*, 1945) sowie die Weiterbeschäftigung von Nazis in hohen Ämtern. 1947 nach Deutschland zurückgekehrt, wählte er seinen Wohnsitz in der DDR, wo er schnell in Konflikte mit der Parteiführung der SED geriet, weil er deren Führungsanspruch relativierte und auf die ‚Weisheit des Volkes‘ setzte, dessen eigene Initiativen beim Aufbau eines neuen Staates er immer wieder anzustacheln suchte, obwohl er wusste, dass die Erneuerung ‚von unten‘ angesichts der anerzogenen Autoritätsgläubigkeit der Massen eine vergebliche Hoffnung war. Dieser Zwiespalt, der Brechts politische Lyrik in der Nachkriegszeit bestimmt, schlägt sich auch in den vielbesprochenen *Buckower Elegien* von 1953 nieder, die in engem Zusammenhang mit dem Aufstand des 17. Juni 1953 stehen.[60] Obwohl Brecht die Rolle der Arbeiter würdigt, verteidigt er auch das den Aufstand niederschlagende Vorgehen der Partei – vor allem weil die Unzufriedenheit der Aufständischen seines Erachtens vom Westen geschürt worden war. Brecht arbeitet in diesem Zyklus mit konkreten Naturbildern, die zugleich Zugänge zur gesellschaftlichen Wirklichkeit eröffnen:

Ginge da ein Wind
Könnte ich ein Segel stellen.
Wäre da kein Segel
Machte ich eines aus Stecken und Plane.

Den Bezug zur gesellschaftlichen Lage in der DDR mag man in der herrschenden Windstille erkennen, den Wunsch des lyrischen Ichs, sich nicht nur kontemplativ, sondern aktiv an der ‚Fortbewegung' zu beteiligen, aus dessen Wunsch, ein Segel zu setzen oder zu bauen – wäre da nur so etwas wie ein Anschub. In dieser ausweglosen Lage versinkt die politische Lyrik Brechts in der Vergeblichkeit.

5.8. Lyrik nach 1945

Lyrik in der unmittelbaren Nachkriegszeit

Das Bild der Lyrik kurz nach dem Krieg ist wenig konturiert. Traditionen wurden fortgeführt und verändert, aber auch ganz neue lyrische Sprechweisen begannen sich zu etablieren. In welcher Weise so bedeutende Exponenten verschiedener Stilrichtungen wie Benn und Brecht nach Kriegsende weitergearbeitet haben, ist bereits angedeutet worden. Andere Autoren – auch dies wurde vorgreifend bereits skizziert – haben, seit den 50er Jahren, auf ältere Traditionsstränge zurückgegriffen: die Autoren der ‚konkreten Poesie' auf die Unsinnspoesie oder den Dadaismus; die Autoren des politischen Protestsongs auf Balladen und Moritaten der Jahrhundertwende (vgl. o.). Viele Texte, die in der ‚inneren Emigration' während der NS-Zeit oder im Exil entstanden waren, wurden erst in den unmittelbaren Nachkriegsjahren publiziert, im Westen Deutschlands ebenso wie im Osten, wo sich der Wunsch nach einer sozialistischen Zukunft programmatisch noch nicht verfestigt hatte. Insbesondere die Dichter von Naturlyrik haben das in der ‚inneren Emigration' Entstandene fortgeführt und neue Erfahrungen integriert. Naturlyrik kam den eskapistischen Wünschen vieler Leser gerade auch in den Nachkriegsjahren entgegen. In die idealisierte Naturlandschaft konnte man sich aus den schlimmen Notlagen der Nachkriegszeit und auch von eigenen Schuldgefühlen fortträumen – ein seit dem 18. Jahrhundert gerade im Bürgertum bewährtes Mittel, das sich nicht umsonst immer auch die Trivialliteratur zunutze gemacht hatte. Oskar Loerke und Wilhelm Lehmann schrieben Naturlyrik auch weiterhin und beeinflussten andere Autoren wie Georg Britting, Karl Krolow, Hans Carossa oder auch Elisabeth Langgässer. Wirklich neue Akzente setzten vor allem Günter Eich, Peter Huchel und Johannes Bobrowski. Eich wehrte nach dem Krieg ein idealisiertes Naturverständnis ab, distanzierte sich vom ‚Einverständnis der Dinge in der Schöpfung', stellte Erosionen dar, störte Lesererwartungen durch die Darstellung von Kreatürlichem usw. (vgl. vor allem seine Sammlung *Abgelegene Gehöfte*, 1948); in Huchels zerstörten Landschaften konnte man die Zerstörung des Menschen erkennen; bei Bobrowski stand das Motiv seiner verlorenen sarmatischen Heimat im Mittelpunkt (*Sarmatische Zeit*, 1961), die Unmöglichkeit der Wiederkehr des Verlorenen, das nur im Gedicht ‚hervorgerufen' werden konnte.

Blieb diese Lyrik, auch da, wo sie gewohnte Wahrnehmungen durchbrach, noch innerhalb des Vorstellungsrahmens, dass sich in der Natur und in den Dingen menschliche Befindlichkeiten spiegeln, kam es in der Lyrik nach 1945 doch zugleich auch zu einem abrupten Traditionsbruch. Auch hier ist Günter Eich zu nennen, dessen Gedicht *Inventur* als Musterbeispiel für die sogenannte Trümmerlyrik oder Kahlschlagpoesie gilt, die sich mit ihrer lakonischen Kürze und formalen Zerrissenheit bewusst von jeglicher Erlebnis- oder Innerlichkeitslyrik nach alten Vorbildern abheben wollte. *Inventur*, das im April/Mai 1945 im Gefangenenlager entstand, ist das bekannteste Beispiel dieser Formtendenz. Es begnügt sich mit einfachen Nennungen, die zwar in eine poetische Ordnung gebracht werden, aber insgesamt eine Absage an jegliche Poetisierung der Wirklichkeit darstellen:

Dies ist meine Mütze,
dies ist mein Mantel,
hier mein Rasierzeug
im Beutel aus Leinen.

Konservenbüchse:
Mein Teller, mein Becher,
ich hab in das Weißblech
den Namen geritzt.

Geritzt hier mit diesem
kostbaren Nagel,
den vor begehrlichen
Augen ich berge.

Im Brotbeutel sind
ein Paar wollene Socken
und einiges, was ich
niemand verrate,

so dient es als Kissen
nachts meinem Kopf.
Die Pappe hier liegt
zwischen mir und der Erde.

Die Bleistiftmine
lieb ich am meisten:
Tags schreibt sie mir Verse,
die nachts ich erdacht.

Dies ist mein Notizbuch,
dies meine Zeltbahn,
dies ist mein Handtuch,
dies ist mein Zwirn.

Ganz anders als in Rilkes ‚Dinggedichten' (vgl. o.) haben die Dinge hier – der Situation materieller Not entsprechend – einen ganz praktischen, keinen symbolischen Sinn.

Zwei Gedichte der Erinnerung an Auschwitz

Zwei Gedichte über die millionenfache Ermordung von Juden durch die Nationalsozialisten, über ein Verbrechen, für das stellvertretend der Name des Vernichtungslagers Auschwitz steht, seien hier exemplarisch herausgegriffen: die *Todesfuge* (1945) von Paul Celan und *O Die Schornsteine* (1947) von Nelly Sachs – unterschiedliche und doch verwandte lyrische Antworten zweier jüdischer Dichter, die den Holocaust überlebten. Dass es barbarisch sei, nach Auschwitz noch Gedichte zu schreiben (T. W. Adorno in seinem Aufsatz *Kulturkritik und Gesellschaft* von 1949), ist von beiden Überlebenden so nicht empfunden worden, obwohl Celan die *Todesfuge*, ein Jahrhundertgedicht, wie man gesagt hat, in spätere Ausgaben seiner Gedichte nicht mehr aufgenommen hat (was freilich seinen eigentlichen Grund im Wandel seiner Ausdrucksweise gehabt haben mag).

Schwarze Milch der Frühe wir trinken sie abends
wir trinken sie mittags und morgens wir trinken sie nachts
wir trinken und trinken
wir schaufeln ein Grab in den Lüften da liegt man nicht eng
Ein Mann wohnt im Haus der spielt mit den Schlangen der schreibt
der schreibt wenn es dunkelt nach Deutschland dein goldenes Haar Margarete
er schreibt es und tritt vor das Haus und es blitzen die Sterne er pfeift seine Rüden herbei
er pfeift seine Juden hervor läßt schaufeln ein Grab in der Erde
er befiehlt uns spielt auf nun zum Tanz

Schwarze Milch der Frühe wir trinken dich nachts
wir trinken dich morgens und mittags wir trinken dich abends
wir trinken und trinken
Ein Mann wohnt im Haus der spielt mit den Schlangen der schreibt
der schreibt wenn es dunkelt nach Deutschland dein goldenes Haar Margarete

Dein aschenes Haar Sulamith wir schaufeln ein Grab in den Lüften da liegt man nicht eng

Er ruft stecht tiefer ins Erdreich ihr einen ihr andern singet und spielt
er greift nach dem Eisen im Gurt er schwingts seine Augen sind blau
stecht tiefer die Spaten ihr einen ihr andern spielt weiter zum Tanz auf

Schwarze Milch der Frühe wir trinken dich nachts
wir trinken dich mittags und morgens wir trinken dich abends
wir trinken und trinken
ein Mann wohnt im Haus dein goldenes Haar Margarete
dein aschenes Haar Sulamith er spielt mit den Schlangen

Er ruft spielt süßer den Tod der Tod ist ein Meister aus Deutschland
er ruft streicht dunkler die Geigen dann steigt ihr als Rauch in die Luft
dann habt ihr ein Grab in den Wolken da liegt man nicht eng

Schwarze Milch der Frühe wir trinken dich nachts
wir trinken dich mittags der Tod ist ein Meister aus Deutschland
wir trinken dich abends und morgens wir trinken und trinken
der Tod ist ein Meister aus Deutschland sein Auge ist blau
er trifft dich mit bleierner Kugel er trifft dich genau
ein Mann wohnt im Haus dein goldenes Haar Margarete
er hetzt seine Rüden auf uns er schenkt uns ein Grab in der Luft
er spielt mit den Schlangen und träumet der Tod ist ein Meister aus Deutschland

dein goldenes Haar Margarete
dein aschenes Haar Sulamith

Das Material dieses Gedichts stammt aus vielen literarischen Traditionen (unter anderem aus dem *Hohen Lied* des Alten Testaments, aus dem mittelalterlichen Totentanz, aus der Barocklyrik, aus Goethes *Faust*) – es ist das Material einer ‚zerbrochenen Welt'[61], das Celan für eine ‚Komposition' nutzte, die er, um die Verschlungenheit all der Traditionsfetzen sinnfällig zumachen, der musikalischen Form der Fuge nachbildete. Die Hauptmotive, die gegenstimmig in immer variierenden Wiederholungen miteinander verflochten und von zahlreichen differenzierenden Gegensatzpaaren begleitet werden, sind die Opfer, die ‚Trinkenden', auf der einen Seite, und der Täter, der Tod als „Meister aus Deutschland" auf der anderen, bei dem das perverse Zusammenwirken von Grausamkeit und Sentimentalität zu einer den Leser quälenden Erkenntnis führt. Dieses immer wieder analysierte Gedicht[62] ist genau das nicht, was Adorno befürchtete; es ästhetisiert nicht das Grauen – es ist ein Klagegesang, der, eindringlicher als jede abbildende Dokumentation, durch die Veranschaulichung des Ineinandergreifens von Mordlust, Banalität, Gefühlskitsch und durch das Verweisen auf das durch diese ‚menschliche

Entmenschung‘[63] angerichtete Leid die Nachwelt, uns alle immer noch, herausfordert.

Anders als Celan verarbeitete Nelly Sachs den Holocaust. Ihr Gedichtband *In den Wohnungen des Todes* (1947) – der Titel ist eine Anspielung auf die Vernichtungslager – enthält das Gedicht *O die Schornsteine*, das mit den folgenden Zeilen beginnt:

> Auf den sinnreich erdachten Wohnungen des Todes,
> Als Israels Leib zog aufgelöst in Rauch
> Durch die Luft –
> Als Essenkehrer ihn ein Stern empfing
> Der schwarz wurde
> Oder war es ein Sonnenstrahl?
>
> O die Schornsteine!
> Freiheitswege für Jeremias und Hiobs Staub –
> Wer erdachte euch und baute Stein auf Stein
> Den Weg für Flüchtlinge aus Rauch?
> [...]

Ein vorgeprägtes metrisches oder strophisches Muster ist hier nicht zu finden. Das Thema des Völkermords verbietet für Nelly Sachs jegliche Ästhetisierung. Der Sprachfluss ist gestaut, setzt immer wieder neu ein. Wie in vielen anderen Texten der Autorin werden auch hier Bildelemente aus der geschichtlichen Gegenwart und Bildelemente aus dem astronomischen Bereich miteinander verzahnt. Die Anspielungen auf die Todeslager, der Rauch der Verbrannten, die Frage nach den Tätern gehen in eine Vision kosmischer Vorgänge ein. Irdisch Vergängliches und Unkörperliches verbinden sich. Dahinter steht wohl die Vorstellung einer Bewegung aller Kreatur zurück zu ihrem Ursprung in einer Kraft, die der menschlichen Erkenntnis verborgen bleibt, die religiöse Hoffnung, dass aus dem Akt der Vernichtung eine Befreiung ins Immaterielle hervorgeht, das nur in Chiffren benannt werden kann.

Hermetische Lyrik: Celan

Hermetische Lyrik gilt manchen Literaturhistorikern als Paradigma der Moderne schlechthin.[64] Aber es ist angemessener, von einem Strang der Lyrik zu sprechen, der angesichts des Zerbrechens abendländischer Wertvorstellungen, das die nationalsozialistischen Verbrechen im 2. Weltkrieg in besonders erschütternder Weise dokumentieren, eine ungewöhnliche Art der Bewältigung sucht – wobei Einflüsse beispielsweise des französischen Symbolismus nicht zu verkennen sind.[65] Hermetische Lyrik (der Begriff ‚hermetisch‘ meint ‚fest verschlossen‘ und verweist ursprünglich auf das magische Siegel des griechischen Gottes Hermes) setzt an die

Stelle von Eindeutigkeit und nachzuvollziehenden Sinnzusammenhängen einen schwer oder gar nicht zu enträtselnden sprachlichen Beziehungsreichtum, der wesentlich aus den Klang- und Gefühlswerten von Wörtern, Metaphern, Bildelementen entsteht. Dies kann man als Protest gegen die verbrauchte Sprache der Massengesellschaft deuten; man kann darin aber auch den Ausdruck der Verzweiflung darüber sehen, dass kommunikatives Miteinander keineswegs vor Inhumanität schützt.

Der bedeutendste Verfasser hermetischer Lyrik in der deutschen Nachkriegszeit war Paul Celan. Seinen frühen, leichter zugänglichen Gedichten (vgl. *Mohn und Gedächtnis*, 1952, mit der oben besprochenen *Todesfuge*) folgten mit den Bänden *Sprachgitter* (1959) und *Die Niemandsrose* (1963) oder auch später mit dem Band *Fadensonnen* (1968) Texte, die wegen ihrer Unzugänglichkeit zahlreiche interpretatorische Bemühungen herausgefordert haben[66]. Das folgende, wenig beachtete Gedicht[67] stammt aus dem Band *Die Niemandsrose*:

Die Schleuse

Über aller dieser deiner
Trauer: kein
zweiter Himmel.

…

An einen Mund,
dem es ein Tausendwort war,
verlor –
verlor ich ein Wort,
das mir verblieben war:
Schwester.

An
die Vielgötterei
verlor ich ein Wort, das mich suchte:
Kaddisch.

Durch
die Schleuse mußt ich,
das Wort in die Salzflut zurück-
und hinaus- und hinüberzuretten:
Jiskor.

Ansatzpunkte für die Entschlüsselung dieses nicht zuletzt durch Begriffe und Anspielungen verriegelten Gedichts, das sich dem unmittelbaren Verständnis widersetzt, wären zunächst inhaltliche Klärungen. Die Apokalypse des Johannes spricht in

Kap. 21, 1–4 von einem neuen Himmel; im alten Israel war die Vorstellung von den sieben Himmeln geläufig (z. B. Deut. 10,14, Ps. 148,4), von denen nur der unterste den Menschen sichtbar ist. Die Trauer, der sich „kein zweiter Himmel" öffnet, verweist demnach auf die absolute Hoffnungslosigkeit des angeredeten Du, und die Leerzeile oder -strophe ließe sich als Impuls verstehen, ihr nachzusinnen, und als Ausdruck des Verstummens zugleich (von seiner Neigung zum Verstummen hat Celan in seiner Rede *Der Meridian*, 1960, gesprochen). Das anredende Ich in den folgenden Zeilen stößt in dieses Schweigen vor, sucht das Wort (das – verloren gegangen – der Hoffnungslosigkeit entgegengesetzt werden kann?), findet es in „Schwester". Verschwisterte teilen ein Schicksal; das „Kaddisch", das Wort, das umgekehrt den Sprechenden sucht, ist ein altes jüdisches Gemeinschaftsgebet von Trauernden, das die Verstorbenen im Eingedenken an sie vor das Angesicht Gottes begleitet. Damit das Wort ihn findet, muss der Sprechende durch die „Schleuse" hindurch zu einer neuen Form der Existenz gelangen (die Schleuse verbindet durch Niveauverschiebung oder Ebenensprung das von Natur Getrennte), muss sich der „Salzflut" aussetzen (die Konnotation zur ‚Sintflut', die nicht nur zerstört, sondern auch auf die Zukunft des neuen Bundes mit Gott verweist, ist unausweichlich – auch das Salz ist ein alttestamentliches Symbol eines ewigen Bundes [vgl. 4. Mose 18,19; 2. Chron 13,5]); erst dann erfüllt sich im „Jiskor", im ‚stillen Gebet' für die Verstorbenen, eine neue Beziehung zu Gott. – Für Celan dürfte die Sprachgebung des Gedichts selbst die Funktion eines Gebets erfüllt haben, das über den engeren biographischen Anlaß hinaus (die Bestürzung über seine Zurückweisung durch die erkrankte Nelly Sachs in Stockholm) durch das ‚Kaddisch' und das ‚Jiskor' auf die vielen Toten der Vernichtungslager verweist, mit denen Begegnung nur noch, wenn die ‚Schleuse' durchschritten wird, im geheiligten Wort möglich ist. – Das Gedicht als ‚Jiskor' – diese Vermutung wird bestätigt durch die Sorgfalt, die Celan auf die Formgebung des Textes gelegt hat. Hingewiesen sei hier nur auf die Funktion der Leerzeile, einer Leerzeile des Schweigens, die – einer ‚Schleuse' gleich – auf eine andere Ebene der Trauerarbeit führt – die Hoffnungslosigkeit in die Suche nach einem rettenden Halt überleitet.

Neben Celan veröffentlichte vor allem Ernst Meister hermetische Lyrik (z. B. *Fermate*, 1957), ohne jedoch Celans Bekanntheitsgrad zu erreichen. Auch seine Gedichte stehen der kommunikativen Funktion der Sprache, dem ‚Geschwätz', entgegen, zielen in ihrem lakonischen, nicht zuletzt von Benn beeinflussten Stil auf Sprachlosigkeit, die häufig auch thematisiert wird; ein besonders wichtiges Motiv Meisters ist das des Todes – auch hierin dokumentiert sich seine Nähe zu Celan.

5.9. Die Lyrik der 60er und 70er Jahre in der Bundesrepublik und in der DDR

Der Widerspruch gegen das hermetische Gedicht, das nur einen kleinen elitären Kreis gebildeter Leser anzusprechen vermochte, ließ nicht auf sich warten, zumal die soziale und politische Entwicklung in der Bundesrepublik der 60er und 70er Jahre (unter anderem das Ende des Wirtschaftswunders, die Notstandsdebatte, die Friedenbewegung und die Ostermärsche, die Studentenbewegung und ihre Folgen) sowie die weltpolitische Konfliktlage (vor allem der Vietnamkrieg) das auf Öffentlichkeit zielende gesellschaftskritische Engagement von Schriftstellern neu belebte und auch in der Lyrik geeignete Ausdrucksmöglichkeiten suchte.

Die politische Lyrik Frieds

Zum auffallendsten Antipoden Benns und Celans wurde Erich Fried. Wie Celan war auch er jüdischer Herkunft, Opfer des Rassenwahns der Nazis, wie Celan verlor auch er nahe Angehörige in Konzentrationslagern. Doch diese Erfahrungsnähe führte zu gänzlich unterschiedlichen Literaturprogrammen, zu einem Gegensatz, den Fried übrigens in einem Gedicht thematisiert hat (*Beim Wiederlesen eines Gedichtes von Paul Celan*, 1972).[68] Während Celan sein Reden extrem verschlüsselte, setzte Fried dagegen eine „schrankenlose, tabu-verletzende Offenheit".[69] Zu einer ungeahnten Popularität verhalf ihm sein 1966 erschienener Gedichtband *und vietnam und*, in dem er ohne metaphorische Umschweife seinen Widerstand gegen die missbrauchte Staatsgewalt überall auf der Welt zum Ausdruck brachte. „In Vietnam schlägt das Herz von Deutschland." Die Direktheit der Rede in diesem Band, der von vielen jungen Lesern begeistert aufgenommen wurde, machte andere Lyriker, die ihre Gedichte nicht nur als Zeitdokumente politischer Verhältnisse verstehen und Sprache nicht auf deren Funktion als bloßes Verständigungsmittel reduzieren wollten, zunächst ‚sprachlos'. Fried ließ sich von solcher Ablehnung nicht beirren. Seine Überzeugung, sich in aller Klarheit auf die Seite der Opfer stellen zu müssen, verstand er ganz bewusst als Absage an poetische Unbestimmtheit, vor allem aber auch an intellektuelle Zweifel:

> Wer zweifelt an einer Sprache
> die sagen kann
> „Ich habe Hunger"
> …

oder *wer* zweifelt an den Worten
„Militärputsch in Chile"
und an den Worten „Verhaftete werden gefoltert"
und an den Worten „Erschossene werden verladen
auf Hubschrauber und in den Stillen Ozean geworfen"?
(aus dem Zyklus *Zweifel an der Sprache*, 1974)

Politische Bestimmtheit ließ sich freilich durchaus mit der Arbeit am Wort vereinbaren. Gerade Fried hat in seiner gern so bezeichneten „denkenden Dichtung" Worte und Wortfügungen – unter anderem durch Gegenüberstellungen und variierende Wiederholungen – in ihrer Bedeutung hinterfragt und dadurch überraschende ‚Einsichten' zu vermitteln versucht (nicht nur in seinen politischen Gedichten, sondern auch in seinen *Liebesgedichten*, 1979, die bereits nach 10 Jahren die immense Auflage von nahezu 200 000 Exemplaren erreichten).

Mit seinem aufklärerischen und aufstörenden Anspruch wurde Fried zu einem der Vorbilder der rebellierenden Studenten, die in manchen ihrer Losungen seine Rhetorik zu imitieren versuchten, ohne dass damit ästhetische Ansprüche verbunden waren. – Inwiefern auch Liedermacher wie Dieter Süverkrüp, Hannes Wader, Hanns Dieter Hüsch, Franz Josef Degenhardt (vgl. o.) mit ihren Protestsongs von Fried beeinflusst waren und inwiefern umgekehrt er von ihnen angeregt wurde, bliebe näher zu untersuchen. – Die auf Breitenwirkung ausgerichtete Liedkultur nahm in den sechziger Jahren, dem Jahrzehnt politischer Unruhen und Umbrüche, einen ungeahnten Aufschwung, weil sie Stimmungen der Unsicherheit und Unzufriedenheit aufgriff und sie – zum großen Teil plakativ – in politische Forderungen umzulenken suchte. Die erstrebte Politisierung der Massen durch Text und Musik wurde durch eine Schrift wie die *Über das Volksvermögen*, 1967, von Peter Rühmkorf, der dem ‚Volksmund' das ‚Lied der guten Herrschaft' zusprach und eine ‚demokratische Lyrik' forderte, zusätzlich bestärkt. Der Bänkelsang, die Moritat, der Gassenhauer, der Negro Spiritual, auch das Arbeiterlied (vgl. o.) wurden neu belebt und aktualisiert (vgl. das damals erschienene, von Manfred Vosz herausgegebene *Kürbiskern Songbuch*). Besonders radikale, für eine im marxistischen Sinn neue Gesellschaftsordnung eintretende Lieder fasste man bald als Agitprop-Lyrik (Agitation und Propaganda) zusammen.

Gesellschaftskritische Lyrik in der Bundesrepublik

Im Gegensatz zu den Verfassern appellativer, politisch ausgerichteter lyrischer Zwecktexte suchten Autoren wie Rolf Dieter Brinkmann, Günter Bruno Fuchs, Hans Magnus Enzensberger, Günter Grass, um nur einige von vielen exemplarisch hervorzuheben, einen anderen Weg in die breitere Öffentlichkeit – und nicht wenige der oben genannten Liedermacher begleiteten sie dabei. Sie verzichteten – jedenfalls ganz überwiegend – auf direkte politische Anklagen oder Forderungen; vielmehr verwiesen sie, indem sie Alltagssituationen von Menschen einfingen, kritisch auf Wirkungen politischer Verhältnisse, deren Veränderung ihnen geboten erschien. Doch diesen Schluss hatte der Leser von sich aus zu ziehen. Deswegen sollten die Texte zwar der Alltagssprache angenähert und leicht verständlich sein, aber immer auch ihr ästhetisches Eigengewicht behalten, also nicht in die Zone bloßer, unmittelbar zu übersetzender Gebrauchsanweisungen für politisches Handeln abgleiten.

Zu den Wegbereitern dieser Richtung gehörte auch Peter Rühmkorf. Sein Kunstverstand, seine Lust am Sprachspiel, insbesondere am Spiel mit Reimen, hinderten ihn daran, sich von der immer weiter verflachenden politischen Liedkultur, die er zunächst mit seiner erwähnten Schrift ermutigt hatte, oder gar von der Agitprop-Bewegung vereinnahmen zu lassen. Dagegen stand schon seine umfassende literarische Bildung, von der er in seinen von Ironie und Sarkasmus getragenen Parodien (vgl. *Kunststücke*, 1962) nicht absehen, sich gleichwohl aber zu ‚befreien' suchte, indem er sich über die bildungsbürgerliche Verklärung ‚hoher' Lyrik lustig machte.

Deutlicher wird das ‚Programm' gesellschaftskritischer, aber nicht agitierender Lyrik bei Rolf Dieter Brinkmann und Günter Bruno Fuchs. Auch Brinkmann stellte sich gegen die Lyrik des ‚hohen Tons', zumal gegen hermetische Lyrik, und favorisierte den „Mixsound der Alltagssprache"[70] (vgl. *Westwärts 1&2*, 1975), war dabei auch offen für Anregungen aus der amerikanischen Pop-Kultur, die in Deutschland zu verbreiten er durch Herausgebertätigkeiten und Übersetzungen mithalf. Die Besonderheit seiner Gedichte liegt in seinem – von den Seh-Erfahrungen des Films beeinflussten – Bemühen, Vorgänge und Bewegungen spontan zu erfassen, Wirklichkeit gleichsam in Schnappschüssen aufzufangen, sie zu zerstückeln, ein Verfahren, das den Wahrnehmungsgewohnheiten und damit der Lebenswirklichkeit vieler Rezipienten entgegenkommt, jedoch die Ebene der Oberflächenreize kaum zu durchstoßen vermag. Sofern mit ihm jedoch auch aller ‚falscher Zauber' zerstört werden sollte, passte seine Lyrik genau in die kulturelle Protestbewegung der sechziger und frühen siebziger Jahre. – Poesie und Alltag verknüpfte auch der vielseitige, mit seinen Versen, oft hintergründig Allotria treibende, von sozialistischen wie christlichen Überzeugungen getragene Günter Bruno Fuchs, der vor allem durch seine im Berliner Dialekt geschriebenen Gedichte in Erinnerung geblieben ist (*Blätter eines Hof-Poeten*, 1967), die ihn in die Nähe H. C. Artmanns rücken. Die Genrebilder, die Fuchs von den Kreuzberger Hinterhöfen entwirft, lassen oft die Oberflächenabbildung hinter sich und eine unerwartete Tiefendimension erkennen:

Gestern

Jestern
kam eena klingeln
von Tür zu
Tür. Hat nuscht
jesagt.
Kein

Ton. Hat so schräg
sein Kopf
jehalten, war
still. Hat nuscht jesagt,

als wenn der
von jestern
war
und nur mal
rinnkieken wollte,
wies sich so
lebt.

„… als wenn der / von jestern / war …" verweist im Berliner Jargon nicht nur auf die geistig Zurückgebliebenen, sondern erinnert an die Spitzel der Nazizeit und der DDR, die jedes Haus zu überwachen suchten. Ist also etwa auch der Leser ‚von jestern' (im übertragenen Sinn), wenn er – wie der Beobachter im Text – sich nicht mehr erinnert oder erinnern will?[71]

Zum – jedenfalls unter Intellektuellen – einflussreichsten und meistbesprochenen Autor dieser Art politischer Dichtung wurde – nicht zuletzt auch wegen seiner vielfältigen Tätigkeiten als Zeitschriftengründer, Herausgeber, Übersetzer, Essayist usw. – Hans Magnus Enzensberger. Deutlich hat Enzensberger sich dagegen verwahrt, Lyrik in den politischen Tageskampf einzubeziehen und durch sie bestimmte Forderungen zu transportieren (vgl. dazu etwa seinen Aufsatz *Poesie und Politik*, 1962). Hierin war er sich beispielsweise ganz mit Günter Grass einig, der gegen politische Konjunktur- und Billiglyrik polemisierte. Zweck des Gedichts, so Enzensberger, sei einzig das Gedicht selbst, es biete keine Argumente, sondern müsse das Politische in seiner ästhetischen Gestalt enthalten. So hat er, der intellektuelle Zweifler, sich stets auch gegen simplifizierende Rezipienten gewandt und stand der Arbeiterklasse ebenso skeptisch oder auch ablehnend gegenüber wie den politisch Herrschenden. Die politischen Themen, die er aufgriff, die restaurativen Tendenzen in der Bundesrepublik der Nachkriegszeit (vgl. den Band *landessprache*, 1960), die atomare Gefahr (vgl. den Band *blindenschrift*, 1964), das Zusammenspiel von zerstörerischer Industrialisierung und unverantwortlicher Forschung und immer wieder die Anonymisierung der gegenwärtigen Lebensverhältnisse und die Anpassung an sie werden bei ihm so behandelt, dass seine Kritik auch im ästhetischen Arrangement wahrnehmbar wird. Ein lakonisch vorgetragenes Spiel mit dem Sprachmaterial (u. a. mit variierenden Wiederholungen, Mehrdeutigkeiten, ungewohntem, zumal technischem, Vokabular[72], syntaktischen Verschiebungen, Montagen) verweist auf funktional wirksame Verflechtungen, die unsere Wirklichkeit viel entscheidender bestimmen als einzelne, konkret zu benennende Missstände.

> [...]
> es ist etwas in der luft, klebrig
> und zäh, etwas, das keine farbe hat
> (nur die jungen aktien spüren es nicht):
> gegen uns geht es, gegen den seestern
> und das getreide, und wir essen davon
> [...]

heißt es beispielsweise in einem seiner bekanntesten Gedichte, in *an alle fernsprechteilnehmer*, in dem das nicht greifbare ‚etwas' gerade als ‚eingreifendes' Subjekt erscheint, während die im ‚wir' gefassten Menschen passiv, erleidend bleiben. Zu Enzensbergers aufklärerischer Zielsetzung passt auch seine Vorliebe für das ‚lange Gedicht'. Denn wer den komplexen Verhältnissen unserer Wirklichkeit kritisch begegnen will, braucht Raum, um Gedanken zu entfalten, und opponiert zugleich gegen gesellschaftliche Erstarrungen und plakatives Denken. (Vgl. dazu auch Walter Höllerers *Thesen zum langen Gedicht*, 1965). Freilich wird diese Sorgfalt der Reflexion mit dem Verlust an Breitenwirkung erkauft. So bleibt Enzensbergers ‚politische' Dichtung denen weitgehend verschlossen, die der ‚Aufklärung' am ehesten bedürfen.

Die Entwicklung der Lyrik in der DDR

Die Lyrik in der DDR war nach deren Gründung zunächst von den Rückkehrern aus dem Exil, besonders von den prominenten Johannes R. Becher und Erich Weinert, bestimmt worden. In ihren Gedichten wurde der neue Staat, der die kommunistischen Zukunftsvisionen erfüllen sollte, enthusiastisch gefeiert. Nur Bert Brecht distanzierte sich von der allgemeinen Schönfärberei und sah, besonders nach dem Aufstand vom 17. Juni 1953, auch die problematischen Seiten der sozialistischen „Musterprovinz". Von seiner kritischen, auf Widersprüche verweisenden Denkweise wurden die zahlreichen jüngeren Lyriker, die nach dem Krieg in der DDR aufwuchsen, nachhaltig beeinflusst. Sie profitierten zunächst ganz allgemein von der Bedeutung, die dem Gedicht von der Partei- und Staatsführung zugesprochen wurde, gerieten aber zunehmend mit den ideologischen und propagandistischen Ansprüchen, die an sie gestellt wurden, in Konflikt.

Autoren wie Wolf Biermann, Volker Braun, Stephan Hermlin, Peter Huchel, Heinz Kahlau, Sarah Kirsch, Reiner Kunze, Günter Kunert, Karl Mickel verhielten sich dem Staat gegenüber zwar zunächst loyal, bemängelten aber die Deformationen, die er verursachte, und klagten über das Erlöschen der Aufbruchsstimmung. Resigniert schrieb etwa R. Kunze:

> Sensibel
> ist die erde über den quellen: kein baum darf
> gefällt, keine wurzel
> gerodet werden
> Die quellen könnten
> versiegen
> Wie viele Bäume werden
> gefällt, wie viele wurzeln
> gerodet
> in uns.

Noch deutlicher wurde diese Resignation beispielsweise in Sarah Kirschs vielbesprochenem Gedicht *Schwarze Bohnen*, das mit den folgenden Zeilen endet:

> […]
> Schwarze Bohnen
> Nachmittags ziehe ich mich aus mich an
> Erst schminke dann wasche ich mich
> Singe bin stumm.

Wegen fehlender parteilicher Perspektive zog es die besondere Aufmerksamkeit von Kulturfunktionären und Germanisten der DDR auf sich und wurde von ihnen als subversiv eingestuft. Den gleichen Vorwurf der kulturellen Ordnungshüter zog etwa Karl Mickels Gedicht *Der See* auf sich, um das es lange Auseinandersetzungen gab.[73] Um den verpönten, mit Repressionen verbundenen Rückzug auf das eigene Ich zu kaschieren, suchten einige Lyriker ihr subjektives Empfinden in ein ‚Wir' der Gemeinschaft zu integrieren und ihren Wunsch nach Veränderungen dem Kollektiv zu unterstellen (man lese vor allem Volker Brauns Gedichtbände *Provokation für mich*, 1965, und *Wir und nicht sie*, 1970). Andere wichen in ihrer Thematik in die kleinen Probleme des Alltags aus und konnten auf diese Weise Privates artikulieren. Liebe und Erotik beispielsweise war ein Sujet, das auch eine kompensatorische

Funktion erfüllte, ebenso wie die Vergegenwärtigung der Genüsse des Essens und Trinkens oder des Reisens (vgl. u. a. S. Kirschs Gedichtband *Landaufenthalt*, 1967).

Man mag in der Zuwendung zum Alltag eine gewisse Nähe zu der (im vorigen Abschnitt besprochenen) ähnlichen Tendenz in der Lyrik der Bundesrepublik sehen, doch sind die Motive hierfür unterschiedlich. Dem Versuch der Ich-Behauptung, der in der DDR-Lyrik ausschlaggebend für die Suche nach für die Parteiführung ‚abwegigen' Stoffen war, stand in der Bundesrepublik der Wunsch nach gesellschaftskritischer Mobilisierung einer breiteren Leserschaft gegenüber. Wie sich die west- und die ostdeutsche Lyrik der 60er und 70er Jahre voneinander unterschieden, zeigt auch das „Formenrepertoire"[74], dessen sich die Autoren bedienten. Während sich im Westen die Lust am Experimentieren vielfältigen Ausdruck verschaffte (man denke nur an die hermetische oder die konkrete Poesie), hielt man im Osten weitgehend am traditionellen Formenkanon fest. Auch dies ist ein Politikum - ob man es nun aus der von Staats wegen geforderten gesellschaftlichen Anpassung erklärt oder - ganz anders - aus der fehlenden Notwendigkeit, sich am freien literarischen Markt profilieren zu müssen.

Die Ausbürgerung des regimekritischen Wolf Biermann aus der DDR im November 1976, die eine Welle der Solidarisierung mit ihm auslöste - bedeutende Autoren wie Günter Kunert, Sarah Kirsch, Reiner Kunze verließen die DDR danach - machte endgültig deutlich, dass die Hoffnung, diesen Staat in eine sozialistische Demokratie zu verwandeln, unrealistisch war. In der Folgezeit trat die Reflexion über die Ohnmacht, über das Scheitern aufklärerischen Denkens, über die eigene existentielle Zerrissenheit bei vielen Lyrikern thematisch in den Vordergrund. Besonders eindrücklich kommt diese Stimmung, die sich zum Geschichtspessimismus verdichten kann, in einigen Gedichtbänden Günter Kunerts zum Ausdruck (*Abtötungsverfahren*, 1980; *Stilleben*, 1983), in seinen Endzeitvisionen, die häufig von der Unabwendbarkeit einer ökologischen Katastrophe ihren Ausgang nehmen.

Wie unterschiedlich in all ihrer Vergleichbarkeit die Verzweiflung der Enttäuschten sich artikulierte, zeigen zwei Gedichte, die das mythische Motiv des Ikarus, des zur Sonne auffliegenden, dann abstürzenden Idealisten verwenden - wie überhaupt der Rückgriff auf mythische Gestalten (auf Sisyphos, Odysseus, Prometheus) in der kritischen DDR-Lyrik auffällig ist, als ob „die Vielschichtigkeit des Mythos konfrontativ gegen die eindimensionalen Festlegungen des sozialistischen Realismus" eingesetzt wird.[75] (Vgl. auch Franz Fühmanns Essay *Das mythische Element in der Literatur*, 1974). Biermanns berühmt gewordene *Ballade vom preußischen Ikarus* (1976) bezieht die persönliche und die nationale Zerrissenheit aufeinander, Kunerts (hier unvollständig zitiertes) Gedicht *Unterwegs nach Utopia I* aus dem gleichnamigen

Gedichtband (1977) setzt mit den mit immer schrecklicher wirkenden Attributen versehenen ikarischen Vögeln die ganze auf Selbsttäuschung beruhende Verzweiflung des Utopisten ins Bild:

Ballade vom preußischen Ikarus

Da, wo die Friedrichstraße sacht
Den Schritt über das Wasser macht
da hängt über der Spree
Die Weidendammer Brücke. Schön
Kannst du da Preußens Adler sehn
wenn ich am Geländer steh

dann steht da der preußische Ikarus
mit grauen Flügeln aus Eisenguß
dem tun seine Arme so weh
er fliegt nicht weg – er stürzt nicht ab
macht keinen Wind – und macht nicht schlapp
am Geländer über der Spree

Der Stacheldraht wächst langsam ein
Tief in die Haut, in Brust und Bein
ins Hirn, in graue Zelln
Umgürtet mit dem Drahtverband
Ist unser Land ein Inselland
umbrandet von bleiernen Welln

da steht der preußische Ikarus
mit grauen Flügeln aus Eisenguß
dem tun seine Arme so weh
er fliegt nicht hoch, und er stürzt nicht ab
macht keinen Wind und macht nicht schlapp
am Geländer über der Spree

Und wenn du wegwillst, mußt du gehn
Ich hab schon viele abhaun sehn
aus unserm halben Land
Ich halt mich fest hier, bis mich kalt
Dieser verhaßte Vogel krallt
und zerrt mich übern Rand

dann bin ich der preußische Ikarus
mit grauen Flügeln aus Eisenguß
dann tun mir die Arme so weh
dann flieg ich hoch, und dann stürz ich ab
mach bißchen Wind – dann mach ich schlapp
am Geländer über der Spree

Unterwegs nach Utopia I

Vögel: fliegende Tiere
ikarische Züge
mit zerfetztem Gefieder
gebrochenen Schwingen
überhaupt augenlos
ein blutiges und panisches
Geflatter
nach Maßgabe der Ornithologen
unterwegs nach Utopia
wo keiner lebend hingelangt
wo nur Sehnsucht überwintert
[...]

5.10. ‚Neue Innerlichkeit' in der Lyrik; Beliebigkeit im Zeichen der Postmoderne

Weniger als Reaktion auf die Öffentlichkeit suchenden, dem Alltag zugewandten Gedichte mit gesellschaftskritischem Anspruch als vielmehr sie begleitend, aber aus ganz anderen Stimmungslagen heraus entstehend, entfaltete sich zumal seit den 70er Jahren eine das Subjektive betonende Lyrik, die – etwas irreführend – meist mit den Begriffen ‚Neue Subjektivität' oder ‚Neue Innerlichkeit' gekennzeichnet wird. Sie ist nicht ohne Blick auf die Frauenbewegung richtig einzuschätzen.

Die Verarbeitung lebensgeschichtlicher Erfahrungen und Eindrücke und die Besinnung auf die eigene Individualität in Texten entsprang dem Bedürfnis vieler Frauen, sich für ihre Emanzipation einzusetzen und die Aufmerksamkeit auf ihre mannigfachen Zwängen ausgesetzte Befindlichkeit zu lenken. In diesen Jahren erschienen nicht nur zahlreiche Frauenzeitschriften (‚Emma' ist das bekannteste Beispiel), sondern wurden auch viele Verlage und Buchläden gegründet, die ausschließlich ‚Frauenliteratur' – und zwar auf allen Qualitätsebenen und durch alle Gattungen hindurch vom Kriminalroman bis zur Autobiographie – publizierten bzw. verkauften und die Bewegung einer feministisch orientierten Gegenöffentlichkeit zu stärken beabsichtigten. Auch die Lyrik wurde von dieser Bewegung erfasst. Es entstanden zahllose, allerdings nicht selten die Grenzen zur puren Banalität überschreitende Gedichte von Frauen zumal über Beziehungsprobleme und die damit verbundenen Gefühle meist unglücklicher Art. Dies gilt im Übrigen auch für die Triviallyrik von Frauen aus der ehemaligen DDR. Auch hier findet man alle Attribute des ästhetisch Unsorgfältigen: die aus der spontanen Äußerung des Privaten entstehende sprachliche Schluderei, die Missachtung formaler Prinzipien, die Ungenauigkeit der Bilder bzw. die Unlogik in der Zuordnung der Bildelemente usw.

Fast alle diese Gedichte blieben hinter den Erwartungen zurück, die von den bedeutenden Vertreterinnen feministischer Theorie gehegt wurden (vgl. etwa die 1979 erschienene, einflussreiche Studie *Die imaginierte Weiblichkeit* von Silvia Bovenschen), dass Autorinnen einen anspruchsvollen Gegenentwurf zur männlich-herrscherlichen Ästhetik entwickeln würden, d. h. eine weibliche Sichtweise, durch die das Rollenmuster und die Geschlechteridentifikationen durchbrochen und ein neues weibliches Selbstbewusstsein gestärkt werden könnte.

Aus der Flut der vielen zweitrangigen Gedichte, die häufig in den Grenzen der Artikulation bloßer Verweigerung männlicher Erwartungen und Ansprüche blieben, ragen Texte einiger Autorinnen hervor, die zu den bedeutendsten Lyrikerinnen der Nachkriegszeit zählen und besonders hervorzuheben sind: Ingeborg Bachmann, Sarah Kirsch, Ulla Hahn.

Ingeborg Bachmanns Gedichtbände (*Die gestundete Zeit*, 1953, und *Anrufung des Großen Bären*, 1956) zogen nicht zuletzt deswegen so große öffentliche Aufmerksamkeit auf sich, weil ihre formschönen Texte zwar auf die Spuren, die der Krieg hinterlassen hatte, hinwiesen, sie aber in den aufgerufenen Naturbildern auch überdeckten. Dabei wird das Idyllische, das in diesen Bildern immer wieder durchscheint, von der Autorin gerade genutzt, um auf den falschen unreflektierten bzw. verklärenden Umgang mit der Natur aufmerksam zu machen – aber auch, um eigenen Erfahrungen des Leids durch sie zur Sprache zu bringen. Der eindrucksvollste Beleg dafür ist ihr berühmt gewordenes Gedicht *Erklär mir, Liebe* (1956). Der Lobgesang auf den alle Lebewesen, aber auch das Unbelebte ergreifenden Eros in der Natur ist umrahmt von der Klage über das eigene Ungeliebtsein.

> […]
> Der Fisch errötet, überholt den Schwarm
> und stürzt durch Grotten ins Korallenbett.
> Zur Silbersandmusik tanzt scheu der Skorpion.
> Der Käfer riecht die Herrlichste von weit;
> hätt' ich nur seinen Sinn, ich fühlte auch,
> daß Flügel unter ihrem Panzer schimmern,
> und nähm' den Weg zum fernen Erdbeerstrauch!
>
> Erklär mir, Liebe!
>
> Wasser weiß zu reden,
> die Welle nimmt die Welle an der Hand,
> im Weinberg schwillt die Traube, springt und fällt.
> So arglos tritt die Schnecke aus dem Haus!

Ein Stein weiß einen andern zu erweichen!

Erklär mir, Liebe, was ich nicht erklären kann:
sollt' ich die kurze schauerliche Zeit
nur mit Gedanken Umgang haben und allein
nichts Liebes kennen und nichts Liebes tun?
[...]

In ihrem letzten großen Gedicht (danach verstummte sie als Lyrikerin), in *Böhmen liegt am Meer*, 1968 veröffentlicht, wird diese Neigung, das ganz Persönliche erkennbar im allgemein Zugänglichen, in diesem Fall im Politischen, aufgehen zu lassen, besonders augenfällig. Das Gedicht, das sich auf den gescheiterten ‚Prager Frühling' bezieht, beschwört den ‚utopischen' Ort, den schon der (Shakespeare entnommene) Titel erkennen lässt: Der Ort der Erlösung ist für diejenigen zu finden, die in der Realität zugrunde gegangen sind – das gilt für die gescheiterten Aufständischen ebenso wie für das sprechende Ich.[76]

Sarah Kirsch, die bis 1977 in der DDR lebte, nahm sich in ihren frühen Natur- und Liebesgedichten (vgl. ihren Band *Zaubersprüche*, 1973) so entschieden das Recht auf Gefühlsäußerungen, dass sie, nachdem sie von Parteifunktionären, die den parteilichen Gesellschaftsbezug vermissten, wiederholt kritisiert worden war, schließlich in den Westen übersiedelte. Dabei tritt auch ihre Subjektivität (wie diejenige Ingeborg Bachmanns) nicht unverdeckt bzw. privatistisch hervor, sondern wird in Bilder eingebunden, die der Natur, der Tierwelt, auch der Märchenwelt entnommen sind. Schon deswegen ist Sarah Kirsch keine Naturlyrikerin im Gefolge Loerkes oder Lehmanns; immer spricht sie Verstörungen in Liebesbeziehungen oder menschliche Irritationen an, oft parodistisch auch Beeinträchtigungen authentischen Lebens durch technologische oder gesellschaftliche Fehlentwicklungen. Insofern enthalten ihre Gedichte (vgl. etwa die Bände *Rückenwind*, 1977; *Drachensteigen*, 1979; *Erdreich*, 1982) auch immer Impulse, nach Veränderungen zu suchen. Nicht die Natur und die Dinge als solche werden beschworen, sondern – in ihrer ganzen Anfälligkeit – Wechselbeziehungen zwischen Menschen; die benannten Dinge fungieren als Chiffren, die Desorientierungen auslösen und die Sicherheit der Betrachtung erschüttern, zugleich auch ungekannte Gefühlsanstöße geben wollen, um so ein Zwiegespräch mit dem Leser zu eröffnen.[77]

Die Luft riecht schon nach Schnee

Die Luft riecht schon nach Schnee, mein Geliebter
Trägt langes Haar, ach der Winter, der Winter der uns
Eng zusammenwirft steht vor der Tür, kommt

Mit dem Windhundgespann. Eisblumen
Streut er ans Fenster, die Kohlen glühen im Herd, und
Du Schönster Schneeweißer legst mir deinen Kopf in den Schoß.
Ich sage das ist
Der Schlitten der nicht mehr hält, Schnee fällt uns
Mitten ins Herz, er glüht
Auf den Aschekübeln im Hof Darling flüstert die Amsel

Mehr als bei I. Bachmann und S. Kirsch steht bei Ulla Hahn *Herz über Kopf*, 1981) der emanzipatorische Wille im Vordergrund, die festgefügten traditionellen Geschlechterrollen durch selbstbewusst vorgetragene weibliche Selbsterfahrungen zu durchbrechen. Dies bezieht sich gerade auch auf die körperliche Liebe. U. Hahns erotische Gedichte bezeugen die Absage an jegliche Unterwerfungshaltungen, so etwa ein mit Doppeldeutigkeiten spielendes *Anständiges Sonett* (1981):

Komm beiß dich fest ich halte nichts
vom Nippen. Dreimal am Anfang küß
mich wo's gut tut. Miß
mich von Mund zu Mund. Mal angesichts

der Augen mir Ringe um
und laß mich springen unter
der Hand in deine. Zeig mir wie's drunter
geht und drüber. Ich schreie ich bin stumm.

Bleib bei mir. Warte. Ich komm wieder
zu mir zu dir dann auch
„ganz wie ein Kehrreim schöner alter Lieder".

Verreib die Sonnenkringel auf dem Bauch
mir ein und allemal. Die Lider
halt mir offen. Die Lippen auch.

Der ‚Neuen Innerlichkeit' – andere charakteristische, an dieser Stelle einzuordnende Lyrikerinnen wie etwa Friederike Mayröcker (*Das besessene Alter*, 1992) müssen hier übergangen werden – gehören auch Gedichte, die den Tonfall der Elegie wiederbeleben und darin die Verunsicherungen des eigenen Ichs oder auch dessen Trauerarbeit zum Ausdruck bringen. Ursula Krechel (*Nach Mainz. Gedichte*, 1977; *Rohschnitt. Gedichte in sechzig Sequenzen*, 1983) ist in dieser Hinsicht hervorzuheben. Durs Grünbein (*Grauzone morgens*, 1988; *Falten und Fallen*, 1994), an antiken Formen geschult, verbirgt Persönliches, weit ausgreifend, eher hinter großen, allgemeinen Themen wie z. B. Bedrohung und Tod, Zukunftsangst und apokalyptische Vision.

Die vornehmlich in der trivialen Lyrik wahrzunehmende starke Neigung der Autoren, persönliche Gefühle zu äußern, anderen die eigenen Betroffenheiten, Wünsche oder ähnliches mitzuteilen, korrespondiert mit einer Tendenz, die auch gegenwärtig anhält und als Verzicht auf die Gestaltung sinnstiftender Zusammenhänge bezeichnet werden kann. Natürlich haben sich dafür im Rückgriff auf den Begriff der ‚Postmoderne' theoretische Begründungen finden lassen. Während die Denkgewohnheiten der ‚Moderne' seit dem Ende des 18. Jahrhunderts stets von der Voraussetzung ausgingen, dass es die Aufgabe des aufgeklärten Menschen sei, im Hinblick auf ein – oft geschichtsphilosophisch fundiertes – Ideal gestaltend in die Welt einzugreifen, zweifeln die Wortführer der Postmoderne an der Deutbarkeit der Geschichte und gehen mit dem Begriff der Aufklärung deswegen resignierend um. Damit entfällt freilich der Impetus, die Wirklichkeit zu verändern. Übrig bleibt im Bereich der Kunst das – geistig letztlich anspruchslose – Spiel mit dem Vorgefundenen, das verfügbar ist, zitiert werden kann, unverbindlich bleibt. ‚Anything goes' heißt die Devise dieser Mentalität. In der Poesie huldigen ihr die eher minderen Begabungen. Die ‚Basteleien', die dabei entstehen und Verse als abgeteilte Prosa, als „Flattersätze" vorführen[78], erzeugen weniger ästhetischen Reiz als vielmehr Langeweile. Auch wenn Autoren Stile und Formen beherrschen und zuweilen einsetzen, wird, wenn sie mit ihnen nachahmend umgehen, meist nicht deutlich, welches deren Funktion für das Gesagte ist.

An der „Entäußerung des Lebensgefühls ohne Kunstanspruch"[79] sind so zahlreiche Autoren beteiligt, dass es unangebracht erscheint, hier auf einzelne näher zu verweisen. Von Interesse sind am ehesten diejenigen, die ihr dekonstruktivistisches Vorgehen begründet haben. In den letzten Jahren der DDR versuchten Autoren, die sich der Szene vom Prenzlauer Berg zurechneten[80], zu erkunden, wie weit sie in ihrer Opposition gegen die Partei- und Staatsführung gehen konnten, indem sie subversive Formulierungen in ihre lyrischen Texte einfügten. Ganz anders untermauerte in der Bundesrepublik etwa Jürgen Theobaldy (schon 1975 im ‚Literaturmagazin') seine oft ins Epische ausgreifenden Gedichte (vgl. *Blaue Flecken*, 1974; *Schwere Erde, Rauch*, 1980), die, wie er schrieb, sich mit alltäglichen Erfahrungen, Stimmungen, Gefühlen „vollsaugen" sollten, um so – dies erinnert an die Absichten Brinkmanns – Probleme und Konflikte unserer Zeit vor Augen zu führen (wobei man kritisch fragen darf, wie weit das Problembewusstsein eigentlich reicht). In der Nähe der Lyrik Theobaldys stehen etwa auch viele Gedichte von Jürgen Becker oder Nicolas Born[81], um es bei diesen Namen zu belassen.

‚Zeichen der Zeit' ist diese Art von Lyrik insofern, als sie das Vertrauen in den Sinn des vernünftigen Umgangs mit menschlichen Problemen (auch in den Sinn produktiver künstlerischer Tätigkeiten) erschüttert und dagegen – verunsichernd – eine allgemeine Rat- und Orientierungslosigkeit setzt.

6. Drama

6.1. Konversationsstücke und Experimente dramatischer Gestaltung um die Jahrhundertwende und nach ihr

Wer die Entwicklung des Dramas im 20. Jahrhundert unter vornehmlich literatursoziologischen Gesichtspunkten verfolgen will, tut gut daran, sich zu vergegenwärtigen, in welchem Ausmaß das Unterhaltungsdrama die Spielpläne nicht nur der deutschen Theater um die Jahrhundertwende und darüber hinaus bestimmte. Neben den, im vorangehenden Kapitel schon erwähnten, im wesentlichen der Erbauung des Nationalgefühls dienenden historischen Dramen und Festspielstücken und den Bühnenschwänken, die Gelächter auslösen wollten, waren vor allem die sogenannten ‚Konversationsstücke'[82] erfolgreich. Diese – oft französischen Mustern nachgebildeten – Stücke eines Paul Lindau, Oskar Blumenthal, Richard Voß, Ludwig Fulda, Otto Erich Hartleben und anderer schnitten zeitnahe, den Problemen des Alltags entnommene Themen an – um die Jahrhundertwende waren das etwa das Frauenstimmrecht, das Scheidungsrecht, die geschlechtsspezifische Sexualmoral, die ‚freie Liebe' oder, politischer, die Industrialisierung, der Sozialismus, der Aufstiegswille der Proletarier, der Antisemitismus – behandelten sie aber, mehr oder weniger, als Zugaben, die einer beliebigen, oft von Zufällen bestimmten oder nur ungenügend motivierten Handlung ‚aufgesetzt' wurden, um dieser den Anschein der Aktualität zu geben.

Die Lustspiele Hofmannsthals

Angesichts der Oberflächlichkeit der in diesen Stücken sich abbildenden ‚Konversationen' musste es für begabtere Autoren eine Herausforderung sein, sich von dieser auf Publikumswirksamkeit zielenden Theaterpraxis zu distanzieren. Besonders originell erscheint hierbei der Weg, den Hugo von Hofmannsthal mit seinem 1921 uraufgeführten Lustspiel *Der Schwierige* wählte, in dem die Mittel des Konversationsstücks selbst benutzt werden, um einen überlebten Gesellschaftsstand zu entlarven. Während sein zwei Jahre später uraufgeführtes Lustspiel *Der Unbestechliche* theater- und publikumswirksam mit Überlistungen, mit Charakter- und Situationskomik fest in bewährter Komödientradition steht – ein Diener namens Theodor (= Gottesgeschenk) übernimmt als Wächter der Tugend zeitweilig die Herrschaft in einem adligen Haus, um die ihm gewohnte, durch seinen leichtlebigen Baron aber verspielte moralische Ordnung wiederherzustellen, und ‚rettet' dessen Ehe, indem er gleich zwei alte Liebschaften, die der Baron zu sich eingeladen hat, zur vorzeitigen Abreise bewegt (wobei die schnelle Läuterung des Barons, die durch das rückhaltlose Bekenntnis seiner Frau zu ihm ausgelöst wird, dramaturgisch nicht recht überzeugen kann); während also die der Gattung der Komödie eigene lehrhafte Tendenz hier eher ‚aufgesetzt' ist, greift die Kritik an adliger Lebensführung im *Schwierigen*, für viele dem vollkommensten Lustspiel der neueren deutschen Literatur, viel weiter aus und wird auch die Ehe als Möglichkeit der Selbstfindung tiefgründiger behandelt. Inmitten der durch unterschiedliche Rollenträger repräsentierten, von Hofmannsthal satirisch gezeichneten Salongesellschaft Wiens um 1920, die durch gestelztes Benehmen und Parlieren den Schein ihrer verlorenen gegangenen Bedeutung aufrechtzuerhalten sucht, dabei aber nur lächerlich wirkt, steht isoliert Graf Kari Bühl, ein ‚Mann ohne Absichten' (so sollte das Stück zunächst heißen, womit die offensichtliche Verwandtschaft mit Robert Musils großem Roman *Der Mann ohne Eigenschaften* [vgl. u.] deutlich zu erkennen gewesen wäre). Bühls Kriegserlebnis des ‚Verschüttetseins' hat ihn zum menschenfreundlichen Beobachter des Gesellschaftsspiels um sich herum, das nicht mehr sein eigenes ist, werden lassen, zu einem Verwandten des von ihm gern besuchten Zirkusclowns, der alles Geschehen ironisch reflektiert. Zu einer neuen, sich aus der ‚seelischen Verschüttung' befreienden Existenz findet er erst durch das alle Rollenspiele durchbrechende Liebesgeständnis Helenes, von der er als Verwundeter als von seiner Frau geträumt hat. Ihrem für die damalige Zeit mutigen Bekenntnis geht mit seiner Erzählung dieses Traums seine eigene, ihn selbst verunsichernde Liebeserklärung nur als Andeutung voraus. Der ‚Mann ohne Absichten' wird durch Helene zu seiner Identität, zu seinem Glück geführt – diese Umkehrung des Gewohnten, eine der wichtigen Ursachen jeglichen Lachens[83], sichert dem Text am nachdrücklichsten den Charakter des Lustspiels. Auch dieses Spiel hat sein ‚Lehrhaftes'. Das Beschwören der Ehe als Zustand bedingungsloser Hingabe und Treue, die hier durch das Kriegserlebnis und einen vorwegnehmenden, Unbewusstes offenlegenden Traum glaubwürdiger als im *Unbestechlichen* motiviert ist, belegt wiederum Hofmannsthals Anliegen, den Fremdbestimmungen, die der gesellschaftliche Umbruch und der Krieg bewirkt haben, durch das Festhalten an fundamentalen menschlichen Ordnungen entgegenzuwirken.

Einakter und lyrische Dramen

Der späte Versuch Hofmannsthals, mit seinen Lustspielen das Konversationstheater mit seinen eigenen Mitteln zu unterlaufen, blieb relativ singulär. Er passte kaum zu den vielen Experimenten, die schon seit den 90er Jahren des 19. Jahrhunderts von ambitionierten Autoren angestellt wurden und die, weil sich ganz neue Inhalte in den Vordergrund schoben, auch die Form des Dramas und seine bewährten Strukturen veränderten.

Besonders auffällig war um die Jahrhundertwende zunächst die Zunahme von Einaktern und lyrischen Dramen, an deren Produktion gerade auch der junge Hofmannsthal, ebenfalls eigenwillig, beteiligt war. Einakter sind keine Dramen im Kleinen; sie folgen dem Modell der einzelnen Szene, die eine bestimmte Situation einfängt. In ihr erwächst die Spannung nicht aus zwischenmenschlichen Konfliktstellungen, Entscheidungen, Konfliktlösungen, sondern aus der Situation selbst, die als Grenzsituation aufgefasst wird, gleichsam als Situation vor der Katastrophe, die nicht abzuwenden, sondern auszuhalten ist (so die idealtypische Beschreibung Peter Szondis, der den Einakter, der bezeichnenderweise im Zeitalter des Determinismus aufgekommen sei, als Ausdruck des unfreien, sich selbst als Opfer verstehenden Menschen begreift[84]). Impulse erhielten die deutschen Autoren, die diese eigenartige Dramenform wählten, vor allem von August Strindberg und Maurice Maeterlinck. Während der Schwede einen psychologischen Naturalismus anstrebte und um höchste sprachliche Genauigkeit bei der Darstellung seelischer Stimmungslagen bemüht war, fing der zur Abstraktion neigende, dem Symbolismus zuzuordnende Franzose (u. a. *Les aveugles* [*Die Blinden*], 1890) Gefühle von Menschen ein, die angesichts des Todes, als Sterbende zu Handlungen nicht mehr fähig sind (was im übertragenen Sinn einem Grundgefühl des ‚Fin de siècle' entsprach). Der Ansatz Strindbergs fand in Deutschland zahlreiche, heute vergessene Nachahmer (u. a. Wilhelm Weigand oder Paul Ernst), die neben Psychogrammen auch Milieustudien entwarfen.

Wirklich originell erscheinen vor allem die meist zu Zyklen zusammengefügten Einakter Arthur Schnitzlers. Er begann mit dem Zyklus *Anatol*, dessen einzelne Texte zwischen 1889 und 1893 entstanden. Die Hauptfigur, großbürgerlicher Herkunft, die „österreichische Variante des europäischen Dandys"[85], stürzt sich in ein Liebesabenteuer nach dem anderen und degradiert dabei seine aus der Unterschicht stammenden Geliebten (in Nachahmung eines uralten adligen Verhaltensmusters) zur bloßen Ware, ohne dies – wie seine frauenverachtenden Räsonnements belegen – selbst zu durchschauen. Dabei wird durch die Zyklenbildung, durch das Aneinanderreihen der einzelnen Szenen zu einer Kette, auch das Episodische, das Beliebige der Erlebnisse Anatols sinnfällig, die Eintönigkeit der Wiederholung. – Auch die späteren Einakter Schnitzlers thematisieren immer wieder – in der Ausarbeitung wirksam unterstützt durch seine psychoanalytischen Kenntnisse (vgl. *Paracelsus*, 1898, wo er den neuesten Stand der Hysterie- und Hypnoseforschung kritisch verwertet) den leichtsinnigen Ehebruch, die Missachtung der Frauen durch ihre Liebhaber, Eifersucht und Betrug, was das Gegenbild ehelicher Treue als Ideal aufscheinen lässt. Am bekanntesten wurde sein (später auch verfilmter) Zyklus *Der Reigen* (1897), eine Folge von Liebesszenen, in denen jeweils einer der Partner ausgetauscht wird. In diesem Liebesreigen aus zehn Einaktern wird zugleich mit der sozialen Stufenleiter gespielt – mit Figuren vom Soldaten bis zum Grafen, vom Stubenmädchen bis zur gefeierten Schauspielerin. Dabei ist der Liebesakt selbst für Schnitzler gar nicht von Interesse (der ist die Wiederkehr des Immergleichen), sondern die Art der Verführung vor ihm und des verbalen Rückzugs nach ihm. Der Kunstgriff, im Sprachverhalten der Figuren beim Liebesspiel deren soziale Stellung und dabei den Zusammenhang von Sprachkompetenz und Liebesprivilegien erkennen zu lassen, macht den *Reigen* zu einem Sittenbild, das wegen der dargestellten ungleichen geschlechtsspezifischen Ausgangslage der Männer und Frauen und der entlarvten Doppelmoral der bürgerlichen Gesellschaft gerade in dieser eine Welle der Empörung auslöste. Schnitzler sah den Skandal voraus und stimmte 1903 zunächst nur einer Buchausgabe zu; erst 1920 kam die gesamte Szenenfolge in Berlin auf die Bühne. In die Diffamierungen gegen das Stück mischten sich auch Angriffe gegen den Autor. Das Werk des ‚zersetzenden' Juden Schnitzler wurde 1933 von den Nazis verbrannt.

Dem Vorbild Maeterlincks folgte der junge, mit Schnitzler befreundete Hofmannsthal mit einer Reihe kleiner Dialogstücke, die als ‚lyrische Dramen' bezeichnet werden, weil sie in Versen – von teils bezwingender Kunstfertigkeit – geschrieben worden sind. Hervorgehoben seien hier die drei ersten dieser Stücke: *Gestern* (1891), *Der Tod des Tizian* (1892) und *Der Thor und der Tod* (1893). In *Gestern* geht es um die Selbstbezogenheit und Selbstbespiegelung eines Künstlers, der nur den erfüllten Augenblicken spontanen Empfindens nachjagt, bis er am Ende die Macht von Bindungen erkennt, die auch sein Leben bestimmen, und ohne die ein Künstler, wie er von seinem andersdenkenden Freund lernen muss, keinen Sinn zu stiften vermag. Man mag in *Gestern* eine frühe Kritik des jungen Hofmannsthal am Ästhetizismus sehen, der als Gegenbewegung zum sich ausbreitenden Materialismus besonders in Frankreich, aber auch in England und Deutschland sich entwickelt hatte und der, wie auch der Impressionismus in der zeitgleichen Malerei, die Vielfalt sinnlicher Wahrnehmungen, den flüchtigen Augenblick ins Bild zu setzen suchte. – *Der Tod des Tizian* greift die Struktur von *Gestern* insofern auf, als auch hier verschiedene Auffassungen von Kunst aufeinandertreffen, die in diesem Fall in einem Streitgespräch zwischen Schülern Tizians ausgetauscht werden, die auf den bevorstehenden Tod des Meisters warten. In diesem Gespräch wird auch über die Grenzen der Leistungen der Sprache reflektiert, die oft das, was die Sinne empfinden, nicht auszudrücken vermag. Hofmannsthals Sprachskepsis, die später in seinem ‚Chandos-Brief' zum Ausdruck kam, hat sich in späteren Werken beispielsweise in seiner Neigung zur Pantomime oder zu dialektalen Einfärbungen niedergeschlagen und erklärt auch seine Vorliebe für die Unterstützung der Sprache durch die Musik, was ihn die in der Zusammenarbeit mit Richard Strauss entstandenen Libretti hat schreiben lassen (u. a. *Der Rosenkavalier*, 1911; *Die Frau ohne Schatten*, 1919). – Die stärkste Verurteilung einer nur auf das Ästhetische ausgerichteten Lebensführung spricht Hofmannsthal in *Der Thor und der Tod* aus. Hier wird der Protagonist, der Thor, der ohne zwischenmenschliche Bindungen in innerer Isolation lebt und nur in sich selbst kreist, durch den (wie im christlichen Mysterienspiel) personifiziert auftretenden Tod mit Gestalten aus dem Schatten der eigenen Vergangenheit konfrontiert (mit der Mutter, der Geliebten, dem Freund) und muss einsehen, dass er sich um den Reichtum des Lebens gebracht hat. Dass er am Schluss im Tod sein Leben sieht, ist der Reflex darauf, dass er im Leben bereits tot gewesen ist. Die Überwindung der Unverbindlichkeit und die Hochschätzung der Treue, die dieses Frühwerk vor Augen stellt („Ich will die Treue lernen, die der Halt / Von allem Leben ist …"), sind die Kernmotive, die auch die späten Lustspiele Hofmannsthal bestimmt haben (vgl. o.).

Stationendrama und ‚politische Revue'

Die Auflösung der dramatischen Form war ein Charakteristikum der Dramatik der Jahrhundertwende, das weit ins 20. Jahrhundert hineinreichte (und sich – teilweise – bis heute fortsetzt). Immer stärker wurde das genuin Dramatische mit Stilelementen des Epischen durchsetzt und bei Bert Brecht schließlich zum Prinzip des ‚epischen Theaters' erhoben. Schon die Naturalisten, insbesondere Hauptmann, standen, wenn sie die Notlage der ausgebeuteten, fremdbestimmten Menschen aus den unteren Schichten darstellen wollten, vor dem Dilemma, wie die ‚sprachlose' Masse, die sich nicht zu wehren weiß (es sei denn durch Aufstände), oder wie sich einzelne aus ihr herausgehobene Figuren in dramatische Auseinandersetzungen, die sich im Dialog vermitteln, zu zwingen seien. Hauptmann, der einflussreichste unter ihnen, aber nicht nur er, löste dieses Problem durch den sogenannten ‚Boten aus der Fremde' (z. B. Loth in *Vor Sonnenuntergang* oder Jäger in den *Webern*; vgl. o.), der als Beobachter, als Reflektierender, auch Handlungsanstöße Gebender in die Szenen tritt und damit die Haltung eines epischen Erzählers einnimmt, der zu seinem Gegenstand, auch dann, wenn er sich einmischt, eine innere Distanz bewahrt.

Das ‚Gegenwärtige', von dem das traditionelle Drama lebte, wurde auch von den großen Zeitgenossen Hauptmanns, von Henrik Ibsen, Anton Tschechow und August Strindberg, zurückgedrängt. In Ibsens ‚analytischen' Dramen (u. a. *Die Gespenster*, 1883) ist die Gegenwart der Anlass, die Vergangenheit, die Ursachen misslungenen Lebens heraufzubeschwören. Das Innere, das dabei zutage tritt, entzieht sich weitgehend der direkten dramatischen Darstellung und tendiert im Grunde zur epischen Vergegenwärtigung. – Tschechows Dramen (u. a. *Drei Schwestern*, 1901) leben von der Erinnerung und den Zukunftsträumen der Protagonisten, die darüber ihre Gegenwart verlieren. Auch hier wird die dramatische Auseinandersetzung von der Reflexion überlagert. Es entstehen Stimmungsbilder, die ihre Kraft durch das ‚Nebeneinander' der Charaktere erhalten, nicht aber durch ihr ‚Gegeneinander' im spannungsgeladenen Dialog. – Strindberg gilt als Begründer der ‚Ich-Dramatik', in deren Mittelpunkt eine einzelne Gestalt steht, deren verborgene seelische Verfassung ans Licht gezogen wird. Die Form des Dramas freilich verliert damit ihre eigentliche Funktion: Die Kategorie der Handlung wird durch die der Situation ersetzt, was sich extremer noch in den Einaktern Maeterlincks zeigt (vgl. o.). Aus seiner ‚Ich-Dramatik' entwickelte Strindberg später die einflussreiche Form des ‚Stationen-Dramas' (u. a. *Nach Damaskus*, 1897). In ihm durchläuft ein Held in verschiedenen aneinandergereihten, zeitlich oft weit auseinander liegenden und in keinem kausalen Zusammenhang miteinander stehenden Szenen in der Begegnung mit anderen Figuren eine Entwicklung – dies wohl am deutlichsten ein genuin episches Verfahren.

Viele expressionistische Dramatiker sind diesem Typus des Dramas gefolgt – unter anderem Reinhard Johannes Sorge mit *Der Bettler* (1912, aufgeführt 1917), Georg Kaiser mit *Von Morgens bis Mitternachts* (1912, aufgeführt 1917), Walter Hasenclever mit *Der Sohn* (1914, aufgeführt 1916), Ernst Toller mit *Die Wandlung* (1919). Sie versuchten die Isolation und Verlorenheit des Ichs angesichts einer entfremdeten Welt zu zeigen, die diesem in verschiedenen Ausschnitten begegnet. Dabei entstanden vor den Augen des Zuschauers oder Lesers allerdings weniger genaue Bilder von Individuen als vielmehr Kaleidoskope von Wirklichkeitsausschnitten, die in subjektiver Wahrnehmung in teilweise grotesken Verzerrungen erschienen (vergleichbar den zeitgleichen Bildern der Maler der ‚Brücke' und anderer). Der ‚neue Mensch', der in vielen dieser expressionistischen Dramen zur Überwindung dieser Entfremdung propagiert wurde, blieb freilich trotz seiner inneren Erneuerung, wenn sie stattfand, weiterhin der mitmenschliche Beziehungen entbehrende einzelne, der Vereinzelte. Auch der ‚neue Mensch', der sich für die Gemeinschaft opfert, wie der

Held in Kaisers ebenfalls durch epische Reihungen geprägtem Hauptwerk *Die Bürger von Calais* (1914, aufgeführt 1917), steht abseits der anderen, trifft mit seinem Freitod eine einsame, den Mitbürgern nicht vermittelte Entscheidung.

In der Nähe des Stationen- bzw. des mit epischen Reihungen arbeitenden Dramas der – hier nur in Auswahl genannten – Expressionisten steht schließlich die ‚politische Revue', wie sie von Erwin Piscator konzipiert wurde. In Szenenfolgen, in denen Figuren ihre Klasse und ihr gesellschaftliches Umfeld repräsentieren, wird das Augenmerk vom Nur-Individuellen weggelenkt. In seinen Inszenierungen spielten zudem der Film, die Montage von dramatischen Szenen, Projektionen auf die Leinwand, von Plakaten, Chören etc. eine gewichtige Rolle, allesamt Mittel des Zeigens und Belehrens, der zielgerichteten Beeinflussung des Publikums, die dann in Bert Brechts ‚episches Theater' (vgl. u.) mündeten. – Gerade der Film hat die Hinwendung zu Strukturen des Epischen unter den Dramatikern bestärkt. Durch den Einstellungswechsel der Kamera, die Nahaufnahme, die Montage, damit die Bildkomposition, also durch Möglichkeiten, die Kamera produktiv für die Gestaltung des Geschehens zu nutzen, wurde er zum künstlerischen Ausdrucksmittel, das die bloß mechanische Wiedergabe von Abläufen überstieg und eigene Bilderzählungen erlaubte. Sein Einfluss nicht nur auf die Dramatiker, sondern gerade auch auf Autoren der erzählenden Literatur ist unübersehbar.

Die Erklärung für die Hinwendung des Dramas zum Epischen hat vor allem die Entwicklung der Psychoanalyse und die Erforschung der seelischen Triebkräfte des Menschen, die sozialen Umbrüche durch die Industrialisierung und die Erfahrungen der Entfremdung in einer immer schwerer zu durchschauende Wirklichkeit sowie das Interesse am Historischen zu berücksichtigen – Faktoren also, die Ausführlichkeit in der Erklärung von Ursachen geradezu herausforderten und die dem klassischen Drama eigenen unmittelbaren Entscheidungssituationen unterliefen. In der Theatertheorie Brechts (vgl. den folgenden Abschnitt) kommt eine weitere, ganz andere Begründung für die Hinwendung zum Epischen im Drama hinzu.

6.2. Die soziale Thematik in den Dramen von Wedekind, Sternheim, Kaiser, Horváth und Brecht

Wedekind, Sternheim, Kaiser, Horváth

Frank Wedekind, entschiedener Gegner des Naturalismus, hat in seinen frühen, bis heute aufgeführten Dramen, in der ‚Kindertragödie' *Frühlings Erwachen* (1891) und dem sogenannten *Lulu*-Drama *Die Büchse der Pandora* (1892–94) (wegen der Einwände von Verleger und Zensur umgearbeitet in zwei Teilstücke *Der Erdgeist*, 1895, und *Die Büchse der Pandora*, 1904) thematisch den Komplex der Sexualität in den Mittelpunkt gestellt. Auch die Naturalisten betonten zwar die Triebgebundenheit menschlichen Handelns, was in der populären Abhandlung Wilhelm Bölsches über *Das Liebesleben in der Natur* (1899–1902) einen theoretischen Niederschlag fand, doch ging Wedekind weit über sie hinaus, weil ihn, der darin Nietzsche nahestand, vor allem die mit dem Sexualverhalten einhergehenden moralischen Implikationen interessierten. Als Verfechter einer moralfreien Sexualität wirkte er in den 90er Jahren noch schockierend (er wurde wegen Verbreitung unzüchtigen Schrifttums angeklagt, die Aufführung der *Lulu*-Stücke unterbunden bzw. nur in Privaträumen zugelassen), obwohl die Prüderie im Erziehungssystem des wilhelminischen Zeitalters sich bereits allenthalben – nicht zuletzt unter dem Einfluss der bildenden Künste – aufzulösen begann.

Die Darstellung des nackten Menschen bzw. des sexuellen Akts bedurfte in den bildenden Künsten des christlich geprägten Kulturkreises bis ins 18./19. Jahrhundert hinein immer der mythologischen bzw. biblischen Legitimation, war nur in entsprechenden inhaltlichen Zusammenhängen denkbar. Der natürliche Zustand des Menschen, seine Nacktheit, war in der sich auf den Sündenfall Evas (1. Moses 3,7) berufenden Sichtweise des Judentums und des Christentums Ursache des wollüstigen Verlangens und musste schamhaft verborgen werden. Die Ächtung der Nacktheit und der Sexualität durch die Kirche und durch allgemeine Sittenlehren provozierte freilich nur den Voyeurismus, und die Künstler suchten seit dem Mittelalter stets nach Vorwänden, um, ohne dabei den geltenden Verhaltenskodex verletzen zu müssen, das Verlangen ihrer Auftraggeber nach dem Anblick Lust erzeugender Sujets zu befriedigen (man denke an die zahllosen Darstellungen antiker Göttinnen und dem Mythos angehörender Schönheiten oder etwa an die biblische Susanna in Entkleidungssituationen beim Bade). Erst seit der Mitte des 18. und dann zunehmend im 19. Jahrhundert begann sich die Aktmalerei als unabhängige Gattung durchzusetzen (die Badenden wurden nun einfach in Naturdarstellungen eingebunden), bis schließlich im 20. Jahrhundert sich immer mehr auch pornographische Absichten Geltung verschafften. – Um 1900 und kurz danach im Expressionismus häuften sich in der Malerei, zumal bei den Malern der ‚Brücke' (bei Franz Marc, Erich Heckel, Max Pechstein, Otto Mueller, Ernst Ludwig Kirchner) Darstellungen nackter Menschen in der Natur, die sich ihrer Körper nicht schämten. Nacktheit galt diesen Künstlern als Ausdruck von Schönheit und Gesundheit, von Ungezwungenheit und Freiheit. Frauen erschienen nicht mehr als Objekte männlicher Begierde, Männer nicht länger als Voyeure. So sollten paradiesische Zustände zurückgeholt werden – eine Reaktion auf das gesellschaftliche und moralische Korsett des Wilhelminismus und ein gegen ihn gerichteter Befreiungsschlag, der von der zur gleichen Zeit populären Lebensreform- und der Jugendbewegung unterstützt wurde. In ihnen äußerte sich der Protest gegen die Industrialisierung, den Kapitalismus, die großstädtische Lebensweise insgesamt auf vielfältige Weise, wobei sich der Wunsch nach Absonderung von der ‚modernen' Lebensführung und utopistische Vorschläge verbanden: als Freikörperkultur und Ausdruckstanz, als Forderung nach Sexualaufklärung, als Ernährungsreform, als Wunsch nach Gartenbausiedlungen, als Wanderbewegung (Gründung des ‚Wandervogels'; Sammlung von Wanderliedern im 1909 von Hans Breuer herausgegebenen *Zupfgeigenhansl*), um nur Wichtigstes anzudeuten. Viele Schriftsteller haben diese Reformbewegungen unterstützt – man denke nur an Hauptmanns *Vor Sonnenaufgang* (Antialkoholismus), an Wedekinds *Frühlings Erwachen* (vgl. u.) (frühe Sexualaufklärung) oder auch noch an Arnold Bronnens *Das Recht der Jugend* von 1919 (revoltierende Jugend).

Nicht nur in der Malerei, sondern auch in der Literatur der Jahrhundertwende ist die sich ändernde Einstellung zur Sexualität als Problem und als Wunschvorstellung immer wieder thematisiert worden. Anders als die Maler, die den paradiesischen Zustand einer von Rollenzwängen befreiten Geschlechterbeziehung einfach ins Bild setzten, haben die Schriftsteller allerdings stets das Spannungsverhältnis zwischen freier Liebe und gesellschaftlicher Erwartungshaltung gestaltet, was am Beispiel der unerfüllten Ehe und den Ausbruchsversuchen aus ihr besonders anschaulich gelingen konnte. Die vorgeschlagenen Lösungen des Problems waren unterschiedlich. Während das nicht nur in Deutschland massenhaft rezipierte Boulevardtheaterstück (in Frankreich war es das Vaudeville, das die Pariser Boulevard-Bühnen um 1900 beherrschte) die Eskapaden des abtrünnigen Ehepartners in der Regel in das ‚normale', d. h. das normgerechte Eheverhalten zurückführte (vgl. dazu ausführlich III), wenn auch der Spaß von den nicht-erlaubten Seitensprüngen ausging, nahm ein Hofmannsthal in seinen Lustspielen, den Zuschauer auf eine andere Ebene hebend, den Seitensprung nur zum Anlass für die Partner, sich den Wert der ehelichen Treue bewusst zu machen und sie zu vertiefen. Schnitzler betonte nicht nur die Doppelmoral der Gesellschaft, die im Verschweigen und Vertuschen auch bei Hofmannsthal zum Ausdruck kam, sondern führte im *Reigen* (vgl. o.) vor allem auch die Perversionen verheimlichter Sexualität vor Augen. Mit dem Spiel um freie Liebesbeziehungen und Ehe, um Verrat und Reue, das auch zahllose andere (hier ungenannte) Autoren beschäftigte, dokumentierte auch die Literatur, dass die gesellschaftlich noch geforderte Unterdrückung der Sexualität ganz offen zur Disposition gestellt zu werden begann.

Am weitesten hierin ging Frank Wedekind. In *Frühlings Erwachen* (1891), seiner von der Zensur verfolgten und erst 1912 freigegebenen ‚Kindertragödie', wird nicht nur die Ursprünglichkeit des geschlechtlichen Triebs in Szene gesetzt, indem sich – in freier Natur! – die sexuellen Regungen Jugendlicher ausleben, einschließlich homoerotischer Neigungen und sogar sado-masochistischer Abgleitungen; zugleich wird gezeigt, wie verständnislos und hilflos die Erwachsenenwelt den Pubertätsnöten und Gefühlsverwirrungen ihrer Kinder gegenübersteht, wie deren natürliches Begehren durch Erzieher unterdrückt wird: durch Verweigerung sexueller Aufklärung, durch Strafmaßnahmen wie Prügeln oder Wegsperren. Eine Lehrerkonferenz, die über solche Maßnahmen berät, zählt zu den Höhepunkten deutscher Schulsatiren.

In den *Lulu*-Stücken (vgl. o.) häuft Wedekind schaurige Motive. In Lulu selbst stellt er in der ersten Fassung, in der sogenannten Monstretragödie, eine Protagonistin spontaner Sinnlichkeit auf die Bühne, die, ganz ihrer sexuellen Bedürfnisbefriedigung verfallen, die Männer reihenweise ins Unglück stürzt: Der erste Gatte stirbt am Schlag, der zweite schneidet sich die Kehle durch, der dritte wird erschossen; eine Lulu verfallene Gräfin stirbt durchs Messer, ihr Stiefsohn wird erschlagen, Lulu selbst stürzt aus dem Luxusleben ins Elend der Prostitution und wird schließlich ermordet, kurz: es fließt viel Blut. Die Triebhaftigkeit – der Text dieser ersten Fassung ist zudem voller sexueller Anspielungen und Deutlichkeiten – führt zum Zusammenbruch der geordneten bürgerlichen Welt. Und doch wird nicht der ausgelebten Sinnlichkeit die Schuld an diesem Zusammenbruch zugesprochen, sondern den Bürgern selbst. Der Lebensintensität Lulus stehen die Perversitäten der Bürger gegenüber, die all das Unglück erst verursachen: Eifersucht, Besitzerstolz, Voyeurismus, die Erniedrigung der Frau zur Ware. So entwirft Wedekind mit diesem Gegeneinander von unverstelltem Anspruch auf Sinnenfreude und verdinglichter Sexualität ein „kritisches Denkbild"[86], das den Zuschauer belustigen, schockieren und in seinen Gewohnheiten verunsichern soll. In der späteren, heute meist gespielten Fassung wird Lulus Triebgebundenheit mit Zügen von Gefühlskälte und berechnender Raffinesse vermischt, wird sie zu einer widersprüchlichen, bedrohlichen, dann zur mannstollen Figur, womit das Stück zum Spektakel verkommt, geradezu ins Kabarettistische gewendet wird, dem Wedekind, der am Münchner Kabarett der ‚Elf Scharfrichter' mitwirkte, nahestand. So bleibt die frühe Fassung die weitaus modernere.

In Wedekinds drittem noch heute gespieltem Schauspiel, im *Marquis von Keith* (1901), tritt das Thema der Sexualität, zumal die utopistische Perspektive sexueller Befreiung, in den Hintergrund. Dafür erhält seine kritische Sicht auf das Bürgertum einen neuen Schwerpunkt, bei dessen Gestaltung Sexualität vor allem in ihrer Verflechtung mit Gewaltmechanismen erscheint. Im Mittelpunkt des Stücks steht ein Hochstapler, der durch Manipulierungstricks für eine Kunsthalle Geld zusammenträgt, das er für private Zwecke veruntreut. Nicht nur die moderne Form des Abenteurers, der – gleichsam jenseits von Gut und Böse – die ‚Elastizität' der Lebensführung preist (ein Lieblingsbegriff Wedekinds) und in der Niederlage schon wieder eine neue Chance sieht („Das Leben ist eine Rutschbahn!"), wird hier – sehr wirksam durch den Kontrast zu einem pflichtbewussten Gegenspieler – vorgeführt; der eigentlich kritische Aspekt liegt in der Zeichnung einer Gesellschaft, die den Begriff ‚Unglück' nur noch über den Geldverlust definiert. Aus dieser Haltung des Helden kann keine Katastrophe, kein tragisches Ende mehr hervorgehen. Der Zug zur Episierung des Dramas, das seine Höhepunkte nur noch durch die Aneinanderreihung von Wiederkehrendem gewinnt, ist im *Marquis von Keith* sinnfällig auch inhaltlich begründet.

Sexualität und Gewalt, in eigenwilligen Ausprägungen, etwa der Verklemmung und dem Anpassungsdruck, sind auch die thematischen Schwerpunkte in Carl Sternheims ‚Komödien' *Die Hose* (1909/10), *Die Kassette* (1911) und *Bürger Schippel* (1913), die er als ein Zyklus *Aus dem bürgerlichen Heldenleben* verstanden wissen wollte. Obwohl Sternheim diese Stücke ‚Komödien' nannte (er war stark an Molière orientiert und zwischen der *Hose* und *Georges Dandin*, der *Kassette* und *L'avare* und *Bürger Schippel* und *Le bourgois gentilhomme* gibt es zahlreiche Parallelen), fehlt ihnen deren wichtigstes Charakteristikum, das Happyend. Andererseits teilen sie mit allen Komödien die Tendenz zur Typisierung der Figuren und zur Spiegelung des jeweiligen gesellschaftlichen Zustands. Auch Situationskomik fehlt in ihnen nicht. So beginnt *Die Hose* mit einem Paradebeispiel solcher Komik: Als Luise Maske, Frau eines subalternen Beamten, sich in der Volksmenge beim Vorbeifahren des Kaisers nach dem Kutscher streckt (!), wird ihre Unterhose sichtbar, ein Aufsehen erregendes Missgeschick in der damaligen Zeit. Prompt stellen sich bei einigen Herren erotische Wünsche ein. Der Intellektuelle Scarron, Theobald Maskes Untermieter, steigert sich in leidenschaftliche Phantasien, ist jedoch impotent; der Frisör und Wagnerfreund Mandelstam, ebenfalls Maskes Untermieter, hält mit seinen Schwärmereien auch nicht, was er verspricht. Den beiden Schafen im Wolfspelz steht im Ehemann der Wolf im Schafspelz gegenüber. Er kaschiert nur mühsam seine brutale Triebnatur. Nach außen hin kuschend, wird er innerhalb der privaten vier Wände zum Tyrannen, ein Musterbeispiel des angepassten, autoritätsgläubigen Spießers, der seiner Frau, nachdem er von seinen Untermietern mehr Geld erpresst hat, ein Kind zu machen beabsichtigt, obwohl er sie zugleich mit der Nachbarin betrügt. Am Ende sind die Frauen die Betrogenen. Wo sie Liebe als ganzheitliches Erleben erwarten, werden sie mit Sexualität abgespeist, eine trauriges

Ende für einen Komödienschluss. Theobald Maske, der Spießer, wird nicht etwa – im Sinne einer gültigen Norm – verlacht oder kompromittiert, sondern triumphiert mit seinem plumpen Praxissinn. Auch die Sprache, in der sich die Figuren verständigen, verweist auf den Scheincharakter ihres Lebens. Sie sprechen in einer Kunstsprache, deren Verrenkungen (Elisionen des Artikels, Wegfall von Verben, Inversionen etc.) zugleich auf den preußischen Militärjargon verweisen.

Die Fortsetzung dieser Satire, die an ihrem Ende den unveränderten Zustand des Anfangs konstatiert (und insofern auch epische Züge trägt), findet sich in Sternheims *Kassette* – nicht in dem Sinn, dass diese zweite Komödie des ‚Bürgerlichen Heldenlebens' die Handlung der ersten verlängert, sondern dass der in der *Hose* schon zu Geltung kommende Aspekt der Geldgier, kombiniert mit Unterwerfung und Unterdrückung im familiären und erotischen Bereich, als Teil ebenfalls kleinbürgerlicher Mentalität nun zum Schwerpunkt wird.

In *Bürger Schippel*, dem dritten Teil des ‚Bürgerlichen Heldenlebens', greift Sternheim das alte Motiv des Versuchs der Überwindung von Standesunterschieden auf. Ein Sangesquartett saturierter Bürger um den Goldschmied Hickethier muss den Tenor ersetzen und findet ihn in dem begabten Schippel. Doch dieser ist ein grobschlächtiger Proletarier, der danach ‚schmachtet', in den Kreis der ihm misstrauisch gegenüberstehenden Bürger aufgenommen zu werden. Da Hickethiers Tochter Thea sich für ihn interessiert und da er ein Duell gegen einen Nebenbuhler aus dem Sängerkreis für sich entscheidet, erweist er sich als würdig genug, um akzeptiert zu werden. Doch nun dreht er den Spieß um: Er verschmäht Thea, die sich vom Fürsten hat verführen lassen, aus ‚Ehrgefühl'. Die Bürger sind am Ende die Enttäuschten und Getäuschten; der Proletarier hat sie mit ihren eigenen Waffen geschlagen. Die alte Standesordnung wird in diesem Stück, das wegen seiner hohen Anteile an Musik und wegen zahlreicher Anspielungen gern mit Wagners Oper *Die Meistersinger von Nürnberg* in Beziehung gesetzt wird, ad absurdum geführt.

Eine Art Fortsetzung fand *Bürger Schippel* in dem Drama *Tabula rasa* (1916), in dem sich die satirische Gesellschaftskritik auf die Arbeiterbewegung und ihre rivalisierenden Flügel richtet. Sternheim hat das Thema des gesellschaftlichen Aufstiegs auch in anderen Stücken durchgespielt, so etwa in *Der Kandidat* (1914), in dem ein Karrierist sich selbst zerstört, oder in den Komödien *Der Snob* (1914) und *1913* (1915), in denen der Sohn des aus der *Hose* bekannten Kleinbürgers Maske in die Aristokratie einheiratet, zum Industriemagnaten avanciert und von der Skrupellosigkeit seiner im Waffenhandel tätigen Tochter so in die Enge getrieben wird, dass er schließlich den Herztod stirbt, was auf das Kollabieren des ganzen kapitalistischen Gesellschaftssystems verweist. Sternheims Stücke wurden während des 1. Weltkriegs

Zielscheibe der Zensur – unter dem Vorwand, dem Autor fehle die patriotische Gesinnung.

Thematisch lässt sich von diesen späteren Stücken Sternheims eine Brücke zu Georg Kaisers *Gas*-Trilogie (*Die Koralle*, 1916/1917; *Gas*, 1917/18; *Gas. Zweiter Teil*, 1918/19) schlagen, in der allerdings andere Mittel der Vergegenwärtigung gewählt werden. Während Sternheim die Einzelschicksale von Aufsteigern im Blick hatte, konzentrierte sich Kaiser grundsätzlicher auf die Widersprüchlichkeiten kapitalistischen Wirtschaftens, also etwa auf eine so kollektive Problematik wie den Zusammenhang von technischem Fortschritt und Massenverelendung, von Produktionssteigerung und Unfallgefahr. Um sie zu verdeutlichen, wählte er, was konsequent erscheint, am Ende (in *Gas II*) nur noch Figurengruppen (Blaufiguren, Gelbfiguren), zwischen denen sich namenlose Einzelne wie der Großingenieur und der Milliardär bewegen. Weiter lässt sich die Abstraktion, die durchaus zur standardisierten Arbeitswelt in Beziehung zu setzen ist, nicht treiben. Allerdings wird dieses Vorgehen mit dem Verlust an Anschaulichkeit erkauft, der eine Bühnenwirksamkeit von vornherein erschwert. Aber in ihrer Radikalität ist Kaisers Trilogie bemerkenswert. Zeigen sich in ihr zunächst Annäherungen an sozialistische Vorstellungen (unter anderem werden die Arbeiter an Gewinnen beteiligt und haben Mitbestimmungsrechte), so endet sie, als die Arbeiter den Einsatz von Giftgas gegen feindliche Truppen billigen, mit der Vernichtung des Gaswerks und seiner Belegschaft durch den friedliebenden, aber von der Masse überstimmten Milliardär. Kaiser setzt damit zugleich allen utopischen Hoffnungen, denen sich die Expressionisten so häufig hingaben, ein Ende.

In den zwanziger Jahren nahm neben Brecht (vgl. u.) der aus Österreich-Ungarn stammende Ödön von Horváth eine herausragende Stellung ein. Seine Sozialkritik knüpfte beim Kleinbürgertum an, das auch schon Sternheim fasziniert hatte. Horváth hatte ein extremes Gespür dafür, in welch entscheidendem Maße die Mentalität der ‚kleinen Leute' die politische Wirklichkeit gerade gegen Ende der Weimarer Republik bestimmte. Er knüpfte an der Form des Volksstücks an, das schon immer die unteren Schichten der Bevölkerung auf die Bühne gebracht und auch als Zuschauer unterhalten hatte. Als ‚Chronist seiner Zeit', wie er sich selbst bezeichnete, war ihm daran gelegen, ein Bild der vielen einfachen Menschen zu zeichnen und sie, indem er ihnen den Spiegel vorhielt, auch zu erreichen. Zu den bemerkenswertesten Stücken Horváths gehören *Italienische Nacht* (1931), das, von den Nationalsozialisten scharf attackiert, den aufkommenden Faschismus mit seinen fanatischen Parteigängern sowie deren Verharmlosung durch bierselige Spießbürger vor Augen führt, sowie – bis heute gespielt – die *Geschichten aus dem Wienerwald* (1931), das die Gewaltbereitschaft präfaschistischen Denkens und Verhaltens einfängt, und *Kasimir und Karoline*

(1932), in dem Arbeitslosigkeit, Kleinkriminalität und menschliche Haltlosigkeit miteinander verknüpft werden.

Das ‚satirische Volksstück' *Geschichten aus dem Wienerwald* – um dieses Stück exemplarisch hervorzuheben – lässt die Intentionen Horváths und das Unverwechselbare seiner dramatischen Gestaltung besonders deutlich erkennen. Gezeigt wird die Beziehungslosigkeit im Miteinander der Menschen im Kleinbürgermilieu der Wiener Vorstadt am Beispiel Mariannes, der weiblichen Hauptfigur, die von Männern hin- und hergestoßen wird. Der Metzger Oskar, der sie heiraten will, tyrannisiert sie; der Strizzi Alfred, mit dem sie sich einlässt, will sich nach der Geburt des gemeinsamen Kindes aus der Affaire ziehen; ein Priester verweigert ihr die Absolution, weil sie keine Reue zeigt, ein uneheliches Kind bekommen zu haben, usw. Nachdem sie ihren Unterhalt als Nackttänzerin verdient und auch wegen Diebstahls im Gefängnis gesessen hat, nimmt Oskar sie wieder zu sich, jedoch nur, um sie zum Objekt zu erniedrigen. Auch die mitspielenden Frauenfiguren sind voller Selbstsucht, allen voran die Großmutter, die Mariannes Kind pflegt und absichtlich dessen Tod verursacht. Dies alles wird in verschiedenen Szenen an verschiedenen Orten gezeigt – die ‚offene Form' des Dramas war für Horváth notwendig, um ein möglichst facettenreiches Bild menschlicher Bosheit und Gewaltbereitschaft zu zeichnen. Es entsteht vor allem durch die besondere Art seiner Dialogführung. Die Figuren reden im sogenannten Bildungsjargon (ein Begriff, den Horváth selbst benutzt hat), mit dem sie in phrasenhafter Rede das verbrämen, was sie eigentlich meinen und dabei doch unabsichtlich ihre Absicht verraten. Ein Musterbeispiel dafür ist die scheinheilige Rede Oskars, der nach seiner Entlobung Marianne gegenüber herzloses Bedauern bekundet: „... und ich werde dich auch noch weiter lieben, du entgehst mir nicht – und ich danke dir für alles." Nach derartigen Passagen schreibt Horváth häufig in der Regieanweisung ‚Stille' oder ‚Totenstille' vor, d. h. er setzt eine Pause, die dem Zuschauer Zeit lässt, das Gehörte zu verstehen. Das Akustische überhaupt ist in Horváths Volksstücken von besonderer Bedeutung. Immer wieder sind Szenen musikalisch unterlegt. Es erklingen Lieder und bekannte Melodien im Hintergrund, häufig von Johann Strauß, die „das verlogene Harmonieglück der Wiener Singspiel-, Operetten- und Volksstücktradition" evozieren wollen[87], das in krassem Widerspruch zu den Unaufrichtigkeiten der sprechenden Figuren steht, wodurch der Zuschauer irritiert werden sollte. Dies wirft ein Licht darauf, dass Horváths Stücke stilisiert sind. Es wäre ein Missverständnis, so er selbst, sie naturalistisch zu inszenieren.[88] Gerade die kunstvolle Fügung von Dialogen, die das deformierte Bewusstsein der Figuren zu erkennen geben, und musikalischen Einlagen, die das von diesen Gesagte konterkarieren, verrät, dass Horvath das Publikum in eine kritische Betrachtung zwingen wollte. Er selbst sprach von der ‚pädagogischen Aufgabe' des Theaters.[89]

Brechts Theatertheorie

Eine ‚pädagogische Aufgabe' schrieb auch Brecht dem Theater zu. Sein Ziel war es, das Publikum das dialektische Denken zu lehren, um es mit Hilfe dieses in seinen Stücken vorgeführten Denkens nicht nur über den prozessualen Charakter gesellschaftlicher Verhältnisse aufzuklären, sondern vor allem zu deren Umgestaltung zu motivieren. Dieses Ziel und die dramaturgischen Mittel, es zu erreichen, hat Brecht später mehrfach theoretisch erläutert, besonders eindrücklich in *Kleines Organon für das Theater* (1948) und in *Die Dialektik auf dem Theater* (1951–56). Das Vergnügen sollte bei der von ihm geforderten intellektuellen Anstrengung nicht zu kurz kommen. Er hoffte (wohl vergeblich), dass die Erkenntnis der eigenen Lage und die Einsicht, dass diese veränderbar ist, jedem einzelnen Zuschauer (Brecht hatte vornehmlich das Arbeiterpublikum im Sinn) von vornherein das Gefühl der Erleichterung und damit auch die vom Theater erwartete Unterhaltung verschaffen würde.

Das dialektische ‚Vorgehen', das in allen Texten Brechts, auch in seinen Prosatexten, wiederzufinden ist und sich als Schlüssel zu ihrem Verständnis erweist, besteht in einem ersten Schritt darin, einzelne Lebensumstände, die uns als Betrachtern (oder Lesern) vertraut sind, ohne dass wir sie wirklich verstünden, vor Augen zu führen, um sie uns in einem zweiten Schritt – mit Hilfe von Verfremdungen – in ganz neuer, ungewohnter Sichtweise erscheinen zu lassen, damit wir schließlich in einem dritten Schritt (der die Negation negiert) Schlussfolgerungen daraus ziehen, d. h. das zunächst Vorgeführte, Unverstandene nunmehr ‚durchschauen' bzw. animiert werden, es eingreifend zu verändern.

Die Verfremdungen, die Brecht einsetzte, um seine Zuschauer zu irritieren und zu einer neuen Sicht- bzw. Verhaltensweise zu erziehen, sind zahlreich und auf verschiednen Ebenen angesiedelt. Grundlegend ist die stereometrische Struktur seiner Stücke, die (idealtypisch gesehen) neben einer dramatisch-ästhetischen eine episch-ästhetische Sphäre besitzen. Der begrenzte Horizont der Figuren innerhalb eines Stückes oder Dramas wird durch eine erzählende Funktion durchbrochen und erweitert, die durch unterschiedliche Mittel zur Geltung kommen, vornehmlich durch die zeigende Haltung des Schauspielers, der nicht, wie im aristotelischen Drama, hinter der Figur steht, was die Identifikation des Zuschauers mit ihr erleichtert, sondern, Identifikation gerade verhindernd, vor ihr, der gleichsam auf sie hinweist und damit seinen Standort eher im Publikum als im Stück selbst hat – für Schauspieler ein schwieriger Spagat. Ferner gehören zur episch-ästhetischen Sphäre all die den Zuschauer von der Handlung distanzierenden, ihn vom ‚Glotzen' wegführenden Elemente wie der erläuternde Prolog und Epilog, der Song, die Projektion von Bild und Film. So soll er aus der Illusion herausgerissen und zum nachdenklichen Hinsehen, zur Reflexion hingeführt werden. Dabei wird ihm die Richtung der Reflexion insofern vorgegeben, als es, marxistischen Vorgaben folgend, bei Brecht stets um Ideologieentlarvung, um Herrschaftsinteressen einer Klasse, um Mitläufertum bzw. Widerstand der Beherrschten, um Umgestaltungen zugunsten einer humaneren Gesellschaft geht. Für dieses Ziel ist die Überzeugung, dass Geschichte veränderbar ist, Voraussetzung. Die Figuren des Dramas sind für Brecht deshalb nicht psychologisch als Charaktere interessant, sondern soziologisch als Schnittpunkte gesellschaftlicher Kräfte, die an ihren Handlungen sichtbar werden.

Brechts Lehrstücke und Schaustücke

Während des nahezu vierzig Jahre andauernden Arbeitens an Dramen seit 1918 durchlief Brecht mehrere Entwicklungsphasen. Nach einer dem Vorbild Wedekinds und dem Expressionismus verpflichteten Frühphase (*Baal*, 1918/19, *Trommeln in der Nacht*, 1922, und andere) begründeten die in Zusammenarbeit mit dem Komponisten Kurt Weill entstandenen Opern *Die Dreigroschenoper* (1928) und *Aufstieg und Fall der Stadt Mahagonny* (1931), der 1927 ein Songspiel (das sogenannte ‚Kleine Mahagonny') vorausgegangen war, Brechts Popularität gerade unter Bürgern, die sich über die Kritik, die der lasterhaften Lebensweise ihres Standes und seiner skrupellosen Geschäftsmoral galt, gerne amüsierten.

Es verwundert daher nicht, dass Brecht, sich immer stärker an die Gedankenwelt des Marxismus bindend, zur gleichen Zeit an ‚Lehrstücken' arbeitete, mit denen er direkten Einfluss auf Arbeiter, auch auf Schüler nehmen wollte. Diese Stücke wurden von vielen theoretischen Äußerungen Brechts begleitet[90], die er allerdings zu keiner zusammenhängenden Theorie ausbaute. Der Grundgedanke liegt darin, die Arbeiter in das Spiel einzubeziehen, sie Rollen übernehmen zu lassen und danach das Gespielte zu diskutieren – in der Hoffnung, dass sich Einstellungs- und Verhaltensänderungen durch die eigene Erfahrung auf der Bühne nachhaltiger auswirken könnten als durch bloßes Zuschauen. Ein gesondertes, nur zuschauendes Publikum schien Brecht daher überflüssig – es widersprach seiner Intention der ‚kollektiven Kunstübung', zu der wesentlich auch der Rollentausch gehörte. Inwieweit diese pädagogischen Absichten eines experimentierenden Theaterspiels sich haben verwirklichen lassen, muss dahingestellt bleiben. Genaueres lässt sich über die Lehrziele sagen, die Brecht verfolgte. Die schon genannte Einübung ins dialektische Denken war ohne Zweifel Brechts wichtigstes Anliegen über alle von ihm genutzten Gattungen und Phasen seiner Entwicklung hinweg. In den Lehrstücken ging es inhaltlich aber zugleich um das Lob der kommunistischen Partei, um die Disziplinierung (nicht um den blinden Gehorsam) des einzelnen Genossen zugunsten des Parteiinteresses und der Revolution und vor allem auch um die Rechtfertigung von Gewalt. Besonders eindrücklich traten diese in den Lehrstücken wiederkehrenden Aspekte in *Der Jasager – Der Neinsager* (1928/29) und in *Die Maßnahme* (1930) vor Augen, den bis heute bekanntesten all dieser ‚Versuche' (wie Brecht sie nannte).

Der Jasager – Der Neinsager geht auf ein japanisches No-Stück aus dem 15. Jahrhundert zurück, das Brecht in schon bearbeiteter Form kennengelernt hatte,[91] und wurde mit Schülern in Berlin-Neukölln probiert. Im japanischen No-Stück (*Der Wurf ins Tal*), das eine rituelle Wallfahrt einer buddhistischen Sekte zeigt, wird ein Knabe, der sich angeschlossen hat, um für seine Mutter zu beten, von einem Felsen in den Tod gestoßen, weil er erkrankt ist und die Gruppe behindert. Dies entspricht dem Ritus. Brecht ‚säkularisiert' die Vorlage, macht aus der Pilger- eine Forschungsreise und lässt den Knaben mitziehen, weil dieser Medizin für seine kranke Mutter zu beschaffen sucht. Sowohl *Der Jasager*, der in zwei Fassungen existiert, als auch *Der Neinsager* behandeln das Problem des Einverständnisses, das eine Gemeinschaft vom einzelnen fordert, um zu ihrem Ziel zu gelangen. Die Stücke sind sinnvollerweise in der ‚dialektischen Reihenfolge' zu lesen, die Peter Szondi vorgeschlagen hat.[92] Im *Jasager* der ersten Fassung wird vom Knaben, der die Gemeinschaft behindert, unter Hinweis auf den ‚großen Brauch' für den eigenen Tod ein Einverständnis gefordert, das nicht auf freier Entscheidung, sondern auf Gehorsam beruht. Dieser These steht (nachdem die Schüler protestiert hatten) im *Neinsager* eine Antithese gegenüber. Der Knabe verweigert das Einverständnis zu seinem Tod und verlangt, den Brauch zu hinterfragen und in jeder Lage neu nachzudenken. Bräuche seien durch Vernunft zu prüfen. Eine neue Lage schafft Brecht – im Versuch einer Synthese – im *Jasager* der zweiten Fassung, indem er die Forschungsreise in eine Hilfsexpedition umwandelt. Nun scheint das Anliegen der Gemeinschaft wieder zwingend, und der Knabe schlägt seinen Tod nicht aus Gehorsam, sondern aus Einsicht in die Notwendigkeit vor, dem übergeordneten Interesse nachgebend.

Die politische Relevanz dieser Versuche, gerade auch des *Neinsagers*, für die Diskussion innerhalb der kommunistischen Partei liegt auf der Hand. Welches Maß an Selbstaufgabe durfte die Partei vom einzelnen verlangen! Um das Problem des Einverständnisses ging es auch im *Badener Lehrstück vom Einverständnis* (1929), vor allem aber in *Die Maßnahme* (1930), dem, mit der Musik Hans Eislers versehen, umstrittensten der Lehrstücke Brechts. Hier wird das Einverständnis eines jungen Genossen mit seiner eigenen Erschießung durch vier Agitatoren verlangt, die ihm verdeutlichen, dass er trotz ihrer Warnungen durch sein unkluges, d. h. mitleidiges, dem Gerechtigkeitsgefühl folgendes Verhalten sie alle in solche Gefahr gebracht hat, dass sie fliehen müssen, dass er seine persönlichen moralischen Prinzipien über die

Erfordernisse der Situation gestellt hat. Der Chor, dem sich die Agitatoren verantworten müssen, formuliert Grundwidersprüche, mit denen ein Kommunist umzugehen hat: „Wer für den Kommunismus kämpft, der muß ... die Wahrheit sagen und die Wahrheit nicht sagen; ... sich in Gefahr begeben und die Gefahr vermeiden; kenntlich sein und unkenntlich sein. Wer für den Kommunismus kämpft, hat von allen Tugenden nur eine: daß er für den Kommunismus kämpft!" Von marxistischer Seite wurde vor allem die im Stück zum Ausdruck kommende starre, den einzelnen und seine Entscheidungen missachtende Position der Partei kritisiert, was zu einer nicht enden wollenden Debatte führte.[93]

Unter den – hier im Einzelnen nicht genannten – Stücken, die Brechts Abwendung von den Lehrstücken und seine Hinwendung zu den Schaustücken dokumentieren, ist *Die Mutter* (aufgeführt 1932) besonders bemerkenswert. Unter Schaustücken verstand Brecht nicht Schauspiele im traditionellen Sinn als nichttragische bürgerliche Dramen, sondern ganz allgemein Stücke, die auf der Schaubühne, also vor Zuschauern aufgeführt werden und auf das ‚Spiel der Spieler ohne Zuschauer', also auf Experimente wie Rollenspiele, Diskussionen unter den Spielern, Veränderungen des Textes usw. verzichteten. *Die Mutter* ist die Bearbeitung des 1906 entstandenen, gleichnamigen sozialen Romans von Maxim Gorki, eines der frühen russischen Romane, die Konventionen des sich auf das sich bildende Individuum konzentrierenden Bildungsromans durchbrachen und im Leser die Bereitschaft zur Verwandlung der gesellschaftlichen Wirklichkeit wecken wollten. Gorkis Text durfte im zaristischen Russland gar nicht erst erscheinen. Brecht und ein mit ihm arbeitendes Theaterkollektiv übernahmen und veränderten die Vorlage auf eine Weise, dass die Zuschauer das Gezeigte ohne weiteres auf den Klassenkampf der kommunistischen Partei in den frühen 30er Jahren übertragen konnten. Im Mittelpunkt steht die Mutter eines politisch agitierenden jungen Mannes, die aus ihrer nur an der Familie orientierten Rolle herauswächst und ihre Fürsorge auch auf die Genossen ihres Sohnes ausweitet und nach dessen Tod selbst zur aktiven Klassenkämpferin, zur Mutter der Vielen wird. Zwar bleibt sie anonym und damit ersetzbar, zugleich aber – dies möchte Brecht in seinem Optimismus vermitteln – unersetzlich in ihrem Kampf für den Sieg des Kommunismus. Das Entscheidende liegt in der Art und Weise der Verhaltensänderung der Mutter, die sich zum Kommunismus nicht über'reden' lässt, sondern in der Begegnung mit der Wirklichkeit (der Armut, der Ausbeutung und des Aufbegehrens) erkennt, dass sie ‚Partei nehmen' muss. Um auch den Zuschauer aus der passiven Rolle der bloßen Anteilnahme herauszuführen und ihn in einen Erkenntnisprozess zu verwickeln, sucht Brecht in diesem Stück möglichst alles zu vermeiden, was eine unmittelbare emotionale Wirkung ausüben könnte. So wird der Tod des Sohnes auf der Bühne nicht dargestellt, es wird über ihn berichtet; die Aktivitäten der Protagonistin werden nicht direkt gezeigt, die Arbeiter erzählen darüber, usw. Das Dramatische wird vom Epischen überlagert. Auf diese Weise soll die Distanz hergestellt werden, die Reflexionen erst ermöglicht, soll dem Zuschauer das einseitige Psychologisieren verleidet werden – gerade da, wo es darum geht, eine neue Einstellung zur Wirklichkeit aufzubauen.

Das Fehlen von ‚Unmittelbarkeit' hat auch diesem Stück den Vorwurf des Intellektualismus eingetragen, dem nur personifizierte Verhaltensweisen, nicht aber charaktervolle Personen entsprängen – ein schwer abzuweisender Einwand, wenn man Brechts Hochschätzung des (seines Erachtens auch von selbst für Unterhaltung sorgenden) lehrenden Lernens bzw. lernenden Lehrens nicht teilt.

Unter den vielen gegen die Verletzung von Menschenrechten, insbesondere gegen den Faschismus gerichteten ‚Schaustücken', die Brecht während seines Exils von 1933–1948 und anschließend in Ost-Berlin während der Jahre 1948–1956 verfasste, unter ihnen so bekannte wie *Furcht und Elend des Dritten Reiches* (1935/38), *Der aufhaltsame Aufstieg des Arturo Ui* (1941), die den Aufstieg der Nazidiktatur thematisieren; *Mutter Courage und ihre Kinder* (1939), *Leben des Galilei* (zuerst 1938/39, vgl. u.), deren historische Stoffe sich leicht auf die Gegenwart beziehen ließen; *Herr Puntila und sein Knecht Matti* (1940), *Der gute Mensch von Sezuan* (1938/42), *Der kaukasiche Kreidekreis* (1944/45), die gesellschaftliche Probleme in stilisierter Form behandeln, sei hier sein wohl bedeutendstes Stück, *Leben des Galilei*, herausgehoben, auch weil sich an ihm Wesenszüge Brechtscher Dramatik während dieser Zeit besonders sinnfällig erfassen lassen. Dazu gehört bereits das Vorhandensein verschiedener Fassungen des Stücks. Brecht hat seine Texte selten als etwas Fertiges betrachtet, sondern sie, oft den praktischen Anforderungen des Theaters entsprechend, oft eigenen neuen Einsichten folgend, immer wieder umgearbeitet. Vom *Galilei* existieren drei Fassungen (die dänische von 1938/39, die in den USA entstandene von 1945/46 und die Berliner von 1954/56), von denen sich nur die ersten beiden gravierend unterscheiden, während die letzte inhaltlich an der zweiten anknüpft.

In allen Versionen des Stückes geht es um die Haltung Galileis zu seiner Verurteilung durch die Kirche. In deren Augen ist er als Verfechter eines neuen, des kopernikanischen Weltbildes eine ernste Gefahr, denn seine Erfindungen und Erkenntnisse stärken in der Bevölkerung nicht nur den Glauben an wissenschaftlichen Fortschritt, sondern erschüttern zugleich, indem sie die Welt grundsätzlich als veränderbar erscheinen lassen, das verfestigte soziale Gefüge, das von der Kirche für ihre Machtansprüche ausgenutzt wird. Der Kirche geht es nicht primär um Glaubensfragen bei Galileis Verurteilung durch die Inquisition – im Gegenteil hat der künftige Papst

Barberini, selbst Wissenschaftler, Verständnis für Galilei –, es geht ihr um den Anspruch, das Denken der Menschen zu lenken, also um geistigen und materiellen Machterhalt. In allen Fassungen beugt sich Galilei der Aufforderung der Kirche, seine Ansichten zu widerrufen: in der ersten Fassung, um im Geheimen weiterforschen zu können, ohne freilich seine Ergebnisse verbreiten zu dürfen, in den späteren Fassungen trotz des Wissens, dass er in den republikanischen Städten Rückhalt finden würde, und trotz des Wissens, welchen Rückschlag seine Entscheidung für die Veränderung der sozialen Verhältnisse hervorrufen wird. Seine Skrupel deswegen finden ihren Höhepunkt in der selbstbezichtigenden, in der dritten gegenüber der zweiten Fassung noch radikaleren ‚mörderischen Analyse', in der er – unter dem Eindruck des Abwurfs der Atombombe in Hiroshima – die Verantwortung der Wissenschaftler herausstellt:

> „Hätte ich widerstanden, hätten die Naturwissenschaftler etwas wie den hippokratischen Eid der Ärzte entwickeln können, das Gelöbnis, ihr Wissen einzig zum Wohle der Menschheit anzuwenden! Wie es nun steht, ist das Höchste, was man erhoffen kann, ein Geschlecht erfinderischer Zwerge, die für alles gemietet werden können."

Mit diesem Bekenntnis, dass Wissenschaft nicht um ihrer selbst willen betrieben werden dürfe, sondern der Entwicklung von Humanität verpflichtet sei, hat das Stück insbesondere in seiner letzten Version bis heute nichts von seiner Aktualität verloren. Der Widerspruch des Textes liegt nur darin, dass Galilei in ihm diese Einsicht zwar formuliert, in seinem Handeln aber hinter ihr zurückgeblieben ist. Insofern wirkt sie dem Stück ‚aufgesetzt'. Andererseits ist Galilei bewusst als widersprüchlicher, schillernder Charakter und nicht als Vorbild- bzw. als Identifikationsfigur konzipiert. Als Irrender ist er immer auch Lernender; entsprechend wenig festgelegt ist er als Lehrender; festgelegt ist er nur insofern, als er sein auf Empirie und Experiment beruhendes, sich selbst korrigierendes Denken seiner Umgebung zu vermitteln sucht (etwa in der berühmt gewordenen ersten Szene des Stückes, der Stuhl-Szene). Galilei doziert nicht, er führt vor, was ganz die Theatertheorie Brechts (vgl. o.) erfüllt, in der die Funktion des Zeigens und die Forderung, die Zuschauer ihre eigenen Schlüsse ziehen zu lassen, so betont wird. Insofern ist Brechts Stück auch nicht nur ein Zeugnis des Widerstands gegen unangemessene, diktatorisch vertretene Herrschaftsansprüche (so sehr es die Angehörigen der Kurie und ihre Anhänger als Vertreter solcher Ansprüche verurteilt), es versucht darüber hinaus, gerade in den späteren Fassungen, das neue, kritisch hinterfragende Denken auch beim Zuschauer oder Leser zu stimulieren. Wie ansteckend dieses Denken, das sich immer auch selbst der Kritik der anderen aussetzt, wirken kann, hat der Optimist Brecht an wichtigen Nebenfiguren im Stück selbst illustriert (an seinem Schüler Andrea etwa oder am kleinen Mönch). Galileis Glaube an die Vernunft ist auch Brechts eigenes Glaubensbekenntnis: „Ja, ich glaube an die sanfte Gewalt der Vernunft über die Menschen. Sie können ihr auf die Dauer nicht widerstehen."

6.3. Das nationalsozialistische Theater

Die von den Nazis betriebene kulturelle ‚Gleichschaltung' seit Beginn des Jahres 1933, mit der alle Künste und alle Medien auf die nationalsozialistischen Zielsetzungen (vgl. o., S. 514 ff.) und auf Einflussnahmen in deren Sinn verpflichtet wurden, und die von der ‚Deutschen Studentenschaft' initiierte Bücherverbrennung im Mai 1933, die sich vor allem gegen jüdische Autoren richtete, führte nicht nur zu Protesten von Künstlern wie Heinrich Mann oder Käthe Kollwitz und zum Austritt prominenter Mitglieder aus der ‚Preußischen Akademie der Künste', sondern auch zu einem Exodus von Schriftstellern ins Ausland, die der Verhaftung, die ihnen drohte, zumal wenn sie Juden oder Kommunisten waren, zu entgehen suchten und denen der Weg in die ‚innere Emigration' verwehrt blieb. Gerade Dramatiker, die auf Bühnen angewiesen waren, wurden ins Exil oder in den Untergrund getrieben; gerade sie aber waren, eben weil sie Bühnen brauchten, im Ausland besonders benachteiligt. Die Exilliteratur ist – von Ausnahmen wie etwa Bert Brecht abgesehen (vgl. den vorangegangenen Abschnitt) – im Wesentlichen als Prosaliteratur entstanden und wird deshalb im Zusammenhang mit ihr behandelt.

Zu den Dramatikern, die sich zum Nationalsozialismus bekannten und dessen völkische und rassistische Ideologie verbreiteten, gehörten beispielsweise Hanns Johst (*Schlageter*, 1933) oder Heinrich Zerkaulen (*Jugend von Langemarck*, 1933), die vor allem die Kampfbereitschaft als Voraussetzung einer neuen Volksgemeinschaft anzustacheln suchten.

Eine genuin faschistische Theaterform und deshalb von historischem Interesse war das auf die Manipulation der Massen zielende Thingspiel. Thingspiele waren als Weihe- und Kultspiele konzipiert (Beispiele sind: *Aufbricht Deutschland! Ein Stadionspiel der nationalen Revolution* von Gustav Goes und *Frankenburger Würfelspiel* von Eberhard Wolfgang Möller, das die Eröffnung der Olympischen Spiele 1936 in Berlin begleitete), in welche literarische Traditionen wie die der mittelalterlichen Mysterienspiele, der barocken Festspiele oder auch des in der Weimarer Republik gespielten proletarischen Agitproptheaters eingingen. Mit allegorischen Gestalten, mit Chören und Chorgruppen, mit Mikrofonen und Beleuchtungseffekten wurde ein die Grenzen zwischen Schauspielern und Zuschauern verwischendes Gemeinschaftserlebnis herzustellen versucht, das alle Beteiligten emotional mobilisieren und für die vermittelte Ideologie begeistern sollte. Da die Zahl der Vorführenden in die Tausende ging und die der Zuschauer in die Zehntausende, brauchte man neue Aufführungsstätten und baute Amphitheater im Freien wie etwa die Berliner Waldbühne.

Was diese aufwendigen Thingspiele in Gang brachten, setzte sich auf den Reichsparteitagen der Nazis fort (man vgl. über sie die Filme *Sieg des Glaubens* und *Triumph des Willens* von Leni Riefenstahl und auch ihre Filme *Fest der Völker* und *Fest der Schönheit* über die Berliner Olympiade). Die Inszenierung der Reichsparteitage als Massentheater wirft ein Licht auf die Verführungskünste der Nazis, die ihre Politik planvoll ästhetisierten, sie gleichsam als Gesamtkunstwerk betrachteten. Goebbels sagte dazu: „Auch die Politik ist eine Kunst … und wir, die wir die moderne deutsche Politik gestalten, fühlen uns dabei als künstlerische Menschen, denen die verantwortungsvolle Aufgabe anvertraut ist, aus dem rohen Stoff der Masse das feste und gestalthafte Gebilde des Volkes zu formen."[94]

Freilich blieben die Massenveranstaltungen, auch wenn ihre Wirkung nachhaltig war, letztlich singuläre Ereignisse. Um die Bevölkerung permanent der Propaganda auszusetzen, brauchte die NS-Kulturpolitik weitere Mittel. Geeignet dafür erschien weniger der normale bürgerliche Theaterbetrieb, auf den man durch die Auswahl der Stücke und durch dramaturgische Eingriffe Einfluss nahm (nicht immer mit Erfolg), als vielmehr der Film und das Hörspiel im Rundfunk. Insbesondere der Film spielte eine herausragende Rolle. Einerseits konnte man unverhohlen und mit den Kameratechniken sehr wirkungsvoll Vorurteile aufbauen bzw. stärken (der Film *Jud Süß* von Veit Harlan, 1940, ist ein infames Beispiel dafür); andererseits konnten – hierauf setzte Goebbels in zunehmendem Maß – die Zuschauer durch reine Unterhaltungsangebote von den Verlusten und Entbehrungen des Krieges und spätesten seit 1943 von dem absehbaren militärischen Zusammenbruch abgelenkt werden. So entstanden heute noch populäre ‚Klassiker' des Kinos (z. B. *Münchhausen*, 1943, mit Hans Albers oder *Die Feuerzangenbowle*, 1944, mit Heinz Rühmann), von deren Intentionen heute kaum noch jemand weiß.

6.4. Dramen in der frühen Nachkriegszeit

Der Widerspruch, dass in den unmittelbaren Nachkriegsjahren zwar Hunderte von Kleinkunstbühnen und Kabaretts entstanden, auch größere Bühnen wiedereröffnet wurden, die vornehmlich die Klassiker aufführten, aber fast keine literarisch bemerkenswerten Gegenwartstücke geschrieben wurden, ist unschwer zu begreifen.

Einerseits bestand im Publikum das Bedürfnis nach Unterhaltung, nach Ablenkung und Verdrängung, warteten auch zahllose Schauspieler auf Wiederbeschäftigung (zumal schnelle Entnazifizierungen ihr bloßes Mitläufertum bescheinigten); andererseits wirkten sich die erlittenen Kriegserfahrungen lähmend auf eine Gattung aus, die genuin Entscheidungen herausgehobener Protagonisten zur Anschauung bringt. Irritierend wirkten auch Zensurbestimmungen der Alliierten sowie deren Re-education-Konzept, das zu einer – junge Autoren eher entmutigenden – Überschwemmung der deutschen Bühnen mit ausländischen, politisch irrelevanten Stücken führte.

Einige Dramen sind immerhin hervorzuheben, deren eigentlicher Erfolg sich teilweise erst Jahre nach dem Kriegsende einstellte – Carl Zuckmayers *Des Teufels General* (1942, uraufgeführt 1946), Günther Weisenborns *Die Illegalen* (1946), Wolfgang Borcherts aus seinem gleichnamigen Hörspiel hervorgegangenes Stationendrama *Draußen vor der Tür* (1947) sowie Bert Brechts teilweise schon im Exil geschriebene, gegen den Faschismus zielende Parabelstücke.

Zuckmayers Schauspiel, das meistgespielte der Nachkriegsjahre, hatte, anders als die Stücke Weisenborns und Borcherts, eine die Zuschauer entlastende Wirkung, indem es mit seinem Helden, dem militärischen Draufgänger General Harras, einen Mann in den Mittelpunkt stellt, der mit saloppem Ton seine selbstbewusste Überlegenheit über politische Autoritäten zur Schau stellt, ohne dass er aber Widerstand gegen das NS-Regime leistet. Als er in seinem Maschinen sabotierenden Freund den aktiven Widerstandskämpfer erkennt und damit ernsthaft mit der Frage nach Mittäterschaft und Schuld konfrontiert wird, sucht er den Ausweg in einem als Gottesurteil kaschierten Selbstmord. So konnten die Zuschauer, sofern sie Mitläufer der Nazis gewesen waren, sich nicht nur gerechtfertigt fühlen und sich gleichsam selbst applaudieren, sondern den in seiner Respektlosigkeit so eindrucksvoll überhöhten General zugleich als Opfer bewundern, ohne dass sie vom Autor, der die Figur des Freundes vernachlässigt und den Widerstand gegen die Nazis offenbar selbst als Gewissensproblem empfunden hat, angeregt worden wären, über alternative Haltungen genügend nachzudenken. Immerhin hat Zuckmayer das Stück – viel zu spät – 1963 für deutsche Aufführungen gesperrt.

Ganz anders ging Weisenborn mit dem Thema des Widerstands um. Er selbst gehörte als Widerstandskämpfer zur ‚Roten Kapelle', die 1942 enttarnt wurde, und saß bis zum Kriegsende im Zuchthaus. Sein Stück besitzt ein hohes Maß an Authentizität, wobei es weniger die subversiven Aktivitäten einer Gruppe zeigt als vielmehr deren Funktion als Lebenszelle in einem verseuchten Gesellschaftskörper. In ihr lässt Weisenborn vor allem auch die trotz allen Opfermuts vorhandenen Selbstzweifel und das Gefühl der Resignation zur Sprache kommen. – Nicht *Die*

Illegalen, sondern *Des Teufels General* wurde, bestenfalls aus Unwissenheit, in der Folgezeit Schullektüre.

Schullektüre wurde freilich auch Borcherts Heimkehrerdrama *Draußen vor der Tür.* In dem Schicksal des Anti-Helden Beckmann, der traumatisiert und verletzt aus dem Krieg zurückkehrt und nacheinander die schuldigen Handlanger des Massenmords zur Rede stellt, von den bereits schon wieder Etablierten aber nur verhöhnt wird, bis er sein Leben auslöscht, konnten Unzählige ihren Überdruss an Heldenverehrung und heroischem Verhalten wiederfinden – und ihre Wut darüber, dass die Kriegsverbrechen für so viele der für sie Verantwortlichen folgenlos blieb. Das Motiv des unbehausten, des obdachlosen Menschen, das Borchert in seinem Stück anschlug, entfaltete seine Wirkung kurz darauf auch – ins Allgemeingültige überhöht – in den ‚Endspielen', den Anti-Dramen Samuel Becketts und in anderen Texten des ‚absurden Theaters' (vgl. u.).

In den der unmittelbaren Nachkriegszeit folgenden Jahren löste vor allem die Theaterarbeit Bert Brechts kontroverse Diskussionen aus. Nachdem Brecht sich nach 15 Jahren im Exil 1948 für Ost-Berlin als Wohnsitz entschieden hatte, versuchte er seine Theatertheorie (vgl. o.) in der Sowjetischen Besatzungszone/DDR zu etablieren, indem er etliche seiner im Exil entstandenen Stücke entsprechend inszenierte, stieß dabei aber auf Widerstand bei den Kulturfunktionären der SED, die einem simplifizierenden parteilichen Optimismus verschrieben waren. Besonders an der *Mutter Courage* und an Brechts Verzicht auf das ‚emotionale Erlebnis' entzündete sich die Kritik, auf die er mit seiner Ablehnung von Bewusstseinsmanipulationen antwortete.[95] Der Streit setzte sich in der 50er Jahren fort, als die ‚Methode Stanislawski' (Theater des Erlebens) gegen Brechts Methode (Theater des Vorzeigens) ins Spiel gebracht wurde. Das in Berlin entstandene *Antigonemodell* (1947/48) und *Die Tage der Commune* (1949) durften gar nicht erst aufgeführt werden. Brecht selbst war nicht zuletzt auch wegen der geringen Präsenz der Arbeiter im Publikum (unter 0,5 Prozent) zunehmend resigniert. Langfristig aber hat sein ‚episches' bzw. ‚dialektisches' Theater sich durchgesetzt und viele der bedeutendsten Dramatiker der folgenden Jahrzehnte, z. B. auch die Autoren des ‚dokumentarischen' Theaters (vgl. u.), nachhaltig angeregt.

6.5. Das Hörspiel

Der Rundfunk, dessen Möglichkeiten als Medium noch nicht vollständig entdeckt waren, diente nach dem 2. Weltkrieg vielen Autoren als Experimentierfeld. Neben Features, die – nach englischem Vorbild – Reportage, Dokumentation und Kommentar miteinander verbanden, entwickelte sich als eigene Form das Hörspiel (erste Versuche gab es schon in den 20er Jahren), das schnell populär wurde und deswegen von den Rundfunkanstalten immer mehr Sendezeiten erhielt. Weil damit auch die Nachfrage nach Manuskripten stieg, wurde es für viele Autoren zur wichtigen Erwerbsquelle. Anders als Theaterstücke waren Hörspiele, die kein Eintrittsgeld kosteten, für jedermann zugänglich und konnten überdies von Menschen, die die Öffentlichkeit des Theaters scheuten und sich lieber auf sich selbst zurückzogen, ungestört in den Wohnungen rezipiert werden. Keineswegs ist das Hörspiel deswegen ein über den Funk statt über die Bühne vermitteltes Drama; es ist eine eigenständige Kunstform, die sich vom Drama in vielfacher Weise unterscheidet, wenngleich es dennoch ‚Literatur' ist, also Sprache in ihm Bedeutung vermittelt, es einen Sinn-Gehalt hat, obwohl hier bei einer gewissen Ausprägung, dem sogenannten ‚Neuen Hörspiel' (vgl. u.), Einschränkungen zu machen sind. Ebenso wie das Drama konstituiert sich das Hörspiel im wesentlichen durch das gesprochene Wort, durch Dialoge, Monologe (oder auch nur Stimmen); aber anders als das auf dem Theater gespielte Drama muss es auf die kompakte Körperlichkeit verzichten, sich ganz auf die Vorstellungen der hörenden Rezipienten verlassen. In sie wirken die spezifischen Möglichkeiten des Rundfunks, Töne, Geräusche, auch Stille zu erzeugen, hinein. Zugleich ist das Hörspiel ‚unzeitlich' in dem Sinn, als es ohne weiteres (wie der Roman) Sprünge auf der Zeitachse erlaubt. Und es ist ‚unräumlich', weil es Räume nicht ‚zeigen' kann. Diese erstehen allenfalls in der Imagination des Zuhörers. Damit könnte man das Hörspiel als „umgekehrtes Theater"[96] bezeichnen, weil es nicht wie das Theater Inneres äußerlich sichtbar macht (z. B. durch Bewegungen, Requisiten, Beleuchtungen), sondern das Äußere innerlich produzieren muss.

Thematisch standen in den Hörspielen der 50er Jahre die Schuldfrage und die Ängste, die mit ihr verknüpft waren, im Vordergrund – auch die Angst vor Isolation und Tod. Die Hörspiele Günter Eichs, der mehrfach mit dem Hörspielpreis der Kriegsblinden ausgezeichnet wurde, sprechen solche Ängste an (u. a. *Träume*, 1951; *Die Mädchen aus Viterbo*, 1953) oder erweitern sie um die Angst vor umweltzerstörender Vernichtung (*Die Stunde des Huflattichs*, 1958). Davor schon hatte Wolfgang Weyrauch in *Die japanischen Fischer*, 1955, die Gefahr der atomaren Verseuchung beschworen. Ein anderes Thema war das zahllose Opfer fordernde Verbrechen – als Mordplanung aus Gewinnsucht wie in Fred Hoerschelmanns *Das Schiff Esperanza*, 1953, oder, ganz anders, in Friedrich Dürrenmatts später zur Erzählung umgearbeiteten Hörspiel *Die Panne* (1956), das die Verstrickung eines Mannes in kriminelles Handeln zeigt, das ihm als solches gar nicht bewusst ist und für das er (im Hörspiel) keine Verantwortung übernimmt. Einen anderen Schwerpunkt setzte Ingeborg Bachmann, wenn sie scheiternde menschliche Beziehungen und die daraus folgende Vereinsamung zeigte (u. a. *Die Zikaden*, 1955) und sogar Gott daran mitschuldig werden ließ (*Der gute Gott von Manhattan*, 1958). – Wenn auch all diese Hörspiele, von denen hier nur einige genannt werden können, an den aktuellen politischen, wirtschaftlichen, sozialen Problemen der Nachkriegszeit vorbeizugehen schienen, trafen sie meist doch ziemlich genau emotionale Grundbefindlichkeiten der Menschen, die in ihr gelebt haben.

Bezeichnend für die Distanz des Hörspiels zum Konfliktreichtum der Alltagswirklichkeit war die in den 60er Jahren sich verstärkende Tendenz, Reaktionen einzelner Personen auf ihre Umwelt sich im inneren Monolog artikulieren zu lassen, also psychische Vorgänge schrittweise zu verfolgen (vgl. *Monolog*, 1964, von Wolfgang Hildesheimer oder *Man bittet zu läuten*, 1964, von Günter Eich). Von da aus war es nur ein kleiner Schritt zum sogenannten Neuen Hörspiel. Indem man den monologischen Sprecher zum Zuhörer umfunktionierte, der registriert, was er hört, entstand die Voraussetzung, auf der – vereinfacht gesagt – das Neue Hörspiel basiert, nämlich einzufangen, wie geredet wird, die Sprache mit ihren vielen gebräuchlichen Formeln und Redensarten als „Zwangssystem“ zu enttarnen[97] oder auch nur Raumklänge herzustellen und akustische Signale aufzufangen. Diese Materialästhetik, die von der ‚Gestaltung‘ der Wirklichkeit durch einen Autor absah, war ein Paradigmenwechsel, der etliche Schriftsteller reizte, zumal sich auch in anderen literarischen Gattungen, etwa im absurden Theater (vgl. u.), ähnliche Tendenzen abzeichneten und zumal das immer populärer werdende Fernsehspiel die Hörspielautoren dazu zwang, nach innovativen ästhetischen Wegen zu suchen. Allerdings ist dieser Versuch, zumindest was seinen Erfolg angeht, gescheitert. Das Neue Hörspiel (oder auch Original-Ton-Hörspiel) wurde zu einer Kunst für Kenner, dem die Zustimmung der breiten Hörerschaft versagt blieb. Dies gilt insbesondere für die extreme Form von Materialkonstellationen, bei denen das Arrangement des sich verbergenden Autors wie zufällig erscheint – etwa in *Staatsbegräbnis* (1969) von Ludwig Harig, das hohle Floskeln von Politikern der Adenauer-Zeit zusammenstellt, oder in *Häuser* (1969) von Jürgen Becker, das in menschliche Wohnräume hineinhorcht. Was dem Gesumm von Lauten und Sprachfetzen an Bedeutung zu entnehmen ist, blieb ganz den Zuhörern überlassen.

Diese wurden der Experimente des O-Ton-Hörspiels schnell überdrüssig. Seit den 70er Jahren kehrte man deshalb zum problemorientierten Hörspiel zurück und verlagerte den Schwerpunkt von der Sprachkritik auf die Sozialkritik – nicht zuletzt um mit dem Fernsehspiel konkurrieren zu können. Dabei griff man weniger auf die Parabelspiele der frühen Hörspielautoren zurück als vielmehr auf das Feature oder die Reportage, deren Realitätsnähe nun die fiktionalen Spiele beeinflusste. Mit politischem Engagement wurden etwa die Probleme struktureller Gewalt aufgegriffen oder auf die Lebensbedingungen gesellschaftlicher Außenseiter hingewiesen – wie beispielsweise in *Crueland* (1972) von Hubert Wiedfeld – oder auf die Manipulation der Massen durch Politiker – wie beispielsweise in *Der Tribun* (1980) von Maurizio Kagel. Freilich ist die immer geringer werdende Bedeutung des Hörspiels, dessen ästhetische Möglichkeiten ausgereizt zu sein scheinen, inzwischen nicht mehr zu übersehen.

6.6. Frisch und Dürrenmatt

Die meistgespielten deutschsprachigen Dramatiker der 50er und frühen 60er Jahre waren die beiden Schweizer Max Frisch und Friedrich Dürrenmatt. Beide waren vom epischen Theater Brechts beeinflusst, ohne doch dessen politische und pädagogische Absichten zu teilen. Politisch sind die meisten ihrer Stücke freilich insofern, als sie jede Form anmaßender Herrschaftsausübung kritisch zu unterlaufen und insbesondere die Befreiung des Individuums von gesellschaftlichen Zwängen zu propagieren suchen, die nach dem Krieg durch die Restauration der kapitalistischen Machtverhältnisse neu entstanden waren.

Frisch begann mit *Graf Öderland* (1951, 2. Fassung 1956, 3. Fassung 1961). Während in der ersten Fassung die Hauptfigur, ein Staatsanwalt, der aus der Lebensfeindlichkeit seiner Arbeit und Umgebung ausbricht und, gewalttätig agierend, eine anarchistische Untergrundorganisation gründet, am Ende Selbstmord begeht, lässt die letzte Fassung diesen Grafen, selbst die Macht der Regierung übernehmen. Sein Wunsch nach Befreiung endet in einer neuen Bindung. Freiheit und Macht, zeigt dieses an Brecht erinnernde Lehr- und Parabelstück, lassen sich menschenwürdig nicht vereinbaren – eine Revolution, die Herrschaft übernimmt, ruft neues revolutionäres Potential hervor; politisch wiederholt sich der stets gleiche Vorgang. Insofern ist das Stück Ausdruck der Enttäuschung über die verspielte Chance eines politischen Neuanfangs nach dem Krieg. In seinem Pessimismus stärkt es jedoch zugleich auch die bestehenden politischen Verhältnisse. Frisch, der dies selbst so beurteilte, sperrte deswegen zeitweilig seine Aufführung.

Das Gegenstück zu *Graf Öderland* ist Frischs ‚Lehrstück ohne Lehre' *Biedermann und die Brandstifter* (1958), hervorgegangen aus einem Prosatext und einem Hörspiel. Während *Graf Öderland* das Terroristische im Bürger herausstellt, zeigt *Biedermann und die Brandstifter* den bürgerlichen Spießer, der sich von Verbrechern (Terroristen), die sich der geläufigen Manipulationstechniken bedienen, übertölpeln lässt, indem er ihnen wider besseres Wissen zu Willen ist. Auch dieser Vorgang setzt einen Wahrheitsgehalt ins Bild, der sich ohne weiteres auf Mechanismen politischer Machtergreifung übertragen lässt – sowohl auf diejenige Hitlers, dem die Massen zujubelten, als auch auf die der Kommunisten in der Tschechoslowakei im Jahre 1948, die der unmittelbare Anlass für die Entstehung dieser in verschiedenen Formen ausgeführten Parabel war. Die Opfer, die sich nicht zur Wehr setzen, sind es, die bei Frisch angeklagt werden, ein in den fünfziger Jahren in Deutschland unpopulärer Ansatz, der gleichwohl den internationalen Erfolg des Stückes erklärt. – Die Feigheit ist ein Motiv auch in Frischs kaum minder erfolgreichem Parabelstück *Andorra* (1961). Ein Vater gibt sein uneheliches Kind in einer andorranischen Dorfgemeinschaft als Findelkind aus, als ein Judenkind. Als solches bekommt der junge Andri sämtliche Vorurteile der Gesellschaft zu spüren, bis er schließlich das Bild, das man sich von ihm macht, verinnerlicht und akzeptiert. Von einmarschierenden feindlichen Truppen wird er in einer Judenschau als Jude ‚erkannt' und liquidiert. Die schuldbeladenen Dorfbewohner lässt Frisch, wie Brecht damit das Illusionstheater zerstörend, zwischen Szenen in den Zeugenstand treten, wo sie, bis auf den Reue zeigenden Priester, ihr Verhalten rechtfertigen. Wer das Stück als Allegorie versteht, verfehlt es. Denn als Allegorie würde es in der Tat den schrecklichen Ereignissen der Judenverfolgung nicht gerecht. *Andorra* ist eine Parabel, die den Missbrauch von Vorurteilen gegenüber einem Außenseiter und dessen daraus herrührende Identitätskonflikte veranschaulicht. Dass Frisch als Außenseiter einen Juden wählte, hat zu vielen Missverständnissen geführt – die immer dann auftreten, wenn hinter der Bildhälfte einer Parabel nicht die Sachhälfte, d. h. der verallgemeinerbare Wahrheitsgehalt gesucht wird. Die Identitätsproblematik hat Frisch auch in anderen Stücken – wie auch in seiner Prosa (vgl. u.) – beschäftigt, etwa in *Don Juan oder die Liebe zur Geometrie* (1953) oder in *Biografie* (1968).

Phantasievoller als Frisch schrieb Friedrich Dürrenmatt, dessen Komödien nach ‚schlimmstmöglichen Wendungen' in Untergangsvisionen münden. Seine Theatertheorie (*Anmerkungen zum Theater*, 1952; *Theaterprobleme*, 1955), die bedeutendste nach derjenigen Brechts, geht davon aus, dass es die Aufgabe des Dramatikers sei, die immer undurchschaubarer werdende gegenwärtige Wirklichkeit nicht abzubilden, sondern sie durch das Aufdecken von Mechanismen in ‚Modellen' verständlich zu machen. Als Gattung dafür am besten geeignet erschien ihm die Komödie, die anders als die auf Identifikation zielende Tragödie den Zuschauer emotional zu distanzieren und einen Erkenntnisprozess auszulösen vermag. Hierin, nicht in der Wahl der Gattungen, berühren sich Brechts und Dürrenmatts Intentionen. Das entscheidende Mittel für das Gelingen solcher Distanzierungen und Erkenntnisanstöße ist für Dürrenmatt ein den ganzen Text tragender ‚Einfall', der immer dann produktiv wirkt, wenn er eine unsere Wirklichkeit bestimmende Paradoxie einfängt. Anders als Brecht, der historische Situationen aufgriff, um zu zeigen, wie sich die in ihr wirkenden Kräfte verändern lassen, führt Dürrenmatt ‚Sonderfälle' vor Augen, die erweisen wollen, dass wir vor Widersprüchen stehen, die alle rationalen Lösungsmöglichkeiten überschreiten. Da derartige Widersprüche nicht zu verändern sind, müssen sie (eine für Brecht inakzeptable Einstellung) ‚demütig' ausgehalten werden. Sichtbar macht Dürrenmatt sie durch grotesk wirkende Situationen und Verkehrungen. Das Groteske, das Lachen und Grauen zugleich hervorruft, bestimmt, in Abstufungen, deswegen alle seine Stücke.

In einem seiner später mehrfach verbesserten Frühwerke, in *Romulus der Große* (zuerst 1949; zuletzt 1964) entscheidet die Titelfigur, der spätrömische Kaiser Romulus, sein Reich dem germanischen Fürsten Odoaker kampflos zu überlassen und dafür den eigenen Tod in Kauf zu nehmen. Doch Odoaker schickt ihn lediglich in Pension. Nicht nur wird hier die Weltpolitik banalisiert, die verblüffende, ‚paradoxe' Entscheidung des Romulus, die Herrscherrolle durch Nichtregieren und Kapitulationsbereitschaft umzudefinieren, sich also wie ein Landesverräter zu verhalten und dafür den eigenen Tod statt den seiner Soldaten in Kauf zu nehmen, wird noch überboten durch die komisch wirkende Paradoxie der Gutmütigkeit des Siegers, der im Hühnerzüchter Romulus einen Hobby-Partner findet. Die Herrscher erscheinen als harmlose Privatiers, und Romulus, der sich stellvertretend für sein Volk opfern wollte und am Ende, während sein Reich untergeht, anstelle des ersehnten Ruhmes das ungewollte Privileg des Pensionärs erhält, trägt schon alle Züge des im späteren Werk Dürrenmatts immer wieder auftauchenden Narren – der Figur, deren rational kalkulierte Handlungspläne durch den Zufall durchkreuzt werden.[98]

Überwiegt in *Romulus der Große* noch das Komische, so tritt in Dürrenmatts beiden berühmt gewordenen Dramen *Der Besuch der alten Dame* (1956) und *Die Physiker* (1962 aufgeführt) das Grauenvolle als der andere Zug des Grotesken stark hervor. Die ‚tragische Komödie' *Der Besuch der alten Dame* hat ihren Schauplatz in der kleinen Stadt Güllen (Gülle = Jauche), wodurch die moralische Verfassung der

Einwohner namenssymbolisch bereits angedeutet wird. Sie ist im Wesentlichen durch deren Geldgier bestimmt, die sich über alle humanistischen Ideale hinwegsetzt, die wortreich im Munde geführt werden, aber im entscheidenden Moment nichts gelten. Die Güllener, deren Verhalten Tendenzen der modernen Industriegesellschaft repräsentieren (auch wenn sie, was in einem Parabelstück jedoch irrelevant ist, eher einer kleinstädtischen Gesellschaft des vorindustriellen Zeitalters ähneln), verraten ihre Mentalität, als die ehemals in ihrer Stadt wohnende, in den USA zur Milliardärin aufgestiegene Claire Zachanassian zu Besuch erscheint und den Einwohnern eine Milliarde anbietet, wenn sie Claires früheren Geliebten Ill, der sie mit einem Kind hatte sitzen lassen, töten. Das den Regelkreis des Gewohnten zerbrechende ‚Einfallen' dieser schrecklichen, als Karikatur gezeichneten alten Dame in das kleinstädtische Leben ist Dürrenmatts ‚Einfall', der die groteske Situation heraufbeschwört, dass eine Rächerin sich mit Geld nachträglich ‚Gerechtigkeit' erkaufen will und ihr Vorhaben auch tatsächlich gelingt. Der bezahlte Kollektivmord an Ill wird phrasenhaft vertuscht. Ill, der sich der eigenen Hinrichtung aus Schuldbewusstsein stellt, wird so zum einzigen, der sich der korrupten Gesinnung der Käuflichkeit alles und jeden widersetzt. Damit ist er – wie schon Romulus in seiner allerdings durchkreuzten Opferbereitschaft – ein Beispiel des von Dürrenmatt in den *Theaterproblemen*[99] beschworenen ‚mutigen Menschen', der die „verlorene Weltordnung" in sich selbst wiederherstellt.

Der ‚tragischen Komödie', die in einem ‚Modell' die Macht des Geldes über Menschen zur Anschauung bringt, folgte neben anderen gesellschaftskritischen Arbeiten mit der Komödie *Frank der Fünfte* (1959) eine – relativ unbekannt gebliebene – Persiflage auf den Schweizer Bankbetrieb und seine Kunden. Mit seinem Erfolgsstück *Die Physiker* verlagerte Dürrenmatt dann sein Thema in den Komplex naturwissenschaftlicher Forschung. Auch in dieser Komödie behält der kapitalistische Ungeist (hier repräsentiert in einer Irren) am Ende die Macht. Die ärztliche Leiterin einer Nervenheilanstalt hat die Forschungsergebnisse des in ihrer Klinik behandelten Physikers Möbius kopiert, bevor dieser sie vernichtet, und beabsichtigt sie gewinnbringend zu verwerten. Dieser geniale Physiker, der die Weltformel gefunden hat und die Konsequenzen voraussieht, die ihre Anwendung haben wird, gibt sich als Irrer aus, um die Welt vor sich zu schützen. Zwei andere Physiker, im Geheimdienst der beiden Supermächte stehend, sind ihm gefolgt, um ihn auszuspionieren, lassen sich jedoch von seiner verantwortlichen Haltung und seinem Rückzug aus der Physik überzeugen und schließen sich dem Spiel mit der Narrenkappe an. Um es zu sichern, nehmen sie alle drei sogar das Verbrechen in Kauf, indem sie ihre Krankenschwestern, die ihr Simulieren offenbar durchschauen, der Reihe nach ermorden (was der Autor mit allerlei komischen Effekten verbindet). Dass ihr Plan an der gerissenen, gleichwohl verrückten Ärztin scheitert, ist reiner Zufall. Der Zufall – hierin liegt das Paradoxe – macht das rationale, planvolle Handeln der Physiker zunichte. „Je planvoller die Menschen vorgehen, desto wirksamer vermag sie der Zufall zu treffen." heißt es in Punkt 8 der *21 Punkte zu den Physikern*, in denen Dürrenmatts seine Theatertheorie noch einmal ‚auf den Punkt' bringt. Die individuelle Ethik, die Nahraum-Moral, wie Hans Jonas sie nennt[100], d. h. hier die Verantwortung des einzelnen Naturwissenschaftlers, bietet keine Sicherheit mehr. Das einmal Gedachte ist nicht zurückzunehmen oder zu verstecken. Und: Das Denkbare wird gedacht; *wer* denkt – so Dürrenmatt – ist gleichgültig geworden, der einzelne beherrscht nicht mehr, was er gedacht hat. Da die Auswirkungen der Physik alle Menschen angehen, müssen auch alle, als Staatsbürger, an der Lösung des Problems beteiligt werden. Wie das geschehen soll, bleibt offen. Für Dürrenmatt gab es keine Lösung. Der eine Lösung anbietende ‚Held' des Dramas wird von ihm demontiert; in seine Rolle wird – aussichtslos – der Zuschauer gedrängt. Angesichts der politischen Lage um 1960, als der Kalte Krieg eskalierte und ein Atomkrieg zwischen den Supermächten befürchtet werden musste, war Dürrenmatts Theaterstück brisant, weil es nicht nur den Mangel an Vernunft, sondern darüber hinaus die Gefährdung friedenssichernder Planungen vor Augen führte. Vielleicht allerdings half es die Einsicht zu fördern, dass es angesichts atomarer Bedrohung mit globalen Zerstörungen auch keine nationale Geschichte mehr gibt, sondern nur noch ‚Weltgeschichte' in einem neuen, einem globalen Sinn.[101]

Unter Dürrenmatts zahlreichen späteren Stücken, die manches wiederholten und nicht mehr den Nerv der Zeit trafen, ist vor allem seine (wohl persönlichste) Komödie *Der Meteor* (1966) hervorzuheben. Sie zeigt einen klinisch schon für tot erklärten Literaturnobelpreisträger als einen (in seiner Sturzbahn wie ein Meteor leuchtenden) ‚Neugeborenen', ‚Auferstandenen', der, obwohl er es möchte, nicht sterben kann und der in seiner bindungslosen Freiheit (auch er ein Narr) sein menschliches Umfeld zerstört, das freilich, obwohl lebendig, längst in Lebenslügen erstickt ist, was den Beteiligten in der Konfrontation mit dem Sterbenden bewusst wird. Insofern verbreitet der Sterbende nicht nur Sterben (etliche Figuren kommen zu Tode), er macht auch, indem er die Einsicht verbreitet, dass ein konventionell geführtes Leben nach Plan und Prinzipien der Tod im Leben ist, aufs neue lebendig. Keines der Stücke Dürrenmatts enthält so viele Paradoxien wie gerade dieses.

6.7. Das Theater des Absurden und das politische Drama der 60er Jahre

Die Parabelstücke Frischs und Dürrenmatts ermutigten etliche Schriftsteller, sich von der Darstellung historischer Realität zu entfernen und ihre Themen in einer Art Niemandsland anzusiedeln, obwohl Grundstrukturen gesellschaftlicher Wirklichkeit in ihren Stücken oft sichtbar wurden – meist durch intellektuelle Protagonisten, die sich etwa mit struktureller Macht, mit ideologischer Borniertheit oder politischer Manipulation auseinandersetzten und gegen die allgemeine Entfremdung privatistisch das Liebesbekenntnis einzelner setzten – man denke an Leopold Ahlsens *Philemon und Baucis*, 1956, oder Wolfgang Hildesheimers *Die Eroberung der Prinzessin Turandot*, 1961.

Destruktionen im absurden Theater

Am Ende dieses Verzichts auf politische Einmischung stand das Theater des Absurden, für das sich in Deutschland allerdings nur wenige Autoren engagierten, obwohl die Stücke Samuel Becketts, Eugène Ionescos und Jean Genets gerade in Deutschland die Bühnen eroberten, zumal die Kleinbühnen, und die Anteilnahme eines breiten Publikums hervorriefen, vielleicht weil bei ihm die Erfahrung des Sinnlosen nach dem verschuldeten und verlorenen Krieg besonders ausgeprägt war. Das Theater des Absurden[102] gestaltete weder Handlungen mit Konflikten und Konfliktlösungen, noch zeichnete es subtile Charaktere; vielmehr stellte es wie Marionetten wirkende Figuren vor, die zusammenhanglos vor sich hinschwätzen und dabei ihre Ängste und Träume bloßlegen. Die Sinnleere und Absurdität menschlicher Existenz ist die Grunderfahrung, die dabei vermittelt wird. Über sie wird nicht diskutiert, sie wird als Gegebenheit hingenommen. Das Theater des Absurden verweigert den rationalen Diskurs; es artikuliert Befindlichkeiten, die verzweifelte, aber durchaus auch sehr komische Züge tragen und belustigend wirken können (was von der psychischen Konstitution des Betrachters abhängt). In Deutschland hat sich vor allem Wolfgang Hildesheimer mit dieser Art von Theater befasst, sowohl theoretisch (*Über das absurde Theater*, 1960) als auch praktisch in Stücken wie *Die Verspätung* (1961) und *Nachtstück* (1963).

Gesellschaftskritische Stücke

Die Verweigerung von Sinngebung, der destruktive Rückzug in die Innerlichkeit rief in den 60er Jahren, gerade auch angesichts sich verändernder politischer Verhältnisse

(Verschärfung des Kalten Krieges; wirtschaftliche Krisen; Anwachsen eines kritischen Demokratieverständnisses) unter den Dramatikern eine entschiedene Gegenbewegung hervor. Es ging zunächst vor allem um die in der Bundesrepublik verdrängte Geschichte der Kriegsschuld und der Naziverbrechen an den Juden (vgl. o., S. 515 f.). Federführend hierbei waren Martin Walser mit seinen Dramen *Eiche und Angora. Eine deutsche Chronik* (1962), *Überlebensgroß Herr Krott. Requiem für einen Unsterblichen* (1963) und *Der schwarze Schwan* (1964) sowie Rolf Hochhuth mit seinem tabubrechenden Stück *Der Stellvertreter* (1963).

Walser, der in seiner Schrift *Hamlet als Autor* (1964) seine dramatischen Gestaltungen als einen ‚neuen Realismus' kennzeichnete und damit für die in der historischen Wirklichkeit angesiedelte und sich kritisch mit ihr auseinandersetzende ‚aktive Fabel' plädierte, verstand sich als Autor als Verbündeter Hamlets, dessen Gewissen befiehlt, die Untaten der Vater-Generation zu ‚verfolgen'. In *Eiche und Angora* steht ein in drei historischen Phasen (1945, 1950, 1960) auftretendes KZ-Opfer ehemaligen, inzwischen an die bundesrepublikanische Gesellschaft angepassten und in ihr reüssierenden Nazi-Bonzen gegenüber, die ihn schließlich als Störenfried in eine Nervenheilanstalt bringen; in *Überlebensgroß Herr Krott* kann die Titelfigur, die allegorisch für das selbstzufriedene bundesrepublikanische Bewusstsein steht, nicht sterben; im *Schwarzen Schwan* lehnt sich der Sohn eines ehemals als ‚Schwarzer Schwan' bezeichneten KZ-Arztes in der Hamlet-Rolle gegen den Vater auf, tötet jedoch nicht ihn, sondern – dessen Schuld auf sich übertragend – sich selbst.

Von der Ratlosigkeit, die aus diesem Stück spricht, ist in Hochhuths *Stellvertreter* nichts zu spüren. Sein Stück, das den Untertitel ‚Ein christliches Trauerspiel' trägt, ist voller Polemik und stellt Papst Pius XII., dem wegen seines Schweigens zur Ermordung der Juden durch die Nazis christliche Verantwortung abgesprochen und Mitschuld zugewiesen wird, an den Pranger. Das Stück, das eine weltweite Diskussion in Gang setzte, verdankt seinen Erfolg nicht nur etlichen – oft kurz greifenden – Informationen über die Machtpolitik der Kurie und deren wirtschaftliche Interessen, sondern sicher auch der Tatsache, dass in ihm nicht die Mitläufer und ‚kleinen Leute' im Mittelpunkt stehen, sondern die höchste kirchliche Autoritätsperson, deren Decouvrierung neben Beklommenheit bei vielen auch Schadenfreude auslöste. Bei aller Kritik, die Hochhuth auch wegen mancher Simplifizierungen und dramaturgischen Schwächen auf sich gezogen hat, es bleibt sein Verdienst, einen wirklichen Skandal auf die Bühne gebracht zu haben.

Das Thema der Ermordung der Juden beschäftigte in den 60er Jahren auch andere Dramatiker. Während Heinar Kipphardt in *Joel Brand. Die Geschichte eines Geschäfts* (1965) das Scheitern eines Tauschgeschäfts zwischen Nazis und Alliierten behandelte

(1 Million Juden gegen zehntausend Lastwagen) und dabei wie Hochhuth die Perspektive der politisch Agierenden wählte, die Handlung allerdings, weniger emphatisch als dieser, in den bürokratischen Alltag verlagerte, entschieden sich Peter Weiss und George Tabori für die Sicht der Opfer. Wie Kipphardt waren auch sie um Authentizität bemüht. Tabori brachte mit *Die Kannibalen* (1969) einen historisch belegten Vorfall in einem KZ auf die Bühne, den Totschlag eines Häftlings durch Mithäftlinge, die dessen Diebstahl an ihrer Brotration ahnden. Als sie in ihrem Hunger den Getöteten in kannibalischer Absicht zerteilen und ein ‚Festmahl' vorbereiten, fordert ein hinzukommender KZ-Wächter sie auf zu essen. Diejenigen, die sich weigern, werden vergast.

Dokumentarische Dramen

Anders als Tabori hat Peter Weiss in seinem immer wieder aufgeführten ‚Oratorium in elf Gesängen', *Die Ermittlung* (1965), die Schrecken des Konzentrationslagers durch die Darstellung eines Gerichtsverfahrens gebrochen, in dem Angeklagte und Zeugen auf das Vergangene aus unterschiedlichen Sichtweisen zurückblicken. Er griff dabei auf den Auschwitz-Prozess zurück, der von 1963 bis 1965 in Frankfurt/M. stattgefunden und an dem er als Zuhörer teilgenommen hatte. Sein Text bemüht sich durch die Verwertung von Gedächtnisprotokollen, Berichten aus der Tagespresse, biographischen Aufzeichnungen usw. um ein Höchstmaß an Objektivität und wird daher als dokumentarisches Drama bezeichnet. Dennoch bleibt das subjektive Moment in ihm allein durch die Anordnung des dokumentarischen Materials erhalten. Dass Weiss sein Stück ein Oratorium nannte, verweist darauf, dass er keine theaterwirksamen Charaktere gestalten wollte, sondern ‚Stimmen', welche die Kraftfelder des furchtbaren Geschehens wachrufen.

Ein dokumentarisches Drama schrieb auch, als Thema das damals politisch hochaktuelle Problem des Wettrüstens der Atommächte aufgreifend, Heinar Kipphardt. *In der Sache J. Robert Oppenheimer* (1964) ist eine weitere Variante der literarischen Auseinandersetzung mit der Verantwortung des Wissenschaftlers für die Gefahr weltweiter Vernichtung. Während Brecht in seinem *Galileo Galilei* der letzten Fassung neben der wissenschaftlichen Leistung das soziale Versagen des Forschers herausstellt und Dürrenmatt in den *Physikern* in einer grotesken Konstellation die ganze Vergeblichkeit der verantwortlichen Haltung einzelner Wissenschaftler dagegenstellt, behandelt Kipphardt am Beispiel Oppenheimers, des ‚Vaters der Atombombe', der sich 1954 während der US-amerikanischen Kommunistenhetze vor einem Sicherheitsausschuss gegen den Vorwurf verteidigen musste, 1945 den Bau der Wasserstoffbombe verzögert zu haben, den Protest des einzelnen Forschers gegen die tatsächliche Indienstnahme seiner Erfindung durch die politisch und militärisch Handelnden und wirtschaftliche Interessengruppen. Oppenheimers Optimismus freilich, dass technischer Fortschritt an Vernunft zu binden sei, vermag heute kaum jemand mehr zu teilen. Auch Kipphardt nutzte wie Peter Weiss Dokumente, außerdem etliche Verfremdungstechniken des epischen Theaters Brechts, um die Zuschauer in Reflexionsprozesse hineinzuziehen.

Das dokumentarische Drama entsprang dem Wunsch seiner Autoren, die Zuschauer authentisch mit Situationen der jüngsten Geschichte zu konfrontieren und allgemeine Verdrängungsmechanismen zu durchbrechen. Doch war wahrscheinlich gerade die Unmittelbarkeit der Vergegenwärtigung von Geschichte der Grund, dass es sich schneller überlebte als die Parabelstücke Brechts, Frischs, Dürrenmatts und anderer, die ihren Rezipienten die Deutungsinitiative überließen.

Die Hoffnung, die selbstzufriedene restaurative bundesrepublikanische Gesellschaft nicht nur durch Erinnerungsarbeit, sondern durch politische Denkanstöße aus ihrer selbstzufriedenen Lethargie aufwecken zu können, spiegelt sich in den 60er Jahren auch in einer Reihe von Stücken, die oft unter dem Begriff des ‚Revolutionsdramas'[103] zusammengefasst werden, obwohl diese Bezeichnung insofern widersprüchlich ist, als gerade die bedeutendsten dieser Stücke, *Die Verfolgung und Ermordung Jean Paul Marats dargestellt durch die Schauspielgruppe des Hospizes zu Charenton unter Anleitung des Herrn de Sade* (1963/64) von Peter Weiss, *Die Plebejer proben den Aufstand* (1966) von Günter Grass, *Toller* (1968) von Tankred Dorst, auch wenn sie sich auf revolutionäre Ereignisse beziehen, das Scheitern eben solcher Bewegungen in Deutschland thematisieren.

Dorsts *Toller* befaßt sich mit der Münchner Räterepublik von 1919 und stellt das Versagen des Schriftstellers Toller heraus, der keinen Kontakt zu den Arbeitern findet – als deutliche Anspielung auf die Weltfremdheit der Studentenbewegung gemeint. Grass' *Plebejer*, weniger weit zurückgreifend, ruft die Erinnerung an den Aufstand der Arbeiter von 1953 in der DDR wach, der nach seiner Niederschlagung von dem intellektuellen Protagonisten des Stückes, einem Theatermann, insofern verraten wird, als er eine Grußadresse an die DDR-Führung schreibt – auch dies ein ‚deutsches Trauerspiel', wie Grass sein Stück im Untertitel genannt hat. Der mehrfach umgearbeitete *Marat/Sade* von Weiss ist das komplexeste Theaterstück des Jahrzehnts. Es ist in der Ära der Französischen Revolution angesiedelt, enthält jedoch so viele Gegenwartsbezüge, dass es immer auch als Zerrbild, wenn nicht Spiegelbild der restaurativen Gesellschaft der Bundesrepublik angesehen worden ist, in der innovative Impulse an den Rand gedrängt wurden. Mit den beiden Protagonisten stehen sich zwei grundsätzliche Haltungen gegenüber. Sade wird als Zyniker vorgestellt, der seinen Glauben an die Ideale der Französischen Revolution verloren hat und seine Enttäuschung darüber in einem Fetischismus der Leiblichkeit auslebt. Marat dagegen erscheint als handlungsorientierter Anwalt des Kampfes des Proletariats, des Kampfes gegen Unterdrückung und Ausbeutung, und akzeptiert als Vertreter der Gesinnungsethik auch die Guillotinierung seiner Gegner. Der Streit zwischen Marat und Sade freilich ist von vornherein entschieden, denn er findet als Spiel im Spiel statt. Der Revolutionär Marat sitzt, vom Juckreiz geplagt, in der Badewanne einer Irrenanstalt fest und ist nichts als ein fiktives Geschöpf des Spielmeisters de Sade, der in ihn, der stark argumentieren darf, auch eigene Wünsche projiziert, bis er ihn schließlich ermorden lässt. So kann Marat keinen realen, sondern allenfalls einen moralischen Sieg davontragen, was Peter Weiss, sich selbst zunehmend dem Marxismus verschreibend (man vgl. seine nach dem *Marat/Sade* entstandenen Stücke *Der Lusitanische Popanz*, 1967, und *Viet Nam Diskurs*, 1968), auch mehrfach betont hat. Dennoch ist, obwohl gerade die Vergeblichkeit der Absichten des ‚festgehaltenen' und schließlich ermordeten Marat verdeutlicht wird, das Revolutionäre in diesem Stück insofern ständig präsent, als sich die Irren und Kriminellen der Anstalt als Spielfiguren unberechenbar verhalten. Weiss hat gerade diesen Aspekt, die unterschiedlichsten Stilmittel einsetzend, wirksam in Szene gesetzt.

Das ‚Volk' ließ sich auch anders ins Bild setzen. Eine Reihe von Autoren bemühte sich in den 60er Jahren um die Wiederbelebung des Volksstückes nach den Vorbildern Marieluise Fleißers und Ödön von Horváths aus den 20er Jahren, wobei ihr Volksbegriff sich nicht auf die Kerngruppen der Bevölkerung, sondern auf Randgruppen, insbesondere auf provinzielle Milieus bezog, mit denen die Schattenseiten bundesrepublikanischer Wirklichkeit ans Licht gezerrt werden sollten. Martin Sperr etwa (u. a. *Jagdszenen aus Niederbayern*, 1966) dramatisierte die Verhaltensweisen niederbayerischer Dorfbewohner, die alle diejenigen, die sich nicht anpassen, aus der Gemeinschaft ausstoßen; Franz Xaver Kroetz, ähnlich wie Rainer Werner Fassbinder (u. a. *Katzelmacher*, 1968) an Sprachproblemen interessiert, verstand die Sprache als Indiz für die mentale Verfassung seiner Gestalten und konzentrierte sich vor allem in seinen frühen Stücken (u. a. *Heimarbeit, 1971; Stallerhof*, 1972) auf den Gebrauch von Floskeln, auf die Verstümmelung der Ausdrucksweise, auf das Verstummen, also die Unfähigkeit, seelische Zustände zu artikulieren und sie anderen adäquat mitzuteilen. So bestürzend solche Einblicke in die untersten Schichten der Gesellschaft sein mochten, sie lösten bei den Betrachtern eher Resignation als politische Impulse aus. Vor allem aber sind die Betroffenen selbst von den Texten nicht erreicht worden. Besprochen wurden sie von Intellektuellen und Bildungsbürgern, die in ihnen den künstlerischen Beleg für ihre sozialpsychologischen Analysen sahen, in denen gerade in den 60er Jahren, zumal von den Anhängern des wiederentdeckten Marxismus, die Wiederkehr präfaschistischen Denkens, das Wiedererstarken der Klassengegensätze, die manipulative – auch die Sprache verstümmelnde – Wirkung der Massenpresse und Unterhaltungsindustrie und anderes konstatiert wurde.

Straßentheater

Aus der Sackgasse der Volksstücke versuchten Experimente wie insbesondere das Straßentheater herauszuführen. Die sich seit 1968 in fast allen Großstädten bildenden Gruppen, die auf Straßen Theater spielten, waren um unmittelbare politische Einflussnahme bemüht und wollten vor allem die ‚kleinen Leute' erreichen. Die Straße wurde als Gegengewicht zu der marktbeherrschenden Massenbildpresse als ein neues ‚Massenpublikationsorgan' verstanden. Die spielenden Gruppen, fast ausschließlich sozialistisch orientiert und sich an den Notstandsgesetzen, am politischen Rechtsruck in der Bundesrepublik, an der Ausbeutung der Arbeiter in den Betrieben, aber auch am Vietnamkrieg abarbeitend, traten meist am Rande von Kundgebungen und Demonstrationen auf, wo viele Menschen zu erreichen waren, und verstanden ihre Vorführungen als Mittel politischer Agitation, was an die Intentionen der Agitproptheater der Weimarer Zeit erinnert. Dafür nutzten sie nicht nur Sprechtexte, sondern auch spontane szenische Darstellungen, vor allem aber Lieder, verteilten Informationsblätter, zeigten Transparente, usw. Die Texte[104] waren denkbar schlicht, arbeiteten mit Typisierungen (die oft durch den Gebrauch von Masken Nachdruck erhielten), mit gestischen Übertreibungen, mit plakativen Stilmitteln. Einen unmittelbaren Übergang vom Spiel in die Realität bildeten Diskussionen mit dem Publikum, die sich an die Aufführungen anschlossen, sie manchmal auch unterbrachen.

6.8. Das Drama in der DDR

Während die in der Bundesrepublik und in der Schweiz entstandenen Dramen bis in die 60er Jahre, verallgemeinernd gesagt, eine Tendenz zum Pessimismus zeigten und, wenn sie auch nicht immer Katastrophen beschworen, die Zuschauer doch gern mit Warnungen und Zweifeln provozierten, war die Dramenproduktion in der DDR eher von Optimismus bestimmt, der den Hoffnungen marxistischer Ideologie entsprach und der von den parteihörigen Kulturfunktionären auch eingefordert wurde. Von Beginn an waren die Stücke dort auf die politische Wirklichkeit der DDR und auf geschichtliche Entwicklungen ausgerichtet, waren die ‚Helden' keine sich von der

Gesellschaft isolierenden Einzelgänger, sondern eingebunden in Gruppen oder Kollektive, mit denen sie sich mehr oder weniger kritisch auseinandersetzen. Allerdings war diese Auseinandersetzung meist nicht grundsätzlicher Art. Die meisten – hier nicht zu behandelnden – Autoren (etwa ein Helmut Baierl) folgten mit ihren Stücken, sich anpassend, der Parteilinie, verbreiteten den sozialistischen Fortschrittsglauben bzw. schlugen, wenn gesellschaftliche Konflikte behandelt wurden, stets der Partei genehme Lösungsmöglichkeiten vor. Dagegen wiesen Peter Hacks, Hartmut Lange, Volker Braun oder der alle überragende Heiner Müller auf nicht auflösbare Antagonismen hin, die aus der Tatsache erwuchsen, dass die DDR nicht aus einer Revolution ‚von unten' hervorgegangen, sondern der Bevölkerung von der kommunistischen Partei als Staatsform übergestülpt worden war.

Von den zahlreichen Stücken dieser Autoren sind zunächst die in der Wahl der Problemstellung ähnlichen, vieldiskutierten *Moritz Tassow* (1961) von Peter Hacks, *Marski* (1962/63) von Hartmut Lange und *Die Bauern* (1964) (hervorgegangen aus der früheren Komödie *Die Umsiedlerin oder Das Leben auf dem Lande*, 1956–61) von Heiner Müller hervorzuheben.

Alle drei Stücke sind im bäuerischen Milieu angesiedelt. Der Protagonist des *Moritz Tassow*, gleichsam ein sozialistischer Tasso, begeistert eine Gruppe von Kleinbauern dafür, eine Kommune zu gründen und eine radikale sozialistische Revolution zu versuchen, was aber die Betroffenen, die noch gar kein sozialistisches Bewusstsein in sich tragen, vollkommen überfordert. Dem utopisch denkenden und scheiternden Initiator Tassow bei Hacks steht in Langes Stück der Großbauer Marski gegenüber, der seine eigene gesellschaftliche Position als Ausbeuter nicht begreift, aber schließlich von Freunden wie von seinen Untergebenen, die sich an einer Kooperative beteiligen, in einer kathartischen Szene zu der Einsicht geführt wird, dass sich wirklicher Lebensgenuss nur in kollektiven Produktionsverhältnissen erfüllen kann – auch das ein sehr rechtgläubiger Wunsch. Welche Spannungsfelder sich gerade in Kollektiven auftun, wusste Heiner Müller schon in seinem ersten Drama *Der Lohndrücker* (1958) zu vergegenwärtigen. In den *Bauern* führt er die Not des einzelnen vor Augen, der, wenn sozialistischer Fortschritt sich durchsetzen will, zum Opfer wird – wenn er sich nicht, wie die Figur des vitalen und asozialen Fondrak, lachend über den Sozialismus erhebt. Die komödiantischen Anteile nicht nur in Müllers Stück, sondern auch in den Stücken von Hacks und Lange verdienten eine ausführlichere Darstellung, weil sie die Kulturpolitiker der DDR in Verwirrung stürzten. Schon Müllers den *Bauern* vorangehende *Umsiedlerin* wurde 1961 sofort verboten und *Die Bauern* erst 1975 zur Aufführung freigegeben. Ähnliche Restriktionen erlitten auch Hacks und Lange.

Das Provokative ihrer aller Texte lag nicht zuletzt an dem von der SED gefürchteten Motiv des ‚Riesen', d. h. der Figur, die sich über parteipolitische Vorgaben hinwegsetzt. Für Peter Hacks, der diesen Begriff einführte, war ein Riese der „nicht durch Fehler der Welt eingeschränkte Mensch".[105] Man kann ihn nicht nur in Moritz Tassow erkennen, sondern auch in Marski oder in Müllers Fondrak und in den mythischen Gestalten seiner späteren Werke – aber auch in manchen Figuren hier nicht erwähnter Autoren, die mit der ‚Überhöhung' des Unabhängigen die Hoffnung auf einen menschlichen, demokratischen Sozialismus stärken wollten.

Hacks, Lange und Müller sind in den 70er Jahren unterschiedliche Wege gegangen. Während Lange nach Westberlin übersiedelte und sich einem neuen Publikum zuwandte, hielt Hacks weiterhin an seiner utopischen Vorstellung von der Möglichkeit eines vollkommenen Sozialismus fest und nutzte dafür gern Stoffe, Gestalten, Motive des antiken Dramas (etwa in seiner Liebeskomödie *Omphale*, 1970), bis seine politischen Ansichten seit den 70er Jahren im Unverbindlichen aufgingen und seine artistischen Komödien sich selbst genügten. Heiner Müller widmete sich in seinem Stück *Der Bau* (1965, aufgeführt erst 1980), das den widerspruchserfüllten Konflikt zwischen einem Individualisten und Vertretern der Planwirtschaft aufwirft, noch der unmittelbaren Gegenwart der DDR. Zugleich wandte er sich mythischen Stoffen zu, in denen er Vorstellungen und Abläufe entdeckte – etwa die Mechanismen der Macht- und Gewaltpolitik im *Philoktet* (1964–66) –, deren ewige Wiederkehr und damit auch Aktualität zu erkennen schon wegen der mit originellen Metaphern übersättigten Sprache für die meisten Zuschauer und Leser eine Erkenntnisaufgabe war und geblieben ist. Dies gilt zumal für die Dramen *Germania Tod in Berlin* (1977), *Leben Gundlings Friedrich von Preußen Lessings Schlaf Traum Schrei* 1977), *Hamletmaschine* (1977), in denen revolutionäre Grenzsituationen der Geschichte und das Leiden an ihnen durchgespielt werden (in *Germania* etwa ist der 17. Juni 1953 der Bezugspunkt), wobei sich unübersehbar auch die selbstquälerische Seelenlage des Autors äußert. Die parteipolitische Forderung nach Parteilichkeit, Volkstümlichkeit und optimistischer Perspektive wurde in diesen Stücken jedenfalls nur noch konterkariert. Sie haben deshalb hauptsächlich in der Bundesrepublik Interesse hervorgerufen – und zwar vor allem bei Intellektuellen und experimentierfreudigen Theatermachern.

Zugänglicher blieb der vierte bedeutende Dramatiker der DDR, Volker Braun. Auch er gab, in verschiedener Hinsicht von Büchner beeinflusst, die geschlossene Form des Dramas auf und bevorzugte Kombinationen von Kurzszenen. Mit seinen Gegenwartsstücken (*Die Kipper*, 1962–65; *Hinze und Kunze*, 1973), die von der Hoffnung getragen wurden, eine menschenfreundliche Demokratie in der DDR entwickeln helfen zu können, stieß er auf den Unwillen der Parteiführung, weil seine idealistischen Protagonisten an der Basis der widerspenstigen Arbeiter scheitern, die sich überfordert und als Objekte missbraucht fühlen. In *Schmitten* (1978) steht eine einfache Frau im Mittelpunkt, gleichsam ein weiblicher Woyzeck, die auch im Sozialismus von der Machtelite, den ‚Hundertprozentigen', diskriminiert wird.

Brauns Kritik am stagnierenden Sozialismus wurde von Christoph Hein fortgesetzt. Auch er schrieb nach dem bekannten Muster des in der Produktionssphäre angesiedelten, Mängel rügenden Gegenwartsstücks eine Komödie, *Schlötel oder Was solls* (uraufgeführt 1974), in der die Parteifunktionäre den sozialistischen Fortschritt eher verhindern als fördern und die Arbeiter den Intellektuellen, der sich für ihre Rechte einsetzt, verprügeln. Nach anderen, das Ausbleiben der Revolution konstatierenden Dramen war sein Stück *Die Ritter der Tafelrunde* am Ende (1989) nur noch ein Abgesang auf das Politbüro der DDR.

6.9. Dramen und Theater am Ende des 20. Jahrhunderts

In den letzten Jahrzehnten des 20. Jahrhunderts begann in der Bundesrepublik eine Phase der Entpolitisierung des Theaters, die auch nach der Wiedervereinigung bis in die Gegenwart anhält.

Es ist vor allem die Ohnmacht des einzelnen in der von den Medien und der Unterhaltungsindustrie gesteuerten Gesellschaft, der damit einhergehende Sprachverlust und das Scheitern zwischenmenschlicher Kommunikation, die sich in den Stücken thematisch niederschlagen. Zugleich wird auch das Theaterspiel selbst suspekt, ablesbar an der Auflösung der großen dramatischen Form, an ganz unterschiedlichen Experimenten auf dem Theater, ablesbar auch an der Zunahme des sogenannten Regietheaters, das den oft seltsamen, schaustellerischen Einfällen einzelner Regisseure den Vorzug vor texttreuen Inszenierungen gibt, um dadurch (was oft als Vorwand herhalten muss) das Theater als Theater zu thematisieren und Gedanken über seine gesellschaftliche Funktion anzuregen.

Den eindrücklichsten Beginn dieser Phase bildet die *Publikumsbeschimpfung* (1966) des Österreichers Peter Handke, ein Stück, das wie ein Paukenschlag wirkte, weil es mitten in die politisch engagierte Dramenproduktion hineinfiel, die in den 60er Jahren sowohl in der Bundesrepublik als auch in der DDR das Theater dominierte. Handke, von der experimentellen Poesie der ‚Wiener Gruppe' beeinflusst, provozierte das Publikum mit diesem Anti-Theaterstück dadurch, dass er die Blickrichtung umkehrte, den Zuschauerraum (der sonst im Dunkeln liegt) erleuchtete und die Zuschauer zu Selbstreflexionen und Reaktionen zu verleiten suchte, indem er deren Erwartungen negierte. „Dies ist kein Drama …“, „Ihnen wird nichts vorgespiegelt …“ usw., rufen ihnen die Schauspieler zu, um am Ende in offene Beschimpfungen überzugehen. Die Ordnung der durch Sprache wesentlich gesteuerten Wahrnehmungen zu erschüttern, war auch Handkes Anliegen in *Kaspar* (1967). Das Stück zeigt am Beispiel der legendären Kaspar-Hauser-Figur, dass ein Mensch durch den Spracherwerbsprozess geradezu zwangsläufig an gesellschaftliche Wertvorstellungen und Verhaltensnormen angepasst wird und dass es gilt, sich diesen Vorgang bewusst zu machen, um sich möglicherweise aus ihm befreien zu können. Auch die folgenden Stücke wie *Das Mündel will Vormund sein* (1969), *Der Ritt über den Bodensee* (1970) oder *Die Unvernünftigen sterben aus* (1973) sind Absagen an das offen engagierte Theater. Sie sind Rückführungen in die Subjektivität des Individuums, dessen Gefangenschaft in sprachlich vermittelten Zwängen dem Zuschauer erfahrbar gemacht werden soll.

Von der Lust am sprachlichen Experiment geprägt sind auch die Theaterstücke der Österreicher Thomas Bernhard und Elfriede Jelinek. Bernhards Stücke, die allesamt Themen tödlich wirkender physischer und/oder psychischer Krankheit anschlagen (beginnend mit *Ein Fest für Boris*, 1970), sind von Wiederholungen und Variationen des Immergleichen gekennzeichnete Spiele, die den Leerlauf des Lebens anzeigen. Immer wieder wird dabei auf die Existenz des Schauspielers als des Maskenträgers und Rollenspielers verwiesen (u. a. *Minetti*, 1976, *Der Theatermacher*, 1984), der von der Sinnlosigkeit des Daseins ablenkt und sie zugleich erkennt. Auch Elfriede Jelinek, eher als Erzählerin zu Ruhm gelangt, bevorzugt Destruktionen. Ihr Stück *Krankheit oder Moderne Frauen* (1987) beispielsweise zeigt Figuren, die nur von Sprachschablonen zusammengehalten werden, Figuren ohne Personalität. In den sprachlichen Versatzstücken spiegelt sich nicht nur die gewalttätige Dummheit der Männer, die sich zuletzt nur noch wie bellende Hunde artikulieren, sondern auch die krankhaft zerrissene Existenz der Frauen, die von Männern zu dem gemacht geworden sind, was sie sind, in grotesker Verzerrung ins Bild gesetzte Gebärmaschinen oder bissige Vampire.

So wie diese Art von Theaterstücken an die Horrorliteratur grenzt (Jelinek spricht von einer ins Extreme getriebenen Analyse), finden sich auch bei Tankred Dorst Elemente der Phantastischen Literatur. Eine Endzeitstimmung ruft sein ausuferndes Episodendrama *Merlin oder Das wüste Land* (1979) hervor, in dem der Zauberer Merlin unter anderem die Friedensutopie des Königs Artus beschwört, aber die in immer neuen Bildern veranschaulichte Selbstvernichtung der Menschheit unumkehrbar erscheint.

Die bedeutendste Rolle unter den Dramatikern der letzten Jahrzehnte hat Botho Strauß gespielt – nicht zuletzt wegen der eindrucksvollen Inszenierungen seiner Stücke an der Berliner Schaubühne. Er bündelt gleichsam, was sich bei Handke, Bernhard, Jelinek und anderen ausgeprägt hat – das Fehlen tragischer Konflikte, die Beiläufigkeit und Unbestimmtheit in den Beziehungen der Menschen, die Leere ihrer sprachlicher Äußerungen –, und er nutzt das Theater, um das Kommen und Gehen seiner Figuren, das sie als Passanten erscheinen lässt, ganz sinnfällig vorzuführen (so z. B. in *Trilogie des Wiedersehens*, 1977). So erscheint Strauß als Dramatiker des Undramatischen, wenn das Undramatische als Gegenteil verantworteter Entscheidungen handelnder Protagonisten verstanden wird. Das Unterwegssein, früher eine Domäne des Romans, erobert sich bei Strauß die Bühne. In *Groß und klein* (1978) liegt das Gewicht auf Aufenthalts- bzw. Warteräumen für Menschen ‚ohne Haus' – eine Anspielung auf das vom Bibelwort gemeinte Gegenteil, das im Haus des Vaters das Umschließende oder Zusammenhaltende der vielen Wohnungen sieht (Joh. 14,2). Die Hauptfigur Lotte, die sich in diesem Stück in verschiedenen offenen und geschlossenen Räumen aufhält, wirkt wie eine beobachtende Randfigur ohne ein ‚Zuhause' (im übertragenen Sinn ohne innere Mitte) – veranschaulicht auch durch die vielen Türen, Schwellen, Durchgänge, die Strauß hier wie in anderen Stücken vorschreibt. In *Die Zeit und das Zimmer* (1988) wird das Kommen und Gehen der Figuren durch Türen auf die Spitze getrieben. Im Durcheinander der zur Schau gestellten labilen Beziehungen und Seelenlagen der Selbstentfremdung erscheint das Zimmer als die einzige Konstante, als Treffpunkt für Menschen, die ständig unterwegs sind. Auch in diesem Stück geht wie in *Groß und klein* eine Frau durch die Mehrzahl der Szenen, spielt unterschiedliche Rollen in ihnen und signalisiert auf diese Weise einmal mehr den Verlust der Einheit der Person.

Man kann den aufklärerischen Ansatz dieses Theaters darin sehen, dass es ins Bewusstsein ruft, wie Leben verspielt wird, wenn Zielsetzungen, Bindungen, Sinngebungsversuche misslingen.

7. Erzählliteratur

7.1. Unterhaltungsromane für eine breite Leserschaft

Über die von Millionen gelesene massenhaft verbreitete Trivialliteratur ist Grundsätzliches bereits gesagt worden. Ebenso wie diese Massenliteratur folgt auch die ästhetisch anspruchsvollere Unterhaltungsliteratur[106] seit Beginn des 20. Jahrhunderts etablierten und publikumswirksamen Genres mit ihren sich wiederholenden Themen und Motiven, obwohl einzelne Texte durchaus innovativ sein können. Abgrenzungen zwischen Unterhaltungs- und ästhetisch hochstehender Literatur, die sich zwar an Genres anlehnt, sie zugleich aber erweitert, verknüpft oder gar sprengt, lassen sich daher manchmal nur schwer begründen. (‚Vertikale' Vergleichsuntersuchungen[107] könnten hier in Einzelfällen zu größerer Klarheit führen.)

Familien- und Liebesromane

Die wenigsten Innovationen findet man im Genre der Familien- und Liebesromane. Dennoch sind gerade sie in literatursoziologischer Hinsicht von Interesse. Ein besonders großes Publikum erreichten die – hier exemplarisch erwähnten – Romane von Agnes Günther und Hedwig Courths-Mahler. Letztere wurde, gemessen an der Auflagenzahl ihrer 208 zwischen 1905 und 1948 veröffentlichten Familien- und Liebesromane (für weitere ca. 200 Romane hinterließ sie Notizen und Entwürfe), die erfolgreichste deutsche Autorin in der ersten Jahrhunderthälfte überhaupt. Der Bastei-Verlag druckte in den vergangenen Jahrzehnten über hundert ihrer Romane in überarbeiteter Form als Heftromane wieder ab, was einmal mehr die fließenden Übergänge auch zwischen Unterhaltungs- und Trivialliteratur, aber auch die Zeitlosigkeit ihrer ‚Märchengeschichten' belegt. Während A. Günther, die nur einen einzigen, im Bürgertum weit verbreiteten Bestseller schrieb (*Die Heilige und ihr Narr*, 1913), in ihrer Liebesgeschichte zwischen zwei Adligen viel Wert auf die Darstellung des in christlicher Demut ertragenen Leidens der nach einem Mordanschlag langsam sterbenden Protagonistin legte, griff H. Courths-Mahler hauptsächlich, in immer neuen Varianten, auf das Aschenputtel-Motiv zurück und erzählte vom Aufstieg der in Armut aufgewachsenen kleinbürgerlichen Heldinnen in die Welt des Adels und des Reichtums (z. B. in *Die Bettelprinzeß*, 1914). Anders als ihr Vorbild E. Marlitt, die in ihren in der ‚Gartenlaube' erschienenen Texten auch emanzipatorische Anliegen vertrat, wenn auch nicht sehr überzeugend (vgl. III), bleiben die Romane der Courths-Mahler durchweg konformistisch. Sie bestätigen die Rolle der häuslich tüchtigen und vertrauensvoll auf ein gütiges Schicksal hoffenden, sich passiv verhaltenden Frau, die nach entsprechender Wartezeit mit jähem gesellschaftlichem Aufstieg und einem Geborgenheit gewährenden Ehemann belohnt wird. Das hierin enthaltene demokratische Motiv der Überwindung von Standesgrenzen, das die Familienromane des 18. Jahrhunderts im Sinn hatten (vgl. II), wurde von der Autorin nicht genutzt. Anstatt die Adelswelt zu demontieren, führte sie diese – auch noch in den nach 1918 erschienenen Romanen – als Garant des Glücks vor Augen. Allerdings ist gerechterweise hinzuzufügen: Der Adel bewährt sich bei Courths-Mahler mit all seinem Reichtum nur dann, wenn er als Gesinnungs- und Herzensadel zugleich die moralischen Werte des Bürgertums verkörpert. Politische Denkanstöße gingen von ihren Romanen nicht aus, sie erfüllten (und erfüllen) eine rein kompensatorische Funktion, indem sie die Leserinnen – wenigstens für die Zeit der Lektüre – über eigene Versagungen hinwegtrösten. – Inwiefern sich beispielsweise das Frauenbild in späteren und gegenwärtigen Familien- und Liebesromanen (bei Vicky Baum, Johannes Mario Simmel, Utta Danella, Charlotte Link und anderen) verändert hat und wie unterschiedlich insbesondere Autorinnen in diesem Genre schreiben, soll hier dahingestellt bleiben. Auch wenn Frauen inzwischen als Berufstätige vorgestellt werden und auch sexuelle Initiativen ergreifen, ist damit nicht von vornherein entschieden, dass sich das alte Rollenmuster der Unterwerfung oder zumindest der Anpassung an den Mann grundlegend verändert hat.

Heimat- und Kriegsromane

In der Nähe des Familien und Liebesromans steht der Heimatroman, werden in ihm doch immer auch Liebesgeschichten erzählt. Auf seine Entstehung im 19. Jahrhundert, auf seine Entwicklung bis hin zu Ganghofer und auf die Gründe für seine Popularität ist bereits eingegangen worden (vgl. den Exkurs über den Heimatroman, in III), auch darauf, dass er problemlos in die völkische Literatur übergehen konnte.

Hinzuweisen ist hier allerdings auf die während des 1. Weltkriegs und nach ihm geschriebenen Kriegsromane, die sich unter dem Aspekt ihrer Genrezugehörigkeit zwischen dem Heimatroman, dem völkischen Roman, dem Historischen Roman und dem Abenteuerroman bewegen. Die Spannweite der in ihnen zum Ausdruck kommenden Intentionen reicht von der Verklärung des Krieges über seine Verharmlosung bis zu seiner Verurteilung. Ein besonders penetrantes Beispiel von Kriegsbegeisterung findet man in *Der Wanderer zwischen beiden Welten. Ein Kriegserlebnis* (1917) von Walter Flex, der die neue Dimension des Krieges als Massenvernichtungsmaschinerie nicht wahrhaben wollte und den Heldentod für das Vaterland idealisierte – hierin gleichsam auf die Militärprosa der Nazis vorausweisend. – Von Verharmlosung kann man reden, wenn man an Ernst Jüngers analytische Beschreibungen technischer Abläufe des Kampfes denkt, die das Grauen ästhetisch überlagern (*In Stahlgewittern*, 1920; teilweise noch in *Strahlungen*, 1949). Auch Gerd Gaisers nach dem 2. Weltkrieg geschriebener Erfolgsroman *Die sterbende Jagd* (1953) ist davon nicht frei, selbst wenn er – hierin den Landserheften ähnlich – den rüden Jargon der Soldatensprache imitiert. Die seit Mitte der 50er Jahre und noch gegenwärtig erscheinende Heftromanreihe ‚Der Landser' verharmlost das Kriegsgeschehen vor allem dadurch, dass sie die politische Einbettung und Beurteilung der geschilderten Kämpfe verweigert, wodurch die deutsche Wehrmacht indirekt von aller Mitschuld freigesprochen wird; dass sie eine perfide Schwarz-Weiß-Malerei betreibt, in der zumal die russische Armee diffamiert wird, und dass sie soldatische Tugenden wie Tapferkeit, Opferbereitschaft, Kameradschaftlichkeit, Gehorsam plakativ herausstellt, die über die tatsächliche Befehlshierarchie und das Massensterben hinwegtäuschen sollen.[108] Eine andere Möglichkeit der Verharmlosung des Krieges nutzten Trivialautoren wie Heinz G. Konsalik (u. a. *Der Arzt von Stalingrad*, 1953) durch die Vermischung der Genres, wenn sie die rührenden Elemente des Liebes- und Arztromans um billiger Unterhaltungseffekte willen in die Kriegshandlung integrierten.

Die ganz andere Gruppe der Kriegsromane stellte schon nach dem 1. Weltkrieg das Elend der Soldaten, aber auch die Entbehrungen von Frauen und Kindern in den Vordergrund. Erich Maria Remarque schrieb mit *Im Westen nichts Neues* (1928/1929) einen ‚Frontroman', der zwar auch den Geist der Kameradschaft im Schützengraben beschwört, aber zugleich die Schrecken des Materialkrieges erschütternd verdeutlicht. Politischer waren die nach dem 1. wie nach dem 2. Weltkrieg verfassten Romane Theodor Pliviers, die immer auch die Möglichkeiten der Auflehnung, Verweigerung und der Revolution ins Blickfeld rückten. Fast ganz zurückgenommen wurde die Fronthandlung in Arnold Zweigs *Der Streit um den Sergeanten Grischa* (1927), der das Schicksal eines russischen Soldaten als Gefangener der deutschen Kriegsbürokratie erzählt und die Inhumanität auch der ‚Etappe', d. h. der Zone hinter der Front, anprangert. Nach dem 2. Weltkrieg ist die ‚Perversität' kriegerischer Handlungen z. B. dadurch ins Bewusstsein gehoben worden, etwa in Lothar-Günther Buchheims 1973 erschienenen, später verfilmten Roman *Das Boot*, dass der feindliche Gegner als solcher kaum noch wahrgenommen wird, wenn es nur noch um das Überleben der eigenen Gruppe geht. – Die Popularität des ganzen Genres des Kriegsroman resultiert nicht allein aus der Spannung, die aus der Grenzsituation von Leben und Tod gewonnen wird; es ist offenkundig, dass gerade bei älteren Lesern, die einen der Weltkriege oder beide erlebt haben, eigene, traumatisch wirkende Erfahrungen durch die Lektüre verarbeitet werden können.

Historische Romane

Was für Leser den Reiz des Historischen Romans ausmacht, der sich, da er sich realitätsbezogen der Vergangenheit zuwendet, mit dem Kriegsroman durchaus berühren kann, ist schwerer zu erkennen. Dass er im 19. Jahrhundert und bis weit ins 20. Jahrhundert hinein zur Stärkung des Nationalgefühls beitrug, ist evident (vgl. III). In seinen trivialen Ausprägungen hat er auch dazu gedient, die Klassengegensätze zu verschleiern, etwa in Rudolf Herzogs schon eher zeitgeschichtlichem Roman *Die Wiskottens* (1905), in dem die Arbeiter sich zufrieden der Fürsorge eines Unternehmers anvertrauen und Streik als Verletzung des Familienfriedens erscheint. Generell lässt sich wohl sagen, dass der Historische Unterhaltungsroman Vergangenheit verklärt und sich als Fluchtraum für eine die Gegenwart verunsichert erlebende und Orientierung suchende Leserschaft anbietet. Dieses Orientierungsbedürfnis wurde dabei immer dann missbraucht, wenn damit ideologische Steuerung einherging, wie in dem höchst populären, unter Bauern im Dreißigjährigen Krieg spielenden Roman *Der Wehrwolf* (1910) von Hermann Löns, der rassistische Vorurteile bestätigte und stärkte sowie Gewaltbereitschaft vorführte und damit zu den Vorbereitern der von den Nazis intensivierten völkischen Gesinnung zählt. Den Nazis diente auch ein Roman wie *Fridericus* (1918) von Walter von Molo, der den preußischen König zur heroischen Kultfigur stilisierte.

Dass zur selben Zeit auch der Objektivität verpflichtete Historische Romane ohne ideologische Befrachtung oder Überhöhungen geschrieben werden konnten, belegen die Romane von Ricarda Huch, allen voran das großangelegte Epochenbild *Der große Krieg in Deutschland* (1912–14) (später unter dem Titel *Der Dreißigjährige Krieg* erschienen). Unter anderen Autoren, die wie R. Huch das Abgleiten des Genres in die ideologische Ausbeutung verhindert haben (und allerdings den Rahmen des hier behandelten Unterhaltungsromans sprengen), ragt, um nur noch einen bedeutenden Namen zu nennen, der *Wallenstein* (1920) von Alfred Döblin hervor, der, eine andere Objektivität als der Positivismus vertretend, das Historische ins Visionäre überleitet, um das Wesentliche desto treffender, und berührender, zu vermitteln.

Auf andere Weise wiederum wird das Genre des Historischen Romans in verschiedenen jüngst erschienenen Romanen genutzt, in denen Geschichte ideologiefrei, kritisch und unterhaltsam vermittelt wird und in denen dabei zugleich existentielle Fragen aufgeworfen werden: Heinz Wetzel thematisiert in *Auf nach Hellas!* (2010) am Beispiel junger Deutscher, die sich im frühen 19. Jahrhundert für die griechische Unabhängigkeit einsetzten, nicht nur die verworrene Motivlage dieser Freiheitskämpfer, sondern auch den Zusammenbruch ihrer Ideale, ihre Ernüchterungen und Enttäuschungen; Alex Capus beschreibt in *Eine Frage der Zeit* (2007), wie die gute Nachbarschaft von Briten und Deutschen am Tanganikasee in Ostafrika bei Ausbruch des 1. Weltkriegs in eine jähe – verordnete – Feindschaft umschlägt. Beide Romane berühren menschliche Grenzsituationen, wobei der für so viele Historische Romane geltende mögliche Einwand, warum dafür so ‚abwegige' Kriegsereignisse gewählt werden, insofern nicht stichhaltig ist, als das jeweilige historische Geschehen nur als Vorwand für grundsätzliche Aussagen zu begreifen ist. Daniel Kehlmann führt in *Die Vermessung der Welt* (2006) am Beispiel der Lebensgeschichten von Carl Friedrich Gauß und Alexander von Humboldt dem Leser vor Augen, wie bahnbrechende wissenschaftliche Leistungen mit dem Misslingen zwischenmenschlicher Beziehungen und mit Vereinsamung einhergehen können. 1983 erschien Sten Nadolnys historischer Roman *Die Entdeckung der Langsamkeit*, der die Lebensgeschichte John Franklins verfolgt, eines Mannes, der im 19. Jahrhundert unter anderem Expeditionen in die Arktis unternahm, von deren letzter er nicht mehr zurückkehrte. Er führte an dieser Figur, die schon von klein an durch Begriffsstutzigkeit und Langsamkeit auffällt, eine Haltung vor, die sich als Gegenbild zu der von Schnelligkeit und Effizienz bestimmten Lebensführung der modernen Informationsgesellschaft präsentiert und auf heutige Leser wie eine Mahnung wirkt, sich von fremdbestimmten Wahrnehmungen der Wirklichkeit zu lösen und selbst auf Entdeckungsfahrten zu gehen.

Abenteuerromane

Greift der Historische Roman in die zeitliche Ferne, so der Abenteuerroman in die räumliche. Dennoch sind die beiden Genres nicht klar zu trennen – gerade der Historische Roman ist oft auch ein Abenteuerroman. Gemeinsam ist ihnen zudem – vordergründig gesehen – das Verlassen der Realitäten der jeweiligen Gegenwart, obwohl sie nichtsdestoweniger sehr gegenwärtige Verhältnisse verdeutlichen können. Besonders populär unter den vorwiegend auf Unterhaltung zielenden Autoren von Abenteuerromanen blieb bis in die 2. Hälfte des 20. Jahrhunderts der schon behandelte Karl May. Die populärsten Autoren des Genres nach ihm waren Robert Kraft mit seinen See-, Weltenbummler- und Erfinderromanen (u. a. *Die Augen der Sphinx*, 1908) und später der von den Nationalsozialisten geförderte Fritz Steuben (eigentlich Erhard Wittek) mit seinem *Tecumseh*-Zyklus, 1930–39. In der Massenwirksamkeit sind allerdings die Abenteuer-Heftromanserien – meist Wildwest-Romane (u. a. ‚Buffalo Bill', ab 1905; ‚Billy Jenkins', ab 1934), die nach dem 2. Weltkrieg durch ähnliche Serien fortgesetzt wurden und oft Außenseiter zu Verbrechern stilisieren und der Lynchjustiz das Wort reden – nicht übertroffen worden. – Auf relativ hohem literarischem Niveau liegen dagegen die gesellschaftskritischen Abenteuerromane von B. Traven (ein noch immer umstrittenes Pseudonym). Neben seinem schon erwähnten, politisch engagierten ‚Caoba'-Zyklus sind vor allem *Das Totenschiff* (1926) und *Der Schatz der Sierra Madre* (1927) – mit einem eindrucksvollen Psychogramm der darin handelnden Abenteurer – hervorzuheben. Auch die Abenteuerzählung *Das Gold von Caxamalca* (1923) von Jakob Wassermann gehört in diese gesellschaftskritisch orientierte Abenteuerliteratur. Ein Meisterstück des Genres ist Christoph Ransmayrs Roman *Die Schrecken des*

Eises und der Finsternis (1984), der das Scheitern des Menschen an der Natur herausstellt und zugleich vergegenwärtigt, wie dünn die Decke der Zivilisation ist, die über der Triebnatur des Menschen liegt.

Science Fiction

Auch die interessantesten Autoren der Science Fiction (vgl. ausführlicher zu ihr in III) zeigen – zumal in der zweiten Hälfte des 20. Jahrhunderts – das Scheitern und damit die Grenzen menschlicher Erkenntnismöglichkeiten, im deutschsprachigen Raum vor allem der von dem überragenden Vertreter des ganzen Genres, dem Polen Stanisław Lem, beeinflusste Herbert W. Franke (u. a. *Der grüne Komet*, 1964; *Zone Null*, 1970; *Sirius Transit*, 1979), der zudem vor der Verselbständigung und Pervertierung naturwissenschaftlichen Fortschritts warnt. Nur wenige andere vergleichbare deutsche Autoren, etwa Karlheinz Steinmüller, wären zu nennen. Die SF als anspruchsvolle literarische Gattung ist letztlich eine amerikanische und osteuropäische Domäne geblieben.[109] – Vorwiegend der Unterhaltung verpflichtet und dabei eine verwerfliche Ideologie verbreitend, sind dagegen die Romane Hans Dominiks gewesen (u. a. *Atlantis*, 1925; *Das Erbe der Uraniden*, 1927). Dominik, dessen Popularität gerade bei Jugendlichen zeitweilig derjenigen Karl Mays gleichkam, richtete seine Phantasien auf globale Auseinandersetzungen, wobei er, politisch rechtsextrem, vor allem rassistische Vorurteile verstärkte und insbesondere die Asiaten verteufelte. Vieles von dem, was bei ihm angelegt war, wurde, notdürftig kaschiert, von den bundesrepublikanischen SF-Serien weitergetragen, insbesondere von den marktbeherrschenden ‚Perry Rhodan'-Zukunftsromanen, die in verschiedenen Auflagen gleichzeitig erscheinen, so dass immer neue Lesergenerationen sie von Beginn an verfolgen können. Mit wissenschaftlich fundierter SF haben diese Romane nichts mehr zu tun – sie sind reine Phantastik.[110] Dass gerade diese Abgleitungen der SF so breitenwirksam geworden sind (man denke auch an ähnliche Filme und Fernseh-Serien) und inzwischen die Bezeichnung des Genres für sich okkupiert haben, ist auf das Leserbedürfnis zurückzuführen, sich, wenigstens in der Phantasie, aus sozialen und psychischen Zwängen zu befreien und sich weiträumig zu bewegen. Die Produzenten dieser Literatur bieten deshalb das ganze, ständig mit phantastischen Fahrzeugen durchquerte Universum als Aktionsfeld an, was darüber hinwegtäuscht, dass das in ihr vertretene Weltbild vollkommen statisch ist. Denn „das Universum wird von geheimnisvollen Mächten regiert, denen der Mensch sich fatalistisch unterordnet. Der Fortschrittsglaube wird auf das Technologische reduziert und damit pervertiert. Da auch die technischen Geräte in diesen Texten im Grunde von einer Elite nur bedient, nicht aber erklärt werden, ist der resignative, die eigene Ohnmacht bestätigende Wunsch des Lesers nach Geborgenheit, der sich mit all den (auch in Kampfhandlungen) dargestellten Befreiungsphantasien verbindet, nicht zu übersehen.“[111]

Literarische Phantastik und Fantasy

Die literarische Phantastik (vgl. zu ihr ausführlich III), die gegenwärtig in der trivialen Science Fiction, in der ‚Heroic Fantasy' (vgl. u.) und in einigen Horror-Heftromanserien noch Blüten treibt, hatte zu Beginn des 20. Jahrhunderts, gefördert durch allgemeine Verunsicherungen, neuen Auftrieb erhalten. Die in ihr angeschlagenen Motive wichen von den im 19. Jahrhundert schon bekannten nicht grundsätzlich ab, die Phantasie der Autoren blieb gleichsam gebunden. Man reaktivierte beispielsweise das Doppelgängermotiv oder den Vampirismus, verstärkte allenfalls die Intensität der Darstellung. Beliebt war der Mythos der Femme fatale, der sich mit dem Motiv des blutsaugenden Vampirs gut verbinden ließ. Geradezu schockierend wirkt diese Kombination in der Erzählung *Die Spinne* (1908) von Hanns Heinz Ewers, der Effekte der Angst, die Angst vor der männermordenden weiblichen Sexualität zumal, und des Ekels besonders gut auch in seinem Besteller *Alraune* (1911) auszuspielen wusste. Zu den großen Erfolgen der literarischen Phantastik in der Zeit vor dem 1. Weltkrieg zählten Paul Scheerbarts Science Fiction und Phantastik verbindender ‚Androiden-Roman' *Lesabéndio* (1913) und Gustav Meyrinks *Der Golem* (1913/14), der sich die Sage von dem zum Leben erweckten und es zerstörenden Lehmkoloss nutzbar machte, sein verquastes okkultistisches Weltbild darin einarbeitete und mit einer auf die Psychoanalyse zurückgreifenden Symbolik verband (die Geheimgänge des Prager Ghettos als Bild des seelischen Labyrinths usw.). Verstörender wirkt der ‚Phantastische Roman' *Die andere Seite* (1909) von Alfred Kubin, dem großen Zeichner. Der fiktive Erzähler verbringt, seine Realität verlassend, aber dorthin zurückkehrend, drei Jahre in einem Traumreich. In die Schilderung dieses Reiches mischen sich Visionen des Untergangs: Massenhysterien, sexuelle Orgien, verfallende Gemäuer, alles zerfressende Insekten, Brände und anderes mehr bauen apokalyptische Bilder auf – Gegenbilder wissenschaftlichen Fortschritts und aufklärerischer Vernunft. Ob er mit ihnen warnen wollte, ist bis heute umstritten; dass er mit ihnen den Surrealismus inspirierte, ist evident.

Die gegenwärtig so beliebte, viel harmlosere Fantasy verdankt ihren internationalen Durchbruch der Romantrilogie *The Lord of the Rings* (1954/55) von J. R. R. Tolkien, der das unrealistische Geschehen in einer ‚Anderswelt' mit äußerster Akribie und so vielen Details beschrieb, dass man als Leser gezwungen war (und ist), sich in sie zu ‚vertiefen', was zu Kennerschaft und sogar zur Gründung von ‚Tolkiengesellschaften' führte, in denen man Insiderwissen austauscht. In

Deutschland haben an diese als ‚High Fantasy' bezeichnete Form mit großem Erfolg Michael Ende (*Momo*, 1973; *Die unendliche Geschichte*, 1979) und Hans Bemmann (*Stein und Flöte*, 1983) angeknüpft. Zur Popularisierung des Genres tragen wesentlich auch die mit ausgeklügelten technischen Mitteln die Anderswelten ins Bild setzenden Verfilmungen bei (man denke an die nach den Texten von Joanne K. Rowling entstandenen ‚Harry Potter'-Filme.)

Eine andere Richtung der Fantasy bildet die sogenannte ‚Heroic Fantasy', oft auch ‚Sword & Sorcery' genannt. Publiziert wird sie hauptsächlich in den massenhaft verbreiteten Printmedien, zumal in Comic-Heften. Die Anderswelten bilden hier nichts als die Staffage für sensationsgeladene Handlungen. Die Bedrohungen gehen meist von grauenhafte Fratzen tragenden Ungeheuern aus, die sich der schwarzen Magie bedienen (sorcery) und unbestimmten finsteren Mächten dienen (die Grenzen zum Horrorgenre sind hier fließend). Ihnen stellt sich der unbesiegbare Held entgegen, der mit seinen Freunden bedenkenlos die Mittel der Gewalt (im übertragenen Sinn: das Schwert, sword) einsetzt. Die Helden als ‚Vorbildfiguren' sind zweifellos geeignet, Unterlegenheitsgefühle ihrer Bewunderer zu kompensieren. Die Diffamierung des Gegners als rassistisch minderwertig, wie überhaupt die Schwarz-Weiß-Malerei des Weltbilds, das Gewalttätigkeiten als gerechtfertigt erscheinen lässt, aber ist der höchst problematische Aspekt dieser Unterhaltung. Auch die ‚High Fantasy' bedient sich inzwischen zunehmend der in der ‚Heroic Fantasy' üblichen Unterhaltungseffekte.

Kriminalromane

Das beliebteste Genre der Unterhaltungsliteratur ist nach wie vor der Kriminalroman in seinen verschiedenen Ausprägungen. (Zur Unterscheidung von Kriminal- und Verbrechensliteratur, zur Entstehung des Kriminalromans, zu seinen verschiedenen Ausprägungen, zu mediengeschichtlichen Einflüssen[112] vgl. III). Seine Geschichte im 20. Jahrhundert, sofern nicht die Heftromanliteratur gemeint ist (seit 1906 gab es nach amerikanischem Vorbild in Deutschland eine ‚Nick Carter'-Serie, zu der bald andere Serien hinzukamen, etwa ‚Jack Franklin, der Weltdetektiv', oder nach 1956 die immer noch marktbeherrschende ‚Jerry Cotton'-Serie), ist in der ersten Hälfte des Jahrhunderts durchaus von der Hochliteratur beeinflusst (Ludwig Rubiner schrieb unter dem Pseudonym Ernst Ludwig Grombeck *Die indischen Opale*, 1911; Ricarda Huch *Der Fall Deruga*, 1917; Jakob Wassermann *Der Fall Maurizius*, 1928; Friedrich Glauser *Wachtmeister Studer*, 1936, um nur einige Namen zu nennen). Eine fruchtbare Wechselbeziehung zwischen Kriminalroman und Kriminalfilm (vgl. etwa Fritz Langs *M* nach Thea von Harbous Roman *M – eine Stadt sucht einen Mörder*, 1930) ergab sich seit dem literarischen Expressionismus besonders in den

20er Jahren durch etliche die Gattungsgrenzen überschreitende Wahrnehmungs- und Gestaltungsmerkmale (Licht-Schatten-Spiele, die dramaturgisch eingesetzte künstliche Lichtquelle, Groß- und Detailaufnahmen, die Zerstückelungsprozedur des Schnitts usw.[113]). – Die vielen deutschen Kriminalromane, die das breite Publikum in der ersten Jahrhunderthälfte unterhielten, sind bisher nur wenig untersucht worden, weil in diesem Zeitraum die angelsächsische und französische Kriminalliteratur so dominant war, dass sie die Aufmerksamkeit fast ganz auf sich zog. Dagegen fanden die insbesondere unter dem Einfluss Dashiell Hammetts und Raymond Chandlers stehenden sozialkritischen Kriminalromane, die deutsche Autoren seit den 70er Jahren verfassten, mehr Beachtung. Richard Hey, (u. a. *Mord am Lietzensee*, 1973), Michael Molsner (u. a. *Rote Messe*, 1973), -ky = Pseudonym für Horst Bosetzky (u. a. *Es reicht doch, wenn nur einer stirbt*, 1975), Pieke Biermann (u. a. *Violetta*, 1990), verbinden bei aller Unterschiedlichkeit ihrer Ansätze[114] die Unterhaltungseffekte des Kriminalromans mit aufklärerischen Anliegen so durchdacht, dass sie den Vergleich beispielsweise mit den schwedischen Erfolgsautoren Maj Sjöwall und Per Wahlöö keineswegs zu scheuen brauchen, schon gar nicht den mit Henning Mankell. Und auch Peter Schmidt als Autor von Spionageromanen (u. a. *Augenschein*, 1983) besteht den Vergleich mit den hoch gelobten Len Deighton oder John le Carré. Reizvoll sind auch die vielgelesenen frühen Detektivromane Friedrich Dürrenmatts (u. a. *Der Richter und sein Henker*, als Buch 1952; *Das Versprechen*, 1958), der die Möglichkeiten der Rechtsverwirklichung kritisch hinterfragte und die Problematik des ganzen Genres ins Licht zu rücken suchte. Akzente des Schwarzen Humors setzt in letzter Zeit neben anderen österreichischen Autoren wie Heinrich Steinfest vor allem Wolf Haas (u. a. *Komm, süßer Tod*, 1999)[115].

Versucht man die anhaltende Popularität des Kriminalromans zu erklären, „stößt man auf einen für seine unterhaltende Wirkung ausschlaggebenden Mechanismus: Sowohl bei den Lesern vorwiegend analytischer als auch bei den Lesern vorwiegend aktionistischer Kriminalromane werden zunächst Irritationen beziehungsweise Befürchtungen ausgelöst. Im Detektivroman kann die Atmosphäre des allseitigen Verdachts, der Zusammenbruch des Vertrauens den Leser deswegen berühren, weil hier ein Teil seiner eigenen Lebenswirklichkeit – die vielfältige Tarnung des Geheimnisse mit sich tragenden Menschen – gespiegelt wird. Der Thriller evoziert stärkere Gefühle; er spricht (meist schon vorhandene) Ängste an – durch die Darstellung existentieller Gefahren für die Identifikationsfigur, durch den Ereignischarakter der geschilderten, oft ins Überdimensionale verzerrten Gewalttätigkeiten, durch die Fixierung der Aufmerksamkeit auf kollektive Sündenböcke, durch die Regelhaftigkeit des Verbrechens. In beiden Ausprägungen des Kriminalromans wird der vorübergehende Gleichgewichtsverlust der Leser wieder aufgehoben. Der bewunderte Held des Detektivromans ist der Garant dafür, dass die durch das Geheimnis des Verbrechens aufgeworfene Irritation lustvoll genossen werden kann – in der Gewissheit, dass alles, was bedrohlich erscheint, aufgeklärt wird. Auch der vor allem wegen seiner Risikobereitschaft bewunderte Held des Thrillers stellt – mit anderen, sehr handgreiflichen Mitteln – die gestörte Ordnung wieder her und gewährt dem um den erfolgreichen Ausgang der Handlung wissenden Leser spannende und entspannende ‚Angstlust'."[116]

7.2. Themen der literarisch hochstehenden Erzählliteratur nach der Jahrhundertwende

Zwei oft ineinander übergehende thematische Stränge durchziehen die literarisch hochstehende Erzählliteratur in den ersten beiden Jahrzehnten nach der Wende zum 20. Jahrhundert: Das sich aus festgefügten Traditionen lösende Verhältnis der Geschlechter zueinander mit all den damit verbundenen psychisch destabilisierenden Begleiterscheinungen, die sich zum Beispiel auch als ‚Reisen ins eigene Innere' manifestieren, und die Kritik an den gesellschaftlichen Strukturen des Kaiserreichs, wobei die Stellung des Künstlers oft eine besondere Akzentuierung erhält.

Geschlechterbeziehungen: Schnitzler, Hofmannsthal

Mit der geschlechtsspezifischen Sexualität, der Sexualmoral und der ‚freien Liebe', mit Treue und Untreue in der Ehe und den sich daraus ergebenden psychischen und gesellschaftlichen Konflikten, die, wie erläutert, in der Dramatik um die Jahrhundertwende eine große Rolle spielten, zumal bei Schnitzler, Wedekind und Sternheim – ganz zu schweigen von den Verballhornungen dieses Themenkomplexes in den Boulevardstücken – beschäftigte sich auch die Prosaliteratur dieser Zeit.

Zumal Arthur Schnitzler schrieb in seinen zahlreichen Erzählungen über sexuelle Verhaltensweisen und Normenkonflikte und die daraus entstehenden psychischen Erkrankungen. Für die Vergegenwärtigung des Innenlebens vieler seiner Figuren nutzte er den ‚inneren Monolog' als eine Stilform, die den Leser unmittelbar, d. h. ohne Vermittlung durch einen ästhetische Distanz schaffenden Erzähler, an den Gedanken und seelischen Bewegungen, sofern sie in Sprache gefasst werden können, teilnehmen lassen (ausgeprägt zuerst in seiner Offizierssatire *Lieutenant Gustl*, 1900). Schnitzler, Nervenarzt und stark von Sigmund Freuds *Traumdeutung* (1900) beeindruckt, mit dem ihn freundschaftliche Zuneigung verband, schrieb nach verschiedenen ‚Frauennovellen' (u. a. *Frau Berta Garlan*, 1901), in denen er das Tabuthema der weiblichen Sexualität behandelte, seine bis heute (nicht zuletzt durch die Verfilmung ‚Eyes Wide Shut') bekannteste Erzählung, die *Traumnovelle* (begonnen 1907, erschienen 1926), über eine Ehekrise, die beide Partner – ganz im Sinn der Psychoanalyse – am Ende dadurch überwinden, dass sie sich ihre unbewussten Triebregungen, die den Mann in eine traumhafte Wirklichkeit und seine Frau in einen wirklichkeitsbezogenen Traum führen, voreinander eingestehen und so auch erkennen, dass die Seele über mehr Möglichkeiten der Selbsterfahrung verfügt, als das ‚reale' Leben sie bereitstellt. In *Fräulein Else* (1924) beschreibt er, auch hier den ‚inneren Monolog' einsetzend, die seelische Not einer jungen Frau, die von einem Geschäftsfreund ihrer Eltern, die dessen finanzielle Hilfe brauchen, aufgefordert wird, sich dafür vor ihm zu prostituieren. Der doppelten Erpressung durch die Eltern und durch den reichen Lebemann hält sie nicht stand; mit einer Überdosis von Tabletten versinkt sie ins Koma. Schnitzlers Sympathie mit Frauen, die in Normenkonflikten stehen und daran leiden, verband sich nicht nur mit dem Blick auf die Verantwortungslosigkeiten der Männer, sondern stets auch mit einer in ihrer Scharfsichtigkeit andere Autoren der sogenannten ‚Wiener Schule' übertreffenden Kritik an der Mentalität der gesellschaftlichen Schichten, denen die Figuren angehören.

Verdeckter als bei Schnitzler kommt Gesellschaftskritik in den Erzählungen Hugo von Hofmannsthals zum Ausdruck. Seine berühmte *Reitergeschichte* (1899) etwa ist zwar einerseits die Geschichte einer militärischen Insubordination, die mit dem Tod durch Erschießen bestraft wird, andererseits aber so überlagert und durchdrungen von Hinweisen auf die psychische Verfassung des Protagonisten Anton Lerch und seine triebhaften erotischen Wünsche und Ängste, dass das höchst komplexe, von einer reichen Symbolsprache begleitete und nur feinfühlig zu entschlüsselnde Bild männlichen, sich in militärischer wie sexueller Aggression äußernden Machtanspruchs entsteht, das als verklausulierter Einspruch gegen männlichen Chauvinismus und die mit ihm einhergehende Gewaltbereitschaft zu lesen ist. – Die Spaltung des Ichs, die als Motiv in der *Reitergeschichte* schon anklingt, als Anton Lerch seinem ihm entgegen reitenden Spiegelbild begegnet, wird zum eigentlichen Thema in Hofmannsthals Romanfragment *Andreas oder die Vereinigten* (1907–13; posthum veröffentlicht 1930). Der junge Andreas Ferschengelder, auf einer Bildungsreise in Italien, gerät in Venedig in einen schwebenden Bewusstseinszustand, der wie durch diese auf unsicherem Boden stehende Stadt ausgelöst erscheint. Er denkt an die Bauerntochter Romana, in die er sich in Kärnten verliebt hat und mit der er sich zu vereinigen sehnt. Doch auf dem Bauernhof hat auch die Vergewaltigung einer Magd stattgefunden, ist ein Hofhund vergiftet worden, was Ferschengelder daran erinnert, dass auch er als

Kind einst einem Hund das Rückgrat zerbrochen hat – all dies lässt ihn ahnen, dass das gewalttätig Triebhafte auch in ihm angelegt ist. Die Dissoziation seines Ichs wird ihm im weiteren Verlauf des Romans in der Begegnung mit dem Doppelwesen Maria-Mariquita (von Hofmannsthal unter dem Einfluss des Buches *The Dissociation of a Personality. A Biographical Study in Abnormal Psychology*, 1906, des amerikanischen Psychiaters Morton Prince gestaltet) zu einer bestürzenden Erfahrung. In diesem Doppelwesen, das ihm in der Kokotte Mariquita und in der ‚Heiligen' Maria erscheint, findet er Spiegelungen seiner selbst. Der Roman sollte ihn am Ende die Einheit seines Inneren finden und vielleicht auch die geliebte Romana wiederfinden lassen.

‚Reisen ins eigene Innere': Robert Müller

Die Lektüre psychoanalytischer Schriften, die gerade Schnitzler und Hofmannsthal ein tieferes Verständnis für die Vielschichtigkeit des Menschen eröffneten, hat nachhaltig dazu beigetragen, dass normative Sicherheiten und zumal geschlechtsspezifische Rollenzuweisungen in Frage gestellt zu werden begannen – auch von epigonalen Schriftstellern, die hier übergangen werden. Hervorzuheben ist neben Schnitzler und Hofmannsthal Robert Müller, auch er ein Österreicher, der in seinem Hauptwerk *Tropen* (1915) einer neuen Entdeckung der Irrationalität das Wort redete. Die Reise in die Tropen, von der im Roman vom Überlebenden dieses Abenteuers berichtet wird, ist auch und vor allem im übertragenen Sinn als eine Reise ins eigene Innere zu verstehen (so wie als ‚Tropen' ja auch Formen uneigentlicher, bildlicher Rede bezeichnet werden), in die unergründeten Tiefenschichten der Seele. Möglicherweise war Joseph Conrads *Heart of Darkness* (1899) hier nicht ohne Einfluss. Es ist unverkennbar, dass die geschilderten Begegnungen und Erfahrungen des Europäers und Amerikaners mit den auf der Stufe der Hochkulturen lebenden Menschen, die ihre Vitalität unverstellt ausleben, von Müller eben auch – im ontogenetischen Sinn – als eine Wiederbegegnung mit einer in den ‚Zivilisierten', d. h. ‚Disziplinierten', verschütteten oder verloren geglaubten seelischen Schicht, als Möglichkeit einer Bewusstseinserweiterung angesehen wurde, die den Traum vom ‚neuen Menschen', der im Expressionismus propagiert wurde, bereichern sollte.

Randbemerkung über den Exotismus

An die künstlerische Qualität eines Robert Müller reichten die ebenfalls die ‚Fremde' in den Blick rückenden, dem sogenannten Exotismus[117] zugeordneten Erzähltexte eines Max Dauthendey oder einer Else Lasker-Schüler nicht heran. Aus der Lebensreformbewegung (Wandervogelmentalität, Freikörperkultur, Naturheilverfahren, Vegetarismus, libertären Erotik usw.) erwachsen, entsprang der Exotismus, der sich auch in der Malerei ausgebreitet hatte (Gauguin, Macke und andere), dem Wunsch, sich von den herrschenden politischen und wirtschaftlichen Verhältnissen und den sozialen Spannungen zumal in den Großstädten zu distanzieren und nach alternativen, ungebundenen Lebensmöglichkeiten zu suchen. Die Texte, die ihm zuzuschreiben sind, stehen in ihrer Thematik oft nahe bei der Unterhaltungsliteratur, insbesondere bei den Genres des Abenteuerromans, der Science Fiction und der literarischen Phantastik (vgl. o.), die ihr Anliegen, den Leser in andere Welten zu führen, ganz offen vertreten. Die dem Exotismus zugrunde liegende Fluchtbewegung verlangte Schauplätze, die in der Ferne lagen. Dauthendey bevorzugte dabei den fernen Osten (u. a. *Die acht Gesichter am Biwasee*, 1911), wobei die dortigen Kulturen nicht in ihrer Realität erfasst, sondern von den europäischen Vorstellungen von ihnen überlagert wurden. Dies gilt mehr noch von Else Lasker-Schülers dem Orientalismus verpflichteten Erzähltexten (u. a. *Die Nächte der Tino von Bagdad*, 1909; *Der Prinz von Theben*, 1914), die letztlich vor allem der Selbstinszenierung der Verfasserin dienten und ihre Distanz von jeglicher Konvention herausstellen wollten. Zu den Klischees, die sie weiterzuverbreiten half, gehörte die Vorstellung von den im Orient üblichen, in den Ritus eingebundenen blutigen Grausamkeiten. – Einige Züge des Exotismus findet man auch in Hermann Hesses Frühwerk, doch suchen seine jugendlichen Helden, die allem Gewohnten und Bürgerlichen entfliehen, sich auf Wanderungen begeben (man denke an das Kultbuch der Wandervogelbewegung *Peter Camenzind*, 1904) oder vagabundieren (*Knulp*, 1908 begonnen, 1915 als Sammlung von drei Erzählungen herausgegeben), weniger die Ferne als das einfache, antizivilisatorische Leben. Die Hinwendung zu ostasiatischer Philosophie, Religiosität und Mystik – und insofern auch die Faszination am Exotischen – wird bei Hesse erst in späteren Texten wie *Demian* (1919) und *Siddhartha* (1922) deutlicher sichtbar.

Erschütterungen bürgerlicher Traditionen: Thomas Mann

Den Gegensatz zwischen Bürgerlichkeit und Außenseitertum, zumal in der Existenz des Künstlers – hat eindrücklich Thomas Mann in seinen Künstlernovellen, aber bereits in seinem ersten großen Roman, *Buddenbrooks. Verfall einer Familie* (1901), herausgestellt. Mit diesen Texten wurde das Bürgerliche nicht (wie oft etwa bei Hesse) satirisch verzerrt, sondern als Lebensform – wenn auch nicht unkritisch – ernst genommen und der in gleicher Weise kritisch gesehenen Lebensweise des Künstlers gegenübergestellt. Das Verständnis des ‚Bürgers' orientiert sich bei Mann an den ‚altdeutschen', dem Stand der Bürger zugeschriebenen Tugenden, an Ehrlichkeit,

Pflichterfüllung, Fleiß, Ordnungsliebe, Sparsamkeit und nicht zuletzt an sozialer Verantwortung. Damit hebt sich dieser Bürgerbegriff sowohl vom Begriff des sich seit dem 18. Jahrhundert herausbildenden Staatsbürgers ab, dem des citoyen, der für die Ideale der Freiheit, Gleichheit und Brüderlichkeit im politischen Leben eintritt und sie dort umzusetzen sucht, als auch von dem des Bourgois, des materialistisch und egoistisch denkenden Geschäftsmanns. Gleichwohl war das rationale Kalkulieren auch dem altdeutschen Bürgertum nicht fremd und spielt auch in den *Buddenbrooks* eine durchaus wichtige Rolle.

Der Roman schildert die Geschichte des Verfalls einer Lübecker Bürger- und Kaufmannsfamilie im 19. Jahrhundert über vier Generationen hinweg. Nur geht es bei diesem ‚Verfall' im wesentlichen nicht nur um geschäftliche Niederlagen und Verarmung, obwohl es auch um sie geht, sondern vielmehr um den Niedergang eines Verhaltenscodex, also um kulturelle und psychologische Merkmale, die sich als Dekadenz auch körperlich manifestieren – wie überhaupt das mit äußerster Detailgenauigkeit beschriebene Körperliche bei Mann immer auf seelische Lagen und eben auch auf ernste Verstörungen hinweist. Entscheidend, auch für seine späteren Texte ist dabei – hier wirkt der Einfluss Nietzsches (u. a. *Zur Genealogie der Moral*, 1887; *Ecce homo*, 1888) –, dass Mann den kaufmännischen Niedergang der Familie Buddenbrook mit der ästhetischen Sensibilisierung ihrer Mitglieder und auch mit Erscheinungen der Dekadenz in eine sich gegenseitig bedingende Beziehung setzt. Während Johann Buddenbrook vital und selbstsicher eine großbürgerliche Lebenshaltung mit Unternehmergeist verbindet, braucht sein Sohn bereits – erstes Anzeichen der Unsicherheit – die Anlehnung an die von ihm sehr unkritisch, das heißt fundamentalistisch verstandene christliche Religion, die ihn stützt, ohne dass er an die geschäftlichen Erfolge seines Vaters anknüpfen kann. Seine Kinder repräsentieren verschiedene Formen des einsetzenden Niedergangs: Der älteste Sohn Thomas, ein Ästhet, der wie ein Schauspieler nur noch die Rolle des Kaufmanns spielt, die er ständig reflektiert, überanstrengt sich dabei in jeder Hinsicht und stirbt schlagartig nach einer Zahnoperation. Seine liebenswerte, aber zunehmend etwas beschränkt wirkende Schwester Tony glaubt naiv den ‚Stand' bewahren zu können, indem sie Männer heiratet, die dem verächtlichen, ungebildeten Typus des Bourgois angehören. Christian ist ein Neurotiker, der die Clownsrolle spielt. Clara, körperlich anfällig, stirbt jung an Tuberkulose. Auch Hanno, der musikalische Sohn von Thomas, ein Träumer, der Inbegriff von Sensibilität und Zartheit, für das Leben des Kaufmanns völlig ungeeignet, weil er die Hässlichkeit des Konkurrenzkampfes nicht erträgt, stirbt früh. Sein Leben verdeutlicht, dass Verfall für Mann immer auch mit einer Steigerung von Empfindungsfähigkeit und Geist verbunden ist, ohne die die Menschheit, wie er sinngemäß formuliert, nicht zukunftsfähig sei.

Es wäre falsch, den Roman vor allem unter dem Gesichtspunkt der Kritik an kapitalistischen Lebensverhältnissen zu lesen, die zweifellos in ihm enthalten ist und zum Beispiel sehr sinnfällig wird in dem Druck, den der ‚fromme' Johann Buddenbrook auf seine Tochter ausübt, die um seiner Geschäftsverbindungen willen den von ihr verabscheuten Kaufmann Grünlich heiraten soll und es auch tut. Wichtiger als diese Kritik an der Skrupellosigkeit einer Vermögen sichernden Heiratspolitik ist Manns Sorge um den Verlust der Wertvorstellungen und Verhaltensnormen des Großbürgertums. Diese sind in zweifacher Weise bedroht. Zuerst weniger durch das Geschäftsgebaren der aufstrebenden Bourgoisie als durch deren schlechte Manieren, die in den geschilderten Geschmacklosigkeiten von Tonys Ehemännern immer auch ihren ganz körperlichen Ausdruck findet. Zum anderen aber gefährdet das alte Bürgertum sich selbst. Wird schon bei den älteren Buddenbrooks deutlich, dass das gute Benehmen die blanken Geschäftsinteressen nur verdeckt, so zeigen vor allem der Neurotiker Christian und der die Musik Wagners als Rausch erlebende Hanno die beginnende Dekadenz ihres Standes – wie ja auch ihre Krankheiten die bürgerliche Forderung nach Leistung außer Kraft setzen. Zudem unterminiert ihre Reflexivität, der bereits Thomas Buddenbrook nicht entkommt, das vitale Selbstwertgefühl, das ihre Vorfahren besaßen. Gerade dieser Vitalitätsverlust eröffnet allerdings ganz andere Perspektiven des Menschseins, die Thomas Mann in seinen den *Buddenbrooks* folgenden Künstlernovellen immer von neuem herausgestellt hat.

Das Selbstverständnis des Künstlers, zumal des Literaten, war am Ausgang des 19. Jahrhunderts stark von der sogenannten Bohème getragen. Literatur, die im 18. Jahrhundert vornehmlich der bürgerlichen Selbstverständigung diente, gleichsam das Gewissen des gehobenen Bürgertums bildete, war im 19. Jahrhundert – sehr verallgemeinernd gesagt – zunehmend zu einem Mittel der Ablenkung und Vertröstung breiter Leserschichten geworden, die zu ihr griffen, um sich in ihrer ‚Freizeit' aus den Niederungen der materiell geprägten Arbeitswelt zu erheben, was zumal die Unterhaltungsliteratur mit ihren eskapistischen Angeboten ausnutzte. Gegen diese Tendenz entwickelte sich zuerst in Frankreich in der Mitte des 19. Jahrhunderts eine sich bewusst von der bürgerlichen Gesellschaft absetzende Gegenbewegung, die von sich als der Bohème sprach (der Name verweist auf den Böhmen, den Zigeuner). Die jungen Künstler, die ihr angehörten, lebten weitgehend isoliert in Dachstuben, in besonderen Wohnvierteln (wie dem Quartier Latin in Paris oder Schwabing in München), trafen sich in Kaffeehäusern, Kneipen, später Existentialistenkellern usw. In der Konsequenz dieser sich vornehmlich mit sich selbst befassenden Bewegung lag das Interesse an ästhetischen Fragen – der bereits behandelte Ästhetizismus (s. o., S. 552 ff.) in der Literatur ging daraus hervor – immer in der Gefahr, am wirklichen Leben vorbeizugehen.

Thomas Mann sympathisierte mit der Bohème, lebte zeitweilig in Schwabing, kannte viele Bohèmiens, wehrte diese Bewegung gleichzeitig aber auch ab. Der Zwiespalt zwischen seinem Ästhetizismus und seiner bürgerlichen Auffassung, dass die Literatur dem ‚Leben' zu dienen habe, begleitete ihn bis in sein Spätwerk hinein. Dieser Zwiespalt ist auch anders bezeichnet worden, als Gegensatz von Leidenschaft und Pflicht, Emotionalität und Repression, Sichgehenlassen und Disziplin, Krankheit und Gesundheit, Homosexualität und Respektabilität usw. Alle diese widersprüchlichen Motive klingen in Manns Texten an, nicht nur in den Künstlernovellen, sondern auch in seinen Romanen, wobei der Erzählanlass immer das ‚Dionysische' ist, das zwar unter Kontrolle gebracht werden muss, das aber gerade das unverwechselbar Menschliche in Erscheinung treten lässt.[118]

In den hier exemplarisch hervorgehobenen Künstlernovellen *Tristan* (1903) und *Der Tod in Venedig* (1912) tritt der genannte Zwiespalt in zwei für Mann typischen Anordnungen auf. In *Tristan* stellt er dem Ästheten den Bourgois gegenüber (ähnlich verfährt er auch in seiner wohl bekanntesten Novelle *Tonio Kröger*, 1903); im *Tod in Venedig* vereint er den sich dem ‚Rausch' aussetzenden, gefährdeten Künstler und den Leistungsethiker in ein und derselben Figur.

Der sich in einem Sanatorium aufhaltende Ästhet Spinell in *Tristan* trägt deutliche Züge einer Karikatur. Er sieht aus wie „ein verwesender Säugling", ist ohne Bartwuchs, lebt isoliert und genießerisch ganz der Kunst und hasst alles Bürgerlich-Vitale. Sein Gegenbild, Herr Klöterjahn (die Klöten sind niederdeutsch die Hoden), ist der Inbegriff des vitalen, unsensiblen Bourgois. Bevor es zwischen diesen beiden zu einem Zusammenprall kommt, versucht Spinell Klöterjahns in das Sanatorium eingelieferte, lungenkranke Frau Gabriele, für die er schwärmt, dadurch für sich einzunehmen, dass er ihre Musikalität anspricht und sie Wagners *Tristan* auf dem Klavier spielen lässt. Die Musik zu diesem Opernstoff, der wahre Liebe sich nur im Tod erfüllen lässt und erotischen Wünschen eine sakrale Weihe verleiht, versteht Spinell als Angriff auf das verhasste bürgerliche ‚Leben'; Gabriele aber ist durch ihr eigenes Spiel so erschüttert, dass ihre Krankheit neu ausbricht und sie bald darauf stirbt. Eine briefliche Attacke Spinells gegen ihren Mann führt zu dessen wütender, den Ästheten erniedrigenden Reaktion. Dass Spinell am Ende auch vor Gabrieles lachendem, kerngesundem Säugling flieht, setzt der Verhöhnung des Ästheten die Krone auf. – Diese Erzählung gewinnt ihre Relevanz vor allem dadurch, dass sie Manns für sein Schreiben aufschlussreiches Verhältnis zu Richard Wagner beleuchten hilft. Wagners Musik steht bei Mann für die Selbstvergessenheit im Rausch, der den Genießenden aus der bürgerlichen Lebenswelt und ihren Anforderungen hinausträgt (vgl. dazu auch Kap. 3), ihn dabei aber auch schwächt und gefährdet. Spinell ist ein Beispiel für jemanden, der sich einem derartigen Genuss hingibt. Aber anders als diese Figur kannte Mann auch die Wagner-Kritik Nietzsches, der in seinen späten Schriften (u. a. in *Der Fall Wagner*, 1888) das Artifizielle an dessen Musik, das auf Publikumseffekte hin Kalkulierte bemängelte. Insofern konnte Mann das Verhalten einer Figur wie Spinell distanziert sehen und ironisch gestalten.

Gerade vom kalkulierten Einsatz der Mittel, der von Nietzsche als Mangel an Unschuld und Echtheit verstanden wurde, hat Mann andererseits selbst gelernt. Die von ihm immer wieder genutzte Leitmotivtechnik, die im *Tod in Venedig*, besonders deutlich zu erkennen ist, erlaubte es ihm, bildhaft, auf einer Symbolebene, auf Zusammenhänge hinzuweisen, die zu verstehen nicht zuletzt das ästhetische Vergnügen des Lesers erweitert. Auch im *Tod in Venedig* ist die Spannung zwischen künstlerischer Entgrenzung, die hier bis zur Todessehnsucht reicht, und bürgerlichen Wertvorstellungen wie Disziplin und Leistungsbereitschaft Gegenstand der ‚Betrachtung', nur dass diesmal diese Spannung in die Verhaltensweisen einer einzigen Figur, den Schriftsteller Gustav von Aschenbach, gelegt wird. Dieser wird als alternder, zu Ruhm gelangter Künstler vorgestellt, der, um Nietzsches schematische und deswegen wohl eingebürgerte Begrifflichkeit (aus *Die Geburt der Tragödie aus dem Geiste der Musik*, 1872) zu wählen, das Dionysische in sich verraten hat, indem er sich ganz auf das Apollinische eingelassen hat, auf Geist, Maß und Form, auf Fleiß und die damit verbundenen Entbehrungen. Doch unbewusst, im Traum, wirkt das Dionysische in ihm. Die Erzählung verfolgt die allmähliche Überwältigung des Disziplinierten durch die – zur Entstehungszeit der Novelle nicht vermittelbare – homoerotische Liebe zu einem Knaben namens Tadzio, die mit der beglückenden Anbetung seiner Schönheit beginnt, dann aber als der Knabe Blicke erwidert, ins Begehren umschlägt – mit all den von Aschenbach als Erniedrigung seiner selbst empfundenen Verhaltensweisen wie Verkleidung, Auflauern, Verfolgung, und die schließlich auch in die moralische Verfehlung führt, die Hotelgäste, nur um Tadzio länger um sich zu wissen, nicht vor der in Venedig ausgebrochenen Cholera zu warnen, von der er selbst schon infiziert ist und an der er am Ende stirbt. – Dass Thomas Mann gerade die homoerotische Zuneigung als Mittel wählte, um den Zusammenbruch der disziplinierten Haltung Aschenbachs zu veranschaulichen, lag zweifellos daran (von seiner eigenen Bisexualität einmal abgesehen), dass er auf diese Weise – bedenkt man die Diskriminierung Homosexueller in der damaligen Zeit – die Fallhöhe des Makellosen ins Bild setzen konnte. – Die Erzählung ist nicht nur wegen der Kunstfertigkeit ihres Aufbaus und ihrer Bildgebung so außergewöhnlich, sondern wegen ihrer ständigen Anspielungen auf den griechischen Mythos, die der Vordergrundshandlung ihre Tiefendimension verleihen. Diese Anspielungen beziehen sich im Wesentlichen auf den griechischen Gott Hermes in seiner Funktion als Führer ins Totenreich, der in verschiedenen Gestalten leitmotivisch an Schaltstellen des Textes erscheint. Solche auf Untergang und Tod voraus weisenden Gestalten sind etwa der Fremde am Nordfriedhof zu Beginn der Erzählung, der Verkäufer auf dem Schiff, der Gondoliere auf der Barke in Venedig, das als ein Ort des Übergangs in die Unterwelt gesehen werden kann, oder der Straßensänger. Der ins Unendliche winkende Tadzio steht der Hermesfigur sicherlich am nächsten. All diese Anspielungen weisen auf das eigentliche Thema des Textes hin, auf den Sieg des Chaos über die Ordnung, freilich auf einen todbringenden Sieg.

Eine Fortsetzung fand die in den frühen Novellen und dann im *Tod in Venedig* besonders eindrucksvoll behandelte Konfliktsituation zwischen bürgerlicher und anti-bürgerlicher, meist künstlerischer Lebenshaltung auch in Manns großangelegtem Roman *Der Zauberberg* (1924), nur dass hier der Held kein Künstler ist, sondern ein noch unbedarfter Bürgerssohn, der den alle gewohnten Sicherheiten erschütternden Mächten der Krankheit und des Todes in einem Davoser Sanatorium begegnet. Dorthin ist er, Hans Castorp, als Besucher seines Cousins gekommen, und dort bleibt er, langsam selbst erkrankend, sieben Jahre bis zum Ausbruch des Weltkriegs – fasziniert von den dort lebenden Menschen und der Atmosphäre der Dekadenz, die sie ausstrahlen. Was im *Tod in Venedig* Tadzio war, ist hier Clawdia Chauchat, in die Castorp sich verliebt, eine ganz aus allen Rollen fallende Frau mit anarchistischen Neigungen und männlichen Zügen – eine Art homoerotischer Erregtheit auch hier. Doch öffnet sich der Roman über die komplizierte, ebenfalls mehr von Erwartungen als von Erfüllung gekennzeichnete Beziehung der beiden hinaus in die Richtung eines Zeitromans: Die vielen, ihre Gedanken austauschenden Figuren, die er präsentiert, sprechen über die ideologischen Grundbestimmungen der Zeit (besonders intensiv im Streit der jesuitisch geprägte, sozialistisch denkende Naphta und der die Werte der westlichen Aufklärung vertretende Settembrini). Auch der Krieg findet am Ende Eingang in den Roman. Um an ihm teilzunehmen, verlässt Castorp den Zauberberg, der für ihn ‚pädagogische Provinz' gewesen ist. – Auch dieser Roman eröffnet wie der *Tod in Venedig* durch Leitmotive und Anspielungen eine Tiefendimension, die seinen eigentlichen ästhetischen Reiz ausmachen. Wenn man diese Anspielungen versteht, dann rückt der Zauberberg, die Davoser Klinik, in die Nähe des Venusbergs aus dem *Tannhäuser* Richard Wagners oder des Hexenbergs aus der Walpurgisnacht in Goethes *Faust* oder des Märchens (mit seiner auffälligen Häufung der Siebenzahl) oder auch des Hades der antiken Mythologie und wird dadurch als Ort antibürgerlicher Pflichtvergessenheit, als Ort der Zeitlosigkeit, als ein Zwischenreich zwischen Leben und Tod gekennzeichnet[119], aber auch als Ort der Triebhaftigkeit, der Auflösung des Ichs, des ,Willens', um den Begriff aus Schopenhauers *Die Welt als Wille und Vorstellung* (1819) zu wählen, des Philosophen, der Mann neben Nietzsche am stärksten beeinflusst hat. Die hermetische Abgeschlossenheit des Ortes, das Eingeschlossensein in eine Umgebung von Krankheit und Todesnähe steigern dabei Castorps Sensibilität und sein Bewusstsein, so dass deswegen auch der Begriff des Bildungsromans für dieses Buch angemessen erscheint, wenn dabei auch an einen Bildungsroman in abfallender Linie zu denken ist (vgl. dazu III). Der Krieg, der den ,Helden' als anonymes Wesen verschluckt – ob Castorp fallen wird, bleibt offen –, erscheint in der Leitmotivstruktur des Textes als Vollendung und letzte Steigerung der Todesnähe. Was im Sanatorium vorbereitet ist, zeigt sich in ihm unverhüllt – allerdings nur auf einigen angefügten Seiten und in einer seltsam ästhetisierenden Art der Darstellung, die eine eigene Analyse wert wäre, wenigstens aber nicht mehr (wie noch in Manns *Betrachtungen eines Unpolitischen* aus dem Jahr 1918) als ,reinigende Kraft', als Ausweg aus der Dekadenz in eine neue Vitalität, sondern resignierend als ,Weltfest des Todes'.

Robert Walser, Rilke, Musil

Während Thomas Mann den Verfall der Lebenshaltung des altdeutschen Bürgertums beschrieb und beklagte und die neu entstandene, profitorientierte, vitalunkünstlerische Bourgoisie verspottete, nicht zuletzt indem er ihr den Typus des dekadenten, zu hoch differenzierten Wahrnehmungen fähigen Künstlers und Außenseiters gegenüberstellte, setzten zur gleichen Zeit schreibende Autoren wie Robert Walser, Rilke, Musil andere Akzente, indem sie, wie Walser, Bezüge zur industrialisierten Arbeitswelt herstellten, oder, wie Rilke, die dann bei Döblin ihre ganze Schärfe erreichende Sicht auf die Großstadt eröffneten, oder, wie Musil, zu einer umfassenden zeitkritischen Betrachtung der ,Haupttypen des heutigen Menschen' ansetzten.

Eine Brücke zu späteren, in den 20er Jahren geschriebenen Romanen, die das entfremdete Leben in den Städten schilderten, schlagen einige Texte des Schweizers Robert Walser, in denen die psychische Verfassung des Protagonisten im Mittelpunkt steht. In *Der Gehülfe* (1908) wird das Leben des Angestellten (= Gehülfen) Joseph Marti beschrieben, der sich seinem Arbeitgeber gegenüber unverdrossen loyal verhält, weil er nur in der Sicherheit bietenden Abhängigkeit seine Identität findet. Da er zudem bei diesem wohnt – das ,ganze Haus' ist hier das noch gültige Wirtschaftsmodell, dessen Zusammenbruch der Roman freilich ebenfalls vor Augen führt – fühlt Marti sich zusätzlich geborgen, bis er am Ende doch davonzieht. Identitätsfindung in der Selbstverleugnung ist auch die Problemstellung des Romans *Jakob von*

Gunten (1909). In der Dienerschule, die der Titelheld besucht, verinnerlicht er die Haltung, dass er im späteren Leben eine ‚kugelrunde Null' sein wird. Walser konterkariert damit noch einmal – wie schon andere Autoren vor ihm – den bürgerlichen Bildungsroman des 19. Jahrhunderts. Das Leben der organisch sich entfaltenden Persönlichkeit ist in der Realität des industrialisierten Zeitalters nicht mehr möglich. Auch wenn Walser keineswegs das äußere Erscheinungsbild industrialisierter Lebenswelt nachzeichnete, fing er doch Aspekte der psychischen Befindlichkeit vieler in ihr abhängig arbeitenden, sich nach persönlicher Nähe sehnender Menschen ein.

Anders als Walser gestaltete Rainer Maria Rilke das Erlebnis der Entfremdung in seinem Tagebuchroman *Die Aufzeichnungen des Malte Laurids Brigge* (1910). Dieser Text ohne eine kontinuierliche Handlung und sich schon damit deutlich vom realistischen Roman des 19. Jahrhunderts abhebend, schildert zunächst die Großstadterfahrungen eines in Paris lebenden jungen Mannes und kehrt dabei vor allem die von menschlicher Not geprägte, hässliche Seite großstädtischen Lebens hervor, ohne allerdings Ursachen aufzuzeigen. Die Empfänglichkeit dieses ‚sehenden' Mannes ist eher dem Ästhetizismus verpflichtet als der nüchternen Einstellung des Analytikers, wie ihn Robert Musil (vgl. u.) repräsentiert. Das Sich-Einlassen auf den Anblick von Krankheit und geistige Verwirrung, auf die „Existenz des Entsetzlichen" führt in der Folge beim Tagebuchschreiber zur Flucht in Kindheitserinnerungen als einer Gegenwelt, die freilich ebenfalls mit Erfahrungen der Ungeborgenheit erfüllt gewesen ist. Im letzten Teil des Romans greift der Verfasser in die Geschichte zurück und reflektiert über historische Persönlichkeiten – die ihn nicht wegen ihrer historischen Bedeutung interessieren, sondern ihm – sie werden zumeist als Kranke und Sterbende vorgestellt – als „Vokabeln seiner Not" dienen (in einem Brief an Hulewicz vom 10. 11. 1925).

Zu den begeisterten Lesern dieses Romans von Rilke gehörte der Österreicher Robert Musil, der dessen Empfindsamkeit der Wahrnehmungen und sein Gespür für Irrationales schätzte. Das Interesse an der sich aller Rationalität entziehenden abgründigen, rätselhaften Seite der Realität (am „nicht-ratioiden Gebiet") bestimmt auch Musils Werk, von den *Verwirrungen des Zöglings Törleß* (1906) bis zu seinem großen, Fragment gebliebenen Roman *Der Mann ohne Eigenschaften* (in Teilen ab 1930 veröffentlicht). Im *Törleß* ist die Schilderung homoerotischer und sadistischer Praktiken unter den Schülern eines Knaben-Internats für Musil (und für seine Hauptfigur, den Schüler Törleß) nur der Anlass für die Frage, was Menschen fühlen, wenn sie sich selbst aufgeben, wenn sie andere quälen oder gequält werden. Auch in den drei unter dem Titel *Vereinigungen* (1911) veröffentlichten Erzählungen, die unterschiedliche Formen sexueller Beziehungen vor Augen führen, dienen die thematisierten Tabubrüche dazu, feinsten seelischen Verästelungen nachzuspüren, die der normalen und selbst der psychologischen, d. h. wissenschaftlich geschulten Wahrnehmung entgehen und überdies sprachlich nicht formuliert werden können, weil unsere Begrifflichkeit dafür zu plump ist. Das Sprachproblem löste Musil vor allem durch den extensiven Gebrauch der Stilfigur des Vergleichs. Der Vergleich, schrieb er, gebe dem Dichter die Möglichkeit, etwas auszudrücken, was aus dem „Simultaneffekt sich gegenseitig bestrahlender Worte“ hervorgeht, ein „drittes Lebendiges“.[120] Für den Dichter ist er ein gedankliches wie sprachliches Experiment, Gegenstand seiner Willkür und seines Scharfsinns zugleich; dem Leser verlangt er mikroskopisches und synoptisches Lesen ab, denn er muss den Vergleich, den er vorfindet, in seine beiden Hälften zerlegen und diese in seiner Vorstellung wieder zusammensetzen, wobei das vom Dichter gemeinte ‚dritte Lebendige‘ sich möglicherweise auf ihn überträgt. Der Fluss des Lesens freilich wird so unterbrochen, und das Gefühl des Mitgerissenseins kommt nicht auf.

Die Stilfigur des Vergleichs – neben dem Gebrauch des Konjunktivs und dem der vielen Partikeln – ist auch das auffälligste sprachliche Merkmal in Musils Hauptwerk, dem *Mann ohne Eigenschaften*. Auch Ulrich, der Mann ohne Eigenschaften, geht auf die Suche nach einer Wirklichkeit, die das Leben der Alltagswelt übersteigt. Die inzestuöse Liebe zu seiner Schwester Agathe führt beide in einen „anderen Zustand“, in ein existentielles Experimentieren mit den Möglichkeiten der Annäherung zweier Menschen – sprachlich vergegenwärtigt mit Hilfe der genannten Stilmittel, die sämtlich die Eindeutigkeit der Aussagen durch die Mehrdeutigkeit ersetzen und es erlauben, abzuwägen, Übergänge zwischen Aussprechbarem und Unaussprechbarem zu schaffen, womit sie zur beabsichtigten Verunsicherung des Lesers beitragen, einer Verunsicherung, die ganz aus der Genauigkeit der Betrachtung erwächst. Dass dieses ‚Lebensexperiment‘ der Geschwister, das sich über alle Normen und Moralbegriffe hinwegsetzt, letztlich scheitert, liegt daran, dass der Ausnahmezustand des ‚Sinnvollen‘, der Zustand der ständigen Reflexion und Kontemplation in der von den Lebensnotwendigkeiten bestimmten Realität nicht durchzuhalten ist. Konsequenterweise endet der Roman als Fragment. Der Bereich der Lebensnotwendigkeiten, der „ratioiden“ Gesinnung, wie Musil sagt, kann zwar ironisch-kritisch oder satirisch entlarvt, aber nicht umgestaltet werden. „Ich … gleiche einem Mann, der einen Ballen verschnüren will, der größer ist als er“, schrieb er dazu.

Der Bereich der Lebensnotwendigkeiten, den die Hauptfigur und der Erzähler mit ihrem entlarvenden Blick begleiten, wird im Roman durch ein Kaleidoskop von Figuren vorgeführt, die sämtlich als Repräsentanten ganz bestimmter Einstellungen und Verhaltensweisen auf ideellem oder erotischem Gebiet konzipiert sind. Es sind Typen, Funktionsträger, abgestimmt – wie Musil sagt – auf eine ganz bestimmte Wellenlänge. Mit ihnen versucht er „Haupttypen des heutigen Menschen" zu zeigen, des Menschen um 1914 also, nicht die „Haut" der Zeit abzubilden, sondern deren „Gelenke" bloßzulegen. So begegnen dem Leser nicht nur hohe Vertreter der Bürokratie und des Militärs der österreichischen Monarchie, sondern auch der preußische Großkapitalist, der jüdische Finanzier, der Antisemit, der ‚reformbewegte' Pädagoge, der Sozialist, der menschheitsgläubige Dichter – um nur einige zu nennen. Die Vielzahl der Figuren soll erkennen lassen, dass die Wirklichkeitswahrnehmung des einzelnen immer nur eine unter anderen möglichen ist. Bewegung in dieses Kaleidoskop von Figuren bringt der ‚Mann ohne Eigenschaften', der die Figuren alle kennt, Anknüpfungspunkte und Situationen für Begegnungen herstellt, das „Welttheater" beobachtet und relativiert. Seine Reflexionen werden dabei häufig von Kommentaren des Erzählers begleitet, so dass auf diese Weise das äußere Geschehen gedanklich breit überlagert wird.

Die Betrachtung der Wirklichkeit menschlicher Beziehungen als Zusammenspiel von Möglichkeiten sowohl im Bereich des Privaten als auch der Öffentlichkeit hat Musil so durchdrungen, dass er seinen ganzen Roman dem Vorhaben unterstellt hat, seine Leser in die ‚Möglichkeitsgesinnung' einzuüben.[121] Nicht nur die Vielzahl der Figuren dient dazu, auch nicht nur die Verwendung solcher sprachlichen Mittel, die das Abwägen erlauben und im Leser Verunsicherungen hervorrufen können, sondern vor allem auch die Struktur des Romans, die vom Spiel mit den Möglichkeiten vollkommen beherrscht wird. Dies beginnt bereits bei der Vorstellung der Figuren, die dem Leser nie allein durch die Beschreibungen des Erzählers vor Augen geführt, sondern von verschiedenen Blickpunkten aus aufgebaut werden, durch den Eindruck, den andere Figuren von ihnen haben. Der dauernde Standort- und Perspektivenwechsel führt dazu, dass die Vielseitigkeit der Wirklichkeit nicht nur behauptet, sondern vom Leser gleichsam ‚erfahren' wird. Der kulinarische Genuss am Erzählfluss wird durch diese Multiperspektivität freilich unterbunden. Auch die Aufsplitterung äußerer Handlungszusammenhänge zugunsten thematischer Beziehungsgeflechte zerreißt den ‚roten Faden' der Erzählung und schichtet das Erzählte in die Breite.

Das Möglichkeitsdenken, das so vielfältig den Romantext regiert, durch seinen Aufbau, seine sprachlichen Mittel, durch die Reflexionen des Protagonisten und des Erzählers (selbst der den Schluss offen lassende fragmentarische Charakter des Romans lässt sich hier einfügen) gibt dem verwickelten Textgebilde seine innere Einheit. Die Denkhaltung, die Musil den Lesern nahezubringen suchte, sich nämlich von fixierten Einstellungen zu lösen, nach Veränderungen zu suchen, auch das Veränderte unter dem Aspekt des Vorläufigen zu sehen, weist den *Mann ohne Eigenschaften* als eines der wichtigsten Werke der literarischen Moderne aus.

7.3. Franz Kafka

Während Schnitzler und Hofmannsthal, Rilke und Musil in das kulturelle und auch wissenschaftliche Leben Wiens eingebunden waren, gehörte Franz Kafka, einer der bedeutendsten, wenn nicht der bedeutendste Prosaschriftsteller des Jahrhunderts, in den Kulturkreis Prags, das nach der Jahrhundertmitte ebenfalls ein Sammelpunkt schriftstellerischer Talente war, die freilich über ihre Publikationsorgane vielfache Kontakte auch zu Wien oder zu Berlin besaßen. Nicht nur Lyriker wie Franz Werfel bestimmten das literarische Leben dieser Stadt, sondern auch Prosaschriftsteller wie etwa der sich zur sogenannten Prager Dekadenz zählende Paul Leppin (*Daniel Jesus*, 1905) oder der eher dem Expressionismus zuneigende Ernst Weiß (u. a. *Die Galeere*, 1913), die beide die determinierende, den Menschen antreibende Macht der Sexualität thematisierten und dabei vor der Beschreibung sexueller Laster und Perversitäten nicht zurückschreckten; vor allem aber ist Kafkas Freund Max Brod zu nennen, der sich vom moralischen Indifferentismus der sich der Dekadenz zurechnenden Autoren, die über ihre eigene Haltung gern in Melancholie versanken, zunehmend löste und in seinem Hauptwerk, dem Roman *Tycho Brahes Weg zu Gott* (1915), die Hauptfigur sich von egoistischer Weltflucht lossagen und zur Verantwortlichkeit des Menschen für alles, was geschieht, bekennen lässt (was sich auch in Brods eigenen zahlreichen organisatorischen Tätigkeiten niederschlug).

Unter diesen Schriftstellern wirkte Kafka wie ein Fremder. Isoliert fühlte er sich selbst in mehrfacher Hinsicht – als Sohn eines tschechischen Vaters, eines Aufsteigers aus dem Provinzproletariat, und einer dem gebildeten deutsch-jüdischen Bürgertum stammenden Mutter mit unterschiedlichen Wertvorstellungen konfrontiert und seine Position suchend, als Angehöriger der von der mehrheitlich tschechischen Bevölkerung Prags feindselig betrachteten ‚deutschen Kolonie', als Jude inmitten starker antisemitischer Strömungen. Sein Schreiben, Rückzug in sich selbst und Auseinandersetzung mit seiner Umgebung zugleich, entsprang wie bei kaum einem anderen Autor dieser Zeit seiner existentiellen Konfliktlage. Um sie zu bewältigen, entwickelte er eine einzigartige, um Klarheit bemühte Prosa, die, obwohl sie am Konkreten festhält, dennoch gerade Rätselhaftes, Paradoxes, Unauflösbares ins Bild setzt, was seine Texte zum Anlass für unterschiedlichste Deutungen werden ließ. Zur Veranschaulichung sei eine seiner kurzen Parabeln zitiert:

Ein Kommentar (1922)

Es war sehr früh am Morgen, die Straßen rein und leer, ich ging zum Bahnhof. Als ich eine Turmuhr mit meiner Uhr verglich, sah ich daß schon viel später war als ich geglaubt hatte, ich mußte mich sehr beeilen, der Schrecken über diese Entdeckung ließ mich im Weg unsicher werden, ich kannte mich in dieser Stadt noch nicht sehr gut aus, glücklicherweise war ein Schutzmann in der Nähe, ich lief zu ihm und fragte ihn atemlos nach dem Weg. Er lächelte und sagte: „Von mir willst Du den Weg erfahren?" „Ja", sagte ich, „da ich ihn selbst nicht finden kann." „Gibs auf, gibs auf", sagte er und wandte sich mit einem großen Schwunge ab, so wie Leute, die mit ihrem Lachen allein sein wollen.

Anders als die traditionelle Parabel, die durch ein ‚tertium comparationis' an ihrem Schluss (oder am Anfang) das Erkennen eines Wahrheitsgehalts aus dem bildlich Erzählten ermöglicht und also der Veranschaulichung einer ‚Lehre' dient, fehlt der sogenannten schwebenden Parabel, wie in Kafkas Beispiel, der Schlüssel zu einer sicheren Deutung. Vielmehr muss die aufgebaute Geschichte als ganze auf das Gemeinte verweisen. Dass es sich überhaupt um eine Parabel handelt, ergibt sich aus dem Hinweischarakter der Antwort des Schutzmanns, die mit der zunächst beschriebenen Realität scheinbar nichts zu tun hat, aber doch auf die Autoritätsgläubigkeit des Fragenden verweist, von der her sich der Text erschließen lässt. Der offene, schwebende Ausgang dieser kleinen Geschichte hat die Deutungsversessenheit vieler ‚Interpretations-Schulen' offenbart. Es gibt nicht nur eine psychologische Deutung des Textes, die in dem Schutzmann den Vater Kafkas sieht und dessen Konflikt mit ihm gespiegelt findet, sondern auch eine biographisch-historische, die darauf abhebt, dass Kafka das ihn einengende Prag verlassen wollte, oder auch eine religiöse, die in dem Fragenden das Fremdgefühl des Menschen auf Erden erkennt und im Schutzmann den Sendling Gottes, usw. Sie alle[122] benutzen, meist indem sie den Schutzmann allegorisieren, den Text für ihre Zwecke statt seine Rätselhaftigkeit auszuhalten. Ähnliches gilt für eine Vielzahl anderer Parabeln und kurzer Geschichten Kafkas (unter anderen *Vor dem Gesetz*, 1914; *Auf der Galerie*, 1917; *Eine kaiserliche Botschaft*, 1919; *Der Aufbruch*, 1922). Es gilt ebenso für seine oft interpretierten längeren Erzählungen (wie z. B. *Die Verwandlung*, 1912; *In der Strafkolonie*, 1914; *Ein Landarzt*, 1917; *Ein Bericht für eine Akademie*, 1917; *Ein Hungerkünstler*, 1922) und für seine Romanfragmente, den Amerika-Roman *Der Verschollene* (1912/14), *Der Proceß* (1914/15) und *Das Schloß* (1922).

Seinen literarischen Durchbruch erzielte Kafka nach einigen frühen, der literarischen Phantastik nahestehenden Texten wie der *Beschreibung eines Kampfes* (in 2. Fassung 1909/10) mit den Erzählungen *Das Urteil* (1912) und *Die Verwandlung* (1912), die er mit dem später als *Der Heizer* (1913) gesondert erschienenen ersten Kapitel des Amerika-Romans, an dem er zur selben Zeit schrieb, unter dem Titel *Die*

Söhne veröffentlichen wollte. Der innere Zusammenhang dieser drei Erzählungen liegt in der Darstellung eines Konflikts, unter dem Kafka selber litt, der Entscheidung zwischen künstlerischer Selbstverwirklichung und bürgerlicher Karriere, deren Verweigerung bzw. deren Verzögerungen bei ihm mit Schuldgefühlen insbesondere gegenüber dem Vater einherging, die in den Erzählungen von den Protagonisten unterschiedlich verarbeitet werden.

In der ersten – besonders die psychologische Deutung herausfordernden – Erzählung, *Das Urteil*, verdrängt Georg Bendemann seine Sehnsucht nach dem Ausbruch aus bürgerlicher Enge (eine Chiffre für Kafkas Sehnsucht nach seiner künstlerischen Identität) mit Ersatzhandlungen (Brief an einen Freund, Heiratspläne) und empfängt dafür das Todesurteil von seinem bettlägerigen, aber plötzlich hoch aufgerichtet stehenden Vater, das er akzeptiert und durch Selbstmord, den Tod durch Ertrinken, vollstreckt. – Auch *Die Verwandlung* endet mit dem Tod des Protagonisten, Gregor Samsa, der sich zuvor in seinem Bett in der elterlichen Wohnung in einen riesigen Käfer verwandelt findet. Dieses Bild für die Entfremdung und Ausgrenzung in der Familie ist, weil sich daran auch der übliche Abscheu der Leser vor Insekten knüpft, von verstörender Eindringlichkeit, zumal die Gedanken und Bewegungen des Verwandelten mit minutiöser Genauigkeit geschildert werden, und erhält durch die Darstellung der Befreiungsgefühle der Familienmitglieder nach seinem Tod eine zusätzlich makabre Schlusspointe. – Nur *Der Heizer* endet nicht in der Ausweglosigkeit. Nachdem der noch minderjährige Karl Roßmann, von den Eltern verstoßen, sich auf der Überfahrt nach Amerika im Schiffsbauch verirrt und in einem Heizer eine hilfsbereite, wenn auch zwielichtige Autorität gefunden hat, öffnet sich ein (in *Der Verschollene* weiterverfolgter) Lebensweg ins Ungewisse.

Kafkas Amerika-Romanfragment wird ganz zu Unrecht meist weniger beachtet, vielleicht weil es eng am Genre des Abenteuerromans angelehnt ist.[123] Es löst den Helden aus dem engen Umkreis familiärer Bindungen und setzt ihn der undurchschaubaren gesellschaftlichen Wirklichkeit aus. In ihm finden sich bereits alle Motive, die in Kafkas späteren Romanen, im *Proceß* und im *Schloß*, nur noch akzentuiert werden. Im Mittelpunkt steht der erwähnte Karl Roßmann, der – wie der Held eines Abenteuerromans – in etliche Situationen der Gefangenschaft gerät und sich aus ihnen befreit. Die Bedrohungen, denen er ausgesetzt ist, sind freilich nicht imaginäre Gefahren, wie sie der Abenteuerroman bevorzugt, sondern führen mitten in die Alltagswirklichkeit hinein; es sind einerseits die sozial Mächtigen einer kapitalistischen Wirtschafts- und Gesellschaftsordnung wie der Onkel, der Karl nur wohlwill, solange dieser sich ihm anpasst, und wie die Gruppe von Figuren (Greene, Pollunder, Klara), die den Onkel umgeben, oder es sind Funktionäre des Systems wie der Oberkellner und Oberportier oder es sind Angehörige des Lumpenproletariats wie Delamarche und Robinson. Die Arbeiterklasse erscheint allerdings nicht nur in ihren würdelosen Vertretern, sondern auch klassenbewusst bei einer Massendemonstration. Personen, mit denen Karl sympathisiert, sind – hierin schlägt sich Kafkas Sympathie für die Arbeiterschaft und seine Beschäftigung mit sozialistischen Ideen nieder – die Erniedrigten und Ausgebeuteten (Therese, Giacomo, der Heizer).

Mit welcher Klarsicht Kafka die Wirkungen von Wirtschaft, Gesellschaftsstruktur, Politik und Technik auf die in der modernen Industriegesellschaft lebenden Menschen eingefangen hat, ist von jeher bewundert worden.[124] Der steinreiche Onkel, der Karl Roßmann in New York empfängt und ihn mit seinen rigiden Disziplinvorstellungen wieder vertreibt, ist mit seinen Helfershelfern der Gefangene seines eigenen Systems rücksichtsloser Ausbeutung. Er kann nur nach dem Gesetz seines Erfolgs handeln. Dieses Gesetz illustriert Kafka durch die Schilderung der Arbeit im Saal der Telegraphen, dem Nervenzentrum des Zwischenhandels-Geschäfts des Onkels. Die Menschen arbeiten hier ‚unmenschlich', mechanisch, kontrolliert als Gefangene und Getriebe überindividueller Mächte, verdinglichter wirtschaftlicher Verhältnisse und Beziehungen, die sie nicht verstehen. Mit des Onkels riesigem Vermittlungskonzern weist Kafka zugleich auf das gänzlich unduchsichtige, weite und dichte System der Vermittlungen hin, das sich zwischen Herstellung und Verbrauch schiebt.[125] Begleiterscheinung der modernen Wirtschaft ist der Verkehr, den Kafka im Roman wiederholt vor Augen führt. – Auch die folgenden Widersacher Karls, der Oberkellner und Oberportier in dem Hotel, in dem er arbeitet, handeln sozial vollkommen determiniert. Kafkas Hotel ist der Inbegriff der Anonymität, nicht nur weil sich die Gäste nicht kennen, sondern vor allem weil die Angestellten in keiner unmittelbaren Beziehung zu ihrem Arbeitgeber stehen und in einer Hierarchie der Abhängigkeit auch untereinander konkurrieren. Neben die Verdinglichung tritt damit die Entfremdung im Arbeitsprozess als Gegenstand der Beschreibung. – Die dritte Kontrahentengruppe für Karl bilden Delamarche und Robinson. Das die personale Würde Karls missachtende Verhalten dieser beiden wird nicht nur von ihrer Notlage her verständlich – sie imitieren das, was sie an gesellschaftlicher Ausbeutung beobachten, im privaten Bereich. Und es ist wohl kein Zufall, wenn Kafka gerade vom Zimmer Bruneldas, die diesen beiden zuzuordnen ist, Karl die chaotische, von Massensuggestion und Gewalt bestimmte Wahldemonstration mit ansehen lässt, von dem Raum aus, in dem sich Orgie und Gewalttat abwechseln – als seien das Private und das Öffentliche spiegelbildlich aufeinander bezogen.

Den Kunstcharakter erhält dieser Roman dadurch, dass er die sich aus dem Gesellschaftssystem ergebenden Bedrohungen ganz ins Bild, in die Anschauung umsetzt. Kafka nutzt dafür zwei Erzähltechniken, die Figurenperspektive und die Visualität des Erzählten. Alles Geschehen wird konsequent aus der Perspektive des Helden geschildert. Die Handlung entfernt sich von ihm nicht einen Augenblick, er ist anwesend in allen Situationen, als Betroffener oder als Zuschauer, was die emotionale Beteiligung des Lesers, seine Unruhe und Spannung, entscheidend fördert. Dass Kafka Karl die Welt vornehmlich visuell aufnehmen lässt, verstärkt den Erlebnischarakter des Erzählten. Die Visualität des Stils schlägt sich nieder in der Rolle, die in der Wahrnehmung Karls die Beschreibung der Räume, der Kleidung und Physiognomie der Figuren spielt, besonders aber in der Beschreibung der Gebärden der Personen. So können zumal die Unterprivilegierten, der Heizer oder Robinson, ihre Gefühle nicht sprachlich, sondern nur durch ihre Gebärdensprache ausdrücken. Die Gebärden Robinsons sind dabei zum Teil von pantomimischer, chaplinesker Komik.

Obwohl Kafka Chaplin noch nicht kennen konnte, wusste er doch etwas über die Anfänge des Kinos. Sein Interesse für die Kinematograhie ist bezeugt. Wie Kafka in seinem Roman, betonte auch der Film damals die soziale Thematik und das großstädtische Milieu. Und es ist ganz offensichtlich, dass Kafkas Erzählweise von Techniken des Films beeinflusst worden ist. Denn Visualität war ein stilistisches Hauptmerkmal des Stummfilms, der die Sprache durch das Mienenspiel und durch Gebärden ersetzen musste. Von der Verteidigungsrede des Heizers in Kafkas Roman hört man nichts, man sieht ihn gestikulieren. Visualität – das ist aus der Wirkungsforschung des Films bekannt – hat zur Folge, dass sich der Betrachter (hier der Leser) zeitweise aufgibt, sich ganz dem Strom der Bilder hingibt. Illusionsfördernd wirkt dabei gerade die Bewegung. Bei Kafka handelt es sich wie im Film um eine doppelte Bewegung, weil nicht nur das Geschehen sich bewegt, sondern auch der Sehende. Karl nämlich, der alles Aufnehmende, fährt wie eine Kamera auf die Objekte zu oder entfernt sich von ihnen oder erfasst sie in verschiedenen Perspektiven. Dies lässt im Leser den Eindruck entstehen, er selbst bewege sich mit, sei unmittelbar beteiligt. Die emotionale Rezeption der dargestellten Wirklichkeit verstärkt daher, zumal wenn es sich um eine bedrohliche Wirklichkeit handelt, im Leser das Gefühl ängstlicher Irritation und bindet ihn fast hypnotisch an die Identifikationsfigur. Dies kommt schließlich auch der Vermittlung der Wertvorstellungen zugute, die von dieser Figur, dem Helden des Romans, gelebt werden. Eindringlich prägen sich dem Leser Karls Einsatzbereitschaft für in Not Geratene, sein Gerechtigkeitsempfinden, seine Kameradschaftlichkeit, seine auf die Vernunft setzenden Entscheidungen ein. Dass Karl damit scheitert, also ein glückloser Held bleibt, unterscheidet ihn von den Helden des Abenteuerromans. Er kann seine Gegner nicht überwinden, er kann sich ihnen nur entziehen, nachdem er an ihnen gescheitert ist. Selbst Karls Aufnahme in das Naturtheater von Oklahoma ist nur ein scheinbar glückliches Ende seiner Abenteuer. Denn auch wenn dort eine Gemeinschaft lebt, die sich den Bedrohungen gesellschaftlicher Wirklichkeit entziehen zu können meint, ist auch diese Gemeinschaft nicht frei von Beamtenunwesen, von Führern geschuldetem Gehorsam und lauert hinter der utopischen Vorstellung eines besitzlosen Kollektivs die Bedrohung der Unfreiheit.

Kafkas am intensivsten diskutierter Roman, *Der Proceß*, entstand 1914/15. Er vergegenwärtigt, sofern er die gesellschaftliche Wirklichkeit einfängt, einen undurchsichtigen Behördendschungel und den sich sowohl gegen ihn wehrenden als auch ihm gegenüber verzagenden, gleichwohl fortwährend Hilfe suchenden einzelnen. Die der Traumlogik folgende Erzählung, die realitätsnahe und absurde Episoden miteinander verbindet und ebenso wie *Der Verschollene* aus der Figurenperspektive des Protagonisten, Josef K., geschrieben ist, beginnt mit dessen unbegründeter Verhaftung und endet schließlich mit seiner ebenso unbegründeten Verurteilung zum Tode. Dazwischen liegen seine Versuche, Klarheit über die gegen ihn gerichtete Anschuldigung zu gewinnen. Sich immer stärker in einen Rechtfertigungskomplex verstrickend, obwohl er sich keiner Schuld bewusst ist, sucht er vergebens nach der Instanz, die für seine Lage verantwortlich ist. So irrt er durch Straßen, verläuft sich in Mietshäusern, trifft auf Gerichtsdiener und subalterne Beamte, die seine Fragen nicht beantworten können, lässt sich dabei sexuell verführen, sucht Beistand über die Beziehungen, die Bekannte zu höheren Beamten haben, ohne doch seinem Ziel näherzukommen. Im Dom stößt er auf einen Geistlichen, der ihm die Parabel *Vor dem Gesetz* erzählt, die er nicht versteht und die ihm doch seine Lage erklären könnte. Sie verdeutlicht den ganzen vergeblichen Versuch, Hilfe bei Autoritäten zu suchen, und verweist den Fragenden zurück auf sich selbst und auf die Rätselhaftigkeit des Daseins. So wird K. irgendwelchen Richtern nicht begegnen. Wie ein Hund – so seine Empfindung – wird er zuletzt von zwei „halbstummen Herren" abgestochen.

Das Bedrückende dieses Romans liegt nicht nur darin, dass die Richtenden kein Gesicht gewinnen, sondern dass der Gerichtete sich schuldig fühlt, ohne dass seine Schuld sich konkretisieren ließe – als verwiese Kafka bereits auf unser aller Verstrickung in makrokriminelles Handeln[126], das personale Verantwortung fortwährend verdrängt und auf andere abschiebt. Dass auch *Der Proceß* gerade wegen der in ihm – mit höchster Genauigkeit – vorgeführten Undeutlichkeiten so viele Interpretationen auf sich gezogen hat – von der existenzphilosophischen, zur biographischen, zur psychologischen, zur religiösen[127] –, versteht sich fast von selbst.

Gleiches gilt für Kafkas dritten Roman *Das Schloß* (entstanden 1922). Auch in ihm liest man wie im *Proceß* von der Vergeblichkeit der Suche eines sich gleichsam im Kreis bewegenden, sich in einem Labyrinth von Gedanken und Begegnungen verirrenden Helden namens K. nach der Instanz, die über ihn verfügt hat. Auch hier werden komplizierte Beziehungsgeflechte von subalternen Beamten geschildert, verliert K. sich bei seinen Ermittlungen in sexuellen Abschweifungen, werden Helfer gesucht, ohne dass K. seinem Ziel, dem Schloss, näherkäme. Zudem wird durch die Erzählung Olgas, der Angehörigen einer verfemten Familie, die Aufmerksamkeit auf die Unterwerfungshaltung der Bewohner des unterhalb des Schlosses liegenden Dorfes gelenkt, die den Terror, der von dem System undurchschaubarer Abhängigkeiten ausgeht, so verinnerlicht haben, dass sie sich sogar zum Anwalt der sie unterdrückenden Gesinnung und vergewaltigenden Machenschaften machen und diejenigen aus ihrer Gemeinschaft ausschließen, die dagegen Widerstand geleistet haben. Der Roman blieb unvollendet. Max Brod berichtet, dass K. in dem Moment entkräftet sterben sollte, in dem ihm der Aufenthalt im Dorf genehmigt werden würde. – Dass viele Deutungen des Textes um die Frage kreisten, als was das Schloss eigentlich zu verstehen sei (es also allegorisierten), hat lange die Sicht darauf verstellt, dass Kafka gerade den Umgang der Dorfbewohner mit dem System des vom Schloss ausgehenden Terrors demaskierend vor Augen geführt hat. Keineswegs hat er nur seine Familienverhältnisse bzw. die Dominanz des Vaters im Sinn gehabt oder seine Zweifel an der göttlichen Autorität veranschaulichen wollen; vielmehr hat er den Zwang thematisiert, der – darüber hat er sich explizit geäußert – vom Kapitalismus als einer Gesellschaftsordnung ausgeht, die mit den ihr immanenten Abhängigkeiten auch in den „Zustand der Seele“ eingreift. Der parabelhafte Charakter des Romans erlaubt, den ‚Wahrheitsgehalt‘, der vom ‚Bild‘ des Erzählten ausgeht, inzwischen auch auf die politischen Verhältnisse totalitärer Regime zu beziehen, deren Herannahen Kafka allenfalls erahnen konnte.

Begleitet wurden *Der Proceß* und *Das Schloß*, deren Veröffentlichung nach Kafkas Tod und gegen seinen Wunsch Max Brod zu verdanken ist, von einer Reihe von Erzählungen, die ähnlichen Gedanken folgen. Die große Erzählung *In der Strafkolonie* (1914) steht in der Nähe des *Proceß*-Romans. Sie wirft nicht nur das Thema der schuldlosen Verschuldung des Menschen auf, die keine Verteidigung, sondern nur seine Bestrafung zulässt; sie beschreibt auch ein grausames Hinrichtungsverfahren, das dem Verurteilten den ihm zugedachten Schuldspruch mit einer komplizierten Foltermaschine blutig in den Leib hineinschreibt. Bei ihrer Vorführung kommt derjenige, der diese Maschine verherrlicht, ein junger Offizier, selbst um, wobei auch die Maschine zerfällt. (Erschütternder und böser, nicht zuletzt aufgrund der Nüchternheit seines Stils, hat Kafka die Zusammengehörigkeit von Schreibakt und eigener Verstümmelung nie angedeutet.) Aber natürlich lässt sich mit der Tötungsmaschine auch der technische Aspekt der Gräuel des 1. Weltkriegs konnotieren, zumal Kafka selbst in einem Brief an seinen Verleger K. Wolff auf den Zeitbezug hingewiesen hat.[128] Die Hinrichtungen, die im *Proceß* und in der *Strafkolonie* stattfinden, werden in anderen Texten, in denen die Schuldproblematik aufgeworfen wird, auch durch Beschreibungen endloser Irrfahrten oder, im übertragenen Sinn, ins Unendliche sich verlängernder Entfernungen vom Leben ersetzt – zum Beispiel in *Ein Landarzt* (1918), einer dem Surrealismus nahestehenden Erzählung. Die Mühe und Vergeblichkeit, ein Ziel zu erreichen, das immer wiederkehrende Motiv bei Kafka (vgl. etwa *Eine kaiserliche Botschaft*, 1919, oder als unterschiedliche Varianten dieses Motivs *Der Jäger Gracchus*, 1917, und *Der Aufbruch*, 1922), erinnern zugleich an das *Schloß*-Fragment. Die Wahrheit zu erkennen, erschien Kafka unerreichbar, und genau diesen Erkenntnisprozess hat er in seinen Texten fortwährend ins Bild gesetzt.

7.4. Gesellschaftskritik in Prosatexten vor und nach dem 1. Weltkrieg

Heinrich Mann, Döblin, Brecht, Canetti und andere

Während Kafkas Texte als Parabeln zu lesen sind, die einen Wahrheitsgehalt veranschaulichen, der die Oberfläche der gesellschaftlichen Wirklichkeit durchstößt und den Leser auf deren Tiefenstruktur verweist sowie auf Existenzprobleme des einzelnen Menschen in ihr (wobei, wie die unterschiedlichen Deutungen belegen, dieser Wahrheitsgehalt auch auf andere Wirklichkeitsbereiche bezogen werden kann als nur auf den sozialen), führten viele andere gesellschaftskritische Schriftsteller dieser Epoche vor und nach dem 1. Weltkrieg die Wirklichkeit unmittelbarer vor Augen – selbst wo sie diese in satirischer Absicht überzeichneten.

Heinrich Mann begann in seinen frühen Romanen (die von etlichen Erzählungen begleitet wurden) mit einer Satire auf die Gesellschaft des wilhelminischen Kaiserreichs (*Im Schlaraffenland*, 1900), der er etwas später (in *Die kleine Stadt*, 1909) als eine Art Gegenmodell das Ideal einer humanen, die Öffentlichkeit liebenden demokratischen Gesellschaft gegenüberstellte. Seinen anhaltenden Ruhm erwarb er sich mit zwei Romanen, in denen die dem Autoritätssyndrom verhaftete Mentalität der wilhelminischen Gesellschaft eingefangen wird. Während er sich dafür in *Professor Unrat oder Das Ende eines Tyrannen* (1905) auf einen Charakter konzentrierte, der sich in einem ganz bestimmten institutionellen Umfeld bewegt, behandelte er etwas später, in dem 1918 im Buchhandel erschienenen, aber schon seit 1906 geplanten und 1914 fertig gestellten Roman *Der Untertan* dieses Thema in einem weitgesteckten sozialen Rahmen.

Professor Unrat beginnt mit der Vergegenwärtigung eines autoritären Charakters: Der alternde Gymnasiallehrer Raat, als ‚Unrat' verhöhnt, tyrannisiert, Rache nehmend, seine Schüler mit nutzlosen Aufgaben, Strafen, ungerechten Zensuren und geht so weit, sie auch außerhalb der Schule zu verfolgen, um ihnen Verfehlungen nachzuweisen. Dabei gerät er in eine Spelunke, wo er sich in die Animierdame Rosa Fröhlich verliebt. Indem er dort Dauergast wird, verspielt er seine Reputation, wird vom Tyrannen zum Untertan seiner bislang verdrängten Triebe. Als er die Fröhlich heiratet und darauf auch noch eine, insbesondere auf drei seiner Schüler abzielende, öffentliche Hassrede gegen den Adel, das Großbürgertum und die korrupten Kleinbürger hält, d. h. gegen die Stützen der Gesellschaft, die ihn geprägt und deren Verhaltensnormen er vertreten hat, muss er den Schuldienst quittieren. Der Roman erweitert sich zur sozialpathologischen Studie, als Unrat sein Haus in eine Stätte der erotischen Libertinage und Glücksspielsucht verwandelt, die immer größeren Zulauf findet. Die kleinstädtischen Bürger werden in ihrer vorgetäuschten Wohlanständigkeit als Heuchler entlarvt. Durch einen Diebstahl des zum anarchistischen Rächer verwandelten Unrat bricht das ganze Treiben zusammen, stellt die letztlich ungefährdete Gesellschaft ihre Fassade wieder her. – Die berühmt gewordene Verfilmung dieses Romans (*Der blaue Engel*, 1931) ist gerade seinem Schlussteil nicht gerecht geworden, sondern hat ihn auf eine Lehrer- und Schulsatire reduziert.

Der autoritäre Charakter seines Protagonisten wird – differenzierter – auch in Manns *Untertan* entfaltet. Zudem gerät hier die Kehrseite der Machtgier, die Feigheit, deutlicher in den Blick. Mann veranschaulicht das Zusammenspiel von Skrupellosigkeit und unterwürfigem Gehorsam an Episoden sowohl aus Diederich Heßlings Privatleben als auch an seinem Verhalten in der Öffentlichkeit. Im Roman wird schon auf der ersten Seite das Wechselspiel der Ergebenheit des Kindes und seiner Schadenfreude, seiner Wehleidigkeit und seiner Rachsucht geschildert. Die sich in ihm verfestigende Mentalität, die eigenen Niederlagen an anderen, Schwächeren, tyrannisch abzureagieren, das Denunzieren wie das Kommandieren, wird an seinen Erlebnissen in der Schüler- und Studentenzeit, an seinen Liebesaffairen, an Szenen aus seinem Erwachsenenleben herausgearbeitet. Höhepunkte satirischer Darstellung sind dabei die Hochzeitsreise auf den Spuren einer Reise des Kaisers nach Italien oder die Einweihung eines Denkmals, bei der ein Gewitter wie ein Strafgericht die ganze verlogene Fassade des beschworenen deutschen Wesens zertrümmert (eine Szene, die sich als eine Vorwegnahme des Zusammenbruchs des Kaiserreichs lesen lässt). Mit Heßlings Aktivitäten, mit seinen Auseinandersetzungen und Intrigen in seiner heimatlichen Kleinstadt präsentiert Mann dem Leser das soziale, vor allem auch das politische Spektrum der wilhelminischen Gesellschaft, und zwar ganz systematisch vom sozialdemokratischen Arbeiter bis zum ultrakonservativen Regierungspräsidenten, wobei die meisten dieser Figuren eine unrühmliche Rolle spielen. So entsteht nicht nur der ‚Anatomie-Atlas des Reichs', das ‚Herbarium des deutschen Mannes', wie Kurt Tucholsky den Roman bezeichnete, sondern darüber hinaus ein Bild von der Korruptheit des ganzen wilhelminischen Machtgefüges. Einen Gegenspieler findet Heßling nur in dem intellektuellen Ästheten Wolfgang Buck, einem Liberalen, dessen Opposition gegen die politischen Verhältnisse allerdings wirkungslos bleibt – auch dies in satirischer Absicht von Mann betont. – Das weitere Schicksal seiner Hauptfigur verfolgte er in *Die Armen* (1917), der ein ‚Roman des Proletariats' sein sollte, aber wenig Detailkenntnisse aufwies und künstlerisch hinter dem *Untertan* zurückblieb.

Während Heinrich Manns *Untertan* in seiner kritischen Betrachtung der Gesellschaft ganz konkret der wilhelminischen Epoche verhaftet blieb, wirkt zum Beispiel Hermann Hesses in der Weimarer Zeit erschienener, die Entfremdungsproblematik thematisierender *Steppenwolf* (1927) merkwürdig zeitenthoben. Zwar enthält auch er kritische Anmerkungen zum autoritären Schulsystem (einem Lieblingsthema Hesses in seinem Frühwerk), zur Technisierung des Lebens und dem damit einhergehenden Kulturverlust, ohne aber die Ursachen dafür anschaulich ins Bild zu heben. Stattdessen werden die Auswirkungen entfremdeten Lebens am Beispiel eines sensiblen Neurotikers vorgeführt sowie dessen Versuche, der Wirklichkeit durch die Entgrenzung seiner Persönlichkeit, durch Drogenrausch und freie Liebe zu entkommen. Genau diese Aspekte haben den – unter anderem von Nietzsches Kulturpessimismus und seiner Kritik an der Askese beeinflussten – Roman schon gleich nach seinem Erscheinen populär, viel später in den 70er Jahren weltweit zu einer Art Kultbuch gemacht – besonders in den USA nach dem Vietnamkrieg.

Auf andere Weise wirkungsmächtig wurde Alfred Döblins *Berlin Alexanderplatz* (1929), wie Heinrich Manns *Untertan* von unmittelbarer gesellschaftlicher Wirklichkeitsbezogenheit. Anders als Hesse, der die Entfremdungsproblematik im Wesentlichen auf Intellektuelle und Künstler bezog, lenkte Döblin die Aufmerksamkeit auf die Lebensverhältnisse der sozialen Unterschicht in Berlin. Franz Biberkopf, sein Held, ist ein einfacher Transportarbeiter, charakterisiert als Typus des fremdbestimmten Mitläufers, der nach seiner Entlassung aus dem Gefängnis ein neues Leben als Zeitungsverkäufer und Straßenhändler auf dem Alexanderplatz beginnt, aber unter dem Einfluss eines Verbrechers bald rückfällig und zum Betrüger und Zuhälter wird. Nachdem seine Braut ermordet und er als vermeintlicher Täter verhaftet wird, bricht er psychisch zusammen. Der Mordprozess erweist seine Unschuld, und Biberkopf will, endlich klüger geworden, einen neuen Anlauf für ein anständiges

Lebens versuchen. Die Schilderung dieses Lebensabschnitts ist eingebunden in das Bild der Großstadt, ihres Häusermeers, ihres Luxus, ihrer Lichter, ihrer dunklen Ecken. Das eigentlich Innovative liegt hierbei in Döblins Erzählweise. Es dominiert die Montage einzelner Szenen, ergänzt durch Dokumente, Wahlreden, Statistiken und vieles andere mehr, womit der Text auch ganz unterschiedliche Sprachebenen enthält (neben der hochdeutschen Schriftsprache den Großstadtjargon, die Berliner Mundart, verschiedene Varianten der ‚Gebrauchssprache'), so dass der Eindruck entsteht, das Großstadtgeschehen sei in seiner ganzen Totalität eingefangen.

Über die Vorbilder, denen Döblin hierbei folgte, ist viel geschrieben worden. Sowohl der Dadaismus hat die Anlage des Romans beeinflusst als etwa auch der Roman *Manhattan Transfer* (1925) von Dos Passos, vor allem aber die Technik des Films mit ihren Schnitten, Kamera-Einstellungen, Überblendungen, Zeitdehnungen und -raffungen. Schärfste Kritiker dieser Erzählweise waren Siegfried Kracauer und Bert Brecht, die bestritten, dass mit der Wiedergabe von Tatsachen und Oberflächenerscheinungen etwas über das Wesen und das Funktionieren gesellschaftlicher und wirtschaftlicher Wirklichkeit ausgesagt werden könne.

Doch trug Döblin mit seinem Roman dazu bei, eine ganze literarische Modeströmung zu unterstützen, die sich in den 20er Jahren ausbreitete – die des Dokumentarismus und der Reportage. Bald unter dem Begriff der ‚Neuen Sachlichkeit' zusammengefasst, entstanden nicht nur die um Objektivität bemühten, gleichwohl allein schon durch die Themenwahl engagierten Reportagen Egon Erwin Kischs (u. a. *Der rasende Reporter*, 1925), die sich zumeist dem Proletariat, den Obdachlosen und gesellschaftlichen Außenseitern widmeten, sondern auch Industriereportagen und -romane, von denen sich, weil sie keinen parteilichen Klassenstandpunkt vertraten, die Vertreter der (oben bereits behandelten) proletarisch-revolutionären Literatur allerdings entschieden abgrenzten.

Zur literarischen Strömung der ‚Neuen Sachlichkeit' gehören auch Erich Kästners Roman *Fabian* (1931), in dem ein Intellektueller die Position des ideologiekritischen Beobachters einnimmt, ohne sich in irgendeiner Weise zu engagieren (als er es endlich tut, kommt er ums Leben) sowie die Romane Hans Falladas. In dessen *Kleiner Mann, was nun?* (1932) z. B. werden die Verarmung und die damit einhergehende Verstörung eines Angestellten geschildert, der sich resigniert in die Familie zurückzieht, ohne dass ihm Möglichkeiten einfallen, seine Lage zu verändern. Auch Irmgard Keun mit ihrem Roman *Das kunstseidene Mädchen* (1932) gehört zu dieser Strömung. Keun erzählt vom Schicksal einer Angestellten, die sich in der Großstadt Berlin in der Halbwelt verliert. Der originellste Autor dieser Zeit war Kurt Tucholsky, der in publizistischen Beiträgen leidenschaftlich für eine demokratische Kultur in der

Weimarer Republik eintrat und in seinen vielen kleinen Satiren (u. a. in den ‚Wendriner-Geschichten') autoritäres Verhalten, spießbürgerlichen Materialismus und die Unfähigkeit anprangerte, sich selbst und damit auch die Außenwelt richtig einzuschätzen. Resigniert verübte er im schwedischen Exil 1933 Selbstmord.

So lebensnah solche Romane, Erzählungen, Satiren die sozialpsychologische Situation am Ende der Weimarer Republik, der Zeit vor dem offenen Ausbruch des Faschismus wiedergeben, so wenig kommen in ihnen die Ursachen für diese historische Entwicklung in den Blick – am ehesten bei Tucholsky. Vergleichbares gilt etwa auch für die zum Teil erschütternden Kriegsromane, die – und dies keineswegs durchweg (vgl. S. 637 f.) – das Grauen des 1. Weltkriegs abbildeten und damit emotional als Antikriegs-Appelle wirkten, ohne analytisch fundiert zu sein (ansatzweise allerdings in Leonhard Franks unter dem Titel *Der Mensch ist gut* schon 1917 zusammengefassten Kriegserzählungen).

Die große Ausnahme bildet der *Dreigroschenroman* von Bert Brecht, der 1933/34 in Dänemark, am Beginn seiner Emigrantenzeit entstand. Er wiederholt weder die *Dreigroschenoper* von 1928 noch den Text einer Verfilmung des Stoffes von 1930, sondern erzählt bei aller Nähe zu diesen Vorlagen eine eigene Geschichte, die nicht nur den räuberischen Bürger entlarven, sondern grundsätzlicher zeigen will, wie sich Kapitalismus und Faschismus, skrupellose Geschäftemacherei und Massensuggestion gegenseitig in die Hände arbeiten. Auch wenn an einem der Protagonisten, an Macheath, durchaus Züge Hitlers erkennbar werden, ging es Brecht doch nicht um personale Gleichsetzungen, sondern um die Verdeutlichung der Verhaltensweisen von ‚Führergestalten', zu denen auch Peachum und andere gehören. Der Roman erzählt von den Geschäften Macheaths, der ein aus einer Bande von Einbrechern hervorgehendes weitverzweigtes Handelsunternehmen aufbaut, und von den Schiffsgeschäften Peachums, der zunächst aus der von ihm organisierten professionellen Bettelei Profit geschlagen hat. Beide Geschäftshandlungen überschneiden sich und verlangen von den profitorientierten Hauptfiguren, die von kriminellen Helfern (wie dem Makler Coax) begleitet werden, ein ständiges mit Erpressungen verbundenes Umdisponieren, in das auch sexuelle Begehrlichkeiten und Heiratsmanöver einfließen. Die Darstellung all der verwickelten Geschäfte bezeugt nicht nur Brechts intensives Studium (besonders der *Geschichte der großen amerikanischen Vermögen* [1916] von Gustavus Myers), sondern vor allem seinen Willen, die eigentlichen Beweggründe freizulegen für das, was dem Leser normalerweise als undurchschaute ‚Realität' entgegentritt – in der Hoffnung, dass dieser daraus eine Art von Erkenntnisvergnügen ziehen würde. Dabei vermied Brecht jegliche Art des Moralisierens. Er sah, wie der Film, dessen Techniken sein Erzählen in diesem Roman stark beeinflusste[129], von außen auf die Figuren und überließ – durchaus freilich in didaktischer Absicht – dem Leser, aus dem ‚Vorgeführten', das hauptsächlich in der Schilderung des Geschäftslebens der Protagonisten besteht, seine Schlüsse zu ziehen.

Der Blick von außen und der Verzicht auf jegliche Form des Moralisierens charakterisiert auch den 1936 veröffentlichten Roman *Die Blendung* des Österreichers Elias Canetti. In ihm stellt der Autor dem ganz in der sozialen Isolation lebenden, sich nur seinem Fach, der Sinologie, und seinen Büchern widmenden Intellektuellen eine Gruppe ihn ausbeutender Kleinbürger gegenüber. Canettis Figuren sind so grotesk überzeichnet wie die Figuren auf den Bildern von George Grosz, den er bewunderte. Die Kleinbürger, allen voran die Haushälterin des Sinologen, die ihn trickreich zur Heirat mit ihr überredet, und der Hausverwalter verraten über ihre Sprachmasken ihre unausgelebte Aggressivität. Mit der nüchternen Registrierung ihrer von Klischees überlagerten Ausdruckweise (hier kommt der Einfluss des Sprachkritikers Karl Kraus auf Canetti zur Geltung), die soziales Verhalten verstellt und Menschen ebenso wie ihr Aneinander-Vorbeireden für Massenbewegungen anfällig macht (vgl. Canettis anhaltendes Interesse für Masseneruptionen in seinem Essay *Masse und Macht*, 1960), wird die Disposition des Kleinbürgertums für den Faschismus geradezu bestürzend herausgestellt. Auch der im Elfenbeinturm seines Bücherzimmers lebende Intellektuelle ist unfähig, mit anderen Menschen zu kommunizieren und trägt deswegen Mitschuld am erahnten Unheil. Seine im Wahn verübte Selbstvernichtung inmitten seiner von ihm in Brand gesteckten Bücher wirkt wie ein makabres Vorspiel auf die Bücherverbrennung der Nationalsozialisten.

7.5. Nationalsozialistische Prosa sowie Prosa der ‚inneren Emigration', des Widerstands und des Exils

Ideologische Prosatexte der Nationalsozialisten

Die nationalsozialistische Machtergreifung hatte für die Prosa schreibenden Autoren vergleichbare Folgen wie für die Lyriker und Dramatiker. Die Nationalsozialisten selbst orientierten sich im Wesentlichen an der sogenannten ‚Blut-und-Boden'-Ideologie und suchten literarische Vorbilder gern in der schon um die Jahrhundertwende populären Heimatkunstbewegung, machten sich aber auch Kriegserfahrungen zunutze. Diese sich der nationalsozialistischen Propaganda in unterschiedlichem Maß fügende Literatur ist inzwischen gesichtet und im Überblick beschrieben worden[130] und soll hier nicht ausgebreitet werden. Zahlreiche Leser fand der von den Nazis vereinnahmte Roman *Volk ohne Raum* (1926) von Hans Grimm. Mit den wechselvollen Erfahrungen seines Protagonisten wurden hier sowohl antisozialistische, auch antisemitische Vorurteile geschürt als auch der Forderung das Wort geredet, im südlichen Afrika nach neuem Lebensraum für die Deutschen zu suchen und ihn wirtschaftlich zu nutzen. Zu erwähnen sind auch Karl Schenzingers Roman *Hitlerjunge Quex* (1933), dessen Held sich in Straßenkämpfen für die Nazis einsetzt und dabei umkommt, oder *Das Riesenspielzeug* (1935) von Emil Strauß, ein Roman, der die Wiederbelebung einer sich aus einfachen bäuerlichen Lebensweisen rekrutierenden deutschen Volksgemeinschaft beschwört.

Regimekritische Literatur

Dennoch bestimmte solch völkisch bzw. ideologisch an den Nationalsozialismus gebundene Prosaliteratur das allgemeine Leseverhalten weniger als die Texte derer, die sich in die sogenannte ‚innere Emigration' zurückzogen und sich mit den neuen Machthabern mehr oder weniger arrangierten. Ernst Jünger etwa (*Auf den Marmor-Klippen*, 1939) distanzierte sich von den Nazis eher wegen deren Primitivität als wegen deren Gesinnung. Deutlich regimekritischer, vornehmlich aus religiösen und humanen Gründen, dachten, um nur wenige Namen zu nennen, Ernst Wiechert (*Die Majorin*, 1934), Werner Bergengruen (*Der Großtyrann und das Gericht*, 1935) oder Jochen Klepper (*Der Vater*, 1937). Dass die Nazis ihre zum Teil sehr erfolgreichen Romane absichtlich missverstanden und sie für ihre Zwecke einzuspannen suchten, verweist auf die moralische Grauzone, in der sich zu bewegen für die genannten Autoren mit Skrupeln und Qual verbunden war: Bergengruen wurde wie Klepper aus der Reichsschrifttumskammer ausgeschlossen und sympathisierte mit der Widerstandsbewegung der ‚Weißen Rose', Wiechert musste für einige Monate ins KZ, Klepper beging 1942 Selbstmord.

Literatur des Widerstands und des Exils

Außer der verdeckt regimekritischen Literatur entstand im Untergrund auch eine Literatur des offenen Widerstands, im wesentlichen verfasst von Kommunisten (Jan Petersen schrieb unter großer Gefahr den eindrucksvollen Roman *Unsere Straße*, 1933/34) und von entlassenen KZ-Häftlingen wie z. B. Willi Bredel (*Die Prüfung*, 1934).

Viele Autoren verließen Deutschland. Sie wanderten aus (Emigranten) oder wurden ausgebürgert bzw. unter Mordandrohungen vertrieben (Exilierte). Zwischen einzelnen im Exil Lebenden und einzelnen in Deutschland Gebliebenen entbrannte bald der Streit darüber, welches Verhalten das richtige sei, wobei man sich gegenseitig Anpassung bzw. Flucht vor der politischen Wirklichkeit vorwarf. Zugespitzt wurde dieser in verschiedenen Exilzeitschriften wie ‚Die Sammlung' oder ‚Neue deutsche Blätter' aufgenommene Streit durch die Ansicht vieler, vor allem marxistischer, sich in einer ‚Volksfrontbewegung' sammelnder Exilautoren, dass ‚Literatur von Rang' nur antifaschistisch sein könne. Dabei warf man, in der sogenannten Expressionismusdebatte, den Expressionisten vor (und hatte dabei insbesondere Gottfried Benn im Auge), sie hätten durch ihre avantgardistische Subjektivität der Ausbreitung des Faschismus immerhin Vorschub geleistet, was von den Angesprochenen als Versuch gewertet wurde, den Führungsanspruch der Kommunistischen Partei auch in literarischen Fragen durchzusetzen, usw. Dieser Streit war letztlich Teil der sogenannten Realismusdebatte, die ihre prominentesten Vertreter in Georg Lukács als Anwalt einer am klassischen Erbe ausgerichteten, aber parteilich engagierten, d. h. den revolutionären Standpunkt der beherrschten Klasse vertretenden Literatur und in Bert Brecht fand, der sich dagegen wehrte, dass die realistische Schreibweise gleichsam überhistorisch sei, und dafür eintrat, sie den jeweiligen Lebensbedingungen derjenigen anzupassen, die durch Literatur ermutigt werden sollten, so dass Literatur ‚volkstümlich' werden und die Lust am Lernen fördern könne.

Exemplifiziert wurden diese Positionen im Meinungsaustausch über den ‚historischen Roman', der in der Exilliteratur eine besondere Rolle spielte und unterschiedliche Formen annahm. Während Lukács ihm die Aufgabe zuschrieb, den humanistischen Typus des Menschen hervorzuheben und damit ein Zeichen gegen den Faschismus zu setzen, dachte Brecht wirkungsbetonter und innovativer. Nicht nur in seinem *Dreigroschenroman* versuchte er die Oberflächenerscheinungen der Geschichte zu durchbrechen, indem er die Aufmerksamkeit der Leser nicht auf die Charaktere, sondern auf die Geschäfte der Handelnden lenkte, um damit die Gesetzmäßigkeiten des Kapitalismus bloßzulegen. Auch in seinem historischen Roman *Die Geschäfte des Herrn Julius Cäsar*, an dem er seit 1938 schrieb, wollte er nicht etwa ein Bild der Person Cäsars bzw. Heldentaten in altem Stil schildern, sondern vielmehr zeigen, wie Diktaturen errichtet und Imperien gegründet werden, um damit auch den Mechanismus der Machtergreifung Hitlers zu erklären. Dies war ein Affront gegen die Schreibweisen mancher seiner Schriftstellerkollegen, die sich in historischen Details verstrickten und die Geschichte als eine Art ‚Zuflucht' verstanden.

Dennoch gab es im Bereich des historischen Romans bedeutende Beispiele, die aus der Haltung des Protests gegen die Nazidiktatur geschrieben wurden, allen voran Heinrich Manns großangelegte Romane *Die Jugend des Königs Henri Quatre* (entstanden 1933/35) und *Die Vollendung des Königs Henri Quatre* (entstanden 1933/38), die nicht den Anspruch einer historisch richtigen Geschichtsdarstellung erheben, sondern geschichtliche und gesellschaftliche Strukturen herausarbeiten, die vom

Leser auch als konstitutiv für die Gegenwart erkannt werden können. Im zweiten Roman wird dabei das Ideal eines Herrschers entfaltet, bei dem Macht und Moral zur Übereinstimmung gelangen; seinen Widersachern werden dagegen Eigenschaften unterlegt, die an Züge von Nazi-Größen erinnern sollen.

Schwieriger sind solche Parallelen in Thomas Manns Tetralogie *Joseph und seine Brüder* zu erkennen (in einzelnen Bänden zwischen 1933 und 1943 erschienen). Angeregt durch eine Bemerkung Goethes, dass die biblische Josephslegende einmal in Einzelheiten ausgeführt zu werden verdiente, bemühte er sich um eine psychologisierende Vergegenwärtigung dieses mythologischen Stoffes (der hier nicht nacherzählt werden muss), allerdings nicht um die Hirtenwelt der Erzväter, ihre Verhaltensmuster und ihr festgefügtes Rollenverständnis um ihrer selbst willen in Erinnerung zu rufen, sondern um – in der Gestalt seines Protagonisten – die Befreiung aus dem mythischen Kollektiv vorzuführen. Josephs Erfolg in Ägypten als ‚Ernährer' beruht eben nicht auf der Nachahmung des immer schon Praktizierten, sondern auf rationalistischen, d. h. bürgerlichen, volkswirtschaftlichen Überlegungen, die ihn Vorräte anlegen und Grundbesitz verteilen lassen. Insofern gelang Thomas Mann mit der ironischen Relativierung der im Mythos überlieferten Verhaltensmuster zweierlei: Er schärfte den kritischen Blick seiner zeitgenössischen Leser für die sich manipulativ auf Mythen beziehende Denkweise der Nationalsozialisten, und er schuf mit seiner Interpretation der Josephsgestalt als eines reflektierenden Lebenskünstlers, der sich – hierin allerdings ganz in der mythischen Tradition stehend – sozial verantwortlich fühlt, das Gegenbild zu einem Boten des ‚Heils', zu einem überhöhten Gotteshelden. Auch Thomas Mann steht mit dem Josephsroman in der Reihe derer, die am antifaschistischen Widerstand arbeiteten, auch wenn er dies in einer sehr vermittelten, schwer zugänglichen Weise tat.

Ähnliches gilt auch für den im Exil geschriebenen Roman *Hiob* (1930) des galizischen Juden Joseph Roth, der die Nazis wie kaum ein anderer hasste. Auch er bezog sich auf einen biblischen Text, das Buch *Hiob* im Alten Testament, und übertrug das dort Erzählte in seine Gegenwart. Eine antifaschistische Haltung mag man hier in der persönlichen Selbstbehauptung des Protagonisten angesichts all des Unglücks, das ihm widerfährt, erkennen.

Sehr viel deutlicher wurde die Haltung des Protests gegen die Naziherrschaft in den (hier in exemplarischer Auswahl genannten) Romanen, die sich unmittelbar mit der Gegenwart des Dritten Reichs befassten. Klaus Mann hob in seinem *Mephisto* (1936) am leicht zu identifizierenden Beispiel seines ehemaligen Schwagers Gustaf Gründgens den Opportunismus und das Mitläufertum Intellektueller und Künstler hervor und ließ dabei auch die Nähe von Theaterwelt und theatralischer Selbstinszenierung des NS-Regimes sichtbar werden. – Lion Feuchtwanger beschrieb in *Die*

Geschwister Oppenheim (1933) (später nannte er den Roman *Die Geschwister Oppermann*) die einzelnen Stadien der Judenverfolgung im Dritten Reich und den vergeblichen Versuch einer jüdischen Großbürgerfamilie, sich gegen diese Verfolgung zu behaupten. Hatte Feuchtwanger schon in seinem Historischen Roman *Jud Süß* (1925) dem Massenausbruch des Antisemitismus in der ersten Hälfte des 18. Jahrhunderts in Württemberg das differenzierte Bild eines politisch einflussreichen jüdischen Intellektuellen entgegengesetzt (Feuchtwangers *Jud Süß* wurde 1933 von den Nazis verboten, der Stoff von Veit Harlan – hasserfüllt verzerrt – verfilmt), so stellt auch der Exilroman der Perfidie und Gewalttätigkeit der Verfolger die moralische Integrität der Verfolgten gegenüber.

Mit der Situation der Flüchtlinge aus Nazi-Deutschland beschäftigte sich Anna Seghers. In *Das siebte Kreuz* (1939) beschrieb sie die Flucht von sieben KZ-Häftlingen, von denen sich schließlich nur einer retten kann, und zwar – hierin liegt die hoffnungsvolle Botschaft des Solidarität beschwörenden Romans – mit Hilfe von Menschen unterschiedlichster Schichten und Berufe. In *Transit* (1944) schilderte sie die demütigenden bürokratischen Schikanen, denen Flüchtlinge aus Deutschland in Marseille, dem Sammelplatz für die Emigration per Schiff, ausgesetzt waren, und deren Angst, die Stadt nicht rechtzeitig vor der Ankunft deutscher Truppen verlassen zu können. Am Ende schließt sich der Ich-Erzähler der Résistance, der französischen Widerstandsbewegung, an.

7.6. Prosa der frühen Nachkriegszeit; der Erfolg der Kurzgeschichte

Die Rückkehr der Exilautoren

Die meisten der nach dem Ende des Krieges (zu seinen politischen Folgen vgl. o., S. 517 ff.) nach Deutschland zurückkehrenden Exilautoren (u. a. Theodor Plivier, Alfred Döblin, Arnold Zweig, Willi Bredel, Johannes R. Becher, Bert Brecht) siedelten sich in den Sowjetischen Besatzungszone (SBZ) (der späteren DDR) an. Der Grund hierfür war nicht nur die Tatsache, dass viele von ihnen schon in der Weimarer Republik sozialistische bzw. kommunistische Überzeugungen vertreten hatten, sondern weil sie sich von den Lesern Resonanz für ihre Themen (Krieg, KZ, Widerstand, Flucht, Exil usw.) erhofften und weil sie mithelfen wollten, eine neue antifaschistische und sozialistische Gesellschaft aufzubauen. Dass sie dabei in die Falle eines von der Sowjetunion gelenkten, zunächst stalinistisch infiltrierten Staatsapparates geraten würden, war offenbar manchen nicht klar. Die Auseinandersetzung mit ihm und den Zumutungen der Sozialistischen Einheitspartei Deutschlands (der SED), die aus der

1946 erfolgten Zwangsvereinigung von KPD und SPD in der SBZ hervorging, bestimmte einen großen Teil der Literatur der DDR in den späteren Jahrzehnten.

Die von der Sowjetunion gelenkte Kulturpolitik in der SBZ war in den ersten Jahren nach 1945 durchaus konziliant. Man überließ Exilautoren Funktionen in der Kulturbürokratie, man unterband von vornherein den Streit zwischen Exilautoren und denen, die in der ‚inneren Emigration' geschrieben hatten, man bemühte sich sogar um ‚Bündnisse' mit Autoren aus den Westzonen, gründete die Zeitschrift ‚Der Aufbau', die solche Zusammenarbeit förderte. Derartige Bemühungen kamen freilich zum Stillstand, als sich die politischen Spannungen zwischen Ost und West verschärften. Auf dem ‚Ersten Deutschen Schriftstellerkongreß' (im Oktober 1947) kam es, nachdem Ricarda Huch noch zur Versöhnung aufgerufen hatte, zum Eklat, als ein amerikanischer Journalist die sowjetische Diktatur, die nur die nationalsozialistische ablöse, anprangerte. Bald danach traten auch unter den in der SBZ lebenden Schriftstellern die Flügelkämpfe offen zutage. Während Becher, die führende Persönlichkeit der Ostberliner Kulturpolitik, sich für die Pflege des humanistischen ‚Erbes' einsetzte – in der Tat druckte der Aufbau-Verlag die Klassiker neu, und auf dem Theater sah man Lessings *Nathan* und Goethes *Iphigenie* – engagierten sich andere, zunehmend an Einfluss gewinnende Autoren für den Import sowjetischer Literatur und vertraten unverhüllt die Ideologie des Moskauer Marxismus-Leninismus. Dass der bedeutendste Rückkehrer aus dem Exil, Bert Brecht, in der DDR nicht wirklich Fuß fassen konnte, vielmehr zunehmend ins Abseits geriet, spricht für sich. 1949 erschienen seine (teilweise schon früher publizierten) unbequemen, das dialektische Denken schulenden *Kalendergeschichten*, die unter anderem die populär gewordenen *Geschichten vom Herrn Keuner* enthalten.

Die breite Leserschaft allerdings kümmerte sich um die kulturpolitischen Auseinandersetzungen im Zusammenhang mit dem Aufbau eines neuen sozialistischen Staates wenig. Sie las die großen Romane, die noch im Exil entstanden waren, allen voran Theodor Pliviers *Stalingrad* (geschrieben 1943/44 in der Sowjetunion, in Deutschland 1945 publiziert), Anna Seghers' *Das siebte Kreuz* oder Elisabeth Langgässers *Das unauslöschliche Siegel* (vor 1945 geschrieben, 1946 veröffentlicht), die alle hohe Auflagen erzielten.

Das ‚re-education'-Programm der Alliierten

Anders als der Osten bot der Westen Deutschlands für die Exilautoren wenig Anreize. Sie fühlten sich durch die restaurativen Tendenzen in den Nachkriegsjahren, durch die Überschätzung des Wiederaufbaus und des wirtschaftlichen Erfolgs und durch die damit einhergehende Verdrängung der Vergangenheit und der Schuldverstrickungen der Mittäter und Mitläufer abgestoßen. Zwar suchten gerade Intellektuelle wie Karl Jaspers (*Die Schuldfrage*, 1946), Friedrich Meinecke (*Die deutsche Katastrophe*, 1946), Eugen Kogon (*Der SS-Staat*, 1946) oder Max Picard (*Hitler in uns*, 1946) in ihren Büchern sich dieser Verdrängung entgegenzustellen, doch konnten sie keine Breitenwirkung erzielen. Diese ging vielmehr von dem ‚re-education'-Programm der Alliierten aus, die durch Umerziehung den deutschen ‚Nationalcharakter' verändern und Autoritätsgläubigkeit und Aggressivität in Freiheitsliebe und Diskussionsbereitschaft umwandeln wollten. Mit der Durchsetzung eines solchen Programms entstand ein Klima der Anpassung, in dem kritisch denkende Intellektuelle und Künstler eher als verdächtig, sogar als subversiv galten. Das ‚Office of Military Government for Germany (US)' (OMGUS), das die kulturellen Aktivitäten (Publikationen, Theater, Funk, Film) überwachte, war letztlich eine Zensurbehörde. Zum Beispiel wurden die Volksmärchen der Brüder Grimm wegen der in ihnen enthaltenen Grausamkeiten verboten, usw. Die Zensur verschwand – als Institution – erst mit der Gründung der Bundesrepublik im Jahr 1949. – Die Annahme eines deutschen ‚Nationalcharakters' schloss die Vorstellung von der Kollektivschuld der Deutschen an den nationalsozialistischen Verbrechen ein – eine (in der SBZ entschieden abgelehnte) Vorstellung, die das ‚re-education'-Programm rechtfertigen sollte, aber gerade Intellektuelle, Künstler und vor allem diejenigen, die gegen Hitler opponiert hatten, empörte.

In diesem von den meisten Exilautoren gemiedenen Klima konnte die Literatur der ‚inneren Emigration' erfolgreich weiterleben. Die überwiegende Zahl der Leser griff zu Texten, die teilweise schon im Dritten Reich geschrieben worden waren. Man las die in Neuauflagen oder auch in Erstdrucken erscheinenden Bücher von Ernst Wiechert, Werner Bergengruen, Reinhold Schneider, Stefan Andres, Ina Seidel und anderen, wie überhaupt neben dem Bedürfnis nach Ablenkung und Zerstreuung (befriedigt durch den Besuch von Operetten, Kabaretts, Kleinkunstbühnen, Kinos) der Wunsch, sich durch Lektüre aus der Alltagsmisere der Nachkriegszeit in eine heile Welt zu flüchten, übermächtig war. Die genannten Autoren eröffneten ganz unterschiedliche Wege in den Fluchtraum der Innerlichkeit, von denen hier nur wenige erwähnt werden: Ernst Wiechert (*Das einfache Leben*, 1939) rief den Traum von einem Leben in der Unberührtheit der ostpreußischen Landschaft wach (beschrieb andererseits aber in *Der Totenwald*, 1946, auch seine Zeit im Gefängnis und KZ); bei Reinhold Schneider (*Las Casa vor Karl V.*, 1937/49 und öfter) war die religiöse Wegweisung ausgeprägter. Sicherheit erwächst bei ihm nur aus der Glaubensbindung der Menschen; eine Fahrt ins Totenreich schilderte der in mancher Hinsicht von Kafka inspirierte Roman *Die Stadt hinter dem Strom* (begonnen 1942, erschienen 1947) von Hermann Kasack, der zwar seinen Ausgang in einer Situation nimmt, die jedem Leser aus der Kriegs- und Nachkriegszeit bekannt war, aber dann darin aufgeht, das Katastrophale von den historischen Gegebenheiten wegzuführen und es metaphysisch als Menschenschicksal zu deuten – Tröstung des Lesers auch hier. Noch weiter ging Hans Henny Jahnn mit seiner schon in den 30er Jahren begonnenen Roman-Trilogie *Fluß ohne Ufer* (1949/1950/1961), in der die geschilderten Menschenleben zum Schauplatz von Triebgewalten werden und in der eine Art von Religion entworfen wird, in der dem konventionellen Christentum die Liebe in all ihren Ausprägungen der Sexualität und der Barmherzigkeit sowie die Sympathie mit der ganzen Schöpfung entgegengestellt wird – ein von historischen Zeitbezügen weit entfernter Entwurf. – Andere, eher der gehobenen Unterhaltungsliteratur zuzurechnende Autoren wie Ernst Kreuder (*Die Gesellschaft vom Dachboden* (1946) oder Wolf von Niebelschütz (*Der Blaue Kammerherr,* 1942 begonnen, 1949 veröffentlicht) belebten märchenhafte Wunschabenteuer und wollten damit von den in Funktionen aufgehenden Lebensgewohnheiten der Leser ablenken.

Alterswerke von Hesse und Th. Mann

Gleichsam überwölbt wurden all diese Texte von den beiden bedeutenden Alterswerken Hermann Hesses und Thomas Manns. Hesse verstand seinen mit dem Nobelpreis ausgezeichneten Roman *Das Glasperlenspiel. Versuch einer Lebensbeschreibung des Magister Ludi Josef Knecht samt Knechts hinterlassenen Schriften* (in der Schweiz 1943, in Deutschland 1946 erschienen) als Protest gegen die Barbarei. Dieser Einschätzung lässt sich nur folgen, wenn man den Entwurf einer utopischen Gegenwelt des Geistes bereits als Protest versteht. Hesse schildert eine weit in der Zukunft liegende Ordensprovinz, Kastalien, in der unter der Leitung eines Magister Ludi, dessen Stellung Josef Knecht nach einer Zeit des Dienens schließlich einnimmt, das Glasperlenspiel gespielt wird, ein zweckfreies Spiel mit allen Inhalten der Kultur, vergleichbar vollkommener Musik. Um dieses Spiel, wie immer man es sich vorstellen mag, spielen zu können, sind Verhaltensweisen nötig, um deren Propagierung es Hesse eigentlich ging: Es sind die Tugenden des Mönchs – Genügsamkeit, Enthaltsamkeit, meditative Konzentration, Gelassenheit, die als Gegengewicht gegen Aggressivität, Profitgier, Vergnügungssucht, Immoralität zu verstehen sind, gegen die Abgleitungen des ‚feuilletonistischen Zeitalters', wie das 19. und 20. Jahrhundert genannt wird, gegen die sich die umfassenden wie allgemein und unkonkret bleibenden Einwände des Autors richten. Dass er seinen Helden am Schluss des Buches Kastalien verlassen und verunglücken lässt, mag man als ein Eingeständnis des Selbstzweifels lesen, ob dieser wirklichkeitsfremde

Entwurf einer ‚pädagogischen Provinz' eine neue Verfassung des Menschen herbeiführen könne.

Thomas Manns *Doktor Faustus. Das Leben des deutschen Tonsetzers Adrian Leverkühn, erzählt von einem Freunde* (1943–47 in den USA entstanden, 1947 in der Schweiz veröffentlicht) stellt die Zeitbezüge deutlicher her als Hesse im *Glasperlenspiel*; von symbolischer, auf Allgemein-Menschliches weisender Überhöhung ist allerdings auch dieser Roman geprägt. Erzählt wird die Geschichte des die Faust-Rolle spielenden Komponisten Leverkühn, der den Teufelspakt eingeht, um eine vollständig neue Kunstsprache zu erfinden. Für seine rauschhaften Inspirationen verzichtet er auf menschliche Nähe und Liebe. Was er liebt, muss sterben, auch sein kleiner Sohn. Am Ende verfällt er dem Wahnsinn. Der Erzähler seiner Geschichte, Serenus Zeitblom, ein bürgerlicher Humanist, Repräsentant der ‚vernünftigen', allerdings politisch auch handlungsunfähigen Seite der ‚deutschen Seele', ist – hierin liegt der Kunstgriff Manns – ein Zeitgenosse des Lesers; er schreibt Leverkühns Leben zwischen 1943–45 auf und kann damit unter anderem die Gegenwart des Faschismus einbringen. Auf diese Weise lässt sich dem Leser nahelegen, die Hybris des der Musik, dem Abgründigen verschriebenen Musikers in Parallele zu der in die Katastrophe führenden deutschen Geschichte zu setzen – eine recht erzwungene und begrenzte Einsicht, über die der Reichtum der Motive und Anspielungen in diesem Roman (vgl. dazu Manns *Die Entstehung des Doktor Faustus*, 1949) und das durch sie erzielte ästhetische Vergnügen allerdings hinwegführen.

Kurzgeschichten von Borchert, Böll, Schnurre

Von einer ‚Stunde Null', von einem absoluten Neubeginn der deutschen Literatur nach dem zweiten Weltkrieg kann also keine Rede sein. Diese Formulierung passt allenfalls auf eine Gruppe von Autoren der ‚jungen Generation', wobei dieser Begriff sich weniger auf ihr Alter als auf ihren Wunsch bezieht, sich von der schreibenden Vätergeneration und ihren Rechtfertigungsstreitereien zu distanzieren und die eigenen, unfreiwillig gemachten Erfahrungen im Krieg und in der Nachkriegszeit zur Sprache zu bringen. Dies sollte nicht mit den überkommenen rhetorisch kunstvollen Stilmitteln geschehen, sondern nüchtern und sachlich. Als ‚Kahlschlag' hat Wolfgang Weyrauch 1949 im Rückblick diese Versuche bezeichnet. Nicht von ungefähr stand deswegen auch die Kurzgeschichte als literarische Gattung im Vordergrund, die in Deutschland keine eigentliche Tradition besaß. Vorbild war die amerikanische short story, in der die Sprache des Alltags gesprochen wurde. Als Merkmale charakterisieren sie ihr offener Anfang und Schluss, die dem Leser vergegenwärtigen, dass in ihr nur ein ‚schicksalhafter Moment' des Lebens erzählt wird – und zwar einfach und knapp, ohne Erzählerkommentar, linear, in mehrfacher Hinsicht ‚eingängig'. Weitere Lebenszusammenhänge werden nur durch zurückhaltend, aber gezielt eingesetzte Andeutungen angesprochen.

Die meisten Autoren der ‚jungen Generation' waren von der Kurzgeschichte fasziniert. Dass sie in den Nachkriegsjahren so populär wurde, hatte sicherlich auch mit dem oft herausgestellten Bedarf der boomenden Zeitschriftenliteratur an Lesestoffen zu tun, viel mehr aber mit dem Interesse so vieler Leser an Schicksalssituationen, an psychischen Grenzsituationen, die sie aus eigener Erfahrung kannten. Gerade der Blick auf das Alltägliche, auf den ‚Durchschnittmenschen', also die Abwendung vom Heldenhaften, Herausgehobenen, verschaffte dieser Gattung eine geradezu soziale Funktion, machte sie auch zur vorrangig eingesetzten Schullektüre.

Unter den zahlreichen Verfassern von Kurzgeschichten ragt das oft genannte Dreigestirn Wolfgang Borchert, Heinrich Böll und Wolfdietrich Schnurre hervor. Die unterschiedlich strukturierten Geschichten des schon 1947 verstorbenen Wolfgang Borchert behandeln Situationen im Krieg (u. a. *An diesem Dienstag*) und insbesondere in der unmittelbaren Nachkriegszeit (u. a. *Das Brot; Nachts schlafen die Ratten doch*). Sie thematisieren sowohl den hinter den erzählten Alltagssituationen erkennbaren Zusammenbruch moralischer Verhaltensweisen und die Schuldfrage als auch die Hoffnung auf menschliche Nähe und Zuwendung. Borcherts lapidarer Stil, den er in seiner kleinen Schrift *Das ist unser Manifest* erläutert hat, seine Reihungen und Wiederholungen von Satzteilen zielten bei aller Nüchternheit der Aussagen auf die emotionale Wirkung auf die Leser. – Wie Borchert folgte auch Heinrich Böll, der sich allerdings bald ganz dem Roman zuwandte, in seiner kurzen Prosa dem Prinzip der Vereinfachung des Stils durch parataktischen Satzbau, durch den Verzicht auf Ausschmückungen usw., und prägte dafür den Ausdruck ‚Trümmerliteratur'. Seine in verschiedenen Sammlungen veröffentlichten Kurzgeschichten (u. a. *Wanderer, kommst du nach Spa…*, 1950), in denen er immer wieder die Wirkungen des Krieges und des Zusammenbruchs auf den einzelnen Menschen beschrieb und dabei mit unterschiedlichen Erzählhaltungen experimentierte, wurde ergänzt durch Satiren (etwa auf das militärische Heldentum) – wie überhaupt Bölls Neigung zur Satire, die sich unter anderem auf die totalitäre Züge annehmende Bürokratie, auf die manipulative Bewusstseinsindustrie, auf die ökonomische Unvernunft der Verpackungs- und Wegwerfindustrie richtete, auch weiterhin als besonders publikumswirksam erwies (vgl. die fünf unter dem Titel *Doktor Murkes gesammeltes Schweigen* 1958 gesammelten satirischen Erzählungen), wohl weil die Nähe des in diesen Texten Angesprochenen zu der von den Lesern erlebten Wirklichkeit etliche Wiedererkennungseffekte hervorrief, ganz abgesehen davon, dass sie zugleich auch den kritischen Blick auf gesellschaftliche Fehlentwicklungen in der restaurativen Nachkriegszeit schärften. – Auch Wolfdietrich Schnurre schrieb in seinen zahlreichen Kurzgeschichten (gesammelt unter Titeln wie *Die Rohrdommel ruft jeden Tag*, 1950; *Eine Rechnung, die nicht aufgeht*, 1958; *Man sollte dagegen sein*, 1960) über einzelne schuldbeladene, zur Sühne unfähige Menschen der Nachkriegsgesellschaft, über Mitläufer, häufig auch über soziale Außenseiter und Kinder als Opfer von andauernden Vorurteilen und Brutalität. Einen anderen Akzent tragen die in *Als Vaters Bart noch rot war* (1958) zum Roman zusammengebundenen Geschichten. Hier widerstehen die sozial Schwachen den bedrückenden Verhältnissen im Berlin der 30er Jahre durch ihre Solidarität, Heiterkeit und ihre List. Neben Kurzgeschichten veröffentlichte Schnurre den Leser zum Mitdenken auffordernde Parabeln (*Das Los unserer Stadt*, 1959), Fabeln (*Protest im Parterre*, 1957), Aphorismen (*Die Aufzeichnungen des Pudels Ali*, 1962)[131], später den aus Kurzformen zusammengefassten Roman *Der Schattenfotograf*, 1978. Nach wie vor – trotz des ihm 1983 verliehenen Büchner-Preises – unterschätzt, darf Schnurre als der mit Abstand vielseitigste, immer neue Wirkungsmöglichkeiten erkundende Autor der kleinen literarischen Formen (er schrieb u. a. auch Dialoge und Hörspiele) in den Jahrzehnten nach 1945 gelten.

Schnurre war es auch, der mit einer Kurzgeschichte (*Das Begräbnis*) die Lesungen der ‚Gruppe 47' eröffnete. Diese inzwischen legendäre Versammlung von Schriftstellern wurde von Hans Werner Richter ins Leben gerufen, nachdem die von ihm und Alfred Andersch herausgegebene Zeitschrift ‚Der Ruf' von den Alliierten verboten worden war, weil die dort schreibenden Autoren sich unter anderem gegen die Kollektivschuldthese und die Entnazifizierungspolitik der Siegermächte geäußert und zudem dem Aufbau eines demokratischen Sozialismus das Wort geredet hatten. Der Gruppe 47, die in den 50er Jahren als eine Art Umschlagplatz literarischer Meinungen großen Einfluss gewann, gehörten vor allem die Autoren der ‚jungen Generation' an, die von Richter persönlich eingeladen wurden. Man las dort aus eigenen unveröffentlichten Texten vor (nicht etwa nur kurze Prosa) und setzte sich, ohne die Möglichkeit eines Einspruchs zu haben, der Kritik seiner Kollegen aus. Wer dort bestand, wurde durch die Literaturvermittler (Verleger, Kritiker) schnell ‚vermarktet', d. h. im Literaturbetrieb auf die Erfolgsspur gebracht – ein durchaus zweifelhafter Mechanismus, der von vielen Teilnehmern auch beanstandet wurde und Mitte der 60er Jahre zur Beendigung dieser Tagungen führte.

7.7. Schwerpunkte der Prosa in der Bundesrepublik zwischen 1950 und 1970

In der westdeutschen Prosaliteratur der 50er Jahre sind thematisch zwei Schwerpunkte unübersehbar: die unbewältigte nationalsozialistische Vergangenheit und die Kritik an der bundesrepublikanischen Wohlstandgesellschaft. Für diese Schwerpunkte standen gleich zu Beginn dieses Jahrzehnts zwei Autoren ein, Wolfgang Koeppen und Arno Schmidt, die inmitten der sich ausbreitenden Selbstzufriedenheit der bürgerlichen Gesellschaft wie Fremdkörper wirkten und entsprechend wenig gelesen wurden – sicherlich auch wegen ihrer literarischen Eigenwilligkeit. Zwar war das Interesse der Leser am Historischen durchaus lebendig, wie die vielen erfolgreichen, sich mit Geschichte befassenden Sachbücher belegen, die nach 1949 erschienen – man denke an C. W. Cerams *Götter, Gräber und Gelehrte* (1949), Peter Bamms *Frühe Stätten der Christenheit* (1955) oder an die in die Zukunft weisenden Bücher Robert Jungks: *Die Zukunft hat schon begonnen* (1952), *Heller als tausend Sonnen* (1956) –, doch die unmittelbaren Kriegs- und Nachkriegserinnerungen wurden immer mehr verdrängt. Die zunehmende Konsolidierung der Verhältnisse förderte eher das Desinteresse an aktuellen politischen und gesellschaftlichen Gegenwartsbezügen. Viele Autoren dieser Zeit entdeckten nun die angelsächsische und französische Literatur des 20. Jahrhunderts, die ihnen im Dritten Reich unbekannt geblieben war, und suchten den Anschluss an die literarische ‚Moderne' und ihre Stilmittel. Das gilt auch für Wolfgang Koeppen und Arno Schmidt, die allerdings mehr als andere der Zeitgeschichte verbunden blieben.

Koeppen und Schmidt

Koeppen veröffentlichte in schneller Folge zu Anfang des Jahrzehnts drei Romane, *Tauben im Gras* (1951), *Das Treibhaus* (1953), *Der Tod in Rom* (1954), von denen insbesondere *Das Treibhaus* auf breite Empörung stieß. Während er in *Tauben im Gras*, Döblin und Dos Passos folgend, durch kaleidoskopartig zusammengefügte Szenen eine Gesamtschau der Mentalitäten ganz unterschiedlicher in einer deutschen Großstadt lebender Menschen zu vermitteln suchte, konzentrierte er sich in *Der Tod in Rom* auf das Fortleben nationalsozialistischer Gesinnung in der Nachkriegszeit, was er, eine auf Joyce und Faulkner zurückgehende introspektive, das Innenleben der Figuren vergegenwärtigende Erzählhaltung wählend, an zwei ehemaligen Angehörigen des NS-Regimes, einem SS-General und einem hohen Parteigenossen, exemplifizierte. In Rom, wo sich die beiden verabredet haben und – eher zufällig – auch ihre

Söhne treffen, die sich längst von ihnen distanziert haben, kommt es, als der frühere SS-General in einem Anfall von Rassenwahn eine vermeintliche Jüdin erschießt, zu einem katastrophalen Ende. Ein katastrophales Ende wählte Koeppen auch für *Das Treibhaus*, das einen Bundestagsabgeordneten der linken Opposition in den Mittelpunkt stellt, der im ‚Treibhaus' Bonn seine demokratischen Erneuerungsversuche von korrumpierten Politikern der Regierungsseite, von alten Nazis, von der Industrielobby blockiert sieht und an Lügen, Intrigen, Ehrgeiz und purer Betriebsamkeit scheitert. Vollkommen desillusioniert wählt er am Ende den Freitod. Eine ermutigende Perspektive bietet dieser schonungslos auf die Wirklichkeit des parlamentarischen Alltags der Adenauer-Ära blickende Text nicht an. Koeppen schrieb danach keine Romane mehr.

Zu den isolierten Autoren gehörte – wie Koeppen – auch Arno Schmidt, von der Literaturkritik bestaunt, aber nur von wenigen gelesen. Auch er befasste sich mit dem Bewusstseinszustand der Deutschen nach dem 2. Weltkrieg. In seiner Erzählung *Leviathan oder die Beste der Welten* (1949) zeichnete er Eindrücke und Gedanken eines Soldaten auf, der bei Kriegsende unter Tieffliegerangriffen vergeblich mit anderen Flüchtlingen aus Schlesien in den Westen zu gelangen sucht. In den folgenden drei Erzähltexten, *Brand's Haide* (1951), *Schwarze Spiegel* (1951), *Aus dem Leben eines Fauns* (1953), die er 1963 in anderer Reihenfolge unter dem Titel *Nobodaddy's Kinder* (‚Kinder keines Vaters' könnte man ihn übersetzen) als Trilogie herausgab, werden in Varianten Außenseiter – Zerrbilder von Schmidts eigener Existenz – beschrieben, die sich im 2. Weltkrieg, in *Schwarze Spiegel* nach einem Atomkrieg in die Abgeschiedenheit von Hütten in der Lüneburger Heide retten und dort, dabei ständig reflektierend bzw. schreibend, zu überleben versuchen. In *Schwarze Spiegel* vegetiert in grausiger Szenerie der ‚letzte Mensch'. – Schmidt hat seine Erzähltechnik, die das ‚epische Kontinuum' in ‚Raster' von Momentaufnahmen und Bewusstseinsfetzen des Erzählers aufsplittert, 1955/56 in *Berechnungen I und II* erläutert. Die soziale Urszene eines Erzählers im lauschenden Hörerkreis nachzubilden, sei angesichts der Unüberschaubarkeit der heutigen Welt ein Anachronismus. Der Erzähler heute müsse diejenigen Bewusstseinsvorgänge erfassen, die sich dem üblichen Informationsaustausch entziehen, müsse, wie schon Joyce, versuchen, Gedankensplitter, punktuelle Wahrnehmungselemente, Triebimpulse, Gedächtnisreize usw. einzufangen. Das Kontinuum eines epischen Erzählflusses sei dafür ungeeignet; angemessen sei es, ein „beschädigtes Tagesmosaik", ein assoziatives Gespinst, ein löcheriges Ganzes zu präsentieren. Dies klingt nicht neu, aber die Radikalität, mit der Schmidt dieses Verständnis des Erzählens in seinen Texten umgesetzt hat, ist einmalig. Es führt zugleich zum Verzicht auf das diskursive, das der bloßen Verständigung dienende

Sprechen. Schmidts Wahrnehmungsempfindlichkeit zerstört auch immer wieder die überkommene Wortgestalt. Er zertrümmert nicht nur die Orthographie, sondern zerlegt die Wörter in ihre Bestandteile und lässt neue Bedeutungen aufscheinen, was oft genug zu witzigen Verballhornungen und ganz bewusst in den Manierismus führt. Dieses manieristische Erzählprinzip hat Schmidt auch in seinen späteren Texten beibehalten, etwa in seinen beiden Hauptwerken *KAFF auch Mare Crisium* (1960) und *Zettels Traum* (1970). Und auch die Wahl des Ortes und des Protagonisten ändert sich nicht. Der eigenbrötlerische Schriftsteller in der Lüneburger Heide, d. h. er selbst, ist sein Thema. In *KAFF* verzahnt er zwei Erzählebenen, eine Handlung voll privaten Misstrauens im provinziellen Milieu der Heide mit einer fiktiven, vom Protagonisten dieser Handlung erdachten Geschichte, die auf dem Mond spielt, auf den nach der nuklearen Vernichtung der Erde einige Russen und Amerikaner in Kratern überleben und sich gegenseitig belauern. In *Zettels Traum*, einem monumentalen, mehrspaltig bedruckten Buch, beziehen sich die nur einen Tag andauernden Gespräche eines literaturbesessenen Hagestolzes mit seinen drei Gästen um Person und Werk E. A. Poes, aber anders als dieser, der ein dreizehnjähriges Mädchen heiratete, widersteht der alternde Kauz der Minderjährigen, die zu dem kleinen Kreis gehört. Der Aufwand, mit dem diese Romane geschrieben wurden, die Fülle literarischer Anspielungen, die sie enthalten, und die Dürftigkeit ihrer Problemstellungen und ihres gedanklichen Gehalts bilden einen seltsamen Widerspruch.

Böll

Anders als Koeppen und Schmidt stieß Heinrich Böll mit seinen Erzählungen und Romanen auf die breite Zustimmung des Publikums. Als Autor von Kurzgeschichten hatte er sich schon kurz nach dem Krieg hervorgetan (vgl. o.). Seine ersten längeren Arbeiten – *Wo warst du, Adam?* (1951), *Und sagte kein einziges Wort* (1953) – warfen die Frage nach der moralischen Mitverantwortung jedes einzelnen Kriegsteilnehmers auf und beschrieben das Elend der Nachkriegsjahre. Mit *Billard um halbzehn* (1959) erreichte Böll dann ein formales Niveau, das den Vorbehalt der Literaturkritik entkräftete, er schreibe aus moralischer Ehrlichkeit, aber ohne differenzierte ästhetische Mittel. Der Roman erfasst, an das Muster des Familienromans angelehnt (Böll bewunderte Thomas Manns *Buddenbrooks*), am Beispiel von drei Generationen den Zeitraum von 1907 bis 1958, von wilhelminischem Kaiserreich bis zur Adenauer-Ära. Eingespannt in den Rahmen eines einzigen Tages, wird durch Rückblenden, durch Erinnerungen und vergegenwärtigte Bewusstseinsströme der beiden Hauptfiguren, des Architekten Heinrich Fähmel und seines Sohnes, des Statikers Robert, die Familiengeschichte mit den historischen Zeitabschnitten verknüpft. Ob diese Erzählkonstruktion für den Erkenntnisprozess des Lesers und dessen ästhetisches Vergnügen wirklich zwingend notwendig war oder ob Böll hier vor allem zeigen wollte, dass auch er die Erzähltechniken der Moderne beherrschte, beschäftigt seitdem die Kritiker dieses Romans. Durch all die montierten Erinnerungen, in denen Geschichte in die Gegenwart des Bewusstseins geholt wird, durchziehen zwei Leitmotive den Roman. Das erste ist die Abtei St. Anton, vom Großvater Heinrich erbaut, im Krieg vom Sohn Robert gesprengt, mit Hilfe des Enkels Joseph wieder aufgebaut. Die Abtei ist sowohl Realgegenstand der Erzählung als auch Symbol für die Charaktere und Einstellungen der drei Generationenvertreter, wobei die destruktive Kraft des Nazi-Gegners Robert zu den meisten Denkanstößen führt. Das andere Leitmotiv ist der Gegensatz von Büffel und Lamm, die als Bilder und Bezeichnungen den Text durchziehen und unter anderem den Widerspruch zwischen Verfolgern und Verfolgten versinnbildlichen sollen (Roberts jüdischer Freund Strella beispielsweise sagt von den Juden, sie seien Lämmer, einige Machtträger der Weimarer Republik und der neuen Bundesrepublik werden als Büffel bezeichnet, usw.), ein Einfall, von dem sich Böll später distanziert hat.[132] – In seinem folgenden, vielgelesenen Roman, *Ansichten eines Clowns* (1963), wird die Erzählstruktur von *Billard um halbzehn* insofern beibehalten, als auch hier die erinnerte Vergangenheit in die aktuelle Handlung eines kurzen Zeitabschnitts eingefügt wird und damit die Gegenwart weit übergreift. Anders aber als in *Billard um halbzehn* wird in den *Ansichten eines Clowns* – was die Eingängigkeit des Erzählten erleichtert – aus der Perspektive nur einer einzigen Figur erzählt. Hans Schnier, aus der Familie eines Braunkohlemillionärs sich lösend, ein Außenseiter mit kindlichem Gemüt, in der literarischen Tradition des ‚reinen Toren' stehend, ist am Treuebruch seiner Lebensgefährtin, die ihn verlassen hat, weil er sich weigert, einer katholischen Erziehung ihrer künftigen Kinder zuzustimmen, seelisch zerbrochen. Er vertritt das Recht auf Selbstbestimmung des Individuums gegenüber jedem Anspruch überindividueller Institutionen, kann diesen Konflikt als Person aber nicht bewältigen. Seine reflektierten Erlebnisse und Urteile richten sich gegen alle ‚Positionen', gegen politisch ‚Linke' wie ‚Rechte', gegen Katholiken wie Atheisten, gegen Kapitalisten wie Kleinbürger, wobei ausschließlich ihre moralische Integrität der Maßstab ist. Dies führt im Roman zu satirischen Einlagen, die in ihrer Schärfe schwer zu überbieten sind, zumal wenn das katholische Milieu die Zielscheibe ist, die gleichzeitig aber immer in der Gefahr sind, die moralischen Maßstäbe an einzelne Personen anzulegen, wo doch letztlich Herrschaftsansprüche gemeint sind, die mit Hilfe institutioneller Strukturen (Parteien, Industrieverbänden, Kirchen) durchgesetzt werden. Dass Böll die Wirkungslosigkeit seiner Kritik bewusst blieb, belegt Schniers Ende als Clown und als Bettler.

Unter den Erzähltexten, die Böll während der 60er und zu Beginn der 70er Jahre geschrieben hat (u. a. *Ende einer Dienstfahrt*, 1966; *Gruppenbild mit Dame*, 1971), ragt die Erzählung *Die verlorene Ehre der Katharina Blum* (1974) hervor. Sie spiegelt Bölls politisches Engagement während der Studentenunruhen, das sich in zahlreichen Schriften zu erkennen gab (u. a. *Neue politische und literarische Schriften*, 1973), sowie seine Erfahrungen, die er mit der Springer-Presse machte, die ihn wegen seiner Angriffe auf die Berichterstattung der Bild-Zeitung und wegen seiner Hinweise auf staatliche Defizite im Umgang mit den radikalen Gruppen der Studentenbewegung diffamierte. Bölls *Katharina Blum* ist ein Niederschlag dieser Auseinandersetzungen und geht doch über sie hinaus. Die Hauptfigur, eine Frau aus einfachen Verhältnissen, hat während des Karnevals eine zärtliche Nacht mit einem jungen Mann verbracht, der unter dem Verdacht steht, einer Extremistengruppe anzugehören, und ihm zur Flucht verholfen. Als er gefasst wird, gehört auch sie zu den Verdächtigten. In den Polizeiverhören verteidigt sie ihre Ehre zunächst dadurch, dass sie auf sprachlicher Genauigkeit besteht und die plumpen verbalen Übergriffe des Kommissars zurückweist. Mit ihrem Bestehen auf dem rechten Wort kämpft sie um ihre Integrität und ihre Identität. Als sie einen Sensationsreporter der ‚Zeitung' abweist, der sie interviewen und sich ihr auch sexuell annähern will, löst sie eine Hetzkampagne in diesem Massenblatt gegen sich aus. Böll nutzt die Gelegenheit, um die Diffamierungs- und Manipulationstechniken der Massenpresse umfassend und eindrucksvoll zu illustrieren. Vom Rufmord an ihr, der auch die Gesellschaft infiziert, sieht Katharina endlich keine andere Möglichkeit der Gegenwehr, als den sie verfolgenden Sensationsreporter zu erschießen und sich der Polizei zu stellen. Ihre Frage dort, ob der Staat nichts tun könne, sie gegen den Schmutz zu schützen und ihre verlorene Ehre wiederherzustellen, führt zu der Besinnung, dass die Presse, historisch gesehen, einmal die Funktion hatte, die Bürger – durch Aufklärung – vor Übergriffen der Staatsmacht zu schützen. Heute müssen Bürger umgekehrt die Willkür der Massenpresse fürchten, während der Staat desinteressiert zuschaut. Dass Katharina in der Erzählung – nicht zuletzt sprachlich, dann in einer gewalttätigen Kurzschlusshandlung – um ihre Ehre kämpft, ist das Gegenbild zum Zustand der Sprachlosigkeit der in großen Teilen durch die Massenmedien manipulierten Gesellschaft. Dies als Menetekel ins Bewusstsein möglichst vieler Leser zu ‚malen', war eines der großen Anliegen Heinrich Bölls. Für sein Bewusstsein bildendes Engagement erhielt er 1972 den Nobelpreis.

Grass

Günter Grass bekam den Nobelpreis erst im Jahr 1999– aber ausgezeichnet wurde vor allem der viel früher erschienene Roman *Die Blechtrommel* (1959), der erste Teil der sogenannten ‚Danziger Trilogie', zu der auch *Katz und Maus* (1961) und *Hundejahre* (1963) gehören. *Die Blechtrommel* wurde schnell zum Welterfolg und gilt bis heute als der auffälligste Roman der deutschen Nachkriegsliteratur. In Deutschland war er in den Jahren nach seinem Erscheinen auch für viele ein Ärgernis – nicht nur wegen einiger sexueller Freizügigkeiten und parodistischer Partien, sondern vor allem wegen seiner Offenlegung der Mitwirkung des Kleinbürgertums am Aufstieg der Nazis. Dies wirkte deswegen so provokativ, weil damit der in der restaurativen Nachkriegszeit der Bundesrepublik so gern vertretenen These widersprochen wurde, die Deutschen seien von einer Clique verbrecherischer Politiker nur vereinnahmt worden und daher im Grunde ohne Schuld. Diese These – in ihrer Verallgemeinerung ebenso unhaltbar wie die Kollektivschuldthese – wurde durch das Sittengemälde, das *Die Blechtrommel* entwarf, konterkariert. Im Mittelpunkt steht der dieser kleinbürgerlichen Welt zugehörige Oskar Matzerath, der sein Wachstum als Dreijähriger eingestellt hat, aber, als eine Kunstfigur, über die intellektuellen Fähigkeiten des Erwachsenen verfügt. Diese ermöglichen den kalten Blick, mit dem er aus der Froschperspektive des Zwerges, einer in der Gattung der Satire beliebten demaskierenden Perspektive, seine Umwelt beobachtet, in die er mit seiner Fähigkeit, in verschiedensten Rhythmen zu trommeln und Glas zu zersingen, auch eingreift, sie irritiert und aus dem Gleichgewicht bringt (etwa indem er bei einer Festveranstaltung der SA den Marsch in einen Wiener Walzer umfunktioniert). Was er beobachtet, ist die Geschichte des Aufstiegs der Nazis in Danzig, die Verführbarkeit und das Mitläufertum der kleinen Leute, das Ineinandergreifen von Frustration und Gewalttätigkeit im privaten Bereich seiner Familie, die Grauzonen moralischen Verhaltens, auch die Spannungen zwischen den in dieser Stadt lebenden Ethnien. Die Fülle lebenspraller Situationen, die Grass aufscheinen lässt, werden im Rückblick aus der personalen Perspektive Oskars selbst erzählt, der nach dem Krieg in einer westdeutschen Heil- und Pflegeanstalt untergebracht ist und dort mit seinem Wärter reflektierend kommuniziert, was den Roman durch eine zweite Erzählebene bereichert.

Grass hat diesem großen satirischen Roman die kongenialen *Hundejahre* zur Seite gestellt. Auch hier geht es um die sich in persönlichen Schicksalen spiegelnde Geschichte Hitlerdeutschlands und der neuen Bundesrepublik. Die abstoßende Figur Materns, der seinen halbjüdischen, groteske Vogelscheuchen bastelnden Freund Amsel erst beschützt, dann verrät, der vom Kommunisten zum gewalttätigen SA-Mann wird, den Freund grausam zusammenschlägt, Reue zeigt, sich aber nach dem

Krieg zum gewissenlosen Rächer an Vorgesetzten und anderen aufschwingt, deren Gesinnung er doch mitgetragen hat, und der schließlich mit dem verratenen Freund Amsel und mit Jenny, dem von ihm ebenfalls malträtierten Zigeunermädchen, in einer makabren Szene Versöhnung feiert, ist der Prototyp des charakterlosen Mitläufers ohne eigene Identität. „Bist du es?“ fragt der zusammengeschlagene Amsel den Verräter – „Tsib ud se?“ in ihrer alten, die Reihenfolge der Buchstaben verdrehenden, verdrehten Jungensprache und stößt damit in Materns Gewissen. Eine wichtige Funktion neben den vielen anderen – hier ungenannten – Figuren übernimmt eine Reihe von Hunden, über die Grass Assoziationen zu Geschichte und Zeitgeschichte weckt. So kann er beispielsweise über den Schäferhund die Beziehung Hitlers und der Nazis zu Hunden und vor allem die kleinbürgerliche Wahrnehmung sowie die daraus resultierende manipulative Wirkung des Gespanns von Hund und Führer ins Spiel bringen. Der mit Andeutungen, Informationen, Reflexionen, satirischen Einlagen überladene, unterschiedliche Stilebenen vereinbarende, aus verschiedenen Perspektiven erzählte Roman stellt erhebliche Anforderungen an den Leser und vermittelt zugleich den gründlichsten Eindruck von der Fabulierlust des jungen Günter Grass, der gerade dieses Buch stets hervorgehoben hat.

Eine leicht überschaubare Konstruktion zeichnet dagegen die zwei Jahre zuvor entstandene Novelle *Katz und Maus* aus, die thematisch mit der *Blechtrommel* und den *Hundejahren* korrespondiert. Aus der von Schuldgefühlen geprägten Sicht eines Klassenkameraden, der an den übergroßen Adamsapfel des jungen Joachim Mahlke einst eine Katze gesetzt hatte, werden dessen Versuche geschildert, diesen Makel zu kaschieren – durch das Bedecken seiner ‚Maus‘ zuerst mit einem Schraubenzieher, später einem Medaillon, schließlich einem entwendeten Ritterkreuz – sowie durch körperliche Leistungen, die den Beifall der Umwelt herausfordern sollen, zu kompensieren. Doch die Anerkennung dafür wird mit Isolation erkauft. Mahlkes Refugium in der Kabine eines gestrandeten Minensuchboots ist dafür das Sinnbild. Die schwülstigen Reden, die, nachdem Mahlke des Diebstahls überführt worden ist, sein nationalsozialistisch gesinnter Lehrer hält, stellen den zeitgeschichtlichen Bezug auch dieses Textes her. Als Mahlke, im Krieg als Panzerkommandant hoch dekoriert, an seine ehemalige Schule zurückkehrt, um sich öffentlich zu rehabilitieren, wird dies durch Machenschaften seines ehemaligen Lehrers verhindert. Resigniert macht Mahlke sich auf den Weg zu seiner Schiffskabine und bleibt, vermutlich ertrunken, seitdem verschollen. Sein Wegtauchen, das Aufgeben seiner Existenz, beruht auf seiner Einsicht, dass sein ‚Heldentum‘ missbraucht worden ist. Die ‚ewige Katze‘, vor der die ‚ewige Maus‘ durch das Ritterkreuz geschützt werden sollte, hat gesiegt.

Lenz und Andersch

Mit der Vergangenheit der Deutschen während des Dritten Reichs setzten sich auch Siegfried Lenz und Alfred Andersch mit eindrucksvollen Texten auseinander. Lenz stellte seine große Begabung, das Erzählen kurzer Geschichten voll tiefgründigen Humors (*So zärtlich war Suleyken*, 1953), zurück und schrieb *Die Deutschstunde* (1968), einen umfangreichen, große Popularität erlangenden Roman, in dem er die Geschichte des obrigkeitsgläubigen Polizisten Jepsen während der Nazizeit durch dessen – damals minderjährigen – Sohn erzählen lässt – ein erzähltechnisches Problem, das Grass in der *Blechtrommel* umging, weil Oskar als eine Kunstfigur schon als Kind eine alles überschauende Intelligenz besitzt. Die Verfolgung des Malers Nansen (dahinter steht Emil Nolde), der aus Sicht der Nazis ‚entartete Kunst' verfertigt und ein Malverbot erhalten hat, nimmt bei dem Polizisten zwanghafte Züge an. Bei seinem Sohn Siggi, dem Erzähler, der die Bilder des Malers vor dem Vater versteckt und gesichert hat, bildet sich die Wahnvorstellung heraus, diese Kunstwerke auch nach dem Krieg weiterhin retten zu müssen. Weil er Nansens Bilder aus Ausstellungen gestohlen hat, ist er in eine Jugendstrafanstalt eingeliefert worden. Von dort aus erzählt er die von ihm miterlebte Geschichte des Vaters. Anders als Grass in der *Blechtrommel*, die ganz unterschiedliche Aspekte der Nazizeit vergegenwärtigt, fokussiert Lenz den Blick des Lesers auf das für ihn zentrale Problem einer pervertierten Pflichtauffassung, ohne die der Aufstieg Hitlers kaum möglich gewesen wäre. Verantwortlich für Autoritätsgläubigkeit und zwanghaften Gehorsam ist für Lenz unter all den Traditionen insbesondere der preußischen Geschichte vor allem der die Strafe als pädagogisches Mittel einsetzende Erziehungsstil in Schulen und Elternhäusern. Der Polizist Jepsen, der diesen Stil praktiziert und sogar seinen ältesten Sohn an die Gestapo verrät, verliert über seiner sklavischen Befehlshörigkeit alle Menschlichkeit. Als sein Gegenbild erscheint der von ihm verfolgte Künstler, der Pflicht als inneren Auftrag versteht und trotz des Malverbots weiterarbeitet. Seine Bilder, die das Schöpferische gegen das Erstarrte stellen, sind mitnichten entartet; sie lassen vielmehr die Betrachtungsweise der Nazis als entartet erscheinen. Dass Lenz der schöpferischen Arbeit die Möglichkeit der Befreiung aus Erstarrungen zuspricht, gibt er auch an der Selbstbefreiung seines Erzählers Siggi zu erkennen, der über seiner Erinnerungsarbeit seine Zwangsneurose überwindet. Damit setzte *Die Deutschstunde* ein deutliches Zeichen gegen die weit verbreitete Vergangenheitsverdrängung in den Nachkriegsjahrzehnten.

Alfred Andersch teilte mit Lenz die Auffassung, dass die Kunst in die gesellschaftliche Wirklichkeit eingreifen müsse, auf welche ästhetische Weise auch immer (vgl. dazu seine Gedanken in *Die Blindheit des Kunstwerks und andere Aufsätze*, 1965).

Anders als Lenz aber betonte er nicht die Entstehung und Aufnahme nationalsozialistischer Gesinnung, sondern den Widerstand gegen sie, der sich in existentiellen Entscheidungssituationen bewährt, die allerdings auch den Charakter der Flucht, der Flucht in die Freiheit annehmen können. Während er in einem seiner späteren Romane, in *Winterspelt* (1974), seinen Protagonisten, Major Dincklage, der seine Soldaten während der Ardennenoffensive nicht in den sinnlosen Tod schicken will, den Befehl der Generalität zum Angriff verweigern lässt, stellt der populärere, schon 1957 erschienene Roman *Sansibar oder der letzte Grund* das Fluchtmotiv in den Mittelpunkt, das auch schon Anderschs die Desertion aus der Wehrmacht schildernden autobiographischen Bericht *Die Kirschen der Freiheit* (1952) beherrschte. In einer vom Verfasser aufgebauten kleinen Modellsituation sucht ein kleiner Kreis von Menschen in der Ostseestadt Rerik im Jahr 1937 aus unterschiedlichen – unter anderem durch innere Monologe vermittelten – Gründen die Freiheit durch Flucht vor den ‚Anderen' (gemeint sind die Schergen Hitlers) über die Ostsee nach Schweden: Eine von Verfolgung und Ermordung bedrohte junge Jüdin, zwei von ihrer Partei enttäuschte Kommunisten, ein Schiffsjunge, der nur ein Abenteuer erleben will und von Sansibar träumt. Der Pfarrer des Ortes, selbst schon unheilbar krank, will wenigstens ein Kunstwerk, Barlachs Figur des ‚Lesenden Klosterschülers' in Sicherheit bringen. Diese Figur bewirkt zweierlei: Zum einen bindet sie in einem äußerlichen Sinn die Gruppe dieser Menschen, die sie zu retten versuchen, zusammen. Wichtiger aber ist, dass sie in Gregor, dem ZK-Funktionär, ein entscheidendes Erlebnis auslöst: Er entdeckt bei ihrer Betrachtung den ‚kritischen Leser', der die Freiheit besitzt, sich vom Gelesenen distanzieren zu können, eine Haltung, die ihn, der bisher nur die Indoktrination des Marxismus-Leninismus in der Lenin-Akademie kennengelernt hat, aus der ideologischen Verfestigung herausführt. Insofern wird dem Kunstwerk hier eine Kraft zugesprochen, die Kraft der Befreiung, die über seine rein ästhetische Qualität hinausreicht. Sie ermöglicht im Kontext des Romans den ‚inneren Widerstand' gegen Fremdbestimmung – von welcher Macht auch immer sie ausgeht.

Walser

Während Grass, Lenz und Andersch auf unterschiedliche Weise die Vergangenheit aufarbeiteten und deren anhaltenden Wirkungen in der Gegenwart nachspürten, richtete Martin Walser seine Aufmerksamkeit ganz auf die bundesrepublikanische Gesellschaft. *Ehen in Philippsburg* (1957) und die ‚Anselm-Kristlein-Trilogie' (*Halbzeit*, 1960; *Das Einhorn*, 1966; *Der Sturz*, 1973) versuchen Wertvorstellungen und Verhaltensnormen dieser Gesellschaft abzubilden. Im ersten der genannten Romane schildert Walser den Aufstieg eines jungen Mannes aus einfachen Verhältnissen, der durch eine Bekanntschaft in die sogenannte gute Gesellschaft eingeführt wird, die sich vor allem über den finanziellen Erfolg definiert. Um in ihr, die von Rücksichtslosigkeit im beruflichen und Heuchelei im privaten Bereich geprägt ist, voranzukommen, sind in erster Linie Anpassung an schichtspezifische Urteile und das Mitmachen gefragt. In der folgenden Trilogie wird dieses Bild noch verschärft. Aus der Sicht des kleinen Angestellten Kristlein erscheint das Leben als ein einziger Kampf um Anerkennung. Aber trotz seiner Akzeptanz der gesellschaftlichen Rollenspiele, trotz seines Opportunismus, mit dem er sich nach der Meinung anderer richtet, und trotz seiner charakterlichen Labilität scheitert Kristlein in allen Belangen, verrechnet sich in einer Welt, die über ihn hinweggeht. Seine Reaktionen hierauf vergegenwärtigt Walser, eindrucksvoll insbesondere in *Halbzeit*, im ‚Quasselroman', wie er genannt wurde, durch innere Monologe, Erinnerungsfetzen, Gespräche, die dem Leser zugleich die Belanglosigkeit und Klischees und die darin zum Ausdruck kommende Oberflächlichkeit und Leere des alltäglichen Sprechens vor Augen führen. Vor allem aber wird er mit den Folgen des Verhaltens dieses zwischen Aufbegehren und Resignation schwankenden Protagonisten konfrontiert, dessen Körper schließlich durch psychische und physische Erkrankung gegen all die Selbstentfremdung revoltiert. Am Ende, im *Sturz*, ‚verkümmert' Kristlein im Bett, in der Vergeblichkeit all seiner Anstrengungen.

Johnson

Während Walser sich stets mit der Gesellschaft der Bundesrepublik beschäftigte, richtete Uwe Johnson sein Augenmerk auf die DDR und schrieb mit *Mutmaßungen über Jakob* (1959) den ersten (und – solange die DDR existierte – einzigen) Roman über die Machenschaften des Staatssicherheitsdienstes. Nach Erscheinen des Buches verließ er die DDR, deren ideologische Gleichschaltung er nicht länger ertragen wollte. Die Spaltung Deutschlands in Ost und West und die unterschiedlichen sich daraus entwickelnden Mentalitäten (vgl. *Das dritte Buch über Achim*, 1961; *Zwei Ansichten*, 1965) blieb sein Thema bis hin zu seinem Hauptwerk, der Tetralogie *Jahrestage. Aus dem Leben von Gesine Cresspahl* (erschienen 1970, 1971, 1973 und 1983), das über die deutsche Geschichte hinausreicht, sie aber trotzdem – in der Wahrnehmung Nordamerikas durch die im Dritten Reich und in der DDR sozialisierte Protagonistin – gegenwärtig hält.

Die *Mutmaßungen* setzen mit dem Tod des von einer Lokomotive erfassten ‚Streckendispatchers' Jakob Abs ein, der an einem großen Bahnhof an der Elbe arbeitet. Bei der Suche nach den Ursachen dieses Unglücks (Selbstmord? Unfall?

Liquidation?) entsteht ein aus einzelnen Teilen zusammengesetztes Bild der Lebensumstände in der DDR, vor allem ein Eindruck darüber, wie der Staatssicherheitsdienst zuvor versucht hat, Jakob und seine Freundin Gesine Cresspahl, die in den Westen gegangen ist und bei der NATO arbeitet, als Mitarbeiter anzuwerben. Als sich Jakobs Mutter nach Westdeutschland absetzt, gilt er zunehmend als verdächtig. Um nicht das Schicksal eines Freundes zu teilen, der wegen staatsfeindlicher Umtriebe verhaftet worden ist, entschließt sich auch Jakob zur Republikflucht. Als er desillusioniert in die DDR zurückkehrt, kommt er auf ungeklärte Weise ums Leben. – Im Zeitalter des Kalten Kriegs gewann dieser Roman schlagartig größte Aufmerksamkeit – trotz seiner an William Faulkner angelehnten bruchstückhaften Erzählweise und seiner eigensinnigen Syntax. Seine dadurch erschwerte, das Nachdenken provozierende Lesbarkeit galt im Gegenteil als originell.

Johnson behielt seinen Stil auch in den *Jahrestagen* bei. Wiederum an Faulkner, aber auch an Döblins Berlin-Roman orientiert, vermittelt er mit dem Zitieren von Zeitungsausschnitten und etlichen anderen Materialien einen Eindruck nicht nur von dem Großstadtlabyrinth New York, wohin seine Heldin Gesine Cresspahl mit ihrer Tochter ausgewandert ist, sondern auch von der sich in der Betriebsamkeit dieser Stadt spiegelnden Mentalität der Amerikaner in den 60er Jahren, in der Zeit der gewalttätigen Exzesse und des Vietnamkrieges. Gesines Wahrnehmungen von New York, die angemessen zu verarbeiten ihre Möglichkeiten übersteigt, und ihre Erfahrungen als Berufstätige sind beeinflusst von ihren Kindheits- und Jugenderfahrungen im Dritten Reich und in der DDR, von denen sie ihrem Kind erzählt. Ob die gewollte Parallelisierung der von Gewalt bestimmten Lebensführung in den USA und der gewalttätigen deutschen Vergangenheit und Gegenwart immer zutreffend ist, bleibt eine offene Frage. Sie verliert ihre Relevanz hinter Johnsons Hoffnung auf eine humane sozialistische Gesellschaft, wie sie der gescheiterte Prager Frühling im Sinn hatte. Seine Desillusionierung (hinzukam die Enttarnung seiner Frau als Mitarbeiterin des tschechischen Geheimdienstes) wird im Schlussband der Tetralogie deutlich, in dem sich die Erinnerungen Gesines an ihre Jugend in der DDR resignativ vor die aktuelle Wirklichkeit schieben.

Frisch

Viel weniger als bei Walser und Johnson lässt sich der Zugriff des Schweizers Max Frisch auf die gesellschaftliche Wirklichkeit ‚verorten'. Zu den eindrucksvollsten Büchern der 50er Jahre gehörte sein bald in den Kanon der Schullektüren aufgenommener *Homo faber* (1957). Frisch hatte das Verhaftetsein gegenwärtig lebender Menschen in Rollen und ihren damit einhergehenden Ich-Verlust schon in einem psychologischen Roman, in *Stiller* (1954), behandelt und damit das Thema gefunden, das ihn zeitlebens nicht mehr losließ und das er besonders einfallsreich in *Mein Name sei Gantenbein* (1964) durchspielte. Im *Homo faber* verknüpfte er – das macht die Besonderheit dieses Buches aus – die Identitätsproblematik mit der Kritik an der Lebenseinstellung des Technikers, der die Berechenbarkeit, das bloß instrumentelle Denken, zu seinem Götzen macht. Walter Faber – der Titel des Buches charakterisiert ihn bereits als den ‚technisch geschickten Menschen' – verwirft alles, was nicht in sein technologisches Weltbild passt, als ‚Spintisiererei' und muss erfahren, dass rationalistische Erklärungen nicht ausreichen, um Einsicht in Liebe und Schuld zu gewinnen oder ein Verhängnis zu bewältigen. Auf einer Schiffsreise nach Europa begegnet er Sabeth, einem jungen Mädchen, deren Aussehen ihn an Hanna, seine von ihm während ihrer Schwangerschaft verlassene Geliebte, erinnert. Obwohl er ahnt, dass es sich um seine Tochter handelt, geht er mit ihr eine Liebesbeziehung ein, deren inzestuösen Charakter er nicht wahrhaben will. Er jongliert mit Daten, bis er sich diese so zurechtgelegt hat, dass Sabeth nur das Kind seines Freundes sein kann, den Hanna geheiratet hat. Von ihr, die er in Athen wiedertrifft, erfährt er die Wahrheit, dass Sabeth seine Tochter ist. Nachdem diese auf einem Ausflug auf den Berg Akrokorinth, nicht ohne sein unbeabsichtigtes Zutun, tödlich verunglückt ist, erkennt er, den eigenen Tod vor Augen, seine Selbsttäuschungen und öffnet sich, als es zu spät ist, für eine neue Sicht auf das Leben. Sein ‚Bericht', dem man oft sprachliche Niveaulosigkeit vorgeworfen hat, ist in der Sprache des Technikers geschrieben, der anders als seine Tochter – man lese den Dialog bei der Besteigung des Akrokorinth – zu metaphorischer Rede nicht in der Lage ist. Frischs kunstvolle Gestaltung des Textes zeigt sich insbesondere in der Verknüpfung von Motivketten[133], wobei die der Blindheit bzw. Verblendung eindrücklich den Bezug zum antiken Mythos (Ödipus und die Sphinx) herstellt und dem Erzählten auf diese Weise eine tiefere, auf Grundsätzliches gerichtete Dimension verleiht.

7.8. Die Prosaliteratur in der DDR seit 1950

Nicht nur die Lyriker und Dramatiker, auch die Verfasser von Prosatexten sind nach der Gründung der DDR weitgehend von ideologisch geprägten Theoriediskussionen bestimmt, wenn nicht gelenkt worden. Da sich die SED einer Basisdemokratie verweigerte und einen ‚Sozialismus von oben' einführte, den sie repressiv durchsetzte, versuchte die Partei auch die Literatur zu funktionalisieren, sie auf vorgegebene

Richtlinien einzuschwören. Dies ist keineswegs vollständig gelungen. Viele ältere Schriftsteller befassten sich weiterhin mit der Entstehungsgeschichte des Nationalsozialismus, dem antifaschistischen Widerstand, den Folgen des Krieges – und die Leser lasen in ihrer Mehrzahl, sofern sie nicht bloße Unterhaltungs- oder Trivialliteratur (etwa die aus dem Westen einströmenden und als Produktionsform nachgemachten Heftromane) bevorzugten, lieber die Bücher von Anna Seghers, Lion Feuchtwanger, Arnold Zweig oder Bruno Apitz (*Nackt unter Wölfen*, 1958) als die sogenannten Aufbau- oder Betriebsromane, die das sozialistische Denken in ihren Köpfen verankern helfen sollten. Auf welche Weise dies am wirkungsvollsten geschehen könne, führte zu etlichen kulturpolitischen Streitereien, die hier übergangen werden.[134] Insbesondere der stalinistische ‚hardliner' Alfred Kurella und Alexander Abusch forderten die Einbeziehung der Arbeiter, der ‚Werktätigen', in den Literaturbetrieb, die Überwindung der Kluft zwischen Künstlern und Volk. Der ‚lesende', sogar der ‚schreibende Arbeiter' waren die schon in der Weimarer Republik kursierenden Formulierungen, die dann der bekannten Bitterfelder Konferenz von 1959 ihren Stempel aufdrückten.

Literatur des ‚Bitterfelder Weges'

Im Zuge des ‚Bitterfelder Weges' entstanden nun Betriebsromane, in denen nicht nur die Arbeiter sich und ihre Probleme wiederfinden, sondern durch die auch bürgerliche Leser ‚lernen' sollten. Diese Bewegung hat auch in der schon beschriebenen bundesrepublikanischen Literatur der Arbeitswelt (vgl. o.) ihren Niederschlag gefunden. In der DDR hatten bereits Willi Bredel mit seinen Reportageerzählungen (*Fünfzig Tage*, 1950) und Hans Marchwitza mit seinem Roman um ein Hüttenwerk (*Roheisen*, 1955) Muster vorgegeben, die als Vorbilder einer Vielzahl von Nachahmungen dieser ‚Aufbauliteratur' galten. Inwieweit diese allerdings von den Lesern wirklich angenommen wurde, bleibt ungeklärt. Ihr zentrales Thema war die Leistungssteigerung in Betrieben und die Überzeugung, damit dem Aufbau des Sozialismus zu dienen. Es passte in dieses parteipolitisch gesteuerte Konzept, dass auch die Frauen in den Prozess der produktiven Arbeit einbezogen wurden. Mit Ludwig Tureks *Anna Lubitzke* (1952) gab es hierzu ein Vorbild, das vielfach variiert wurde. Unter der Vielzahl der Texte des Bitterfelder Weges ragt der später erfolgreich verfilmte Roman *Spur der Steine* (1964) von Erik Neutsch insofern hervor, als er mit dem selbstbewussten Brigadier Balla als Hauptfigur einen – am Ende allerdings beschwichtigten – Rebellen gegen schlechte Arbeitsbedingungen (Schwächen der zentralen Planung, Materialmangel usw.) agieren lässt. Heiner Müller nutzte diesen Roman als stoffliche Vorlage für sein Stück *Der Bau* (1965), das sich mit den Ansprüchen und Zumutungen der Partei wesentlich schärfer auseinandersetzte.

Das Problem der Selbstverwirklichung im Sozialismus

Konflikte zwischen Parteiplanung und Eigeninitiative, zwischen Arbeitsanforderungen und Privatleben fanden auch in Romane Eingang, die über die Form des bloßen Betriebsromans sowohl in ihren Problemstellungen als auch in ästhetischer Hinsicht hinausreichten. Der gesellschaftliche Außenseiter wurde dabei zu einem zentralen Motiv, das, wie schon erwähnt, auch die Dramatiker der DDR beschäftigte. Erwin Strittmatter stellte in *Ole Bienkopp* (1963) einen Einzelgänger in den Mittelpunkt, der eine genossenschaftliche Wirtschaftsform auf dem Lande einführen will und dabei ungeduldig gegen die alten Grundbesitzer, aber auch gegen die dilettierende und selbständige Initiativen unterdrückende Parteiführung ankämpft – und dabei überarbeitet umkommt, ein die SED sehr irritierendes Ende. – Auch Hermann Kant wählte für seinen Roman *Die Aula* (1963) eine spezifische Umgebung – nicht die Baustelle in der Stadt, nicht das Dorf, sondern die Universität. Optimistisch zeigt er an verschiedenen Figuren den Aufstieg einzelner aus unterprivilegierten Verhältnissen zu Führungskräften des neuen Staates. Für dieses ganz in die Parteilinie passende Konzept wurde er zu einer Art ‚Klassiker' der DDR-Literatur stilisiert. Die Kritik seines Helden Robert Iswall an der Fremdbestimmung des Individuums durch die Partei wurde dabei nachsichtig akzeptiert; sie fiel freilich auch nicht besonders deutlich aus.

Ebenfalls um die Frage der Selbstverwirklichung im Sozialismus ging es Christa Wolf in ihrem 1963 erschienenen, überaus erfolgreichen Roman *Der geteilte Himmel*, der in der Tradition des Bitterfelder Weges steht – erhält doch die Betrachtung der Arbeitswelt durch die Protagonistin Rita ein besonderes Gewicht, die nach einem Unfall (möglicherweise einem Selbstmordversuch) ihre Erfahrungen reflektiert und dabei zu dem Ergebnis kommt, dass sie sich nur in der sozialistischen Gesellschaftsordnung selbst finden kann. Auch das Motiv der Leistungssteigerung in der betrieblichen Arbeit sowie die Kritik an der Betriebsleitung gehören zum Muster des Betriebsromans. Neu aber ist bei Christa Wolf die Verknüpfung dieses Musters mit dem Thema der Republikflucht. Ritas Freund Manfred, ein Wissenschaftler, dessen Erfindung einer verbesserten Spinnmaschine von bornierten Wirtschaftsfunktionären zurückgewiesen wird, setzt sich in den Westen ab. Die Begründung seiner Flucht, der Austausch von Argumenten zwischen ihm und der sich an die DDR gebunden fühlenden Rita sowie deren existentiell einschneidende Entscheidung, dem Geliebten nicht zu folgen, geben dem Roman die Differenziertheit und auch den emotionalen Tiefgang, die ihn zum Gesprächsanlass in beiden Teilen Deutschlands und in der Bundesrepublik sogar zur Schullektüre werden ließen. Auch die Weise, in der er erzählt wurde, trug dazu bei, gewohnte gedankliche Muster aufzubrechen. Der Wechsel von Erzähler- und Figurenperspektive verschaffte der Nachdenklichkeit Raum und hob Eindeutigkeiten auf; gleichzeitig machte die Erinnerungsarbeit Ritas jene ‚subjektive Authentizität' glaubwürdig, hier die Betroffenheit in einem Entscheidungskonflikt, die Christa Wolf als Autorin in diesem Roman und auch in ihren späteren Texten stets zur Geltung bringen wollte. – Noch komplizierter ist ihr 1969 erschienener Roman N*achdenken über Christa T.* erzählt, der Vorgriffe, Rückgriffe, Reflexionen und andere Einschübe enthält, um den Leser mit diesen Mitteln zum nachdenklichen Innehalten anzuleiten. Das Nachdenken der Erzählerin gilt ihrer früh verstorbenen Freundin Christa T., die ihre Identität in Übereinstimmung mit der sozialistischen Gesellschaftsordnung zu finden suchte und erfahren musste, dass auf die Persönlichkeitsfindung des einzelnen in ihr kein Wert gelegt wird, sondern allein auf den angepassten, effizienten Funktionsträger, den ‚Hopp-Hopp-Menschen', und dass Produktionssteigerung und Ideologiefestigkeit zu Fetischen geworden sind.

Eine ähnlich heftige Kritik an dieser in der DDR sich breit machenden Mentalität und ihren Auswirkungen auf das private Leben findet man in den 60er Jahren beispielsweise auch bei Günter de Bruyn (*Buridans Esel*, 1968) oder in Günter Kunerts kurzen Prosastücken (*Tagträume*, 1964) und seinen Erzählungen (*Die Beerdigung findet in aller Stille statt*, 1968).

Gesellschaftskritik, festgemacht an Geschichten aus dem Alltag, wurde zunehmend breiter nach 1971 geübt, dem Jahr, in dem der an die Spitze der Partei gelangte Erich Honecker im Bewusstsein einer sich wirtschaftlich stabilisierenden DDR der Kunst das Recht zusprach, auch Tabus zu brechen – in inhaltlicher wie stilistischer Hinsicht (Rede auf dem 4. ZK-Plenum im Dezember 1971).

‚Zivilisationskritik' in der Literatur der DDR

Nach dieser Freigabe begann in der ostdeutschen Literatur die Phase einer verschärften ‚Zivilisationskritik', die in Ansätzen längst eingesetzt hatte. Sie hielt letztlich bis zum Ende der DDR an, auch wenn die Ausbürgerung Wolf Biermanns im Jahr 1976 und die darauf folgenden Solidaritätsbekundungen führender Schriftsteller noch einmal für einen schweren Rückschlag sorgten. Die Parteiführung beantwortete den Protest der Biermann-Verteidiger, jedenfalls vorwiegend, mit der neuen Strategie der Ausbürgerung und der Bewilligung von Ausreiseanträgen. Der Exodus führender Köpfe, der daraufhin folgte, hat einerseits das intellektuelle Leben in der DDR verarmen lassen; andererseits führte er im Bereich der Literatur auch zu einer Annäherung von Ost und West und schlug schon vor dem politischen Zusammenbruch der DDR die Richtung in eine gesamtdeutsche Literaturgesellschaft ein, die zudem durch das deutsch-deutsche Kulturabkommen von 1986 gefördert wurde.

Man kann die Phase der offeneren Zivilisationskritik, wenn man sich – wie die meisten Literaturgeschichten – an kulturpolitischen Wendemarken orientiert, mit Ulrich Plenzdorfs in verschiedenen Gattungsversionen erschienenen *Die neuen Leiden des jungen W.* (als Erzählung 1972) beginnen lassen. Das von ihm aufgeworfene Problem, wie das Individuum sich mit dem sozialistischen Gesellschaftssystem arrangieren kann, war nicht neu; neu aber war die Frage, wie gerade die junge Nachkriegsgeneration sich zu diesem System stellen könne. Der die Jugendsprache aufgreifende Text, der sich schnell ungeahnter Popularität in beiden Teilen Deutschlands erfreute, macht einen Aussteiger zum Helden, lässt ihn als Selbsthelfer aber scheitern. Trotz des unentschiedenen Ausgangs wurde hier die Unzufriedenheit der Jugendlichen artikuliert.

Fasst man zunächst weiterhin diejenigen Texte ins Auge, die sich unmittelbar mit den Alltagsproblemen der DDR-Gegenwart beschäftigten, so gehören zu der von Plenzdorf aufgeworfenen Jugendproblematik auch Volker Brauns *Unvollendete Geschichte* (1975), in der die nachwachsende Generation sich von ihren Eltern abhängig weiß und gleichzeitig von der eigenen Gleichberechtigung und von freien Entscheidungsmöglichkeiten träumt, sowie die von Reiner Kunze in *Die wunderbaren Jahre* (1976) gesammelten Kurztexte, in denen die angeblich wunderbaren Jugendjahre in der DDR sich als die schrecklichen erweisen. In diese Gruppe von Texten gehört auch Jurek Beckers die normierte Schulwirklichkeit anprangernder Roman *Schlaflose Tage* (1978).

Um den Widerspruch von Planungen und Normierungen auf der einen Seite und den ihre Verwirklichung erschwerenden Hindernissen auf der anderen ging es am Beispiel der Bauindustrie in dem Roman-Fragment *Franziska Linkerhand* (1974) von Brigitte Reimann; um die nach innen gerichtete Rebellion eines kleinen Ingenieurs gegen Planung und Lenkung, Karrieresucht und Selbstgerechtigkeit in Erich Loests *Es geht seinen Gang oder Mühen in unserer Ebene* (1978). In Volker Brauns *Hinze-Kunze-Roman* (1985) findet der Parteifunktionär Kunze einen Widerpart in seinem Fahrer Hinze, der die Stimme des einfachen Mannes aus dem Volk repräsentiert, seine Unzufriedenheit äußert und Fragen stellt. Für eine kritische Diskussion, vor allem um deren Öffentlichkeit, und gegen eigenmächtige Entscheidungen der Parteibürokratie hatte sich davor, 1981, schon Monika Maron mit ihrem Roman *Flugasche* eingesetzt. Was die Missachtung der DDR-Bürger durch den Parteiapparat für persönliche Folgen hatte, stellte besonders eindrucksvoll Christoph Heins Novelle

Der fremde Freund (1982; in der Bundesrepublik 1983 unter dem Titel *Drachenblut*) heraus, die Ich-Erzählung einer Ärztin, deren seelische Erstarrung auf den ganzen Gesellschaftszustand verweist. Noch desillusionierender gestaltete Hein in seinem Roman *Der Tangospieler* (1989) die Zerstörung einer Persönlichkeit, die als solche dem totalitären System nicht mehr gefährlich werden kann.

Viele dieser Texte, die zum Teil in der DDR gar nicht erscheinen durften, sondern in der Bundesrepublik gedruckt wurden, hielten bemerkenswerter Weise wie auch schon die in den 60er Jahren erschienenen Aufbau- und Betriebsromane bei all ihrer ‚Zivilisationskritik' an ihrem Glauben an einen menschlichen Sozialismus fest und trauten seine Verwirklichung dem veränderungsbedürftigen Staatsgebilde der DDR zu. Am wenigsten gilt dies für die Romane von Christoph Hein.

Vergangenheitsbewältigung in der Prosa der DDR

Neben all den im Gefolge des Bitterfelder Weges entstandenen und später neben den ‚zivilisationskritischen', insgesamt stark gegenwartsorientierten Prosatexten findet sich in der Literatur der DDR von Anfang an auch ein Strang von Erzähltexten, in denen vornehmlich die Vergangenheit (der Faschismus, der Krieg und die Nachkriegsjahre, der Stalinismus) verarbeitet bzw. deren in der gelebten Gegenwart wirksamen Resten nachgespürt wurde. Gerade diese Texte zählen zu den literarisch bedeutsamsten, die in der DDR geschrieben wurden. Die wichtigsten Namen, die hier vor vielen anderen, exemplarisch, genannt werden müssen, sind Franz Fühmann, Johannes Bobrowski, Jurek Becker, Stefan Heym, Christa Wolf und Christoph Hein, die freilich alle – mehr oder weniger häufig – auch Sujets wählten, die nicht in diese Textgruppe gehören.

Fühmanns in *Das Judenauto* (1962) zusammengestellte Erzählungen umkreisen Erlebnisse des Kindes und Jugendlichen im Dritten Reich. In *Der Sturz des Engels* (1983) hat er später noch einmal die Wirkung totalitärer Ideologie auf einen jungen Menschen beschrieben. Ein vergleichbares Thema behandelte Christa Wolf in einem ihrer wichtigsten Bücher, in *Kindheitsmuster* (1976). Auch hier geht es um eine Konfrontation mit der eigenen Kindheit und um die Frage, wie es möglich war, dass so viele Menschen gerade aus kleinbürgerlichem Milieu zu Mitläufern der Nationalsozialisten werden konnten. Christa Wolf vereinigt in diesem Text mehrere Erzählebenen: die eigene – reflektierte – Reise nach Landsberg, den Ort ihrer Kindheit, im Jahr 1971; ihr Schreiben über diese Reise zwischen 1972 und 1975; die Erlebnisse des Kindes bis 1947, mit dem sie sich gleichsam im Zwiegespräch befindet. Diese Verzahnung der Erzählebenen ermöglicht ihr, neben der Erinnerungsarbeit auch Seitenblicke auf die kapitalistische wie sozialistische Gegenwart zu werfen und so einer Art Sozialpsychologie faschistischen Denkens auf die Spur zu kommen.

Auch Bobrowski versetzte den Leser – in *Levins Mühle. 34 Sätze über meinen Großvater* (1964) – zurück in die Vergangenheit. Aber anders als Fühmann oder Wolf beschäftigte er sich nicht mit der eignen Person, sondern mit seinem antisemitischen und nationalistischen Großvater, der während der Gründerjahre in einem westpreußischen Dorf die Außenseiter der dort Wohnenden schikaniert und die Mühle des Juden Levin abbrennt, während dieser sich für die entrechteten Minderheiten wie Polen, Zigeuner, deutsche Tagelöhner einsetzt. Der Großvater wird bei seinen kriminellen Machenschaften nicht etwa nur vom Pfarrer, sondern auch von den Gerichtsbehörden gedeckt – der Jude Levin wird vertrieben. Die mentale Einstellung der deutschen Provinzler, die Bobrowski durch kleine Episoden aus dem Alltag anschaulich zu machen versteht, hat, wie der Text verdeutlicht, eine lange Geschichte.

Jurek Becker, der einen Teil seiner Kindheit in den Konzentrationslagern von Ravensbrück und Sachsenhausen verbringen musste, hat den Schrecken in *Jakob der Lügner* (1968), seinem wirkungsvollsten Buch, direkt in die Zeit des Faschismus verlegt. Der Roman spielt im jüdischen Ghetto von Lodz. Im Mittelpunkt steht die Figur Jakob Heyms, der vorgibt, im Besitz eines verbotenen Radios zu sein und die Nachricht verbreitet, dass die Befreiung bringende Rote Armee im Vormarsch sei. Um dies glaubhaft zu machen, weil sich alle Hoffnungen der im Ghetto Lebenden an diesen Vormarsch knüpfen, muss er immer neue Lügen erfinden. Am Ende steht aller Fahrt ins Todeslager, das er überlebt. Becker hat mit seinem Protagonisten eine andere Art des Widerstandskämpfers vorgestellt: Gegen den Heroismus des Attentäters setzt er einen Heroismus, der aus der Lage des gefangenen Opfers erwächst, den des Geschichtenerzählers, des Mutmachers, der zur Lüge als Mittel des Trostes greift. Der heitere Ton, der Beckers Buch durchzieht, hat ihm viel Widerspruch eingetragen (man dürfe, war der Grundtenor, über die schlimme Situation im Ghetto nicht humorvoll schreiben), der von ihm und anderen mit guten Argumenten zurückgewiesen worden ist.[135] – Zwei andere Romane Beckers befassen sich mit dem Schicksal von Juden in Deutschland während der Nachkriegszeit. In *Der Boxer* (1976) versucht ein jüdischer Vater seinen Sohn als Nicht-Juden zu erziehen, um ihn vor späteren Anfeindungen zu schützen, ein Versuch, dessen Ausgang offen bleibt, weil der Sohn in Israel verunglückt. Allein dieser Einfall wirft ein Licht auf Beckers desillusionierte Haltung gegenüber der Assimilation von Juden in Deutschland. In *Bronsteins Kinder* (1986) wird die Frage nach jüdischer Identität erneut aufgegriffen. Hier erzählt der Sohn eines ehemaligen KZ-Häftlings, wie sein Vater und dessen Freunde einen davongekommenen KZ-Aufseher eigenmächtig gefangen halten und Geständnisse aus ihm herauszupressen versuchen. Sie verhalten sich nun selbst als Gewalttäter, in der vergeblichen Hoffnung auf Gerechtigkeit. Doch der Sohn versteht diese Haltung nicht mehr. Er befreit den Gefangenen, neben dem der Vater gestorben ist. Danach fühlt er sich als Fremder, der, indem er die Geschichte des Vaters aufschreibt, über sich selbst Klarheit gewinnen will.

Mit dem Fortwirken des Vergangenen in der Gegenwart setzte sich immer wieder auch Stefan Heym auseinander, was ihm in der DDR etliche Unannehmlichkeiten einbrachte. Nachdem er sich in seinem *König David Bericht* (1972) mit der machtlosen Rolle des Geschichtsschreibers in einem autoritär geführten Staat auseinandergesetzt hatte, verschärfte er in seinem Schlüsselroman *Collin* (1979), der in der DDR nicht erscheinen durfte, seine Kritik an der Anpassung des – in diesem Fall sozialistisch denkenden – Schriftstellers an den von stalinistischen Zügen durchsetzten Machtapparat. Seine Vorstellung davon, wie dagegen radikaldemokratische, sozialistische Politik idealerweise aussehen könne, entwarf er 1984 in seinem ebenfalls nur im Westen publizierten, als Modell zu verstehenden Roman *Schwarzenberg*.

Das Fortwirken stalinistischer Gesinnung in der DDR der 50er Jahre war auch das Thema des Romans *Horns Ende* (1985) von Christoph Hein. Der 1953 aus der Partei ausgeschlossene Titelheld, nach Denunziationen und Verhören durch die Staatssicherheit zermürbt, ist erhängt aufgefunden worden. Sein Tod wirkt auf verschiedene Einwohner der Kleinstadt, in der er lebte, so verstörend, dass sie ihre eigene Rolle in der Vergangenheit zu reflektieren beginnen und Parallelen zwischen ihrem Verhalten in der Nazizeit und in der DDR zu ziehen beginnen.

Veränderungsvorschläge und Gegenbilder

Neben diesem der Vergangenheit zugewandten Zweig der DDR-Literatur entstanden – verstärkt seit Mitte der 70er Jahre – eine ganze Anzahl von Prosatexten, in denen sich die kritische Haltung gegenüber Verformungen der Gesellschaft mit der Hoffnung auf ein neues Denken verband. Veränderungsvorschläge bzw. Gegenbilder wurden auf unterschiedliche, formal oft experimentierende Weise ins Spiel gebracht.

Schon 1966 schrieb Fritz Rudolf Fries seinen Roman *Der Weg nach Oobliadooh*, der schon inhaltlich gegen die Normen des ‚sozialistischen Realismus' insofern verstieß, als er keinen vorbildlichen, parteilich handelnden Helden, sondern zwei ‚abnorme', in Phantasien, Tagträumen, Wunschvorstellungen sich ergehende, westliche Musik und Literatur genießende Figuren präsentierte, die der DDR der späten 50er Jahre untreu werden, und die, von West-Berlin enttäuscht, zurückkehren – aber in der Psychiatrie enden. Eine sozialistische Perspektive war diesem Roman nicht zu entnehmen; vielmehr wollte er als ein Beitrag zur Anarchie verstanden werden und erstarrte Vorstellungen aufbrechen. Er durfte erst 1989 in der DDR erscheinen.

Mit einem den gewöhnlichen Alltag überschreitenden Buch irritierte auf andere Weise Irmtraud Morgner mit ihrem Roman *Leben und Abenteuer der Trobadora Beatriz nach Zeugnissen ihrer Spielfrau Laura* (1974) die Literaturpolitik der DDR. Der Roman, der Motive des mittelalterlichen Artusromans und der Volkspoesie aufgreift, verzahnt zwei Erzählperspektiven, die der nach einem Jahrhunderte langen Dornröschenschlaf erwachten und sich hauptsächlich im ‚gelobten Land' zwischen Elbe und Oder umsehenden Trobadora Beatriz und die der S-Bahn-Fahrerin Laura aus Berlin. So können die Realität der DDR und Phantastisches miteinander in Beziehung gesetzt werden. Gedanklich im Zentrum steht das in der DDR vorherrschende Frauenbild. Die Trobadorin besichtigt die Gegenwart mit dem fremden Blick der mittelalterlichen Dame und verführt so den Leser, ebenfalls wie ein Fremder – befremdet – auf die eigenen Lebensgewohnheiten zu sehen. Der mit dokumentarischen Material angereicherte Roman unterschied sich von anderen Texten, die sich mit der Rolle der Frau auseinandersetzten und dabei – wie etwa der von der Österreicherin Maxie Wander herausgegebene Band *Guten Morgen, du Schöne. Frauen in der DDR. Protokolle* (1975) – dicht an der Realität blieben, dadurch, dass er nicht nur die Männergesellschaft anklagte und der weiblichen Gleichstellung das Wort redete, sondern für eine von Menschlichkeit insgesamt geprägte Gesellschaft eintrat. Dies gilt auch für Morgners Fortsetzungsband *Amanda. Ein Hexenroman* (1983), in dem von den durch die Lüfte – meist über Berlin – fliegenden Zauberwesen die Realität schärfer und vor allem weiter gesehen werden kann als in den Niederungen der Erde.

Zu der im humanen Sinn engagierten Literatur von Frauen gehören auch Bücher von Christa Wolf. In ihrer Novelle *Kein Ort. Nirgends* (1979), die von einem Treffen Intellektueller in der Zeit der Romantik erzählt, brechen die beiden Protagonisten, Karoline von Günderode und Heinrich von Kleist, sich von den sie umgebenden konformistisch denkenden Wissenschaftlern und Kaufleuten und ihren sich anpassenden Frauen distanzierend, unvermittelt in ein ‚unbeherrschtes' Lachen aus und bekunden damit, wie isoliert sie sich unter diesen aufgeklärten Bürgern fühlen, zugleich wie nah sie sich selber sind, als Lachende die utopische Vorstellung der Unabhängigkeit verkörpernd. – Viel Aufsehen erregte C. Wolf danach mit ihrem Kassandra-Projekt, der Erzählung *Kassandra* (1983) und den gleichzeitig erschienenen Vorlesungen *Kassandra: Voraussetzungen einer Erzählung*. Mit der Titelfigur, der mit der Sehergabe beschenkten Tochter des trojanischen Königs Priamos, die nach dem Sieg der Griechen über die Trojaner von Agamemnon als Kriegsbeute nach

Mykene verschleppt und dort hingerichtet wird, griff sie auf den antiken Mythos zurück. Franz Fühmann hat in seinem Essay *Das mythische Element in der Literatur* (1974) dargelegt, welche Vorteile damit verbunden waren. Der Mythos, schrieb er, stelle gleichnishaft Modelle gesellschaftlicher Prozesse bereit, die in seinen Bildern als elementare erscheinen, zugleich aber mehrdeutig und auslegungsbedürftig seien. Christa Wolf nutzte den Mythos des trojanischen Kriegs dazu, die patriarchalische Herrschaft, die Männerwelt bewusst werden zu lassen, aus der Kassandra sich in langem Monolog selbst befreit. Auf die Gegenwart bezogen, sollte dies zeigen, dass es gelte, sich von der ‚Megamaschine' zerstörerischer Irrationalität, dem Wahn von feindbildgeleitetem Denken und Aufrüstung, der männlichen Zweckrationalität überhaupt zu befreien, zumindest vor ihr zu warnen, und das weiblich bestimmte Gegenbild des gewaltfreien Denkens, der Solidarität und Friedfertigkeit dagegen zu setzen. Ob gerade dies mit der stolzen, oft ins Pathetische abgleitenden und den eigenen Ruhm ins Auge fassenden Rede der Kassandra überzeugend gelungen ist, mag man bezweifeln.[136] – In dem nach der Katastrophe von Tschernobyl geschriebenen, als literarischer Text oft unterschätzten *Störfall. Nachrichten eines Tages* (1987) hat Christa Wolf die ‚Männerwelt' zwar ebenfalls kritisch, aber doch abgewogen gesehen. Zwei Störfälle werden nebeneinandergestellt, die Katastrophe im Atomwerk, verstanden als Folge männlichen Wahns, die Natur beherrschen und dem Menschen dienstbar machen zu können, und die am gleichen Tag durchgeführte Gehirnoperation beim Bruder der Erzählerin, dessen Überleben von eben diesem Fortschrittsdenken abhängt, vom Können der Ärzte und dem Einsatz medizinischer Technik. Dieser unauflösbare Widerspruch zwischen potentiell zerstörerischer und lebenserhaltender Wirkung angewandter, von Männern vorangetriebener Forschung wird auf hohem Reflexionsniveau vor Augen geführt und hebt den Text weit über feministische Anklagen hinaus.

Das uneinheitliche Bild, das die Prosa der DDR insgesamt kurz vor der Auflösung dieses Staates abgibt, hat in der bundesrepublikanischen Literatur seit den 70er Jahren durchaus eine Parallele.

7.9. Prosa in der Bundesrepublik nach 1970

Gesellschaftskritik (u. a. bei Weiss, Herta Müller, Walser, Grass)

Die bundesrepublikanische Prosaliteratur seit 1970 bietet nach ihrem vorwiegend gesellschaftskritischen Engagement während der 60er Jahre ein buntes Bild. Die gesellschaftskritische Einstellung vieler Autoren erhielt durch das Scheitern der

Studentenrevolte von 1968 und durch die radikalen staatlichen Maßnahmen gegen den Terrorismus der Rote Armee Fraktion (RAF) zwar einen neuen Anstoß; daneben aber, gleichsam als Reaktion auf die Vergeblichkeit, gesellschaftliche Veränderungen herbeizuführen, entstanden viele Texte, die sich mit dem privaten Leben von Figuren, zumal auch von Außenseitern, befassten und bald mit dem Etikett einer ‚neuen Innerlichkeit' versehen wurden. Texte von Frauen für Frauen begleiteten die Emanzipationsbewegung und trieben sie voran. Neben Autoren, die am ‚unvollendeten Projekt der Aufklärung' festhielten und Literatur auch weiterhin als Erkenntnismöglichkeit mit dem Ziel gesellschaftlicher Veränderung begriffen, trat die häufig Untergangsszenarien entwerfende experimentelle Literatur der sogenannten ‚Postmoderne', die ebenfalls wieder Gegenreaktionen auslöste. Angesichts der Vielzahl der Schreibanlässe und Strömungen, deren Ursache nicht nur in den politischen Umbrüchen am Ende des 20. Jahrhunderts, sondern auch in den vielen Förderprogrammen und Preisen für Schriftsteller sowie dem wachsenden Einfluss der neuen Medien zu finden ist, und angesichts der Tatsache, dass diese vielen literarischen Stimmen sich zeitlich oft überlagern, bleibt für eine knappe und übersichtliche Darstellung kein anderer Weg, als Schwerpunkte nach Themenbereichen zu setzen, dabei exemplarisch zu verfahren und auch die Chronologie der Erscheinungsjahre der Texte oft außer Acht zu lassen.

Seit dem Beginn der 70er Jahre wurden weiterhin gesellschaftskritische Texte geschrieben, in denen die Entstehungsgeschichte des Nationalsozialismus, der Widerstand gegen ihn oder das Verdrängen schuldhafter Verstrickungen thematisiert wurde, auch Texte, die sich kritisch mit ökonomischen und sozialen Problemen und ihrer Wirkung in der bundesrepublikanischen Gesellschaft und auf den einzelnen Menschen auseinandersetzten. Zunehmend aber traten aktuelle politische Ereignisse, zumal die Studentenrevolte und ihre Folgen, in den Vordergrund.

Eindrucksvoll behandelte der nach Schweden emigrierte Peter Weiss in seiner dreibändigen *Ästhetik des Widerstands* (erschienen 1975, 1978, 1981) die Geschichte der Arbeiterbewegung aus der Perspektive eines Ich-Erzählers, dessen eigener Weg vom kommunistischen Untergrundkämpfer im Berlin der 30er Jahre über Spanien, Paris nach Schweden führt, wo er sich im Kreis um Brecht mit den Erscheinungsformen des Kommunismus und der Rolle der Kommunisten im Widerstand gegen Hitler auseinandersetzt. Zugleich wird dabei mit zahlreichen Beispielen die Bedeutung künstlerischer Arbeit für den Klassenkampf und die Auflehnung gegen den Faschismus reflektiert. Das Werk, das in die Erinnerungen des Erzählers zahlreiche essayistische Abhandlungen und dokumentarische Unterlagen einfügt, wollte seine Leser ermutigen, Stellung zu beziehen und sich politisch einzumischen. – Die schreckliche Kehrseite der kommunistischen Hoffnungen während des Faschismus, ihre Pervertierung in einen Angst verbreitenden stalinistisch gelenkten Apparat, in dem um ideologischer Zielsetzungen willen Verhöre, Verfolgung, Folter die Menschen zum Verstummen brachten, hat später Herta Müller in ihren Büchern beschrieben, am intensivsten in ihrem Roman *Atemschaukel* (2009), für den sie im gleichen Jahr den Nobelpreis erhielt. Am Beispiel eines ukrainischen Zwangsarbeitslagers, in das Rumäniendeutsche nach 1945 verschleppt wurden, verarbeitet sie eigene Erfahrungen und Erlebnisse des mit ihr befreundeten Oskar Pastior und vergegenwärtigt sowohl den Schrecken als auch die Überlebensstrategien der Inhaftierten mit einer einzigartigen sprachlichen Genauigkeit und Bildkraft. Der Opferperspektive bei Herta Müller steht mit Christa Wolfs fast zur gleichen Zeit unter dem Titel *Stadt der Engel oder The Overcoat of Dr. Freud* (2010) erschienene, um Rechtfertigung bemühte Selbstanalyse die Perspektive einer an die SED Gebundenen gegenüber, die an das Regime der DDR, das doch ebenfalls alle Mittel der Menschenschinderei einsetzte, lange viele Hoffnungen knüpfte und die sich auch in der Retrospektive den eigentlichen Verbrechen dieses Staates nicht stellen konnte.

Neben dem großangelegten, von politischer Leidenschaft erfüllten Werk von Peter Weiss und der erschütternden Klage und Anklage Herta Müllers setzten andere Texte, in denen die politische – und hier wieder, weiter zurückgreifend, die nationalsozialistische – Vergangenheit aufgearbeitet wurde, von vornherein bescheidener an. Zu nennen sind hier vor allem die sogenannten ‚Vaterbücher', die sich mit den schuldhaften Verstrickungen der Väter bzw. der Eltern während des Dritten Reiches beschäftigten – z. B. *Suchbild über meinen Vater* (1980) von Christoph Meckel, *Nachgetragene Liebe* (1980) von Peter Härtling, *Der Verlorene* (1998) von Hans-Ulrich Treichel. Varianten dieses Themas finden sich in *Am Beispiel meines Bruders* (2003) von Uwe Timm oder in *Der Vorleser* (1995) von Bernhard Schlink. Zu weiter ausholenden und ebenfalls Vaterfiguren oder Familienangehörige schildernden Romanen gehören zum Beispiel Walter Kempowskis *Tadellöser & Wolff* (1971), wo, basierend auf Briefen und anderen Dokumenten, am Beispiel einer Familie die Mentalität des Bürgertums zwischen 1938 und 1945 vergegenwärtigt wird, das vor dem Nationalsozialismus die Augen verschließt und sich ins Private zurückzieht, oder Martin Walsers Roman *Ein springender Brunnen* (1998), in dem am Beispiel der Entwicklungsgeschichte eines Jungen dessen Familie und eine süddeutsche Kleinstadtgesellschaft in ihrer opportunistischen Anfälligkeit für die von einigen Wortführern verbreitete Ideologie des Nationalsozialismus vorgeführt wird. Alle diese Bücher waren große Verkaufserfolge – ein Indiz dafür, dass sie ungeklärte Fragen oder sogar Traumata vieler Leser insbesondere aus der Generation der ‚Kriegskinder' angesprochen haben. – Auch Günter Grass arbeitete in seiner – allerdings nicht wie bei Kempowski und Walser biographisch durchsetzten, sondern fiktiven – Novelle *Im Krebsgang* (2002) mit einer Familiengeschichte. Der Ich-Erzähler Paul Pokriefke, unmittelbar nach dem Untergang des Flüchtlingsschiffs ‚Wilhelm Gustloff' in der Ostsee 1945 auf dem begleitenden Torpedoboot geboren, wird von seiner – aus früheren Romanen von Grass bekannten – Mutter Tulla dazu gedrängt, die Geschichte des überbesetzten Schiffs und seines Untergangs schriftstellerisch aufzuarbeiten. Bei seinen Recherchen stößt er im Internet auf die Website ‚blutzeuge', auf der sein eigener Sohn Konny, der virtuell die Rolle des von einem Juden ermordeten Nazis Wilhelm Gustloff angenommen hat, mit einem anderen jungen Mann ‚chattet', der sich in die Rolle des jüdischen Mörders hineinsteigert. Beide können sich von ihren virtuellen Phantasien nicht mehr befreien und spielen bei einem Treffen ihre Rollen in der Realität weiter. Ihr Realitätsverlust führt dazu, dass Konny seinen Widersacher tötet. Der Vater Paul Pokriefke stellt entsetzt fest, dass sein eigner, inzwischen inhaftierter Sohn im Internet von den Neonazis zum faschistischen Märtyrer stilisiert wird. Der detailliert beschriebene Untergang der ‚Wilhelm Gustloff' ist zum Anlass geworden, bewusst zu machen, wie Geschichte missverstanden und missbraucht werden kann und welche Macht das Internet dabei hat.

Mit diesem Brückenschlag in die Gegenwart wird die Gruppe von Texten berührt, die sich zielgerichtet mit den gesellschaftlichen Verhältnissen in der Bundesrepublik befassten. Wenn auch in ihnen die verschwiegene oder nur unzureichend verarbeitete Vergangenheit zur Sprache kam, war sie doch nicht der eigentliche Erzählanlass. Hatte Martin Walser schon in seinen frühen Romanen (vgl. o.) die Anpassung seiner Protagonisten an gesellschaftliche Rollenspiele, die Karrieresucht, die mangelnde moralische Standfestigkeit, das belanglose Gerede usw. herausgestellt und damit ein vernichtendes Urteil über die Lebenswelt der Bundesrepublik abgegeben, so variierte er diese Thematik in seinen folgenden Romanen (z. B. in *Ohne einander*, 1993) nur unwesentlich. Einen hohen Bekanntheitsgrad erlangte seine nach allen Regeln der Kunst gebaute Novelle *Ein fliehendes Pferd* (1978), in der er auf die Präsentation eines gesellschaftlichen Kaleidoskops verzichtete und die Problematik des Rollenspiels und der verlorenen Identität im Privatbereich zweier Ehepaare durchspielte. In seinem Roman *Die Verteidigung der Kindheit* (1991) konzentrierte er sich sogar auf eine einzige ganz im Mittelpunkt stehende Figur, die sich der Verdrängung der Vergangenheit, den Erfolgszwängen in der Gegenwart widersetzt und sich von den Ideologien des Kalten Kriegs zu befreien sucht.

Mit dem umfassenden Einblick in die fragwürdigen bundesrepublikanischen Wertvorstellungen und Verhaltensweisen, wie Walser ihn in seinem Gesamtwerk vermittelt hat, steht er ziemlich allein. Einige Autoren haben in einzelnen Büchern Ähnliches auf ganz andere Weise versucht, Günter Herburger etwa in einer unbekannt gebliebenen Gesellschaftsutopie, der *Thuja*-Trilogie (*Flug ins Herz*, 1977; *Die Augen der Kämpfer* 1980/83; *Thuja*, 1991).

Andere fokussierten den Blick auf gesellschaftliche Teilaspekte oder auf gesellschaftliche Randfiguren bzw. Außenseiter. Dieter Kühn etwa zeigte in *Die Präsidentin* (1975), wie wirtschaftliche Mechanismen manipulativ beeinflusst werden können. Auch wenn dies am Beispiel einer französischen Betrügerin demonstriert wurde, ließen sich die Vorgänge ohne weiteres auf die Bundesrepublik übertragen. Der relativ unbekannt gebliebene Walter E. Richartz entlarvte in seinen Romanen die Gewinnorientierung von Ärzten (*Tod den Ärzten*, 1969), Macht- und Unterdrückungsmechanismen im Arbeitsalltag der Angestellten in seinem *Büroroman* (1976) oder in *Reiters westliche Wissenschaft* (1980) den ganzen Wissenschaftsbetrieb als Jahrmarkt der Eitelkeiten. Alexander Kluge hatte schon 1962 in seinem Erzählungsband *Lebensläufe* in zum Teil bizarren, an einzelnen Figuren aufgehängten Geschichten (man müsste besser sagen: in originell zusammengestellten Daten- oder Spurensammlungen) die desillusionierende Alltagswirklichkeit aufleuchten lassen – beispielsweise in der Erzählung *Korti,* mit der er das deutsche Gerichtswesen verhöhnte. Sein Buch, in dem an den – in der nüchternen Erzählweise des Juristen Kluge aktenkundig gemachten – Verhaltensweisen einzelner Personen gesamtgesellschaftliche Zustände ablesbar wurden, blieb singulär. Aber das Interesse an Lebensgeschichten, und zwar insbesondere an den Geschichten einzelner durch die bürgerlichen Normalität ‚krank' gemachter und aus ihr herausfallender Personen, nahm zu. Die Romane von Dieter Wellershoff sind hier zu nennen, vor allem *Die Schattengrenze* (1969) und *Die Schönheit des Schimpansen* (1971), und die Texte von Hubert Fichte. Ganz anders als der mit Indizien arbeitende Jurist Alexander Kluge, nämlich sprachlich zügellos affektgesteuert, den Jargon von Subkulturen integrierend, beschrieb Fichte in kaleidoskopartigen Ausschnitten Aussteiger aus der Bürgergesellschaft, Anarchisten, Homosexuelle, Drogenabhängige und andere.

Als am Rand der Normalität sich bewegend, verstand sich auch die Studentenbewegung seit dem Ende der 60er Jahre. Nur bestand sie nicht nur aus Aussteigern, sondern mehrheitlich aus Idealisten, die mit emanzipatorischen Anliegen nicht nur die Universität, sondern mit sozialutopischen Programmen die Gesellschaft insgesamt verändern wollten. Dass einige von ihnen, als dies nicht gelang, zu Mitteln der Gewalt, sogar des mörderischen Terrors griffen, hat die gesamte Bewegung desavouiert und zu Gegenmaßnahmen des Staates geführt, auf die auch die Literaten reagierten. Mit den

Entstehungsbedingungen, zu denen die Enttäuschung über das politische Verhalten der Generation der Eltern gehört, und den Anfängen des Protests innerhalb der autoritär strukturierten Universitäten sowie des die Anonymität fördernden Massenbetriebs in ihnen, dem man in die Geborgenheit politischer Gruppierungen entrinnen konnte, beschäftigten sich Uwe Timms *Heißer Sommer* (1974), Bernward Vespers *Die Reise* (1977) und Eva Demskis *Goldkind* (1979) jeweils mit unterschiedlichen Akzentsetzungen. Während Vesper und Demski die Sozialisation der Kinder in den Vordergrund stellten und in ihr den Grund für deren Aufbegehren sahen, konzentrierte sich Timm auf die Erfahrungen seines Protagonisten an der Universität. Gründe für das Scheitern der Bewegung versuchten Peter Schneider in *Lenz* (1973) und wiederum Uwe Timm in *Kerbels Flucht* (1980) zu finden. Alle diese – hier in exemplarischer Auswahl genannten – Texte legten auffällig viel Gewicht auf die psychische Situation ihrer Mittelpunktfiguren, was eine Verlagerung des Interesses der Autoren und Leser auf psychische Befindlichkeiten anzeigte, das in der sogenannten ‚Frauenliteratur', aber nicht nur in ihr, noch deutlicher hervortrat und angesichts der restriktiven politischen Reaktionen auch soziologisch erklärbar ist.

Literatur von Frauen

Erfolgreicher als die Demokratisierungsversuche der 68er waren – blickt man auf die esamtgesellschaftliche Entwicklung – die Emanzipationsbestrebungen der Frauen, die nur lose in die Studentenbewegung eingebunden waren. Denn trotz sexueller Freizügigkeit hielten auch die ‚linken' Studenten durchaus an den alten Rollenzuweisungen fest. Die feministische Bewegung führte anders als in den USA, wo sie längst eingesetzt hatte, in den deutschen Universitätsstädten zunächst eher ein Nischendasein und etablierte sich etwa in feministischen Cafés oder Buchhandlungen, zu denen Männer oft keinen Zutritt hatten. Die Literatur erhielt für den Selbstfindungsprozess feministisch eingestellter Frauen eine wichtige Funktion als Anlass für Gespräche untereinander.

Hatte etwa Gabriele Wohmann in ihren zahlreichen Büchern (insbesondere in ihrem Erzählungsband *Treibjagd*, 1970) immer wieder Frauengestalten geschildert, die unter den Repressionen der Männergesellschaft zu leiden haben und auf ihr defizitäres Privat- und Gefühlsleben schauen, blieb ihr eine Solidarisierung mit feministischen Programmen doch fremd. Auch Ingeborg Bachmann, deren Ich-Erzählerin in *Malina* (1971) mit der fiktiven männlichen Titelgestalt eine Art Selbstgespräch führt und in ihr einen idealen Partner findet, den ihr die Realität, an der sie schließlich zerbricht, mit ihrem Freund Ivan versagt, ließ sich von der feministischen Bewegung nicht vereinnahmen.

Wahren Kultstatus dagegen erlangten unter jungen feministisch eingestellten Frauen Karin Strucks *Klassenliebe* (1973) und Verena Stefans Erzählband *Häutungen* (1975). In Strucks Montage aus Briefen, Tagebucheintragungen etc. ist weniger die Handlung von Belang (Schwierigkeiten einer Studentin an der Universität und Unentschiedenheit zwischen zwei Männern) als der offenherzige, auch Tabus durchbrechende Tonfall, der gleichsam die ‚Betroffenheitsliteratur' ankündigte, die dann von zahllosen Texten anderer Frauen, die auf der Suche nach ihrem ‚Selbst' waren und es im Schreiben zu finden hofften, nachgeahmt wurde. Auch Stefans *Häutungen* sind autobiographische Äußerungen, in denen viel deutlicher als bei Struck den eingeschliffenen Umgangsformen der Männer und vor allem auch ihrem Sprachverhalten Widerstand entgegensetzt wird.

Andere Bücher kamen der feministischen Bewegung zumindest entgegen, obwohl die Autorinnen ihr eher distanziert gegenüberstanden, Christa Reinigs *Entmannung. Die Geschichte Ottos und seiner vier Frauen* (1976) etwa, deren Schwarzer Humor allerdings vielen Leserinnen nicht angemessen erschien (sonst wäre die Erfolglosigkeit dieses Buches nicht zu erklären), vor allem aber die Texte der Österreicherin Elfriede Jelinek, die 2004 mit dem Nobelpreis ausgezeichnet wurde. In *Die Liebhaberinnen* (1975) schlägt sie bereits ihr Lieblingsthema an, das dann in *Lust* (1989) vollkommen entfaltet wird, die sexuelle Ausbeutung der Frauen durch Männer, die ihre Partnerinnen zu Objekten erniedrigen und seelisch verkrüppeln lassen. Ihr einflussreichstes Buch, *Die Klavierspielerin* (1983), vergegenwärtigt die Folgen dieser männlichen Gewalttätigkeit am Beispiel einer Mutter-Tochter-Beziehung, in der die Mutter sich für ihr verpfuschtes Leben an der Seite eines ins Irrenhaus abgeschobenen Mannes an der Tochter rächt, indem sie die mittelmäßig Begabte zur Pianistin zu dressieren versucht. Vor den gleichsam weitergereichten Zwängen, die in der Tochter wirksam werden, flüchtet diese in sexuelle Ersatzhandlungen, die alle Züge des Masochismus tragen. Die Leser(innen) sollten offenbar durch Schocks das Zwangsystem männlicher Herrschaft durchschauen lernen. Darüber sollte man den Kunstcharakter gerade dieses Buches nicht übersehen. Denn die Gesellschaftskritik, die am Beispiel einer kleinbürgerlichen Familie geübt wird und den Zusammenhang von Sexualunterdrückung und Gewalttätigkeit, von Unterwerfung und Herrschaftsgelüsten aufzeigt, ist bei Jelinek immer auch Sprachkritik – die seelischen Deformationen der Figuren verraten sich in ihrem Sprachverhalten; über dem ganzen Text liegt zudem ein Netz von Metaphern, das die Nähe der psychischen Situation von Mutter und Tochter zu faschistoiden Vorstellungen andeutet.[137]

Die Konzentration auf die seelische Verfassung von Protagonistinnen, die ein Merkmal der Literatur von Frauen während der 70er und 80er Jahre war, korrespondierte mit der ‚neuen Innerlichkeit' oder ‚neuen Subjektivität', die sich in dieser Zeit in der Literatur allgemein bemerkbar machte – auch, wie angedeutet, als Reflex auf die Stagnation des gesellschaftlichen Demokratisierungsprozesses, die bei vielen die politischen Energien lähmte, zugleich als Reflex auf die Intimisierung der Lebensverhältnisse, von der eingangs die Rede war (vgl. o., S. 525 f.).

‚Neue Innerlichkeit' (u. a. bei Handke, Bernhard)

Zu einem der prominentesten Vertreter dieser ‚neuen Innerlichkeit' wurde Peter Handke. Seelische Verstörungen waren ein zentrales Thema seiner Prosatexte in den 70er Jahren. Schon in seinem Erstlingsroman *Die Hornissen* (1966) beschrieb er die sich in Fetzen auflösenden Erinnerungen eines ganz auf sich selbst zurückgeworfenen Kriegsblinden. *Die Angst des Tormanns beim Elfmeter* (1970) stellt den Verlust des inneren Gleichgewichts eines ehemaligen Torwarts dar, der in einer Kurzschlusshandlung zum Mörder geworden ist und die Aufdeckung seiner Tat erwartet – wie der Torwart den auf ihn zukommenden Ball. In der Nähe zur ‚Frauenliteratur' dieser Zeit steht *Wunschloses Unglück* (1972), in dem Handke die Lebensgeschichte seiner Mutter als Geschichte einer ständigen Anpassung erzählt. Das Elend der Mutter ist, von ihr selbst gar nicht durchschaut, das Elend einer Frau, deren Erniedrigungen aus gesellschaftlichen, sich auch sprachlich äußernden Zwängen resultieren, denen sie fest verhaftet ist. Individualgeschichte erweitert sich auf diese Weise zur Sozialgeschichte. In seinem vielleicht bekanntesten Roman *Der kurze Brief zum langen Abschied* (1972) steht ein Mann im Mittelpunkt, der auf seiner Fluchtreise aus konventionellen Berufs- und Familiengewohnheiten in die USA nichts von den dortigen gesellschaftlichen Problemen wahrnimmt, sondern egomanisch alles, was ihm begegnet, nur zum Anlass seiner unentwegten Selbstreflexion nimmt und dabei zu einzelnen mystischen Glückerlebnissen findet. Das Zerbrechen eines Menschen an der Routine des Gewohnten, seinen inneren Gleichgewichtsverlust, der in ein Wahnsystem umschlägt, hat Handke besonders entschieden in *Die Stunde der wahren Empfindung* (1975) ins Bild gesetzt. Viele seiner späteren Texte sind nur Varianten dieses Ansatzes, der allein in der Naturbetrachtung und in der Poesie Möglichkeiten der Selbsterfüllung propagiert. Wie wichtig es diesem Autor immer geblieben ist, aus gewohnten Denk- und Kommunikationsmustern auszubrechen, zeigen schließlich auch seine vielfachen Reiseberichte (insbesondere *Eine winterliche Reise zu den Flüssen Donau, Save, Morawa und Drina oder Gerechtigkeit für Serbien*, 1996). Sein Eintreten für Serbien und für Slobodan Milošević hat ihm dabei neue Aufmerksamkeit gesichert.

Der zweite herausragende Autor der ‚neuen Subjektivität' in der Prosaliteratur war Thomas Bernhard, ebenfalls ein Österreicher. Anders als bei Handke begegnen seine

Figuren ihren Verstörungen und ihren Leiden zunehmend mit Formen der Aggressivität. Während in *Frost* (1963) ein Medizinstudent, der seine Begegnung mit einem sich in Wahnvorstellungen bewegenden Maler erzählt, sich dem Sog, der von den Reden des in einer kalten Gebirgslandschaft den seelischen Kältetod erleidenden Kranken ausgeht, noch entziehen kann, wodurch der Roman sein inneres Gleichgewicht behält – ein vergleichbares Erzählmodell wird in *Korrektur* (1975) verwendet –, nimmt in anderen Prosatexten Bernhards das Monologische eines Verstörten überhand. In *Das Kalkwerk* (1970) versucht ein Sonderling nach dem Mord an seiner Frau seinen Lebenssinn in der Isolation eines ungenutzten Kalkwerks zu finden, indem er vergeblich an einer Studie über das Gehör arbeitet, in *Auslöschung* (1986) schlägt ein in Rom lebender Gelehrter das Erbe seiner österreichischen Familie aus und begründet dies in Hasstiraden auf Österreich und seine Vergangenheit. Ausbrüche des Hasses auf Österreich, Vorwürfe, Beschimpfungen vor allem von Geistesgrößen finden sich in besonders amüsanter Dichte in *Alte Meister* (1985). Die in ständiger Wiederholung vorgetragenen Orgien der Wut auf andere und anderes sind allerdings nur der eine Aspekt des in den Texten sich auslebenden Destruktionstriebs dieses Schriftstellers; der andere ist der Selbsthass seiner Protagonisten, die sich selbst zu zerstören, sich ‚auszulöschen' versuchen. Dabei ist nicht kurzschlüssig auf die leidvolle, in autobiographischen Schriften niedergelegte Lebensgeschichte Bernhards zu schließen. Seine Texte sind, wofür nicht zuletzt ihr Schwarzer Humor spricht, trotz ihrer autobiographischen Anteile, Rollenspiele – aus der Distanz dessen geschrieben, der seine Verachtung und sein Klagebedürfnis kunstvoll zu sublimieren versteht.

Neben Handke und Bernhard ist der weniger publikumswirksame Österreicher Gerhard Roth zu nennen, der die Innenwelt psychisch Erkrankter direkt in verqueren Assoziationen vergegenwärtigt und der sich immer mehr denjenigen Bewusstseinsinhalten angenähert hat, die sich der Rationalität entziehen (u. a. *Landläufiger Tod*, 1984; *Die Geschichte der Dunkelheit*, 1991), dabei auch alle gewohnten Erzähltechniken zerbrochen hat. Insofern kann man ihn der Gruppe der ‚Postmodernen' zuordnen, die seit den Jahrzehnten um die Jahrtausendwende das Bild der deutschen Literatur bereichern.

‚Postmoderne' Experimente und ‚spätmoderne' Aufklärung

Um den Begriff der ‚Postmoderne' gibt es viele Diskussionen, aber es besteht insofern Übereinstimmung, dass die Autoren, die sich ihr zugehörig fühlen, einen Sinnzusammenhang der Geschichte, schon gar die Möglichkeit ihrer auf ein ideales Ziel hin gerichteten (und womöglich in Gesetzlichkeiten sich entwickelnden) Aufwärtsbewegung leugnen. Vielmehr sehen sie Geschichte als eine von Zufälligkeiten bestimmte Ereigniskette, die mit Erkenntnis und vernünftigem Handeln zu beeinflussen vergeblich ist. Entsprechend stehen Untergangsszenarien, zumindest Zustände der Verwirrung und des Chaos (aus denen sich durchaus auch komische Effekte erzielen lassen) im Vordergrund. Den ‚Postmodernen' steht die Gruppe der neuerdings unter das Etikett der ‚Spätmoderne' fallenden Autoren gegenüber[138], die weiterhin von der Beeinflussbarkeit der Geschichte ausgehen und von der Möglichkeit, ihr Sinn zu unterlegen. Die Resignierten also sehen sich mit denjenigen konfrontiert, die vom Optimismus der Aufklärung nicht lassen wollen oder sich ihm, pädagogisch orientiert, geradezu verpflichtet fühlen. Beide Haltungen bestimmen konkurrierend die letzten Jahrzehnte seit den 80er Jahren.

Das postmoderne Verständnis von Geschichte hat erzähltechnische Konsequenzen, die meist weit jenseits der Erzählkonventionen liegen, die für die Spätmodernen, die weiterhin von der Funktion der Literatur als einem Instrument der Erkenntnis (und des Vergnügens) überzeugt sind, immer noch gelten, jedenfalls nicht grundsätzlich in Frage gestellt werden. Postmodernes Erzählen verzichtet nicht nur auf klare Handlungsverläufe, sondern stellt auch die Bedeutung von Protagonisten als Vermittlern eines zielgerichteten Lebens zurück. Die Zersplitterung und Fragmentierung der Handlung, falls es überhaupt eine gibt, sowie die Auswechselbarkeit von Figuren werden zu wesentlichen Merkmalen. Wenn die Wirklichkeit als Ansammlung von Zufälligkeiten wahrgenommen wird, ist auch der Bezug auf sie nicht zwingend. Postmoderne Texte sind sich meist selbst genug, ihre Spiele finden innerhalb ihrer eigenen Scheinwelt statt, die Kreativität unterliegt keinem Korrektiv von außen. Die allgemeine Verfügbarkeit der Dinge erstreckt sich auch auf die Literatur. Genres werden vermischt, fremde Text beliebig zitiert (Intertextualität) und assoziativ für neue Zusammenhänge genutzt, die freilich durchaus Nachdenklichkeit auszulösen vermögen.

Wolfgang Hildesheimer etwa, dessen *Marbot* (1981) gemeinhin als Wegbreiter der Postmoderne verstanden wird (auch sein vorangegangener Roman *Masante* (1973) lässt sich schon so betrachten), hat am Beispiel der erdachten Biographie einer fiktiven Gestalt der Kunstgeschichte, der unter Verzicht auf eine spürbar werdende Erzählinstanz durch Fotos, Dokumente, fingierte Zitate etc. Leben eingehaucht wird, nicht nur einen Abschnitt von Kulturgeschichte simuliert, sondern auch auf die Nähe von Tabubruch (der Titelheld und seine Mutter unterhalten zeitweilig eine inzestuöse Beziehung) und künstlerischer Sensibilität verwiesen, die sich in diesem Fall in originellen Bildbetrachtungen und im Nachspüren der Antriebskraft großer Künstler niederschlägt.

Als die wichtigsten Autoren der Postmoderne gelten Christoph Ransmayr, Ingomar von Kieseritzky und Patrick Süskind. Ransmayr wurde durch *Die Schrecken des Eises und der Finsternis* (1987) bekannt, einem der anspruchvollsten und tiefgründigsten Abenteuerromane des 20. Jahrhunderts (vgl. o.). Mehrsträngig werden im Wechsel der Kapitel die Expedition eines Forscherteams in den Polarkreis und der spätere Versuch eines einzelnen geschildert, den Weg der gescheiterten Expedition zu verfolgen. Dem Entdeckungswillen, der den Tod riskiert, steht spiegelbildlich die Todesbereitschaft dessen zur Seite, der diesen Entdeckungswillen verstehen will. Am Ende scheitern beide Abenteuer. Das Expeditionsschiff der Forscher wird im Eis zurückgelassen; und Mazzini, der ‚Nachfahre', verschwindet in der Eiswüste. Die zahlreichen vor Augen geführten Grenzsituationen offenbaren, wie dünn die zivilisatorische Decke ist, die über der Triebnatur der Menschen liegt. Die durch einen Ich-Erzähler vorgenommene Verschachtelung der Dokumente und Materialien, die Auskunft über beide Abenteuerfahrten geben, seine Kommentare über sie und seine Tätigkeit des Ordnens verweisen auf die Wiederkehr des Immergleichen, auf die Sinnlosigkeit hochfahrender Pläne, die in der Selbstvernichtung enden. – Diesen pessimistischen Blick behielt Ransmayr auch in seinem bekanntesten Roman, *Die letzte Welt* (1988), bei. Wie *Die Schrecken des Eises und der Finsternis* wirkt er wie eine Illustration ‚postmoderner' Erzähltheorie. Auch in ihm macht sich ein einzelner – Cotta ist ein zweiter Mazzini – auf eine Entdeckungsfahrt, die freilich ein ganz anderes Ziel hat als die des vorangegangenen Textes. Cotta sucht den Verbannungsort des römischen Dichters Publius Ovidius Naso am Schwarzen Meer und sein Hauptwerk, die *Metamorphosen*. So wie Ovid in der Steinwüste verschwunden ist, wird auch Cotta bei seinem Suchen und nach manchen Begegnungen mit Gestalten, die den *Metamorphosen* entsprungen sind, darin verschwinden. Zeichnet Ovid in seinem Werk den Weg des Menschen in einer Aufwärtsbewegung (bis hin zum Goldenen Zeitalter des Augustus), so stellt Ransmayr eine Abwärtsbewegung dagegen. Am Ende steht kein Goldenes Zeitalter, sondern der Wahnsinn in einer Wüste aus Steinen. Auch in diesem Roman zielt die Präsentation des Stoffes darauf, dem Leser die Vergleichbarkeit der Zeiten zu verdeutlichen. Deren Austauschbarkeit wird durch Anachronismen (Kino, Mikrophon in der römischen Zeit) signalisiert, wodurch so etwas wie ein neues zeitliches Universum entsteht, in dem gerade noch die Raumgrenzen eingehalten werden. Und das umdeutende Spiel mit den Texten Ovids, dessen Figuren sich bei Ransmayr ins Gegenteil ihrer ursprünglichen Bedeutungen verkehren, versucht jegliche Sinnsuche ad absurdum zu führen. – Ransmayr hat seine Untergangsvisionen auch in seinen späteren Büchern weitergeführt, von denen der Roman *Morbus Kitahara* (1995) hervorgehoben sei, in dem ein düsteres, von Willkür,

Elend, Gewalt und Tötungen beherrschtes Bild eines Landes entworfen wird, in dem man ein Deutschland nach dem 2. Weltkrieg erkennen mag, wie es hätte enden können, wenn zumal die Amerikaner, die im Roman eine Rolle spielen, den wirtschaftlichen und politischen Wiederaufbau nicht gefördert hätten.

Der Roman *Das Buch der Desaster* (1988) von Ingomar von Kieseritzky verrät schon im Titel, dass es auch diesem Autor um Katastrophenschilderungen zu tun ist. Sein Ich-Erzähler stellt – sehr belustigend, aber durch die Reihung auch ermüdend – private, sexuelle, berufliche Abstürze nebeneinander. Auch wenn dies keine durchgängige Handlung ergibt, ist doch durch die Erzählerfigur, die allerdings mehr Funktionsträger als Persönlichkeit ist, und das alle Episoden verbindende Motiv des Desasters eine gewisse Geschlossenheit gewährleistet. Entschiedener ‚postmodern' – auch wenn der Verfasser diesen Anspruch gar nicht erhebt – wurde Kieseritzky in seinem Roman *Der Frauenplan. Etüde für Männer* (1991). Auch in ihm spricht ein Erzähler über erlebte Debakel, dabei Autoren der Vergangenheit zitierend, also ‚intertextuell' spielend, um zu zeigen, dass Persönlichkeitsentwicklung, aufgeklärte Mündigkeit, Lebensplanung und Orientierung an gültigen Wertvorstellungen nicht mehr möglich sind (wobei man fragen kann, ob nicht gerade das in aufklärerischer Absicht geschieht).

Die bei Ransmayr und Kieseritzky wirksamen Destruktionsenergien bestimmen auch Patrick Süskinds Roman *Das Parfum* (1985), der, millionenfach verbreitet, in ca. 30 Sprachen übersetzt worden ist. Im Mittelpunkt steht der über einen phänomenalen Geruchssinn verfügende Autist Grenouille, der, selbst ohne Eigengeruch (im übertragenen Sinn: ohne Ich-Identität), in der Lage ist, die außergewöhnlichsten Parfums zu kreieren. Um die Geruchsaura junger Mädchen in seine Essenzen destillieren zu können, wozu er ihre Haut benötigt, wird er zum Massenmörder. Sich ständig verbergend, unter anderem in einer Höhle, in der er sieben Jahre in völliger Vereinsamung vegetiert, wird er schließlich überführt. Vor seiner Hinrichtung bestäubt er die gaffende Menge mit einem Extrakt, der gleichsam die Quintessenz aller seiner Morde ist, und löst damit einen allgemeinen Taumel der Verzückung aus, dem selbst der Vater seines letzten Opfers verfällt. Es gelingt ihm, nach Paris zu fliehen, wo er unter Clochards sein eigenes Ende inszeniert. In einem von seinem Parfum ausgelösten Rausch wird er von ihnen kannibalisch zerrissen und verspeist, was anschließend sogar die zeitweilig zu ‚Hyänen' Verwandelten schockiert. – Auch Süskind nutzt und mischt Motive verschiedener Genres (des Historischen Romans, des Künstlerromans, der Verbrechensgeschichte, des Schauerromans), auch er bedient sich verschiedener literarischer Vorbilder. Unverkennbar ist die Anlehnung an E. T. A. Hoffmanns Novelle *Das Fräulein von Scudéri*, die Künstlertum und Verbrechen zueinander in Beziehung setzt, oder auch an Thomas Manns Erzählung *Mario und der Zauberer*, in der die Kunst als Mittel der Demagogie eingesetzt wird. Derartige Anspielungen wie auch stilistische Übernahmen, die es in der Literaturgeschichte schon immer gegeben hat, werden heute modisch als ‚Intertextualität' hervorgehoben. Süskind nutzt sie, um Reflexionen über die Wirkung von Kunst (hier: des kunstvoll hergestellten Parfums) auf die Massen auszulösen. Ungeklärt bleibt die Frage, warum sein Roman, der in einer Vernichtungsorgie endet, derartig viele Leser faszinieren konnte. Ist der Erfolg dieses Romans der Beleg dafür, dass man mit bestimmten Mitteln den massenhaften Konsum eines Textes manipulieren kann? Tatsächlich dürfte für den Welterfolg Süskinds entscheidend sein, dass er mit Extremen arbeitet, die besonders starke Emotionen auslösen: Dem außergewöhnlichen, geradezu überhöhten Verbrecher, der ‚unvorstellbare', kunstvolle Leistungen vollbringt, steht seine alle zivilisatorischen Gepflogenheiten durchbrechende Bestrafung durch das Volk selbst gegenüber. Dass der Roman über die von der Trivial- und Unterhaltungsliteratur üblicherweise hervorgerufenen Emotionen hinaus tief beunruhigend wirkt, weil er die tödliche Gewalt der Massensuggestion durch den schönen Schein (hier: den schönen Geruch) eindrücklich in ein Bild setzt, das man durchaus auch auf den politischen Totalitarismus und seine Mittel der Verführung und Entfesselung der Massen beziehen kann, macht seine besondere künstlerische Qualität aus.

Neben den ‚postmodernen' Erzählern haben während der letzten Jahrzehnte auch weiterhin – hier ebenfalls nur exemplarisch hervorzuhebende – Autoren geschrieben, die der sogenannten ‚Spätmoderne' (vgl. o.) zuzuordnen sind, also deutlicher am optimistischen ‚Projekt der Aufklärung' festhalten.

Unter ihnen sind einige, die nach der Wiedervereinigung kritisch auf die DDR-Vergangenheit zurückblickten. Monika Maron verknüpfte in *Stille Zeile sechs* (1991) mit den Fragen ihrer Protagonistin an einen uneinsichtigen kommunistischen Altfunktionär, der, in die Ecke gedrängt, schließlich an Herzversagen stirbt, die politische Auseinandersetzung mit einem Tochter-Vater-Konflikt (insofern ist dieser Text auch eine Variante der sogenannten ‚Vaterbücher' junger Autoren [vgl. o.], die sich mit der Verstrickung ihrer Väter in die Nazi-Diktatur befassten). Die Frage, warum die Verfolgten des Dritten Reiches später in der DDR selbst zu Verfolgern Andersdenkender werden konnten, spielt ebenso in die ‚Familiengeschichte' *Pawels Briefe* hinein, die Monika Maron 1999 veröffentlichte. – Erinnerungsarbeit leistet auch Uwe Tellkamp in seinem vielbeachteten Roman *Der Turm. Geschichte aus einem versunkenen Land* (2008), in dem – vorrangig durch eine Montage der Perspektiven von drei Mitgliedern der Familie Hoffmann – zunächst der Rückzug des in der DDR lebenden Bildungsbürgertums in ein kulturelles Innenleben vergegenwärtigt wird, bis seine isolierte Welt in den späten 80er Jahren durch Denunziation und wachsenden politischen Widerstand gegen das SED-Regime aufgebrochen wird. Neben die Veranschaulichung dieser bildungsbürgerlichen, auf dem Weißen Hirsch in Dresden lebenden Gesellschaftsschicht stellt Tellkamp die Erfahrungen seiner Hauptfigur Christian Hoffmann in der Nationalen Volksarmee. In schmuckloser Prosa wird hier die Realität der Anpassung, des Misstrauens, der Schikanen und Bestrafungen eingefangen (Tellkamp selbst war Panzerkommandant in der NVA), die das autoritäre Regime der DDR entlarven und vielen Lesern nachträglich den Blick für die Verhältnisse dieses Staates zu öffnen vermögen. Der Titel des Romans ist reich an Anspielungen: Er bezeichnet das Dresdner Zuhause der Familie Hoffmann und verweist auf ihr Leben in einem Elfenbeinturm; er ist auch ein Hinweis auf die Turmgesellschaft im *Wilhelm Meister*, die bei Goethe den Elfenbeinturm verlassen und eingreifende Verantwortung für andere übernommen hat.

Einen weiteren Horizont als diese auf die ehemalige DDR fokussierten, aber die deutsche Einheit mitbedenkenden Bücher von Maron und Tellkamp eröffneten beispielsweise Texte von Schädlich und Grass. Der aus der DDR ausgesiedelte Hans-Joachim Schädlich, der durch seine in *Versuchte Nähe* (1977) zusammengefassten, sich kritisch mit der Alltagswirklichkeit der DDR auseinandersetzenden Prosastücke bekannt geworden war, hat in seinem Roman *Tallhover* (1986) mit seinem gleichnamigen Protagonisten, einem Mitglied der ‚politischen Polizei', eine durch die Jahrhunderte wandernde Kunstfigur erfunden, den Prototyp des obrigkeitsgläubigen, gehorsamen Staatsdieners, der sowohl dem preußischen König wie dem deutschen Kaiser, sowohl den Nazis wie dem Parteiapparat der DDR willfährig ist und Aussteiger aus dem jeweiligen System denunziert und verfolgt. Das Autoritätssyndrom der Deutschen, das Schädlich mit diesem Einfall satirisch entlarvt, haben andere Autoren auf andere Weise beleuchtet. Wo Schädlich abstrahierend das Gemeinsame sieht, das sich durch die verschiedenen Gesellschaftssysteme zieht, löst Grass in *Mein Jahrhundert* (1999) die Geschichte in 99 Episoden auf, die jeweils ein Jahr des 20. Jahrhunderts wie in einem Brennspiegel charakterisieren. Zuvor hatte er in seinem Roman *Ein weites Feld* (1995), der die Reflexionen zweier Männer über die deutsche Geschichte und deutsche Geschichten zwischen 1848 und der Gegenwart des wiedervereinigten Deutschland vorführt, auf Schädlichs Roman Bezug genommen und einen der Gesprächspartner Hoftaller genannt, eine ebenfalls zwielichtige Gestalt, während der andere, der den Spitznamen Fonty trägt, den ständig im Munde geführten Fontane wiederbelebt. *Mein Jahrhundert* ist ein Buch von ‚Geschichten über Geschichte' und steht damit in der Tradition der Kalendergeschichten seit Johann Peter Hebel, in denen Geschichte von unten her, von den sie Erfahrenden oder Erleidenden, den Beobachtern, Mitläufern, Opfern, gesehen wird (vgl. II). Durch dieses literarische Kaleidoskop ziehen sich verschiedene Stränge wiederkehrender Motive, die anschauliche Vorstellungen von ‚erlittener' politischer Wirklichkeit vermitteln und dabei auch parallelisieren – Erlebnisse während beider Weltkriege, die Judenverfolgung, die Rolle der Medien in der Nachkriegsgesellschaft, usw. – Seinen provokantesten politischen Roman veröffentlichte Grass bereits 1986. *Die Rättin* lässt sich ebenso als ‚postmodern' wie als ‚spätmodern' bezeichnen und macht die geringe Ergiebigkeit solch begrifflicher Etiketten evident. Das Buch belebt die Vision vom Untergang der Menschheit, deren atomare Selbstvernichtung nur die Ratten überleben. Die erträumten Gespräche des Erzählers, des Visionärs, mit einer Rättin werden von verschiedenen Handlungssträngen durchflochten, die als Vorausdeutungen des bevorstehenden Endes des Menschengeschlechts gelesen werden können, so etwa die verlorene Kraft der Märchen, die vergebliche Suche von Frauen nach einem Ort für weibliche Selbstverwirklichung, der Verlust utopischen Denkens in restaurativer Politik, usw. Diese Handlungsstränge vermischen sich zu einem Bild vollkommener Konfusion, einer aus den Fugen geratenen Welt, in der auch Figuren aus früheren Werken des Autors neue Rollen übernommen haben. Dies ist zweifellos eine ‚postmoderne' Erzählweise; dennoch bleibt der aufklärerische Impetus erhalten. Der Roman ist ein ‚Warnbuch', das die Apokalypse beschwört, um sie aufzuhalten. Dem wahrscheinlichen Untergang der Menschheit wird – als Traum des Visionärs – am Ende Solidarität und Friedfertigkeit entgegengesetzt.

7.10. Die ‚Dritte-Welt'-Literatur

Die Öffnung des Blicks über deutsch-deutsche Probleme hinaus hatte sich auch bei einigen anderen namhaften Autoren schon seit den 80er Jahren dadurch angekündigt, dass die ‚Dritte Welt' in ihren Blick rückte. Im Unterschied zu den Schriftstellern der Exotismus-Bewegung zu Beginn des 20. Jahrhunderts (vgl. o.) kennen die heute Schreibenden die ‚Fremde' aus eigener Anschauung. Allerdings ist die Motivation, über sie zu schreiben, bei manchen von ihnen mit der Motivation ihrer Vorläufer Generationen zuvor durchaus vergleichbar. Die Protagonisten eines Bodo Kirchhoff (*Zwiefalten*, 1983), Franz Xaver Kroetz (*Nicaragua Tagebuch*, 1985) oder Uwe Timm (*Der Schlangenbaum*, 1986) reisen nicht aus politischen Gründen in die ‚Dritte Welt', sondern weil sie mit den heimatlichen Lebensverhältnissen unzufrieden sind, also aus einem Fluchtimpuls heraus, der auch die Texte des Jahrhundertbeginns bestimmte. Kirchhoffs Held flieht vor dem Gefühl seiner inneren Leere; bei

Kroetz leidet der alternde Protagonist an seiner künstlerischen Schaffenskrise; Timms Hauptfigur ist der Arbeitsverhältnisse in Deutschland und seines entfremdeten Familienlebens überdrüssig. Gemeinsam ist diesen Figuren ihr Glücksverlangen. Es zentriert sich in den Texten vor allem um sexuelle Befriedigungen. Von ihrer erotischen Faszination versprechen sie sich alle Befreiung und seelische Regeneration. Aber diese zumal bei Kirchhoff und Kroetz ausführlich dargestellte Faszination geht mit dem Desinteresse an der Personalität der Frauen einher, was Kroetz immerhin mehrfach selbstkritisch durchschaut.

Der Eurozentrismus der Texte schlägt sich auch bei der Betrachtung der politischen Verhältnisse nieder. Obwohl sie dem Leser besonders von Kroetz kenntnisreich vermittelt werden, engagiert sich keiner der Romanhelden, die sich auch als Kritiker noch überlegen fühlen, an ihren Aufenthaltsorten Äthiopien, Mittel- und Südamerika nachhaltig für die Belange der Einheimischen; Zukunftsperspektiven werden nicht entwickelt. Die Europäer haben ihre Rückfahrkarten in der Tasche. Nur bei Timm endet der Roman in einer surrealen apokalyptischen Vision.

Anders erscheint die ‚Dritte Welt' in Texten von Hubert Fichte, Gudrun Pausewang und Günter Grass. Fichte bemühte sich (u. a. in *Xango*, 1976) um ein intensives Verständnis der afroamerikanischen Kulturen und hob deren Authentizität hervor. Pausewang verdeutlichte in *Die Freiheit des Ramon Acosta* (1981) und in *Kinderbesuch* (1984), wie völlig fremd sich die Mentalitäten der nördlichen und südlichen Hemisphäre gegenüberstehen. Grass verarbeitete seine Erfahrungen in Calcutta während eines fast einjährigen Aufenthalts dort in *Zunge zeigen* (1988), einem Prosatext, dem Zeichnungen und ein Gedicht angefügt sind. Zuvor hatte er nach zwei Asien-Reisen das Thema ‚Dritte Welt' literarisch schon in einem Kapitel von *Der Butt* (1977) und in *Kopfgeburten oder Die Deutschen sterben aus* (1980) angeschlagen. Der Titel *Zunge zeigen* verweist auf die indische Sage, nach der die Göttin Kali, Sinnbild des Zerstörerischen, in ihrer Mordlust jäh innehält, als sie den Fuß schon auf Shiva, ihr männliches Gegenbild, gesetzt hat und dabei die Zunge herausstreckt, was in Indien als Geste der Scham gilt. Die Scham, die Beschämung des aufgeklärten Europäers durchzieht den gesamten Text. Grass wollte nicht nur Reisender sein, der mit innerer Distanz das Elend einer indischen Großstadt betrachtet, sondern sich ihm aussetzen, sich an das Elend ‚gewöhnen', indem er in seiner Mitte ‚wohnte'. Sein Text oszilliert zwischen seiner Haltung als Beobachter, als Zeichner, und dem Impuls, sich den Begleiterscheinungen der Armut und der Krankheit, dem Schmutz und Gestank, dem „menschlichen Brei" ganz auszusetzen. Dabei erfährt er das Unzulängliche seines aufgeklärten Wirklichkeitsverständnisses, wobei er insbesondere die instrumentalisierte Form der Aufklärung im Sinn hat, den technischen Fortschritt und die dem gehobenen Lebensstandard geltenden Ansprüche der nördlichen Hemisphäre, die er in einen kausalen Zusammenhang mit der Ausbeutung des Südens stellt. Die Scham über dieses Unrecht, so scheint es, ist für ihn nur mit dem Selbstverlust auszuhalten. Auch dieses Buch endet, im Gedicht, mit der Vision einer Sintflut. Doch auch in ihr, die den sinnlosen Fortschritt wegspült, behaupten sich noch Lebenswille und Überlebenshoffnung. Wie Kali, die in ihrer Zerstörungswut innehält und die Zunge zeigt (wie Einstein, der den Journalisten, also der Öffentlichkeit, die Zunge zeigt – Grass selbst stellt diese Verbindung her), bleibt die Hoffnung, dass die Scham das inhumane Treiben noch aufhalten kann.

8. Schlussbemerkung

Im Rückblick auf die letzten Jahrzehnte der deutschen Literatur erweist sich der herbeigeredete Gegensatz von Postmoderne und Spätmoderne letztlich als ein Scheinproblem. Denn ebenso wie sich die Autoren, die aufklärende Wirkungen erzielen wollen, formalen Experimenten, sofern sie der Veranschaulichung ihrer Absichten dienen, nicht verschließen (man denke an G. Grass), so wenig wird man etwa bei Ch. Ransmayr oder P. Süskind übersehen können, dass ihre Bücher sehr wohl Erkenntnisgewinne vermitteln. Auffällig ist der pessimistische Grundzug, der die um die Jahrtausendwende entstandene gehobene Literatur durchzieht. Auch die Rückkehr zu historischen Stoffen und deren Beliebtheit bei den Lesern spricht für eine vorherrschende Resignation, an den gesellschaftlichen Gegebenheiten etwas ändern zu können. Vergangenheitsbewältigung und Erinnerungsbilder schieben sich vor Zukunftsgestaltungen.

Dieser pessimistische Grundzug und vor allem auch das Verfangensein in privaten Konfliktlagen und Entfremdungsgefühlen, entspricht den gegenwärtigen, zu Beginn des Kapitels skizzierten Grundzügen der allgemeinen Lebensführung, die von der Zielvorstellung der Selbstverwirklichung – mit den entsprechenden Folgen für die Wahrnehmung der öffentlichen Angelegenheiten – bestimmt ist.

Nicht nur die reine Unterhaltungsliteratur richtet sich immer stärker nach der Bedürfnis- und Interessenlage des Publikums. Befördert wird der Trend zur Anpassung an den Geschmack der ‚vielen' durch das ‚Medienverbundsystem', das um der audiovisuellen Weiterverwendung der Texte willen deren leichte Eingängigkeit und, um möglichst hohe Aufmerksamkeit zu erzielen, auch die Anhäufung von Sensationseffekten und Tabubrüchen wünscht. So kommen viele Belanglosigkeiten ins

Gespräch, die literarhistorisch kaum von Bedeutung sind, sondern nur einen Einblick in unsere oberflächliche Medienkultur geben, in der man sich der gedanklichen Anstrengung und Vertiefung am liebsten entzieht.

Bibliographie

Die Bibliographie strebt keine Vollständigkeit an, sondern verzeichnet weiterführende Werke, die zum Selbststudium geeignet sind. Weitere Literaturangaben, zumal zu den einzelnen Autoren und ihren Texten, finden sich in den Anmerkungen.

1. Nachschlagewerke

Arnold, Heinz Ludwig (Hg.): KLG. Kritisches Lexikon zur deutschsprachigen Gegenwartsliteratur, München 1978 ff. (Loseblattsammlung).

Fischer Lexikon Literatur, hg. v. Ulf Ricklefs, Frankfurt/M 1996.

Killy Literaturlexikon. Autoren und Werke des deutschsprachigen Kulturraums, begr. von Walther Killy, hg. von Wilhelm Kühlmann, Berlin/New York, 2008 ff.

Kindlers Literatur Lexikon. 3. völlig neu bearbeitete Auflage, hg. v. Heinz Ludwig Arnold, 18 Bde., Stuttgart/Weimar 2009.

Literatur Brockhaus, Der: Mannheim 1988.

Metzler Lexikon Autoren. 4. aktualisierte u. erweiterte Auflage, hg. von Bernd Lutz u. Benedikt Jeßing, Stuttgart 2010.

Seeßlen, Georg u. Kling, Bernd: Unterhaltung. Lexikon zur populären Kultur, 2 Bde, Reinbek 1977.

Weimar, Klaus (Hg.), Reallexikon der deutschen Literaturwissenschaft. Neubearbeitung des Reallexikons der deutschen Literaturgeschichte, Berlin/New York 1997 ff.

2. Epochenübergreifende Literaturgeschichten

Auerbach, Erich: Mimesis. Dargestellte Wirklichkeit in der abendländischen Literatur, Bern/München [1946], ^{3}1964.

Autorenkollektiv (Hg.), Geschichte der deutschen Literatur, 12 Bände, Berlin [DDR] 1961 ff.

Best, Otto F./Schmitt, Hans-Jürgen (Hgg.): Die deutsche Literatur. Ein Abriß in Text und Darstellung, 16 Bände, Stuttgart 1976–1981.

Beutin, Wolfgang u. a.: Deutsche Literaturgeschichte. Von den Anfängen bis zur Gegenwart, Stuttgart, Weimar ^{7}2008.

Borries, Erika v./Borries Ernst v. (Hgg.): Deutsche Literaturgeschichte vom Mittelalter bis zur Gegenwart, 12 Bde., München 191 ff. (verschiedene Verfasser).

Brauneck, Manfred: Die Welt als Bühne. Geschichte des europäischen Theaters, 4 Bde., Stuttgart/Weimar, Bd. 1: 1993; Bd. 2: 1996; Bd. 3: 1999; Bd. 4: 2003.

Brenner, Peter J.: Neue deutsche Literaturgeschichte. Vom ‚Ackermann' zu Günter Grass, Tübingen 1996. (3, überarbeitete und erweiterte Auflage, Berlin/New York 2011.)
Brinker-Gabler, Gisela (Hg.): Deutsche Literatur von Frauen, 2 Bde., München 1988.
Geschichte der deutschen Literatur von den Anfängen bis zur Gegenwart, begründet von Helmut de Boor und Richard Newald (noch nicht abgeschlossen) (Einzeltitel vgl. u.).
Glaser, Horst Albert (Hg.): Deutsche Literatur. Eine Sozialgeschichte, 10 Bde., Reinbek 1982 ff.
Gnüg, Hiltrud/Mörmann, Renate (Hgg.): Frauen Literatur Geschichte. Schreibende Frauen vom Mittealter bis zur Gegenwart, Stuttgart ²1989.
Grimminger, Rolf/Fischer, Ludwig/Schmitt, Hans-Jürgen/Briegleb, Hans-Jürgen/Weigel, Sigrid (Hgg.): Hansers Sozialgeschichte der deutschen Literatur vom 16. Jahrhundert bis zur Gegenwart, 12 Bde., München 1986 ff.
Hauser, Arnold: Sozialgeschichte der Kunst und Literatur, München 1953.
Nusser, Peter: Deutsche Literatur. Eine Sozial- und Kulturgeschichte. Vom Mittelalter bis zur Frühen Neuzeit, Darmstadt 2012 a.
Plaul, Hainer: Illustrierte Geschichte der Trivialliteratur, Hildesheim/Zürich/New York 1983.

3. Literatur zum 17. Jahrhundert (Zeitalter des Barock)

a) Literatur zur Sozial- und Kulturgeschichte

Alewyn, Richard/Sälzle, Karl: Das große Welttheater. Die Epoche der höfischen Feste in Dokument und Deutung, Reinbek 1959.
Barner, Wilfried: Barockrhetorik. Untersuchungen zu ihren geschichtlichen Grundlagen, Tübingen ²2002.
Dülmen, Richard van: Theater des Schreckens. Gerichtspraxis und Strafrituale in der frühen Neuzeit, München 1985.
Elias, Norbert: Die höfische Gesellschaft, Darmstadt/Neuwied 1969.
Freund, Winfried: Abenteuer Barock. Kultur im Zeitalter der Entdeckungen, Darmstadt 2004.
Hoppe, Stephan: Was ist Barock? Architektur und Städtebau Europas 1580–1770, Darmstadt 2003.
Kühlmann, Wilhelm: Gelehrtenrepublik und Fürstenstaat. Entwicklung und Kritik des deutschen Späthumanismus in der Literatur des Barockzeitalters, Tübingen 1982.
Münch, Paul: Das Jahrhundert des Zwiespalts. Deutsche Geschichte 1600–1700, Stuttgart 1999.

b) Literaturgeschichtliche und gattungspoetische Untersuchungen

Alt, Peter André: Von der Schönheit zerbrechender Ordnungen. Körper, Politik und Geschlecht in der Literatur des 17. Jahrhunderts, Göttingen 2007.
Barner, Wilfried: Barockrhetorik. Untersuchungen zu ihren geschichtlichen Grundlagen, Tübingen ²2002.

Burgard, Peter J. (Hg.): Barock – neue Sichtweisen einer Epoche, Wien/Köln/Weimar 2001.
Burschel, Peter: Sterben und Unsterblichkeit. Zur Kultur des Martyriums in der frühen Neuzeit. München 2004.
Emrich, Wilhelm: Deutsche Literatur der Barockzeit, Königstein 1981.
Lausberg, Heinrich: Handbuch der literarischen Rhetorik. Eine Grundlegung der Literaturwissenschaft, Stuttgart ^{3}1990.
Maler, Anselm/San Miguel, Ángel/Schwaderer, Richard: Theater und Publikum im europäischen Barock, Frankfurt/M. u. a. 2002.
Meid, Volker: Barocklyrik, Stuttgart 1986.
Meid, Volker: Der deutsche Barockroman, Stuttgart 1974.
Niefanger, Dirk: Barock, Stuttgart/Weimar 2000.
Segebrecht, Wulf: Das Gelegenheitsgedicht. Ein Beitrag zur Geschichte und Poetik der deutschen Lyrik, Stuttgart, 1977.
Szyrocki, Marian: Die deutsche Literatur des Barock. Eine Einführung, Stuttgart 1979.

4. Literatur zum 18. Jahrhundert

a) Literatur zur Sozial- und Kulturgeschichte

Adam, Wolfgang (Hg.): Geselligkeit und Bibliothek. Lesekultur im 18. Jahrhundert, Göttingen 2005.
Dülmen, Richard van: Die Gesellschaft der Aufklärer. Zur bürgerlichen Emanzipation und aufklärerischen Kultur in Deutschland, Frankfurt/M. 1986.
Fertig, L.: Die Hofmeister. Ein Beitrag zur Geschichte des Lehrerstands und der bürgerlichen Intelligenz, Stuttgart 1979.
Friedrich, Hans-Edwin u. a. (Hgg.): Bürgerlichkeit im 18. Jahrhundert, Tübingen 2006.
Habermas, Jürgen: Strukturwandel der Öffentlichkeit. Untersuchungen zu einer Kategorie der bürgerlichen Gesellschaft, Neuwied/Berlin 1962.
Kiesel, Helmuth/Münch, Paul: Gesellschaft und Literatur im 18. Jahrhundert. Voraussetzungen und Entstehung des literarischen Marktes in Deutschland, München 1977.
Koselleck, Reinhart: Kritik und Krise. Ein Beitrag zur Pathogenese der bürgerlichen Welt, Freiburg/München 1959.
Oellers, Norbert/Steegers, Robert: Weimar. Literatur und Leben zur Zeit Goethes, Stuttgart 2009.
Peter, Emanuel: Geselligkeiten. Literatur, Gruppenbildung und kultureller Wandel im 18. Jahrhundert, Tübingen 1999.
Ries, Klaus (Hg.): Zwischen Hof und Stadt. Aspekte der kultur- und sozialgeschichtlichen Entwicklung der Residenzstadt Weimar um 1800, Weimar/Jena 2007.
Schön, Erich: Der Verlust der Sinnlichkeit oder Die Verwandlungen des Lesers. Mentalitätswandel um 1800, Stuttgart 1987.
Stollberg-Rilinger, Barbara: Europa im Jahrhundert der Aufklärung, Stuttgart 2000.
Wehler, Hans-Ulrich: Deutsche Gesellschaftsgeschichte. Bd. 1: Vom Feudalismus des Alten Reiches bis hin zur Defensiven Modernisierung der Reformära 1700–1815, München 1987.

Winckler, Lutz: Autor-Markt-Publikum. Zur Geschichte der Literaturproduktion in Deutschland, Berlin 1986.

b) Literaturgeschichtliche und gattungspoetische Untersuchungen

Alt, Peter André: Aufklärung. Lehrbuch Germanistik, Stuttgart/Weimar 1996.
Alt, Peter André: Tragödie der Aufklärung. Eine Einführung, Tübingen/Basel, 1994.
Anderegg, Johannes: Schreibe mir oft! Zum Medium Brief zwischen 1750 und 1830, Göttingen 2001.
Borchmeyer, Dieter: Weimarer Klassik. Portrait einer Epoche. Neuausgabe: Weinheim 1994.
Brenner, Peter J.: Die Krise der Selbstbehauptung. Subjekt und Wirklichkeit im Roman der Aufklärung, Tübingen 1981.
D'Aprile, Iwan-Michelalgelo/Siebers, Wolfgang: Das 18. Jahrhundert. Zeitalter der Aufklärung, Berlin 2008.
Engelsing, Rolf: Der Bürger als Leser. Lesergeschichte in Deutschland 1500 bis 1800, Stuttgart 1974.
Ewers, H.-H. (Hg.): Kinder- und Jugendliteratur der Aufklärung, Stuttgart 1980.
Greiling, Werner/Schulz Franziska (Hgg.): Vom Autor zum Publikum. Kommunikation und Ideenzirkulation um 1800, Bremen 2010.
Hentschel, Uwe: Studien zur Reiseliteratur am Ausgang des 18. Jahrhunderts. Autoren-Formen-Ziele, Frankfurt/M. 1999.
Hofmann, Michael: Aufklärung. Tendenzen-Autoren-Texte, Stuttgart, 1999.
Korff, Hermann August: Geist der Goethezeit. Versuch einer ideellen Entwicklung der klassisch-romantischen Literaturgeschichte, 4 Bde., Leipzig 1953.
Koschorke, Albrecht: Körperströme und Schriftverkehr. Mediologie des 18. Jahrhunderts, München 1999.
Luserke, Matthias: Sturm und Drang. Autoren-Texte-Themen, Stuttgart 1997.
Martens, Wolfgang: Die Botschaft der Tugend. Die Aufklärung im Spiegel der Moralischen Wochenschriften, Stuttgart ^{2}1971.
Mauser, Wolfram: Konzepte aufgeklärter Lebensführung. Literarische Kultur im frühmodernen Deutschland, Würzburg 2000.
Safranski, Rüdiger: Goethe und Schiller. Geschichte einer Freundschaft, München/Wien 2009.
Sauder, Gerhard: Empfindsamkeit. Bd. 1: Voraussetzungen und Elemente, Stuttgart 1974.
Scheuer, H.: Biographie. Studien zur Funktion und zum Wandel einer literarischen Gattung vom 18. Jahrhundert bis zur Gegenwart, Stuttgart 1979.
Schings, Hans-Jürgen (Hg.): Der ganze Mensch. Anthropologie und Literatur im 18. Jahrhundert, Stuttgart 1994.
Schings, Hans-Jürgen: Melancholie und Aufklärung. Melancholiker und ihre Kritiker in Erfahrungsseelenkunde und Literatur des 18. Jahrhunderts, Stuttgart 1977.
Schulz, Gerhard: Die deutsche Literatur zwischen Französischer Revolution und Restauration, 2 Bde., München ^{2}2000.
Söhn, Gerhart: Frauen der Aufklärung und Romantik. Von der Karschin bis zur Droste, Düsseldorf 1998.
Wegmann, Nikolaus: Diskurse der Empfindsamkeit. Zur Geschichte eines Gefühls in der Literatur des 18. Jahrhunderts, Stuttgart 1988.

5. Literatur zum 19. Jahrhundert

a) Literatur zur Sozial- und Kulturgeschichte

Glaser, Hermann: Die Kultur der wilhelminischen Zeit. Topographie einer Epoche, Frankfurt/M. 1984.
Hädecke, Wolfgang: Poeten und Maschinen. Deutsche Dichter als Zeugen der Industrialisierung, München/Wien 1993.
Hardtwig, Wolfgang/Brandt, Harm-Hinrich (Hgg.): Deutschlands Weg in die Moderne. Politik, Gesellschaft und Kultur im 19. Jahrhundert, München 1993.
Nipperdey, Thomas: Deutsche Geschichte 1866–1918, 2 Bde., München 1990 und 1992.
Weber-Kellermann, Ingeborg: Frauenleben im 19. Jahrhundert, München 1983.
Wehler, Hans – Ulrich: Deutsche Gesellschaftsgeschichte. Bd. 2: Von der Reformenära bis zur industriellen und politischen ‚deutschen Doppelrevolution' 1815–1845/49, München 1987; Bd. 3: Von der ‚Deutschen Doppelrevolution' bis zum Beginn des Ersten Weltkrieges 1849–1914, München 1995.
Ziolkowski, Theodore: Das Amt der Poeten. Die deutsche Romantik und ihre Institutionen, Stuttgart 1992.

b) Literaturgeschichtliche und gattungspoetische Untersuchungen

Becker, Sabina: Bürgerlicher Realismus. Literatur und Kultur im bürgerlichen Zeitalter 1848–1900, Tübingen/Basel 2003.
Becker-Cantarino, Barbara: Schriftstellerinnen der Romantik. Epoche-Werke-Wirkung, München 2000.
Bohrer, Karl Heinz: Der romantische Brief. Die Entstehung ästhetischer Subjektivität, Wien 1987.
Forderer, Christof: Die Großstadt im Roman. Berliner Großstadtdarstellungen zwischen Naturalismus und Moderne, Wiesbaden 1992.
Hoefert, Sigrid: Das Drama des Naturalismus, Stuttgart ^{4}1994.
Horch, Hans-Otto/Denkler, Horst (Hgg.): Condition Judaica. Antisemitismus und deutschsprachige Literatur vom 18. Jahrhundert bis zum Ersten Weltkrieg, Tübingen 1988.
Kohl, Stefan: Realismus: Theorie und Geschichte, München 1977.
Koopmann, Helmut/Perraudin, Michael (Hgg.): Formen der Wirklichkeitserfassung nach 1848, Bielefeld 2003.
Koopmann, Helmut: Das Junge Deutschland. Eine Einführung. Darmstadt 1993.
Kreuzer, Helmut: Die Bohème. Analyse und Dokumentation der intellektuellen Subkultur vom 19. Jahrhundert bis zur Gegenwart, Stuttgart 1971.
Nieberle, Sigrid: Frauen Musik Literatur. Deutschsprachige Schriftstellerinnen im 19. Jahrhundert, Stuttgart/Weimar 1999.
Pikulik, Lothar: Frühromantik. Epoche-Werke-Wirkung, München ^{2}2000.
Schulz, Gerhard: Die deutsche Literatur zwischen Französischer Revolution und Restauration, 2 Bde., München ^{2}2000.
Segeberg, Harro: Literarische Technik-Bilder. Studien zum Verhältnis von Technik- und Literaturgeschichte im 19. und frühen 20. Jahrhundert, Tübingen 1987.

Seibert, Peter: Der literarische Salon. Literatur und Geselligkeit zwischen Aufklärung und Vormärz, Stuttgart 1993.
Sengle, Friedrich: Biedermeierzeit. Deutsche Literatur im Spannungsfeld zwischen Restauration und Revolution 1815–1848, 3 Bde., Stuttgart 1971/1972/1980.
Sprengel, Peter: Geschichte der deutschsprachigen Literatur 1870–1900. Von der Reichsgründung bis zur Jahrhundertwende, München 1998.
Steinbrink, Bernd: Abenteuerliteratur des 19. Jahrhunderts in Deutschland. Tübingen 1983.
Szondi, Peter: Das lyrische Drama des Fin de siècle, Frankfurt/M. 1975.

6. Literatur zum 20. und beginnenden 21. Jahrhundert

a) Literatur zur Sozial- und Kulturgeschichte

Arnold, Heinz Ludwig: Literaturbetrieb in der Bundesrepublik. Ein kritisches Handbuch, München ²1981.
Brenner, Michael: Jüdische Kultur in der Weimarer Republik, München 2000.
Heidenreich, Bernd/Neitzel, Söhnke (Hgg.): Medien im Nationalsozialismus, München/Paderborn 2010.
Herzog, Dagmar: Die Politisierung der Lust. Sexualität in der deutschen Geschichte des zwanzigsten Jahrhunderts, München 2005.
Hickethier, Knut: Geschichte des deutschen Fernsehens, Stuttgart/Weimar 1998.
Kreuzer, Helmut (Hg.): Pluralismus und Postmodernismus. Zur Literatur und Kulturgeschichte in Deutschland 1980–1995, Frankfurt ⁴1996.
Schilling, Klaus v.: Scheitern an der Vergangenheit. Das deutsche Selbstverständnis zwischen Re-Education und Berliner Republik. Berlin 2002.
Thamer, Hans-Ulrich, Der Nationalsozialismus, Stuttgart 2002.
Weipert, Matthias/Wirsching, Andreas (Hgg.): Vernunftrepublikanismus in der Weimarer Republik. Politik, Literatur, Wissenschaft, Stuttgart 2008.
Wehler, Hans-Ulrich: Deutsche Gesellschaftsgeschichte. Bd. 4: Vom Beginn des Ersten Weltkriegs bis zur Gründung der beiden deutschen Staaten 1914–1949, München 2003; Bd. 5: Bundesrepublik und DDR 149–1990, München 2008.
Winkler, Heinrich August: Der lange Weg nach Westen. Bd. 2: Deutsche Geschichte vom ‚Dritten Reich' bis zur Wiedervereinigung, München ³2001.
Winkler, Heinrich August: Weimar 1918–1933. Die Geschichte der ersten deutschen Demokratie, München 1993.

b) Literaturgeschichtliche und gattungspoetische Untersuchungen

Adam, Christian: Lesen unter Hitler. Autoren, Bestseller, Leser im Dritten Reich, Berlin 2010.
Ajouri, Philip: Literatur um 1900. Naturalismus, Fin de siècle, Expressionismus. Berlin 2009.
Anz, Thomas: Literatur des Expressionismus, Stuttgart ²2010.
Arnold, Heinz Ludwig: Deutsche Literatur im Exil 1933–1945, 2 Bde., Frankfurt/M. 1974/75.

Barndt, Kerstin: Sentiment und Sachlichkeit. Der Roman der neuen Frau in der Weimarer Republik, Stuttgart 1986.

Barner, Wilfried (Hg.): Geschichte der deutschen Literatur von 1945 bis zur Gegenwart, München 1994.

Bauer, Gerhard: Gewissensblitze. Moderne Gedichte als Provokationen, München 1995.

Becker, Sabina: Neue Sachlichkeit, 2 Bde., Köln/Weimar/Wien 2000.

Braun, Michael: Die deutsche Gegenwartsliteratur. Eine Einführung, Wien/Köln/Weimar 2010.

Bunzel, Wolfgang: Einführung in die Literatur des Naturalismus, Darmstadt 2008.

Bürger, Peter: Prosa der Moderne, Frankfurt/M. 1988.

Caemmerer, Christiane/Delabar, Walter: Dichtung im Dritten Reich? Zur Literatur in Deutschland 1933–1945, Opladen 1996.

Delabar, Walter/Schütz, Erhard (Hgg.): Deutschsprachige Literatur der 70er und 80er Jahre. Autoren, Tendenzen, Gattungen, Darmstadt 1997.

Denkler, Horst: Werkruinen. Lebenstrümmer. Literarische Spuren der ‚verlorenen Generation' des Dritten Reiches. Tübingen 2006.

Durzak, Manfred (Hg.): Deutsche Gegenwartsliteratur. Ausgangspositionen und aktuelle Entwicklungen, Stuttgart 1981.

Eke, Norbert Otto/Steinecke, Hartmut: Shoah in der deutschsprachigen Literatur, Berlin 2006.

Gallas, Helga: Marxistische Literaturtheorie. Kontroversen im Bund proletarisch-revolutionärer Schriftsteller, Neuwied/Berlin 1971.

Gansel, Carsten: Gedächtnis und Literatur in den ‚geschlossenen Gesellschaften' des Real-Sozialismus zwischen 1945 und 1989, Göttingen 2007.

Großklaus, Götz/Lämmert, Eberhard (Hgg.): Literatur in einer industriellen Kultur, Stuttgart 1989.

Grub, Frank Thomas: ‚Wende' und ‚Einheit' im Spiegel der deutschsprachigen Literatur. Ein Handbuch, 2 Bde., Berlin/New York 2003.

Hartung, Harald: Experimentelle Literatur und konkrete Poesie, Göttingen 1975.

Holzmann, Gabriela: Schaulust und Verbrechen. Eine Geschichte des Krimis als Mediengeschichte, Stuttgart 2001.

Kiesel, Helmuth: Geschichte der literarischen Moderne. Sprache, Ästhetik, Dichtung im zwanzigsten Jahrhundert, München 2004.

Köhler, Stefan: Hörspiel und Hörbuch. Mediale Entwicklung von der Weimarer Republik bis zur Gegenwart, Marburg 2005.

Krause, Frank: Literarischer Expressionismus, München 2008.

Lethen, Helmut: Neue Sachlichkeit 1924–1932. Studien zur Literatur des ‚weißen Sozialismus', Stuttgart 1980/84.

Lorenz, Dagmar: Wiener Moderne, Stuttgart/Weimar 1995.

Nusser, Peter, Der Kriminalroman, Stuttgart [4]2009.

Profitlich, Ulrich: Dramatik in der DDR, Frankfurt/M. 1987.

Riha, Karl: Deutsche Großstadtlyrik. Eine Einführung, München u. a. 1983.

Rossbacher, Karlheinz: Heimatkunstbewegung und Heimatroman. Zu einer Literatursoziologie der Jahrhundertwende, Stuttgart, 1975.

Sarkowicz, Hans/Mentzer, Alf: Schriftsteller im Nationalsozialismus. Ein Lexikon, Berlin 2011.

Segeberg, Harro: Literatur im Medienzeitalter. Literatur, Technik und Medien seit 1914, Darmstadt 2003.

Siebenhaar, Klaus (Hg.): Das poetische Berlin. Metropolenkultur zwischen Gründerzeit und Nationalsozialismus, Wiesbaden 1992.
Sprengel, Peter: Geschichte der deutschsprachigen Literatur 1900–1918. Von der Jahrhundertwende bis zum Ende des Ersten Weltkriegs, München 2004.
Sprengel, Peter: Literatur im Kaiserreich. Studien zur Moderne, Berlin 1993.
Streim, Gregor: Einführung in die Literatur der Weimarer Republik, Darmstadt 2009.
Szondi, Peter: Theorie des modernen Dramas, Frankfurt/M. 1956 (^{7}1970).
Tebben, Karin (Hg.): Frauen-Körper-Kunst. Literarische Inszenierungen weiblicher Sexualität, Göttingen 2000.
Vogt, Jochen (Hg.): Der Kriminalroman. Poetik – Theorie – Geschichte, München 1998.
Waldschmidt, Christine: „Dunkles zu sagen": Deutschsprachige hermetische Lyrik im 20. Jahrhundert, Heidelberg 2011.
Winkels, Hubert: Leselust und Bildermacht. Literatur, Fernsehen und Neue Medien, Frankfurt/M. 1999.
Zenk, Volker: Innere Forschungsreisen. Literarischer Exotismus in Deutschland zu Beginn des 20. Jahrhunderts, Oldenburg 2003.

Anmerkungen

I. Die Lebensform der höfischen Gesellschaft im Zeitalter des Absolutismus und die Literatur des Barock

1 Vgl. Münch, Paul: Haus und Regiment – Überlegungen zum Einfluss der alteuropäischen Ökonomie auf die fürstliche Regierungstheorie und -praxis während der frühen Neuzeit. In: Buck, August/Kauffmann, August/Spahr, Blake Lee und Wiedemann, Conrad (Hgg.): Europäische Hofkultur im 16. und 17. Jahrhundert (Wolfenbütteler Arbeiten zur Barockforschung), Bd. II, Hamburg 1981, S. 205 ff.

2 Vgl. dazu Hoffmann, Julius: Die ‚Hausväterliteratur' und die ‚Predigten über den christlichen Hausstand', Weinheim/Berlin 1959, und Frühsorge, Gotthardt: ‚Oeconomie des Hofes'. Zur politischen Funktion der Vaterrolle des Fürsten im ‚Oeconomus prudens et legalis' des Franz Philipp Florinus. In: Europäische Hofkultur (Anm. 1), Bd. II, S. 211 ff.

3 Vgl. Garber, Klaus: Zur Statuskonkurrenz von Adel und gelehrtem Bürgertum im theoretischen Schrifttum des 17. Jahrhunderts. Veit Ludwig von Seckendorffs ‚Teutscher Fürstenstaat'. In: Europäische Hofkultur (Anm. 1), Bd. II, S. 229 ff.

4 Vgl. Münch (Anm. 1), Bd. II, S. 205.

5 Vgl. Oestreich, Gerhard: Geist und Gestalt des frühmodernen Staates, Berlin 1969.

6 Zitiert bei Baumgart, Peter: Der deutsche Hof der Barockzeit als politische Institution. In: Europäische Hofkultur (Anm. 1), Bd. I, S. 27.

7 Vgl. hierzu grundlegend Frhr. von Kruedener, Jürgen: Die Rolle des Hofes im Absolutismus, Stuttgart 1973, auf den auch für das Folgende verwiesen wird.

8 Um dies zu ermessen, vgl. man Treitinger, Otto: Die oströmische Kaiser- und Reichsidee nach ihrer Gestaltung im höfischen Zeremoniell. Vom oströmischen Staats- und Reichsgedanken, Darmstadt, ^{2}1956.

9 Vgl. Kruedener (Anm. 7), S. 58.

10 Dazu ausführlicher Kruedener (Anm. 7), S. 72.

11 Zum Folgenden vgl. Alewyn, Richard/Sälzle, Karl: Das große Welttheater. Die Epoche der höfischen Feste in Dokument und Deutung, Hamburg 1959. Vgl. auch Weigert, Hans: Geschichte der deutschen Kunst, Bd. II, Frankfurt a. M. 1963.

12 Alewyn (Anm. 11), S. 41.

13 Alewyn (Anm. 11), S. 44.

14 Elias, Norbert: Die höfische Gesellschaft. Untersuchungen zur Soziologie des Königtums und der höfischen Aristokratie (1969), Frankfurt/M. 1983, S. 130; vgl. die Beschreibung des ‚Lever' ab S. 126.

15 Ehalt, Hubert Ch.: Zur Funktion des Zeremoniells im Absolutismus. In: Europäische Hofkultur (Anm. 1), Bd. II, S. 412.

16 Vgl. eine veranschaulichende Abbildung in Kruedener (Anm. 7), S. 69.

17 Vgl. Ehalt (Anm. 15), S. 416.

18 Flitner, Wilhelm: Europäische Gesittung. Ursprung und Aufbau abendländischer Lebensformen, Zürich/Stuttgart 1961, S. 386 (hiernach zitiert); 2. Auflage unter dem Titel: Die Geschichte der abendländischen Lebensformen, München 1967; jetzt in: Gesammelte Schriften 7, Paderborn 1990.

19 Vgl. Barner, Wilfried: Barockrhetorik. Untersuchungen zu ihren geschichtlichen Grundlagen, Tübingen 1970, S. 117 ff. (2. Aufl. Tübingen 2002).

20 Kiesel, Helmuth: ‚Bei Hof, bei Höll'. Untersuchungen zur literarischen Hofkritik von Sebastian Brant bis Friedrich Schiller, Tübingen 1979, S. 179.

21 Barner (Anm. 19), S. 125.

22 Vgl. Barner (Anm. 19), S. 135 ff.

23 Vgl. Heller, Agnes: Der Mensch der Renaissance, Frankfurt a. M. 1988, S. 384 ff.

24 Zu diesem gesamten Problemzusammenhang vgl. grundlegend Barner (Anm. 19).

25 Vgl. Barner (Anm. 19), S. 169. Ausführlich zu Weise ebd., Teil II, Kap. 2d und e sowie Kap. 3. Vgl. auch den von Peter Hesse hrsg. Tagungsband: Poet und Praeceptor. Christian Weise zum 300. Todestag. 2. Internationales Christian-Weise-Symposium in Zittau, Dresden 2009.

26 Titel bei Barner (Anm. 19), S. 181.

27 Einen Überblick über die Lehre von der ‚actio' in der frühen Neuzeit gibt Kapp, Volker: Die Lehre von der actio als Schlüssel zum Verständnis der Kultur der frühen Neuzeit. In: ders. (Hg.), Die Sprache der Zeichen und Bilder. Rhetorik und nonverbale Kommunikation in der frühen Neuzeit, Marburg 1990, S. 40 ff.

28 Vgl. Elias (Anm. 14), S. 168 f.

29 Vgl. Barner (Anm. 19), S. 246 ff.

30 Vgl. Barner (Anm. 19), S. 331.

31 Vgl. Barner (Anm. 19), S. 326.

32 Vgl. z. B. Stoll, Christoph: Sprachgesellschaften im Deutschland des 17. Jahrhunderts, München 1973.

33 Vgl. Elias (Anm. 14), S. 148.

34 Vgl. Anm. 11. Die Diskussion über den Barockbegriff soll hier nicht erneut aufgerollt werden. Man vgl. dazu z. B. die instruktiven Ausführungen Barners (Anm. 19).

35 Das Folgende orientiert sich an Alewyns Versuch einer Morphologie des weltlichen Festes. In: Das große Welttheater (Anm. 11), S. 16 ff.

36 Gerade die höfische Gartenarchitektur gewinnt gegenwärtig erhöhte Aufmerksamkeit.

37 Alewyn (Anm. 11), S. 40.

38 Kunze, Stefan: Höfische Musik im 16. und 17. Jahrhundert. In: Europäische Hofkultur (Anm. 1), Bd. I, S. 75. Vgl. dazu auch Alewyn, Richard: Theatralische Oper. In: Probleme und Gestalten. Essays, Frankfurt a. M. 1974.

39 Vgl. dazu Alewyn (Anm. 11), S. 51.

40 Vgl. dazu und zum Folgenden vor allem Zielske, Harald: Die deutschen Höfe und das Wandertruppenwesen im 17. und frühen 18. Jahrhundert – Fragen ihres Verhältnisses. In: Europäische Hofkultur (Anm. 1), Bd. III, S. 521 ff. Vgl. ders., Drama und Theater in England, den Niederlanden und Deutschland. In: Propyläen Geschichte der Literatur, Bd. III (Renaissance und Barock 1400–1700), Frankfurt a. M./Berlin 1988, S. 166 ff.

41 Vgl. Newald, Richard: Die deutsche Literatur vom Späthumanismus zur Empfindsamkeit 1570–1750. In: de Boor, Helmut und Newald, Richard: Geschichte der deutschen Literatur von den Anfängen bis zur Gegenwart, Bd. V, München [2]1957, S. 87.
42 Vgl. Alewyn (Anm. 11), S. 48 ff.
43 Besonders eindrucksvolle Belege finden sich bei Barner (Anm. 19), S. 86 ff.
44 Zitiert bei Barner (Anm. 19), S. 109.
45 Alewyn (Anm. 11), S. 54.
46 Zu den traumatisierenden Erfahrungen des Dreissigjährigen Krieges und ihrem Niederschlag in der Literatur vgl. neuerdings auch Meumann, Markus und Niefanger, Dirk: Ein Schauplatz herber Angst. Wahrnehmung und Darstellung von Gewalt im 17. Jahrhundert, Göttingen 1997.
47 Vgl. Barner (Anm. 19), S. 111.
48 Vgl. Schöne, Albrecht: Emblematik und Drama im Zeitalter des Barock, München [2]1964, S. 53. (3. Auflage 1993).
49 Vgl. ebd. (Anm. 48).
50 Vgl. Schöne (Anm. 48), S. 47.
51 Vgl. Schöne (Anm. 48), S. 32.
52 Eine Art Typologie der Funktion eingesetzter Embleme findet sich bei Schöne (Anm. 48), S. 89 f.
53 Vgl. Wimmer, Ruprecht: Jesuitentheater. Didaktik und Fest, Frankfurt a. M. 1982, S. 13.
54 Vgl. dazu auch Wimmer (Anm. 53), S. 18 ff.
55 Vgl. dazu Wehrli, Max: Cenodoxus. In: von Wiese, Benno (Hg.): Das deutsche Drama. Vom Barock bis zur Gegenwart. Interpretationen, Bd. I, Düsseldorf 1964, S. 31.
56 Wehrli (Anm. 55), S. 32 ff.
57 Zitiert nach der Ausgabe von Tarot, Rolf (Hg.): Jakob Bidermann, *Cenodoxus* (Neudrucke Deutscher Literaturwerke, Neue Folge 6), Tübingen 1963.
58 Vgl. dazu Schmidt, Josef H. K.: Die Figur des ägyptischen Joseph bei Jakob Bidermann (1578–1639) und Jakob Boehme (1575–1624), Diss. Zürich 1967.
59 Vgl. dazu Wimmer (Anm. 53), S. 209 ff.
60 Vgl. dazu Wimmer (Anm. 53), S. 214 f. und 245 f.
61 Vgl. Szyrocki, Marian: Die deutsche Literatur des Barock, Stuttgart 1979, S. 311 f.
62 Vgl. zu den biographischen Angaben Mannack, Eberhard: Andreas Gryphius. Stuttgart [2]1986.
63 Vgl. Spellerberg, Gerhard: Das Bild des Hofes in den Trauerspielen Gryphius', Lohensteins und Hallmanns. In: Europäische Hofkultur (Anm. 1), Bd. II, S. 570.
64 Vgl. hierzu und zum Folgenden vor allem Kaiser, Gerhard: *Leo Arminius, Oder Fürsten=Mord*. In: Kaiser, G. (Hg.): Die Dramen des Andreas Gryphius. Eine Sammlung von Einzelinterpretationen, Stuttgart 1968. Vgl. auch Kaminski, Nicola: Andreas Gryphius, Stuttgart 1998; Wentzlaff-Eggebert, Wilhelm: Andreas Gryphius, Darmstadt 1983.
65 Vgl. dazu Schings, Hans-Jürgen: Consolatio Tragoediae. In: Grimm, Reinhold (Hg.): Deutsche Dramentheorien Bd. I. Beiträge zu einer historischen Poetik des Dramas in Deutschland. Darmstadt [3]1980.

66 Die Zitate aus den Trauerspielen des Gryphius sind folgender Ausgabe entnommen: Andreas Gryphius, Trauerspiele I–III, hg. von Hugh Powell (Gesamtausgabe der deutschsprachigen Werke, hg. von Marian Szyrocki und Hugh Powell), Tübingen 1965.
67 Kaiser (Anm. 64), S. 32.
68 Vgl. hierzu ausführlicher Schings, Hans-Jürgen: *Catharina von Georgien. Oder Bewehrete Beständigkeit.* In: Kaiser (Anm. 64), S. 56.
69 Zur Verbindung von christlicher und stoischer Tradition bei Gryphius vgl. Schings, Hans-Jürgen: Die patristische und stoische Tradition bei Andreas Gryphius, Köln/Graz 1966.
70 Vgl. dazu ausführlich Habersetzer, Karl-Heinz: Politische Typologie und dramatisches Exemplum. Studien zum historisch-ästhetischen Horizont des barocken Trauerspiels, Stuttgart 1985, S. 23 ff.
71 Vgl. Habersetzer (Anm. 70), S. 36 ff.
72 Zur bis heute nicht ganz geklärten Quellenlage und Verfasserschaft vgl. z. B. Mannack, Eberhard: Politik – gesellschaftliche Strategie der Peter Squentz-Komödie. In: Brinkmann, R. u. a. (Hgg.): Theatrum Europaeum, München 1982.
73 Vgl. hierzu Kaiser, Gerhard: *Absurda Comica. Oder Herr Peter Squentz.* In: Kaiser (Anm. 64), S. 210 f.
74 Kaiser (Anm. 73), S. 225.
75 Vgl. hierzu Kaiser, Gerhard: *Horribilicribifax Teutsch. Wehlende liebhaber.* In: Kaiser (Anm. 64), S. 250 ff.
76 Kaiser (Anm. 73), S. 230.
77 Vgl. dazu Habersetzer (Anm. 70), insbes. S. 64.
78 Vgl. zum Folgenden Habersetzer (Anm. 70), S. 88 ff.
79 Vgl. Habersetzer (Anm. 70), S. 92.
80 Vgl. Schings, Hans-Jürgen: *Großmüttiger Rechts=Gelehrter/Oder sterbender Aemilius Paulus Papinianus.* In: Kaiser (Anm. 64), S. 170.
81 Vgl. Wichert, Adalbert: Literatur, Rhetorik und Jurisprudenz im 17. Jahrhundert. Daniel Casper von Lohenstein und sein Werk. Eine exemplarische Studie, Tübingen 1991; vgl. auch den Artikel Gerhard Spellerbergs: Daniel Casper von Lohenstein. In: Grimm, Gunter E. und Max, Frank R. (Hgg.): Deutsche Dichter. Leben und Werk deutschsprachiger Autoren vom Mittelalter bis zur Gegenwart, Stuttgart 1993.
82 Spellerberg (Anm. 81), S. 112. Vgl. dazu auch Asmuth, Bernhard: Daniel Casper von Lohenstein, Stuttgart 1971.
83 Dazu ausführlich: Meyer-Kalkus, Reinhart: Wollust und Grausamkeit. Affektenlehre und Affektdarstellung in Lohensteins Dramatik am Beispiel von *Agrippina*, Göttingen 1986. Vgl. weiterführend auch Krebs, Jean-Daniel (Hg.): Die Affekte und ihre Repräsentation in der deutschen Literatur der frühen Neuzeit (Jahrbuch für Internationale Germanistik Reihe A, Bd. 42), Bern u. a. 1996.
84 Vgl. Meyer-Kalkus (Anm. 83), S. 277.
85 Vgl. u. a. Groeben, Norbert/Vorderer, Peter: Leserpsychologie: Lesemotivation – Lektürewirkung, Münster 1988.
86 Critische Abhandlung Von der Natur, den Absichten und dem Gebrauche der Gleichnisse (Zürich 1740), Neudruck Stuttgart 1967 (Deutsche Neudrucke. Reihe: Texte des 18. Jahrhunderts), S. 463.
87 Vgl. insbesondere Meyer-Kalkus (Anm. 83).

88 Die Zitate aus Lohensteins *Agrippina* und *Epicharis* sind folgender Ausgabe entnommen: Just, K. G. (Hg.): Römische Trauerspiele (Bibliothek d. lit. Vereins, Bd. 293), Stuttgart 1955; die Zitate aus *Cleopatra* und *Sophonisbe*: ders. (Hg.), Afrikanische Trauerspiele (Bibliothek d. lit. Vereins, Bd. 294), Stuttgart 1957.

89 Vgl. hierzu Barner, Wilfried: Disponible Festlichkeit. Zu Lohensteins *Sophonisbe*. In: Haug, Walter und Warning, Rainer (Hgg.): Das Fest, München 1989. Zum politischen Gehalt der *Sophonisbe* vgl. vor allem Spellerberg, Gerhard: Lohensteins *Sophonisbe*: Geschichtliche Tragödie oder Drama von Schuld und Strafe. In: Studien zum Werk Daniel Casper von Lohensteins, hg. von Gerald Gillespie und Gerhard Spellerberg, Amsterdam 1983.

90 Vgl. Spellerberg (Anm. 81), S. 115.

91 Ebd.

92 Vgl. den grundlegenden Aufsatz von Schings, Hans-Jürgen: ‚Constantia' und ‚Prudentia': Zum Funktionswandel des barocken Trauerspiels. In: Gillespie u. Spellerberg (Anm. 89), S. 428.

93 Vgl. z. B. Lugowski, Clemens: Die märchenhafte Enträtselung der Wirklichkeit im heroisch-galanten Roman, in: Alewyn, Richard (Hg.): Deutsche Barockforschung, Köln/Berlin 1966, S. 372 ff.

94 Vgl. für das Folgende Alewyn, Richard: Gehalt als Gestalt: Der Roman des Barock, in: ders. (Anm. 38), S. 117 ff.

95 Alewyn (Anm. 94), S. 130.

96 Vgl. Alewyn (Anm. 94).

97 Alewyn (Anm. 94), S. 128. Der Titelkupfer ist abgebildet in: Wilpert, Gero von: Deutsche Literatur in Bildern, Stuttgart 1957, S. 111.

98 Vgl. dazu Meid, Volker: Grimmelshausen. Epoche – Werk – Wirkung, München 1984, S. 76 ff. Vgl. auch Boehnke, Heinz/Sarkowicz, Hans: Grimmelshausen. Lesen und Schreiben. Vom Musketier zum Weltautor. Biografie, Frankfurt/M. 2011.

99 Vgl. Weydt, Günther: Nachahmung und Schöpfung im Barock. Studien um Grimmelshausen, Bern/München 1968.

100 Vgl. dazu Meid (Anm. 98), S. 139 ff.

101 Vgl. dazu Knopf, Volker: Die deutsche Kalendergeschichte. Ein Arbeitsbuch, Frankfurt a. M. 1983, S. 50 ff.

102 Vgl. dazu Meid (Anm. 98), S. 142 ff.

103 Müller-Seidel, Walter: Die Allegorie des Paradieses in Grimmelshausens Simplicissimus. In: Medium aevum vivum. Festschrift für Walther Bulst, hg. v. Hans Robert Jauss und Dieter Schaller, Heidelberg 1960, S. 253 ff.

104 Alewyn (Anm. 94), S. 128.

105 Hierzu und zum Folgenden vgl. Meid (Anm. 98), S. 113 ff.

106 Vgl. Alewyn, Richard: Johann Beer. Studien zum Roman des 17. Jahrhunderts, Leipzig 1932, und Alewyn, Richard: Johann Beer, in: Alewyn (Anm. 94), S. 59 ff. Vgl. auch Brandtner, Andreas/Neuber, Wolfgang: Beer. 1655–1700. Hofmusiker. Satiriker. Anonymus, Wien 2000.

107 Vgl. Alewyn (Anm. 106), S. 224.

108 Vgl. Hirsch, Arnold: Bürgertum und Barock im deutschen Roman. Ein Beitrag zur Entstehungsgeschichte des bürgerlichen Weltbildes. Köln/Wien [3]1979, S. 46 ff.

109 Aus: Schöne, Albrecht (Hg.): Barock (Die deutsche Literatur. Texte und Zeugnisse, hg. von Walther Killy, Bd. III), München 1963, S. 316.

110 Zitiert nach Meid, Volker: Das 17. Jahrhundert. In: Hinderer, Walter (Hg.): Geschichte der deutschen Lyrik, Stuttgart 1983, S. 119.

111 Vgl. Garber, Klaus: Martin Opitz. In: Deutsche Dichter des 17. Jahrhunderts. Ihr Leben und Werk, hg. von Harald Steinhagen und Benno von Wiese, Berlin 1984, S. 163 ff.

112 Vgl. die vorzügliche Interpretation von Schmidt, Lothar: Paul Gerhardt, *Sommer-Gesang*, in: Gedichte und Interpretationen, Bd. I. Renaissance und Barock, hg. von Volker Meid, Stuttgart 1982, S. 285 ff.

113 Zitat aus: Daniel von Czepko, Sämtliche Werke, hg. von Marian Szyrocki und Hans Gert Roloff, Berlin 1980 ff. (Sexcenta Monodisticha Sapientum).

114 Zitat aus: Angelus Silesius, Sämtliche Werke. 2 Bde., hg. von Georg Ellinger, Berlin 1924 (Cherubinischer Wandersmann).

115 Zitiert nach Browning, Robert M./Teuscher, Gerhart: Deutsche Lyrik des Barock 1618–1723, Stuttgart, 1980, S. 77.

116 Zitiert nach Browning/Teuscher (Anm. 115), S. 90.

117 Mauser, Wolfram: Dichtung, Religion und Gesellschaft im 17. Jahrhundert. Die ‚Sonnette' des Andreas Gryphius, München 1976, S. 152 ff.

118 Vgl. Mauser, Wolfram: Andreas Gryphius – Philosoph und Poet unter dem Kreuz. Rollen-Topik und Untertanen-Rolle in der Vanitas-Dichtung, in: Gedichte und Interpretationen (Anm. 112), S. 211 ff.

119 Vgl. Mauser, Wolfram: Was ist dies Leben doch? Zum Sonett *Thränen in schwerer Kranckheit* von Andreas Gryphius, in: Gedichte und Interpretationen (Anm. 112), S. 222 ff.

120 Vgl. Trunz, Erich: Andreas Gryphius. *Tränen des Vaterlandes*, in: von Wiese, Benno (Hg.): Die deutsche Lyrik. Form und Geschichte, Bd. I. Düsseldorf 1957, S. 139 ff.

121 Text aus: Schöne, (Anm. 109), S. 242 f.

122 Vgl. Mauser (Anm. 117).

123 Vgl. Mauser (Anm. 118).

124 Vgl. Pyritz, Hans: Paul Fleming und der Petrarkismus, in: Alewyn (Anm. 93), S. 336 ff.

125 Vgl. Szyrocki (Anm. 61), S. 177. Vgl. auch Bergengruen, Maximilian/Martin, Dieter (Hgg.): Philipp von Zesen. Wissen-Sprache-Literatur, Tübingen 2008.

126 Zit. nach Weber, Renate: Die Lieder Philipp von Zesens, Diss. Hamburg 1962, S. 125.

127 Text aus: Mache, Ulrich/Meid, Volker: Gedichte des Barock, Stuttgart 1980, S. 134 ff.

128 Vgl. Jürgensen, Renate: Utile com dulci. Mit Nutzen erfreulich. Die Blütezeit des Pegnesischen Blumenordens in Nürnberg 1644–1744, Wiesbaden 1994.

129 Text aus: Meid, Volker (Anm. 112), S. 345 f. Vgl. dazu die Interpretation dieses Gedichts von Ketelsen: Uwe K.: „Die Liebe bindet Gold an Stahl und Garn zu weisser Seyde". Zu Hoffmannswaldaus erotischem Lied *So soll der purpur deiner lippen*, in: Gedichte und Interpretationen (Anm. 108), S. 346 ff.

130 Browning/Teuscher (Anm. 115), S. 163.

131 Vgl. Meid, Volker: Barocklyrik, Stuttgart 1986, S. 124.

132 Stenzel, Jürgen: Welch Pflaster kan den tieffen Riß verbinden? Johann Christian Günthers *Abschieds-Aria*, in: Gedichte und Interpretationen (Anm. 112), S. 383.

133 Vgl. Stenzel (Anm. 132), S. 388.

134 Vgl. Osterkamp, Ernst: Scherz und Tugend. Zum historischen Ort von Johann Christian Günthers erotischer Lyrik. In: Text und Kritik, Heft 74/75,1982, S. 42 ff.
135 Vgl. Garber, Klaus: Arkadien und Gesellschaft, in: Voßkamp, Wilhelm (Hg.): Utopieforschung. Interdisziplinäre Studien zur neuzeitlichen Utopie (Bd. II). Stuttgart 1982, S. 38 ff.
136 Vgl. Garber, Klaus: Schäferdichtung, in: Ricklefs, Ulfert (Hg.): Fischer Lexikon Literatur, Frankfurt a. M. 1996, S. 1750.
137 Vgl. ausführlicher Garber (Anm. 135), S. 60 ff.
138 Text zitiert aus: Heckmann, Herbert (Hg.), Johann Christian Günther, Gesammelte Gedichte, München/Wien 1981. – Näheres zu diesem Gedicht bei Osterkamp (Anm. 134), S. 50 f.
139 Vgl. Elias (Anm. 14), insbes. S. 339 ff., S. 364 ff.
140 Vgl. Nusser, Peter: Entwurf einer Theorie der Unterhaltungsliteratur, in: Sprache im technischen Zeitalter 81, 1982 (überarbeitet in: Ders., Unterhaltung und Aufklärung. Studien zur Theorie, Geschichte und Didaktik der populären Lesestoffe, Frankfurt a. M. 2000).
141 Elias (Anm.14), S. 342.
142 Flitner (Anm. 18), S. 390.
143 Vgl. Elias (Anm. 14) S. 357.

II. Die Lebensführung der ‚staatsbürgerlichen' Gesellschaft und die Literatur des 18. Jahrhunderts

1 Vgl. Alt, Peter-André: Aufklärung, Stuttgart/Weimar 1996, S. 48 ff. (Forschungsbericht).
2 Text aus: Immanuel Kant, Werke in sechs Bänden, hg. von Wilhelm Weischedel, Bd. VI, Wiesbaden 1964, S. 53.
3 Vgl. hierzu und zum Folgenden van Dülmen, Richard: Kultur und Alltag in der Frühen Neuzeit Bd. III, München 1994, S. 219 ff.
4 Van Dülmen (Anm. 3), S. 223.
5 Grimminger, Rolf (Hg.): Hansers Sozialgeschichte der deutschen Literatur, Bd. III,1 (Deutsche Aufklärung bis zur Französischen Revolution 1680–1789), München 1980, S. 77.
6 Grimminger (Anm. 5), S. 78.
7 Ziolkowski, Theodore: Das Amt der Poeten. Die deutsche Romantik und ihre Institutionen, München 1994.
8 Lucien Goldmann geht in seiner Schrift ‚Der christliche Bürger und die Aufklärung', Neuwied/Berlin 1968, S. 24–28, sogar so weit, die grundlegenden Denkkategorien der Aufklärung aus dem sich in den Tauschakten niederschlagenden Vertragsdenken herzuleiten, lässt dabei allerdings viele Fragen offen.
9 Vgl. eine ausführlichere Zusammenfassung bei Grimminger (Anm. 5), S. 78 ff.
10 Ziolkowski (Anm. 7), S. 102.
11 Vgl. Alt (Anm. 1), S. 46.
12 Vgl. zu diesem so genannten Kodifikationsstreit Ziolkowski (Anm. 7), S. 102 ff.
13 Jürgen Habermas hat diesen Begriff wieder aktualisiert: Strukturwandel der Öffentlichkeit. Untersuchungen zu einer Kategorie der bürgerlichen Gesellschaft, Neuwied/Berlin [5]1971. (Neuauflage: Frankfurt/M. 1990).

14 Zum Nebeneinander verschiedener geselliger Gruppenbildungen vgl. neuerdings Peter, Emanuel: Geselligkeiten, Literatur, Gruppenbildung und kultureller Wandel im 18. Jahrhundert, Tübingen 1999.

15 Vgl. Habermas (Anm. 13), S. 52.

16 Vgl. zum Folgenden Wild, Reiner: Stadtkultur, Bildungswesen und Aufklärungsgesellschaften, in: Grimminger (Anm. 5), S. 114 ff.

17 Vgl. das grundlegende Werk von Martens, Wolfgang: Die Botschaft der Tugend. Aufklärung im Spiegel der deutschen Moralischen Wochenschriften, Stuttgart 1968/1971. Vgl. speziell zu Frauenzeitschriften Weckel, Ulrike: Zwischen Häuslichkeit und Öffentlichkeit. Die ersten deutschen Frauenzeitschriften im späten 18. Jahrhundert und ihr Publikum, Tübingen 1998.

18 Vgl. hierzu Pikulik, Lothar: Leistungsethik contra Gefühlskult. Über das Verhältnis von Bürgerlichkeit und Empfindsamkeit in Deutschland, Göttingen, 1984, S. 146 ff.

19 Pikulik (Anm. 18), S. 153.

20 Vgl. dazu Rutschky, Katharina (Hg.): Schwarze Pädagogik. Quellen zur Naturgeschichte der bürgerlichen Erziehung, Frankfurt a. M./Berlin, 1988.

21 Vgl. dazu Pikulik (Anm. 18), S. 195 f.

22 Vgl. van Dülmen (Anm. 3), Bd. I, München 1990, S. 237.

23 Vgl. Langen, August: Wortschatz des deutschen Pietismus, Tübingen 1954.

24 Vgl. Habermas (Anm. 13), S. 66.

25 Vgl. dazu auch Mauser, Wolfram und Becker-Cantarino, Barbara (Hgg.): Frauenfreundschaft – Männerfreundschaft. Literarische Diskurse im 18. Jahrhundert, Tübingen 1991.

26 Vgl. hierzu Grimminger (Anm. 5), S. 32.

27 Vgl. Habermas (Anm. 13), S. 67.

28 Vgl. Schenda, Rudolf: Volk ohne Buch. Studien zur Sozialgeschichte der populären Lesestoffe 1770–1910, Frankfurt a. M. 1970, S. 444.

29 Vgl. dazu Nusser, Peter: Trivialliteratur, Stuttgart 1991, S. 24 f.

30 Vgl. dazu u. a. Kiesel, Helmuth/Münch, Paul: Gesellschaft und Literatur im 18. Jahrhundert. Voraussetzungen und Entstehung des literarischen Marktes in Deutschland im 18. Jahrhundert, München 1977.

31 Die Abgrenzung der beiden Begriffe ist schwierig, aber es ist inzwischen üblich geworden, mit Unterhaltungsliteratur diejenigen leicht konsumierbaren trivialen Texte zu bezeichnen, die etwas differenziertere ästhetische Mittel verwenden, um die Leserzielgruppe des ‚gebildeten' – und das hieß im 18. Jahrhundert zunächst weitgehend des lesenden – Bürgertums zu erreichen, weniger die der so genannten ‚kleinen Leute'. Zu dieser Bezeichnung vgl. Schenda, Rudolf: Die Lesestoffe der Kleinen Leute. Studien zur populären Literatur im 19. und 20. Jahrhundert, München 1976. Zum Diskussion um den Begriff der Trivialliteratur vgl. Nusser (Anm. 29) und ders., Unterhaltung und Aufklärung. Studien zur Theorie, Geschichte und Didaktik der populären Lesestoffe, Frankfurt a. M. 2000, S. 13 ff.

32 So bei Plaul, Hainer: Illustrierte Geschichte der Trivialliteratur, Leipzig 1983, S. 84.

33 Vgl. Plaul (Anm. 32).

34 Vgl. zu diesem Begriff Schenda (Anm. 31).

35 Vgl. Le Goff, Jacques: Le Moyen Age s'achève en 1800. In: L'Histoire 131, März 1990. Zur Dichotomie von Volks- und Elitenkultur im 18. Jahrhundert vgl. auch den Forschungsbericht von Lüsebrink, Hans-Jürgen: Volkskultur und Elitenkultur. Mentalitätshistorische und kulturhistorische Ansätze zur Neuperspektivierung einer tradierten Dichotomie. In: Klein, Wolfgang und Naumann-Beyer, Waltraud (Hgg.): Nach der Aufklärung? Beiträge zum Diskurs der Kulturwissenschaften, Berlin 1995.

36 Vgl. Petzoldt, Leander: Bänkelsang, Stuttgart 1974.

37 Vgl. kurz zusammenfassend Nusser (Anm. 29), S. 101 ff.

38 Vgl. hierzu und zum Folgenden Schenda (Anm. 28) und, kurz zusammenfassend, Nusser (Anm. 29), S. 46 ff.

39 Vgl. hierzu Nusser, Peter: Romane für die Unterschicht. Groschenhefte und ihre Leser, Stuttgart 51981.

40 Grundlegend hierfür Schenda (Anm. 28).

41 Vgl. Schenda (Anm. 28), S. 374 f.

42 Vgl. Schenda (Anm. 28), S. 351.

43 Beispiele bei Schenda (Anm. 28), S. 355 ff.

44 Vgl. dazu Schenda (Anm. 28) und, auf die Heftromanliteratur der Gegenwart bezogen, Nusser (Anm. 39).

45 Vgl. dazu van Dülmen (Anm. 3) Bd. III, S. 262 f.

46 Zu Hebel als Volksaufklärer vgl. Albrecht, Wolfgang: Das Angenehme und das Nützliche. Fallstudien zur literarischen Spätaufklärung in Deutschland (Wolfenbütteler Studien zur Aufklärung Bd. 23), Tübingen 1997, S. 299 ff. In den letzten Jahren sind eine ganze Reihe von Arbeiten über Hebel erschienen, u. a.: Faber, Richard (Hg.): Lebendige Tradition und antizipierte Moderne. Über Johann Peter Hebel, Würzburg 2004; Littmann, Franz (Hg.): Johann Peter Hebel – Glück und Verstand. Minutenlektüren, Hamburg 2009; Viel, Bernhard: Johann Peter Hebel oder Das Glück der Vergänglichkeit. Eine Biographie, München 2010.

47 Vgl. Schlaffer, Hannelore: Johann Peter Hebel, Schatzkästlein des rheinischen Hausfreundes. Ein Werk in seiner Zeit, Stuttgart, 1980, S. 314.

48 Vgl. Nusser, Peter: Johann Peter Hebels Kalendergeschichte „Jakob Humbel". In: Der Deutschunterricht, Jg. 40, 1988, H. 1.

49 Vgl. das Nachwort zu der von Winfried Theiss herausgegebenen kritischen Gesamtausgabe: Schatzkästlein des rheinischen Hausfreundes, Stuttgart 1981.

50 Vgl. Siegrist, Christoph: Poetik und Ästhetik von Gottsched bis Baumgarten. In: Grimminger (Anm. 5), S. 282. Vgl. auch Rudersdorf, Manfred (Hg.): Johann Christoph Gottsched in seiner Zeit. Neue Beiträge zu Leben, Werk und Wirkung, Berlin/New York 2007.

51 Vgl. Siegrist (Anm. 50), S. 298.

52 Vgl. Nivelle, Armand: Kunst- und Dichtungstheorien zwischen Aufklärung und Klassik, Berlin 1960, S. 21 ff.

53 Lessing, Werke, hg. v. Göpfert, Herbert u. a.: Bd. VIII, S. 32 f.

54 Vgl. Lessing/Mendelssohn/Nicolai – Briefwechswel über das Trauerspiel. Hg. und kommentiert von Jochen Schulte-Sasse, München 1972, S. 102.

55 Vgl. Schulte-Sasse, Jochen: Poetik und Ästhetik Lessings und seiner Zeitgenossen. In:

Grimminger (Anm. 5), S. 314. Vertiefend dazu vgl. Košenina, Alexander: Anthropologie und Schauspielkunst. Studien zur ‚eloquentia corporis' im 18. Jahrhundert, Tübingen 1995; ferner einzelne Beiträge aus Schings, Hans-Jürgen (Hg.): Der ganze Mensch. Anthropologie und Literatur im 18. Jahrhundert, 1994. Vgl. auch Barner, Wilfried/Grimm, Gunter E./Kiesel, Helmult/Kramer, Martin: Lessing. Epoche – Werk – Wirkung, München [6]1998; Fick, Monika: Lessing-Handbuch. Leben – Werk – Wirkung, 3. neu bearbeitete und erweiterte Auflage Stuttgart 2010; von Sternburg, Wilhelm: Gotthold Ephraim Lessing, Reinbek 2010.

56 Vgl. Nivelle (Anm. 52), S. 159 ff. Zu Herder vgl. auch: Deiters, Franz-Josef: Das Volk als Autor? Der Ursprung einer kulturgeschichtlichen Fiktion im Werk Johann Gottfried Herders. In: Detering, Heinrich (Hg.): Autorschaft. Positionen und Revisionen. DFG-Symposion 2001, Stuttgart/Weimar 2002.

57 Schings, Hans-Jürgen: Der mitleidigste ist der beste Mensch. Poetik des Mitleids von Lessing bis Büchner, München 1980, S. 50.

58 Vgl. Koopmann, Helmut: Friedrich Schiller, 2 Bde., Stuttgart [2]1977, Bd. II, S. 11. Vgl. auch Noetzel, Wilfried: Friedrich Schillers Philosophie der Lebenskunst. Zur Ästhetischen Erziehung als einem Projekt der Moderne, London 2006.

59 Vgl. Ueding, Gert: Klassik und Romantik. Deutsche Literatur im Zeitalter der Französischen Literatur 1789–1815 (Hansers Sozialgeschichte der deutschen Literatur, Bd. IV), München 1988, Teilband 1, S. 87.

60 Schulz, Gerhard: Die deutsche Literatur zwischen Französischer Revolution und Restauration (Erster Teil 1789–1806) (De Boor/Newald, Geschichte der deutschen Literatur Bd. VII/1), München 1983, S. 224.

61 Vgl. Schings, Hans-Jürgen: Die Brüder des Marquis Posa. Schiller und der Geheimbund der Illuminaten, Tübingen 1996.

62 Schings (Anm. 61), S. 216. Vgl. auch Müller-Seidel, Walter: Friedrich Schiller und die Politik. Nicht das Große, nur das Menschliche geschehe, München 2009.

63 Vgl. dazu Koopmann (Anm. 58), S. 22 f.

64 Ueding (Anm. 59), S. 68. Zur Hineinbildung des genannten utopisch-humanistischen Konzepts in die Wirklichkeit vgl. Busch-Salmen, Gabriele/Salmen, Walter/Meckel, Christoph: Der Weimarer Musenhof. Dichtung. Musik und Tanz. Gartenkunst. Geselligkeit. Malerei, Stuttgart/Weimar 1998. Zur Freundschaft zwischen Goethe und Schiller vgl. Safranski, Rüdiger: Goethe&Schiller. Geschichte einer Freundschaft, München 2009.

65 Ueding (Anm. 59), S. 75.

66 Vgl. Borchmeyer, Dieter: Weimarer Klassik. Portrait einer Epoche, Weinheim 1994, S. 299 ff.

67 Schulz (Anm. 60), S. 217.

68 Vgl. ausführlicher Alt (Anm. 1), S. 185 f.

69 Zu Gottscheds *Cato* und Schlegels *Canut* vgl. zusammenfassend Alt (Anm. 1), S. 197 ff.

70 Zum Verlachen als Bestrafung vgl. Bergson, Henri: Das Lachen (Le rire, 1899), Zürich 1972.

71 Zur monomischen und binomischen Struktur der Aufklärungskomödien vgl. Steinmetz, Horst: Die Komödie der Aufklärung, Stuttgart 1966.

72 Zu den beiden folgenden Komödien vgl. Schulte-Sasse, Drama, in: Grimminger (Anm. 5), Bd. III,2, S. 438 ff. Vgl. auch Ball, Gabriele/Brandes, Helga/Goodman, Katherine R. (Hgg.): Diskurse der Aufklärung. Luise Adelgunde Victorie und Johann Christoph Gottsched, Reihe Wolfenbütteler Forschungen, Wiesbaden 2006.

73 Vgl. Bergson (Anm. 70).

74 Vgl. Glaser, Horst Albert: Das bürgerliche Rührstück. Analekten zum Zusammenhang von Sentimentalität mit Autorität in der trivialen Dramatik Schröders, Ifflands, Kotzebues und anderer Autoren am Ende des 18. Jahrhunderts, Stuttgart 1969.

75 Vgl. Schulte Sasse (Anm. 72), S. 444.

76 Zum Folgenden vgl. die Zusammenfassung des Verfassers (Anm. 29). Einige Passagen sind hier wörtlich übernommen.

77 Vgl. die Einführung Benno von Wieses in der von Jürg Mathes herausgegeben Auswahl von Stücken Kotzebues, Frankfurt a. M. 1972.

78 Zur Vertiefung vgl. Ochs, Gunnar: Imago judaica. Juden und Judentum im Spiegel der deutschen Literatur 1750–1812, Königshausen 1995.

79 Eibl, Karl: Identitätskrise und Diskurs. Zur thematischen Kontinuität von Lessings Dramatik. In: Jahrbuch der deutschen Schillergesellschaft, 21. Jg. 1977, S. 178.

80 Vgl. Alt (Anm. 1), S. 237.

81 Eibl (Anm. 79), S. 186.

82 Übersichtlich dargestellt bei Barner/Grimm/Kiesel/Kramer (Anm. 55), S. 273 ff. (^{6}1998).

83 Jens, Walter: Lessings ‚Nathan' aus der Perspektive von Auschwitz. In: ders., In Sachen Lessing, Vorträge und Essays, Stuttgart 1983, S. 133 ff.

84 Ausführlich dazu Szondi, Peter: Die Theorie des bürgerlichen Trauerspiels im 18. Jahrhundert, Frankfurt a. M. 1973, S. 62 ff. Vgl. u. a. auch Barner (Anm. 82), S. 161 f.

85 Vgl. Alt (Anm. 1), S. 220.

86 Vgl. den Hinweis bei Alt (Anm. 1), S. 222.

87 Vgl. Eibl (Anm. 79), S. 143.

88 Vgl. Eibl (Anm. 79), S. 152.

89 Vgl. zu Lessings Behandlung des Virginia-Stoffes zusammenfassend Barner u. a. (Anm. 82), S. 196 ff.

90 Vgl. Barner u. a. (Anm. 82), S. 208.

91 Alt (Anm. 1), S. 224.

92 Korff, Hermann August: Geist der Goethezeit, Leipzig ^{2}1955, Teil I, S. 207. Vgl. a. Auerbach, Erich: Mimesis. Dargestellte Wirklichkeit in der abendländischen Literatur, Bern/München ^{3}1964, S. 409.

93 Guthke, Karl S.: *Kabale und Liebe*. Tragödie der Säkularisation. In: Hinderer, Walter (Hg.): Schillers Dramen, Stuttgart 1992, S. 109.

94 Guthke (Anm. 93), S. 120.

95 Guthke (Anm. 93), S. 145.

96 Vgl. Glaser, Horst Albert: Drama des Sturm und Drang. In: Glaser (Hg.), Deutsche Literatur. Eine Sozialgeschichte, Bd. IV, Reinbek 1980, S. 312.

97 Materialien zur Kindsmörderinnen-Thematik in Bänkelsang und Ballade bei Köpf, Gerhard: Die Ballade, Kronberg 1976.

98 Vgl. Klotz, Volker: Geschlossene und offene Form im Drama, München 1969.

99 Vgl. Hinderer Walter: Jakob Michael Reinhold Lenz. Der Hofmeister. In: Walther Hinck (Hg.), Die deutsche Komödie. Vom Mittelalter bis zur Gegenwart, Düsseldorf 1977, S. 77 ff. Zu Lenz' Werk vgl. auch Meier, Andreas: Jakob Michael Reinhold Lenz. Vom Sturm und Drang zur Moderne, Heidelberg 2001.

100 Vgl. Glaser (Anm. 96), S. 316.

101 Vgl. den Kommentar von Erich Trunz in der Hamburger Goethe-Ausgabe (Goethes Werke, hg. v. Trunz, Erich: Hamburg 1952 ff.), Bd. III, ^{4}1959, S. 467 ff.

102 Vgl. Korff (Anm. 92), S. 279.

103 Vgl. Schulz (Anm. 60) (Zweiter Teil 1806–1830), München 1989, S. 665.

104 Vgl. Pikulik, Lothar: Stella. Ein Schauspiel für Liebende. In: Hinderer, Walter (Hg.): Goethes Dramen. Interpretationen, Stuttgart 1992, S. 90.

105 Beleg dafür ist das Gelächter des Publikums bei Aufführungen der Originalfassung der *Stella* in der Berliner Schaubühne im Jahr 1999.

106 Vgl. dazu Pikulik (Anm. 104), S. 104.

107 Zum Geschichtsverständnis des jungen Goethe vgl. Schröder, Jürgen: Individualität und Geschichte im Drama des jungen Goethe. In: Hinck, Walther (Hg.): Sturm und Drang. Ein literaturwissenschaftliches Studienbuch, Kronberg 1978, S. 192 ff. Vgl. dazu auch Buck, Theo: Der Poet, der sich vollendet. Goethes Lehr- und Wanderjahre, Köln, Weimar u. Wien 2008.

108 Vgl. dazu Hinderer, Walter: *Götz von Berlichingen*. In: Ders. (Anm. 104), S. 33fF.

109 Vgl. Reinhardt, Hartmut: *Egmont*. In: Hinderer (Anm. 108).

110 Vgl. dazu Mattenklott, Gert: Melancholie in der Dramatik des Sturm und Drang, Stuttgart 1968, S. 67 f.

111 Vgl. Jöns, Dietrich: Das Problem der Macht in Schillers Dramen von den *Räubern* bis zum *Wallenstein*. In: Conrady, Karl Otto (Hg.): Deutsche Literatur zur Zeit der Klassik, Stuttgart 1977, S. 77.

112 Vgl. dazu vor allem Hans Schwerte, Schillers *Räuber*. In: Jost Schillemeit (Hg.), Interpretationen. Deutsche Dramen von Gryphius bis Brecht, Frankfurt a. M. 1965.

113 Vgl. Jörgensen, Sven Aage/Bohnen,Klaus/Öhrgaard, Per: Aufklärung, Sturm und Drang, frühe Klassik 1740–1789 (De Boor/Newald, Geschichte der deutschen Literatur, Bd. VI), München 1990, S. 526. Vgl. auch Alt, Peter-André: Schiller. Leben – Werk – Zeit, 2 Bände, München 2000.

114 Zum Verhältnis von Politik und Moral im *Fiesco* und zur Figur Verrinas vgl. besonders Janz, Rolf-Peter: *Die Verschwörung des Fiesco zu Genua*. In: Hinderer, Walter (Hg.): Schillers Dramen. Interpretationen, Stuttgart 1992.

115 Vgl. dazu insbesondere Koopmann, Helmut: *Don Carlos*. In: Hinderer (Anm. 114).

116 Sautermeister, Gert: *Maria Stuart*. In: Hinderer (Anm. 114), S. 295 f.

117 Zum Rollenspiel der Frauen und zu den auf die *Maria Stuart* bezogenen Wirkungsintentionen Schillers insgesamt vgl. Sautermeister (Anm. 117).

118 Vgl. Caroline de la Motte-Fouqué, Geschichte der Moden vom Jahre 1785 bis 1829. Als Beytrag zur Geschichte der Zeit. Zweiter Artikel. In: Morgenblatt für gebildete Stände 24 (1830), Nr. 3–8, 4.–9. Januar.

119 Vgl. Schulz (Anm. 60), S. 518.

120 Vgl. Stapf, Paul (Hg.): Der Briefwechsel zwischen Schiller und Goethe, Berlin/Darmstadt/Wien 1960, S. 617.

121 Schulz (Anm. 60), S. 522.
122 Sautermeister, Gert: *Wilhelm Tell*. In: Kindlers Literatur Lexikon, Mailand/Zürich 1964, Band VII.
123 Borchmeyer, Dieter: *Iphigenie auf Tauris*. In: Hinderer (Anm. 104), S. 142.
124 Ueding (Anm. 59), Teilbd. I, S. 163.
125 Vgl. Jörgensen u. a. (Anm. 113), S. 503.
126 Vgl. die ‚Tag- und Jahreshefte' von 1799; zur Entstehung des Dramas vgl. den Kommentar der Hamburger Goethe-Ausgabe (Goethes Werke, hg. von E. Trunz, Hamburg 1952 ff.), Bd. V, S. 479 f.
127 Vgl. Ueding (Anm. 59), Teilbd. I, S. 218.
128 Vgl. dazu den noch immer grundlegenden Aufsatz von Hass, Hans-Egon: *Die Natürliche Tochter*. In: von Wiese, Benno (Hg.): Das deutsche Drama. Vom Barock bis zur Gegenwart. Interpretationen, Bd. I, Düsseldorf 1964, S. 217 ff.
129 Hass (Anm. 128), S. 220.
130 Vgl. Schulz (Anm. 60), S. 450.
131 Der Hinweis auf diese Einschätzung Schmidts (vgl. Die Ritter vom Geist. Von vergessenen Kollegen, Karlsruhe 1965, S. 59) stammt von Alt (Anm. 1), S. 137.
132 Vgl. Schwerte, Hans: Ganghofers Gesundung. Ein Versuch über sendungsbewußte Trivialliteratur. In: Burger, H. O. (Hg.): Studien zur Trivialliteratur, Frankfurt a. M. 1968.
133 Weiterführende Hinweise bei Nusser (Anm. 29), S. 86 f., 115.
134 Kohl, Katrin: Friedrich Gottlieb Klopstock, Stuttgart 2000; Hurlebusch, Klaus: Klopstock, Hamann und Herder als Wegbreiter autorzentrischen Schreibens. Ein philologischer Beitrag zur Charakterisierung der literarischen Moderne, Tübingen 2001.
135 Vgl. Noll, G./Thum, B. (Hgg.): Arsenal. Poesie deutscher Minderdichter vom 16. bis zum 20. Jahrhundert, Berlin 1973.
136 Schulz (Anm. 103), S. 54.
137 Vgl. den kurz zusammenfassenden Abschnitt 3.2.3. bei Nusser (Anm. 29).
138 Vgl. Fechner, Jörg-Ulrich (Hg.): Matthias Claudius 1740–1815. Leben. Zeit. Werk, Tübingen 1996. Vgl. auch Kranefuss, Annelen: Matthias Claudius: eine Biographie, Hamburg 2011.
139 Vgl. dazu Alewyn, Richard: Die Lust an der Angst. In: ders., Probleme und Gestalten. Essays, Frankfurt a. M. 1974, sowie die Interpretation von Marx, Reiner: Unberührte Natur, christliche Hoffnung und menschliche Angst – Die Lehre des Hausvaters in Claudius' *Abendlied* (dort auch der Text des *Abendlieds*). In: Gedichte und Interpretationen, Bd. II (Aufklärung und Sturm und Drang), hg. von Richter, Karl: Stuttgart 1983.
140 Vgl. Marx (Anm. 139), S. 346.
141 Vgl. Schöne, Albrecht: Gottfried August Bürger, *Lenore*. In: von Wiese, Benno (Hg.): Die deutsche Lyrik. Form und Geschichte, Bd. I, Düsseldorf 1957, S. 190 ff.
142 Vgl. Laufhütte, Hartmut: Vom Gebrauch des Schaurigen als Provokation zur Erkenntnis. Gottfried August Bürger: ‚Des Pfarrers Tochter von Taubenhain'. In: Richter (Hg.) (Anm. 139), S. 393.
143 Text aus: Goethes Werke (Anm. 134), S. 30 f.
144 Vgl. dazu Thomé, Horst: Tätigkeit und Reflexion in Goethes *Prometheus*. Umrisse einer Interpretation. In: Richter (Hg.) (Anm. 139), S. 427 ff.

145 Gegenüberstellung der ältesten und jüngsten Fassung bei Clemens Lugowski in seinem 1942 entstandenen Aufsatz ‚Goethe: Ganymed'. Neu abgedruckt in: Schillemeit, Jost (Hg.): Interpretationen. Deutsche Lyrik von Weckherlin bis Benn, Frankfurt a. M. 1965, S. 59.

146 Lugowski (Anm. 145), S. 59.

147 Vgl. dazu Trunz (Anm. 126), Bd. I, S. 428.

148 Ueding (Anm. 59), S. 624.

149 Ueding (Anm. 59), S. 627.

150 Vgl. Lange, Victor: Goethe, Stuttgart 1992, S. 38.

151 Vgl., um nur ein Beispiel zu nennen, Adler, Jeremy: Eine fast magische Anziehungskraft – Goethes *Wahlverwandtschaften* und die Chemie seiner Zeit, München 1987.

152 Vgl. Goethes Werke (Hamburger Ausgabe), hg. von Erich Trunz, Bd. I, Hamburg [5]1960, S. 508 (Anmerkungen).

153 Richter, Karl: Wissenschaft und Poesie „auf höherer Stelle" vereint. Goethes Elegie *Die Metamorphose der Pflanzen*. In: Gedichte und Interpretationen, Bd. III (Klassik und Romantik), hg. von Wulf Segebrecht, Stuttgart 1984, S. 157.

154 Vgl. Schulz (Anm. 60), S. 594.

155 Vgl. dazu Ueding (Anm. 59), S. 662 f.

156 Vgl. Schillers Brief an Körner vom 29. 10. 1798.

157 Vgl. Laufhütte, Hartmut: Formulierungshilfe für Haustyrannen? Goethe: *Der Gott und die Bajadere*. In: Gedichte und Interpretationen (Anm. 153), S. 114 ff.

158 Vgl. von Wiese, Benno: Friedrich von Schiller, *Die Kraniche des Ibykus*. In: ders. (Anm. 141), S. 359.

159 Vgl. Stenzel, Jürgen: Über die ästhetische Erziehung eines Tyrannen. Zu Schillers Ballade *Die Bürgschaft*. In: Gedichte und Interpretationen (Anm. 153), S. 173 ff.

160 Minder, Robert: Hölderlin unter den Deutschen. In: ders., Dichter in der Gesellschaft (1966), Frankfurt a. M. 1972, S. 90. Vgl. auch Bertaux, Pierre: Hölderlin und die Französische Revolution, Berlin 1990; Gaier, Ulrich: Hölderlin. Eine Einführung, Tübingen 1993.

161 Text aus: Friedrich Hölderlin: Sämtliche Werke. Große Stuttgarter Ausgabe, hg. von Beissner, Friedrich: Stuttgart 1943 ff., Bd. 1,1 (1946).

162 Text aus: Beissner (Anm. 161), Bd. 11,1 (1951).

163 Vgl. hierzu und zum Folgenden Schmidt, Jochen: ‚Sobria ebrietas'. Hölderlins ‚Hälfte des Lebens'. In: Gedichte und Interpretationen (Anm. 153), S. 257 ff., sowie die ältere Interpetation (1963) von Strauss, Ludwig: Friedrich Hölderlin: *Hälfte des Lebens*. In: Schillemeit (Anm. 145), S. 113 ff.

164 Schmidt (Anm. 163), S. 259.

165 Schmidt (Anm. 163) S. 260 ff.

166 Vgl. hierzu den Aufsatz Minder (Anm. 160), S. 93 ff. Vgl. zur Rheinhymne: Böschenstein, Bernhard: Hölderlins *Rheinhymne*, Zürich u. Freiburg i. Br. [2]1968.

167 Vgl. zu diesem ‚Gespräch' ausführlich Schulz (Anm. 60), S. 159 ff. Zur ‚Friedensfeier' vgl. ebenfalls Schulz (Anm. 60), S. 672 f.

168 Zum Text der Hymne vgl. insbesondere Beissner, Friedrich: Hölderlin, *Friedensfeier*, Stuttgart 1954. Vgl. auch das Hölderlin Jahrbuch 1955/56, Tübingen 1957, dessen größere Beiträge alle der *Friedensfeier* gewidmet sind.

169 Grafik aus: Nusser, Peter: Träume für die vielen – Trivial- und Unterhaltungsliteratur. In: Brockhaus. Die Bibliothek. Kunst und Kultur, Bd. VI, Leipzig/Mannheim 1999, S. 349.

170 Vgl. Elm, Theo/Hasubek, Peter (Hgg.): Fabel und Parabel. Kulturgeschichtliche Prozesse im 18. Jahrhundert, München 1994.

171 Text aus: Lessings Werke, hg. von Paul Stapf, Berlin/Darmstadt 1961, S. 177.

172 Text aus: Deutsche Fabeln des 18. Jahrhunderts, hg. von Manfred Windfuhr, Stuttgart 1960, S. 94 f.

173 Näheres dazu bei Alt (Anm. 1), S. 261 f.

174 Georg Christoph Lichtenberg, Schriften und Briefe, hg. von Franz H. Mautner. Bd. I, Sudelbücher, Fragmente, Fabeln, Verse. Frankfurt a. M. 1983.

175 Vgl. Schöne, Albrecht: Aufklärung aus dem Geist der Experimentalphysik. Lichtenbergsche Konjunktive, München 1983. Zu Lichtenberg vgl. auch Baasner, Rainer: Georg Christoph Lichtenberg, Darmstadt 1992; Niekerk, Carl: Zwischen Naturgeschichte und Anthropologie, Lichtenberg im Kontext der Spätaufklärung, Tübingen 2005.

176 Dazu und zum Folgenden Jacobs, Jürgen: Die deutsche Erzählung im Zeitalter der Aufklärung. In: Polheim, Karl Konrad (Hg.): Handbuch der deutschen Erzählung, Düsseldorf 1981, S. 56 ff.

177 Vgl. dazu Nusser (Anm. 29), S. 68 f.

178 Vgl. u. a. Freund, Winfried: Die deutsche Kriminalnovelle von Schiller bis Hauptmann. Einzelanalysen unter sozialgeschichtlichen und didaktischen Aspekten, Paderborn 1975.

179 Vgl. Karlinger, Felix: Grundzüge einer Geschichte des Märchens im deutschen Sprachraum, Darmstadt 1983, S. 50. Zum Unterschied zwischen Volks- und Kunstmärchen vgl. bes. Klotz, Volker: Das europäische Kunstmärchen. 25 Kapitel seiner Geschichte von der Renaissance bis zur Moderne, Stuttgart 1985, S. 7 ff.

180 Vgl. dazu zusammenfassend Benno von Wiese, Novelle, Stuttgart ^{8}1982, S. 34 ff.; zu den situativen Bedingungen der Novelle vgl. Aust, Hugo: Novelle, Stuttgart 1990, S. 2 ff.

181 Dazu vgl. Keller, Werner: Goethes Erzählungen. In: Polheim (Anm. 176), S. 75 f.

182 Vgl. Potthast, Barbara: Die verdrängte Krise. Studien zum ‚inferioren' deutschen Roman zwischen 1750 und 1770, Hamburg 1997, S. 175.

183 Dazu Nusser (Anm. 29), S. 45 ff.

184 Schings, Hans-Jürgen: Der Staatsroman im Zeitalter der Aufklärung. In: Koopmann, Helmut (Hg.): Handbuch des deutschen Romans, Düsseldorf 1983, S. 161.

185 Vgl. dazu Schings (Anm. 184), S. 165 f.

186 Schings (Anm. 184), S. 152.

187 Vgl. dazu Nusser (Anm. 29), S. 83 f. Ausführlicher: Plaul (Anm. 29).

188 Vgl. dazu Ueding, Gert: Glanzvolles Elend. Versuch über Kitsch und Kolportage, Frankfurt a. M. 1973, S. 68 ff.; zu den folgenden Formulierungen vgl. Nusser (Anm. 29), S. 75 ff.

189 Vgl. Herrmann, W.: Der allein ausziehende Held. Zur Problematik literarischer Wertung am Beispiel des Abenteuer- und Wildwestromans. In: DVjS 46,1972.

190 Vgl. Grimminger, Roman. In: ders. (Anm. 5), S. 673.

191 Vgl. zu Forsters schriftstellerischer Leistung den Überblick von Schulz (Anm. 60), S. 107 ff.

192 Vgl. Jäger, Hans-Wolf (Hg.): Europäisches Reisen im Zeitalter der Aufklärung, Heidelberg 1992.

193 Vgl. zusammenfassend mit Literaturhinweisen Nusser (Anm. 29), S. 76 f.

194 Vgl. dazu Meyer, Hermann: Der Sonderling in der deutschen Dichtung, Frankfurt /M. 1984, S. 55.

195 Schönert, Jörg: Der satirische Roman von Wieland bis Jean Paul. In: Koopmann (Anm. 184), S. 207.

196 Vgl. dazu Sauder, Gerhard: Johann Karl Wezel: *Belphegor oder die wahrscheinlichste Geschichte unter der Sonne.* In: Interpretationen. Romane des 17. und 18. Jahrhunderts, Stuttgart 1996, S. 202 ff.

197 Zur Behandlung des Narrenmotivs in den *Abderiten* vgl. die Interpretation von Martini, Fritz: Christoph Martin Wieland, *Geschichte der Abderiten.* In: von Wiese, Benno (Hg.): Der deutsche Roman. Vom Barock bis zur Gegenwart, Bd. I, Düsseldorf 1963, insb. S. 74 f.

198 Vgl. Schönert (Anm. 195), S. 218. Zum Gesamtwerk Wielands vgl. Heinz, Jutta (Hg.): Wieland-Handbuch. Leben, Werk, Wirkung, Stuttgart/Weimar 2008.

199 Vgl. dazu Ueding (Anm. 59), S. 399 ff.

200 Hinweise dazu u. a. in Brinker-Gabler, Gisela (Hg.): Deutsche Literatur von Frauen, Bd. I, Vom Mittelalter bis zum Ende des 18. Jahrhunderts, München 1988. Vgl. aus angelsächsischer Sicht Dawson, Ruth P.: The Contested Quill. Literature by Women in Germany 1770–1800, Newark/London 2002.

201 Vgl. die zusammenfassende Darstellung in Nusser (Anm. 29), S. 58 ff.

202 Greiner, Martin: Die Entstehung der modernen Unterhaltungsliteratur. Studien zum Trivialroman des 18. Jahrhunderts, Reinbek 1964, S. 31.

203 Vgl. dazu Witte, Bernd: Christian Fürchtegott Gellert: *Leben der schwedischen Gräfin von G***.* In: Interpretationen (Anm. 196), S. 135 ff.

204 Witte (Anm. 203), S. 131. Dort auch mehr zur Bedeutung von Lesen und Schreiben in Gellerts Roman.

205 Zum Leidenschaftsdiskurs im 18. Jahrhundert vgl. Luserke, Matthias: Die Bändigung der wilden Seele. Literatur und Gesellschaft in der Aufklärung, Stuttgart/Weimar 1995.

206 Vgl. Trunz, Erich: Nachwort zu *Die Leiden des jungen Werthers.* In: Goethes Werke (Hamburger Ausgabe), hg. von Erich Trunz, Bd. VI, München 1981, S. 549.

207 Vgl. Allerdissen, Rolf: Der empfindsame Roman des 18. Jahrhunderts. In: Polheim (Anm. 176), S. 197.

208 Vgl. Plaul (Anm. 187), S. 127.

209 Näheres bei Meise, Helga: Der Frauenroman. Erprobungen der Weiblichkeit In: Brinker-Gabler (Anm. 200), S. 434 ff.

210 Vgl. Greiner (Anm. 202), S. 81 ff., und Skreb, Zdenko: August Heinrich Julius Lafontaine. In: Skreb, Z./Baur, U. (Hgg.): Erzählgattungen der Trivialliteratur, Innsbruck 1984, S. 53 ff.

211 Vgl. Ueding (Anm. 59), S. 515.

212 Schulz (Anm. 60), S. 350. Vgl. auch Ring, Andrea: Jenseits von Kuhschnappel. Individualität und Religion in Jean Pauls *Siebenkäs.* Eine systemtheoretische Analyse, Würzburg 2005; zu verschiedenen Werken Jean Pauls vgl. Wölfel, Kurt: Jean-Paul-Studien, Frankfurt/M. 1989.

213 Vgl. Trunz, Erich: Nachwort zu *Die Wahlverwandtschaften.* In: Trunz (Anm. 206); Pütz, Peter: Der Roman der Klassik. In: Polheim (Anm. 176), S. 256 f.

214 Text aus: Goethes Werke (Anm. 206), Bd. VI, S. 478.
215 Vgl. dazu das maßgebliche Buch von Brittnacher, Hans Richard: Ästhetik des Horrors. Gespenster, Vampire, Monster, Teufel und künstliche Menschen in der phantastischen Literatur, Frankfurt a. M. 1994. – Grundlage dieses Abschnitts ist meine knappe Zusammenfassung der Schauer-, Geheimbund- und Räuberromane in dem Band ‚Trivialliteratur' (Anm. 29).
216 Vgl. Alewyn, Die Lust an der Angst (Anm. 139).
217 Zur Unterscheidung dieser Begriffe vgl. Nusser (Anm. 31).
218 Vgl. dazu Plaul (Anm. 187), S. 178.
219 Vgl. Beaujean, Marion: Der Trivialroman in der zweiten Hälfte des 18. Jahrhunderts. Die Ursprünge des modernen Unterhaltungsromans, Bonn 1964.
220 Vgl. dazu Ueding (Anm. 59), S. 527 ff.
221 Titelangaben hierzu bei Plaul (Anm. 187), S. 208 f.
222 Zu diesem Wunsch vgl. u. a. Niethammer, Ortrun: Autobiographien von Frauen im 18. Jahrhundert, Tübingen/Basel 2000.
223 Vgl. Wuthenow, Ralph-Rainer: Autobiographien und Memoiren, Tagebücher, Reiseberichte. In: Glaser (Anm. 96), Bd. IV, S. 150.
224 Müller, Lothar: Karl Philipp Moritz: *Anton Reiser.* In: Interpretationen (Anm. 196), S. 277.
225 Vgl. Bark, Joachim: Nachwort. In: ders. (Hg.), Karl Philipp Moritz, *Anton Reiser.* Ein psychologischer Roman, 1996.
226 Vgl. dazu Bark (Anm. 225), S. 429 ff.
227 Vgl. Koopmann, Helmut: *Wilhelm Meisters Lehrjahre.* In: Lützeler, Paul Michael/McLeod, James E. (Hgg.): Goethes Erzählwerk, Stuttgart 1985, S. 180.
228 Vgl. Koopmann (Anm. 227), S. 181.
229 Vgl. dazu u. a. Lämmert, Eberhard: Goethes empirischer Beitrag zur Romantheorie. In: Lützeler/McLeod (Anm. 227), S. 27 ff.
230 Lämmert (Anm. 229), S. 32.
231 Vgl. dazu Hass, Hans-Egon: *Wilhelm Meisters Lehrjahre.* In: v. Wiese (Anm. 197).
232 Dazu u. a. Pütz (Anm. 213), S. 250 ff.
233 Vgl. dazu Schulte-Sasse, Jochen: Literarische Wertung, Stuttgart ^{2}1976, S. 90.
234 Vgl. Habermas (Anm. 13), S. 197 f.

III. Die Lebensführung in der industriellen Gesellschaft und die Literatur des 19. Jahrhunderts

1 Vgl. Böhme, Helmut: Prolegomena zur einer Sozial- und Wirtschaftsgeschichte Deutschlands im 19. und 20. Jahrhundert, Frankfurt/M. [1968] ^{6}1976, S. 49.
2 Schmölders, Günter: Geschichte der Volkswirtschaftslehre, Reinbek 1962, S. 26.
3 Gesichtspunkte zur Kritik sind übersichtlich zusammengefasst in: Fetscher, Iring: Von Marx zur Sowjetideologie, Frankfurt/M. u. a. 1966, S. 30 ff.
4 Vgl. dazu eingehend Wehler, Hans-Ulrich: Deutsche Gesellschaftsgeschichte, München 2. Aufl. 1998 ff. (Band I [1700–1815] 1987; Band II [1815–1845/49] 1987; Band III [1849–1914] 1995; Bd. IV [1914–1949]; Bd. V [1949–1990] 2008). II, S. 353 ff.

5 Vgl. hierzu Wehler (Anm. 4), I, S. 506 ff.
6 Wehler (Anm. 4), I, S. 507.
7 Wehler (Anm. 4), I, S. 511.
8 Belege bei Wehler (Anm. 4), I, S. 522 ff.
9 Belege bei Wehler (Anm. 4) II, S. 142 und III, S. 110.
10 Vgl. Wehler (Anm. 4), III, S. 704 ff.
11 Vgl. Wehler (Anm. 4), III, S. 830; dort (III, S. 179 ff., 825 ff.) auch mehr zur Schichtung der Landbevölkerung.
12 Vgl. Wehler (Anm. 4), III, S. 766.
13 Diesen treffenden Begriff benutzt Wilhelm Flitner im Anschluss an Max Weber in einem insgesamt allerdings problematischen Kapitel seines wichtigen Buches über den Ursprung und Aufbau abendländischer Lebensformen (vgl. Kap. 1, Anm. 18).
14 Vgl. dazu ausführlich Freyer, Hans: Theorie des gegenwärtigen Zeitalters, Stuttgart 1955, S. 45.
15 Weber, Max: Die protestantische Ethik und der Geist des Kapitalismus. In: Ders., Gesammelte Aufsätze zur Religionsgeschichte, I, Tübingen [3]1934.
16 Vgl. Beck, Ulrich: Risikogesellschaft. Auf dem Weg in eine andere Moderne, Frankfurt/M. 1986, S. 135.
17 Dazu ausführlich Beck (Anm. 16), passim.
18 Vgl. insbesondere Sennett, Richard: Verfall und Ende des öffentlichen Lebens. Die Tyrannei der Intimität, Frankfurt/M 1986, [12]2001.
19 Vgl. Beck, Ulrich/Beck-Gernsheim, Elisabeth: Das ganz normale Chaos der Liebe, Frankfurt/M. 1990, S. 8.
20 ebd.
21 a. a. O., S. 7.
22 Vgl. dazu die Hinweise bei Sennett (Anm. 18), S. 235 ff.
23 Vgl. zu dieser polemischen Formulierung Rutschky, Katharina (Hg.): Schwarze Pädagogik. Quellen zur Naturgeschichte der bürgerlichen Erziehung, Frankfurt/M–Berlin 1988.
24 Vgl. Sennett (Anm. 18), S. 186 ff.
25 Vgl. dazu grundlegend Haug, Wolfgang Fritz: Kritik der Warenästhetik, Frankfurt/M. 1971.
26 Vgl. insbesondere Sennett (Anm. 18).
27 Vgl. Treue, Wilhelm: Kulturgeschichte des Alltags, Frankfurt/M. und Hamburg 1961.
28 Vgl. Kleinspehn, Thomas: Warum sind wir so unersättlich? Über den Bedeutungswandel des Essens, Frankfurt/M. 1987, S. 382 ff.
29 Vgl. Foucault, Michel: Überwachen und Strafen. Die Geburt des Gefängnisses, Frankfurt/M. [2]1977.
30 Habermas, Jürgen: Strukturwandel der Öffentlichkeit (vgl. Kap. 2, Anm. 13)
31 Vgl. Habermas (Anm. 30), passim.
32 Sennett (Anm. 18), S. 17.
33 Wehler (Anm. 4) Bd. II, S. 260. Dort und in Bd. III, S. 140 ff. auch mehr zum Identitätsgefühl der Arbeiterschaft.
34 Vgl. dazu die detaillierten Ausführungen von Hegemann, Werner: Das steinerne Berlin. Geschichte der größten Mietskasernenstadt der Welt, [Lugano 1930], Braunschweig [3]1979, insbes. Kapitel 23.

35 Wehler (Anm. 4), Bd. III, S. 166. Vgl. dazu auch S. 798 ff.
36 Schenda, Rudolf: Volk ohne Buch. Studien zur Sozialgeschichte der populären Lesestoffe 1770–1910, Frankfurt/M 1970.
37 Vgl. zusammenfassend Nusser, Peter: Trivialliteratur (vgl. Kap. 2, Anm. 29).
38 Eine Aufzählung technischer Innovationen findet sich bei Schön, Erich: Der Verlust der Sinnlichkeit oder Die Verwandlungen des Lesers, Stuttgart 1987, S. 51 f.
39 Vgl. dazu Schenda (Anm. 36).
40 Zum Folgenden vgl. Nusser (Anm. 37), S. 33.
41 Vgl. Hickethier, Knut/Lützen, Wolf Dieter: Der Kriminalroman. Entstehung und Entwicklung eines Genres in den literarischen Medien. In: Rucktäschel, Annamaria/Zimmermann, Hans Dieter (Hgg.): Trivialliteratur, München 1976, und Nusser, Peter: Der Kriminalroman, Stuttgart [4]2009.
42 Nusser, Peter: Romane für die Unterschicht. Groschenhefte und ihre Leser, Stuttgart [5]1981.
43 Vgl. Martino, Alberto: Publikumsschichten und Leihbibliotheken. In: Horst Albert Glaser (Hg.): Deutsche Literatur. Eine Sozialgeschichte, Bd. 7, 1982, S. 62.
44 Vgl. Böttcher, Kurt u. a. (Hgg.): Geschichte der deutschen Literatur, Bd. 8.2, Berlin (DDR) 1975.
45 Vgl. Böttcher (Anm. 44), S. 763.
46 Knilli, Friedrich/Münchow, Ursula (Hgg.): Frühes deutsches Arbeitertheater 1847–1918, München 1970.
47 Zitiert nach Kaufmann; Hans u. a. (Hgg.): Geschichte der deutschen Literatur, Bd. 9, Berlin (DDR) 1974, S. 232.
48 Vgl. dazu ausführlicher ebd.
49 Zur Diskussion und Kritik dieser Begriffe vgl. Bausinger, Hermann: Formen der ‚Volkspoesie', Berlin 1968.
50 Zu den Titeln dieser Sammlungen und zur Trägerschaft der Volksmärchen vgl. den vorangehenden Band dieser Literaturgeschichte (P. N., 2012 a, IV).
51 Vgl. dazu Bausinger, Hermann: Märchen. In: Fischer Lexikon Literatur, Frankfurt/M. 1996.
52 Vgl. Steinlein, Rüdiger: Märchen als poetische Erziehungsform. Zum kinderliterarischen Status der Grimmschen ‚Kinder- und Hausmärchen', Berlin 1994 (Humboldt-Universität zu Berlin, Reihe ‚Öffentliche Vorlesungen', Heft 29).
53 Vgl. Klotz, Volker: Das europäische Kunstmärchen. 25 Kapitel seiner Geschichte von der Renaissance bis zur Moderne, Stuttgart 1985, S. 33.
54 Klotz (Anm. 53), S. 46.
55 Novalis, Das Allgemeine Brouillon. In: Novalis Schriften. Die Werke Friedrich von Hardenbergs, hg. von F. Kluckhohn, R. Samuel u. a., [2]1960 ff., Bd. 3, S. 280 f.
56 Vgl. dazu Tismar, Jens: Kunstmärchen, Stuttgart 1977, S. 40 ff., und Klotz (Anm. 53), S. 142 ff.
57 Grundlegend Lüthi, Max: Das europäische Volksmärchen. Form und Wesen, Bern [3]1968.
58 Vgl. dazu Tismar (Anm. 56), S. 205.
59 Vgl. Klotz, Volker: Weltordnung im Märchen. In: Neue Rundschau 31, 1970.
60 Zum Kunstcharakter dieses Märchen vgl. Klotz (Anm. 53), S. 162 ff.

61 ebd., S. 172.
62 ebd., S. 202.
63 Vgl. hierzu Oesterle, Günter: E. T. A. Hoffmann: *Der goldene Topf.* In: Interpretationen. Erzählungen und Novellen des 19. Jahrhunderts, Bd. 1, Stuttgart 1988.
64 Klotz (Anm. 53), S. 206 f.
65 Vgl. dazu ebd., S. 218 ff.
66 Vgl. zu diesem Begriff Balint, Michael: Angstlust und Regression. Beitrag zur psychologischen Typenlehre, Reinbek 1972.
67 Vgl. dazu u. a. Holz, Hans Heinz: Macht und Ohnmacht der Sprache. Untersuchungen zum Sprachverständnis und Stil Heinrich von Kleists, Frankfurt/M. u. Bonn 1962.
68 Brittnacher, Hans Richard: Ästhetik des Horrors. Gespenster, Vampire, Monster, Teufel und künstliche Menschen in der phantastischen Literatur, Frankfurt/1994, S. 27. Die folgende Darstellung der Literatur der Phantastik basiert im Wesentlichen auf diesem grundlegenden Werk.
69 Vgl. dazu Brittnacher (Anm. 68), insbes. S. 83 ff.
70 Literaturhinweise in: Feldges, Brigitte/Stadler, Ulrich: E. T. A. Hoffmann. Epoche – Werk – Wirkung, München 1986, S. 206 ff.
71 Hierzu ausführlich Brittnacher, S. 253 ff.
72 Brittnacher (Anm. 68), S. 200.
73 Brittnacher (Anm. 68), S 194.
74 Belegstellen bei Brittnacher (Anm. 68), S. 141 ff.
75 Brittnacher (Anm. 68), S. 163. Vgl. auch seine Ausführungen auf S. 163 ff.
76 Vgl. dazu auch Hennlein, Elmar: Religion und Phantastik. Zur Rolle des Christentums in der phantastischen Literatur, Essen 1989.
77 Dazu Seeßlen, Georg/Kling, Bernd: Unterhaltung. Lexikon zur populären Kultur, Bd. I, Reinbek 1977, S. 145 f.
78 Vgl. Brittnacher (Anm. 68), S. 175.
79 von Matt, Peter: Verkommene Söhne, mißratene Töchter. Familiendesaster in der Literatur, München/Wien 1995, S. 214.
80 Vgl. dazu die glänzende Analyse von Brittnacher (Anm. 68), S. 306 ff.
81 Vgl. Ziolkowski, Theodore: Das Amt der Poeten. Die deutsche Romantik und ihre Institutionen [1992], München 1994, bes. Kapitel 4.
82 Vgl. zum Folgenden Ziolkowski (Anm. 81), S. 174 ff.
83 Vgl. dazu Foucault, Michel: Wahnsinn und Gesellschaft. Eine Geschichte des Wahns im Zeitalter der Vernunft [Originalausgabe: 1961], Frankfurt/Main 1969.
84 Vgl. Kant, Immanuel: Anthropologie in pragmatischer Hinsicht (1798); Crichton, Alexander: Inquiry into the Nature and Origin of Mental Derangement (1798); Pinel, Philippe: Traité médico-philosophique sur l'aliénation mentale ou la manie (1800).
85 Ziolkowski (Anm. 81), S. 237.
86 Zum Stand der Verfasserfrage vgl. den ausführlichen Bericht von Hoffmeister, Gerhart: Bonaventura: *Nachtwachen.* In: Erzählungen und Novellen des 19. Jahrhunderts, (ohne Herausgeber) Stuttgart 1988, S. 61 ff.
87 Ziolkowski (Anm. 81), S. 252
88 Vgl. Hoffmeister (Anm. 86), S. 74 ff.

89 Vgl. Korff, Hermann August: Geist der Goethezeit, Bd. III (Frühromantik), Leipzig ^{3}1956, S. 56.

90 Korff (Anm. 89), S. 82.

91 Diese Formulierungen bei Ribbat, Ernst: Ludwig Tieck: *Franz Sternbalds Wanderungen.* In: Romane des 19. Jahrhunderts, (ohne Herausgeber) Stuttgart 1992, S. 24.

92 Dazu ebenfalls Ribbat (Anm. 91), S. 11 f.

93 Vgl. Feldges, Brigitte und Stadler, Ulrich: E. T. A. Hoffmann. Epoche – Werk – Leben, München 1986, S. 54 ff.

94 Belegstellen bei Feldges/Stadler (Anm. 93), S. 56.

95 Vgl. Daemmrich, Horst S.: E. T. A. Hoffmann: *Kater Murr.* In: Romane des 19. Jahrhunderts (Anm. 91), S. 244 ff.

96 Ich folge hierin der Zusammenfassung von Schulz, Gerhard: Die deutsche Literatur zwischen Französischer Revolution und Restauration, Erster Teil, München ^{2}2000, S. 398 ff.

97 Vgl. zum Folgenden Schulz (Anm. 96), S. 244 ff. Vgl. auch Pikulik, Lothar: Frühromantik. Epoche – Werk – Wirkung, München ^{2}2000.

98 Vgl. u. a. Schulz (Anm. 96) S. 429 und ders.: Novalis: *Heinrich von Ofterdingen.* In: Romane des 19. Jahrhunderts (Anm. 91), S. 128 f und 133.

99 Vgl. Schulz (Anm. 96), S. 251.

100 Vgl. zur Entwicklung und Entfaltung des Bildungsbegriffs im vorgehenden Band dieser Literaturgeschichte (P. N., 2012 a, I); zum Bildungsroman des 18. Jahrhunderts Kap. III dieses Bandes. Das Problem seiner Abgrenzung vom sogenannten Entwicklungsroman oder Erziehungsroman soll hier nicht erörtert werden – zumal diese Begriffe letztlich keine wirkliche Trennschärfe besitzen. Vgl. dazu Selbmann, Rolf: Der deutsche Bildungsroman, Stuttgart/Weimar ^{2}1994, S. 30 ff.

101 Zur Einschätzung des Romans als ‚Anti-Meister' vgl. Prawer, Siegbert: Mignons Genugtuung. Eine Studie über Mörikes *Maler Nolten.* In: Interpretationen 3. Deutsche Romane von Grimmelshausen bis Musil, hg. von Jost Schillemeit, Frankfurt a. M./Hamburg 1966. Vgl. auch Wild,Inge/Wild, Reiner (Hgg.): Mörike-Handbuch. Leben, Werk, Wirkung, Stuttgart 2004.

102 Vgl. dazu auch Eilert, Heide: Eduard Mörike: *Maler Nolten.* In: Romane des 19. Jahrhunderts (Anm. 91), S. 268.

103 Vgl. dazu Selbmann (Anm. 100), S. 109 ff.

104 Vgl. Sauermeister, Gert: Gottfried Keller: *Der grüne Heinrich.* In: Romane des 19. Jahrhunderts (Anm. 91), S. 287.

105 Vgl. zusammenfassend Sautermeister (Anm. 104), S. 310 ff.

106 Vgl. dazu Mojem, Helmuth und Sprengel, Peter: Wilhelm Raabe: *Stopfkuchen.* In: Romane des 19. Jahrhunderts (Anm. 91), S. 350 ff.

107 Zum Folgenden vgl. die grundlegende, bisher nicht überbotene Arbeit von Hans Heinz Holz (Anm. 67). Zur neueren Kleist-Forschung vgl. Breuer, Ingo (Hg.): Kleist-Handbuch. Leben – Werk – Wirkung, Stuttgart 2009.

108 So die Auffassung von Paul Michael Lützeler, der die Rechtsproblematik der Novelle herausstellt: Kleist: *Michael Kohlhaas.* In: Erzählungen des 19. Jahrhunderts 1 (Anm. 86), S. 178.

109 Schulz, Gerhard (Anm. 96), II. Teil, München 1989, S. 380.

110 Vgl. Nusser, Kriminalroman (Anm. 41).
111 Vgl. dazu den wegweisenden Aufsatz von Alewyn, Richard: Eine Landschaft Eichendorffs. In: Alewyn, Probleme und Gestalten, Frankfurt/M. 1974, S. 203 ff.
112 Vgl. Röhrich, Lutz: Lexikon der sprichwörtlichen Redensarten, Freiburg [5]2001.
113 Vgl. zusammenfassend Nusser, Trivialliteratur (Anm. 37), S. 58 ff.
114 Vgl. Gerhard Schulz (Anm. 109), S. 541.
115 Zum Folgenden vgl. insbesondere Scheichl, Sigurd P.: E. Marlitt, in: Skreb, Zdenko/Baur, Uwe (Hgg.): Erzählgattungen der Trivialliteratur, Innsbruck 1984.
116 Der Streit, inwieweit eine weitere Bezeichnung wie ‚literarischer Vormärz' zweckmäßig ist, soll hier übergangen werden. Vgl. dazu u. a. Stein, Peter: ‚Epochenproblem Vormärz' (1815–1848), Stuttgart 1974. Zum ‚Jungen Deutschland' vgl. Koopmann, Helmut: Das Junge Deutschland. Eine Einführung, Darmstadt 1993.
117 Vgl. dazu Brummack, Jürgen (Hg.): Heinrich Heine. Epoche – Werk – Wirkung München 1980, S. 126. Vgl. auch Höhn, Gerhard: Heine-Handbuch. Zeit – Person – Werk, Stuttgart [3]2003.
118 Zu Freytag vgl. Achinger, Christine: Gespaltene Moderne. Gustav Freytags *Soll und Haben* – Nation, Geschlecht und Judenbild, Würzburg 2004. Zu Herzog vgl. Schutte, Jürgen: ‚Ein Jammer, daß nicht alle Fabrikanten so sind!' Zu Rudolf Herzogs Industrieromanen. In: Ders. (Hg.): Erfahrung und Ideologie. Studien zur massenhaft verbreiteten Literatur, Berlin 1983.
119 Zur Unterscheidung vgl. Nusser, Peter: Unterhaltung und Aufklärung (Kap. II, Anm. 31), S. 13 ff.
120 Die Verwendung des Begriffs als Epochenbezeichnung, wie sie zuerst (1927) von Paul Kluckhohn vorgeschlagen wurde, ist bis heute umstritten. Vgl. dazu auch Sengle, Friedrich: Biedermeierzeit. Deutsche Literatur im Spannungsfeld zwischen Restauration und Revolution 1815–1848, 2 Bände, Stuttgart 1971 und 1972.
121 Vgl. Brenner, Peter J.: Neue deutsche Literaturgeschichte, Berlin/New York [3]2011, S. 144.
122 Vgl. dazu Braungart, Wolfgang: Eduard Mörike: *Mozart auf der Reise nach Prag.* In: (Anm. 86), Bd. 2.
123 Zur Unterscheidung von Kriminalgeschichte und Verbrechensgeschichte vgl. Nusser (Anm. 41), S. 4 ff.
124 Vgl. die kommentierenden Hinweise auf Autoren und Werktitel bei Sichelschmidt, Gustav: Liebe, Mord und Abenteuer. Eine Geschichte der deutschen Unterhaltungsliteratur, Berlin 1969, S. 211ff.; zum Heimatroman: Rossbacher, Karlheinz: Heimatkunstbewegung und Heimatroman. Zu einer Literatursoziologie der Jahrhundertwende, Stuttgart 1975.
125 Vgl. Nusser (Anm.37), S. 87.
126 Vgl. Martini, Fritz: Deutsche Literatur im bürgerlichen Realismus: 1848–1898, Stuttgart, zuerst 1962.
127 Vgl. dazu Sprengel,Peter: Geschichte der deutschsprachigen Literatur 1870–1900. Von der Reichsgründung bis zur Jahrhundertwende, München 1998, S. 44 ff.
128 Vgl. dazu Freund, Winfried: Theodor Storm, Stuttgart 1987.
129 Vgl. Nusser, Peter: Wilhelm Buschs Schwarzer Humor. In: Der Deutschunterricht, 1990, H. 3. Wieder in: Ders., Unterhaltung und Aufklärung (Anm. 119).
130 Ueding, Gerd: Wilhelm Busch. Das 19. Jahrhundert en miniature, Frankfurt/M. 1975.

131 ebd.
132 Vgl. zur Schwarzen Pädagogik: Rutschky, Katharina (Hg.): (Anm. 23).
133 Klotz, Volker: Was gibts bei Wilhelm Busch zu lachen? In: Vogt, Michael (Hg.): Die boshafte Heiterkeit des Wilhelm Busch, Bielefeld 1998.
134 Belege u. a. bei Florian Vaßen, Körper-Nähe und Distanz-Blick. Überlegungen zu Körper und Lachen in Wilhelm Buschs Bildergeschichten. In: Vogt (Anm. 133).
135 Beispiele bei Bonati, Peter: Die Darstellung des Bösen im Werk Wilhelm Buschs, Bern 1973, S. 39 f.
136 Vgl. Nusser (Anm. 123).
137 Vgl. Peter Sprengel (Anm. 127), S. 343.
138 Vgl. dazu u. a. Glaser, Horst Albert: Theodor Fontane: *Effi Briest*. In: Romane des 19. Jahrhunderts (Anm. 91).
139 Vgl. die Rede von Kluge, Alexander: Das Politische als Intensität alltäglicher Gefühle. Theodor Fontane. In: ders.: Theodor Fontane, Heinrich von Kleist und Anna Wilde. Zur Grammatik der Zeit, Berlin 1987. Zur Symbolwelt Fontanes vgl. auch Demetz, Peter: Formen des Realismus. Theodor Fontane. Kritische Untersuchungen, München [2]1966. Vgl. auch Mecklenburg, Norbert: Theodor Fontane. Romankunst der Vielstimmigkeit, Frankfurt/M. 1998.
140 Vgl. dazu Müller-Seidel, Walter: Theodor Fontane. Soziale Romankunst in Deutschland, Stuttgart 1975, S. 328 ff.
141 Vgl. Killy, Walther: Deutscher Kitsch. Ein Versuch mit Beispielen, Göttingen 1961.
142 Vgl. Aust, Hugo: Der historische Roman, Stuttgart 1994, S. 63.
143 Ausgewählte Titel bei Plaul, Hermann: Illustrierte Geschichte der Trivialliteratur, Leipzig 1983, und bei Nusser (Anm. 37).
144 Vgl. Böttcher (Anm. 44) Bd. 8.1, S. 518 und 620.
145 An G. Heckenast, 8. 6. 1861.
146 Brief an Wilhelm Hertz, Juni 1866.
147 Brief an Paul Heyse, Dezember 1878.
148 Brief an Louise von Francois, Mai 1881.
149 Vgl. dazu Killy, Walther: Wirklichkeit und Kunstcharakter. Neun Romane des 19. Jahrhunderts, München 1963, Kap. VII.
150 Brief an O. Elster, Oktober 1988.
151 Vgl. dazu und zur Funktion des Abenteuerromans im 19. Jahrhundert generell Klotz, Volker: Abenteuer-Romane. Sue/Dumas/Ferry/Retcliffe/May/Verne, München 1979. Vgl. auch Steinbrink, Bernd: Abenteuerliteratur des 19. Jahrhunderts in Deutschland, Tübingen 1983.
152 Vgl. Klotz, Volker: Durch die Wüste und so weiter. Zu Karl May. In: Schmidt-Henkel, Gerhard u. a. (Hgg.): Trivialliteratur, Berlin 1964. Einige der vorangegangenen Formulierungen greifen auf meinen Band über Trivialliteratur zurück (Anm. 37). Zu May vgl. auch Schmidt, Helmut: Karl May. Werk – Rezeption – Aktualität, Würzburg 2009.
153 Die folgenden Abschnitte greifen auf Vorarbeiten des Verfassers zurück (vgl. Anm. 37 und Anm. 41).
154 Literaturhinweise bei Hermann Plaul (Anm 143).
155 Zu anderen Ursachen vgl. zusammenfassend Nusser, Kriminalroman (Anm. 41).

156 Grundlegend Holzmann, Gabriela: Schaulust und Verbrechen. Eine Geschichte des Krimis als Mediengeschichte, Stuttgart 2001.
157 Diese Ansicht vertritt Richard Alewyn in: ders.: Probleme und Gestalten. Essays, Frankfurt/M. 1974, S. 307 ff.
158 vgl. zu ihr Nusser (Anm. 41) – mit zahlreichen Literaturhinweisen.
159 Dazu Hügel, Hans-Otto: Untersuchungsrichter – Diebsfänger – Detektive. Theorie und Geschichte der deutschen Detektiverzählung im 19. Jahrhundert, Stuttgart 1978.
160 Klotz, Volker: Bürgerliches Lachtheater. Komödie. Posse. Schwank. Operette, München 1980, S. 9.
161 Eine Übersicht gibt Rommel, Otto: Die Alt-Wiener Volkskomödie. Ihre Geschichte vom barocken Welt-Theater bis zum Tode Nestroys, Wien 1952.
162 Zeman, Herbert: Alt-Wiener Volkskomödie. In: Glaser, Horst Albert (Hg.): Deutsche Literatur. Eine Sozialgeschichte, Bd. 5, Reinbek 1980, S. 331.
163 Grundlegend zu Raimund Holtz, Günter: Ferdinand Raimund – der geliebte Hypochonder. Sein Leben, sein Werk, Frankfurt/M u. a., 2002.
164 Vgl. Klotz (Anm. 160), dem ich weitgehend folge.
165 Klotz (Anm. 160), S. 94 f.
166 Vgl. Klotz (Anm. 160), S. 52. Vgl. zur Gesellschaftskritik im *Talisman* auch Hein, Jürgen: Johann Nestroy: *Der Talisman*. In: Interpretationen. Dramen des 19. Jahrhunderts (ohne Herausgeber), Stuttgart 1997. Zu Nestroy außerdem: Schmidt-Dengler, Wendelin: Nestroy. Die Launen des Glücks, Wien 2001.
167 Dass die Geschichte des Schwanks viel älter ist und strukturelle Ähnlichkeiten mit Schwankformen der ‚Volkspoesie' nicht zu übersehen sind, bleibt an dieser Stelle ausgeklammert.
168 Zum Folgenden vgl. Klotz (Anm. 160), S. 151 ff. und die Zusammenfassung bei Nusser (Anm. 37), S. 94 f. (hier teilweise wörtlich übernommen).
169 Vgl. Klotz (Anm. 160), S. 158 f.
170 Schulz (Anm. 96) Bd. 2, S. 632. Zu Kleists Werk insgesamt vgl. Breuer, Ingo (Hg.): Kleist-Handbuch. Leben – Werk – Wirkung, Stuttgart 2009.
171 Dies ist oft angemerkt worden; die gründlichste Untersuchung mit empirischen Erhebungen dazu: Blau, Georg: Ausdrucksbewegungen in Heinrich von Kleists Werk, Diss. FU Berlin 1994.
172 Vgl. Wellbery, David E.: *Der Zerbrochene Krug*. In: Hinderer, Walter (Hg.): Interpretationen. Kleists Dramen, Stuttgart 1997, S. 22.
173 Bergson, Henri: Das Lachen. Ein Essay über die Bedeutung des Komischen, Zürich 1972 [Le rire, 1899].
174 Szondi, Peter: *Amphitryon*, Kleists ‚Lustspiel nach Molière'. In: ders., Satz und Gegensatz. Sechs Essays, Frankfurt/M. 1964, S. 57.
175 Vgl. Stierle, Karlheinz: *Amphitryon*. In: Hinderer (Anm. 72), S. 49ff und 70.
176 So bei Cullens, Chris und von Mücke, Dorothea: *Das Käthchen von Heilbronn*. In: Hinderer (Anm. 172), S. 172).
177 Vgl. Hans Heinz Holz (Anm. 67), S. 87.
178 Dazu Schulz (Anm. 96), Band 2, S. 660.
179 Böttcher u. a. (Anm. 44), Band 8,1, S. 183.

180 Vgl. Wetzel, Heinz: *Dantons Tod* und das Erwachen von Büchners sozialem Selbstverständnis. In: DVjS, Jg. 50, H. 3. Vgl. auch Martin, Ariane: Georg Büchner, Stuttgart 2007 und Neuhuber, Christiane: Georg Büchner. Das literarische Werk, Berlin 2009.

181 Szondi, Peter: Versuch über das Tragische, Frankfurt/M 1961, S. 108.

182 Vgl. dazu Voges, Michael: *Dantons Tod*. In: Interpretationen. Georg Büchner (Reclam, ohne Hg.), Stuttgart 2001 (durchgesehene Ausgabe), S. 33.

183 Voges (Anm. 182), S. 11.

184 Vgl. Georg Büchner, Sämtliche Werke und Briefe. Historisch-kritische Ausgabe, 2 Bände, hg. v. Werner R. Lehmann, Bd. 2, Hamburg 1971, S. 418.

185 Vgl. dazu sehr informativ Wetzel, Heinz: Die Entwicklung Woyzecks in Büchners Entwürfen. In: Euphorion, Bd. 74, H. 4.

186 Vgl. zu diesem Muster Klotz, Volker: Geschlossene und offene Form im Drama, München 1969.

187 Vgl. Glück, Alfons: *Woyzeck*. Ein Mensch als Objekt. In: Interpretationen (Anm. 182), S. 183 ff.

188 Vgl. Wetzel, Heinz: Das Ruinieren von Systemen in Büchners *Leonce und Lena*. In: Georg Büchner Jahrbuch, Bd. 4, 1984, S. 165.

189 Vgl. Adolf Glaßbrenner, Unterrichtung der Nation. Ausgewählte Werke und Briefe in drei Bänden, hg. von Horst Denkler, Bernd Balzer, Wilhelm Große, Ingrid Heinrich-Jost, Köln 1981, Band I.

190 Zur Rezeptionsgeschichte der *Weber* ausführlich Sprengel, Peter: Gerhart Hauptmann. Epoche – Werk – Wirkung, München 1984, S. 88 ff.

191 Sprengel, Peter: Geschichte der deutschsprachigen Literatur 1870–1900. Von der Reichsgründung bis zur Jahrhundertwende München 1998, S. 505.

192 Vgl. Bergson (Anm. 173). Für Bergson ist die Interferenz eine der Hauptquellen der Komik.

193 Vgl. Nachwort zu: *Des Knaben Wunderhorn. Alte deutsche Lieder*. Gesammelt von Achim von Arnim und Clemens Brentano, Kritische Ausgabe, 3 Bände, hg. und kommentiert von Heinz Rölleke, Stuttgart 1987, Bd. 3, S. 574 f.

194 Zum Folgenden, aber auch zur Begrifflichkeit vgl. Nusser (Anm. 37), S. 95 ff. und S. 1 ff. (Einige Formulierungen wurden von dort wörtlich übernommen.) Dort auch weiterführende Literaturangaben.

195 Vgl. die neuere Sammlung ‚Mariechen saß weinend im Garten', hg. von Hermann Goertz (1963); von Rudolf Schenda wegen ihrer philologischen Unzulänglichkeit heftig kritisiert: Ders., Noch einmal: Trivial-Küchenlieder. In: Kölner Zeitschrift für Soziologie und Sozialpsychologie, Bd. 22, 1970.

196 Belege bei Kayser, Dietrich: Schlager – das Lied als Ware. Untersuchungen zu einer Kategorie der Illusionsindustrie, Stuttgart 1975.

197 Vgl. Noll, Gustav/Thum Bernd (Hgg.): Arsenal. Poesie deutschen Minderdichter vom 16. bis zum 20. Jahrhundert, Berlin 1973.

198 Vgl. Schulz (Anm. 96), S. 54.

199 Vgl. Bollenbeck, Georg: „Mich lockt der Wald mit grünen Zweigen aus dumpfer Stadt und trüber Luft". Zu Trivialisierungstendenzen des Wandermotivs in der Lyrik des 19. Jahrhunderts. In: Sprachkunst 9, 1978.

200 Vgl. Häntzschel, Günter: „In zarter Frauenhand. Aus den Schätzen der Dichtkunst". Zur Trivialisierung der Lyrik in der 2. Hälfte des 19. Jahrhunderts. In: ZfdPh, Bd. 99, 1980.

201 Vgl. dazu Schönert, Jörg: Die populären Lyrik-Anthologien in der 2. Hälfte des 19. Jahrhunderts. Zum Zusammenhang von Anthologiewesen und Trivialliteraturforschung. In: Sprachkunst 9, 1978. Weitere Literaturangaben bei Nusser (Anm. 37).

202 Bettinas Briefwechsel mit Goethe, hg. von R. Steig, Leipzig, 1922, S. 27 f.

203 Grundlegend für die Interpretation und die biographischen Bezüge der beiden Zyklen: Wetzel, Heinz: Wilhelm Müller, *Die schöne Müllerin* und *Die Winterreise*: Die Frage nach den Zusammenhängen. In: Aurora 53, 1993, S. 139–171.

204 Schulz (Anm. 96), Teil II, 1806–1830, München 1989, S. 798.

205 Vgl. Brummack, Jürgen (Hg.): Heinrich Heine. Epoche - Werk - Wirkung, München 1980, S. 217. Vgl. auch Ziegler, Edda: Heinrich Heine. Leben - Werk - Wirkung, Zürich 1993.

206 Sprengel, Peter: Geschichte der deutschsprachigen Literatur 1900–1918. Von der Jahrhundertwende bis zum Ende des Ersten Weltkrieges, München 2004, S. 50 ff.

IV. Die Lebensführung in der nachindustriellen Gesellschaft und die Literatur des 20. und beginnenden 21. Jahrhunderts

1 Beck, Ulrich: Risikogesellschaft. Auf dem Weg in eine andere Moderne, Frankfurt/M. 1986.

2 Ausführlich hierzu: Wehler, Hans-Ulrich: Deutsche Gesellschaftsgeschichte, Bd. 4, Vom Beginn des Ersten Weltkriegs bis zur Gründung der beiden deutschen Staaten 1914–1949, München 2003, S. 69 ff.

3 Vgl. Wehler (Anm. 2), S. 784 ff.

4 Vgl. Beck (Anm. 1), S. 113 ff.

5 Zum Folgenden vgl. Sennett, Reichard: The Culture of the New Capitalism, 2006 (dt. Die Kultur des neuen Kapitalismus, Berlin 2007, S. 7 ff.)

6 Vgl. Fischer, Fritz: Griff nach der Weltmacht, 1961; zusammenfassend auch Wehler (Anm. 2), S. 26 ff.

7 Wehler (Anm. 2), S. 507.

8 Vgl. Wehler (Anm. 2), u. a. S. 895.

9 Dem Einbruch des Wachstums durch den 2. Weltkrieg und der Verschiebung der absoluten Zahlen durch den Verlust der Ostgebiete soll hier nicht nachgegangen werden.

10 Vgl. dazu Hegemann, Werner: (Kap. III, Anm. 10).

11 Vgl. z. B. Hall, Peter/Pfeiffer, Ulrich; Urban 21. Der Expertenbericht zur Zukunft der Städte; Mike Davis, Planet der Slums, 2007.

12 Vgl. Beck (Anm. 1), passim.

13 Beck (Anm. 1), S. 117.

14 Diesen Widerspruch vor Augen zu führen, ist das schon im Titel zum Ausdruck kommende Anliegen der Abhandlung von Ulrich Beck (Anm. 1).

15 Jonas, Hans: Das Prinzip Verantwortung. Versuch einer Ethik für die technologische Zivilisation, Frankfurt/M. 1984 (zuerst 1979).

16 Vgl. Beck (Anm. 1), S. 157.

17 Vgl. Nusser, Jens: Zweckbestimmungen in Umweltschutzgesetzen. Grundlagen, rechtliche Bedeutung und gesetzliche Umsetzungen, Baden-Baden 2007.
18 Vgl. Beck, Ulrich/Beck-Gernsheim, Elisabeth: Das ganz normale Chaos der Liebe, Frankfurt/M. 1990, S, 13 f.
19 Winterhoff, Michael: Warum unsere Kinder Tyrannen werden. Oder: Die Abschaffung der Kindheit, Gütersloh 2008.
20 Beck (Anm. 1), S. 193.
21 Sennett, Richard: The Fall of Public Man, New York 1974 (deutsch: Verfall und Ende des öffentlichen Lebens. Die Tyrannei der Intimität, Frankfurt/M. [12]2001).
22 Vgl. Sennett (Anm. 21), S. 425.
23 Vgl. Sennett (Anm. 5), S. 128 ff.
24 Dazu Arendt, Hannah: Vita Activa oder Vom täglichen Leben, München 2002.
25 Vgl. z. B. Glotz, Peter/Langenbucher, Wolfgang R.: Der mißachtete Leser, Köln-Berlin 1969; Spoo, Eckart (Hg.): Die Tabus der bundesdeutschen Presse, München 1973.
26 Vgl. dazu die Arbeiten von Nusser, Peter: ausführlich in: ders.: Massenpresse, Anzeigenwerbung, Heftromane, 2 Bände, Stuttgart 1976.
27 Vgl. Wehler (Anm. 2), S. 479 f. und 838.
28 Vgl. u. a. das grundlegende, keineswegs überholte Buch von Holzer, Horst: Massenkommunikation und Demokratie in der Bundesrepublik Deutschland, Opladen 1969.
29 Vgl. Spoo (Anm. 25).
30 Eine vielseitige Information bietet ein Aufsatzsammelband: Anzeigenwerbung. Ein Reader für Studenten und Lehrer der deutschen Sprache und Literatur, hg. von Peter Nusser, München 1975.
31 Vgl. Nusser, (Kap. III, Anm. 29), Abschnitt 2.3. (mit Literaturhinweisen).
32 Vgl. Thiel, Christian: Liebe, Sex, Karriere. Die Modernisierung des trivialen Liebesromans, Hamburg/Berlin 1991.
33 Dazu Nusser (Kap. III, Anm. 39).
34 Literaturhinweise bei Nusser (Anm. 31), S. 50; aufschlussreich: van Clewe, Susanne: Gewalt in der Fantasy. Die Darstellung der Gewalt in Fantasy-Romanen und Fantasy-Comics für Erwachsene, Diss. FU Berlin 1994.
35 Nusser (Kap. I, Anm. 140).
36 Vgl. Thiel (Anm. 32).
37 Ein guter Überblick über die Geschichte des internationalen Films findet sich bei Monaco, James: Film verstehen. Kunst, Technik, Sprache, Geschichte und Theorie des Films, Reinbek 1990.
38 Vgl. Nusser (Kap. I, Anm. 140)
39 Vgl. Kayser (Kap. III, Anm. 196).
40 Hinweise und Überlegungen bei Sprengel (Kap. III, Anm. 206), S. 581 ff.
41 Hierzu Martens, Wofgang: Lyrik kommerziell. Das Kartell lyrischer Autoren 1902–1933, München 1975.
42 Zum Folgenden vgl. Knopf, Jan: Brecht-Handbuch. Lyrik, Prosa, Schriften, Stuttgart 1986, S. 167 ff.
43 Vgl. dazu ausführlicher Karl Riha, Karl: Moritat, Bänkelsong, Protestballade. Zur Geschichte des engagierten Liedes in Deutschland (hier insbesondere das Kapitel 11), Frankfurt/M 1975.

44 Vgl. Nusser, Peter: Zur Phänomenologie des Schwarzen Humors. In: ders. (Hg.), Schwarzer Humor, Stuttgart 1987.

45 Vgl. ebd.

46 Vgl. ihre Beschreibung und auch kritische Einschätzung bei Hartung, Harald: Experimentelle Literatur und konkrete Poesie, Göttingen 1975.

47 Vgl. dazu ausführlich Sprengel, Peter: Geschichte der deutschsprachigen Literatur 1870–1900. Von der Reichsgründung bis zur Jahrhundertwende, München 1998, S. 117.

48 Die von George halbhoch gesetzten Punkte in den folgenden Textbeispielen sind hier aus technischen Gründen durch normale Punkte wiedergegeben.

49 Vgl. Sprengel (Anm. 47) S. 602. Zu den im Folgenden besprochenen Lyrikern des Ästhetizismus vgl. Breuer, Stefan: Ästhetischer Fundamentalismus. Stefan George und der deutsche Antimodernismus, Darmstadt 1995; Raulff, Ulrich: Kreis ohne Meister. Stefan Georges Nachleben, München 2009; Koch, Hans-Albrecht: Hugo von Hofmannsthal, Darmstadt 1989; Engel, Manfred (Hg.): Rilke-Handbuch. Leben – Werk – Wirkung, Stuttgart 2004.

50 Vgl. inzwischen die Innsbrucker Ausgabe: Georg Trakl, Sämtliche Werke und Briefwechsel. Historisch-kritische Ausgabe mit Faksimiles der handschriftlichen Texte Trakls, hg. von Eberhard Sauermann und Hermann Zwerschina, Basel/Frankfurt/M 1995 ff.

51 Von grundsätzlicher Bedeutung Wetzel, Heinz: Klang und Bild in den Dichtungen Georg Trakls, Göttingen 1968.

52 Vgl. dazu Killy, Walther: Wandlungen des lyrischen Bildes, Göttingen 1956, S. 108 ff. Weitere Literatur zu Benn: Steinhagen, Harald (Hg.): Interpretationen. Gedichte von Gottfried Benn, Stuttgart 1997; Lethen, Helmut: Der Sound der Väter. Gottfried Benn und seine Zeit, Berlin 2006; Dyck, Joachim: Gottfried Benn. Einführung in Leben und Werk, Berlin/New York 2009.

53 Muschg, Walter: Tragische Literaturgeschichte, Bern 1953, S. 295.

54 Knopf, Jan: Brecht Handbuch: Lyrik, Prosa, Schriften, Stuttgart 1986, S. 36.

55 Zitiert nach: von Bormann, Alexander: Das nationalsozialistische Gemeinschaftslied. In: Denkler, Horst und Prümm, Karl (Hgg.): Die deutsche Literatur im Dritten Reich, Stuttgart 1976, S. 267.

56 Vgl. zur Lyrik der NS-Zeit auch von Bormann, Alexander: Lyrik. In: Glaser, Horst Albert (Hg.): Deutsche Literatur. Eine Sozialgeschichte, Bd. 9 (Weimarer Republik – Drittes Reich: Avantgardismus, Parteilichkeit, 1918–1945, Reinbek 1989, S. 252 ff.

57 Zur Diskussion über diesen Begriff vgl. ausführlich Grimm, Reinhold: Im Dickicht der inneren Emigration. In: Denkler/Prümm (Anm. 55), S. 406 ff.

58 Vgl. dazu den umsichtigen Aufsatz von Schäfer, Hans Dieter: Die nichtfaschistische Literatur der ‚jungen Generation' im nationalsozialistischen Deutschland. In: Denkler/Prümm (Anm. 55), S. 459 ff.

59 Langgässer, Elisabeth: Schriftsteller unter der Hitlerdiktatur. In: Ost und West 1, H. 4, 1947, S. 39 f.

60 Vgl. hierzu die hervorragende Kommentierung von Knopf (Anm. 42), S. 191 ff.

61 Felstiner, John: Paul Celan. Eine Biographie, München 1997, S. 53.

62 Vgl. u. a. die umsichtige Interpretation von Buck, Theo: *Todesfuge*. In: Speier, Hans-Michael (Hg.): Interpretationen. Gedichte von Paul Celan, Stuttgart 2002.

63 Vgl. Buck (Anm. 62), S. 25.
64 Vgl. Friedrich, Hugo: Die Strukturen der modernen Lyrik. Von Baudelaire bis zur Gegenwart, Reinbek 1956.
65 Ebd.
66 Vgl. den Aufsatz-Sammelband (Anm. 62).
67 Eine eingehende Analyse ist mir von Christiane Rasmus zur Verfügung gestellt worden: *Die Schleuse*. Betrachtungen zu einem Gedicht von Paul Celan, (masch. Manuskript) Univ. Witten-Herdecke, 1997.
68 Es handelt sich um Celans Gedicht *Fadensonnen*, 1967. Vgl. dazu den vergleichenden Aufsatz von Zeller, Michael: Beim Wiederlesen eines Gedichtes von Paul Celan. In: Gedichte und Interpretationen. Gegenwart, hg. von Walter Hinck, Stuttgart 1982.
69 Vgl. Zeller (Anm. 68), S. 145.
70 Wilfried Barner, Wilfried (Hg.): Geschichte der deutschen Literatur von 1945 bis zur Gegenwart, München 1994, S. 439.
71 Vgl. Grimm, Reinhold: Günter Bruno Fuchs: Gestern. In: Hinck (Anm. 68), S. 198 ff.
72 Vgl. z. B. die Interpretation des Gedichts *leuchtfeuer* von Gnüg, Hiltrud: Poesie und Metapoesie. Zu Enzensbergers Gedicht *leuchtfeuer*. In: (Anm. 68), S. 259 ff.
73 Vgl. dazu Hartung, Harald: Die ästhetische und soziale Kritik der Lyrik. In: Die Literatur der DDR, hg. von Hans-Jürgen Schmitt (Hansers Sozialgeschichte der deutschen Literatur Bd. 11), München 1983, S. 279 ff.
74 Dazu Hartung (Anm. 73), S. 272 ff.
75 Zitiert aus: Barner (Anm. 70), S. 763.
76 Vgl. die Interpretation dieses Gedichts von Neumann, Peter Horst: ‚Ingeborg Bachmanns Böhmisches Manifest'. In: (Anm. 68), S. 84 ff.
77 Zum folgenden Gedicht aus *Rückenwind*, 1977, vgl. die instruktive Interpretation von Demmer, Sybille: „Schnee fällt uns / Mitten ins Herz". Naturbildlichkeit und Liebeserlebnis in Sarah Kirschs Gedicht *Die Luft riecht schon nach Schnee*. In: (Anm. 68), S. 351 ff.
78 Kritisch dazu Hartung, Harald: Deutsche Lyrik seit 1965, München 1983.
79 Vgl. Barner (Anm. 70), S. 913.
80 Barner (Anm. 70), S. 906 f.
81 Kritisch zu beiden Autoren am Beispiel von Textanalysen Holtz, Günter, in: Die deutschsprachige Literatur in der Bundesrepublik Deutschland, hg. von Bernd Balzer, Horst Denkler, Hartmut Eggert, Günter Holtz, München 1988, S. 530 ff.
82 Vgl. hierzu Szondi, Peter: Theorie des modernen Dramas, Frankfurt/Main 1956, S. 74 ff.
83 Vgl. Bergson, Henri: Das Lachen [Le rire, 1899], Zürich 1972.
84 Vgl. Szondi (Anm. 82), S. 78 f.
85 Fliedl, Konstanze: Arthur Schnitzler, Stuttgart 2005, S. 76.
86 Florack, Ruth: Frank Wedekind: *Lulu*. In: Interpretationen. Dramen des 20. Jahrhunderts I, Stuttgart 1996, S. 17.
87 Buck, Theo: Ödön von Horváth: *Geschichten aus dem Wiener Wald*. In: Interpretationen (Anm. 86), S. 368.
88 Vgl. Ödön von Horvath, Gesammelte Werke, hg. von Dieter Hildebrandt, 1970, IV, S. 663.
89 a. a. O., S. 661.

90 Vgl. die penible, immer noch grundlegende Arbeit von Steinweg, Reiner: Das Lehrstück. Brechts Theorie einer politisch-ästhetischen Erziehung, Stuttgart 1972.

91 Zu den Einzelheiten vgl. Jan Knopf, Jan: Brecht Handbuch. Theater, Stuttgart 1986, S. 88 ff.

92 Szondi, Peter (Hg.): Bertolt Brecht, Der Jasager und Der Neinsager. Vorlagen, Fassungen und Materialien, Frankfurt/M. 1966.

93 Zu ihr vgl. zusammenfassend Knopf (Anm. 91), S. 93 ff.

94 Zitiert nach: Deutsche Literaturgeschichte. Von den Anfängen bis zur Gegenwart, hg. von Wolfgang Beutin und anderen, Stuttgart [5]1994, S. 392.

95 Vgl. *Formprobleme aus neuem Inhalt*. In: Bert Brecht, Gesammelte Werke, Bd. 17, Frankfurt/M. 1967, S. 1145.

96 Schwitzke, Heinz: Das Hörspiel. Dramaturgie und Geschichte. Köln/Berlin 1963, S. 187. Vgl. dazu Köhler, Stefan: Hörspiel und Hörbuch. Mediale Entwicklung von der Weimarer Republik bis zur Gegenwart, Marburg 2005.

97 Barner (Anm. 70), S. 457.

98 Zur Figur des Narren bei Dürrenmatt vgl. Profitlich, Ulrich: Friedrich Dürrenmatt. Komödienbegriff und Komödienstruktur. Eine Einführung. Stuttgart 1973, S. 38 ff. Dazu auch Knapp, Gerhard P.: Friedrich Dürrenmatt, Stuttgart [2]1993.

99 Friedrich Dürrenmatt, Theaterprobleme, Zürich (1955) 1967, S. 49.

100 Jonas, Hans: Das Prinzip Verantwortung. Versuch einer Ethik für die technologische Zivilisation, Frankfurt/M. 1979.

101 Vgl. dazu Knopf, Jan: Friedrich Dürrenmatt, München [2]1977, S. 104 ff.

102 Den besten Überblick gibt immer noch das in vielen Neuauflagen erschienene Buch von Esslin, Martin: Das Theater des Absurden, zuerst Frankfurt/M. 1964.

103 Vgl. Beutin u. a. (Anm. 94), S. 481 ff.

104 Eine Sammlung hat Agnes Hüfner herausgegeben: Straßentheater, Frankfurt/M. 1970.

105 Hacks, Peter: Das Poetische, Frankfurt/M. 1972, S, 113. Vgl. dazu auch Barner u. a. (Anm. 70), S. 560 f. Zum Drama in der DDR vgl. auch Profitlich, Ulrich: Dramatik in der DDR, Frankfurt/M 1987.

106 Vgl. Anm. 35.

107 Der Vorschlag, Literatur ‚vertikal' zu vergleichen, um unter anderem die in ästhetischer Hinsicht fließenden Übergänge zwischen Trivialliteratur, Unterhaltungsliteratur und Hochliteratur sichtbar zu machen, wurde zuerst von Helmut Kreuzer gemacht (Trivialliteratur als Forschungsproblem, in: Deutsche Vierteljahresschrift (DVjS), 41, 1967), ohne dass er m. W. bisher für wegweisende Studien genutzt worden ist.

108 Grundlegend zu diesen Heften Geiger, Klaus F.: Kriegsromanhefte in der BRD. Inhalte und Funktionen, Tübingen 1974. Vgl. auch Conrady, Peter (Hg.): Faschismus in Texten und Medien: Gestern, Heute, Morgen?, Oberhausen 2004; Lemke, Bernd und App, Werner: Der Weltkrieg im Groschenheft-Format. In: Geschichte in Wissenschaft und Unterricht (GWU) 11/2005.

109 Zur Theorie und Geschichte der SF vgl. u. a. Suerbaum, Ulrich/Broich, Ulrich/Borgmeier, Raimund: Science Fiction. Theorie und Geschichte, Themen und Typen, Form und Weltbild, Stuttgart 1981; Weber, Thomas P.: Science Fiction, Frankfurt/M 2005; Koebner, Thomas (Hg.): Filmgenres: Science Fiction, Stuttgart 2007.

110 Hierzu der Vergleich zwischen einem Roman von Stanisław Lem und Perry-Rhodan-Heften in: Der Deutschunterricht 36, 1984, H. 2.

111 Nusser, Peter: Science Fiction (Arbeitstexte für den Unterricht), Stuttgart 1989, S. 9.

112 Vgl. Nusser, Peter: Der Kriminalroman, Stuttgart ^{4}2009.

113 Grundlegend Holzmann, Gabriela: Schaulust und Verbrechen Eine Geschichte des Krimis als Mediengeschichte, Stuttgart 2001.

114 Dazu Nusser, Peter: Neuansätze des Kriminalromans der Gegenwart. In: (Kap. III, Anm. 140).

115 Zum Schwarzen Humor im Kriminalroman (Anm. 112), S. 153 ff.

116 Nusser, Peter: Rätsel, Analyse, Action – Kriminalliteratur. In: Brockhaus. Die Bibliothek, Kunst und Kultur, Bd. 6, Leipzig/Mannheim 1999, S. 347 f.

117 Eine Übersicht über die zahlreichen Texte dieser Strömung bei Reif, Wolfgang:Exotismus und Okkultismus. In: Deutsche Literatur. Eine Sozialgeschichte, hg. von Horst Albert Glaser, Bd. 9, Reinbek 1989.

118 Vgl. dazu auch den glänzenden Essay von Kehlmann, Daniel: Dionysos und der Buchhalter. Über Thomas Mann. In: ders.: Lob. Über Literatur, Reinbek 2010.

119 Vgl. dazu das Kapitel über den *Zauberberg* in Kurzke, Hermann: Thomas Mann. Epoche – Werk – Wirkung, München ^{4}2010.

120 Robert Musil Tagebücher, Aphorismen, Essays und Reden (hg. von Adolf Frisé, Hamburg 1955, S. 676; Der Mann ohne Eigenschaften (hg. Von A. Frisé, Hamburg 1952, S. 1247.

121 Vgl. dazu Nusser, Peter: Einübung ins Möglichkeitsdenken. Zur Form und Wirkung von Musils *Mann ohne Eigenschaften*. In: Fruchtblätter. Freundesgabe für Alfred Kelletat, Berlin 1977, S. 143 ff. Ausführlicher: ders., Musils Romantheorie, Den Haag 1967.

122 Vgl. die Kritik an diesen Interpretationsschulen bei Politzer, Heinz: Franz Kafka, Parable and Paradox, Cornell University 1962 (dt. Franz Kafka, der Künstler, Frankfurt 1965). Vgl. auch Beicken, Peter U.: Franz Kafka. Eine kritische Einführung in die Forschung, Frankfurt/M. 1989.

123 Vgl. Nusser, Peter: Kafkas Roman ‚Amerika' (‚Der Verschollene') im Vergleich mit dem trivialen Abenteuerroman. In: ders., Unterhaltung und Aufklärung (Anm. 35). Zu Kafkas Interesse am Film: Alt, Peter André: Kafka und der Film, München 2009.

124 Vgl. schon Emrich, Wilhelm: Franz Kafka, Frankfurt/M 1960.

125 Vgl. Loose, Gerhard: Franz Kafka und Amerika, Frankfurt/M. 1968, S. 52.

126 Zu diesem Begriff vgl. Jäger, Herbert: Makrokriminalität. Studien zur Kriminologie kollektiver Gewalt, Frankfurt/M. 1989.

127 Vgl. Binder, Hartmut: Kafka Kommentar, 2 Bde., München 1976.

128 Brief vom 11. 10. 1916.

129 Dazu zusammenfassend Knopf, Jan: Brecht Handbuch (Lyrik, Prosa, Schriften), Stuttgart 1986, S. 352 ff.

130 Vgl. z. B. Denkler, Horst/Prümm, Karl (Hgg.): Die deutsche Literatur im Dritten Reich. Themen, Traditionen, Wirkungen, Stuttgart 1976, und Denkler, Horst: Werkruinen, Lebenstrümmer. Literarische Spuren der ‚verlorenen Generation' des Dritten Reiches, Tübingen 2006; Adam, Christian: Lesen unter Hitler. Autoren, Bestseller, Leser im Dritten Reich, Berlin 2010.

131 Vgl. dazu Schwardt, Daniela: ‚Fabelnd denken'. Zur Schreib- und Wirkungsabsicht von Wolfdietrich Schnurre, Oldenburg 1999.

132 Vgl. Vogt, Jochen: Heinrich Böll, München 1978, S. 72.

133 Vgl. hierzu die Interpretation des Romans von Müller-Saget., Klaus: Max Frisch: *Homo faber.* Ein Bericht. In: Interpretationen. Romane des 20. Jahrhunderts, Bd. 2, Stuttgart 1993, S. 95 ff.

134 In vielen Darstellungen der DDR-Literatur werden sie ausführlich referiert, z. B. in: Wolfgang Beutin u. a. (Anm. 94) oder in: Wilfried Barner u. a. (Anm. 70).

135 Vgl. z. B. ‚seminar. A Journal of Germanic Studies' Vol. XIX, N.4. Nov. 1983, S. 265 ff.

136 Vgl. die kritischen Ausführungen von Baumgart, Reinhard: Deutsche Literatur der Gegenwart, München 1994, S. 429 ff.

137 Hierzu ausführlich Janz, Marlies: Elfriede Jelinek: *Die Klavierspielerin.* In: Interpretationen. Romane des 20. Jahrhunderts, Bd. 3, Stuttgart 2003, S. 108 ff.

138 Vgl. z. B. in der von Barner und anderen(Anm. 70) herausgegebenen Literaturgeschichte, S. 814 ff., auf die ich mich hier beziehe.

Autoren- und Werkregister

Nicht aufgenommen sind Autoren und Titel der Sekundärliteratur.